Christopher Andrew/Wassili Mitrochin
Das Schwarzbuch des KGB

CHRISTOPHER ANDREW
WASSILI MITROCHIN

Das Schwarzbuch des KGB

Moskaus Kampf gegen
den Westen

PROPYLÄEN

Die Deutsche Bibliothek – CIP-Einheitsaufnahme

Andrew, Christopher:
Das Schwarzbuch des KGB : Moskaus Kampf gegen
den Westen / Christopher Andrew ; Wassili Mitrochin.
[Aus dem Engl. von Klaus-Dieter Schmidt
und Kurt Baudisch]. – Berlin : Propyläen, 1999
Einheitssacht.: The Mitrokhin archive <dt.>
ISBN 3-549-05588-9

1. Auflage September 1999
2. Auflage Oktober 1999

Titel der englischen Originalausgabe:
The Mitrokhin Archive: The KGB in Europe and the West
Originalverlag: Allen Lane The Penguin Press
© Christopher Andrew and Wassili Mitrochin 1999
Aus dem Englischen von Klaus-Dieter Schmidt und Kurt Baudisch
Deutsche Ausgabe © 1999 by Ullstein Buchverlage GmbH & Co. KG, Berlin
Propyläen Verlag
Alle Rechte vorbehalten
Satz: Utesch GmbH, Hamburg
Druck und Verarbeitung: Graphischer Großbetrieb Pößneck GmbH, Pößneck
ISBN 3 549 05588 9
Printed in Germany 1999

Gedruckt auf alterungsbeständigem Papier
mit chlorfrei gebleichtem Zellstoff

Inhalt

Vorbemerkung _____ 8
1. Mitrochins Archiv _____ 9
2. Von Lenins Tscheka zu Stalins OGPU _____ 37
3. Die großen Illegalen _____ 64
4. Die »Glorreichen Fünf« _____ 84
5. Terror _____ 102
6. Krieg _____ 133
7. Die große Allianz _____ 153
8. Der Sieg _____ 178
9. Vom Heißen zum Kalten Krieg _____ 199
10. Der Hauptgegner I:
    Nordamerikanische Illegale in den fünfziger Jahren _____ 232
11. Der Hauptgegner II:
    Selbstanbieter und legale Residenturen in der Frühphase
    des Kalten Krieges _____ 252
12. Der Hauptgegner III: Illegale nach »Abel« _____ 271
13. Der Hauptgegner IV:
    Selbstanbieter und legale Residenturen in der Spätphase
    des Kalten Krieges _____ 288
14. Politische Kriegführung. Aktive Maßnahmen
    gegen den Hauptgegner _____ 316
15. PROGRESS-Operationen I:
    Die Zerschlagung des Prager Frühlings _____ 346

16. PROGRESS-Operationen II: Spionage im Ostblock _____ 365

17. Der KGB und die kommunistischen Parteien im Westen _____ 381

18. Ideologische Subversion:
    Die Auseinandersetzung mit den Dissidenten _____ 397

19. Fernmeldeaufklärung im Kalten Krieg _____ 428

20. »Sonderaufgaben« I: Von Tito zu Nurejew _____ 446

21. »Sonderaufgaben« II: Die Ära Andropow und danach _____ 466

22. Operationen gegen Großbritannien I:
    Nach den »Glorreichen Fünf« _____ 491

23. Operationen gegen Großbritannien II:
    Nach der Operation FOOT _____ 513

24. Die Bundesrepublik Deutschland _____ 535

25. Frankreich und Italien
    Infiltration von Agenten und aktive Maßnahmen _____ 568

26. Der polnische Papst und die »Solidarność« _____ 603

27. Die polnische Krise und der Zerfall des Ostblocks _____ 615

Schlußbetrachtung _____ 653

Anhang: Struktur und Geschichte des KGB _____ 686

Die Entwicklung des KGB 1917–1991 _____ 686

Die KGB-Vorsitzenden _____ 687

Die Leiter der Ersten Hauptverwaltung _____ 688

Organisation des KGB _____ 689

Organisation der Ersten KGB-Hauptverwaltung _____ 690

Aufbau einer KGB-Residentur _____ 692

Abkürzungen _____ 693

Anmerkungen _____ 697

Bibliographie _____ 807

Personenregister _____ 826

All jenen gewidmet,
die die Wahrheit sagen wollten,
aber nicht konnten.

Wassili Mitrochin

Vorbemerkung

Dieses Buch ist in Zusammenarbeit mit Wassili Mitrochin entstanden und beruht auf dem umfangreichen Geheimmaterial, das dieser im Archiv der Auslandsaufklärung des KGB zusammengetragen und unter Lebensgefahr in den Westen geschmuggelt hat.

Wie alles Archivmaterial verlangt auch das des KGB eine Interpretation im Licht früherer Forschungen und verwandter Dokumente. In den Anmerkungen und der Bibliographie sind die zusätzlichen Quellen aufgeführt, die benutzt wurden, um Mitrochins Material in den historischen Kontext zu stellen. Sie bekräftigen darüber hinaus auf überwältigende Weise seine Zuverlässigkeit als Quelle.

Code- oder Decknamen erscheinen im Text in Großbuchstaben. Oft wurden die Codenamen mehr als einmal verwendet; in solchen Fällen ist im Text und in den Anmerkungen angegeben, auf welche Person sie sich beziehen. Es sei darauf hingewiesen, daß der KGB nicht nur jene Personen mit Codenamen versah, die für ihn arbeiteten, sondern auch solche, die keinerlei Verbindung zu ihm hatten, zum Beispiel westliche Politiker. Ein Codename an sich ist kein Beweis dafür, daß die Person, auf die er sich bezieht, wissentlich als Agent oder Quelle tätig war; ihr muß nicht einmal bewußt gewesen sein, daß sie als Zielperson für eine mögliche Rekrutierung oder für politische Einflußoperationen ausgewählt worden war.

Einige der in Mitrochins Notizen identifizierten sowjetischen Agenten können in diesem Buch nur mit ihrem Codenamen genannt werden. Einige wenige können – hauptsächlich, um nicht eine mögliche Strafverfolgung zu vereiteln – überhaupt nicht erwähnt werden. Doch dies beeinträchtigt die Schlüssigkeit der einzelnen Kapitel meines Erachtens nur unwesentlich.

Christopher Andrew

1.
Mitrochins Archiv

Grundlage dieses Buchs ist der beispiellose, unbeschränkte Zugang zu einem der geheimsten und am strengsten bewachten Archive der Welt – dem des sowjetischen Auslandsnachrichtendienstes, der Ersten Hauptverwaltung (Ausland) des KGB. Bislang war der heutige russische Nachrichtendienst SWR überzeugt, daß ein Buch wie das vorliegende nicht geschrieben werden könnte. Als das deutsche Nachrichtenmagazin *Focus* im Dezember 1996 meldete, das Bundesamt für Verfassungsschutz (BfV) überprüfe auf der Grundlage des »umfangreichen Datenmaterials« eines nach England übergelaufenen früheren KGB-Offiziers »Hunderte detaillierte Hinweise auf russische ›Kundschafter‹«, bezeichnete Tatjana Samolis, die Sprecherin des SWR, dies als »blanken Unsinn«. »›Hunderte von Namen‹! Das gibt es gar nicht!« erklärte sie. »Ein Überläufer kann die Namen von einem oder zwei, vielleicht von drei Agenten kennen – aber nicht von Hunderten!«[1]

Die Tatsachen sind noch weit sensationeller als die vom SWR dementierte Meldung. Das Material, das der KGB-Überläufer nach England mitbrachte, enthält nicht nur Angaben über ein paar hundert, sondern über Tausende sowjetischer Agenten und Nachrichtendienstoffiziere in allen Teilen der Welt, darunter auch sogenannte Illegale, die, als ausländische Staatsbürger getarnt, mit falscher Identität im Ausland leben. Niemand, der irgendwann zwischen der Oktoberrevolution und dem Vorabend der Ära Gorbatschow für die Sowjetunion spioniert hat, kann heute noch davon ausgehen, daß sein Geheimnis sicher ist. Als der britische Nachrichtendienst SIS 1992 den Überläufer mit seiner Familie aus Rußland herausschleuste, nahm er auch sechs randvoll mit den ausführlichen Notizen gefüllte Kisten mit, die er von 1972 bis zu seiner Pensionierung 1984 fast täglich über bis 1918 zurückreichende streng geheime KGB-Akten angefertigt hatte. Nach Einschätzung des FBI ist der Inhalt der Kisten das »vollständigste und umfangreichste Nachrichtenmaterial, das je von irgendeiner Quelle beschafft wurde«.

Der KGB-Oberst, der dieses außergewöhnliche Archiv angelegt hat, Wassili Mitrochin, ist heute britischer Staatsbürger. In den zwanziger Jahren in Zentralrußland geboren, begann er 1948 seine Laufbahn als Offizier des sowjetischen Auslandsnachrichtendienstes, als die Auslandsaufklärung des KGB-Vorläufers MGB und der militärische Nachrichtendienst (GRU) im Informationskomitee (KI) zusammengeschlossen waren.[2] Als Mitrochin 1952 seinen ersten Auslandsposten antrat,[3] war das KI wieder aufgelöst worden, und MGB und GRU waren in ihre alte Rivalität zurückgefallen. Die ersten fünf Jahre im Nachrichtendienst verbrachte er in der paranoiden Atmosphäre der Endphase des Stalinregimes, als die Nachrichtendienste überall im Ostblock zu Hexenjagden auf die Beteiligten an überwiegend eingebildeten titoistischen und zionistischen Verschwörungen aufgerufen waren.

Im Januar 1953 wurde dem MGB offiziell »mangelnde Wachsamkeit« bei der Jagd auf Verschwörer vorgeworfen. Die sowjetische Nachrichtenagentur TASS verbreitete die aufsehenerregende Meldung, in den vorangegangenen Jahren hätten sich der »Weltzionismus« und westliche Geheimdienste mit einer »terroristischen Gruppe« jüdischer Ärzte verschworen, »um die Führung der Sowjetunion auszurotten«. In den letzten beiden Monaten von Stalins Herrschaft bemühte sich das MGB, seine erhöhte Wachsamkeit zu demonstrieren, indem es die an diesem fiktiven Komplott beteiligten Verbrecher verfolgte. Tatsächlich war diese antizionistische Kampagne nichts anderes als ein kaum verhüllter antisemitischer Pogrom. Kurz nach Stalins plötzlichem Tod im März 1953 erhielt Mitrochin den Auftrag, die angeblichen zionistischen Verbindungen des Pariser Korrespondenten der *Prawda,* Juri Schukow, der wegen der jüdischen Abstammung seiner Frau unter Verdacht geraten war, zu untersuchen. Mitrochin hatte den Eindruck, daß Stalins brutaler Sicherheitschef Lawrenti Berija beabsichtigte, Schukow in die »Ärzteverschwörung« hineinzuziehen. Einige Wochen nach Stalins Begräbnis verkündete Berija jedoch, es habe nie ein Komplott gegeben. Die angeblichen Verschwörer wurden rehabilitiert.

Im Sommer 1953 einte die meisten von Berijas Kollegen im Parteipräsidium die Furcht vor einer anderen Verschwörung – derjenigen, die Berija möglicherweise plante, um durch einen Staatsstreich in Stalins Fußstapfen zu treten. Während eines Aufenthalts in einer westlichen Hauptstadt im Juli erhielt Mitrochin mit der Anweisung, es persönlich zu entschlüsseln, ein streng geheimes Telegramm, in dem ihm zu seinem

Erstaunen mitgeteilt wurde, Berija sei »verbrecherischer partei- und staatsfeindlicher Aktivitäten« beschuldigt worden. Später erfuhr Mitrochin, daß Berija am 26. Juni während einer Sondersitzung des Parteipräsidiums aufgrund eines von seinem Hauptrivalen Nikita Chruschtschow organisierten Komplotts verhaftet worden war. Aus dem Gefängnis schrieb Berija klägliche Bittbriefe an seine früheren Kollegen, in denen er sie anflehte, ihm das Leben zu lassen und die »geringste Arbeit« zu geben: »Sie werden sehen, in zwei oder drei Jahren werde ich mich wieder im Griff haben und immer noch nützlich für Sie sein.« Doch niemand hatte mehr Angst vor ihm, und seine Genossen spotteten nur noch darüber, daß er die Fassung verloren hatte.

Am 24. Dezember wurde bekanntgegeben, daß Berija nach einem Prozeß vor dem Obersten Gerichtshof hingerichtet worden sei. Da weder seine Verantwortung für Massenmorde in der Stalinära noch seine persönlichen Verbrechen als Serienvergewaltiger minderjähriger Mädchen in der Öffentlichkeit erwähnt werden konnten, wurde er einer absurden Verschwörung mit britischen und anderen westlichen Geheimdiensten für schuldig befunden, die das Ziel verfolgt habe, »den Kapitalismus neu zu beleben und die Herrschaft der Bourgeoisie wiederherzustellen«. Berija wurde so nach Jagoda und Jeschow in den dreißiger Jahren der dritte sowjetische Sicherheitschef, der unter anderem deshalb erschossen wurde, weil er angeblich als britischer Geheimagent gedient hatte. Den Käufern der *Großen Sowjetenzyklopädie* wurde getreu der stalinistischen Tradition geraten, mit einem »kleinen Messer oder einer Rasierklinge« den Artikel über Berija zu entfernen und statt dessen einen Ersatzartikel über die Beringsee einzufügen.[4]

Die erste offizielle Abrechnung mit dem Stalinismus war Chruschtschows berühmte Geheimrede in einer geschlossenen Sitzung des XX. Parteitags der KPdSU im Februar 1956. Stalins »Personenkult«, erklärte Chruschtschow, habe »eine Reihe außerordentlich ernster und schwerwiegender Verfälschungen der Parteigrundsätze, der innerparteilichen Demokratie, der revolutionären Gesetzlichkeit« zur Folge gehabt.[5] Der Parteiorganisation des KGB wurde die Rede durch einen geheimen Brief des Zentralkomitees bekanntgemacht, und die Abteilung, der Mitrochin angehörte, diskutierte zwei Tage über ihren Inhalt. Er erinnert sich noch deutlich an die Schlußfolgerung des – später als KGB-Resident in Finnland stationierten – Abteilungsleiters Wladimir Schenichow: »Stalin war ein Bandit!« Manche Parteimitglieder waren zu erschüttert – oder zu vorsichtig –, um etwas zu sagen. Andere pflichteten Schenichow bei. Aber keiner wagte die Frage zu stellen, die, wie Mitrochin glaubte, allen auf der Zunge lag: »Wo war Chruschtschow, als alle diese Verbrechen begangen wurden?«

Nach der Geheimrede äußerte sich Mitrochin offener, als für ihn gut war. Obwohl seine Kritik an der Art und Weise, wie der KGB geführt wurde, nach westlichen Maßstäben gemäßigt war, geriet er in den Ruf, zu den Unzufriedenen zu gehören, und wurde von einem seiner Vorgesetzten als »Mitglied der Tölpeltruppe« abqualifiziert. Ende 1956 wurde er von den Operationen abgezogen und ins Archiv der Ersten Hauptverwaltung versetzt, wo seine Arbeit vor allem darin bestand, Nachfragen anderer Abteilungen und von den örtlichen KGB-Gliederungen zu beantworten.[6] Mitrochin entdeckte, daß Berijas persönliches Archiv auf Anordnung Chruschtschows vernichtet worden war, um das kompromittierende Material, das er über seine früheren Kollegen gesammelt hatte, aus dem Weg zu räumen, und wie Iwan Serow, KGB-Vorsitzender von 1954 bis 1958, Chruschtschow berichtete, hatten die Akten in der Tat viel »provokatives und verleumderisches« Material enthalten.[7]

Mitrochin war ein eifriger Leser der russischen Schriftsteller, die in den letzten Jahren der stalinistischen Herrschaft in Ungnade gefallen waren, aber seit Mitte der fünfziger Jahre wieder publiziert wurden, und er war hoch erfreut, als 1954 zum ersten Mal seit 1945 neue Gedichte von Boris Pasternak erschienen, des letzten großen russischen Dichters, dessen literarische Karriere vor der Oktoberrevolution begonnen hatte. Sie waren in einer Literaturzeitschrift unter dem Titel »Gedichte aus dem Roman *Doktor Schiwago*« erschienen, und in einem Begleittext wurde das noch unvollendete Werk, dem sie entnommen waren, kurz vorgestellt. Doch der fertige Roman wurde als zu subversiv eingestuft und erhielt 1956 keine Druckerlaubnis.

Empört über die Verfolgung eines seiner Lieblingsautoren, betrachtete Mitrochin die Ablehnung von *Doktor Schiwago* als typisches Zeichen für Chruschtschows Unkultur. »In einer sozialistischen Gesellschaft«, dekretierte der Erste Sekretär grob, »vollzieht sich die Entwicklung von Kunst und Literatur ... wie von der Partei bestimmt.« Dennoch setzte Mitrochin seine Hoffnungen noch nicht auf den Sturz des Sowjetregimes, sondern auf einen künftigen neuen Sowjetführer, der weniger von der stalinistischen Vergangenheit besudelt war als Chruschtschow. Als 1958 einer von Serows Hauptkritikern, Alexander Schelepin, zum KGB-Vorsitzenden ernannt wurde, glaubte Mitrochin, in ihm den erwarteten neuen Führer zu erkennen. Der erst 40jährige Schelepin hatte sich als Partisanenkommandant im Zweiten Weltkrieg einen Namen gemacht und als Erster Sekretär des Komsomol von 1952 bis 1958 Tausende junger Menschen für Chruschtschows Neulandprogramm mobilisiert. Obwohl viele der neuen Kolchosen später aufgrund der Bodenerosion zugrunde gingen, schien die Kampagne auf kurze Sicht ein spektakulärer Erfolg zu sein. In sowjetischen Wochenschauen sah man endlose Reihen von Mähdreschern auf wogenden Getreidefeldern, die sich über die Ebene erstreckten, so weit das Auge reichte.

Wie Mitrochin gehofft hatte, erwies sich Schelepin rasch als der neue Besen im KGB, indem er viele alte Stalinisten durch junge Leute aus dem Komsomol ersetzte. Mitrochin war von der Art und Weise beeindruckt, wie Schelepin, wenn er eine Rede hielt, die vom Fernsehen übertragen wurde, nur kurz in seine Notizen schaute, statt wie andere Sowjetführer den vorbereiteten Text stur abzulesen, und dann direkt zu den Zuschauern sprach. Der neue Vorsitzende schien dem KGB ein neues Image zu verleihen. »Verletzungen der sozialistischen Gesetzlichkeit« verkündete er 1961, »sind vollständig eliminiert worden. ... Die Tschekisten können der Partei und dem sowjetischen Volk mit reinem Gewissen ins Gesicht sehen.« Mitrochin erinnert sich daneben auch an einen Akt persönlicher Freundlichkeit. Als er sich 1960 um die Gesundheit eines nahen Verwandten sorgte, bat er Schelepin um Hilfe, um seinem Verwandten eine medizinische Behandlung in China zu ermöglichen, die er in der Sowjetunion nicht erhalten konnte, und der KGB-Vorsitzende erfüllte ihm seine Bitte, obwohl bereits die ersten Anzeichen für den späteren Bruch zwischen Moskau und Peking zu erkennen waren.

Wie Berija vor und Andropow nach ihm strebte Schelepin nach weit Höherem als dem KGB-Vorsitz. Dem russischen Historiker Roy Medwedew zufolge hatte er als 20jähriger Student auf die Frage, was er werden wolle, wie aus der Pistole geschossen geantwortet: »Ein Chef!«[8] Für ihn war der KGB ein Sprungbrett zum Posten des Ersten Sekretärs der KPdSU. Im Dezember 1961 schied er aus dem KGB aus, behielt aber als Vorsitzender des mächtigen Komitees für Partei- und Staatskontrolle die Oberaufsicht über den Geheimdienst. Neuer KGB-Vorsitzender wurde sein junger, aber weniger dynamischer Protegé Wladimir Semitschastni, damals erst 37 Jahre alt. Auf Chruschtschows Anweisung führte Semitschastni die Säuberung der Archive von Material fort, das allzu deutlich an die stalinistische Vergangenheit des Parteipräsidiums erinnerte, und verfügte die Vernichtung von neun Bänden mit Akten über die Liquidierung von ZK-Mitgliedern, höheren Geheimdienstoffizieren und ausländischen Kommunisten, die während der Stalinära in Moskau gelebt hatten.[9]

Mitrochin sah in Schelepin weiterhin den künftigen Ersten Sekretär und war daher nicht überrascht, daß er einer der Anführer des Komplotts war, das 1964 Chruschtschow stürzte. Die Erinnerung an Berija war bei den meisten Präsidiumsmitgliedern jedoch noch zu lebendig, als daß sie bereit gewesen wären, wiederum einen Sicherheitschef an der Spitze der Partei zu akzeptieren. Für die meisten seiner Kollegen war Leonid Breschnew, der Chruschtschows Nachfolge als Erster Sekretär (ab 1966 Generalsekretär) antrat, eine wesentlich beruhigendere Gestalt – liebenswürdig, leichtlebig und geduldig bei der Versöhnung widerstreitender Fraktionen; zugleich besaß er aber auch Geschick darin, seine Rivalen auszumanövrieren. 1967 fühlte er sich stark genug, um den unpopulären Semitschastni zu entlassen und den ehrgeizigen Schelepin kaltzustellen, indem er ihn von seinem bisherigen Posten ablöste und an die Spitze des vergleichsweise einflußlosen Gewerkschaftsbundes abschob. Als er sein geräumiges neues Büro bezog, stellte Schelepin fest, daß sein Vorgänger, Wiktor Grischin, in einem Nebenzimmer etwas eingerichtet hatte, was Zhores Medwedjew später euphemistisch einen »mit Spezialausrüstung ausgestatteten Massagesalon« genannt hat. Schelepin rächte sich für die Degradierung, indem er Geschichten über Grischins Sexualleben in Moskau verbreitete.[10]

Hauptnutznießer der Kaltstellung von Semitschastni und Schelepin war Juri Andropow, der zum Vorsitzenden des KGB aufstieg. Andropow hatte, wie einer seiner Mitarbeiter es ausdrückte, einen »Ungarnkomplex«. Als sowjetischer Botschafter in Budapest während des ungarischen Aufstands von 1956 hatte er durch die Fenster der Botschaft entsetzt mit angesehen, wie Offiziere des verhaßten ungarischen Sicherheitsdienstes an Laternenmasten aufgehängt wurden. Seitdem verfolgte ihn die Erinnerung daran, wie schnell ein scheinbar allmächtiger kommunistischer Einparteienstaat ins Wanken geraten kann. Wann immer später andere kommunistische Regime in Gefahr schienen – Prag 1968, Kabul 1979, Warschau 1981 –, war er jedesmal überzeugt, daß, wie in Budapest 1956, nur militärische Gewalt ihr Überleben sichern könne.[11] Nachdem er Ungarn 1957 verlassen hatte, war er Leiter der für die Beziehungen zu den »Bruderparteien« im Ostblock zuständigen ZK-Abteilung geworden, und als er 1967 als erster hoher Parteifunktionär zum KGB-Vorsitzenden ernannt wurde, verfolgte Breschnew damit die Absicht, seine Kontrolle über Sicherheitsapparat und Geheimdienst zu stärken. Andropow sollte der am längsten amtierende und politisch gewiefteste aller KGB-Vorsitzenden werden, und er krönte seine fünfzehnjährige Tätigkeit an der Spitze des KGB, indem er 1982 Breschnews Nachfolge als Generalsekretär antrat.

Die erste große Krise in Andropows Amtszeit als KGB-Vorsitzender war der Versuch der tschechoslowakischen Reformer des Prager Frühlings, einen »Sozialismus mit menschlichem Antlitz« zu schaffen. Für den Kreml stellte dies eine unannehmbare Häresie dar. Wie Chruschtschows Geheimrede war auch der Einmarsch der Truppen des Warschauer Pakts in die Tschechoslowakei am 21. August 1968 eine wichtige Wegmarke dessen, was Mitrochin selbst seine »intellektuelle Odyssee« nennt. Da er während des Prager Frühlings in Ostdeutschland stationiert war, konnte er die in den russischsprachigen Programmen des BBC World Service, von Radio Liberty, Voice of America, Deutscher Welle und der Canadian Broadcasting Company ausgestrahlten Berichte über die Tschechoslowakei verfolgen, hatte aber niemanden, dem er weit genug traute, um mit ihm über seine Sympathie für die Prager Reformen zu sprechen. Ein Ereignis hinterließ bei ihm einen besonders tiefen Eindruck. Ungefähr einen Monat, bevor die sowjetischen Panzer in Prag einfuhren, hatte ein Offizier der Direktion W (»Sonderaufgaben«) der Ersten Hauptverwaltung, Oberst Wiktor Rjabow, ihm angekündigt, er werde »für ein paar Tage nach Schweden fahren«, wobei er keinen Hehl daraus machte, daß sein wirkliches Ziel nicht Schweden hieß. Nach seiner Rückkehr erklärte er Mitrochin, am nächsten Tag werde in der *Prawda* ein interessanter Artikel erscheinen, was heißen sollte, daß er etwas mit seiner Mission zu tun hatte. Als Mitrochin die Meldung über den Fund eines »imperialistischen Waffenlagers« in der ČSSR las, war ihm sofort klar, daß die Sache von Rjabow und anderen Offizieren der Direktion W inszeniert worden war, um die Reformer in Mißkredit zu bringen.

Bald nach der Zerschlagung des Prager Frühlings saß Mitrochin im Auditorium, als Andropow in der ostdeutschen Außenstelle des KGB in Berlin-Karlshorst eine Rede hielt. Andropow beeindruckte ihn wie Schelepin damit, daß er sein Publikum direkt ansprach und ihm seine Gedanken mitteilte, ohne, wie die meisten sowjetischen Funktionäre, an einem vorbereiteten phrasenhaften Text zu kleben. Mit seiner asketischen Erscheinung, den zurückgekämmten silbrigen Haaren, der Stahlrandbrille und seinem intellektuellen Auftreten schienen Andropow Welten von stalinistischen Gaunern wie Berija und Serow zu trennen. Seine Begründung der Invasion der Tschechoslowakei war wesentlich differenzierter als jene, die man der sowjetischen Öffentlichkeit gegeben hatte. Sie sei das einzige Mittel gewesen, um die durch den Großen Vaterländischen Krieg entstandene europäische Ordnung zu erhalten. Diese politische Notwendigkeit, erklärte er, werde selbst von unorthodoxen Figuren wie dem großen Physiker Pjotr Kapiza akzeptiert, der anfangs Sympathie für die Prager Revisionisten gezeigt habe. Mitrochin zog aus der Invasion des Warschauer Pakts völlig andere Schlußfolgerungen. In seinen Augen bewies die Vernichtung des »Sozialismus mit menschlichem Antlitz«, daß das sowjetische System nicht reformierbar war. Er erinnert sich noch deutlich an ein merkwürdig mythologisches Bild, das sich ihm immer stärker aufdrängte: Es zeigte das russische Volk in den Fängen einer »dreiköpfigen Hydra« aus KPdSU, privilegierter Nomenklatura und KGB.

Als er aus Ostdeutschland nach Moskau zurückgekehrt war, hörte Mitrochin weiterhin russischsprachige Rundfunksendungen aus dem Westen. Da die Sender von sowjetischer Seite gestört wurden, mußte er ständig die Frequenz wechseln, bis er ein verständliches Programm fand, so daß er die Nachrichten häufig nur in Bruchstücken mitbekam. Zu den Neuigkeiten, die ihn am tiefsten beeindruckten, gehörten die Meldungen der *Chronik der laufenden Ereignisse,* einer Samisdat-Zeitschrift*, die 1968 zum ersten Mal von Dissidenten herausgegeben wurde, um sowjetische Menschenrechtsverletzungen bekanntzumachen. Im Titelblattkopf der *Chronik* war der Artikel über die Freiheit der Meinungsäußerung aus der Allgemeinen Erklärung der Menschenrechte der Vereinten Nationen abgedruckt, der in der Sowjetunion tagtäglich verletzt wurde.

Während der Kampf gegen die »ideologische Subversion« verschärft wurde, konnte Mitrochin zahlreiche Beispiele dafür beobachten, wie der KGB das sowjetische Rechtssystem manipulierte. Später kopierte er das unterwürfige Glückwunschschreiben, das der Vorsitzende des Obersten

---

* Samisdat (verkürzt von russ. *samostojatelnoje isdatelstwo,* »Selbstverlag«: seit Ende der fünfziger Jahre in der Sowjetunion übliches illegales Publikationssystem ohne offizielle Druckgenehmigung, also auch ohne Zensur.

Gerichtshofs, A. F. Gorchin, im Dezember 1967 aus Anlaß des 50. Jahrestages der Gründung der Tscheka an Andropow schickte. Darin erklärte er:

»Die sowjetischen Gerichte und das Komitee für Staatssicherheit der UdSSR sind gleich alt. Aber das ist nicht der Hauptgrund, der uns vereint; der Hauptgrund ist die Übereinstimmung unserer Aufgaben. Wir bemerken voller Freude, daß die Staatssicherheitsorgane und die Gerichte ihre schwierigen Aufgaben im Geist gegenseitigen Verständnisses und vernünftiger fachlicher Beziehungen erfüllen.«[12]

Nach Mitrochins Beobachtungen häuften sich sowohl in der geheimen hausinternen Zeitschrift *KGB Sbornik* als auch in den KGB-Akten die Belege dafür, daß Andropow persönlich davon besessen war, gegen Abweichungen aller Art vorzugehen, und darauf beharrte, daß der Kampf für Menschenrechte Teil einer weitreichenden imperialistischen Verschwörung sei, welche die Grundlagen des sowjetischen Staates auszuhöhlen versuche. 1968 gab Andropow den Befehl des Vorsitzenden des KGB Nr. 0051, »Über die Aufgaben der Staatssicherheitsorgane bei der Bekämpfung ideologischer Sabotage durch den Gegner«, heraus, in dem er mehr Tatkraft im Kampf sowohl gegen Dissidenten im Innern als auch gegen ihre imperialistischen Helfer im Ausland forderte.[13] Als glühender Bewunderer des Kirow-Balletts empörte sich Mitrochin besonders über den Plan der Ersten Hauptverwaltung, den er in den Akten entdeckte, den ehemaligen Star des Balletts, Rudolf Nurejew, der sich in den Westen abgesetzt hatte, zum Krüppel zu machen.

Anfang der siebziger Jahre wurden Mitrochins Ansichten besonders vom Kampf der Dissidenten beeinflußt, den er sowohl anhand der KGB-Akten wie auch in westlichen Rundfunksendungen verfolgen konnte. »Ich war ein Einzelgänger«, sagt er im Rückblick, »aber ich wußte jetzt, daß ich nicht allein stand.« Obwohl er nie daran dachte, sich offen auf die Seite der Menschenrechtsbewegung zu stellen, ließ er sich vom Beispiel der *Chronik der laufenden Ereignisse* und anderer Samisdat-Veröffentlichungen in der Idee bestärken, eine geheime Variante der von den Dissidenten unternommenen Dokumentation der Verfehlungen des sowjetischen Systems zu schaffen. Nach und nach nahm das Projekt in seinem Kopf die Gestalt eines privaten Archivs über die Auslandsoperationen des KGB an.

Die Gelegenheit, dieses Dossier anzulegen, erhielt er, als die Erste Hauptverwaltung im Juni 1972 aus ihren beengten Räumlichkeiten in der Lubjanka in ein neues Gebäude in Jasenewo am südöstlichen Stadtrand von Moskau umzog. In den nächsten zehn Jahren war Mitrochin – mit eigenem Büro sowohl in der Lubjanka als auch in Jasenewo – allein verantwortlich dafür, daß das Archiv der Ersten Hauptverwaltung, das 1970 rund 300000 Akten umfaßte,[14] vor dem Transport in die neue Zentrale überprüft und versiegelt wurde. Während er die Akten prüfte, Inventarlisten anlegte und Registerkarten schrieb, konnte er in seinen beiden Büros jede Akte einsehen, die ihn interessierte. Für gewöhnlich verbrachte er den Montag, Dienstag und Freitag in Jasenewo. Mittwochs ging er in die Lubjanka, um an den geheimsten Akten der Ersten Hauptverwaltung zu arbeiten, jenen der für die Aktivitäten von Illegalen zuständigen Direktion S. Nachdem er einen Stoß Akten inspiziert hatte, wurde dieser in versiegelten Behältern verstaut und am Donnerstagmorgen unter Mitrochins Aufsicht nach Jasenewo transportiert. Im Unterschied zum Rest der Ersten Hauptverwaltung blieb die Direktion S noch für ein Jahrzehnt in der Lubjanka. So kam es, daß Mitrochin mehr Zeit für deren Akten – die geheimsten der Ersten Hauptverwaltung – aufwendete als für diejenigen anderer Abteilungen des sowjetischen Auslandsnachrichtendienstes. Die »Illegalen« hatten innerhalb des KGB eine beinah mystische Stellung erlangt. Bevor sie im Ausland stationiert wurden, mußten sie einen etwas melodramatischen feierlichen Eid ablegen:

»In tiefer Wertschätzung für das von Partei und Vaterland in mich gesetzte Vertrauen und erfüllt von einem Gefühl großer Dankbarkeit für die Entscheidung, mich an die vorderste Front im Kampf zum Wohle meines Volks zu stellen ... will ich als würdiger Sohn des Heimatlandes eher zugrunde gehen, als die mir anvertrauten Geheimnisse zu verraten oder Material, das den Interessen des Staates politischen Schaden zufügen könnte, in die Hände des Gegners fallen zu lassen. Mit jedem Herzschlag schwöre ich, an jedem Tag, der vergeht, der Partei, dem Heimatland und dem sowjetischen Volk zu dienen.«[15]

Die Akten zeigen, daß vor dem Zweiten Weltkrieg die größten Erfolge von mehreren legendären Nachrichtendienstoffizieren erzielt wurden, die häufig als die »Großen Illegalen« bezeichnet werden. Nach dem Krieg hatte der KGB an seine Vorkriegstriumphe anzuschließen versucht, indem er neben den »legalen Residenturen«, die unter diplomatischer oder anderer amtlicher Tarnung in ausländischen Hauptstädten operierten, ein umfangreiches Netz »illegaler Residenturen« aufbaute, und wie die Akten belegen, konnte die Direktion S bemerkenswerte Erfolge erzielen. KGB-Illegale etablierten sich mit falschen Identitäten als ausländische Staatsbürger in höchst unterschiedlichen Berufszweigen, als costaricanischer Diplomat oder als Klavierstimmer des Gouverneurs des Staates New York. Noch in der Ära Gorbatschow zeichnete die Propaganda den sowjetischen Illegalen als edelste Verkörperung der ritterlichen Ideale im Dienst des Nachrichtendienstes. Der ehemalige britische KGB-Agent George Blake schrieb 1990:

»Gegenüber dieser Kategorie von Geheimdienstmitarbeitern habe ich stets den größten Respekt empfunden. Sie sind gezwungen, ihre falsche Identität so intensiv zu leben, daß sie tatsächlich eine neue Person werden müssen. ... Sie müssen ständig auf der Hut sein, sie leben in einem Zustand permanenter Anspannung. ... Nur ein Geheimdienst, der für eine große Sache arbeitet, kann von seinen Mitarbeitern ein derartiges Opfer verlangen. Deshalb wohl hat allein der KGB, zumindest in Friedenszeiten, illegale Residenten gehabt.«[16]

Der SWR setzte die KGB-Tradition der Verherrlichung der Illegalen fort. Im Juli 1995 verlieh der russische Präsident Boris Jelzin dem bekanntesten in Amerika geborenen Illegalen, Morris Cohen, einen Monat nach dessen Tod postum den Titel »Held der Russischen Föderation«.

Aus den von Mitrochin eingesehenen Akten der Direktion S ergibt sich ein ganz anderes Bild der Illegalen. Neben eifrigen Offizieren, die ihre Tarnung und professionelle Disziplin während ihrer gesamten Mission aufrechterhielten, gab es andere, die mit dem Kontrast zwischen der sowjetischen Propaganda über die kapitalistische Ausbeutung und dem wirklichen Leben im Westen nicht zurecht kamen. Ein noch dunkleres, in den Akten der Direktion S verborgenes Geheimnis ist die Tatsache, daß eine der Hauptaufgaben der Illegalen in den letzten 25 Jahren der Sowjetunion darin bestand, Dissidenten in anderen Ländern des Warschauer Pakts aufzuspüren und zu kompromittieren. Der schmutzige Kampf gegen die »ideologische Subversion« gehörte ebenso zu den Pflichten der Direktion S wie zu denen der anderen Einheiten der Ersten Hauptverwaltung.

Als Mitrochin 1972 daranging, sein verbotenes Archiv anzulegen, war er verständlicherweise vorsichtig. In den ersten Wochen versuchte er sich die Codenamen und die wichtigsten Angaben aus den Akten einzuprägen, um sie am Abend zu Hause zu Papier zu bringen. Nachdem er diese Methode als zu langsam und zu schwerfällig aufgegeben hatte, machte er sich auf Papierfetzen in winziger Schrift Notizen. Anschließend zerknüllte er die Zettel und warf sie in den Papierkorb, um sie abends wieder hervorzuholen und in seinen Schuhen versteckt aus dem Haus zu schmuggeln. Im Lauf der Zeit gewann er jedoch an Zutrauen, da er bemerkte, daß sich die Wachen von Jasenewo auf gelegentliche Kontrollen von Aktenmappen und Brieftaschen beschränkten. Nach einigen Monaten begann er seine Notizen auf normales Büropapier zu schreiben, das er in Jackett- und Hosentaschen mit sich nahm.

In den zwölf Jahren, in denen Mitrochin die Akten der Ersten Hauptverwaltung durcharbeitete, wurde er nicht ein einziges Mal kontrolliert. Es gab allerdings einige angstvolle Momente. Von Zeit zu Zeit wurde er, wie andere Offiziere der Ersten Hauptverwaltung auch, beschattet – wahrscheinlich von Observierungsteams der Siebenten (Überwachung) oder Zweiten Hauptverwaltung (Gegenspionage). Einmal ging er, mit seinen Beschattern im Schlepptau, in das Sportartikelgeschäft des Fußballklubs Dynamo Moskau, wo er sich zu seinem Schrecken neben zwei Engländern wiederfand, die seine Beschatter möglicherweise für Spione hielten, mit denen er ein Treffen verabredet hatte. Bei einer Leibesvisitation wären seine Notizen über streng geheime KGB-Akten sofort entdeckt worden. Er verließ hastig den Laden und suchte mehrere andere Sportgeschäfte auf, um seine Beschatter davon zu überzeugen, daß er sich auf einer echten Einkaufstour befand. Als er zu seinem Wohnhaus kam, standen im neunten Stock in der Nähe seiner Wohnungstür zwei Männer. Doch als er die Tür erreichte, waren sie verschwunden. Offiziere der Ersten Hauptverwaltung waren verpflichtet, solche Vorkommnisse zu melden, aber Mitrochin hielt sich nicht daran, um eine eventuelle Untersuchung zu vermeiden und keine unnötige Aufmerksamkeit auf sich zu lenken.

In seiner Wohnung versteckte er die Notizen bis zum Wochenende unter seiner Matratze. Dann schaffte er sie in seine Datscha am Stadtrand von Moskau, wo er soviel wie möglich mit der Schreibmaschine abtippte. Das Material häufte sich allerdings derart an, daß er gezwungen war, einen Teil in handschriftlicher Form zu belassen. Die ersten Papiere verstaute er schließlich in einer großen Milchkanne, die er unter dem Fußboden vergrub.[17] Die Datscha war auf einem erhöhten Fundament erbaut, und der Abstand zum Erdboden war gerade groß genug, um unter das Haus kriechen und mit einem kurzstieligen Spaten ein Loch graben zu können. Als die Kanne voll war, verstaute er die Notizen in einem Waschkessel aus Zinn. Am Ende waren neben der Milchkanne drei Zinnkessel und zwei Aluminiumkisten unter der Datscha vergraben.

Im Sommer arbeitete Mitrochin in einer zweiten Familiendatscha bei Pensa an den Notizen. Dann transportierte er sie in einer alten Proviantasche, während er selbst Bauernkleider trug, um nicht aufzufallen. Im Sommer 1918 war in dem rund 560 Kilometer südöstlich von Moskau gelegenen Pensa einer der ersten Bauernaufstände gegen die Herrschaft der Bolschewiken ausgebrochen. Lenin gab den Kulaken (Großbauern) die Schuld und wies die örtlichen Parteiführer an, mindestens hundert von ihnen öffentlich zu hängen, damit »die Menschen im Umkreis von Hunderten von Kilometern sie sehen und zittern«.[18] In den siebziger Jahren war Pensas konterrevolutionäre Vergangenheit längst vergessen, und Lenins blutrünstige Anordnung wurde in einer geheimen Abteilung des Lenin-Archivs vor der Öffentlichkeit verborgen.

Die KGB-Akten, die Mitrochin emotional am meisten aufwühlten, waren diejenigen über den Afghanistankrieg. Am 28. Dezember 1979 verkündete Babrak Karmal, der neue afghanische Staatschef, der von Moskau auserwählt worden war, um die »brüderliche Hilfe« der sowjetischen Streitkräfte zu ersuchen, die bereits in sein Land eingefallen waren, über Radio Kabul, sein Vorgänger, Hafisullah Amin, sei als »Agent des amerikanischen Imperialismus« von einem »Revolutionstribunal« zum Tod verurteilt worden. In Wirklichkeit war er, wie Mitrochin dem Strom der im Archiv eingehenden Akten über den Krieg entnahm, zusammen mit seiner Familie und seinen Gefolgsleuten umgebracht worden, als KGB-Sondereinheiten in afghanischer Uniform den Präsidentenpalast in Kabul stürmten.

Die Beamtinnen, die damit beschäftigt waren, die KGB-Berichte über den Afghanistankrieg abzulegen, nachdem sie im Politbüro und anderen Gliederungen der sowjetischen Hierarchie zirkuliert waren, hatten so viel Material zu bewältigen, daß sie Mitrochin manchmal 30 Akten gleichzeitig zur Prüfung vorlegten. Vor der Bevölkerung wurden die in den Akten beschriebenen Schrecken sorgfältig geheimgehalten. Über die systematische Zerstörung afghanischer Dörfer, die Flucht von vier Millionen Menschen und den Tod von einer Million Afghanen in einem Krieg, den Gorbatschow später als »Fehler« bezeichnete, war in den sowjetischen Medien nichts zu erfahren. Die 15 000 Särge mit den in Afghanistan umgekommenen sowjetischen Soldaten wurden auf den Militärflugplätzen ohne das militärische Zeremoniell und die feierliche Musik, mit denen im Krieg gefallene Helden bei der Heimkehr ins Vaterland normalerweise geehrt wurden, in aller Stille entladen, um sie anschließend insgeheim beizusetzen. Den Familien wurde nur mitgeteilt, ihre geliebten Angehörigen seien »in Erfüllung ihrer internationalistischen Pflicht« gestorben. Einige Soldaten wurden in der Nähe der Gräber von Mitrochins Eltern auf dem Friedhof des Klosters Kusminski beigesetzt. Auf ihren Grabsteinen fand sich kein Hinweis auf den Krieg in Afghanistan. Während des Krieges hörte Mitrochin von einigen freimütigen Kollegen in Jasenewo zum ersten Mal offene Kritik an der sowjetischen Politik. »Schämen Sie sich wegen des Krieges nicht, ein Russe zu sein?« fragte ihn ein anderer Oberst aus der Ersten Hauptverwaltung. »Ein Sowjetbürger zu sein, meinen Sie!« platzte es aus Mitrochin heraus.

Als Mitrochin 1984 pensioniert wurde, lag ihm der Krieg immer noch auf der Seele, und er verbrachte die ersten anderthalb Jahre seines Rentnerdaseins damit, aus seinen Notizen das Material über Afghanistan herauszuziehen und, mit erläuternden Kommentaren versehen, in einem umfangreichen Band zusammenzustellen. Obwohl Gorbatschow, nachdem er 1985 zum Generalsekretär der KPdSU gewählt worden war, Glasnost forderte, glaubte Mitrochin nicht, daß das Sowjetsystem es jemals zulassen würde, die Wahrheit über den Krieg ans Tageslicht zu bringen. Jedenfalls dachte er immer häufiger darüber nach, wie er sein Archiv in den Westen schaffen konnte, um es dort zu veröffentlichen.

Der realistischste Plan, den Mitrochin vor dem Zerfall der Sowjetunion erwog, bestand darin, einen Sitz im örtlichen Parteikomitee zu ergattern, das die Genehmigungen für Auslandsreisen erteilte, Reisegenehmigungen für sich und seine Familie zu besorgen und eine Schiffsreise von Leningrad nach Odessa zu buchen. In einem der westeuropäischen Anlaufhäfen der Kreuzfahrt hätte er sich dann mit den Behörden in Verbindung setzen und mit ihnen verabreden können, sein Archiv in einem toten Briefkasten in der Nähe von Moskau zu deponieren, wo es ein westlicher Geheimdienst abgeholt hätte. Er ließ die Idee jedoch wieder fallen, weil es schwierig gewesen wäre, sich von seiner Reisegruppe zu trennen und den stets aufmerksamen Reiseführern lange genug zu entwischen, um seine Geschichte zu erzählen und die Übergabe zu arrangieren.

Als im November 1989 die Berliner Mauer fiel und der Ostblock sich aufzulösen begann, gab sich Mitrochin selbst den Rat, Geduld zu üben und auf seine Gelegenheit zu warten. In der Zwischenzeit fuhr er fort, seine handschriftlichen Notizen in seiner Moskauer Wohnung und auf den beiden Datschen bei Moskau und Pensa abzutippen und einen Teil von ihnen zu einzelnen Bänden zusammenzufassen, die jeweils eins der Hauptzielländer der Ersten Hauptverwaltung betrafen – zuerst und vor allem die Vereinigten Staaten, die im KGB-Jargon »Hauptgegner« genannt wurden. Im Oktober 1991 teilte Mitrochin die Erleichterung der meisten Moskauer über das Scheitern des Putschversuchs der Hardliner, die Gorbatschow stürzen und den Einparteienstaat wiederherstellen wollten. Für ihn war es nicht überraschend, daß Wladimir Krjutschkow, 1974 bis 1988 Leiter der Ersten Hauptverwaltung und von 1988 bis zum Putsch KGB-Vorsitzender, der Hauptdrahtzieher des gescheiterten Staatsstreichs war.

Obwohl Krjutschkow im Umgang mit der Öffentlichkeit geschickter war als die meisten KGB-Vorsitzenden vor ihm, hatte er lange Zeit für das gestanden, was Mitrochin an der Ersten Hauptverwaltung am meisten verabscheute. Als junger Diplomat an der sowjetischen Botschaft in Budapest hatte Krjutschkow durch seine kompromißlose Ablehnung des »konterrevolutionären« ungarischen Aufstands von 1956 die Aufmerksamkeit von Botschafter Juri Andropow auf sich gelenkt, und als dieser 1967 zum KGB-Vorsitzenden aufstieg, wurde Krjutschkow Leiter seines Sekretariats und loyaler Helfer in seiner Kampagne gegen die »ideologische Subversion« in allen Formen. Aus den von Mitrochin eingesehenen Akten geht hervor, daß Krjutschkow später als Leiter der Ersten Hauptverwaltung eng mit der Fünften Verwaltung (ideologische Subversion) im Kampf gegen Dissidenten im In- und Ausland zusammenarbeitete.[19] So machte er einen hohen Offizier der Fünften Verwaltung, I. A. Markelow, zu einem seiner Stellvertreter mit Zuständigkeit für die Koordination des Kampfes gegen die ideologische Subversion.[20] Der gescheiterte Putsch vom August 1991 stellte ein angemessen schändliches Ende von Krjutschkows KGB-Karriere dar. Statt die Sowjetunion und den Einparteienstaat abzustützen, beschleunigte er nur ihren Niedergang.

Am 11. Oktober 1991 löste der Staatsrat der zerfallenden Sowjetunion den KGB in seiner bisherigen Form auf. Die Erste Hauptverwaltung wurde unter dem Namen SWR als vom inneren Sicherheitsdienst unabhängiger Auslandsnachrichtendienst der Russischen Föderation neu konstituiert. Doch statt seine sowjetische Vergangenheit abzustreifen, betrachtete sich der SWR als Erbe der Ersten Hauptverwaltung. Erster Leiter des SWR wurde der Akademiker Jewgeni Primakow, vormals Direktor des Instituts für Weltwirtschaft und internationale Beziehungen und einer der führenden außenpolitischen Berater Gorbatschows. In seiner Akte, die Mitrochin gelesen hat, wird er als inoffizieller Mitarbeiter des KGB mit dem Codenamen MAXIM identifiziert, der regelmäßig im Geheimdienstauftrag in die USA und den Nahen Osten geschickt wurde.[21] 1996 wurde er Jelzins Außenminister und zwei Jahre später Ministerpräsident Rußlands.

Das Auseinanderbrechen der Sowjetunion in den letzten Monaten des Jahres 1991 öffnete Mitrochin endlich den Weg in den Westen. Im März 1992 bestieg er den Nachtzug in die Hauptstadt einer der soeben unabhängig gewordenen baltischen Republiken.[22] Bei sich hatte er einen Koffer, in dem zuoberst Brot, Wurst und Getränke für die Reise, darunter Kleidung und ganz unten Beispiele seiner Notizen lagen. An seinem Reiseziel angelangt, suchte er am nächsten Tag unangemeldet die britische Botschaft auf, wo er einen »Verantwortlichen« zu sprechen wünschte. Bisher hatte er die Briten immer für ziemlich förmlich und »ein bißchen geheimnisvoll« gehalten; aber die junge Diplomatin, die ihn empfing, war nicht nur »jung, attraktiv und sympathisch«, sondern sprach auch in fließendem Russisch mit ihm. Mitrochin teilte ihr mit, daß er bedeutsames Material aus KGB-Akten bei sich habe, und als er in seinem Koffer zu wühlen begann, um unter Lebensmitteln und Kleidung die Notizen hervorzuziehen, ließ die Diplomatin Tee kommen. Während Mitrochin seine erste Tasse englischen Tee trank, las sie einige der Notizen. Dann stellte sie Fragen. Er erzählte ihr, daß die Notizen nur einen kleinen Teil eines privaten Archivs darstellten, das auch Material über KGB-Operationen in Großbritannien umfasse. Schließlich willigte er ein, einen Monat später wieder in die Botschaft zu kommen, um mit Vertretern des SIS zu sprechen.

Von der Leichtigkeit, mit der er die russische Grenze passiert hatte, ermutigt, nahm Mitrochin auf seine zweite Reise ins Baltikum 2000 Seiten mit maschinegeschriebenen Notizen mit. Als er am Morgen des

9. April in der Botschaft eintraf, identifizierte er sich gegenüber den SIS-Offizieren durch seinen Paß, den Parteiausweis der KPdSU und den Bescheid über seine KGB-Pensionierung. Dann übergab er ihnen den dicken Stapel mit Notizen und beantwortete den ganzen Tag über ihre Fragen über ihn selbst, sein Archiv und darüber, wie er es zusammengetragen hatte. Am Ende sagte er zu, in zwei Monaten wiederzukommen, um einen Besuch in England vorzubereiten. Anfang Mai meldete die Moskauer SIS-Station, sie habe eine Nachricht erhalten, in der Mitrochin mitteilte, daß er den Nachtzug am 10. Juni nehmen werde. Als er am 11. Juni in der baltischen Hauptstadt eintraf, hatte er einen Rucksack voller Material aus seinem Archiv bei sich. Das Gespräch mit den SIS-Offizieren drehte sich zum größten Teil um seinen für den Herbst geplanten Englandbesuch.

Am 7. September betrat Mitrochin, von SIS-Offizieren begleitet, zum ersten Mal britischen Boden. Die nahezu chaotischen Zustände in Moskau noch vor Augen, machte London einen tiefen Eindruck auf ihn. Für ihn war die Stadt »das Modell dessen, wie eine Hauptstadt sein sollte«. Selbst der dichte Verkehr schien ihm nur ein Beweis für ihre Lebendigkeit zu sein. Einen Teil seines Aufenthalts in England verbrachte Mitrochin in einer sicheren Wohnung in London, wo er vom SIS befragt wurde; die restliche Zeit hielt er sich in Fort Monckton bei Gosport auf, das in den Napoleonischen Kriegen zur britischen Marineverteidigung gehört hatte und heute eine Ausbildungsstätte der britischen Nachrichtendienste ist. Dort traf er auch die endgültige Entscheidung, Rußland zu verlassen, und vereinbarte mit den SIS-Offizieren, wie er selbst, seine Familie und sein Archiv außer Landes gebracht werden sollten. Am 13. Oktober wurde er wieder nach Rußland eingeschleust, um seine Ausreise vorzubereiten.

Am 7. November, dem 75. Jahrestag der Oktoberrevolution, traf Mitrochin mit seiner Familie in der baltischen Hauptstadt ein, in der er Verbindung zum SIS aufgenommen hatte. Einige Tage später waren sie in London, um ein neues Leben zu beginnen. Mitrochin erlebte diesen Augenblick mit gemischten Gefühlen. Einerseits konnte er sich zum ersten Mal, seit er achtzehn Jahre zuvor begonnen hatte, sein Geheimarchiv anzulegen, sicher fühlen; andererseits empfand er die Trennung von seinem Heimatland, das er wahrscheinlich nie wiedersehen würde, als schmerzlichen Verlust. Dieses Gefühl ist vergangen, aber nicht die Verbundenheit mit Rußland. Mitrochin ist heute britischer Staatsbürger. Mit einer Seniorenkarte der Eisenbahn hat er seine neue Heimat in allen Richtungen durchquert und mehr davon gesehen als viele, die dort geboren sind. Seit 1992 hat er mehrere Tage in der Woche an seinem Archiv gearbeitet, die restlichen handschriftlichen Notizen abgetippt und Fragen beantwortet, die Nachrichtendienste aus aller Welt zu seinem Material haben. Ende 1995 kam er das erste Mal mit Christopher Andrew zusammen, um über die Arbeit an dem vorliegenden Buch zu sprechen. Obwohl es in Rußland nicht hätte geschrieben werden können, ist Mitrochin weiterhin wie im Jahr 1972 davon überzeugt, daß die geheime Geschichte des KGB ein Teil der sowjetischen Vergangenheit ist, den kennenzulernen das russische Volk ein Recht hat. Seiner Ansicht nach gehören die weltweiten Auslandsoperationen des KGB, auch wenn sie häufig vernachlässigt werden, zur Geschichte der internationalen Beziehungen im 20. Jahrhundert.

Die Operation, in deren Rahmen Mitrochin im November 1992 in den Westen geschleust wurde, war offenbar so erfolgreich, daß der SWR sein Verschwinden nicht bemerkte und seine KGB-Pension weiterhin auf sein Moskauer Konto überwies. Da er und seine Familie zwei Datschen und eine Mietwohnung in Moskau besaßen, nahmen ihre jeweiligen Nachbarn vermutlich an, daß sie sich an einem der anderen Wohnsitze aufhielten. In England ist kein Wort über Mitrochin und sein Archiv an die Medien durchgesickert. Da aber Teile des Archivs an viele andere Nachrichtendienste und Regierungen übergeben wurden, traten, wie kaum anders zu erwarten, auch einige Lecks auf. Der erste, wenn auch etwas verstümmelte Hinweis auf Mitrochins Archiv erschien neun Monate nach seinem Übertritt in den USA. Im August 1993 veröffentlichte der Washingtoner Enthüllungsjournalist Ronald Kessler einen zum Teil auf Insiderinformationen beruhenden Bestseller über das FBI, der einen kurzen Abschnitt über sensationelle »FBI-Ermittlungen aufgrund der Informationen eines ehemaligen KGB-Mitarbeiters, der Zugang zu KGB-Akten hatte«, enthält:

> »Nach seiner Darstellung haben in den letzten Jahren viele hundert Amerikaner – möglicherweise mehr als tausend – für den KGB spioniert. Die Informationen waren so detailliert, daß das FBI rasch in der Lage war, die Glaubwürdigkeit der Quelle zu bestätigen. ... Bis zum Sommer 1993 hat das FBI in den meisten Großstädten Agenten auf

diese Fälle angesetzt. In [der FBI-Akademie] Quantico fand eine streng geheime Konferenz statt, auf der eine entsprechende Strategie entwikkelt wurde.«[23]

Die Namen der von dem Überläufer enttarnten »vielen hundert Amerikaner« nennt Kessler nicht. In einem Interview der *Washington Post* bestätigte ein ebenfalls nicht namentlich genannter »US-Geheimdienstoffizier«, »daß das FBI genaue Informationen erhalten habe, die zu einer ›bedeutenden‹ Zahl laufender Ermittlungen über KGB-Aktivitäten in den Vereinigten Staaten geführt haben«. Zu der Frage, »wie viele Personen betroffen sind«, wollte er sich jedoch nicht äußern.[24] Das Nachrichtenmagazin *Time* meldete, »mit dem Fall vertraute Quellen« hätten den KGB-Überläufer als früheren Mitarbeiter der Ersten Hauptverwaltung bezeichnet, Kesslers Angaben zur Zahl sowjetischer Spione in den USA aber als »stark übertrieben« zurückgewiesen.[25]

Tatsächlich enthalten Mitrochins Notizen die Namen von »vielen hundert« KGB-Offizieren, Agenten und Kontakten, die seit den zwanziger Jahren zu verschiedenen Zeiten in den Vereinigten Staaten tätig waren. Aber Kessler bezieht diese Zahl fälschlicherweise auf die »letzten Jahre« und nicht auf die gesamte Geschichte der sowjetischen Spionage in den USA. Im Gegensatz zu seinen Zahlenangaben wurde die Unterstellung, der ehemalige KGB-Mitarbeiter sei in die Vereinigten Staaten übergelaufen, ohne Widerspruch hingenommen. Als aber keine weiteren Informationen über den Unbekannten an die Öffentlichkeit drangen, erlosch das Medieninteresse rasch.

Mehr als drei Jahre gab es kein neues Leck, bis im Oktober 1996 in der französische Presse der Vorwurf erhoben wurde, Charles Hernu, der von 1981 bis 1985 Verteidigungsminister gewesen war, habe von 1953 bis mindestens 1963 für östliche Geheimdienste gearbeitet und Präsident François Mitterrand sei zwar vom Sicherheitsdienst DST darüber informiert worden, habe aber den Skandal vertuscht.[26] *Le Monde* berichtete, der britische Nachrichtendienst habe der DST seit 1993 »eine Liste mit rund 300 Namen von Diplomaten und Beamten des Quai d'Orsay, die angeblich für Geheimdienste des Ostblocks gearbeitet haben«, zukommen lassen.[27] In Wirklichkeit standen auf der Liste der Namen aus Mitrochins Archiv, die der SIS an die DST weitergab, nur wenige Diplomaten und Beamte des französischen Außenministeriums, und Hernu war nicht darunter.[28] Keiner der auf beiden Seiten des Kanals erschienenen Medienberichte über die Namensliste des SIS stellte eine Verbindung zu Kesslers Geschichte über einen Überläufer mit Zugang zu KGB-Akten her.

Im Dezember 1996 meldete das deutsche Nachrichtenmagazin *Focus*, nach »zuverlässigen FOCUS-Informationen« habe der SIS dem Bundesamt für Verfassungsschutz (BfV) Hunderte von Namen deutscher Politiker, Geschäftsleute, Rechtsanwälte und Polizeioffiziere, die mit dem KGB in Verbindung standen, übergeben. Diesmal wurde als SIS-Quelle ein russischer Überläufer genannt, der ständigen Zugang zur »Registratur des früheren KGB« gehabt habe. In einer späteren Ausgabe berichtete *Focus*:

»Die Bundesanwaltschaft überprüft seit einem Monat zahlreiche neue detaillierte Hinweise auf ein bis heute nicht enttarntes Agentennetz des früheren sowjetischen Geheimdienstes KGB in Deutschland. Die Karlsruher Fahnder konzentrieren sich dabei in erster Linie auf Moskauer Quellen, die nach der politischen Wende von den KGB-Nachfolgediensten übernommen und womöglich aktiviert worden sind. Grundlage für die Ermittlungen sind umfangreiche Agentendaten, die ein russischer Überläufer aus dem Moskauer Geheimdienst nach London schmuggelte. Nach intensiver Auswertung übergab der britische Geheimdienst dem Bundesamt für Verfassungsschutz (BfV) in Köln im Frühjahr 1996 alle Informationen über konspirative KGB-Verbindungen in Deutschland.«[29]

Im Juli 1997 kam es zu einem weiteren Leck in Österreich. Presseberichte zitierten ein KGB-Dokument, das die Wegbeschreibung zu einem geheimen Waffen- und Sprengstofflager mit dem Codenamen GROT enthielt, das 1963 in der Nähe von Salzburg für Sabotageoperationen angelegt worden war.[30] Nicht erwähnt wurde, daß das Dokument aus Mitrochins Archiv stammte, dem darüber hinaus zu entnehmen ist, daß der Zugang zu dem Waffenlager 1964 im Zuge von Straßenarbeiten versperrt wurde. Der KGB hatte beschlossen, nicht den Versuch zu unternehmen, es wieder zu öffnen, und als die österreichischen Behörden 1997 versuchten, es aufzuspüren, blieb es unauffindbar. Mitrochins Notizen belegen, daß derartige geheime KGB-Lager mit Waffen und Funkausrüstung, zumeist durch Sprengsätze gesichert, über weite Teile Europas und Nordamerikas verstreut sind.[31]

Die Pressemeldung, die der Enthüllung von Mitrochins Archiv am nächsten kam, erschien im Juni 1998 wiederum in *Focus*. In dem Artikel hieß es, ein Oberst der Registratur der Ersten Hauptverwaltung mit »direktem Zugriff auf alle Dossiers über Moskaus Kundschafter« habe handgeschriebene Kopien aus der KGB-Zentrale geschmuggelt und auf seine Datscha bei Moskau gebracht. 1992 sei er nach Großbritannien übergelaufen, und die auf der Datscha versteckten »brisanten« Notizen seien von SIS-Offizieren nach London geschafft worden. Vier Jahre später habe der SIS im Rahmen einer Operation mit dem Codenamen WEEKEND das BfV über das Deutschland betreffende Material aus dem Archiv informiert: »Der Überläufer präsentierte dem deutschen Verfassungsschutz Hunderte von präzisen Hinweisen auf Moskaus Agentennetz in der Bundesrepublik.« Ein »hoher BfV-Mann« wird mit dem Kommentar zitiert: »Uns wurde ganz mulmig. Moskau besitzt offenbar tonnenweise Erpressungsmaterial.« Das BfV habe neue Hinweise auf 50 Spionagefälle erhalten und zwölf Ermittlungsverfahren eingeleitet.[32]

Der *Focus*-Artikel stieß allerdings verbreitet auf Skepsis, zum einen, weil die Geschichte von einem geheimen KGB-Archiv, das aus einer russischen Datscha herausgeschmuggelt wurde, unglaubhaft klang, und zum anderen, weil das einzige von *Focus* angeführte Beispiel für die darin gesammelten Informationen die sensationelle Behauptung war, der frühere Bundeskanzler Willy Brandt, »die Ikone der deutschen Sozialdemokratie«, sei während des Zweiten Weltkriegs ein sowjetischer Spion gewesen. Dies wurde von Juri Kobaladse, dem Chef des Pressebüros des SWR, sofort als »völlig absurd« dementiert. Auf die Frage, wieso der SWR in diesem Fall von seiner üblichen Praxis abweiche, zu solchen Vorwürfen keinen Kommentar abzugeben, antwortete Kobaladse: »Es wäre natürlich sehr schmeichelhaft, einen solch hochrangigen Politiker auf unserer Erfolgsliste zu haben, aber um der historischen Wahrheit willen halten wir es für notwendig, diese Erfindung, die für politische Zwecke mißbraucht werden könnte, zurückzuweisen.« Auch die Vorstellung eines auf der Datscha eines KGB-Obersten gelagerten geheimen Archivs verwies er ins Reich der Legende. Quelle der Brandt-Geschichte könne nur Michail Butkow sein, ein ehemaliger KGB-Major in der Osloer Residentur, der sich 1991 nach Großbritannien abgesetzt hatte.[33]

Obwohl Kobaladse in bezug auf das geheime Archiv falsch lag, wies er die Behauptung, Brandt habe für die Sowjetunion spioniert, zu Recht zurück. Aus Mitrochins Notizen geht hervor, daß der KGB in der Tat eine Akte über Brandt (POLJARNIK) führte, die belegt, daß er während des

29

Exils in Stockholm der NKWD-Residentur Informationen zukommen ließ. Aber in dieser Akte ist auch vermerkt, daß er zugleich mit britischen und amerikanischen Nachrichtendienstoffizieren in Kontakt stand – ebenso wie mit dem früheren norwegischen Sekretär von Leo Trotzki, der dem NKWD als der größte Verräter in der sowjetischen Geschichte überhaupt galt.[34] Brandts Absicht war es, allen drei Mitgliedern der Großen Allianz der Kriegszeit jede Information zukommen zu lassen, die dazu beitragen konnte, Hitlers Niederlage zu beschleunigen. Was die Sowjetunion betraf, so kalkulierte er zutreffend, daß der beste Kommunikationskanal nach Moskau über die Stockholmer Residentur verlief. Das wirklich Peinliche in der POLJARNIK-Akte ist nicht Brandts Verhalten, sondern das des KGB. Dieser versuchte nämlich 1962, fast sicher mit Zustimmung Chruschtschows, Brandt zur Kooperation zu zwingen, indem er damit drohte, die Beweise über seine Verbindung zur Stockholmer Residentur während des Krieges zu benutzen, um ihm »Unannehmlichkeiten« zu bereiten. Doch der Erpressungsversuch schlug fehl.

Wenngleich von den Medien meist unbemerkt, haben außer dem BfV und der österreichischen Gegenspionage auch viele andere Geheimdienste überall auf der Welt, von Skandinavien bis Japan, über Jahre hinweg Hinweise aus Mitrochins Archiv verfolgt. In den meisten Fällen führten diese Hinweise nicht zur Strafverfolgung, sondern wurden für die Spionageabwehr genutzt, um ungelöste Fälle abzuschließen und noch in der KGB-Ära begonnene SWR-Operationen zu neutralisieren. Es gab allerdings auch eine Reihe von Verurteilungen, die auf Mitrochins Archiv zurückgingen.

In einem Fall hätte Mitrochin beinah als Zeuge vor Gericht erscheinen müssen. Der Angeklagte war Robert Lipka, der in den sechziger Jahren vom Militär zur National Security Agency (NSA), dem für die Fernmeldeaufklärung zuständigen Geheimdienst der USA, abkommandiert worden war und den Mitrochin als KGB-Agenten enttarnt hatte.[35] Im Mai 1993 hatte FBI-Agent Dmitri Droujinsky, als in Washington stationierter GRU-Offizier mit dem Namen Sergei Nikitin getarnt, Kontakt zu Lipka aufgenommen. Lipka beschwerte sich bei ihm, daß man ihm für seine ein Vierteljahrhundert zurückliegende Spionagetätigkeit immer noch Geld schulde, worauf er in den nächsten Monaten insgesamt 10 000 Dollar von »Nikitin« erhielt. Offenbar glaubte er, strafrechtlich nicht mehr verfolgt werden zu können. »Die Verjährungsfrist ist abgelaufen«, sagte er zu »Nikitin«, der ihn jedoch korrigierte: »Nach amerikanischem Recht gibt es für Spionage keine Verjährungsfrist.« Das sei egal, erwiderte Lipka; er werde »niemals irgend etwas gestehen«. Nach längeren FBI-Ermittlungen wurde Lipka im Februar 1996 schließlich in seinem Haus in Millersville, Pennsylvania, verhaftet und angeklagt, Geheimdokumente an die Sowjetunion weitergegeben zu haben.[36]

Da er aber alle gegen ihn erhobenen Vorwürfe bestritt, erwartete Mitrochin, im Mai 1997 vor dem Bezirksgericht in Philadelphia aussagen zu müssen. Doch dann besann sich Lipka eines anderen und legte ein Geständnis ab. Sein Verteidiger, Ronald F. Kidd, hatte ihn überredet, einen Handel mit der Staatsanwaltschaft zu akzeptieren, der seine Strafe auf achtzehn Jahre Gefängnis mit der Möglichkeit, bei guter Führung vorzeitig entlassen zu werden, begrenzte. Andernfalls hätte er eine lebenslange Haftstrafe gewärtigen müssen. Obwohl Mitrochins Name im Prozeß nicht fiel, waren es offenbar die Beweise aus seinem Archiv, die Lipkas Meinungsumschwung bewirkten. »Wir haben erkannt, wie schwerwiegend die Beweise waren«, erklärte sein Verteidiger vor Reportern. »Andererseits war der Staatsanwaltschaft klar, daß sie den Prozeß nicht durchziehen konnte, ohne den geheimnisvollen Zeugen [Mitrochin] zu präsentieren.« Nach Lipkas Verurteilung gab die stellvertretende Staatsanwältin Barbara Cohan zu: »Wir hatten einen sehr heiklen Zeugen, der, wenn er hätte aussagen müssen, hinter einem Wandschirm und unter einem angenommenen Namen ausgesagt hätte, und jetzt müssen wir ihn nicht einmal vorladen.«[37]

Es gibt noch andere, die bisher wie Lipka glaubten, davongekommen zu sein, und jetzt durch Mitrochins Archiv an ihre Spionagetätigkeit im Kalten Krieg erinnert werden. Einige von ihnen werden sich auf den folgenden Seiten wiederfinden. Etwa ein Dutzend bedeutende Fälle, in denen derzeit noch ermittelt wird – auch in führenden NATO-Staaten –, können aus rechtlichen Gründen nicht erwähnt werden, da sie noch nicht vor Gericht gekommen sind. Wahrscheinlich wird jedoch nur eine kleine Minderheit der im vorliegenden Buch genannten sowjetischen Agenten strafrechtlich verfolgt werden. Aber der SWR wird sich, während er die umfassendste und intensivste Schadensbewertung in der russischen Geheimdienstgeschichte vornimmt, nie sicher sein können, ob die von Mitrochin identifizierten Spione inzwischen nicht zu Doppelagenten geworden sind.

Nach jeder der angeführten Enthüllungen aus Mitrochins Archiv hat der SWR zweifellos die übliche Schadensbewertungsprozedur abgespult, um Quelle und Umfang der nach außen gedrungenen Informationen zu ermitteln. Seine offizielle Stellungnahme von 1996 – die noch im Juni 1998 im wesentlichen wiederholt wurde –, in der die Vorstellung, ein Überläufer könnte einem westlichen Nachrichtendienst die Namen von Hunderten sowjetischer Agenten genannt haben, als »blanker Unsinn« abgetan wurde, zeigt, wie weit die Ergebnisse der internen Untersuchungen von der Wahrheit entfernt waren. Erst als 1999 die Veröffentlichung des vorliegenden Buchs angekündigt wurde, begann der SWR zu ahnen, welchen Aderlaß an Nachrichtenmaterial er erlitten hatte.

Einige der von Mitrochin gelesenen Akten geben einen lebendigen Eindruck davon, mit welcher Wut die Zentrale des KGB traditionell auf Lecks reagierte. Als 1974 John Barrons Buch *KGB – The Secret Work of Soviet Secret Agents* erschien, das auf Informationen sowjetischer Überläufer und westlicher Nachrichtendienste beruhte, wurden beim KGB nicht weniger als 370 Schadensbewertungen und andere Berichte verfaßt. Der Washingtoner Resident Michail Polonik (ARDOW) wurde angewiesen, alle verfügbaren Informationen über Barron, der damals Redakteur beim *Reader's Digest* war, zu beschaffen und Vorschläge zu unterbreiten, wie er zu kompromittieren sei.[38] In den meisten der vom KGB ergriffenen »aktiven Maßnahmen« gegen Barron wurde dessen jüdische Herkunft hervorgehoben, aber die Behauptung, er gehöre einer zionistischen Verschwörung an – ein Lieblingsthema der sowjetischen Desinformation –, stieß außer im Nahen Osten auf wenig Resonanz.[39]

Einfallsreicher waren die aktiven Maßnahmen gegen einige der Journalisten, die Artikel über Barrons Buch geschrieben hatten. So wurden von KGB-Agenten beschaffte Blankoexemplare von »Informationskarten« der österreichischen Staatspolizei benutzt, um österreichische Journalisten zu kompromittieren, denen vorgeworfen wurde, sie hätten Material aus Barrons Buch verwendet, um die »friedliebende« Politik der Sowjetunion zu verunglimpfen. Erfundene Einträge auf den Karten, die Dienst A, die für aktive Maßnahmen zuständige Einheit der Ersten Hauptverwaltung, vornahm, sollten belegen, daß die Staatspolizei glaubte, die Journalisten steckten mit der CIA unter einer Decke. Fotokopien der Karten wurden an die österreichischen Medien verteilt. In den von Mitrochin eingesehenen Akten sind aktive Maßnahmen gegen Barrons

Buch in so entlegenen Ländern wie der Türkei, Zypern, Libyen, dem Libanon, Ägypten, Iran, Kuwait, Somalia, Uganda, Indien, Sri Lanka und Afghanistan aufgeführt.[40]

Ebenso große Kopfschmerzen wie Barrons Buch bereitete der Zentrale das 1990 erschienene Buch von Christopher Andrew und Oleg Gordiewski, *KGB – Die Geschichte seiner Auslandsoperationen von Lenin bis Gorbatschow*, das sich auf KGB-Dokumente und andere Informationen stützte, die Gordiewski während seiner Tätigkeit als britischer Agent im KGB von 1974 bis 1985 gesammelt hatte.[41] Wie zu erwarten, reagierte die Zentrale mit aktiven Maßnahmen gegen das Buch und seine Autoren.[42] Die Reaktion des KGB im allgemeinen und seines Vorsitzenden Krjutschkow im besonderen wies allerdings auch einen wichtigen neuen Aspekt auf. In einem streng geheimen Befehl vom September 1990 betonte der KGB-Vorsitzende die Bedeutung von Beeinflussungsoperationen und anderen aktiven Maßnahmen, die »eine der wichtigsten Aufgaben des Auslandsnachrichtendienstes des KGB« darstellten, und forderte dazu auf, »regeren Gebrauch von Archivmaterial« zu machen, um der Öffentlichkeit ein positives Bild des KGB und »seiner berühmteren Fälle« zu vermitteln.[43]

Der erste westliche Autor, dem im Rahmen dieser Imagekampagne Material aus dem KGB-Archiv angeboten wurde, war der rührige John Costello, ein freiberuflicher britischer Historiker, der ein feines Gespür für die Forschung mit einer Vorliebe für Verschwörungstheorien verband.[44] 1991 veröffentlichte er unter dem Titel *Ten Days to Destiny* ein Buch über den mysteriösen Englandflug des Hitler-Stellvertreters Rudolf Heß, in dem er sowohl vom SWR ausgewählte KGB-Akten als auch westliche Quellen auswertete. Seine These, Schlüssel der ganzen Affäre sei ein Komplott des britischen Geheimdienstes, wurde allerdings von den meisten Fachleuten als unwahrscheinlich abgelehnt. Zwei Jahre darauf schrieb er zusammen mit dem SWR-Berater und früheren Offizier der Ersten Hauptverwaltung Oleg Zarew eine weit weniger umstrittene Biographie des sowjetischen Nachrichtendienstoffiziers und Überläufers Alexander Orlow, das im Klappentext als das »erste Buch aus KGB-Archiven« bezeichnet wurde. Es enthält eine Danksagung an den vormaligen KGB-Vorsitzenden Krjutschkow und den letzten Leiter der Ersten Hauptverwaltung, Leonid Schebarschin, für die Anregung zu dem Projekt. Costello fügte einen »persönlichen Dank« an den SWR hinzu – »für die durchgängige Unterstützung dieses Projekts, mit der sie einen neuen

Präzedenzfall für Offenheit und Objektivität in der Erforschung der Geheimdienste geschaffen haben«.[45]

Die Zusammenarbeit zwischen Costello und Zarew diente als Vorbild für weitere Kooperationen zwischen jeweils einem vom SWR ausgewählten russischen und einem westlichen Autor – ein Projekt, das ursprünglich vom New Yorker Verlag Crown Books gefördert, dann aber aufgegeben wurde. Für jedes Buch der Reihe, die Themen aus der Periode von der Zwischenkriegszeit bis zur Frühphase des Kalten Krieges behandelt, hat der SWR den Autoren exklusiven Zugang zu von ihm ausgewählten streng geheimen Dokumenten aus dem KGB-Archiv gewährt. Alle bisher erschienenen Bände enthalten interessantes und gelegentlich bedeutsames neues Material; manche beeindrucken darüber hinaus durch ihre historische Analyse. Ihre Hauptschwäche, an der die Autoren keine Schuld tragen, besteht jedoch darin, daß die Dokumente nicht von ihnen, sondern vom SWR ausgewählt wurden, und das mitunter in höchst selektiver Art und Weise. So hat der SWR verschiedenen russischen und westlichen Autoren nacheinander vier unterschiedliche Teile der umfangreichen KGB-Akte über den berühmtesten britischen KGB-Agenten, Kim Philby, zur Verfügung gestellt. Um sowohl Philbys heroisches Image als auch das Ansehen des russischen Nachrichtendienstes zu wahren, hat der SWR darauf geachtet, keine Akten aus Philbys letzten Wochen als Chef der SIS-Station in den Vereinigten Staaten (dem Höhepunkt seiner Laufbahn als sowjetischer Spion) freizugeben, in denen für ihn bestimmte Gelder und Instruktionen verschwanden und er sich mit seinem inkompetenten Führungsoffizier, der schließlich in Ungnade nach Moskau zurückbeordert wurde, überwarf. Mitrochins Notizen über jene Teile der Philby-Akte, die der SWR immer noch als für die Veröffentlichung ungeeignet betrachtet, machen diese possenhafte Episode erstmals bekannt.[46]

Der SWR hat sogar die Existenz mancher Akten öffentlich geleugnet, die er als peinlich empfand. Als das amerikanisch-russische Autorenteam einer Geschichte der Konfrontation von KGB und CIA in Berlin in der Zeit bis zum Mauerbau, die teilweise auf vom SWR ausgewählten Dokumenten beruht, um Einsicht in die Akte des KGB-Agenten Alexander Kopazky, alias Igor Orlow, bat, behauptete der SWR, die einzige Akte über »Igor Orlow« betreffe einen Besuch, den er 1965 der sowjetischen Botschaft in Washington abgestattet habe, um sich nach der Möglichkeit zu erkundigen, in der Sowjetunion Asyl zu erhalten. Bei dieser Gelegenheit habe er erzählt, das FBI habe versucht, ihn zu dem Geständnis zu bewegen, »daß er in den vierziger und fünfziger Jahren in Deutschland mit dem sowjetischen Nachrichtendienst zusammengearbeitet habe«. Trotz dieses Dementis war Kopazky einer der angesehensten Agenten des KGB. Wie aus seiner angeblich nicht vorhandenen KGB-Akte, die Mitrochin gelesen hat, hervorgeht, waren im Lauf der Zeit nicht weniger als 23 Führungsoffiziere für ihn zuständig.[47]

Neben den für die Publikation im Westen bestimmten historischen Gemeinschaftswerken verfertigte der SWR auch mehrere weniger anspruchsvolle Bücher für den russischen Markt. 1995 gab er aus Anlaß des 75. Jahrestages der Gründung des sowjetischen Auslandsnachrichtendienstes, als dessen Erbe er sich versteht, einen Band mit Lebensbildern von 75 Nachrichtendienstoffizieren – allesamt, wie es scheint, *sans peur et sans reproche* – heraus, die sich kaum von den unkritischen Hagiographien der KGB-Ära unterscheiden.[48] Zwei Jahre später begann der SWR mit der Publikation einer vielbändigen Geschichte der Auslandsoperationen des KGB, deren jüngster, 1997 erschienener Band die Zeit bis zum Beginn des Großen Vaterländischen Krieges umfaßt.[49] Obwohl das Werk eine Fülle zumeist verläßlicher Informationen enthält, präsentiert es eine selektive und geschönte Darstellung der Geschichte des sowjetischen Nachrichtendienstes. Außerdem konserviert es, wenn auch in gemäßigter Form, einige der traditionellen Verschwörungstheorien des KGB. Sein literarischer Herausgeber, Lolly Samoiski, war früher ein hochrangiger Analytiker der Ersten Hauptverwaltung, der in der Zentrale und den ausländischen Residenturen für seinen Glauben an eine weltweite »freimaurerisch-zionistische Verschwörung« bekannt war.[50] 1989 veröffentlichte er ein Pamphlet mit dem großspurigen Titel *Behind the Facade of the Masonic Temple,* in dem er den Freimaurern unter anderem die Schuld am Ausbruch des Kalten Krieges anlastet.[51]

Absicht der vom SWR jeweils getroffenen Auswahl von Themen und Dokumenten für die historische Darstellung vergangener Operationen ist es, den sowjetischen Nachrichtendienst als pflichtbewußten, professionell arbeitenden Geheimdienst erscheinen zu lassen, der dieselben Aufgaben wie seine westlichen Pendants erfüllte, aber den Wettstreit mit ihnen in den meisten Fällen für sich entschied.[52] Sogar unter Stalin scheint er, aus dieser Perspektive gesehen, weniger Täter als Opfer des Terrors gewesen zu sein,[53] obwohl Ende der dreißiger Jahre die Jagd auf »Volksfeinde« im Ausland zu seiner Hauptaufgabe wurde. Auf ähnliche Weise versucht der SWR, die Operationen des Auslandsnachrichtendienstes im Kalten Krieg von der Verletzung der Menschenrechte durch den KGB im Inneren zu trennen. Tatsächlich aber wurde der Kampf gegen die »ideologische Subversion« im In- und Ausland sorgfältig koordiniert. Der KGB spielte bei der Unterdrückung des ungarischen Aufstands 1956, bei der Zerschlagung des Prager Frühlings 1968, bei der Invasion Afghanistans 1979 ebenso eine Hauptrolle wie 1981, als das polnische Regime gedrängt wurde, die Gewerkschaft Solidarność auszuschalten. Eng mit der Verfolgung von Dissidenten innerhalb der Sowjetunion verknüpft waren die sogenannten PROGRESS-Operationen der Ersten Hauptverwaltung gegen Dissidenten in den anderen Ländern des Ostblocks und die ständige Belästigung derjenigen, die im Westen Zuflucht gesucht hatten. Mitte der siebziger Jahre wurde der Kampf gegen die ideologische Subversion sogar auf führende westliche Kommunisten ausgedehnt, die nach Ansicht Moskaus von der eigenen harten Linie abgewichen waren.

Über diese und viele andere Operationen enthält Mitrochins Archiv sehr viel Material aus KGB-Akten, die der SWR immer noch vor der Öffentlichkeit geheimhalten möchte. Im Unterschied zu den vom SWR freigegebenen Dokumenten, von denen das jüngste aus den frühen sechziger Jahren stammt, umfassen Mitrochins Notizen fast den gesamten Kalten Krieg. Der größte Teil des Materials, auf dem sie beruhen, unterliegt in Moskau weiterhin der Geheimhaltung. Manche der Originaldokumente, die Mitrochin gelesen hat, existieren möglicherweise nicht mehr. So wurde 1989 der größte Teil der umfangreichen Akte über Andrej Sacharow, der von Andropow einst als »Staatsfeind Nummer eins« betrachtet worden war, vernichtet. Wenig später gab Krjutschkow bekannt, daß sämtliche Akten über Dissidenten, die nach dem berüchtigten Artikel 70 des Strafgesetzbuchs (antisowjetische Agitation und Propaganda) angeklagt worden waren, dem Reißwolf übergeben würden. Insofern hat Mitrochin, um Costellos Lob für Krjutschkow und seine SWR-Nachfolger von 1993 aufzugreifen, einen »neuen Präzedenzfall für Offenheit und Objektivität beim Studium der Nachrichtendienstgeschichte« geschaffen, den vermutlich keiner von ihnen für möglich gehalten hat.

2.
Von Lenins Tscheka zu Stalins OGPU

Während des größten Teils der Zugehörigkeit Mitrochins zum sowjetischen Geheimdienst war die Geschichte der inländischen KGB-Operationen selbst dessen eigenen Historikern peinlich. In den späten dreißiger Jahren war der KGB (damals noch unter dem Namen NKWD) das Hauptinstrument von Stalins Großem Terror, der größten Verfolgungswelle in Friedenszeiten, die es in der europäischen Geschichte gegeben hat. Im Offiziersklub des KGB in der Lubjanka, der Moskauer Zentrale, fehlen die üblichen Porträts ehemaliger Vorsitzender; die meisten von ihnen hätten auch besser in ein Schreckenskabinett als in eine Ruhmeshalle gepaßt. Drei Vorsitzende wurden erschossen, nachdem man sie schrecklicher Verbrechen (echter wie erfundener) für schuldig befunden hatte: Genrich Jagoda 1938, Nikolai Jeschow 1940 und Lawrenti Berija 1953. Ein vierter – Iwan Serow – hatte sich 1963 selbst eine Kugel in den Kopf gejagt. Die KGB-Historiker der Ära nach Stalin neigten dazu, sich von der blutigen Wirklichkeit ihrer stalinistischen Vergangenheit und den selbstmörderischen ehemaligen Vorsitzenden abzuwenden und sich in ein früheres, überwiegend mythisches leninistisches Goldenes Zeitalter revolutionärer Reinheit zu flüchten.

Der KGB führte seinen Ursprung auf den 20. Dezember 1917 zurück, an dem – sechs Wochen nach der Oktoberrevolution – die Tscheka, der erste sowjetische Sicherheits- und Nachrichtendienst gegründet worden war. Während Mitrochins Laufbahn stilisierten sich die KGB-Offiziere als »Tschekisten«; ihr Gehalt wurde ihnen nicht am Ersten eines Monats, sondern in Erinnerung an den Gründungstag der Tscheka am 20., dem »Tschekistentag«, ausgezahlt. Auch die Symbole der Tscheka, Schwert und Schild, hatte der KGB übernommen: den Schild zur Verteidigung der Revolution und das Schwert, um ihre Feinde zu zerschmettern. Außerhalb der Lubjanka stand eine riesige Statue des Chefs der Tscheka, Felix Dserschinski, der in zahllosen offiziellen Hagiographien als selbstloser, unbestechlicher »Ritter der Revolution« gepriesen wurde, der den Drachen der Konterrevolution besiegt hatte. Er war vor der Revolution über zwanzig Jahre Berufsrevolutionär gewesen, von denen er elf in zaristischen Gefängnissen, Straflagern oder im Exil verbracht hatte. Laut Dserschinski*, in den Handbüchern des KGB oftmals zitiert, brauchten Tschekisten »ein warmes Herz, einen kühlen Kopf und saubere Hände«. Wie Lenin war er ein unbestechlicher Workaholic, der bereit war, zur Verteidigung der Revolution sowohl das eigene Leben als auch das Leben anderer hinzugeben.[1] Im neuen Gebäude der Ersten Hauptverwaltung (Ausland) des KGB in Jasenewo war eine auf einem Marmorsockel stehende und ständig von frischen Blumen umgebene große Büste Dserschinskis das Objekt der Verehrung.

Durch die überschwenglichen öffentlichen Huldigungen des KGB für seinen heilig gehaltenen Gründervater wurde verschleiert, in welchem Ausmaß Dserschinskis Geheimdienstfähigkeiten auf dem wesentlich kleineren zaristischen Vorgänger der Tscheka, der Ochrana, beruhten. Die Bolschewiken hatten aus erster Hand erfahren, wie gut die Ochrana es verstand, ihre Mitarbeiter als Infiltrationsagenten und *Agents Provocateurs* einzusetzen. Im Juli 1913 hatte Lenin mit zwei seiner wichtigsten Vertrauten, Lew Kamenew und Grigori Sinowjew, sowie dem Führer der Dumafraktion der Bolschewiken, Roman Malinowski, das schwierige Problem der Unterwanderung durch die Ochrana erörtert. Man war übereinstimmend zu dem Schluß gelangt, daß ein unbekannter Agent der Ochrana in Kontakt mit dem bolschewistischen Abgeordneten stehen müsse. Wie nah dieser Kontakt war, konnte Lenin nicht ahnen, denn der Agent war niemand anderer als Malinowski selbst. Nachdem er später durch die Akten der Ochrana enttarnt worden war, wurde er am ersten Jahrestag der Oktoberrevolution im Park des Kreml erschossen.[2]

Die Erfolge der Tscheka bei der Infiltration ihrer Gegner beruhten zum großen Teil auf der Übernahme der von Malinowski und anderen zaristischen Agenten angewendeten Techniken. Dimitri Jewsejew, Autor zweier früher operativer Handbücher der Tscheka – *Hauptziele des Nachrichtendienstes* und *Kurzanleitung der Tscheka über die Beschaffung von Informationen* –, stützte sich in seinen Texten auf das genaue Studium der Vorgehensweise der Ochrana. Obwohl die Tscheka ein »Organ des Aufbaus der Diktatur des Proletariats« war, erklärte Jewsejew wie Dser-

---

* in polnischer Schreibweise Feliks Dzierżyński – er stammte aus altem polnischem Adel.

schinski, man dürfe nicht zögern, aus den Erfahrungen der »bürgerlichen« Geheimdienste zu lernen.[3]

In der Frühzeit erfüllte die Tscheka überwiegend innenpolitische Aufgaben. Dserschinski beschrieb sie als »ein Organ für die revolutionäre Begleichung der Rechnungen mit den Konterrevolutionären«,[4] zu denen im Lauf der Zeit alle Gegner der Bolschewiken und »Klassenfeinde« gerechnet wurden. Die Tätigkeit des ersten Tscheka-Agenten, der mit einem Geheimdienstauftrag ins Ausland geschickt wurde, Alexej Filippow, steht in kläglichem Gegensatz zu dem heroischen Bild, das die KGB-Historiker in ihren Darstellungen von der Leninschen Ära malen. 1870 geboren, hatte der Rechtsanwalt Filippow vor der Oktoberrevolution als Zeitungsverleger Karriere gemacht. Ende 1917 wurde er dann von Dserschinski rekrutiert, um, als Journalist und Geschäftsmann getarnt, zur Nachrichtenbeschaffung nach Finnland zu gehen. Bevor er im Januar 1918 zur ersten von mehreren Missionen aufbrach, unterschrieb Filippow die Verpflichtung, »auf freiwilliger Basis, ohne Bezahlung, alle Informationen, die ich in Wirtschafts-, Banken- und insbesondere in konservativen [nationalistischen] Kreisen höre, weiterzugeben«.[5]

Am 4. Januar erkannte Lenin zwar offiziell die Unabhängigkeit Finnlands an, das vorher zum Zarenreich gehört hatte, aber nur, um umgehend den Umsturz vorzubereiten. Durch einen Putsch bekamen die finnischen Kommunisten mit Unterstützung der russischen Heeres- und Marinegarnison in Helsinki die Hauptstadt und einen großen Teil Südfinnlands in die Hand. Ihnen stellte sich rasch ein Verteidigungskorps finnischer Nationalisten unter dem früheren zaristischen General Carl-Gustaf von Mannerheim entgegen.[6] Filippows Hauptaufgabe für die Tscheka bestand darin, über Mannerheim, dessen Beziehungen zu den Deutschen und die Stimmung unter den Matrosen, die den Putsch unterstützten, zu berichten. Anfang April 1918 griffen jedoch deutsche Truppen in Finnland ein, und am Ende des Monats waren sowohl der Putsch als auch Filippows kurze Laufbahn als erster sowjetischer Auslandsagent zu Ende.[7]

Während des russischen Bürgerkriegs, der im Mai 1918 begann und zweieinhalb Jahre dauern sollte, kämpfte das bolschewistische Regime gegen starke, aber gespaltene »weiße« russische Armeen ums Überleben. Hinter allen gegen sie angetretenen Kräften sahen die führenden Bolschewiken eine riesige, vom westlichen Kapitalismus organisierte Verschwörung am Werk. Es habe sich gezeigt, sagte Lenin im Juli, »daß wir es hier mit einem systematischen, beharrlichen, offensichtlich längst überlegten und von allen Vertretern des englisch-französischen Imperialismus monatelang vorbereiteten konterrevolutionären und militärischen Feldzug gegen die Sowjetrepublik zu tun haben«.[8] In Wirklichkeit hatte der junge Sowjetstaat im In- und Ausland zwar viele Feinde, aber eine sorgfältig geplante und koordinierte imperialistische Verschwörung zu seinem Sturz gab es nicht. Die Fiktion eines solchen Komplotts trug allerdings dazu bei, den frühen Operationen der Tscheka gegen ihre imperialistischen Gegner Gestalt zu verleihen.

Im Verlauf des Bürgerkriegs behauptete die Tscheka, eine ganze Reihe großer Verschwörungen westlicher Regierungen und ihrer Geheimdienste zum Sturz des bolschewistischen Regimes entdeckt und zerschlagen zu haben. Die erste war im Sommer 1918 die nach dem jungen britischen Diplomaten Robert Bruce Lockhart auch »Lockhart-Verschwörung« benannte »Gesandtenverschwörung«. In einer 1979 veröffentlichten KGB-Geschichte wird behauptet, man könne, »ohne zu übertreiben, ... sagen, daß der vernichtende Schlag, den die Tschekisten den Verschwörern versetzt hatten, ebensoviel wert war wie eine siegreiche militärische Schlacht«.[9] Genau dies hatte sich die Tscheka 1918 zugute gehalten, und noch ein halbes Jahrhundert später glaubten die meisten von Mitrochins Kollegen an diese Darstellung. In Wirklichkeit war die »Gesandtenverschwörung« nicht von einem Bündnis kapitalistischer Regierungen, sondern von einer Gruppe politisch naiver westlicher Diplomaten und abenteuerlustiger Geheimagenten organisiert worden, die während der chaotischen ersten Monate der bolschewistischen Herrschaft weitgehend auf sich allein gestellt waren und einen lächerlich unangemessenen Versuch, sie zu beseitigen, unternahmen. Der bekannteste unter den Geheimagenten war Sidney Reilly vom britischen Secret Intelligence Service (SIS) – damals MI1c genannt –, dessen Heldentaten zwischen überspannten Abenteuern und billiger Farce schwankten; später sollte sein zunehmender Hang zur Phantastik zu seiner Entlassung aus dem SIS führen. Seine Ankunft in Moskau am 7. Mai 1918 machte Reilly in charakteristischer Weise bekannt, indem er zum Kremltor ging und verkündete, er sei ein Abgesandter des britischen Premierministers Lloyd George (der wahrscheinlich nie von ihm gehört hatte), und erfolglos verlangte, zu Lenin vorgelassen zu werden.

Der bei weitem raffinierteste Teil der »Gesandtenverschwörung«

stammte nicht von den Gesandten oder ihren Geheimagenten, sondern von der Tscheka, die den westlichen Verschwörern, möglicherweise auf Lenins Anregung, eine Falle stellte. Im August 1918 überzeugte der Tscheka-Offizier Jan Buikis, der als antibolschewistischer Verschwörer unter dem Namen Schmidchen auftrat, Lockhart, Reilly und den französischen Generalkonsul davon, daß Generaloberst Eduard Bersin, Kommandeur eines im Kreml stationierten lettischen Regiments – in Wirklichkeit ein *Agent Provocateur* –, bereit sei, einen antibolschewistischen Aufstand anzuführen. Um den vermeintlichen Putsch zu finanzieren, stellte Reilly 1,2 Millionen Rubel zur Verfügung, die Bersin prompt an die Tscheka weitergab.[10] Reillys Putschplan variierte. Einmal stellte er sich vor, an der Spitze lettischer Soldaten während eines Sowjetkongresses auf die Bühne des Bolschoi-Theaters zu stürmen, Lenin, Trotzki und andere führende Bolschewiken gefangenzunehmen und auf der Stelle zu erschießen.[11] Faszinierend fand er aber auch die Möglichkeit, Lenin und Trotzki, statt sie zu erschießen, die Hosen auszuziehen und in Unterhosen durch die Straßen von Moskau zu führen, damit sie »vor aller Welt lächerlich gemacht« würden.[12]

Reillys Phantasien wurden bald von der Wirklichkeit eingeholt. Am 30. August ermordete Leonid Kannegisser, ein ehemaliges Mitglied der gemäßigten Volkssozialistischen Arbeiterpartei, den Leiter der Petrograder Tscheka, Moisei Urizki,[13] und bei einem nicht damit zusammenhängenden Attentat schoß am selben Tag die Sozialrevolutionärin Fanja (Dora) Kaplan auf Lenin und verwundete ihn schwer. Den Verhörbeamten der Tscheka sagte sie später: »Ich habe auf Lenin geschossen, weil er für mich ein Verräter [am Sozialismus] ist.«[14] Im Gefolge dieser Anschläge beschloß Dserschinski, die zum größten Teil von der Tscheka inszenierte »Gesandtenverschwörung« auffliegen zu lassen. Am 2. September wurde bekanntgegeben, die Tscheka habe eine »Verschwörung anglo-französischer Diplomaten liquidiert«, deren Ziel es gewesen sei, »den Rat der Volkskommissare gefangenzunehmen und in Moskau eine Militärdiktatur auszurufen; das sollte durch Bestechung sowjetischer Truppen bewerkstelligt werden«. Wie nicht anders zu erwarten, fehlte in der Verlautbarung jeder Hinweis darauf, daß der Plan, sowjetische Truppen zu bestechen und einen Militärputsch durchzuführen, von der Tscheka selbst ausgearbeitet worden war und daß die Diplomaten von *Agents Provocateurs*, die sich der Erfahrungen der Ochrana bedienten, zur Beteiligung an der Verschwörung verleitet worden waren. Am 5.

September gaben Dserschinski und Sinowjew, der Petrograder Parteichef, eine weitere Erklärung heraus, in der sie die anglo-französischen Verschwörer als »Organisatoren« des Attentats auf Lenin und »wirkliche Mörder« Urizkis bezeichneten. Reillys Vorhaben, Lenin und Trotzki die Hosen auszuziehen, enthielt Dserschinski der Öffentlichkeit jedoch vor. Eine westliche Beteiligung an Mordkomplotten gegen Lenin machte die Tscheka mit Freuden publik oder erfand sie, wenn nötig, aber einen Plan zu enthüllen, der ihn der Lächerlichkeit ausgesetzt hätte – das wagte sie nicht.[15]

Dem Anschlag auf Lenins Leben, der Ermordung Urizkis und der Bekanntgabe der »Liquidierung« der Gesandtenverschwörung folgte wenig später die Verkündung des Roten Terrors. Da die Bolschewiken jetzt in einen erbittert geführten Bürgerkrieg gegen ihre »weißen« Feinde verstrickt waren, machte sich die Tscheka daran, die Gegner des Regimes zu terrorisieren. Lenin selbst hatte, wie erwähnt, nur drei Wochen vor dem Attentat auf ihn an die Bolschewiken in Pensa – und vermutlich auch andernorts – geschrieben und sie aufgefordert, öffentliche Hinrichtungen zu organisieren, damit die Menschen »im Umkreis von Hunderten von Kilometern erzittern«. Während er selbst sich noch von seinen Verletzungen erholte, ordnete er an: »Es ist notwendig, im geheimen – und *dringend* – den Terror vorzubereiten.«[16] Am 15. Oktober berichtete Urizkis Nachfolger in Petrograd, Gleb Boki, voller Stolz nach Moskau, 800 angebliche Konterrevolutionäre seien erschossen und weitere 6229 inhaftiert worden. Zu denen, die in Petrograd festgenommen und vermutlich hingerichtet worden waren, gehörte auch der erste Auslandsagent der Tscheka, Alexej Filippow. Der Grund dafür war aller Wahrscheinlichkeit nach nicht der Fehlschlag seiner Mission in Finnland, sondern seine Klassenzugehörigkeit, die ihn im paranoiden Klima des Roten Terrors als Volksfeind kennzeichnete.[17] Zwanzig Jahre später sollte Boki selbst dem noch größeren Verfolgungswahn von Stalins Terror zum Opfer fallen.

Bersin und Buikis, die beiden *Agents Provocateurs* der Tscheka, die mitgeholfen hatten, die Gesandtenverschwörung in Szene zu setzen, wurden zu Opfern ihrer eigenen Täuschung. Bersins Laufbahn entwickelte sich anfangs noch vielversprechend. Ihm wurde für seine Tätigkeit als *Agent Provocateur* der Rotbannerorden verliehen; er trat der Tscheka bei und wurde später Leiter eines Zwangsarbeitslagers bei den Goldminen im Kolyma-Gebirge, das eine der höchsten Todesraten in Stalins Gulag hatte. 1937 wurde er jedoch verhaftet und als Volksfeind erschossen.[18] Welche Anklagen im einzelnen gegen ihn erhoben wurden, ist nicht bekannt, aber es ist anzunehmen, daß man ihm unter anderem vorwarf, 1918 tatsächlich mit den westlichen Verschwörern gemeinsame Sache gemacht zu haben. Bersins Mitkämpfer Buikis alias Schmidchen erschien in der paranoiden stalinistischen Interpretation der »Gesandtenverschwörung« nicht als Tscheka-Offizier, der seine Befehle befolgte, sondern als verdeckter Konterrevolutionär, und er überlebte den Terror nur, weil er seine Identität verheimlichte. Erst Mitte der sechziger Jahre wurde durch Recherchen im KGB-Archiv »Schmidchens« wahre Identität und seine Rolle im Jahr 1918 wiederentdeckt.[19]

Während Mitrochins gesamter Dienstzeit haben die meisten KGB-Historiker sämtliche Komplotte und Angriffe auf das junge Sowjetregime als Taten einer verschwörerischen »Einheitsfront der Konterrevolution« zwischen den inneren Klassenfeinden und den »imperialistischen Mächten« des Auslands interpretiert.[20] Die Wirklichkeit sah anders aus. Hätte es eine solche »Einheitsfront« gegeben, hätte das Regime den Bürgerkrieg sicherlich verloren. Wenn 1919 nur zwei oder drei westliche Divisionen im Finnischen Meerbusen gelandet wären, hätten sie sich sehr wahrscheinlich den Weg nach Moskau freikämpfen und die Bolschewiken stürzen können. Aber so kurz nach dem Ende des Ersten Weltkriegs waren nicht einmal zwei oder drei Divisionen aufzutreiben. Diejenigen amerikanischen, britischen, französischen und japanischen Truppen, die in den Kampf gegen die Rote Armee eingriffen, trugen nur dazu bei, die Weißgardisten in Verruf zu bringen, und unterstützten insofern eher die Bolschewiken. Sie waren zu wenige, um den Ausgang des Bürgerkriegs beeinflussen zu können, aber zahlreich genug, um es den Bolschewiken zu ermöglichen, ihre Gegner als Werkzeuge des westlichen Imperialismus hinzustellen. Zumindest die meisten Bolschewiken waren davon überzeugt, daß sie im Bürgerkrieg einen entschlossenen Angriff der vollen Macht des westlichen Kapitalismus abgewehrt hatten. Diese Illusion sollte die sowjetische Haltung während der gesamten Stalinära und darüber hinaus bestimmen.

Die Operationen der Tscheka im In- und Ausland waren nicht nur vom Erbe der Ochrana, sondern auch von den vorrevolutionären Erfahrungen der Bolschewiken als einer weitgehend im Untergrund arbeitenden Gruppierung geprägt. Viele führende Bolschewiken hatten sich bis 1917 derart daran gewöhnt, mit einer falschen Identität zu leben, daß sie nach der Revolution ihre Codenamen nicht ablegten, darunter der russische Adlige Wladimir Uljanow,[21] der seinen Codenamen Lenin behielt, und der Georgier Josef Dschugaschwili, der weiterhin den Namen Stalin benutzte. Auch an anderen im Untergrund erworbenen Gewohnheiten hielten Lenin und Stalin fest. So bestand Lenin in heiklen Angelegenheiten darauf, daß von seinen Anweisungen keine Kopien angefertigt und die Originale entweder zur Vernichtung an ihn zurückgegeben oder vom Empfänger vernichtet wurden. Zum Glück für die Historiker wurden seine Befehle nicht immer befolgt.[22]

Stalin fuhr in den zwanziger Jahren fort, seinen vorrevolutionären Lebenslauf zu redigieren, wobei er sogar sein Geburtsdatum änderte; das korrekte Datum, der 6. Dezember 1878, wurde erst 1996 bekannt.[23] Bei einem Besuch in der Geheimabteilung des Moskauer Hauptarchivs *(Glawarchiw)* bekam Mitrochin einmal eine Ochrana-Akte über Dschugaschwili zu Gesicht. Einband und Titelblatt entsprachen dem bei der Ochrana Üblichen, doch als er sie aufschlug, entdeckte Mitrochin, daß der Inhalt komplett entfernt worden war. Vermutlich besaß die Ochrana kompromittierendes Material über den jungen Dschugaschwili, das Stalin bei der ersten Gelegenheit aussortieren ließ. In für die sowjetische Bürokratie typischer Weise hatte man den Aktendeckel trotzdem aufbewahrt, da die Akte im Geheimregister verzeichnet war und der Eintrag nicht gelöscht werden konnte. Mitrochin nimmt an, daß derjenige, der – vermutlich auf Stalins Befehl – die Akte entfernt hatte, später eliminiert wurde, um das Geheimnis ihres Verschwindens zu bewahren.[24] Was Stalin vor allem hatte aus der Welt schaffen wollen, war möglicherweise der Beweis dafür, daß er ein Informant der Ochrana gewesen war. Trotzdem hat sich ein Hinweis darauf erhalten, auch wenn er keinesfalls einen schlüssigen Beweis darstellt. Nach Berichten eines Ochrana-Agenten, die im Staatsarchiv der Russischen Föderation entdeckt wurden, konfrontierten die Bolschewiken von Baku »Dschugaschwili-Stalin mit dem Vorwurf, ein Provokateur und Agent der Geheimpolizei zu sein sowie Parteigelder veruntreut zu haben«.[25]

Schon bald nach Ausbruch des Bürgerkriegs im Jahr 1918 begann die Tscheka – in Übereinstimmung mit der bolschewistischen Tradition, unter falschen Identitäten zu operieren –, Offiziere und Agenten mit verschiedenen Tarnungen und Codenamen hinter die feindlichen Linien zu schicken, um Informationen zu sammeln. Bis zum Juni 1919 war die Zahl dieser »Illegalen« groß genug geworden, um die Schaffung einer eigenen Abteilung für Illegalenoperationen, die spätere Direktion S der Ersten Hauptverwaltung des KGB, zu rechtfertigen.[26] In den geheimgehaltenen KGB-Geschichten wird dazu angemerkt, daß die »Illegalenoperationen« fortan ein »untrennbarer Bestandteil des Auslandsnachrichtendienstes« waren. Am 20. Dezember 1920, dem dritten Jahrestag der Gründung der Tscheka, wurde eine neue Auslandsabteilung (INO) gebildet, in deren Zuständigkeit alle Operationen jenseits der sowjetischen Grenzen fielen. In den frühen Jahren Sowjetrußlands, als das kommunistische Regime international als Paria behandelt wurde, gab es nur wenige offizielle Vertretungen im Ausland, die als Tarnung für »legale« Nachrichtendienststationen oder »Residenturen«, wie sie im Jargon der Tscheka hießen, dienen konnten, weshalb man sich weitgehend auf Illegale stützen mußte. Als in ausländischen Hauptstädten Handelsmissionen und diplomatische Vertretungen eingerichtet wurden, erhielt jede von ihnen eine »legale Residentur« unter Führung eines »Residenten«, dessen Identität nur dem Missionschef oder Botschafter mitgeteilt wurde. Illegale, die manchmal in »illegalen Residenturen« zusammengefaßt wurden, operierten ohne die Vorteile einer diplomatischen oder sonstigen amtlichen Tarnung und unterstanden direkt der INO in Moskau.[27]

Während des Bürgerkrieges, der bis 1920 andauerte, war das Sammeln von Informationen im Ausland jedoch von geringerer Bedeutung als die Unterstützung des Kampfes der Roten Armee gegen die »Weißen«. Wie später der KGB liebte es die Tscheka, ihre Erfolge zu quantifizieren. Im Herbst 1919, am Wendepunkt des Bürgerkriegs, verwies sie stolz darauf, in den neunzehn Monaten seit ihrer Gründung »412 antisowjetische Untergrundorganisationen« ausgeschaltet zu haben.[28] Die effektivste Methode im Umgang mit dem Gegner war der Terror, und obwohl die Neigung zur Quantifizierung sich nicht auf die Zahl ihrer Opfer erstreckte, kann man doch feststellen, daß die Tscheka die Ochrana in bezug auf Ausmaß und Grausamkeit des Gemetzels unter der politischen Opposition bei weitem übertraf. 1901 befanden sich 4113 Russen aufgrund politischer Vergehen in der Verbannung, aber nur 180 von ihnen waren zu Zwangsarbeit verurteilt. Hinrichtungen wegen politischer Vergehen waren auf die Beteiligten an vollendeten oder versuchten Attentaten beschränkt. Dagegen belief sich die Zahl der von der Tscheka während des Bürgerkriegs Hingerichteten wahrscheinlich auf nicht weniger als 250 000 – also vermutlich mehr, als bei Kampfhandlungen umgekommen sind.[29]

Zur Zeit der Oktoberrevolution war Lenin nie auf den Gedanken gekommen, daß er und die Führung der Bolschewiken die Wiedergeburt der Ochrana in neuer, weitaus schrecklicherer Gestalt in die Wege leiten könnten. In seiner im Sommer 1917 nahezu fertiggestellten Schrift *Staat und Revolution* hatte er behauptet, nach der Revolution werde eine Polizeitruppe nicht mehr notwendig sein, ganz zu schweigen von einer politischen Polizei. Zwar sei die »Niederhaltung der Minderheit der Ausbeuter durch die Mehrheit der Lohnsklaven *von gestern*« zu gewährleisten, aber dies sei eine »verhältnismäßig leichte, einfache ... Sache«. Die »Diktatur des Proletariats«, unter der die rasche Zerstörung der bürgerlichen Ordnung vonstatten gehe, werde nur ein Minimum an Regeln und Bürokratie benötigen. Daß eine im Namen des Volkes durchgeführte Revolution Massenwiderstand hervorrufen könnte, war Lenin nie in den Sinn gekommen.[30] Sobald er an der Macht war, setzte er – immer mit dem Hinweis, die Bolschewiken würden die »Volksmacht« verteidigen – jedes Mittel ein, um sie zu behalten, und verschloß sich hartnäckig der Einsicht, daß er sich selbst zum unfehlbaren Führer *(Woschd)* des ersten Einparteienstaats der Welt gemacht hatte.

Viele Tschekisten betrachteten Grausamkeit gegenüber Klassenfeinden als revolutionäre Tugend. In einem Bericht der Tscheka von Morschansk hieß es: »Wer für eine bessere Zukunft kämpft, wird gnadenlos gegenüber seinen Feinden sein. Wer das arme Volk beschützen will, wird sein Herz gegen das Mitleid verhärten und grausam werden.«[31] Aber schon während des Bürgerkriegs, als das Sowjetregime um sein Überleben kämpfte, waren viele seiner Anhänger entsetzt über das Ausmaß der Brutalität der Tscheka. Eine Reihe ihrer Verhörbeamten, von denen manche noch nicht zwanzig Jahre alt waren,[32] begingen Folterungen von unvorstellbarer Roheit. In Charkow wurde den Opfern die Haut von den Händen abgezogen, um »Handschuhe« aus menschlicher Haut zu erhalten; in Woronesch rollte man Gefangene nackt in mit Nägeln gefüllten Fässern herum; in Poltawa wurden Priester gepfählt; in Odessa wurden gefangene »weiße« Offiziere an Bretter gefesselt und langsam in Öfen geschoben; in Kiew wurden am Körper der Gefangenen Käfige mit Ratten angebracht und erhitzt, bis die Ratten sich in die Eingeweide der Opfer fraßen.[33]

Obwohl Lenin solchen Sadismus nicht billigte, überließ er es Dserschinski, »Exzesse« abzustellen. Klagen über die Grausamkeit der Tscheka wischte er kurzerhand vom Tisch und hob statt dessen ihre Rolle beim

Sieg im Bürgerkrieg hervor. Sie habe sich als »unsere schärfste Waffe ... gegen die unzähligen Verschwörungen, die unzähligen Anschläge auf die Sowjetmacht seitens der Leute, die unvergleichlich stärker waren als wir«, erwiesen:

»Meine Herren Kapitalisten, russische und ausländische! Wir wissen, daß ihr diese Institution nicht liebgewinnen könnt. Das wäre ja noch schöner! Sie hat es verstanden, eure Intrigen und Schliche wie niemand sonst unter Bedingungen abzuwehren, da ihr Verschwörungen im Innern angezettelt habt und vor keinerlei Verbrechen zurückgeschreckt seid, um unsere friedliche Arbeit zu hintertreiben.«[34]

Einige der geheimsten Dokumente in Dserschinskis Archiv enthalten den Vermerk, daß nur zehn Kopien angefertigt werden sollten, eine für Lenin und neun für die Abteilungsleiter der Tscheka.[35] Lenins Aufmerksamkeit für die Tätigkeit der Tscheka umfaßte sogar operative Details. So gab er Dserschinski Ratschläge dazu, wie Fahndungen und Überwachungen durchgeführt werden sollten, und wies ihn darauf hin, daß Verhaftungen am besten nachts vorzunehmen seien.[36] Außerdem interessierte sich Lenin in fast naiver Weise für neue Techniken bei der Jagd auf Konterrevolutionäre. Dserschinski riet er, einen großen Elektromagneten herstellen zu lassen, mit dem man bei Hausdurchsuchungen versteckte Waffen aufspüren könne, und obwohl das entsprechende Experiment fehlschlug, fiel es dem Chef der Tscheka schwer, Lenin die Idee auszureden. »Magneten«, sagte er ihm, »taugen bei Durchsuchungen wenig.«[37]

Weit wichtiger als das mitunter exzentrische Interesse an geheimdienstlichen Techniken war jedoch Lenins Glaube an die zentrale Rolle der Tscheka bei der Verteidigung des bolschewistischen Einparteienstaats gegen Imperialismus und Konterrevolution. In welchem Maß Lenin und Dserschinski eine imperialistische Unterwanderung fürchteten, zeigt das tiefe Mißtrauen gegenüber den Hilfeleistungen, die sie im August 1921 von der American Relief Association (ARA) annehmen mußten, um die Millionen hungernder Sowjetbürger ernähren zu können. Lenin hielt die ARA für eine Tarnorganisation der amerikanischen Geheimdienste und ordnete die strenge Observierung aller ihrer Mitglieder an. Als die ARA ihre Arbeit aufgenommen hatte, war er ebenso überzeugt, daß sie Nahrungsmittel zum Zweck der Subversion benutzte. Bei Dserschinskis Stellvertreter Jossif Unschlicht beklagte er sich darüber, daß ausländische

Agenten zum Mittel der »massiven Bestechung *hungriger und zerlumpter Tschekisten*« (Hervorhebung von Lenin) griffen: »Die Gefahr ist hier sehr groß.« Lenin verlangte, daß unverzüglich Schritte unternommen werden sollten, um »die Tschekisten zu ernähren und zu kleiden« und so der imperialistischen Versuchung zu entziehen.[38]

Obwohl die Vereinigten Staaten noch keine in Friedenszeiten arbeitende Spionageorganisation besaßen, berichtete die Tscheka, über 200 der 300 ARA-Mitarbeiter, die ihre ganze Energie darauf verwendeten, eine der schrecklichsten Hungersnöte in der neueren europäischen Geschichte zu bekämpfen, seien in Wirklichkeit professionelle Nachrichtendienstoffiziere, die zu »ausgezeichneten Ausbildern eines konterrevolutionären Aufstands« werden könnten. Außerdem baue die ARA in Wien ein großes Lebensmittellager auf, damit sie »im Fall eines Staatsstreichs der weißen Regierung sofortige Unterstützung zukommen lassen« könne.[39] Die eingebildeten Nachrichtendienstoperationen der ARA beunruhigten Lenin weit mehr als die rund fünf Millionen Hungers sterbender Russen und Ukrainer. Ohne die massive Hilfe der ARA, die 1922 täglich bis zu elf Millionen Menschen ernährte, wäre die Hungersnot noch wesentlich schlimmer gewesen. Auch nachdem die ARA das Land verlassen hatte, blieb der sowjetische Nachrichtendienst überzeugt, daß sie vor allem eine Spionage- und weniger eine humanitäre Hilfsorganisation gewesen war. Ein Vierteljahrhundert später sollte man die überlebenden ARA-Mitarbeiter zwingen, das Geständnis zu unterschreiben, sie seien amerikanische Spione gewesen, um auf diese Weise Stalins Ablehnung der durch den Marshallplan angebotenen Hilfe zu rechtfertigen.[40]

Unter Lenin und noch stärker unter Stalin wurden die Prioritäten des sowjetischen Nachrichtendienstes von einem gewaltig übertriebenen Glauben an die Existenz einer unermüdlichen Verschwörung westlicher Regierungen und ihrer Geheimdienste bestimmt. Um die sowjetischen Nachrichtendienstoperationen der Zwischenkriegszeit zu verstehen, muß man sich in eine Welt voller Rauch und Spiegel begeben, wobei das Ziel sich gleichermaßen aus Illusionen der Bolschewiken wie aus realen konterrevolutionären Komplotten ergibt. Der sowjetische Hang zur Verschwörungstheorie war eine Folge der Natur des Einparteienstaats und seiner marxistisch-leninistischen Ideologie. Da totalitäre Regime Opposition grundsätzlich als unzulässig betrachten, neigen sie alle zu der Annahme, ihre Gegner seien an subversiven Verschwörungen beteiligt. Darüber hinaus folgte aus der bolschewistischen Ideologie, daß kapitalistische Staaten nicht anders konnten, als Komplotte zu schmieden, um den ersten und einzigen Arbeiter-und-Bauern-Staat zu vernichten. Waren keine Vorbereitungen für eine bewaffnete Intervention zu entdecken, bedeutete dies nur, daß die kapitalistischen Geheimdienste insgeheim daran arbeiteten, Sowjetrußland von innen heraus zu untergraben.

Die ersten beiden Leiter der INO hielten sich insgesamt nur anderthalb Jahre an der Spitze der Abteilung. Der erste Leiter, der dem Auslandsnachrichtendienst seinen Stempel aufdrücken konnte, war Michail Trilisser, der 1922 – zweifellos mit Lenins Zustimmung – zum INO-Chef ernannt wurde. Trilisser war ein russischer Jude, der 1901 im Alter von erst achtzehn Jahren Berufsrevolutionär geworden war. Wie Dserschinski hatte er einen großen Teil seiner frühen Jahre im Gefängnis oder im Exil verbracht. Vor dem Ersten Weltkrieg hatte er sich darauf spezialisiert, Polizeispitzel unter den bolschewistischen Emigranten aufzuspüren. Während er 1918 im Dienst der Tscheka stand, soll er »Banditen« in die Hände gefallen sein, die ihn an einem Baum aufknüpften, von dem ihn rote Truppen gerade noch rechtzeitig abschnitten, um ihn wiederbeleben zu können. Im Gegensatz zu allen seinen Nachfolgern reiste er gelegentlich ins Ausland, um sich mit INO-Agenten zu treffen.[41] Lenin nahm – zumindest bis er im März 1923 durch seinen dritten Schlaganfall außer Gefecht gesetzt wurde – aktiv, wenn auch gelegentlich schlecht informiert, Anteil an der Tätigkeit der INO. So bezeichnete er zum Beispiel einige unzutreffende Informationen des Journalisten (und späteren berühmten Kinderbuchautors) Arthur Ransome, der sich als eine der wenigen frühen britischen Quellen der Tscheka betätigte, als »sehr wichtig und vermutlich grundsätzlich richtig«.[42] Die frühen, von Lenin abgesegneten Prioritäten der Auslandsoperationen der INO waren:

»die Identifizierung, auf dem Territorium des jeweiligen Staates, von konterrevolutionären Gruppen, die gegen die Russische Sozialistische Föderative Sowjetrepublik arbeiten;
die sorgfältige Beobachtung aller Organisationen, die Spionage gegen unser Land betreiben;
die Erläuterung des politischen Kurses und der wirtschaftlichen Lage des jeweiligen Staates;
die Beschaffung von dokumentarischem Material über alle oben genannten Bereiche«.[43]

Die »konterrevolutionären Gruppen«, die Lenin und der Tscheka nach dem Bürgerkrieg die meisten Sorgen bereiteten, waren die Überreste der geschlagenen »weißen« Armeen und die ukrainischen Nationalisten. Nachdem die letzten »weißen« Truppen Ende 1920 sowjetischen Boden verlassen hatten, besaßen sie zwar keine echte Chance mehr, einen ernsthaften Schlag gegen die bolschewistische Herrschaft zu führen, doch das entsprach nicht Lenins Sicht der Dinge. Er erinnerte an das »alte geflügelte Wort ..., daß geschlagene Armeen gut lernen«. Nach seiner Schätzung gab es anderthalb bis zwei Millionen antibolschewistischer Emigranten:

»... wir können beobachten, daß im Ausland alle unsere früheren politischen Parteien ohne Ausnahme zusammenarbeiten ... Diese Leute ... nutzen sehr geschickt jede Gelegenheit aus, um in dieser oder jener Form Sowjetrußland anzugreifen und zu zerschlagen ... Diese konterrevolutionären Emigranten sind sehr gut informiert, sie sind hervorragend organisiert, sie sind gute Strategen ...«[44]

Anfang und Mitte der zwanziger Jahre waren daher die emigrierten Weißgardisten die wichtigsten Zielpersonen der INO, die sich vor allem in Berlin, Paris und Warschau versammelt hatten, wo sie tatsächlich fortfuhren, Komplotte zum Sturz des bolschewistischen Regimes zu schmieden, allerdings mit wesentlich geringerer Wirkung, als Lenin annahm.

Die andere »konterrevolutionäre« Gefahr ging von den ukrainischen Nationalisten aus, die sowohl gegen die Roten als auch gegen die »Weißen« gekämpft hatten, um die Unabhängigkeit ihres Landes zu erreichen. Im Winter 1920 und Frühjahr 1921 befand sich die gesamte Landbevölkerung der Ukraine im Aufstand gegen die Herrschaft der Bolschewiken. Selbst noch nach der »Befriedung« des Landes durch die Rote Armee unternahmen Partisanengruppen, die sich nach Polen und Rumänien zurückgezogen hatten, über die Grenze hinweg Vorstöße in die Ukraine.[45] Im Frühjahr 1922 erhielt die ukrainische GPU die Information, daß Simon Petljuras ukrainische Exilregierung ein »Partisanenhauptquartier« unter General Jurko Tutjunnik eingerichtet habe, das Geheimagenten in die Ukraine schicke, um eine nationalistische Untergrundbewegung aufzubauen.[46]

Aufgabe der GPU war es nicht nur, Informationen über emigrierte Weißgardisten und ukrainische Nationalisten zu sammeln, sondern auch, diese Gruppen zu unterwandern und zu sprengen.[47] Die Strategie war in beiden Fällen dieselbe: Erst wurden unter GPU-Kontrolle stehende, vermeintlich antibolschewistische Untergrundgruppen gebildet, und dann versuchte man mit ihrer Hilfe, die führenden »weißen« Generale über die Grenze zu locken. Der erste Schritt der Operation mit dem Codenamen FALL 39, die General Tutjunnik zur Rückkehr in die Ukraine bewegen sollte, war die Gefangennahme von Sajarny, einem seiner Offiziere für »Sonderaufgaben«, der 1922 bei der Überquerung der Grenze festgenommen, von der GPU erfolgreich umgedreht und – mit der Fehlinformation, daß in der Ukraine im Untergrund ein Oberster Militärrat (WWR) zusammengetreten sei, der unter Tutjunniks Befehl ein operatives Hauptquartier schaffen wolle, um gegen die Bolschewiken Krieg zu führen – zu Tutjunnik zurückgeschickt wurde. Der General war jedoch zu vorsichtig, um sofort darauf einzugehen; statt dessen schickte er mehrere Abgesandte in die Ukraine, die an inszenierten Sitzungen des WWR teilnahmen, auf denen als ukrainische Nationalisten auftretende GPU-Offiziere über die wachsende Untergrundbewegung gegen die bolschewistische Herrschaft berichteten und übereinstimmend die Notwendigkeit betonten, daß Tutjunnik die Führung übernahm. Darüber hinaus wurde einer der Abgesandten, Pjotr Stachow, ein enger Vertrauter Tutjunniks, wie Sajarny von der GPU angeworben und als Doppelagent eingesetzt.

Schließlich führten die Bemühungen, Tutjunnik zur Rückkehr in die Ukraine zu überreden, zum Erfolg.[48] Am 26. Juni 1923 begab sich Tutjunnik mit seinen Leibwächtern und Beratern in einen entlegenen Flekken am rumänischen Ufer des Dnjestr, wo Sajarny ihn mit der Nachricht begrüßte, der WWR und Pjotr Stachow würden ihn am anderen Ufer erwarten. Um elf Uhr signalisierte ein Lichtzeichen am ukrainischen Ufer, daß die Flußpassage für Tutjunnik und sein Gefolge sicher sei. Tutjunnik blieb vorsichtig und schickte einen Leibwächter vor, um sich zu vergewissern, daß er nicht in eine Falle laufen würde. Stachow kehrte mit dem Leibwächter zu ihm zurück und beruhigte ihn. Laut einem Bericht der OGPU sagte Tutjunnik zu Stachow: »Pjotr, ich kenne dich, du kennst mich. Wir würden uns nicht betrügen. Der WWR ist eine Täuschung, nicht wahr?« – »Das ist unmöglich«, entgegnete Stachow. »Ich kenne sie alle, besonders die, die mit mir [hier] sind. Du weißt, daß du dich auf mich verlassen kannst.« Daraufhin bestieg Tutjunnik mit Stachow ein Boot und überquerte den Dnjestr. Sobald er in den Händen der GPU war, wurden von Tutjunnik oder in seinem Namen geschriebene Briefe an prominente ukrainische Nationalisten verschickt, in denen er erklärte, ihr Kampf sei aussichtslos und er habe sich unwiderruflich der sowjetischen Sache angeschlossen. Sechs Jahre später wurde er hingerichtet.[49]

Die Operationen gegen die Weißen Garden ähnelten denen gegen die ukrainischen Nationalisten. 1922 warb die Berliner Residentur den früheren zaristischen General Selenin als Infiltrationsagenten in der Emigrantengemeinde an. In einem späteren OGPU-Bericht heißt es, vermutlich nicht ohne Übertreibung, Selenin habe »eine tiefe Kluft in die Reihen der Weißen« geschlagen und eine große Anzahl von Offizieren veranlaßt, General Wrangel, dem letzten im Bürgerkrieg noch zu schlagenden »weißen« General, den Rücken zu kehren. Andere Maulwürfe der OGPU, die für ihre Mitarbeit bei der Zerschlagung der Weißen Garden gelobt wurden, waren General Saizew, der frühere Stabschef des Kosakenatamans A. I. Dutow, und der ehemalige zaristische General Jachontow, der in die Vereinigten Staaten emigrierte.[50]

Die größten Erfolge gegen die Weißen Garden erzielte die OGPU jedoch mit zwei ausgefeilten Täuschungsoperationen mit den Codenamen SINDIKAT (Syndikat) und TREST (Trust), bei denen auf einfallsreiche Weise *Agents Provocateurs* eingesetzt wurden.[51] SINDIKAT richtete sich gegen den Mann, der als der gefährlichste Weißgardist galt: Boris Sawinkow, ein früherer sozialrevolutionärer Terrorist, der als stellvertretender Minister der von der Oktoberrevolution gestürzten provisorischen Regierung angehört hatte. Nicht nur Winston Churchill war von seinem antibolschewistischen Tatendrang beeindruckt.»... alles in allem«, schrieb Churchill später,»und bei allen Flecken, die da sind: wenige Männer wollten mehr, gaben mehr, wagten mehr und litten mehr für das russische Volk.«[52] Im Russisch-Polnischen Krieg von 1920 war Sawinkow hauptsächlich damit beschäftigt, Soldaten für die Russische Volksarmee zu rekrutieren, die unter polnischem Kommando gegen die Rote Armee kämpfte. Anfang 1921 gründete er in Warschau eine neue Organisation, die sich den Sturz des bolschewistischen Regimes zum Ziel setzte, die Volksunion zur Verteidigung von Land und Freiheit (NSZRiS), die ein Agentennetz in Sowjetrußland unterhielt, um Informationen über die Bolschewiken zu sammeln und Aufstände gegen das Regime vorzubereiten.

In der ersten Phase der Operation gegen Sawinkow, SINDIKAT-1, wurde mit Hilfe eines OGPU-Maulwurfs in der NSZRiS deren Agentennetz zerschlagen. Im August 1921 wurden 44 führende NSZRiS-Mitglieder in einem Schauprozeß in Moskau der Öffentlichkeit vorgeführt.[53] SINDIKAT-2 hatte das Ziel, Sawinkow zur Rückkehr nach Rußland zu verleiten, wo er als Hauptfigur in einem weiteren Schauprozeß auftreten sollte, um die Demoralisierung seiner Anhängerschaft im Exil zu vollenden. Geheime KGB-Darstellungen rechnen dem Leiter der Gegenspionage der OGPU und späteren Chef der INO Artur Artusow, dem russischen Sohn eines eingewanderten schweizerisch-italienischen Käsers, das Hauptverdienst an der Operation an, der dabei von Andrei Fjodorow und Grigori Syrojeschkin unterstützt wurde.[54] Im Juli 1923 suchte Fjodorow in der Rolle eines antibolschewistischen Untergrundkämpfers Sawinkow in Paris auf, wo dieser nach dem Zusammenbruch der NSZRiS sein Hauptquartier aufgeschlagen hatte, und überredete ihn, seinen Berater Oberst Sergej Pawlowski mit ihm zusammen zu Geheimgesprächen mit der (nichtexistenten) Untergrundbewegung nach Rußland zu schicken. In Moskau wurde Pawlowski von der OGPU umgedreht und dazu benutzt, Sawinkow selbst zu weiteren Gesprächen nach Rußland zu locken. Am 15. August überquerte dieser gemeinsam mit einigen Anhängern die russische Grenze und tappte direkt in die Falle der OGPU. Im Verhör brach sein Widerstand rasch zusammen, und in einem Schauprozeß legte er am 27. August ein unterwürfiges Geständnis seiner konterrevolutionären Sünden ab:

»Ich erkenne bedingungslos die Sowjetmacht und keine andere an. Ich, der ich den ganzen blutigen, schweren Weg des Kampfes gegen euch gegangen bin; ich, der ich mich euch wie kein anderer widersetzt habe, ich sage jedem Russen, der sein Land liebt: Wenn du dein Volk liebst, wirst du dich der Arbeiter- und Bauernmacht beugen und sie ohne Wenn und Aber anerkennen.«[55]

Die Täuschung Sawinkows wurde sogar noch nach seiner Verurteilung zu einer Haftstrafe von fünfzehn Jahren fortgesetzt, denn man gab ihm, ohne daß er etwas argwöhnte, einen Offizier der OGPU zum Zellengenossen, W. I. Speranski, der sein Vertrauen gewann und ihn über einen Zeitraum von acht Monaten verstohlen ausfragte, wofür er später befördert wurde.[56] Sawinkow überlebte Speranskis letzten Bericht über ihn nicht lange. In den KGB-Akten scheint kein zeitgenössischer Vermerk darüber enthalten zu sein, auf welche Art er zu Tode kam. Der unglaubwürdigen heutigen SWR-Version zufolge fiel oder sprang Sawinkow bei einem freundschaftlichen »Trinkgelage mit mehreren Tschekisten« aus einem hochgelegenen Fenster, was auch ein heldenhafter Rettungsversuch Grigori Syrojeschkins nicht habe verhindern können.[57] Wahrscheinlicher ist, daß Syrojeschkin ihn in den Tod stieß.[58]

Noch erfolgreicher als SINDIKAT war die Operation TREST. Dieser Tarnname bezog sich auf eine fiktive monarchistische Untergrundbewegung, die Monarchistische Vereinigung Zentralrußlands (MOR), die 1921 von Artusow erfunden und sechs Jahre lang zur Täuschung am Leben erhalten wurde. Bis 1923 war es dem OGPU-Offizier Alexander Jakuschew gelungen – indem er als geheimes MOR-Mitglied auftrat, dem es in seiner offiziellen Eigenschaft als sowjetischer Außenhandelsvertreter möglich war, ins Ausland zu reisen –, in Paris das Vertrauen sowohl von Großherzog Nikolai Nikolajewitsch, einem Cousin von Zar Nikolaus II., als auch von General Alexander Kutepow von der (»Weißen«) Russischen Union der Vereinigten Dienste (ROWS) zu gewinnen. Das Hauptopfer des Täuschungsmanövers war jedoch der frühere SIS-Agent Sidney Reilly, der ein noch größerer Phantast war als Sawinkow. Reilly war zu einer tragikomischen Figur geworden, dessen Realitätswahrnehmung immer mehr nachließ. Laut einer seiner Sekretärinnen, Eleanor Toye, litt er »unter schweren Geistesstörungen, die sich in Wahnvorstellungen äußerten. Einmal glaubte er, er wäre Jesus Christus.« Der OGPU war jedoch entgangen, daß er nicht mehr von Bedeutung war; sie sah in ihm weiterhin einen britischen Meisterspion und einen der gefährlichsten Regimegegner. Am 26. September 1925 gelang es ihr, Reilly, wie ein Jahr zuvor Sawinkow, zu einem Treffen mit angeblichen MOR-Verschwörern über die russische Grenze zu locken.[59]

Nach seiner Verhaftung hielt sein Widerstand nicht viel länger vor als der von Sawinkow. In seiner KGB-Akte befindet sich ein wahrscheinlich authentischer Brief an Dserschinski vom 30. Oktober 1925, in dem er versprach, alles preiszugeben, was er über britische und amerikanische Nachrichtendienste sowie russische Emigranten im Westen wisse. Sechs Tage später wurde er zu einem Spaziergang in einen Wald bei Moskau gebracht und ohne Warnung von hinten erschossen. Einem OGPU-Bericht zufolge gab er »ein tiefes Stöhnen von sich und stürzte ohne Schrei zu Boden«. Zu seinen Begleitern auf diesem letzten Spaziergang gehörte unter anderen Grigori Syrojeschkin, der mutmaßliche Mörder von Sawinkow. Reillys Leiche wurde in der Sanitätsabteilung der Lubjanka heimlich zur Schau gestellt, damit die OGPU-Offiziere ihren Sieg feiern konnten.[60] Als passender Epilog zu einem Leben, in dem Mythos und Realität untrennbar miteinander verwoben gewesen waren, ging im Westen noch jahrelang das Gerücht um, Reilly sei der Hinrichtung entkommen und habe eine neue Identität angenommen. TREST wurde schließlich 1927 enthüllt, was die Geheimdienste von England, Frankreich, Polen, Finnland und der baltischen Staaten, die allesamt in unterschiedlichem Ausmaß auf die Täuschung hereingefallen waren, einigermaßen in Verlegenheit brachte.[61]

Der sowjetische Nachrichtendienst befand sich zwischen den beiden Weltkriegen jedoch nicht nur im Dauerkampf gegen eingebildete und wirkliche konterrevolutionäre Aktivitäten, sondern trieb auch mit zunehmendem Erfolg die Unterwanderung der bedeutendsten imperialistischen Mächte voran. Gegenüber den westlichen Nachrichtendiensten war er in zweierlei Hinsicht operativ im Vorteil: Zum einen waren die westlichen Sicherheitsvorkehrungen dürftig, während die Sicherheit in Moskau eine fixe Idee war, und zum anderen bildeten die kommunistischen Parteien und ihre Anhänger im Westen ein bedeutendes Reservoir ideologisch motivierter Rekruten, auf das der sowjetische Nachrichtendienst zunehmend zurückgriff.

Als die Operation TREST noch in vollem Gang war, gelang der INO die erste bedeutende Infiltration des britischen diplomatischen Dienstes, und zwar mittels eines italienischen Büroboten an der britischen Botschaft in Rom namens Francesco Constantini (DUNCAN). 1924 von der OGPU-Residentur angeworben, erfuhr Constantini trotz seiner niederen Stellung von erstaunlich vielen diplomatischen Geheimnissen.[62] Bis zum Zweiten Weltkrieg verfügte das britische Außenministerium über keinen einzigen Sicherheitsbeamten, ganz zu schweigen von einem Sicherheitsdienst. In vielen Botschaften wurde die Frage der Sicherheit bemerkenswert nachlässig behandelt. Laut Sir Andrew Noble, der Mitte der dreißiger Jahre der Botschaft in Rom angehörte, war sie »praktisch nicht vorhanden«. Bedienstete der Botschaft hatten Zugang zu den Schlüsseln von »roten Kassetten« und Schränken, in denen vertrauliche Dokumente aufbewahrt wurden, und wahrscheinlich fiel es ihnen auch nicht schwer, an die Kombination des Safes der Botschaft zu kommen. Selbst als 1925 zwei Exemplare eines diplomatischen Chiffrierschlüssels vermißt wurden, kamen die britischen Diplomaten nicht auf den Gedanken, daß Constantini sie entwendet haben könnte – was fast mit Sicherheit anzunehmen ist.[63]

Über ein Jahrzehnt lang besorgte Francesco Constantini eine große Anzahl unterschiedlichster diplomatischer Papiere und Verschlüsselungsmaterial. Wahrscheinlich hatte er schon früh seinen Bruder Secondo, der ebenfalls in der Botschaft arbeitete, in den Diebstahl der Dokumente einbezogen. Neben Telegrammen über die britisch-italienischen Beziehungen, die zwischen London und der Botschaft in Rom gewechselt wurden, konnte Constantini häufig auch die »Vertraulichen Drucksachen«, ausgewählte Dokumente des britischen Außenministeriums und seiner wichtigsten Vertretungen, beschaffen, die den Botschaftern ein Bild von der aktuellen Außenpolitik vermitteln sollten.[64] Im Januar 1925 lieferte Constantini im Durchschnitt 150 Seiten Geheimmaterial pro Woche. Aus seinem Motiv machte er keinen Hehl. »Er arbeitet ausschließlich des Geldes wegen mit uns zusammen«, berichtete die römische Residentur der Zentrale, »und er verheimlicht diese Tatsache nicht. Er hat sich selbst das Ziel gesteckt, ein reicher Mann zu werden, und das ist es, was ihn antreibt.« 1925 betrachtete die Zentrale Constantini als ihren wertvollsten Agenten. Überzeugt davon, daß es eine riesige britische Verschwörung gebe, die den Sowjetstaat vernichten wolle, verließ sie sich darauf, daß DUNCAN sie früh genug vor einem englischen Angriff warnen würde, und wies die Botschaft in Rom an:

»England ist jetzt die organisierende Kraft hinter einem wahrscheinlichen Angriff auf die UdSSR in naher Zukunft. Im Westen wird eine durchgehende feindliche Kette [von Staaten] gegen uns gebildet. Im Osten, in Persien, Afghanistan und China, sehen wir ein ähnliches Bild ... Ihre Aufgabe (und betrachten Sie sie als Priorität) ist es, dokumentarisches und Agentenmaterial zu beschaffen, das die Einzelheiten des englischen Plans enthüllt.«

Der Stolz der römischen Residentur, den bedeutendsten Agenten der OGPU zu führen, spiegelte sich in der schmeichelhaften Beschreibung wider, die sie von ihm gab. Constantini habe das Gesicht eines »antiken Römers«; bei seinen vielen Bewunderinnen sei er als »der Hübsche« bekannt.[65] 1928 hatte die OGPU ihn – zu Recht – im Verdacht, auch den italienischen Nachrichtendienst mit Dokumenten zu beliefern. Dennoch gab es keinen Zweifel an der Bedeutung des von ihm beschafften Materials. Laut Maxim Litwinow, Ende der zwanziger Jahre die beherrschende Gestalt im Volkskommissariat für Äußere Angelegenheiten, war es »von großem Nutzen für uns«.[66]

1927 wurde der erste Erfolg bei der Infiltration des diplomatischen Dienstes Großbritanniens von einer peinlichen Serie von Fehlschlägen überschattet, die breite öffentliche Aufmerksamkeit fanden. Die Sicherheit des rasch wachsenden ausländischen Netzes von Residenturen der OGPU und der Vierten Abteilung (militärischer Nachrichtendienst) war durch mehrere Faktoren gefährdet: durch die Anfälligkeit des frühen sowjetischen Chiffriersystems für die Entschlüsselungskünste westlicher Experten, durch die mangelnde Erfahrung einiger INO-Offiziere der ersten Generation und durch Fehler bei Auswahl und Ausbildung ausländischer Kommunisten als Agenten. Ein großes Reservoir an begeisterten Freiwilligen für sowjetische Nachrichtendienstoperationen war die Abteilung für internationale Verbindungen (OMS) der Kommunistischen Internationale (Komintern). Manche von ihnen, wie der Deutsche Richard Sorge, sollten später zu den größten Spionen des Jahrhunderts gezählt werden. Andere jedoch mißachteten die klassischen Regeln und vernachlässigten die üblichen Sicherheitsmaßnahmen.

Im Frühjahr 1927 gab es in acht Ländern sensationelle Enthüllungen über sowjetische Spionageoperationen. Im März wurde in Polen ein großer Spionagering der OGPU gesprengt; in der Türkei wurde ein sowjetischer Außenhandelsvertreter unter Spionageverdacht festgenommen; und die Schweizer Polizei gab die Verhaftung zweier russischer Spione bekannt. Im April wurde bei einer Polizeirazzia im sowjetischen Konsulat in Peking eine Vielzahl belastender nachrichtendienstlicher Dokumente gefunden, und die französische Sûreté enttarnte einen von Jean Crémet, einem führenden französischen Kommunisten, geleiteten Spionagering. Im Mai wurden Mitarbeiter des österreichischen Außenministeriums dabei überrascht, wie sie Geheiminformationen an die OGPU-Residentur lieferten, und der britische Innenminister gab im Unterhaus empört die Entdeckung »eines der umfangreichsten und schändlichsten Spionagesysteme, denen ich jemals begegnen mußte«, bekannt.[67]

Nach dieser letzten Enthüllung brach Großbritannien, das von der Sowjetunion immer noch als die führende Weltmacht und als ihr gefährlichster Gegner betrachtet wurde, die diplomatischen Beziehungen zu

Moskau ab, und im Unterhaus verlasen Minister den entschlüsselten Text abgefangener sowjetischer Telegramme. Um nach dieser dramatischen Bekanntgabe britischer Entschlüsselungserfolge die Sicherheit der diplomatischen und nachrichtendienstlichen Kommunikation zu erhöhen, wurde das aufwendige, aber nicht zu knackende System der Abreiß-Chiffrenblöcke* eingeführt. Die Folge war, daß die westlichen Dechiffrierer bis nach dem Zweiten Weltkrieg praktisch nicht mehr imstande waren, in hochrangige sowjetische Kommunikationswege einzudringen.[68]

Die beunruhigendsten und umfangreichsten Erkenntnisse gewann man 1927 jedoch über Japan. Seit 1925 fing die INO die geheimen Mitteilungen sowohl der japanischen Militärmission als auch des japanischen Generalkonsulats in der nordostchinesischen Stadt Harbin ab. Erstaunlicherweise korrespondierten die offiziellen japanischen Repräsentanten in Harbin mit Tokio nicht, indem sie Diplomatengepäck und eigene Kuriere benutzten, sondern auf dem normalen Postweg. Die OGPU hatte die chinesischen Angestellten, von denen die Briefe der Japaner zur Post gebracht wurden, angeworben und ließ die Sendungen durch eigens entsandte Fachkräfte öffnen, die den Inhalt fotografierten und dann in neuen Umschlägen mit gefälschten japanischen Siegeln wieder auf die Reise schickten. Der Inhalt der Schreiben wurde von Professor Mazokin, einem Japanspezialisten aus Moskau,[69] noch in Harbin geprüft und mit einer Übersetzung umgehend an die Zentrale weitergeleitet. In den abgefangenen Mitteilungen fanden sich reichlich Hinweise auf Absichten des japanischen Militärs in bezug auf China und den sowjetischen Fernen Osten. Am alarmierendsten war eine im Juli 1927 abgefangene geheime Denkschrift von Baron Giichi Tanaka, dem japanischen Ministerpräsidenten und Außenminister, der als ersten Schritt auf dem Weg zur japanischen Herrschaft über ganz China die Eroberung der Mandschurei und der Mongolei forderte und voraussagte, Japan werde »erneut mit Rußland die Schwerter kreuzen müssen«.[70]

Im japanisch besetzten Korea, wo Iwan Tschitschajew (der spätere Londoner Resident der Kriegsjahre) eine Residentur in Seoul leitete, bekam die OGPU ein zweites Exemplar der Denkschrift in die Hände. Es stammte aus dem Safe des japanischen Polizeipräsidenten von Seoul, aus dem es ein von der INO-Residentur angeworbener japanischer Dolmetscher mit dem Codenamen ANO zusammen mit anderen Geheimpapie-

---

* System, bei dem ein Chiffrierschlüssel jeweils nur einmal benutzt wird.

ren entwendet hatte.[71] Später ließ die INO der amerikanischen Presse ein Exemplar der Tanaka-Denkschrift zugehen, um den Eindruck zu erwekken, sie sei von einem für die Vereinigten Staaten arbeitenden Agenten beschafft worden.[72] Noch 1997 feierte eine offizielle Geschichte des SWR die gleichzeitige Erwerbung der Denkschrift in Harbin und Seoul als ein »absolut einmaliges Vorkommnis in Nachrichtendienstoperationen«.[73] Auch wenn diese Aussage etwas übertrieben ist, spiegelt sie doch die enorme Bedeutung wider, die man damals Tanakas Prophezeiung eines Krieges mit Rußland beimaß.

Welche Befürchtungen der Abbruch der diplomatischen Beziehungen zu Großbritannien und die augenscheinlich von Japan drohende Gefahr in Moskau hervorriefen, wurde in einem Artikel deutlich, den Stalin wenige Tage, nachdem er die Tanaka-Denkschrift erhalten hatte, veröffentlichte:

»Es läßt sich wohl kaum bezweifeln, daß die grundlegende Frage der Gegenwart die Frage der Gefahr eines neuen imperialistischen Krieges ist. Es handelt sich nicht um irgendeine unbestimmte, nicht greifbare ›Gefahr‹ eines neuen Krieges. Es handelt sich um die reale und wirkliche *Gefahr* eines neuen Krieges überhaupt, eines Krieges gegen die UdSSR im besonderen.«[74]

Die Tatsache, daß Constantini nichts geliefert hatte, was auch nur annähernd einer britischen Version der Tanaka-Denkschrift gleichkam, konnte weder Stalin noch die Verschwörungstheoretiker in der OGPU-Zentrale dazu bringen, den Schluß zu ziehen, daß Großbritannien keinen Angriff auf die Sowjetunion plane. Vielmehr glaubten sie, daß nun um so größere Anstrengungen notwendig seien, um die geheimen Beratungsgremien der westlichen Kriegstreiber zu infiltrieren. Stalin, der als klarer Sieger aus dem dreijährigen Machtkampf nach Lenins Tod hervorgegangen war, forderte mehr nachrichtendienstliche Informationen über die (überwiegend eingebildeten) westlichen Verschwörungen gegen die Sowjetunion, an deren Vorhandensein er fest glaubte. Um die sowjetische Spionage weniger offensichtlich zu machen, wurde die Hauptverantwortung für die Informationsbeschaffung von »legalen« auf »illegale« Residenturen verlagert, die unabhängig von sowjetischen Botschaften und Handelsmissionen operierten. In späteren Jahren wurde die Einrichtung einer neuen illegalen Residentur zu einer enorm zeitaufwendigen Angelegenheit, die eine jahrelange umfangreiche Ausbildung und den peinlich genauen Aufbau von »Legenden« für die falsche Identität der Illegalen umfaßte.

Den größten Einfluß auf die Entwicklung der OGPU und ihrer Nachfolger in der stalinistischen Ära übte die Veränderung des sowjetischen Staates aus. Vieles von dem, was später »Stalinismus« genannt wurde, war in Wirklichkeit das Werk Lenins: der Kult des unfehlbaren Führers, der Einparteienstaat und der riesige Sicherheitsdienst mit seinem allgegenwärtigen Überwachungssystem und seinen Konzentrationslagern als Terrormitteln gegen Regimegegner. Aber während in Lenins Einparteienstaat Platz gewesen war für kameradschaftliche Debatten innerhalb der herrschenden Partei, benutzte Stalin die OGPU, um jede Diskussion zu ersticken, seine eigene, beschränkte Orthodoxie durchzusetzen und Rachefeldzüge gegen reale wie eingebildete Opponenten zu unternehmen. Der bösartigste und längste dieser Feldzüge war der gegen Lenins früheren Kriegskommissar Leo Trotzki.

Zumindest in der Frühzeit war die OGPU-Kampagne gegen Trotzki und seine Anhänger von einer bizarren Mischung aus Brutalität und Farce geprägt. Da Trotzki sich weigerte, zu widerrufen und seine »Verbrechen gegen die Partei« zu gestehen, wurde er nach Alma-Ata an der kasachischen Grenze zu China verbannt. Von ein paar Jagdausflügen abgesehen, verbrachte Trotzki dort die meiste Zeit am Schreibtisch. Zwischen April und Oktober 1928 schickte er rund 550 Telegramme und 800 »politische Briefe«, die mitunter längere polemische Traktate darstellten, an seine Anhänger. In derselben Zeitspanne erhielt er aus verschiedenen Teilen der Sowjetunion 700 Telegramme und 1000 Briefe; er war allerdings überzeugt, daß mindestens ebenso viele konfisziert worden waren. Aus der von der OGPU abgefangenen Korrespondenz Trotzkis wurde jede Einzelheit sorgfältig notiert, und jeden Monat ging ein zusammenfassender Bericht sowohl an Wjatscheslaw Menschinski, der nach Dserschinskis Tod 1927 Chef der OGPU geworden war, als auch an Stalin.[75] Letzterer, der auf Opposition unweigerlich überreagierte, dürfte von Briefen, in denen er und seine Gefolgschaft regelmäßig als »Degenerierte« bezeichnet wurden, nicht sonderlich erbaut gewesen sein.

Die OGPU-Berichte über Trotzki und seine Anhänger sind im Ton selbstgerechter Empörung geschrieben. Seit der Oktoberrevolution, heißt es in einem von ihnen, habe keine konterrevolutionäre Gruppe es gewagt, sich derart »unverschämt, dreist und herausfordernd« zu verhalten wie die Trotzkisten. Sogar im Verhör würden sich Trotzkis Anhänger von den Vernehmern nicht einschüchtern lassen. Die meisten würden jede Antwort verweigern und statt dessen unverschämte Protestschreiben vorlegen, wie zum Beispiel: »Ich betrachte den Kampf, an dem ich beteiligt bin, als Parteiangelegenheit. Ich werde mich vor der Zentralen Kontrollkommission erklären, aber nicht vor der GPU.« Anfang 1928 nahm die OGPU die ersten Massenverhaftungen von Trotzkisten vor und steckte mehrere hundert von ihnen ins Moskauer Butyrka-Gefängnis. Damals war das Butyrka allerdings noch nicht zu dem elenden Loch verkommen, als das es ein Jahrzehnt später während des Großen Terrors berühmt werden sollte, und auch der Wille der Trotzkisten war noch nicht gebrochen. In der ersten Nacht der Gefangenschaft entfachten sie einen Aufstand, traten Türen ein, zerbrachen Fenster und riefen politisch anstößige Parolen. »Derart«, vermerkte der OGPU-Bericht entrüstet, »war das Verhalten der erbitterten Feinde von Partei und Sowjetmacht.«[76]

Um die trotzkistische Ketzerei eliminieren und die ideologische Orthodoxie im kommunistischen Einparteienstaat aufrechterhalten zu können, mußte Trotzki, wie Stalin fand, aus der Sowjetunion verschwinden. Im Februar 1929 wurde der große Renegat in die Türkei deportiert, wo ihm einer seiner OGPU-Begleiter 1500 Dollar aushändigte, die es ihm »ermöglichen sollten, sich im Ausland niederzulassen«.[77] Als Trotzki außer Landes war, nahmen die OGPU-Berichte über die Zersetzung und Ausschaltung der rasch schwindenden Anzahl seiner zunehmend demoralisierten Anhänger einen zuversichtlicheren Ton an. Einem Bericht zufolge begann »in der ersten Hälfte des Jahres 1929 ... eine massive Abkehr vom Trotzkismus«. Einige von denen, die widerriefen, wurden als OGPU-Agenten angeheuert, die ihre Freunde bespitzeln sollten. Derselbe Bericht brüstete sich mit den subtilen Methoden, mit denen man die Glaubwürdigkeit des harten Kerns der »Konterrevolutionäre« untergraben hatte. So waren einzelne Trotzkisten von ihren Arbeitsplätzen zur OGPU bestellt worden, wo man sie stundenlang im Korridor warten ließ, um sie dann ohne jede Erklärung wieder wegzuschicken. Bei der Rückkehr zur Arbeit hatten sie keine plausible Geschichte zu erzählen, und nach jeder Wiederholung des Ganzen wurden ihre Kollegen mißtrauischer und neigten immer mehr dazu, dem von der OGPU in Umlauf gesetzten Gerücht Glauben zu schenken, die Betreffenden würden von ihr als Informanten beschäftigt. Waren die »Konterrevolutionäre« erst einmal diskreditiert, wurden sie wegen ihrer politischen Verbrechen verhaftet.[78]

Stalin fühlte sich trotzdem nicht sicher. Er bereute seine Entscheidung immer mehr, Trotzki aus dem Land ausgewiesen zu haben, statt ihn in der Sowjetunion zu behalten, wo er unter ständige Beobachtung hätte gestellt werden können. Nur ein halbes Jahr, nachdem Trotzki ins Exil getrieben worden war, ereignete sich etwas, das Stalin besonders zu beunruhigen schien. Im Sommer 1929 erhielt Trotzki den geheimen Besuch eines Sympathisanten innerhalb der OGPU. Jakow Bljumkin hatte als junger, ungestümer Sozialrevolutionär in der Tscheka 1918 gegen den Befehl Dserschinskis den deutschen Botschafter in Moskau ermordet. Mit Trotzkis Hilfe war er jedoch rehabilitiert worden und zum »illegalen Hauptresidenten« im Nahen Osten aufgestiegen. Jetzt erklärte er sich bereit, Karl Radek, einem von Trotzkis bedeutendsten früheren Anhängern, eine Nachricht zu überbringen und nach Kanälen zu suchen, durch die Trotzki sich mit seinen, wie er sie nannte, »Ko-Denkern« in der Sowjetunion austauschen konnte.[79] Trilisser, der Leiter des Auslandsnachrichtendienstes, wußte durch einen OGPU-Agenten in Trotzkis Umgebung vermutlich von Bljumkins Besuch, ließ ihn aber nicht sofort verhaften. Statt dessen baute er ein frühes Beispiel der »Honigfalle« auf, wie sie später genannt werden sollte, indem er eine attraktive OGPU-Agentin namens Jelisaweta Gorskaja (besser bekannt als »Lissa« – »Füchsin«)[80] anwies, die »bürgerlichen Vorurteile fallenzulassen«, Bljumkin zu verführen, das ganze Ausmaß seiner Zusammenarbeit mit Trotzki zu enthüllen und sicherzustellen, daß er in die Sowjetunion zurückkehrte. Nach Moskau zurückgelockt, wurde Bljumkin vernommen, im geheimen vor Gericht gestellt und erschossen. Laut dem späteren OGPU-Überläufer Alexander Orlow waren seine letzten Worte vor seiner Exekution: »Lang lebe Trotzki!« Bald darauf heiratete »Lissa« Gorskaja den Berliner OGPU-Residenten Wassili Sarubin, der später nach New York versetzt wurde.[81]

Als Anfang der dreißiger Jahre der Gedanke an eine Opposition innerhalb der Kommunistischen Partei zunehmend von Stalin Besitz ergriff, begann er zu fürchten, daß es in der INO noch andere, bisher unentdeckte Bljumkins gab. Trotzki selbst war noch nicht als Ziel eines Mordanschlags vorgesehen. Als wichtigste »Volksfeinde« außerhalb der Sowjetunion galten weiterhin die Weißgardisten. General Kutepow, der Chef der ROWS in Paris, war tapfer, aufrecht, abstinent, politisch naiv und ein leichtes Opfer der OGPU. Seine Umgebung war geschickt von sowjetischen Agenten infiltriert worden, und *Agents Provocateurs* versorgten ihn mit optimistischen Neuigkeiten über eine nichtexistente antibolschewistische Untergrundbewegung.«Große Bewegungen breiten sich in Rußland aus«, erklärte er im November 1929. »Niemals zuvor sind so viele Leute von ›drüben‹ zu mir gekommen und haben mich gebeten, in ihren geheimen Organisationen mitzuarbeiten.« Im Unterschied zu Sawinkow und Reilly ließ sich Kutepow jedoch nicht dazu verleiten, nach Rußland zurückzukehren, um dort Gespräche mit angeblichen antikommunistischen Verschwörern zu führen. Deshalb beschloß die OGPU mit Stalins Zustimmung, ihn zu entführen und zu Verhör und Exekution nach Moskau zu verschleppen.[82]

Die Gesamtplanung der Operation gegen Kutepow wurde Jakow (»Jascha«) Serebrjanski anvertraut, dem Leiter der euphemistisch »Direktion für Sonderaufgaben« genannten KGB-Einheit.[83] Vor dem Zweiten Weltkrieg fungierte die Direktion als zweiter Auslandsnachrichtendienst, der direkt der Zentrale unterstand und für Sabotage, Entführungen und Mordanschläge im Ausland zuständig war.[84] Mit der konkreten Vorbereitung von Kutepows Entführung betraute Serebrjanski seinen illegalen Pariser Residenten W. I. Speranski, der sechs Jahre zuvor schon an der Täuschungsoperation gegen Sawinkow beteiligt gewesen war.[85] Am Vormittag des 26. Januar 1930, einem Sonntag, wurde Kutepow mitten auf einer Straße im vornehmen Pariser VII. Arrondissement in ein Taxi gezerrt. In der Nähe stand ein kommunistischer Pariser Polizist, den Speranski um Unterstützung gebeten hatte, damit zufällig vorbeikommende Passanten (es gab tatsächlich einen Zeugen) die Aktion für eine Festnahme durch die Polizei hielten. Zwar wurde die Entführung von der Zentrale als »brillante Operation« bezeichnet, doch erwies sich das benutzte Chloroform als zu stark für das schwache Herz des Generals. Er verstarb an Bord des sowjetischen Schiffs, das ihn nach Rußland zurückbrachte.[86]

Durch die Operation war ein Präzedenzfall geschaffen. Während Anfang und Mitte der dreißiger Jahre das Sammeln von Informationen noch die Priorität des sowjetischen Auslandsnachrichtendienstes gewesen war, ordnete man gegen Ende des Jahrzehnts alle anderen Operationen den »Sonderaufgaben« unter.

3.
Die großen Illegalen

Am 30. Januar 1930 trat das Politbüro des ZK der KPdSU, das eigentliche Machtgremium von Partei und Staat, wie üblich unter Vorsitz Stalins zusammen, um die Operationen der INO einer Revision zu unterziehen, und ordnete an, die Beschaffung von Informationen auf drei Zielgebiete zu konzentrieren: auf Großbritannien, Frankreich und Deutschland, die führenden europäischen Mächte; auf Polen, Rumänien, Finnland und die baltischen Staaten, die westlichen Nachbarn der Sowjetunion; und auf Japan als den Hauptrivalen in Asien.[1] Die Vereinigten Staaten, die erst 1933 diplomatische Beziehungen zur Sowjetunion aufnahmen, wurden nicht erwähnt. Obwohl die ersten sowjetischen Illegalen bereits 1921 über den Atlantik geschickt worden waren,[2] galt die Informationsbeschaffung in den USA aufgrund der relativen Isolation Amerikas von den weltpolitischen Angelegenheiten als zweitrangig.[3]

Auf Anweisung des Politbüros geschah die Ausweitung der INO-Operationen hauptsächlich durch die Erhöhung der Zahl der illegalen Residenturen, die mit bis zu sieben (in manchen Fällen sogar neun) illegalen Offizieren besetzt wurden. Zum Vergleich: Den »legalen« Residenturen mit diplomatischer Tarnung in den sowjetischen Botschaften gehörten selbst in England und Frankreich höchstens drei Offiziere an; einige bestanden sogar nur aus einem einzigen Offizier. Ihre Hauptaufgabe bestand darin, Kommunikationswege zur Zentrale und andere technische Hilfen für die hochangesehenen Illegalen zur Verfügung zu stellen.[4] In den zwanziger Jahren hatten sowohl legale als auch illegale Residenturen das Recht gehabt, zu entscheiden, welche Agenten sie auf welche Art und Weise anwerben wollten. Nachdem 1930 Artur Artusow, der Held der Operationen SINDIKAT und TREST, Trilissers Nachfolger als Leiter der INO geworden war, beanstandete er jedoch, daß das bestehende Agentennetz »unerwünschte Elemente« enthalte, und gab die Anweisung heraus, die Anwerbung von Agenten künftig von der Zentrale vorher genehmigen zu lassen. Zum Teil aufgrund von Kommunikationsproblemen wurde diese Anordnung allerdings nicht immer befolgt.[5]

Die Zeit von Anfang bis Mitte der dreißiger Jahre ging als die Ära der »Großen Illegalen« in die Geschichte des sowjetischen Auslandsnachrichtendienstes ein, einer bunten Truppe bemerkenswert talentierter Einzelpersonen, die gemeinsam die Rekrutierung der OGPU-Agenten und das Sammeln nachrichtendienstlicher Informationen auf eine neue Grundlage stellten. Nach dem Krieg mußten Illegale eine lange Ausbildungszeit durchlaufen, die dazu diente, ihre falsche Identität aufzubauen, ihre Tarnung sicherzustellen und sie auf Operationen im Westen vorzubereiten. Ihre Vorgänger in der Vorkriegszeit waren unter anderem deshalb so erfolgreich, weil sie weniger von bürokratischen Anforderungen eingeengt wurden und mehr Gelegenheit zur Eigeninitiative besaßen. Aber sie hatten es auch mit wesentlich »weicheren« Zielobjekten zu tun als ihre Nachfolger. An den Maßstäben des Kalten Krieges gemessen, waren die meisten westlichen Sicherheitssysteme der Zwischenkriegszeit primitiv. Das individuelle Flair der großen Illegalen, kombiniert mit der vergleichsweise leichten Zugänglichkeit ihrer Zielobjekte, verlieh einigen ihrer Operationen einen wesentlich unorthodoxeren – zuweilen sogar exzentrischen – Charakter, als dies während des Kalten Krieges der Fall sein sollte.

Einige der Fähigsten unter den großen Illegalen waren nicht einmal Russen, sondern kosmopolitische, mehrsprachige Mitteleuropäer, die für die Komintern im Untergrund gearbeitet hatten, bevor sie sich der Tscheka anschlossen, und den visionären Glauben an ein kommunistisches Paradies auf Erden teilten.[6] Arnold Deutsch, der Hauptanwerber von Studenten und Jungakademikern an der Universität Cambridge, war ein österreichischer Jude. Der erfolgreichste Illegale der Vierten Abteilung (militärischer Nachrichtendienst) war der Deutsche Richard Sorge, der von einem seiner Bewunderer bei der Komintern später als »verblüffend gutaussehender« und »romantisch-idealistischer Gelehrter« mit großer Ausstrahlung beschrieben wurde.[7] Während Sorge seine wichtigsten Erfolge als angeblicher Nazijournalist in Japan erzielte, operierten die Illegalen von OGPU/NKWD in Europa.

Obwohl man sich heute an die »Großen Illegalen« vor allem wegen ihrer Erfolge bei der Anwerbung junger, begabter, ideologisch motivierter Agenten, besonders in England, erinnert, bestanden ihre ersten bedeutenden Resultate in der weniger glanzvollen, aber nicht weniger wichtigen Beschaffung diplomatischer Chiffrierschlüssel und Dokumente, die sie von Agenten erhielten, die nicht von der Ideologie, sondern von Sex und Geld angetrieben wurden. Zumeist wird angenommen, um Chiffrierschlüssel zu knacken, sei das kryptoanalytische Genie brillanter Mathematiker erforderlich, die heutzutage von einigen der leistungsfähigsten Computer der Welt unterstützt werden. In Wirklichkeit wurden die meisten bekannten großen Einbrüche in Chiffrierschlüssel im 20. Jahrhundert – manchmal entscheidend – durch nachrichtendienstliche Informationen über Codes und Chiffriersysteme unterstützt. Die zaristischen Dechiffrierer waren hauptsächlich deshalb führend auf der Welt, weil es ihnen gelang, die Codes und Chiffren fremder Mächte zu stehlen oder käuflich zu erwerben. Zehn Jahre vor dem Ersten Weltkrieg entdeckte der britische Botschafter in St. Petersburg, Sir Charles Hardinge, daß seinem Bürovorsteher für den Diebstahl des Hauptchiffrierschlüssels der Botschaft die enorme Summe von 1000 Pfund angeboten worden war. Obwohl die Ochrana in diesem Fall scheiterte, hatte sie in vielen anderen Fällen Erfolg. Es war ein Schock für Hardinge, als ihm ein russischer Staatsmann versicherte, es sei ihm »egal, wenn ich schriftlich weiterleite, was er im Gespräch gesagt habe«, ihn aber »eindringlich« bat, »nichts davon zu telegrafieren, da alle unsere [verschlüsselten] Telegramme bekannt seien!« Die Ochrana war der erste moderne Nachrichtendienst, der es als eine seiner Prioritäten betrachtete, zur Unterstützung seiner Dechiffrierer ausländische Chiffrierschlüssel zu stehlen. Damit schuf die Ochrana ein wichtiges Vorbild für ihre sowjetischen Nachfolger.[8]

Die Forschung über Stalins Außenpolitik hat gerade erst begonnen, die große Zahl westlicher diplomatischer Dokumente in Rechnung zu stellen, zu deren Beschaffung die »Großen Illegalen« und die »Codeknacker« in hohem Maße beigetragen haben.

Unter den von Francesco Constantini seit 1924 in der britischen Botschaft in Rom entwendeten Dokumenten befand sich auch bedeutendes Chiffriermaterial. In den KGB-Akten wird das Hauptverdienst an den frühen OGPU-Erfolgen bei der Beschaffung diplomatischer Chiffrierschlüssel dem extravagantesten der »Großen Illegalen« zugeschrieben, Dmitri Bystroletow (HANS oder ANDREJ), der unter verschiedenen Tarnnamen, einschließlich einiger falscher Adelstitel, operierte. Bystroletow, ein auffallend gutaussehender, mehrsprachiger, extrovertierter Mann, war 1901 als uneheliches Kind einer Kuban-kosakischen Mutter und, wie er sich später einredete, des berühmten Romanciers Alexei Tolstoi geboren.[9]

In einer 1995 vom SWR publizierten hagiographischen Würdigung von Bystroletows Laufbahn wird diese Phantasie über die Identität seines Vaters, wie kaum anders zu erwarten, ebensowenig erwähnt wie die Tatsache, daß seine ersten Ruhmestaten darin bestanden, weibliche Angestellte zu verführen, um an geheime Dokumente von ausländischen Botschaften und Ministerien zu kommen,[10] eine Technik, die später in größerem Umfang von Nachrichtendiensten des Ostblocks in Operationen wie der »Sekretärinnenoffensive« in Westdeutschland angewandt wurde. In einem von Mitrochin eingesehenen Bericht heißt es etwas verschroben, Bystroletow sei »rasch mit Frauen bekanntgeworden und teilte ihre Betten«. Seine erste wichtige Eroberung für die OGPU gelang ihm in Prag, wo er 1927 eine 29jährige Angehörige der französischen Botschaft verführte, die von der OGPU den Codenamen LAROCHE erhielt.[11] In den folgenden zwei Jahren erhielt Bystroletow von LAROCHE Kopien französischer diplomatischer Chiffrierschlüssel und geheimer Mitteilungen.[12]

Bystroletows unkonventionelle Extravaganz mag dazu beigetragen haben, daß er im sowjetischen Nachrichtendienst nie zum Offizier befördert wurde, sondern ein einfacher illegaler Agent blieb,[13] der Ende der zwanziger und Anfang der dreißiger Jahre der illegalen Berliner Residentur von Boris Basarow (KIN) angehörte.[14] Im Unterschied zu Bystroletow ließen konventionellere OGPU-Agenten schon einmal eine Gelegenheit, einen Informanten mit Zugang zu diplomatischen Codes anzuwerben, ungenutzt. Eine solche verpaßte Gelegenheit, die eine persönliche Rüge Stalins für die verantwortlichen OGPU-Mitarbeiter nach sich ziehen sollte, ergab sich im August 1928 in Paris, als ein Ausländer, der später als der Schweizer Geschäftsmann und Abenteurer Giovanni de Ry (ROSSI) identifiziert wurde, in der sowjetischen Botschaft erschien und den Militärattaché oder den Ersten Sekretär zu sprechen wünschte.[15] Einer späteren, auf einem Bericht der Botschaft beruhenden Darstellung Bystroletows zufolge war de Ry ein kleiner Mann, dessen rote Nase einen scharfen Kontrast zu seiner gelben Aktenmappe bildete.[16] Dem OGPU-Residenten Wladimir Woinowitsch gegenüber erklärte de Ry angeblich:[17] »Diese Aktenmappe enthält die Codes und Chiffren Italiens. Sie besitzen zweifellos Kopien der verschlüsselten Telegramme der hiesigen italienischen Botschaft. Nehmen Sie die Aktenmappe und prüfen sie die Echtheit ihres Inhalts. Wenn Sie sich davon überzeugt haben, fotografieren sie alles und geben Sie mir 200 000 Franc.« Außerdem bot er an, künftige italienische Chiffren für eine ähnliche Summe zu liefern. Woinowitsch ging mit dem Material in ein Nebenzimmer, wo seine Frau es fotografierte. Dann gab er de Ry die Originale zurück, erklärte sie für Fälschungen, wies ihn aus der Botschaft und drohte ihm, die Polizei zu rufen. Später sollte die Zentrale zwar ihre Meinung ändern, aber zu diesem Zeitpunkt lobte sie Woinowitsch für die Geistesgegenwart, mit der er die italienischen Chiffrenschlüssel beschafft hatte, ohne daß der OGPU Kosten entstanden waren.[18]

Exakt ein Jahr danach, im August 1929, erlebte die Pariser Botschaft einen ähnlichen Besuch. Diesmal war der Besucher ein Chiffrierbeamter der Fernmeldeabteilung des britischen Außenministeriums namens Ernest Holloway Oldham, der eine britische Handelsdelegation nach Paris begleitet hatte. Woinowitsch scheint versucht zu haben, den ein Jahr zuvor gegenüber de Ry angewandten Trick zu wiederholen, aber Oldham war vorsichtiger: Er hatte kein Chiffriermaterial bei sich, bemühte sich, seine Identität zu verheimlichen, und wollte den Kontakt mit der OGPU auf eine einzige Transaktion beschränken. Er stellte sich als »Charlie« vor, versuchte Woinowitsch irrezuführen, indem er die Drukkerei des Außenministeriums als seine Arbeitsstelle angab, und erklärte, er könne den britischen diplomatischen Chiffrierschlüssel beschaffen. Dafür verlangte er 50 000 Pfund. Woinowitsch handelte ihn auf 10 000 Pfund herunter, und sie vereinbarten für Anfang des folgenden Jahres ein Treffen in Berlin.[19]

Bevor das Treffen stattfinden konnte, wurde die Arbeit der Pariser OGPU-Residentur durch den Seitenwechsel des sowjetischen Geschäftsträgers Grigori Bessedowsky unterbrochen. Als er im Oktober 1929 mit dem Vorwurf der konterrevolutionären »Verschwörung« konfrontiert wurde, gelang ihm, von OGPU-Wachen verfolgt, die den Befehl hatten, ihn gefangenzunehmen und zur Vernehmung und fast sicheren Hinrichtung nach Moskau zu schaffen, eine spektakuläre Flucht über die Mauer der Botschaft. Seine 1930 erschienenen Memoiren versetzten die Zentrale in helle Aufregung, wurde doch von Stalin gesagt, er vertrete die »Idee der häßlichsten asiatischen Despotie«; außerdem enthüllte Bessedowsky eine Reihe von Geheimnissen der OGPU, darunter auch die der Pariser Botschaft von unbekannten Besuchern unterbreiteten Angebote, die italienischen und britischen Chiffrierschlüssel zu liefern.[20]

Nach diesen Enthüllungen wurde Bystroletow dringend nach Moskau zurückgerufen, wo ihm Abram Sluzki, der spätere Leiter des Auslandsnachrichtendienstes, ein Exemplar von Bessedowskis Memoiren zeigte.[21] Neben der Stelle, an der die Täuschung de Rys beschrieben wurde, war von Stalin selbst an den Rand gekritzelt worden: »Wiederaufnehmen!« Sluzki wies Bystroletow an, umgehend nach Paris zurückzukehren, die Identität des zwei Jahre zuvor betrogenen Besuchers festzustellen, Kontakt mit ihm aufzunehmen und weitere Chiffren von ihm zu beschaffen. »Wo soll ich ihn finden?« fragte Bystroletow. »Das ist Ihre Sache«, erwiderte Sluzki. »Sie haben sechs Monate, um ihn aufzuspüren.«

Bystroletow fand de Ry schließlich in einer Bar in Genf. Da er annahm, daß de Ry nach dem Betrug in Paris mit einem Vertreter der OGPU möglicherweise nichts zu tun haben wollte, entschied er sich für eine Taktik, die als »falsche Flagge« bekannt werden sollte, und gab vor, für den japanischen Nachrichtendienst zu arbeiten. Obwohl de Ry sich nicht lange durch die »falsche Flagge« täuschen ließ, willigte er ein, gegen Bezahlung weitere italienische Chiffrierschlüssel zu liefern, die er angeblich von einem korrupten italienischen Diplomaten erhielt. Die nächsten Treffen mit de Ry fanden für gewöhnlich in Berlin statt, wo der Diplomat vorgeblich Dienst tat. Nach KGB-Aufzeichnungen, die möglicherweise unvollständig sind, wurden de Ry mindestens 200 000 Franc gezahlt.

Auch den unbekannten britischen Besucher, der der Pariser Botschaft Chiffrierschlüssel des Foreign Office zum Kauf angeboten hatte, sollte Bystroletow suchen. Im April 1930 übergab Oldham, der von der OGPU den Codenamen ARNO erhalten hatte, bei dem im vorangegangenen Jahr vereinbarten Treffen nur einen Teil des diplomatischen Chiffrierschlüssels – vermutlich, um nicht über den Tisch gezogen zu werden – und verlangte 6000 Dollar, bevor er den Rest aushändigte. Die OGPU versuchte ihn nach dem Treffen aufzuspüren, mußte aber feststellen, daß er eine falsche Adresse angegeben hatte.

Wahrscheinlich bald nach der ersten Begegnung mit de Ry bekam Bystroletow Oldham in einer Pariser Bar zu fassen. Er verwickelte ihn in ein Gespräch, gewann sein Vertrauen und nahm ein Zimmer im selben Hotel wie er. Dort offenbarte sich Bystroletow Oldham und seiner Frau Lucy als verarmter ungarischer Adliger, der wie sein neuer Freund in die Fänge des sowjetischen Geheimdienstes geraten war. Mit Zustimmung seiner Frau versprach Oldham, Chiffrierschlüssel und andere geheime Dokumente zu liefern, die Bystroletow an die OGPU weiterleiten sollte.

Als erste Zahlung erhielt er 6000 Dollar, als zweite Rate 5000 Dollar und schließlich 1000 Dollar pro Monat. Bystroletow spielte die ganze Zeit über den mitfühlenden Freund und besuchte die Oldhams mehrmals in ihrem Londoner Heim in Pembroke Gardens in Kensington. Die Übergabe der Dokumente fand jedoch bei Treffen in Frankreich oder Deutschland statt.

Hatte er schon von Anfang an versucht, die OGPU auf Abstand zu halten, so machte Oldham das Risiko, das er durch seine Tätigkeit als sowjetischer Agent einging, zunehmend angst. Um ihn unter Druck zu setzen, kam Bystroletow zu mehreren Treffen in Begleitung des Chefs der illegalen Residentur in Berlin, Boris Basarow, der als bedrohlich wirkender italienischer Kommunist namens da Vinci auftrat. Unter dem Eindruck des Guter-Mann-Böser-Mann-Spiels der beiden OGPU-Agenten gab Oldham regelmäßig nach und versprach weiterzumachen. Aber er begann immer mehr zu trinken. Bystroletow verstärkte daraufhin seinen Einfluß auf Lucy Oldham (die seither den Codenamen MADAM trug), indem er die Beziehung zu ihr, wie es ein OGPU-Bericht umschrieb, auf »intimen Fuß« stellte.

Während Bystroletow die Oldhams erfolgreich hinters Licht führte, scheint er nicht geargwöhnt zu haben, daß auch sie ihn täuschten. So hatte sich Oldham bei ihrem ersten Treffen nicht als untergeordneter Beamter vorgestellt, sondern als »ein Lord, der Chiffrierschlüssel für das Außenministerium erarbeitete und eine sehr einflußreiche Persönlichkeit war«. Auch Mrs. Oldham stapelte gern hoch. Sie erzählte Bystroletow, sie sei die Schwester eines Armeeoffiziers namens Montgomery, der im Außenministerium den (nicht existierenden) Posten eines Chefs des Nachrichtendienstes innehabe[22]; in einem späteren, wahrscheinlich aus den vierziger Jahren stammenden Vermerk in der KGB-Akte wurde der geheimnisvolle und vermutlich fiktive Montgomery dann als Feldmarschall Viscount Montgomery of Alamein identifiziert! So professionell Bystroletow als Agentenführer agierte, so merkwürdig naiv erscheint er andererseits aufgrund seiner Unkenntnis des britischen Regierungsapparats. Doch in dieser Beziehung stand ihm die Zentrale, die sich ebenfalls hatte täuschen lassen, in nichts nach.

Unterdessen übergab de Ry Bystroletow bei Treffen in Berlin eine Mischung aus echten Geheimdokumenten, von denen italienische Chiffrierschlüssel wahrscheinlich die bedeutendsten waren, und bunt schillernden Erfindungen. Die Zentrale ließ sich zumindest von einigen von de

Rys Fälschungen täuschen. Wahrscheinlich um zu verschleiern, daß er die italienischen Chiffrierschlüssel auch Frankreich und anderen Interessenten zum Kauf anbot, erzählte de Ry, Mussolinis Schwiegersohn Graf Galeazzo Ciano di Cortellazzo, der spätere italienische Außenminister, betreibe einen »schwunghaften Handel mit Chiffrierschlüsseln« und habe, nachdem in der Berliner Botschaft ein Exemplar verlorengegangen sei, die Liquidierung eines unschuldigen Sündenbocks befohlen, um die Aufmerksamkeit von sich abzulenken. Da die OGPU glaubte, die westlichen Nachrichtendienste würden – wie sie selbst – geheime Mordanschläge verüben, nahm sie de Rys unwahrscheinliche Geschichte erstaunlich leichtgläubig auf.[23]

Große Bedeutung maß die Zentrale der Möglichkeit bei, durch de Ry mit seinem Freund, dem Pariser Geschäftsmann Rodolphe Lemoine, einem Agenten und Anwerber des Deuxième Bureau, des französischen militärischen Auslandsnachrichtendienstes, in Kontakt zu kommen.[24] Als Sohn eines reichen Berliner Juweliers unter dem Namen Rudolf Stallmann geboren, hatte Lemoine 1918 für das Deuxième Bureau zu arbeiten begonnen und die französische Staatsbürgerschaft erworben. Die Agententätigkeit war für ihn sowohl ein zweiter Beruf als auch eine Leidenschaft. Nach Aussage eines seiner Vorgesetzten im Deuxième Bureau war er »nach Spionage süchtig wie ein Trinker nach Alkohol«. Sein größter Coup war 1931 die Anwerbung des deutschen Chiffriertechnikers und Fernmeldeaufklärers Hans-Thilo Schmidt, der sich für seine Frauengeschichten in Schulden gestürzt hatte. Für ein Jahrzehnt war Schmidt (unter den Codenamen HE und ASCHE) der wichtigste Auslandsagent des Deuxième Bureau.[25] Durch einige der von ihm gelieferten Informationen wurde der Grundstein dafür gelegt, daß britische Kryptologen im Zweiten Weltkrieg den deutschen ENIGMA-Maschinenschlüssel brechen konnten.[26]

Nachdem Bystroletow Kontakt zu Lemoine (REX beim Deuxième Bureau und JOSEF bei der OGPU) aufgenommen hatte, wurde er angewiesen, den Fall einem anderen, weniger extravaganten Illegalen zu übergeben, Ignaz Reiss alias Porezki (RAYMOND), damit er sich ganz darauf konzentrieren konnte, Oldham zu führen. Bei den ersten Treffen mit Lemoine trat Reiss als Offizier des militärischen Nachrichtendienstes der USA auf. Lemoine schwebte offenbar ein Austausch von Erkenntnissen über Deutschland und über ausländische Chiffriersysteme vor, und zum Beweis dafür, daß das Deuxième Bureau zur Zusammenarbeit bereit war, gab er eine seltsame Mischung aus guten und faulen Informationen weiter. Ein im Mai 1931 von ihm gelieferter italienischer Chiffrierschlüssel scheint echt gewesen zu sein. Dagegen vermeldete er im Februar 1932 die ebenso sensationelle wie falsche Neuigkeit, Hitler (der ein knappes Jahr später deutscher Reichskanzler werden sollte) habe zwei Geheimbesuche in Paris gemacht und stehe auf der Gehaltsliste des Deuxième Bureau. »Wir Franzosen«, behauptete Lemoine, »tun alles, um seinen Aufstieg an die Macht zu beschleunigen.« Die Zentrale tat dies als Desinformation ab, gab aber Anweisung, den Kontakt mit Lemoine aufrechtzuerhalten und ihn weiterhin zu bezahlen, wahrscheinlich in der Absicht, ihm eine Falle zu stellen, die zu seiner Anwerbung führen würde.[27]

Im November 1933 brachte Lemoine den Leiter der Fernmeldeaufklärung des Deuxième Bureau, Gustave Bertrand, der von der Zentrale den Codenamen ORJOL (»Adler«) erhalten sollte, zu einem Treffen mit Reiss mit. Um Bertrand davon zu überzeugen, daß er ein amerikanischer Nachrichtendienstoffizier sei, der Chiffriermaterial austauschen wolle, bot Reiss ihm lateinamerikanische diplomatische Chiffrierschlüssel an. Wie kaum anders zu erwarten, war Bertrand jedoch mehr an europäischen Schlüsseln interessiert.[28] Wahrscheinlich bald nach diesem ersten Treffen mit Bertrand eröffnete Reiss Lemoine, daß er nicht für den amerikanischen Nachrichtendienst arbeite, sondern der OGPU angehöre. Die Zentrale glaubte vermutlich, Lemoine in einer Falle gefangen zu haben, denn er mußte jetzt entweder seinen Vorgesetzten offenbaren, daß er von der OGPU sowohl bezahlt als auch betrogen worden war, oder diese Information für sich behalten und es riskieren, zur Arbeit für den sowjetischen Nachrichtendienst erpreßt zu werden. Doch die Erpressung scheiterte.[29] Anscheinend hatte Lemoine schon seit einiger Zeit geahnt, daß Reiss, den er als »Walter Scott« kannte, für den sowjetischen Nachrichtendienst arbeitete. Reiss hatte noch einige Treffen mit Lemoine und Bertrand, bei denen sie Informationen über Italien, die Tschechoslowakei und Ungarn austauschten.[30]

Während Reiss den Kontakt zu Lemoine pflegte, mußte Bystroletow feststellen, daß Oldham immer verzweifelter bemüht war, sich der OGPU zu entziehen. Im Sommer 1932 befürchtete Bystroletow, daß Oldhams sich verschlimmernder Alkoholismus und seine Nachlässigkeit bei der Arbeit die Aufmerksamkeit des Sicherheitsdienstes MI5 erregen würden. Nach

Ansicht der Zentrale beschwor Oldham mit seinem immer unberechenbaren Verhalten auch die Gefahr herauf, daß die vermeintlich unbarmherzigen britischen Nachrichtendienste schreckliche Rache an Bystroletow üben würden. Am 17. September überreichte sie ihm in Anerkennung seiner Tapferkeit gegenüber nicht vorhandenen britischen Mordkommandos ein Gewehr, das folgende Inschrift trug: »Für den unablässigen Kampf gegen die Konterrevolution von Deinen Kollegen bei der OGPU.«[31]

Am 30. September 1932, keine vierzehn Tage, nachdem Bystroletow das Gewehr erhalten hatte, gab Oldham, der dem Druck seines Doppellebens nicht mehr standhielt, seine Stellung im Außenministerium auf.[32] Zu seinem Leidwesen ließ ihn die OGPU aber immer noch nicht in Ruhe. Während des nächsten Jahres horchte Bystroletow ihn in der Hoffnung, einen Nachfolger für ihn zu finden, über seine ehemaligen Kollegen in der Nachrichtenabteilung aus. Oldhams Alkoholkonsum geriet weiter außer Kontrolle, und er war zunehmend davon überzeugt, daß seine Verhaftung nur noch eine Frage der Zeit sei. Von seiner Frau erfuhr Bystroletow, daß ihr Mann glaubte, der ständige Unterstaatssekretär im Außenministerium, Robert Vansittart, habe ihn persönlich unter Beobachtung gestellt und der britische Nachrichtendienst sei auch ihm selbst, Bystroletow, auf der Spur.[33] Obwohl diese Ängste wahrscheinlich unbegründet waren, nahm die Zentrale sie ernst. Der Feuerwehrmann und »fliegende Illegale« der OGPU, Teodor Maly, berichtete der Zentrale am 6. Juli aus London, Bystroletow befinde sich in großer Gefahr:

»Es ist möglich, daß der Feind ANDREI liquidieren wird. Dennoch habe ich nicht seine sofortige Abreise angeordnet. Wenn er jetzt abreisen würde, bedeutete es den Verlust einer Quelle von solcher Bedeutung [Oldham], daß es unsere Verteidigung schwächen und die Macht des Feindes stärken würde. So wie heute der Verlust von ANDREI möglich ist, so ist es morgen der von anderen Kollegen. Die Natur ihrer Arbeit macht solche Risiken unvermeidbar.«[34]

Die Zentrale antwortete am 10. August: »Bitte, teilen Sie ANDREI mit, daß wir uns der Selbstverleugnung, Disziplin, Geschicklichkeit und Tapferkeit bewußt sind, die er unter den äußerst schwierigen und gefährlichen Umständen der jüngsten Zeit bei der Arbeit mit ARNO bewiesen hat.«[35] Auch in Zukunft sollte Bystroletow in höchsten Tönen für seine

Fähigkeit gelobt werden, ein britisches Gegenstück von Serebrjanskis Direktion, das nur in der Einbildungskraft der OGPU existierte, zu überlisten.

Am 29. September 1933, knapp ein Jahr nach seinem Ausscheiden aus dem Außenministerium, wurde Oldham ohnmächtig in der gasgefüllten Küche seines Hauses in Pembroke Gardens gefunden und ins Krankenhaus gefahren, wo man nur noch seinen Tod feststellen konnte. Eine Untersuchung ergab, daß er sich im »Zustand der Geistesgestörtheit« durch eine Gasvergiftung das Leben genommen habe.[36] Die Zentrale zweifelte jedoch nicht daran, daß er ermordet worden war. In ihrem Bericht über seinen Tod zog sie den Schluß: »Um einen Skandal zu verhindern, hat der [britische] Nachrichtendienst ARNO physisch eliminiert, wobei er seinen Tod als Selbstmord erscheinen ließ.« Man war aber überzeugt, Bystroletow habe seine Identität so gut verschleiert, daß das Außenministerium glauben mußte, Oldham sei nicht für den sowjetischen, sondern für den französischen Nachrichtendienst tätig gewesen.[37]

Oldhams Selbstmord führte nicht dazu, daß das britische Außenministerium auf die chronischen Sicherheitsprobleme im eigenen Haus und in den Botschaften im Ausland aufmerksam wurde. Aber Bystroletow, der immer noch fürchtete, daß ein britisches Mordkommando hinter ihm her sei, bemerkte nicht, wie ungeschützt das britische Außenministerium war. Er kam zu dem Schluß, daß Genf, wo einige von Oldhams früheren Kollegen als Chiffriertechniker für die britische Delegation beim Völkerbund arbeiteten, ein sichererer Boden für Anwerbungen war. Im Dezember 1933 nahm er Kontakt zu Raymond Oake (SHELLEY) auf, einem der vielversprechendsten potentiellen Informanten in der Nachrichtenabteilung, die Oldham erwähnt hatte.[38] Oake hatte guten Grund, über seine untergeordnete Stellung erbittert zu sein. Seit er 1920 im Außenministerium angefangen hatte, war er auf der niedrigen Stufe eines »Beamten auf Zeit« ohne Pensionsanspruch stehen geblieben.[39] Die Aufgabe, Oake zu umwerben, übertrug Bystroletow dem niederländischen Künstler Henri Christian (»Han«) Pieck, der als OGPU-Illegaler unter dem Codenamen COOPER operierte.[40]

Pieck war kaum weniger lebenslustig und extrovertiert als Bystroletow und hatte sich mit seiner geselligen Natur unter den britischen Beamten und Journalisten in Genf viele Freunde gemacht. Er lud Oake und andere Chiffriertechniker in sein Haus in Den Haag ein, wo er seinen Charme spielen ließ und sie großzügig bewirtete, während er ihre Eignung als Informanten abschätzte. Seine größte Leistung für den sowjetischen Nachrichtendienst war die Vermittlung des Kontakts zu Captain John H. King, der 1934 als »Beamter auf Zeit« in die Fernmeldeabteilung des Außenministeriums eingetreten war[41] und ein weitaus wichtigerer Agent als Oake werden sollte. Laut Piecks Bericht war King in Irland geboren und fühlte sich nicht als Brite, sondern als Ire. Zwar war er antisowjetisch eingestellt, aber er »haßte die Engländer«. Von seiner Frau entfremdet und mit einer amerikanischen Geliebten, die er unterstützte, fiel es ihm schwer, von seinem bescheidenen Gehalt zu leben. Pieck umwarb ihn mit viel Geduld und Geschick. Sieben Monate nach der ersten Begegnung begann King (MAG) große Mengen von Geheimmaterial zu liefern, darunter Telegramme und Chiffrierschlüssel des Außenministeriums sowie vertrauliche tägliche und wöchentliche Zusammenfassungen der diplomatischen Korrespondenz.[42]

Bei der Analyse des Materials stellte die Zentrale fest, daß es sich zu etwa 30 Prozent um Dokumente handelte, die sie bereits von Francesco Constantini (DUNCAN) erhalten hatte.[43] In dieser Überschneidung sah man höchstwahrscheinlich eine willkommene Möglichkeit, die Echtheit der von beiden Agenten beschafften Dokumente zu prüfen. Für die große Bedeutung, die man Constantinis Material beimaß, spricht, daß sich Abram Sluzki, der Artusow 1934 als Leiter der INO ablöste, entschloß, Constantini nicht mehr durch die legale Residentur in Rom betreuen zu lassen, sondern ihn Moissei Axelrod (OST oder OSTO), einem seiner besten Führungsoffiziere, anzuvertrauen.

1898 als Kind jüdischer Eltern in Smolensk geboren, hatte Axelrod bis zu dessen Auflösung im Jahr 1922 dem russischen Ableger der sozialistisch-zionistischen Organisation Poale Zion (»Arbeiter Zions«) angehört. Danach schloß er sich den Bolschewiken an und begann 1925 seine Laufbahn in der INO.[44] Wie die meisten großen Illegalen war Axelrod sprachbegabt – er sprach fließend Arabisch, Englisch, Französisch, Deutsch und Italienisch – und, laut einem anderen Illegalen, ein »außergewöhnlich kultivierter Mann« mit einer »vornehmen Gleichgültigkeit gegenüber der Gefahr«.[45] 1934 reiste er mit einem österreichischen Paß nach Rom, um dort eine neue illegale Residentur aufzubauen und als Constantinis Führungsoffizier zu agieren. Zur ersten Begegnung mit diesem kam es im Januar 1935.[46]

Kaum ein anderer sowjetischer Führungsoffizier hat sich derart oft mit seinem Agenten getroffen wie Axelrod mit Constantini. Nach einer Weile sahen sie sich täglich. Am 27. Oktober 1935 telegrafierte die Zentrale Axelrod: »Zwischen dem 24. September und dem 14. Oktober haben Sie [Constantini] sechzehnmal getroffen. Es darf nicht mehr als zwei oder drei Treffs pro Woche geben.« Axelrods Begeisterung für Agent DUNCAN ist unschwer nachzuvollziehen. Constantini belieferte ihn mit einer bemerkenswerten Vielzahl von Dokumenten und Chiffriermaterialien aus roten Kassetten, Diplomatenkoffern, Aktenschränken und wahrscheinlich auch aus dem Safe der Botschaft. In einem Bericht vom 15. November 1935 zählte die Zentrale nicht weniger als 101 seit Beginn des Jahres von Constantini beschaffte Dokumente auf, die sie für wert erachtet hatte, »dem Genossen Stalin vorgelegt« zu werden. Darunter befanden sich nicht nur Berichte und Depeschen des Außenministeriums und britischer Botschafter, sondern auch Aktenvermerke über Gespräche der britischen Außenminister Simon und Eden mit Hitler und Mussolini sowie ihren Amtskollegen Litwinow, Eduard Beneš und Józef Beck.[47]

Eine auffällige Weglassung in der Liste stellt ein Bericht über die Gespräche dar, die Eden bei seinem Moskaubesuch im März 1935 geführt hatte, denn das Dokument wurde auch an die britische Botschaft in Rom verteilt und gelangte höchstwahrscheinlich in Constantinis Hände. Da es Stalins erste Begegnung mit einem westlichen Minister war, kam den Gesprächen erhebliche Bedeutung zu. Die plausibelste Erklärung für die Tatsache, daß die Zentrale den britischen Bericht nicht in den Kreml schickte, ist die Vermutung, daß Sluzki sich scheute, Stalin Edens Bemerkungen über ihn zu lesen zu geben. Denn der britische Außenminister hatte sich zwar von Stalins »bemerkenswertem Wissen und Verständnis internationaler Fragen« beeindruckt gezeigt, ihn aber auch als einen »Mann mit starken orientalischen Charakterzügen von unerschütterlicher Selbstsicherheit und Selbstbeherrschung« beschrieben, »dessen Höflichkeit in keiner Weise eine unerbittliche Rücksichtslosigkeit vor uns verbergen konnte«. Auch daß Eden meinte, Stalin sei »für den deutschen Standpunkt wahrscheinlich empfänglicher als Monsieur Litwino[w]«, behielt die Zentrale lieber für sich.[48] In Moskau war nichts gefährlicher, als Kritik an Stalin wiederzugeben oder ihm häretische Ansichten nachzusagen.

Der britische Botschafter in Moskau, Viscount Chilston, berichtete optimistisch, die sowjetische Regierung scheine als Ergebnis des Besuchs von Eden »das Schreckgespenst aus dem Kopf bekommen zu haben, daß wir Deutschland gegen sowjetische Pläne für die Sicherheit im Osten aufhetzen«.[49] Stalin gab jedoch selten eine Verschwörungstheorie auf und stand der britischen Außenpolitik weiterhin mißtrauisch gegenüber. In einem am Ende der Gespräche in Moskau veröffentlichten Kommuniqué hatte Eden es begrüßt, daß die Sowjetunion das Prinzip der kollektiven Sicherheit unterstütze, seit sie im vorangegangenen Jahr in den Völkerbund eingetreten sei. Doch Stalin dürfte aus Dokumenten des britischen Außenministeriums erfahren haben, daß Eden nicht geneigt war, die Sowjetunion in kollektive Sicherheitsmaßnahmen zur Eindämmung Nazideutschlands einzubeziehen.[50] Für Stalins argwöhnischen Geist mag diese Ablehnung ein weiterer Beweis für ein britisches Komplott gewesen sein, das die deutsche Aggression in Richtung Osten lenken wollte, und während er die alltäglichen außenpolitischen Geschäfte dem effizient arbeitenden und wesentlich pragmatischeren Litwinow anvertraute, behielt er sich doch die Entscheidung über die strategische Stoßrichtung der sowjetischen Außenpolitik vor.

Die Zentrale hatte seit einiger Zeit den Verdacht gehegt, daß ihre Hauptquelle für britische diplomatische Dokumente, Francesco Constantini, ihr Material zumindest teilweise auch an den italienischen Nachrichtendienst verkaufte. Dieser Verdacht bestätigte sich auf dramatische Weise, als im Februar 1936 eines der von Constantini beschafften Geheimdokumente – eine britische Einschätzung des Italienisch-Äthiopischen Krieges – auf der Titelseite des *Giornale d'Italia* erschien.[51] Als Axelrod ihn zur Rede stellte, gab Constantini gezwungenermaßen zu, daß er einige Dokumente an den italienischen Nachrichtendienst weitergegeben hatte. Außerdem gestand er, daß er seine Arbeit in der britischen Botschaft verloren hatte, wobei er offenbar zu erwähnen vergaß, daß er wegen Unehrlichkeit gefeuert worden war. Er versuchte Axelrod zu beruhigen, indem er ihm erzählte, ein früherer Kollege in der Botschaft werde ihn weiterhin mit geheimem Material versorgen. Dieser Kollege wurde später als Constantinis Bruder Secondo (DUDLEY), der seit zwanzig Jahren als Kanzleigehilfe in der Botschaft arbeitete, identifiziert.[52]

Secondo Constantini war jedoch weniger vorsichtig als sein Bruder. Im Januar stahl er in den neben der Kanzlei gelegenen Wohnräumen des Botschafters aus einer der verschlossenen roten Kassetten der Botschaft – in denen für gewöhnlich kein Schmuck, sondern geheime diplomatische Dokumente aufbewahrt wurden – ein Diamantkollier, das der Frau des Botschafters gehörte. Dem Botschafter, Sir Eric Drummond, der bisher den Gedanken, die in der italienischen Presse abgedruckten Dokumente der britischen Diplomatie könnten aus seiner Botschaft entwendet worden sein, weit von sich gewiesen hatte, begann nach diesem Vorkommnis zu dämmern, daß vielleicht einige ernsthafte Überlegungen über die Sicherheit der Botschaft angebracht waren. Da das Außenministerium keinen Sicherheitsbeamten hatte, bat es Major Valentine Vivian, den Chef der SIS-Gegenspionage, um Hilfe. Vivian wies in aller Bescheidenheit auf seine geringe Erfahrung in bezug auf die Sicherheit von Botschaften hin, aber angesichts der Tatsache, daß es dem Außenministerium noch mehr an Erfahrung mangelte, sagte er zu, eine Untersuchung durchzuführen.[53] In Rom eingetroffen, stachen ihm rasch mehrere grundlegende Fehler in die Augen. So waren Aktenschränke, rote Kassetten und der Safe der Botschaft allesamt nicht sicher, und »es wäre für unbefugte Personen nicht unmöglich oder auch nur schwierig, sich längere Zeit in den Räumen der Kanzlei oder der Registratur aufzuhalten«. Bald hatte er Secondo Constantini als denjenigen identifiziert, der sowohl das Collier als auch zumindest einige der dem italienischen Nachrichtendienst zugespielten Dokumente gestohlen hatte:

»S. Constantini ... war seit einundzwanzig Jahren als Gehilfe in der Kanzlei angestellt. Insofern könnte er direkt oder indirekt für einige, wenn nicht alle Diebstähle von Papieren und Wertsachen, die es in dieser Botschaft gegeben hat oder von denen man glaubt, daß es sie gegeben hat, verantwortlich sein. Er war, wie ich höre, nicht frei von dem Verdacht, an einer unredlichen Transaktion, derentwegen sein Bruder, damals ebenfalls Kanzleigehilfe, vor kurzem entlassen worden ist, beteiligt gewesen zu sein. Darüber hinaus bin ich mir, obwohl der diplomatische Stab ihn zur damaligen Zeit nicht damit in Verbindung brachte, sicher, daß die Umstände des Verlustes zweier Exemplare des ›R‹-Codes aus einem verschlossenen [Akten-]Schrank im Jahr 1925 auf S. Constantini oder seinen Bruder oder auf beide als Täter hinweisen.«[54]

Obwohl Sir Eric die von Vivian unterbreiteten Vorschläge zur Verbesserung der Sicherheit seiner Botschaft höflich aufnahm, tat er wenig, um sie umzusetzen.[55] Insbesondere den Vorwürfen gegen Secondo Constantini, der als »eine Art Freund der Familie« angesehen wurde, konnte weder er selbst noch sein Stab Glauben schenken.[56] Statt entlassen zu werden, wurde Agent DUDLEY überraschenderweise im Mai 1937 als Belohnung für langjährige und vermeintlich treue Dienste zusammen mit seiner Frau nach London eingeladen, um als Gast der britischen Regierung der Krönung König Georgs VI. beizuwohnen.[57] Als er von dieser Vergnügungsreise auf öffentliche Kosten zurückkehrte, konnte er damit fortfahren, seinen Bruder mit geheimen britischen Dokumenten zu beliefern, der sie zum Kopieren sowohl an Axelrod wie auch an den italienischen Nachrichtendienst weiterleitete, bevor Secondo sie wieder zu den Botschaftsakten legte. Die Zentrale fand die unglaubliche Tatsache, daß Secondo nach Vivians Untersuchung weiterhin Zugang zu diesen Akten hatte, zutiefst verdächtig. Da sie sich nicht vorstellen konnte, daß der auswärtige Dienst der Briten in bezug auf die Sicherheit seiner Botschaften derart naiv war, tippte sie auf eine schlau eingefädelte Verschwörung des britischen und/oder italienischen Nachrichtendienstes. Im August 1937 stellte sie die regelmäßigen Treffen mit Francesco Constantini ein.[58]

Das von den Brüdern Constantini, Captain King und anderen Agenten in westlichen Botschaften und Außenministerien gelieferte Chiffriermaterial wurde an die geheimste Einheit des sowjetischen Nachrichtendienstes weitergeleitet, eine gemeinsame Fernmeldeaufklärungsgruppe von OGPU und Vierter Abteilung, die nicht in der Lubjanka, sondern im Gebäude des Volkskommissariats für Auswärtige Angelegenheiten an der Kusnezki-Brücke untergebracht war. Laut Jewdokija Karzewa (spätere Petrowa), die 1933 zu der Einheit kam, hatten die Angestellten Anweisung, die Adresse nicht einmal ihren engsten Angehörigen mitzuteilen.[59] Wie die meisten jungen Frauen in der Einheit hatte Karzewa Angst vor ihrem Chef, Gleb Boki, der sich zuerst, wie oben erwähnt, bei der Ausübung des Roten Terrors in Petrograd und dann bei der Terrorisierung Turkestans im Bürgerkrieg einen Namen gemacht hatte. Obwohl schon Mitte Fünfzig, brüstete er sich immer noch mit seiner Potenz und arrangierte an Wochenenden regelmäßig Gruppensex in seiner Datscha. Karzewa lebte in der ständigen Angst vor einer Einladung zu diesen Orgien. In der Nachtschicht, wenn sie sich am wehrlosesten fühlte, trug sie ihre »schlichtesten und grauesten Kleider, aus Angst, [Bokis] Aufmerksamkeit zu erregen«.[60]

Trotz der Verderbtheit ihres Chefs war die gemeinsame Einheit von OGPU und Vierter Abteilung die größte und bestausgerüstete Fernmeldeaufklärungsgruppe der Welt. Insbesondere erhielt sie, dank Bystroletow und anderer, mehr Hilfe durch die Spionage als ähnliche Einrichtungen im Westen. Aus den von Mitrochin eingesehenen Akten geht hervor, daß Bokis Einheit in der Lage war, zumindest einen Teil des diplomatischen Nachrichtenverkehrs von Großbritannien, Österreich, Deutschland und Italien zu entschlüsseln.[61] Andere Quellen belegen, daß Bokis Einheit darüber hinaus in der Lage war, amerikanische,[62] französische,[63] japanische und türkische[64] Telegramme mitzulesen. Kein westlicher Fernmeldeaufklärungsdienst der dreißiger Jahre scheint so viele politische und diplomatische Informationen gesammelt zu haben wie der sowjetische.

Da die meisten der von Bokis Einheit entschlüsselten Texte nicht zugänglich sind, läßt sich schwer einschätzen, welchen Einfluß sie auf die sowjetische Außenpolitik hatten. Zu den aufgefangenen Informationen gehörten auf jeden Fall bedeutende japanische Berichte über die Verhandlungen des Antikominternpakts zwischen Deutschland und Japan. In der veröffentlichten Fassung des im November 1936 geschlossenen Paktes waren nur ein Informationsaustausch über die Aktivitäten der Komintern und Zusammenarbeit bei Gegenmaßnahmen vorgesehen. In einem geheimen Zusatzprotokoll wurde darüber hinaus jedoch vereinbart, daß die Vertragspartner, falls einer von ihnen Ziel eines »nicht provozierten [sowjetischen] Angriffs oder einer Angriffsdrohung« würde, sich sofort über die zu ergreifenden Maßnahmen konsultieren und nichts unternehmen würden, »um die Lage der UdSSR zu erleichtern«. Moskau argwöhnte hinter dieser gewundenen Formulierung, wie kaum anders zu erwarten, finstere Absichten, obwohl Japan weiterhin bemüht war, nicht in einen europäischen Krieg hineingezogen zu werden, und auch nicht auf ein Militärbündnis hinarbeitete. Drei Tage nach Unterzeichnung des Antikominternpakts verkündete Litwinow in einer Rede vor einem Sowjetkongreß, daß der sowjetischen Regierung das Zusatzprotokoll bekannt sei. Außerdem enthielt seine Rede einen verschleierten Hinweis auf die Arbeit der Codeknacker:

»Es ist keine Überraschung, daß viele glauben, das deutsch-japanische Abkommen sei in einem Spezialcode abgefaßt, in dem Antikommunismus eine völlig andere Bedeutung als die lexikalische habe. Dieser Code kann natürlich ganz verschieden gelesen werden.«[65]

Dank ihrer Infiltrationsagenten und Dechiffrierer, aber auch der nachlässigen Vorsichtsmaßnahmen des britischen Außenministeriums war der sowjetische Nachrichtendienst in der Lage, wesentlich mehr Informationen über die Außenpolitik seines wichtigsten westlichen Ziels – Großbritannien – zu sammeln, als die viel kleinere britische Nachrichtendienstgemeinde ihrerseits über die sowjetische Politik in Erfahrung bringen konnte. Seit 1927 konnten britische Dechiffrierer keine bedeutenden sowjetischen Nachrichten mehr entschlüsseln, wenngleich sie bei den weniger raffinierten Chiffrierschlüsseln der Komintern einige Erfolge erzielten. Der SIS verfügte nicht einmal über eine Station in Moskau. Der britische Botschafter, Viscount Chilston, legte 1936 sein Veto gegen die Einrichtung einer solchen Niederlassung ein, weil sie ihn in »ernste Verlegenheit stürzen« könne. Ohne die Anwesenheit des SIS konnte er jedoch nicht hoffen, irgend etwas von Bedeutung über die politischen Entscheidungsprozesse in der Sowjetunion zu erfahren.[66]

Die Fähigkeit des sowjetischen Nachrichtendienstes, das erworbene politische und diplomatische Nachrichtenmaterial analytisch einzuordnen, blieb jedoch hinter seiner Fähigkeit zurück, dieses Material zu beschaffen. Seine natürliche Neigung, bei der Einschätzung der Absichten der die Sowjetunion einkreisenden imperialistischen Mächte die pragmatische Analyse durch Verschwörungstheorien zu ersetzen, wurde in den dreißiger Jahren zusätzlich durch die Tatsache verstärkt, daß Stalin zunehmend als sein eigener Nachrichtenanalytiker auftrat. Tatsächlich verhinderte er die professionelle Nachrichtenanalyse, indem er sie als »gefährliche Ratespiele« abqualifizierte. Berichten zufolge soll er gesagt haben: »Ich will nicht wissen, was Sie denken; geben Sie mir die Fakten und die Quelle, aus der sie stammen!« Die Folge war, daß die INO nicht einmal eine Analyseabteilung besaß. In der Stalinära und darüber hinaus enthielten nachrichtendienstliche Berichte kaum Argumente oder analytische Folgerungen, sondern nur eine Zusammenstellung der für ein bestimmtes Thema relevanten Informationen.[67] Diejenigen, die sie verfaßten, fürchteten zunehmend um ihr Leben, wenn sie Stalin nicht sagten, was er hören wollte. So kam es, daß ihre Hauptsorge, während sie mit beiden Händen in der Schatztruhe der britischen diplomatischen Dokumente und entschlüsselten Telegramme wühlten, darin bestand, jene antisowjetischen Verschwörungen zu entdecken, von denen Genosse Stalin, »Lenins herausragender Schüler, der beste Sohn der bolschewistischen Partei, der würdige Nachfolger und große Fortsetzer von Lenins

Werk«, wußte, daß es sie gab. Hauptaufgabe des sowjetischen Auslandsnachrichtendiensts war es, Stalins falsche Sicht des Westens zu bestärken, nicht, sie zu korrigieren.

Ein typisches Beispiel für die verzerrte, aber politisch korrekte Darstellung bedeutender nachrichtendienstlicher Erkenntnisse war die Bearbeitung des Berichts des britischen Außenministeriums über das Treffen, das im März 1935 in Berlin zwischen dem britischen Außenminister John Simon, Lordsiegelbewahrer Anthony Eden (der am Ende des Jahres Simons Posten erhalten sollte) und Adolf Hitler stattgefunden hatte. Kopien des Protokolls wurden sowohl von Captain King aus dem Außenministerium als auch von Francesco Constantini aus der britischen Botschaft in Rom geliefert.[68] Neun Tage vor dem Treffen hatte Hitler unter Bruch des Versailler Vertrags die Einführung der Wehrpflicht bekanntgegeben. Aber allein die Tatsache, daß die Zusammenkunft – die erste zwischen Hitler und einem britischen Außenminister – stattgefunden hatte, reichte aus, um Moskau argwöhnisch zu machen. Aus britischer Sicht dienten die Gespräche hauptsächlich der Sondierung der Frage, wie weit Hitlers Forderungen nach einer Revision des Versailler Vertrags wirklich gingen und welche Aussichten bestanden, sie zu erfüllen. In Moskau erweckte sie jedoch tiefes Mißtrauen. Während Hitler jede Absicht, die Sowjetunion anzugreifen, leugnete, verwies er auf die angeblich ernste Gefahr, daß die Sowjetunion ihrerseits einen Krieg beginnen könnte, und erklärte, er sei »fest überzeugt, daß Zusammenarbeit und Solidarität eines Tages dringend notwendig sein werden, um Europa gegen ... die bolschewistische Gefahr zu verteidigen«. Simon und Eden zeigten zwar nicht das geringste Interesse an einem antibolschewistischen Abkommen, aber ihr recht konventioneller Austausch von diplomatischen Höflichkeiten hatte in Moskaus Ohren unangenehme Untertöne. Dem Bericht des Foreign Office zufolge waren die britischen Minister »aufrichtig dankbar für den Empfang, der ihnen in Berlin zuteil wurde, und werden sehr angenehme Erinnerungen an die ihnen bewiesene Freundlichkeit und Gastlichkeit mitnehmen«.[69]

Während der britische Bericht über die Gespräche über 23 000 Worte umfaßte, kam die russische Übersetzung, die von der Zentrale an Stalin und andere verteilt wurde, mit weniger als 4000 aus. Grund dafür ist, daß die Zentrale entgegen ihrer gewohnten Präzision einzelne Bemerkungen von Simon, Eden und Hitler ausgewählt und so zusammengestellt hatte, daß sie eine scheinbar zusammenhängende Konversation ergaben. Derart aus dem Zusammenhang gerissen, wurde die Bedeutung der Äußerungen völlig verzerrt. So konnte eine von Simons Bemerkungen schon damals, ganz sicher aber wenig später, so verstanden werden, als hätte er Hitler freie Hand für den Anschluß Österreichs gegeben.[70] Zweifellos in Übereinstimmung mit Stalins Verschwörungstheorien präsentierte die Zentrale den Besuch Simons und Edens in Berlin als erstes einer ganzen Reihe von Treffen, bei denen britische Staatsmänner nicht nur versuchten, Hitler zu beschwichtigen, sondern ihn auch ermutigten, Rußland anzugreifen.[71] In Wirklichkeit hätten manche britische Diplomaten es sicherlich begrüßt, wenn die beiden Diktatoren aus eigenem Antrieb übereinander hergefallen wären, aber kein Außenminister und keine Regierung Großbritanniens hätte auch nur erwogen, einen solchen Konflikt zu provozieren. Dennoch haben die in den dreißiger Jahren in Stalins Moskau umgehenden Verschwörungstheorien bemerkenswerterweise das Ende der sowjetischen Ära überlebt. So heißt es in der offiziellen SWR-Geschichte von 1997, weder auf die vielen Bände der publizierten Dokumente des britischen Außenministeriums noch auf die noch umfangreicheren Aktenbestände des Public Record Office in London sei Verlaß. Die britische Regierung sei immer noch in eine Verschwörung verstrickt, um die Existenz von Dokumenten zu verschleiern, welche die schreckliche Wahrheit über die britische Außenpolitik vor dem Zweiten Weltkrieg offenbaren würden:

»Einige Dokumente aus den dreißiger Jahren über die Verhandlungen britischer Politiker mit der obersten Führung des faschistischen Deutschland, einschließlich solcher mit Hitler selbst, werden bis auf den heutigen Tag in Geheimarchiven des britischen Außenministeriums unter Verschluß gehalten. Die Briten wollen keine indiskreten Einblicke in die Beweise ihrer Politik des geheimen Einvernehmens mit Hitler und der Anspornung Deutschlands zu seinem Ostfeldzug.«[72]

4.
Die »Glorreichen Fünf«

Zu der auserlesenen Gruppe der Nachrichtendiensthelden der Zwischenkriegszeit, deren Porträts heute die Wände des »Gedenkzimmers« des SWR in Jasenewo schmücken, zählt auch der österreichische Jude Arnold Deutsch, der wahrscheinlich Begabteste unter den »Großen Illegalen«. Laut einer offiziellen SWR-Lobrede lenkt das Porträt »die Aufmerksamkeit des Besuchers sofort« auf den »intelligenten, durchdringenden Blick und den willensstarken Gesichtsausdruck«. Deutschs Rolle als Illegaler wurde erst 1990 vom KGB öffentlich eingestanden.[1] Doch selbst heute noch gelten einige Aspekte seiner Laufbahn in Moskau als für die Veröffentlichung ungeeignet.

Deutsch war einer der brillantesten Akademiker im sowjetischen Nachrichtendienst. Im Juli 1928, zwei Monate nach seinem 24. Geburtstag und kaum fünf Jahre, nachdem er sein Studium aufgenommen hatte, wurde ihm der Doktortitel mit Auszeichnung verliehen. Neben seinem Hauptfach Chemie hatte er sich auch intensiv mit Philosophie und Psychologie befaßt. Daß er sich in Universitätsdokumenten stets als gläubigen Juden (»mosaisch«) bezeichnet hatte,[2] sollte wohl seine Mitgliedschaft in der Kommunistischen Partei verschleiern, denn an die Stelle des religiösen Glaubens war eine glühende Leidenschaft für die Vision der Komintern von einer neuen Weltordnung, in der die Menschheit von Ausbeutung und Entfremdung erlöst wäre, getreten. Das revolutionäre Mythenbild des ersten Arbeiter-und-Bauern-Staats der Welt machte sowohl Deutsch als auch die ideologisch motivierten Agenten, die er später anwarb, blind für die immer brutalere Wirklichkeit von Stalins Rußland. Unmittelbar nachdem er die Wiener Universität verlassen hatte, begann er als Kurier der OMS zu arbeiten, eine Tätigkeit, die ihn nach Rumänien, Griechenland, Palästina und Syrien führte. Auch seine österreichische Frau Josefine, die er 1929 heiratete, wurde von der OMS angestellt.[3]

Zu Deutschs Vision einer neuen Weltordnung gehörte neben der politischen auch die sexuelle Befreiung. Ungefähr zu der Zeit, als er für die

Komintern zu arbeiten begann, schloß er sich der von dem deutschen kommunistischen Philosophen und Psychologen Wilhelm Reich gegründeten »Sex-Pol«-Bewegung für »sexuelle Politik« an, die Kliniken eröffnete, um den Wiener Arbeitern Geburtenkontrolle und sexuelle Aufklärung nahezubringen.[4] Reich war damals mit dem ehrgeizigen Projekt beschäftigt, die Freudsche Theorie in den Marxismus zu integrieren, und befand sich zugleich in der Frühphase eines exzentrischen Forschungsprogramms über das menschliche Sexualverhalten, das ihm später den unverdienten Ruf, der »Prophet des besseren Orgasmus« zu sein, einbrachte.[5] Seine Lehre, daß politische und sexuelle Unterdrückung zwei Seiten derselben Medaille waren und den Weg zum Faschismus ebneten, begeisterte Deutsch. Er leitete den Wiener Münster-Verlag, bei dem Reichs Schriften und andere Sex-Pol-Literatur erschienen,[6] und obwohl die Wiener Polizei von seiner geheimen Tätigkeit für die OMS vermutlich nichts wußte, interessierte sich deren »Anti-Pornographie«-Abteilung brennend für seine Rolle in der Sex-Pol-Bewegung.[7]

Bemerkenswerterweise konnte Deutsch einige Jahre lang die offene Mitarbeit in Reichs Sex-Pol-Bewegung mit der geheimen Tätigkeit als sowjetischer Agent verbinden. 1932 wurde er von der OMS zur INO überstellt und in Moskau zum OGPU-Illegalen mit dem Tarnnamen Stefan Lange ausgebildet. Sein Codename war STEFAN (später auch OTTO), und sein erster Einsatz führte ihn nach Frankreich, wo er geheime Übergangsstellen an den Grenzen zu Belgien, Holland und Deutschland auskundschaftete und Vorbereitungen für die Installation von Funkausrüstungen auf französischen Fischerbooten traf, die im Kriegsfall für die OGPU-Nachrichtenübermittlung genutzt werden sollten.[8] Doch seine postume Erhebung in die Reihen der unsterblichen Helden des KGB verdiente er sich auf seinem zweiten Posten in England.

Die Maßnahmen, durch die Identität und Legende von Illegalen geschützt wurden, waren Mitte der dreißiger Jahre wesentlich lascher und weniger ausgeklügelt als in späteren Zeiten. So reiste Deutsch Anfang 1934 unter seinem eigenen Namen nach London, wo er sich als »Universitätsdozent« ausgab und seine akademischen Meriten nutzte, um Anschluß an Universitätskreise zu finden. Nachdem er in einigen provisorischen Unterkünften gewohnt hatte, zog er schließlich in eine »Lawn Road Flats« genannte avantgardistische Wohnanlage in Hampstead, ein besonders bei der radikalen Intelligenz beliebtes Viertel Londons. Zufällig wohnte er dort in unmittelbarer Nachbarschaft der berühmten Kriminalschriftstellerin Agatha Christie, die zu jener Zeit an *Mord im Orientexpress* schrieb. Allerdings ist ihr Deutsch vermutlich nie begegnet, denn sie lebte damals anderswo und kam Mitte der dreißiger Jahre nur selten, wenn überhaupt, in die Lawn Road. Die Wohnanlage war damals die erste in England, die mit außenliegenden, balkonartigen Hausfluren ausgestattet war, doch während die meisten Wohnungstüren von der Straße aus zu sehen waren, wurde Deutschs Tür von einem Treppenschacht verdeckt, so daß er selbst und seine Besucher unbeobachtet ein und aus gehen konnten.[9] Deutsch verstärkte seine akademische Tarnung, indem er an der Londoner Universität einen Graduiertenkurs über Psychologie belegte und vermutlich auch Vorlesungen hielt.[10] 1935 kam seine Frau, die in Moskau zur Funkerin ausgebildet worden war, nach England nach.[11]

In den KGB-Akten wird Deutsch für seine Zeit in London die Anwerbung von 20 und der Kontakt zu insgesamt 29 Agenten angerechnet.[12] Die bei weitem berühmtesten waren fünf junge Absolventen der Universität Cambridge, die in der Zentrale spätestens seit dem Zweiten Weltkrieg als »Die Fünf« bekannt waren: Anthony Blunt, Guy Burgess, John Cairncross, Donald Maclean und Kim Philby. Nach dem enorm erfolgreichen Western *Die glorreichen Sieben* aus dem Jahr 1960 wurden sie im Rückblick auch die »Glorreichen Fünf« genannt. Der Schlüssel zu Deutschs Erfolg war seine neuartige, von der Zentrale abgesegnete Anwerbungsstrategie, die darin bestand, an führenden Universitäten an junge, radikale Idealisten heranzutreten, bevor sie an die Schalthebel der Macht gelangten. An die Zentrale schrieb Deutsch über seine Strategie:

»Aus der Tatsache, daß die kommunistische Bewegung an diesen Universitäten eine Massenerscheinung darstellt und sich ihr ständig Studenten zuwenden, folgt, daß einzelne Kommunisten, die wir aus der Partei herausgreifen, sowohl in der Partei selbst als auch in der Außenwelt unbemerkt bleiben werden. Die Menschen vergessen sie. Und wenn sie sich eines Tages daran erinnern, daß sie einst Kommunisten gewesen sind, wird man es als vorübergehende Jugendsünde abtun, zumal die Betreffenden Sprößlinge der Bourgeoisie sind. Es ist an uns, dem einzelnen [Angeworbenen] eine neue [nichtkommunistische] politische Persönlichkeit zu geben.«[13]

Da die Universitäten von Oxford und Cambridge einen überproportionalen Anteil der Spitzenbeamten in Whitehall stellten, lag es nahe, sich vor allem auf »Oxbridge« zu konzentrieren. Daß die neu Angeworbenen überwiegend aus Cambridge und nicht aus Oxford kamen, war mehr oder weniger Zufall: Grund war die Tatsache, daß der erste potentielle Rekrut, auf den Deutsch aufmerksam wurde, Kim Philby, Absolvent des Trinitiy College in Cambridge war. Von den restlichen »Glorreichen Fünf«, die alle direkt oder indirekt als Folge von Philbys Anwerbung rekrutiert wurden, stammten drei (Blunt, Burgess und Cairncross) ebenfalls vom Trinity College und der vierte (Maclean) vom benachbarten Trinity Hall. Deutschs Rekrutierungsstrategie erwies sich als durchschlagender Erfolg. In den ersten Jahren des Zweiten Weltkriegs sollten alle »Fünf« entweder ins Außenministerium oder in den Geheimdienst gelangen. Der Umfang des von ihnen gelieferten Materials war derart groß, daß es Moskau gelegentlich schwerfiel, es zu bewältigen.

Als Philby im Juni 1933 sein Studium abschloß, war er davon überzeugt, daß »mein Leben dem Kommunismus dienen muß«. Das nächste Jahr verbrachte er zum großen Teil in Wien, wo er für die MOPR, wie die Internationale Arbeiterhilfe (IAH) russisch abgekürzt wurde, und als Kurier für die im Untergrund agierende österreichische KP tätig war.[14] In Wien lernte er eine junge geschiedene Kommunistin kennen, Litzi Friedman, die er heiratete; vorher hatten sie eine kurze, aber heftige Liebesaffäre, wobei er zum ersten Mal die Erfahrung machte, wie es ist, im Schnee zu lieben (»eigentlich recht warm, wenn man sich erst einmal daran gewöhnt hatte«, erinnerte er sich später).[15] Die erste, die Philbys Potential als Sowjetagent erkannte – und wahrscheinlich Arnold Deutsch auf ihn aufmerksam machte –, war Litzis Freundin Edith Suschitsky, die ebenfalls von Deutsch angeworben worden war und den wenig einfallsreichen Codenamen EDITH erhielt.[16]

Im Mai 1934, wenige Wochen, bevor Deutsch in England eintraf, kehrte Philby zusammen mit seiner Frau nach London zurück. Einige Monate zuvor war auch Edith Suschitsky nach London gegangen, um einen anderen von Deutschs Agenten, einen englischen Arzt namens Alex Tudor Hart, zu heiraten. Das frisch vermählte Paar bekam den gemeinsamen Codenamen STELA (»Pfeil«).[17] Edith Tudor Hart war es dann, die Philby im Juni zu seiner ersten Begegnung mit Deutsch auf einer Bank im Regent's Park mitnahm. Einem Bericht zufolge, den er später für den KGB schrieb, hatte Deutsch zu ihm gesagt: »... wir brauchen dringend Leute, die die bourgeoisen Institutionen unterwandern können. Helfen Sie uns dabei!«[18] In dieser frühen Phase eröffnete Deutsch seinem Gesprächspartner aber noch nicht, daß er dabei war, eine Karriere als sowjetischer Agent einzuschlagen. Statt dessen vermittelte er ihm den Eindruck, daß er sich dem Untergrundkampf der Komintern gegen den internationalen Faschismus anschloß. Seine augenblickliche Aufgabe, sagte Deutsch, sei es, jede offensichtliche Verbindung zur Kommunistischen Partei abzubrechen und zu versuchen, das Vertrauen britischer prodeutscher und profaschistischer Kreise zu gewinnen.[19] Sofort nach diesem ersten Treffen erhielt Philby, was damals nicht unüblich war, seinen Codenamen in zwei Versionen: SÖHNCHEN auf deutsch, SYNOK auf Russisch.[20] Ein halbes Jahrhundert später erinnerte sich Philby noch lebhaft an den »erstaunlichen« Mann, den er nur als OTTO kannte:

»Er war ein fabelhafter Mann. Einfach fabelhaft. Das habe ich gleich gespürt. Und [dieses Gefühl] hat mich nie verlassen. ... Das erste, was mir an ihm auffiel, waren seine Augen. Er sah dich an, als gäbe es im Moment nichts Wichtigeres im Leben als dich und das Gespräch mit dir. ... Und er hatte einen wundervollen Sinn für Humor.«[21]

Es ist kaum vorstellbar, daß es in der Geschichte des KGB einen zweiten Agentenführer gab, der derart ideal zu den »Glorreichen Fünf« gepaßt hätte wie Deutsch. Obwohl vier der fünf Cambridge mit einem ausgezeichneten Abschluß verließen,[22] war Deutschs akademische Leistung noch brillanter als ihre, und er verfügte sowohl über ein tieferes Verständnis des menschlichen Wesens als auch über erheblich mehr Lebenserfahrung. Bei ihm verbanden sich eine charismatische Persönlichkeit und tiefe psychologische Einsichten mit einem visionären Glauben an die Zukunft einer von der Ausbeutung und Entfremdung des kapitalistischen Systems befreiten Menschheit. Seine Botschaft der Befreiung zog die »Glorreichen Fünf« um so mehr an, als sie neben der politischen auch eine sexuelle Dimension besaß. Alle fünf rebellierten ebenso gegen die strenge Sexualmoral wie gegen das antiquierte Klassensystem der Zwischenkriegszeit. Burgess und Blunt waren homosexuell, Maclean war bisexuell und Philby ein promisk heterosexueller Kraftprotz. Cairncross, heterosexuell aus Überzeugung, schrieb später eine Geschichte der Polygamie, die mit einem Zitat von George Bernard Shaw schloß: »Frauen werden einen zehnprozentigen Anteil an einem erstklassigen Mann immer dem alleinigen Besitz eines mittelmäßigen Mannes vorziehen.«[23] Sich selbst zählte Cairncross zweifellos zur ersteren Kategorie. Graham Greene war entzückt über das Werk. »Damit gibt es endlich ein Buch«, schrieb er dem Autor, »das bei allen Polygamen großen Anklang finden wird.«[24]

In den fast vier Jahren, während er als Illegaler britische Agenten führte, arbeitete Deutsch unter drei illegalen Residenten, die jeweils mehrere Codenamen hatten: Ignati Reif war MARR, Alexander Orlow SCHWED (»Schwede«) und Teodor Maly nacheinander PAUL, THEO oder MANN. 1938 fielen alle drei dem stalinistischen Terror zum Opfer. Reif und Maly wurden wegen erfundener Verbrechen erschossen, während Orlow sich gerade noch rechtzeitig nach Nordamerika absetzen konnte, wo er sein Überleben mit der Drohung absicherte, daß alles, was er über die sowjetische Spionage wußte, an die Öffentlichkeit gelangen würde, wenn er von einem Mordkommando des NKWD verfolgt werden sollte.[25] In einer 1993 erschienenen, vom KGB/SWR geförderten Biographie von Orlow wird irreführend behauptet, er sei als »führender Kopf« für die Anwerbung der »Glorreichen Fünf« verantwortlich gewesen.[26] Für diese Verzerrung gibt es wahrscheinlich zwei Gründe. Der erste ist hierarchischer Art: In der sowjetischen Nomenklatura war es üblich, daß höhere Beamte das Verdienst an den Erfolgen ihrer Untergebenen für sich beanspruchten und auch angerechnet bekamen. Die Behauptung, daß Orlow, der in den dreißiger Jahren ranghöchste mit britischen Operationen befaßte Nachrichtendienstoffizier, Philby »rekrutiert« habe, ist ein typisches Beispiel für dieses verbreitete Verfahren.[27] Aber es gibt auch einen zeitlich näherliegenden Grund für die Überbewertung der historischen Bedeutung Orlows: Es paßt dem SWR, der sich als Erbe der besten Traditionen der Ersten Hauptverwaltung des KGB betrachtet, ins Konzept, wenn er die Dummheit der westlichen Nachrichten- und Sicherheitsdienste demonstrieren kann, indem er behauptet, sie hätten über 30 Jahre lang nicht bemerkt, daß der führende Anwerber der »Glorreichen Fünf« und anderer Agenten direkt unter ihren Augen in den USA lebte. Bis zu seinem Tod 1973 versuchte der KGB mehrmals, Orlow mit dem Angebot einer komfortablen Wohnung und einer großzügigen Pension zur Rückkehr nach Rußland zu überreden, wo man ihn für Propagandazwecke zweifellos als jemanden hingestellt hätte, der zwar vor Stalins Terror habe fliehen müssen, sich aber – wie Philby – den »Glauben an Lenins Revolution« erhalten und über viele Jahre hinweg seine überragenden Erfahrungen genutzt habe, um die westlichen Nachrichtendienste zu täuschen.[28]

In Wirklichkeit verbrachte Orlow nur etwas mehr als ein Jahr in London: zehn Tage im Juli 1934 und von September 1934 bis Oktober 1935.[29] In dieser Zeit mußte Deutsch, der Orlow rangmäßig untergeordnet war, für seine Nachrichtendienstoperationen dessen Genehmigung einholen. Gelegentlich ergriff auch Orlow die Initiative und erteilte Deutsch Anweisungen. Aber aus den von Mitrochin eingesehenen Akten geht eindeutig hervor, daß die grundlegende Strategie, die zur Anwerbung von Philby und anderen jungen Idealisten in Cambridge führte, von Deutsch und nicht von Orlow ausgearbeitet worden war. Und wie Philby selbst festgestellt hat, verfügte kein anderer Führungsoffizier über ähnliche taktische Fähigkeiten bei der Umsetzung dieser Strategie wie Deutsch.

Der erste große Dienst, den Philby dem sowjetischen Nachrichtendienst erwies, war der Hinweis auf zwei andere potentielle Agenten in Cambridge, Donald Maclean und Guy Burgess.[30] Wenn Maclean bei seinem Eintritt in Trinity Hall 1931 noch kein ergebener Kommunist gewesen war, so wurde er es während des ersten Studienjahrs. Der gutaussehende, akademisch begabte Sohn eines früheren liberalen Ministers muß Deutsch als fast idealer Kandidat für das Eindringen in die Sphären der Macht erschienen sein. Nachdem er im Juni 1934 sein Studium der modernen Sprachen mit ausgezeichneten Noten abgeschlossen hatte, zeigte Maclean jedoch keinen Ehrgeiz, in Whitehall Karriere zu machen. Statt dessen dachte er daran, als Lehrer in die Sowjetunion zu gehen oder in Cambridge zu bleiben, um zu promovieren. Im Verlauf des Sommers änderte er jedoch seine Meinung und sagte seiner Mutter, daß er sich auf die Aufnahmeprüfungen für den Dienst im Außenministerium im nächsten Jahr vorbereiten wolle.[31] Dieser Umschwung war eine Folge des Einflusses von Deutsch. Im August 1934 unternahm Philby den ersten Vorstoß bei Maclean. Laut Deutschs Bericht war er angewiesen worden, Maclean auszuhorchen, um: »a) seine Möglichkeiten und Kontakte zu ermitteln und b) herauszufinden, ob er bereit ist, auf die aktive Parteiarbeit zu verzichten, um wie SÖHNCHEN bei uns zu arbeiten«. Maclean stimmte zu. Begegnungen zwischen Deutsch und Maclean lehnte die Zentrale jedoch vorläufig ab, so daß in den nächsten zwei Monaten Philby den Kontakt aufrechterhielt. Macleans erster Codename hatte wie Philbys zwei Versionen: WAISE auf Deutsch und SIROTA auf Russisch (in Anspielung auf den Tod seines Vaters zwei Jahre zuvor).[32]

Guy Burgess, damals als Forschungsstudent der Geschichte am Trinity College im zweiten Jahr mit einer Dissertation beschäftigt, die er nie fertigstellte, war für einige Monate von der Idee begeistert, im Auftrag der Komintern einen Untergrundkrieg gegen den Faschismus zu führen. Ironischerweise – wenn man seine baldige Zugehörigkeit zu den »Glorreichen Fünf« bedenkt – ließ er sich dabei anscheinend von den »Fünfergruppen« inspirieren, die von der KPD gebildet wurden, um den Widerstand gegen Hitler zu organisieren. Zu den kommunistischen Freunden, mit denen er über die (in Wirklichkeit ziemlich erfolglosen) deutschen Fünfergruppen diskutierte, gehörte sehr wahrscheinlich auch Maclean.[33] Als dieser ihm unter Bruch seiner Instruktionen mitteilte, daß man ihn aufgefordert habe, sich auf geheimdienstliche Arbeit zu verlegen,[34] drängte ihn Burgess nachdrücklich, ihn daran zu beteiligen.

So arrangierte Maclean im Dezember 1934 ein Treffen zwischen Burgess und Deutsch,[35] der bereits wußte, daß Burgess eine der exzentrischsten Gestalten von Cambridge war: ein gewandter, geselliger Plauderer, der bei den alkoholfreien intellektuellen Diskussionen der »Apostel«, eines geheimen Debattierklubs von Dozenten und Studenten, ebenso sicher auftrat wie in dem gesellschaftlich exklusiven und trinkfreudigen Pitt Club oder unter den Footlights, einer studentischen Theatergruppe, die respektlose satirische Revuen aufführte. Aus seinen Sympathien für die Kommunisten machte er keinen Hehl, genausowenig wie aus seinem damals noch verbotenen Vergnügen am homosexuellen Umgang mit jungen Arbeitern. Ein doktrinärer, phantasieloser Führungsoffizier wäre wahrscheinlich anders als Deutsch zu dem Schluß gekommen, daß ein Exzentriker wie Burgess eher Nachteile als Vorteile mit sich bringen würde. Aber Deutsch hielt Burgess' Extravaganz vermutlich für eine gute, wenn auch unkonventionelle Tarnung seiner Tätigkeit als Geheimagent. Jedenfalls paßte keines der Stereotypen eines sowjetischen Spions auch nur annähernd auf Burgess.[36] Als er eingeladen wurde, sich dem Untergrundkampf der Komintern gegen den Faschismus anzuschließen, sagte er Deutsch, er sei »geehrt und bereit, der Sache alles zu opfern«. Sein Codename MÄDCHEN wurde offenbar in Anspielung auf seine Homosexualität ausgewählt.[37]

Anfangs erklärte Deutsch sowohl Maclean als auch Burgess – wie zuvor schon Philby –, ihre erste Aufgabe bestehe darin, sich von der Linken zu distanzieren und den Vorstellungen der Herrschenden anzupassen, um sie erfolgreich infiltrieren zu können.[38] Maclean überzeugte seine Mutter davon, daß er sich von seinem studentischen Flirt mit dem Kommunismus »ziemlich gelöst« habe. Im August 1935 bestand er problemlos die Aufnahmeprüfung des Außenministeriums. Auf die »kommunistischen Ansichten«, die er in Cambridge vertreten hatte, angesprochen, entschloß er sich, der Sache »mit eiserner Stirn ins Gesicht zu sehen«:

»›Ja‹, sagte ich, ›ich hatte solche Ansichten – und habe sie immer noch nicht ganz abgelegt.‹ Ich glaube, meine Ehrlichkeit gefiel ihnen. Auf jeden Fall nickten sie, blickten sich gegenseitig an und lächelten. Dann sagte der Vorsitzende: ›Vielen Dank, Mr. Maclean, das war alles.‹«

Im Oktober 1935 trat Maclean in den diplomatischen Dienst Seiner Majestät ein und wurde damit zum ersten der »Glorreichen Fünf«, der an die Schalthebel der Macht vordrang.[39]

Burgess verabschiedete sich mit der üblichen Extravaganz von seiner kommunistischen Vergangenheit, indem er Ende 1935 Assistent des jungen, homosexuellen Captain »Jack« Macnamara wurde, der für die Konservativen im Unterhaus saß. Mit ihm zusammen ging er auf Erkundungsfahrten nach Hitlerdeutschland, die laut Burgess hauptsächlich aus homosexuellen Eskapaden mit geneigten Mitgliedern der Hitlerjugend bestanden. Burgess baute ein erstaunlich weitgespanntes Netz von Kontakten in der europäischen »Homintern« auf. Der wichtigste war der zu Edouard Pfeiffer, Kabinettschef von Edouard Daladier, dem französischen Kriegsminister von Januar 1938 bis März 1940 und Ministerpräsidenten von April 1938 bis März 1940. Seinen Freunden gegenüber prahlte Burgess damit, wie er »und Pfeiffer und zwei französische Kabinettsmitglieder ... zusammen einen Abend in einem Schwulenbordell in Paris« verbracht hätten: »Lachend und singend tanzten sie um den Tisch und schlugen mit Lederpeitschen auf einen nackten Jungen ein, der an den Tisch gefesselt war.«[40]

Im Februar 1935 schrillten in der illegalen Residentur in London die Alarmglocken. Ignati Reif, der unter dem Decknamen Max Wolisch operierte, wurde ins Innenministerium einbestellt, wo er auf dem Tisch des britischen Beamten eine dicke Akte mit dem Namen Wolisch darauf bemerkte. Orlow meldete der Zentrale, die britischen Behörden hätten offenbar »in allem möglichen herumgebuddelt, konnten aber nichts Eindeutiges finden und beschlossen dann, ihn loszuwerden«. Reif gehorchte der Anweisung des Innenministeriums, alles für seine baldige Abreise vorzubereiten. Da Orlow fürchtete, daß der MI5 auch Deutsch auf die Spur gekommen war, teilte er weiter mit, daß er selbst die Führung von Philby, Maclean und Burgess, die jetzt manchmal die »Drei Musketiere« genannt wurden, übernehmen werde. Seine eigene Tarnung als amerikanischer Geschäftsmann, der in einem Büro in der Regent Street mit importierten Kühlschränken handelte, hielt Orlow weiterhin für sicher. Im Oktober gab es jedoch erneut Grund zur Sorge, nachdem er zufällig einem Mann über den Weg gelaufen war, der ihm einige Jahre zuvor in Wien Englischunterricht erteilt hatte und der seine wahre Identität kannte. Orlow kehrte London in aller Eile den Rücken, um nie wiederzukehren, und überließ Deutsch wieder die Führung der in Cambridge Angeworbenen.[41]

Unter Deutschs Anleitung mauserten sich Philby, Maclean und Burgess rasch zu vollgültigen sowjetischen Agenten. Möglicherweise hatte man ihnen nicht ausdrücklich gesagt, daß sie, statt den Untergrundkampf der Komintern gegen den Faschismus zu unterstützen, für den NKWD arbeiteten, aber inzwischen war eine förmliche Bestätigung auch nicht mehr nötig. Wie Deutsch später in einem Bericht an die Zentrale schrieb, wußten »sie alle..., daß sie für die Sowjetunion arbeiteten. Das war ihnen völlig klar. Meine Beziehung zu ihnen beruhte auf unserer Mitgliedschaft in der Partei.« Mit anderen Worten, Deutsch behandelte sie nicht als untergeordnete Agenten, sondern als Genossen, die unter seiner Führung für die gemeinsame Sache und die gemeinsamen Ideale arbeiteten. Später fanden es weniger flexible Führungsoffiziere eher störend, daß Philby, Maclean und Burgess sich nicht als Agenten, sondern als Offiziere des sowjetischen Nachrichtendienstes betrachteten.[42] Es war ein Schock für Philby, als er nach seiner Flucht nach Moskau 1963 entdeckte, daß er keinen Offiziersrang bekleidete und man ihm auch nie gestatten würde, ihn zu erwerben. Daher rührten auch seine diversen Versuche, westliche Journalisten irrezuführen, indem er ihnen weismachte, er sei Oberst oder sogar General des KGB.[43] In seinen 1968 veröffentlichten Memoiren wiederholte er die Lüge, er sei »über dreißig Jahre lang sowjetischer Nachrichtendienst*offizier*« gewesen.[44]

Nach den Vorfällen von 1935 ergriffen Deutsch und die illegale Residentur verstärkte Vorsichtsmaßnahmen, um der Beobachtung durch MI5 und Special Branch zu entgehen. So fuhr Deutsch, bevor er sich zu einem

Treffen mit einem Agenten begab, das für gewöhnlich in London stattfand, mit dem Auto aus der Stadt hinaus und beobachtete dabei aufmerksam, ob er beschattet wurde. Hatte er sich überzeugt, daß ihm niemand folgte, fuhr er, mehrmals umsteigend, mit öffentlichen Verkehrsmitteln nach London zurück. Auf Reisen versteckte er Filme mit fotografierten Geheimdokumenten in Haarbürsten, Reiseutensilien und Haushaltsgeräten, und Berichte an die Zentrale wurden, mit Geheimtinte geschrieben, an eine Adresse in Kopenhagen geschickt, um von dort nach Moskau weitergeleitet zu werden.[45]

Obwohl KGB und SWR Anfang der neunziger Jahre interessantes Material über die »Drei Musketiere« freigegeben haben, wird darin jeder Hinweis auf Norman John (»James«) Klugman, der 1936 von Deutsch angeworben wurde, vermieden.[46] Klugman und der junge marxistische Dichter John Cornford, »James und John«, waren die bekanntesten Parteiaktivisten in Cambridge. Während Cornford 1937 kurz nach seinem 21. Geburtstag im Spanischen Bürgerkrieg ums Leben kam, wurde Klugman Leiter der Propaganda- und Bildungsabteilung der Partei, Mitglied des politischen Komitees, das praktisch ihr Politbüro darstellte, und offizieller Parteihistoriker. Zum Kommunisten war er an der Gresham School in Holt in der Grafschaft Norfolk geworden, wo er Freund und Altersgenosse Macleans gewesen war. Er gewann ein Forschungsstipendium für moderne Sprachen am Trinity College, Maclean ein einfaches Stipendium am benachbarten Trinity Hall College. Beide schlossen ihr Studium mit hervorragenden Noten ab. Auf Klugmans Einfluß war nicht nur Macleans, sondern auch Anthony Blunts Bekehrung zum Kommunismus zurückzuführen. Blunt schätzte ihn als »extrem guten politischen Theoretiker«, der »mit großem Geschick und viel Energie die Verwaltung der Partei« leite; bei ihm habe im wesentlichen auch die Entscheidung darüber gelegen, »welche Organisationen und Gesellschaften in Cambridge es wert waren, [von den Kommunisten] unterwandert zu werden«.[47] Klugman war fest überzeugt, daß der britische Kapitalismus binnen kurzem zusammenbrechen werde. »Wir wußten einfach, jeder von uns, daß die Revolution nahe bevorstand«, erinnerte er sich später. »Wenn irgend jemand angedeutet hätte, daß sie in England auf – sagen wir – dreißig Jahre hinaus nicht stattfinden würde, hätte ich mich krank gelacht.«[48]

Da Klugman einer der aktivsten jungen Kommunisten Englands war, durfte man kaum erwarten, daß er sich wie die »Glorreichen Fünf« auf überzeugende Weise von der Partei abwenden konnte, um den »bourgeoisen Apparat« zu infiltrieren. Deshalb wies Deutsch ihm eine andere Rolle zu: die eines Talentsuchers für den NKWD, der, wenn nötig, kommunistische Studenten dazu überreden konnte, anstelle der konventionellen Parteiarbeit den Untergrundkampf aufzunehmen. Bevor Deutsch Klugman anwarb, holte der NKWD die Zustimmung der britischen Parteiführung ein. Es war allerdings höchst unwahrscheinlich, daß Generalsekretär Harry Pollitt Einwände erheben würde. Wie die meisten führenden westlichen Kommunisten glaubte er, die Interessen der Komintern erforderten trotz aller politischen Richtungswechsel des Kremls die bedingungslose Unterstützung der Sowjetunion. So wurde Klugman mit Pollitts Einverständnis von Deutsch als Agent MER angeworben.[49] Daß sich der SWR bis 1998 weigerte, Klugmans Rekrutierung zuzugeben, hatte seinen Grund in der Rolle der britischen KP.[50] Es war eines der am besten gehüteten Geheimnisse des KGB, in welchem Ausmaß von der Führung der »Bruderparteien« im Westen erwartet wurde, sich an der Anwerbung von Agenten und der Fabrikation von »Legenden« für Illegale zu beteiligen.[51]

Im Frühjahr 1936 ernannte die Zentrale einen weiteren der »Großen Illegalen«, Teodor Maly (MANN), zum Leiter der illegalen Londoner Residentur.[52] Wie Deutsch gehörte Maly später zu den unsterblichen Helden, deren Porträts im Gedenkzimmer der Ersten Hauptverwaltung des KGB aufgehängt wurden. Von Geburt Ungar, war Maly vor dem Ersten Weltkrieg in ein katholisches Kloster eingetreten, hatte sich aber 1914 als Kriegsfreiwilliger gemeldet.[53] 1916 geriet er als Unterleutnant des österreichisch-ungarischen Heeres in russische Kriegsgefangenschaft, so daß er den Rest des Krieges in mehreren Kriegsgefangenenlagern verbrachte. Später erzählte er einem seiner Agenten:

»Ich habe alle Grausamkeiten gesehen, junge Männer mit erfrorenen Gliedmaßen, die in den Schützengräben starben. ... Ich verlor den Glauben an Gott, und als die Revolution ausbrach, schloß ich mich den Bolschewiken an. Ich brach jede Verbindung zu meiner Vergangenheit ab. ... Ich wurde Kommunist und bin immer Kommunist geblieben.«[54]

Ursprünglich war Maly im Januar 1936 in London stationiert worden, um Captain King, den Chiffriertechniker im Foreign Office, der bisher Pieck verstand, zu führen. Er stellte sich ihm als Angestellter der fiktiven niederländischen Bank vor, die ihn, wie King glaubte, für die Lieferung der Geheimdokumente bezahlte. Im April stieg Maly zum illegalen Residenten auf und teilte sich daher mit Deutsch die Führung der in Cambridge angeworbenen Agenten. Wie Deutsch beeindruckte er sie durch seine Menschlichkeit und seinen visionären Glauben an das kommunistische Paradies.[55] In den ersten Monaten des Jahres 1937 wurden aus den »Drei Musketieren« die »Glorreichen Fünf«. Anfang des Jahres brachte Burgess, inzwischen Produzent bei der BBC, Deutsch mit Anthony Blunt, Romanist, Kunsthistoriker und Dozent am Trinity College in Cambridge, zusammen.[56] Zwar ist die Bezeichnung als »vierter Mann« kein Spitzname des KGB, sondern eine Erfindung der Medien, aber Blunt wurde sowohl als vierter der »Fünf« rekrutiert als auch, über vierzig Jahre später, als vierter der Öffentlichkeit bekannt. Bis zum Krieg spielte er für den NKWD vor allem die Rolle des Talentsuchers. Sein erster Rekrut war – mit Deutschs Einverständnis – ein reicher junger Amerikaner mit kommunistischer Einstellung, der am Trinity College studierte, Michael Straight (NIGEL).[57] Kurz nachdem er selbst zum ersten Mal mit Deutsch zusammengekommen war, lud Blunt Straight in seine eleganten Zimmer im Trinity College ein. Straight stand immer noch unter dem Eindruck der zwei Wochen zuvor eingegangenen Nachricht vom Tod seines engen Freundes John Cornford, der in Spanien gefallen war. »Unsere Freunde«, sagte Blunt zu ihm, hätten viel über seine Zukunft nachgedacht. »Sie haben mich angewiesen, dir zu sagen, ... was du tun mußt.« – »Welche Freunde?« wollte Straight wissen. – »Unsere Freunde in der Internationale, der Kommunistischen Internationale«, antwortete Blunt. Die »Freunde« hätten entschieden, daß es seine, Straights, Pflicht sei, jede offene Verbindung zur Partei abzubrechen, sich nach dem später im Jahr bevorstehenden Abschluß seines Studiums eine Stellung in der Wall Street zu suchen und die Komintern mit Insiderinformationen zu versorgen. Straight protestierte. Cornford, erwiderte Blunt, habe für die Internationale sein Leben gegeben. Daran solle er denken. Einige Tage darauf sagte Straight zu. »Innerhalb einer Woche«, schrieb er im Rückblick, »war ich aus der lärmenden, belebten Welt von Cambridge in eine Welt der Schatten und Echos gewechselt.« Sein einziges Treffen mit Deutsch, den er fälschlicherweise für einen Russen hielt, fand kurz nach seinem Studienabschluß in London statt. Deutsch bat ihn um irgendein persönliches Dokument, worauf Straight ihm eine Zeichnung überreichte, die

Deutsch in zwei Teile zerriß. Die eine Hälfte gab er Straight mit der Bemerkung zurück, die andere werde er von einem Mann zurückerhalten, der in New York Kontakt zu ihm aufnehmen werde.[58] Der letzte der »Glorreichen Fünf«, der angeworben wurde und später auch als letzter enttarnt werden sollte, war der »fünfte Mann«, John Cairncross, ein hochbegabter Schotte, der 1934 mit einem Stipendium für moderne Sprachen ans Trinity College kam, nachdem er bereits zwei Jahre an der Universität von Glasgow studiert und an der Sorbonne in Paris die *licence des lettres* erworben hatte.[59] Aufgrund seiner Leidenschaft für den Marxismus gab ihm das *Trinity Magazine* den Spitznamen »The Fiery Cross« (»Das feurige Kreuz«), während seine Sprachbegabung dieselbe Zeitschrift zu dem Bonmot hinriß: »Cairncross ... lernt alle vierzehn Tage eine neue Sprache.«[60] Zu seinen Tutoren für französische Literatur gehörte Anthony Blunt, mit dem er allerdings nach eigener Aussage nie über den Kommunismus diskutierte.[61] 1936, kurz nachdem er sein Studium mit ausgezeichneten Noten abgeschlossen hatte, bestand er als bester – hundert Punkte vor dem nächsten Kandidaten – die Aufnahmeprüfung des Außenministeriums (wenngleich er im Anstellungsgespräch weniger gut abschnitt).[62]

Nachdem sich Blunt als Talentsucher betätig hatte, wurde Anfang 1937 Burgess von Deutsch damit betraut, Cairncross' Rekrutierung anzubahnen,[63] ähnlich wie Philby 1934 die Anwerbung von Maclean eingeleitet hatte. Die eigentliche Rekrutierung wurde jedoch kurz darauf James Klugman anvertraut.[64] Am 9. April meldete Maly der Zentrale, Cairncross sei in aller Form rekrutiert worden und habe den Codenamen MOLIÈRE erhalten.[65] Hätte Cairncross diesen Codenamen gekannt, hätte er vielleicht wegen seiner Durchsichtigkeit Einspruch erhoben, ihn aber auch passend gefunden, denn Molière war sein französischer Lieblingsschriftsteller, über den er zwei wissenschaftliche Abhandlungen in französischer Sprache veröffentlichen sollte. Aus in den KGB-Akten nicht verzeichneten Gründen wurde der Codename MOLIÈRE später durch LISZT ersetzt.[66] Im Mai arrangierte Klugman das erste Treffen zwischen Cairncross und Deutsch. Laut Cairncross' zugegebenermaßen unzuverlässigen Memoiren fand es eines Abends im Regent's Park statt: »Plötzlich trat hinter einem Baum ein kleiner, stämmiger Mann von ungefähr vierzig Jahren hervor, den mir Klugman als Otto vorstellte. Daraufhin verschwand Klugman augenblicklich.«[67] Deutsch berichtete anschließend nach Moskau, Cairncross sei »froh, daß wir Verbindung zu ihm aufgenommen haben, und bereit, sofort mit uns zusammenzuarbeiten«.[68]

In den Dokumenten des Außenministeriums, die sowohl Maclean als auch Cairncross und damit auch dem NKWD in der Vorkriegszeit zugänglich waren, befand sich laut Cairncross »eine große Menge wertvoller Informationen über den Verlauf des Bürgerkriegs in Spanien«.[69] Es ist jedoch nur in wenigen Fällen möglich, einzelne von Maclean und Cairncross beschaffte Dokumente zu benennen, die von der Zentrale – vermutlich in Form einer bearbeiteten Zusammenfassung – an Stalin weitergeleitet wurden. Eines dieser Dokumente, das Stalin offenbar besonders beeindruckte, war das Protokoll der Gespräche, die Lord Halifax, der Präsident des geheimen Staatsrats (der ein Vierteljahr später Eden als Außenminister ablösen sollte), im November 1937 mit Hitler führte.[70] Halifax' Besuch auf Hitlers Berghof bei Berchtesgaden, dem »Adlerhorst«, hatte einen possenhaften Auftakt. Als der aristokratische Halifax seinem Wagen entstieg, hielt er Hitler zunächst für einen Lakaien und wollte ihm schon Hut und Mantel reichen, als ihm ein deutscher Minister ins Ohr flüsterte: »Der Führer, der Führer!«[71] Für die Zentrale war das ganze Treffen höchst verdächtig. In ihren mit Blick auf Stalins Mißtrauen gegenüber der britischen Politik ausgewählten Auszügen aus Halifax' Bericht über seine Gespräche mit Hitler wurde hervorgehoben, daß Großbritannien Nazideutschland als »Bastion des Westens gegen den Bolschewismus« betrachte und einer deutschen Expansion im Osten verständnisvoll gegenüberstehe.[72] Obwohl Halifax' Einschätzung Hitlers, den er als »sehr aufrichtig« bezeichnete, beklagenswert naiv war, hatte er die Bemerkungen über Deutschlands Rolle bei der Verteidigung des Westens gegen den Kommunismus keineswegs so vorbehaltlos gemacht, wie es in der Darstellung der Zentrale der Fall erschien. Seinem eigenen Bericht zufolge hatte er Hitler gesagt:

> »Obwohl es im Nazisystem vieles gebe, das der britischen Haltung widerspreche (die Behandlung der Kirche; vielleicht in geringerem Ausmaß die Behandlung der Juden; die Behandlung der Gewerkschaften), sei ich nicht blind für das, was er für Deutschland erreicht habe, sowie für die – von seinem Standpunkt aus gesehen – vollbrachte Leistung, den Kommunismus aus seinem Land ferngehalten und, wie er es sehen mochte, sein Vorrücken nach Westen blockiert zu haben.«

Halifax sagte auch nichts, das als Unterstützung einer deutschen Aggression in Osteuropa verstanden werden konnte. Sein Ziel – so unrealistisch es war – bestand darin, Hitler zu einem »guten Europäer« zu machen, indem er ihm koloniale Zugeständnisse anbot, um ihn zu überreden, seine europäischen Ambitionen auf jene Forderungen zu beschränken, die auf friedlichem Weg verwirklicht werden konnten. Jedenfalls stellte er klar, daß Großbritannien bereit sei, eine friedliche Revision des Versailler Vertrags zu erwägen:

»Ich sagte, zweifelsohne ... erhöben sich aus den Versailler Regelungen Fragen, die unserer Ansicht nach Probleme bereiten könnten, wenn man sie unklug behandelte, zum Beispiel Danzig, Österreich, die Tschechoslowakei. In all diesen Fragen bestünden wir nicht unbedingt auf dem Status quo, wohl aber darauf, solche Probleme zu vermeiden, die wahrscheinlich Schwierigkeiten heraufbeschwören würden. Wenn mit der freien Zustimmung und dem guten Willen jener, die zu allererst betroffen seien, vernünftige Einigungen erreicht werden könnten, sei es gewiß nicht unser Wunsch, sie zu blockieren.«

Solche Äußerungen waren Musik in Hitlers Ohren – nicht weil er an einer friedlichen Revision des Versailler Vertrages interessiert gewesen wäre, sondern weil er Halifax' recht unbeholfenen Beschwichtigungsversuch als Zeichen dafür interpretierte, daß Großbritannien die Entschlußkraft fehlte, zu kämpfen, wenn für ihn die Zeit gekommen war, einen Eroberungskrieg zu führen.[73] Stalin argwöhnte hinter Halifax' Bemerkungen seinem Naturell gemäß wesentlich schwärzere Absichten und redete sich ein, daß England der deutschen Aggression im Osten grünes Licht gegeben habe. Die Zentrale hatte die von Maclean und Cairncross beschafften Dokumente über die britischen Versuche, Hitler zu beschwichtigen, benutzt, um Stalin den von ihm geforderten Beweis für einen ausgeklügelten britischen Plan zu liefern, der das Ziel verfolgte, Hitler auf die Sowjetunion zu hetzen.

Obwohl Kim Philby letztlich der wichtigste der »Glorreichen Fünf« war, ließ sich seine Karriere langsamer an als die der anderen vier. Den Versuch, in den öffentlichen Dienst einzutreten, gab er auf, nachdem seine beiden Referenzen – sein früherer Studienleiter am Trinity College und ein Freund der Familie – ihm mitgeteilt hatten, daß sie zwar sein Engagement und seine Intelligenz bewunderten, dem aber hinzufügen müßten, daß sein »Sinn für politische Ungerechtigkeit« ihn möglicherweise »für die Arbeit in der Verwaltung untauglich« mache. Bis 1937 waren seine einzigen kleinen Erfolge die Anstellung bei einer unbedeutenden liberalen Monatszeitschrift, der *Review of Reviews*, und die Mitgliedschaft in der Englisch-Deutschen Gesellschaft, die von Churchill geringschätzig als »Heil-Hitler-Brigade« bezeichnet wurde. Wie Philby später eingestand, kam er zu den Treffen mit Deutsch häufig mit leeren Händen und dem Verlangen nach Bestätigung. Doch dann brachte ihm der Ausbruch des Spanischen Bürgerkriegs den ersten größeren Geheimdienstauftrag ein. Er überredete eine Londoner Nachrichtenagentur, ihm eine Akkreditierung als freier Kriegsberichterstatter zu verschaffen, und traf im Februar 1937 in Spanien ein. »Mein unmittelbarer Auftrag«, berichtet er in seinen Memoiren, »war es, zu allen Aspekten der faschistischen Kriegsanstrengungen Informationen aus erster Hand zu beschaffen.« Wie gewöhnlich, berichtet er in seinen Erinnerungen nicht die ganze Wahrheit.[74]

Einige Wochen nach seiner Abreise erhielt die illegale Residentur in London die zweifellos von Stalin abgesegnete Anweisung, Philby den Befehl zu geben, General Francisco Franco, den Führer der nationalistischen Kräfte, zu ermorden.[75] Maly gab den Befehl pflichtschuldig weiter, stellte der Zentrale gegenüber aber klar, daß er Philby nicht für fähig hielt, ihn auszuführen.[76] Als Philby im Mai nach London zurückkehrte, war er nicht einmal in die Nähe Francos gekommen und befand sich, wie Maly der Zentrale mitteilte, »in sehr niedergeschlagenem Zustand«. Das Blatt wendete sich jedoch, als die *Times* ihn zu einem ihrer beiden offiziellen Berichterstatter aus dem nationalen Spanien machte.[77] Ende des Jahres wurde er zu einer Art Kriegsheld. Als eine Artilleriegranate das Auto traf, in dem er zusammen mit drei Journalisten unterwegs war, wurden diese tödlich verwundet, während er selbst leicht verletzt überlebte. Den Lesern der *Times* berichtete er bescheiden: »Der Korrespondent wurde ... zu einer Erste-Hilfe-Station gebracht, wo die leichten Kopfverletzungen rasch behandelt wurden.« Diese Verwundung, schrieb er später, sei »unendlich nützlich« für ihn gewesen, »für die journalistische Arbeit ebenso wie für die geheimdienstliche Tätigkeit«. Jetzt kam er auch zum ersten Mal an Franco heran, der ihm am 2. März 1938 das Rote Kreuz für militärische Verdienste an die Brust heftete. »Das«, so Philby, »öffnete mir viele Türen.«[78]

Doch sie öffneten sich zu spät. Als Philby endlich in Francos Nähe gelangte, war der Mordauftrag des NKWD bereits widerrufen worden. Seit dem Frühjahr 1937 wurde die Zentrale zunehmend durch einen »Bürgerkrieg im Bürgerkrieg« vom Krieg gegen Franco abgelenkt. Die Vernichtung der Trotzkisten erhielt höhere Priorität als die Liquidierung Francos. Ende 1937 drängte die Jagd auf »Volksfeinde« im Ausland die Informationsbeschaffung in den Hintergrund. Die INO befand sich, von der Paranoia des Großen Terrors erfaßt, in Auflösung, während die meisten ihrer im Ausland dienenden Offiziere verdächtigt wurden, sich mit dem Feind verschworen zu haben. Das Zeitalter der großen Illegalen wurde mit einem ebenso abrupten wie brutalen Schlußstrich beendet.

5.
Terror

Obwohl die »Sonderaufgaben« erst 1937 die Auslandsoperationen des NKWD dominieren sollten, hatte das Problem der im Ausland lebenden »Volksfeinde« schon seit Beginn der dreißiger Jahre immer mehr Raum in Stalins Denken eingenommen, während sich gleichzeitig die Vorstellung einer inneren Opposition gegen ihn zur fixen Idee entwickelte. Die kühnste Anklage gegen die zunehmende Brutalität im stalinistischen Rußland war ein Protestschreiben, das der frühere Moskauer Parteisekretär Michail Rjutin und eine kleine Gruppe von Gleichgesinnten im Herbst 1932 an das ZK schickten. Diese »Rjutin-Plattform«, die erst 1989 veröffentlicht wurde, war ein derart massiver Angriff auf Stalin und die von der Kollektivierung und dem Ersten Fünfjahrplan ausgelösten Schrecken, daß einige Trotzkisten, die den Brief zu Gesicht bekamen, ihn fälschlicherweise für eine Provokation der OGPU hielten.[1] Stalin wurde darin als »böser Geist der russischen Revolution« bezeichnet, der, »von Rachsucht und Machtgier getrieben, die Revolution an den Rand des Abgrunds geführt« habe. Deshalb wurde seine Absetzung gefordert: »Es wäre eine Schande für proletarische Revolutionäre, Stalins Joch, seine Willkür, seine Verachtung der Partei und der arbeitenden Massen länger zu ertragen.«[2]

Auf einer Sitzung des Politbüros verlangte Stalin die Hinrichtung Rjutins. Nur Sergei Kirow wagte zu widersprechen. »Man darf das nicht tun!« wandte er ein. »Rjutin ist kein verkommener Mensch, sondern einer, der sich verirrt hat.« Für den Augenblick steckte Stalin zurück, und Rjutin wurde zu zehn Jahren Gefängnis verurteilt.[3] Fünf Jahre später, als Stalin die unangefochtene Macht über Leben und Tod der Sowjetbürger besaß, wurde er erschossen.

Anfang der dreißiger Jahre verlor Stalin jegliche Fähigkeit, sofern er sie überhaupt je besessen hatte, zwischen persönlichen Gegnern und »Volksfeinden« zu unterscheiden. Bei weitem die gefährlichsten Feinde waren in seinen Augen der exilierte Leo Trotzki (von der Zentrale mit dem

Codenamen STARIK, »der Alte«, bezeichnet)⁴ und seine Anhänger. »Zur Abschaffung der führenden [stalinistischen] Clique sind keinerlei normale ›konstitutionelle‹ Wege geblieben«, schrieb Trotzki 1933. »Man kann die Bürokratie lediglich mit Hilfe von Gewalt dazu zwingen, die Macht in die Hände der proletarischen Avantgarde zu übergeben.«⁵ Von da an benutzte Stalin diese Äußerung als Beweis dafür, daß die Sowjetunion der Gefahr eines gewaltsamen Umsturzes ausgesetzt sei, die ihrerseits mit Gewalt abgewendet werden müsse.

Auf dem Parteitag im Jahr 1934 wurde erneut Opposition gegen Stalin deutlich, wenn auch in so gedämpfter Form, daß die breite Masse der Bevölkerung nichts davon mitbekam. Bei der Wahl zum Zentralkomitee erhielt Stalin mehrere hundert Stimmen weniger als Kirow, der dann Ende des Jahres – wahrscheinlich auf Stalins Befehl – ermordet wurde. Stalins zunehmende Besessenheit galt allerdings nicht den machtlosen Überresten der wirklichen Opposition gegen ihn, sondern einer gigantischen, mythischen Verschwörung imperialistischer Geheimdienste und ihrer trotzkistischen Helfershelfer. Wenngleich der paranoide Zug in Stalins »krankhaft mißtrauischer« Persönlichkeit, wie Chruschtschow sie später kennzeichnete, gewiß ein Grund für seine Besessenheit von Verschwörungstheorien war, enthielten sie im Kern doch auch eine rein leninistische Logik. Stalin berief sich auf Lenin, wenn er darauf beharrte, daß es für die Imperialisten unmöglich sei, *nicht* den Versuch zu unternehmen, den ersten und einzigen »Arbeiter-und-Bauern-Staat« der Welt zu vernichten, und zitierte dessen Worte:

»Wir leben nicht nur in einem Staat, sondern in einem Staatensystem, und die Existenz der Sowjetunion Seite an Seite mit imperialistischen Staaten ist langfristig undenkbar. Letzten Endes wird eine der beiden Seiten triumphieren. Aber bis dahin ist eine Reihe der schrecklichsten Zusammenstöße zwischen der Sowjetrepublik und den bürgerlichen Staaten unvermeidlich.«

Ebenso evident war aus Stalins Sicht, daß die äußeren Feinde mit Verrätern im Innern konspirierten. Nur »verblendete Schwätzer oder verkappte Volksfeinde« könnten diese einfache Schlußfolgerung leugnen.⁶ Wer es trotzdem tat, entlarvte sich damit automatisch als Verräter.

Im Mittelpunkt der Verschwörungstheorien, die Mitte und Ende der dreißiger Jahre Stalins Denken beherrschten, stand der berühmteste seiner Gegner, Leo Trotzki, der in Wirklichkeit nie eine ernsthafte Gefahr für das stalinistische Regime darstellte. Trotzki verbrachte die ersten Jahre des Exils mit der vergeblichen Suche nach einer europäische Basis, von der aus er seine Anhänger organisieren konnte. 1933 verließ er die Türkei und ging nach Frankreich, um zwei Jahre später in Norwegen Zuflucht zu suchen, doch in allen drei Ländern wurden seine politischen Betätigungsmöglichkeiten von widerstrebenden Regierungen eingeschränkt. 1937 hatte er den Glauben daran, ein europäisches Hauptquartier finden zu können, verloren und reiste nach Mexiko weiter, wo er bis zu seiner Ermordung drei Jahre später blieb. Der wichtigste Organisator der trotzkistischen Bewegung in Europa war nicht Trotzki selbst, sondern sein älterer Sohn Lew Sedow, der seit 1933 in Paris ansässig war, bis zu seinem Tod 1938 die Zeitschrift seines Vaters, das *Bjulleten Oposizii*, herausgab und die Verbindung zu dessen verstreuten Anhängern aufrechterhielt. Seine Umgebung war wie die seines Vaters von der OGPU beziehungsweise vom NKWD infiltriert. Von 1934 an war sein engster Mitarbeiter und Vertrauter in Paris ein NKWD-Agent, der in Rußland geborene polnische Kommunist Mark Sborowski, den Sedow als »Étienne« kannte und der von der Zentrale nacheinander die Codenamen MAX, MAK, TULUP (»Schafpelz«) und KANT erhielt. Sedow vertraute »Étienne« so vollständig, daß er ihm seinen Briefkastenschlüssel gab, ihn seine Post holen ließ und ihm Trotzkis vertraulichste Unterlagen zur Aufbewahrung aushändigte.[7]

Als Hauptsitz sowohl der trotzkistischen Bewegung als auch der Weißen Garden wurde Paris für mehrere Jahre zum Zentrum der Operationen von »Jascha« Serebrjanskis NKWD-Direktion für Sonderaufgaben, spezialisiert auf Mordanschläge und Entführungen. Serebrjanskis illegale Residentur in Paris übernahm aber auch andere Aufträge. Bekannteste Zielperson eines dieser Aufträge war Jacques Doriot, ein demagogischer Redner, der Anfang der dreißiger Jahre als künftiger Anwärter auf die Führung der Kommunistischen Partei Frankreichs (PCF) gehandelt wurde.[8] In den ersten Monaten des Jahres 1934 zog er sich den Zorn Moskaus zu, weil er sich für die Bildung einer antifaschistischen Volksfront mit den Sozialdemokraten einsetzte, die immer noch als »Sozialfaschisten« gebrandmarkt wurden. Doriot wurde nach Moskau beordert, um zu widerrufen, aber er weigerte sich, die Reise anzutreten. Daraufhin wurde er im Juni 1934 wegen Disziplinlosigkeit aus der Partei ausgeschlossen, ironischerweise zum selben Zeitpunkt, als sich die Komintern in einer abrupten Kehrtwendung, die von der PCF augenblicklich nachvollzogen wurde, für die Volksfrontpolitik entschied. Doriot reagierte mit einer Reihe zunehmend verbitterter Angriffe sowohl auf Stalins »orientalische« Despotie als auch auf die Führung der PCF, die er als »Sklaven Stalins« bezeichnete. Die Zentrale fürchtete die Wirkung von Doriots leidenschaftlicher und jetzt subversiver Rhetorik auf die französische Linke und beauftragte Serebrjanski, ihn unter ständiger Beobachtung zu halten. 1935, nachdem fast die gesamte nichtkommunistische Presse Doriots Enthüllung verbreitet hatte, daß die PCF geheime Anweisungen und Gelder aus Moskau erhalte, wurde Serebrjanski von der Zentrale beauftragt, seine Liquidierung vorzubereiten.[9] Der Befehl, den Anschlag tatsächlich auszuführen, scheint jedoch nie gegeben worden zu sein, offenbar wegen des Sieges der Volksfront in den Wahlen von 1936 und weil Doriot bald darauf die neofaschistische *Parti Populaire Française* gründete.[10] Dadurch, daß er selbst öffentlich den kommunistischen Vorwurf bestätigte, er sei ein faschistischer Kollaborateur, bescherte er der Zentrale einen Propagandaerfolg, der durch seine Ermordung eher abgeschwächt als verstärkt worden wäre.

Ein anderer Mordanschlag, den Serebrjanski organisieren sollte, galt Hermann Göring, der angeblich zu einem Besuch in Paris erwartet wurde. Die Direktion für Sonderaufgaben wies ihre Pariser Residentur an, einen Heckenschützen zu rekrutieren und eine Möglichkeit zu finden, ihn auf den Flughafen, auf dem Göring landen würde – vermutlich Le Bourget –, einzuschleusen.[11] Doch Göring stattete Frankreich keinen Besuch ab, und der Heckenschütze wurde abgezogen. Aus den von Mitrochin eingesehenen Akten geht nicht hervor, warum die Zentrale das Attentat, das zweifellos von Stalin genehmigt worden war, in Auftrag gab. Wahrscheinlich bestand das Hauptziel eher darin, die Beziehungen zwischen Frankreich und Deutschland zu stören, als einen Schlag gegen den Nationalsozialismus zu führen. Da 1932 von einem nichtkommunistischen Attentäter der französische Präsident und der jugoslawische König auf französischem Boden ermordet worden waren, glaubte die Zentrale wohl, man würde nicht den NKWD für den Mord an Göring verantwortlich machen.

Trotz der vielen anderen Pflichten von Serebrjanskis Pariser Residentur bestand ihre Hauptaufgabe in der Beobachtung und Zersetzung der französischen Trotzkisten. Bis 1937 war Lew Sedow, dank seines ebenso unangebrachten wie vollständigen Vertrauens zu »Étienne« Sborowski, eine derart unverzichtbare Informationsquelle über die CHORKI (»Iltisse« – so der Codename der Zentrale für die Trotzkisten), daß er nicht als Zielperson für die Liquidierung benannt wurde.[12] Im Herbst 1936 machte Sborowski die Zentrale darauf aufmerksam, daß Trotzki dabei sei, aus Geldmangel einen Teil seines Archivs (darunter Papiere, die Sedow Sborowski anvertraut hatte) an das in Amsterdam ansässige Internationale Institut für Sozialgeschichte zu verkaufen. Serebrjanski erhielt daraufhin den Befehl, eine Sondereinheit mit dem Codenamen HENRI zusammenzustellen, um die Papiere zurückzuerlangen. Als erstes mietete er in der Rue de Michelet die Wohnung direkt über dem Institut an, um es zu observieren. Dann verursachte Sborowski, der inzwischen als Servicetechniker bei einer Pariser Telefonvermittlung arbeitete, auf seine Anweisung eine Unterbrechung des Telefonanschlusses des Instituts, um Gelegenheit zu erhalten, den genauen Aufbewahrungsort von Trotzkis Papieren zu erkunden und die Schlösser zu inspizieren. Als das Institut die Unterbrechung meldete, wurde jedoch einer von Sborowskis Kollegen ausgeschickt, den Fehler zu beheben. Daraufhin unterbrach Sborowski die Verbindung des Instituts erneut, und diesmal bekam er den Auftrag. Als er das Institut verließ, nachdem er die Leitung »repariert« und sich die Schlösser in Vorder- und Hintertür angesehen hatte, drückte ihm der Direktor, Boris Nikolajewski, ein prominenter emigrierter Menschewik, den der NKWD als »Volksfeind« einstufte, fünf Franc Trinkgeld in die Hand.[13]

Serebrjanski legte als Tag für den Einbruch den 7. November 1936 fest; er sollte um zwei Uhr nachts beginnen und spätestens um fünf Uhr beendet sein. Da seine Agenten keine zu den Schlössern der Institutstüren passenden Schlüssel auftreiben konnten, beschloß er, sie mit einem Elektrobohrer aufzubohren; um das Geräusch zu dämpfen, sollte die Bohrmaschine in einem mit Sägespänen und Baumwolle gefüllten Kasten verstaut werden.[14] Die Diebe brachen, ohne aufzufallen, in das Institut ein und verschwanden mit Trotzkis Papieren. Wegen der Professionalität des Einbruchs und weil weder Geld noch Wertsachen angerührt worden waren, hatten sowohl Sedow als auch die Pariser Polizei sofort den NKWD im Verdacht. Sein Assistent »Étienne« Sborowski, versicherte Sedow der Polizei, sei über jeden Verdacht erhaben; außerdem bewahre er das Hauptarchiv, das nicht gestohlen worden sei, bei sich zu Hause auf. Ironischerweise mutmaßte er, der NKWD habe möglicherweise durch eine Indiskretion von Institutsdirektor Nikolajewski von der Verlagerung eines Teils des Archivs erfahren.[15] Welche Bedeutung die Zentrale dem Diebstahl der Papiere beimaß, zeigt die Tatsache, daß der Gruppe HENRI der Rotbannerorden verliehen wurde.[16] Dennoch war die Operation ebenso sinnlos, wie sie professionell gewesen war. Die gestohlenen Papiere, darunter viele Zeitungsausschnitte, besaßen keinerlei operativen Wert, und ihre historische Bedeutung war wesentlich geringer als der des Trotzki-Archivs, das weiterhin in Sborowskis Händen blieb und schließlich in den Besitz der Universität Harvard gelangte.[17] Aber Mitte der dreißiger Jahre hatte Stalin bei der Verfolgung des Trotzkismus in allen seinen Formen, den wirklichen wie den eingebildeten, jeden Sinn für Proportionen verloren. Trotzki war zu einer fixen Idee geworden, die tagsüber seine Gedanken beherrschte und ihm nachts vermutlich den Schlaf raubte. Trotzkis Biograph Isaak Deutscher schreibt dazu:

»Die Raserei, mit der er sich in die Fehde stürzte, die er zur Hauptbeschäftigung des internationalen Kommunismus und der Sowjetunion machte und der er alle politischen, taktischen, geistigen und anderen Interessen unterordnete, spottet jeder Beschreibung: Es gibt in der ganzen Geschichte kaum einen anderen Fall, in dem solche unermeßlichen Mittel der Macht und der Propaganda gegen einen einsamen Mann angewandt wurden.«[18]

Wie der britische Diplomat R. A. Sykes später klug beobachtete, wurde Stalins Weltsicht von einer »merkwürdigen Mischung aus Schlauheit und Unsinnigkeit« geprägt.[19] Die Schlauheit machte sich in der Art und Weise bemerkbar, wie er nach dem Tod Lenins seine Rivalen ausbootete, nach und nach die absolute Macht des Generalsekretärs der Partei eroberte sowie Churchill und Roosevelt auf den Kriegskonferenzen übervorteilte. Den Historikern ist es schwergefallen, zu akzeptieren, daß ein derart schlauer Mann zugleich an soviel Unsinn glauben konnte. Aber Stalin ohne seine krankhaften Verschwörungstheorien über Trotzki und andere verstehen zu wollen ist ebenso unmöglich, wie Hitler ohne den Eifer zu begreifen ist, mit dem er seine noch furchtbareren und absurderen Verschwörungstheorien über die Juden verfolgte.
Genrich Jagoda, von 1934 bis 1936 Chef des NKWD, war weit weniger als Stalin von dem Gedanken an Trotzki besessen. Stalins Hauptgroll

gegen ihn beruhte denn auch auf der wachsenden Überzeugung, daß er absichtlich die Jagd auf die trotzkistischen Verräter vernachlässige.[20] Das Schicksal ereilte Jagoda im September 1936 in Form eines Telegramms an das Zentralkomitee, in dem Stalin und sein Günstling Andrej Schdanow erklärten, Jagoda habe sich »eindeutig als unfähig erwiesen, den trotzkistisch-sinowjewschen Block zu entlarven«, und seine Ablösung durch Nikolai Jeschow forderten.

In den zwei Jahren, die Jeschow an der Spitze des NKWD stand, führte er die größte und blutigste politische Verfolgung in Friedenszeiten der europäischen Geschichte durch, den Großen Terror.[21] In einem NKWD-Dokument aus dieser Zeit, das zweifellos Stalins Ansicht widerspiegelt beziehungsweise sklavisch nachbetet, heißt es, der »Schurke Jagoda« habe die Angriffe absichtlich auf die »unteren Ränge der rechtsabweichlerischen trotzkistischen Untergrundbewegung« konzentriert, um von deren wahren Führern, Sinowjew, Bucharin, Rykow, Tomski, Kamenew und Smirnow, abzulenken. NKWD-Mitarbeiter, die versucht hätten, diese früheren Helden der leninistischen Ära wegen ihrer Verbrechen anzuklagen, habe Jagoda entweder entlassen oder kaltgestellt.[22] Außer Tomski, der Selbstmord beging, erhielten alle Genannten eine Hauptrolle in den Schauprozessen der Jahre 1936 bis 1938, grauenhaften Moralitäten, in denen eine groteske Verschwörungstheorie verbreitet wurde, die mit geschliffen absurden Formulierungen wie der folgenden alle oppositionellen Kräfte im In- und Ausland in einen Topf warf: »Der Trotzkismus ist eine Variante des Faschismus, und der Sinowjewismus ist eine Variante des Trotzkismus.« Im letzten großen Schauprozeß wurde schließlich auch Jagoda, trotz eines »auf den Knien« geschriebenen Gnadengesuchs, als führender trotzkistischer Verschwörer entlarvt. Hauptverfasser der gigantischen Verschwörungstheorie, die im NKWD zur unbestrittenen Doktrin wurde und den ideologischen Unterbau des Großen Terrors bildete, war Stalin selbst.[23] Er prüfte persönlich die Protokolle der Schauprozesse, bevor sie veröffentlicht wurden, und redigierte die Äußerungen der Angeklagten, um sicherzustellen, daß sie nicht von ihren auswendig gelernten Geständnissen über eine imaginäre Verschwörung abwichen.[24] In den NKWD-Akten jener Zeit wird mit charakteristischer Servilität behauptet, die »praktische Organisation der Arbeit zur Entlarvung der rechtsabweichlerischen trotzkistischen Untergrundbewegung« sei »von Genossen Stalin persönlich überwacht« worden. 1936 bis 1938 seien »vernichtende Schläge gegen diesen Pöbel geführt« worden.[25]

Solche »vernichtenden Schläge« trafen den wirklichen wie den eingebildeten trotzkistischen »Pöbel« nicht nur innerhalb der Sowjetunion, sondern auch im Ausland. Durch den Ausbruch des Spanischen Bürgerkriegs im Juli 1936 eröffnete sich ein neues Operationsfeld für Serebrjanskis Direktion für Sonderaufgaben und für die INO insgesamt. Der Kampf der Regierung zur Verteidigung der spanischen Republik gegen die Rebellion der nationalistischen Kräfte unter General Franco beflügelte die Phantasie der gesamten europäischen Linken, die darin einen Kreuzzug gegen den internationalen Faschismus sah. 35 000 ausländische Freiwillige, überwiegend Kommunisten, strömten nach Spanien, um in Internationalen Brigaden auf seiten der Republik zu kämpfen. Im Oktober 1936 erklärte Stalin in einem offenen Brief an die spanischen Kommunisten: »Die Befreiung Spaniens vom Joch der faschistischen Reaktionäre ist keine Privatsache der Spanier, sondern das gemeinsame Anliegen der gesamten forschrittlichen Menschheit.« Doch der NKWD führte in Spanien von Anfang an einen Zweifrontenkrieg: einerseits gegen Franco und die nationalistischen Kräfte und andererseits gegen die Trotzkisten unter den Republikanern und in den Internationalen Brigaden. Alexander Orlow, der frühere illegale Resident in London, der nach dem Ausbruch des Bürgerkriegs als legaler Resident nach Spanien geschickt worden war, versicherte der Zentrale im Oktober zuversichtlich, daß die »trotzkistische Organisation POUM* leicht liquidiert werden« könne.[26]

Während Orlow den geheimen Zweifrontenkrieg des NKWD in Spanien koordinierte, steuerte Serebrjanski Operationen im Ausland bei. So organisierte er in Paris Ausbildungskurse für Saboteure aus den Internationalen Brigaden, die von GIGI, einem kommunistischen französischen Mechaniker, der für gewöhnlich ohne Bezahlung arbeitete, FRANJA, einer polnischen Studentin, die 1500 Franc im Monat erhielt, und LEGRAND, über den keine Angaben bekannt sind, durchgeführt wurden. Der größte von Serebrjanski berichtete Sabotageerfolg war die von der in Skandinavien und im Ostseeraum operierenden Illegalengruppe ERNST TOLSTY gemeldete Versenkung von siebzehn Schiffen mit Waffen für Franco.[27] Einer der führenden Saboteure war ein junger deutscher Kommunist namens Ernst Wollweber, der 1953 Chef der Stasi und 1955 Staatssicherheitsminister der DDR werden sollte.[28] Nach dem Spani-

---

* *Partido Obrero de Unificación Marxista* – Arbeiterpartei der marxistischen Einheit.

schen Bürgerkrieg ergab eine Untersuchung des NKWD allerdings, daß einige der Versenkungen frei erfunden waren.[29]

Die wichtigsten Ausbildungslager des NKWD befanden sich jedoch in Spanien selbst, in Valencia, Barcelona, Bilbao und Argen, wo unter Orlows Oberaufsicht Guerillas und Saboteure trainiert wurden. Später rühmte er sich damit, daß seine Guerillagruppen Stromleitungen und Brücken gesprengt sowie weit hinter den nationalistischen Linien feindliche Konvois überfallen hätten. Wie seine vom SWR geförderte Biographie bestätigt, bestand seine Hauptaufgabe aber darin, »unter der Kontrolle des NKWD eine Geheimpolizei aufzubauen, um eine Stalinisierung Spaniens einzuleiten«. Der wichtigste sowjetische Militärberater der spanischen Republik, General Jan Bersin, der frühere Chef des Nachrichtendienstes der Roten Armee, beklagte sich darüber, daß Orlow und der NKWD das republikanische Spanien nicht wie einen Verbündeten, sondern wie eine Kolonie behandelten.[30]

Im Frühjahr 1937 wurden Orlow und Serebrjanski angewiesen, von der Beobachtung und Zersetzung der trotzkistischen Gruppen zur Liquidierung ihrer Führer überzugehen. Serebrjanski begann daraufhin die Entführung Sedows vorzubereiten, während Orlow der republikanischen Regierung gefälschte Dokumente vorlegte, um die POUM als »deutsch-franquistische Spionageorganisation« zu denunzieren. Am 16. Juni wurden der Vorsitzende Andrés Nin und vierzig führende Parteimitglieder verhaftet, die Parteizentrale geschlossen und die Milizbataillone der POUM aufgelöst. Eine knappe Woche darauf verschwand Nin aus dem Gefängnis. Nach dem Ergebnis der amtlichen Untersuchung war er geflohen. In Wirklichkeit aber war er von einer »mobilen Einheit« des NKWD, die letztlich Orlows Befehl unterstand, entführt und ermordet worden. Nin war nur einer von vielen Trotzkisten, echten wie eingebildeten, die in Spanien ein ähnliches Schicksal ereilte. Bis sich Orlow 1938 in die Vereinigten Staaten absetzte, weil er fürchtete, daß auch er auf einer Todesliste des NKWD stehen könnte, lebte er in einem gewissen Luxus, während er die Liquidierung von »Volksfeinden« organisierte. Ein junger Freiwilliger der Internationalen Brigaden, der zu ihm gerufen worden war, nahm erstaunt wahr, wie stark er nach Eau de Cologne roch, und verfolgte neidisch, wie er ein warmes Frühstück verzehrte, das ein weiß livrierter Diener auf einem Servierwagen ins Zimmer schob. Dem halb verhungerten Freiwilligen, der seit 24 Stunden nichts gegessen hatte, bot Orlow nichts an.[31]

Während der SWR sich in bezug auf Orlow, der sich durch seinen Seitenwechsel selbst aus der Ruhmeshalle des KGB ausgeschlossen hatte, ungewöhnlich entgegenkommend verhalten hat, gab er sich, was die Freigabe von Dokumenten über den Spanischen Bürgerkrieg betraf, die den Ruf der Helden des sowjetischen Auslandsnachrichtendienstes schädigen konnten, wesentlich zurückhaltender. Zu diesen Helden der Sowjetunion gehörte Stanislaw Waupschasow, der lange Zeit für seine gewagten Unternehmungen hinter den feindlichen Linien im Zweiten Weltkrieg berühmt war. Mit vier Leninorden, zwei Orden des Großen Vaterländischen Krieges und einer Brust voller anderer Auszeichnungen war Waupschasow wahrscheinlich der höchstdekorierte Nachrichtendiensthelde der Sowjetunion. Noch 1990 wurde er mit einer Gedenkbriefmarke geehrt. Seine mörderische Vorkriegsvergangenheit wird der Öffentlichkeit jedoch vom SWR noch immer vorenthalten. Mitte der zwanziger Jahre führte Waupschasow eine geheime OGPU-Einheit, die, in polnische oder litauische Uniformen gekleidet, zahllose Überfälle auf polnische und litauische Grenzdörfer unternahm. 1929 wurde er wegen des Mordes an einem Kollegen zum Tod verurteilt, doch es gelang ihm, eine Herabsetzung des Urteils auf zehn Jahre Gulag zu erreichen, aus dem er bald wieder entlassen wurde, um seine Tätigkeit als einer der führenden Mordexperten des NKWD wiederaufzunehmen. Zu seinen Aufgaben in Spanien gehörte die Errichtung und Bewachung eines geheimen Krematoriums, das es dem NKWD ermöglichte, sich seiner Opfer zu entledigen, ohne Spuren zu hinterlassen. Viele derjenigen, die liquidiert werden sollten, wurden unter einem Vorwand in das Gebäude gelockt, in dem sich das Krematorium befand, und dort, gewissermaßen vor Ort, umgebracht.[32]

Leiter des Krematoriums war ein NKWD-Agent namens Pacheco José Castelo (JOSÉ, PANSO und TEODOR),[33] ein 1910 in Salamanca geborener spanischer Kommunist, den Orlows Stellvertreter, Leonid Eitingon, 1936 angeworben hatte.[34] 1982, einige Jahre nach Castelos Tod, erhielt der KGB einen Brief von einer Verwandten Castelos, in dem sie um eine Pension bat und zur Begründung anführte, er habe vor seinem Tod zu ihr gesagt: »Wenn du Probleme hast und es keinen anderen Ausweg gibt – ich meine, nur unter den äußersten Umständen –, dann wende dich an meine sowjetischen Genossen.« Obwohl aus Castelos Akte hervorgeht, daß er versprochen hatte, niemals etwas von seiner Tätigkeit als sowjetischer Agent verlauten zu lassen, bestand die offensichtliche Gefahr, daß die Frau über seine Arbeit im NKWD-Krematorium Bescheid wußte. Die Zentrale fand deshalb, daß eine Ablehnung der Bitte »unerwünschte Folgen« haben könnte. So wurde Castelos Verwandte im Januar 1983 vom Residenten in die Konsularabteilung der sowjetischen Botschaft in Madrid bestellt, wo man ihr sagte, daß sie zwar keinen rechtlichen Anspruch auf eine Pension hätte, man gleichwohl aber entschieden habe, ihr eine Gratifikation von 5000 konvertierbaren Rubeln zu gewähren, was damals 6680 US-Dollar entsprach. Castelos Arbeit für den NKWD wurde nicht erwähnt.[35]

Bemerkenswerterweise vergessen viele ansonsten bewundernswerte Studien über die Stalinära, die unermüdliche Verfolgung von »Volksfeinden« in Westeuropa zu erwähnen. Die Folge ist allzu oft eine geglättete und erstaunlich blutleere Darstellung der sowjetischen Außenpolitik am Vorabend des Zweiten Weltkriegs, die außer acht läßt, daß diesen Mordanschlägen Priorität eingeräumt wurde. Außerhalb Spaniens war Frankreich das Hauptoperationsgebiet der Mordkommandos des NKWD. Ihre wichtigsten Zielpersonen waren dort Lew Sedow und General Jewgeni Miller, Kutepows Nachfolger als Chef der weißgardistischen ROWS. Im Sommer 1937 entwarf Serebrjanski für beide Fälle ein ähnliches Vorgehen. Beide Männer sollten in Paris entführt, an Bord eines an der Kanalküste wartenden Schiffs geschmuggelt und zu Verhör und Bestrafung in die Sowjetunion gebracht werden. Die erste Phase der Entführungsoperation war die Infiltration der Umgebung der Zielpersonen.

Wie Sedows Assistent »Étienne« Sborowski war auch Millers Stellvertreter, General Nikolai Skoblin, ein Agent des NKWD. Außerdem hatte Serebrjanski, wahrscheinlich ohne Skoblins Wissen, die Illegale Mireille Abbiate (AWIATORSCHA, »Pilotenfrau«) zur Überwachung Millers eingesetzt. Abbiate war als Tochter eines französischen Musiklehrers in St. Petersburg geboren und aufgewachsen. Als ihre Familie 1920 nach Frankreich zurückkehrte, war sie in Rußland geblieben und hatte den Piloten Wassili Jermolow geheiratet; daher ihr späterer Codename. Als sie 1931 nach Frankreich reisen wollte, um ihre Eltern zu besuchen, wurde sie vom NKWD rekrutiert. Während ihres Besuchs warb sie ihrerseits ihren Bruder Roland Abbiate an, der unter dem Codenamen LETSCHIK (»Pilot«) ebenfalls ein Illegaler wurde. AWIATORSCHA mietete eine Wohnung neben der von Miller, brach bei ihm ein, stahl einige Papiere und versteckte ein Mikrofon, um seine Gespräche mitzuhören.[36]

Am 22. September 1937 verschwand Miller, wie sieben Jahre zuvor Kutepow, am hellichten Tag auf einer Pariser Straße. Die Sûreté nahm später an, er sei zur sowjetischen Botschaft gebracht, dort ermordet und in eine große Kiste gelegt worden, die von einem Ford-Lastwagen nach Le Havre transportiert worden war, wo sie auf einen wartenden sowjetischen Frachter verladen wurde. Mehrere Zeugen hatten ausgesagt, sie hätten gesehen, wie die Kiste an Bord gehievt wurde. In Wirklichkeit war Miller, als die Kiste verladen wurde, zwar mit Drogen vollgepumpt, aber noch am Leben, und im Unterschied zu Kutepow 1930 überstand er die Reise nach Moskau, wo er vernommen und schließlich erschossen wurde. Skoblin, der von Millers Anhängern sofort als Mittäter verdächtigt wurde, floh nach Spanien.[37] Mireille Abbiate, deren Rolle unentdeckt blieb, wurde mit dem Rotbannerorden ausgezeichnet und dann zur Operation gegen Sedow abgestellt.[38]

Zu dem Zeitpunkt, als Miller verschwand, war die Planung für die Entführung Sedows bereits weit gediehen. In Boulogne hatte man für die erste Etappe seiner Reise in die Sowjetunion bereits ein Fischerboot gemietet.[39] Doch die Operation wurde abgebrochen, möglicherweise infolge des Aufruhrs, den Millers Verschwinden in Frankreich ausgelöst hatte; immerhin galt der NKWD als Hauptverdächtiger für die Entführung. Einige Monate später ereilte Sedow dann doch sein Schicksal. Am 8. Februar 1938 begab er sich mit akuter Blinddarmentzündung in ein Krankenhaus. Sborowski und andere hatten ihn dazu überredet, den Eingriff, um der Überwachung durch den NKWD zu entgehen, nicht in einem öffentlichen Krankenhaus vornehmen zu lassen, sondern in einer kleinen, von Exilrussen geführten Privatklinik; in Wirklichkeit war es für den NKWD nur leichter, sie zu infiltrieren. Kaum hatte Sborowski den Krankenwagen bestellt, informierte er, wie er später zugab, den NKWD. Französischen Trotzkisten gegenüber weigerte er sich dagegen – angeblich aus Sicherheitsgründen –, die Adresse der Klinik zu nennen. Sedows Operation verlief erfolgreich, und einige Tage schien es, als verliefe die Heilung normal. Doch dann erlitt er plötzlich einen Zusammenbruch, der die Ärzte vor ein Rätsel stellte, und verstarb trotz mehrerer Bluttransfusionen am 16. Februar im Alter von nur 32 Jahren. In den entsprechenden Akten war kein Beweis dafür zu finden, daß der NKWD für Sedows Tod verantwortlich war.[40] Er besaß allerdings eine ausgezeichnete medizinische Abteilung, die »Kamera« (Kammer), die mit tödlichen Drogen experimentierte und durchaus in der Lage gewesen wäre, Sedow zu ermorden. Sicher ist, daß der NKWD die Absicht hatte, ihn aus dem Weg zu räumen, ebenso wie er die Ermordung Trotzkis und seiner wichtigsten Helfer plante. Ungewiß bleibt dagegen, ob Sedow im Februar 1938 tatsächlich vom NKWD ermordet wurde, oder ob er eines natürlichen Todes starb, bevor er umgebracht werden konnte.[41]

Durch Sedows Tod erlangte der NKWD die führende Rolle in der trotzkistischen Organisation. Sborowski wurde sowohl Herausgeber des *Bjulleten Oposizii* als auch Trotzkis wichtigste Verbindung zu seinen europäischen Anhängern. Während er unauffällig die erbittert geführten Fehden zwischen den rivalisierenden trotzkistischen Strömungen anfachte, erhielt er seine eigene Tarnung makellos rein. Einmal schrieb er Trotzki, das *Bjulleten* werde einen Artikel mit dem Titel »Trotzkis Leben in Gefahr« veröffentlichen, in dem die NKWD-Aktivitäten in Mexiko entlarvt würden. Im Sommer 1938 schickte Alexander Orlow, der inzwischen in den USA lebte, Trotzki einen anonymen Brief, um ihn davor zu warnen, daß sein Leben durch einen Agenten in Paris bedroht werde. Den Nachnamen des Agenten kannte Orlow nicht, aber sein Vorname, schrieb er, sei »Mark« (der wahre Vorname von »Étienne« Sborowski), und dann gab er eine genaue Beschreibung von Sborowskis Aussehen und Herkunft. Aber Trotzki betrachtete den Brief ebenso wie andere, die er erhielt, als das Werk von *Agents provocateurs* des NKWD. Sborowski pflichtete ihm natürlich bei. Als ihm jemand von den gegen ihn vorgebrachten Anschuldigungen erzählte, soll er in »herzliches Lachen« ausgebrochen sein.[42]

Nach Sedows Tod war der Deutsche Rudolf Klement, der designierte Sekretär von Trotzkis Vierter Internationale, die später im selben Jahr gegründet wurde, die nächste wichtige trotzkistische Zielperson des NKWD.[43] Am 13. Juli 1938 wurde er aus seiner Pariser Wohnung entführt, und einige Wochen später fand man seine kopflose Leiche am Ufer der Seine. Die Gründungskonferenz der Vierten Internationale im September war ein tragikomisches Ereignis, an dem nur 21 Delegierte teilnahmen, die jedoch für sich beanspruchten, die zumeist winzigen trotzkistischen Gruppen in elf Ländern zu repräsentieren. Die russische Sektion, deren echte Mitglieder inzwischen wahrscheinlich allesamt eliminiert worden waren, wurden durch Sborowski vertreten. Im übrigen befand sich als Begleiter der amerikanischen Trotzkistin Sylvia Angelhoff, die als Dolmetscherin an der Konferenz teilnahm, auch deren spanischer Liebhaber in Paris, Ramón Mercader, ein NKWD-Illegaler, der als belgischer Journalist auftrat und später als Attentäter Trotzkis zu Berühmtheit gelangte.[44]

Bis 1938 war Serebrjanskis Direktion für Sonderaufgaben zur größten Einheit des sowjetischen Auslandsnachrichtendienstes geworden, die angeblich über 212 illegale Offiziere gebot, die in sechzehn Ländern operierten: den USA, Frankreich, Belgien, Holland, Norwegen, Dänemark, Schweden, Finnland, Deutschland, Lettland, Estland, Polen, Rumänien, Bulgarien und der Tschechoslowakei. Die nach den Trotzkisten größte Gruppe von »Volksfeinden«, die im Zuge des großen Terrors vom NKWD im Ausland verfolgt wurden, stellte der sowjetische Auslandsnachrichtendienst selbst.[45] Nach den Moskauer Schauprozessen und der Entlarvung von Kollegen als Agenten der imperialistischen Mächte mußten die im Ausland stationierten Nachrichtendienstoffiziere nicht nur ihre Worte, sondern auch Gesichtsausdruck und Körpersprache sorgfältig unter Kontrolle halten. Wer nicht mit deutlich erkennbarer Empörung auf die Nachrichten über die in Moskau enthüllten nichtexistenten Verschwörungen reagierte, mußte damit rechnen, daß ungünstige Berichte über ihn an die Zentrale geschickt wurden – mit in der Regel tödlichen Folgen.

Nach dem Prozeß gegen Lenins frühere Vertraute Sinowjew, Kamenew und andere »Degenerierte« im August 1936 traf in der Zentrale ein wütendes Telegramm ein, in dem sich der legale Resident in Paris darüber beklagte, daß der militärische Nachrichtendienstoffizier Abram Albam (BELOW) nicht genügend Empörung an den Tag lege:

»BELOW scheint keinen tiefen Haß zu fühlen und keine scharf kritische Haltung gegenüber diesen politischen Banditen einzunehmen. In Diskussionen über den Prozeß gegen die trotzkistisch-sinowjewschen Banditen zieht er sich in Schweigen zurück. BELOW hat gehofft, daß den 16 verurteilten Männern Gnade erwiesen würde, und als er heute aus der Zeitung von ihrer Hinrichtung erfuhr, hat er tatsächlich geseufzt.«[46]

Albams subversiver Seufzer führte dazu, daß er und eine Reihe seiner Kollegen erfundener Verbrechen angeklagt wurden. In seiner Akte werden dreizehn Bekannte von ihm aufgezählt, die in der Folgezeit verhaftet wurden und von denen zumindest einige, wahrscheinlich sogar die meisten, erschossen wurden. Albams Frau Frida versuchte sich selbst zu retten, indem sie sich von ihrem verhafteten Mann lossagte. »Die schrecklichste Erkenntnis für ein aufrichtiges Parteimitglied«, schrieb sie entrüstet an den NKWD, »ist die Tatsache, daß er ein Volksfeind war, der von anderen Volksfeinden umgeben war.«[47] Sowohl im Innern als auch im Ausland sorgte der Große Terror für das Überleben der moralisch Schwächsten. Jene, die am eifrigsten ihre Kollegen denunzierten und ihnen erfundene Verbrechen nachsagten, hatten die besten Chancen, zur Minderheit der Überlebenden zu gehören. Daß Jakow Suriz, der zu Beginn des Großen Terrors Botschafter in Berlin war, einer der wenigen höheren Diplomaten sein sollte, die überlebten, dürfte nicht zuletzt mit seiner Geschicklichkeit auf dem Gebiet der Denunziation zu tun gehabt haben. Suriz versuchte, der Denunziation durch den legalen Residenten in seiner Botschaft, B. M. Gordon, die Spitze zu nehmen, indem er ihr zuvorkam. Deshalb machte er die Zentrale am Anfang des Großen Terrors darauf aufmerksam, daß ein mit Gordon befreundeter sowjetische Diplomat ein früherer Sozialrevolutionär sei, der regelmäßig Verwandte in Prag besuche, »wo andere sozialrevolutionäre Emigranten residieren«.[48] Nach dem Schauprozeß gegen das »trotzkistisch-sinowjewsche Terroristenzentrum« im Januar 1937 vermeldete Suriz Beunruhigendes über Gordons trotzkistische Sympathien:

»Am 2. Februar fand in der Berliner Botschaft eine Parteisitzung statt. Gordon, B. M., der Resident und Organisator der Kommunistischen Partei, erstattete Bericht über den Prozeß gegen das trotzkistische Zentrum.

Gordon sagte kein Wort über die Tatsache, daß diese Bande von Schurken ein konkretes Aktionsprogramm hatte. Er sagte nicht, warum dieser Abschaum sein Programm vor der Arbeiterklasse und allen werktätigen Menschen verheimlichte, warum er ein Doppelleben führte und sich im Untergrund versteckte.

Er ging nicht näher auf die Gründe ein, warum es den Feinden gelingen konnte, über so viele Jahre hinweg Schaden anzurichten.

Er behandelte nicht die Frage, warum unsere Industrie und unser Verkehrswesen trotz Zerstörung, Sabotage, Terrorismus und Spionage ständig Fortschritte machten und weiter voranschreiten.

Er berührte nicht die internationale Bedeutung des Prozesses.«[49]

Was Suriz entging, war, daß er selbst zum Gegenstand ähnlicher Denun-

das umfangreiche, streng geheime Material, das sie lieferten, nicht immer mit Stalins Verschwörungstheorien übereinstimmte. Die Schuld lag jedoch nicht bei Stalin allein. In gewissem Maß blieb die verzerrte Nachrichtenbewertung während des gesamten Kalten Krieges ein Element der autokratischen Natur des Sowjetsystems. Die Zentrale schreckte stets davor zurück, dem Kreml zu sagen, was er nicht hören wollte. Der letzte Chef des Auslandsnachrichtendienstes des KGB, Leonid Schebarschin, gab 1992 zu, daß der KGB, bis Gorbatschow die Glasnost einführte, »seine Berichte in einem falschen positiven Licht präsentieren« mußte, das zu den Vorlieben der politischen Führung paßte.[33]

In den ersten Monaten des Großen Vaterländischen Krieges, als die deutschen Armeen in Rußland unaufhaltsam vorrückten, sah sich Stalin mit der noch erschreckenderen Möglichkeit eines Zweifrontenkrieges konfrontiert. Ribbentrop wies die deutsche Botschaft in Japan an, alles zu tun, »um die Japaner dazu zu bringen, Rußland den Krieg zu erklären. ... Unser Ziel bleibt es, uns vor Winteranfang mit den Japanern an der Transsibirischen Eisenbahn die Hände zu reichen.« In Tokio war man anfangs geteilter Meinung. Die einen befürworteten die »nördliche Lösung« (den Krieg mit der Sowjetunion), die anderen die »südliche Lösung« (den Krieg mit Großbritannien und den USA). Richard Sorge, dem Stalin zutiefst mißtraute, versuchte von Tokio die Zusicherung zu erhalten, daß die Verfechter der »südlichen Lösung« die Oberhand gewinnen würden. Doch er wurde am 18. Oktober verhaftet, und sein Spionagering wurde rasch ausgehoben.

Mehr als Sorge trug die Fernmeldeaufklärung dazu bei, Stalin davon zu überzeugen, daß er keinen japanischen Angriff zu befürchten hatte. Ende 1938 war die vereinigte Fernemeldeeinheit von NKWD und Vierter Abteilung aufgespalten worden. Die NKWD-Mannschaft zog in das frühere Hotel Selekt am Dserschinskiplatz um und konzentrierte sich auf den diplomatischen Nachrichtenverkehr, während der größte Teil des militärischen Funkverkehrs den Dechiffrierern der GRU (Nachfolger der Vierten Abteilung) übergeben wurde. Im Februar 1941 waren die Kryptoanalytiker des NKWD in eine neue, vergrößerte Fünfte Verwaltung (Chiffren) eingegliedert worden. Ihr Herzstück war eine Forschungssektion, deren Aufgabe der Einbruch in ausländische Codes und Chiffren war. Der wichtigste Japanspezialist der Sektion, Sergei Tolstoi, sollte mit zwei Leninorden zum höchstdekorierten Kryptoanalytiker des Krieges

Auch Wassili Sarubin, ein höherer INO-Offizier, der später Hauptresident in den Vereinigten Staaten wurde, hatte sich durch Berichte über die bevorstehende deutsche Invasion in Gefahr gebracht.[29] Anfang 1941 war er nach China geschickt worden, um sich mit Walter Stennes, einem deutschen Berater Tschiang Kai-scheks, zu treffen. Stennes war einst stellvertretender Chef der SA gewesen, 1931 aber von Hitler gefeuert und anschließend, wahrscheinlich ungerechtfertigt, als Polizeispitzel verfemt worden. Als 1939 die NKWD-Residentur in Tschunking an ihn herangetreten war, hatte er eingewilligt, ihr Informationen über Hitler zu geben. Im Februar 1941 berichtete Sarubin der Zentrale, ein Besucher aus Berlin habe Stennes im Vertrauen versichert, daß ein »Angriff auf die UdSSR von den Deutschen ... für Ende Mai dieses Jahres geplant sei« – dies war das ursprünglich von Hitler festgelegte Datum, das er später verschob.[30] Am 20. Juni telegrafierte Sarubin: »Der FREUND [Stennes] wiederholt und bestätigt nachdrücklich – aufgrund absolut zuverlässiger Informationen –, daß Hitler die Vorbereitungen für den Krieg gegen die UdSSR abgeschlossen hat.«[31] Fitin versetzte Berija in Wut, indem er diese und ähnliche Warnungen ernst nahm. Eine offizielle SWR-Geschichte zieht den vermutlich zutreffenden Schluß: »Nur der Ausbruch des Krieges rettete Fitin vor dem Erschießungskommando.«[32]

Daß die deutsche Invasion in den frühen Morgenstunden des 22. Juni derart überraschend kam, hatte seinen Grund sowohl in der Natur des sowjetischen Geheimdienstsystems als auch in den persönlichen Schwächen des Diktators, dem es unterstand. In Whitehall führte die geduldige, wenn auch schwerfällige Prüfung der Nachrichtendienstberichte durch die verschiedenen Ausschüsse dazu, daß man die Theorie, Deutschland sähe »überwältigende« Vorteile in einer Einigung mit der Sowjetunion, schließlich fallenließ und erkannte, daß Hitler sich zum Angriff entschlossen hatte. In Moskau dagegen war das gesamte System der Nachrichteneinschätzung von angstvoller Unterwürfigkeit und einer von Verschwörungstheorien bestimmten Kultur geprägt.

Stalin hatte sowohl einen paranoiden Grundmechanismus als auch eine servile politische Korrektheit institutionalisiert, die auch nach dem Ausbruch des Großen Vaterländischen Krieges die Nachrichtenanalyse weiterhin mehr oder minder verzerrten. Von 1942 bis 1944 hatte die Zentrale die »Glorreichen Fünf«, die wahrscheinlich fähigste Agentengruppe, die sie während des Krieges besaß, ernstlich im Verdacht, vom britischen Nachrichtendienst geführte Doppelagenten zu sein, nur weil

141

dem verdutzten Wladimir Dekanosow, Sowjetbotschafter in Deutschland.»Ich bin im Geist Bismarcks erzogen worden. Bismarck war immer gegen einen Krieg mit Rußland.« Stalins Reaktion bestand darin, daß er dem Politbüro mitteilte:»Desinformation wird inzwischen schon auf Botschafterebene betrieben.«[25] Am 9. Juni oder bald darauf erhielt er einen Bericht über ein Telegramm an die deutsche Botschaft, in dem diese angewiesen wurde, innerhalb einer Woche zur Evakuierung bereit zu sein. Die Botschaft, hieß es weiter, habe bereits damit begonnen, im Keller Dokumente zu verbrennen.[26]

Obwohl Stalin weiter von dem Gedanken an eine nicht existente britische Verschwörung besessen war, verdächtigte er in zunehmendem Maß auch die Deutschen, ein Komplott zu schmieden – wenn auch keines, das einen Überraschungsangriff zum Ziel hatte. Als es immer schwerer wurde, die deutschen Truppenbewegungen zu verschleiern, setzte die Abwehr das Gerücht in Umlauf, Hitler bereite ein von militärischem Muskelspiel begleitetes Ultimatum vor, um von der Sowjetunion weitere Zugeständnisse zu erlangen. Diese fiktive Bedrohung durch ein Ultimatum bereitete Stalin in den Wochen und Tagen vor dem Beginn des Unternehmens BARBAROSSA wesentlich mehr Sorgen als die echte Gefahr einer deutschen Invasion. Damit stand er allerdings nicht allein da. Eine Reihe ausländischer Staatsmänner und Journalisten ließ sich ebenfalls von dem Gerücht über ein deutsches Ultimatum täuschen.[27]

Berija suchte seine Stellung als Leiter des NKWD zu festigen, indem er immer lautstärker seine Empörung über jene äußerte, die es wagten, Berichte über die Vorbereitungen für BARBAROSSA zu schicken. Am 21. Juni 1941 ordnete er an, daß vier NKWD Offiziere, die nicht aufhörten, derartige Berichte einzureichen,»im Lagerstaub zermalmt werden« müßten. An Stalin schrieb er am selben Tag mit der für ihn charakteristischen Mischung aus Brutalität und Unterwürfigkeit:

»Ich verlange von neuem die Abberufung und Bestrafung unseres Botschafters in Berlin, Dekanosow, der mich weiterhin mit Desinformationen über Hitlers angebliche Vorbereitungen für einen Überfall auf die UdSSR bombardiert. Er teilt mit, daß dieser ›Überfall‹ morgen beginnen wird....
Aber ich und meine Leute, Jossif Wissarionowitsch, halten uns getreu an Ihren weisen Schluß: Hitler wird uns im Jahre 1941 nicht angreifen.«[28]

kulow. Schicken Sie Ihren Informanten von der deutschen Luftwaffe zu seiner Hurenmutter zurück. Das ist kein Informant, sondern ein Desinformant.«[22] Auch den großen GRU-Illegalen Richard Sorge, der aus Tokio, wo er die deutsche Botschaft infiltriert und die Frau des Botschafters verführt hatte, ähnliche Warnungen schickte, bedachte er mit Schimpfworten. Sorges Hinweise auf BARBAROSSA verwarf er als Desinformation eines verlogenen »Arschlochs, das in Japan ein paar kleine Fabriken und Puffs betreibt und es sich gutgehen läßt«.[23]
Der sowjetische Diktator beargwöhnte Hitler weit weniger als Winston Churchill. Für Stalin war der britische Premier der böse Geist, der während des Bürgerkriegs 20 Jahre zuvor zum antibolschewistischen Kreuzzug aufgerufen hatte und seither gegen die Sowjetunion konspirierte. Deshalb vermutete er hinter vielen der Berichte über einen bevorstehenden deutschen Angriff eine Fortsetzung der langjährigen Desinformationskampagne Churchills, die ihn in einen Konflikt mit Hitler hineinziehen sollte. Daß Churchill ihn persönlich vor BARBAROSSA warnte, verstärkte seinen Argwohn nur noch. Aus den Nachrichtendienstberichten der Londoner Residentur wußte er mit an Sicherheit grenzender Wahrscheinlichkeit, daß das Vereinigte Nachrichtendienstkomitee (JIC), das für die umfassende Einschätzung der Nachrichtendienstinformationen zuständige Gremium, bis zum Juni 1941 nicht glaubte, daß Hitler eine Invasion vorbereitete. Noch am 23. Mai berichtete es Churchill, daß die »Vorteile ... für Deutschland, ein Abkommen mit der UdSSR zu schließen, überwältigend« seien.[24] Stalin betrachtete die JIC-Einschätzungen vermutlich als weitere Belege dafür, daß Churchill ihn mit seinen Warnungen nur täuschen wollte. Die Deutschen nutzten Stalins tiefes Mißtrauen gegenüber Churchill und der britischen Politik im allgemeinen geschickt aus. Als Teil der Täuschungsoperation, die BARBAROSSA vorausging, verbreitete die Abwehr, der deutsche militärische Nachrichtendienst, Berichte, wonach das Gerücht über einen zu erwartenden deutschen Angriff Teil einer britischen Desinformationskampagne war.

Anfang Juni jedoch häuften sich die Meldungen über deutsche Truppenbewegungen in Richtung auf die sowjetische Grenze derart, daß selbst Stalin sie nicht mehr einfach als britische Desinformation beiseite schieben konnte. Bei einem privaten Mittagessen in der deutschen Botschaft in Moskau enthüllte der Botschafter, Friedrich Werner Graf von der Schulenburg, daß Hitler sich definitiv zur Invasion entschlossen habe. »Sie werden mich fragen, warum ich Ihnen das sage«, erklärte er

ihm vorzuschlagen, unabhängig von Harnack ein eigenes Netz von Informanten aufzubauen. Es bedurfte wenig Überzeugungsarbeit, um Schulze-Boysen dazu zu bewegen.[18]

Auch einem erfahreneren Nachrichtendienstoffizier als Korotkow wäre es schwergefallen, Harnack, Schulze-Boysen und ihre Gruppen zu führen. Beide Agentennetze brachten sich zusätzlich in Gefahr, indem sie die Spionage für die Sowjetunion mit politischem Widerstand gegen das nationalsozialistische Regime verbanden. So veranstalteten Schulze-Boysen und seine Frau Libertas Diskussionsabende für tatsächliche und potentielle Mitglieder des Widerstands. Hinzu kamen die vielen Liebschaften von Libertas Schulze-Boysen, die das Risiko der Entdeckung weiter vergrößerten. Und als junge Widerstandskämpfer Plakate an Berliner Hauswände klebten, stand Schulze-Boysen in seiner Luftwaffenuniform und mit entsicherter Pistole in der Hand Schmiere.[19]

Die bedeutsamsten Informationen, die Harnack und Schulze-Boysen im ersten Halbjahr 1941 lieferten, betrafen Hitlers Vorbereitungen für das Unternehmen BARBAROSSA, die Invasion Rußlands. Am 16. Juni telegrafierte Korotkow der Zentrale, die Informationen der beiden Agentennetze deuteten darauf hin, daß die »militärische Ausbildung Deutschlands in Vorbereitung auf seinen Angriff auf die Sowjetunion ... abgeschlossen« und der Schlag jederzeit zu erwartetn sei.[20] Ähnliche Meldungen trafen von NKWD-Agenten in so entfernten Ländern wie China und Japan ein. Spätere KGB-Historiker zählten über hundert Warnungen vor den deutschen Angriffsvorbereitungen, die Fitin zwischen dem 1. Januar und dem 21. Juni an Stalin weiterleitete.[21] Auch vom militärischen Nachrichtendienst kamen Warnungen. Aber sie wurde allesamt in den Wind geschlagen. Stalin war ebenso resistent gegen gutes Nachrichtenmaterial über Deutschland, wie er es gegen Informationen über England war.

Durch den Großen Terror war ein paranoider Grundzug in die Bewertung des Nachrichtenmaterials eingeführt worden. Viele NKWD-Offiziere teilten Stalins Neigung zu Verschwörungstheorien, wenn sie bei ihnen auch selten derart groteske Ausmaße annahmen. Trotzdem lag die Hauptschuld an der fehlenden Voraussicht in bezug auf den deutschen Überraschungsangriff am 22. Juni 1941 bei Stalin selbst, der weiterhin als sein eigener Nachrichtenanalytiker agierte. Dabei ignorierte er nicht nur eine Reihe ziemlich exakter Warnungen, sondern beschimpfte auch diejenigen, von denen sie kamen. Einen NKWD-Bericht von Schulze-Boysen vom 16. Juni tat er mit der Randbemerkung ab:»An den Genossen Mer-

knüpfte der frisch eingetroffene Stellvertreter des Berliner Residenten, Alexander Korotkow alias Erdberg (Codenamen SASCHA und DLINNY, »der Lange«), die Verbindung neu an. Daß er dazu einfach an Harnacks Haustür klopfte und ihr nächstes Treffen in der sowjetischen Botschaft vereinbarte, zeugt sowohl vom handwerklichen Niedergang im NKWD, nachdem die erfahrensten INO-Offiziere liquidiert worden waren, als auch davon, daß die Gestapo in dieser Phase des Krieges weit weniger allgegenwärtig war, als weithin angenommen wurde. Ein anderes Mitglied des kommunistischen Widerstands, Reinhold Schönbrunn, beschrieb Harnack später so:

»Harnack ... hatte wenig Sinn für Humor, und wir, seine Kollegen, fühlten uns in seiner Gegenwart nicht wohl. Er hatte etwas von einem Puritaner, etwas Engstirniges und Doktrinäres. Aber er hatte sich mit Haut und Haar der Sache verschrieben.«

Wie Burgess und Philby war Harnack derart stark motiviert, daß er auch in den zweieinviertel Jahren, in denen er keinen Kontakt zur Zentrale hatte, fortfuhr, Rekruten anzuwerben. Nach Korotkows Bericht stand Harnack in lockerer Verbindung zu einem Netz von rund 60 Personen, wenngleich er nicht »für jeden einzelnen seine Hand ins Feuer legen« konnte:

»KORSIKANS Angaben zufolge führen sie ihre Operationen so durch, daß nicht alle Mitglieder ihres Zirkels einander kennen, aber doch eine Art Kette existiert. KORSIKAN selbst versucht im Hintergrund zu bleiben, obwohl er das Herzstück der Organisation bildet.«[17]

Harnacks wichtigste Quelle war der Leutnant im Geheimdienst der Luftwaffe Harro Schulze-Boysen (STARSCHINA, »der Senior«), dessen dynamische Persönlichkeit in auffallendem Gegensatz zur strengen Natur Harnacks stand. Leopold Trepper, der beide kannte, beschrieb ihn als »ebenso leidenschaftlich und hitzköpfig, wie Arvid Harnack ruhig und überlegt war«. Mit seiner großen, sportlichen Figur, seinen blonden Haaren, blauen Augen und arischen Gesichtszügen entsprach er in keiner Weise dem von der Gestapo gezeichneten Stereotyp des kommunistischen Widerstandskämpfers. Am 15. März 1941 wies die Zentrale Korotkow an, sich direkt mit Schulze-Boysen in Verbindung zu setzen und

Sommer 1937 grundlos fallengelassen hatte. Er war erst bei Ausbruch des Krieges durch einen sowjetischen Überläufer enttarnt worden.[13] Auch Cairncross war es gelungen, eine aus Sicht der Zentrale hervorragende Position in Whitehall zu erhalten. Im September 1940 verließ er das Schatzamt, um Privatsekretär von Lord Hankey zu werden, der als Kanzler des Herzogtums Lancaster der Regierung Churchill angehörte. Obwohl nicht Mitglied des Kriegskabinetts (das anfangs nur aus fünf der wichtigsten Minister bestand), wurden Hankey sämtliche Kabinettspapiere zugestellt; außerdem führte er in mehreren Ausschüssen den Vorsitz und war für die Aufsicht über die Nachrichtendienste zuständig.[14] Ende des Jahres lieferte Cairncross so viele Geheimdokumente – darunter Protokolle des Kriegskabinetts, SIS-Berichte, Telegramme des Außenministeriums und Einschätzungen des Generalstabs –, daß Gorski sich beklagte, es seien zu viele, um sie alle verschlüsselt übermitteln zu können.[15]

1941 war London die mit Abstand produktivste legale Residentur des NKWD. Laut einer geheimen Statistik der Zentrale lieferte sie 7867 vertrauliche politische und diplomatische Dokumente, 715 über militärische Angelegenheiten, 127 über Wirtschaftsfragen und 51 über die britischen Geheimdienste.[16] Darüber hinaus sandte sie zahlreiche Berichte, die auf mündlichen Informationen der »Glorreichen Fünf« und anderer Agenten beruhten. Man kann nicht umhin, anzumerken, daß der größte Teil dieses Schatzes an hochkarätigem Nachrichtendienstmaterial bis zum Kriegseintritt der Sowjetunion schlicht vergeudet wurde. Stalins Verständnis der britischen Politik war derart durch Verschwörungstheorien verzerrt, daß keine noch so zuverlässigen Nachrichtendienstinformationen, in welcher Menge auch immer sie vorlagen, ihn eines besseren belehren konnten. Trotz der Tatsache, daß sich Großbritannien und Deutschland im Krieg miteinander befanden, glaubte er weiterhin, wie schon seit Mitte der dreißiger Jahre, daß die Engländer ihn in eine Auseinandersetzung mit Hitler stürzen wollten. Sein unerschütterlicher Glaube an eine britische Verschwörung trug nicht zuletzt dazu bei, ihn für den tatsächlichen Plan Hitlers, in die Sowjetunion einzufallen, blind zu machen.

1940, etwa zur gleichen Zeit wie die Londoner NKWD-Außenstelle, nahm die legale Residentur in der Berliner Botschaft ihre Arbeit wieder auf. Seit Juni 1938 war der Kontakt zu dem wichtigsten deutschen Agenten des NKWD, Arvid Harnack (KORSIKAN), einem Beamten im Wirtschaftsministerium, abgebrochen. Am frühen Morgen des 17. September

verdankte auch Gorski seine rasche Beförderung der Liquidierung der meisten seiner Kollegen.

Gorski kehrte wesentlich besser informiert nach London zurück, als er es während seines letzten Aufenthalts in England gewesen war. Am Heiligabend 1940 meldete er, daß er den Kontakt zu SÖHNCHEN wiederhergestellt habe. In der Zentrale war man begeistert über den Bericht.

Im Sommer 1940 war es Burgess gelungen, Philby für die Sektion D des SIS anzuwerben, die bald darauf einer neuen Organisation einverleibt wurde, der *Special Operations Executive* (SOE), die von Churchill den Auftrag erhielt, durch den Einsatz subversiver Kriegführung hinter den feindlichen Linien »Europa in Flammen aufgehen zu lassen«. Nach dem in nur sechs Wochen erzielten deutschen Sieg über Frankreich und die Niederlande erschien die Anweisung des Premierministers allerdings übertrieben optimistisch zu sein. Die Zentrale fand es jedoch äußerst erfreulich, daß Philby laut Gorskis Bericht »als politischer Instrukteur im Ausbildungszentrum des britischen Nachrichtendienstes« mithalf, »Sabotageagenten, die nach Europa geschickt werden sollen, vorzubereiten«. Überraschend an Philbys ersten Berichten war jedoch, daß die SOE, wie Gorski der Zentrale meldete, »ihre Agenten noch nicht in die UdSSR geschickt und noch nicht einmal ausgebildet« habe: »Die UdSSR steht auf der Liste der Länder, in die Agenten entsandt werden sollen, an zehnter Stelle.« Davon überzeugt, daß die Sowjetunion weiterhin ein Hauptziel der westlichen Nachrichtendienste war, unterstrich ein skeptischer Offizier vom Dienst in der Zentrale diese Sätze und malte zwei große rote Fragezeichen an den Rand.[11]

Anfang 1941 nahm die Londoner Residentur den Kontakt zu den anderen Mitgliedern der »Glorreichen Fünf« wieder auf. Maclean lieferte weiterhin eine Vielzahl von Dokumenten des Außenministeriums, während es Burgess im Unterschied zu Philby versäumt hatte, seine Versetzung von der Sektion D des SIS zur SOE sicherzustellen, und zur BBC zurückgekehrt war. Blunt dagegen war es im Sommer 1940 gelungen, vom MI5 angestellt zu werden, und er beschaffte nicht nur große Mengen von MI5-Akten, sondern führte auch einen seiner ehemaligen Studenten in Cambridge, Leo Long (ELLI), der beim militärischen Nachrichtendienst war, als Unteragenten.[12] Zu den ersten Informationen aus MI5-Akten, die Blunt weiterleitete, gehörte der stichhaltige Beweis dafür, daß der NKWD in den zwei Jahren vor dem Ausbruch des Zweiten Weltkriegs einen seiner bestplazierten britischen Agenten, Captain King, im

über die KPdSU, Geschichte, Diplomatie, Philosophie, Religion und Malerei – eine eklektische Mischung, die zum einen die ideologische Zuverlässigkeit der Schüler stärken und sie zum anderen mit der bürgerlichen Kultur des Westens vertraut machen sollte.[3] Außerdem gab es abends regelmäßig Musikveranstaltungen. Ausbilder mit Erfahrungen im Westen vermittelten den Schülern in Intensivkursen bürgerliche Manieren, diplomatische Etikette, Mode und »guten Geschmack«.[4] In den ersten drei Jahren nahm SCHON jährlich 120 Schüler auf, darunter insgesamt nur vier Frauen.[5]

Der erfolgreichste Schüler des ersten Jahrgangs war Pawel Fitin, der vorher in einem Landwirtschaftsverlag gearbeitet hatte. Im Februar 1938 von der NKWD-Schule angeworben, um eine der vielen freien Stellen, die durch die Liquidierung von Volksfeinden in seinen Reihen entstanden war, zu besetzen, wurde Fitin im Oktober an die SCHON geschickt, wo er, einer offiziellen Hagiographie zufolge, sofort durch seinen »hohen Verstand und sein herausragendes Organisationstalent« auffiel. Bereits nach wenigen Monaten wurde er, noch vor Abschluß der Ausbildung, in den Auslandsnachrichtendienst übernommen und im Mai 1939 zum Leiter der INO ernannt. Mit erst 31 Jahren war er sowohl der jüngste als auch unerfahrenste Leiter des Auslandsnachrichtendienstes in der sowjetischen Geschichte. Zum Zeitpunkt seiner unerwarteten Beförderung müssen seine Aussichten allerdings trübe ausgesehen haben. In den vorangegangenen chaotischen fünfzehn Monaten waren zwei seiner Vorgänger liquidiert und ein dritter versetzt worden.[6] Fitin erwies sich jedoch als bemerkenswert zählebig. Er blieb sieben Jahre Leiter der INO und war damit der seit den zwanziger Jahren am längsten amtierende Inhaber dieses Postens, bevor auch er in Ungnade fiel und in provinzieller Bedeutungslosigkeit versank.[7]

Ende 1940 wurden auf Fitins Befehl vier INO-Offiziere nach London geschickt, um die legale Residentur wiederzueröffnen. Neuer Resident war Anatoli Gorski (WADIM), der im Februar als letzter Nachrichtendienstoffizier aus London zurückbeordert worden war.[8] Gorski war von völlig anderem Schlag als die großen Illegalen der dreißiger Jahre, von eiserner Tüchtigkeit, humorlos und orthodox stalinistisch. Blunt fand ihn linkisch und unsympathisch.[9] Ein anderer seiner Agenten während des Krieges beschrieb ihn als »kleinen, dicklichen Mann von Mitte Dreißig, dessen blondes Haar streng nach hinten gekämmt war und hinter dessen Brillengläsern kalte, verschlagene Augen hervorschauten«.[10] Wie Fitin

# 6.

Krieg

Als Trotzki tot und das Gemetzel innerhalb der INO weitgehend vorüber war, begann die Zentrale im zweiten Halbjahr 1940 mit dem Wiederaufbau ihres Auslandsnachrichtendienstes. Vor dem Großen Terror war jeder Rekrut der INO einzeln in geheimen Wohnungen in Moskau ausgebildet und streng von anderen in der Ausbildung befindlichen Offizieren getrennt worden. 1938 waren jedoch derart viele INO-Offiziere als angebliche Volksfeinde »entlarvt« worden, daß die Zentrale sich für die Gruppenausbildung entschied, um mehr neue Rekruten aufnehmen zu können. Mit dem NKWD-Befehl Nr. 00648 vom 3. Oktober wurde die erste Schule des sowjetischen Auslandsnachrichtendienstes gegründet, die, vor der Öffentlichkeit versteckt, 25 Kilometer östlich der Moskauer Ringstraße in einem Wald bei Balaschicha untergebracht wurde. Als Schüler der Schkola Osobogo Nasnatschenija (Schule für besondere Zwecke), besser bekannt unter der Abkürzung SCHON, wurden entweder gut ausgebildete Mitglieder von Partei und Komsomol oder junge Absolventen der Universitäten in Moskau, Leningrad, Kiew und anderen Städten herangezogen.[1]

Da die meisten neuen Rekruten nur die beengten, ärmlichen Lebensbedingungen in überfüllten städtischen Wohnblocks, landwirtschaftlichen Genossenschaften und Armeekasernen kannten, versuchte man sie an ein angenehmes Leben zu gewöhnen, damit sie sich in der westlichen »high society« sicher bewegen würden. Ihre Zimmer waren, wie es in einem offiziellen Geschichtswerk fast ehrfürchtig heißt, mit »Teppichen, schönen, bequemen Möbeln und geschmackvoll ausgewählten Gemälden sowie mit ausgezeichneter Bettwäsche und teuren Tagesdecken ausgestattet«.[2] Da die Schüler ein persönliches Privatleben nicht kannten, wären sie verwirrt gewesen, wenn man sie einzeln untergebracht hätte; deshalb wurden die Zimmer mit jeweils zwei Bewohnern belegt. Zum Lehrplan gehörten täglich vier Stunden Fremdsprachenunterricht und zwei Stunden Unterricht in Geheimdiensttechniken sowie Vorlesungen

ßende Auflösung von Siqueiros' Gruppe hatten zur Folge, daß Mercader vom Infiltrationsagenten zum Attentäter avancierte. Daß er Erfolg hatte, lag zum Teil an seiner Geduld. Fünf Tage nach dem Überfall lernte er Trotzki persönlich kennen. Liebenswürdig wie immer, schenkte er Trotzkis Enkel ein Spielzeugflugzeug und zeigte ihm, wie man es fliegen ließ. In den nächsten drei Monaten stattete er der Villa zehn Besuche ab, brachte manchmal ein kleines Geschenk mit und achtete darauf, nicht zu lange zu bleiben. Am 20. August schließlich ging er mit einem von ihm selbst verfaßten Artikel zu Trotzki und fragte ihn um Rat. Als Trotzki sich an seinen Schreibtisch setzte, zog Mercader einen Eispickel aus der Tasche und ließ ihn mit aller Kraft auf Trotzkis Hinterkopf niedersausen.[119]

Mercader hatte erwartet, daß Trotzki sofort sterben und keinen Laut mehr von sich geben würde, so daß er zu einem in der Nähe parkenden Auto, in dem seine Mutter und ihr Liebhaber Eitingon auf ihn warteten, fliehen könnte. Aber Trotzki stieß trotz der tödlichen Verletzung einen »schrecklichen, durchdringenden Schrei« aus. »Diesen Schrei«, sagte Mercader später, »werde ich mein ganzes Leben lang hören.« Er wurde verhaftet und zu 20 Jahren Gefängnis verurteilt.[120] Eitingon überredete seine Mutter, mit ihm nach Rußland zu fliehen, und versprach ihr, sie zu heiraten, wenn sie es tat. In Moskau wurde Señora Mercader von Berija empfangen, von Stalin in den Kreml eingeladen und mit dem Leninorden ausgezeichnet. Wenige Jahre später jedoch hatte Eitingon sie verlassen, und sie wurde von Schuldgefühlen zerfressen, weil sie zugelassen hatte, daß man ihren Sohn zum Mörder machte und dann in einem mexikanischen Gefängnis schmachten ließ.[121]

Ramón Mercader hielt während seiner gesamten Haftzeit an seinem stalinistischen Glauben fest. Die Geschichte, behauptete er, werde ihn als Soldaten sehen, der der Revolution der Arbeiterklasse einen Dienst erwiesen hatte, indem er sie von einem Verräter befreite. Im Gegensatz zu den meisten bisherigen Veröffentlichungen geht aus den KGB-Akten hervor, daß Mercader nach seiner Freilassung im Jahr 1960 in Moskau der Titel eines »Helden der Sowjetunion« verliehen wurde. Darüber hinaus erhielt er eine Generalspension und eine Dreizimmerwohnung, und Chruschtschow gratulierte ihm persönlich. Auch 20 Jahre nach dem Mord an Trotzki blieb die Liquidierung von Volksfeinden im Ausland, wenn auch in geringerem Ausmaß als früher, ein Aspekt der Auslandsoperationen des KGB.

raschungsüberfall anrückte.[109] Was geschehen würde, nachdem er das Tor geöffnet hatte, sagte ihm Griguljewitsch nicht, weil er bei aller Begeisterung für die Sache auch recht naiv war.[110] In den KGB-Akten wird Griguljewitsch als der eigentliche Anführer des Angriffs auf Trotzkis Villa genannt.[111] Seine Aufgabe war doppelter Art: Zum einen mußte er sicherstellen, daß Siqueiros' Angriffsgruppe Zugang zu Trotzkis Grundstück erhielt, und zum anderen hatte er eine gewisse Ordnung in die Aktion zu bringen. Auf sich allein gestellt, wäre Siqueiros wahrscheinlich, aus allen Rohren feuernd, seinen Leute vorangestürmt, ohne allzu viele Gedanken daran zu verschwenden, wie er seine Spuren verwischen konnte. Am Abend des 23. Mai stiegen Siqueiros und etwa zwanzig Mitstreiter in Armee- und Polizeiuniformen und bewaffneten sich mit Pistolen und Revolvern. Nach Aussage eines Beteiligten »lachten [sie] und machten Unsinn, als sei Karneval«.[112] Dann machte sich Griguljewitsch mit der Angriffsgruppe, die auch über ein Maschinengewehr verfügte, das Pujol trug, auf den Weg, um Trotzki zu ermorden.[113]

Als sie in den frühen Morgenstunden des 23. Mai vor der Villa eintrafen, redete Griguljewitsch mit dem amerikanischen Wachmann – Harte –, der daraufhin das Tor öffnete.[114] Die Angriffsgruppe durchsiebte die Schlafzimmer der Villa derart mit Kugeln, daß die Polizei später in der Wand von Trotzkis Schlafzimmer 73 Einschüsse zählte. Erstaunlicherweise überlebten Trotzki und seine Frau, weil sie sich unter das Bett geworfen hatten, und obwohl ins Schlafzimmer ihres kleinen Enkelsohns eine Brandbombe geworfen worden war, konnte auch er sich retten, indem er unter sein Bett kroch.[115] Harte war entsetzt, insbesondere vermutlich über den Mordversuch an Trotzkis Enkel, und erklärte der Angriffsgruppe wütend, daß er sie nie eingelassen hätte, wenn er gewußt hätte, wie sie sich aufführen würde. Um zu verhindern, daß er weitererzählte, was geschehen war, wurde er beiseite geführt und erschossen.[116] Einige Monate später wurde Siqueiros aufgespürt und festgenommen.[117] Griguljewitsch jedoch gelang es, sich zusammen mit Pujol und Laura Araujo Aguilar aus Mexiko abzusetzen, ohne daß die mexikanische Polizei seine wahre Identität herausfand. Von 1942 bis 1944 leitete er eine illegale Residentur in Argentinien, die den KGB-Akten zufolge über 150 Minen in für Deutschland bestimmten Frachtladungen und Schiffen deponierte.[118]

Der Fehlschlag des Sturmangriffs auf Trotzkis Villa und die anschlie-

Sylvia Angelhoff nutzte, um sich Zutritt zu Trotzkis Villa zu verschaffen. Gelegenheit dazu bekam er, als Angelhoff Anfang 1940 für einen von Trotzkis Sekretären zu arbeiten begann. Indem er sie jeden Tag zu Trotzkis Villa fuhr und sie nach der Arbeit wieder von dort abholte, wurde er für die Wachen eine bekannte Erscheinung und gewann das Vertrauen von Leuten aus Trotzkis engster Umgebung, die ihn schließlich im März 1940 zum ersten Mal in die Villa einluden. In diesem Stadium war seine Rolle noch nicht die eines Attentäters, sondern die eines Infiltrationsagenten, der die Aufgabe hatte, die Sicherheitseinrichtungen der Villa, ihre Wachen und Bewohner auszuspionieren.[103]

Der Angriff auf die Villa sollte von einer zweiten Gruppe ausgeführt werden, die sich aus ehemaligen Spanienkämpfern zusammensetzte und unter dem Befehl des berühmten mexikanischen Malers und Kommunisten David Alfaro Siqueiros (KONE) stand,[104] dessen Motivation in einer überschäumenden ideologischen Mixtur aus Kunst, Revolution, Stalinismus und Exhibitionismus wurzelte. Seine Beteiligung an der Operation UTKA wurde später ebenso öffentlich bekannt wie die von Mercader. In den KGB-Akten wird aber noch eine schemenhafte dritte Gruppe erwähnt, an deren Spitze einer der bemerkenswertesten sowjetischen Illegalen stand, Jossif Griguljewitsch (damalige Codenamen MAX und FELIPE), der im Spanischen Bürgerkrieg eine führende Rolle bei der Liquidierung von Trotzkisten gespielt, aber auch Saboteure und Brandstifter für den Einsatz hinter Francos Linien ausgebildet hatte.[105] Mit welchem Geschick Griguljewitsch in fremde Identitäten zu schlüpfen vermochte, zeigt die Tatsache, daß er sich, obwohl als litauischer Jude geboren,[106] ein Jahrzehnt später erfolgreich als costaricanischer Diplomat ausgeben konnte. Anfang 1940 rekrutierte er als Siqueiros' Stellvertreter beim Überfall auf Trotzkis Villa dessen früheren Schüler, den Maler Antonio Pujol (JOSÉ), der zwar, wie Griguljewitsch später schrieb, wenig Initiative entwickelte, dafür aber »sehr loyal, außerordentlich zuverlässig und ziemlich kühn« war.[107] Unter den anderen von Griguljewitsch angeworbenen Agenten befand sich auch seine zukünftige Frau und Assistentin, die mexikanische Kommunistin Laura Araujo Aguilar (LUISA).[108]

Eine Schlüsselrolle im Angriffsplan kam einem jungen amerikanischen Agenten namens Robert Sheldon Harte (AMUR) zu, der als Trotzkist aus New York auftrat und im April 1941 als freiwilliger Wachmann von Trotzkis Villa in dessen Umgebung eindrang. Seine Aufgabe war es, das Haupttor zu öffnen, wenn die Angriffsgruppe zu ihrem nächtlichen Über-

fer. Obwohl ihm für seine vielen Siege über die Volksfeinde der Leninorden verliehen worden war, beorderte ihn die Zentrale im November 1938 nach Moskau zurück, wo er als »Spion des britischen und französischen Geheimdienstes« entlarvt wurde. Eine spätere Untersuchung kam zu dem Schluß, seinem Netz habe »eine große Zahl von Verrätern und verbrecherischen Elementen« angehört. Doch so absurd der Vorwurf der Spionage für England und Frankreich war, so fundiert dürfte der Vorwurf gewesen sein, er habe in seinen Berichten sowohl die Größe seines illegalen Netzwerks als auch das Ausmaß der von diesem erzielten Erfolge übertrieben.[98]

Serebrjanskis Nachfolger wurde Pawel Sudoplatow, der einige Monate zuvor Jewchen Konowalez, einen emigrierten Führer der ukrainischen Nationalisten, mit einer als Konfektschachtel getarnten Bombe ermordet hatte. Im März 1939 wurde Sudoplatow stellvertretender Leiter des Auslandsnachrichtendienstes, wodurch die Direktion für Sonderaufgaben und die INO näher zusammenrückten als jemals zuvor.[99] Stalin persönlich instruierte ihn, seine wichtigste Aufgabe bestehe darin, eine Sondereinheit mit dem Auftrag nach Mexiko zu schicken, Leo Trotzki umzubringen. Operation UTKA (»Ente«), die Ermordung Trotzkis, war zum Hauptziel der Außenpolitik Stalins geworden. Selbst noch nachdem im September 1939 der Zweite Weltkrieg ausgebrochen war, wurde den Vorbereitungen der Liquidierung des großen Renegaten eine höhere Priorität eingeräumt als der Beschaffung von Informationen über die Absichten Hitlers. Sudoplatows Sondereinheit bestand aus spanischen und mexikanischen NKWD-Agenten, die während des Spanischen Bürgerkriegs rekrutiert worden waren; geleitet wurde sie von seinem Stellvertreter Leonid Eitingon, der auf eine lange Erfahrung mit »Sonderaktionen« zurückblicken konnte, unter anderem bei der Beseitigung von »Volksfeinden« in Spanien.[100]

Die Sondereinheit setzte sich aus drei Gruppen zusammen. Die erste war ein illegales Agentennetz unter Leitung der spanischen Kommunistin Caridad Mercader del Río (MAT', »Mutter«), die von Eitingon, einem der bekanntesten Frauenhelden im NKWD, sowohl verführt als auch angeworben worden war.[101] Wichtigstes Mitglied von Mercaders Gruppe war ihr Sohn Ramón (RAIMOND),[102] der mit einem gefälschten kanadischen Paß auf den Namen Frank Jacson (wie der NKWD »Jackson« buchstabierte) reiste. Wie Eitingon wandte Mercader die Verführung als operative Technik an, indem er seine Affäre mit der amerikanischen Trotzkistin

129

geriet und der Zentrale eine dringende Nachricht sandte, in der er davor warnte, daß Rees sowohl ihn selbst als auch Blunt verraten könne, und darum ersuchte, ihn zu liquidieren. Die Zentrale lehnte dies ab, und aus Rees' KGB-Akte geht hervor, daß er aufgrund ihrer »alten Freundschaft« weder Burgess noch Blunt verriet. Um Rees von einem Verrat abzubringen, erzählte Burgess ihm, auch ihn habe der Hitler-Stalin-Pakt ernüchtert, und er habe die illegale Arbeit für die KP aufgegeben.[92] Maclean war ebenfalls über Rees' »Desertion« besorgt. Jahre später, als er unter dem Druck seines Doppellebens als britischer Diplomat und sowjetischer Agent zu ächzen begann, warf er ihm vor: »Du warst einer von uns, aber du hast uns verraten!«[93]

Die Zweifel an Moskau, die einige britische NKWD-Agenten aufgrund des Hitler-Stalin-Pakts verspürten, wurden von den Zweifeln der Zentrale an ihren Agenten bei weitem übertroffen. So ging sie in einer förmlichen Untersuchung der Frage nach, ob Philby ein deutscher oder britischer Agent sei,[94] und da die Hinweise, die zur Anwerbung von Burgess und Maclean und letztlich aller Rekruten aus Cambridge geführt hatten, von Philby stammten, bezogen die Zweifel an ihm das gesamte Agentennetz ein. Der Tiefststand in der Geschichte der NKWD-Operationen in Großbritannien wurde Anfang 1940 erreicht, als Gorski, der letzte Mitarbeiter der legalen Londoner Residentur, abgezogen wurde, so daß sich kein einziger NKWD-Offizier mehr in England befand. In einer KGB-Akte heißt es lapidar: »Die Residentur wurde auf Anweisung Berijas aufgelöst.«[95] Berijas Gründe sind in den von Mitrochin gelesenen Akten nicht vermerkt, aber an oberster Stelle stand zweifellos die regelmäßig wiederkehrende Furcht, das britische Agentennetz könnte verseucht sein. Im Februar 1940 gab die Zentrale Befehl, die Verbindung zu Philby völlig zu beenden.[96] Gleichzeitig wurde auch der Kontakt zu Burgess abgebrochen.[97]

In der zweiten Hälfte der dreißiger Jahre wurde anstelle der Informationsbeschaffung die Hatz auf Volksfeinde zur obersten Priorität der Auslandsoperationen des NKWD. Die aktivste Einheit dabei war Serebrjanskis Direktion für Sonderaufgaben, die durch die Ausschaltung von INO-Offizieren gleichzeitig den Informationsfluß aus dem Ausland und die Analysefähigkeit der Zentrale immer weiter verringerte. Aber auch die im Ausland operierenden Henker waren nicht sicher vor dem in der Heimat herrschenden Terror. Serebrjanski fiel seiner eigenen Hexenjagd zum Op-

siert, der »homosexuelle Beziehungen zu einem Beamten des Außenministeriums« gehabt habe. 1942 sollte Burgess ihn ironischerweise auch für den MI5 anwerben.[89]

Kim und Litzi Philby, die den KGB-Akten zufolge immer noch gute Freunde waren, obwohl sie inzwischen andere Partner hatten, gelang 1939 eine vermutlich noch bedeutendere Anwerbung: die des österreichischen Journalisten H. P. Smolka (ABO), den Litzi aus Wien kannte. 1938, kurz nach dem Anschluß Österreichs ans Dritte Reich, unter dem Namen Peter Smollett in Großbritannien eingebürgert, stieg ABO während des Krieges zum Leiter der russischen Abteilung des Informationsministeriums auf.[90]

Für die Moral der britischen Agenten des NKWD von größerer Bedeutung als der Aufruhr in der Zentrale war die Unterzeichnung des deutsch-sowjetischen Nichtangriffspakts am 23. August 1939 in Moskau. Beim Austausch von Trinksprüchen mit Hitlers Außenminister Joachim von Ribbentrop versprach Stalin seinem Gast: »Ich garantiere mit meinem Ehrenwort dafür, daß die Sowjetunion ihren Partner nicht hintergehen wird.« Da die in den dreißiger Jahren angeworbenen ideologisch motivierten Agenten sich zumindest teilweise von dem Wunsch hatten leiten lassen, gegen den Faschismus zu kämpfen, reagierten sie mehr oder weniger bestürzt auf den Vertragsabschluß. Doch die meisten von ihnen überwanden den Schock rasch; sie waren in den vorangegangenen Jahren in ausreichendem Maß in stalinistischer Doppelzüngigkeit geschult worden – häufig durch Selbstindoktrination –, um die intellektuellen Volten zu vollführen, die nötig waren, um ihren Glauben an die Sowjetunion als den ersten Arbeiter-und-Bauern-Staat der Welt und die Hoffnung der fortschrittlichen Menschheit zu behalten.

Einige ideologisch motivierte Agenten im Westen fühlten sich vom Hitler-Stalin-Pakt jedoch derart abgestoßen, daß sie den Kontakt zum NKWD abbrachen. In England war der wichtigste von ihnen Goronwy Rees. Bei einem Moskaubesuch im Jahr 1993 wurde seine Tochter Jenny von einem Vertreter des SWR korrekt darüber unterrichtet, daß ihr Vater nach Abschluß des Pakts die Zusammenarbeit aufgekündigt habe: »Wir haben danach nie wieder von ihm gehört.« Am Ende des Treffens stellte Jenny Rees ihrem Gesprächspartner vom SWR die rhetorische Frage: »Sie wissen noch mehr über Rees, das Sie mir nicht sagen wollen, nicht wahr?«[91] Sie hatte recht. Das bedeutendste Geheimnis, das der SWR für sich behielt, war die Tatsache, daß Burgess, als Rees ausscherte, in Panik

während in der Zentrale weiterhin über die Möglichkeit diskutiert wurde, daß einige von ihnen oder sie alle *Agents Provocateurs* waren. Wie ADA berichtete, beklagte sich Philby regelmäßig bei Maclean über den fehlenden Kontakt zum NKWD und dessen mangelndes Interesse an ihm.[87] Litzi Philby (MARY) und Edith Tudor Hart (EDITH), die 1938/39 von Burgess und anderen als Kuriere zum NKWD in Paris eingesetzt wurden, beschwerten sich, daß ihnen ihre Auslagen nicht ersetzt würden. Im Juli 1939 berichtete Gorski der Zentrale:

»MARY erklärte, daß wir ihr und dem MÄDCHEN infolge einer viermonatigen Kommunikationslücke 65 Pfund schulden. Ich versprach, es zu Hause [mit der Zentrale] zu überprüfen, und gab ihr 30 Pfund als Vorschuß, weil sie sagte, sie brauchte unbedingt Material. ... MARY lebt weiterhin in [Frankreich] und unterhält dort aus irgendeinem Grund – auf unsere Anweisung, sagt sie – eine große Wohnung und so weiter.«

Die Antwort der Zentrale lautete:

»Zu einem gewissen Zeitpunkt, als es notwendig war, erhielt MARY die Anweisung, eine Wohnung in Paris zu unterhalten. Das ist nicht mehr notwendig. Sorgen Sie dafür, daß sie die Wohnung aufgibt und bescheidener lebt, denn wir werden nicht dafür aufkommen. MARY sollte keine 65 Pfund erhalten, da wir nicht meinen, daß wir ihr überhaupt *irgend etwas* schulden. Wir bestätigen die Zahlung der 30 Pfund. Sagen Sie ihr, daß wir nichts mehr zahlen werden.«[88]

Die ideologische Motivation der wichtigsten britischen Agenten blieb von dem Aufruhr in der Zentrale bemerkenswert unberührt. 1938 warb Burgess einen seiner Liebhaber an, Erich Kessler, einen Schweizer Journalisten, der Diplomat geworden war und der Schweizer Botschaft in London angehörte. Er erhielt später die Codenamen OREND und SCHWEJZAREZ (»Schweizer«) und erwies sich als wertvolle Informationsquelle über die schweizerisch-deutschen Beziehungen. Wahrscheinlich 1939 rekrutierte Burgess einen weiteren seiner ausländischen Liebhaber, den Ungarn Andrew Revoi, der während des Krieges in London an der Spitze der emigrierten Freien Ungarn stand. TAFFI (»Toffee«), wie sein Codename lautete, wird in seiner KGB-Akte als Päderast charakteri-

als auch seinem Bruder erzählt hatte, daß er für den sowjetischen Nachrichtendienst arbeite.[81] ADA blieb in Paris und fotografierte die von Maclean gelieferten Botschaftsakten; die Filme übergab sie einem Illegalen mit dem Codenamen FORD, der sie an die Zentrale weiterleitete.[82] Die Nachricht über Macleans Sicherheitsverstoß vom Dezember 1938 wurde durch einen spektakulären Erfolg aufgewogen, denn im selben Monat meldete Burgess, vermutlich via Paris, daß es ihm gelungen sei, in den SIS aufgenommen zu werden. Er gehörte jetzt der jüngsten Abteilung des SIS an, der Sektion D, die früher im Jahr gegründet worden war, um »schmutzige Tricks«, von Sabotage bis zu psychologischer Kriegführung, für den Einsatz in künftigen Kriegen zu entwickeln. In der Amtssprache wurden diese Tricks vornehm als Wege umschrieben, »potentielle Feinde mit anderen Mitteln als militärischen Operationen anzugreifen«.[83] Doch statt sich über die Neuigkeit zu freuen, schien die Zentrale vor Furcht und Mißtrauen nahezu gelähmt zu sein.

Durch die vermeintliche Entlarvung zweier illegaler Londoner Residenten, Reif und Maly, sowie des legalen Residenten Grafpen als feindliche Agenten und Orlows Übertritt war die Zukunft sämtlicher britischer Operationen in Frage gestellt. Die illegale Residentur war aufgelöst, und die Mitarbeiter der legalen Residentur waren, bis auf eine Ausnahme, nach Moskau zurückbeordert worden.[84] Der letzte in London verbliebene INO-Offizier, Anatoli Gorski, war selbst über die wichtigsten britischen Agenten nur oberflächlich informiert. Als Philby im Sommer 1939 nach dem Ende des Spanischen Bürgerkriegs in London zurückerwartet wurde, bat Gorski die Zentrale: »Wenn Sie uns Anweisungen geben, was wir mit SÖHNCHEN anfangen sollen, wären wir dankbar, wenn Sie uns über ihn ins Bild setzen würden, denn er ist uns nur ganz allgemein bekannt.«[85]

In einer Einschätzung der Zentrale hieß es, die Nachrichtendienstarbeit in Großbritannien beruhe »auf zweifelhaften Quellen und einem Agentennetz, das in einer Zeit geschaffen wurde, als Volksfeinde es beherrschten, und demzufolge äußerst gefährlich war«. Der logische Schluß war die Empfehlung, den Kontakt zu allen britischen Agenten abzubrechen – einschließlich der »Glorreichen Fünf«.[86] Noch war die Verbindung zwar nicht gekappt worden, aber den größten Teil des Jahres 1939 scheint die Zentrale auf Distanz zu den »Fünf« gegangen zu sein. Ihr Material wurde ohne erkennbares Interesse entgegengenommen,

hielten; sie gingen via Burgess und Klugman an die Zentrale.[77] Die von Cairncross gelieferten Dokumente über die versuchte Beschwichtigung Deutschlands, die mit dem Münchener Abkommen ihren Höhepunkt erreichte, wurden von der Zentrale als Beweise für die Verschwörungstheorie verwendet, der zufolge die britische Außenpolitik im Verein mit den Franzosen versuchte, »Deutschland zu einem Angriff auf Rußland zu verleiten«. Obwohl der wichtigste Verfechter dieser Theorie Stalin war, wurde sie auch von jenen Mitarbeitern der Zentrale vertreten, die den Großen Terror überlebt hatten oder an den Platz von Getöteten gesetzt worden waren. Während des gesamten Kalten Krieges blieb die Ansicht, England habe in München nicht nur versucht, Hitler zu beschwichtigen, sondern auch die Absicht verfolgt, ihn in einen Konflikt mit der Sowjetunion zu treiben, unbezweifelter Bestandteil des orthodoxen Weltbildes der KGB-Historiker. Noch Mitte der neunziger Jahre bestand Juri Modin, der ehemalige Führungsoffizier der »Glorreichen Fünf«, darauf, daß diese Behauptung »weder Propaganda noch Desinformation war, sondern die ungeschminkte Wahrheit, die durch die Dokumente, die Burgess [hauptsächlich zweifellos von Cairncross] für uns beschaffte, bewiesen wurde«.[78]

Nachdem Maclean seinen neuen Posten in Paris angetreten hatte, hoffte die Zentrale, Cairncross würde an seiner Stelle zu ihrer wichtigsten Quelle im Außenministerium werden. Doch der Stabwechsel klappte nicht. Mit seinem spröden Charakter und seinem Mangel an gesellschaftlichen Talenten vermochte Cairncross weder seine Kollegen noch die Personalabteilung des Außenministeriums zu ähnlichen Lobliedern zu inspirieren, wie es Maclean mit seiner weltläufigeren Art gelungen war. Im Dezember 1938 wechselte er ins Schatzamt.[79] Fast zur selben Zeit, wenn auch aus anderen Gründen, wurde Grafpen nach Moskau zurückbeordert. Angesichts der Zeitumstände dürfte er erleichtert gewesen sein, daß man ihn nach seiner »Entlarvung« als Trotzkist nicht in eine Hinrichtungszelle im Keller der Lubjanka führte, sondern nur zu fünf Jahren Arbeitslager verurteilte.[80] Auf dem Weg nach Moskau begleitete er im Dezember 1938 NORMA, die nach ihrer Indiskretion den neuen Codenamen ADA erhalten hatte, nach Paris, wo sie den Kontakt mit Maclean wiederaufnehmen sollte. ADA berichtete, daß Maclean eine Affäre mit einer amerikanischen Studentin an der Sorbonne habe, einer Melinda Marling (die er später heiratete). Außerdem entdeckte sie, daß er inzwischen viel trank und in betrunkenem Zustand sowohl seiner Geliebten

wiederherzustellen. Maclean, der in der Lage war, große Mengen von geheimen Dokumenten aus dem Außenministerium herauszuschmuggeln, war damals der produktivste der »Glorreichen Fünf«. Am 10. April traf sich ein junger, offenbar unerfahrener weiblicher NKWD-Offizier mit dem Codenamen NORMA im Empire-Kino am Leicester Square mit Maclean. Ein paar Tage später begab sich Maclean mit einem dicken Stapel Papieren des Außenministeriums zur Wohnung von NORMA, die sie fotografierte und den unentwickelten Film zur Weiterbeförderung nach Moskau Grafpen übergab. Entweder schon bei dieser Gelegenheit oder bald darauf endete die Fotositzung des jungen britischen Agenten und seines weiblichen sowjetischen Führungsoffiziers im Schlafzimmer. Außerdem sagte NORMA Maclean, wahrscheinlich im Bett, unter Bruch ihrer Instruktionen, sein derzeitiger Codename sei LIRIK.[75]

Im September 1938 trat Maclean als dritter Sekretär an der Botschaft in Paris seinen ersten Auslandsposten an, was er nicht zuletzt einem überschwenglichen Zeugnis der Personalabteilung des Außenministeriums zu verdanken hatte:

»Maclean, Sohn des kürzlich verstorbenen Sir Donald Maclean, ... hat in den ersten beiden Jahren hier ausgezeichnete Arbeit geleistet und ist eine wichtige Stütze des Westabteilung. Er ist wirklich ein reizender Mensch, sehr intelligent und interessiert. Außerdem sieht er gut aus und wird, so glauben wir, in Paris sowohl gesellschaftlich als auch in seiner Arbeit eine gute Figur machen.«[76]

Als Maclean nach Paris abreiste, befand sich die Sudetenkrise auf ihrem demütigenden Höhepunkt. Am 30. September wurde dem britischen Premierminister Neville Chamberlain bei seiner Rückkehr nach London ein begeisterter Empfang bereitet, und er verkündete, das wertlose Papier mit Hitlers Unterschrift schwenkend, der Münchener Vertrag bedeute nicht nur einen »Frieden in Ehren«, sondern auch einen »Frieden für unsere Zeit«. Für die »Glorreichen Fünf«, die wohl kaum damit rechneten, daß Stalin ein knappes Jahr später einen Pakt mit Hitler schließen würde, war München eine weitere Bestätigung der Berechtigung ihrer Sache.

Während der Sudetenkrise hatte Cairncross Zugang zu Akten des Außenministeriums gehabt, die laut Burgess die »absolut besten Informationen, die man sich vorstellen kann«, über die britische Politik ent-

erkundigte sich, was Bystroletow vorgeworfen werde. Als er erfuhr, daß er der Spionage für vier fremde Mächte beschuldigt wurde, meinte er: »Zu wenige!«, machte auf dem Absatz kehrt und verließ den Raum wieder.[71]

Als Bystroletow sich weigerte, seine imaginären Verbrechen zu gestehen, schlugen Solowjow und ein Assistent namens Puschkin mit einer Eisenkette, an deren Ende ein Kugellager befestigt war, auf ihn ein, brachen ihm zwei Rippen und verletzten einen Lungenflügel. Von einem anderen Folterinstrument, einem in Baumwolle und Verbandszeug eingewickelten Hammer, trug er einen Schädelbruch davon, und unter den wiederholten Tritten seiner Vernehmer rissen seine Bauchmuskeln. Aus Angst zu sterben, wenn er weiter geschlagen würde, unterschrieb er ein von Solowjow diktiertes Geständnis. Bei den meisten INO-Offizieren folgte auf Folter und Geständnis der kurze Gang in eine Hinrichtungskammer, wo sie mit einem Schuß in den Hinterkopf getötet wurden. Bystroletow dagegen überlebte und konnte einen Bericht über sein Verhör niederschreiben. 1939 zu zwanzig Jahren Gefängnis verurteilt, wurde er während des Zweiten Weltkriegs rehabilitiert. Als er aus der Haft entlassen wurde, hatte sich seine Frau Schelmatowa, die als Gattin eines Volksfeinds in den Gulag verbannt worden war, das Leben genommen, indem sie sich mit einem Küchenmesser die Kehle aufschnitt, und seine Mutter, damals schon eine alte Frau, hatte sich vergiftet.[72]

Nach der Zerrüttung der illegalen Residentur in London im Gefolge des Rückrufs von Deutsch und Maly vertraute die Zentrale dem legalen Residenten in der sowjetischen Botschaft in Kensington die Führung ihrer wichtigsten britischen Agenten an. Im April 1938 traf ein neuer Resident ein, Grigori Grafpen (SAM), um diese Aufgabe zu übernehmen.[73] Das Gemetzel unter den erfahrensten INO-Offizieren hatte erhebliche Auswirkungen auf die Professionalität des NKWD. Deutsch, Orlow und Maly hatten vor jedem Treffen mit einem Agenten umfangreiche Vorsichtsmaßnahmen ergriffen, um eine Beschattung auszuschließen. Doch jetzt berichtete ein unerfahrener Abgesandter der Zentrale, der Grafpens Residentur inspizieren sollte, naiv nach Moskau: »In der Nähe der Botschaft befindet sich ein Park [Kensington Gardens], der sich ... für Treffen mit Agenten anbietet, da man sich einfach den Anschein geben kann, als wäre man zu einem Spaziergang in den Park gegangen.«[74]

Oberste Priorität Grafpens war es, den Kontakt zu Donald Maclean

Rees alle drei gelegentlich an der Speisetafel der Dozenten traf, große Bedeutung bei. Auch seine Freundschaft zu Ernest Swinton, einem Generalmajor im Ruhestand, der seit 1925 Professor für Militärgeschichte war und von der Zentrale als »General Swinton« bezeichnet wurde, beeindruckte die Zentrale.

Während Burgess mit Begeisterung seiner Oxbridge-Anwerbestrategie nachging, befand sich die INO in Aufruhr. Am 17. Februar 1938 war ihr Leiter, Abram Sluzki, in seinem Büro tot aufgefunden worden; angeblich war er einem Herzanfall erlegen. Als er im Offiziersklub des NKWD aufgebahrt war, bemerkten seine Mitarbeiter allerdings vielsagende Flekken auf seinem Gesicht, die auf eine Zyanidvergiftung hindeuteten.[64] Jagoda gestand in seinem Prozeß, er habe für den deutschen, japanischen und polnischen Nachrichtendienst gearbeitet, seinen Vorgänger, Menschinski, vergiftet und einen Giftanschlag auf seinen Nachfolger, Jeschow, geplant.[65] Bis zum Ende des Jahres waren auch beide unmittelbaren Nachfolger Sluzkis an der Spitze der INO, Selman Pasow und Michail Schpigelglas, als »Volksfeinde« hingerichtet worden.[66] In der INO herrschte 1938 ein derartiges Durcheinander, daß 127 Tage hintereinander kein einziger Nachrichtendienstbericht an Stalin weitergeleitet wurde.[67] Im Dezember wurde Jeschow als Chef des NKWD durch Lawrenti Berija ersetzt; einige Monate später wurde er der verräterischen Verschwörung mit England, Deutschland, Japan und Polen angeklagt.[68] Wenn die NKWD-Offiziere abends nach Hause gingen, muß sich jeder von ihnen gefragt haben, ob in dieser Nacht das Schicksal an seine Tür klopfen würde.

Die meisten INO-Offiziere, die Ende der dreißiger Jahre im Namen der gewaltigen Verschwörungstheorie Stalins und seiner NKWD-Vorsitzenden verhört und brutal gefoltert wurden, lebten nicht lange genug, um ihre Erlebnisse zu erzählen. Einer der wenigen, die es konnten, war der erste große Illegale, Dmitri Bystroletow. Als er 1937 mit dem Auftrag, Verbindung zu einem sowjetischen Agenten im Generalstab der Reichswehr aufzunehmen, nach Berlin geschickt worden war, hatte Jeschow ihn, wie er später erzählte, beim Abschied umarmt und gesagt: »Sei stolz darauf, daß wir dir eine unserer besten Quellen gegeben haben. Stalin und das Vaterland werden dich nicht vergessen.«[69] Anfang 1938 wurde er jedoch vom Dienst suspendiert und an die Moskauer Handelskammer versetzt, wo er bis zu seiner Verhaftung im September arbeitete.[70] Während des Verhörs durch Oberst Solowjow kam Jeschow in den Raum und

schen bedeutet es ein letztes Urteil über die Gesellschaft, die es hervorgebracht hat«:

»Wenn man Männern und Frauen, die bereits nach Temperament und Tradition zu revolutionären Ansichten neigen, sagt, ihre Leiden würden von einem unpersönlichen Wirtschaftssystem verursacht, läßt man ihnen nur noch eine Wahl. Lenin hätte es nicht besser machen können.«

Als Burgess und Rees eines Abends, wahrscheinlich Anfang 1938, in der Wohnung des letzteren wie gewöhnlich bei einer Flasche Whisky zusammensaßen, meinte Burgess, die Rezension im *Spectator* zeige, daß Rees den »Kern der Sache begriffen« habe. Dann fügte er mit ungewöhnlichem Ernst hinzu: »Ich bin ein Agent der Komintern, und zwar schon, seit ich Cambridge verlassen habe.«[61] In späteren Jahren versuchte Rees den Anschein zu erwecken, als hätte er es abgelehnt, Agent zu werden, doch seine KGB-Akte belegt eindeutig, daß er rekrutiert worden war, wenngleich sie auch bestätigt, daß Burgess ihn nicht aufforderte, für den NKWD zu arbeiten, sondern »der Partei zu helfen«.[62] Wie ein NKWD-Führungsoffizier, zu dem Burgess später im selben Jahr Kontakt aufnahm, der Zentrale berichtete, hatte er Rees (der die Codenamen FLEET und GROSS erhielt) eine Schlüsselrolle in seiner Anwerbungsstrategie zugedacht:

»Die Art von Arbeit, die [Burgess] mit größter innerer Befriedigung und absolutem Vertrauen auf ihren Erfolg durchführen würde, wäre die Anwerbung junger Leute, die an den Universitäten von Oxford und Cambridge ihr Examen absolvieren und sich auf den Eintritt in den Staatsdienst vorbereiten. Für eine solche Arbeit hätte er Assistenten wie TONY [Blunt] in Cambridge und GROSS in Oxford. MÄDCHEN [Burgess] kommt bei jedem Treffen auf diese Idee zurück ...«[63]

Obwohl die Zentrale mit Burgess' undisziplinierten Anwerbungsmethoden nicht glücklich war, betrachtete sie Rees als einen potentiell hochwertigen Agenten. Drei der führenden Verfechter der Beschwichtigungspolitik in England – Außenminister Lord Halifax, Innenminister John Simon und George Geoffrey Dawson, Chefredakteur der *Times* – waren Dozenten am All Souls College, und die Zentrale maß der Tatsache, daß

Maly zu erschießen, sondern weil die Zentrale glaubte, er sei von Porezki und anderen Verrätern enttarnt worden.

Die Liquidierung von Maly und der Rückruf von Deutsch fügten den britischen Operationen des NKWD schweren, potentiell sogar verheerenden Schaden zu. Die Verbindung zu Captain King (MAG) wurde abgebrochen, weil der NKWD absurderweise glaubte, Maly habe »MAG an den Feind verraten«.[58] In den Mitrochin zugänglichen Akten war nicht vermerkt, was die Schadensbewertung in bezug auf die in Cambridge Angeworbenen ergeben hatte, aber da Maly die Namen aller Beteiligten gekannt hatte, befürchtete man zweifellos, daß auch sie verraten worden waren. Diese Sorge muß noch verstärkt worden sein, als im November Walter Kriwizki, der illegale Resident in den Niederlanden, überlief. Obwohl er die Namen der »Glorreichen Fünf« offenbar nicht kannte, wußte er doch einiges über sie, so zum Beispiel, daß ein junger Journalist zu ihnen gehörte, der mit dem Auftrag, Franco zu ermorden, nach Spanien geschickt worden war.[59]

Nach Deutschs Abberufung nach Moskau hatten die drei in England verbliebenen Mitglieder der »Fünf« – Burgess, Blunt und Cairncross – neun Monate lang keine direkte Verbindung zur Zentrale mehr. Sie waren jedoch derart hoch motiviert, daß sie weiterhin für den NKWD arbeiteten, auch wenn die illegale Residentur, von der sie geführt worden waren, sich praktisch aufgelöst hatte. Burgess, dem Deutsch und Maly gestattet hatten, sich als NKWD-Offizier und nicht bloß als völlig von den Anweisungen seines Führungsoffiziers abhängigen Agenten zu betrachten, fuhr auf eigene Initiative fort, Agenten anzuwerben, wobei er sich als Fortsetzer von Deutschs Strategie verstand, sowohl in Cambridge als auch in Oxford begabte Studenten zu rekrutieren, von denen zu erwarten war, daß sie eines Tages in Whitehall Karriere machen würden.

Burgess hatte Goronwy Rees, einen jungen walisischen Dozenten am All Souls College und Redakteur beim *Spectator*, als seinen wichtigsten Talentsucher in Oxford ausersehen. Rees hatte Burgess 1932 kennengelernt und ihn, obwohl er nicht auf seinen Verführungsversuch einging, sehr imponierend gefunden: »Ich gewann den Eindruck, daß er auf ganz besondere Weise originell war, daß in allem, was er sagte, ein Stück dieser besonderen Eigenart steckte.«[60] Es war offenbar eine Buchbesprechung, die Burgess Ende 1937 davon überzeugte, daß Rees für die Rekrutierung bereit war. Das Elend der Massenarbeitslosigkeit in Südwales, schrieb Rees, sei »ein Elend spezieller und besonderer Art, ... und für viele Men-

Jahrzehnt die ergiebigste Informationsquelle über England gewesen war, wurde nach Moskau zurückgerufen, wo er nach kurzer Gefängnishaft ebenfalls als Volksfeind hingerichtet wurde.[53]

Inmitten der Paranoia des Großen Terrors erschien Arnold Deutsch aufgrund seiner jüdisch-österreichischen Herkunft und seiner unorthodoxen Laufbahn der Zentrale automatisch verdächtig. Nach dem Rückruf von Maly, Axelrod und anderen Illegalen muß er befürchtet haben, selbst bald an die Reihe zu kommen. Um eine Verlängerung seines Visums zu erreichen, hatte er sich kürzlich an einen jüdischen Verwandten in Birmingham gewandt, Oscar Deutsch, der dort Vorsteher einer Synagoge war und mehrere Odeon-Filmtheater leitete. Arnold Deutsch besuchte seine Verwandten in Birmingham gelegentlich zum Sabbatessen am Freitagabend, und Oscar versprach ihm eine Arbeitsstelle, damit er in England bleiben konnte.[54] Diese Kontakte verstärkten zweifellos das Mißtrauen der Zentrale.

Doch Deutsch überlebte. Dazu beigetragen haben mag, daß im Juli 1937 der in Paris stationierte NKWD-Illegale Ignati Porezki alias Reiss (RAYMOND) überlief. Daraufhin wurde Roland Abbiate, dessen Schwester Mireille zu dieser Zeit gerade die Entführung von General Miller vorbereitete, auf ihn angesetzt, der ihn in der Schweiz aufspürte.[55] Um ihn in die Falle zu locken, überredete Abbiate eine seiner Freundinnen, die deutsche kommunistische Emigrantin Gertrude Schildbach, einen Brief an Porezki zu schreiben, in dem sie ihn dringend um Rat bat. Schildbach weigerte sich zwar, Porezki eine Schachtel mit vergifteten Pralinen – die später von der Schweizer Polizei entdeckt wurde – zu übergeben, führte ihn aber in eine Seitenstraße in der Nähe von Lausanne, wo Abbiate mit einem Maschinengewehr wartete. Verzweifelt versuchte er sich an Schildbach zu klammern, als er im letzten Augenblick begriff, daß er in eine Falle gelockt worden war. Als seine von Kugeln durchlöcherte Leiche entdeckt wurde, fand man in einer Hand eine Strähne ihrer graumelierten Haare.[56]

Der NKWD kam bei der Schadensbewertung nach Porezkis Übertritt zu dem Schluß, daß er Deutsch, der einige Jahre zuvor gemeinsam mit ihm in Paris stationiert gewesen war, wahrscheinlich an westliche Nachrichtendienste verraten hatte.[57] Diese Einordnung als Opfer einer trotzkistisch-westlichen Verschwörung dürfte ihn vor dem Vorwurf bewahrt haben, Teil dieser Verschwörung zu sein. Als er im November 1937 nach Moskau zurückbeordert wurde, geschah es jedenfalls nicht, um ihn wie

ziationen durch einen seiner Sekretäre geworden war, der voll rechtschaffener Empörung an die Zentrale schrieb:

»Bis zum heutigen Tag ist das Büro von Genossen Suriz mit einem Porträt Bucharins geschmückt, das folgende Widmung trägt: ›Meinem lieben Suriz, meinem alten Freund und Genossen, von Herzen – N. Bucharin.‹ Ich hänge es absichtlich nicht ab, nicht weil ich besonderes Vergnügen an seinem Anblick hätte, sondern weil ich die wütenden Blicke vermeiden will, die Genosse Suriz mir zuwarf, als ich das Porträt von Jenukidse abnahm.

Ich warte darauf, daß er es selbst abnimmt, denn wenn Bucharin tatsächlich einer seiner engsten Freunde war, muß er jetzt sein Feind sein, da er zum Feind unserer Partei und der gesamten Arbeiterklasse geworden ist. Das Porträt hätte sofort ins Feuer geworfen werden müssen.

Das ist, ehrlich gesagt, alles, was Ihnen zu berichten ich für meine Parteipflicht hielt. Nach Annahme der Verfassung Stalins [1936], die uns große Rechte gewährt und uns große Verpflichtungen auferlegt, indem sie uns zu Disziplin, ehrlicher Arbeit und Wachsamkeit aufruft, konnte ich über diese Tatsachen nicht schweigen.«[50]

Im Zeitraum 1937/38, nach Rückruf und Liquidierung der meisten ihrer Offiziere, stellten viele NKWD-Residenturen den Betrieb ein. Obwohl die Residenturen in London, Berlin, Wien und Tokio nicht dichtmachten, bestanden sie doch nur noch aus einem oder höchstens zwei Offizieren.[51] Unter den Opfern waren auch die meisten großen Illegalen. Als einer der ersten geriet der Leiter der wahrscheinlich erfolgreichsten illegalen Residentur des NKWD, der Londoner Resident Teodor Maly, unter Verdacht; durch seine religiöse Vergangenheit und seinen Abscheu vor Terrormethoden bot er sich gewissermaßen als Verdächtiger an. Er akzeptierte den im Juni 1937 ergangenen Befehl, nach Moskau zurückzukehren, mit idealistischem Fatalismus. »Ich weiß«, sagte er zu einem Freund, »als früherer Geistlicher habe ich keine Chance. Ich habe mich aber entschlossen, dorthin zu gehen, so daß niemand sagen kann: Dieser Priester kann doch nur ein Spion gewesen sein!«[52] Sobald er in Moskau war, wurde er als deutscher Spion denunziert, verhört und ein paar Monate später erschossen. Auch Moissei Axelrod, Leiter der illegalen Residentur in Italien und Führungsoffizier von DUNCAN, der im vorangegangen

boden gleich. Alle anderen Wolgadeutschen, wie loyal sie auch sein mochten, wurden vom NKWD mit enormen Verlusten an Menschenleben nach Sibirien und in den Norden Kasachstans verschleppt.[50]

Als die Rote Armee 1943 in die Offensive ging, folgte ihr der NKWD auf dem Fuß, um Widerstand und Subversion in ihrem Rücken niederzuschlagen. Berija berichtete Stalin Ende des Jahres voller Stolz: »Während des Jahres 1943 wurden von den Truppen des NKWD ... 931 549 Personen zur Überprüfung festgehalten. Darunter Militärangehörige 582 515, Zivilbevölkerung 349 034 Personen.« 80 296 Festgenommene wurden, häufig ungerechtfertigt, als Spione, Verräter, Deserteure, Banditen und »verbrecherische Elemente« »entlarvt«. Stalin benutzte den NKWD, um ganze Völker, denen er Verrat vorwarf, zu bestrafen und zu deportieren, unter anderem Tschetschenen, Inguschen, Balkaren, Karatschajer, Krimtataren, Kalmücken und Mescheten. Auf Stalins Anweisung, diejenigen auszuzeichnen, »die beispielhaft die Befehle bezüglich der Aussiedlung ausführen«, erwiderte Berija:

»Entsprechend Ihrer Anweisung lege ich den Entwurf eines Ukas des Präsidiums des Obersten Sowjets der UdSSR über die Auszeichnung mit Orden und Medaillen der Teilnehmer an der Operation zur Übersiedlung der Tschetschenen und Inguschen vor, die sich am meisten ausgezeichnet haben. Teilgenommen haben 19 000 Mitarbeiter des NKWD, des NKGB und der ›Smersch‹ und bis zu hunderttausend Offiziere und Soldaten der Truppen des NKWD.«

Wie in diesem Fall erhielten viele Mitarbeiter von NKWD und NKGB ihre Orden nicht für Tapferkeit vor dem Feind, sondern für Verbrechen gegen die Menschlichkeit.[51]

Die Leistungen der sowjetischen Nachrichtendienste an der Ostfront waren durchwachsen. Bis Ende 1942 war die wichtigste Spionageorganisation, die Informationen aus Deutschland und dem besetzten Europa lieferte, ein locker koordiniertes Netz von GRU-Illegalen, das mit den NKWD-Gruppen von Harnack und Schulze-Boysen, deren Bezeichnung »Rote Kapelle« im übrigen von der Abwehr stammte, in Verbindung stand. Die »Musiker« waren die Funker, die verschlüsselte Nachrichten an Moskau sendeten, und ihr »Dirigent« war der polnische Jude Leopold Trepper alias Jean Gilbert, der innerhalb der Organisation *grand chef* genannt wurde. Das Netz umfaßte 117 Agenten: 48 in Deutschland, 35 in Frankreich, 17 in Belgien und 17 in der Schweiz.[52] Ende 1942 wurde die Rote Kapelle nach und nach ausgehoben, nachdem die deutsche Funkortung die »Musiker« aufgespürt hatte. Trepper selbst wurde am 5. Dezember auf dem Behandlungsstuhl eines Pariser Zahnarztes verhaftet. Der Abwehroffizier, der ihn festgenommen hatte, gab an: »Er war einen Augenblick völlig verwirrt, dann sagte er in perfektem Deutsch: ›Das haben Sie fein gemacht!‹« Nur die illegale GRU-Residentur unter Sandor Rado in der Schweiz – wegen ihrer drei Funker »Rote Drei« genannt –, die sich außerhalb des Zugriffs des deutschen Nachrichtendienstes befand, arbeitete noch ein Jahr weiter, bis sie von den Schweizer Behörden geschlossen wurde.[53]

Obwohl Trepper und Rado nach dem Krieg in Moskau zu zehn Jahren Haft verurteilt wurden, behaupteten sowjetische Historiker später, die Informationen der Roten Kapelle seien für die Rote Armee von enormem Wert gewesen. In Wirklichkeit hatten nachrichtendienstliche Erkenntnisse erst größeren Einfluß auf die militärischen Operationen, als Trepper schon verhaftet und seine Organisation zerschlagen war. Der militärische Nachrichtendienst hatte kein Anzeichen für den plötzlichen Schwenk der Deutschen nach Süden entdeckt, der im September 1941 zur Einnahme Kiews führte, und von der Heftigkeit des Angriffs auf Moskau im Oktober wurde er völlig überrascht. Daß im Mai 1942 Charkow verlorenging, lag zum Teil daran, daß die Stawka, das Oberkommando der Roten Armee während des Krieges, einen weiteren Angriff auf die Hauptstadt erwartet hatte, und als die Wehrmacht sich im Sommer nach Süden wandte, wurde die Stawka erneut überrumpelt. Während des gesamten Vormarschs der Deutschen auf Stalingrad und den Kaukasus war die Rote Armee ständig im Ungewissen darüber, an welcher Stelle der nächste Schlag erfolgen würde. Als die Rote Armee die Achsentruppen im November 1942 in Stalingrad einkesselte, glaubte sie 85000 bis 90000 Mann in die Falle gelockt zu haben; tatsächlich waren es dreimal soviel.[54]

Die wichtigste Rolle des NKWD in Stalingrad bestand nicht darin, Informationen zu sammeln, sondern in der Roten Armee eine eiserne Disziplin aufrechtzuerhalten. Rund 13500 Soldaten wurden wegen »Defätismus« und anderer während der Schlacht begangener Vergehen gegen die militärische Disziplin hingerichtet, für gewöhnlich von einem Erschießungskommando der NKWD-Sondertruppen. Bei der Zensur des Postverkehrs achtete der NKWD auf jede unorthodoxe oder politisch abweichende Bemerkung der Soldaten, die als Beweis für Hochverrat angesehen wurden. Ein Leutnant, der schrieb: »Die deutschen Flugzeuge sind sehr gut. ... Unsere Flugabwehr hat nur wenige von ihnen abgeschossen«, galt unweigerlich als Verräter. Allein bei der 62. Armee stellte der NKWD in der ersten Hälfte des Oktobers 1942 fest, daß »in 12747 Briefen militärische Geheimnisse preisgegeben« worden waren.[55] Der durch die Kapitulation von Generalfeldmarschall Friedrich Paulus, 22 Generalen und 91 000 Soldaten besiegelte große Sieg von Stalingrad wurde eher trotz als wegen des Beitrags des NKWD errungen.

Nach Stalingrad kam es zu einer erheblichen Verbesserung der Qualität der militärischen Nachrichtendienstarbeit an der Ostfront, was zum Teil auf die massive Lieferung amerikanischer und britischer Funkausrüstung zurückzuführen war.[56] Ende 1942 stellte die Stawka Funk-Sonderbataillone auf, die jeweils mit 18–20 Funkabhörempfängern und vier Peilgeräten ausgerüstet waren. Einem sowjetischen Historiker zufolge, der Zugang zu den Akten der Bataillone hatte, war dies »eine sprunghafte Verbesserung in der Entwicklung des funkelektronischen Kampfes der Sowjetarmee«. Obwohl die sowjetischen Dechiffrierer nicht über die hochentwickelte Technik von Bletchley Park verfügten, gelangen ihnen 1943 – mit der widerstrebenden Unterstützung deutscher Chiffrierspezialisten, die in Stalingrad in Gefangenschaft geraten waren – erhebliche Fortschritte bei der Funkortung, der Auswertung des Nachrichtenmaterials und der Entschlüsselung von einfacheren handchiffrierten Texten. 1942/43 konnten sie außerdem auf entschlüsselte Funksprüche der deutschen Luftwaffe zurückgreifen, die von einem Agenten in Bletchley Park geliefert wurden.

All dies machte sich im Sommer 1943 in der Schlacht von Kursk bemerkbar, in der die Rote Armee die letzte große Offensive der Deutschen an der Ostfront zurückschlug. Aus nachrichtendienstlichen Meldungen der Roten Armee, die von der Wehrmacht während der Schlacht abgefangen wurden, ging hervor, daß die sowjetische Funkaufklärung die Stellungen und Hauptquartiere der 6., 7. und 11. Panzerdivision, des II. und XIII. Panzerkorps sowie das Hauptquartier der 2. Armee geortet hatte. Auch von der Luftaufklärung wurde vor und während der Schlacht von Kursk in größerem Ausmaß und erfolgreicher als jemals zuvor Gebrauch gemacht.[57]

Der Sieg von Kursk leitete den praktisch unaufhörlichen Vormarsch der Roten Armee ein, der erst im Mai 1945 endete, als Marschall Schukow die Kapitulation Berlins entgegegennahm. Aufgrund der zahlenmäßigen Überlegenheit der Roten Armee über die Wehrmacht im Verhältnis von vier zu eins, der großen Mengen militärischer Ausrüstung, die sie von den westlichen Verbündeten erhielt, und der zunehmenden Luftüberlegenheit, erwies sich ihr Siegeszug trotz enormer Verluste als unaufhaltsam. Während des Vorrückens eroberte die Rote Armee gelegentlich nicht nur Listen der Tageseinstellungen der Enigma-Maschinen der Wehrmacht für einen Zeitraum von bis zu einem Monat, sondern auch die Maschinen selbst und deren Bedienungspersonal. Aufgrund solcher Glücksfunde waren die sowjetischen Kryptoanalytiker gegen Ende des Krieges sporadisch in der Lage, eine unbekannte Zahl von Enigma-Funksprüchen zu entschlüsseln.[58]

Trotz der nach Stalingrad erreichten Fortschritte war jedoch die Qualität des sowjetischen Nachrichtenmaterials – insbesondere desjenigen aus der Funkaufklärung – nie mit den Erkenntnissen vergleichbar, die Großbritannien und die USA über die Deutschen sammelten. Die den britischen und amerikanischen Kommandeuren zur Verfügung gestellten ULTRA-Informationen* waren schlicht das beste Nachrichtenmaterial, das es in der Kriegsgeschichte jemals gegeben hat. Dagegen erzielte die Sowjetunion ihre größten Nachrichtendiensterfolge im Großen Vaterländischen Krieg nicht bei ihren Feinden, sondern bei ihren Hauptverbündeten in der Großen Allianz: Großbritannien und den Vereinigten Staaten.

---

* Das britische ULTRA-Projekt beschäftigte sich unter der Leitung von Frederick W. Winterbotham mit der Entschlüsselung des deutschen Enigma-Funkverkehrs, nachdem den Briten eine Enigma-Maschine in die Hände gefallen war.

7.
Die große Allianz

In der Zwischenkriegszeit hatten die USA als Ziel von INO-Operationen die meiste Zeit über weit hinter Großbritannien rangiert. Noch Mitte der dreißiger Jahre wurde der wichtigste sowjetische Spionagering in den USA nicht vom NKWD, sondern von der Vierten Abteilung (militärischer Nachrichtendienst, später GRU) geführt. Zu deren Agenten gehörte eine Reihe junger, idealistischer Beamter der US-Regierung: Alger Hiss und Julian Wadleigh, die beide 1936 ins Außenministerium eingetreten waren, Harry Dexter White vom Schatzamt und George Silverman, ein Statistiker der Regierung, der wahrscheinlich White angeworben hatte.[1] Wie die »Glorreichen Fünf« verstanden sich die Washingtoner Maulwürfe als geheime Kämpfer im Krieg gegen den Faschismus. Wadleigh schrieb später: »Als die Kommunistische Internationale die einzige Weltmacht darstellte, die Nazideutschland und andere Aggressoren wirkungsvoll bekämpfen konnte, bot ich dem sowjetischen Untergrund in Washington meine Dienste an, um meinen Teil dazu beizutragen, die faschistische Bedrohung abzuwehren.«[2]

Die wichtigsten NKWD-Operationen in den USA in den dreißiger Jahren wurden von einer illegalen Residentur unter Leitung des früheren Berliner Residenten Boris Basarow (NORD) durchgeführt. Sein Stellvertreter war Ischak Achmerow (JUNG), ein sowjetischer Tatar.[3] Hede Massing, eine österreichische Agentin seiner Residentur, erinnerte sich später an Basarow als den warmherzigsten Menschen, den sie im NKWD kennengelernt hatte. 1935 hatte er ihr am Jahrestag der Oktoberrevolution fünfzig langstielige rote Rosen geschickt und folgenden Gruß dazugelegt: »Die Art, in der wir leben, ist unnatürlich. Wir müssen es aber der Menschheit wegen ertragen. Obgleich wir es nicht immer ausdrücken können, ist unsere kleine Gruppe doch durch Liebe und Achtung füreinander verbunden. Ich denke an Sie mit großer Wärme.« Achmerow dagegen wurde von Massing als »moskowitischer Automat« empfunden, obwohl er weniger roboterhaft war, als es den Anschein hatte.[4] Was Massing nicht wußte, war, daß er eine leidenschaftliche Beziehung zu seiner Assistentin Helen Lowry, der Nichte des Führers der KP der USA, Earl Browder, eingegangen war und – was sehr ungewöhnlich war – von der Zentrale die Erlaubnis erhielt, sie zu heiraten.[5] Zu Basarows und Achmerows Rekruten zählten drei Agenten im US-Außenministerium: ERICH, KIJ und »19«.[6] Der wahrscheinlich wichtigste und der einzige von ihnen, der eindeutig identifiziert werden kann, war Agent »19«, Laurence Duggan, der spätere Chef der Lateinamerika-Abteilung.[7] In Hede Massings Augen war Duggan ein »extrem angespannter, reizbarer, intellektueller junger Mann«. Seine Rekrutierung nahm einige Zeit in Anspruch, nicht zuletzt deshalb, weil Alger Hiss gleichzeitig versuchte, ihn für die Vierte Abteilung anzuwerben. Im April 1936 beschwerte sich Basarow bei der Zentrale über den »hartnäckigen Hiss«, der seinen Anwerbungsversuch offenbar nicht aufzugeben gedenke.[8] Ein Jahr darauf, während der Moskauer Schauprozesse, erklärte Duggan gegenüber Achmerow, er habe Angst, von einem trotzkistischen Verräter enttarnt zu werden, wenn er mit dem sowjetischen Nachrichtendienst zusammenarbeite. Dennoch händigte er Achmerow Anfang 1938 Dokumente des Außenministeriums aus, die in der illegalen Residentur fotografiert und dann zurückgegeben wurden. Im März berichtete er, sein enger Freund Sumner Welles, 1938 bis 1945 Staatssekretär im Außenministerium, habe ihn darauf hingewiesen, er lasse sich zu sehr vom Marxismus beeindrucken, und ihn freundschaftlich vor seinen linken Bekannten gewarnt.[9] Trotzdem schien Duggan im amerikanischen Außenministerium am Beginn einer ähnlich glänzenden Karriere zu stehen wie Donald Maclean im britischen.

Auch für Michael Straight (Codenamen NOMAD und NIGEL), einen reichen jungen Amerikaner, der 1937 kurz vor dem Studienabschluß in Cambridge rekrutiert worden war, sah die Zentrale eine großartige Zukunft voraus. Ihr Optimismus stützte sich allerdings mehr auf die Beziehungen seiner Familie als auf seinen eigenen Ehrgeiz hinsichtlich einer Laufbahn als Geheimagent. Nachdem er in die USA zurückgekehrt war, begann er mit seiner Arbeitssuche denn auch ganz oben – beim Tee mit Franklin und Eleanor Roosevelt im Weißen Haus. Das Resultat war, daß ihm Mrs. Roosevelt zu einer unbezahlten Zeitanstellung im Außenministerium verhalf, die er Anfang 1938 antrat. Bald darauf erhielt er einen Telefonanruf von Achmerow, der ihm »Grüße von Ihren Freunden an der Universität Cambridge« übermittelte und ihn zum Abendessen in ein Restaurant einlud.

Dort stellte sich Achmerow als »Michael Green« vor, und während des üppigen Essens hatte Straight Gelegenheit, ihn eingehend zu mustern: »Er war dunkel und untersetzt, hatte wulstige Lippen und lachte gerne. Er sprach gut Englisch, sein Auftreten war freundlich und ungezwungen. Ganz offensichtlich genoß er das Leben in Amerika.« Er schien sich damit abgefunden zu haben, daß es einige Zeit dauern würde, bis Straight Zugang zu wichtigen Dokumenten haben würde, und war offenbar bereit, so lange zu warten. Bevor er die Rechnung bezahlte, hielt er eine kurze Vorlesung über die internationalen Beziehungen. Straight war »zu verblüfft, um klar zu denken«. Obwohl er später behauptete, er sei »nicht willens« gewesen, ein sowjetischer Agent im Außenministerium zu werden, hatte er es Achmerow nicht ins Gesicht gesagt. Die beiden trennten sich »als Freunde«, und Straight willigte ein, sich wieder mit Achmerow zu treffen.[10]

Als der Krieg in Europa näherrückte, wuchs das Interesse der Zentrale an den USA. 1938 nutzte der NKWD den Übertritt des wichtigsten Kuriers der Vierten Abteilung, Whittaker Chambers, um den größten Teil des Agentennetzes des militärischen Nachrichtendienstes zu übernehmen – mit der bemerkenswerten Ausnahme von Alger Hiss.[11] Wie anderswo auch wurden die NKWD-Operationen in den USA durch die Hexenjagd auf fiktive »Volksfeinde« unterbrochen. Iwan Morosow (JUS und KIR), der 1938/39 in der legalen Residentur in New York stationiert war, versuchte sich bei der Zentrale beliebt zu machen, indem er den Residenten Pjotr Gutzeit (NIKOLAI) und die meisten seiner Kollegen als Trotzkisten anschwärzte.[12] 1938 wurden sowohl Gutzeit als auch Basarow, der legale wie der illegale Resident, nach Moskau zurückbeordert und erschossen.[13] Weniger Erfolg hatte Morosow mit der Denunziation des nächsten legalen Residenten, Gaik Owakimjan (GENNADI). Sie könnte der Grund für seine eigene Abberufung im Jahr 1939 gewesen sein.[14]

Basarows Nachfolger als illegaler Resident wurde sein Stellvertreter Achmerow, der fortan den größten Teil der politischen Nachrichtendienstoperationen in den USA leitete.[15] In Mitrochins Notizen werden die Codenamen von acht recht unterschiedlichen Personen genannt, von denen sich die Zentrale am Vorabend des Zweiten Weltkriegs offenbar besonders viel erwartete:[16] Laurence Duggan (»19«, später FRANK) im Außenministerium; Michael Straight (NIGEL), ebenfalls im Außenministerium; Martha Dodd Stern (LISA), die Tochter von William E. Dodd, dem früheren US-Botschafter in Deutschland und Ehefrau des Millionärs Alfred Kaufman Stern (ebenfalls ein Sowjetagent); Marthas Bruder, William E. Dodd jr.

(PRESIDENT); Harry Dexter White im Schatzamt (KASSIR, später JURIST); ein Agent mit dem Codenamen MORIS (wahrscheinlich John Abt) im Justizministerium[17]; Boris Morros (FROST), der Hollywood-Produzent von *Dick und Doof in der Fremdenlegion* und anderen Kassenschlagern[18]; Mary Wolf Price (KID und DIR), eine heimliche Kommunistin, die als Sekretärin des Kolumnisten Walter Lippmann arbeitete; sowie Henry Buchman (CHOSJAIN, »Chef«), der Besitzer eines Modesalons in Baltimore.[19]

Im August 1939 wurden die politischen Nachrichtendienstoperationen in den USA, wie in Großbritannien, durch den Hitler-Stalin-Pakt beeinträchtigt. Laurence Duggan brach aus Protest den Kontakt zu Achmerow ab.[20] Andere, wie Michael Straight, wurden von ernsten Zweifeln geplagt. Bei einem Treffen im Oktober in einem Restaurant unter der Washingtoner Union Station versuchte Achmerow, ihn neu zu motivieren. »Große Tage kommen auf uns zu!« versicherte er ihm. Sobald der Krieg beginne, werde sich die Weltrevolution wie ein Lauffeuer über Deutschland und Frankreich ausbreiten.[21] Straight blieb unbeeindruckt und versäumte das nächste Treffen.[22] Es ist unwahrscheinlich, daß Duggan und Straight die einzigen Agenten waren, die wenigstens vorübergehend die Verbindung zum NKWD abbrachen.

Der nächste Schlag für die NKWD-Operationen in den USA war Achmerows Abberufung kurz nach dem letzten Treffen mit Straight, weil Berija ihm verräterischen Umgang mit Volksfeinden vorwarf.[23] Zwar ließ man die Anklagen aus nicht bekannten Gründen fallen, aber Achmerow wurde in die NKWD-Reserve versetzt und blieb in den nächsten beiden Jahren, während seine vorherige Tätigkeit sorgfältig überprüft wurde, unter Verdacht. Nach seiner Abberufung wurde Gaik Owakimjan, dem »gerissenen Armenier«, wie das FBI ihn später taufte, und seiner legalen Residentur in New York zum ersten Mal die Verantwortung für den Hauptteil der NKWD-Operationen in den USA übertragen. Doch Owakimjan fühlte sich überfordert, zumal man von ihm erwartete, sich aktiv an den komplexen Vorbereitungen des Mordanschlags auf Trotzki zu beteiligen. An manchen Tagen hatte er, wenn er abends erschöpft ins Bett fiel, nicht weniger als zehn Treffen mit Agenten hinter sich.[24]

Seine größten Erfolge erzielte Owakimjan nicht auf dem Gebiet der politischen Nachrichtenbeschaffung, sondern auf dem der wissenschaftlich-technischen Spionage. Von den meisten anderen INO-Offizieren hob er sich dadurch ab, daß er an der Technischen Hochschule von Moskau einen naturwissenschaftlichen Doktorgrad erworben hatte. Seit 1933 hatte er in New York unter der Tarnung eines Ingenieurs der amerikanisch-sowjetischen Handelsgesellschaft Amtorg operiert. 1940 schrieb er sich als Graduierter an einem New Yorker chemischen Institut ein, um leichter mögliche Agenten aufzuspüren.[25] Er war der erste, der aufzeigte, welches Potential in der wissenschaftlich-technischen Spionage in den USA steckte. Allein 1939 bekam der NKWD durch Operationen in den Vereinigten Staaten technische Dokumente mit einem Umfang von insgesamt 18 000 Seiten sowie 487 Entwurfszeichnungen und 54 Muster neuer Technologien in die Hände.[26]

Von Owakimjan stammte wahrscheinlich auch der Vorschlag, als Austauschstudenten getarnte INO-Offiziere einzusetzen, um das Massachusetts Institute of Technology (MIT) zu infiltrieren. Der erste dieser »Studenten«, Semjon Semjonow, trat 1938 ins MIT ein. Mit den wissenschaftlichen Kontakten, die er in den nächsten zwei Jahren knüpfte, bevor er 1940 die neue Tarnung eines Ingenieurs der Amtorg annahm, trug er zur beachtlichen Ausweitung der wissenschaftlich-technischen Spionage in den USA während des Krieges bei.[27] Im April 1941 verfügte der NKWD in den USA über 221 Agenten, von denen 49 in der sowjetischen Statistik als »Ingenieure« geführt wurden, womit vermutlich ein breiteres Spektrum naturwissenschaftlicher Berufe gemeint war.[28] Ein Zeichen für die wachsende Bedeutung der wissenschaftlich-technischen Spionage war die Tatsache, daß die Zentrale im selben Monat in ihren wichtigsten Residenturen zum ersten Mal eine eigene Abteilung für diese Art der Nachrichtendienstarbeit, die spätere Gruppe X, einrichtete.[29]

Laut einer offiziellen SWR-Darstellung hatte die schiere Zahl der Agenten, mit denen Owakimjan zu tun hatte, zur Folge, daß »seine Wachsamkeit abstumpfte«. Im Mai 1941 wurde er vom FBI festgenommen, als er von Agent OKTANE Dokumente entgegennehmen wollte, und kurzzeitig inhaftiert, bevor man ihn auf Kaution freiließ und ihm im Juli die Ausreise erlaubte.[30] Wären die Sicherheitsvorkehrungen der Regierung Roosevelt nicht so nachlässig gewesen, hätte der Schaden für die NKWD-Operationen wesentlich größer ausfallen können. Am 2. September 1939, einen Tag nach dem Ausbruch des Krieges in Europa, hatte Whittaker Chambers dem stellvertretenden Außenminister und Präsidentenberater in Fragen der inneren Sicherheit, Adolf Berle, vieles von dem erzählt, was er über die sowjetische Spionage in den USA wußte. Berle hatte daraufhin ein Memorandum für den Präsidenten verfaßt, in dem Alger Hiss, Harry Dexter White und die anderen führenden sowjetischen

157

Agenten, für die Chambers als Kurier tätig gewesen war, aufgeführt waren. Doch Roosevelt war nicht daran interessiert. Er scheint die Vorstellung eines Spionagerings in seiner Regierung als schlicht absurd abgetan zu haben. Ebenso bemerkenswert ist, daß Berle seinen Bericht einfach ablegte. Selbst das FBI erhielt erst 1943 auf Anforderung eine Kopie.[31]

Unmittelbar nach dem japanischen Angriff auf Pearl Harbor und Hitlers Kriegserklärung an die USA im Dezember 1941 wurde Wassili Sarubin alias Subilin (MAXIM) zum legalen Residenten in New York ernannt. Vor seiner Abreise wurde er zu Stalin bestellt, der nach wie vor tiefe Zweifel an der Entschlossenheit der Briten und nun auch der Amerikaner hegte, Hitlerdeutschland zu besiegen. Stalin erklärte ihm, daß seine Hauptaufgabe in den Vereinigten Staaten darin bestehe, darauf zu achten, ob Roosevelt und die »herrschenden Kreise in den USA« versuchten, mit Hitler einen Separatfrieden auszuhandeln. Als im sowjetischen Konsulat untergebrachter Resident in New York war Sarubin außerdem für die Unterresidenturen in Washington, San Francisco und Lateinamerika verantwortlich.[32] Obwohl die Belege lückenhaft sind, lassen sie doch ein direktes Interesse Stalins erkennen, die Nachrichtendienstoperationen gegen seine Verbündeten weiterhin persönlich zu beaufsichtigen.

In einer kurzen offiziellen SWR-Biographie erscheint Sarubins Kriegslaufbahn in New York (und später in Washington) von makelloser Brillanz.[33] In Wahrheit stieß er mit seiner schroffen Persönlichkeit und seinem großspurigen Auftreten sofort auf Widerstand. Seine Bevorzugung der operativen Offiziere, die er nach New York mitgebracht hatte – darunter seine Frau Jelisaweta[34] –, und die unverhohlene Verachtung für die bisherigen Mitarbeiter der Residentur führten zur offenen Rebellion. Zwei von ihm beleidigte operative Offiziere, Wassili Mironow und Wassili Dorogow, gingen sogar soweit, sich bei der Zentrale über »seine Grobheit und den generellen Mangel an Manieren, die Benutzung von Gossenausdrücken und Obszönitäten, die Sorglosigkeit bei der Arbeit und die dazu im Widerspruch stehende Heimlichtuerei« zu beschweren und darum zu bitten, ihn mitsamt seiner ebenso unbeliebten Frau abzuberufen. Die Auseinandersetzungen innerhalb der Residentur setzten sich während des gesamten Krieges fort.[35]

Sarubins Anwerbungsstrategie war einfach und direkt. Er verlangte vom Vorsitzenden der KP der USA, Anhänger und Sympathisanten im Regierungsapparat zu benennen, die als Agenten in Frage kamen.[36] Als er in New York eintraf, saß der KP-Vorsitzende Earl Browder (RULEWOI, »Steuermann«) im Gefängnis, weil er bei seinen regelmäßigen Reisen in die Sowjetunion einen falschen Paß benutzt hatte. Der erste, den Sarubin traf, war daher Eugene Dennis, geborener Francis X. Waldron (RYAN), ein in Moskau ausgebildeter Kominternagent, der Browder später als Generalsekretär der KP der USA ablöste. Er teilte Sarubin mit, daß eine Reihe von Kommunisten (überwiegend heimliche Parteimitglieder) in den ersten professionellen Auslandsnachrichtendienst der USA eingetreten seien, das Büro des Nachrichtenkoordinators, aus dem im Juni 1942 das Büro für Strategische Dienste (OSS) hervorging. Kurz vor der Gründung des OSS wurde Browder aus der Haft entlassen und trat wieder an die Spitze der KP – »in glänzender Stimmung«, wie Dennis berichtete.[37]

Einer der ersten sowjetischen Agenten im OSS war Duncan Chaplin Lee (KOCH), der es zum persönlichen Assistenten von dessen Chef, General »Wild Bill« Donovan, brachte. Donovan nahm die Anwerbung von Kommunisten gelassen auf. »Wenn ich geglaubt hätte, es würde uns helfen, Hitler zu besiegen«, meinte er einmal, »hätte ich auch Stalin auf die Gehaltsliste des OSS gesetzt.« Während des gesamten Krieges bestand ein deutliches Mißverhältnis zwischen dem, was der OSS über den NKWD, und dem, was der NKWD über den OSS wußte.[38]

Browders Anwerbungsempfehlungen betrafen auch ausländische Kommunisten und Sympathisanten, die in den USA Zuflucht gefunden hatten. Einer der bedeutendsten unter ihnen war der französische radikale Politiker Pierre Cot, sechsmaliger Luftfahrtminister und zweimaliger Handelsminister in den kurzlebigen Regierungen der Dritten Republik. Wahrscheinlich bereits Mitte der dreißiger Jahre vom NKWD angeworben, verlor er in der chaotischen Periode nach der Liquidierung der meisten Angehörigen des sowjetischen Auslandsnachrichtendienstes den Kontakt und gehörte später zu denen, die den Hitler-Stalin-Pakt verurteilten. Nachdem General de Gaulle, der Führer des Freien Frankreich in London, nach der Niederlage Frankreichs im Jahr 1940 die Zusammenarbeit mit ihm abgelehnt hatte, ging er in die USA.[39] Im November berichtete Browder nach Moskau: »Cot möchte die Führer der Sowjetunion wissen lassen, daß er bereit ist, jede Mission zu übernehmen, die wir auswählen. Dafür würde er sogar seine eigene Position aufgeben.«[40] Vermutlich einen Monat nach seiner Ankunft in New York trat Sarubin an ihn heran und drängte ihn in seiner schroffen Art, unverzüglich als sowjetischer Agent tätig zu werden. Laut seiner KGB-Akte fühlte sich Cot aber von Sarubins herrischem Ton abgestoßen und verlangte die Zustimmung eines Mitglieds der Exilführung der PCF in Moskau.[41] Am 1. Juli meldete Sarubin der Zentrale die »Verpflichtung von Pierre Cot« als Agent DAEDALUS.[42] Als Cot 1944 von de Gaulles provisorischer Regierung für drei Monate nach Moskau geschickt wurde, schloß er den Bericht über seinen Aufenthalt mit der Feststellung: »Im Kapitalismus verringert sich die Freiheit permanent, im Sozialismus wird sie permanent größer.«[43]

Die Zentrale war von der Qualität der von Browder entdeckten Rekruten tief beeindruckt, mahnte Sarubin aber, sich nicht ausschließlich auf diese Quellen zu verlassen: »Wir genehmigen die Nutzung der kommunistischen illegalen Nachrichtendienstkapazitäten ... als Ergänzung zu den Operationen der Residentur, aber es wäre ein Fehler, diese Kapazitäten zur Hauptgrundlage von Operationen zu machen.«[44]

Fast zur selben Zeit, als Sarubin im Dezember 1941 in New York den Posten des legalen Residenten übernahm, kehrte Ischak Achmerow (JUNG, später ALBERT) zurück, um die ebenfalls in New York angesiedelte illegale Residentur wiederaufzubauen, die er zwei Jahre zuvor hatte aufgeben müssen. Während er früher türkische und kanadische Papiere benutzt hatte, reiste er diesmal mit einem gefälschten US-amerikanischen Paß, den er 1938 erworben hatte.[45] Im Unterschied zu Sarubin vermied er jeden Kontakt mit Browder, obwohl seine Frau und Assistentin Helen Lowry (MADLEN und ADA) Browders Nichte war.[46] Im März 1942 zogen die Achmerows von New York nach Baltimore, von wo aus in Washington operierende Agenten besser geführt werden konnten. Dort eröffnete Achmerow, dessen Stiefvater Kürschner gewesen war, zur Tarnung zusammen mit dem in der Stadt ansässigen sowjetischen Agenten Henry Buchman (CHOSJAIN) einen Pelz- und Modesalon.[47]

Michael Straight (NIGEL), in den Achmerow vor dem Zweiten Weltkrieg solche Hoffnungen gesetzt hatte, weigerte sich, wieder für ihn tätig zu werden. Bei einem letzten Treffen Anfang 1942 in Washington lehnte er jede weitere Begegnung ab, schüttelte Achmerow die Hand und verabschiedete sich.[48] Die meisten Vorkriegsagenten, darunter Laurence Duggan (FRANK)[49] und Harry Dexter White (JURIST), konnte er jedoch reaktivieren.[50] Henry Wallace, in Roosevelts dritter Amtszeit (1941–1945) Vizepräsident, sagte später, daß er, wenn Roosevelt in dieser Zeit gestorben und er Präsident geworden wäre, Duggan zum Außenminister und White zum Finanzminister gemacht hätte.[51] Nur die Tatsache, daß Roosevelt noch drei Monate einer beispiellosen vierten Amtszeit erlebte und Wallace im Januar 1945 durch Harry S. Truman ersetzte, verhinderte diesen grandiosen Erfolg des sowjetischen Auslandsnachrichtendienstes bei der Infiltration einer bedeutenden westlichen Regierung. Dennoch konnte der NKWD in alle wesentlichen Bereiche der Regierung Roosevelt eindringen.

Achmerows produktivster Agentenring in Washington war eine Gruppe von bei der Regierung angestellten Kommunisten und Sympathisanten unter der Leitung von Gregory Silvermaster (Codenamen PAL und ROBERT), einem Statistiker des Amts zur Sicherung der Farmen (FSA), der später zum Amt für wirtschaftliche Kriegführung versetzt wurde.[52] »Greg« Silvermaster bewahrte sich den ungetrübt idealistischen Traum von der Revolution. Er litt an chronischem Bronchialasthma, so daß er häufig um Atem ringen mußte, und glaubte deshalb: »Meine Zeit ist begrenzt, und wenn ich sterbe, möchte ich das Gefühl haben, zumindest ein wenig daran beteiligt gewesen zu sein, daß nachfolgende Generationen ein anständiges Leben führen können.«[53]

Achmerow war vermutlich mit Recht überzeugt, daß er trotz der mit Silvermasters unorthodoxer Vorgehensweise verbundenen Sicherheitsrisiken von dessen wachsendem Agentennetz weit mehr Nachrichtenmaterial erhalten würde, als wenn er jedem einzelnen Informanten einen sowjetischen Führungsoffizier zuweisen würde. Silvermaster andererseits hatte für die bürokratischen »orthodoxen Methoden« des NKWD nur Verachtung übrig. Obwohl die meisten seiner Informationsquellen sich darüber im klaren gewesen sein müssen, wohin ihr Material letztlich ging, wurden sie, in Achmerows Worten, »unter der Fahne der Kommunistischen Partei« geführt. Das heißt, sie betrachteten sich selbst als Helfer der KP der USA, die ihrerseits die sowjetischen Genossen unterstützte.[54]

Um die Risiken zu begrenzen, schaltete Achmerow zwei Puffer zwischen sich und Silvermasters Gruppe. Der erste war ein Kurier, Elizabeth Bentley (MIRNA; später, etwas herablassend, UMNIZA, »gutes Mädchen«), eine Absolventin der Vassar-Universität, die sich 1938, als sie 30 Jahre alt war, hatte überreden lassen, alle sichtbaren Verbindungen zur KP der USA abzubrechen, um für den NKWD zu arbeiten. Alle vierzehn Tage holte sie bei Silvermaster in ihrer Handarbeitstasche Mikrofilme von Geheimdokumenten ab, die er und seine Frau aufgenommen hatten. Ihr Führungsoffizier war nicht Achmerow selbst, sondern ein zu seiner Residentur gehörender Illegaler namens Jacob Golos (SWUK, »Klang«), den sie als »Timmy« kannte. Golos verstieß gegen die NKWD-Regeln, indem er Elizabeth Bentley während eines Schneesturms in New York verführte. Nach Bentleys begeisterter Beschreibung hatte sie das Gefühl, »in einem Glückstaumel davonzugleiten, der weder Anfang noch Ende hatte«. Von Golos' schlechtem Vorbild ermuntert, vermischte Bentley Freundschaft und Spionage in einer Weise, die in der Zentrale Entsetzen ausgelöst hätte. Zu Weihnachten kaufte sie den Agenten aus Silvermasters Gruppe mit NKWD-Geldern sorgsam ausgewählte Geschenke – von Whisky bis zu Damenunterwäsche. Das war, wie sie sich später erinnerte, »die gute alte Zeit – die Zeit, als wir wie gute Kameraden zusammenarbeiteten«.[55]

Wie Sarubin rekrutierte Achmerows illegale Residentur sowohl Amerikaner als auch Nichtamerikaner als Agenten. Einer der wichtigsten aus der zweiten Gruppe war der britische Journalist und Nachrichtendienstoffizier Cedric Belfrage (CHARLIE), der sich kurz nach dem amerikanischen Kriegseintritt der Britischen Sicherheitskoordination (BSC) in New York anschloß.[56] Unter Leitung des Chefs der SIS-Station, William Stephenson, fungierte die BSC während des Krieges als wichtigste nachrichtendienstliche Verbindung von MI5, SOE und SIS zu den Amerikanern.[57] Belfrage bot dem sowjetischen Nachrichtendienst von sich aus seine Dienste an. Dazu trat er, wie andere spätere Agenten in den USA auch, an Earl Browder heran, der ihn an Golos vermittelte.[58] Bedenkt man die beispiellose Menge von Geheimnissen, die während des Krieges zwischen Briten und Amerikanern ausgetauscht wurden, hatte Belfrage Zugang zu einem ungewöhnlich breiten Spektrum von Informationen.

Die Zahl der Mikrofilmrollen, die von Achmerows illegaler Residentur über die legale Residentur in New York an die Zentrale weitergeleitet wurden, vervierfachte sich innerhalb eines Jahres nahezu – von 59 im Jahr 1942 auf 211 im folgenden Jahr. Dennoch betrachtete Sarubin Achmerows Weigerung, direkt mit der Führung der KP der USA in Kontakt zu treten und die umständliche Art, in der er Silvermasters Gruppe führte, als abwegig und schwerfällig. Achmerow, beklagte er sich, verhalte sich »spröde und mißtrauisch«, was – zumindest für seine Beziehung zu Sarubin – durchaus zutreffend gewesen sein mag. Von Achmerows Frau, Helen Lowry, hielt Sarubin mehr; er fand sie geistig reger, professioneller und – weil sie in Amerika aufgewachsen war – besser geeignet, den Kontakt mit amerikanischen Agenten aufrechtzuerhalten.[59]

Es bestand also eine gewaltige Kluft zwischen den nachrichtendienstlichen Informationen, die Stalin über die Vereinigten Staaten erhielt, und dem Material, das Roosevelt über die Sowjetunion zur Verfügung stand.[60] Während die Zentrale jede wichtige Behörde der Regierung Roosevelt infiltriert hatte, besaß der OSS – ebenso wie der SIS – keinen einzigen Agenten in Moskau. Auf der Konferenz von Teheran – dem ersten Zusammentreffen der Großen Drei im November 1943 – befand sich Stalin aufgrund des ihm vorliegenden überlegenen Materials erheblich im Vorteil. Obwohl im einzelnen nicht bekannt ist, welche Nachrichtendienstberichte und Dokumente Stalin vor dem Gipfeltreffen zugeleitet worden waren, kann kein Zweifel daran bestehen, daß er außerordentlich gut vorbereitet war. So wußte er sehr wahrscheinlich, daß Roosevelt mit der festen Absicht nach Teheran gekommen war, alles zu tun, um eine Einigung mit Stalin zu erzielen, selbst wenn dies bedeutete, daß er Churchill vor den Kopf stoßen mußte. Roosevelt gab seine Haltung denn auch sofort zu erkennen, kaum daß er in Teheran eingetroffen war, indem er Churchills Aufforderung zu einem Vieraugengespräch vor Konferenzbeginn ablehnte, Stalins angeblich aus Sicherheitsgründen erfolgte Einladung, statt in der US-Vertretung in einem Gebäude auf dem Grundstück der sowjetischen Botschaft zu wohnen, aber annahm. Dem US-Präsidenten scheint nie der Gedanke gekommen zu sein, daß das Gebäude verwanzt sein könnte und jedes seiner Worte mitgeschrieben und Stalin hinterbracht werden würde.[61]

Stalin dürfte es auch begrüßt haben, daß Roosevelt seinen engsten Vertrauten während des Krieges, Harry Hopkins, nach Teheran mitgebracht, Außenminister Cordell Hull aber in Washington zurückgelassen hatte. Hopkins hatte sich in Moskau einen bemerkenswerten Ruf erworben, indem er die Russen ins Vertrauen zog. Früher im Jahr hatte er die sowjetische Botschaft in Washington vertraulich darauf aufmerksam gemacht, daß das FBI ein Geheimtreffen abgehört hatte, bei dem Sarubin, in dem Hopkins offenbar nur einen Angehörigen der Botschaft sah, Steve Nelson, einem führenden Vertreter des kommunistischen Untergrunds, Geld übergeben hatte.[62] Auch die Informationen, welche die New Yorker Residentur über das Treffen zwischen Roosevelt und Churchill vom Mai 1943 nach Moskau geschickt hatte, stammten höchstwahrscheinlich von Hopkins.[63] Zudem gibt es glaubwürdige, wenn auch umstrittene Hinweise darauf, daß er nicht nur dem sowjetischen Botschafter vertrauliche Informationen zukommen ließ, sondern gelegentlich auch Achmerow als informellen Kanal nach Moskau benutzte, ähnlich wie es Kennedy später mit dem GRU-Offizier Georgi Bolschakow tat. Hopkins Mitteilsamkeit hinterließ bei der Zentrale einen solchen Eindruck, daß noch Jahre später

KGB-Offiziere damit prahlten, er sei ein sowjetischer Agent gewesen.[64] In Wirklichkeit war Hopkins ein amerikanischer Patriot, der für das Sowjetsystem nicht viel übrig hatte. Aber er bewunderte die sowjetischen Kriegsanstrengungen und war überzeugt, »da die Sowjetunion in diesem Krieg der entscheidende Faktor ist«, müsse man ihr »jede nur mögliche Unterstützung zukommen lassen und alle Anstrengungen unternehmen, um ihre Freundschaft zu erlangen«.[65] »Chip« Bohlen, der auf amerikanischer Seite als Dolmetscher fungierte, beschrieb Hopkins' Einfluß auf den Präsidenten auf dem Teheraner Gipfel später als »überragend«.[66] In Teheran begriff Churchill, wie er später zugab, zum ersten Mal, wie klein die britische Nation war: »Da saß ich zwischen dem großen russischen Bären mit ausgefahrenen Krallen auf der einen Seite und dem großen amerikanischen Büffel auf der anderen Seite, und zwischen ihnen saß der arme kleine englische Esel ...«[67]

So eng die während des Krieges vorhandene »besondere Beziehung« zwischen England und Amerika sowie Roosevelts Freundschaft mit Churchill auch waren, in Teheran war es seine Priorität, ein Übereinkommen mit Stalin zu erreichen. Zu seinem Freund, dem Arbeitsminister Frances Perkins, sagte er:

»Winston wurde rot und brummte ... und je mehr er brummte, um so mehr lächelte Stalin. Schließlich lachte er laut und herzlich, und zum ersten Mal in diesen drei Tagen fühlte ich Boden unter den Füßen. Ich blieb dabei, bis Stalin immer mehr lachte, und von da an nannte ich ihn ›Onkel Joe‹. Tags zuvor hätte er mich sicherlich für frech gehalten, aber an diesem Tag lachte er, kam zu mir und schüttelte mir die Hand. Von da an waren unsere Beziehungen persönlich ... Das Eis war gebrochen, und wir sprachen wie Männer und Brüder.«[68]

Im Verlauf der Teheraner Konferenz suchte Hopkins Churchill privat in der britischen Botschaft auf, um ihm mitzuteilen, daß Roosevelt und Stalin darauf bestanden, daß die Operation OVERLORD, die anglo-amerikanische Invasion des besetzten Frankreich über den Ärmelkanal hinweg, im folgenden Frühjahr stattfinden und der britische Widerstand dagegen aufhören müsse. Churchill gab klein bei. Das größte Zugeständnis an Stalin war die anglo-amerikanische Zusage, nach dem Krieg die sowjetischen Grenzen von 1941 anzuerkennen, womit Stalin gestattet wurde, die im Rahmen seines Pakts mit Hitler unrechtmäßig erworbenen territorialen

Zugewinne zu behalten: Ostpolen, die baltischen Staaten und Moldawien. Die polnische Exilregierung in London war nicht konsultiert worden.

Stalin kehrte in bester Laune nach Moskau zurück. Die USA und Großbritannien schienen, wie es ein sowjetischer Diplomat im privaten Gespräch ausdrückte, das »Recht« der Sowjetunion anerkannt zu haben, »in den uns benachbarten Ländern uns freundliche Regierungen zu errichten«.[69] Roosevelts Bereitschaft, Stalin in Teheran derart weit entgegenzukommen, war – zu einer Zeit, als die Rote Armee die Hauptlast des Krieges gegen Deutschland trug – hauptsächlich in dem tief verwurzelten Gefühl begründet, daß der Westen bei der Sowjetunion militärisch in der Schuld stehe. Ohne Zweifel beruhte Stalins Verhandlungserfolg aber mindestens ebensosehr darauf, daß er Roosevelts Karten kannte.

Trotz des bemerkenswerten Erfolgs der legalen und illegalen amerikanischen Residenturen bei der Infiltration der Regierung Roosevelt hatten sie jedoch in einer Beziehung völlig versagt. Eines der Ziele, die Sarubin von der Zentrale vorgegeben worden waren, bestand darin, Agenten in der großen deutsch-amerikanischen Gemeinde anzuwerben, die gegen Deutschland eingesetzt werden konnten. Wie sich herausstellte, konnte er keinen einzigen rekrutieren. Auf die Frage nach den Gründen erklärte er der Zentrale, die meisten Deutschamerikaner seien Juden und daher nicht zu gebrauchen.[70] Offenbar war die Zentrale, wie Sarubin selbst, derart auf die Nachrichtendienstoffensive gegen die Verbündeten fixiert, daß sie Fehlschläge von Operationen gegen den Feind mit einer gewissen Nachsicht aufnahm.

Nicht nur in den USA, sondern auch in Großbritannien weitete sich die Nachrichtenbeschaffung während des Krieges aus. Anfang 1942 wurde in London neben der von Anatoli Gorski (Codenamen nacheinander HENRI und WADIM) eine zweite legale Residentur unter Iwan Tschitschajew (JOHN) eingerichtet. Im Unterschied zu Gorski, der weiterhin das Agentennetz führte, meldete sich Tschitschajew bei den britischen Behörden an, da er für die Verbindung sowohl zur britischen Regierung als auch zu den verbündeten Exilregierungen verantwortlich war.[71] Außerdem führte er ein Agentennetz aus Emigranten aus Mittel- und Osteuropa, die ihn über die britischen Verhandlungen mit der polnischen Exilregierung, mit dem tschechoslowakischen Exilpräsidenten Eduard Beneš, König Peter von Jugoslawien und dessen Ministerpräsidenten Ivan Subašić auf dem laufenden hielten.[72]

Unterdessen fuhren die »Glorreichen Fünf« fort, ungeheure Mengen von Nachrichtenmaterial zu übermitteln. So füllten allein die 1942 von Maclean gelieferten Dokumente im Archiv der Zentrale mehr als 45 Ordner.[73] Auch Philby schickte eine Vielzahl streng geheimer Akten. Seit September 1941 arbeitete er in der Sektion V (Gegenspionage) des SIS. Zwar hatte die Sektion ihren Sitz damals nicht im Londoner SIS-Hauptquartier, sondern in St. Albans, aber das wurde durch den Vorteil wettgemacht, daß ihr Gebäude direkt neben der Registratur lag, in der das SIS-Archiv untergebracht war. Philby ließ es sich angelegen sein, das Vertrauen des Archivars Bill Woodfield, mit dem er die Vorliebe für »Pink Gin«-Cocktails teilte, zu gewinnen. »Diese freundschaftliche Beziehung«, erinnerte er sich später, »machte sich bezahlt.«[74] Über Monate hinweg lieh er sich stapelweise operative Akten von im Ausland tätigen britischen Agenten aus und übergab sie Gorski, damit er sie fotografierte.[75]

Anfang April 1942 stellte die Zentrale eine umfangreiche Analyse der bis zum Ende des vorangegangenen Jahres von Philby gelieferten SIS-Akten fertig, in der SÖHNCHEN gelobt wurde, weil er »systematisch eine Menge interessantes Material« beschaffte. Verwundert war man nur darüber, daß der SIS diesem Material zufolge anscheinend kein Agentennetz in der Sowjetunion besaß und nur »extrem unbedeutende« Operationen gegen sie durchführte. Für die Analytiker in der Zentrale gab es zwei Gründe, warum sie dieser völlig korrekten Schlußfolgerung widersprechen mußten. Erstens waren sie überzeugt, daß der SIS in den dreißiger Jahren »seine fähigsten Agenten« eingesetzt hatte, um bedeutende Operationen gegen die Sowjetunion zu unternehmen, obwohl sie zumindest ahnten, daß die Beweise gegen einige ihrer liquidierten Vorgänger, die angeblich für den britischen Geheimdienst gearbeitet hatten, erfunden gewesen waren. Doch die Wirklichkeit – daß der SIS nämlich nicht einmal über eine Station in Moskau verfügte – war für die Zentrale im Wortsinn unglaublich. Zweitens weigerte sich die Zentrale, zu akzeptieren, daß die Sowjetunion für den britischen Nachrichtendienst einen geringeren Stellenwert besaß als umgekehrt Großbritannien für den sowjetischen Nachrichtendienst: »Wenn das HOTEL [der SIS] in den vergangenen Jahren in Europa, vor allem in den von den Deutschen besetzten Ländern, hundert Agenten rekrutiert hat, dann kann es keinen Zweifel daran geben, daß unser Land nicht weniger Beachtung findet.«[76] Solche Berichte waren nicht mehr als eine Wiederholung der Verdächtigungen, die Stalin gegen seinen britischen Verbündeten erhob.

Die nachrichtendienstlichen Informationen der Londoner Residentur, die in den ersten Jahren des Großen Vaterländischen Krieges den nachhaltigsten Eindruck auf Stalin und die Zentrale machten, kamen von Cairncross. Im September 1941 telegrafierte Gorski nach Moskau: »Ich möchte Sie kurz über die Inhalte eines Geheimberichtes des Regierungskomitees über die Entwicklung von Uran-Atomenergie zur Produktion explosiver Materialien informieren, der am 24. September 1941 dem Kriegskabinett vorgelegt wurde.«[77] Verfasser des Berichts war der geheime Ausschuß für wissenschaftliche Beratung, in dem Lord Hankey, dessen Codename BOSS sich auf seine Stellung als Arbeitgeber von Cairncross bezog, den Vorsitz innehatte.[78] Der Bericht, den Gorski von Cairncross erhalten hatte, war der erste, der die Zentrale auf den Plan, eine Atombombe zu bauen, aufmerksam machte.[79]

Diesem ersten Hinweis folgten in den nächsten Monaten weitere Berichte über die Atombombe. In Moskau wurden sie allerdings erst mit Verzögerung wahrgenommen. Als Cairncross' erster Bericht eintraf, waren Stalin und die Stawka völlig vom deutschen Vormarsch im Oktober 1941, der sie zur Evakuierung der Hauptstadt veranlaßte, in Anspruch genommen. Erst im März 1942 sandte Berija eine ernsthafte Einschätzung der britischen Atomforschung an Stalin. Das britische Oberkommando, berichtete er, erachte die theoretischen Probleme des Baus einer Atombombe jetzt »grundsätzlich als gelöst«. Die besten Wissenschaftler des Landes und die Großunternehmen arbeiteten zusammen an dem Projekt.[80] Auf Berijas Vorschlag wurde das Thema in den folgenden Monaten ausführlich mit sowjetischen Wissenschaftlern diskutiert.[81]

Im Juni 1942 startete Präsident Roosevelt das Projekt MANHATTAN, die Entwicklung einer amerikanischen Atombombe. Es dauerte zwar noch ein Jahr, bis man sich formell über die britische Beteiligung an dem Unternehmen einigte, aber der NKWD war darüber informiert, daß Roosevelt und Churchill bereits am 20. Juni in Washington über die Kooperation bei der Entwicklung der Atombombe gesprochen hatten.[82] Nach intensiven Beratungen mit Wissenschaftlern legte die Zentrale am 6. Oktober dem ZK der KPdSU und dem Staatskomitee für Verteidigung, die beide Stalin zum Vorsitzenden hatten, den ersten umfassenden Bericht über die anglo-amerikanischen Pläne zum Bau einer Atombombe vor,[83] und Ende des Jahres beschloß Stalin die Entwicklung einer sowjetischen Atombombe.[84] Als er mitten in der Schlacht von Stalingrad, dem Wendepunkt des Krieges an der Ostfront, diese folgenschwere Entscheidung traf, dachte er nicht an die Erfordernisse des Großen Vaterländischen Krieges, denn es war klar, daß die Bombe nicht rechtzeitig fertiggestellt werden könnte, um sie gegen Deutschland zu verwenden. Statt dessen war sein Blick bereits auf die Nachkriegswelt gerichtet, in der die USA und Großbritannien die Atombombe besitzen würden, weshalb die Sowjetunion ebenfalls über sie verfügen mußte.[85]

Während des größten Teils des Krieges erhielt Moskau mehr Atominformationen aus Großbritannien als aus Amerika. Im Dezember 1942 ging der Londoner Residentur von einem kommunistischen Wissenschaftler mit dem Codenamen »K« ein detaillierter Bericht über die Atomforschung in Großbritannien und den USA zu. Der Leiter der wissenschaftlich-technischen Spionage in der Residentur, Wladimir Barkowski, schrieb später, »K« arbeite »mit Begeisterung für uns, weist aber ... die geringste Andeutung einer finanziellen Gegenleistung zurück«. Mit Hilfe eines von Barkowski nach einem von »K« gelieferten Wachsabdruck angefertigten Zweitschlüssels war »K« in der Lage, auch aus den Safes seiner Kollegen zahlreiche Geheimdokumente zu entnehmen. Am wertvollsten war nach Ansicht der Zentrale eines über die »Konstruktion von Uranmeilern«. Außer »K« lieferten noch mindestens zwei weitere Wissenschaftler mit den Codenamen MOOR und KELLEY Informationen über TUBE ALLOYS, das britische Atomprojekt.[86]

Der wichtigste britische Atomspion, der kommunistische Physiker Klaus Fuchs, ein naturalisierter Flüchtling aus Hitlerdeutschland und überzeugter Stalinist, arbeitete ursprünglich nicht für den NKWD beziehungsweise NKGB, sondern für die GRU. Er war später an der Entwicklung der ersten Atombombe beteiligt. Vor dem Krieg hatte er mit großer Begeisterung an dramatisierten Lesungen der Protokolle der Moskauer Schauprozesse teilgenommen, die von der Gesellschaft für kulturelle Beziehungen zur Sowjetunion veranstaltet wurden. Bei einer solchen Gelegenheit beeindruckte er seinen Doktorvater, den späteren Nobelpreisträger Nevill Mott, durch die Leidenschaft, mit der er den Chefankläger Wyschinski spielte: »Er griff die Angeklagten mit einer Gehässigkeit an, die ich einem so ruhigen und zurückhaltenden Mann wie ihm nie zugetraut hätte.« Ende 1941 bat Fuchs den Chef der im britischen Untergrund arbeitenden KPD, Jürgen Kuczynski, ihm dabei zu helfen, das Wissen, das er als Mitarbeiter des Projekts TUBE ALLOYS an der Universität von Birmingham erworben hatte, an die Russen weiterzugeben. Kuczynski brachte ihn daraufhin mit Simon Kremer in Kontakt, einem Offizier der

Londoner GRU-Residentur, der Fuchs damit reizte, daß er auf endlosen, für gewöhnlich durch Richtungswechsel unterbrochenen Taxifahrten durch London bestand, um eventuelle Beschatter abzuschütteln.[87]

Im Sommer 1942 wurde Fuchs einem anderen, besser zu ihm passenden weiblichen GRU-Führungsoffizier mit dem Codenamen SONJA zugewiesen (in den KGB-Akten wird auch der Codename FIR verwendet).[88] Daß SONJA die Schwester von Jürgen Kuczynski war, hat er wohl nie erfahren. Sie trafen sich für gewöhnlich in Banbury auf halbem Weg zwischen Birmingham und Oxford, wo SONJA als jüdische Emigrantin aus Deutschland namens Mrs. Brewer lebte. Für sie bestand das Material, das sie von Fuchs erhielt, aus »Reihen von Hieroglyphen und Formeln, die in so winziger Schrift geschrieben waren, daß sie wie Schnörkel aussahen«. Später erinnerte sie sich:

»Klaus und ich verbrachten nie mehr als eine halbe Stunde miteinander, wenn wir uns trafen. Zwei Minuten wären genug gewesen, aber abgesehen vom Vergnügen an der Begegnung, war es weniger verdächtig, wenn wir einen kleinen Spaziergang unternahmen, als wenn wir uns gleich getrennt hätten. Wer nicht in solcher Isolation gelebt hat, kann nicht nachvollziehen, wie kostbar diese Treffen mit einem anderen deutschen Genossen waren.«[89]

SONJA wurde für ihre bemerkenswerten Leistungen später als erste und einzige Frau zum Ehrenoberst der sowjetischen Streitkräfte ernannt.[90] Doch obwohl offiziell anerkannt wurde, daß sie in ihrer Zeit in England neben Fuchs noch andere Agenten führte, haben sich SWR und GRU einige Mühe gegeben, den wichtigsten von ihnen zu verheimlichen: Melita Stedman Norwood, geb. Sirnis, mit dem Codenamen HOLA. HOLAs Akte in der Zentrale zeigt, daß sie aller Wahrscheinlichkeit nach sowohl die bedeutendste britische Agentin des KGB als auch von allen Sowjetspionen in England am längsten aktiv war.[91]

1912 als Kind eines litauischen Vaters und einer britischen Mutter geboren, trat HOLA später der Kommunistischen Partei Großbritanniens bei, heiratete einen ihrer Genossen, einen Mathematiklehrer, und arbeitete seit ihrem 20. Lebensjahr als Sekretärin in der *British Non-Ferrous Metals Research Association*. 1935 wurde sie von Andrew Rothstein, einem der Gründer der britischen KP, als potentielle Agentin entdeckt und von der Parteiführung dem NKWD empfohlen, das sie zwei Jahre später rekrutierte. Wie die »Glorreichen Fünf« war auch HOLA ideologisch motiviert und stand unter dem Eindruck eines mythischen Bildes der Sowjetunion, das wenig mit der brutalen Realität der stalinistischen Herrschaft gemein hatte. Ihre 40jährige Karriere als sowjetische Agentin wäre allerdings beinah ebenso schnell zu Ende gewesen, wie sie begonnen hatte, denn sie gehörte zu einem in der Rüstungsschmiede Woolwich Arsenal operierenden Spionagering, dessen drei führende Mitglieder im Januar 1938 verhaftet und drei Monate später vor Gericht gestellt und verurteilt wurden. Das MI5 konnte in einem Notizbuch, das beim Kopf des Spionagerings, Percey Glading (GOT), gefunden worden war, jedoch keine Hinweise auf ihre Identität entdecken. Nachdem sie mehrere Monate »auf Eis« gelegt worden war, wurde sie im Mai 1938 reaktiviert. Für das Ansehen HOLAs in der Zentrale spricht die Tatsache, daß der Kontakt zu ihr auch aufrechterhalten wurde, als die Verbindung zu vielen anderen Agenten, einschließlich der »Glorreichen Fünf«, aufgrund der Abberufung der meisten Offiziere des Auslandsnachrichtendienstes unterbrochen war.[92]

Nach der Schließung der Londoner Residentur Anfang 1940 brach der Kontakt zu HOLA vorübergehend ab. Als er 1941 wieder angeknüpft wurde, teilte man ihr aus unerfindlichen Gründen als Führungsoffizier keinen Mitarbeiter des NKWD, sondern SONJA von der GRU zu. Durch ihre Arbeit beim Nichteisenmetall-Verband hatte sie Zugang zu einer Vielzahl wissenschaftlich-technischer Informationen, die sie an SONJA und deren Nachfolger weitergab. So lieferte sie in den letzten Kriegsmonaten zum Beispiel Dokumente über das Projekt TUBE ALLOYS. Laut Mitrochins Notizen wurde sie während ihrer gesamten Karriere als »tüchtige, zuverlässige und disziplinierte Agentin, die bestrebt ist, von größtmöglichem Nutzen zu sein«, geschätzt.[93]

Da sie von den amerikanischen Atombombenplänen wußte, war die Zentrale Anfang 1943 stärker darauf bedacht, Atominformationen aus den USA zu erhalten als aus Großbritannien. Ein sicheres Anzeichen dafür, welche Bedeutung sie der Beobachtung des MANHATTAN-Projekts beimaß, war die Entsendung des Leiters der wissenschaftlich-technischen Spionage, Leonid Krasnikow (ANTON), nach New York, wo er im Januar 1943 den Posten des für Wissenschaft und Technik zuständigen stellvertretenden Residenten antrat.[94] Igor Kurtschatow, der neu ernannte Leiter des sowjetischen Atomprojekts, schrieb am 7. März an Berija:

»Nach Sichtung des [Nachrichtendienst-]Materials bin ich zu dem Schluß gekommen, daß *es für unseren Staat und unsere Wissenschaft von unschätzbarem Wert ist.* Zum einen gibt das Material Aufschluß über die Ernsthaftigkeit und Intensität, mit der England an der Erforschung der Uranproblematik arbeitet; zum anderen enthält es wichtige Anhaltspunkte für unsere eigene wissenschaftliche Forschung, die es uns ermöglichen, viele schwierige Forschungsetappen zu überspringen und neue Wege bei der wissenschaftlichen und technischen Lösung des Problems zu beschreiten. ... Wie aus meinen Ausführungen hervorgeht, zwingt uns das Geheimmaterial zur Revision unserer Ansichten in bezug auf viele Aspekte der Problematik und zur Etablierung dreier für die sowjetische Physik neuer Forschungsrichtungen: 1. Trennung des Isotops Uran 235 durch Diffusion. 2. Realisierung der Kernverbrennung in einem Gemisch aus Uran und schwerem Wasser. 3. Erforschung der Eigenschaften des Elementes EkaOs 238/94.«[95]

Als Berija diesen Brief erhielt, nahm in Los Alamos in New Mexico ein neues, streng geheimes Labor die Arbeit an der Atombombe auf, in dem vermutlich die erstaunlichste Gruppe junger Talente versammelt war, die jemals an ein und demselben Ort geforscht hat. Das Durchschnittsalter der Wissenschaftler lag bei nur 25 Jahren; der älteste war mit 39 Jahren Robert Oppenheimer, der Chef des Labors. Insgesamt zwölf Nobelpreisträger wirkten in Los Alamos.

Im April 1943, einen Monat nach der Eröffnung des Labors, berichtete die New Yorker Residentur von einer wichtigen Informationsquelle über das MANHATTAN-Projekt. Im sowjetischen Generalkonsulat war eine unbekannte Frau erschienen und hatte einen Brief abgegeben, der geheime Informationen über das Atomwaffenprogramm enthielt. Einen Monat später überbrachte dieselbe Frau, die auch diesmal ihren Namen nicht nennen wollte, einen weiteren Brief mit Einzelheiten über den Plutoniumweg zur Atombombe. Nachdem es der Residentur mit Hilfe der Gesellschaft der Freunde der UdSSR gelungen war, sie ausfindig zu machen, erklärte die Frau (die dann den Codenamen OLIVIA erhielt), sie sei nur ein Zwischenträger. Die Briefe kämen von ihrem Schwager, einem amerikanischen Wissenschaftler, der bei der Firma Du Pont arbeite. Bald darauf wurde der Wissenschaftler, bei dem es sich – nach bisherigen Erkenntnissen – offenbar um den ersten amerikanischen Atomspion handelte, unter dem Codenamen MAR rekrutiert.[96]

Im Juni lieferte die New Yorker Residentur Material über die Trennung von Uranisotopen durch Gasdiffusion, das von einem nicht identifizierten Agenten mit dem Codenamen KWANT stammte, der beim MANHATTAN-Projekt arbeitete. KWANT verlangte Bezahlung und erhielt 300 Dollar.[97] Am 3. Juli schrieb Kurtschatow, nachdem er die neuesten Informationen aus den USA geprüft hatte, an den NKWD (vermutlich an Berija persönlich):

»Ich habe die beigefügte Liste amerikanischer Uranprojekte durchgesehen. Fast jedes davon ist für uns von großem Interesse. ... Dieses Material ist von ungeheurem Interesse und großem Wert. ... Weitere Informationen dieser Art wären äußerst wünschenswert.«[98]

Noch war das Material aus den USA allerdings weniger detailliert als die Informationen, die man 1941/42 aus Großbritannien erhalten hatte.[99] Einer derjenigen, die das von Kurtschatow verlangte zusätzliche Material lieferten, war MAR, der seinem Führungsoffizier gegenüber sein Handeln damit begründete, daß er den »verbrecherischen« Versuch des US-Militärs, die Entwicklung der Atombombe vor der Sowjetunion zu verheimlichen, vereiteln wolle. Bis Weihnachten 1943 hatte er Geheiminformationen über den Bau von Atomreaktoren, ihr Kühlsystem, die Herstellung von Plutonium aus bestrahltem Uran und über den Strahlungsschutz geliefert.[100] Weitere US-amerikanische Informanten über die Atomforschung waren ein »fortschrittlicher Professor« am Strahlenlabor in Berkeley, Kalifornien, und – wahrscheinlich – ein Wissenschaftler im metallurgischen Labor des MANHATTAN-Projekts an der Universität von Chicago.[101] Der gewinnsüchtige KWANT scheint aus dieser Phalanx ausgeschert zu sein, doch Anfang 1944 lieferte ein anderer Agent mit dem Codenamen FOGEL (später PERS) Informationen aus dem MANHATTAN-Labor in Oak River, Tennessee.[102] Dafür, daß der sowjetischen Nachrichtendienst einen Agenten in Los Alamos selbst gehabt hätte, gibt es keinen verläßlichen Beweis.[103]

Die Infiltration des MANHATTAN-Projekts war der spektakulärste, aber nicht der einzige Bereich der während des Krieges erheblich ausgeweiteten wissenschaftlich-technischen Spionage der Sowjetunion. Sie trug nicht nur zur Entwicklung der sowjetischen Atomwaffen bei, sondern führte auch zu Fortschritten beim Radar, in der Funktechnik, im U-Boot- und Flugzeugbau, bei der Konstruktion von Düsentriebwerken und der Herstellung von synthetischem Gummi.[104] Die Atomforschung lief unter dem Codenamen ENORMOS, die Entwicklung von Düsentriebwerken hieß WOSDUCH (»Luft«) und die des Radars RADUGA (»Regenbogen«).[105] Im privaten Gespräch, wenn auch nicht öffentlich, zollte auch der Flugzeugkonstrukteur und stellvertretende Volkskommissar für die Luftfahrtindustrie Alexander Jakowlew dem Beitrag der wissenschaftlich-technischen Spionage zu dem sowjetischen Flugzeug, das seinen Namen trug, seine Anerkennung.[106] Vor allem dank der zunehmenden Aktivitäten von Achmerows Agentenringen in Washington konnte zugleich auch die politische und militärische Nachrichtenbeschaffung in allen Hauptbereichen der Regierung Roosevelt ausgeweitet werden. Die Zahl der Filme mit Aufnahmen von Geheimdokumenten, die von seiner illegalen Residentur über New York nach Moskau geschickt wurden, erhöhte sich von 211 im Jahr 1943 auf 600 im folgenden Jahr.[107]

Der Qualität nach übertraf das politische Nachrichtenmaterial aus Großbritannien wahrscheinlich noch das aus den USA. Zum Teil lag dies an der engeren Zusammenarbeit von britischer Regierung und Nachrichtendiensten im Kriegskabinett und im JIC, die beide in den Vereinigten Staaten trotz der Existenz von Gremien mit ähnlichen Namen keine Entsprechung hatten. Die Akten der Londoner Residentur aus der Kriegszeit enthalten, wie Mitrochin es knapp zusammenfaßt, »viele Geheimnisse des britischen Kriegskabinetts«, Briefe, die zwischen Roosevelt und Churchill gewechselt wurden, Telegramme, die zwischen dem Außenministerium und den Botschaften in Moskau, Washington, Stockholm, Ankara und Teheran sowie dem Ministerresidenten in Kairo hin und her gingen, sowie Nachrichtendienstberichte.[108] Vom Sommer 1942 bis zum Sommer 1943 umfaßte das Material auch von ULTRA entschlüsselte Funksprüche, die direkt aus der Zentrale der britischen Fernmeldeaufklärung in Bletchley Park stammten, wo John Cairncross ein Jahr lang arbeitete. Sein Führungsoffizier, Anatoli Gorski, den er wie die »Glorreichen Fünf« nur als »Henry« kannte, gab ihm extra das Geld für einen Gebrauchtwagen, damit er an freien Tagen ULTRA-Material nach London bringen konnte.[109] Darüber hinaus war die Londoner Residentur aufgrund der beispiellosen Kooperation der anglo-amerikanischen Nachrichtendienste während des Krieges in der Lage, neben britischen auch amerikanische Informationen zu liefern.[110]

Für die von Berufs wegen mißtrauischen Gemüter in der Zentrale war das alles zu gut, um wahr zu sein, und indem sie die Vorgaben des Hauptverschwörungstheoretikers im Kreml weiterspannen, kamen sie zu dem Schluß, daß das, was das beste Nachrichtenmaterial zu sein schien, das jemals ein Nachrichtendienst in Großbritannien beschafft hatte, nichts anderes war als ein britisches Komplott. Die »Glorreichen Fünf«, die später als produktivste Agentengruppe des sowjetischen Auslandsnachrichtendienstes in die KGB-Geschichte eingingen, disqualifizierten sich in den Augen der Zentrale selbst, weil sie keinerlei Beweise für die Existenz einer massiven britischen Verschwörung gegen die Sowjetunion zutage förderten. Am Vorhandensein dieser Verschwörung hatten Stalin und daher auch seine wichtigsten nachrichtendienstlichen Ratgeber keinen Zweifel. Im Oktober 1942 schrieb Stalin dem sowjetischen Botschafter in Großbritannien, Iwan Maiski: »Wir alle in Moskau haben den Eindruck gewonnen, daß Churchill auf die Niederlage der UdSSR abzielt, um sich dann auf Kosten unseres Landes mit dem Deutschland Hitlers oder Brünings zu arrangieren.«[111]

Wann immer Stalin über die angeblichen Verschwörungen Churchills nachgrübelte, fiel ihm der Hitler-Stellvertreter Rudolf Heß ein, der, wie er Maiski anvertraute, von Churchill »in Reserve« gehalten werde. In der abwegigen Hoffnung, einen Frieden zwischen England und Deutschland herbeiführen zu können, hatte Heß im Mai 1941 einen bizarren Flug nach Schottland unternommen, woraus sowohl Berlin als auch London den zutreffenden Schluß gezogen hatten, daß er nicht ganz zurechnungsfähig war. Stalin jedoch war fest überzeugt, der Flug sei Teil eines umfangreichen britischen Komplotts, und nach der deutschen Invasion im Juni vertiefte sich sein Argwohn noch. Zumindest in den nächsten zwei Jahren hegte er den Verdacht, daß Heß an einer Verschwörung beteiligt war, durch die das Bündnis mit der Sowjetunion gesprengt und ein Separatfrieden mit Deutschland erreicht werden sollte.[112] Im Oktober 1944 brachte er bei einem Abendessen mit Churchill im Kreml einen Toast auf den »britischen Geheimdienst, der Heß nach England gelockt hat«, aus: »Er hätte nicht landen können, wenn man ihm keine Signale gegeben hätte. Hinter all dem muß der Geheimdienst stehen.«[113] Stalin war an diesem Abend gut gelaunt, aber seine Verschwörungstheorie meinte er todernst. Mochte er seine Fehlinterpretation des Heß-Fluges auch nicht direkt den Nachrichtenanalysen der Zentrale entnommen haben, so mußte er sich durch sie in seiner Ansicht bestätigt fühlen. Noch Anfang der neunziger Jahre vertrat ein KGB-Sprecher eben diese Verschwörungstheorie, indem er behauptete, Heß habe 1941 »die Friedensvorschläge des Führers und einen Plan für die Invasion der Sowjetunion überbracht«. Bei einigen Mitarbeitern des SWR stößt dieser Mythos offenbar heute noch auf Widerhall.[114]

Am 25. Oktober 1943 teilte die Zentrale der Londoner Residentur mit, nach eingehender Analyse des umfangreichen Nachrichtenmaterials der »Glorreichen Fünf« sei jetzt klar, daß sie Doppelagenten im Dienst von SIS und MI5 seien. Wahrscheinlich schon seit ihrer Zeit in Cambridge hätten Philby, Maclean und Burgess auf Anweisung des britischen Nachrichtendienstes die studentische Linke infiltriert, bevor sie Kontakt zum NKWD aufnahmen. Nur so sei zu erklären, daß sowohl SIS als auch MI5 in sicherheitsrelevanten Stellungen Cambridge-Absolventen mit kommunistischem Hintergrund beschäftigten. Daß weder SÖHNCHEN (Philby) aus dem SIS noch TONY (Blunt) aus dem MI5 von der Anwerbung sowjetischer Agenten berichtete, wurde als weiterer Beweis dafür angesehen, daß beide benutzt wurden, um dem NKGB Desinformationen zu übermitteln: »Während der ganzen Zeit, die S[ÖHNCHEN] und T[ONY] für die britischen Nachrichtendienste arbeiteten, haben sie nichts dazu beigetragen, auch nur einen einzigen wertvollen [britischen] ISLANDER-Agenten in der UdSSR oder in der sowjetischen Botschaft in ISLAND [England] zu enttarnen.« Natürlich gab es keinen solchen »wertvollen Agenten«, den Philby oder Blunt hätten verraten können, doch diese einfache Möglichkeit kam den Verschwörungstheoretikern im Kreml nicht in den Sinn. Philbys zutreffender Bericht, daß »das HOTEL [der SIS] gegenwärtig keine Aktivitäten gegen die Sowjetunion durchführt«, konnte nach Ansicht der Zentrale nichts anderes als Desinformation sein.[115]

Da die »Glorreichen Fünf« Doppelagenten waren, mußten auch die von ihnen für den NKWD angeworbenen Informanten Spitzel sein. Ein Fall, der die Zentrale besonders erregte, war der von Peter Smollett (ABO), dem 1941 das Kunststück geglückt war, zum Leiter der russischen Abteilung im Informationsministerium ernannt zu werden. 1943 nutzte er seine Position dazu, in erstaunlichem Umfang prosowjetische Propaganda zu verbreiten. Auf dem Programm einer Großveranstaltung, die im Februar aus Anlaß des 25. Jahrestages der Gründung der Roten Armee in der Royal Albert Hall abgehalten wurde, standen Loblieder eines Massenchors und Rezitationen von John Gielgud und Laurence Olivier, denen führende Politiker aller Parteien lauschten. Der Film *USSR at War* wurde in Fabriken vor insgesamt 1,25 Millionen Menschen gezeigt. Allein im September 1943 organisierte das Informationsministerium für 34 öffentliche Einrichtungen, 35 Fabriken, 100 Freiwilligengruppen, 28 Zivilverteidigungseinheiten, neun Schulen und ein Gefängnis Veranstaltungen über die Sowjetunion. Im selben Monat strahlte die BBC 30 Sendungen aus, die sich vorwiegend mit sowjetischen Themen befaßten.[116] Für die Zentrale war Smollett trotzdem ein Spitzel, weil er von Philby angeworben worden war. Seine ins Auge fallenden Erfolge bei der Organisation prosowjetischer Propaganda in noch nie dagewesenem Ausmaß wurden ins Gegenteil verkehrt und als geschicktes Komplott des britischen Geheimdienstes interpretiert.[117]

Doch selbst den hartgesottensten Verschwörungstheoretikern in der Zentrale fiel es schwer, zu erklären, warum die »Glorreichen Fünf« neben Desinformationen eine solche Menge einwandfreien Nachrichtenmaterials von höchstem Wert lieferten. In ihrem Schreiben an die Londoner Residentur vom 25. Oktober erwog die Zentrale eine Reihe möglicher Antworten auf diese Frage: Der schiere Umfang der von Maclean beschafften Dokumente aus dem Außenministerium *könnte* bedeuten, daß er im Unterschied zu den anderen vier den NKWD nicht *absichtlich* betrog, sondern nur von den anderen zu ihren Zwecken manipuliert wurde. Alle fünf, so mutmaßte die Zentrale weiter, hätten die Anweisung, Informationen über Deutschland weiterzuleiten, die England nicht schadeten, um den Desinformationen über die britische Politik Glaubwürdigkeit zu verleihen.[118] Das wertvollste »dokumentarische Material über die Arbeit der Deutschen« waren 1943 die entschlüsselten deutschen Funksprüche, die Cairncross aus Bletchley Park lieferte. In einer vom SWR veröffentlichten kurzen Biographie Fitins wird ausdrücklich das aus Großbritannien stammende ULTRA-Material über die deutschen Vorbereitungen auf die Schlacht von Kursk erwähnt.[119] Die von Cairncross beschafften Funksprüche der deutschen Luftwaffe waren von wesentlicher Bedeutung für die Entscheidung der Roten Armee, massive Präventivschläge gegen deutsche Flugpisten durchzuführen, bei denen über 500 feindliche Flugzeuge zerstört wurden.[120]

Doch die Zentrale war derart von Verschwörungstheorien besessen, daß sie dem Agenten, der ihr vor der Schlacht von Kursk Informationen von kampfentscheidender Bedeutung übermittelt hatte, unterstellte, an einer abgefeimten Täuschungsoperation beteiligt zu sein. Sie wies die Londoner Residentur daher an, ein neues Agentennetz aufzubauen, das nicht von den »Glorreichen Fünf« kontaminiert war. Dennoch – obwohl sie »zweifellos Doppelagenten« waren – sollte die Residentur den Kontakt zu ihnen aufrechterhalten. Für diese widersprüchlichen Befehle gab die Zentrale drei Gründe an: Wenn der britische Nachrichtendienst, erstens, dahinterkäme, daß seine Täuschung entdeckt worden war, würde er die Suche nach dem neuen Agentenring verstärken, um den unbrauchbar gewordenen zu ersetzen. Zweitens erkannte die Zentrale an, daß die »Glorreichen Fünf« trotz ihrer »unbezweifelbaren Versuche, uns falsch zu informieren« offenbar auch »wertvolles Material über die Deutschen und andere Themen« lieferten. Drittens schließlich seien »nicht alle Fragen zu dieser Agentengruppe restlos geklärt«.[121] Mit anderen Worten, die Zentrale war sich nicht sicher, was sie von den »Glorreichen Fünf« halten sollte.

Um die britische Verschwörung genauer unter die Lupe zu nehmen, schickte die Zentrale zum ersten Mal überhaupt ein achtköpfiges Überwachungsteam an die Londoner Residentur. Es sollte die »Glorreichen Fünf« und andere mutmaßlich falsche sowjetische Agenten observieren, um deren Kontakte mit ihren nichtexistenten britischen Führungsoffizieren aufzudecken. Außerdem beschattete das Team Besucher der sowjetischen Botschaft, unter denen man Provokateure des MI5 vermutete. Doch die Mühe war vergeblich. Keiner der acht Überwacher sprach Englisch; alle trugen auffallende russische Kleidung und fühlten sich in der englischen Umgebung sichtlich unwohl. Kurz, sie dürften bei den von ihnen Beschatteten kaum unbemerkt geblieben sein.[122]

Die Absurdität der Observierung der »Glorreichen Fünf« beleuchtet die Hauptschwäche des sowjetischen Nachrichtendienstsystems, die Tatsache nämlich, daß die Zentrale stets besser in der Lage war, Informationen zu beschaffen, als sie zu interpretieren. Moskaus Bild seiner britischen Verbündeten war durchweg, wenn auch in unterschiedlichem Ausmaß, von Verschwörungstheorien überschattet. So fiel es der sowjetischen Führung leichter, die amerikanische Atombombe nachzubauen, als den politischen Entscheidungsprozeß in London und Washington zu verstehen.

8.
Der Sieg

Angesichts der »besonderen Beziehung« zwischen Großbritannien und den USA hegte die Zentrale unweigerlich den Verdacht, daß einige von Roosevelts Beratern mit Churchills vermeintlichen antisowjetischen Komplotten sympathisierten,[1] wenn auch das Mißtrauen gegenüber Roosevelt nie so ausgeprägt war wie gegenüber Churchill. Auch waren die Verschwörungstheorien der Zentrale über ihre amerikanischen Agenten weniger grotesk als jene über die »Glorreichen Fünf«. Vielleicht neigte der NKWD, weil es das OSS von seiner Gründung an infiltriert hatte, weniger dazu, anzunehmen, der amerikanische Nachrichtendienst führe eine Täuschungsoperation durch, die mit der britischen Verwendung der »Fünf« vergleichbar gewesen wäre. Und angesichts der Unterstützung, die der Mordanschlag auf Trotzki von seiten der KP der USA erfahren hatte, und der Begeisterung, mit der sie »Spione und Verräter entlarvte und aussonderte«,[2] schien ihr im Untergrund arbeitender Zweig ein verläßliches Reservoir potentieller Agenten zu sein. Durch den ständigen Kontakt zum Vorsitzenden der KP der USA, Earl Browder, war Wassili Sarubin von der Zuverlässigkeit der heimlichen Parteimitglieder, die sich zur Mitarbeit bereit erklärten, überzeugt.

Im Verlauf des Frühjahrs 1943 machte sich die Zentrale jedoch zunehmend Sorgen über die Sicherheit ihres großen und immer weitere Kreise ziehenden amerikanischen Agentennetzes. Sarubin wurde sowohl in bezug auf seine Treffen mit Parteiführern als auch bei ihrer Bezahlung aus geheimen Fonds aus Moskau immer unvorsichtiger. In einem von Mitrochin eingesehenen Bericht hieß es tadelnd: »Ohne Zustimmung des Zentralkomitees beging Sarubin grobe Verletzungen der Regeln der konspirativen Arbeit.« Einmal bat Browder Sarubin, der kommunistischen Untergrundorganisation in Chicago das Geld aus Moskau persönlich zu überbringen, und die KGB-Akte läßt darauf schließen, daß der Russe einwilligte. Ein andermal, im April 1943, reiste Sarubin nach Kalifornien, um mit Steve Nelson, dem Vorsitzenden einer geheimen Kontrollkommission, die Informanten und Spionen in der kalifornischen Parteiorganisation nachspürte, zusammenzukommen. Da er ihn in seinem Haus nicht antraf, konnte er das Geld erst beim zweiten Versuch übergeben. Doch diesmal wurde das Treffen vom FBI belauscht.[3] Der sowjetische Botschafter in Washington erhielt von keinem geringeren als Harry Hopkins, Roosevelts engstem Vertrauten während des Krieges, die vertrauliche Mitteilung, daß ein Mitarbeiter der Botschaft dabei beobachtet worden sei, wie er einem Kommunisten in Kalifornien Geld aushändigte.[4]

Obwohl Sarubin nach dieser »freundschaftlichen Warnung« etwas vorsichtiger wurde, war seine Tarnung doch aufgeflogen. Vier Monate später wurde er von Wassili Mironow, einem der beiden Offiziere der New Yorker Residentur, die von der Zentrale schon einmal erfolglos Sarubins Abberufung verlangt hatten, insgeheim beim FBI denunziert. In einem ungewöhnlichen anonymen Brief an J. Edgar Hoover vom 7. August 1943 identifizierte er Sarubin und zehn andere führende Mitarbeiter von Residenturen, die mit diplomatischer Tarnung in den USA operierten – sich selbst eingeschlossen –, als sowjetische Nachrichtendienstoffiziere. Darüber hinaus enthüllte er, daß Earl Browder tief in die sowjetische Spionage verstrickt war, und enttarnte den Hollywood-Produzenten Boris Morros (FROST) als sowjetischen Agenten. Motiv für sein Handeln war zum Teil persönlicher Haß auf Sarubin. Von sich selbst in der dritten Person sprechend, teilte er Hoover mit, daß Sarubin und Mironow »sich gegenseitig hassen«. Außerdem haben ihn wegen seiner Beteiligung an dem Massaker an polnischen Offizieren im Jahr 1940 offenbar Schuldgefühle geplagt. Sarubin, schrieb er Hoover, »verhörte und erschoß Polen in Koselsk, Mironow in Starobelsk«. (Tatsächlich hat Sarubin zwar einige der polnischen Offiziere verhört, scheint aber an ihrer Exekution nicht beteiligt gewesen zu sein.) Schließlich enthält Mironows Brief auch Anzeichen, wenn nicht für akuten Wahnsinn, so doch für den vom Terror verursachten paranoiden Geisteszustand. So warf er Sarubin vor, ein japanischer Agent zu sein, während seine Frau für die Deutschen arbeite, und zog den absurden Schluß: »Wenn Sie Mironow beweisen, daß S. für die Deutschen und Japaner arbeitet, wird er ihn sofort ohne Prozeß erschießen, da auch er eine sehr hohe Stellung im NKWD einnimmt.«[5]

Zu dem Zeitpunkt, als Mironows erstaunlicher Brief beim FBI eintraf, war Sarubin Resident in Washington geworden – ein Schritt, zu dem man sich vermutlich aufgrund des ständig zunehmenden Stroms von Informationen aus dem Regierungsapparat entschlossen hatte. Als höchster

NKWD-Offizier in den Vereinigten Staaten besaß er die Oberaufsicht über die Residenturen in New York und San Francisco und war für die Verbindung zum Vorsitzenden der KP der USA, Earl Browder, und zum Leiter der illegalen Residentur, Achmerow, verantwortlich; außerdem erhielt er die direkte Kontrolle über einige seiner Lieblingsagenten, darunter Pierre Cot und Cedric Belfrage, die er von Golos übernahm.[6]

Nachdem seine Tarnung aufgeflogen war, hatte es Sarubin in Washington nicht leicht. Einen höchst peinlichen Augenblick erlebte er bei einem Abendessen, das der Gouverneur von Louisiana, Sam Houston Jones, 1944 für Angehörige der sowjetischen Botschaft gab. Als die Gäste nach dem Essen in kleinen Gruppen durch das Haus des Gouverneurs schlenderten, wandte sich eine Frau, die zu wissen schien, daß Sarubin NKGB-Offizier war, mit der Aufforderung an ihn: »Nehmen Sie doch Platz, General!« Sarubin, dem es sowohl an Langmut als auch an Humor fehlte, erwiderte, während er sich setzte, verkniffen: »Ich bin kein General!« Ein anderer Gast, der sich als Offizier beim militärischen Nachrichtendienst vorstellte, machte der Frau jedoch ein Kompliment wegen ihres Insiderwissens. Dann vergrößerte er Sarubins Verlegenheit, indem er ihn nach seiner Meinung über das Massaker an 16 000 polnischen Offizieren fragte, deren Leichen in den Wäldern bei Katyn entdeckt worden waren. Sarubin antwortete, die deutschen Vorwürfe, die Offiziere seien vom NKWD erschossen worden (was der Wahrheit entsprach), seien eine Provokation, durch die innerhalb der Großen Allianz Zwietracht gesät werden solle; doch davon ließen sich nur naive Gemüter täuschen.[7]

Sarubin versuchte der Zentrale weiszumachen, seine Enttarnung sei nicht auf seine eigene Unvorsichtigkeit zurückzuführen, sondern darauf, daß die Amerikaner irgendwie von seiner Tätigkeit in Koselsk erfahren hätten. Die Zentrale sah es anders. In einem Brief an das ZK der KPdSU berichtete die Personalabteilung des NKGB, Sarubins Dienstzeit als Resident in den USA sei durch eine ganze Reihe von groben Fehlern gekennzeichnet.[8] Mironow scheint nach seinem Brief an Hoover auch Stalin geschrieben und Sarubin beschuldigt zu haben, er stehe in Verbindung zum FBI.[9] Im Sommer 1944 wurden sowohl Mironow als auch Sarubin nach Moskau zurückbeordert. Sarubins Nachfolger in Washington wurde Anatoli Gorski, der einige Monate zuvor noch Resident in London gewesen war.[10]

In Moskau gelang es Sarubin rasch, sich auf Kosten Mironows zu rehabilitieren. Er stieg zum stellvertretenden Leiter des Auslandsnachrichtendienstes auf, und als er drei Jahre später – angeblich aus Gesundheitsgründen – in den Ruhestand trat, hatte er es geschafft, das Verdienst an den beachtlichen Nachrichtendiensterfolgen, die während des Krieges in den USA erzielt worden waren, zum großen Teil sich selbst anzurechnen, was ihm zwei Leninorden, zwei Rotbannerorden, einen Orden des Roten Sterns und zahlreiche sonstige Ehrungen eintrug.[11] Mironow dagegen wurde bald nach seiner Rückkehr nach Moskau, vermutlich wegen der falschen Anschuldigungen gegen Sarubin, zu fünf Jahren Arbeitslager verurteilt. 1945 versuchte er, Informationen über das Massaker an den polnischen Offizieren, die weitgehend dem entsprachen, was er zwei Jahre zuvor ans FBI geschrieben hatte, aus dem Gefängnis zu schmuggeln und der US-Botschaft in Moskau zugehen zu lassen. Doch er wurde erwischt, erneut vor Gericht gestellt und hingerichtet.[12]

Trotz der Abberufung von Sarubin und Mironow gingen die Grabenkämpfe und Denunziationen in den amerikanischen Residenturen weiter. Manche der Fehden wirkten, wie Mironows abwegige Anschuldigungen, beinah surrealistisch. Im August 1944 warf der neu ernannte Resident in San Francisco, Grigori Kasparow, dem Residenten in Mexiko City, Lew Tarassow, in einem Telegramm an die Zentrale vor, er habe die Befreiungsversuche des Trotzki-Mörders Ramón Mercader verpatzt und gebe sich einem »grandiosen Lebensstil« hin. Nicht nur habe er ein großes Haus mit Garten angemietet und beschäftige zwei Dienstboten, er vergeude seine Zeit auch damit, Papageien, Geflügel und andere Vögel zu züchten.[13] Was er mit diesen Haustieren tat, ist unbekannt.

Auch in New York gab es Spannungen. Dort hatte Anfang 1944 der unerfahrene 28jährige Stepan Apresjan (MAJ), der vorher noch nie im Ausland gewesen war, den Posten des Residenten angetreten. Bei seinem erfahreneren Stellvertreter, Roland Abbiate alias Wladimir Prawdin (SERGEJ), dem Mörder des Überläufers Ignaz Porezki, hatte die Berufung Apresjans bittere Enttäuschung ausgelöst. Unter der Tarnung des Leiters des TASS-Büros in New York operierend, kannte er sich wesentlich besser als Apresjan in Amerika aus, doch seine Karriere wurde von der Tatsache behindert, daß er zwar 1902 in St. Petersburg geboren war, aber als Kind französischer Eltern, mit denen er 1920 nach Frankreich zurückgekehrt war. Dort war er 1932 von der OGPU als Illegaler angeworben worden.[14]

Im Herbst 1944, als die Inkompetenz Apresjans nicht mehr zu übersehen war, stellte die Zentrale ihm Abbiate praktisch gleich, so daß die Residentur jetzt eine Doppelspitze hatte. Abbiate antwortete mit einem giftigen Telegramm, in dem er Apresjan nachsagte, er sei »unfähig, mit den ihm übertragenen Aufgaben fertig zu werden« und die Achtung seiner Mitarbeiter zu gewinnen:

»MAI fehlt jedes Geschick im Umgang mit Menschen. Er verhält sich übermäßig schroff, neigt zum Nörgeln und nimmt sich zu selten die Zeit, mit ihnen zu sprechen. Manchmal erhalten unsere operativen Mitarbeiter ... auf dringende Fragen mehrere Tage lang keine Antwort von ihm. ... Ein Offizier, der keine Erfahrung in der Auslandsarbeit besitzt, kann die Arbeit der Leitung des TYRE OFFICE [der New Yorker Residentur] nicht allein bewältigen.«

Die wahre Verantwortung, deutete Abbiate unmißverständlich an, lag bei der Zentrale, die einen augenscheinlich ungeeigneten und unqualifizierten Residenten ernannt hatte.[15] Der Grabenkrieg zwischen dem Residenten und seinem Stellvertreter dauerte noch ein gutes Jahr, bevor er mit einem Sieg für Abbiate zu Ende ging. Im März 1945 wurde Apresjan nach San Francisco versetzt, während Abbiate als Resident in New York blieb.[16]

Im Gegensatz zu New York und San Francisco, wo sich die Residenturen im Sommer 1944 in Aufruhr befanden, kehrte in London wieder Ruhe ein. Die »Glorreichen Fünf« waren offiziell von allen Verdächtigungen, von den Briten kontrollierte Doppelagenten zu sein, reingewaschen worden. Am 29. Juni teilte die Zentrale der Londoner Residentur, die inzwischen von Konstantin Kukin (IGOR) geleitet wurde,[17] mit, die jüngst von Philby gelieferten SIS-Dokumente deckten sich zum großen Teil mit Material aus »anderen Quellen« (von denen einige wahrscheinlich im OSS saßen, mit dem der SIS viele Geheiminformationen austauschte): »Dies ist eine ernstzunehmende Bestätigung der Ehrlichkeit von S[ÖHNCHEN]s Arbeit für uns, was uns dazu nötigt, unsere Haltung ihm und der ganzen Gruppe gegenüber zu revidieren.« Es sei jetzt klar, daß deren Informationen »von großem Wert« seien. Der Kontakt mit ihnen müsse um jeden Preis aufrechterhalten werden: »Danken Sie S[ÖHNCHEN] in unserem Namen für seine Arbeit. ... Wenn Sie es für angemessen und möglich erachten, bieten Sie S[ÖHNCHEN] auf taktvolle Weise einen Bonus von 100 Pfund an oder geben Sie ihm ein Geschenk von diesem Wert.« Nach sechs Jahren, in denen seine phänomenale Arbeit als Infiltrationsagent ständig unterbewertet, ignoriert oder beargwöhnt worden war, war Philby beinah überschwenglich dankbar für die überfällige Anerkennung seiner Leistung. »Während dieses Jahrzehnts der Arbeit«, ließ er Moskau wissen, »war ich noch nie so tief gerührt wie jetzt über Ihr Geschenk und Ihre Mitteilung [des Dankes].«[18]

Wesentlich dazu beigetragen, daß die Zentrale das Vertrauen zu Philby wiedergewann, hatten die Informationen, die er seit Anfang 1944 über die neu geschaffene SIS-Sektion IX geschickt hatte. Deren Aufgabe bestand darin, »frühere Berichte über sowjetische und kommunistische Aktivitäten zu studieren«. Von seinem neuen Führungsoffizier Boris Krötenschild alias Krotow (KRETSCHIN) gedrängt, gelang es Philby am Ende des Jahres, Leiter der inzwischen erweiterten Sektion IX zu werden, die jetzt für das »Sammeln und Auswerten von Informationen über sowjetische und kommunistische Spionage und Subversion in allen Teilen der Welt, außer auf britischem Territorium«, zuständig war. Wie einer seiner Kollegen beim SIS, Robert Cecil, später schrieb, hatte Philby mit einem Schlag »sichergestellt, daß alle Anstrengungen, die man nach dem Krieg zur Abwehr der kommunistischen Spionage unternommen hat, dem Kreml bekannt wurden. Die Geschichte der Spionage kennt, falls überhaupt, nur sehr wenige vergleichbare Meisterleistungen.«[19]

Etwa zur gleichen Zeit, als Philby sein Geschenk erhielt, wurde Cairncross ein verspäteter Dank für seinen Beitrag zum sowjetischen Sieg bei Kursk zuteil. Krötenschild teilte ihm mit, daß man ihm eine der höchsten Auszeichnungen der Sowjetunion verliehen habe, den Rotbannerorden. Dann öffnete er eine mit Samt ausgeschlagene Schachtel, nahm den Orden heraus und drückte ihn Cairncross in die Hand. Der Zentrale berichtete Krötenschild, Cairncross sei durch die Ehrung sichtlich bewegt gewesen, obwohl er den Orden zur sicheren Aufbewahrung in Moskau zurückgeben mußte.[20] Die Ehrung kam jedoch zu spät, um ihre volle Wirkung zu entfalten. Im Sommer 1943 hatte Cairncross Bletchley Park verlassen, weil er der regelmäßigen Autofahrten nach London zur Übergabe des ULTRA-Materials an Gorski überdrüssig war und ihm wahrscheinlich auch die angemessene Anerkennung fehlte, und obwohl er eine Stelle im SIS fand, zuerst in der Sektion V (Gegenspionage) und dann in der Sektion I (politische Nachrichtenbeschaffung), rangierte er auf der Rangliste der Zentrale jetzt eindeutig hinter Philby.[21] Anders als dieser verstand sich Cairncross nicht mit seinen SIS-Kollegen. Der Chef der Sektion I, David Footman, empfand ihn als »eigenartigen Menschen, der sich ständig angegriffen fühlt«.[22]

Von der ungewohnten Anerkennung der Zentrale beflügelt, wurden die anderen Mitglieder der »Glorreichen Fünf« – Maclean, Burgess und Blunt – noch produktiver als vorher schon. Im Frühjahr 1944 erhielt Maclean einen Posten an der britischen Botschaft in Washington, wo er bald zum Ersten Sekretär aufstieg. Sein Eifer blieb nicht unbemerkt. »Keine Arbeit«, erinnerte sich einer seiner Kollegen später, »war ihm zu schwer, kein Arbeitstag zu lang. Er stand in dem Ruf, stets bereitwillig die Arbeit eines Kollegen zu übernehmen, der krank war oder Urlaub hatte oder ganz einfach weniger fleißig war.« Der sensibelste und in den Augen des NKGB wohl auch wichtigste Politikbereich, mit dem Maclean Anfang 1945 in Berührung kam, war die anglo-amerikanische Zusammenarbeit bei der Entwicklung der Atombombe.[23]

Burgess erhöhte seinen Nutzen für den NKGB, indem er sich, kurz nachdem Maclean nach Washington versetzt worden war, eine Stellung in der Presseabteilung des Außenministeriums besorgte. Zweifellos unter dem Vorwand, vielfältiges Material einsehen zu müssen, um angemessen informiert in die Pressegespräche zu gehen, füllte er regelmäßig eine große Reisetasche mit Dokumenten des Außenministeriums, darunter auch streng geheimes Material, und übergab sie dem NKGB zum Fotografieren. Die Reisetasche wurde ihm beinah zum Verhängnis. Bei einem Treffen mit Krötenschild sprach ein Streifenpolizist Burgess an, der Diebesgut in der Tasche vermutete, doch als er gesehen hatte, daß sie kein Einbruchswerkzeug, sondern nur Papiere enthielt, entschuldigte er sich und setzte seinen Streifengang fort. Obwohl Burgess danach vermutlich eine Tasche benutzte, die weniger Ähnlichkeit mit der eines Einbrechers hatte, blieb seine Produktivität davon unbeeinflußt. Laut einer von Mitrochin eingesehenen Akte waren von den im ersten Halbjahr 1945 von Burgess gelieferten Dokumenten des Außenministeriums 389 als »Top Secret« gekennzeichnet.[24]

Auch Blunts Produktivität war erstaunlich. Neben dem Material, das er selbst im MI5 beschaffte, erhielt er weiterhin von Leo Long Informationen aus dem militärischen Nachrichtendienst, und in den entscheidenden Tagen vor der Invasion in der Bretagne hatte er zudem Zugang zum unweit des Sitzes des MI5 gelegenen Hauptquartier der Alliierten Expeditionsstreitkräfte (SHAEF).[25] Sein Beitrag zu den Operationen des NKGB in London bestand unter anderem darin, daß er die Residentur über Art und Umfang der Überwachung durch den MI5 auf dem laufenden hielt. Aus Informationen, die er 1945 lieferte, ging hervor, daß der

MI5 James Klugmann als kommunistischen Spion enttarnt hatte. Klugmann war 1942 in die jugoslawische Sektion des SOE in Kairo eingetreten, wo er durch Verstand, Charme und seine serbokroatischen Sprachkenntnisse wesentlich mehr Einfluß gewann, als ihm aufgrund seines relativ niedrigen Ranges (er brachte es schließlich bis zum Major) zugestanden hätte. Zu seinen Aufgaben gehörte es, alliierte Offiziere, die mit dem Fallschirm über Jugoslawien abspringen sollten, auf ihren Einsatz vorzubereiten. Daneben informierte er den NKGB über britische Politik und Geheimoperationen. Mit beidem versuchte er Titos kommunistische Partisanen gegenüber Mihailovićs royalistischen Tschetniks zu stärken. 1945 diente er vier Monate lang in Jugoslawien in der britischen Militärmission bei Titos Truppen. Blunt machte Krötenschild nun darauf aufmerksam, daß der MI5 die Zentrale der KP Großbritanniens in der Londoner King Street verwanzt und ein Gespräch aufgenommen habe, in dem sich Klugmann damit brüstete, Geheiminformationen an die jugoslawischen Kommunisten weitergeleitet zu haben.[26]

Neben den »Glorreichen Fünf« war der 1941 von der GRU rekrutierte Atomphysiker Klaus Fuchs wahrscheinlich der wichtigste sowjetische Spion in Großbritannien. Als Fuchs Ende 1943 als Mitglied der britischen Wissenschaftlergruppe, die am MANHATTAN-Projekt mitwirken sollte, nach Amerika ging, wurde er – auch wenn er selbst es nicht erfuhr – von der GRU unter dem Codenamen REST (später CHARLES) dem NKGB übergeben.[27] Früher im Jahr hatte die Zentrale die Residenturen in Großbritannien und den USA angewiesen: »Die Denkfabriken [wissenschaftlichen Forschungseinrichtungen] müssen in unsere Zuständigkeit gebracht werden.« Es war nicht das einzige Mal, daß sich die GRU gezwungen sah, Forderungen ihres mächtigeren »Nachbarn« nachzugeben.[28] 1944 wurde Melita Norwood (HOLA), die langjährige Agentin in der *British Non-Ferrous Metals Research Association*, ihrem GRU-Kontakt SONJA abgenommen und einem Führungsoffizier vom NKGB übergeben.[29] Als ihr Arbeitgeber im März 1945 einen Auftrag im Rahmen des Projekts TUBE ALLOYS erhielt, bekam HOLA Zugang zu Dokumenten über die Atomforschung,[30] die laut Zentrale »ein wertvoller Beitrag zur Entwicklung der Arbeiten auf diesem Gebiet« waren. HOLA wurde instruiert, ihrem Ehemann nichts von ihrer Agententätigkeit zu sagen; insbesondere sollte sie ihre Beteiligung an der Atomspionage mit keinem Wort erwähnen.[31] Die Atominformationen aus London und von den amerikanischen Residenturen überlappten sich zum Teil; der Rest ergänzte sich. »In den USA«, erklärte Wladimir Barkowski, der Leiter der wissenschaftlich-technischen Spionage an der Londoner Residentur, im Rückblick, »erhielten wir Informationen darüber, wie die Bombe hergestellt wurde, und aus Großbritannien erfuhren wir, woraus sie bestand, so daß durch beides zusammen das ganze Problem abgedeckt war.«[32]

Am 5. Februar 1944 traf sich Fuchs in der New Yorker East Side zum ersten Mal mit seinem NKGB-Führungsoffizier Harry Gold (GOOSE, später ARNO), einem als Kind russischer Eltern in der Schweiz geborenen Industriechemiker.[33] Fuchs sollte sich dadurch zu erkennen geben, daß er einen Tennisball in der Hand hielt, und sich nach einem Mann umsehen, der Handschuhe trug und ein weiteres Paar in der Hand hatte.[34] Gold, der sich als »Raymond« vorstellte, berichtete Leonid Kwasnikow, dem Leiter der wissenschaftlich-technischen Spionage an der New Yorker Residentur, Fuchs habe ihn »freundlich begrüßt, war aber zuerst ziemlich vorsichtig«.[35] 1949, nach seiner Verhaftung, sagte Fuchs, Raymond habe sich bei ihren Treffen »immer wie ein Untergebener« verhalten. Nachdem er seinerseits verhaftet worden war, gestand Gold ein, das von Fuchs gelieferte Material habe ihn tief beeindruckt. Die Idee einer Atombombe sei für ihn so beängstigend gewesen, daß er nichts anderes habe tun können, »als sie soweit wie möglich von mir wegzuschieben und einfach nicht mehr daran zu denken«.[36]

Am 25. Juli 1944 telegrafierte die New Yorker Residentur der Zentrale: »Nachdem der Kontakt zu REST fast ein halbes Jahr besteht, hat sich gezeigt, welchen Wert seine Arbeit für uns besitzt.« Sie bat um die Erlaubnis, Fuchs eine »Belohnung« von 500 Dollar zahlen zu dürfen. Die Zentrale stimmte zu, doch bevor das Geld übergeben werden konnte, war Fuchs verschwunden.[37] Es dauerte drei Monate, bis Gold herausfand, daß er nach Los Alamos versetzt worden war, und er nahm den Kontakt erst wieder auf, als Fuchs im Februar 1945 zu einem Urlaub an die Ostküste zurückkehrte.[38]

1944 wurde Kwasnikows Zuständigkeit erweitert, indem er zum Residenten für wissenschaftlich-technische Spionage in den gesamten Vereinigten Staaten ernannt wurde, was ein sicheres Anzeichen für die zunehmende Bedeutung der Atomspionage war.[39] Ende des Jahres informierte er die Zentrale, daß es außer Fuchs zwei weitere vielversprechende Atomspione in Los Alamos gebe. Der erste war durch eine New Yorker Gruppe von wissenschaftlich-technischen Spionen unter der Leitung von Julius Rosenberg (ANTENNA, später LIBERAL), einem 26jährigen kommunistischen New Yorker Elektroingenieur, angeworben worden. Wie Fuchs hatten die Mitglieder von Rosenbergs Ring, zu dem unter anderen seine Frau Ethel gehörte, im Sommer Belohnungen in Form von Bargeld erhalten. Der Ring lieferte derart viele Dokumente, die in Kwasnikows Wohnung fotografiert wurden, daß der New Yorker Residentur die Filme auszugehen drohten. Sie berichtete der Zentrale, Rosenberg werde von seinen Agenten derart mit Material überhäuft, daß er es kaum noch bewältigen könne: »Wir befürchten, daß LIBERAL wegen Überarbeitung ausfallen wird.«[40]

Im November 1944 teilte Kwasnikow der Zentrale mit, Ethel Rosenbergs Schwester, Ruth Greenglass (WASP), habe zugesagt, mit ihrem Ehemann, der als Techniker in Los Alamos arbeitete, zu sprechen.[41] »Ich war jung, dumm und unreif«, meinte David Greenglass (SCHMEL, »Hummel«, und KALIBR) später, »doch ich war ein guter Kommunist.« Stalin und die anderen sowjetischen Führer hielt er für »echte Genies, und zwar jeden einzelnen von ihnen«. Seiner Frau schrieb er: »Schatz, ich bin wirklich froh darüber, an dem Gemeinschaftsprojekt teilnehmen zu dürfen, das Julius und seine Freunde [die Russen] planen.«[42]

Im November 1944 meldete die New Yorker Residentur darüber hinaus, der brillante, frühreife neunzehnjährige Harvard-Physiker Theodore Alvin (»Ted«) Hall habe sich zur Zusammenarbeit bereit erklärt. Grund dafür war nicht nur das mythische Image des sowjetischen Arbeiter-und-Bauern-Staates, der für fast alle ideologisch motivierten Sowjetagenten eine Art Glaubensartikel darstellte, sondern auch der Gedanke, daß ein amerikanisches Atommonopol den Frieden der Nachkriegswelt gefährden würde. Die Geheimnisse des MANHATTAN-Projekts an Moskau weiterzugeben war insofern eine Möglichkeit, »der Welt zu helfen«, indem man der Sowjetunion half. Als der jüngste unter den Atomspionen erhielt Hall den passenden, wenngleich durchsichtigen Codenamen MLAD (»Jung«). Sein Kommilitone Saville Savoy Sax, der ihn mit dem NKGB in Kontakt gebracht hatte, bekam, obwohl er nur ein Jahr älter war als er, den Codenamen STAR (»Alt«).[43]

Die Infiltration von Los Alamos war Bestandteil einer allgemeinen Zunahme der Aktivitäten des sowjetischen Nachrichtendienstes in den USA in den letzten beiden Kriegsjahren, als die Agenten des NKGB, von dem unaufhörlichen Vormarsch der Roten Armee in Richtung Berlin und der Eröffnung der zweiten Front in Hochstimmung versetzt, einem glorreichen Sieg über den Faschismus entgegenfieberten. Die Zahl der von Achmerows illegaler Residentur via New York nach Moskau geschickten Mikrofilme nahm erneut sprunghaft zu: von 600 im Jahr 1944 auf 1896 im folgenden Jahr.[44] Doch die Zentrale vermochte nicht recht zu glauben, daß die Spionage in den USA so unbehelligt vor sich gehen konnte, wie es den Anschein hatte. Gegen Ende des Krieges wuchs bei ihr die Sorge um die Sicherheit der amerikanischen Operationen, und sie versuchte, sie direkter unter ihre Kontrolle zu bringen.[45] Als Jacob Golos, der Führungsoffizier und Geliebte von Elizabeth Bentley, Ende November 1943 überraschend einem Herzanfall erlag, beschloß Achmerow, auf einen Zwischenträger zu verzichten und Bentley selbst zu führen. Ihr erster Eindruck von ihm war der eines gutgekleideten, »flott aussehenden Mannes von Mitte Dreißig« (er war 42) mit ausgezeichneten Manieren, bald jedoch erkannte sie, daß er »trotz des oberflächlichen Äußeren eines Flaneurs einen harten Charakter besaß«.[46] Obwohl sie weiterhin als Kurier für die Silvermaster-Gruppe tätig war, spürte sie in den nächsten sechs Monaten einen zunehmenden Druck auf sich lasten.

Im März 1944 übergab ihr Earl Browder eine zweite Gruppe von Washingtoner Beamten, deren Material er bisher an Golos weitergeleitet hatte.[47] Bentley sah in Victor Perlo (RAIDER), einem Statistiker im Regierungsdienst, der Informationen über die Flugzeugproduktion beschaffte, den Kopf dieser Gruppe – wahrscheinlich weil er bei ihrem ersten Treffen als deren Sprecher auftrat.[48] Achmerow, der Charles Kramer (LOT), einen Volkswirt im Dienst der Regierung, für den eigentlichen Organisator der Gruppe hielt, war wütend darüber, daß Browder die Perlo/Kramer-Gruppe nicht ihm, sondern Bentley übergeben hatte. Seit über einem Jahr, schrieb er an die Zentrale, hätten Sarubin und er direkten Kontakt zu der Gruppe aufnehmen wollen, aber Browder habe ihnen keine Gelegenheit dazu gegeben. »Wenn wir mit dieser Gruppe arbeiten«, fügte Achmerow hinzu, »wird es nötig sein, [Bentley] abzuziehen.«[49]

Bentley bat Browder um Unterstützung, um Kurier der Washingtoner Agentenringe bleiben zu können. »Jede Nacht, wenn ich wieder eine Auseinandersetzung mit ihm [Achmerow] gehabt hatte«, schrieb sie später, »schlich ich nach Hause und fiel ins Bett; manchmal war ich sogar zu müde, mich auszuziehen.« Schließlich erklärte sie sich bereit, ein Treffen zwischen Achmerow und Silvermaster (PAL) zu arrangieren. Bald darauf teilte ihr Achmerow, ihrer Darstellung zufolge, »fast platzend vor Arroganz« mit: »Earl [Browder] hat eingewilligt, Greg [Silvermaster] mir zu übergeben. ... Sie können ihn ja fragen.« – »Seien Sie nicht naiv«, sagte

Browder ihr am nächsten Tag. »Sie wissen, daß ich mich, wenn es darauf ankommt, an ihre Befehle halten muß.«[50] Achmerow berichtete der Zentrale, Bentley habe sich die Trennung von der Silvermaster-Gruppe »sehr zu Herzen genommen« und glaube offenbar, »daß wir ihr nicht vertrauen. Sie ist wütend auf RULEWOI [Browder], weil er unserer Verbindung zu PAL zugestimmt hat.«[51]

Auch von der Perlo/Kramer-Gruppe wurde Bentley abgezogen. Gorski versuchte sie zu besänftigen, indem er sie zum Abendessen in ein Restaurant in Washington einlud, bei dem er ihr mitteilte, daß ihr der Rotbannerorden verliehen worden sei – »einer der höchsten Orden, der unseren besten Kämpfern vorbehalten ist« –, und ihr eine Kopie der Urkunde zeigte. »Wir alle finden«, sagte er, »daß Sie Großartiges geleistet haben. Sie haben eine große Zukunft vor sich.« Doch UMNIZA (»Braves Mädchen«) ließ sich nicht besänftigen.[52] Ein Jahr später begann sie ihre Geschichte insgeheim dem FBI zu erzählen.

Sorge bereitete der Zentrale auch die zunehmende Überwachung des sowjetischen Konsulats in New York, in dem die legale Residentur untergebracht war. Zudem wurde sie von Duncan Lee (KOCH) im September 1944 davor gewarnt, daß die Sicherheitsabteilung des OSS dabei sei, eine Liste von Kommunisten und deren Sympathisanten im OSS zu erstellen.[53] Die Nervosität der Zentrale wurde von einigen ihrer besten Agenten geteilt. Nach Bentleys Einschätzung befand sich Lee selbst »am Rand des Zusammenbruchs« und war »so übervorsichtig, daß er sich angewöhnt hatte, in seiner Wohnung auf allen vieren auf dem Fußboden herumzukriechen, um zu überprüfen, ob sich jemand an der Telefonleitung zu schaffen gemacht hatte«.[54] Ein anderer bedeutender sowjetischer Agent, der hohe Beamte im Schatzamt Harry Dexter White (JURIST), erklärte seinem Führungsoffizier, er mache sich zwar keine Sorgen um seine eigene Sicherheit, und seine Frau sei »zu jedem Selbstopfer« bereit, aber wegen des Schadens, den der »neue Kurs« (die sowjetische Sache) erlitte, wenn er als Spion enttarnt würde, müsse er sehr vorsichtig sein. Er schlage deshalb vor, sich in Zukunft nur noch unregelmäßig zu treffen.[55]

Im November sorgte eine dringende Warnung eines Agenten im Weißen Haus für zusätzliche Unruhe. Lauchlin Currie, Verwaltungsassistent Roosevelts, meldete, die Amerikaner stünden »kurz davor, den sowjetischen Code zu knacken«.[56] Die Aufregung legte sich jedoch, als sich herausstellte, daß Currie den irrtümlichen Schluß gezogen hatte, das OSS sei mit Hilfe eines den Finnen in die Hände gefallenen, teilweise versengten Codebuchs in der Lage, die sowjetischen Mitteilungen – die eine weitere, theoretisch nicht zu brechende Verschlüsselung mit einem Abreißchiffrenblock erfuhren – zu entschlüsseln.[57] Angesichts der herausragenden Erfolge der anglo-amerikanischen Codeknacker beim Einbruch in die höchstwertigen deutschen und japanischen Schlüssel ist Curries Fehlschluß verständlich. Das Codebuch jedenfalls wurde auf Drängen Roosevelts der sowjetischen Botschaft zurückgegeben, worauf ein zweifellos amüsierter Fitin OSS-Direktor Donovan seinen »aufrichtigen Dank« übermittelte.[58]

Trotz all dieser Besorgnisse lieferten die eifrigen amerikanischen und britischen Agenten des NKGB weiterhin Informationen in ebenso beachtlicher Menge wie Qualität. Nach dem Krieg gab der NKGB voller Stolz an, während des Krieges seien rund um die Welt insgesamt 1240 Agenten und Informanten (»vertrauliche Kontakte«) für ihn tätig gewesen, die 41718 Stücke Nachrichtenmaterial geliefert hätten. Rund 3000 Berichte und Dokumente des Auslandsnachrichtendienstes waren als wichtig genug eingeschätzt worden, um dem Staatskomitee für Verteidigung und dem ZK der KPdSU vorgelegt zu werden. 87 Offiziere des Auslandsnachrichtendienstes waren für ihre Leistungen während des Krieges ausgezeichnet worden.[59]

Moskau wußte die wissenschaftlich-technischen Informationen weit besser zu nutzen als die politischen, die allzu leicht ignoriert oder mit Argwohn betrachtet wurden, wenn sie nicht mit Stalins Verschwörungstheorien übereinstimmten. Die wissenschaftlich-technischen Informationen dagegen wurden von den sowjetischen Wissenschaftlern und Ingenieuren unvoreingenommen begrüßt. Abram Joffe, der Direktor des Leningrader Instituts für Physik und Technik der Akademie der Wissenschaften der UdSSR, schrieb über die so gewonnenen Erkenntnisse: »Die Informationen stellen sich stets als zutreffend und in den meisten Fällen auch als ziemlich vollständig heraus. ... Ich habe nicht eine einzige falsche Behauptung gefunden. Bei der Prüfung sämtlicher Formeln und Experimente sind die in dem Material gemachten Angaben ausnahmslos bestätigt worden.«[60]

Die wertvollsten wissenschaftlich-technischen Informationen betrafen das Atomprogramm. Kurtschatow berichtete Berija am 29. September, das vorliegende Material enthülle, daß für das MANHATTAN-Projekt eine »Konzentration von wissenschaftlichem und ingenieurtechnischem Können in einem in der Geschichte noch nie dagewesenen Ausmaß« geschaffen worden sei und dies »bereits zu Resultaten von unschätzbarem Wert geführt« habe.[61] Nach Angaben des NKGB waren bis November 1944 1167 Dokumente aus der Atomforschung beschafft worden, von denen 88 aus den USA und 79 aus Großbritannien als besonders bedeutsam eingeschätzt wurden.[62] Der größte Fang stand jedoch noch bevor.

Am 28. Februar 1945 legte der NKGB Berija den ersten umfassenden Bericht über die Atomspionage seit zwei Jahren vor. Es war zugleich der erste, der auf Informationen aus Los Alamos beruhte. Fünf Monate vor dem ersten erfolgreichen Test einer Atombombe in Alamogordo im Süden von New Mexico wußte die Zentrale bereits über die Hauptelemente ihrer Konstruktion Bescheid. Das Material, das Fuchs Mitte Februar an der Ostküste Gold übergab, traf zu spät in der Zentrale ein, um in den Bericht einzufließen, so daß er sich höchstwahrscheinlich vor allem auf die Informationen des neunzehnjährigen Theodore Hall und des Technical Sergeant David Greenglass stützte. Ohne Zweifel war Halls Material, das sein Freund Saville Sax an die New Yorker Residentur weiterleitete, das bedeutendere. Von ihm erfuhren die Sowjets wahrscheinlich zuerst von der Implosionsmethode zur Zündung der Bombe, obwohl am 6. April ein ausführlicherer Bericht von Klaus Fuchs über dieses Thema bei Kurtschatow eintraf.[63]

Im Frühjahr 1945 wurde Sax als Kurier zwischen Hall und der New Yorker Residentur von Leontina (»Lona«) Cohen (LESLIE) abgelöst. Cohen war 1941 von ihrem Ehemann Morris (LOUIS), der als Spanienkämpfer sowjetischer Agent geworden war, rekrutiert worden. Das Paar, das später zu den Helden des sowjetischen Nachrichtendienstes gezählt werden sollte, bekam den gemeinsamen Codenamen DATSCHNIKI (»Sommerfrischler«), mußte seine Agentenkarriere aber 1942 unterbrechen, weil Morris zum Militär eingezogen wurde. Lona wurde Anfang 1945 reaktiviert, um sowohl für Los Alamos als auch für das anglo-amerikanische Atomforschungszentrum in Chalk River bei Ottawa, das ebenfalls von sowjetischen Agenten infiltriert worden war, als Kurier zu fungieren. Während sie die Verbindung zu Hall hielt, übernahm Gold die Kurierdienste für Fuchs und Greenglass. Keiner der drei sowjetischen Agenten wußte von der Spionagetätigkeit der anderen beiden.[64]

Wahrscheinlich gaben sowohl Fuchs als auch Hall unabhängig voneinander die Pläne der ersten Atombombe weiter, so daß die Zentrale in der Lage war, sie durch einen Vergleich zu überprüfen.[65] Ebenso meldeten beide unabhängig voneinander, als Termin für den ersten Test der Atombombe sei der 10. Juli 1945 festgelegt worden.[66] Wegen des Wetters mußte er dann allerdings um sechs Tage verschoben werden. Einen Monat später war der Pazifikkrieg zu Ende. Japan hatte nach den Atombombenabwürfen auf Hiroshima am 6. und Nagasaki am 9. August kapituliert.

Lona Cohen verbrachte die letzten dramatischen Wochen des Pazifikkrieges in New Mexico und wartete darauf, daß Hall das Ergebnis des Tests in Alamogordo lieferte. Nachdem er an drei aufeinanderfolgenden Sonntagen das vereinbarte Treffen in Albuqerque versäumt hatte, überbrachte er Cohen wahrscheinlich kurz nach der Kapitulation Japans einige streng geheime Dokumente.[67] Als sie anschließend in ihren Zug nach New York stieg, stellte sie erschrocken fest, daß Militärpolizisten in den Waggons das Gepäck der Passagiere durchsuchten. Doch sie bewies Geistesgegenwart: Sie steckte Halls Papiere in eine Zeitung, die sie einem der Militärpolizisten in die Hand drückte, damit sie ihre Handtasche und ihren Koffer öffnen konnte. Bevor der Militärpolizist beides durchsuchte, gab er die Zeitung zurück, und so erreichte Lona Cohen ohne weitere Zwischenfälle New York.[68]

Vor allem dank Hall und Fuchs sollte die sowjetische Atombombe, die etwas mehr als vier Jahre später erfolgreich getestet wurde, ein exakter Nachbau der Bombe von Alamogordo werden. Im Augenblick jedoch fiel es der Zentrale schwer zu glauben, daß der Diebstahl von zwei Kopien der wahrscheinlich wichtigsten Geheimpläne in der amerikanischen Geschichte so unbemerkt vonstatten gehen konnte. Das schiere Ausmaß des Erfolges bei der Infiltration des MANHATTAN-Projekts rief beim NKGB die Befürchtung hervor, daß die Amerikaner seine Agenten bald entdecken würden.

Der für die Informationsbeschaffung aus Los Alamos verantwortliche NKGB-Offizier war inzwischen Anatoli Jazkow alias Jakowlew (ALEXEI), ein 1939 vom NKWD angeworbener Ingenieur, der Kwasnikows Nachfolger als Resident für wissenschaftlich-technische Spionage in den USA geworden war.[69] Heute gilt er als einer der Helden des russischen Auslandsnachrichtendienstes.[70] 1945 jedoch wurde er von der Zentrale heftig kritisiert. Im Juli gelangte sie zu dem Schluß, daß er durch seine Nachlässigkeit MLAD (Ted Hall) wahrscheinlich kompromittiert hatte, und rügte seine »vollkommen unbefriedigende Arbeit mit den Agenten bei ENORMOS [dem MANHATTAN-Projekt]«.[71] Die Beschaffung der Konstruktionspläne der ersten Atombombe war der größte Sieg, den der sowjetische Auslandsnachrichtendienst jemals in den USA erzielen konnte, und doch befürchtete die Zentrale im Augenblick des Triumphs unnötigerweise, daß die gesamte ENORMOS-Operation gefährdet war.

Auch die GRU konnte wie der NKGB während des Krieges in den USA bemerkenswerte Erfolge verzeichnen. Obwohl der militärische Nachrichtendienst gezwungen gewesen war, Fuchs und die meisten bedeutenderen Vorkriegsagenten in Amerika dem NKGB zu übergeben, hatte sie zumindest einen von ihnen behalten, was die Zentrale 1945 vermutlich neidvoll zur Kenntnis nahm.[72] Gorski berichtete der Zentrale über ein Gespräch zwischen Achmerow und ALES (Alger Hiss), der schon seit zehn Jahren für die GRU arbeitete. Obwohl Hiss ein hochrangiger Diplomat war, meinte Achmerow, daß sich die GRU im allgemeinen wohl nicht sonderlich für Akten des US-Außenministeriums interessierte. Statt dessen seien er und eine kleine Gruppe von Agenten, »die zum größten Teil aus seinen Verwandten bestand«, aufgefordert worden, sich auf militärische Informationen zu konzentrieren.[73] Ende 1944 erhielt Hiss' Rolle als sowjetischer Agent neues Gewicht, als er aktiv in die Vorbereitungen des letzten Kriegstreffens der Großen Drei einbezogen wurde, das im Februar 1945 in Jalta stattfinden sollte.

Jalta wurde für den sowjetischen Nachrichtendienst ein noch größerer Erfolg als Teheran. Diesmal waren die Unterkünfte sowohl der britischen als auch der amerikanischen Delegation, der Woronzow- und der Liwadja-Palast, verwanzt. Das überwiegend weibliche Personal, das die privaten Gespräche aufnehmen und zu Papier bringen sollte, wurde in aller Heimlichkeit ausgewählt und auf die Krim gebracht. Erst in Jalta erfuhren sie, für welche Arbeit sie vorgesehen waren.[74] Der NKGB versuchte die Überwachung mit einigem Erfolg durch großzügige Gastlichkeit zu verschleiern. Daß alles reibungslos lief, wurde von NKGB-General Sergei Kruglow persönlich beaufsichtigt. Als Churchills Tochter Sarah beiläufig erwähnte, daß zum Kaviar Zitrone gut passen würde, tauchte in der Orangerie des Woronzow-Palastes wie durch Zauberei ein Zitronenbaum auf. Auf der nächsten Konferenz der Alliierten in Potsdam wurde General Kruglow der Orden »Knight Commander of the British Empire« verliehen, womit er zum einzigen sowjetischen Nachrichtendienstoffizier wurde, der jemals ehrenhalber die Ritterwürde erhielt.

Stalin war in Jalta sogar noch besser über seine Verbündeten informiert als in Teheran. Von den »Glorreichen Fünf«, die inzwischen nicht mehr verdächtigt wurden, Doppelagenten zu sein, traf während der Vorbereitungszeit der Konferenz ein nicht abreißender Strom von vertraulichen Dokumenten des britischen Außenministeriums ein; es ist allerdings unbekannt, welche davon Stalin vorgelegt wurden. Alger Hiss gelang es sogar, in die amerikanische Delegation aufgenommen zu werden. Die Frage, die in den Diskussionen in Jalta den meisten Raum einnahm, war die Zukunft Polens. Nachdem Roosevelt und Churchill der Sowjetunion in Teheran bereits die Vorherrschaft in Polen eingeräumt hatten, unternahmen sie nun den verspäteten Versuch, die Wiederherstellung des parlamentarischen Systems in Polen sicherzustellen und eine Garantie für die Abhaltung freier Wahlen zu erhalten. Doch Stalin manövrierte sowohl den US-Präsidenten als auch den britischen Premierminister aus, wobei ihm wiederum das Wissen um ihre politischen Karten zugute kam. So wußte er zum Beispiel, wie wichtig es seinen Verbündeten war, daß zu der von den Sowjets als Marionettenregime eingesetzten provisorischen Regierung in Polen auch einige »demokratische« Politiker Zutritt fanden. Nach anfänglichem Zögern gab Stalin in diesem Punkt gnädig nach; die »Demokraten« konnten ja später wieder ausgeschlossen werden. Auch in anderen zweitrangigen Fragen lenkte er ein, nachdem er deren Bedeutung aufgebauscht hatte, um die Zustimmung seiner Verbündeten zur Realität eines sowjetisch dominierten Polen zu erhalten. Für Alexander Cadogan, damals Ständiger Staatssekretär im britischen Außenministerium, der in Jalta dabei gewesen war, gehörte Stalin als Unterhändler in eine andere Liga als Roosevelt und Churchill: »Er ist ein großer Mann und wirkt imposant im Vergleich zu den anderen beiden alternden Staatschefs.« Roosevelt, dessen Gesundheitszustand sich rapide verschlechterte – er hatte nur noch zwei Monate zu leben –, erschien Cadogan »wacklig auf den Beinen«.[75]

Roosevelt und Churchill verließen Jalta, ohne begriffen zu haben, daß Stalin sie hinsichtlich seiner wahren Absichten getäuscht hatte. Selbst Churchill, der bislang stets skeptischer gewesen war als Roosevelt, schrieb zuversichtlich: »Der arme Neville Chamberlain glaubte, Hitler vertrauen zu können. Er irrte sich. Aber ich denke nicht, daß ich mich bei Stalin irre.«[76] Einen gewissen Eindruck von der Bedeutung, die Moskau den nachrichtendienstlichen Erkenntnissen für den Erfolg von Jalta beimaß, vermittelt die Tatsache, daß die GRU sich offiziell bei Hiss für seinen Beitrag bedankte. Nach einem Treffen mit Achmerow und Hiss im März 1945 berichtete Gorski der Zentrale:

»Kürzlich wurden ALES und seiner ganzen Gruppe sowjetische Auszeichnungen verliehen. Als er nach der Konferenz von Jalta nach Moskau reiste, nahm eine sehr hochgestellte Persönlichkeit (ALES hat angedeutet, daß es [der stellvertretende Außenminister] Genosse Wyschinski gewesen sei) angeblich Kontakt zu ALES auf und drückte ihm im Namen der militärischen NACHBARN [GRU] seinen Dank aus und so weiter.«[77]

Das Bedauern des NKGB darüber, daß er Hiss den NACHBARN nicht abspenstig gemacht hatte, muß im April noch zugenommen haben, als er zum amtierenden Generalsekretär der Gründungskonferenz der Vereinten Nationen in San Francisco berufen wurde.[78]

Mit der siegreichen Roten Armee gelangten in den letzten Monaten des Krieges auch SMERSCH-Einheiten nach Mitteleuropa. SMERSCH – die Abkürzung von *Smert Schpionam* (»Tod den Spionen«) – war die militärische Spionageabwehr, die 1943 aus dem NKWD ausgegliedert und Stalin als Vorsitzendem des Staatskomitees für Verteidigung und Verteidigungskommissar direkt unterstellt worden war.[79] Ihre Hauptaufgabe bestand darin, Verräter und Sowjetbürger, die mit dem Feind kollaboriert hatten, aufzuspüren. Auf Stalins Anweisung spannte sie ihr Netz und überprüfte weit über fünf Millionen Menschen. So wurden die etwa eine Million sowjetischen Kriegsgefangenen, die das Grauen der deutschen Gefangenenlager überlebt hatten, als mutmaßliche Verräter behandelt und in den Gulag verschleppt, wo viele von ihnen starben.

Um ihre Pflichten gegenüber dem Verbündeten zu erfüllen, beteiligten sich die britische und die amerikanische Regierung an mitunter barbarischen Repatriierungen. Was die Briten angeht, war die zwangsweise Übergabe von Kosaken und »abweichenden« Jugoslawen im Süden Österreichs an die Rote Armee und Titos Truppen im Mai beziehungsweise Juni 1945 die wohl umstrittenste Aktion. Die meisten hatten mit dem Feind kollaboriert, wenn auch manchmal nur dem Anschein nach. Am 1. Juni unterbrachen kampferfahrene britische Soldaten, manche von ihnen mit Tränen in den Augen, auf Befehl ihrer Vorgesetzten einen Kosakengottesdienst und trieben mehrere tausend unbewaffnete Männer, Frauen und Kinder mit ihren Gewehrkolben und Spatengriffen auf Viehlastwagen. An den folgenden Tagen spielten sich ähnliche Schreckensszenen ab. Manche der Kosaken töteten sich selbst und ihre Familien, um Folter, Hinrichtung oder Gulag zu entgehen. Die meisten der 45 000 repatriierten Kosaken waren Sowjetbürger, deren Rückführung in die Sowjetunion Churchill und Roosevelt in Jalta zugesagt hatten. Eine Minderheit von ihnen – Schätzungen sprechen von 3000 bis 10 000 Menschen – waren jedoch »alte Emigranten«, die Rußland nach dem Bürgerkrieg verlassen hatten und nie Sowjetbürger gewesen waren, so daß sie nicht unter die Vereinbarung von Jalta fielen. Trotzdem wurden auch sie gegen ihren Willen »repatriiert«.[80]

Zu den »alten Emigranten« gehörte eine Gruppe »weißer« Generale mit Pjotr Krasnow, Andrej Schkuro und Sultan Keletsch Girei an der Spitze,[81] die der NKGB und seine Vorgänger seit einem Vierteljahrhundert verfolgt hatten. Jetzt wurde eine SMERSCH-Einheit mit dem Auftrag nach Österreich geschickt, sie aufzuspüren, nachdem Anfragen nach ihrem Aufenthaltsort von den Briten nur mit der Antwort beschieden worden waren, darüber lägen keine Informationen vor. Bei einem Abendessen für britische und russische Truppen platzte ein britischer Soldat, der einige Gläser zuviel getrunken hatte, damit heraus, daß die Generale sich kürzlich in einem Lager bei Gleisdorf aufgehalten hätten.[82] Daraufhin begab sich eine Gruppe von SMERSCH-Offizieren augenblicklich nach Gleisdorf, wo sie herausfanden, daß zwar die Generale das Lager verlassen hatten, aber Schkuros Geliebte Jelena (Nachname unbekannt) noch dort war. Nachdem sie unter der Vorspiegelung, sie werde von einem Besucher erwartet, aus dem Lager gelockt worden war, wurde sie rasch ins Auto der SMERSCH-Offiziere gezerrt und einem zweifellos brutalen Verhör unterzogen, in dem sie enthüllte, daß die Generale den alliierten Oberbefehlshaber, Feldmarschall Harold Alexander, um Schutz ersucht hatten. Außerdem sagte Jelena aus, daß sie vierzehn Kilogramm Gold bei sich hätten.[83] Was danach geschah, ist von solcher Bedeutung, daß Mitrochins Notiz hier in voller Länge zitiert werden soll:

»Die Tschekisten [SMERSCH-Offiziere] brachten das Thema der Generale bei einem Treffen mit dem stellvertretenden Leiter der britischen Delegation, einem Oberstleutnant, erneut zur Sprache. Dabei erwähnten sie, wo die Generale sich aufhielten. Sie schlugen vor, die Frage des Schicksals der Generale wie ein Geschäft zu behandeln. ›Was meinen Sie damit?‹ fragte der Engländer. Sie erklärten es ihm. Wenn die Briten sie in aller Stille auslieferten, während die Kosaken repatriiert wurden, könnten sie das Gold der Generale behalten. ›Wenn die alten Männer bei Ihnen bleiben, hat es für Sie und Ihre Kollegen überhaupt keinen Nutzen. Akzeptieren Sie dagegen unsere Alternative, bekommen Sie das Gold.‹ Der Oberstleutnant dachte einen Moment nach und stimmte dann zu. Er besprach mit zwei seiner Kollegen die Einzelheiten der Operationen. Unter dem Vorwand, sie würden zu Alexanders Hauptquartier gebracht, wurden die Generale ohne jegliche persönliche Habe zu einem Auto geführt und nach Odenburg [Judenburg] gefahren, wo sie den Tschekisten übergeben wurden. Von der SMERSCH wurden sie nach Moskau auf den Kalvarienberg der Lubjanka gebracht.«[84]

Für die Behauptung, ein britischer Offizier (und vielleicht auch zwei seiner Kameraden) sei(en) durch Bestechung veranlaßt worden, die »weißen« Generale zu übergeben, findet sich in keiner anderen Quelle eine Bestätigung. Angesichts der Tatsache, daß bei der Repatriierung der Kosaken nicht zwischen ehemaligen Sowjetbürgern und »alten Emigranten« unterschieden wurde, wären die Generale möglicherweise sowieso der SMERSCH in die Hände gefallen. Sie hätten jedoch wahrscheinlich überlebt, wenn ihre Hilfsgesuche Feldmarschall Alexander erreicht hätten, der sie vermutlich positiv beschieden hätte. Aber die Gesuche gingen auf dem Weg zu ihm auf mysteriöse Weise verloren.[85]

Tempo und Ungerechtigkeit der »Repatriierung« waren hauptsächlich in dem Wunsch der militärischen Befehlshaber begründet, ein lästiges Problem so schnell wie möglich vom Tisch zu haben. Daneben glaubte man, daß eine Einzelprüfung, um zu bestimmen, welche Kosaken nicht sowjetischer Nationalität waren, zu kompliziert, zu langwierig und in manchen Fällen nicht zu bewältigen wäre. Am 21. Mai gab Brigadier Toby Low vom 5. Korps, dem die »Repatriierung« oblag, einen Befehl heraus, in dem er festlegte, wer als Sowjetbürger zu betrachten sei. Die einzige weißrussische Gruppe, die kollektiv als nichtsowjetisch erkennbar war, die sogenannten Schutzkorps unter dem Kommando von Oberst Anatol Rogoschin, sollte nicht repatriiert werden. Dagegen wurden die »Ataman-Gruppe« (zu deren Anführern General Krasnow gehörte) und die »Einheiten von Generalleutnant Schkuro« zu jenen gezählt, die »als sowjetische Staatsangehörige zu behandeln« waren. »Einzelfälle [Einsprüche]«, fügte Low hinzu, »werden NICHT berücksichtigt, es sei denn, sie werden mit besonderem Nachdruck betrieben. ... Im Zweifelsfall wird der Betreffende als sowjetischer Staatsbürger behandelt«.[86]

Auch wenn man die Schwierigkeiten in Betracht zieht, die es bereitete, die Loyalität gegenüber den Verbündeten mit der Beachtung der Menschenrechte der Kosaken in Übereinstimmung zu bringen, bleibt die brutale Repatriierung der Kosaken nach dem Zweiten Weltkrieg die wohl beschämendste Episode in der britischen Militärgeschichte des 20. Jahrhunderts. Obwohl die in den KGB-Akten erwähnte Bestechung im Zusammenhang mit der Auslieferung der nichtsowjetischen »weißen« Generale sich nicht durch andere Quellen erhärten läßt, gibt es doch Hinweise darauf, daß besondere Anstrengungen unternommen wurden, um ihre Überantwortung an die Sowjets, und das hieß mit größter Wahrscheinlichkeit an den Tod, sicherzustellen. »Ich mache mir nur einen Vorwurf«, sagte der 76jährige »weiße« General Krasnow dem NKGB, »warum habe ich den Engländern getraut?« Am 27. Mai, kurz vor drei Uhr nachts, einer Zeit, die der NKWD später für seine Aktionen bevorzugen sollte, wurde General Schkuro von einem unbekannten britischen Offizier geweckt, der ihm mitteilte, er stehe unter Arrest, und ihn unter strenger Bewachung aus dem Kosakenlager führte. SMERSCH-Fotografen standen bereit, um den historischen Augenblick, in dem die ältesten Feinde des NKGB an diesen ausgeliefert wurden, im Bild festzuhalten.[87] Für die britische Armee war es ein beschämender Augenblick, für Stalin, die SMERSCH und den NKGB dagegen ein grandioser Sieg.

9.
Vom Heißen zum Kalten Krieg

Am Ende des Zweiten Weltkriegs sah sich die Zentrale mit der Gefahr des Zusammenbruchs der Nachrichtendienstoperationen gegen ihre Kriegsverbündeten konfrontiert. Das erste Alarmsignal kam aus Ottawa, wo die Beziehungen zwischen dem unter »legaler« Tarnung in der sowjetischen Botschaft operierenden Personal von GRU und NKGB ebenso frostig waren wie in New York. Am schlimmsten war die Situation in der GRU-Residentur.[1] Am Abend des 5. September 1945 schob Igor Gusenko von der Chiffrierabteilung der sowjetischen Botschaft heimlich über hundert vertrauliche Dokumente unter sein Hemd, weil er überlaufen wollte. Als er die Botschaft verließ, zog er krampfhaft den Bauch ein. »Sonst«, so seine Frau später, »hätte es ausgesehen, als ob er schwanger wäre.«

Doch das Überlaufen gestaltete sich schwieriger, als Gusenko gedacht hatte. Als er im kanadischen Justizministerium und bei der Zeitung *Ottawa Journal* um Hilfe bat, wurde ihm gesagt, er solle am nächsten Tag wiederkommen. Aber auch am 6. September zeigten beide Institutionen, die offenbar nicht begriffen, daß ihnen die Spionagegeschichte des Jahrzehnts angeboten wurde, nicht mehr Interesse als am Tag zuvor. Am Abend bemerkte man in der sowjetischen Botschaft, daß sowohl Gusenko als auch Geheimdokumente verschwunden waren. Während Gusenko sich mit Frau und Kindern bei einem Nachbarn versteckt hielt, brachen NKGB-Offiziere in seine Wohnung ein und durchsuchten sie. Erst gegen Mitternacht kam ihm die Polizei zu Hilfe, und die Familie Gusenko fand schließlich eine sichere Zuflucht.[2]

Gusenko enttarnte nicht nur einen bedeutenden Spionagering der GRU, sondern lieferte auch Teilinformationen über NKGB-Operationen. Einige Monate später ließ Berija eine beißende Kritik an der in Ottawa bewiesenen Inkompetenz der GRU – und damit stillschweigend auch des NKGB – an die Residenturen verteilen:

»Die elementarsten Sicherheitsregeln wurden ignoriert, Nachlässigkeit und Selbstzufriedenheit grassierten. All dies war das Resultat eines Niedergangs der politischen Wachsamkeit und des Verantwortungsgefühls bei der von Partei und Regierung übertragenen Arbeit. G[usenko]s Desertion hat unserem Land großen Schaden zugefügt und besonders unsere Arbeit in den amerikanischen Ländern wesentlich erschwert.«[3]

Aus Furcht, weiterer Verletzungen der Sicherheitsregeln bezichtigt zu werden, schreckte die Residentur vor jeder Initiative, die zur Anwerbung neuer Agenten geführt hätte, zurück. Laut einer späteren Schadensbewertung lähmte Gusenkos Seitenwechsel »die Nachrichtendienstarbeit [in Kanada] für mehrere Jahre und hatte bis in die sechziger Jahre hinein einen negativen Einfluß auf die Tätigkeit der Residenturen«. Im Sommer 1949 beklagte sich der frisch eingetroffene stellvertretende Resident in Ottawa, Wladimir Burdin, auch als Borodin bekannt, in einem Schreiben an die Zentrale über die Tatenlosigkeit seiner Kollegen:

»Die Residentur hat nicht nur alle früheren Kontakte zu kanadischen Kreisen verloren, sondern auch keinen Versuch unternommen, neue zu gewinnen.... Die sowjetische Kolonie hat sich zurückgezogen und von der Außenwelt abgeschottet, sie beschäftigt sich nur noch mit den eigenen inneren Angelegenheiten.«

Die Zentrale war derselben Ansicht. Die Residentur, erklärte sie, habe sich festgefahren.[4]

Bis zu Gusenkos Tod versuchte der KGB ebenso erfolglos wie unermüdlich, ihn aufzuspüren. Als 1975 der konservative Abgeordnete Thomas Cossit eine Überprüfung von Gusenkos Pension verlangte, zog die Residentur in Ottawa den Schluß, daß Gusenko in dessen Wahlkreis lebte. Sie berichtete sogar, er sei zusammen mit Cossit bei einem Spiel der in Kanada weilenden sowjetischen Eishockeynationalmannschaft gesehen worden. Doch als Michail Chwatow, ein in Ottawa stationierter KGB-Offizier, in der Hoffnung, etwas über den Verbleib von Gusenko zu erfahren, Cossit auszuhorchen versuchte, führte es zu nichts. Über Cossits parlamentarische Anfragen hieß es in einem Bericht der Residentur, sie seien »im Ton eindeutig antisowjetisch«. Später begann sie, kompromittierendes Material über sein Privatleben zu sammeln, aber er verstarb 1982, bevor aktive Maßnahmen gegen ihn eingeleitet werden konnten.[5]

Gusenkos Seitenwechsel ließ auch in den NKGB-Residenturen in

Großbritannien und den USA die Alarmglocken schrillen. Philby, der als Chef der SIS-Sektion IX (sowjetische Gegenspionage) über Gusenkos Befragung auf dem laufenden war, meldete verstärkte Abwehrmaßnahmen gegen die sowjetische Spionage. Die Zentrale reagierte mit der Anweisung, schärfere Vorsichtsmaßnahmen zu ergreifen, um sicherzustellen, daß »das wertvolle Agentennetz vor der Entdeckung geschützt ist«. Boris Krötenschild alias Krotow, der Führungsoffizier der wichtigsten Agenten der Londoner Residentur, erhielt den Befehl, außer Philby alle seine Agenten anderen Führungsoffizieren zu übergeben und die Zahl der Treffen auf eine Begegnung pro Monat zu reduzieren: »Weisen Sie alle unsere Genossen darauf hin, sich auf dem Weg zu einem Treffen sorgfältig umzusehen und, wenn eine Observierung bemerkt wird, unter keinen Umständen zu versuchen, ihr zu entkommen und den Agenten zu treffen.« Wenn nötig, sei der Kontakt zu den britischen Agenten vorübergehend zu unterbrechen.[6]

Noch größere Beunruhigung löste der versuchte Übertritt eines NKGB-Offiziers in der Türkei aus. Am 27. August 1945 bat Konstantin Wolkow den britischen Vizekonsul in Istanbul, C. H. Page, in einem Brief dringend um eine Unterredung, und als dieser nicht antwortete, erschien Wolkow am 4. September persönlich im Konsulat, um für sich und seine Frau um politisches Asyl zu ersuchen. Als Gegenleistung für die Gewährung des Asyls und eine Zahlung von 50 000 Pfund (nach heutigem Wert etwa eine Million Pfund) könne er bedeutende Akten und Informationen anbieten, die er während seiner Arbeit im Großbritannien-Referat in der Zentrale erworben habe. Von den wichtigsten Sowjetagenten, enthüllte er, arbeiteten zwei im Außenministerium (zweifellos Burgess und Maclean) und sieben »im britischen Geheimdienstsystem«, einschließlich eines Agenten, der »in London die Funktion eines Sektionschefs in der britischen Gegenspionage ausübt« (womit fast mit Sicherheit Philby gemeint war).[7]

Philby war entsetzt, als er am 19. September mit der Diplomatenpost der britischen Botschaft in der Türkei einen Bericht über Wolkows Begegnung mit Page erhielt,[8] und ließ Krötenschild umgehend eine Warnung zukommen.[9] Am 21. September stellte das türkische Konsulat in Moskau Visa für zwei Killer des NKGB aus, die als diplomatische Kuriere auftraten. Am nächsten Tag erhielt Philby von SIS-Chef Stewart Menzies die Genehmigung, in die Türkei zu fliegen, um den Fall Wolkow persönlich zu übernehmen. Aufgrund von Verzögerungen traf er jedoch erst am 26. September in Istanbul ein, zwei Tage nachdem Wolkow und seine

Frau, durch Schlafmittel ruhiggestellt, auf Tragen an Bord eines nach Moskau fliegenden sowjetischen Flugzeugs gebracht worden waren.[10] Auf dem Rückflug nach London entwarf Philby einen zynischen Bericht für Menzies über die möglichen Gründe dafür, daß Wolkow vom NKGB entdeckt worden war:

»Sicherlich hatte man seine Wohnung und sein Büro durchsucht. Es war von ihm und seiner Frau berichtet worden, daß sie beide sehr nervös waren. Vielleicht hatte ihn sein Verhalten verraten; vielleicht hatte er sich betrunken und zuviel geredet; vielleicht hatte er es sich sogar anders überlegt und sich seinen Kollegen offenbart. Das war natürlich, gab ich zu, alles Spekulation. Die Wahrheit würde vielleicht nie ans Licht kommen. Eine andere Theorie – daß die Russen auf Wolkows Beziehungen zu den Engländern aufmerksam gemacht worden waren – ließ sich durch nichts beweisen. Es lohnte sich darum nicht, sie in meinem Bericht zu erwähnen.«[11]

In Moskau gestand Wolkow vor seiner Hinrichtung im Verhör, daß er die Briten um politisches Asyl ersucht und 50 000 Pfund von ihnen verlangt habe. Er habe vorgehabt, die Namen von nicht weniger als 314 sowjetischen Agenten zu nennen.[12] Philby war noch einmal davongekommen, wenn auch nur knapp. Hätte Gusenko einige Wochen zuvor etwas weniger Glück gehabt, hätte seine Flucht möglicherweise nicht geklappt, und hätte Wolkow etwas mehr Glück gehabt, wäre er in der Lage gewesen, Philby zu enttarnen und die britischen Operationen des MGB zu vernichten.

Beide Vorkommnisse fielen in eine sehr hektische Zeit für die Londoner Residentur, die bis 1947 von Konstantin Kukin (IGOR) geleitet wurde. Vom 11. September bis zum 2. Oktober 1945 wurde in London die erste Außenministerkonferenz der fünf ständigen Mitglieder des UN-Sicherheitsrats (USA, UdSSR, Großbritannien, Frankreich und China) abgehalten, auf der über die Friedensverträge mit den besiegten Feindstaaten und andere Nachkriegsprobleme diskutiert wurde. Aufgrund der Infiltration des britischen Außenministeriums spielte die Londoner Residentur eine wesentliche Rolle. Den KGB-Akten zufolge verließ sich der sowjetische Botschafter Iwan Maiski während der gesamten Konferenz mehr auf die Mitarbeiter der Residentur als auf seine eigenen Diplomaten.[13] Die Konferenz war ein Fehlschlag und machte zum ersten Mal die

Spannungen zwischen Ost und West deutlich, die 1947 zum Beginn des Kalten Krieges führen sollten.

Auf dieser und den folgenden Konferenzen stützte sich der sowjetische Außenminister, Wjatscheslaw Molotow, weitgehend auf Informationen, die von den westlichen Agenten des MGB beschafft worden waren. Tatsächlich setzte er ihr Vorhandensein voraus. »Warum«, ereiferte er sich einmal, »gibt es keine Dokumente darüber?« Auf der Londoner Konferenz im November 1947 scheint er manche Papiere des britischen Außenministeriums noch vor dessen Delegation erhalten zu haben.[14]

Die wichtigsten Quellen des MGB während der zwischen 1945 und 1949 abgehaltenen Außenministerkonferenzen waren britische Agenten. Dank der Entführung Wolkows konnten vier der »Glorreichen Fünf« ihre Spionagetätigkeit auch nach dem Krieg fortsetzen. Die Ausnahme war Anthony Blunt, der so offensichtlich unter Druck stand, daß die Zentrale gegen seine Entscheidung, den MI5 zu verlassen, keine Einwände erhob. Kurz bevor er im November 1945 als Kustos der Königlichen Gemälde in die Welt der Kunst zurückkehrte, leistete er sich einen außergewöhnlichen Fehltritt, der damals jedoch nicht ernst genommen wurde. »Nun«, sagte er zu seinem Kollegen Oberst »Tar« Robertson, »es hat mir wirklich großen Spaß gemacht, den Russen die Namen sämtlicher MI5-Offiziere zu verraten!« Vermutlich hoffte die Zentrale, daß Leo Long (ELLI), den Blunt während des Krieges als Unteragenten im militärischen Nachrichtendienst geführt hatte, im SIS in dessen Fußstapfen treten würde. Blunt empfahl Long auch für einen höheren Posten im MI5, aber das Auswahlgremium entschied sich anders. Long kam statt dessen zur britischen Kontrollkommission in Deutschland, wo er schließlich zum stellvertretenden Leiter des Nachrichtendienstes aufstieg. Dem Ansinnen, ständigen Kontakt zu einem Führungsoffizier zu halten, widersetzte er sich jedoch, was die Zentrale zum Teil der Tatsache zuschrieb, daß Blunt nicht mehr für diese Aufgabe zur Verfügung stand. Gelegentlich tat Blunt der Zentrale aber noch einen Gefallen, zum Beispiel indem er zwei- oder dreimal nach Deutschland reiste, um Informationen von Long zu beschaffen.[15]

Im Unterschied zu Blunt befanden sich drei der »Glorreichen Fünf« – Philby, Burgess und Maclean – bei Ausbruch des Kalten Krieges auf dem Höhepunkt ihrer Agentenkarriere. Philby blieb bis 1947 Chef der SIS-Sektion IX und wurde anschließend Stationschef in der Türkei, wo er sowohl Agenten, die die russische Grenze überquerten, als auch deren Kontakte und Familien in der Sowjetunion verraten konnte. Maclean machte sich einen Namen als aufstrebender junger Diplomat an der Botschaft in Washington, der er bis 1947 angehörte, und Burgess, der 1944 ins Außenministerium eingetreten war, wurde 1946 persönlicher Assistent von Hector McNeil, der in der Labour-Regierung nach dem Krieg unter Außenminister Ernest Bevin den Posten eines Staatssekretärs bekleidete.[16] John Cairncross kehrte nach dem Krieg ins Schatzamt zurück, und die Londoner Residentur nahm 1948 wieder Verbindung zu ihm auf.[17] In den nächsten Jahren war er im Schatzamt hauptsächlich damit beschäftigt, Ausgaben für Rüstungsforschungen zu genehmigen. G. A. Robinson, einer seiner Kollegen, bemerkte dazu:

»[Cairncross] kannte daher nicht nur die Atomwaffenentwicklungen, sondern auch die Pläne für Lenkraketen, mikrobiologische, chemische, Unterwasser- und alle anderen Arten von Waffen. Auch von den geplanten Ausgaben für Forschungen auf den Gebieten von Aeronautik und Radar, für die Entwicklung von Peilgeräten zur U-Bootbekämpfung, für Forschungen des Postministeriums und anderer Einrichtungen über Fernmeldeaufklärung, Abhörtechniken etc. muß er gewußt haben. Er ... hatte das Recht, jede zusätzliche Information zu verlangen, die notwendig erschien, um die Zustimmung des Schatzamts für die jeweilige Mittelzuweisung zu erhalten.«[18]

Kein Wunder, daß Cairncross' Führungsoffizier, Juri Modin, »überglücklich über die Qualität [seiner] Informationen« war.[19]

Aufgrund der nach den Affären von Gusenko und Wolkow eingeführten neuen Sicherheitsmaßnahmen mußte für die Führung der Agenten der Londoner Residentur wesentlich mehr Zeit und Mühe aufgewendet werden als vor und während des Krieges. Im Durchschnitt verbrachte ein Führungsoffizier vor jedem Treffen mit einem Agenten fünf Stunden damit, zu Fuß oder mit öffentlichen Verkehrsmitteln (vor allem der Londoner U-Bahn) zwischen vorher bereits überprüften Orten hin und her zu fahren, um sich zu vergewissern, daß er nicht unter Beobachtung stand. Am Treffpunkt angekommen, nahmen Führungsoffizier und Agent zunächst Blickkontakt auf und überzeugten sich, daß der andere nicht observiert wurde, bevor sie aufeinander zugingen. Hatte einer von ihnen Zweifel, wichen sie auf einen der drei vereinbarten Alternativtreffpunkte aus. Diese in London erprobte Vorgehensweise wurde später von anderen Residenturen übernommen.[20]

Auch bei der Verwendung von Abhörgeräten zum Aufspüren von Überwachungsmaßnahmen durch Polizei und MI5 leistete die Londoner Residentur Pionierarbeit. Dabei setzte sie neben dem Hauptempfänger in der Residentur mobile Geräte in Botschaftsfahrzeugen ein, um die Umgebung von Treffpunkten für Kontakte mit Agenten zu überprüfen.[21] Das Experiment der Zentrale mit der achtköpfigen Spezialtruppe, die während des Krieges nach London geschickt worden war, um Agenten und Botschaftsbesucher zu überprüfen und die Überwachungsmethoden der britischen Geheimdienste zu erkunden, wurde dagegen nicht fortgesetzt. Laut einem KGB-Bericht konnte sie, durch mangelhafte Englischkenntnisse behindert, »keine größeren Erfolge« verbuchen.[22]

Bei Anthony Burgess zeigten die Bemühungen der Residentur, strengste Geheimhaltungs- und Sicherheitsmaßstäbe durchzusetzen, nur begrenzte Wirkung. Einmal ließ er, nachdem er in einem Pub Blickkontakt mit seinem Führungsoffizier aufgenommen hatte, seine Aktentasche fallen und verstreute Geheimdokumente des Außenministeriums auf dem Fußboden. Immer wieder gab es Klagen darüber, daß er sturzbetrunken und mit unordentlicher Kleidung zu den Treffen erschien.[23] George Carey-Foster, der Chef der rudimentären Sicherheitsabteilung des britischen Außenministeriums, staunte bei seiner ersten Begegnung mit Burgess im Jahr 1947 über dessen »unordentliche und unrasierte Erscheinung«. Außerdem roch er so stark nach Alkohol, daß Carey-Foster Erkundigungen über ihn einzog. Wenn er wollte, konnte Burgess jedoch immer noch etwas von dem Charme und dem Geist versprühen, die er in Cambridge besessen hatte. Offenbar um ihn loszuwerden, empfahl Hector McNeil ihn Ende 1947 Christopher Mayhew, dem parlamentarischen Staatssekretär im Außenministerium, der gerade damit beschäftigt war, eine Abteilung zur Informationsauswertung (IRD) aufzubauen, die der »psychologischen Kriegführung« der Sowjetunion entgegenwirken sollte. Mayhew unterlief, wie er später fand, ein »außergewöhnlicher Mißgriff«: »Ich führte eine Art Einstellungsgespräch mit Burgess. Er wußte zweifellos blendend Bescheid über die subversiven Methoden der Kommunisten, und ich war nur zu gerne bereit, ihn zu nehmen.« So kam es, daß Burgess von einer britischen Botschaft zur nächsten reiste, um ihnen die Produkte der IRD zu verkaufen, während er gleichzeitig der neuen Abteilung erheblichen Schaden zufügte, indem er ihre Pläne an Juri Modin weitergab, der 1947 sein Führungsoffizier wurde und sich den Ruf erwarb, einer der besten Führungsoffiziere des sowjetischen Nachrichtendienstes zu sein. Die zahlreichen Beschwerden über Burgess' undiplomatisches Verhalten führten im Herbst 1948 zu seiner Versetzung in die Fernostabteilung des Außenministeriums.[24] Aber sosehr Burgess' anstößige Auftritte die Zentrale beunruhigten, stärkten sie paradoxerweise seine Tarnung, denn selbst diejenigen, die sich am meisten über sie erregten, wären nie auf den Gedanken gekommen, daß er ein sowjetischer Spion sein könnte.

Ein anderer Grund zur Sorge war für Modin Nikolai Rodin alias Korowin, der 1947 als Kukins Nachfolger Resident in London geworden war. Rodin beanspruchte für sich selbst, über den strengen Sicherheitsbestimmungen zu stehen, auf deren Einhaltung durch die anderen Mitarbeiter der Residentur er bestand. Laut Modin, der persönlich einen tiefen Groll gegen ihn hegte, war Rodin »bekannt dafür, in einem Botschaftswagen zu verdeckten Treffen zu fahren, und manchmal war er so dummdreist, Agenten direkt in ihren Büros anzurufen«. Aber angesichts der starren Hierarchie des sowjetischen Nachrichtendienstes war sich Modin im klaren darüber, »daß ich nichts dagegen tun konnte. Es war sicher nicht meine Aufgabe, meinen Vorgesetzten anzuzeigen.« In den achtziger Jahren, als Leiter des Fachbereichs I (Politische Aufklärung) des Andropow-Instituts, der Ausbildungsstätte der Ersten Hauptverwaltung des KGB, erlegte er sich weniger Zurückhaltung auf und bezeichnete Rodin als arrogante, aufgeblasene Null.[25]

Während die meisten wichtigen MGB-Agenten in England Ende der vierziger Jahre noch nicht aufgeflogen waren, hatte man viele ihrer amerikanischen Kollegen enttarnt. Schon im März 1945 hatte sich die Zentrale beklagt, die Zugehörigkeit zu Silvermasters Spionagering sei bei »vielen« Kommunisten in Washington ein offenes Geheimnis, und auch Harry Dexter Whites sowjetische »Connection« sei bekannt geworden. Sie tadelte »nicht nur die nachlassende Arbeit der Residentur bei der Führung und Ausbildung von Probekandidaten [als Agenten], sondern auch den Mangel an Verständnis für die elementarsten Regeln unserer Arbeit bei unseren operativen Kräften«.[26]

Als noch im selben Jahr Gusenko und Elizabeth Bentley überliefen, sah die Zentrale ihre schlimmsten Befürchtungen bestätigt. Im September berichtete J. Edgar Hoover dem Weißen Haus und dem Außenministerium, Gusenko habe Informationen über die Aktivitäten einer Reihe von sowjetischen Spionen in den USA geliefert, darunter ein »Assistent des Außenministers«, womit höchstwahrscheinlich Alger Hiss gemeint war. Am 7. November begann Elizabeth Bentley, nachdem sie sechs Wochen zuvor Kontakt zum FBI aufgenommen hatte, zu enthüllen, was sie über die sowjetische Spionage wußte. Am nächsten Tag sandte Hoover dem militärischen Berater Präsident Trumans eine erste Liste mit vierzehn Namen von Personen, die laut Bentley Informationen an das »sowjetische Spionagesystem« weitergaben: darunter der stellvertretende Finanzminister Harry Dexter White, der Assistent des OSS-Direktors Duncan C. Lee und Roosevelts ehemaliger Sachbearbeiter Lauchlin Currie.[27] Darüber hinaus bewogen Bentleys Aussagen das FBI, sich noch einmal mit Whittaker Chambers' Aussagen über die von White, Hiss und anderen vor dem Krieg für die Sowjetunion betriebene Spionage zu befassen.[28]

Am 20. November traf sich Bentley in New York vor Bickford's Cafeteria an der Ecke 23rd Street und 6th Avenue zum letzten Mal mit dem Washingtoner Residenten Gorski, den sie als »Al« kannte. Ohne zu ahnen, daß sie vom FBI observiert wurden, vereinbarte Gorski das nächste Treffen für den 20. Januar. Laut Bentley sagte er ihr, daß man sie möglicherweise bald »wieder für die verdeckte Arbeit« brauchen werde. Zum Zeitpunkt des nächsten Treffens war Gorski allerdings bereits wieder in Moskau.[29] Grund für seine hastige Abreise dürfte die Entdeckung von Bentleys Übertritt gewesen sein.[30] Einige Monate später wurde auch der New Yorker Resident, Roland Abbiate alias Prawdin, dessen Frau mit Bentley bekannt war, abberufen,[31] und obwohl eine Schadensbewertung der Zentrale zu dem Schluß kam, daß Bentley weder den Klarnamen noch die Adresse oder Telefonnummer ihres vorherigen Führungsoffiziers – Ischak Achmerow, des illegalen Residenten in den USA – kannte, wurden er und seine Frau vorsichtshalber ebenfalls nach Moskau zurückbeordert.[32]

Nach der fast gleichzeitigen Abberufung von Gorski, Abbiate und Achmerow verfügte das MGB in den USA über keine erfahrene Führung mehr, und in der Zentrale gab es nur wenige Offiziere mit Erfahrungen in Nordamerika, die ihre Posten übernehmen konnten. Außerdem hegte man, wie Juri Modin später schrieb, »aus Furcht vor Übertritten Bedenken dagegen, Leute aus der Sowjetunion hinauszuschicken.«[33] An Achmerows Stelle wurde erst 1948 ein neuer illegaler Resident in die USA entsandt, und die ersten beiden Nachfolger Gorskis als legale Residenten wurden in der Zentrale zu sprichwörtlichen Beispielen von Unfähigkeit.[34] Die wirksamste Maßnahme zur Schadensbegrenzung nach Bentleys

Übertritt bestand darin, die Verbindung zu den meisten ihr bekannten Agenten der Kriegszeit abzubrechen. Dies führte dazu, daß es trotz der vielen Hinweise, die sie gab, zu keiner einzigen Anklageerhebung kam. Da die Ermittlungen des FBI zu spät begannen, konnte keiner der von Bentley genannten Spione bei der Übergabe von Geheiminformationen ertappt werden. Die Zentrale unterschätzte allerdings die juristischen Hindernisse, denen sich das FBI gegenübersah, und fürchtete noch jahrelang, es würde einen großen Spionageprozeß in Gang setzen.

Bestärkt wurde diese Befürchtung durch einen bedeutenden amerikanischen Einbruch in die sowjetischen Chiffrierschlüssel, der später den Codenamen VENONA erhielt. Wie schon erwähnt, hatte die Sowjetunion für den hochrangigen Nachrichtenverkehr von Diplomatie und Geheimdiensten seit 1927 ein praktisch unknackbares Schlüsselsystem verwendet, das im Westen als Chiffrenabreißblock bekannt war. Während des Zweiten Weltkriegs und unmittelbar danach wurden jedoch manche Abreißblöcke mehrmals ausgegeben, was den Schlüssel angreifbar machte. Ende 1946 gelang es Meredith Gardner, einem brillanten Kryptoanalytiker der Fernmeldeaufklärung der US Army (ASA), einige der Mitteilungen, die während des Krieges zwischen der Zentrale und den amerikanischen Residenturen gewechselt worden waren, zu entschlüsseln. Bis zum Sommer 1947 hatte er aus den dechiffrierten Dokumenten einen Berg von Beweisen für die von der Sowjetunion während des Krieges in den USA betriebene massive Spionage angehäuft, so daß 1948 das FBI hinzugezogen wurde. Im Oktober 1948 stieß Spezialagent Robert Lamphere zu VENONA und beschäftigte sich fortan ausschließlich damit, die (zum Teil noch aktiven) Agenten zu identifizieren, deren Codenamen in den entschlüsselten Nachrichten genannt wurden.[35]

Bemerkenswerterweise wurde die 1947 gegründete Central Intelligence Agency (CIA) erst 1952 über VENONA informiert.[36] Noch bemerkenswerter ist, daß auch Präsident Truman nicht von den entschlüsselten Dokumenten in Kenntnis gesetzt wurde – vermutlich aus Furcht, er könnte dem CIA-Direktor bei einem ihrer wöchentlichen Treffen davon erzählen. Immerhin bewiesen die VENONA-Dokumente, daß das OSS, die Vorgängerorganisation der CIA während des Krieges, in großem Ausmaß von sowjetischen Agenten unterwandert war, und sowohl Hoover als auch der Vorsitzende der Vereinigten Staatschefs (JCS), General Omar N. Bradley, scheinen den irrtümlichen Verdacht gehegt zu haben, daß dies auch auf die CIA zutraf.[37]

Die Zentrale erfuhr bereits 1947 – fünf Jahre vor der CIA – durch William Weisband (SCHORA), einen Agenten in der ASA, von dem VENONA-Geheimnis.[38] Der Sohn russischer Einwanderer arbeitete als Russischspezialist bei der ASA und durchstreifte unter dem Vorwand, sich nach Projekten umzusehen, bei denen seine Sprachkenntnisse gefragt sein konnten, die Büros der Behörde. Gardner erinnert sich, daß Weisband ihm einmal, wahrscheinlich Ende 1946, über die Schulter schaute, als er gerade eines der ersten wichtigen VENONA-Dokumente entschlüsselte – ein NKGB-Telegramm vom 2. Dezember 1944, aus dem die sowjetische Infiltration von Los Alamos hervorging.[39]

Für die Zentrale stellte VENONA eine ganze Ladung unberechenbarer Zeitbomben dar, die irgendwann in den nächsten Jahren explodieren konnten, denn sie wußte nicht, welche NKGB-Telegramme völlig oder teilweise entschlüsselt und welche ihrer Agenten dadurch enttarnt werden würden. Daß im Sommer 1948 in der amerikanischen Öffentlichkeit eine Debatte über die sowjetische Spionage in Gang kam, mußte Moskaus Sorgen noch verstärken. Im Juli 1948 sagte Elizabeth Bentley zum ersten Mal vor dem »Ausschuß für unamerikanische Umtriebe« im Repräsentantenhaus aus, was sie umgehend zu einer Medienberühmtheit machte und ihr den Spitznamen »Red Spy Queen« eintrug. Anfang August identifizierte Whittaker Chambers in seiner Aussage vor dem Ausschuß Alger Hiss, Harry Dexter White und andere als Mitglieder der kommunistischen Untergrundbewegung der Vorkriegszeit. Die Zentrale fürchtete daraufhin, wenn auch unnötigerweise, die Anhörungen des Ausschusses könnten das Vorspiel zu einer Reihe von Schauprozessen sein, in deren Verlauf ihr Spionagenetz der Kriegszeit entlarvt werden würde.

Ende der vierziger Jahre wurden die Operationen des sowjetischen Auslandsnachrichtendienstes durch eine umfassende Neuorganisation in Moskau zusätzlich behindert. Auslöser dieser Umstrukturierung war das amerikanische Gesetz über die Nationale Sicherheit vom Juli 1947, durch das die CIA geschaffen wurde, welche die Aufgabe hatte, »die nachrichtendienstlichen Aktivitäten der verschiedenen Regierungsämter und Einrichtungen im Interesse der nationalen Sicherheit zu koordinieren«. Obwohl dieses Ziel nie ganz erreicht werden sollte, war der sowjetische Außenminister Wjatscheslaw Molotow der Ansicht, daß die USA durch die vom National Security Act vorgesehene einheitliche Organisation des Auslandsnachrichtendienstes gegenüber dem zersplitterten System der Sowjetunion einen Vorteil erlangen würden. Deshalb müsse man die Auslandsabteilungen von MGB und GRU unter einem Dach vereinigen. Dieser Vorschlag besaß in Stalins Augen den willkommenen Nebeneffekt, daß er die Macht Berijas schwächte, dessen Protegé Wiktor Abakumow das MGB leitete.[40] Im Juli 1947 wurden die beiden Auslandsnachrichtendienste zum sogenannten Informationskomitee (KI) zusammengeschlossen.[41] Gemäß dem neuen, hoch zentralisierten System bedurften sogar operative Pläne für Treffen mit wichtigen Agenten und die Überprüfung von deren Zuverlässigkeit der Zustimmung des KI.[42] Durch die Berufung zum ersten Vorsitzenden des KI erlangte Molotow mehr Einfluß auf die Nachrichtendienstoperationen im Ausland als jemals zuvor. Erster stellvertretender Vorsitzender, der für Molotow die Tagesgeschäfte leitete, war der vergleichsweise flexible Pjotr Fedotow, der im Jahr zuvor Leiter des Auslandsnachrichtendienstes des MGB geworden war.[43]

Molotow versuchte die Kontrolle des Außenministeriums über die Operationen des KI zu stärken, indem er die sowjetischen Botschafter in wichtigen Hauptstädten zu »legalen Hauptresidenten« ernannte, denen sowohl die zivilen (ehemals MGB) als auch die militärischen Residenten (ehemals GRU) unterstellt waren. Nach der – allerdings voreingenommenen – Ansicht des späteren Überläufers Ilja Dschirkwelow führte dieser Schritt »zu einem heillosen Durcheinander. Die Residenten, also die berufsmäßigen Geheimdienstoffiziere, griffen zu den unglaublichsten Listen, um die Botschafter nicht über ihre Tätigkeit informieren zu müssen, da die Diplomaten lediglich über sehr amateurhafte Kenntnisse der Spionagearbeit und ihrer Methoden verfügten.«[44] Einige Diplomaten schalteten sich jedoch direkt in Nachrichtendienstoperationen ein. So übernahm der Botschafter in Washington, Alexander Panjuschkin, nach den Problemen in der dortigen Residentur, die 1948/49 zur Abberufung zweier aufeinanderfolgender Residenten geführt hatten, für ein Jahr selbst die Leitung der Residentur. Dabei gewann er soviel Geschmack an der Geheimdienstarbeit, daß er es später bis zum Leiter der Ersten Hauptverwaltung (Ausland) des KGB brachte.[45]

Als Molotow 1949 bei Stalin in Ungnade fiel, löste ihn sein Stellvertreter Andrei Wyschinski, der brutale Chefankläger der Schauprozesse der dreißiger Jahre, sowohl als Außenminister wie auch als KI-Vorsitzender ab. Wyschinski empfand eine unterwürfige Bewunderung für Berija, die sogar am Telefon zutage trat. Andrei Gromyko, einer seiner Nachfolger, hat eine solche Szene miterlebt: »Kaum hörte er Berijas Stimme, sprang er auch schon ehrerbietig vom Stuhl auf. Auch während des Gesprächs bot sich mir ein seltsames Bild: Wyschinski kroch wie ein Diener vor dem Herrn.«[46] Im Unterschied zu Molotow hatte Wyschinski wenig Interesse für die Angelegenheiten des KI und überließ den Vorsitz einige Monate später dem stellvertretenden Außenminister Walerian Sorin. Fedotows Nachfolger als Erster Stellvertreter wurde der skrupellosere und entschlossenere Sergei Sawtschenko, wie Wyschinski ein Protegé Berijas. Sawtschenko scheint eher Berija als dem Außenministerium Rechenschaft abgelegt zu haben.[47]

Als Wyschinski an Molotows Stelle trat, hatte das KI bereits einen großen Teil seiner Kräfte verloren, denn im Sommer 1948 hatte Marschall Nikolai Bulganin, der Minister für die Streitkräfte, nach einem langen Streit mit Molotow begonnen, das Personal des militärischen Nachrichtendienstes aus dem KI abzuziehen und wieder der GRU zu unterstellen. Daraufhin führte Abakumow, wahrscheinlich mit Rückendeckung von Berija, einen langwierigen Kampf, um die Kontrolle über die Überreste des KI wiederzuerlangen. Ende 1948 kehrten die Residenturoffiziere der Gruppen EM (russische Emigranten) und SK (sowjetische Kolonien im Ausland) zum MGB zurück. Drei Jahre später wurde das KI ganz aufgelöst, und so fiel auch der restliche Auslandsnachrichtendienst wieder in die Verantwortung des MGB.[48]

Die wichtigste Hinterlassenschaft der KI-Periode war die erneute Betonung der Rolle von Illegalen, die, wie man glaubte, insbesondere in den USA eine sicherere und besser verborgene Grundlage für Nachrichtendienstoperationen im Ausland boten als legale Residenturen. Die durch Zusammenlegung der Illegalensektionen von MGB und GRU geschaffene Vierte Direktion (Illegale) des KI verfügte über 87 Mitarbeiter. An ihrer Spitze stand Alexander Korotkow, der sich vor dem Krieg durch Mordanschläge auf »Volksfeinde« im Ausland einen Namen gemacht hatte. 1949, als das Militärpersonal der Direktion bereits zur GRU zurückgekehrt war, befanden sich 49 Illegale in der Ausbildung.[49] Korotkow schuf einzelne Abteilungen, die sich mit der Auswahl von Illegalen, ihrer Ausbildung und der Herstellung der für ihre »Legenden« nötigen Dokumente beschäftigten. Bis 1952 fälschte die Dokumentationsabteilung 364 ausländische Personaldokumente, darunter 78 Pässe. An alle wichtigen Residenturen wurden Offiziere (Gruppe N) entsandt, deren Aufgabe es war, die Illegalen zu unterstützen.[50]

Oberste Priorität der Vierten Direktion war der Aufbau einer neuen illegalen Residentur in New York, um die Nachrichtendienstoperationen in den USA wieder in Gang zu bringen. Als erster Resident seit Achmerows Abberufung Anfang 1946 wurde Wiljam (»Willie«) Fischer (MARK) ausgewählt, wahrscheinlich der einzige sowjetische Nachrichtendienstoffizier, der in England geboren war. Seine Eltern waren russische Revolutionäre gewesen, die 1901 nach Großbritannien emigrierten, so daß Wiljam 1903 in Newcastle-on-Tyne zur Welt kam.[51] 1921 kehrte die Familie nach Moskau zurück, wo Fischer Dolmetscher bei der Komintern wurde. Während seines Militärdienstes, den er 1925/26 ableistete, erhielt er eine Ausbildung als Funker, und im Jahr darauf wurde er nach einem kurzen Zwischenspiel in der Vierten Sektion (militärischer Nachrichtendienst) von der INO rekrutiert und arbeitete, bis er 1936 zum Leiter der Schule für Funker in illegalen Residenturen berufen wurde, als Funker an Residenturen in Norwegen, der Türkei, Großbritannien und Frankreich.[52] Er konnte von Glück sagen, daß er während des Großen Terrors nicht hingerichtet wurde, denn zum einen war er wegen seiner englischen Herkunft automatisch verdächtig, und zum anderen hatte sich, seiner Akte zufolge, eine Reihe sogenannter Volksfeinde »positiv über ihn geäußert«. Hinzu kam, daß sein Schwager als Trotzkist galt. Trotzdem wurde er Ende 1938 nur aus dem NKWD entlassen, überlebte aber und wurde während des Großen Vaterländischen Krieges in eine Einheit übernommen, die Funker für Partisanen- und Nachrichtendienstoperationen hinter den deutschen Linien ausbildete.[53]

Fischers Vorbereitung auf den Einsatz als Illegaler begann 1946 unter persönlicher Aufsicht Korotkows. Seine Legende war ungewöhnlich kompliziert, denn er reiste 1948 mit einer anderen Identität in die USA ein als jener, die er bald darauf annahm. Die erste Identität war die von Andrey Yurgesovich Kayotis, einem 1895 geborenen und in die USA ausgewanderten Litauer, der 1947 den Atlantik überquerte, um Verwandte in Europa zu besuchen. In Dänemark erhielt er von der sowjetischen Botschaft Reisedokumente, mit denen er in die Sowjetunion gelangen konnte, während sein Paß einbehalten wurde, damit Fischer ihn benutzen konnte. Dieser fuhr im Oktober 1948 mit einem sowjetischen Paß nach Warschau und reiste von dort, jetzt mit Kayotis' Paß, über die Tschechoslowakei und die Schweiz nach Paris weiter, wo er ein Ticket für die Atlantikpassage auf der *Scythia* kaufte, die am 6. November mit Ziel Quebec in Le Havre ablegte. In Kanada eingetroffen, begab sich Fischer nach Montreal und überschritt schließlich am 17. November – immer noch als Andrey Kayotis – die US-amerikanische Grenze.[54]

Am 26. November hatte Fischer in New York ein geheimes Treffen mit dem gefeierten sowjetischen Illegalen Jossif Griguljewitsch (MAX),[55] der ihm 1000 Dollar und drei Dokumente auf den Namen Emil Robert Goldfus aushändigte: eine echte Geburtsurkunde, einen von der Zentrale gefälschten Wehrpaß und eine ebenfalls gefälschte Steuerkarte. Fischer gab Kayotis' Dokumente zurück und wurde Goldfus. Der echte Goldfus war am 2. August 1902 im Alter von nur vierzehn Monaten gestorben. Da Fischers Legende alles andere als perfekt war, instruierte ihn die Zentrale, sich nicht um eine Anstellung zu bemühen, da der Arbeitgeber nachforschen und so seine Tarnung auffliegen lassen könnte. Statt dessen sollte er sich ein Atelier einrichten und sich als freischaffender Künstler ausgeben.[56]

1949 wurde Fischer als Fundament seiner illegalen Residentur die Führung der Agentengruppe von Morris Cohen (Codenamen LUIS und VOLUNTEER) anvertraut, der unter anderen dessen Ehefrau Lona (LESLIE) angehörte.[57] Nach dem Seitenwechsel von Elizabeth Bentley hatte die Zentrale Anfang 1946 den Kontakt zu den Cohens abgebrochen, ihn ein Jahr später in Paris aber wieder angeknüpft und sie 1948 in New York reaktiviert.[58] Der wichtigste Agent des VOLUNTEER-Rings war der Physiker Ted Hall (MLAD), dessen Kurier Lona Cohen 1945 gewesen war, als er Atomgeheimnisse aus Los Alamos weitergab.[59] Anfang 1948 war Hall, der inzwischen an der Universität von Chicago an seiner Dissertation arbeitete, zusammen mit seiner Frau Joan in die KP eingetreten. Offenbar hatte er die Absicht gehabt, seine Agententätigkeit aufzugeben, um sich im Präsidentschaftswahlkampf des Kandidaten der Progressiven, des naiv prosowjetischen Henry Wallace, zu engagieren.[60] Morris Cohen überredete ihn jedoch, zur Spionage zurückzukehren. Am 2. August 1948 telegrafierte die Washingtoner Residentur nach Moskau:

»LUIS hat MLAD getroffen und ihn überredet, die Progressiven zu verlassen und sich auf die Wissenschaft zu konzentrieren. Wichtige Informationen über zwei neue Kontakte MLADs erhalten. Diese haben Bereitschaft signalisiert, Daten für ENORMOS [das Atomprogramm] zu übergeben. Jedoch unter zwei Voraussetzungen: Ihre einzige Verbindung muß MLAD sein, und den Offizieren von ARTEMIS [dem sowjetischen Nachrichtendienst] müssen ihre Namen unbekannt bleiben.«[61]

Neben MLAD erfuhr der VOLUNTEER-Ring Zuwachs durch drei weitere Agenten: ADEN, SERB und SILVER.[62] Zwei von ihnen waren zweifellos die beiden von Hall angesprochenen Atomphysiker. Obwohl ihre Identität verborgen blieb, maß die Zentrale ihren Informationen außerordentlichen Wert bei. Laut einer SWR-Geschichte war die VOLUNTEER-Gruppe »in der Lage, die Übermittlung streng geheimer Informationen über die Entwicklung der amerikanischen Atombombe an die Zentrale zu gewährleisten«. Ihre Erfolge trugen Fischer im August 1949 den Rotbannerorden ein.[63] Ein Jahr später jedoch mußte seine illegale Residentur durch die Verhaftung von Ethel und Julius Rosenberg, deren Kurier Lona Cohen gewesen war, einen schweren Schlag hinnehmen. Die Cohens wurden hastig nach Mexiko abgezogen, wo sie mehrere Monate bei den sowjetischen Agenten ORJOL (»Adler«) und RYBA (»Fisch«) Unterschlupf fanden,[64] bevor sie nach Moskau weiterreisten. Einige Jahre später tauchten sie unter den Namen Peter und Helen Kroger als Angehörige einer neuen illegalen Residentur in Großbritannien wieder auf.[65] Auch Halls Karriere als sowjetischer Spion wurde unterbrochen. Im März 1951 wurde er vom FBI vernommen, das ihn zwar der Spionage für schuldig hielt, aber keine Beweise hatte, die eine Strafverfolgung ermöglicht hätten.[66]

Unter seinem späteren Tarnnamen Rudolf Abel wurde Fischer einer der bekanntesten sowjetischen Illegalen überhaupt, dessen Laufbahn vom KGB in der Öffentlichkeit als Beispiel für die Erfolge und das Raffinement der im Kalten Krieg im Westen durchgeführten Operationen des sowjetischen Auslandsnachrichtendienstes herangezogen wurde. In Wirklichkeit waren Fischers Leistungen auch nicht annähernd mit denen seines Vorgängers in der Kriegszeit, Ischak Achmerow, zu vergleichen. In den acht Jahren, die er als illegaler Resident arbeitete, scheint er keinen einzigen vielversprechenden potentiellen Agenten aufgespürt, geschweige denn rekrutiert zu haben, der an die Stelle der VOLUNTEERS hätte treten können.[67] Allerdings konnte er im Unterschied zu Achmerow auch nicht auf die begeisterte aktive Unterstützung der straff organisierten KP der USA zurückgreifen, die diesem als Talentsucher und Zuarbeiter gedient hatte. Einer der Gründe für Fischers mangelnde Erfolge war der Niedergang und die Verfolgung der KP der USA nach dem Krieg.

Der bedeutendste amerikanische Agent, der in der Anfangsphase des Kalten Krieges rekrutiert wurde, war Alexander (»Sascha«) Kopazky. 1923 in Surosch im Distrikt Brjansk geboren,[68] hatte er von August 1941 bis Dezember 1943, als er verwundet wurde und in deutsche Gefangenschaft geriet, als Leutnant dem sowjetischen Nachrichtendienst angehört. Während er im deutschen Lazarett lag, willigte er ein, für den deutschen Geheimdienst zu arbeiten. In den letzten beiden Kriegsmonaten diente er als Nachrichtendienstoffizier in General Andrei Wlassows russischer Befreiungsarmee, die an der Seite der Wehrmacht gegen die Rote Armee kämpfte. Bei Kriegsende wurde Kopazky von den amerikanischen Behörden kurzzeitig im ehemaligen Konzentrationslager Dachau festgesetzt.[69]

Trotz seiner Dienstzeit beim NKWD schien seine antisowjetische Einstellung so glaubwürdig zu sein, daß man ihn aufforderte, sich dem unter Aufsicht der Amerikaner stehenden deutschen Nachrichtendienst anzuschließen, den Reinhard Gehlen, der frühere Chef der Nachrichtendienstabteilung Fremde Heere Ost im Generalstab der Wehrmacht, 1946 in Pullach bei München aufzubauen begann.[70] 1948 vergrößerte Kopazky den Abstand zu seiner sowjetischen Vergangenheit weiter, indem er Eleonore Stirner, die Tochter eines ehemaligen SS-Offiziers, heiratete, die wegen ihrer Tätigkeit in der Hitlerjugend vorübergehend inhaftiert gewesen war. Sie erinnerte sich später, daß ihr Ehemann eine Menge Wodka trank: »Er küßte den Damen die Hand. ... Er war sehr pünktlich, putzte seine Schuhe, machte jeden Morgen Gymnastik, hatte einen gepflegten Haarschnitt; sein Leben lang trug er seine Haare kurz. Und er war ein sehr guter Schütze. Sascha liebte die Jagd und erzählte davon, wie er zusammen mit seinem Vater in Sibirien Tiger gejagt hatte.« Viele Jahre später, nach Saschas Tod, kam ihr, als sie sich im Fernsehen die Verfilmung eines Romans von John Le Carré ansah, der Gedanke, daß er sie möglicherweise geheiratet hatte, um seine Tarnung zu verbessern. Diese Erkenntnis, sagte sie, »stürzte wie ein Berg von Mauersteinen auf mich ein«.[71] An ihrem Hochzeitstag hatte Kopazky wahrscheinlich schon vorgehabt, die Verbindung zum sowjetischen Nachrichtendienst wieder anzuknüpfen.

Für den SWR ist der Fall Kopazky immer noch ein heißes Eisen. Noch 1997 behauptete er, es gebe unter keinem seiner Codenamen einen Aktenvermerk über »eine Zusammenarbeit [Kopazkys] ... mit sowjetischen Nachrichtendienststellen«.[72] Dennoch konnte Mitrochin die umfangreiche Akte lesen, die es laut SWR nicht gibt, und seine Notizen enthüllen, daß Kopazky 1949 die sowjetische Militärmission in Baden-Baden aufsuchte und insgeheim nach Ost-Berlin gebracht wurde, wo er sich bereit erklärte, als sowjetischer Agent zu arbeiten.[73] Bald darauf infiltrierte er den Kampfbund zur Befreiung des russischen Volkes (SBONR), eine in München ansässige antisowjetische Emigrantenorganisation, die enge Beziehungen zur CIA unterhielt. 1951 wurde er, zweifellos zur Freude seines sowjetischen Führungsoffiziers, von der CIA-Station in West-Berlin als »Hauptagent« angeheuert.[74] Von der Zentrale nacheinander mit den Codenamen ERWIN, HERBERT und RICHARD bedacht, erhielt er zusätzlich zu seinem CIA-Einkommen 500 Mark im Monat. Einer seiner ersten Erfolge gelang ihm, als er am 5. November 1951 einen CIA-Kollegen, den Esten Wladimir Kiwi – der in der Kopazky-Akte irrtümlich als »amerikanischer Geheimdienstchef« bezeichnet wird – betrunken machte, nach Ost-Berlin brachte und dem sowjetischen Nachrichtendienst übergab.[75] Obwohl Kopazky nicht zum Stab der CIA gehörte und nie in ihrem Hauptquartier arbeitete, fügte er den CIA-Operationen in Deutschland schweren Schaden zu. Laut seiner Akte haben sich nicht weniger als 23 »legale« operative KGB-Offiziere und ein Illegaler »mit ihm getroffen und gearbeitet«, was ein sicheres Anzeichen dafür ist, wie sehr die Zentrale ihn schätzte.

Während des gesamten Kalten Krieges betrachtete der sowjetische Nachrichtendienst die Vereinigten Staaten als seinen »Hauptgegner«. An zweiter Stelle stand am Anfang des Kalten Krieges Großbritannien, der engste Verbündete der USA, und an dritter Frankreich.[76] Vor dem Zweiten Weltkrieg war Frankreich eine bedeutende Ausgangsbasis für Auslandsoperationen des NKWD gewesen. Doch die verheerende Niederlage im Juni 1940, die deutsche Besetzung Nordfrankreichs, die Bildung des kollaborierenden Vichy-Regimes im Süden und Hitlers Angriff auf die Sowjetunion im Juni 1941 hatten das Ausmaß der sowjetischen Infiltration erheblich reduziert. Im kommunistischen Teil der französischen Résistance war der NKWD allerdings weiterhin stark vertreten gewesen.

Während des Krieges gab es zwei Hauptgruppen sowjetischer Agenten in Frankreich: eine in Paris, zu der unter der Leitung von LEMOINE ungefähr 50 Kommunisten und Sympathisanten gehörten, und eine zweite, mehr als 25 Köpfe zählende Gruppe mit HENRI an der Spitze in Toulouse, die von 1941 an einen Ableger in Paris besaß. Laut Mitrochins

Notizen wurde die LEMOINE-Gruppe, deren Mitglieder zumeist glaubten, sie arbeiteten für die PCF und nicht für den NKGB, »wegen Verrats aufgelöst«. Aus der HENRI-Gruppe wurde zwar sechs Mitglieder von den Deutschen gefaßt und erschossen, aber der Kern der Gruppe überlebte.[77]

Am Ende des Zweiten Weltkriegs besaß der sowjetische Nachrichtendienst in Frankreich wesentlich mehr Handlungsspielraum als in den USA und Großbritannien. Die PCF hob ihre heroische Rolle in der Résistance hervor, nannte sich *le parti des fusillés* und übertrieb die Zahl der gefallenen Helden gewaltig. Als General de Gaulle sie im August 1944 zum Eintritt in die Provisorische Regierung aufforderte, übernahmen Kommunisten zum ersten Mal in der französischen Geschichte Ministerposten. Nach einer Meinungsumfrage vom Mai 1945 glaubten 57 Prozent der Bevölkerung, daß der Sowjetunion das Hauptverdienst am Sieg über Deutschland gebühre; 20 Prozent rechneten es den USA und 12 Prozent Großbritannien an. Aus den Wahlen im Oktober 1945 ging die PCF mit 26 Prozent der Stimmen als stärkste Partei hervor. Ende des Jahres hatte sie fast 800 000 Mitglieder. Obwohl sie damit fast den Höhepunkt ihrer Popularität erreicht hatte, gab es viele, die hofften – oder fürchteten, insbesondere nach de Gaulles Rücktritt Anfang 1946 –, Frankreich sei dabei, eine kommunistisch beherrschte »Volksdemokratie« zu werden.

Die neueröffnete Pariser Residentur wurde durch die ersten Instruktionen der Zentrale vom 18. November 1944 angewiesen, die »gegenwärtige günstige Situation« zu nutzen, um den Kontakt zum Agentennetz der Vorkriegszeit wiederherzustellen und neue Agenten im Außen- und Innenministerium, in den Geheimdiensten sowie den Parteien und Organisationen zu gewinnen. Vom Erfolg der wissenschaftlich-technischen Spionage in Großbritannien und den USA ermutigt, befahl die Zentrale der Residentur am 20. Februar 1945 in weiteren Instruktionen, die Anwerbungsaktion auf das Pasteur- und das Curie-Institut und andere führende wissenschaftliche Einrichtungen auszudehnen.[78] Die Berufung des überzeugten Kommunisten und Nobelpreisträgers Frédéric Joliot-Curie zum Regierungsdirektor für wissenschaftliche Forschung wurde von der Zentrale zweifellos erfreut aufgenommen. Joliot-Curie versicherte Moskau, die französischen Wissenschaftler würden »Ihnen immer zur Verfügung stehen, ohne im Gegenzug irgendwelche Informationen zu erbitten«.[79]

1945 schickte die Pariser Residentur der Zentrale 1123 Berichte, die auf Informationen von 70 Quellen beruhten. Operative Probleme entstanden nicht, weil es an Agenten mangelte, sondern weil Führungsoffiziere fehlten. Bis zum Februar 1945 verfügte die Residentur nur über drei Führungsoffiziere.[80] Im Mai erhielt MARCEL, der im Krieg zur HENRI-Gruppe gehört hatte, die Anweisung, eine neue Gruppe zu bilden, um die Infiltration von Geheimdiensten, Außenministerium und Parteien voranzubringen und die Kontrolle über die Agenten in der Provinz wiederzuerlangen.[81] Bis November hatte sich die Zahl der operativen Offiziere in der Pariser Residentur auf sieben erhöht; hinzu kamen sechs technische Kräfte, die sie unterstützten. Bei dieser Besetzung blieb es für die nächsten Jahre. Zusätzlich zur Anwerbung neuer Agenten sollte die Residentur jeden vor dem Krieg rekrutierten Agenten einzeln überprüfen. Kein Wunder, daß ihre Berichte aus dem Jahr 1945 wegen fehlender Tiefe und ungenügender Beachtung der wertvollsten Agenten kritisiert wurden.[82]

Die nächste verfügbare Angabe über die Menge der von der Pariser Residentur gelieferten Informationen umfaßt die Periode vom 1. Juli 1946 bis zum 30. Juni 1947. In diesem Zeitraum erhielt die Zentrale 2627 Berichte und Dokumente, also mehr als das Doppelte der Ausbeute von 1945. Außerdem waren mehrere bedeutende Rekrutierungen zu verzeichnen. 1944 trat WEST, der im vorangegangenen Jahr in der Résistance von HENRI angeworben worden war, in den neu gegründeten französischen Auslandsnachrichtendienst DGER (im Januar 1946 in *Service de Documentation Extérieure et de Contre Espionage*, SDECE, umbenannt) ein, wo er zuerst im britischen und dann im italienischen Referat arbeitete. Seiner Akte zufolge lieferte er »wertvolle Informationen über den französischen, italienischen und britischen Nachrichtendienst«. Obwohl WEST (später RANOL) 1945 aus dem DGER austrat und eine publizistische Laufbahn einschlug, hielt er den Kontakt zu einigen seiner früheren Kollegen aufrecht. Sein erster Rekrut erhielt den Codenamen RATJEN, wurde allerdings 1946 aus dem SDECE entlassen. 1947 warb WEST zwei weitere wichtige SDECE-Offiziere an, denen die Zentrale die Codenamen CHUAN (oder TORMA) und NOR (oder NORMAN) gab.[83]

In den zwölf Monaten bis zum 30. Juni 1947 schickte die Pariser Residentur der Zentrale 1147 Dokumente über die französischen Nachrichtendienste, 92 über deren Operationen gegen die Sowjetunion und 50 über andere Nachrichtendienste.[84] In den von Mitrochin eingesehenen Akten ist vermerkt, daß sowohl CHUAN als auch NOR in der politischen Aufklärung arbeiteten. CHUAN gehörte zeitweise der amerikanischen Abteilung des SDECE an, war 1949 aber mit Ostblockangelegenheiten befaßt, während NOR auf Italien spezialisiert war.[85] WEST erhielt von der Pariser Residentur 30 000 Franc im Monat; 1957 bekam er 360 000 Franc, um sich eine Wohnung kaufen zu können.[86] Iwan Agajanz, von 1946 bis 1948 Resident in Paris, brüstete sich mit seinen Erfolgen bei der Infiltration des SDECE. In einem Vortrag, den er 1952 in der Zentrale hielt, sprach er in bezug auf den französischen Nachrichtendienst abfällig von »dieser Hure, die ich in die Tasche gesteckt habe«.[87]

Die Infiltration des Außenministeriums am Quai d'Orsay erwies sich als schwieriger. Bei einem Besuch in Moskau im Juni 1946 berichtete der kommunistische französische Gewerkschaftsführer Benoîte Franchon pessimistisch:

»Die Beamten des Außenministeriums bilden eine geschlossene Gesellschaft, die ... für ihre reaktionären Ansichten bekannt ist. Unsere Situation im Ministerium ist prekär. Wir haben nur ein Parteimitglied, die Privatsekretärin von [George] Bidault [dem Außenminister], der weiß, daß sie Kommunistin ist – deshalb haben wir kein vollkommenes Vertrauen zu ihr. Unter den Diplomaten auf Auslandsposten ist nur der Botschaftssekretär in Prag ein Kommunist.«

Dieser Botschaftssekretär war fast mit Sicherheit Étienne Manac'h, der später französischer Botschafter in Peking wurde (1969–1975).[88] Manac'h (TAXIM) hatte 1942, als er in der Türkei stationiert war, Verbindung zum sowjetischen Nachrichtendienst aufgenommen. In seiner KGB-Akte wird er nicht als Agent, sondern als vertraulicher Kontakt bezeichnet, der bis 1971 von Zeit zu Zeit »aus ideologisch-politischen Gründen« Informationen weitergab. Seine Informationen wurden von der Zentrale offenbar geschätzt, denn in den 29 Jahren seiner Verbindung zum KGB hatte er sechs Führungsoffiziere, deren letzter, Michail S. Zimbal, Leiter der unter anderem für die Operationen in Frankreich zuständigen Fünften Abteilung der Ersten Hauptverwaltung war.[89]

Die wichtigsten Agenten im französischen Außenministerium während des Kalten Krieges waren keine Diplomaten, sondern gehörten dem Chiffrierpersonal an. Zum wertvollsten und am längsten aktiven Agenten, der von der Pariser Botschaft angeworben werden konnte, entwickelte sich ein 23jähriger Chiffrierbeamter am Quai d'Orsay mit dem

Codenamen JOUR (in russischer Transliteration: SCHUR). Die von JOUR gelieferte große Zahl von Dokumenten und Chiffrierunterlagen des Außenministeriums wurde, seiner Akte zufolge, in einem »Spezialbehälter« von Paris nach Moskau geschickt. Sie versetzten die Zentrale in die Lage, einen großen Teil der Kommunikation des französischen Außenministeriums zu entschlüsseln. 1957 wurde JOUR insgeheim der Rotbannerorden verliehen. Als Mitrochin seine Akte 1982 zum letzten Mal sah, war er immer noch aktiv. In jenem Jahr erhielt er für seine »lange und fruchtbare Zusammenarbeit« den Orden der Völkerfreundschaft.[90]

Nach der Entlassung der kommunistischen Minister aus der französischen Regierung im Mai 1947 wurde die sowjetische Infiltration des Regierungsapparats schwieriger. Im April 1948 sah die Zentrale Anlaß zur Kritik: Die Residentur besitze keine Agenten in der Nähe der Führung des gaullistischen Rassemblement du Peuple Français (RPF), der christlich-demokratischen MRP und anderer »reaktionärer« Parteien; sie habe es versäumt, die Sowjetabteilung des SDECE zu unterwandern, liefere nur dürftige Informationen über die britische und die amerikanische Botschaft und mache bei der Infiltration des Kommissariats für Atomenergie und anderer wichtiger Ziele der wissenschaftlich-technischen Spionage nur unzulängliche Fortschritte.[91] Es wurde ein Plan aufgestellt, um diese Mängel zu beheben und aktive Maßnahmen voranzubringen, »um Personen zu kompromittieren, die der UdSSR und der Kommunistischen Partei Frankreichs feindlich gesinnt sind«. Doch Moskau blieb unzufrieden. In den fünf Monaten zwischen dem 1. September 1948 und dem 1. Februar 1949 hatte die Pariser Residentur 923 Berichte geschickt, von denen 20 Prozent als wichtig genug angesehen wurden, um dem Zentralkomitee vorgelegt zu werden. Dennoch befand die Zentrale, daß »die von der Führung hinsichtlich der politischen Aufklärung gestellten Anforderungen ... immer noch nicht in ausreichendem Maß erfüllt« worden seien. Vom 1. Februar bis zum 31. Dezember 1949 verfaßte die Residentur 1567 Berichte, von denen immerhin 21 Prozent ans ZK weitergeleitet wurden. Trotzdem merkte die Zentrale kritisch an, in den Berichten würden nicht »die innersten Aspekte der Ereignisse enthüllt«, und sie »ermöglichten es nicht, die Pläne der herrschenden Kreise in ihrem Kampf mit den demokratischen [prosowjetischen] Kräften zu erkennen«.[92]

Der 1949 zu verzeichnende Rückgang der Zahl der Berichte – es waren etwa 40 weniger pro Monat als in den letzten Monaten des Vorjahres – wurde vor allem mit der »Verschlechterung der operativen Lage« aufgrund der verstärkten Observierung durch den inneren Sicherheitsdienst DST und die Sûreté begründet. Am 12. März 1949 riet die Zentrale der Pariser Residentur davon ab, ihre Agenten weiterhin auf der Straße oder in Cafés zu treffen, und empfahl, verstärkt tote Briefkästen, mit unsichtbarer Tinte geschriebene Mitteilungen und Funkkontakte zu nutzen. Außerdem wurde die Residentur angewiesen, ihren Agenten beizubringen, wie man eine Observierung erkennt und abschüttelt, und sie zu instruieren, wie sie sich im Verhör oder bei der Verhaftung zu verhalten hätten. Als weitere Vorsichtsmaßnahme wurde die Häufigkeit der Treffen verringert. Nachdem die neuen Sicherheitsvorkehrungen ein Jahr in Kraft waren, meldete die Pariser Residentur eine Verbesserung der operativen Bedingungen. Am 22. April 1950 teilte sie der Zentrale mit, sie stehe mit fast 50 Agenten in Kontakt – doppelt so vielen wie ein Jahr zuvor.[93] Während des größten Teils des nächsten Jahrzehnts lieferte die Pariser Residentur besseres Nachrichtenmaterial als ihre Pendants in Großbritannien und den USA.

Das organisatorische Durcheinander, das den sowjetischen Auslandsnachrichtendienst Ende der vierziger Jahre kennzeichnete, spiegelte sich in der Führung der drei produktivsten britischen Agenten wider. Erstaunlicherweise hatte nicht einmal Kim Philby während seiner Amtszeit als Stationschef in der Türkei (1947–1949) einen regulären Führungsoffizier. Von seinen Besuchen in London abgesehen, lief seine Verbindung zum sowjetischen Nachrichtendienst über Guy Burgess. Dessen Benehmen wurde allerdings immer exaltierter. Sein Führungsoffizier Juri Modin hatte den Eindruck, »daß seine Nerven versagen und er den Druck seines Doppellebens nicht mehr aushält«.[94] Eine Reise nach Gibraltar und Tanger im Herbst 1949 entwickelte sich zu einer »wilden Irrfahrt voller Peinlichkeiten«, wie Goronwy Rees schrieb. Burgess bezahlte seine Hotelrechnungen nicht, identifizierte in aller Öffentlichkeit britische Nachrichtendienstoffiziere und grölte betrunken in den örtlichen Bars herum. Er war selbst überrascht, daß man ihn nach seiner Rückkehr nach London nicht entließ,[95] und so nahm er im Außenministerium seine Tätigkeit als hingebungsvoller sowjetischer Agent wieder auf. Am 7. Dezember 1949, zum Beispiel, händigte er Modin 168 Dokumente mit einem Umfang von insgesamt 660 Seiten aus. In den KGB-Akten wird Burgess außerdem das Verdienst angerechnet, die anglo-amerikanische Meinungsverschiedenheiten in bezug auf die im Oktober 1949 gegründete Volksrepublik China ausgenutzt zu haben, um Spannungen in der »besonderen Beziehung« zwischen Großbritannien und den USA zu erzeugen.[96]

Donald Maclean stand unter noch größerem Druck als Burgess. Als er im Oktober 1948 im Alter von nur 35 Jahren zum Botschaftsrat und Kanzler an der Botschaft in Kairo ernannt wurde, schien er sich auf dem geraden Weg an die Spitze des diplomatischen Dienstes zu befinden. Doch die unsensible Behandlung, die er von seiten der Kairoer Residentur erfuhr, machte ihm zu schaffen. Die Dokumente, die er übergab, wurden kommentarlos entgegengenommen. Niemand klärte ihn darüber auf, was die Zentrale von ihm erwartete. Im Dezember 1949 legte er einem Stapel Geheimdokumente ein Schreiben bei, in dem er darum bat, seine Tätigkeit für den sowjetischen Nachrichtendienst beenden zu dürfen. Die Kairoer Residentur kümmerte sich so wenig um die Führung Macleans, daß sie den Brief ungelesen an die Zentrale weiterleitete, die ihn unglaublicherweise ebenfalls ignorierte. Erst als Maclean im April 1950 seine Bitte wiederholte, gelang es ihm, die Aufmerksamkeit der Zentrale auf sich zu lenken. Jetzt las sie auch den Brief, den er vier Monate zuvor geschickt hatte.[97]

Während die Zentrale darüber brütete, drehte Maclean durch. An einem Abend im Mai brachen er und sein Trinkkumpan Philip Toynbee nach einer Sauftour in die Wohnung zweier Frauen ein, die in der US-Botschaft arbeiteten, verwüsteten deren Schlafzimmer, zerfetzten ihre Unterwäsche und setzten das Zerstörungswerk anschließend im Badezimmer fort. Ein paar Tage später wurde Maclean nach London zurückgeschickt, wo das Außenministerium ihm den ganzen Sommer freigab und eine Behandlung bei einem Psychiater bezahlte, der Überarbeitung, Eheprobleme und unterdrückte Homosexualität diagnostizierte. Im Herbst, als er sich offensichtlich wieder unter Kontrolle hatte, wurde er zum Leiter des Amerika-Ressorts im Außenministerium ernannt.[98]

Nach dem Ausbruch des Koreakriegs im Juni 1950 waren die von Maclean und Burgess gelieferten Informationen für Moskau noch wertvoller als zuvor. Macleans Stellvertreter im Amerika-Ressort, Robert Cecil, kam später zu dem Schluß, für den Kreml dürften die von Maclean beschafften Dokumente »bei der Beratung der Chinesen und Nordkoreaner hinsichtlich ihrer Strategie und Verhandlungspositionen von unschätzbarem Wert« gewesen sein.[99] Aber Maclean und Burgess übermittelten nicht nur Geheimdokumente, sondern fügten auch ihre eigenen antiamerikanischen Kommentare hinzu, die in Moskau die Befürchtung verstärkten, die Vereinigten Staaten könnten den Konflikt in Korea zu einem Weltkrieg eskalieren. Dabei zeigte Maclean vermutlich zum ersten Mal in seiner diplomatischen Karriere in einer Aktennotiz des Außenministeriums Sympathie mit der groben stalinistischen These, das amerikanische Finanzkapital verfolge gewissermaßen von Natur aus aggressive Ziele. Es sei, schrieb er, »etwas dran« an der Ansicht, daß die amerikanische Wirtschaft mittlerweile völlig vom militärischen Sektor abhängig wäre und man in den USA deshalb einen großen Krieg einer von der Demobilisierung ausgelösten Depression vorziehen würde.[100]

Der von der Zentrale am meisten geschätzte britische Agent blieb jedoch Kim Philby, der, so hoffte man, eines Tages zum Chef des Secret Service aufsteigen würde. Im Herbst 1949 wurde er zum Stationschef in Washington berufen. Philby war außer sich vor Freude. Auf seinem neuen Posten wäre er, wie er später schrieb, »mit einem Schlag mittendrin« und hätte die Chance, »einen genauen Überblick über die amerikanischen Nachrichtendienste zu bekommen«.[101] Vor seiner Abreise in die USA wurde er in bezug auf das VENONA-Geheimnis »unterwiesen«. Obwohl er sich bewußt war, daß er in einem der entschlüsselten Dokumente als sowjetischer Agent identifiziert werden konnte, trug es zweifellos zu seiner Beruhigung bei, als er erfuhr, daß VENONA relativ wenige Informationen über NKGB-Operationen in Großbritannien zutage förderte.[102] Der größte Teil der entschlüsselten Dokumente betraf Operationen in den USA. Bei seiner »Unterweisung« über VENONA Ende September 1949, unmittelbar nach dem ersten sowjetischen Atombombentest, entdeckte Philby, daß der in Los Alamos tätige Atomspion CHARLES als Klaus Fuchs identifiziert worden war. Daraufhin warnte die Zentrale umgehend alle amerikanischen Agenten, die mit Fuchs in Verbindung gestanden hatten, und forderte sie auf, sich auf die Flucht nach Mexiko vorzubereiten.[103] Fuchs konnte sie nicht mehr warnen; er wurde im April 1950 zu vierzehn Jahren Gefängnis verurteilt.[104]

Nach seiner Ankunft in Washington im Oktober 1949 verschaffte sich Philby rasch regelmäßigen Zugang zu den VENONA-Dokumenten. Besonders wichtig wurde dies im folgenden Jahr nach der Verhaftung und Verurteilung von William Weisband, dem amerikanischen Agenten, durch den die Zentrale von VENONA erfahren hatte.[105] Als Verbindungsmann zur CIA war Philby in der Lage, die Zentrale sowohl über britische als auch über amerikanische Operationen gegen den Ostblock zu informieren, bis hin zu den geographischen Koordinaten der Orte, wo britische und amerikanische Agenten mit dem Fallschirm abspringen sollten.[106] In seinen Memoiren vermochte Philby seine Schadenfreude über das Schicksal der nach Hunderten zählenden Agenten, die er verraten hatte, nicht immer zurückzuhalten. In bezug auf jene, die direkt in die Arme des MGB sprangen, schrieb er mit makabrer Ironie: »Ich weiß nicht, was aus den betreffenden Gruppen geworden ist, aber ich kann es mir ungefähr denken.«[107]

Philby erzielte seine Erfolge in Washington eher trotz als wegen der Unterstützung durch KI beziehungsweise MGB. Aufgrund der chaotischen Zustände an der Washingtoner Residentur lehnte er jeden Kontakt mit einem »legalen« sowjetischen Nachrichtendienstoffizier in den USA ab, so daß er den Kontakt zur Zentrale fast ein Jahr lang nur durch Vermittlung von Burgess in London aufrechterhalten konnte.[108] Im Sommer 1950 erhielt er einen unerwarteten Brief von Burgess. »Ich habe eine schlechte Nachricht für Sie«, kündigte Burgess an. »Ich bin gerade nach Washington versetzt worden.« Philby behauptete später, er habe versprochen, Burgess während seiner Amtszeit an der Botschaft in Washington in seinem eigenen großen klassizistischen Haus in der Nebraska Avenue aufzunehmen, um ihn von den »Dummheiten« abzuhalten, für die er inzwischen berüchtigt war.[109] Doch es gelang ihm nicht. Im Januar 1951 platzte Burgess in eine Party bei den Philbys und zeichnete eine beleidigende und angeblich obszöne Karikatur von Libby Harvey, der Frau eines CIA-Offiziers. Die Harveys verließen überhastet das Haus, Aileen Philby zog sich in die Küche zurück, und ihr Mann saß mit dem Kopf in den Händen da und fragte Burgess ein ums andere Mal: »Wie konntest du nur? Wie konntest du nur?«[110]

Trotz der »Dummheiten«, die er in den USA beging, erfüllte Burgess die wichtige Aufgabe des Kuriers zwischen Philby und dessen neuem Führungsoffizier, einem sowjetischen Illegalen mit dem Codenamen HARRY (»Garri« in der russischen Transliteration), der ein paar Monate vor Burgess in Amerika eingetroffen war. HARRY, 1918 als Waleri Makajew geboren, war 1947 nach Warschau geschickt worden, um seine »Legende« als US-Bürger, der einige Jahre in Polen gelebt hatte, aufzubauen. Als Beweis für seine Identität bekam er von der Zentrale einen abgelaufenen amerikanischen Paß, der 1930 für einen Ivan »John« Mikhaylovich Kovalik, 1917 als Sohn ukrainischer Eltern in Chicago geboren, ausgestellt worden war.[111] Der echte Kovalik war 1930 mit seinen Eltern nach

Polen und später in die Sowjetunion gegangen; er starb 1957 im Distrikt Tscheljabinsk.

Nach zweijährigem Aufenthalt in Warschau gelang es Makajew mit Hilfe einer Angestellten der amerikanischen Botschaft, einen neuen US-Paß auf den Namen Kovalik zu erhalten. Im November 1948 hatte das MGB erfahren, daß die Frau einen Polen geheiratet hatte, mit dem zusammen sie nach ihrer Dienstzeit nach Amerika zurückgehen wollte. Da sie darauf bedacht war, ihre Ehe geheimzuhalten, konnte das MGB sie dazu erpressen, zu beschwören, daß sie Kovalik und seine Eltern kannte, und für ihn zu bürgen. Laut Makajews Akte wurde sein Antrag auf einen neuen Paß »im Eiltempo und unter erheblicher Abweichung von den Regeln bearbeitet«. Die Botschaftsangehörige erhielt eine Belohnung von 750 Dollar, und Makajew verließ am 5. März 1950 an Bord der *Batory* den Hafen von Gdynia in Richtung Amerika.[112]

Die Zentrale glaubte, daß Makajews Tarnung am besten geschützt wäre, wenn er wie Fischer in New Yorks kosmopolitischer Künstlergemeinde untertauchte, und so begann er bald nach seiner Ankunft eine Affäre mit einer Tänzerin polnischer Herkunft (ALICE), der ein Ballettstudio in Manhattan gehörte. Seine musikalische Begabung übertraf vermutlich die malerischen Talente seines Kollegen Fischer, denn nachdem er kurzzeitig als Kürschner gearbeitet hatte, ging er als Kompositionslehrer an die New Yorker Universität. Die Zentrale, die große Hoffnungen in Makajew setzte, stattete ihn mit 25 000 Dollar aus, damit er parallel zu derjenigen von Makajew eine neue illegale Residentur aufbauen konnte, und unterstellte ihm zwei Illegale: Reino Hayhanen (WIK), der eine falsche finnische Identität angenommen hatte, und Witali Ljampin (DIM oder DIMA), der mit einer österreichischen »Legende« operierte. Für den Nachrichtenaustausch der neuen Residentur waren zwei Kommunikationswege vorbereitet worden: eine Postroute zwischen Agent MAI in New York und GERI in London und eine Kurierroute über ASKO, einen finnischen Seemann, der zwischen Finnland und New York hin und her fuhr. Die Zentrale war beeindruckt, als es Makajew gelang, die Familie des republikanischen Senators für Vermont, Ralph E. Flanders, kennenzulernen. Seine Hauptaufgabe bestand jedoch darin, Moskaus wichtigsten britischen Agenten zu führen – Kim Philby.[113]

Im November 1950 unternahm Burgess seine erste Kurierreise zu Makajew nach New York.[114] Als Vorwand für diese Abstecher dienten ihm Besuche bei seinem Freund Alan Maclean, dem jüngeren Bruder von

Donald und Privatsekretär des britischen Vertreters bei den Vereinten Nationen, Gladwyn Jebb.[115] Als die von Burgess hergestellte Verbindung reibungslos lief, erklärte sich Philby bereit, persönlich mit Makajew zusammenzukommen. Trotzdem setzte Burgess seine Tätigkeit als Kurier zwischen ihm und seinem Führungsoffizier fort.[116] Er besuchte Alan Maclean so oft, daß Jebb den irrtümlichen Eindruck gewann, die beiden Männer »teilten eine Wohnung«. Durch die Gespräche mit Alan blieb Burgess gewiß auch über die Entwicklung von Donald Macleans instabiler Gemütsverfassung auf dem laufenden.[117]

Einige der wichtigste Informationen, die Philby Makajew direkt übermittelte, betrafen Donald Maclean. In den VENONA-Dokumenten, zu denen er Zugang hatte, wurde ein Agent namens GOMER (»Homer«) erwähnt, der gegen Ende des Krieges in Washington operierte. Zwar waren die Hinweise anfangs noch vage, aber Philby war bald klar, daß GOMER niemand anders als Maclean sein konnte. Die Zentrale fand es jedoch »wünschenswert, daß Maclean so lange wie möglich auf seinem Posten blieb«, während man gleichzeitig alles vorbereitete, um ihn zu retten, »ehe sich das Netz um ihn zugezogen hatte«.[118] Das Netz zog sich erst im Winter 1950/51 zusammen. Ende 1950 war die Liste der Verdächtigen auf 35 Namen geschrumpft. Anfang April 1951 waren es nur noch neun.[119] Kurz darauf wurde Maclean durch ein von Meredith Gardner entschlüsseltes Telegramm als GOMER identifiziert. Dem Telegramm zufolge war GOMERs Frau im Juni 1944 schwanger gewesen und hatte bei ihrer Mutter in New York gelebt, und dies traf nur auf Macleans Frau Melinda zu.[120]

Trotzdem blieb noch eine Galgenfrist von mindesten einigen Wochen, um Macleans Flucht zu arrangieren. Da man auf westlicher Seite beschlossen hatte, das VENONA-Material in keinem Fall für eine Strafverfolgung zu verwenden, war eine längere Observierung Macleans durch den MI5 nötig, um Beweise zu sammeln, mit denen er der Spionage überführt werden konnte. Gewarnt wurde Maclean nicht von der Zentrale, sondern von Philby und Burgess.[121] Letzterer wurde im April 1951 ungnädig nach London zurückgerufen, nachdem er es sich durch seine Eskapaden mit der Polizei von Virginia, dem US-Außenministerium und dem britischen Botschafter verscherzt hatte. Am Abend vor seiner Abreise an Bord der *Queen Mary* aß er mit Philby in New York in einem chinesischen Restaurant zu Abend, wo die Musikberieselung so laut war, daß niemand mithören konnte. Sie einigten sich darauf, daß Burgess nach seiner Rückkehr nach England sowohl Maclean als auch der Londoner Residentur so bald wie möglich eine Warnung zukommen lassen sollte.[122]

Noch mehr als um Macleans Schicksal war Philby um seine eigene Zukunft besorgt. Wenn Maclean im Verhör zusammenbrach, was angesichts seines erschöpften Zustands möglich erschien, wären auch Philby und alle anderen gefährdet. In Mitrochins Notizen aus den KGB-Akten heißt es hierzu: »STANLEY [Philby] verlangte GOMERs sofortigen Abzug in die UdSSR, damit er selbst nicht kompromittiert wurde.«[123] Von Burgess ließ er sich das Versprechen geben, daß er Maclean nicht nach Moskau begleiten würde, denn auch dies würde ihn kompromittieren. Sofort nach seiner Ankunft in London am 7. Mai begab sich Burgess zu Blunt und trug ihm auf, Modin, den Blunt als »Peter« kannte, eine Nachricht zu übermitteln. Laut Modin war, noch bevor Blunt den Mund aufmachte, seiner besorgten Miene abzulesen, daß etwas nicht stimmte. »Peter«, sagte Blunt, »es gibt ein ernstes Problem. Guy Burgess ist gerade nach London zurückgekehrt. GOMER steht kurz vor der Verhaftung. ... Donald befindet sich jetzt in einem Zustand, daß er meiner Meinung nach augenblicklich zusammenbrechen wird, wenn man ihn verhört.« Zwei Tage darauf stimmte die Zentrale Macleans Flucht zu.[124]

Unterdessen hatte Burgess sich mit Maclean getroffen und fürchtete, daß er sich trotz (oder gerade wegen) seiner erschöpften Nerven weigern könnte, die Koffer zu packen. Er erklärte Modin und dem Londoner Residenten, Nikolai Rodin, daß Maclean es nicht über sich bringen werde, seine Frau, die in wenigen Wochen ihr drittes Kind zur Welt bringen würde, zu verlassen. Als Rodin Moskau davon berichtete, telegrafierte die Zentrale: »GOMER *muß* einwilligen zu fliehen.« Melinda Maclean, die wußte, daß ihr Mann ein sowjetischer Spion war, seit er um ihre Hand angehalten hatte, fand ebenfalls, daß er um seiner Sicherheit willen unverzüglich gehen müsse. Aber es war klar, daß er eine Begleitung brauchte. Am 17. Mai instruierte die Zentrale die Londoner Residentur, daß Burgess mit ihm nach Moskau reisen solle. Burgess sträubte sich anfangs und verwies auf das Versprechen, das er Philby gegeben hatte. Modin zufolge führte er sich »fast hysterisch« auf. Doch Rodin stimmte ihn um, indem er ihm weismachte, er müsse Maclean nicht den ganzen Weg begleiten und würde auf jeden Fall nach London zurückkehren können. In Wirklichkeit glaubte die Zentrale, daß Burgess zu einem Unsicherheitsfaktor geworden war, und wollte ihn deshalb unter allen Umständen nach Moskau holen, wenn nötig durch Täuschung. »Solange er bereit war, mit Maclean zu gehen«, schrieb Modin, »zählte alles andere herzlich wenig. In recht zynischer Weise war die Zentrale ... zu dem Schluß gekommen, daß wir es nicht nur mit einem, sondern mit zwei ausgebrannten Agenten zu tun hatten.«[125]

Obwohl Herbert Morrison, der britische Außenminister, Macleans Vernehmung bereits genehmigt hatte, war noch nicht festgelegt worden, wann sie stattfinden sollte.[126] Die Londoner Residentur glaubte jedoch, er sollte am Montag, dem 28. Mai, verhaftet werden, und plante seine und Burgess' Flucht für das Wochenende vor diesem Termin. Der Zentrale berichtete sie, daß Maclean wochentags ab acht Uhr abends und am Wochenende nicht von MI5 und Special Branch überwacht werde. Daß sein Haus in dem an der Grenze zwischen den Grafschaften Kent und Surrey gelegenen Dorf Tatsfield überhaupt nicht observiert wurde, schien ihr entgangen zu sein. Außerdem hatte die Residentur herausgefunden, daß der Vergnügungsdampfer *Falaise* von Southampton aus Wochenendrundfahrten unternahm, bei denen er auch französische Häfen anlief, in denen Pässe nicht erforderlich waren. Burgess wurde angewiesen, für sich und Maclean unter falschen Namen für Freitag, den 25. Mai, Fahrscheine für die Kreuzfahrt zu bestellen. Am Abend dieses Tages fuhr Burgess mit einem Mietwagen nach Tatsfield, aß mit den Macleans zu Abend und brach dann mit Donald Maclean nach Southampton auf, wo sie kurz vor dem Auslaufen der *Falaise* eintrafen. Am nächsten Vormittag gingen sie in Saint-Malo von Bord, fuhren nach Rennes und nahmen den Zug nach Paris. Dort stiegen sie in einen Zug in die Schweiz um, wo sie von der sowjetischen Botschaft in Bern mit falschen Pässen ausgestattet wurden. In Zürich kauften sie Flugtickets nach Stockholm via Prag, verließen die Maschine jedoch in Prag, wo sie von sowjetischen Nachrichtendienstoffizieren in Empfang genommen wurden. Zu dem Zeitpunkt, als Melinda Maclean meldete, daß ihr Mann nach dem Wochenende nicht wieder nach Hause zurückgekehrt sei, befanden sich Burgess und ihr Mann schon jenseits des Eisernen Vorhangs.[127]

Nach der Ankunft in der Sowjetunion wurde Burgess mitgeteilt, daß er nicht nach England zurückkehren könne. Man habe ihm eine Pension von 2000 Rubel im Jahr ausgesetzt.[128] Modin beklagte sich später darüber, daß die Zentrale sein Talent verschwendet habe: »Er las viel, ging spazieren und sammelte gelegentlich einen Mann zum Sex auf. ... Er hätte sehr nützlich sein können [für den KGB], doch statt dessen tat er nichts, weil nichts von ihm verlangt wurde, und es war nicht seine Art, sich nach Arbeit zu drängen.«[129] Maclean wurde wesentlich besser behandelt als Burgess. Er ließ sich in Kuibyschew nieder, nahm unter dem Namen Mark Petrowitsch Fraser die sowjetische Staatsbürgerschaft an, erhielt eine doppelt so hohe Pension wie Burgess und lehrte in den nächsten zwei Jahren am Pädagogischen Institut in Kuibyschew. Im September 1953 wurden seine Frau und seine drei Kinder in einer Operation mit dem Codenamen SIRA aus Großbritannien herausgeschleust und ebenfalls nach Kuibyschew gebracht.[130]

Die Zentrale stellte zufrieden fest, die Flucht von Burgess und Maclean habe »das Ansehen des sowjetischen Nachrichtendienstes bei den sowjetischen Agenten gestärkt«.[131] Philby sah das allerdings anders. Bei einem Treffen am 24. Mai erlebte Makajew ihn »beunruhigt und um seine eigene Sicherheit besorgt«. Falls Burgess zusammen mit Maclean nach Moskau fliehen sollte, so Philby, wäre er ebenfalls in Gefahr.[132] Von der Flucht der beiden erfuhr er ungefähr fünf Tage später durch den Verbindungsoffizier des MI5 in Washington. Reagierte er auf die Mitteilung von Macleans Flucht noch mit vorgetäuschtem Entsetzen, so änderte sich dies, als der Geheimdienstmann ihm eröffnete, daß auch Burgess sich abgesetzt habe. »Meine Betroffenheit darüber war nicht gespielt«, schrieb er später. Noch am selben Tag fuhr er in einen Wald in der Umgebung und vergrub die Fotoausrüstung, mit der er die Dokumente für den sowjetischen Nachrichtendienst fotografiert hatte – eine Aktion, die er seit seiner Ankunft in Washington zwei Jahre zuvor viele Male in Gedanken durchgespielt hatte.[133] Doch gerade in dem Augenblick, als er seinen Führungsoffizier am nötigsten gebraucht hätte, ließ ihn Makajew im Stich. Die New Yorker Residentur hinterlegte in einem toten Briefkasten eine Nachricht und 2000 Dollar für Philby, aber Makajew fand die Sendung nicht, so daß Philby sie nicht erhielt.[134]

Eine von diesem Versagen ausgelöste Untersuchung der Zentrale über Makajews Leistungen in New York kam zu einem äußerst kritischen Ergebnis. Ihm wurden mangelnde Disziplin, Verletzung der Befehle der Zentrale und »grobe Manieren« vorgeworfen, was man auf Vernachlässigung in der Kindheit zurückführte. Der Plan, dem zufolge Makajew eine neue illegale Residentur hätte aufbauen sollen, wurde fallengelassen, und er wurde MARKs (Fischers) Residentur überstellt, wo er unter Aufsicht eines Experten arbeiten würde. Doch seine Leistungen verbesserten sich nicht. Nach einem Urlaub in Moskau verlor er auf der Rückreise nach

New York eine hohle Schweizer Münze mit auf Mikrofilm abgelichteten operativen Instruktionen. Daraufhin leitete die Zentrale erneut eine Untersuchung ein, nach deren Abschluß Makajew nach Moskau zurückbeordert und seine Laufbahn als Illegaler beendet wurde. Versuche, die ihm in New York zur Verfügung gestellte Summe von 9000 Dollar (2000 in Bankkonten und 7000 in Aktien) zurückzuerhalten, blieben erfolglos. Das Geld mußte abgeschrieben werden.[135]

Nach Schätzung der Zentrale hatten Philby, Burgess und Maclean seit ihrer Anwerbung 1934/35 »wertvolle« Geheimdokumente und Agentenberichte mit einem Umfang von über 20 000 Seiten geliefert.[136] Der Spionagetätigkeit der restlichen Mitglieder der »Glorreichen Fünf« wurde durch die Flucht von Burgess und Maclean, wie Philby befürchtet hatte, ein schwerer, wenn auch noch nicht tödlicher Schlag versetzt. Unmittelbar nachdem sie sich abgesetzt hatten, durchsuchte Blunt die Wohnung von Burgess nach kompromittierendem Material und vernichtete, was er fand. Dabei übersah er jedoch einige unsignierte Notizen über vertrauliche Gespräche, die 1939 in Whitehall geführt worden waren, und im Verlauf der langwierigen Ermittlungen des MI5 konnte John Colville, einer der in den Notizen Genannten, John Cairncross als Verfasser identifizieren. Der MI5 begann ihn zu observieren und folgte ihm zu einem hastig vereinbarten Treffen mit seinem Führungsoffizier Juri Modin. Doch dieser bemerkte die Überwachung gerade noch rechtzeitig, um den Ort zu verlassen, ohne mit Cairncross zusammenzukommen. In den anschließenden Verhören durch den MI5 gab Cairncross zu, Material an die Russen weitergegeben zu haben, stritt aber ab, ein Spion zu sein. Kurz darauf erhielt er bei einem Abschiedstreffen mit Modin eine »große Geldsumme«, verließ das Schatzamt und ging ins Ausland.[137]

Nach der Flucht von Burgess und Maclean hatte die Zentrale Modin angewiesen, Blunt zu drängen, sich ebenfalls nach Moskau abzusetzen. Aber Blunt war nicht bereit gewesen, das renommierte Courtauld-Institut gegen den trostlosen sozialistischen Realismus von Stalins Rußland einzutauschen. »Ich weiß sehr gut, wie Ihre Leute leben«, erklärte er seinem Führungsoffizier, »und ich versichere Ihnen, es wäre sehr schwer für mich, wenn nicht unmöglich, mich dem anzupassen.« Modin war sprachlos, wie er selbst später zugab. Blunt hatte die – wie sich herausstellte – berechtigte Hoffnung, daß der MI5 keine stichhaltigen Beweise gegen ihn in der Hand hatte. Mit dem sowjetischen Nachrichtendienst hatte er danach nur noch selten zu tun.[138]

Wie Philby befürchtet hatte, geriet er nach der Flucht seines Freundes und ehemaligen Untermieters Burgess sofort unter Verdacht. CIA-Chef Walter Bedell Smith teilte dem SIS umgehend mit, daß Philby als Verbindungsoffizier in Washington nicht mehr tragbar sei. Nach seiner Rückkehr nach London wurde er offiziell aus dem SIS entlassen, und im Dezember 1951 fand in der MI5-Zentrale eine »gerichtliche Untersuchung« statt, bei der es sich faktisch um einen informellen Prozeß handelte. Die Darstellung, die Philby später in seinen Memoiren gab, ist irreführend. Einem Beteiligten zufolge war von »den Offizieren, die die gesamte Verhandlung miterlebten, ... am Ende jeder von Philbys Schuld überzeugt«, und im Gegensatz zu dem Eindruck, den Philby nach seiner Flucht zwölf Jahre später erwecken wollte, teilten viele seiner früheren Kollegen beim SIS die Meinung des MI5. Die Verhandlung endete mit der Feststellung, daß es wahrscheinlich niemals möglich sein werde, genügend Beweise für eine erfolgreiche Strafverfolgung zu finden. Innerhalb des SIS hielt eine treue Gruppe von Freunden weiterhin zu Philby. Ihnen gegenüber stellte er sich geschickt als unschuldiges Opfer einer Hexenjagd à la McCarthy dar. Der sowjetische Nachrichtendienst nahm erst 1954 wieder Kontakt zu ihm auf.[139]

Philby scheint nie erkannt zu haben, daß Burgess' plötzliche Flucht keine Kurzschlußhandlung, sondern das Ergebnis einer zynischen Täuschung seitens der Zentrale gewesen war. Er vergab ihm nie, daß er ihn in Gefahr gebracht hatte. Als er sich seinerseits 1963 nach Moskau absetzte, lag Burgess im Sterben. Doch als dieser seinen alten Freund bat, ihn im KGB-Krankenhaus in der Pechotnaja-Straße zu besuchen, ging Philby nicht hin.[140] Der Empfang, der ihm in Moskau zuteil wurde, vertiefte seinen Groll noch. Nachdem er jahrelang geglaubt hatte, Offizier des sowjetischen Auslandsnachrichtendienstes zu sein, mußte er jetzt feststellen, daß er als Ausländer niemals einen Offiziersrang bekleiden konnte. Schlimmer noch, weder die Führung des KGB noch die der Ersten Hauptverwaltung (Ausland) schenkte ihm volles Vertrauen. Die Zentrale durfte der berühmteste westliche Agent des KGB erst vierzehn Jahre nach seiner Ankunft in Moskau bei den Feierlichkeiten aus Anlaß des 60. Jahrestages der Oktoberrevolution betreten.[141]

10.
Der Hauptgegner I: Nordamerikanische Illegale in den fünfziger Jahren

Am 6. November 1951 kam es zu einem der bemerkenswertesten öffentlichen Auftritte eines sowjetischen Illegalen, die es jemals gegeben hat, denn an diesem Tag nahm Teodoro B. Castro als Berater der Delegation Costa Ricas in Paris an der Eröffnungssitzung der sechsten Sitzungsperiode der Generalversammlung der Vereinten Nationen teil. Unter dem Namen Castro verbarg sich Jossif Griguljewitsch (Codenamen MAX, ARTUR und DAX),[1] der sich nach seinen Aktivitäten im Spanischen Bürgerkrieg und bei den Operationen gegen Trotzki in Mexiko als illegaler Resident in Argentinien für die Nachkriegszeit eine ausgeklügelte lateinamerikanische Legende zugelegt hatte.[2]

Ende 1949 baute er zusammen mit seiner Frau Laura Araujo Aguilar (LUISA) in Rom eine illegale Residentur auf. Als Fassade für ihre Nachrichtendienstarbeit gründete er in der Rolle von Teodoro Castro, dem unehelichen Sohn eines verstorbenen, in der Ehe kinderlos gebliebenen reichen Costaricaners, ein kleines Import-Export-Geschäft. Dies brachte ihm im Herbst 1950 die Bekanntschaft einer auf Besuch in Italien weilenden Delegation aus Costa Rica ein, der unter anderen der führende costaricanische Politiker seiner Generation angehörte, José Figueres Ferrer, der Kopf der Junta, unter der die zweite Republik geschaffen und die verfassungsmäßige Regierung wiedereingeführt wurde, und künftige zweimalige Präsident des Landes (1953–1955 und 1970–1974). Das Ausmaß, in dem er Figueres' Vertrauen gewann, dürfte Griguljewitschs wildeste Träume übertroffen haben. Von dessen erfundener Erzählung über seine illegitime Herkunft getäuscht, erklärte ihm Figueres, sie seien entfernte Verwandte. So wurde er zum Freund und Vertrauten des künftigen Präsidenten und investierte mit ihm zusammen – und mit dem Geld der Zentrale – in ein italienisches Unternehmen, das costaricanischen Kaffee importierte.[3]

Im Oktober 1951 wurde Teodoro Castro zum amtierenden Geschäftsträger Costa Ricas in Rom ernannt und einen Monat später als Berater in die costaricanische Delegation bei der sechsten Sitzungsperiode der UN-Generalversammlung berufen. In Paris wurde er US-Außenminister Dean Acheson und dem britischen Außenminister Anthony Eden vorgestellt, offenbar aber nicht dem sowjetischen Außenminister Andrei Wyschinski.[4] Letzterer erschien mit einer in einem Käfig eingesperrten Taube als Symbol für die unschuldigen Opfer der imperialistischen Aggression in der Generalversammlung. Seine Rede war mit demselben groben Sarkasmus angefüllt, für den er als Chefankläger der Schauprozesse während des Großen Terrors berüchtigt gewesen war. Über eine Abrüstungsrede von US-Präsident Truman erklärte er im Zuge einer längeren Schimpfkanonade: »Ich konnte letzte Nacht kaum schlafen, nachdem ich diese Rede gelesen hatte. Ich konnte nicht schlafen, weil ich so sehr lachen mußte.«[5]

Wyschinskis Sarkasmus richtete sich auch gegen die costaricanische Delegation. Die griechische Delegation hatte den Antrag eingebracht, die während des griechischen Bürgerkriegs in den Ostblock evakuierten griechischen Kinder in ihre Heimat zurückzuführen, und auf Achesons Bitte hatte die costaricanische Delegation eingewilligt, den Antrag zu unterstützen. Daß ausgerechnet Griguljewitsch aufgefordert wurde, für Jorge Martínez Moreno eine entsprechende Rede zu verfassen, dürfte ihm nicht sonderlich behagt haben. Er tat sein Bestes, um den Affront der sowjetischen Delegation abzumildern, indem er nichtssagende Phrasen einfügte, die »die Sorge und das Interesse« betonten, »mit denen die [costaricanische] Delegation stets jede Entwicklung verfolgt hat, die den Weltfrieden zu gefährden drohte«, und das Balkan-Sonderkomitee der UNO »zu seiner Beobachtungs- und Beruhigungsarbeit« beglückwünschte, »dank deren ..., auch wenn der Balkan ein Gefahrenherd bleibt, wenigstens der Weltfrieden gewahrt wurde«. Aber die sowjetische Delegation ließ sich davon nicht besänftigen. Wyschinski, der Castros wahre Identität wahrscheinlich nicht kannte, verdammte die Rede als Hervorbringung eines diplomatischen Clowns.[6]

Der diplomatischen Karriere Griguljewitschs schadete diese Beschimpfung nicht. Am 14. Mai 1952 überreichte er dem italienischen Präsidenten Luigi Einaudi sein Beglaubigungsschreiben als Außerordentlicher und Bevollmächtigter Gesandter Costa Ricas in Rom. Laut seiner KGB-Akte stand er mit dem amerikanischen Botschafter Ellsworth Bunker und dessen Nachfolgerin, Claire Boothe Luce, auf gutem Fuß und knüpfte gute Beziehungen zum Nuntius für Costa Rica, Fürst Giulio Pacelli, einem

Neffen von Papst Pius XII. Außerdem freundete er sich mit einem der führenden italienischen Politiker an, dem Christdemokraten Alcide de Gaspari (Ministerpräsident von 1945 bis 1953), der ihm einen Fotoapparat mit der Inschrift »Zum Zeichen der Freundschaft« schenkte.[7]
Griguljewitschs erstaunliche Verwandlung vom sowjetischen Saboteur und Mörder zum beliebten und erfolgreichen lateinamerikanischen Diplomaten schien die in den ersten Jahren des Kalten Krieges von der Zentrale verfolgte Strategie, an das Zeitalter der »Großen Illegalen« anzuknüpfen, ebenso zu bestätigen wie der anfängliche Erfolg von »Willie« Fischers illegaler Residentur bei der Beschaffung streng geheimer Atomgeheimnisse in den USA. Die Rolle der Nachkriegsillegalen wurde potentiell als noch wichtiger eingeschätzt als die ihrer illustren Vorgänger. Wenn der Kalte Krieg, was die Zentrale für möglich hielt, in einen heißen Krieg umschlagen sollte, würde man die Botschaftsangehörigen und damit auch Mitarbeiter der legalen Residenturen aus den NATO-Ländern abziehen müssen, so daß für die nachrichtendienstliche Arbeit während des Krieges nur noch die Illegalen übrigblieben.

Trotz Griguljewitschs und Fischers Erfolgen in der Frühzeit des Kalten Krieges war die Stimmung in der Zentrale Anfang der fünfziger Jahre alles andere als überschwenglich. Infolge der Enttarnung sowjetischer Spione durch die entschlüsselten VENONA-Dokumente, denen die Enthüllungen von Bentley, Chambers und Gusenko vorangegangen waren, mußte sie fast ihr gesamtes amerikanisches Agentennetz neu aufbauen, und das unter einer intensiveren Überwachung durch das FBI als je zuvor.[8] Auf die Hilfe der KP der USA, die während des Zweiten Weltkrieges die Infiltration von Regierung, Geheimdiensten und MANHATTAN-Projekt unterstützt hatte, konnte sie nicht mehr zählen. 1949 wurden Gene Dennis und zehn andere Parteiführer wegen des Aufrufs zum gewaltsamen Sturz der Regierung der Vereinigten Staaten vor Gericht gestellt. Zehn Angeklagte, einschließlich Dennis, wurden zu fünf und der elfte zu drei Jahren Gefängnis verurteilt. Ihre Anwälte wurden allesamt wegen Mißachtung des Gerichts bestraft. Nachdem der Oberste Gerichtshof die Urteile 1951 bestätigt hatte, wurden über hundert weitere führende Kommunisten aufgrund ähnlicher Anklagen verurteilt. Im folgenden Jahrzehnt war die KP der USA größtenteils auf eine Untergrundexistenz beschränkt.[9]

Für Beunruhigung sorgte in der Zentrale auch die beispiellose Publizi-

tät, die den sowjetischen Nachrichtendienstoperationen zuteil wurde.
Am 24. Januar 1950 begann Klaus Fuchs gegenüber den britischen Verhörbeamten über seine Spionagetätigkeit während des Krieges in Los Alamos auszusagen. Am nächsten Tag wurde in New York Alger Hiss wegen Meineids zu fünf Jahren Gefängnis verurteilt, weil er in der Vorverhandlung alle Spionagevorwürfe zurückgewiesen hatte. Am 2. Februar wurde Fuchs in London formell angeklagt, was die Bedrohung durch die sowjetische Atomspionage auf die Titelseiten der amerikanischen Zeitungen brachte. Eine Woche später stellte ein bis dahin wenig bekannter Senator aus Wisconsin, Joseph McCarthy, die falsche Behauptung auf, er sei im Besitz einer Liste von 205 Kommunisten im US-Außenministerium, die den Kurs der amerikanischen Außenpolitik bestimmten. Trotz seiner unsinnigen Erfindungen und Übertreibungen gewann er rasch eine Massengefolgschaft, weil er eine verbreitete Furcht angesprochen hatte. Für viele Amerikaner war die Vorstellung eines »inneren Feindes«, die durch die Verurteilungen von Hiss und Fuchs – und ein Jahr später der Rosenbergs – an Glaubwürdigkeit gewann, eine Erklärung dafür, warum die USA trotz ihrer gewaltigen Macht nicht in der Lage zu sein schienen, den Vormarsch des Weltkommunismus aufzuhalten und zu verhindern, daß die Sowjetunion zu einer nuklear bewaffneten Supermacht wurde. Noch im Januar 1954 ergaben Umfragen, daß 50 Prozent der Amerikaner McCarthy positiv bewerteten und nur 29 Prozent ihn ablehnten.

Präsident Trumans Ausspruch von 1951, McCarthy sei »der größte Aktivposten, den der Kreml hat«, erwies sich auf lange Sicht als richtig. McCarthy tat letztlich mehr für die Sowjetunion als jeder Infiltrationsagent des KGB. Sein absurder, eigennütziger Kreuzzug gegen die »rote Gefahr« erweckte in der liberalen Öffentlichkeit rund um die Welt Zweifel an der Realität der verdeckten Moskauer Geheimdienstoffensive gegen den »Hauptgegner«. Sogar Julius und Ethel Rosenberg, die 1953 im New Yorker Gefängnis Sing Sing nacheinander auf demselben elektrischen Stuhl hingerichtet wurden, galten vielen als Opfer einer Manipulation. Dennoch dauerte es einige Jahre, bis die Zentrale begriff, welche Gelegenheit der McCarthyismus für sie darstellte. Vorläufig war sie in erster Linie über die zunehmenden Schwierigkeiten besorgt, die sie aufgrund der »Spionagemanie« in den USA bei der Anwerbung und Führung amerikanischer Agenten hatte.

Der McCarthyismus bestärkte die Zentrale in der Überzeugung, daß es von herausragender Bedeutung sei, ihre »illegale« Präsenz auf dem Territorium des Hauptgegners auszudehnen. Während legale, in diplomatischen und anderen Vertretungen angesiedelte Residenturen unvermeidlich Gegenstand der immer geschickter werdenden Überwachung durch das FBI waren, konnten illegale Residenturen, solange sie nicht entdeckt wurden, unbehelligt operieren. So hatte MARK (Wiljam Fischer), seit er 1947 in den USA eingetroffen war, keinerlei Verdacht erregt, und dies, obwohl Theodore Hall 1951 nach seiner Identifizierung durch die VENONA-Dokumente vom FBI vernommen worden war. Außerdem zog die Zentrale die Möglichkeit des Umschlags des Kalten in einen heißen Krieg ins Kalkül. In diesem Fall hätten die illegalen Residenturen nach der Ausweisung der sowjetischen Vertretungen und damit der »legalen« Residenturen die gesamte Nachrichtendienstarbeit übernehmen müssen. Die Vorbereitungen für den Ausbau der illegalen Residenturen waren sehr detailliert. 1954 erarbeitete die Illegalendirektion den Plan für ein Netz von 130 »Dokumentationsagenten«, deren einzige Aufgabe darin bestehen sollte, Geburtsurkunden, Pässe und andere für die »Legenden« der Illegalen nötige Dokumente bereitzustellen.[10] In 22 Residenturen im Westen und in der Dritten Welt sowie in China und allen KGB-Verbindungsmissionen in den Ostblockstaaten wurden auf die illegale Dokumentation spezialisierte operative Offiziere stationiert.[11]

Der Expansion des Illegalennetzwerks standen jedoch größere Hindernisse entgegen, als die Zentrale zugeben wollte. Das Zeitalter der »Großen Illegalen« – brillanter Kosmopoliten wie Deutsch und Maly, die fähig waren, andere mit ihrem visionären Glauben an das künftige Sowjetsystem zu begeistern – gehörte unwiderruflich der Vergangenheit an. Sowjetbürger, die in der autoritären, mit geistigen Scheuklappen versehenen Kommandowirtschaft von Stalins Rußland aufgewachsen waren, in Menschen zu verwandeln, die als Bürger westlicher Länder durchgehen konnten und das Leben in den Vereinigten Staaten bewältigen würden, erwies sich als ebenso aufreibendes wie zeitaufwendiges Unterfangen. Auch die Anwerbung idealistischer, ideologisch motivierter amerikanischer Agenten gestaltete sich im Kalten Krieg wesentlich schwieriger als in den dreißiger Jahren oder während des Zweiten Weltkriegs. Die Sowjetunion hatte selbst bei jungen, radikalen Intellektuellen, die sich vom Materialismus und von den Ungerechtigkeiten der amerikanischen Gesellschaft abgestoßen fühlten, viel von ihrer Anziehungskraft verloren. Es war eine Ironie, daß die sowjetische Infiltration des amerikanischen Regierungsapparats in der Zeit, als sich McCarthys Kreuzzug gegen die »rote Gefahr« auf dem Höhepunkt befand, den tiefsten Stand seit fast 30 Jahren erreicht hatte.

Hinzu kam, daß sich die Zentrale durch ihre schwerfällige Bürokratie selbst behinderte, ein Problem, das in den letzten Jahren der stalinistischen Ära noch durch Aufstieg und Fall des KI als Führungsorgan der sowjetischen Auslandsnachrichtendienste erschwert wurde. Im Verlauf des Kalten Krieges veränderte sich die Organisationsstruktur der Illegalendirektion achtmal, und die ihr zugewiesene Rolle wurde vierzehnmal modifiziert.[12] Alexander Korotkow, der sie während des ersten Jahrzehnts des Kalten Krieges leitete, hatte keine Erfahrungen mit dem Leben im Westen und kaum Verständnis für die Schwierigkeiten, mit denen Illegale in den USA konfrontiert waren. Von seinen grandiosen Plänen für Illegalenoperationen gegen den Hauptgegner wurden nur wenige verwirklicht.

In den fünfziger Jahren fiel es der Zentrale schwer, auch nur eine einzige zusätzliche illegale Residentur in den USA aufzubauen, um die von Fischer zu entlasten. Der erste Versuch scheiterte kläglich und endete mit der Abberufung des designierten Residenten Makajew (HARRY) und dem spurlosen Verschwinden von 9000 Dollar. Beim nächsten Mal ließ die Zentrale mehr Vorsicht walten, indem sie zu einer Strategie griff, die später häufiger angewandt wurde, und den potentiellen Residenten zunächst nach Kanada schickte, wo er sich einleben sollte, bevor er auf das schwierigere Territorium des Hauptgegners entsandt wurde. Der erste Illegale, der diesen Weg nahm, war der 30jährige Jewgeni Brik (HART), der im November 1951 mit dem Auftrag, sich in Montreal niederzulassen, in Halifax an Land ging.

Brik besaß den großen Vorteil einer zweisprachigen Erziehung. Nachdem er 1932 bis 1937 auf die anglo-amerikanische Schule in Moskau gegangen war,[13] hatte er mehrere Jahre in New York verbracht, wo sein Vater bei der Amtorg, der sowjetischen Handelsmission in den USA, tätig war,[14] bevor er im Großen Vaterländischen Krieg in der Roten Armee kämpfte. 1948 wurde Brik angewiesen, sich mit westlichen Schülern seiner alten Schule anzufreunden, um seine Eignung für die Nachrichtendienstarbeit in Nordamerika zu testen. Der Test fiel zur Zufriedenheit der Zentrale aus, und Brik begann 1949 eine zweijährige Ausbildung, in der im Chiffrieren, in Geheimschriften, der Benutzung von Kurzwellenfunkgeräten, der Auswahl und Verwendung toter Briefkästen, in Vorsichtsmaßnahmen gegen eine Beschattung sowie Methoden der Informationsbeschaffung unterwiesen wurde. Außerdem erlernte er das Handwerk des Uhrmachers, damit er in Kanada ein eigenes Geschäft aufmachen konnte.[15]

Für die Reise nach Kanada nahm er die Identität von Ivan Wasilyevich Gladysh (FRED) an, einem kanadischen »lebenden Doppelgänger«, der im Juli 1951 speziell dafür angeworben worden war, Brik diese Tarnung zu liefern. Auf Anweisung der Zentrale war Gladysh über den Atlantik nach England gereist und von dort über Frankreich und Westdeutschland nach Wien weitergefahren, wo Brik ihn erwartete. Dort informierte er ihn genau über sein Leben in Kanada und über die Überfahrt nach Europa, bevor er ihm seinen kanadischen Paß aushändigte. HART ersetzte FREDs Paßfoto durch sein eigenes und machte sich auf den Weg über den Atlantik.[16] In Halifax angekommen, nahm er den Zug nach Montreal und ging auf die Bahnhofstoilette, wo er an einer Kabinentür das vereinbarte Kreidezeichen entdeckte. Er ging hinein und nahm den Deckel vom Wasserkasten der Spülung, an dessen Innenseite die Geburtsurkunde und andere Dokumente eines weiteren »lebenden Doppelgängers« namens David Semyonovich Soboloff (SOKOL) befestigt waren.[17] Soboloff war 1919 in Toronto geboren, aber im Alter von sechzehn Jahren mit seiner Mutter seinem Vater gefolgt, der schon vier Jahre zuvor in die Sowjetunion gegangen war. 1951 arbeitete er als Lehrer im Institut für Bergbau und Metallurgie in Magnitogorsk. Nun wurde Brik für den Rest seiner Zeit in Kanada zu David Soboloff. Im Juli erhielt er einen Paß auf diesen Namen.[18]

Brik teilte der Zentrale mit, daß keine Aussicht bestünde, sich in Montreal als Uhrmacher zu etablieren, und eröffnete statt dessen ein Ein-Mann-Fotostudio. Als die Zentrale ihn nach einiger Zeit anwies, sich auf die Übersiedlung in die USA vorzubereiten,[19] zeigte sich, daß er sich sogar noch weniger als Makajew für die Stellung eines illegalen Residenten in Amerika eignete. Ohne Moskau zu informieren, hatte er eine Affäre mit der Frau eines kanadischen Soldaten aus Kingston, Ontario, begonnen,[20] und um sie nicht zu verlieren, überzeugte er die Zentrale davon, daß es verfrüht wäre, wenn er jetzt schon in die USA ginge. Es dauerte nicht lange, bis er seiner Geliebten gestand, daß er ein unter falschem Namen lebender russischer Spion sei, und sie dazu zu überreden versuchte, ihren Mann zu verlassen. Sie weigerte sich, flehte ihn aber an, sich der kanadischen Bundespolizei (RCMP) zu stellen und freiwillig ein Geständnis abzulegen.[21]

Im November 1953 gab Brik den Bitten seiner Geliebten nach und rief die RCMP-Zentrale in Ottawa an. Terry Guernsey, der Chef der winzigen Sektion B (Gegenspionage) des Sicherheitsdienstes der RCMP, beschloß, Brik als Doppelagenten (GIDEON) zu führen, um so viel wie möglich über die sowjetischen Nachrichtendienstoperationen in Kanada zu erfahren. Doch GIDEON war äußerst schwer zu führen, besonders nachdem sich seine Geliebte von ihm getrennt hatte und sein Alkoholkonsum außer Kontrolle geriet. Einmal rief er, nachdem er eine Flasche Whisky getrunken hatte, die in Montreal erscheinende Zeitung *Gazette* an und lallte zum Schrecken des RCMP-Offiziers, der seine Telefongespräche abhörte, ins Telefon: »Ich bin ein russischer Spion. Wollen Sie die Story?« Aber wie schon das *Ottawa Journal*, das im September 1945 Gusenko abgewiesen hatte, begriff auch die *Gazette* nicht, daß ihr exklusiv die Spionagegeschichte des Jahrzehnts angeboten wurde, und tat den Anruf als Einfall eines betrunkenen Spinners ab.[22]

Bis zum Sommer 1955 kam die Zentrale nicht auf den Gedanken, daß der Illegale HART (Brik) zum Doppelagenten geworden sein könnte. Als sie der Meinung war, daß sich Brik unter seiner falschen Identität in seinem Tarnberuf mit Erfolg in Montreal etabliert hatte, begann sie mit der nächsten Phase seiner Entwicklung zum illegalen Residenten, dessen Hauptaufgabe es sein sollte, Agenten zu führen. Zwischen 1951 und 1953 rekrutierte die legale Residentur in Ottawa, von der Kritik angespornt, die sie nach Gusenkos Seitenwechsel aus Moskau zu hören bekommen hatte, mit Hilfe der KP Kanadas elf Agenten (allesamt offenbar in untergeordneten Stellungen). Fünf waren Kommunisten, und die meisten lieferten wissenschaftlich-technische Informationen.[23] Indem sie einige von ihnen einem illegalen Führungsoffizier übergab, hoffte die Zentrale die von der Überwachung der Botschaft durch den RCMP-Sicherheitsdienst verursachten Schwierigkeiten zu überwinden.

Als dem KGB dämmerte, daß Brik unter RCMP-Beobachtung stand, hatte er ihn bereits mit fünf Agenten in Kontakt gebracht: LISTER, einem 1919 geborenen Kommunisten ukrainischer Herkunft aus Toronto; LIND, einem irisch-kanadischen Kommunisten, der bei dem Flugzeughersteller A. V. Roe arbeitete und unter anderem Informationen über die CF–105 Avro Arrow lieferte, eines der modernsten Düsenjagdflugzeuge der damaligen Zeit[24]; POMOSCHNIK, einem Kommunisten, dem in Ottawa ein Radio- und Fernsehgeschäft gehörte; sowie EMMA und MARA, zwei Agentinnen, die als »lebende Briefkästen« für den Nachrichtenverkehr mit der Zentrale dienten. EMMA, die 1951 während ihres Studiums an der Pariser Sorbonne angeworben worden war, hatte erfolglos an der Aufnahmeprüfung des kanadischen Außenministeriums teilgenommen und 1954 in Quebec ein Kunstgewerbegeschäft eröffnet. MARA war eine 1939 geborene französische Modedesignerin und Mitbesitzerin eines Pariser Möbelgeschäfts.[25]

Die Zentrale kam später zu dem Schluß, daß Brik alle fünf Agenten verraten hatte. Von Hugh Hambleton, dem, wie sich herausstellen sollte, wichtigsten der Anfang der fünfziger Jahre von der legalen Residentur in Ottawa rekrutierten Agenten, wußte er nichts. Hambleton war 1922 in Ottawa geboren und hatte seine Kindheit überwiegend in Frankreich verbracht, wo sein Vater als kanadischer Zeitungskorrespondent arbeitete. Im Zweiten Weltkrieg diente er bei den Freien Franzosen in Algier und nach der Befreiung in Paris als Nachrichtendienstoffizier, bis er als französischer Verbindungsoffizier zur 103. Division der US Army in Europa geschickt wurde. Nachdem er 1945 zur kanadischen Armee gewechselt war, verbrachte er ein Jahr in Straßburg, wo er Informationen über das besetzte Deutschland analysierte und Kriegsgefangene vernahm. Es dürfte kaum überraschen, daß er die Nachkriegsjahre im Vergleich öde und langweilig fand. »Etwas zu bedeuten, von den Leuten beachtet zu werden«, sagte er einmal, »das ist es, was im Leben zählt.«[26] Und der KGB gab ihm die Anerkennung, nach der er sich sehnte.

Wie aus Hambletons KGB-Akte nun zum ersten Mal ersichtlich wird, ging er als überzeugter Kommunist aus dem Krieg hervor. Entdeckt wurde er von den »kanadischen Freunden« der Zentrale. Harry Baker, ein führender kanadischer Kommunist, wurde auf Parteiversammlungen auf ihn aufmerksam und verbürgte sich später für seine ideologische Verläßlichkeit, während ein anderes Parteimitglied mit dem Codenamen SWJASCHTSCHENNIK (»Priester«) seinen Hintergrund durchleuchtete. 1952 schließlich wurde er vom Residenten in Ottawa, Wladimir Burdin, als sowjetischer Agent angeworben und erhielt den Codenamen RIMEN (später RADOW). Zwei Jahre darauf ging Hambleton nach Paris, um an der Sorbonne ein Aufbaustudium aufzunehmen. 1956 erhielt er eine Anstellung beim Wirtschaftsausschuß der NATO, der seinen Sitz damals noch am Rand von Paris hatte. In den nächsten fünf Jahren gab er, laut seiner KGB-Akte, »eine riesige Menge von Dokumenten« weiter, von denen die meisten von der Zentrale als »inhaltlich wertvoll oder äußerst wertvoll« eingestuft wurden.[27] Da Brik von seiner Existenz nichts wußte, blieb es einem anderen sowjetischen Illegalen vorbehalten, ihn zu verraten. Doch bis dahin sollten noch zwanzig Jahre vergehen.

Anfang 1955 bereitete die Zentrale, wahrscheinlich im Zusammenhang mit dem geplanten Wechsel Briks in die USA, die Entsendung eines neuen illegalen Residenten nach Kanada vor. Ausgewählt wurde ein 49jähriger Russe namens Michail Filonenko (SCHANGO), der die echte Geburtsurkunde des am 7. Juli 1914 in Alliance, Ohio, geborenen Joseph Ivanovich Kulda erhielt, der mit seinen Eltern 1922 in die Tschechoslowakei ausgewandert war. SCHANGOs Frau Anna (MARTA, später JELENA), nahm die Identität einer im Oktober 1920 in der Mandschurei geborenen Tschechin namens Maria Novotnaya an. Anna war von väterlicher Seite Tschechin, und vor der Heirat mit Filonenko hatte sie zwei Jahre in der Tschechoslowakei gelebt, um ihre Sprachkenntnisse zu verbessern und ihre Legende abzusichern. Als tschechoslowakische Flüchtlinge auftretend, versuchten die Filonenkos zunächst erfolglos, kanadische Visa zu erhalten, bevor sie 1954 mit Hilfe des UNHCR von Brasilien aufgenommen wurden.[28] Im Jahr darauf wollte die Zentrale Filonenko zu Brik nach Kanada schicken, wo er unter dem neuen Codenamen HEKTOR operieren sollte. Brik informierte die RCMP umgehend von HEKTORs geplanter Einreise.[29]

Doch der KGB entging der drohenden Katastrophe, die nach Meinung der Zentrale die Verhaftung Filonenkos und einen »Schauprozeß« gegen ihn nach sich gezogen hätte, unter Mithilfe eines Selbstanbieters, der sich am 21. Juli 1955 in der Botschaft in Ottawa meldete. Der hochverschuldete 39jährige RCMP-Corporal James Morrison, der mehrere Jahre dem Überwachungsteam angehört hatte, das die Botschaft beobachtete, wurde zu Burdins Nachfolger als Resident, Nikolai Ostrowski (GOLUBEW), vorgelassen und berichtete ihm, daß Brik anderthalb Jahre zuvor »umgedreht« worden sei. Er handle aus Sympathie für die Sowjetunion, erklärte Morrison seinen Schritt, und weil er eine Wiederholung der Gusenko-Affäre, die zehn Jahre zuvor die kanadisch-sowjetischen Beziehungen belastet hatte, verhindern wolle. Daß er für seine Informationen 5000 Dollar verlangte, spricht allerdings für ein anderes Motiv.[30] Was er nicht wußte, war, daß er bereits der Unterschlagung von RCMP-Geldern überführt worden war, mit denen er die von seiner Neigung zum guten Leben verursachten Schulden beglichen hatte. Erstaunlicherweise wurde er aber nicht verhaftet, sondern man erlaubte ihm, die gestohlene Summe zu ersetzen, und das tat er ironischerweise mit dem Geld des KGB.[31]

Die Zentrale hielt die von Morrison (späterer Codename FRIEND) gelieferten Informationen zunächst für eine »Provokation« der RCMP, beschloß dann aber, Brik in Moskau zu vernehmen. Da traf es sich gut, daß schon im Juni für den Sommer eine Reise in die Sowjetunion bewilligt worden war, um Brik Gelegenheit zu geben, sich zu erholen und seine Frau wiederzusehen.[32] Obwohl ihn die Aussicht, nach Moskau zurückzukehren, verständlicherweise nervös machte, scheint er davon überzeugt gewesen zu sein, den KGB weiterhin täuschen zu können.[33] Bevor er Kanada verließ, kam er mit Charles Sweeney von der RCMP und Leslie Mitchell, dem Verbindungsoffizier des SIS in Washington, zusammen, die ihn baten, so viel wie möglich über das Schicksal von Burgess und Maclean in Erfahrung zu bringen. Darüber hinaus sollte er möglichst viele KGB-Offiziere identifizieren. Falls er in Moskau Hilfe brauchte, würde er sie vom britischen SIS bekommen, da Kanada keinen Auslandsnachrichtendienst besaß. Man nannte ihm einen Treffpunkt und beschrieb die Lage von zwei toten Briefkästen, einschließlich der Stellen, an denen er durch ein Zeichen zu erkennen geben sollte, daß einer von ihnen gefüllt war. Wenn er fliehen mußte, würde der SIS in einem der toten Briefkästen alles Nötige hinterlegen: ein Kurzwellenfunkgerät, Geld, eine Pistole mit Schalldämpfer, gefälschte sowjetische Pässe für ihn und seine Frau, die für Inlandsreisen nach Petschenga an der norwegischen Grenze erforderlichen Papiere und eine Landkarte, auf der verzeichnet sein würde, wo er die Grenze überqueren sollte.[34]

Die Zentrale achtete darauf, daß Brik vor seiner Abreise keinen Verdacht schöpfte. Sein erster Zwischenstop würde, wie im Juni vereinbart, in Brasilien sein, wo er am 7. August mit Filonenko zusammenkommen sollte. Filonenko wurde angewiesen, nicht zu dem Treffen zu erscheinen, der Treffpunkt aber vom KGB observiert, und als die Beobachter meldeten, Brik sei mit zwei Begleitern aufgetaucht, war dies ein zusätzliches Indiz dafür, daß er ein Doppelagent war. Brik war wegen Filonenkos Fernbleiben offenbar nicht beunruhigt und setzte seine Reise über Paris und Helsinki fort. In beiden Hauptstädten waren die Residenten instruiert worden, ihn freundlich zu empfangen und seine Rückreise nach Kanada mit ihm zu besprechen. Für den Fall, daß Brik in letzter Minute vor der Fahrt nach Moskau zurückschrecken sollte, wurde jedoch ein Muskelmann nach Finnland entsandt. Für alle Fälle stand auch ein sowjetischer Agent bei der finnischen Polizei bereit, um seine Abschiebung in die Sowjetunion zu arrangieren.[35]

Am 19. August 1955 traf Brik in Moskau ein und wurde noch auf dem Flugplatz festgenommen. Anfangs leugnete er, ein Doppelagent zu sein, aber als man ihn unter »Druck« setzte, brach er, seiner Akte zufolge, zusammen und »erzählte alles«. Sein Geständnis bestätigte, was James Morrison (FRIEND) in Ottawa ausgesagt hatte; dieser erhielt daraufhin die 5000 Dollar, die er verlangt hatte. Gegen Bezahlung lieferte Morrison auch weiterhin nach Ansicht der Zentrale »wertvolle« Informationen über Organisation, Personal und Operationen der RCMP, insbesondere über deren Sicherheitsdienst.[36]

Am 4. September 1956 wurde Brik in einer geschlossenen Verhandlung des Militärsenats des Obersten Gerichtshofs zu fünfzehn Jahren Gefängnis verurteilt. Der Todesstrafe entging er vermutlich nur, weil er sich an einem sogenannten »operativen Spiel« beteiligte. Aus Furcht, er könnte mit seinem Schicksal herausplatzen, ließ man zwar nicht zu, daß er mit einem Mitarbeiter der SIS-Station in der Moskauer Botschaft zusammenkam, aber er sollte ein Treffen verabreden, ohne es wahrzunehmen. Durch die Beobachtung des Treffpunkts konnte der KGB Daphne Park, die Botschaftsangehörige, die am Treffpunkt erschien, als SIS-Offizier identifizieren. Während des »operativen Spiels« durfte Brik bei seiner Familie wohnen, um dem SIS den Eindruck zu vermitteln, daß er sich weiterhin auf freiem Fuß befand. Offenbar hatte der KGB seine Wohnung verwanzt, denn er erfuhr von seinem erfolglosen Versuch, seine Frau zur Flucht ins Ausland zu überreden.[37]

Morrison arbeitete drei Jahre für den sowjetischen Nachrichtendienst. Einschließlich der 5000 Dollar für die Enttarnung Briks erhielt er insgesamt 14 000 Dollar. Die Zentrale wurde jedoch immer unzufriedener mit der Qualität seiner Informationen, und als er im September 1955 zu einer Einheit in Winnipeg versetzt wurde, die gegen den Rauschgiftschmuggel in die USA vorging, verlor er weitgehend den Zugang zum Nachrichtendienstmaterial der RCMP. Am 7. Dezember 1957, es sollte das letzte Treffen mit seinem Führungsoffizier sein, bat er um Hilfe bei der Rückzahlung einer Schuld von 4800 Dollar. Der stellvertretende Resident in Ottawa, Rem Krassilnikow (ARTUR), gab ihm jedoch nur 150 Dollar und sagte ihm, wenn er mehr verdienen wolle, müsse er seine Versetzung nach Ottawa erreichen und sich wieder Zugang zu Nachrichtendienstmaterial verschaffen. Zum nächsten vereinbarten Treffen mit Krassilnikow erschien Morrison nicht, und auch in der Folgezeit nahm er nicht wieder Kontakt zum KGB auf. Die Residentur in Ottawa erfuhr 1958 aus der Zeitung, daß er aus der RCMP entlassen und wegen Betrugs zu einer Bewährungsstrafe von zwei Jahren verurteilt worden war.[38]

Obwohl Morrisons Information von 1955 dazu beigetragen hatte, den Schaden, den die KGB-Operationen durch Briks 21 Monate währende Tätigkeit als Doppelagent erlitten hatten, zu begrenzen, war er doch erheblich. Die Zentrale sah sich gezwungen, die Absicht aufzugeben, mit Brik und Filonenko an der Spitze eine zweite illegale Residentur in den USA einzurichten. Außerdem hatte Brik nicht nur fünf KGB-Agenten enttarnt, sondern auch eine Reihe von KGB-Offizieren der legalen Residentur in Ottawa identifiziert, die allesamt aus Kanada abgezogen wurden.[39]

Mitte der fünfziger Jahre löste sich ein weiterer Plan, eine zusätzliche illegale Residentur in den USA aufzubauen, in Luft auf. Der vorgesehene illegale Resident war Wladimir Grintschenko (RON und KLOD), der als Jan Bechko auftrat, Sohn eines slowakischen Vaters und einer ukrainischen Mutter. Seit 1948 waren er und seine Frau Simona Krimker (MIRA) in Buenos Aires stationiert. 1951 hatten sie die argentinische Staatsbürgerschaft erworben. Drei Jahre später sollten sie in die USA gehen. Doch im letzten Augenblick erfuhr die Zentrale, daß das FBI Grintschenkos Fingerabdrücke genommen hatte, während er als Agent an Bord eines sowjetischen Schiffes tätig war, das in Nordamerika angelegt hatte. Er wurde hastig nach Frankreich versetzt, wo einige Monate später aufgrund einer »groben Verletzung der Sicherheitsregeln«, wie es in seiner Akte heißt, seine Karriere als Illegaler zu Ende ging. Im August 1955 wurde aus seinem Hotelzimmer in Paris nicht nur sein argentinischer Paß samt französischer Aufenthaltserlaubnis, Studentenausweis und Spesenabrechnung, sondern auch ein Foto und ein in Russisch verfaßter Brief eines anderen KGB-Illegalen mit dem Codenamen BORIS gestohlen. Sowohl Gritschenko als auch BORIS wurden eiligst nach Moskau zurückbeordert.[40]

Obwohl es der Zentrale nicht bewußt war, steckte mittlerweile auch die vorhandene illegale Residentur in den USA in Schwierigkeiten. Im Gegensatz zu Makajew (HARRY), Brik (HART) und Grintschenko (KLOD) war »Willie« Fischer (MARK), der illegale Resident in New York, ein Muster an Selbstdisziplin und ideologischer Festigkeit. Sein wichtigster Assistent WIK (Reino Hayhanen) sollte sich dagegen als noch unzuverlässiger erweisen als Brik. Hayhanen hatte die Identität von Nikolai Maki angenommen, einem »lebenden Doppelgänger«, der, 1919 als Sohn eines finnisch-amerikanischen Vaters und einer New Yorkerin in den USA geboren, im Alter von acht Jahren mit seinen Eltern in die finnischsprachige Karelische Autonome Sowjetrepublik ausgewandert war. 1938 war er unter Spionageverdacht verhaftet, aber wieder freigelassen und mit dem Codenamen DAVID vom Innenministerium angestellt worden, um die Familien anderer karelischer Opfer des Großen Terrors auszuspionieren. 1949 händigte Maki seine Geburtsurkunde Hayhanen aus, der in den folgenden drei Jahren überwiegend in Finnland lebte, wo er sich in seine neue Identität einlebte.[41]

Am 20. Oktober 1952 traf Hayhanen, der inzwischen den Codenamen WIK erhalten hatte, an Bord der *Queen Mary* in New York ein, wo er die nächsten zwei Jahre hauptsächlich damit verbrachte, seine neue Identität zu etablieren, aus toten Briefkästen in Manhattan und der Bronx sein Gehalt abzuholen und in regelmäßigen Abständen durch Alkoholexzesse und gewalttätige Streitereien mit seiner finnischen Frau Hannah die Aufmerksamkeit auf sich zu lenken.[42] Die Zentrale, die offenbar nichts von seinem Verhalten wußte, gratulierte ihm in einer Mikrofilmnachricht, die in einer hohlen Münze überbracht wurde, zur »sicheren Ankunft«. Wie Makajew ein Jahr zuvor verlor Hayhanen die Münze. Im Sommer 1953 wurde sie wahrscheinlich von ihm selbst benutzt, um in Brooklyn einen Zeitungsjungen zu bezahlen. Der ließ sie auf einer Treppe fallen und stellte überrascht fest, daß sie in zwei Hälften zersprang und ein Mikrofilm zum Vorschein kam. Er übergab Münze und Film der New Yorker Polizei, die beides an das FBI weiterreichte. Während die Zahlengruppen auf dem Mikrofilm erst Jahre später entschlüsselt werden konnten, wurde das FBI durch die Tatsache, daß die Nachricht mit einer kyrillischen Schreibmaschine geschrieben worden war, darauf aufmerksam, daß sich ein sowjetischer Illegaler in New York aufhielt.[43] Es ist höchst unwahrscheinlich, daß WIK die Zentrale über den Verlust der Münze informierte.

Im Sommer 1954 nahm Hayhanen endlich seine Arbeit als Fischers Assistent auf. Eine seiner ersten Aufgaben bestand darin, einen für die legale Residentur in New York bestimmten Bericht eines sowjetischen Agenten im New Yorker UN-Sekretariat, eines Franzosen mit dem Codenamen ORISO, in einem toten Briefkasten zu deponieren. ORISOs Bericht betraf vermutlich zwei amerikanische Atomphysiker, deren Bekanntschaft er im Auftrag der Zentrale suchen sollte.[44] Doch die Nachricht erreichte ihren Adressaten nicht.[45] Von diesem Sicherheitsmangel beunruhigt, dachte ORISO daran, die Arbeit für den KGB einzustellen, ließ sich aber überreden weiterzumachen.[46]

Obwohl Fischer mit Hayhanens handwerklichen Fähigkeiten unzufrieden war, bemerkte er nicht, daß er es mit einem betrügerischen Alkoholiker zu tun hatte, der eine ernste Gefahr für die Zukunft seiner Residentur darstellte. Im Frühjahr 1955 vergruben Fischer und Hayhanen bei einem Besuch im Naturpark Bear Mountain 5000 Dollar, die WIK gelegentlich der Frau von Morton Sobell, einem Mitglied des Spionagerings der Rosenbergs, der zu 30 Jahren Gefängnis verurteilt worden war, überbringen sollte. Hayhanen berichtete später: »Ich fand Helen Sobell, gab ihr das Geld und sagte ihr, sie solle es vorsichtig ausgeben.« In Wirklichkeit behielt er die 5000 Dollar für sich.[47]

Anfang 1956 wurde die Polizei zur Wohnung des Ehepaars Maki in Peekskill im Hudson-Tal gerufen, wo sie sowohl Hayhanen als auch seine Frau betrunken vorfand. Hayhanen hatte eine tiefe Stichwunde im Bein, die er sich nach eigenen Angaben bei einem Unfall zugezogen hatte. Später im selben Jahr wurde ihm wegen Trunkenheit am Steuer der Führerschein entzogen. Als er im Januar 1957 zu einem Urlaub nach Moskau reisen sollte, sträubte er sich zunächst und erfand immer neue Ausreden, um die Verzögerungen zu erklären. Zuerst sagte er Fischer, daß er von drei Männern beschattet werde, dann behauptete er, das FBI habe ihn von der *Queen Mary* geholt, auf der er eine Passage gebucht habe. Der ahnungslose Fischer forderte Hayhanen auf, das Land so schnell wie möglich zu verlassen, und gab ihm 200 Dollar für die Reisekosten. Am 24. April ging Hayhanen an Bord von *La Liberté*. Als er am 1. Mai in Paris eintraf, setzte er sich mit der dortigen Residentur in Verbindung, die ihm für die letzte Etappe der Reise nach Moskau weitere 200 Dollar gab. Doch statt in die Sowjetunion zurückzukehren, ging Hayhanen vier Tage darauf in die amerikanische Botschaft in Paris, wo er sich als Oberstleutnant des KGB vorstellte und seine Geschichte zu erzählen begann.[48]

Der KGB erfuhr zwar erst im August, daß Hayhanen übergelaufen war, teilte Fischer aber schon Ende Mai oder Anfang Juni mit, daß er nicht in Moskau eingetroffen sei, und wies ihn an, die USA unter Benutzung neuer Personaldokumente vorsichtshalber zu verlassen. Doch Fischer mißachtete den Befehl und blieb, wo er war.[49] Verhaftet wurde er am

Morgen des 21. Juni in einem Hotel in der 28. Straße in New York. Anschließend flog man ihn zur Vernehmung in die Ausländerhaftanstalt in McAllen in Texas,[50] und nachdem er einige Tage eisern geschwiegen hatte, gab er schließlich zu, ein Russe zu sein, der unter falschem Namen in den USA lebte. Als seinen wahren Namen gab er den seines verstorbenen Freundes und KGB-Kollegen Rudolf Abel an. Die Zentrale, so Fischers Überlegung, würde sofort wissen, was passiert war, sobald sie auf der Titelseite amerikanischer Zeitungen den Namen »Abel« las.[51]

Fischers Verhaftung stellte einen bedeutenden strategischen Rückschlag für die KGB-Operationen gegen den Hauptgegner dar. Die in der Frühzeit des Kalten Krieges von der Zentrale verfolgte Strategie beruhte auf der Schaffung eines Illegalen-Netzwerks, das hochkarätige Agenten wie Hall und Philby führen und die Regierung schließlich in ähnlichem Ausmaß infiltrieren sollte wie während des Großen Vaterländischen Krieges. Nach Fischers Ausscheiden scheint der KGB jedoch keine einzige illegale Residentur in den USA mehr gehabt zu haben. Statt aber eine realistischere Strategie mit weniger ehrgeizigen Zielen einzuschlagen, beharrte die Zentrale auf ihrem Plan, die Ära der Großen Illegalen wiederzubeleben, und gab einer Reihe operativer Fehler die Schuld am anfänglichen Scheitern ihres Vorhabens.

Bei der Untersuchung der Fälle von Makajew (HARRY), Brik (HART) und Hayhanen (WIK) stellte die Zentrale Fehler bei der Auswahl der ersten Generation von Illegalen für den Kalten Krieg fest. Hayhanens Akte im KGB-Archiv enthält viele Warnsignale, die vor seiner Entsendung in die USA hätten auffallen müssen. So hatte er sich sowohl in der Sowjetunion als auch in Finnland dadurch hervorgetan, daß er sich in Schulden stürzte und komplizierte sexuelle Beziehungen einging. Obwohl er in der Sowjetunion schon verheiratet war, ging er in Finnland – ohne die Zentrale vorher davon in Kenntnis zu setzen – mit Hannah Kurikka, mit der er später auch in den USA zusammenlebte, die Ehe ein. Der 1949 der Führung des KI vorgelegte Bericht über WIK überging die charakterlichen Schwächen und versprach, die operativen Mängel in der Ausbildung zu beheben. Mitrochin notierte nach der Lektüre von Hayhanens Akte: »Es war offensichtlich, daß der KGB WIK, ungeachtet der Anzeichen dafür, daß er Probleme hatte, auf jeden Fall in der Nachrichtendienstarbeit behalten wollte, um seine Operationen nicht zu gefährden, weil die Ausbildung eines Nachfolgers schwierig und zeitraubend gewesen wäre und weil die Zeit und das Geld, die man für WIK aufgewandt hatte, nicht vergeudet sein sollten.«[52]

Hayhanens russische Frau ließ sich, nachdem sie vom KGB von seinem Seitenwechsel erfahren hatte, von ihm scheiden und nahm wieder ihren Mädchennamen Moissejewa an. 1947 erhielt der Vorsitzende des KGB einen Brief von einer Frau namens M. M. Gridina, die sich nach dem Schicksal Hayhanens erkundigte. Hayhanen, schrieb sie, sei der Vater ihres zwölfjährigen Sohnes. Doch ihr gegenüber zeigte sich der KGB weniger mitteilsam als gegenüber Moissejewa. Sie wurde mit der Auskunft beschieden, der KGB habe Hayhanen niemals beschäftigt und wisse nichts über seinen Aufenthaltsort. Es gebe jedoch ein Gerücht, dem zufolge er ein schweres Verbrechen am sowjetischen Staat begangen habe und von der Polizei gesucht werde. Gridina antwortete darauf, daß sie ihrem Sohn sagen werde, sein Vater sei im Kampf gegen die Deutschen im Großen Vaterländischen Krieg gefallen.[53] Tatsächlich starb er 1961 in den USA. Damals hieß es, er sei bei einem Verkehrsunfall ums Leben gekommen. In Wirklichkeit scheint er an Leberzirrhose gestorben zu sein.[54]

Am 15. November 1957 wurde der 55jährige »Rudolf Abel« zu 30 Jahren Gefängnis verurteilt. Sein amerikanischer Verteidiger, James Donovan, war beeindruckt von der »unheimlichen Ruhe«, mit der er das Urteil, das im Grunde eine lebenslange Strafe bedeutete, aufnahm: »In diesem Augenblick konnte ich die kühle Selbstbeherrschung dieses Berufsspions nicht ertragen.«[55] »Abels« Frau Ilja, die ihren Ehemann zuletzt im Sommer 1955 gesehen hatte, als dieser auf Urlaub in Moskau weilte, hielt mit ihren Gefühlen nicht hinter dem Berg. Verbittert schrieb sie an die Zentrale, daß es nicht nur darum gehe, 25 oder 30 Jahre zu warten: »Ich weiß nicht, ob ich meinen Mann jemals wiedersehen werde.« In den vorangegangenen sieben Jahren hatte sie als Harfenistin in einem Zirkusorchester gespielt, doch nachdem sie nach der Verurteilung ihres Mannes den KGB kritisiert hatte, wurde sie plötzlich überflüssig. Angeblich brauchte das Orchester keine Harfenistin mehr. Die Zentrale wies Ilja »Abels« Bitte, ihr bei der Suche nach einer neuen Arbeitsstelle zu helfen, zurück, gewährte ihr aber eine monatliche Rente von 51 Rubel.[56]

Im Zuchthaus von Atlanta, Georgia, wo »Rudolf Abel« seine Strafe verbüßte, freundete er sich mit zwei anderen verurteilten sowjetischen Spionen an. Mit Morton Sobell, dessen Frau die von Hayhanen veruntreuten 5000 Dollar nicht erhalten hatte, spielte er Schach,[57] und Kurt

Ponger, ein in Österreich geborener Amerikaner, der in der Zahnarztpraxis des Zuchthauses arbeitete, erwies ihm eine Reihe kleinerer Gefälligkeiten. Ponger war 1953 der Verschwörung zur Spionage in der Zeit, als er in Österreich in der US Army diente, angeklagt und zu fünf bis fünfzehn Jahren Gefängnis verurteilt worden. Aus Pongers KGB-Akte geht hervor, daß er seit 1936 sowjetischer Agent war, von der Zentrale aber nach seiner Verhaftung verdächtigt wurde, ein Doppelagent zu sein, der von den Amerikanern nur deshalb inhaftiert worden war, weil sie die Sowjetunion in der österreichischen Öffentlichkeit diskreditieren wollten. »Abel« dagegen zweifelte nicht an Pongers Ehrlichkeit und versuchte später, den KGB dazu zu bewegen, Ponger finanziell unter die Arme zu greifen, nachdem er im September 1962 aus der Haft entlassen worden war.[58]

»Abel« selbst saß nur gut vier Jahre seiner Strafe ab. Am 10. Februar 1962 wurde er auf der Glienicker Brücke zwischen West-Berlin und Potsdam gegen den abgeschossenen U-2-Piloten Gary Powers ausgetauscht.[59] Für den KGB war der Austausch eine Großoperation, die unter dem Codenamen LJUTENZIA lief und von Wladimir Burdin, dem früheren Residenten in Ottawa, koordiniert wurde. In West-Berlin wurde eine verdeckte KGB-Gruppe stationiert, die auf militärische Aktivitäten der Amerikaner in der Nähe der Brücke achten sollte, während auf dieser selbst, in der Baracke des DDR-Zolls versteckt, eine bewaffnete operative Gruppe Stellung bezog. In der Nähe, aber ebenfalls von der westlichen Seite aus nicht zu sehen, stand eine weitere bewaffnete Gruppe bereit, die Powers aus Potsdam abgeholt und zur Brücke gebracht hatte. Am sowjetischen Kontrollpunkt übernahm ein speziell ausgebildeter Offizier des 105. Regiments das Kommando über einen Trupp von mit Maschinenpistolen bewaffneten Soldaten, und schließlich ließen die Ostdeutschen eine mit Maschinenpistolen und Handgranaten ausgerüstete Reserve von zwanzig Mann aufmarschieren.[60]

Die Zentrale beglückwünschte sich selbst dazu, daß ihre absurd große militärische Präsenz weitgehend unbemerkt geblieben war.[61] »Abels« Anwalt war mehr davon beeindruckt, daß der amerikanische Soldat, der seinen Klienten auf die Brücke begleitete, einer der größten Männer war, die er je gesehen habe: »Er muß wohl an die zwei Meter groß gewesen sein und 300 Pfund gewogen haben.«[62] Nach dem Austausch von »Abel« und Powers wurde die Glienicker Brücke im Kalten Krieg als »Brücke der Spione« berühmt. Laut der KGB-Akte über die Operation LJUTENZIA beliefen sich deren nichtmilitärische Kosten (Essen, Eisenbahnfahrkarten, Hotelkosten, verschiedene Dinge für »Abel« und dessen Frau und Tochter sowie ein Festessen) auf 5388,90 Mark. SED-Chef Walter Ulbricht teilte die Befriedigung der Zentrale über den Erfolg der Operation nicht und beschwerte sich am 15. Februar bei Sowjetbotschafter Perwuchin darüber, daß seine Regierung nicht ausreichend informiert worden sei. Außerdem habe die Tatsache, daß in Powers' Eskorte keine ostdeutschen Polizisten vertreten waren, mangelnden Respekt für die Souveränität der DDR gezeigt. Dem mündlichen Protest folgte eine diplomatische Note, in der darüber hinaus noch andere sowjetische Schnitzer beklagt wurden.[63]

In den USA wurden »Abels« Gemälde und Grafiken zu Sammlerstükken. Justizminister Robert Kennedy fragte bei der sowjetischen Botschaft an, ob »Abel« bereit sei, der US-Regierung ein Porträt seines Bruders John F. Kennedy zu überlassen, das er im Zuchthaus von Atlanta gemalt hatte. Es solle im Weißen Haus aufgehängt werden. Aber die Zentrale hielt die Anfrage für eine Provokation, obwohl nicht klar war, worin die Provokation bestand. Die Bitte wurde abschlägig beschieden.[64]

»Abel« wurde in Moskau als Held begrüßt, wenn auch in aller Stille, und nacheinander vom KGB-Vorsitzenden Wladimir Semitschastny, vom Leiter der Ersten Hauptverwaltung, Alexander Sacharowski, und vom GRU-Vorsitzenden General Pjotr Iwaschutin empfangen.[65] Auf Semitschastnys Anregung schrieb »Abel« einen Brief an Chruschtschow, um dem Parteichef persönlich für dessen vermeintlichen Einsatz bei seiner Freilassung zu danken: »Besonders berührt hat mich die Tatsache, daß Sie neben der Vielzahl von Partei- und Regierungspflichten die Zeit gefunden haben, auch an mich zu denken.«

Um ihres Ansehens in der Parteihierarchie willen präsentierte die Zentrale »Abels« Tätigkeit in den USA als operativen Triumphzug eines entschlossenen Tschekisten, der nur durch einen Verrat, für den er keine Verantwortung trug, vorzeitig beendet worden sei. Im Grunde wußte sie jedoch sehr wohl, daß er in Wirklichkeit nichts von Wert erreicht hatte und nur verhaftet werden konnte, weil er, nachdem WIK nicht in Moskau aufgetaucht war, den Befehl, das Land zu verlassen, mißachtet hatte.[66] Dem Bemühen der Zentrale, »Abels« Leistungen aufzuwerten, kam die Tatsache entgegen, daß er von den amerikanischen Medien als Meisterspion von heroischer Statur porträtiert wurde. Dieser Eindruck wurde noch verstärkt, als sein Anwalt Donovan 1964 in einem Buch über

»Abels« Prozeß, Haft und Austausch ein sympathisches Bild von ihm zeichnete. Donovan verkündete, er respektiere »Rudolf natürlich als Menschen«, und zitierte Allen Dulles, den CIA-Chef von 1953 bis 1961, der zu ihm gesagt habe: »Ich wünschte, wir hätten gerade jetzt in Moskau drei oder vier Leute, so wie er einer ist.« Am Ende des Buches druckte er einen Brief ab, den ihm »Abel« zusammen mit zwei wertvollen Pergamentbänden mit lateinisch geschriebenen Kommentaren zum Kodex des Justinian aus Moskau geschickt hatte. »Bitte«, schrieb »Abel«, »nehmen Sie sie als Zeichen meiner Dankbarkeit für all das, was Sie für mich getan haben.«[67]

All dies war Musik in den Ohren der Zentrale.[68] An die Stelle der prosaischen Realität von Fischers illegaler Residentur trat der Mythos des Meisterspions Rudolf Abel, wobei der ärgerliche Mangel an für Ruhmesfeiern geeigneten Heldentaten mit der Versicherung überspielt wurde, es gebe sie zwar, aber sie seien zu geheim, um sie an die Öffentlichkeit zu tragen.[69] Der wirkliche Wiljam Fischer wurde zunehmend verbitterter. Nach seiner Rückkehr nach Moskau gab man ihm einen Stuhl in einem entlegenen Winkel der Illegalendirektion, verweigerte ihm aber sogar einen eigenen Schreibtisch. Als ein Freund ihn fragte, was er mache, antwortete er trostlos: »Ich bin ein Museumsstück.«[70]

11.
Der Hauptgegner II:
Selbstanbieter und legale Residenturen in der Frühphase des Kalten Krieges

In den Amtszeiten der US-Präsidenten Dwight D. Eisenhower (1953–1961) und John F. Kennedy (1961–1963) erzielte der KGB seine größten Erfolge gegen den »Hauptgegner« nicht aufgrund seiner eigenen großen Strategie für neue illegale Residenturen, die nach MARKs Verhaftung für mehrere Jahre zusammenbrach, sondern mit Hilfe einer Reihe von Überläufern. Der wichtigste war wahrscheinlich Alexander »Sascha« Kopazky alias Koischwitz (Codenamen nacheinander ERWIN, HERBERT und RICHARD), der sich dem sowjetischen Nachrichtendienst 1949 angeboten hatte. Er wurde vom KGB in der Verwendung von Geheimschrift und Mikrofotografie ausgebildet und erhielt in den fünfziger Jahren für seine Tätigkeit insgesamt 40000 westdeutsche und 2117 ostdeutsche Mark sowie als Anerkennung für seine Erfolge mehrere goldene Uhren.[1]

Kopazky befand sich an einem der Brennpunkte der amerikanischen Nachrichtendienstoperationen. Die Westberliner Station der CIA war nur wenige Kilometer von der weltweit größten sowjetischen Truppenkonzentration entfernt. Zu Kopazkys Hauptaufgaben gehörte es, ostdeutsche Frauen zu finden, die bereit waren, mit sowjetischen Soldaten zu schlafen und als amerikanische Agenten zu arbeiten. Indem er aktiv an den Versuchen der CIA-Station, sowjetisches Personal anzuwerben und zum Überlaufen zu ermuntern, teilnahm, konnte er deren Operationen bei zahllosen Gelegenheiten sabotieren. Unter den umfangreichen Informationen, die er lieferte, waren auch die Namen von über hundert amerikanischen Nachrichtendienstoffizieren und Agenten in Ostdeutschland, die teils verhaftet, teils »umgedreht« wurden. Außerdem unterstützte er diverse KGB-Operationen, bei denen falsche Agenten vorgeschoben wurden, um die CIA-Station zu täuschen. 1952 war er am vorgetäuschten Seitenwechsel des sowjetischen Agenten WIKTOR beteiligt, der später beim Rundfunksender Voice of America beschäftigt war und, Kopazkys Akte zufolge, »wertvolle Informationen« beschaffte.[2]

Nachdem Kopazky 1954 wegen Trunkenheit am Steuer für kurze Zeit ins Gefängnis gekommen war, änderte die CIA seinen Namen in »Igor Orlow«, damit seine Strafakte nicht auf seinem Antrag auf US-Staatsbürgerschaft erschien.[3] 1957, als seine Tarnung als CIA-Agent (nicht aber als sowjetischer Agent) fadenscheinig geworden war, wurde er mit seiner Familie nach Washington gebracht, wo er bei der CIA eine zusätzliche operative Ausbildung erhielt. Anschließend kehrte er nach Europa zurück und beteiligte sich an verschiedenen CIA-Operationen in Deutschland und Österreich.[4] 1960 begann sich bei der CIA endlich der Verdacht zu regen, daß er für den KGB arbeitete. Eine spätere Schadensbewertung der Zentrale kam zu dem Schluß, daß die ungewöhnlich große Anzahl von KGB-Offizieren, mit denen er in direkten Kontakt gekommen war – es waren innerhalb des letzten Jahrzehnts immerhin zwanzig gewesen –, einer der Gründe gewesen sein könnte, aus dem er in Verdacht geriet.[5] Um zu verhindern, daß Orlow floh, bevor die Anklage gegen ihn wasserdicht war, versprach man ihm eine Arbeit bei der CIA in Washington. Als er im Januar 1961 dort eintraf, wurde er jedoch entlassen. Gleichzeitig wurden umfangreiche Ermittlungen gegen ihn aufgenommen.[6] Orlow setzte sich mit seinem neuen sowjetischen Führungsoffizier, I. P. Sewastjanow, einem operativen Offizier an der Washingtoner Residentur, in Verbindung, fand eine Arbeit als Lastwagenfahrer und hörte in den nächsten Jahren weder etwas von der CIA noch vom FBI. 1964 kaufte er eine Galerie für Bilderrahmen in Alexandria, die er zweifellos zum Teil mit dem bezahlte, was er beim KGB verdient hatte.[7]

Als er die Galerie eröffnete, mag Orlow geglaubt haben, daß die Anklage gegen ihn niemals erhärtet werden könnte. Doch im Frühjahr 1965 wurde er eines Besseren belehrt. Plötzlich standen FBI-Beamte vor seiner Tür, durchsuchten mehrere Tage lang sein Haus, vernahmen seine Ehefrau Eleonore und bestellten ihn zu einem Polygraphentest. Das schien Orlow in Panik zu versetzen. Da er unter Beobachtung stand und keinen verdeckten Kontakt zum KGB herstellen konnte, ging er in der vergeblichen Hoffnung, unbemerkt hineinzukommen, durch eine Hintertür in der 16th Street in die sowjetische Botschaft.[8] Die Washingtoner Residentur arbeitete mit ihm zusammen einen Fluchtplan aus, der von Moskau abgesegnet wurde. Von »Abels« Ruhm als Meisterspion und dem überaus freundlichen Bericht seines amerikanischen Anwalts Donovan ermutigt, beabsichtigte die Zentrale, die Flucht in einen Mediencoup zu verwandeln. In Moskau war eine Pressekonferenz vorgesehen, auf der Orlow als sowjetischer Illegaler präsentiert werden sollte, der im

Zweiten Weltkrieg hinter den deutschen Linien an der Ostfront Heldentaten vollbracht und später die CIA infiltriert hatte. Danach würde er seine Lebensgeschichte veröffentlichen, die als »aktive Maßnahme« dazu genutzt werden sollte, den KGB zu verherrlichen und seinen Hauptgegner herabzusetzen.[9]

Das Vorhaben mußte jedoch abgeblasen werden, denn Orlows Frau weigerte sich entschieden, mit ihren beiden kleinen Söhnen nach Moskau zu gehen, und ihr Mann entschloß sich, die Sache in Washington durchzustehen.[10] Obwohl das FBI den Fall Orlow weiterverfolgte, war es nie in der Lage, Anklage gegen ihn zu erheben. Die Ermittlungen beruhten allerdings wie die der CIA auf einer falschen Annahme. Nach seinem Übertritt im Dezember 1961 lieferte KGB-Major Anatoli Golizin einige Anhaltspunkte, die den Verdacht gegen Orlow verstärkten. Er sagte korrekt aus, in West-Berlin und Westdeutschland sei ein sowjetischer Agent, dessen Nachname mit einem K begänne, tätig gewesen, irrte sich aber, als er hinzufügte, der Codename – nicht der Klarname – dieses Agenten sei SASCHA gewesen. CIA und FBI zogen daraus den Schluß, daß Sascha Kopazky alias Igor Orlow dieser Agent sei.[11] Aus Orlows KGB-Akte ist jedoch zu ersehen, daß er zwar mehrere Codenamen erhielt – ERWIN, HERBERT und RICHARD –, aber nie als SASCHA geführt wurde. Außerdem belegen sie, daß er bis zu seinem Tod im Jahr 1982 sowjetischer Agent blieb.[12] 1992, zehn Jahre nach Orlows Tod, wurde seine Galerie, die jetzt von seiner Witwe geführt wurde, in einem einschlägigen Stadtführer von Washington immer noch als »Treffpunkt von Spionageschriftstellern« bezeichnet.[13]

West-Berlin und Westdeutschland, wo Kopazky seine Dienste angeboten hatte, waren für den KGB die erfolgreichsten Jagdgründe für die Anwerbung von frustriertem amerikanischem Militärpersonal. Die wichtigste Rekrutierung dürfte die von Robert Lee Johnson (GEORGE) gewesen sein, einem unzufriedenen Sergeant der US Army und Freizeitzuhälter in West-Berlin.[14] 1953 gingen Johnson und seine Verlobte, eine Prostituierte namens Hedy, nach Ost-Berlin und ersuchten um politisches Asyl. Der KGB überredete Johnson jedoch, im Westen zu bleiben, sich als Spion für die Sowjetunion ein zweites Gehalt zu verdienen und auf diese Weise seine alten Rechnungen mit der US Army zu begleichen. Trotz Zuhälterei, Alkoholismus und Leidenschaft für das Glücksspiel, von der Spionage ganz zu schweigen, gelang es Johnson, von 1957 bis 1959 als Wachposten von Raketenstützpunkten in Kalifornien und Texas beschäftigt zu werden, wo er dem KGB Dokumente, Fotografien und einmal sogar eine Probe Raketentreibstoff beschaffte.[15]

Seine erfolgreichste Zeit als sowjetischer Agent begann 1961, als er als Wachmann zur Kurierzentrale der US Army auf dem Pariser Flughafen Orly, einer der Hauptschnittstellen des geheimen militärischen Kommunikationssystems, versetzt wurde. In den nächsten zwei Jahren übergab er seinem Führungsoffizier streng geheime Dokumente mit einem Umfang von über 1600 Seiten – darunter Chiffren und Tabellen mit Tagesschlüsseln für die Chiffriermaschinen Adonis, KW-9 und HW-18 –, die Operationspläne des Oberkommandos der US-Streitkräfte in Europa, Dokumente über die Produktion der amerikanischen Atomwaffen, Listen von Zielen im Ostblock, amerikanische Nachrichtendienstberichte über wissenschaftliche Forschungen sowie Luftfahrt- und Raketenentwicklungen in der Sowjetunion und schließlich von der Fernmeldeaufklärung stammende Erkenntnisse über den Bereitschaftsgrad der ostdeutschen Luftwaffe. Insgesamt betrachtet, boten die Dokumente einen ausgezeichneten Überblick sowohl über die amerikanischen Streitkräfte in Europa als auch darüber, was die USA über die Streitkräfte des Warschauer Paktes wußten.[16] Johnson wurde 1964 aufgrund eines Hinweises des sowjetischen Überläufers Juri Nosenko festgenommen.[17]

In den USA selbst waren die bedeutendsten Selbstanbieter während Eisenhowers Amtszeit zwei Angestellte der NSA, der 31jährige Bernon F. Mitchell und der 29jährige William H. Martin. Am 6. September 1960 gaben Mitchell und Martin im Moskauer Haus der Journalisten die wohl peinlichste Pressekonferenz in der Geschichte der amerikanischen Nachrichtendienste. Am unangenehmsten war ihre Enthüllung, daß die NSA auch den Nachrichtenverkehr einiger Verbündeter der USA entschlüsselte. Dazu gehörten, so Martin, »Italien, die Türkei, Frankreich, Jugoslawien, die Vereinigte Arabische Republik [Ägypten und Syrien], Indonesien, Uruguay«.[18]

Obwohl die Flucht der beiden NSA-Angestellten ein spektakulärer Mediencoup war, erfüllte er, wie aus Mitchells KGB-Akte ersichtlich, nicht die Erwartungen, die die Zentrale an ihn geknüpft hatte.[19] Mitchell war 1957 von der NSA angestellt worden, obwohl er zugegeben hatte, sechs Jahre lang bis zum Alter von neunzehn Jahren »sexuelle Experimente« mit Hunden und Hühnern betrieben zu haben. Vermutlich zählte seine mathematische Begabung mehr als seine ländliche Vergangenheit. Martin wurde während seiner Sicherheitsüberprüfung von mehreren Bekannten als unberechenbarer und unerträglicher Egoist charakterisiert, aber auch er war wie sein Freund Mitchell ein begnadeter Mathematiker. In ihrer politischen Naivität und gesellschaftlichen Unbeholfenheit ließen sich Martin und Mitchell von dem strahlenden Propagandabild verführen, das die Sowjetunion als einen der Sache des Friedens ergebenen Staat zeigte, dessen fortschrittliche Gesellschaftsordnung ihnen die persönliche Erfüllung bieten konnte, die sie in den Vereinigten Staaten nicht gefunden hatten.[20]

Im Dezember 1959 flog Mitchell unter Bruch der NSA-Regeln von Washington nach Mexiko City, wo er die sowjetische Botschaft aufsuchte und aus ideologischen Gründen um politisches Asyl in der UdSSR bat.[21] Die KGB-Residentur bemühte sich, ihn dazu zu überreden, als »Überläufer vor Ort« bei der NSA zu bleiben, doch ohne Erfolg. Mitchell willigte zwar ein, sich in Washington mit einem anderen KGB-Offizier zu treffen, beharrte aber auf seinem Wunsch, zusammen mit Martin in die Sowjetunion zu emigrieren. Dort, versprach er, würde er alles preisgeben, was er über die NSA wußte.

Am 25. Juni 1960, dem ersten Tag eines dreiwöchigen Urlaubs, nahmen Mitchell und Martin auf dem Washingtoner National Airport den Flug 307 der Eastern Airlines nach New Orleans, wo sie in ein anderes Flugzeug mit Ziel Mexiko City umstiegen. Dort übernachteten sie im Hotel Virreyes, und am nächsten Tag flogen sie mit der Fluggesellschaft Cubana nach Havanna weiter.[22] Im Juli wurden sie schließlich in die Sowjetunion gebracht. Für die Codeknacker des KGB war es enttäuschend, wie wenig die beiden über die Kryptoanalyse der NSA wußten. Die in den Augen der Zentrale wichtigste Information war die Bestätigung, daß die NSA wenig Erfolg bei der Entschlüsselung der gegenwärtigen hochgradigen sowjetischen Chiffren hatte.[23] Umgekehrt war aber auch der KGB nicht in der Lage, die hochgradigen US-Chiffriersysteme zu entschlüsseln.[24]

In der NSA-Zentrale in Fort Meade waren die Sicherheitsvorkehrungen derart lasch, daß man erst acht Tage nach dem Ende ihres Urlaubs nachzuforschen begann, wo Mitchell und Martin abgeblieben waren. In Mitchells Haus fanden Sicherheitsbeamte der NSA den Schlüssel zu einem Bankschließfach, den Mitchell absichtlich dort hatte liegen lassen. In dem Schließfach entdeckte man einen versiegelten Umschlag, auf dem die von Mitchell und Martin unterschriebene Bitte zu lesen war, den

Inhalt zu veröffentlichen. Dieser bestand aus einer langen Verunglimpfung der US-Regierung und der Übel des Kapitalismus sowie aus einer bizarren Lobrede auf das Leben in der Sowjetunion, bis hin zu der Behauptung, die emanzipierten sowjetischen Frauen seien »bessere Ehepartner«.[25]

Mit Beschluß Nr. 295 der KPdSU vom 11. August 1960 wurde Mitchell und Martin politisches Asyl gewährt und beiden eine monatliche Zuwendung von 500 Rubeln zugebilligt, was ungefähr ihrem Gehalt bei der NSA entsprach und weit über dem sowjetischen Durchschnittsverdienst lag. Im Herbst erhielt Mitchell eine Arbeit am Institut für Mathematik der Leningrader Universität. Martin begann am selben Institut seine Dissertation zu schreiben. Beide konnten ihre Überzeugung von der Attraktivität sowjetischer Partnerinnen bald an der Realität messen. Mitchell heiratete Galina Jakowlewa, eine 30jährige Dozentin in der Klavierabteilung des Leningrader Konservatoriums. Martin, der seinen Namen in Sokolowski geändert hatte, heiratete eine Russin, die er während eines Urlaubs am Schwarzen Meer kennengelernt hatte.[26]

Die Zentrale fand Mitchell und Martin schon nach wenigen Jahren weniger nützlich als belastend. Wie kaum anders zu erwarten, wurden beide vom Leben in der Sowjetunion bald ernüchtert. Martin, der nach Ansicht der Zentrale leichter zu beeinflussen war als Mitchell, war leichtgläubig genug, um das vom KGB ausgeheckte Märchen, sie seien beide vom Obersten Gerichtshof der USA in Abwesenheit zu zwanzig Jahren Zwangsarbeit verurteilt worden, für wahr zu halten. Um ihm jeden Gedanken an eine Rückkehr nach Amerika auszutreiben, hatte man ihm sogar eine gefälschte Kopie des angeblichen Urteils gezeigt. Mitchell blieb skeptisch und war in den siebziger Jahren offenbar entschlossen, die Sowjetunion zu verlassen. Aus Furcht vor der abschreckenden Wirkung auf künftige Überläufer aus dem Westen gab der KGB-Vorsitzende Juri Andropow persönlich den Befehl, Mitchell und Martin unter keinen Umständen ausreisen zu lassen. Um Martin endgültig von dem Gedanken daran abzubringen, wurde ihm ein *Iswestija*-Artikel von Juri Semjonow gezeigt, in dem behauptet wurde, bei amerikanischen Agenten seien Giftampullen gefunden worden. Diese Ampullen, so wurde ihm zu verstehen gegeben, seien für Mitchell und ihn bestimmt gewesen. Mitchell vermutete zu Recht, daß die Geschichte eine Erfindung des KGB war. Da seine Frau ebenfalls das Land verlassen wollte, setzte der KGB ihre Mutter unter Druck, damit sie ihre Tochter umstimmte. Nachdem Australien,

Neuseeland, Schweden und die Schweiz ihre Visaanträge ebenso abgelehnt hatten wie die Vereinigten Staaten, erklärte das Ehepaar Mitchell am 29. März 1980 gegenüber den sowjetischen Behörden, es habe das Vorhaben auszuwandern aufgegeben.[27] Doch auch danach wurde immer wieder berichtet, daß Mitchell weiterhin versuchte, außer Landes zu kommen.[28]

Während des größten Teils des Kalten Krieges hatten die legalen Residenturen in New York und Washington nur mäßigen Erfolg bei der Beschaffung von Insiderinformationen aus der Regierung der USA, die im Zweiten Weltkrieg so reichlich geflossen waren. Die Grenzen ihrer Möglichkeiten traten in den zwei Jahren vor der gefährlichsten Phase des Kalten Krieges, der kubanischen Raketenkrise von 1962, deutlich zutage. Das durch den Mangel an hochwertigen politischen Informationen aus den USA entstandene Vakuum wurde teilweise durch gefährlichen Unsinn aus anderen Quellen gefüllt, der nicht zuletzt den paranoiden Grundzug der sowjetischen Nachrichtenanalyse offenbarte. Am 29. Juni 1960 übermittelte der KGB-Vorsitzende Alexander Schelepin persönlich Chruschtschow eine beunruhigende Einschätzung der amerikanischen Politik, die sich auf den schlecht informierten Bericht eines anonymen westlichen Verbindungsoffiziers bei der CIA stützte:

»In der CIA ist bekannt, daß die Führung des Pentagon von der Notwendigkeit überzeugt ist, ›so bald wie möglich‹ einen Krieg mit der Sowjetunion zu beginnen. ... In diesem Augenblick besitzen die USA die Fähigkeit, mit ihren Bomberkräften die sowjetischen Raketenstützpunkte und andere militärische Ziele auszulöschen. Doch binnen kurzem werden die Verteidigungskräfte der Sowjetunion zugenommen haben, ... und die Gelegenheit wird vorüber sein. Infolge dieser Annahme hoffen die Leiter des Pentagon, einen Präventivkrieg gegen die Sowjetunion führen zu können.«

Chruschtschow nahm die Warnung ernst. Keine vierzehn Tage später warnte er das Pentagon öffentlich, es möge »nicht vergessen, daß wir, wie die letzten Versuche zeigen, Raketen besitzen, die auf 13 000 Kilometer Entfernung genau in ein festgesetztes Quadrat treffen können«.[29]

In Moskau verfolgte man die US-Präsidentschaftswahlen von 1960 aufmerksam. Da Chruschtschow den republikanischen Kandidaten Richard Nixon für einen »McCarthyisten« und Freund der Falken im Pentagon hielt, hoffte er, daß Kennedy die Wahl gewinnen würde. Der Washingtoner Resident Alexander Feklisow alias Fomin wurde angewiesen, »diplomatische oder Propagandainitiativen und andere Maßnahmen vorzuschlagen, um Kennedys Sieg zu fördern«. Die Residentur versuchte, mit Robert Kennedy Kontakt aufzunehmen, wurde aber höflich abgewiesen.[30]

Nach dem gescheiterten absurden Versuch der CIA, Fidel Castro durch die Landung einer von den USA unterstützten »kubanischen Brigade« in der Schweinebucht im April 1961 zu stürzen, änderte sich Chruschtschows Haltung gegenüber Kennedy. Unmittelbar nach dem Debakel in Kuba fragte Kennedy seinen Sonderberater Theodore Sorenson verzweifelt: »Wie konnte ich so dumm sein?«[31] Der junge Präsident, schloß Chruschtschow, war offenbar nicht in der Lage, die »dunklen Kräfte« des militärisch-industriellen Komplexes des amerikanischen Kapitalismus zu zügeln.[32] Im Juni forderte er bei einem Gipfeltreffen mit Kennedy in Wien ultimativ das Ende des Viermächtestatus von Berlin und einen Friedensvertrag mit Deutschland bis Ende des Jahres. Die beiden Supermächte befanden sich augenscheinlich auf Kollisionskurs. Kennedy sagte hinterher zu James Reston von der *New York Times:*

»Ich denke, er [Chruschtschow] hat es wegen der Schweinebucht getan. Wahrscheinlich glaubte er, jemand, der so jung und unerfahren ist, sich in einen derartigen Schlamassel zu begeben, sei leicht zu packen, und wer nicht durchhält, wenn er schon drinsteckt, habe keinen Mumm in den Knochen. Also hat er mir tüchtig die Hölle heiß gemacht.«[33]

Am 29. Juli 1961 schickte Schelepin Chruschtschow den Entwurf einer neuen, aggressiven globalen Strategie gegen den Hauptgegner, die das Ziel verfolgte, »in verschiedenen Weltgegenden Bedingungen zu schaffen, die geeignet sind, die Aufmerksamkeit und die Kräfte der Vereinigten Staaten und ihrer Verbündeten abzulenken und sie während der Regelung eines deutschen Friedensvertrages und der Frage von West-Berlin zu beschäftigen«. Im ersten Teil des Plans wurde empfohlen, nationale Befreiungsbewegungen überall auf der Welt zu benutzen, um einen Vorteil im Kampf zwischen Ost und West zu erlangen und »durch dem KGB zur Verfügung stehende Mittel bewaffnete Aufstände gegen prowestliche reaktionäre Regierungen zu initiieren«. Ganz oben auf Schelepins Liste standen dabei die Regime im mittelamerikanischen Hinterhof des Hauptgegners, angefangen mit Nicaragua, wo seiner Vorstellung nach eine »revolutionäre Front« von Kubanern und Sandinisten gebildet werden sollte. Außerdem schlug er vor, NATO-Stützpunkte in Westeuropa zu destabilisieren und eine Desinformationskampagne zu starten, um den Westen von der zunehmenden Überlegenheit der sowjetischen Streitkräfte zu überzeugen und so zu demoralisieren. Am 1. August wurde Schelepins Plan mit geringfügigen Änderungen als Direktive des ZK der KPdSU verabschiedet.[34] Einzelne Punkte daraus, so die Benutzung nationaler Befreiungsbewegungen im Kampf gegen den Hauptgegner, blieben für die nächsten 25 Jahre Bestandteil der sowjetischen Strategie.

Allerdings spielte der KGB während Kennedys Amtszeit in Washington eine geringere Rolle als die GRU. Von Mai 1961 an traf sich GRU-Oberst Georgi Bolschakow, der als Chef des Washingtoner TASS-Büros auftrat, alle vierzehn Tage mit Robert Kennedy. Er konnte den Justizminister davon überzeugen, daß sie auf das schwerfällige Protokoll der offiziellen Diplomatie verzichten und einen direkten Kommunikationskanal zwischen Präsident Kennedy und Chruschtschow schaffen könnten. Untereinander könnten sie »offen und frei sprechen, ohne auf die üblichen Propagandakunststücke der Politiker zurückzugreifen«. Ohne zu ahnen, daß er es mit einem erfahrenen Nachrichtendienstprofi zu tun hatte, der die Aufgabe hatte, die Bekanntschaft mit ihm zu pflegen, glaubte der Bruder des Präsidenten, daß zwischen ihm und Bolschakow eine »echte Freundschaft entstand«: »Wann immer er (oder Chruschtschow) eine Botschaft für den Präsidenten hatte oder der Präsident eine Botschaft für Chruschtschow, lief das über Georgi Bolschakow. ... Ich besprach alle möglichen Fragen mit ihm.«[35]

Doch trotz Bolschakows Erfolg war die Einschätzung der amerikanischen Politik durch die GRU von grundsätzlichem Unverständnis geprägt. Im März 1962 gab sie, gefährlich schlecht informiert, zwei Berichte weiter, welche die Warnung des KGB zu bestätigen schienen, daß das Pentagon einen nuklearen Erstschlag plane. Laut GRU hatten die USA im vorangegangenen Juni die Entscheidung getroffen, im September 1961 einen nuklearen Überraschungsangriff auf die Sowjetunion zu führen. Im letzten Augenblick seien sie jedoch davon abgekommen, weil die sowjetischen Atomtests gezeigt hätten, daß das Atomwaffenarsenal der UdSSR größer war, als das Pentagon angenommen hatte. Diese abwegigen Berichte trafen mit einer Reihe wirklicher, aber auf absurde Weise unzulänglicher amerikanischer Versuche zusammen, Moskaus kubanischen Verbündeten Fidel Castro zu stürzen oder zu ermorden. Nichts hätte geeigneter sein können, den paranoiden Grundzug der sowjetischen Außenpolitik zu stärken. Im März 1962 drängte Castro den KGB, eine Operationsbasis in Havanna aufzubauen, um die Revolution nach Lateinamerika zu exportieren.[36]

Als Chruschtschow im Mai 1962 beschloß, Atomraketen auf Kuba zu stationieren, und damit das gefährlichste Glücksspiel des Kalten Krieges eröffnete, verfolgte er zum einen die Absicht, die Vereinigten Staaten mit der sowjetischen Atommacht zu beeindrucken, um sie von ihrem (nichtexistenten) Plan für einen Erstschlag abzubringen. Andererseits wollte er mit einer dramatischen Geste seine Unterstützung der kubanischen Revolution kundtun.[37] Sein Spiel beruhte auf der Hoffnung, daß die Amerikaner die kubanischen Raketenstützpunkte erst entdecken würden, wenn es zu spät wäre, etwas gegen sie zu unternehmen. Diese Hoffnung war aus zwei Gründen trügerisch. Erstens konnten die in großer Höhe fliegenden Spionageflugzeuge vom Typ U-2 die im Bau befindlichen Stützpunkte fotografieren, und zweitens waren die Analytiker des amerikanischen Nachrichtendienstes in der Lage, die verwirrenden U-2-Fotos zu enträtseln, weil sie über Baupläne von Raketenstützpunkten und andere wichtige Daten verfügten, die sie von Oberst Oleg Penkowski, einem von CIA und SIS gemeinsam geführten Spion in der GRU, erhalten hatten. Die wichtigsten während der Raketenkrise verfaßten amerikanischen Nachrichtendienstberichte über die kubanischen Stützpunkte wurden später – als Hinweis darauf, daß sie unter Verwendung der von Penkowski gelieferten Dokumente erstellt worden waren – mit dem Aufdruck IRONBARK versehen.[38]

Auch nach dem Baubeginn der Raketenstützpunkte auf Kuba versicherte Bolschakow, wahrscheinlich im Rahmen einer geplanten Täuschungsoperation, weiterhin, daß Chruschtschow eine derart aggressive Politik niemals billigen würde. Als die Baustellen Mitte Oktober von U-2-Flugzeugen entdeckt wurden und die Kubakrise ausbrach, fuhr Robert Kennedy Bolschakow an: »Ich wette, Sie wissen genau, daß ihr eure Raketen auf Kuba habt.« Bolschakow bestritt es. Der Präsident hatte sich, laut Sorenson, »für direkte, vertrauliche Informationen von Chruschtschow auf den Bolschakow-Kanal verlassen und fühlte sich persönlich betrogen. Er *war* persönlich betrogen worden.«[39]

Ausgerechnet in dem Augenblick des Kalten Krieges, als der Kreml zuverlässige Informationen aus Washington am dringendsten benötigte, war die KGB-Residentur nicht in der Lage, sie zu beschaffen. Im Zweiten Weltkrieg hatten sowjetische Agenten jede wichtige Behörde der Regierung Roosevelt infiltriert. Über manche Aspekte der amerikanischen Politik, insbesondere das MANHATTAN-Projekt, war die Zentrale besser informiert gewesen als Roosevelts Vizepräsidenten und die meisten Mitglieder seines Kabinetts. Während der Kubakrise dagegen waren die Informationsquellen der Residentur auf Agenten und Kontakte im Pressekorps und in ausländischen Botschaften, vor allem denen von Argentinien und Nicaragua, beschränkt. Manche Berichte, die Feklisow nach Moskau schickte, enthielten nicht mehr als Gerüchte. Er besaß keine Quelle, die in der Lage gewesen wäre, ihn über die geheimen Überlegungen von ExComm, Kennedys engstem Beraterstab, der sich am 16. Oktober im Kabinettsraum des Weißen Hauses versammelte und in den folgenden dreizehn Tagen bis zum Ende der Krise täglich zusammenkam, auf dem laufenden zu halten. Als sich die Kubakrise auf dem Höhepunkt befand, versah Alexander Sacharowski, der Leiter der Ersten Hauptverwaltung, Feklisows Telegramme regelmäßig mit der verärgerten Randnotiz: »Dieser Bericht enthält keine geheimen Informationen.«[40]

Der vergleichsweise geringe Einfluß des KGB auf Chruschtschows Politik während der Krise war auch ein Zeichen für die Defizite seines Vorsitzenden. Im Dezember 1961 war der einflußreiche Schelepin von seinem weniger begabten Protegé Wladimir Semitschastny abgelöst worden, der kaum etwas von der Nachrichtendienstarbeit verstand und den Posten nur auf Drängen Chruschtschows angenommen hatte. Chruschtschow war es bei dieser Personalentscheidung vor allem darum gegangen, sich der Loyalität des KGB zu versichern. Auf dessen Rat in außenpolitischen Fragen konnte er verzichten. In den von Mitrochin eingesehenen Akten findet sich nirgendwo ein Hinweis darauf, daß Semitschastni wie sein Vorgänger umfassende Strategiepapiere für den Kampf gegen den Hauptgegner vorgelegt hätte. Während der Raketenkrise gab es kein einziges Treffen zwischen ihm und Chruschtschow, und auch zu den Sitzungen des Präsidiums des ZK wurde er nie eingeladen.

Genausowenig hatte Chruschtschow den KGB jemals um eine Einschätzung der vermutlichen amerikanischen Reaktion auf die Stationierung von Atomraketen auf Kuba gebeten oder eine solche unaufgefordert erhalten.[41] Obwohl Leiter des Auslandsnachrichtendienstes, scheint Sacharowski wenig Einblick in die amerikanische Politik gehabt zu haben. Er war zwar offenbar ein kompetenter Bürokrat nach sowjetischem Muster, aber seine Erfahrungen mit der Außenwelt waren auf Rumänien und andere Teile Osteuropas beschränkt. Sein melancholischer Gesichtsausdruck war vermutlich, wie einer seiner Untergebenen meinte, »auf die enorme Belastung durch die Arbeit zurückzuführen«.[42] Zu den »Belastungen« zählte die Notwendigkeit, den höchsten Ansprüchen der politischen Korrektheit zu genügen. Außer auf Anfrage des Außenministeriums, der Internationalen Abteilung des ZK oder des Präsidiums legte die Erste Hauptverwaltung selten Denkschriften vor. Was sie »Analysen« nannte, waren allerdings wenig mehr als Zusammenstellungen der zu bestimmten Themen vorhandenen Informationen, wobei Schlußfolgerungen aus Furcht, sie könnten im Widerspruch zur Ansicht der oberen Etagen stehen, im allgemeinen vermieden wurden. Höchste Autorität während der Kubakrise war Chruschtschow selbst und nicht das Präsidium. Er war in bemerkenswertem Ausmaß sowohl politischer Entscheidungsträger als auch, wie Stalin vor ihm, sein eigener Nachrichtenanalytiker.[43]

In der Endphase der Krise hatten nachrichtendienstliche Informationen jedoch einen gewissen Einfluß auf Chruschtschows Politik. Am 25. Oktober deutete er vor dem Präsidium des ZK an, daß es zur Lösung der Krise erforderlich werden könnte, im Gegenzug für die amerikanische Zusage, nicht auf Kuba zu landen, die Raketen wieder abzuziehen. Noch war er allerdings nicht bereit, einen solchen Vorschlag zu unterbreiten. In der Nacht zum nächsten Tag änderte er seine Meinung, nachdem er einem GRU-Bericht entnommen hatte, daß das Strategische Luftwaffenkommando der USA (SAC) in nukleare Alarmbereitschaft versetzt worden war. Bis zu diesem Zeitpunkt hatte er gehofft, das Gesicht wahren zu können, indem er sich den Stop der Bauarbeiten an den Raketenstützpunkten auf Kuba durch den Abzug der US-Raketen aus der Türkei bezahlen ließ. Nun jedoch, am Morgen des 26. Oktober, diktierte er in der irrigen Annahme, daß eine amerikanische Invasion Kubas unmittelbar bevorstehe, ein weitschweifiges und emotionsgeladenes Friedensangebot an Kennedy, in dem er eine Garantie für die territoriale Integrität Kubas verlangte, aber die türkischen Raketen mit keinem Wort erwähnte. 24 Stunden später hatte er seine Meinung erneut geändert. Nachdem er zu der Überzeugung gelangt war, daß eine Invasion Kubas nicht zu befürchten war, sandte er Kennedy am 27. Oktober eine weitere Botschaft, in der er auf der Einbeziehung der türkischen Raketenstützpunkte in eine Vereinbarung bestand.[44]

Kurz nachdem der Brief abgeschickt worden war, schoß die sowjetische Luftabwehr auf Kuba, offenbar aufgrund eines Versagens der Kommandokette, über der Insel eine U-2 ab, wobei der amerikanische Pilot ums Leben kam. Chruschtschow geriet in Panik. Die Ankündigung, daß Kennedy am 28. um zwölf Uhr im Fernsehen eine Rede an die Nation halten werde, verleitete ihn zu dem Fehlschluß, der US-Präsident würde möglicherweise die Invasion Kubas verkünden. Er gab nach und nahm Kennedys Bedingungen an: einseitiger Rückzug »aller sowjetischen Offensivwaffen« von Kuba. Um sicherzugehen, daß seine Entscheidung Kennedy noch rechtzeitig erreichte, ordnete er an, sie über Radio Moskau zu verbreiten.[45]

Diese Demütigung, die zwei Jahre später zu einer Palastrevolte im Kreml und zum Sturz Chruschtschows führen sollte, wurde durch die Entdeckung einer Reihe von CIA-Agenten in der Zentrale beziehungsweise Überläufern zur CIA verstärkt. Im Dezember 1961 begab sich der KGB-Major Anatoli Golizin in die US-Botschaft in Helsinki und wurde in die Vereinigten Staaten gebracht. Im September 1962 nahm der KGB GRU-Oberst Oleg Penkowski fest, der Briten und Amerikanern seit anderthalb Jahren wertvolle Informationen geliefert hatte.[46]

Der Schadensbericht über Golizin enthielt die üblichen stereotypen Verunglimpfungen seiner Motive. Da weder der KGB noch das sowjetische System kritisiert werden konnten, mußten Seitenwechsel vor allem durch die moralischen Fehler der Überläufer selbst begründet sein, insbesondere durch den von den westlichen Geheimdiensten schamlos ausgenutzten »Virus des Karrierismus«:

> »Der Verräter Golizin, ein ehrgeiziger und eitler Mann, ist das typische Beispiel eines Menschen, der die Spezies der Karrieristen repräsentiert. Mitte der fünfziger Jahre reagierte er verärgert auf eine Zurückstufung seiner Stellung: Er konnte es nicht ertragen, daß seine Fehler und Irrtümer offengelegt und besprochen wurden. Unter Betonung seiner außerordentlichen Fähigkeiten sagte er, es sei nur Pech gewesen, daß er in der Stalinzeit nicht zu einem höchst erfolgreichen höheren Offizier geworden war. Golizin war ständig bemüht, den Inhalt seiner [Ende 1961] für Moskau geschriebenen Beurteilung, die negativ

ausgefallen war, zu erfahren. Die Residentur [in Helsinki] glaubt, daß er ihre wesentlichen Aussagen herausfand, und weil er aus dem Schicksal anderer wußte, daß ihn ein ernstes Gespräch in der Personalabteilung und eine Degradierung erwartete, in die Vereinigten Staaten überlief.«[47]

Wie alle Überläufer erhielt auch Golizin einen erniedrigenden Codenamen – in seinem Fall GORBATY (»Buckliger«). Um ihn zu diskreditieren, wurde ein sowjetischer Schmuggler (MUSTAFA) verhaftet, der dazu gebracht wurde, Golizin als Komplizen beim Schmuggel über die finnische Grenze zu denunzieren. Am 27. September 1962 wurde Golizins angebliche Verwicklung in den Schmuggel in einem Artikel der Zeitung *Sowjetskaja Rossija* öffentlich verurteilt.[48] Doch trotz dieser Anstrengungen, Golizin herabzusetzen, kam die Schadensbewertung nach seinem Übertritt zu dem Schluß, daß er in der Lage gewesen sei, eine Vielzahl unterschiedlichster Informationen über die meisten »Gruppen« (Abteilungen) der Residenturen in Helsinki und anderswo sowie über die vom KGB angewendeten Methoden der Anwerbung und Führung von Agenten an die CIA zu verraten.[49] Zwischen dem 4. Januar und dem 16. Februar 1962 versandte die Zentrale an 54 Residenturen Instruktionen über die Maßnahmen, mit denen der Schaden für laufende Operationen begrenzt werden konnte. Bis auf weiteres sollten keine Treffen mit wichtigen Agenten stattfinden und die Kontakte auf »unpersönliche Mittel« wie etwa tote Briefkästen beschränkt werden.[50]

Golizin lieferte der CIA allerdings nicht nur wertvolle Informationen über die Methoden des KGB und Hinweise auf eine Reihe von sowjetischen Agenten, sondern verwirrte sie auch durch übertriebene Verschwörungstheorien. So überzeugte er den Chef der CIA-Gegenspionage, James Angleton, davon, daß der KGB eine gigantische weltweite Täuschungsoperation in Gang gesetzt hatte. Sogar der Bruch zwischen China und der Sowjetunion war, seiner Aussage nach, nur vorgespiegelt, um den Westen irrezuführen. Später sollte er behaupten, auch der Prager Frühling sei nur ein Täuschungsmanöver des KGB.[51] Die Zentrale kam allerdings nicht auf den Gedanken, daß Golizin dadurch, daß er eine kleine, aber einflußreiche Gruppe von CIA-Offizieren mit seinen paranoiden Vorstellungen ansteckte, der »Firma« letztlich mehr Schaden zufügte, als er ihr nutzte.

Im November 1963 schickte Alexander Tscherepanow von der Zweiten Hauptverwaltung des KGB (innere Sicherheit und Gegenspionage) der amerikanischen Botschaft in Moskau ein Paket mit streng geheimen Dokumenten über die Beschattung und Überrumpelung von Diplomaten und anderen Ausländern in der Sowjetunion. In einem beiliegenden Brief bot er der CIA seine Dienste an. Der geschäftsführende Missionschef (der Botschafter war abwesend), der argwöhnte, es mit einer Provokation des KGB zu tun zu haben, gestattete dem Chef der CIA-Station zwar, die Papiere zu fotografieren, gab die Originale aber anschließend gegen dessen Protest den Sowjets zurück. Tscherepanow floh aus Moskau, wurde aber am 17. Dezember 1963 an der turkestanischen Grenze von KGB-Grenzsoldaten aufgegriffen und im April 1964 zum Tode verurteilt. Die Schadensbewertung der Zentrale schloß mit der Feststellung:

»Es läßt sich nicht sagen, warum die Amerikaner Tscherepanow verraten haben. Entweder haben sie seine Aktion für eine Provokation des KGB gehalten, oder sie wollten den KGB mit einer langwierigen Suche nach demjenigen, der ihrer Botschaft das Paket geschickt hatte, belasten.«[52]

Für den Verrat an Tscherepanow war die CIA nicht verantwortlich, doch wenig später sollte sie einen wesentlich schwerwiegenderen Fehler begehen. Im Februar 1964 lief der KGB-Offizier Juri Nosenko, Mitglied der sowjetischen Delegation bei den Genfer Abrüstungsverhandlungen, der seit Juni 1962 für die CIA gearbeitet hatte, in den Westen über. Die Vernehmungsbeamten der CIA hielten ihn jedoch fälschlicherweise für einen KGB-Spitzel. Dagegen empfand die Zentrale, die von dieser Fehleinschätzung nichts wußte, Nosenkos Seitenwechsel als schwere Schlappe.

Während des gesamten Kalten Krieges war der KGB erfolgreicher bei der Beschaffung wissenschaftlich-technischer Informationen des Hauptgegners als bei der Infiltration von dessen Regierung. 1963 wurde die wissenschaftlich-technischen Abteilung der Ersten Hauptverwaltung des KGB zur Direktion T aufgewertet.[53] Der größte Teil ihrer Aufträge kam von der für die Waffenproduktion zuständigen Militärisch-Industriellen Kommission (WPK),[54] die fast bis zur völligen Ausblendung der restlichen Welt von dem Gedanken an die Rüstung der USA und deren hochentwickelte Technik besessen war. Anfang der sechziger Jahre betrafen über 90 Prozent der »Beschaffungsaufträge« der WPK den Hauptgegner.[55] Zu den wissenschaftlich-technischen Erkenntnissen, die der KGB in dieser Zeit beschaffte, gehörten Informationen über Flugzeug- und Raketentechnik, Düsentriebwerke (von einer Quelle bei General Electric), das Düsenjagdflugzeug Phantom, die Atomforschung, Computer, Transistoren, Funktechnik, chemische Verfahrenstechnik und Metallurgie.[56] Zu den in Mitrochins Notizen identifizierten wissenschaftlich-technischen Spionen gehörten: STARIK und BOR (oder BORG), der als Forscher für die Luftwaffe arbeitete; URBAN, in leitender Stellung bei Kellogg (wahrscheinlich M. W. Kellogg Technology Company in Houston) und seit 1940 als Agent tätig[57]; BERG, ein hochrangiger Ingenieur, wahrscheinlich bei Sperry-Rand (UNIVAC) beschäftigt[58]; WILL, bei dem Chemieunternehmen Union Carbide tätig; FELKE, Agent bei dem Chemie-, Biomedizin- und Ölkonzern Du Pont de Nemours; USACH im Brookhaven National Laboratory in Upton, New York, von der Regierung mit Forschungen auf den Gebieten Atomenergie, Hochenergiephysik und Elektronik beauftragt; und NORTON bei RCA, Hersteller von Elektronik, Telekommunikationsgeräten und Rüstungsgütern.[59]

Im Unterschied zum Zweiten Weltkrieg hatten die weniger werdenden amerikanischen Kommunisten und ihre Sympathisanten während des Kalten Krieges nur selten Zugang zu den wissenschaftlich-technischen Informationen, die den KGB interessierten. Die meisten in den USA rekrutierten Agenten auf diesem Gebiet scheinen für Geld spioniert zu haben. Zwei von ihnen wurden Mitte der sechziger Jahre vom FBI dingfest gemacht: John Butenko, der bei einer Tochterfirma von ITT arbeitete, die Geheimaufträge für das Strategische Luftwaffenkommando erledigte, und Oberst William Whalen, der Informationen über Raketen und Atomwaffen weitergab.[60] 1963 beschaffte die New Yorker Residentur 114 wissenschaftlich-technische Geheimdokumente mit insgesamt 7967 Seiten und 30 131 nicht geheime Dokumente mit zusammen 181 454 Seiten sowie 71 »Muster« von hochmoderner Technologie. Washington schickte der Zentrale 37 Geheimdokumente (3944 Seiten) und 1408 nicht geheime Dokumente (34 506 Seiten).[61]

Einige der besten amerikanischen wissenschaftlich-technischen Informationen kamen jedoch von Residenturen außerhalb der USA. Die wohl wichtigsten von ihnen betrafen die Computertechnologie, in der die Sowjetunion weit hinter dem Westen herhinkte. Der 1953 hergestellte experimentelle BESM-1 wurde von einem westlichen Experten als für seine Zeit »beachtlicher Computer« bezeichnet, der mehr Leistung erbrachte als der 1951 entwickelte UNIVAC-1. Doch im Vergleich mit dem BESM-2, der 1959 in Produktion ging, war der IBM-7094 von 1955 dreimal und der IBM-7090 von 1959 sechzehnmal schneller. Aufgrund des von COCOM, dem Komitee zur Koordinierung der Handels- beziehungsweise Embargopolitik der NATO-Staaten und Japans gegenüber dem Osten, verhängten Ausfuhrverbots von Spitzentechnologie in die Sowjetunion waren die legal aus dem Westen importierten Computer kaum leistungsfähiger als die sowjetischen.[62] In den sechziger Jahren stützten sich die Versuche, mit der westlichen Computertechnologie Schritt zu halten, weitgehend auf Spionage.

Die wichtigste Informationsquelle des KGB auf diesem Gebiet war mit großer Wahrscheinlichkeit IBM, wo Mitte der sechziger Jahre über die Hälfte der auf der Welt benutzten Computer hergestellt wurde. Der bedeutendste KGB-Agent bei IBM, der in Mitrochins Notizen identifiziert wird, war ALWAR, ein im zaristischen Rußland geborener naturalisierter Franzose, der im Unterschied zu den meisten amerikanischen wissenschaftlich-technischen Agenten möglicherweise ideologisch motiviert war. Bereits 1935 rekrutiert, war er wahrscheinlich der am längsten tätige Gruppe-X-Agent des KGB. Ende der fünfziger Jahre hatte er einen hohen Posten in der Europazentrale von IBM in Paris inne. 1958 wurde ihm für seine Arbeit für die Sowjetunion der Rotbannerorden verliehen. Er fuhr fort, für den KGB zu arbeiten, bis er Ende der siebziger Jahre in Rente ging – mit einer sowjetischen Zusatzrente von monatlich 300 Dollar, was ein sicheres Zeichen für die Anerkennung ist, die er in der Zentrale genoß.[63]

Anfang der sechziger Jahre lieferte die Pariser Residentur Informationen über die amerikanische Transistorherstellung, die es den KGB-Akten zufolge ermöglichten, sowohl die Qualität der sowjetischen Transistoren zu verbessern als auch den Beginn ihrer Massenproduktion um anderthalb Jahre vorzuziehen. Außerdem beschaffte Paris Informationen über Computernetzwerke, die später vom sowjetischen Verteidigungsministerium imitiert wurden.[64] In beiden Fällen war ALWAR die wahrscheinlichste Quelle. Von 1964 an führte die Pariser Residentur allerdings auch einen Agenten mit dem Codenamen KLOD bei Texas Instruments.[65]

Zu den Spionen bei IBM gehörte ein Skandinavier mit dem Codenamen CHONG, der von 1960 bis 1966 für eine europäische Tochterfirma von IBM arbeitete und unter das Hochtechnologieembargo fallende Güter im Wert von 124 000 Dollar erwarb, die er dem KGB übergab. 1961 und 1962 wurde er von der örtlichen US-Botschaft über den Grund der Käufe befragt, doch seine Antworten scheinen die Botschaft beide Male zufriedengestellt zu haben. Im Gegensatz zu ALWAR hatte CHONG offenbar finanzielle Motive für seine Spionagetätigkeit. Anfangs erhielt er zehn, später fünfzehn Prozent Provision für seine Einkäufe bei IBM. Später war CHONG in mehreren Ländern für die Vereinten Nationen tätig. Daß sich während seiner Karriere als sowjetischer Agent insgesamt zwölf Führungsoffiziere um ihn kümmerten, zeigt, wie wertvoll er für die Zentrale war. Als 1982, ein Jahr, nachdem er in Rente gegangen war, die Verbindung zu ihm abriß, hatte der KGB rund 150 Treffen mit ihm abgehalten.[66]

Es fiel der Sowjetunion häufig schwerer, die ausgezeichneten wissenschaftlich-technischen Informationen, die sie aus amerikanischen Unternehmen – überwiegend aus der Rüstungsbranche – erhielt, zu verwerten, als sie zu beschaffen. 1965 kritisierte das Politbüro, daß die sowjetische Industrie die Informationen erst mit einer Verzögerung von zwei bis drei Jahren nutzte.[67] Sogar mit Hilfe der gestohlenen Computertechnologie gelang es bestenfalls, die Kluft zwischen Ost und West nicht größer werden zu lassen.[68] Diese Kluft war jedoch nicht in mangelndem Können der sowjetischen Wissenschaftler und Mathematiker begründet. Ein kanadischer Experte bescheinigte ihnen 1968: »Wer aus dem Westen sowjetische Computerwissenschaftler kennt, kann ihre Kompetenz und ihr profundes Fachwissen bezeugen.«[69] In der trotz der Fähigkeiten der Wissenschaftler und der vom KGB beschafften Informationen anhaltenden Rückständigkeit der sowjetischen Computerindustrie spiegelte sich die Ineffizienz der sowjetischen Kommandowirtschaft wider, in der technologische Innovationen einen Spießrutenlauf durch eine komplizierte desinteressierte Staatsbürokratie hinter sich zu bringen hatten, bevor sie verwirklicht werden konnten.

Doch statt einen Teil der Verantwortung für die schleppende Nutzung der im Westen beschafften wissenschaftlich-technischen Informationen zu übernehmen, warf der WPK-Vorsitzende L. W. Smirnow dem KGB vor, nicht genug davon zu liefern. In einem Brief an den KGB-Vorsitzenden Semitschastny vom April 1965 beschwerte er sich darüber, daß über 50 Prozent der mit oberster Priorität versehenen Beschaffungsaufträge auf wissenschaftlich-technischem Gebiet, die dem KGB zwei bis vier Jahre zuvor erteilt worden waren, noch nicht erfüllt worden seien. Semitschastny erwiderte, man habe Schritte eingeleitet, um die Fähigkeit des

KGB, den an ihn gestellten Anforderungen gerecht zu werden, zu verbessern, merkte aber kritisch an, das WPK unterschätze die gegenwärtigen Schwierigkeiten bei der Beschaffung wissenschaftlich-technischer Informationen in den USA. Da einige der betreffenden technischen und wissenschaftlichen Entwicklungen auch in England, Frankreich, Japan und Westdeutschland vonstatten gingen, solle das WPK Zielobjekten in diesen Ländern größere Aufmerksamkeit schenken.[70] Im darauffolgenden Jahr wurden bisher in den USA stationierte Offiziere der Gruppe X nach Argentinien, Australien, Brasilien, Dänemark, Finnland, Indien, Israel, Mexiko, Marokko, Norwegen sowie in den Libanon, die Schweiz, die Türkei, die Vereinigten Arabischen Emirate und eine Reihe anderer Dritte-Welt-Staaten versetzt.[71]

Ungeachtet der von Smirnow geübten Kritik stellte die Beschaffung wissenschaftlich-technischer Informationen ein Erfolgskapitel in der Geschichte des KGB dar. Wie auch Smirnow anerkannte, erfüllte die Erste Hauptverwaltung innerhalb weniger Jahre fast die Hälfte der Beschaffungsaufträge der WPK für die USA. Im Vergleich zu den spektakulären Erfolgen von vor zwanzig Jahren, als die Zentrale von zwei Agenten die Pläne der Atombombe – das damals größte wissenschaftliche Geheimnis der Welt – und von einigen anderen weitere Atomgeheimnisse erhalten hatte, mußten die Erfolge der frühen sechziger Jahre allerdings enttäuschend wirken. Der Niedergang war unübersehbar. Die Agenten im Regierungsapparat der Ära Roosevelt waren überwiegend ideologisch motiviert gewesen; sie hatten sich von dem mythischen Image verführen lassen, das Stalins Rußland als erster Arbeiter-und-Bauern-Staat der Welt und Wegweiser zu einer neuen sozialistischen Gesellschaft genoß. Doch im Kalten Krieg war diese Vision selbst bei amerikanischen Radikalen verblaßt. Die meisten Nachfolger der ideologisch motivierten Maulwürfe der Kriegszeit waren Selbstanbieter mit finanziellen Motiven und korrupte Mitarbeiter von Rüstungsfirmen, die bereit waren, die Geheimnisse ihres Unternehmens zu verkaufen.

Auch wenn der KGB es nicht akzeptieren mochte: Das Goldene Zeitalter der hochkarätigen ideologisch motivierten amerikanischen Agenten war unwiederbringlich vorüber.

12.

Der Hauptgegner III: Illegale nach »Abel«

1966 sah sich das KGB-Kollegium, ein vom Vorsitzenden des KGB geleitetes Beratungsgremium, aufgrund des Mangels an wertvollen politischen Informationen aus den USA veranlaßt, eine wesentliche Verbesserung der Nachrichtendienstoperationen gegen den Hauptgegner zu fordern. Die Methode, mit der diese Verbesserung vor allem erreicht werden sollte, war jedoch schon in den fünfziger Jahren erfolglos angewendet worden: die Errichtung eines Netzes von illegalen Residenturen, die den legalen Residenturen in New York, Washington und San Francisco die Hauptlast der Nachrichtendienstoperationen abnehmen sollte.[1]

Erst sechs Jahre nach der Verhaftung von »Rudolf Abel« im Jahr 1957 gelang es dem KGB, auf dem Territorium des Hauptgegners eine neue illegale Residentur aufzubauen. Im Lauf der Zeit hatten zwar mehrere Illegale im Rahmen ihrer Aufträge gelegentlich die USA besucht, aber der erste, der sich dort niederließ, war den von Mitrochin eingesehenen KGB-Akten zufolge KONOW, ein 1912 geborener Moskauer griechischer Herkunft, der die Identität von Gerhard Max Kohler, einem 1917 im damaligen Reichenberg (heute Liberec) geborenen Sudetendeutschen, annahm. KONOW war Kriegsveteran und Funkspezialist und hatte bis zu seiner Rekrutierung durch den KGB im April 1955 ein Labor in Leningrad geleitet. Die folgenden vier Jahre verbrachte er in Ostdeutschland, wo er, um seine Tarnung zu etablieren, als Ingenieur arbeitete und sich sowohl mit seinem nächsten Ziel, Westdeutschland, als auch mit seinem letztlichen Ziel, den Vereinigten Staaten, vertraut machte. Der KGB, der darauf spezialisiert war, die Ehen seiner Illegalen anzubahnen, fand eine deutsche Frau und Assistentin für ihn, eine Stasi-Mitarbeiterin, die den Codenamen EMMA erhielt und in die Rolle von Erna Helga Maria Decker, geboren am 2. September 1928 bei Breslau (Wrocław), schlüpfte.[2]

Im Oktober 1959 gingen KONOW und EMMA als vorgebliche Flüchtlinge nach Westdeutschland, wo KONOW eine Arbeit als Funktechniker fand. 1962 begann er mit amerikanischen Elektronikfirmen zu korrespondieren, von denen er mehrere Stellenangebote erhielt. Nachdem er die USA zunächst als Tourist besucht hatte, nahm er 1963 eines der Angebote an, so daß er für sich und EMMA Einreisevisa beantragen konnte. KONOW scheint nach dem Krieg der erste Illegale in den Vereinigten Staaten gewesen zu sein, der sich ausschließlich auf die Beschaffung wissenschaftlich-technischer Informationen konzentrierte. Als Spezialist für elektronische Meßgeräte machte er, seiner Akte zufolge, mehrere Erfindungen und nahm an diversen internationalen Ausstellungen teil. Von der Zentrale wurden die von KONOW gelieferten wissenschaftlich-technischen Informationen so hoch eingeschätzt, daß er sich damit zwei KGB-Auszeichnungen verdiente. Am 20. Juni 1970, nachdem sie sieben Jahre als Gerhard und Erna Kohler in den Vereinigten Staaten gelebt hatten, legten sie im Gerichtsgebäude von Newark den Eid auf die amerikanische Verfassung ab und wurden somit US-Bürger.[3]

Als KONOW 1963 in die USA einreiste, hatten zwei andere KGB-Illegale sich bereits in Kanada eingelebt und bereiteten sich darauf vor, auf das Gebiet des Hauptgegners zu wechseln. Nikolai Bitnow (ALBERT) lebte seit 1961 in Kanada. Grundlage seiner Legende war eine erfundene Version der Lebensgeschichte von Leopold Lambert Delbrouck, der, 1899 in Belgien geboren, im Alter von acht Jahren mit seiner Familie nach Rußland ausgewandert und dort 1946 gestorben war. In der von der Zentrale erfundenen Fassung hatte er jedoch eine Rumänin geheiratet, mit der er sich zunächst in Gleiwitz (heute Gliwice) niedergelassen hatte und dann nach Rumänien gegangen war, wo er 1931 starb. In Gleiwitz hatte das Paar angeblich einen Sohn bekommen, Jean Leopold Delbrouck, dessen Identität Bitnow annahm. Bitnows Frau Nina (GERA) erhielt die Identität der »toten Doppelgängerin« Janina Batarowskaja, die 1928 in Frankreich geboren und 1956 in Litauen gestorben war.[4]

Anfang 1956, inzwischen 30 Jahre alt, ging Bitnow mit seiner Frau nach Rumänien, um mit Hilfe des rumänischen Sicherheitsdienstes DGSP seine Legende zu etablieren. Im April 1957 stellte die diplomatische Vertretung Belgiens in Bukarest dem Paar, das von der Zentrale gefälschte Personaldokumente vorgelegt hatte, belgische Pässe aus.[5] Ein halbes Jahr darauf zogen sie nach Genf, wo sich Bitnow an einer Wirtschaftsschule einschrieb, um zu lernen, wie man im Westen als Geschäftsmann auftritt. Von Ende 1958 bis zum Sommer 1961 lebte das Paar in Liège, wo es seine belgischen Identitäten absicherte und sich neue

Pässe besorgte, die im Unterschied zu den in Rumänien ausgestellten keinen Hinweis auf den früheren Wohnsitz in Rumänien enthielten und daher in Nordamerika weniger Mißtrauen erwecken würden. Im Juli 1961 wanderten die Bitnows mit ihrem im März 1960 geborenen Sohn nach Kanada aus.[6]

Wahrscheinlich schwebte der Zentrale vor, Bitnow nach ein paar Jahren über die Grenze in die USA zu schicken. Vorläufig jedoch sollte er sich, wie Brik (HART) ein Jahrzehnt zuvor, in Kanada ansiedeln und eine Geschäftsfassade aufbauen. Doch Bitnow erwies sich trotz der Schule, die er in Genf besucht hatte, als hoffnungslos schlechter Geschäftsmann. Zuerst investierte er 2000 Dollar aus KGB-Mitteln in eine Firma, die Land mit Schürfrechten aufkaufte und an Bergbauunternehmen weiterverkaufte. Die Firma ging nach zwei Jahren bankrott. Dann kaufte er sich mit 2700 Dollar in ein Autogeschäft ein, das nur zwei Monate später pleite machte. Daraufhin hatte die Zentrale genug von seinen Verlustgeschäften und wies ihn an, sich eine Anstellung zu suchen. Einige Zeit lebte er von Arbeitslosenunterstützung, dann fand er einen schlecht bezahlten Job als Buchhalter, der ihm, wie er sich beklagte, kaum Zeit für die Nachrichtendienstarbeit ließ. Nachdem er als Illegaler nichts von Wert erreicht hatte, wurde er 1969 nach Moskau zurückbeordert.[7] Im folgenden Jahr wurde er von der Zentrale im Alter von nur 45 Jahren in Pension geschickt.[8]

Ohne daß Bitnow etwas davon wußte, war im Februar 1962, nur sieben Monate nach seiner eigenen Ankunft in Kanada, ein anderer Illegaler mit dem Codenamen DOUGLAS mit seiner Frau und einem vierjährigen Sohn auf dem Flughafen von Montreal gelandet. DOUGLAS war Dalibar Valoushek, ein 33jähriger tschechischer Grenzsoldat, der vom KGB mit Hilfe des tschechoslowakischen Geheimdienstes StB rekrutiert worden war.[9] Er nahm die Identität des Sudetendeutschen Rudolf Albert Herrmann an, der im Zweiten Weltkrieg in der Sowjetunion gestorben war. Laut Valousheks Legende hatte er jedoch den Krieg überlebt und sich in Ostdeutschland niedergelassen. Seine Frau Inga (GERDA), eine Sudetendeutsche, deren Familie in die DDR übergesiedelt war, bekam die Identität von Ingalore Mörke, einer »toten Doppelgängerin«, die im Krieg bei der Bombardierung Stettins ums Leben gekommen war. Ende 1957 flohen die Valousheks nach Westdeutschland, wo sie lautstark ihren Haß auf das ostdeutsche Regime bekundeten. In den nächsten vier Jahren untermauerten sie ihre Legenden als antikommunistische Flüchtlinge, während Valoushek lernte, wie man ein kleines Unternehmen führt.[10]

In Kanada stellte sich heraus, daß er ein wesentlich besserer Geschäftsmann als Bitnow war, wenn auch bei weitem nicht so erfolgreich, wie man aus den veröffentlichten Darstellungen seines Lebens schließen könnte. Bald nach der Ankunft in Kanada erwarb er das Feinkostgeschäft »Harold's Famous Delicatessen« im Zentrum von Toronto, das unter der Leitung von »Rudi und Inga Herrmann« zu einem beliebten Treffpunkt der Mitarbeiter des nahe gelegenen Rundfunk- und Fernsehsenders CBC wurde. Nach zwei Jahren verkaufte er das Geschäft wieder, nahm bei CBC eine Stelle als Tonmeister an und belegte Kurse über das Filmemachen. Sein erster größerer Auftrag war eine Werbefilmkampagne für die Liberale Partei. Mitte der sechziger hatte er sich bereits den Ruf eines erfolgreichen Filmemachers erworben. Auf dem Parteitag der Liberalen von 1967, auf dem Pierre Trudeau zum Parteivorsitzenden gewählt wurde, beugte sich dieser von der Bühne und amüsierte sich damit, »Rudi Herrmann« Weintrauben in den Mund zu werfen.[11] Nach außen hatte es den Anschein, als würden Valousheks Geschäfte gut laufen, doch seine KGB-Akte enthüllt, daß die Zentrale 10 000 Dollar zuschießen mußte, um seine Verluste zu decken.[12]

1967 wurde er Führungsoffizier von Hugh Hambleton (RADOW), dem wichtigsten kanadischen Agenten des KGB.[13] Nachdem Hambleton 1961 aus Sicherheitsgründen seine Anstellung bei der NATO verloren hatte – ohne daß Anklage gegen ihn erhoben worden war –, hatte er drei Jahre lang an der London School of Economics an seiner Dissertation gearbeitet und war 1967 nach Kanada zurückgekehrt, wo er an der Laval-Universität in Quebec Professor an der Wirtschaftswissenschaftlichen Fakultät wurde. In Quebec brach die Verbindung zum KGB ab. Er traf sich zwar noch dreimal in Ottawa mit einem Offizier der legalen Residentur, mit dem er sich jedesmal in einem in der Nähe der Hauptpost geparkten Auto unterhielt, aber er mochte seinen neuen Führungsoffizier nicht, der ihn vergeblich zu überreden versuchte, sich um eine Stellung im Außenministerium zu bemühen. Nachdem Hambleton einige Zeit nicht zu den vereinbarten Treffen in Ottawa erschienen war, wurde Valoushek nach Quebec geschickt, um den Kontakt wiederherzustellen. Bei einem angenehmen Abendessen im Château Frontenac mit Blick auf den Lorenzstrom fanden die beiden Männer einen guten Draht zueinander, und Hambleton willigte ein, seine Tätigkeit als sowjetischer Agent wiederaufzunehmen.[14] In den nächsten Jahren reiste Hambleton, indem er Forschungen an akademischen Projekten mit der Arbeit für den KGB verband, in viele Länder und traf sich mit DOUGLAS, mit dem er bis 1975 in Verbindung blieb, wobei sie sich nicht nur in Kanada und den USA, sondern auch in Trinidad und Haiti trafen. Doch seine Reisen führten ihn so weit in der Welt herum, daß eine beachtliche Zahl von KGB-Offizieren aufgeboten werden mußte, um den Kontakt zu ihm aufrechtzuerhalten.[15]

1968, ein Jahr, nachdem er kanadischer Staatsbürger geworden war, ging Valoushek mit seiner Familie in die USA, um in der Region von New York eine neue illegale Residentur aufzubauen. Sein erster KGB-Kontakt war IWANOWA, eine junge Russin, die früher für die Zweite Hauptverwaltung des KGB innerhalb der Sowjetunion gearbeitet hatte, bis sie die Genehmigung erhielt (oder ermuntert wurde), einen amerikanischen Besucher zu heiraten und ihm nach Amerika zu folgen. IWANOWA gab Valoushek 15 000 Dollar, damit er sich eine Existenz aufbauen konnte, und kam später noch einige Male mit ihm zusammen, um ihm Instruktionen der Zentrale und Briefe seiner tschechischen Verwandten zu überbringen.[16] Mit dem von IWANOWA erhaltenen Geld leistete Valoushek eine Anzahlung auf ein abgelegenes Haus in der Andover Road 5 in Hartsdale, 25 Kilometer nördlich von New York[17], trat in den New Yorker Presseklub ein und nahm die Arbeit als freischaffender Kameramann und Fotograf auf. Sein erster großer KGB-Auftrag bestand darin, das Hudson-Institut, eine führende New Yorker Denkfabrik, zu infiltrieren. Die Zentrale war durch einen Bericht Hambletons auf das Institut aufmerksam geworden und hielt es für eine mögliche bedeutende Informationsquelle über die globale Strategie und Verteidigungspolitik der USA.[18]

Im Mai 1962, drei Monate nach Valousheks Ankunft, traf BOGUN, ein weiterer sowjetischer Illegaler, in Kanada ein. Nachdem er sich in Kanada etabliert hatte, sollte auch er auf das Territorium des »Hauptgegners« wechseln. BOGUN war Gennadi Bljablin, ein 38jähriger Moskauer, der die Identität von Peter Carl Fischer angenommen hatte, der 1929 als Sohn einer deutschen Mutter und eines bulgarischen Vaters in Sofia geboren war. Wie Valoushek untermauerte er seine Legende, indem er eine Weile in Ostdeutschland lebte, bevor er 1959 als angeblicher Flüchtling in den Westen ging. Die Zentrale gab ihm drei Jahre Zeit, um sich niederzulassen, seine Stellung zu legalisieren und eine Arbeit zu finden. Dann wurde er nach Kanada geschickt. Vorher, am 9. März 1961, hatte er in Hannover seine vom KGB gebilligte Partnerin (LENA) geheiratet. Im Dezember desselben Jahres erhielt das Paar westdeutsche Pässe, und fünf Monate später machte es sich auf die Reise nach Nordamerika.[19]

Während Valoushek eine Tarnung als Filmemacher fand, begann Bljablin als freischaffender Fotograf zu arbeiten, was ihm zahlreiche Gelegenheiten und einen perfekten Vorwand für Reisen innerhalb Kanadas und darüber hinaus bot. Im Februar 1965 gingen Bljablin und seine Frau auf Anweisung der Zentrale mit Einwanderungsvisa in die USA. In den nächsten drei Jahren bestand Bljablins Hauptaufgabe darin, Zielobjekte in den USA zu fotografieren und Informationen über sie zusammenzutragen.[20] 1968 zog er dadurch jedoch die Aufmerksamkeit des FBI auf sich und wurde zusammen mit seiner Frau hastig nach Moskau zurückbeordert.[21] Später fand man heraus, daß ein Teil seiner Korrespondenz mit der Zentrale, die über einen Agenten mit dem Codenamen SKIF abgewickelt wurde, abgefangen worden war. SKIF war Karo Huseinjyan, ein 1919 auf Zypern geborener Armenier, der in Beirut ein Juweliergeschäft betrieb und für eine ganze Reihe von Illegalen Postdienste leistete. In einer Untersuchung stellte die Zentrale fest, daß zwei von SKIF weitergeleitete Briefe Bljablins vom 7. April und 27. Juli 1968 über Wasserdampf geöffnet worden waren.[22]

Ein Jahr vor Bljablins plötzlicher Abberufung war ein weiterer sowjetischer Illegaler mit dem Codenamen RYBAKOW in den USA eingetroffen. RYBAKOW war Anatoli Rudenko, der viel mit Bljablin gemein hatte. Wie dieser war er 1924 in Moskau geboren und hatte eine falsche deutsche Identität angenommen, unter der er mehrere Jahre in Ostdeutschland gelebt hatte, bevor er in den Westen gegangen war. Er hatte die Personaldokumente von Heinz Walter August Feder, geboren am 6. November 1927 in Kalisch, erhalten.[23] In Ostdeutschland ließ er sich zum Klavierbauer und Klavierstimmer ausbilden, und nachdem er im April 1961 in den Westen »geflohen« war, fand er eine Anstellung bei dem weltberühmten Klavierhersteller Steinway in Hamburg.

Obwohl Rudenko gesagt worden war, daß er letztlich in die USA gehen sollte, wurde er 1964 zunächst nach London geschickt, wo er bei einer Musikinstrumentenfirma arbeitete. Wahrscheinlich sollte er sich erst an eine Englisch sprechende Umgebung gewöhnen.[24] Doch der Aufenthalt in England endete beinahe in einer Katastrophe, denn als er einmal aus Brüssel zurückkehrte, wo er von einem KGB-Offizier einen Zuschuß zu seinem Lebensunterhalt erhalten hatte, fand der Zoll auf dem Flughafen Heathrow 500 Pfund bei ihm, die er nicht angegeben hatte. Aber das Glück war ihm hold: Der Zollbeamte zeigte Verständnis, als er ihm erklärte, es handle sich um seine gesamten Ersparnisse, die er im Lauf der Jahre unter vielen Opfern zurückgelegt habe. Er durfte das Geld behalten und konnte gehen, ohne mit irgendwelchen Folgen rechnen zu müssen.

1966 reiste er mit einem Touristenvisum nach New York und besuchte die Ausstellungsräume von Steinway & Sons in der westlichen 57. Straße in Manhattan, wo ihm für 80 Dollar in der Woche eine Arbeitsstelle angeboten wurde. Mit Hilfe der Firma erhielt er eine Arbeitserlaubnis, und im Juli 1967 kehrte er mit seinem westdeutschen Paß in die USA zurück. In New York wurde er der Klavierstimmer mehrerer Berühmtheiten, darunter Nelson Rockefeller, der Gouverneur von New York, der 1964 bei der Wahl des republikanischen Präsidentschaftskandidaten unterlegen war und später Vizepräsident der Vereinigten Staaten werden sollte.[25] Rockefeller galt in Moskau als Mentor von Henry Kissinger, der im Januar 1969 Präsident Nixons Sicherheitsberater (und später dessen Außenminister) wurde.[26] Die Zentrale muß den Eindruck gehabt haben, Rudenko sei ins Allerheiligste des kapitalistischen Systems vorgedrungen, das die Familie Rockefeller seit drei Generationen repräsentierte. Doch so beeindruckend es für sie war, daß Rudenko gelegentlich in dem fünfzehn Quadratkilometer großen, mit exquisiten Kunstwerken vollgestopften Anwesen Rockefellers in Westchester Einlaß fand, so wenig ertragreich waren die Besuche.

In die Wohnungen der Großen dieser Welt zu gelangen scheint für Rudenko fast zum Selbstzweck geworden zu sein, auch wenn es keinerlei nachrichtendienstlich interessante Informationen einbrachte. Zu den großen Musikern, deren Instrumente er stimmte, gehörte der in New York ansässige weltberühmte Pianist Vladimir Horowitz.[27] Von solchen Kontakten allzusehr beeindruckt, plante die Zentrale, Rudenko zum Leiter einer neuen illegalen Residentur zu machen, die sich vor allem auf die US-Mission bei der UNO und eine New Yorker Denkfabrik konzentrieren sollte. Als Zielpersonen dachte man an junge Mitarbeiter mit Zugang zu Geheimdokumenten – insbesondere an alleinstehende Frauen, die aufgrund ihrer Einsamkeit ansprechbar waren, und an schlecht bezahlte Angestellte mit großen Familien, die der finanziellen Verführung erliegen würden.[28]

Doch gerade als die illegale Residentur in New York eingerichtet werden sollte, fielen der Zentrale, wie es in Rudenkos Akte heißt, »Unregelmäßigkeiten« und »verdächtige Verhaltensweisen« auf, und er wurde im April 1970, vermutlich unter dem Vorwand, man wolle ihm letzte Instruktionen vor dem Beginn der Arbeit als illegaler Resident erteilen, nach Moskau gelockt. Was ihm die Zentrale im einzelnen vorwarf, ist nicht bekannt, doch da er unter Folter verhört wurde, dürfte man ihn im Verdacht gehabt haben, als Doppelagent für das FBI gearbeitet zu haben. Was er enthüllte, war zwar weit weniger schwerwiegend, reichte aber aus, um seine Karriere als Illegaler zu beenden. Bald nach seiner Ankunft in Hamburg hatte er BERTA kennengelernt, eine 32jährige Damenfriseurin, die er für die Rekrutierung als Agentin vorgeschlagen hatte. Die Zentrale hatte dies abgelehnt und Rudenko befohlen, den Kontakt zu ihr abzubrechen. Im Verhör gestand er nun, daß er den Befehl mißachtet, BERTA geheiratet und sie mit nach New York genommen habe. Schlimmer noch, er hatte in ihrer Gegenwart Funksprüche der Zentrale entschlüsselt. Außerdem hatten ihre Eltern herausgefunden, daß er ein Spion war, allerdings geglaubt, er arbeite für Ostdeutschland. Auch eine Affäre mit einer Buchhalterin (MIRA) in Pennsylvania gab Rudenko zu.[29]

Im Rahmen der Maßnahmen zur Schadensbegrenzung mußte Rudenko sowohl BERTA wie auch MIRA einen Brief schreiben, der sie selbst und, falls nötig, das FBI überzeugen sollte, daß er die USA verlassen hatte, weil seine Ehe zerbrochen war. BERTA schrieb er, er könne nicht mehr mit ihr zusammenleben, und sie solle gar nicht erst versuchen, ihn aufzuspüren, denn sie würde ihn nie finden. In dem Brief an MIRA durfte er »innerhalb der Grenzen des Erlaubten«, wie es in seiner KGB-Akte heißt, seine Liebe zu ihr und den Schmerz über ihre Trennung ausdrükken. Die USA zu verlassen, erklärte er auf wenig einleuchtende Weise, sei die einzige Möglichkeit gewesen, seiner Frau zu entkommen. Beide Briefe wurden in Österreich auf den Postweg gebracht und ließen nicht erkennen, wo RYBAKOW sich aufhielt.[30]

Die Kette der Fehlschläge von Makajew (HARRY), Brik (HART), Hayhanen (WIK), Grintschenko (KLOD), Bitnow (ALBERT) und Bljablin (BOGUN) belegt, wie schwer es der Zentrale fiel, geeignete Illegale zu finden, die in der Lage waren, in Nordamerika ihre Erwartungen zu erfüllen. Fischer/»Abel« (MARK) bildete in vieler Hinsicht die Ausnahme von der Regel. Die Gründe dafür, daß er fähig war, längere Zeit, wenn auch nicht sonderlich erfolgreich, als illegaler Resident in den USA zu leben, lagen in seinen bis in die Kindheit am Ufer der Tyne zurückreichenden Erfahrungen im Westen, in einer ideologischen Überzeugung, die sich wahrscheinlich schon vor der Oktoberrevolution gefestigt hatte, und in einer zum größten Teil unter Stalin absolvierten 30jährigen Laufbahn als Offizier des Auslandsnachrichtendienstes, aus der er zwar vernarbt, aber kampfgestählt hervorgegangen war. Kein anderer Illegaler, der während des Kalten Krieges in den USA operierte, besaß ähnliche Erfahrungen. Sie alle mußten sich in einer Gesellschaft zurechtfinden, die erheblich von dem Propagandabild des Hauptgegners abwich, mit dem sie in Moskau indoktriniert worden waren. Im Unterschied zu den KGB-Offizieren der legalen Residenturen arbeiteten die Illegalen nicht in den sowjetischen Botschaften, wo sie ständig der ideologischen Disziplinierung durch die bürokratische Hierarchie ausgesetzt waren. Außerdem mußten sie in wesentlich größerem Ausmaß Einsamkeit und Isolation ertragen, die sie nur durch Freundschaften und Liebesbeziehungen verringern konnten, die häufig ihre professionelle Disziplin schwächten. Kein Wunder, daß manche Illegale wie Rudenko Affären eingingen, die sie vor der Zentrale verheimlichten, andere wie Hayhanen zum Alkohol und zur Unterschlagung Zuflucht nahmen und wieder andere wie Bitnow Schwierigkeiten hatten, sich in der ihnen fremden Marktwirtschaft über Wasser zu halten.

Darüber hinaus mußten die Illegalen mit dem Druck der unvernünftigen und im Grunde unerfüllbaren Erwartungen der Zentrale fertig werden. Fast bis zum Ende des Kalten Krieges verfügte kein Sowjetführer, KGB-Vorsitzender oder Leiter des Auslandsnachrichtendienstes über persönliche Erfahrungen mit dem Leben im Westen oder ein realistisches Bild des »Klassenfeindes«. An Zentralisierung und Kommandowirtschaft gewöhnt, vermochte die Zentrale nicht zu begreifen, wie in den Vereinigten Staaten fast ohne jede Regulierung ein solch hohes Niveau an wirtschaftlicher Produktion und technologischer Innovation erreicht werden konnte. Das mangelnde Verständnis, wie die amerikanische Gesellschaft funktionierte, wurde durch Verschwörungstheorien ersetzt. Der Diplomat und spätere Überläufer Arkadi Schewtschenko schrieb über seine sowjetischen Kollegen:

»Viele neigen zu der phantastischen Vorstellung, daß es irgendwo in den Vereinigten Staaten ein geheimes Kontrollzentrum geben muß.

Schließlich ist man selbst an ein System gewöhnt, in dem eine kleine Gruppe im verborgenen alles regiert. Außerdem können die Sowjets Lenins Dogma, daß die bürgerlichen Regierungen nur ›Knechte des Monopolkapitals‹ sind, einfach nicht vergessen.«[31]

Wieviel die Zentrale auch über den Westen erfuhr, sie verstand ihn nie wirklich. Noch schlimmer war jedoch, daß sie genau das glaubte. Gleichzeitig blieb die Zentrale von den Fehlschlägen der Illegalenoperationen der fünfziger und sechziger Jahre bemerkenswert unbeeinflußt. Sie war weiterhin von ihrer Wirksamkeit überzeugt. Anfang der siebziger Jahre setzte sie immer noch große Hoffnungen in KONOW und DOUGLAS. Außerdem faßte sie für das nächste Jahrzehnt erstaunlich ehrgeizige Projekte ins Auge. Nach einem Ende der sechziger Jahre entwickelten Plan sollte zwischen 1969 und 1975 eine große Zahl zusätzlicher illegaler Residenturen aufgebaut werden: zehn in den USA, zwei in Kanada, zwei in Mexiko und je eine in Argentinien, Brasilien, Chile, Uruguay und Venezuela. Für den Einsatz in Kriegs- und Krisenzeiten sollten darüber hinaus fünf »strategische Kommunikationsresidenturen« geschaffen werden, um den Kontakt mit der Zentrale aufrechtzuerhalten, falls die legalen Residenturen ausfielen: zwei in den USA, eine in Kanada und zwei in Südamerika.[32]

Dieses visionäre Programm sollte sich jedoch als übertrieben optimistisch herausstellen. Auch in den siebziger Jahren kam es wieder zu schweren Rückschlägen bei den Illegalenoperationen in den USA – unter anderem durch den Zusammenbruch der illegalen Residenturen von KONOW und DOUGLAS. Als KONOW und EMMA 1970 den Eid auf die Verfassung ablegten, galten sie bei ihren Nachbarn offenbar als Musterehepaar. In Wirklichkeit hatte ihr Zerwürfnis bereits begonnen, ihre operative Effektivität zu beeinträchtigen. 1971 flogen sie nach Haiti, um sich scheiden zu lassen. Davon setzten sie aber nur die Zentrale und ihren New Yorker Anwalt in Kenntnis. Ansonsten lebten sie weiter in ihrer Wohnung in New Jersey, als wären sie noch verheiratet. EMMA bat die Zentrale jedoch, einen neuen Partner für sie auszuwählen. Im Oktober 1972 wurde KONOW nach Moskau zurückgerufen, wo er drei Jahre später starb. EMMA wurde aus dem KGB entlassen.[33]

Valousheks Laufbahn als Illegaler endete einige Jahre später noch schmählicher. Sein erster Auftrag in den USA, die Infiltration des Hudson-Instituts, war völlig unrealistisch gewesen. Im Rückblick beklagte er selbst, daß er seine wahre Identität nicht benutzen und nicht auf seine Abschlüsse an der Karlsuniversität in Prag und der Universität Heidelberg verweisen konnte. Dann wäre es ihm vielleicht möglich gewesen, mit führenden Mitarbeitern des Instituts in Kontakt zu kommen. Aber als Fotograf und Kameramann ohne höhere Bildung hatte er keine Gelegenheit dazu.[34] 1970 nahm ihm die Zentrale aus Unzufriedenheit über die ausbleibenden Fortschritte den Auftrag wieder ab.[35]

Der ältere Sohn der Valousheks, der 1957 geborene Peter Herrmann, war ein ausgezeichneter Schüler und würde an den amerikanischen Universitäten sicherlich bessere Chancen haben, Agenten anzuwerben, als seine Eltern. 1972 enthüllte Valoushek Peter seine wahre Identität und teilte dies der Zentrale mit. Sein Sohn, fügte er hinzu, sei bereit, für den KGB zu arbeiten. Moskau nahm das Angebot an und willigte ein, Peters Studiengebühren zu zahlen. Im Sommer 1975, kurz bevor er sich an der McGill-Universität in Montreal einschrieb, durchlief Peter in Moskau eine Ausbildung und begann seine Laufbahn als Illegaler mit dem deutschen Codenamen ERBE. 1976 wechselte er von der McGill- an die Georgetown-Universität in Washington, wo er Informationen über Studenten sammeln sollte, deren Väter bei der Regierung arbeiteten (insbesondere darüber, ob diese charakterliche Defizite aufwiesen, die ausgenutzt werden konnten). Auch über »progressive« Studenten und Professoren, die der »imperialistischen Politik« der Vereinigten Staaten kritisch gegenüberstanden, sollte er berichten. Darüber hinaus wurde er angewiesen, sich um eine Teilzeitarbeit am *Georgetown Center for Strategical and International Studies* zu bemühen sowie sich mit chinesischen Studenten anzufreunden und soviel wie möglich über sie in Erfahrung zu bringen.[36]

Am Ende des Studienjahres war Peter Herrmanns kurze Karriere als Illegaler vorbei. Anfang Mai 1977 wurde Valoushek vom FBI verhaftet und vor die Wahl gestellt, zusammen mit seiner Frau und seinem Sohn der Spionage angeklagt zu werden oder als Doppelagent zu arbeiten. Er berichtete später, er sei nach seiner Verhaftung über zwei Jahre als Doppelagent tätig gewesen, bis das FBI die Operation abbrach. »Rudi [Valoushek] hat uns sein Wort gegeben, und er hat es gehalten«, erklärte das FBI dem Journalisten John Barron. »Wir müssen ihm gegenüber ebenfalls Wort halten.« Am 23. September 1979 fuhr ein Möbeltransporter ohne Aufschrift vor dem Haus der Herrmanns in der Andover Road in Hartsdale vor und holte den Hausrat der Familie ab. Familie

Valoushek zog fort, um anderswo mit neuer Identität ein neues Leben zu beginnen.[37]

Aus Valousheks KGB-Akte ergibt sich ein völlig anderes Bild seiner Beziehung zum FBI. Noch über ein Jahr nach seiner Verhaftung enthielten seine Mitteilungen an die Zentrale absichtlich eingestreute Fehler und Warnhinweise, die darauf hindeuteten, daß er auf Weisung des FBI handelte. Doch dem KGB fiel erst auf, daß etwas nicht stimmte, als im Oktober 1978 ein anderer Agent meldete, Valoushek sei umgedreht worden. Bald darauf bestellte ihn die Zentrale zu einem Treffen mit dem stellvertretenden Residenten in Washington, Juri Linkow (BUROW), nach Mexiko City. Das FBI sagte Valoushek, er solle zu dem Treffen fahren, um weiter als Doppelagent agieren zu können. Doch dieser eröffnete Linkow gleich zu Beginn des Gesprächs, daß er und seine Familie seit dem Frühjahr des vergangenen Jahres unter Kontrolle des FBI stünden. Er vermutete, daß der 1969 nach Westdeutschland übergelaufene LUTZEN ihn enttarnt hatte,[38] und erklärte, daß er alles getan habe, um die Zentrale zu warnen, aber niemand habe darauf geachtet. Eine anschließende Untersuchung der Gegenspionageabteilung der Illegalendirektion der Ersten Hauptverwaltung förderte ein ungewöhnliches Maß an Inkompetenz zutage. Nicht nur hatte man die Warnungen und Fehler in den seit Mai 1977 eingegangenen Mitteilungen von Valoushek an die Zentrale übersehen, auch Nachrichten, die er den Residenturen in Wien und Mexiko City hatte zukommen lassen, waren ignoriert worden.[39]

Unmittelbar nachdem Valoushek in Mexiko seine Enttarnung bestätigt hatte, teilte der KGB Hambleton mit, die Verbindung zu ihm müsse aus Sicherheitsgründen vorübergehend unterbrochen werden. Aber statt ihm zu sagen, daß sein Führungsoffizier übergelaufen war, schrieb man nur vage, »fortschrittliche« Personen und Organisationen seien schärferer Überwachung ausgesetzt, und wies ihn an, sämtliches kompromittierende Material zu vernichten und alles zu leugnen, falls er vernommen werden sollte. Im Notfall solle er nach Ostdeutschland fliehen. Hambleton glaubte jedoch, daß er seine Spuren gut genug verwischt hatte, um jede Anklage gegen sich auszuschließen. Im Juni 1979 schickte er in Geheimschrift eine zuversichtliche Nachricht an den KGB, in der er versicherte, es gebe keinen Grund zur Sorge.[40]

Am 4. November 1979 um 7.15 Uhr standen RCMP-Offiziere mit einem Durchsuchungsbefehl vor seiner Wohnung in Quebec. In den nächsten zweieinhalb Jahren erschienen in der Presse immer wieder Vermutungen über Hambleton, und im kanadischen Parlament wurden mehrere Anfragen über ihn eingebracht. Doch Anklage wurde nicht gegen ihn erhoben. Am 3. März 1980, dem ersten Amtstag der neuen Regierung Trudeau, veranstaltete das FBI eine Pressekonferenz, in der Valoushek (unter einem Pseudonym) Hambleton öffentlich als einen seiner Agenten identifizierte. Hambleton tat die Anschuldigung mit einem Achselzucken ab. Zwar scheint er sich ausführlich über seine geheimen Kontakte mit Moskau mittels eines Kurzwellenfunkgeräts und anderen »Hokuspokus« ausgelassen zu haben, aber er bestand darauf, daß er kein Spion gewesen sei: »Ein Spion ist jemand, der regelmäßig Geheimmaterial bekommt, es weitergibt, Befehle entgegennimmt und dafür bezahlt wird. Ich bin nie bezahlt worden.«[41] Laut seiner KGB-Akte erhielt er jedoch allein zwischen September 1975 und Dezember 1978 18 000 Dollar.[42] Im Mai 1980 gab das kanadische Justizministerium, das die Beweise offenbar immer noch nicht ausreichend fand, bekannt, daß gegen Hambleton keine Anklage erhoben werde. Danach verebbte das Medieninteresse an dem Fall. Zwei Jahre später wurde Hambleton jedoch bei einem Besuch in London verhaftet, nach dem Gesetz über Amtsgeheimnisse angeklagt und zu zehn Jahren Gefängnis verurteilt.[43]

Valousheks designierter Nachfolger als illegaler Resident in den USA war wahrscheinlich Klementi Korsakow (KIM), der 1948 in Moskau als Sohn eines russischen Vaters und einer deutschen Mutter geboren war. Seine Mutter, die 1971 verstarb, hatte selbst als KGB-Illegale gearbeitet (EVA), und ihr Sohn war anscheinend schon als Kind als künftiger Illegaler ausgewählt worden und erhielt wie sie selbst von den Ostdeutschen falsche Personalpapiere. Laut seiner Legende hieß Korsakow Klemens Oskar Kuitan und war 1948 als uneheliches Kind in Dalleghof geboren. Wie viele andere sowjetische Illegale traten er und seine Mutter als ostdeutsche Flüchtlinge auf, die 1953 in West-Berlin Zuflucht suchten und ein Jahr später nach Westdeutschland gingen. 1967, als er achtzehn Jahre alt war, erhielt Korsakow einen westdeutschen Paß. Nach dem Tod seiner Mutter lebte er einige Jahre in Wien, wo er zunächst eine Kunstschule und dann einen Lehrgang in Werbung besuchte, während er sich gleichzeitig insgeheim auf seine illegale Tätigkeit vorbereitete. Nachdem er sich bei zwei Reisen über den Atlantik mit dem Leben in den USA vertraut gemacht hatte, zog er 1978 nach New York.

Die Arbeit als KGB-Illegaler ernüchterte ihn jedoch bald. Als er im Januar 1980 zur Weiterbildung in Moskau weilte, ging er heimlich in die

US-Botschaft, wo er sich als Illegaler zu erkennen gab, die Identität einer Reihe von anderen KGB-Offizieren (darunter Artur Pjatin, der Leiter der Gruppe N – Illegalenunterstützung – in Washington) preisgab und von der CIA-Station befragt wurde. Da Korsakow offiziell Westdeutscher war, beschloß man, ihn heimlich der Botschaft der Bundesrepublik zu übergeben, die seine Ausreise arrangieren sollte. Aus Mitrochins Notizen geht nicht hervor, ob der KGB beobachtet hatte, wie Korsakow die US-Botschaft betrat, aber als er auf dem Moskauer Flughafen erschien, um in den Westen zurückzukehren, wurde er bereits erwartet. Nach langwierigen Verhören wurde er wie viele prominente sowjetische Dissidenten in die psychiatrische Klinik Kasanskaja eingeliefert, wo man fälschlich Schizophrenie bei ihm diagnostizierte.[44]

Dreißig Jahre nach Beginn des Kalten Krieges hatte die große Strategie des Aufbaus einer Kette von illegalen Residenturen zwar viel Zeit und Mühe verschlungen, aber kaum Ergebnisse gebracht. Nach einer Reihe von Fehlschlägen stand Ende der siebziger Jahre Valousheks illegale Residentur unter der (allerdings unvollkommenen) Überwachung des FBI, und Korsakow bereitete sich darauf vor, überzulaufen.

Besonders unangenehm mußte dem KGB die Tatsache sein, daß nicht er selbst die bedeutendste Infiltration des Hauptgegners im Kalten Krieg erreicht hatte, sondern einer seiner Juniorpartner, die tschechoslowakische StB. 1965 trafen zwei tschechoslowakische Illegale, Karl und Hana Koecher, als angebliche Flüchtlinge vor der politischen Verfolgung in der ČSSR in New York ein. Da Karl Koecher neben Tschechisch auch fließend Russisch, Englisch und Französisch sprach, fiel es ihm nicht schwer, eine Arbeit als freier Mitarbeiter von Radio Free Europe zu finden, während er gleichzeitig zuerst ein Studium an der Universität von Indiana abschloß und anschließend an der Columbia-Universität in New York promovierte. Zu seinen Professoren gehörte Zbigniew Brzezinski, der spätere Sicherheitsberater Präsident Carters. Koecher gab sich stets als strammer Antikommunist aus. Er war sogar dagegen, daß der Tennisstar Ivan Lendl eine Wohnung im selben Gebäude in der East Side von New York kaufte, nur weil Lendl aus der Tschechoslowakei kam. 1969, ein Jahr vor seiner Promotion, wurde Koecher zum Philosophiedozenten am Wagner College in Staten Island berufen. Hana arbeitete unterdessen für einen Diamantenhändler, wodurch sie regelmäßig Gelegenheit erhielt, nach Europa zu reisen und als Kurier zwischen ihrem Mann und der StB zu dienen. Die Koechers dürften die sexuell aktivsten Illegalen in der gesamten Geschichte der Nachrichtendienste des Ostblocks gewesen sein. Sie nahmen von Partnertausch-Partys bis zu Gruppenorgien in den New Yorker Sex-Klubs »Plato's Retreat« und »Hell Fire«, die damals, in den Zeiten vor AIDS, florierten, alles mit, was die sexuell permissive Ära der späten sechziger und siebziger Jahre zu bieten hatte.

Mit dem Segen der StB gaben die Koechers später dem Washingtoner Enthüllungsjournalisten Ronald Kessler einen Teil ihrer abwechslungsreichen Karriere preis.[45] Karl Koechers KGB-Akte belegt jedoch, daß er wesentliche Informationen zurückhielt. 1970 wurde er nach Prag zurückgerufen, um an einer aktiven Maßnahme der StB teilzunehmen, durch die angebliche CIA-Operationen unter Einsatz tschechischer Emigranten enthüllt werden sollten. Koecher hing jedoch zu sehr an seinem lockeren Lebensstil, um New York zu verlassen. Er weigerte sich, dem Befehl Folge zu leisten, und brach für vier Jahre den Kontakt zur StB ab.[46] 1971 erhielt er die amerikanische Staatsbürgerschaft; seine Frau wurde ein Jahr später eingebürgert.

Karl Koecher verfolgte offenbar die Absicht, das Verhältnis zur StB zu reparieren, indem er die CIA infiltrierte. 1973 zog er nach Washington um, wo er von der Sowjetabteilung der CIA mit einer Unbedenklichkeitsbescheinigung für streng geheime Papiere als Übersetzer eingestellt wurde. Seine Chuzpe ging soweit, daß er nur drei Wochen später um eine bessere Arbeit ersuchte:

»Für meine gegenwärtige Stellung ist in keiner Hinsicht ein Dr. phil. erforderlich. Ich bin an Nachrichtendienstarbeit interessiert, möchte bei der CIA bleiben und leiste gute Arbeit. Aber ich denke auch, daß es nur gerecht wäre, mich dies in einer geistig anspruchsvolleren Stellung als derjenigen, die ich jetzt innehabe, tun zu lassen...«

Wahrscheinlich aufgrund solcher Beschwerden wurde er später gebeten, nachrichtendienstliche Einschätzungen auf der Grundlage des russischen und tschechischen Materials zu treffen, das er von Tonaufzeichnungen übersetzte beziehungsweise transkribierte.

Vor diesem Hintergrund nahm Karl Koecher 1974 wieder Verbindung zur StB auf, die daraufhin beim KGB anfragte, ob sie Koecher reaktivieren solle. Von da an war er zugleich KGB-Agent mit dem Codenamen RINO und Illegaler der StB. Die Abenteuer der Koechers in den Washingtoner

Sex-Klubs dürften kaum mehr als kompromittierenden Klatsch über Regierungsbeamte gebracht haben, der zum größten Teil keine operative Bedeutung besaß. Weit wichtiger war das sowjetische und tschechische Geheimmaterial, das Karl Koecher für die CIA übersetzte und an den KGB weiterleitete. Andropow persönlich lobte seine Informationen als »wichtig und wertvoll«.[47] 1975 gab Koecher die feste Stellung bei der CIA auf, arbeitete aber als freier Mitarbeiter in New York weiter für sie. Zu den Themen, über die er Einschätzungen verfaßte, gehörte der politische Entscheidungsprozeß in der sowjetischen Führung.[48]

1975 lieferte er der New Yorker KGB-Residentur hoch eingestufte Informationen über CIA-Operationen gegen die Sowjetunion in der Dritten Welt. Mit seinen Führungsoffizieren vom KGB traf er sich aber nicht nur in New York, sondern auch in Österreich und Frankreich.[49] Einer seiner wichtigsten Hinweise in Sachen Gegenspionage war der Beweis dafür, daß die CIA einen sowjetischen Diplomaten rekrutiert hatte. Nach einer offenbar langwierigen Untersuchung identifizierte der KGB den Diplomaten als Alexander Ogorodnik, der damals in der Amerika-Abteilung des Außenministeriums arbeitete. Nach seiner Verhaftung im Jahr 1977 willigte er bald ein, ein umfassendes Geständnis niederzuschreiben, beklagte sich aber, daß er mit dem Füllfederhalter, den sein Vernehmungsoffizier ihm gegeben hatte, nicht schreiben könne. Als man ihm daraufhin seinen eigenen Füllfederhalter gab, entnahm er ihm eine versteckte Giftkapsel, die er vor den Augen der Wachen verschluckte, bevor sie ihn aufhalten konnten. Er starb noch im Verhörraum.[50]

Anfang der achtziger Jahre wurden die Koechers selbst von einem CIA-Agenten in der StB enttarnt. Doch bereits weniger als zwei Jahre nach ihrer Verhaftung im Jahr 1984 konnten sie im Rahmen einer Vereinbarung, durch die der im Gefängnis einsitzende russische Dissident Anatoli Schtscharanski freikam und nach Israel ausreisen durfte, in die Tschechoslowakei zurückkehren. »Der KGB hält viel von mir«, brüstete sich Karl Koecher später gegenüber Ronald Kessler.[51]

Die Spionageaffäre hatte ein kurioses Nachspiel. Hana Koecher gelang es 1992, eine Stellung in der Handelsabteilung der britischen Botschaft in Prag zu erhalten, die sie zwei Jahre lang bekleidete, bis der tschechische Journalist Egon Lansky ihre Geschichte an die Öffentlichkeit brachte. Sie verklagte Lansky, doch die Klage wurde zu ihren Lasten abgewiesen.[52]

Trotz der Rückschläge der vergangenen drei Jahrzehnte schmiedete die Zentrale zu Beginn der achtziger Jahre weiterhin ehrgeizige Pläne für den Ausbau des Illegalennetzes auf dem Territorium des Hauptgegners – allerdings nicht mehr ganz in dem Ausmaß wie ein Jahrzehnt zuvor: Statt der zehn illegalen Residenturen, die bis 1975 in den USA geplant gewesen waren, sollten bis 1982 nur noch sechs aufgebaut werden. Jede von ihnen sollte über drei oder vier Quellen in einer Reihe von Infiltrationszielen verfügen: im Weißen Haus, im Außenministerium, im Pentagon und in »verwandten Einrichtungen«, etwa dem Hudson-Institut, der Rand Corporation, der Fakultät für Internationale Beziehungen der Columbia-Universität, dem Zentrum für Strategische Studien der Universität Georgetown und den westdeutschen Ablegern des Zentrums für Strategie und Forschung der Stanford-Universität. Außerdem beabsichtigte die Zentrale die »aktive Rekrutierung« von Studenten der New Yorker Columbia-Universität und der Universität Georgetown.[53]

Offensichtlich konnte der KGB in den achtziger Jahren einige Erfolge bei Illegalenoperationen gegen den Hauptgegner verbuchen. In Mitrochins Notizen wird zum Beispiel erwähnt, daß 1983 das Illegalenpaar GORT und LUISA in den USA operierte, ohne daß genauere Angaben über ihre Leistungen gemacht werden.[54] Aber der große strategische Plan für sechs illegale Residenturen, von denen jede Agenten innerhalb der Regierung Reagan führen sollte, war hoffnungslos unrealistisch. Das Ausmaß der in der Spätphase des Kalten Krieges von der Zentrale projektierten ehrgeizigen Illegalenoperationen gegen den Hauptgegner spiegelte nicht die Wirklichkeit der achtziger Jahre wider, sondern die Faszination, welche die Triumphe der Großen Illegalen von vor fünfzig Jahren immer noch ausübten.

13.
Der Hauptgegner IV:
Selbstanbieter und legale Residenturen in der Spätphase des Kalten Krieges

Als Juri Andropow 1967 KGB-Vorsitzender wurde, hegte er hochgesteckte Erwartungen an den Beitrag der politischen Aufklärung zur sowjetischen Außenpolitik – insbesondere gegenüber den Vereinigten Staaten. In einem Bericht, den er kurz nach seiner Berufung vor Parteiaktivisten des KGB abgab, erklärte er, der KGB müsse wieder in der Lage sein, den Ausgang internationaler Krisen in einer Weise zu beeinflussen, wie es ihm bei der fünf Jahre zurückliegenden Kubakrise nicht gelungen sei. Die Erste Hauptverwaltung solle dem Zentralkomitee binnen drei bis vier Monaten eine Einschätzung der gegenwärtigen und zukünftigen Politik des Hauptgegners und seiner Verbündeten vorlegen. Hauptschwäche der laufenden Operationen in den USA, beklagte Andropow, sei das Fehlen amerikanischer Agenten vom Kaliber der Briten Kim Philby, George Blake und John Vassall oder des Westdeutschen Heinz Felfe. Nur durch die Anwerbung solcher Agenten könne die Erste Hauptverwaltung Zugang zu wirklich bedeutenden Informationen erhalten.[1]

Andropow trat fast sofort, nachdem er 1967 Kandidat des Politbüros geworden war, als einflußreicher Mitgestalter der sowjetischen Außenpolitik hervor. Im folgenden Jahr wurde er zum Hauptsprecher jener, die sich für »äußerste Maßnahmen« zur Niederschlagung des Prager Frühlings aussprachen, und in den siebziger Jahren brachte er gemeinsam mit Außenminister Andrej Gromyko die wichtigsten außenpolitischen Anträge im Politbüro ein (dem beide ab 1973 als Vollmitglieder angehörten). Manchmal setzte Dmitri Ustinow, der 1977 Verteidigungsminister wurde, seine Unterschrift mit unter die gemeinsam mit Gromyko ausgearbeiteten Anträge. Dem langjährigen sowjetischen Botschafter in Washington, Anatoli Dobrynin, zufolge hatte Andropow den »Vorteil, aus den vielfältigen Informationsquellen des KGB sowohl mit der Außenpolitik als auch mit militärischen Fragen vertraut zu sein«. Dagegen seien Gromyko und Ustinow »Autoritäten in ihrer jeweiligen Domäne« gewesen, »ohne wie Andropow, der sich auf beiden Politikfeldern zu Hause fühlte, besondere Ansprüche auf das Gebiet des anderen zu erheben«.[2] Unter Andropow wurde die analytische Abteilung der Ersten Hauptverwaltung, die sich aus Furcht, den Ansichten höherer Stellen zu widersprechen, stets gehütet hatte, aus eigenem Antrieb Nachrichten zu bewerten, reformiert und ausgeweitet. In einer ganzen Reihe von Fällen ließ Andropow tendenziöse Einschätzungen im Politbüro verteilen, um dessen Politik zu beeinflussen.[3]

Selbst in Privatgesprächen mit hohen KGB-Offizieren vermied er jede Kritik an Breschnew,[4] doch war er sich sowohl der geistigen Beschränktheit als auch der sich verschlechternden Gesundheit des Generalsekretärs bewußt und versuchte sich selbst als selbstverständlichen Erben zu installieren. Den Details der Außenpolitik schenkte Breschnew wenig Aufmerksamkeit. Was ihn nach Dobrynins Beobachtung daran am meisten interessierte, waren der Pomp und das Zeremoniell formeller Anlässe. Bei einer Begegnung mit Dobrynin verschwand Breschnew plötzlich im Nebenzimmer, um in der Uniform eines Feldmarschalls mit klimpernder Ordensbrust zurückzukehren. »Wie sehe ich aus?« fragte er. »Großartig!« antwortete Dobrynin pflichtschuldig.[5] Von 1974 an war Breschnew aufgrund einer Reihe durch Arteriosklerose verursachter leichter Schlaganfälle halb invalide, und am Ende der Schlange schwarzer Sil-Limousinen, die ihn überallhin begleitete, fuhr ein Krankenwagen mit Wiederbelebungsgeräten. Zu seiner engsten Umgebung gehörte eine KGB-Krankenschwester, die ihn, ohne bei seinen Ärzten nachzufragen, mit einem ständigen Strom von Tabletten versorgte.[6]

Obwohl Andropow sowohl seinen eigenen als auch den Einfluß des KGB auf die sowjetische Außenpolitik stärkte, wurden seine ehrgeizigen Pläne für die dramatische Verbesserung der politischen Aufklärung über den Hauptfeind nie Wirklichkeit. Die Gruppe PR (politische Aufklärung) in den amerikanischen Residenturen enttäuschte seine Erwartungen. 1968 kam es zu einem Skandal um den New Yorker Residenten Nikolai Kulebjakin, einen früheren Leiter der Ersten Abteilung (Nordamerika) der Ersten Hauptverwaltung. In einer Untersuchung, die durch eine vermutlich aus seiner eigenen Residentur stammende anonyme Beschwerde ausgelöst worden war, stellte sich heraus, daß er mit einem gefälschten Lebenslauf in den KGB eingetreten war: Im Widerspruch zu seinen Angaben hatte er seine Schulausbildung nicht abgeschlossen und sich vor dem Militärdienst gedrückt. Aus Furcht, er könnte überlaufen, wenn er in Amerika damit konfrontiert würde, wurde er unter dem Vorwand, er sei zum stellvertretenden Leiter der Ersten Hauptverwaltung befördert worden, nach Moskau zurückbeordert. Bei seiner Ankunft wurde er fristlos aus dem KGB entlassen und aus der KPdSU ausgeschlossen.[7]

Hauptsächlich dank zweier Selbstanbieter sah die Leistungsbilanz der Washingtoner Gruppe PR Mitte und Ende der sechziger Jahre besser aus als die der New Yorker. Im September 1965 versetzte ein zur NSA abkommandierter 20jähriger Armeeangehöriger namens Robert Lipka, der in der sowjetischen Botschaft in der 16. Straße, wenige Blocks vom Weißen Haus entfernt, aufgetaucht war und verkündet hatte, er sei für die Vernichtung streng geheimer Dokumente verantwortlich, die Washingtoner Residentur in helle Aufregung. Lipka, der den Codenamen DAN erhielt, war wahrscheinlich der jüngste sowjetische Agent, seit 1944 der neunzehnjährige Ted Hall seine Dienste angeboten hatte. Seiner Akte zufolge eignete er sich rasch die Geheimdiensttechniken an, die ihm die Gruppe PR für die Kommunikation mit ihr beibrachte. In den folgenden zwei Jahren nahm er mehr als 50mal über tote Briefkästen, durch Streifkontakte und bei Treffen mit einem Führungsoffizier Verbindung zur Residentur auf.[8]

Der junge Leiter der Gruppe PR, Oleg Kalugin, verbrachte »zahllose Stunden« in seinem beengten Büro in der Washingtoner Residentur, um die von Lipka gelieferten Papierberge durchzusehen und die wichtigsten Dokumente für die telegrafische Weiterleitung nach Moskau auszuwählen.[9] Lipkas Motive waren rein materieller Natur. In den zwei Jahren nach seiner Rekrutierung erhielt er insgesamt 27 000 Dollar. Dennoch beklagte er sich ständig über zu schlechte Bezahlung und drohte mit dem Abbruch des Kontakts, falls man sie nicht aufbessere. Im August 1967 brach er ihn dann tatsächlich ab, da er nach dem Ende seiner Wehrdienstzeit aus der NSA ausschied und am College von Millersville in Pennsylvania zu studieren begann. Wahrscheinlich hielt er es, nachdem er den Zugang zu Geheiminformationen verloren hatte, nicht mehr der Mühe wert, mit der Washingtoner Residentur in Verbindung zu bleiben. Um den KGB davon abzuhalten, von sich aus an ihn heranzutreten, schickte er ihm eine letzte Mitteilung, in der er vorgab, er sei ein vom US-Nachrichtendienst geführter Doppelagent gewesen. Angesichts der Bedeutung der von ihm gelieferten Geheimdokumente zweifelte die Zentrale jedoch nicht daran, daß er log. Noch mindestens elf Jahre lang unternahmen sowohl die Residentur als auch Illegale erfolglose sporadische Versuche, die Verbindung zu Lipka wiederherzustellen.[10]

Nur wenige Monate nachdem Lipka aufgehört hatte, als sowjetischer Agent zu arbeiten, stellte sich in Washington ein anderer Selbstanbieter mit Zugang zu Informationen der Fernmeldeaufklärung zur Verfügung. Oberstabsbootsmann John Anthony Walker, ein Fernmeldewachoffizier im Stab des Befehlshabers der Unterwasserstreitkräfte im Atlantik (COMSUBLANT) in Norfolk, Virginia, war der bedeutendste Agent des Kalten Krieges, den der KGB vor Aldrich Ames, der sich 1985 ebenfalls selbst anbot, in Washington rekrutieren konnte. Ende 1967 betrat er die sowjetische Botschaft und verkündete: »Ich bin Marineoffizier und würde gern etwas Geld machen. Dafür werde ich Ihnen wirklich gutes Material geben.« Trotz seines niedrigen Ranges hatte Walker Zugang zu hochkarätigem Nachrichtenmaterial – einschließlich der Einstellungen der Chiffriermaschine der US Navy. Kalugin und der Washingtoner Resident Boris Solomatin sahen sich verwundert die Proben an, die Walker mitgebracht hatte. Laut Kalugin weiteten sich Solomatins Augen, während er die Papiere durchblätterte. »Das will ich haben!« rief er aus. Beide waren sich einig, daß Walker ein Spion war, wie man ihn nur einmal im Leben findet. Indem er die sowjetischen Dechiffrierer in die Lage versetzte, die Codes der US Navy zu knacken, verschaffte er der Sowjetunion, so Kalugin, einen »enormen Informationsvorteil«, da sie fortan die Bewegungen der amerikanischen Flotte stets im Auge behalten konnte.[11]

Walker, dem sein kommandierender Offizier 1972 in einer Beurteilung eine »überaus loyale« Haltung und ein »feines Gespür für persönliche Ehre und Integrität« bescheinigte, fand es derart einfach, im COMSUBLANT streng geheime Dokumente und Chiffriermaterialien mit einer Minox-Kamera zu fotografieren, daß er später meinte: »Supermärkte haben bessere Sicherheitsvorkehrungen als die Navy.« Er baute einen eigenen Agentenring auf, indem er einen Freund in der Navy, Jerry Whitworth, sowie seinen eigenen Sohn und seinen älteren Bruder anwarb. Was Kalugin sowohl im Fall von Lipka als auch in dem von Walker am meisten verblüffte, war die Erkenntnis, »wie unglaublich nachlässig die Sicherheitsmaßnahmen in einigen streng geheimen Einrichtungen der Vereinigten Staaten immer noch waren«.[12]

Nach der Gründung der geheimen, auf Fernmeldeaufklärung spezialisierten Sechzehnten Abteilung der Ersten Hauptverwaltung wurde Walker dieser Abteilung übergeben, so daß er nicht mehr auf der Liste der Agenten der Washingtoner Residentur erschien.[13] Solomatin sorgte jedoch dafür, daß er während der gesamten achtzehn Jahre, die der Agentenring der Familie Walker existierte, persönlich die Oberaufsicht über ihn behielt.[14] Die Fälle Lipka und Walker sollten ihm den Rotbannerorden und später die Beförderung zum stellvertretenden Leiter der Ersten Hauptverwaltung einbringen. Auch Kalugins Karriere waren sie förderlich: Er wurde 1974 jüngster General der Ersten Hauptverwaltung.[15]

Die meisten Selbstanbieter waren nicht so unkompliziert. In den siebziger Jahren bekamen es die KGB-Residenturen, besonders die in Mexiko City, immer häufiger mit »Ködern« zu tun – von amerikanischen Nachrichtendiensten geführten Doppelagenten, die dem KGB ihre Dienste anboten. Einer der erfolgreichsten war MAREK, ein Stabsfeldwebel tschechischer Abstammung, der auf dem Armeestützpunkt Fort Bliss in Texas diente und im Dezember 1966 die sowjetische Botschaft in Mexiko aufsuchte, um dem KGB Informationen über die elektronische Ausrüstung der US Army zu offerieren. Nachdem er im Juni 1968 rekrutiert worden war, kam er während des nächsten knappen Jahrzehnts in Mexiko, Westdeutschland, der Schweiz, Japan und Österreich mit insgesamt 26 Führungsoffizieren zusammen. Im Mai 1976 erfuhr der KGB jedoch von dem früheren CIA-Agenten Philip Agee (PONT), daß MAREK ein von CIA und DIA (militärischer Nachrichtendienst) gemeinsam geführter amerikanischer Köder war.[16]

Ende der siebziger Jahre wählte ein eigens dafür geschaffenes Gremium Geheimdokumente aus, die den amerikanischen Ködern, zumeist von der DIA ausgesuchten Feldwebeln, gegeben wurden, damit sie glaubwürdig als sowjetische Spione auftreten konnten. Auf diese Weise wurde nicht nur ein Kanal geöffnet, durch den im Konflikt- oder Krisenfall Desinformationen verbreitet werden konnten, sondern auch der KGB veranlaßt, viel Zeit und Mühe darauf zu verwenden, Köder von wirklichen Selbstanbietern zu unterscheiden. Wie der erfolgreichste echte sowjetische Rekrut, Aldrich Ames, später bemerkte, verhinderte die Weigerung der sowjetischen Streitkräfte, Geheimdokumente herauszurücken, daß sowjetische Köder ähnlich wirkungsvoll agieren konnten wie die amerikanischen:

»Sogar wenn ein Dokument keinen wirklichen Wert besaß, war niemand im sowjetischen Militär bereit, in dem Wissen, daß es in den Westen gelangen würde, seine Freigabe zu genehmigen. Jeder fürchtete, ein paar Monate später wie unter Stalin vor irgendein Tribunal gestellt und wegen Hochverrats erschossen zu werden.«[17]

Während des gesamten Kalten Krieges bestand die Hauptschwäche der Washingtoner Residentur darin, daß sie nicht in der Lage war, hochwertige Informationen aus dem Regierungsapparat zu beschaffen. Ende der sechziger Jahre verfügte sie jedoch über eine Quelle, der sie große Bedeutung beimaß, auch wenn es sich nicht um einen Agenten handelte. Boris Sedow, ein Offizier der Gruppe PR, der als Journalist der Nachrichtenagentur Nowosti getarnt operierte, hatte sich mit Henry Kissinger angefreundet, als dieser noch Professor in Harvard war. Laut Kalugin machte sich der KGB »nie Illusionen darüber, Kissinger rekrutieren zu können – er war einfach eine Quelle politischer Informationen«. Als Kissinger im Wahlkampf von 1968 Berater Nixons wurde, begann er Sedow zu benutzen, um Moskau mitzuteilen, daß Nixons öffentliches Image als uneinsichtiger Kalter Krieger falsch sei und daß er bessere Beziehungen zur Sowjetunion wünsche. Nach Nixons Wahlsieg sandte Breschnew ihm über Sedow einen persönlichen Glückwunsch, wobei er der Hoffnung Ausdruck verlieh, daß sie zusammen die amerikanisch-sowjetischen Beziehungen verbessern würden. Als der Wahlkampf noch im Gang war, hatte der langjährige Sowjetbotschafter in Washington, Anatoli Dobrynin, Sedows geheime Kontakte zu Kissinger toleriert. Doch nachdem Nixon ins Weiße Haus eingezogen und Kissinger dessen Sicherheitsberater geworden war, bestand er darauf, daß der »vertrauliche Kanal« zum Kreml über ihn zu laufen habe.[18]

Als Kissinger 1973 das Amt des Außenministers übernahm, wurde Dobrynin zum einzigen Botschafter in Washington, der das Außenministerium unbeobachtet durch die unterirdische Garage betreten durfte.[19] Die Washingtoner Residentur beklagte sich bei der Zentrale darüber, daß Kissinger seinen Beamten verboten hatte, außerhalb der Dienstzeit mit Angehörigen der sowjetischen Botschaft zusammenzutreffen, was es unmöglich mache, eigene Kontakte zum Außenministerium zu knüpfen und »Kissingers wahre Absichten in seinen Verhandlungen mit Botschafter Dobrynin zu überprüfen.«[20] In den 23 Jahren seiner Amtszeit in Washington (1963–1986) hatte Dobrynin in einer Weise Zugang zu politischen Entscheidungsträgern – von Dean Rusk unter Kennedy bis zu George Shultz unter Reagan –, wie es der Washingtoner Residentur nie gelang.[21]

Auch die Gruppe PR der New Yorker Residentur konnte keine Erfolge bei der Anwerbung »wertvoller Agenten« innerhalb der US-Regierung vorweisen. Die Vereinten Nationen waren dagegen ein wesentlich einfacheres Ziel. Von den mehr als 300 sowjetischen Mitarbeitern des UN-Sekretariats waren viele Offiziere, Agenten oder informelle Mitarbeiter von KGB und GRU. KGB-Offiziere mit diplomatischer Tarnung wurden zu Vertrauten und persönlichen Assistenten von UN-Generalsekretären: Wiktor Lessjowski von U Thant, Lessjowski und Waleri Krepkogorski von Kurt Waldheim sowie Gennadi Jewstafejew von Javier Pérez de Cuéllar.[22] Insbesondere Waldheim wurde vom KGB umworben: In der sowjetischen Presse erschienen schmeichelhafte Artikel über ihn, und bei einem Besuch in der Sowjetunion überreichten ihm Lessjowski und Krepkogorski eine von einem sowjetischen Künstler gemalte Ansicht von Samarkand, deren Wert offiziell mit 400 Rubel angegeben wurde.[23]

Laut Arkadi Schewtschenko, der 1978 als stellvertretender UN-Generalsekretär in den Westen überlief, betraute Waldheim Lessjowski und Krepkogorski hauptsächlich mit Routineaufgaben, etwa die Reihenfolge der Redner in der Generalversammlung zu überwachen oder ihn bei einem der zahllosen diplomatischen Empfänge zu vertreten. Von heiklen UN-Angelegenheiten wurden sie durch Waldheims »österreichische Mafia« ferngehalten. Dennoch erwies sich das UN-Sekretariat als erfolgreicherer Jagdgrund für die Anwerbung von Informanten als die US-Regierung in Washington. »Als geselliger Mensch«, schrieb Schewtschenko später, »kannte Lessjowski viele Leute in den Vereinigten Staaten. Der Kontakt mit ihnen, nicht der Zugang zu Waldheims Geheimnissen war es, was ihn als Agenten wertvoll machte.«[24] Die Assistenten des Generalsekretärs verbrachten viel Zeit damit, Angehörige ausländischer Missionen und Mitarbeiter des UN-Sekretariats aus aller Welt zu umwerben, um sie, wenn möglich, zu rekrutieren.[25]

Während die New Yorker Residentur mit elektronischen Abhöroperationen und aktiven Maßnahmen sowie bei der wissenschaftlich-technischen Spionage einige Erfolge verbuchen konnte, bestand das Agentennetz der Gruppe PR überwiegend aus Mitarbeitern der UNO und aus Emigranten, von denen nur wenige die amerikanische Staatsbürgerschaft besaßen.[26] Die größte Konzentration von Agenten gab es in der sowjetischen Kolonie selbst, die überwiegend in einem Wohnkomplex in Riverdale lebte. Nach Angaben des KGB zählte die Kolonie 1975 1366 sowjetische Angestellte und deren Angehörige. Von den 533 Angestellten wurden 76 offiziell als Agenten und 16 als »vertrauenswürdige Kontakte« eingestuft.[27] Die meisten waren allerdings hauptsächlich damit beschäftigt, für die Gruppe SK (sowjetische Kolonie) der Residentur ihre Kollegen zu bespitzeln. In der Einschätzung der Zentrale von 1974 wurden die den Agenten der New Yorker Gruppe PR gesteckten Grenzen hervorgehoben:

»Keiner dieser Agenten hat Zugang zu geheimen amerikanischen Informationen. Die Hauptstoßrichtung der Operationen mit diesem Netz besteht daher in seinem Einsatz bei der Informationsbeschaffung von diplomatischen Quellen in der UNO und verschiedenen amerikanischen Quellen [darunter allerdings keine Agenten].«[28]

Da die Offiziere der Gruppe PR in New York und Washington, die für gewöhnlich unter diplomatischer oder journalistischer Tarnung operierten, nicht über hoch angesiedelte Agenten in der US-Regierung verfügten, beschäftigten sie sich vor allem damit, Insidergerüchte von gut informierten Quellen im Kongreß und im Pressekorps zu sammeln.[29] Als Leiter der Gruppe PR in Washington von 1965 bis 1970 pflegte Kalugin den Umgang mit den Kolumnisten Walter Lippman, Joseph Kraft und Drew Pearson, mit Chalmers Roberts und Murray Marder von der *Washington Post,* Joseph Harsch von *The Christian Science Monitor,* Carl Rowan, dem früheren Direktor der US-Informationsagentur (USIA), und Henry Brandon von der Londoner *Times.* Kalugin spielte in der Beziehung zu diesen Männern nicht die Rolle eines Führungsoffiziers oder Anwerbers, sondern die eines »guten Reporters«, der ihre Ausführungen über die jeweilige politische Lage sorgfältig notierte. »Ich konnte dem Politbüro selten eine Sensation melden, aber die Berichte unserer Abteilung [PR] versetzten die Sowjetführer in die Lage, ein besseres Gespür für die politischen Realitäten in Amerika zu entwickeln – wie unsere Voraussage im Wahlkampf von 1968, daß Nixon nicht der von Moskau befürchtete antisowjetische Hardliner sein werde.« Außerdem kamen Offiziere der Gruppe PR regelmäßig mit führenden Senatoren wie Mike Mansfield, William Fulbright, Mark Hartfield, Charles Percy, Eugene McCarthy, George McGovern und Jacob Javits zusammen. Von Senator Robert Kennedy erhielt Kalugin eine Krawattennadel mit einer Abbildung des Torpedoboots *PT–109* geschenkt, dessen Kapitän sein Bruder im Zweiten Weltkrieg gewesen war. Die Zentrale brüstete sich gegenüber dem Politbüro gern damit, daß sich ihre Einschätzungen der amerikanischen Politik auf die Ansichten führender Kongreßmitglieder stützten.[30]

Der größte Teil der politischen Berichte der Washingtoner Residentur beruhte also auf Informationen von nicht geheimen Quellen, was von manchen sowjetischen Diplomaten, deren geringere finanzielle Ausstattung es ihnen nicht im selben Maß erlaubte, ihre Quellen in Washingtoner Restaurants zu bewirten, mit Unmut verfolgt wurde. Dobrynin betrachtete die Arbeit der Residentur, obwohl er den »vertraulichen Kanal« sich selbst vorbehalten hatte, mit weniger mißgünstigen Blicken. Ihn schien das, was die Residentur von ihren Kontakten und Agenten erfuhr, wirklich zu interessieren.[31] »In vielen sowjetischen Botschaften«, beklagte er sich, »waren normale persönliche Beziehungen zwischen dem Botschafter und dem KGB-Residenten eher die Ausnahme als die Regel.« Da beide bestrebt waren, zu zeigen, »wer eigentlich Herr der Botschaft war«, und Moskau die Überlegenheit ihrer jeweiligen Informationsquellen demonstrieren wollten, bestand zwischen ihnen in der Regel eine erbitterte Rivalität.[32]

Solomatin jedoch kam als Resident in Washington von 1965 bis 1968 gut mit Dobrynin aus. Als er 1971 Resident in New York wurde, geriet er dagegen rasch in eine Fehde mit dem sowjetischen UN-Botschafter Jakow Malik, der Solomatins Versuche, Kontakte anzuknüpfen, die er selbst pflegen wollte – etwa zu David Rockefeller, dem Bruder von Nelson und Aufsichtsratsvorsitzenden der Chase Manhattan Bank –, strikt ablehnte.[33] Malik war fasziniert von Rockefellers 30 000 Namen umfassender Kartei seiner Bekannten rund um die Welt, die nach Land, Stadt und Geschäftsfeld eingeordnet waren. Bei einem Besuch in Rockefellers großzügigem Büro im Gebäude der Bank bat ihn Malik, ihm ein Beispiel aus der Kartei zu zeigen. Rockefeller zog die Karte für Chruschtschow heraus.[34] Auch Solomatins Kontakt zu dem altgedienten Diplomaten Averell Harriman, der in Moskau als einer der einflußreichsten amerikanischen Befürworter besserer Beziehungen zur Sowjetunion galt, mißfiel Malik.[35] 1976 kehrte Harriman in Kooperation mit Dobrynin aus dem Ruhestand zurück, um in der Übergangsphase nach dem Wahlsieg Jimmy Carters als inoffizieller Vermittler zu Breschnew zu dienen.[36] Solomatin beschwerte sich bei der Zentrale, daß Maliks Widerstand gegen seine Versuche, den Kontakt zu Rockefeller und Harriman zu pflegen, typisch seien für seine grundsätzliche Behinderungspolitik.[37] Daß nicht die geringste Aussicht bestand, Rockefeller oder Harriman zu rekrutieren, behielt er für sich.

Um die Qualität der Rekrutierungen in den USA zu verbessern, wurde 1975 der Direktor des Instituts für Psychologie der Akademie der Wissenschaften, Boris Lomow, ein »vertrauenswürdiger Kontakt« des KGB, nach New York geschickt. Er sollte die Residentur in Techniken der Kontaktpflege beraten.[38] Im nächsten Jahr arbeitete die Zentrale ein umfangreiches Belohnungssystem für erfolgreiche Anwerber aus; die versprochenen Gratifikationen reichten von Medaillen und Belobigungen über beschleunigte Beförderung bis zu neuen Wohnungen und Bargeld in harter Währung.[39]

Der KGB-Vorsitzende Andropow konnte die Schwierigkeiten bei der Infiltration der US-Regierung offenbar nicht nachvollziehen. Mitte der siebziger Jahre verfolgte er mehrere Anwerbungspläne, die von vornherein zum Scheitern verurteilt waren. Nachdem Nixon im August 1974 aufgrund des Watergate-Skandals zurückgetreten war, wies Andropow die Washingtoner Residentur an, zu fünf ehemaligen Mitarbeitern der Regierung Kontakt aufzunehmen: Pat Buchanan und William Safire, zwei Beratern und Redenschreibern Nixons; Richard Allen, der im ersten Jahr von Nixons Amtszeit stellvertretender Sicherheitsberater gewesen war; C. Fred Bergsten, einem Wirtschaftswissenschaftler beim Nationalen Sicherheitsrat (NSC); und S. Everett Gleason, der ebenfalls dem NSC angehört hatte und drei Monate nach Nixons Sturz starb. Als potentielle Rekruten kamen sie alle nur mit sehr viel Phantasie in Frage. 1975 segnete Andropow persönlich eine Reihe ebenso realitätsferner Operationen ab, durch die der »engste Kreis« einiger bekannter öffentlicher Persönlichkeiten, wie George Ball, Ramsey Clark, Kenneth Galbraith, Averell Harriman, Robert Kennedy und Theodore Sorenson, infiltriert werden sollte. Für die Erste Hauptverwaltung muß es eine Demütigung gewesen sein, daß der produktivste Agent während des Wahlkampfs von 1976 ein Demokrat mit Zugang zum Carter-Lager war, der während eines Besuchs in der Sowjetunion von der Zweiten Hauptverwaltung angeworben worden war.[40]

Die erfolgreichste KGB-Strategie bei der Pflege der Beziehungen zu amerikanischen Politikern war die Nutzung der prestigeträchtigen akademischen Tarnung des Moskauer Instituts für die Vereinigten Staaten und Kanada. Laut dem in der Zentrale aufbewahrten geheimen Institutsstatut von 1968 war der KGB berechtigt, das Institut zu nutzen, um Forschungen über ihn interessierende Aspekte des Hauptgegners durchzuführen, KGB-Offiziere mit Tarnposten zu versorgen, prominente amerikanische Politiker und Akademiker nach Moskau einzuladen sowie nachrichtendienstliche Aufgaben in den USA zu erfüllen. Einer der KGB-Tarnposten am Institut war der des stellvertretenden Direktors, damals von Oberst Radomir Bogdanow (WLADIMIROW) besetzt, der hinter seinem Rücken manchmal als »der Gelehrte in Epauletten« bezeichnet wurde.[41] Der wichtigste KGB-Agent am Institut war jedoch dessen Direktor, Georgi Arbatow (WASSILI), der in den USA einen großen Kreis von hoch angesiedelten Kontakten aufbaute und von der Zentrale regelmäßig nach Amerika geschickt wurde, um die Bekanntschaften zu pflegen.[42] Nach Henry Kissingers Beobachtung bewies er besonderes Geschick darin, »den unerschöpflichen Masochismus amerikanischer Intellektueller ins Spiel zu bringen, für die es ein Glaubensartikel war, daß jede Schwierigkeit in den Beziehungen zwischen den Vereinigten Staaten und der Sowjetunion durch amerikanische Dummheit oder Unversöhnlichkeit entstanden sei«. Eine nicht minder »unerschöpfliche Phantasie« habe er gezeigt, »wenn er demonstrieren wollte, wie amerikanische Zurückweisungen die friedliebenden, gefühlvollen Führer im Kreml enttäuschten. Ganz gegen ihren Willen wurden sie durch unseren Mangel an Flexibilität in Konflikte getrieben, die so gar nicht ihrem eigentlichen, so sanften Wesen entsprachen.«[43]

Obwohl Arbatows Kontakte beim KGB Hoffnung auf eine bedeutende Infiltration der US-Regierung aufkeimen ließen, hat Mitrochin in den KGB-Akten keine Hinweise auf Rekrutierungen von Rang gefunden. Arbatows wichtigster Kontakt in den siebziger Jahren war nach Ansicht der Zentrale der vormalige stellvertretende Verteidigungsminister Cyrus Vance (VISIR, »Wesir«). Bei einem Moskaubesuch im Frühjahr 1973 stimmte Vance, wie nicht anders zu erwarten, mit Arbatow darin überein, daß es zum Besten der amerikanisch-sowjetischen Beziehungen notwendig sei, »den Grad des gegenseitigen Vertrauens zu erhöhen«. Arbatow berichtete der Zentrale, er habe Vance – zweifellos ohne etwas zu bewirken – darauf hingewiesen, daß die Mehrheit des amerikanischen Pressekorps in Moskau auf Geheiß der zionistischen Lobby in den USA ein »negativ propagandistisches« Bild der UdSSR male. 1976 wurde Arbatow erneut in die USA geschickt, wo er bei der New Yorker Residentur zusätzliche 200 Dollar an »operativen Ausgaben« für die Bewirtung von Vance und anderen geltend machte. Aufgrund solcher belangloser Begegnungen nährte die Zentrale eine Zeitlang absurd überzogene Hoffnungen auf eine Infiltration der neuen US-Regierung, nachdem Vance von Carter zum Außenminister ernannt worden war. Am 19. Dezember 1976 billigte Andropow persönlich Operationen gegen Vance, durch die er zumindest zum »vertrauenswürdigen Kontakt« des KGB werden sollte. Selbstverständlich waren diese Operationen zum Scheitern verurteilt. Laut Vances KGB-Akte riß nach seinem Eintritt in die Regierung Carter jeder inoffizielle Kontakt zu ihm oder seiner Familie ab.[44] Frustriert dürfte die Zentrale zur Kenntnis genommen haben, daß Dobrynin wie schon unter Kissinger den privaten Zugang zum Außenministerium durch dessen unterirdische Garage nutzen durfte und sich damit brüsten konnte, über Vance den »vertraulichen Kanal« zwischen Weißem Haus und Kreml offenzuhalten, den übernehmen zu können die Zentrale sich kurzzeitig eingebildet hatte.[45]

Wie unrealistisch die Erwartungen der Zentrale nach Carters Amtsantritt anfänglich waren, zeigt die Tatsache, daß sie sogar erwog, einen bekannten Hardliner wie den neuen Sicherheitsberater Zbigniew Brzezinski zu umwerben. Die Erste Hauptverwaltung beabsichtigte, Arbatows Stellvertreter Bogdanow, der bereits mit Brzezinski zusammengetroffen war, nach Washington zu entsenden, »um ihre Beziehung zu stärken und ihm einige vorteilhafte Informationen zu übermitteln«. Am 3. Januar 1977 billigte Andropow außerdem eine Operation mit dem Ziel, »kompromittierende Informationen« über Brzezinski zu sammeln, um ihn unter Druck setzen zu können. Es dürfte kaum überraschen, daß sich die Hoffnung der Zentrale, zu Brzezinski Kontakt aufnehmen zu können, ebenso rasch zerschlug wie im Fall von Vance. Danach verlegte sich die Zentrale auf »aktive Maßnahmen« zur Diskreditierung des Sicherheitsberaters.[46]

Der KGB-Erlaß Nr. 0017 vom 26. Mai 1977 konstatierte das dringende Erfordernis besserer Informationen über die Regierung Carter. Aus den Beurteilungen über die Arbeit der Residenturen in Washington und New York in den Jahren 1977 und 1978 durch die Zentrale geht eindeutig hervor, daß diese Anforderung nicht erfüllt wurde. Wiederum wurde dem Agentennetz der Gruppe PR in den USA vorgehalten, es sei nicht in der Lage, die ihm gesteckten Ziele zu erreichen. Kein einziger Agent habe direkten Zugang zu bedeutenden Infiltrationszielen.[47] Aus Mangel an zuverlässigen, hochkarätigen Quellen in der US-Regierung verfiel die Zentrale wie üblich auf Verschwörungstheorien. Anfang 1977 legte der spätere KGB-Vorsitzende Wladimir Krjutschkow, damals Leiter der Ersten Hauptverwaltung, Andropow einen Bericht mit dem Titel »Über CIA-Pläne, unter Sowjetbürgern Agenten zu rekrutieren« vor, in dem ein nichtexistenter Gesamtplan der CIA für die Sabotage von Regierung, Wirtschaft und Wissenschaft der UdSSR »enthüllt« wurde:

»Heute plant der amerikanische Nachrichtendienst, unter Sowjetbürgern Agenten zu rekrutieren, sie auszubilden und dann in Verwaltungsstellungen in Politik, Wirtschaft und Wissenschaft einzuschleusen. Die CIA hat ein Programm ausgearbeitet, nach dem Agenten individuell in Spionagetechniken ausgebildet und einer intensiven politischen und ideologischen Gehirnwäsche unterzogen werden. ... Die CIA hat die Absicht, durch einzelne Agenten, die isoliert [voneinander] arbeiten, eine Politik von Sabotage und Insubordination ausführen zu lassen, die von einem einzigen Zentrum im US-Geheimdienstesystem gesteuert werden wird. Die CIA glaubt, daß solche gezielten Akte von Agenten in der Sowjetunion innere Schwierigkeiten hervorrufen, ihre Wirtschaft zurückwerfen und ihre wissenschaftlichen Forschungen in Sackgassen führen werden.«

Andropow hielt diese ebenso geheime wie absurde Verschwörungstheorie für so wichtig, daß er das Papier am 24. Januar 1977, mit seiner Unterschrift versehen, an die Mitglieder von Politbüro und Zentralkomitee verteilen ließ.[48]

Über die Regierung Reagan, die im Januar 1981 ihre Arbeit aufnahm, machte sich die Zentrale weit weniger Illusionen als vier Jahre zuvor über Carter. Die Hoffnung, daß Reagans antisowjetische Reden nur Wahlkampfrhetorik gewesen sein könnten, zerstob bald nach seinem Amtsantritt. Im April 1981 schickte Arbatow nach einer im Auftrag der Zentrale unternommenen USA-Reise Andropow und dessen Protegé Krjutschkow einen Bericht über die neue US-Regierung. Bei einem Abendessen im Weißen Haus hatte Arbatow Gelegenheit gehabt, Reagan anderthalb Stunden aus nächster Nähe zu beobachten. Dabei gewann er den Eindruck, als spiele Reagan die Rolle des Präsidenten nur, wenngleich mit echtem Gefühl. Als die Fahnen der vier Teilstreitkräfte in den Saal gebracht wurden und er sich erhob, um mit der Hand auf dem Herzen der Nationalhymne zu lauschen, habe er Tränen in den Augen gehabt. Nancy Reagan habe den Blick keine Sekunde von ihrem Mann gewandt. In ihrer offensichtlichen Bewunderung erinnerte sie Arbatow an ein junges Mädchen, das sich plötzlich an der Seite ihres Lieblingssängers wiederfindet. Reagans Rede an die versammelten Journalisten, so Arbatow weiter, sei zwar »außergewöhnlich platt« gewesen, aber er habe die Rolle des »Vaters der Nation«, eines großen Führers, der sich Menschlichkeit, Humor und Normalität bewahrt hat, perfekt gespielt.[49]

Sowohl die Zentrale als auch der Kreml betrachteten Reagan mit weniger Nachsicht. In einer Geheimrede auf einer größeren KGB-Konferenz im Mai 1981 brandmarkte ein sichtlich leidender Breschnew Reagans Politik als eine ernsthafte Bedrohung für den Weltfrieden. Als nächster sprach Andropow, der Breschnew anderthalb Jahre später im Amt des Generalsekretärs der KPdSU nachfolgen sollte. Zum Erstaunen der meisten Anwesenden verkündete der KGB-Vorsitzende, daß sein Dienst auf Beschluß des Politbüros erstmals gemeinsam mit der GRU eine weltweite Nachrichtendienstoperation durchführen werde, die den Codenamen RJAN trage, was für *Raketno-Jadernoje Napadenije* (»Atomarer Raketenangriff«) stand. Zweck von RJAN war es, Informationen über angebliche Pläne der Regierung Reagan für einen atomaren Erstschlag gegen die Sowjetunion zu sammeln. In dieser irrigen Annahme wurde sowohl das nach wie vor bestehende Unvermögen des KGB, den politischen Entscheidungsprozeß des Hauptgegners zu infiltrieren, als auch der Rückgriff auf Verschwörungstheorien offenbar.[50] »Niemals seit dem Zweiten Weltkrieg«, informierte Andropow die Auslandsresidenturen, »ist die internationale Lage so brisant gewesen wie jetzt.«[51] Als Breschnews Nachfolger im November 1982 behielt er die volle Kontrolle über den KGB, und seine häufigsten Besucher waren hohe KGB-Offiziere.[52] RJAN blieb während seiner gesamten Amtszeit als Generalsekretär oberste Priorität der Ersten Hauptverwaltung.

Über Jahre hinweg hing Moskau, wie Dobrynin zutreffend schreibt, einer »paranoiden Interpretation« der Politik Reagans an.[53] Die meisten Residenturen in westlichen Hauptstädten sahen jedoch bei weitem nicht so schwarz wie Andropow und die KGB-Führung. Als Oleg Gordiewski im Juni 1982 an die Londoner Residentur versetzt wurde, stellte er fest, daß sämtliche Kollegen der Gruppe PR die Operation RJAN skeptisch betrachteten. Keiner von ihnen war jedoch bereit, seine Karriere aufs Spiel zu setzen, indem er die Einschätzung der Zentrale in Frage stellte. RJAN schuf somit einen Teufelskreis aus Informationsbeschaffung und Lageeinschätzung. Von den Residenturen wurde erwartet, alarmierende Informationen bereitzustellen, und die Zentrale reagierte darauf entsprechend beunruhigt und verlangte nach mehr.[54] Der Resident in Washington, Stanislaw Androssow, ein Protegé Krjutschkows, tat alles, um dieses Verlangen zu stillen.[55]

Als Präsident Reagan im März 1983 das »Star Wars«-Programm seiner Strategischen Verteidigungsinitiative (SDI) verkündete, interpretierte dies die Zentrale als Teil der psychologischen Vorbereitung des amerikanischen Volkes auf den Atomkrieg. Am 28. September 1983 gab der todkranke Andropow vom Krankenbett aus eine in ihrer apokalyptischen Sprache seit den frostigsten Momenten des Kalten Krieges beispiellose Erklärung ab. Die Vereinigten Staaten seien von einer »schändlichen militärischen Psychose« befallen: »Die Regierung Reagan geht in ihren imperialen Bestrebungen so weit, daß einem allmählich Zweifel kommen, ob Washington überhaupt noch Hemmungen hat, die es daran hindern können, jene Grenze zu überschreiten, vor der jeder besonnene Mensch haltmachen muß.« Das NATO-Manöver »Able Archer 83« im November 1983, in dem Verfahren für den Abschuß von Atomraketen geübt wurden, trieb die Besorgnis der Zentrale auf ihren Höhepunkt. Eine Weile fürchtete die KGB-Führung, das Manöver würde als Tarnung für einen atomaren Erstschlag dienen. Zu diesem Zeitpunkt machten sich manche im Westen stationierte Offiziere der Ersten Hauptverwaltung mehr Sorgen über die Panik in der Zentrale als über die Gefahr eines westlichen Überraschungsangriffs.[56]

Im Lauf des Jahres 1984 trat die Operation RJAN in den Hintergrund, auch wenn sie noch nicht völlig aufgegeben wurde. Dazu beigetragen hatten vermutlich sowohl der Tod der beiden Hauptbefürworter der Operation, Generalsekretär Andropow und Verteidigungsminister Ustinow, als auch beruhigende Signale aus London und Washington, wo die Nachrichten über die in Moskau herrschende Paranoia Besorgnis ausgelöst hatten.[57] Die von den Residenturen pflichtgetreu übersandten alarmierenden RJAN-Berichte waren nur ein extremes Beispiel für die Angewohnheit der Gruppen PR, der Zentrale zu sagen, was sie hören wollte. Ein Offizier aus der politischen Aufklärung gab später zu: »Um unseren Vorgesetzten zu gefallen, schickten wir nach dem Motto ›Schieb alles auf die Amerikaner, und alles ist in Ordnung‹ falsche und verzerrte Informationen. Das war kein Nachrichtenmaterial, sondern Selbsttäuschung!«[58] Wie in anderen Zeiten hätte die Zentrale auch während Reagans erster Amtsperiode zutreffendere Einblicke in die amerikanische Politik gewonnen, wenn sie die *New York Times* oder die *Washington Post* gelesen hätte, statt sich auf die Berichte ihrer Residenturen zu verlassen. Eines der deutlichsten Anzeichen von Gorbatschows »Neuem Denken« in der Außenpolitik nach seinem Amtsantritt als Generalsekretär der KPdSU im

Jahr 1985 war seine Unzufriedenheit mit den politischen Berichten der Ersten Hauptverwaltung. Im Dezember 1985 berief Wiktor Tschebrikow, seit 1982 KGB-Vorsitzender, eine Sitzung der KGB-Führung ein, um eine strenge Denkschrift Gorbatschows »Über die Unzulässigkeit von Verzerrungen des tatsächlichen Zustands in Mitteilungen und Informationsberichten an das Zentralkomitee der KPdSU und andere Leitungsgremien« zu besprechen. Die Versammelten stimmten unterwürfig der Notwendigkeit zu, kriecherische Berichte zu vermeiden, und erklärten es zur Pflicht jedes Tschekisten im In- und Ausland, »die leninistische Forderung, daß wir nur die ganze Wahrheit gebrauchen können«, zu erfüllen.[59]

Mehr Eindruck machte die Leistung der Direktion T der Ersten Hauptverwaltung auf Gorbatschow. Während des gesamten Kalten Krieges hatte der KGB bei der Beschaffung wissenschaftlich-technischer Informationen größere Erfolge zu verzeichnen als bei der politischen Aufklärung. Die amerikanischen Rüstungsfirmen und Forschungsinstitute zu infiltrieren erwies sich als wesentlich einfacher, als in den inneren Bereich der US-Regierung einzudringen. Außerdem litten die wissenschaftlich-technischen Berichte nur selten unter jener politischen Willfährigkeit, die das Nachrichtenmaterial der Gruppen PR an den Residenturen und die politischen Analysen der Zentrale verzerrte. Teilweise tabu blieben jedoch die Schwierigkeiten der staatlich geführten Industrie, die außerordentlichen Erkenntnisse aus der wissenschaftlich-technischen Spionage zu nutzen. 1971, zum Beispiel, setzten das Verteidigungsministerium und das Ministerium für die Elektronikindustrie ein Gemeinschaftsprojekt in Gang, um die Kathodenstrahlröhren des amerikanischen Elektrokonzerns Westinghouse zu kopieren. Doch zwei Jahre später war es aufgrund von Produktionsproblemen im Staatlichen Optischen Institut kaum vorangekommen.[60] Aus solchen Fehlleistungen zu lernen war ideologisch ausgeschlossen, denn es hätte bedeutet, die Unterlegenheit der sowjetischen Kommandowirtschaft gegenüber der Marktwirtschaft anzuerkennen. Deshalb konzentrierten sich die Berichte der Ersten Hauptverwaltung auf die strukturellen Widersprüche des westlichen Kapitalismus, während die weit ernsteren wirtschaftlichen Probleme des Ostblocks ausgeblendet wurden.[61]

1970 führten die Gruppen X (wissenschaftlich-technische Spionage) der Residenturen in New York und Washington jeweils neun Agenten und fünf »vertrauenswürdige Kontakte«.[62] Drei Jahre später wurde in New

York die Position eines Hauptresidenten für wissenschaftlich-technische Spionage in den USA geschaffen, dessen Aufgabe es war, die Aktivitäten der Gruppen X der drei amerikanischen Residenturen in New York, Washington und San Francisco zu koordinieren sowie Mittel und Wege zu finden, um das amerikanische Ausfuhrverbot für Hochtechnologie in die Sowjetunion zu umgehen. 1975 arbeiteten 77 Agenten und 42 »vertrauenswürdige Kontakte« für die Direktion T innerhalb und außerhalb der USA gegen amerikanische Ziele.[63] In Mitrochins Notizen werden 32 in den siebziger Jahren aktive Agenten und Kontakte identifiziert, die überwiegend auch im selben Jahrzehnt angeworben worden waren. Weitere acht, für die in den Notizen keine Zeiten angegeben sind, waren vermutlich ebenfalls in den siebziger Jahren tätig.[64] Zu den Firmen, für die sie arbeiteten, gehörten einige der namhaftesten amerikanischen Rüstungsunternehmen wie IBM, McDonnell Douglas und TRW.[65] Auch Wissenschaftler mit Zugang zu wichtigen für die Verteidigung relevanten Projekten an einigen der renommiertesten Forschungsinstitute gehörten zu dem Netz wissenschaftlich-technischer Agenten und Kontakte des KGB, etwa MIKE am MIT und TROP am Argonne National Laboratory der Universität Chicago.[66] Hinzu kamen KGB-Agenten in den Streitkräften, die Informationen über die neueste Militärtechnologie beschafften, darunter JOE, ein Elektronikingenieur der US Army, der »wertvolle Informationen« über militärische Kommunikationssysteme lieferte,[67] und NERPA, der 1977 beim Materialentwicklungs- und Forschungskommando der US Army (DARCOM) in der Waffenforschung arbeitete.[68]

Obwohl Mitrochins Notizen über das Ausmaß und die Ziele der wissenschaftlich-technischen Spionage auf dem Territorium des Hauptgegners wesentlich umfangreicher sind als alle früheren Darstellungen, können sie doch keine Vollständigkeit beanspruchen. So wird zum Beispiel der kalifornische Drogendealer Andrew Daulton Lee, der der KGB-Residentur in Mexiko City 1975/76 das Betriebshandbuch für den Überwachungssatelliten »Rhyolite« und technische Daten über andere Satellitensysteme beschaffte, mit keinem Wort erwähnt. Lees Quelle war sein Freund Christopher Boyce, der in Kalifornien bei TRW, dem Hersteller von »Rhyolite«, arbeitete. Auf diesem Weg erhielt der KGB unter anderem detaillierte Informationen darüber, wie amerikanische Spionagesatelliten die sowjetischen Raketentests beobachteten. 1977 wurden Lee und Boyce verhaftet und zu lebenslanger Haft beziehungsweise zu 40 Jahren Gefängnis verurteilt. Als Hauptfiguren eines Romans und eines danach gedrehten Spielfilms *(Der Falke und der Schneemann)* gelangten beide zu Berühmtheit.[69] Nur ein Jahr nach der Verhaftung der beiden konnte der KGB einen neuen, wahrscheinlich noch bedeutenderen Spion bei TRW rekrutieren (ZENIT), denn während Boyce nur Büroangestellter – wenngleich mit Zugang zu Geheimdokumenten – gewesen war, leitete ZENIT eine Abteilung des Unternehmens.[70]

Die Direktion T war stolz auf ihre Erfolge und sorgte dafür, daß sie bei der Sowjetführung nicht unbemerkt blieben. So wurde Breschnew 1972 mitgeteilt, daß die wissenschaftlich-technische Spionage Einsparungen von über 100 Millionen konvertierbaren Rubeln ermöglicht habe. Unter anderem habe man Informationen über die Konstruktion der amerikanischen Raumfähre und die Vorbereitungen für unbemannte Flüge zum Mars beschafft, mit deren Hilfe eine Reihe von Problemen bei der Entwicklung der sowjetischen Raumfahrttechnik gelöst werden könnten. Weiterhin, so wurde Breschnew (mit zweifellos unrealistischer Zuversicht) angekündigt, werde man aufgrund von Erkenntnissen aus der wissenschaftlich-technischen Spionage die sowjetische Getreideernte um 20–30 Prozent erhöhen und die Reifezeit des Getreides verringern können.[71] 1973 vermeldete die Direktion T die Beschaffung von 26 000 Dokumenten und 3700 »Mustern«. Von diesem Material unterlag zwar nur ein kleiner Teil der Geheimhaltung, aber es umfaßte auch streng geheime Informationen über die Saturn-Rakete, das Apollo-Projekt, die Lenkwaffen Poseidon, Honest John, Redeye, Roland Hydra und Viper, den Jumbojet Boeing 747 sowie Computertechnik, die für den sowjetischen Computer Minsk-32 verwendet wurde.[72]

In der 1977 anläßlich des 60. Jahrestages der Oktoberrevolution in Jasenewo eingerichteten »tschekistischen Ruhmeshalle« nahmen die Erfolge der wissenschaftlich-technischen Spionage einen herausragenden Platz ein. Der Ausstellung der Direktion T zufolge hatte sie in den vorangegangenen fünf Jahren 140 000 Dokumente und über 20 000 Muster beschafft, deren Nutzeffekt für die sowjetische Wirtschaft auf mehr als eine Milliarde Rubel beziffert wurde. Darüber hinaus sei die Spitzenforschung auf verschiedenen Gebieten von Wissenschaft und Technik um zwei bis sechs Jahre vorangebracht worden.[73]

Leonid Saizew, der 1975 ernannte dynamische und ehrgeizige Leiter der Direktion T, setzte sich dafür ein, seine Direktion aus der Ersten Hauptverwaltung herauszulösen und zu einer selbständigen Abteilung innerhalb des KGB zu machen. Seiner Ansicht nach benötigte sie ein

Jahresbudget von nur einem Prozent des Wertes der wissenschaftlich-technischen Informationen, die sie der sowjetischen Industrie und Landwirtschaft zugänglich machte.[74] Der Leiter der Ersten Hauptverwaltung, Krjutschkow, war jedoch fest entschlossen, diesen prestigeträchtigen Teil seines Nachrichtendienstimperiums nicht aus der Hand zu geben. Trotzdem operierte die Direktion T in zunehmendem Maß unabhängig vom Rest der Ersten Hauptverwaltung. Ihre Rekruten, die überwiegend wissenschaftlich oder technisch vorgebildet waren, wurden am Andropow-Institut getrennt von ihren Kollegen aus anderen Abteilungen nach einem eigenen Lehrplan unterrichtet. Auch in den Residenturen hatten die Offiziere der Gruppe X kaum Umgang mit den Angehörigen der anderen Gruppen.

Die WPK, von der die Direktion T hauptsächlich ihre Aufträge erhielt, zeigte mittlerweile zwar mehr Interesse für nichtamerikanische Ziele als in der Frühphase des Kalten Krieges,[75] aber die USA nahmen weiterhin mehr Raum ein als der Rest der Welt zusammen. 1980 kamen 61,5 Prozent der Informationen der WPK aus amerikanischen Quellen (wenn auch nicht immer aus den USA selbst), 10,5 Prozent aus Westdeutschland, 8 Prozent aus Frankreich, 7,5 Prozent aus Großbritannien und 3 Prozent aus Japan.[76] Im selben Jahr erteilte die WPK 3617 Beschaffungsaufträge, von denen 1085 innerhalb eines Jahres erledigt wurden. Davon profitierten 3396 sowjetische Forschungs- und Entwicklungsprojekte.[77]

Einen Großteil ihres Erfolgs bei der Erfüllung der Aufträge der WPK verdankte die Direktion T zahllosen Helfern im Wissenschaftsbetrieb der Sowjetunion. Mitte der siebziger Jahre belief sich ihre Zahl auf rund 90 Agentenanwerber, 900 Agenten und 350 »vertrauenswürdige Kontakte«.[78] Zu diesen Zuarbeitern, die wahrscheinlich das größte Netzwerk von Talentsuchern in der Geschichte der wissenschaftlich-technischen Spionage bildeten, zählten einige der bedeutendsten sowjetischen Wissenschaftler. Im Westen – insbesondere in den USA – waren sämtliche Wissenschaftler, die auf Feldern forschten, die für Beschaffungsaufträge der Direktion T relevant waren, potentielle Zielpersonen des KGB. Angesprochen wurden sie in der Regel zunächst von einem sowjetischen Fachkollegen, der dann versuchte, eine Zusammenarbeit auf persönlicher oder institutioneller Ebene zuwege zu bringen. Schließlich versuchte die Direktion T, Wissenschaftler, die naiv oder korrupt genug waren, als Agenten oder »vertrauenswürdige Kontakte« zu rekrutieren.[79] Einer der Anwerber der Direktion war der Direktor des Instituts für Physik und Energie an der lettischen Akademie der Wissenschaften (WITOS), der 1973 MIKE rekrutierte.[80] SATURN wurde 1978 mit Unterstützung der litauischen Akademie der Wissenschaften angeworben.[81]

Auch an der Auswahl sowjetischer Studenten für akademische Austauschprogramme mit den USA war der KGB beteiligt. Viele von ihnen wurden als Talentsucher ausgebildet und angewiesen, sich um Plätze an Universitäten und Forschungsinstituten im näheren Umkreis der Residenturen zu bemühen. Für die New Yorker Residentur waren dies die Technischen Hochschulen von Brooklyn und Rensselaer, das MIT sowie mehrere Universitäten (Columbia, Cornell, Harvard, New York und Princeton); in der Nähe der Washingtoner Residentur kamen fünf Universitäten (American, Catholic, Georgetown, George Washington und Maryland) in Frage; und in San Francisco hatte man die Universität von Kalifornien in Berkeley und San Francisco, das California Institute of Technology, die Universität von Südkalifornien sowie Stanford im Blick.[82]

Der Infiltrationsabsicht der Direktion T kam es entgegen, daß man sich in einigen ihrer Zielobjekte kaum um die Sicherheit kümmerte. Als Christopher Boyce 1985 vor einem Senatsausschuß aussagte, der die Sicherheitsvorkehrungen von Rüstungsunternehmen untersuchte, berichtete er, daß er und seine Kollegen bei TRW »während der Arbeitszeit regelmäßig im ›schwarzen Gewölbe‹ [in dem das Ryolite-Satellitenprojekt untergebracht war] Partys gefeiert und getrunken« hätten. Hinter den Chiffriermaschinen, erzählte er, habe man Rum aufbewahrt, und ein Apparat zur Vernichtung von Chiffriermaterial sei als Mixer für »Banana Daiquiris« und »Mai Tais« benutzt worden.[83] Hinzu kam, daß die meisten amerikanischen Unternehmen auch im Ausland operierten, so daß sie nicht nur im Inland der Gefahr der Infiltration ausgesetzt waren. Mitte der siebziger Jahre waren die westeuropäischen Ableger von siebzehn amerikanischen Firmen und Forschungseinrichtungen Zielobjekte von KGB-Residenturen, darunter IBM für die Residenturen in London, Paris, Genf, Wien und Bonn; Monsanto für jene in London und Brüssel; Texas Instruments für die Pariser Residentur; Westinghouse Electric für die Brüsseler; Honeywell für die römische; ITT für die Stockholmer und die Nationalen Gesundheitsinstitute für die Kopenhagener.[84] Unterstützt wurden die Residenturen durch eine Reihe von Selbstanbietern. So suchte 1974 ein in Los Angeles lebender Kanadier (späterer Codename SPRINTER) die sowjetische Botschaft in Helsinki auf, wo er verkündete, er arbeite für ein elektro-optisches Unternehmen, das lasergestützte Raketenabwehrsysteme und Infrarotzielgeräte für Schußwaffen, Panzer, Schiffe und Flugzeuge entwickle, und anbot, dessen Geheimnisse zu verkaufen.[85] Wie SPRINTER hatten offenbar die meisten Angehörigen des wissenschaftlich-technischen Agentennetzes des KGB finanzielle Motive.

Das von den Agenten gelieferte Material wurde durch die Fernmeldeaufklärung ergänzt. Deren Stationen in den drei US-amerikanischen Residenturen gelang es, die Telefon- und Faxverbindungen des Brookhaven National Laboratory und einer Reihe von Großunternehmen anzuzapfen. Anhand von Mitrochins Notizen läßt sich jedoch nicht abschätzen, wie groß der prozentuale Anteil der Fernmeldeaufklärung am Ertrag der wissenschaftlich-technischen Spionage war.

Seit der Zeit vor dem Zweiten Weltkrieg wurde die wissenschaftlich-technische Spionage als wesentliches Mittel betrachtet, um zu verhindern, daß die sowjetische Militärtechnik hinter der westlichen Entwicklung zurückblieb. Einem von Mitrochin eingesehenen Bericht zufolge beruhte 1979 mehr als die Hälfte der Projekte der sowjetischen Rüstungsindustrie auf wissenschaftlich-technischem Spionagematerial aus dem Westen.[86] Andropow erklärte zwei Jahre später, alle der wissenschaftlich-technischen Spionage auf militärischem Gebiet gestellten Aufgaben des KGB seien erfüllt worden.[87] In einem amtlichen amerikanischen Bericht, der sich hauptsächlich auf Dokumente stützt, die ein französischer Agent in der Direktion T, Wladimir Wetrow (FAREWELL), Anfang der achtziger Jahre geliefert hatte, wurde festgestellt:

»Die Sowjets schätzen, daß ihre Luftfahrt- und Radarindustrie durch die Verwendung von Dokumentationen über den US-amerikanischen Jäger F–18 gut fünf Jahre Entwicklungsarbeit und 35 Millionen Rubel (in Dollar hätte die entsprechende Forschung 1980 ein Volumen von 55 Millionen gehabt) für menschliche Arbeitskraft und andere Entwicklungskosten eingespart hat. Der Anteil der menschlichen Arbeitskraft an dieser Ersparnis beläuft sich wahrscheinlich auf über tausend Mannjahre an wissenschaftlichen Forschungsanstrengungen und stellt eines der erfolgreichsten Beispiele der Aneignung westlicher Technologie dar, die es jemals gegeben hat.«[88]

Andere mit Erfolg verwirklichte Projekte, die durch wissenschaftlich-technische Spionage ermöglicht wurden, waren eine sowjetische Version des amerikanischen luftgestützten Radarsystems AWACS und der Blackjack-Bomber, dessen Vorbild der B–1-Bomber war.[89]

Seit Ende der siebziger Jahre wurde auch immer mehr Wert auf den Beitrag der wissenschaftlich-technischen Spionage zur Entwicklung der sowjetischen Wirtschaft gelegt. Nach dem Urteil der Direktion hinkten die wichtigsten zivilen Wirtschaftszweige ihren westlichen Pendants zehn Jahre hinterher.[90] Im Januar 1980 wies Andropow die Direktion T an, einen Beschaffungsplan auszuarbeiten, um die akuten Probleme von Landwirtschaft, Metallurgie, Energiewirtschaft, Maschinenbau und Hochtechnologie zu beheben.[91] Von den 5456 von der Direktion im Jahr 1980 beschafften Mustern gingen 44 Prozent an die Rüstungsindustrie und je 28 Prozent über das GKNT an die Zivilwirtschaft sowie an den KGB und andere Behörden. In demselben, wahrscheinlich außergewöhnlichen Jahr kam mehr als die Hälfte des Nachrichtenmaterials der Direktion von verbündeten Diensten, vor allem von der Hauptverwaltung Aufklärung (HVA), dem ostdeutschen Auslandsnachrichtendienst, und der tschechoslowakischen StB.[92]

Einer der größten wissenschaftlich-technischen Erfolge der HVA war die Infiltration von IBM. Laut HVA-Chef Markus Wolf hing das ostdeutsche Elektronikkombinat Robotron »derart von der heimlichen Beschaffung der technologischen Entwicklungen von IBM ab, daß es praktisch eine Art illegaler Filiale dieses Unternehmens war«.[93] Obwohl Robotron weit hinter dem Westen zurücklag, war man dort offenbar besser als die sowjetischen Firmen in der Lage, die IBM-Technologie anzuwenden, denn das sogenannte System für operative und institutionelle Daten (SOUND), das zentrale Datensystem des KGB, arbeitete mit einem ostdeutschen Computer.[94]

In den achtziger Jahren wurde die wissenschaftlich-technische Spionage weiter ausgedehnt. Anfang 1984 berichtete Krjutschkow auf einer Sitzung führender Mitarbeiter der Ersten Hauptverwaltung, daß in den vorangegangenen zwei Jahren »die Quantität des Materials und der Muster, die an die zivilen Wirtschaftszweige übergeben worden sind, erneut um die Hälfte gestiegen« sei. Dies habe insbesondere in der Energiewirtschaft und der Nahrungsmittelindustrie »tiefe ökonomische Auswirkungen« gehabt. Daß die Ausnutzung des wissenschaftlich-technischen Spionagematerials in der zivilen Industrie aufgrund der Unbeweglichkeit des sowjetischen Wirtschaftsmanagements wesentlich schwieriger war als in der Rüstungsindustrie, verschwieg Krjutschkow. Außerdem war er in seiner Besessenheit von der Operation RJAN unzufrieden mit den von der Direktion T gelieferten Informationen über die Waffensysteme, die im Mittelpunkt von Reagans angeblichen Plänen für einen atomaren Erstschlag standen. Im »Arbeitsplan« der Ersten Hauptverwaltung wurden der Direktion T für 1984 folgende Prioritäten vorgegeben: »vom Hauptgegner ergriffene militärtechnische Maßnahmen zum Bau von Erstschlagswaffen; die quantitative Vermehrung atomarer Munition und ihrer Trägermittel (MX-Raketenstützpunkte, ›Trident‹, ›Pershing-2‹, Lenkwaffen, strategische Bomber); die Ersetzung einer Generation von Atomraketen durch eine neue (›Minuteman‹, ›Trident-2‹); die Entwicklung qualitativ neuer Waffen (Weltraumapparate mit unterschiedlichen Einsatzmöglichkeiten, Laser- und Punktstrahlwaffen, nichtakustische U-Boot-Abwehrwaffen, Waffen für die elektronische Kriegführung usw.)«. Erst danach rangierten »Informationen und Muster, die für zivile Branchen der Wirtschaft der UdSSR von wesentlichem Interesse sind«.[95]

Wie andere Sowjetführer nahm es zweifellos auch Gorbatschow als gegeben hin, daß die sowjetische Militärtechnik Informationen aus der wissenschaftlich-technischen Spionage im Westen benötigte. Doch er war wahrscheinlich stärker als seine Vorgänger an ihrer Nutzung für die Ankurbelung der Zivilwirtschaft interessiert. In einer Ansprache vor den Angehörigen der sowjetischen Botschaft in London hob er am 15. Dezember 1984, drei Monate bevor er zum Generalsekretär gewählt wurde, ausdrücklich die Leistungen der Direktion T und ihrer Offiziere (Gruppe X) in den ausländischen Residenturen hervor.[96] Schon zu diesem Zeitpunkt war klar, daß er die geheime Beschaffung westlicher Technologien und Forschungsergebnisse als bedeutenden Bestandteil der ökonomischen Perestroika betrachtete.

Die dramatische Entwicklung der Ost-West-Beziehungen in den späten achtziger Jahren eröffnete der Direktion T neue Gelegenheiten, was zur Folge hatte, daß sie 25 000 bis 40 000 »Informationsberichte« und 12 000 bis 13 000 Muster im Jahr beschaffen konnte. Ihren Wert schätzte sie 1986 auf 550 Millionen und 1988 sowie 1989 auf jeweils eine Milliarde Rubel.[97] Ende der achtziger Jahre gingen westliche Experten davon aus, daß rund 150 sowjetische Waffensysteme auf illegalen Technologieimporten aus dem Westen beruhten.[98]

Seine anfängliche kritische Haltung gegenüber den von der Ersten Hauptverwaltung gelieferten politischen Informationen scheint Gorbatschow im Lauf der Zeit revidiert zu haben. Zu Beginn der achtziger Jahre hatte Krjutschkow seine Untergebenen wiederholt wegen ausbleibender Erfolge bei der Anwerbung bedeutender amerikanischer Agenten gerügt und eine »radikale Verbesserung« verlangt. Noch im Februar 1985 verurteilte er das »niedrige Niveau« der Operationen gegen den Hauptgegner und den »Mangel an nennenswerten Resultaten« bei der Anwerbung von US-Bürgern durch die Residenturen.[99]

Als wären Krjutschkows Gebete erhört worden, tauchte zwei Monate später ein Selbstanbieter in der Botschaft in Washington auf. In den folgenden zwei Monaten verriet Aldrich Ames, nachdem er fast 30 Jahre für die CIA gearbeitet hatte, 20 westliche (zumeist amerikanische) Agenten, darunter Dmitri Poljakow, ein GRU-General, der für CIA und FBI gearbeitet hatte; Oleg Gordiewski, ein britischer Agent im KGB, der soeben zum Londoner Residenten ernannt worden war; Adolf Tolkatschow, ein Elektronikexperte, der hochkarätige Informationen über die sowjetische Flugelektronik geliefert hatte; und mindestens elf andere in verschiedenen Teilen der Welt stationierte KGB- und GRU-Offiziere. Während die meisten von ihnen erschossen wurden, gelang Gordiewski, obwohl er unter KGB-Überwachung stand, mit Hilfe des SIS auf dramatische Weise die Flucht aus der Sowjetunion. Mit der Enttarnung dieser Männer ging die wohl erfolgreichste Ageninfiltration der Sowjetunion seit der Oktoberrevolution zu Ende. Ames' Hauptmotiv für seinen Verrat war wohl Geldgier. Als er neun Jahre später verhaftet wurde, hatten ihm der KGB und dessen Nachfolgeorganisation fast 3 Millionen Dollar gezahlt – wahrscheinlich mehr, als jeder andere Agent in russischen Diensten jemals erhalten hatte, und zum Zeitpunkt seiner Verhaftung hatte er bereits eine Zusage über weitere zwei Millionen in der Tasche.[100] Während Gorbatschow einen neuen Kurs in der Politik gegenüber den Vereinigten Staaten einschlug, war er zweifellos beeindruckt davon, daß es dem KGB zum ersten Mal gelungen war, einen bedeutenden Agenten in der CIA zu rekrutieren. Außerdem hat die Erste Hauptverwaltung offenbar auf seine Forderung reagiert, ihm weniger verzerrte Berichte über den Hauptgegner und dessen Verbündete vorzulegen. Laut Leonid Schebarschin, einem von Krjutschkows damaligen Stellvertretern, »mußte die Erste Hauptverwaltung ihre Berichte nicht mehr in ein falsches positives Licht tauchen«,[101] auch wenn es vielen Offizieren schwergefallen sein dürfte, eine lebenslang geübte Gewohnheit abzulegen.

Im Dezember 1987 nahm Gorbatschow Krjutschkow auf seine historische Reise nach Washington mit, wo er und Präsident Reagan den ersten Abrüstungsvertrag zur Verringerung der Atomwaffenarsenale der Supermächte unterzeichnen wollten. Noch nie zuvor hatte ein Leiter der Ersten Hauptverwaltung des KGB einen Sowjetführer auf einer Reise in den Westen begleitet. Gorbatschows Vertrauen zu Krjutschkow – das er später bitter bereuen sollte – war zweifellos ein Ausdruck der hohen Meinung, die er angesichts der Erfolge der wissenschaftlich-technischen Spionage und bei der Infiltration der CIA von der Ersten Hauptverwaltung hatte. Während des Besuchs in Washington traf sich Krjutschkow, ohne daß die anderen Gäste etwas davon ahnten, im Restaurant »Maison Blanche« mit dem stellvertretenden CIA-Direktor Robert Gates zum Abendessen. Gates, der später Direktor der CIA wurde, erinnert sich: »Im Rückblick ist es beschämend, daß Krjutschkow bei diesem ersten hochrangigen Treffen zwischen CIA und KGB wußte, daß er einen Spion – Aldrich Ames – im Herzen der CIA hatte, daß er genau wußte, was wir dem Präsidenten und anderen über die Sowjetunion sagten, und daß er viele unserer menschlichen und technischen Anstrengungen zur Nachrichtenbeschaffung in der UdSSR kannte.«[102]

Im Oktober 1988 wurde Krjutschkow als erster Leiter des Auslandsnachrichtendienstes KGB-Vorsitzender. Seine Abschiedsrede in der Ersten Hauptverwaltung war eine seltsame Mischung aus altem und neuem Denken. »Demokratisierung und ›Glasnost‹«, erklärte er, »sind die Triebkräfte der Perestroika.« Ohne sie werde man nichts erreichen: »Wenn wir nicht zu einer objektiven Sicht der Welt gelangen, wenn wir sie nicht ungeschminkt sehen, frei von allen Klischees und schablonenhaften Vorstellungen, dann werden alle Forderungen nach einer wirkungsvollen Umsetzung unserer Außenpolitik nur leere Worte bleiben.« Doch das alte Mißtrauen gegenüber den USA und die Verschwörungstheorien blieben virulent. Ohne die Operation RJAN namentlich zu erwähnen, versuchte Krjutschkow ihre Voraussetzungen zu rechtfertigen: »Viele frühere Aufgaben [der Ersten Hauptverwaltung] stehen noch immer auf der Tagesordnung. So dürfen wir vor allen Dingen nicht übersehen, daß die unmittelbare Gefahr eines atomaren Konflikts noch nicht gebannt ist.« Es folgte eine Warnung vor den angeblichen »Provokationsoperationen« westlicher Geheimdienste. Allein im ersten Halbjahr 1988 seien 900 solcher Operationen in Gang gewesen.[103] Krjutschkow begann das Jahr 1989 mit einem demonstrativen Zeichen für das neue Klima in den Ost-West-Beziehungen, indem er als erster KGB-Vorsitzender den amerikanischen Botschafter in seinem Büro empfing. Anschließend startete er eine beispiellose Public-Relations-Kampagne, um die öffentliche Meinung sowohl im Westen als auch in der Sowjetunion zu gewinnen. »Der KGB«, verkündete er, »sollte nicht nur in unserem Land, sondern weltweit ein Image bekommen, das den erhabenen Zielen entspricht, die wir, wie ich glaube, mit unserer Arbeit verfolgen.«[104]

Nach einem kurzen Machtkampf trat der 53jährige Leonid Schebarschin Krjutschkows Nachfolge als Leiter der Ersten Hauptverwaltung an. Er war nach dem Zweiten Weltkrieg der erste auf diesem Posten, der über persönliche Erfahrungen in Ländern außerhalb des Ostblocks verfügte. In der Anfangszeit der Ära Gorbatschow hatte es zu seinen Aufgaben gehört, Berichte für die Parteiführung zu erstellen. Daß er bei seiner Ernennung mehrere ranghöhere Kandidaten überflügelte, ist ein sicheres Anzeichen dafür, daß seine Berichte Gorbatschow beeindruckt hatten.[105] Offiziere des Auslandsnachrichtendienstes, die nach Schebarschins Rücktritt im September 1991 von der *Iswestija* interviewt wurden, beschrieben ihn als den »ersten wirklich kompetenten Leiter der Ersten Hauptverwaltung seit Jahrzehnten«.[106] Laut Schebarschin bestand der erste bedeutende Auftrag, den er von Gorbatschow erhielt, darin, »sicherzustellen, daß der Westen bei der Abrüstung nicht betrog«.[107]

Die taktischen Siege der Ersten Hauptverwaltung über den Hauptgegner, die Gorbatschow so beeindruckt hatten, konnten die strategische Niederlage nicht verhindern. Durch die Erfolge der Direktion T wurden die strukturellen Probleme der sowjetischen Wirtschaft nur noch stärker betont. Trotz wissenschaftlich-technischen Spionagematerials mit einem Wert von einer Milliarde Rubel und der großen Zahl von Wissenschaftlern und Ingenieuren, die es in der Sowjetunion gab, fiel die sowjetische Technologie immer weiter hinter den Westen zurück. Zudem schwächten Gorbatschows Reformen die Kommandowirtschaft, ohne die Marktwirtschaft an ihre Stelle zu setzen. Sogar nach der guten Getreideernte von 1990 gab es eine Brotknappheit.[108] Weder wirtschaftliches noch politisches Nachrichtendienstmaterial, in welcher Menge es auch herbeigeschafft wurde, konnte den Zerfall des gescheiterten sowjetischen Systems aufhalten.

Als sich die wirtschaftlichen Schwierigkeiten der Sowjetunion in den neunziger Jahren vertieften und separatistische Bewegungen an Stärke gewannen, kam das traditionelle Mißtrauen gegenüber dem Hauptgegner wieder zum Vorschein. Allerdings gab Krjutschkow nicht nur imperialistischen Verschwörungen die Schuld an den sowjetischen Zuständen. »Die Hauptursachen unserer Sorgen«, erklärte er, »sind nach Ansicht des KGB im Innern des Landes zu suchen.« Aber er warf der CIA und anderen westlichen Nachrichtendiensten vor, als Teil eines »Geheimkriegs gegen den Sowjetstaat« antisozialistische und separatistische Kräfte zu unterstützen.[109] Laut Schebarschin hörte Gorbatschow nicht auf die Warnungen der Ersten Hauptverwaltung: »Er und seine Freunde lebten in einer Welt der Selbsttäuschung. ... Wir hängten unseren Waggon an den westlichen Zug an.«[110] Da Gorbatschow offenbar nicht bereit war, den Amerikanern entgegenzutreten, begann Krjutschkow einige der vernachlässigten Verschwörungstheorien des KGB zu veröffentlichen. So beschuldigte er im Dezember 1990 ein (nichtexistentes) westliches Komplott, es betreibe Wirtschaftssabotage, indem es »sowohl unreines und manchmal infiziertes Getreide als auch Produkte mit einem überdurchschnittlichen Grad von Radioaktivität oder Beimengungen schädlicher Substanzen« liefere.[111] Im Februar 1991 brandmarkten Krjutschkows Stellvertreter Wiktor Gruschko und danach auch der neue Ministerpräsident Walentin Pawlow eine ebenso fiktive Verschwörung westlicher Banken zur Schwächung des Rubels. Die umfassendste Version der von der Zentrale vertretenen Theorie einer Verschwörung, die unter Führung der Amerikaner versuche, die Sowjetunion zu untergraben, ist eine Rede, die der Leiter der KGB-Abteilung für Berichte und Einschätzungen, Nikolai Leonow, der vorher stellvertretender Leiter der Ersten Hauptverwaltung mit Zuständigkeit für Nord- und Südamerika gewesen war, im April 1991 hielt. Ziel der amerikanischen Politik, sagte er, sei es, »die Sowjetunion als einheitlichen Staat zu eliminieren«. Gorbatschow, so deutete er an, wolle davon aber nichts hören:

»Der KGB hat die Führung des Landes rechtzeitig im einzelnen darüber informiert. Wir wollen keine Wiederholung der tragischen Situation vor dem Großen Vaterländischen Krieg gegen Deutschland, als der sowjetische Nachrichtendienst vor dem unmittelbar bevorstehenden Angriff Nazideutschlands warnte, aber Stalin diese Information als falsch und sogar provokativ zurückwies. Sie wissen, was dieser Fehler uns gekostet hat.«

Einen weiteren Beleg für die Wiederbelebung der alten Verschwörungstheorien der KGB-Führung lieferte Krjutschkow, als er am 17. Juni 1991 in einer geschlossenen Sitzung des Obersten Sowjets seinen bislang streng geheimen Bericht vom Januar 1977 »Über CIA-Pläne, unter Sowjetbürgern Agenten zu rekrutieren« verlas. Der darin umrissene Gesamtplan der CIA, behauptete er, sei immer noch in Kraft.[112] Gorbatschow informierte er feierlich, der wichtigste CIA-Agent sei sein eigener Berater Alexander Jakowlew, der angeblich rekrutiert worden sei, als er vor über 30 Jahren als Austauschstudent an der Columbia-Universität in New York studiert hatte.[113]

Zu Krjutschkows Bedauern nahm Gorbatschow solchen Unsinn nicht ernst. Ebensowenig wie zweifellos auch viele Offiziere der Ersten Hauptverwaltung, die im Unterschied zum KGB-Vorsitzenden den Westen aus erster Hand kannten. Krjutschkow war jetzt Gorbatschows gefährlichster Feind. Seiner Überzeugung nach verwaltete der Generalsekretär, nachdem er 1989 schon widerstandslos den Zusammenbruch des Sowjetblocks hingenommen hatte, jetzt nur noch den Zerfall der Sowjetunion. Im August 1991 trat er als Hauptdrahtzieher des Putschversuchs hervor, durch den Gorbatschow gestürzt und die Sowjetunion gerettet werden sollte.

14.
Politische Kriegführung:
Aktive Maßnahmen gegen den Hauptgegner

»Die Philosophen«, schrieb Marx in den *Thesen über Feuerbach,* »haben die Welt nur verschieden interpretiert, es kommt darauf an, sie zu verändern.« Dementsprechend sammelte der KGB nicht nur politische Informationen und leitete sie in politisch korrekter Aufbereitung weiter, sondern versuchte auch, durch eine Vielzahl von »aktiven Maßnahmen« *(aktiwnyje meroprijatija)* den Gang der Weltereignisse zu beeinflussen. Diese Maßnahmen reichten von der Manipulation der Medien bis zu gewalttätigen »Sonderaktionen« unterschiedlichen Grades. Von übertriebenen Berichten über die eigenen Erfolge bei der heroischen Zerschlagung von konterrevolutionären Verschwörungen in der Zwischenkriegszeit angespornt und im Wunsch, die politische Führung zu beeindrukken, überschätzte der KGB regelmäßig seine eigene Leistungsfähigkeit.

Die USA waren während des gesamten Kalten Krieges Hauptziel sowohl der Nachrichtenbeschaffung als auch der aktiven Maßnahmen des KGB. Letztere waren als Einflußoperationen zur Diskreditierung des Hauptgegners zumeist am nicht gewalttätigen Ende der Skala angesiedelt. Auf einer Konferenz hoher Offiziere der Ersten Hauptverwaltung im Januar 1984 wurde diese Priorität, die seit dem Ende des Zweiten Weltkriegs bestanden hatte, bestätigt: »Unsere Hauptaufgabe ist es, dazu beizutragen, die aggressiven Absichten des amerikanischen Imperialismus zu durchkreuzen. ... Wir müssen unermüdlich an der Bloßstellung der schwachen und verletzlichen Punkte des Gegners arbeiten.«[1] In Wirklichkeit bestand das, was hier euphemistisch »Bloßstellung« genannt wurde, zum großen Teil aus Fälschungen, die vom Dienst A, der für aktive Maßnahmen zuständigen Abteilung der Ersten Hauptverwaltung, fabriziert und von den Offizieren der Gruppe PR an den ausländischen Residenturen verbreitet wurden. Von letzteren wurde erwartet, daß sie ein Viertel ihrer Zeit aktiven Maßnahmen widmeten, woran sich in der Praxis allerdings nicht alle hielten.

Das vom Dienst A hergestellte Desinformationsmaterial fiel sehr unterschiedlich aus. Darin spiegelte sich die uneinheitliche Qualität seiner Offiziere, von denen nur etwa die Hälfte Spezialisten für aktive Maßnahmen waren. Der Rest war zumeist von anderen Abteilungen ausgemustert worden. Wer begabt und ehrgeizig war, den drängte es nicht unbedingt in den Dienst A, denn er bot kaum Gelegenheiten für eine Stationierung im Ausland und wurde allgemein als Sackgasse für die Karriere betrachtet.[2] Es gab natürlich Ausnahmen. Juri Modin, der letzte Führungsoffizier der »Glorreichen Fünf«, entwickelte sich zu einem Fachmann für aktive Maßnahmen und stieg zum stellvertretenden Leiter von Dienst A auf. Anschließend arbeitete er erfolgreich als Offizier der Gruppe PR in Indien, bevor er an die Spitze des Fachbereichs Politische Aufklärung am Andropow-Institut berufen wurde.[3] Viele Offiziere des Dienstes A hatten, wenn überhaupt, nur wenig Erfahrung mit dem Leben im Westen und stützten sich auf grobe Verschwörungstheorien über kapitalistische und zionistische Kräfte, die angeblich eine geheime »Kommandozentrale« in den Vereinigten Staaten betrieben. An diesen Theorien hielten auch die aufeinanderfolgenden KGB-Vorsitzenden und Leiter der Ersten Hauptverwaltung fest, von denen bis in die späten achtziger Jahre kein einziger an einer ausländischen Residentur gearbeitet hatte.

Deshalb wäre es verwunderlich gewesen, wenn die Zentrale Präsident Kennedys Ermordung durch Lee Harvey Oswald am 22. November 1963 in Dallas nicht als Ergebnis einer Verschwörung interpretiert hätte. In diesem Sinne berichtete der stellvertretende KGB-Vorsitzende dem ZK der KPdSU im Dezember:

»Eine vertrauenswürdige Quelle der polnischen Freunde [des polnischen Sicherheitsdienstes SB], ein amerikanischer Unternehmer, Besitzer mehrerer Betriebe, der enge Verbindungen zu Kreisen des Ölbusineß im amerikanischen Süden unterhält, teilte Ende November dieses Jahres mit, daß die tatsächlichen Drahtzieher dieser verbrecherischen Aktion die drei führenden Ölmagnaten des amerikanischen Südens – Richardson, Murchinson und Hunt – sind, die die größten Ölvorkommen in den Südstaaten besitzen und seit langem enge Verbindungen zu profaschistischen und rassistischen Organisationen des Südens unterhalten.«[4]

Es war nicht schwer, Indizien zu finden, die diese vereinfachende Verschwörungstheorie zu untermauern schienen – insbesondere was den

Ölmagnaten und antikommunistischen Maulhelden H. L. Hunt betraf. »Die Kommunisten brauchen in den Vereinigten Staaten nicht einzumarschieren«, erklärte er einmal. »Die freundlichen Gefühle für die Bolschewiken sind jetzt schon größer als zu jener Zeit, als sie die Kerenski-Regierung stürzten und Rußland übernahmen.«[5] Sein Sohn Bunker hatte zusammen mit einer Gruppe anderer Rechter am Tag von Kennedys Besuch in der in Dallas erscheinenden Tageszeitung *Morning News* eine ganzseitige Anzeige geschaltet, in der dem Präsidenten vorgeworfen wurde, ein Handlanger der Kommunisten zu sein, was Kennedy mit der Äußerung quittierte, er komme jetzt »ins Land der Narren und Fanatiker«.[6] Zudem war der Nachtklubbesitzer Jack Ruby, der am 24. November auf Oswald schoß und ihn tödlich verletzte, kurz vor dem Mordanschlag in Hunts Büroräumen gewesen.[7]

Einem KGB-Bericht zufolge hatte ein Journalist der *Baltimore Sun* Anfang Dezember in einem Privatgespräch gesagt, »der jetzt festgenommene Ruby habe Oswald im Auftrage einer Gruppe texanischer Finanziers und Industrieller unter Führung des Millionärs Hunt für die Ermordung Kennedys eine hohe Summe angeboten«. Oswald sei hinterher von Ruby erschossen worden, damit er die Verschwörung nicht verraten könne.[8] Chruschtschow scheint sich der Ansicht des KGB angeschlossen zu haben, daß die angeblich hinter dem Mord an Kennedy stehenden rechtsextremen Verschwörer den Kalten Krieg verschärfen und »die reaktionären und aggressiven Elemente in der amerikanischen Außenpolitik stärken« wollten.[9]

Mit der Wahl Oswalds als Attentäter hatten sie nach Auffassung des KGB die Absicht verfolgt, die Aufmerksamkeit der Öffentlichkeit von sich abzulenken und den Anschlag als kommunistische Verschwörung erscheinen zu lassen.[10] Die Zentrale hatte ihre Gründe, weshalb sie Oswald von der Hauptschuld an dem Mord entlasten wollte, denn es war ihr zutiefst peinlich, daß dieser 1959 in die Sowjetunion übergelaufen war, weil er nach eigenem Bekunden die amerikanische Art zu leben verabscheute und das Sowjetsystem bewunderte. Anfangs hatte die Zentrale geargwöhnt, er sei von der CIA in geheimer Mission geschickt worden, dann kam sie jedoch zu dem Schluß, daß er nur ein labiler Plagegeist war. Sie war froh, ihn loszuwerden, als er 1962 mit seiner russischen Frau nach Texas zurückkehrte. Danach hatte ihn nunmehr das FBI im Verdacht, ein sowjetischer Agent zu sein. Aber es schien zu einer ähnlichen Einschätzung seiner Person zu gelangen wie der KGB.[11] Dessen Verdacht wurde erneut geweckt, als Oswald im August 1963 bei der KP der USA brieflich anfragte, ob es besser für ihn wäre, wenn er den Kampf gegen die »fortschrittsfeindlichen Kräfte« als Mitglied der »Untergrundbewegung« fortsetze, statt sich offen als Anhänger der »kommunistischen Ideale« erkennen zu geben. Jack Childs (MARAT), geheimes Mitglied der KP der USA und einer ihrer wichtigsten Verbindungsleute zum KGB, warnte Moskau, daß Oswalds Brief »als Provokation des FBI eingeschätzt« werde. Darin steckte viel Ironie, denn was der KGB nicht wußte, war, daß Childs selbst FBI-Agent war.[12]

Die von US-Präsident Lyndon B. Johnson zur Untersuchung des Mordes an Kennedy eingesetzte Warren-Kommission berichtete im September 1964, sie habe »sehr überzeugende« Beweise dafür gefunden, daß Oswald allein und nicht im Rahmen einer Verschwörung gehandelt habe. Obwohl der Bericht fehlerhaft war, treffen seine wichtigsten Schlußfolgerungen wahrscheinlich zu.[13] Dienst A, der möglicherweise tatsächlich davon überzeugt war, daß Kennedy einem rechtsextremen Komplott zum Opfer gefallen war, hatte bereits vor Erscheinen des Warren-Berichts zum ersten Gegenschlag ausgeholt. Geführt wurde er von Carlo Aldo Marzani (NORD), einem in Italien geborenen amerikanischen Kommunisten, der wahrscheinlich schon vor dem Zweiten Krieg als sowjetischer Agent rekrutiert worden war und vom KGB gern und oft für aktive Maßnahmen eingesetzt wurde.[14] Anfang 1960 riet die New Yorker Residentur der Zentrale, Marzani 6000 oder 7000 Dollar auszuzahlen, damit sein Liberty Book Club weiterhin sowjetfreundliche Schriften veröffentlichen könne. Die Internationale Abteilung des ZK bewilligte im Mai 1960 sogar eine Zuwendung in Höhe von 15 000 Dollar.[15] Im September 1961 genehmigte das ZK für die nächsten zwei Jahre weitere 55 000 Dollar, die es Marzani ermöglichen sollten, seinen Verlag auszubauen. Zusätzlich erhielt er noch einmal 10 000 Dollar im Jahr für seinen Werbeaufwand.[16]

Bei Marzani erschien 1964 unter dem Titel *Oswald. Assassin or Fall-Guy?* das erste amerikanische Buch über den Kennedy-Mord. Sein Autor, der Deutsche Joachim Joesten, drückte Marzani seinen »aufrichtigen Dank« aus, »einem klugen und zupackenden Verleger in bester amerikanischer Tradition, der mit Herz und Seele an diesem Buch beteiligt« gewesen sei und es geschafft habe, es innerhalb von fünf Wochen nach Erhalt des Manuskripts zu veröffentlichen.[17] Was das Attentat auf Kennedy betraf, folgte Joesten der Moskauer Linie und gab einer Verschwörung rechtsextremer »Rassisten« mit dem »Ölmagnaten H. L. Hunt« an der

Spitze die Schuld. Für Joesten war Oswald »ein Agent provocateur des FBI mit CIA-Hintergrund«, der als entbehrlich angesehen, als Sündenbock vorgeschoben und schließlich ermordet wurde, um zu verhindern, daß er aussagte.[18] Damit waren zwei Themen eingeführt, die in den folgenden 30 Jahren in sowjetischen und russischen aktiven Maßnahmen immer wieder aufgegriffen werden sollten: das Komplott von Hunt und anderen rechtsextremen Fanatikern und die Verwicklung der CIA. Zum Zeitpunkt seines Erscheinens wurde das Buch allerdings von der Veröffentlichung des Warren-Berichts und der Beschäftigung der Medien mit Joestens kommunistischem Hintergrund überschattet.

Der KGB sah in dem New Yorker Rechtsanwalt Mark Lane zu Recht den begabtesten Vertreter der ersten Generation von Verschwörungstheoretikern, die sich mit dem Mord an Kennedy befaßten. In einem wahrscheinlich von der New Yorker Residentur stammenden Bericht wurde Lane als »bekannte Persönlichkeit mit engen Verbindungen zur Demokratischen Partei in den USA« bezeichnet und hinzugefügt: »Er vertritt in aktuellen amerikanischen politischen Fragen liberale Ansichten und hat mit einer eigenen privaten Untersuchung der Umstände des Mordes an J. Kennedy begonnen.«[19] Joesten pries Lane als »brillant und mutig« und widmete ihm sein Buch: »Weder die ›Polizeistaatstaktik‹ des FBI – um sein [Lanes] eigenes Wort zu benutzen – noch die Verschwörung des Schweigens der Pressemagnaten konnte ihn davon abbringen, unermüdlich nach der Wahrheit zu suchen.«[20]

Zusammen mit studentischen Helfern und anderen Freiwilligen gründete Lane in einem kleinen Büro an der unteren 5th Avenue in New York das Untersuchungskomitee der Bürger und mietete ein kleines Theater, in dem er mehrere Monate lang jeden Abend einen Vortrag hielt, der bald nur noch »Die Rede« genannt wurde, um den jüngsten Stand der Verschwörungstheorie darzustellen. »Diese alternative Methode, eine abweichende Meinung zu bekunden, wurde notwendig«, schrieb Lane, »weil sich sämtliche Rundfunk- und Fernsehanstalten weigerten, auch nur ein Wort zu senden, das nicht mit der offiziellen Darstellung übereinstimmte.«[21] Zwar wagte es die New Yorker Residentur nicht, direkt mit ihm Kontakt aufzunehmen, aber sie ließ ihm durch einen engen Freund, der in Lanes KGB-Akte nur als »vertrauenswürdiger Kontakt« bezeichnet wird, 1500 Dollar zukommen, um seine Nachforschungen zu unterstützen. Obwohl Lane nicht erfuhr, wo das Geld herkam, stellte die Residentur Spekulationen darüber an, daß er es erraten haben könnte. Außerdem befürchtete sie, die geheime Spende könnte vom FBI entdeckt werden.[22] Es gibt jedoch keinen Beleg dafür, daß Lane sich über die Herkunft des Geldes im klaren war.

Derselbe Vermittler stellte Lane 1964 500 Dollar für eine Reise nach Europa zur Verfügung. Dort ersuchte er darum, in Moskau empfangen zu werden, um seine Erkenntnisse zu diskutieren. Doch die Zentrale kam zu ihrem eigenen Bedauern zu dem Schluß, daß sie dadurch allzu offensichtlich in Erscheinung treten würde. Der Besuch wurde »höflich verschoben«, während gleichzeitig unter sowjetischen Journalisten »vertrauenswürdige Kontakte« ausgewählt wurden, die Lane bei seinen Recherchen ermutigen sollten. Zu ihnen gehörte der KGB-Agent Genrich Borowik, der auch später mit ihm in Verbindung blieb. In Lanes 1966 erschienenem Buch *Rush to Judgement* (deutsch: *Mark Lane klagt an*) wurde die Verwicklung höchster Regierungsstellen in den Anschlag auf Kennedy unterstellt.[23] Es wurde, wie Lane bescheiden feststellte, »schnell ein Bestseller«. Darüber hinaus sei zu bemerken, »daß sich die öffentliche Einstellung zu dem Fall [durch das Buch] drastisch geändert hat«.[24]

Ende der sechziger und Anfang der siebziger Jahre ließ Lanes Erfolg nach. In dieser Zeit erfreuten sich Bücher, die einige der Exzesse der Verschwörungstheoretiker aufdeckten, größter Beliebtheit.[25] Als die Führer der KP der USA 1971 Moskau besuchten, beschrieben sie Lanes Buch zwar als »vorteilhaft für die Kommunisten«, fügten aber hinzu, sein Hauptmotiv sei die eigene Selbsterhöhung gewesen.[26] Nach den aufsehenerregenden Enthüllungen über die wirkliche Verschwörung im Weißen Haus unter Nixon und der Mordkomplotte der CIA gegen mehrere ausländische Staatsmänner erhielten die Verschwörungstheoretiker Mitte der siebziger Jahre neuen Auftrieb.[27] Wie kaum anders zu erwarten, ließ sich der KGB keine Gelegenheit für aktive Maßnahmen entgehen, um die immer beliebter werdende Theorie, daß die CIA hinter dem Attentat auf Kennedy gestanden habe, zu unterstützen. Hauptzielperson war der frühere CIA-Offizier und Watergate-Verschwörer E. Howard Hunt (nicht zu verwechseln mit dem texanischen Ölmillionär H. L. Hunt), der fälschlicherweise beschuldigt worden war, am Tag des Anschlags in Dallas gewesen zu sein. Im Mittelpunkt der gegen ihn gerichteten aktiven Maßnahme (ARLINGTON) stand ein gefälschter Brief, den Oswald ihm angeblich vierzehn Tage vor dem Mord geschickt hatte. Der Brief, in dem Wendungen und Ausdrücke aus Briefen benutzt wurden, die Oswald während seines zweijährigen Aufenthalts in der Sowjetunion tatsächlich verfaßt hatte, war in täuschend ähnlicher Handschrift geschrieben und enthielt zudem einen für Oswalds Dyslexie typischen Schreibfehler:

»Lieber Mr. Hunt,
ich hätte gern Informationen hinsichtlich [*concerding* statt *concerning*] meiner Position. Ich bitte nur um Informationen. Ich schlage vor, wir besprechen die Sache, bevor ich selbst oder ein anderer irgend etwas unternimmt.
Thank-you.
Lee Harvey Oswald.«[28]

Mit anderen Worten, Oswald wollte Hunt treffen, bevor er das Attentat ausführte. Die Fälschung wurde von der Dritten Abteilung der Direktion OT (operative und technische Unterstützung) der Ersten Hauptverwaltung zweimal auf ihre »Authentizität« geprüft, bevor 1975 Fotokopien des Briefes an drei der aktivsten Verschwörungsgläubigen geschickt wurden. In einem beigelegten Schreiben behauptete ein anonym bleibender Unterstützer, er habe das Original CIA-Direktor Clarence Kelley gegeben, der dieses Beweisstück offenbar unterdrücke. Zur Enttäuschung der Zentrale mußte sie fast zwei Jahre warten, bis ihre Fälschung an die Öffentlichkeit gelangte. 1977 endlich war es soweit: Penn Jones, der im Ruhestand lebende Besitzer einer kleinen texanischen Zeitung, der im Selbstverlag vier eigene Bücher über den Kennedy-Mord herausgebracht hatte, publizierte den Brief. Die *New York Times* meldete, daß drei Graphologen den Brief für echt befunden hatten. Auch Oswalds Witwe hatte die Handschrift ihres Mannes wiedererkannt.[29] Die 1978 vom Sonderausschuß des Kongresses zur Untersuchung von Attentaten hinzugezogenen Experten waren dagegen vorsichtiger und wollten ohne das Originaldokument kein »endgültiges Urteil« abgeben.[30]

Verstimmt war die Zentrale darüber, daß die Presse anfangs hauptsächlich darüber spekulierte, ob der Brief möglicherweise an den Ölmillionär H. L. Hunt – die Zentralfigur einer anderen Verschwörungstheorie – gerichtet war und nicht an die vom KGB ausgewählte Zielperson, den Watergate-Verschwörer Howard Hunt. Dienst A glaubte an eine Gegenverschwörung der CIA. Durch eine »abgestimmte« Pressekampagne, erklärte der KGB, solle die Aufmerksamkeit der Öffentlichkeit von Oswalds Verbindungen zu amerikanischen Geheimdiensten abgelenkt werden.

Im April 1977, kurz nach der Veröffentlichung des gefälschten Briefes, informierte der KGB das ZK, daß er weitere aktive Maßnahmen durchführe, um die Verwicklung der amerikanischen Geheimdienste in das Attentat auf Kennedy zu enthüllen.[31] 1980 beklagte sich Howard Hunt, es sei »inzwischen ein Glaubenssatz geworden, daß ich in das Kennedy-Attentat verwickelt war«.[32]

Ende der siebziger Jahre konnte der KGB darauf verweisen, daß weit mehr Amerikaner an die eine oder andere Version seiner Verschwörungstheorie über ein rechtsextremes Komplott und die Verwicklung von US-Geheimdiensten glaubten als an die Erkenntnisse der Warren-Kommission. Sowjetische aktive Maßnahmen hatten daran jedoch weniger Anteil, als die Zentrale annahm. Wahrscheinlich hatten CIA und FBI durch ihre anfänglichen Vertuschungsaktionen unabsichtlich weit mehr dazu beigetragen, die mitunter von ihren Ideen regelrecht besessenen Verschwörungstheoretiker zu ermuntern und die Beweislage zu verwirren. Das Kommissionsmitglied Allen W. Dulles, bis 1961 CIA-Direktor, hatte der Warren-Kommission verschwiegen, daß die CIA die Ermordung Castros geplant hatte. Am selben Tag, an dem Kennedy ermordet wurde, hatte sie einem Agenten eine Waffe für den Anschlag auf Castro zukommen lassen. Auch J. Edgar Hoover hatte wichtige Informationen zurückgehalten. So hatte er zu seinem Entsetzen festgestellt, daß Oswald nicht in der FBI-Liste potentieller Verräter geführt wurde, obwohl er nach seiner Rückkehr aus der Sowjetunion einen Drohbrief an das FBI geschrieben und später ein Treffen mit einem KGB-Offizier in Mexiko City vereinbart hatte. Nach der Lektüre eines Berichts über »Untersuchungsmängel im Fall Oswald« kam Hoover zu dem Schluß, daß der Bericht, wenn er an die Öffentlichkeit gelangte, den Ruf des FBI ruinieren würde.[33]

Vermutlich hätte das Wissen um die von Dulles und Hoover verschwiegenen Vorgänge die Warren-Kommission nicht dazu bewegt, ihre Schlußfolgerung, daß Oswald ein Einzeltäter war, zu revidieren. Doch als sie Mitte der siebziger Jahre bekannt wurden, waren sie Wasser auf die Mühlen jener, die glaubten, es seien noch mehr Informationen verheimlicht worden, und zwar solche, die auf eine Verwicklung der Geheimdienste hindeuteten. Der Watergate-Skandal und die nachfolgenden Enthüllungen über den Mißbrauch von Geheimdiensten hatten ein Klima geschaffen, in dem Verschwörungstheorien von selbst gediehen.[34] Obwohl die meisten Mißbräuche vom jeweiligen Präsidenten angeordnet oder autorisiert worden waren, verbreitete sich die Ansicht, die CIA habe sich, um Senator Frank Church, den Vorsitzenden des Sonderausschusses des Senats zur Untersuchung von Regierungshandlungen in bezug auf nachrichtendienstliche Aktivitäten, zu zitieren, »wie ein Elefant im Porzellanladen« verhalten.[35]

Dienst A griff Churchs schlecht gewähltes Bild begierig auf. Wertvollster Aktivposten seiner Einflußoperationen war ein verbitterter früherer operativer Offizier der CIA in Lateinamerika, Philip Agee (PONT),[36] der 1968 nach Beschwerden über seine Trinkgewohnheiten, seine finanzielle Mißwirtschaft und die Belästigung der Ehefrauen amerikanischer Diplomaten zum Ausscheiden aus dem Dienst gezwungen worden war.[37] Obwohl er im Westen blieb, wurde er praktisch der erste Überläufer der CIA. 1973 suchte er die KGB-Residentur in Mexiko City auf und bot, wie es der damalige Chef der Gegenspionagedirektion der Ersten Hauptverwaltung, Oleg Kalugin, später formulierte, »ganze Bände von Informationen über CIA-Operationen« an. Doch der KGB-Resident war mißtrauisch. Er fand Agees Angebot zu gut, um wahr zu sein, argwöhnte ein CIA-Komplott und wies ihn ab. Daraufhin ging Agee zu den Kubanern, die ihn mit offenen Armen empfingen. »Die Kubaner teilten Agees Informationen mit uns«, erinnert sich Kalugin, »aber wenn ich in meinem Büro in Moskau saß und Berichte über die wachsende Zahl von Enthüllungen las, die von Agee kamen, dann verfluchte ich unsere Offiziere dafür, daß sie sich solch eine Beute durch die Lappen gehen ließen.«[38]

Im Januar 1975 veröffentlichte Agee unter dem Titel *Inside the Company* (deutsch: *CIA intern*) entschieden feindselige Erinnerungen an seine Zeit bei der CIA, in denen er rund 250 ihrer Offiziere und Agenten enttarnte und behauptete, seit dem Ende des Zweiten Weltkriegs hätten »alle amerikanischen Regierungen – ohne Ausnahme – insgeheim die Gesetze und die Menschenrechte von Millionen Menschen in der Welt verletzt, um ihre Interessen zu schützen«.[39] In dem selbstzufriedenen Aktenvermerk des KGB über das Buch heißt es, zweifellos etwas übertrieben, das Buch sei »von Dienst A zusammen mit den Kubanern hergestellt« worden.[40] Aus Mitrochins Notizen geht nicht hervor, welchen Anteil KGB und DGI tatsächlich an Agees Text hatten. Dieser gab jedoch selbst zu, von Kuba, sprich: dem DGI, bei seinen Nachforschungen unterstützt worden zu sein.[41]

Aufgrund von juristischen Problemen in den Vereinigten Staaten erschien Agees Buch zuerst in Großbritannien, wo es sofort zum Bestseller wurde. Die sechsmonatige Verzögerung zwischen der britischen und der amerikanischen Veröffentlichung von *Inside the Company* und die juristischen Streitigkeiten um das Buch heizten das Medieninteresse in den USA nur noch weiter an. In einer Rezension der internen CIA-Zeitschrift *Studies in Intelligence* wurde Agee bescheinigt, ihm sei ein »Volltreffer« gegen die CIA gelungen. »Eine erhebliche Zahl von CIA-Mitarbeitern«, zitierte Agee voll Genugtuung, »muß von ihren normalen Tätigkeiten entbunden werden und sich der aufwendigen Aufgabe zuwenden, den Schaden für das Lateinamerika-Programm gründlich zu beheben ...«[42]

Am 16. November 1976 wurde Agees Fall sehr zur Freude der Zentrale durch einen gegen ihn erlassenen Ausweisungsbeschluß des britischen Innenministeriums zu einer *cause célèbre*. Laut einer der von Mitrochin eingesehenen Akten unternahm der KGB »nachdrückliche und entschlossene Maßnahmen, um das Innenministerium zu bewegen, seine Entscheidung zu widerrufen«. Die Londoner Residentur wurde eingesetzt, »um eine Reihe von Mitgliedern des Vorstands der Labour Party, Gewerkschaftsführer, führende Parlamentarier und Führer des Journalistenverbandes zu bewegen, gegen den Beschluß des Innenministeriums Stellung zu beziehen«.[43] Am 30. November fand in London die erste einer ganzen Serie von öffentlichkeitswirksamen Protestveranstaltungen gegen den Ausweisungsbeschluß statt. Zu den Rednern gehörten die Labourministerin Judith Hart, der führende linke Labourpolitiker Ian Mikardo, Alan Sapper von der Gewerkschaft der Film- und Fernsehtechniker und der bekannte Historiker E. P. Thompson. Ein beim Nationalrat für bürgerliche Freiheiten eingerichtetes Verteidigungskomitee organisierte Petitionen, Kundgebungen und Mahnwachen vor dem Innenministerium. Im Unterhaus brachte Stan Newens eine von über 50 Abgeordneten unterstützte Protestentschließung ein. Agee selbst sprach auf Sympathiekundgebungen in Birmingham, Blackpool, Brighton, Bristol, Cambridge, Cardiff, Coventry, London, Manchester und Newcastle. Als er im Januar und Februar 1977 Einspruch gegen den Ausweisungsbeschluß erhob, gehörten Stan Newens, Judith Hunt, der frühere Innenminister Alex Lyon, der vormalige US-Justizminister Ramsey Clark, Kissingers ehemaliger Mitarbeiter Morton Halperin und der UN-Hochkommissar für Namibia und Friedensnobelpreisträger Sean MacBride zu seinen Bürgen. Laut Agees KGB-Akte wurden auch in Frankreich, Spanien, Portugal, Italien, Holland, Finnland, Norwegen, Mexiko und Venezuela »Kampagnen zur Unterstützung von PONT« durchgeführt. Nachdem Agees Einsprüche abgelehnt worden waren, bildete eine Unterhausdebatte am 3. Mai den letzten Akt der langwierigen Protestkampagne. Der *Guardian*, der Agees Berufung unterstützte, kommentierte:

> »Als Merlyn Rees ... beschloß, daß Philip Agee und [der ebenfalls ausgewiesene amerikanische Journalist] Mark Hosenball zu gehen hätten, muß er gewußt haben, daß ihm Ärger ins Haus stand. Aber war ihm eigentlich die Peinlichkeit dieses sich in die Länge ziehenden Problems klar – das Beweismaterial, dessen Umfang es mit ›Krieg und Frieden‹ aufnehmen kann, die Pressekonferenzen, die Parade engagierter Zeugen?«[44]

Obwohl Agee am 3. Juni 1977 schließlich gezwungen war, nach Holland auszureisen, frohlockte die Zentrale über die »höchst peinliche Art des Aufsehens«, das seine Ausweisung erregt hatte. Die Behauptung der Londoner Residentur, sie sei in der Lage gewesen, prominente Labourpolitiker und andere zur Unterstützung Agees zu bewegen, war jedoch stark übertrieben. Den meisten Unterstützern Agees dürfte kaum in den Sinn gekommen sein, daß der KGB oder die DGI an ihrer Kampagne beteiligt sein könnte.[45]

Nach Agees von viel öffentlicher Anteilnahme begleiteter Ausweisung aus Großbritannien setzte der KGB ihn und einige seiner Helfer weiterhin für aktive Maßnahmen gegen die CIA ein.[46] Angeblich von einem »anonymen Absender« erhielt Agee die authentische Kopie eines von Kissinger unterzeichneten vertraulichen Rundschreibens des US-Außenministeriums über die »nachrichtendienstlichen Hauptfragen« in bezug auf Wirtschaft, Finanzen und Handel für das Steuerjahr 1975. In den KGB-Akten wird als Quelle des Dokuments Dienst A angegeben.[47] Im Sommer 1977 veröffentlichte Agee das Rundschreiben unter dem Titel »Was Onkel Sam über Sie wissen möchte: Schlüsselfragen der Geheimdienste«. Wie er in seiner Einleitung zugab, hatten »diese Schlüsselfragen keinen sensationellen Eindruck« auf ihn gemacht, aber sie bewiesen seiner Ansicht nach die unfaire Unterstützung, die amerikanische Unternehmen im Ausland von den Geheimdiensten der USA erhielten.[48]

1978 begannen Agee und einige seiner Unterstützer das *Covert Action Information Bulletin* zu publizieren, um, wie Agee es ausdrückte, eine »weltweite Kampagne« in Gang zu setzen.[49] Den von Mitrochin eingesehenen Akten zufolge wurde das *Bulletin* »auf Anregung des KGB« gegründet. Die Herausgebergruppe (gemeinsamer Codename RUPOR), deren erstes Treffen Anfang 1978 in Jamaika stattgefunden hatte, war von der Direktion K »zusammengebracht« worden.[50] Herausgegeben wurde das *Bulletin* in Washington von Bill Schaap, einem linken Rechtsanwalt mit dem KGB-Codenamen RUBY, seiner Frau, der Journalistin Ellen Ray, und dem Journalisten Louis Wolf (ARSENIO). Agee und zwei weitere enttäuschte frühere CIA-Mitarbeiter, Jim und Elsie Wilcott, steuerten Artikel und Informationen bei.[51] In Mitrochins Notizen findet sich kein Beweis dafür, daß außer Agee irgendein Mitglied der RUPOR-Gruppe etwas von der Rolle des KGB und der DGI ahnte.

Die erste Ausgabe des *Bulletin* stellten Agee und die RUPOR-Gruppe im Sommer 1978 auf einer Pressekonferenz in Kuba am Vorabend der 11. Weltfestspiele der Jugend und Studenten, die mit dem Karneval in Havanna zusammenfielen, vor. Außerdem präsentierte Agee Vorausexemplare seines neuen, zusammen mit Louis Wolf verfaßten Buches mit dem Titel *Dirty Work* (deutsch: *Die CIA in Westeuropa)*, das Namen und biographische Angaben von 700 CIA-Mitarbeitern enthielt, die noch oder ehemals in Westeuropa stationiert waren. »Die Reaktion der Presse«, schrieb Agee später, »enttäuschte mich nicht. In den nächsten Tagen erfuhren wir telefonisch von Bekannten in den Staaten und anderswo, daß die meisten überregionalen Zeitungen über das *Bulletin* und *Dirty Work* berichteten.«[52]

Die Zentrale bildete aus Mitarbeitern von Dienst A und Direktion K eine unter Leitung von W. N. Kosterin, dem stellvertretenden Chef des Dienstes A, stehende Projektgruppe, die das *Bulletin* ständig mit kompromittierendem Material über die CIA versorgte. 1979 lieferte die Projektgruppe unter anderem ein achtzehnseitiges CIA-Dokument mit dem Titel »Director of Central Intelligence: Perspectives for Intelligence, 1976–1981«, das als anonyme Sendung in die Wohnung des Washingtoner Residenten Dmitri Jakuschkin geschickt und von der Zentrale zunächst fälschlicherweise als CIA-»Köder« angesehen worden war.[53] Agee hob in seinem Kommentar über die Denkschrift besonders die Bemerkung von CIA-Direktor William Colby hervor, die jüngsten Enthüllungen gehörten zu den größten Problemen, mit denen die CIA konfrontiert sei.[54] Kosterins Projektgruppe fiel es jedoch immer schwerer, genügend Geheimmaterial für das *Bulletin* zu finden. Sie forderte die Herausgeber daher auf, sich intensiver nach allgemein zugänglichem Material umzusehen, das gegen die CIA verwendet werden konnte – etwa über das »Jonestown-Massaker« in Guyana, bei dem im November 1978 900 Anhänger der amerikanischen Volkstempel-Sekte Massenselbstmord begangen hatten beziehungsweise ermordet worden waren.[55]

Nach dem Erfolg, den *Dirty Work* zumindest in den Augen von Dienst A gehabt hatte, begannen Agee und Wolf an einer Fortsetzung über die CIA-Präsenz in Afrika zu arbeiten, *Dirty Work II. The CIA in Africa.* Anfang 1979 trafen sich Oleg Netschiporenko von der Direktion K und A. N. Izkow von Dienst A in Kuba mit Agee und übergaben ihm eine Liste von CIA-Mitarbeitern in Afrika.[56] Kurz vor der Fertigstellung von *Dirty Work II* beschloß Agee, nicht öffentlich als Mitautor in Erscheinung zu treten, um seine Aufenthaltsgenehmigung in Westdeutschland, wo er jetzt lebte, nicht zu gefährden. Darüber hinaus änderte er seine offizielle Position beim *Bulletin* und mutierte vom Herausgeber zum »Berater«. »Wie mir das bei der deutschen Ausländerpolizei helfen sollte«, gab er später selbst zu, »war ... nicht ganz klar, aber meine Befürchtungen waren so stark, daß ich – zumindest in diesem Punkt – kaum noch rational reagierte.«[57] Netschiporenko und Izkow einigten sich mit Pedro Pupo Pérez, dem Leiter der DGI, darauf, daß die Veröffentlichung von *Dirty Work II* mit der Konferenz der Staatschefs der 92 blockfreien Staaten zusammenfallen sollte, die im September 1979 unter Vorsitz Fidel Castros in Havanna stattfinden sollte.[58]

Nach Agees eigener Zählung erhöhte sich die Zahl der von ihm und der RUPOR-Gruppe enttarnten CIA-Mitarbeiter mit dem neuen Buch auf über 2000. Für den KGB war es eine bemerkenswert effektive aktive Maßnahme. Der Nachrichtendienstausschuß des Senats berichtete 1980:

»Die Mitglieder der Geheimdienstausschüsse von Repräsentantenhaus und Senat sind in den letzten Jahren ... in zunehmendem Maß beunruhigt wegen der systematischen Anstrengungen einer kleinen Gruppe von Amerikanern, die ... die Namen von verdeckten Geheimdienstagenten bekanntmachen. ... Eine führende Rolle spielt dabei Philip Agee. ... Diese Enttarnungen sind, in vielerlei Hinsicht und auf die unterschiedlichste Weise, von katastrophaler Wirkung.
Die Einsatzfähigkeit von enttarnten Beamten wird erheblich und bisweilen irreparabel beeinträchtigt. Diese Beamten müssen die Verbindung zu verdeckten Quellen reduzieren oder abbrechen, und beste-

hende Kontakte müssen verstärkt von defensiven Maßnahmen begleitet werden, die zwangsläufig teurer und zeitaufwendiger sind. Einige Beamte müssen von ihren Posten abberufen und unter großem finanziellem Aufwand aus Übersee zurückgeholt werden, und die unersetzlichen, in Jahren erworbenen Erfahrungen und Sprachkenntnisse sind verloren.
Angesichts der eingeschränkten Möglichkeit, enttarnte Beamte neu zu verwenden, ist die Anzahl erfahrener CIA-Mitarbeiter, die im Ausland eingesetzt werden können, erheblich begrenzt. Enttarnte Mitarbeiter zu ersetzen ist schwierig und in manchen Fällen unmöglich. Solche Enttarnungen sensibilisieren außerdem feindliche Nachrichtendienste für die CIA-Präsenz und beeinflussen die Bevölkerung, wodurch operative Maßnahmen weiter erschwert werden.«

Alle dreizehn Mitglieder des Nachrichtendienstausschusses des Repräsentantenhauses unterstützten ein Gesetz zum Schutz der Identität von Nachrichtendienstmitarbeitern, das als »Anti-Agee-Gesetz« bekanntgeworden ist und im Juni 1982 in Kraft trat. Agee, dem 1981 sein US-Paß entzogen wurde, reiste in den folgenden Jahren nacheinander mit Pässen, die ihm Maurice Bishops marxistisch-leninistisches Regime in Grenada und die sandinistische Regierung von Nicaragua ausgestellt hatten.[59] Sein Einfluß befand sich jedoch auf dem absteigenden Ast. »Mein Aufruf zur Bildung einer den ganzen Kontinent umfassenden Aktionsfront gegen die CIA-Leute in Lateinamerika von 1983 führte zu nichts«, wie er selbst zugab. »Die Menschen hatten andere Prioritäten.«[60]

Neben der CIA war das FBI ein Hauptangriffsziel von aktiven Maßnahmen des KGB. Bis zu J. Edgar Hoovers Tod im Jahr 1972 waren viele von ihnen gegen ihn persönlich gerichtet. Dienst A verwandte dafür drei einfache und gelegentlich grobe Mittel. Das erste war die Behauptung, der FBI-Direktor stecke mit rechtsextremen Vereinigungen wie der John Birch Society unter einer Decke, deren Gründer sogar den früheren republikanischen US-Präsidenten Dwight D. Eisenhower als »ergebenen, überzeugten Agenten der kommunistischen Verschwörung« betrachtete. Um seinen Fälschungen Glaubwürdigkeit zu verleihen, hatte sich Dienst A aus deren Hauptquartier in Kalifornien Schreibpapier und Unterschriften der Anführer der Gesellschaft beschafft. Im November 1965 verfertigte er einen Brief, in dem Hoover den Chef der John Birch Society angeblich daran erinnerte, daß er mit dem vom FBI bereitgestellten Geld in der Lage sei, weitere Ableger seiner Gesellschaft zu gründen.[61]

Eine raffiniertere Form von aktiven Maßnahmen war die Unterstellung, das FBI mißachte die Bürgerrechte. So sollte in einer Operation mit dem Codenamen SPIRT enthüllt werden, daß die Leiterin der Paßabteilung des US-Außenministeriums, Frances Knight, eine verdeckte FBI-Agentin sei, die sich eher Hoover als dem Außenminister verpflichtet fühle. Zu diesem Zweck fälschte Dienst A 1967 einen Brief von Miss Knight an Hoover und sorgte dafür, daß er in die Hände des berühmten Kolumnisten Drew Pearson gelangte, der ihn am 4. August in der *Washington Post* veröffentlichte.[62] In dem Brief berichtete Knight, daß aufgrund von Presserecherchen über eine Anfrage, mit der das FBI Informationen über Professor H. Stuart Hughes, einen Harvard-Gelehrten und Kritiker der amerikanischen Vietnampolitik, von ihr erbeten habe, eine Situation von »äußerster Dringlichkeit« entstanden sei:

»Ich hege die ernste Befürchtung, daß dies auf die Vorbereitung einer ausgedehnten Pressekampagne gegen uns hindeutet. Wir haben bereits über die Haltung des Außenministers gegenüber der seit langem bestehenden Praxis des Ministeriums diskutiert, auf Bitten des FBI Untersuchungen durchzuführen. ... Verzeihen Sie, wenn ich beunruhigt klinge, aber ich bin mir aufgrund dessen, was ich gehört habe, ziemlich sicher, daß ein Prinzip von grundsätzlicher Bedeutung auf dem Spiel steht, das die gesamte Regierungstätigkeit und insbesondere die Effektivität des Büros [FBI] betrifft.«

Es widerstrebe ihr, zuviel zu Papier zu bringen, fuhr Knight fort. Deshalb bitte sie ihn, Hoover, um ein baldiges Treffen.[63] Sowohl die vermeintliche Absenderin als auch der Empfänger wiesen den Brief als Fälschung zurück, aber da niemand Verbindungen zwischen FBI und Paßabteilung leugnete, war der KGB überzeugt, daß zumindest ein paar Spritzer seines Schmutzes haftengeblieben waren.[64]

Eine dritte Angriffsvariante des Dienstes A bestand darin, Hoover Homosexualität zu unterstellen.[65] Wie es um Hoovers wahrscheinlich stark unterdrückte Sexualität in Wirklichkeit bestellt war, wird man wohl nie erfahren. Doch spätere Medienberichte, er sei ein Transvestit gewesen, dessen Garderobe neben einem roten Kleid und einer Boa, mit denen er wie eine »gealterte Stummfilmdiva« aussah, unter anderem ein enges, mit Volants besetztes schwarzes Kleid samt Netzstrümpfen umfaßt habe, beruhte auf wenig mehr als der unglaubwürdigen Aussage Susan Rosenstiels, einer verurteilten Meineidigen, die behauptete, Hoover in dieser Aufmachung gesehen zu haben. Auch dafür, daß Hoover und seinen Stellvertreter Clyde Tolson, der in seinem Haus wohnte, eine homosexuelle Beziehung verband, gibt es keine Beweise. Allerdings sind Porträts, die ihn als Heterosexuellen darstellen, ebensowenig überzeugend. Es ist keine Beziehung zu einer Frau bekannt. Wie die Nummer drei in der Hierarchie des FBI, der ihm in unerschütterlicher Treue ergebene »Deke« DeLoach, bezeugte, war seine Mutter wahrscheinlich der einzige Mensch, den er je geliebt hat: »Hoovers Fähigkeit, tiefe Empfindungen für andere Menschen zu hegen, wurde zusammen mit ihr auf dem Alten Kongreßfriedhof am Seward Square begraben.«[66]

Der spätere, wenngleich in einer lasziveren Zeit erzielte kommerzielle Erfolg phantastischer Geschichten über Hoovers Teilnahme an Transvestitenpartys legt den Schluß nahe, daß Dienst A, als er ihm Ende der sechziger Jahre homosexuelle Beziehungen andichtete, ein vielversprechendes Thema für aktive Maßnahmen gefunden hatte. Selbst DeLoach mußte später zugeben, wie leicht solche Geschichten als »unleugbare Wahrheit« akzeptiert wurden: »›Erzählen Sie uns von Hoover und Tolson‹, sagten die Leute. ›War es offensichtlich?‹ – ›Wußten alle, was los war?‹«[67] Aber Dienst A verdarb eine plausible Lüge, indem er sie mit allzuviel verschwörungstheoretischem Beiwerk umgab und den Herausgebern großer Zeitungen angeblich vom Ku-Klux-Klan stammende anonyme Briefe schickte, in denen Hoover vorgeworfen wurde, er habe FBI-Beamte, von denen er eine sexuelle Gegenleistung erwartete, persönlich zur Beförderung ausgesucht. Nicht zufrieden damit, das FBI zu einem »Sammelbecken von Homos« zu machen, war Hoover darüber hinaus angeblich seit Jahrzehnten an einer weitreichenden schwulen Verschwörung beteiligt, die Homosexuelle bei der CIA und im Außenministerium unterbrachte. Dem Brief zufolge befand sich die nationale Sicherheit mittlerweile in großer Gefahr.[68] Daß Dienst A glaubte, führende Tageszeitungen würden derlei Unsinn ernst nehmen, nur weil er angeblich vom Ku-Klux-Klan kam, war ein deutliches Zeichen für die Grenzen seiner Vertrautheit mit der amerikanischen Gesellschaft. Wie zu erwarten, hatten die Briefe keinerlei Folgen.

Das bekannteste Opfer von aktiven Maßnahmen des FBI selbst war der

Bürgerrechtskämpfer Martin Luther King. Hoover ließ sich von seiner fixen Idee, daß King ein »Wüstling mit abartigen sexuellen Neigungen« war, und der Wut über dessen Kritik am FBI 1964 gegenüber einer Gruppe von Journalisten zu der absurden Äußerung hinreißen, King sei »der berüchtigtste Lügner im Land«. Als seine Mitarbeiter ihn bedrängten, seinen Ausbruch als nicht für die Öffentlichkeit bestimmt zu bezeichnen, weigerte sich Hoover und wandte sich mit den Worten an die Journalisten: »Sie können meine Bemerkung so, wie sie ist, drucken.« Die aktiven Maßnahmen gegen King wurden, offenbar ohne Wissen Hoovers, vom stellvertretenden FBI-Direktor William C. Sullivan organisiert. Im Dezember 1964 schickte Sullivan King eine Tonbandaufzeichnung von einigen seiner außerehelichen sexuellen Begegnungen, die das FBI im Willard Hotel in Washington heimlich aufgenommen hatte. Dem Tonband war ein anonymer Brief beigelegt, der angeblich von einem enttäuschten Anhänger kam:

»King, schauen Sie in Ihr Herz. Sie wissen, daß Sie ein kompletter Schwindler und eine große Belastung für uns Neger sind. ... Sie hätten unser größter Führer sein können. Aber Sie haben sich schon in jungen Jahren als zügelloser, abnormaler moralisch Schwachsinniger erwiesen. ... Sie sind erledigt. Ihre abscheulichen Abnormitäten sind für alle Zeiten festgehalten. ... Welch unglaubliche Bösartigkeit. Es ist alles festgehalten.«[69]

King war vermutlich der einzige prominente Amerikaner, gegen den sowohl das FBI als auch der KGB aktive Maßnahmen ergriffen. Die Behauptung der KP der USA, heimliche Parteimitglieder in Kings Umgebung seien in der Lage, seine Politik zu steuern, hatte sich als hohl herausgestellt. Zum Unwillen der Zentrale verknüpfte King die Ziele der Bürgerrechtsbewegung nicht mit dem weltweiten Kampf gegen den amerikanischen Imperialismus, sondern mit der Erfüllung des amerikanischen Traums und der »großartigen Worte der Verfassung und der Unabhängigkeitserklärung«. In seinem aufrüttelnden »Brief aus dem Gefängnis von Birmingham« schrieb er 1963:

»Ich hege keinerlei Befürchtung über den endgültigen Erfolg unseres Kampfes ... Wir werden das Ziel, das Freiheit heißt, in Birmingham [Alabama] und allerorts erreichen, denn das Ziel Amerikas ist eben die

Freiheit. ... Wir werden unsere Freiheit erringen, weil das heilige Erbe unserer Nation und der ewige Wille Gottes ihren Niederschlag in unseren widerhallenden Forderungen gefunden haben.«[70]

Nachdem die Zentrale die Hoffnung aufgegeben hatte, King beeinflussen zu können, strebte sie danach, ihn durch einen radikaleren und gefügigeren Führer zu ersetzen. Im August 1967 billigte sie einen »operativen Plan« von Juri Modin, dem stellvertretenden Leiter von Dienst A, der vorsah, King und seine wichtigsten Helfer zu diskreditieren, indem man Artikel in die afrikanische Presse lancierte, die dann von amerikanischen Zeitungen nachgedruckt werden konnten. Darin sollte King als ein »Onkel Tom« porträtiert werden, der unterderhand Regierungsmittel erhielt, damit er die Bürgerrechtsbewegung zügelte und verhinderte, daß die Regierung Johnson in Bedrängnis geriet. Während er unter den bewundernden Blicken der Fernsehzuschauer in aller Welt Friedensmärsche anführte, stand er insgeheim angeblich mit dem Präsidenten in Verbindung.[71]

Der Ermordung Kings am 4. April 1968 folgte rasch der gewalttätige Aufruhr, den King, den früheren Vorwürfen des KGB zufolge, angeblich zu verhindern versucht hatte. Innerhalb einer Woche waren in über 100 Städten Unruhen ausgebrochen, in denen 46 Menschen ums Leben kamen sowie 3500 verletzt und 20 000 verhaftet wurden. Nach DeLoachs Meinung stand die Nation »am Rand der Anarchie«.[72] Hinfort wurde King von Dienst A nicht mehr als ein Onkel Tom porträtiert, sondern als Märtyrer der Befreiungsbewegung der Schwarzen und Opfer einer Verschwörung weißer Rassisten, die angeblich auf die stillschweigende Duldung der Behörden zählen konnten.[73]

Gleichzeitig setzte die Zentrale mehrere aktive Maßnahmen in Gang, die durch die Aufwiegelung zum Rassenhaß den inneren Zusammenhalt der Vereinigten Staaten schwächen und ihr internationales Ansehen untergraben sollten. 1971 segnete Andropow persönlich die Herstellung eines von rassistischen Ausfällen strotzenden Pamphlets ab, das angeblich von Meir Kahanes extremistischer Jewish Defense League stammte und zu einer Kampagne gegen die »schwarzen Bastarde« aufrief, die – dem Text zufolge – Juden überfielen und jüdische Geschäfte ausraubten. In der Hoffnung, damit »Massenunruhen in New York« auszulösen, wurden 30 Exemplare der Hetzschrift an militante schwarze Gruppen verschickt. Zugleich erhielten 60 schwarze Organisationen gefälschte Briefe, in denen die angeblich von der League an Schwarzen begangenen Greuel geschildert wurden und Rache an Kahane und seinen wichtigsten Helfern gefordert wurde. Es war für die Zentrale vermutlich eine Enttäuschung, daß Kahane einige Jahre später zwar ermordet wurde, aber nicht von einem militanten Schwarzen, sondern von einem Araber.

Bei mindestens einer Gelegenheit ordnete die Zentrale den Einsatz von Sprengstoff an, um Rassenspannungen in New York zu erzeugen. Am 25. Juli 1971 befahl der Leiter der für Nordamerika zuständigen Ersten Abteilung der Ersten Hauptverwaltung, Anatoli Kirejew, der New Yorker Residentur, die Operation PANDORA auszuführen, das heißt einen mit einem Zeitzünder versehenen Sprengsatz im »Negerviertel von New York« zu installieren. Bevorzugtes Ziel war »eines der Negercolleges«. Nach der Explosion sollte die Residentur einen anonymen Anruf bei zwei oder drei schwarzen Organisationen machen und behaupten, der Anschlag sei das Werk der Jewish Defense League.[74]

Der Versuch, Rassenspannungen in den USA zu erzeugen, blieb bis zum Ende des Kalten Krieges im Repertoire von Dienst A. Vor den Olympischen Spielen von 1984 in Los Angeles, zum Beispiel, verschickten Offiziere der Gruppe PR der Washingtoner Residentur gefälschte Schreiben des Ku-Klux-Klan an die Olympischen Komitees afrikanischer und asiatischer Länder.[75] Zu den von Dienst A zur Versendung entworfenen rassistischen Flugblättern gehörte das folgende:

DIE OLYMPIADE – NUR FÜR WEISSE!
Afrikanische Affen!
Euch erwartet in Los Angeles ein großer Empfang!
Wir sind durch das Schießen auf bewegliche schwarze Zielscheiben auf die Olympischen Spiele vorbereitet. In Los Angeles wird unser eigenes olympisches Feuer euch versengen. Der höchste Preis für einen wahren amerikanischen Patrioten ist das Lynchen eines afrikanischen Affen.
Schwarze, willkommen zu den Olympischen Spielen
in Los Angeles!
Wir werden euch einen Empfang bereiten,
den ihr niemals vergessen werdet!

Diese und andere aktive Maßnahmen zu diesem Thema schafften es in vielen Ländern auf die Titelseiten der Zeitungen, und als US-Justizminister William French Smith die Briefe als KGB-Fälschungen bezeichnete, zeigte man sich in Moskau mit Unschuldsmiene empört über derlei antisowjetische Verleumdungen.[76]

Anfang der siebziger Jahre änderte sich die Einschätzung des »Antisowjetismus« der Vereinigten Staaten grundlegend. 1968 war der Kreml derart darauf bedacht gewesen, die Wahl des altgedienten Antikommunisten Richard Nixon zum US-Präsidenten zu verhindern, daß er seinem demokratischen Gegenspieler Hubert Humphrey insgeheim seine Unterstützung angeboten hatte.[77] Sobald Nixon im Amt war, verwandelte er sich jedoch rasch in den Architekten der Entspannungspolitik. 1972/73 wurden mehr amerikanisch-sowjetische Abkommen geschlossen als in den 40 Jahren seit Aufnahme der diplomatischen Beziehungen zusammengenommen. Als Nixon im August 1974 zurücktrat, um der drohenden Amtsenthebung wegen seiner Verwicklung in den Watergate-Skandal zuvorzukommen, rief das in Moskau sowohl Bestürzung als auch tiefes Mißtrauen hervor. Für den Kreml waren Nixons Versuche, die Verwendung schmutziger Tricks gegen seine Gegner zu verschleiern, wie Dobrynin später zugab, »eine ziemlich natürliche Vorgehensweise«: »Wen kümmerte es, ob es eine Verletzung der Verfassung war?« Die Verschwörungstheoretiker in der Zentrale waren überzeugt, daß Nixons dramatischer Sturz weniger der öffentlichen Empörung über Watergate anzulasten war als vielmehr einer Verschwörung der Entspannungsgegner, insbesondere der »jüdischen Lobby«, die für eine unbehinderte Ausreise von sowjetischen Juden nach Israel kämpfte, und des »militärisch-industriellen Komplexes«, der eine Senkung der Rüstungsausgaben verhindern wollte.[78]

Schlüsselfigur der antisowjetischen Koalition war in den Augen der Zentrale der liberale demokratische Senator Henry »Scoop« Jackson. Auch Kissinger sah in ihm ein »unverzichtbares Bindeglied ... zwischen den Liberalen, denen es in erster Linie um die Menschenrechte [in der Sowjetunion] ging, und den Konservativen, die alle Verhandlungen mit der Sowjetunion argwöhnisch und mit Sorge betrachteten«. Jackson, so ein Kommentator, »war zwar nicht der Typ von Führer, der einen leidenschaftlichen Helfer an seiner Seite brauchte, um ihm zu sagen, was er denken sollte, aber er hatte ihn dennoch: Richard Perle, der sich als unerbittliche, rasiermesserscharfe Geißel der Sowjets hervortat und sich wegen der Legionen, die er in bürokratische Schlachten geführt hatte, trotz seines engelhaften Lächelns den Spitznamen ›Fürst der Finsternis‹ verdient hatte«. Perle war der Anführer eines nach Meinung des KGB besonders gefährlichen Teils der jüdischen Lobby: einer informellen Gruppe auf dem Kapitolshügel, der sowohl bezahlte israelische Lobbyisten als auch Kongreßmitarbeiter angehörten.[79]

Als die Sowjetunion im August 1972 eine Ausreisesteuer für Emigranten beschloß, die theoretisch als Ersatz für die Kosten ihrer vom Staat finanzierten Ausbildung gedacht war, praktisch aber den meisten Juden die Möglichkeit der Ausreise genommen hätte, stieg Jackson in den Ring. Im Oktober brachte er einen Änderungsantrag zu Nixons Handelsreformgesetz ein, um der Sowjetunion die Vorteile der Meistbegünstigungsklausel zu verwehren und Handelskredite zu sperren, bis sie die Ausreiseeinschränkungen aufgehoben hatte. Obwohl Moskau sich beeilte, die Ausreisesteuer wieder abzuschaffen, bestand Jackson weiterhin auf seinem Antrag, und in den nächsten zwei Jahren fungierte Kissinger als reisender Unterhändler zwischen Moskau und Jackson und versuchte vergeblich, den Sowjets genügend Zugeständnisse in bezug auf die Ausreise von Juden abzunötigen, um Jackson zu einem Rückzieher zu bewegen. »Lange Zeit«, sagte Kissinger später, »begriff ich nicht, daß Jackson nicht beschwichtigt werden konnte.«[80]

In der Zentrale zog man aus Jacksons makellosem Ruf und seiner Zurückhaltung in bezug auf sein Privatleben den zynischen Schluß, sie deute »auf das Vorhandensein kompromittierender Informationen hin, die benutzt werden könnten, um ihn und seine Familie zu diskreditieren«. Die Suche nach diesen Informationen ging ungewöhnlich weit. Obwohl Jacksons Eltern schon 1885 aus Norwegen ausgewandert waren, wurde die Osloer Residentur 1974 angewiesen, Erkundigungen über seine norwegischen Verwandten einzuholen. Bei der Untersuchung von Jacksons langer politischer Karriere schien das Gebiet der Sexualität am vielversprechendsten zu sein. Laut seiner KGB-Akte waren »viele seiner Kollegen, die ihn für einen eingefleischten Junggesellen gehalten hatten, erstaunt«, als er im Alter von 49 Jahren heiratete. Doch trotz intensiver Nachforschungen fand der KGB als möglichen Beweis für eine homosexuelle Veranlagung nur die Tatsache, daß sich Jackson in Washington viele Jahre eine Wohnung mit einem Freund aus der Kinderzeit geteilt hatte.[81]

Da es keine Beweise dafür gab, daß Jackson jemals ein praktizierender Homosexueller gewesen war, beschloß die Zentrale, sie als aktive Maßnahme mit dem Codenamen POROK selbst zu fabrizieren. 1976 fälschte Dienst A eine auf den 20. Juni 1940 datierte Aktennotiz des FBI, in der Hoover dem stellvertretenden Justizminister mitteilte, daß Jackson homosexuell sei. Fotokopien der Fälschung wurden an die *Chicago Tribune,* die *Los Angeles Times,* die *Topeka Capital* und Jimmy Carters Wahlkampfzentrale versandt. Außerdem versuchte Dienst A einige Vorfälle, die sich im Vorwahlkampf von 1976 ereignet hatten, auszuschlachten. So hatte Jackson einem Vertreter der Schwulenbewegung, mit dem er auf einer Pressekonferenz im März in Streit geraten war, gesagt, auf seine Stimme könne er verzichten, und im April hatte er im Fernsehen erklärt, Homosexualität führe zur »Zerstörung der Familie«. Der KGB schickte diese Äußerungen zusammen mit falschen Dokumenten, die belegen sollten, daß sowohl Jackson als auch Perle Mitglieder eines schwulen Sexklubs seien, unter anderem an Senator Edward Kennedy, von dem man glaubte, er habe eine »persönliche Abneigung gegen Jackson«, sowie an den Kolumnisten Jack Anderson und die Magazine *Playboy* und *Penthouse.*

Da Jackson weiterhin Einfluß auf die Ratifizierung der amerikanisch-sowjetischen Abrüstungsabkommen hatte, wurde die Operation POROK noch lange nach dem Scheitern seines Versuchs, zum demokratischen Präsidentschaftskandidaten nominiert zu werden, fortgesetzt. 1977 bestand eines der Ziele der Operation darin, die schwule Presse dazu zu bewegen, Jackson als verklemmten Homosexuellen zu outen, der um des politischen Vorteils willen in der Öffentlichkeit scheinheilig gegen die Homosexualität Stellung beziehe. Anfang Mai schickte ein Offizier des Dienstes A in New York ein gefälschtes FBI-Dokument an die in Kalifornien erscheinende *Gay Times,* in dem behauptet wurde, Jackson sei während seiner Zeit als Staatsanwalt Anfang der vierziger Jahre ein praktizierender Homosexueller gewesen. Über den Bericht war handschriftlich die Überschrift gesetzt worden: »Unser Schwuler im US-Senat«.

Hauptzielperson der Zentrale in der Regierung Carter, die seit Anfang 1977 im Amt war, war der in Polen geborene Sicherheitsberater des Präsidenten, Zbigniew Brzezinski, auf den der KGB – völlig verfehlt – auch früher schon ein Auge geworfen hatte.[82] Wie Brzezinski später bestätigte, führte er mit Außenminister Cyrus Vance eine »anhaltende und intensive« Debatte über die Politik gegenüber der Sowjetunion, die laut Vance ein instabiles Gleichgewicht zwischen Brzezinskis »instinktivem

Antisowjetismus« und seinem eigenen »Versuch, den gefährlichen Wettstreit [zwischen den Supermächten] zu regulieren«, zur Folge hatte.[83] »Wenn Carter über Außenpolitik sprach«, erinnerte sich Botschafter Dobrynin, »hörten wir das Echo des Antisowjetismus von Brzezinski.«[84] Ziel von Dienst A war daher die Zurückdrängung von Brzezinskis Einfluß und, wenn möglich, seine Entlassung.

Die Zentrale wies die amerikanischen Residenturen an, sich in ähnlichem Umfang wie bei der Operation POROK nach potentiell schädlichen Informationen über Brzezinski umzusehen: Verheimlichte er eine jüdische Herkunft? Hatte er eine Affäre mit der Schauspielerin Candice Bergen? Gab es kompromittierendes Material über das Verhältnis zu seinem Stellvertreter David Aaron, zu seinem Assistenten Karl Inderfurth, zu Botschafter Richard Gardner und zur polnischen Emigrantengemeinde?[85]

Während die eigene Suche in den USA erfolglos blieb, erhielt die Zentrale vom bulgarischen Nachrichtendienst in ihren Augen sensationelle Beweise für Brzezinskis geheime Karriere in der CIA, die zum Ausgangspunkt des bedeutsamsten KGB-Versuchs wurde, Carters Sicherheitsberater zu diskreditieren. Wahrscheinlich unter Druck hatte Genrich Natan Schepter, ein bulgarischer Wirtschaftswissenschaftler, gestanden, sowohl für den amerikanischen als auch für den israelischen Nachrichtendienst gearbeitet zu haben. Außerdem hatte er eine bizarre Darstellung eines Besuchs gegeben, den Brzezinski, damals Professor an der Columbia-Universität, Bulgarien auf Einladung der Akademie der Wissenschaften 1963 abgestattet hatte. Laut Schepter hatte Brzezinski, der angeblich CIA-Offizier war, unter Benutzung eines Kennworts Kontakt mit ihm aufgenommen, von ihm Informationen erhalten und ihm neue Instruktionen für Nachrichtendienstoperationen gegeben. Brzezinski habe schon 1963 bedeutenden Einfluß auf die Gestaltung der amerikanischen Politik gegenüber dem Ostblock gehabt.

Schepters Geschichte erinnerte stark an die Aussagen der Angeklagten in den stalinistischen Schauprozessen. Doch die Zentrale, die für attraktive Verschwörungstheorien immer ein offenes Ohr hatte, benutzte sie dennoch als Grundlage einer aktiven Maßnahme mit dem Codenamen MUREN. Dienst A entwarf einen Bericht einer israelischen zionistischen Organisation über Brzezinski, der angeblich authentische Einzelheiten über seine Verwicklung in Schepters Spionagetätigkeit enthielt. In dem Bericht wurde Brzezinski als »geheimer Antisemit« bezeichnet und erklärt, die Zionisten besäßen kompromittierende Informationen über sein Privatleben, die seinem Ruf schweren Schaden zufügen würden.

Die Zentrale entschied, dieses abwegige Dokument der US-Botschaft in Israel zukommen zu lassen, die es, so nahm man an, aufgrund seines sensationellen Inhalts zweifellos sowohl an Carter als auch an Vance weiterleiten würde. Am 20. August 1978 wurde der Bericht durch ein halboffenes Fenster eines in Ost-Jerusalem parkenden unbewachten Autos eines US-Diplomaten gesteckt. Aller Wahrscheinlichkeit nach tat die Botschaft das Dokument als Werk eines übergeschnappten Verschwörungstheoretikers ab. Dienst A war jedoch überzeugt, Brzezinskis Position gefährdet zu haben. Bestätigt sah er sich durch Zeitungsartikel, die während der Verhandlungen über das Camp-David-Abkommen zwischen Israel und Ägypten im September 1978 und nach deren Abschluß veröffentlicht wurden. Sie schienen darauf hinzudeuten, daß Vance sich als Carters wichtigster außenpolitischer Berater etabliert hatte, woraus Dienst A den Schluß zog, daß Brzezinski an Einfluß eingebüßt hatte. Im November 1978 meldete L. F. Sozkow, der stellvertretende Leiter des Dienstes, Andropow stolz den erfolgreichen Abschluß der Operation MUREN.[86] Obwohl es in der MUREN-Akte nicht erwähnt wird, dürfte diese Einschätzung 1979 revidiert worden sein, denn die Verhärtung von Carters Haltung gegenüber der Sowjetunion war bereits vor der sowjetischen Invasion Afghanistans Ende des Jahres zu spüren.[87]

Während des gesamten Kalten Krieges gab es wahrscheinlich keinen amerikanischen Politiker, der in Moskau mehr Furcht und Abscheu hervorrief als Ronald Reagan in seiner ersten Amtszeit. Aktive Maßnahmen gegen ihn wurden schon seit seiner erfolglosen Bewerbung um die Nominierung als republikanischer Präsidentschaftskandidat von 1976 durchgeführt. Die Zentrale hatte nie daran gezweifelt, daß er weit stärker antisowjetisch eingestellt war als der amtierende Präsident Gerald Ford und dessen demokratischer Herausforderer Jimmy Carter. Wie bei Jackson und Brzezinski erhielt Dienst A auch in diesem Fall den Auftrag, ausführlich nach kompromittierendem Material zu suchen. Die Zentrale ordnete unter anderem eine Untersuchung von Meldungen an, denen zufolge Reagans Gesundheit durch den Alkoholismus seines Vaters beeinträchtigt worden war.[88] In seiner Kindheit, erinnerte sich Reagan später selbst, hing Weihnachten »immer wie eine Bedrohung über der Familie. Wir wußten, daß Feiertage für Jack [Reagan sen.] mit Sicherheit ein Anlaß waren, wieder zu trinken.«[89] Aber solche schmerzlichen Kindheitserinnerungen waren nicht der Stoff, aus dem erfolgreiche aktive Maßnahmen gemacht wurden. Von Reagans Ruf als Kalter Krieger abgesehen, scheint Dienst A nichts Schlimmeres gefunden zu haben als angebliche Beweise seiner »geringen intellektuellen Fähigkeiten«. Es gelang Dienst A, in Dänemark, Frankreich und Indien Zeitungsartikel zu lancieren,[90] wo sie auf fruchtbareren Boden fielen als in den USA, aber es ist kaum vorstellbar, daß die aktiven Maßnahmen des KGB irgendwelchen Einfluß darauf hatten, daß Reagan 1976 nicht die Nominierung als Präsidentschaftskandidat gewann.

1980 war die Zentrale weniger bemüht, auf die Präsidentschaftswahlen Einfuß zu nehmen, als vier Jahre zuvor. Moskau sah kaum einen Unterschied zwischen einer von Brzezinskis Hardlinerpolitik dominierten Regierung Carter und einer von Reagans altbekanntem Antisowjetismus geprägten neuen Administration. »Von Carter enttäuscht und über Reagan beunruhigt«, schrieb Dobrynin, »beschloß man, Zuschauer zu bleiben.« Nach Reagans Wahl bedauerte die Führung in Moskau diese Entscheidung rasch, denn die neue Regierung repräsentierte nach ihrer Ansicht den »konservativsten, chauvinistischsten und kriegerischsten Teil der amerikanischen Politik, ... indem sie die Wiederherstellung der amerikanischen Weltherrschaft nach der Niederlage in Vietnam« anstrebte. Zum Mißfallen Dobrynins hielt sich der Kreml an eine »paranoide Interpretation« von Reagans Politik und lebte ständig – besonders 1983 – in der Furcht, er bereite einen nuklearen Erstschlag vor.[91]

Vermutlich aufgrund der überragenden Bedeutung, die der Diskreditierung der Politik Reagans von der Zentrale beigemessen wurde, ordnete Andropow am 12. April 1982 als einen der letzten Akte seiner fünfzehnjährigen Amtszeit als KGB-Vorsitzender an, daß alle im Ausland stationierten Offiziere, gleich welcher Gruppe oder Abteilung sie angehörten, an aktiven Maßnahmen mitzuarbeiten hatten.[92] Reagans Wiederwahl zu verhindern wurde zur Hauptaufgabe von Dienst A. Am 25. Februar 1983 wies die Zentrale die drei amerikanischen Residenturen an, aktive Maßnahmen vorzubereiten, um sicherzustellen, daß Reagan die Präsidentschaftswahlen im November 1984 verlor. Dafür sollten Kontakte zu Mitarbeitern aller möglichen Präsidentschaftskandidaten und zu beiden Parteizentralen geknüpft werden. Bei den Residenturen außerhalb der USA wurde angefragt, ob sie Agenten zur Teilnahme an diesen Maßnahmen entsenden könnten. Die Zentrale stellte klar, daß *jeder* andere Kandidat beider Parteien Reagan vorzuziehen sei. »Reagan bedeutet Krieg!« war der Slogan, den die Residenturen rund um die Welt verbreiten sollten. Zur Diskreditierung von Reagans Außenpolitik formulierte die Zentrale fünf »Thesen« für aktive Maßnahmen: Reagans militaristisches Abenteurertum; seine persönliche Verantwortlichkeit für die Beschleunigung des Rüstungswettlaufs; seine Unterstützung repressiver Regime überall auf der Welt; die Versuche seiner Regierung, nationale Befreiungsbewegungen zu zerschlagen; und seine Verantwortlichkeit für Spannungen im Verhältnis zu den NATO-Verbündeten. Für die Innenpolitik umfaßten die »Thesen« unter anderem Reagans angebliche Diskriminierung ethnischer Minderheiten, die Korruption innerhalb seiner Administration und seine Unterwürfigkeit gegenüber dem militärisch-industriellen Komplex.[93]

Reagans überwältigender Sieg in den Wahlen von 1984 war ein deutliches Zeichen für die Grenzen der Wirksamkeit sowjetischer aktiver Maßnahmen in den Vereinigten Staaten. Sogar an den Universitäten und Colleges schlug Reagan eine (wenngleich nicht einmütige) »Welle der Zuneigung und Unterstützung« entgegen: »Die Studenten der achtziger Jahre schienen sich sehr von jenen zu unterscheiden, mit denen ich es ein Jahrzehnt zuvor als Gouverneur zu tun gehabt hatte.«[94] Obwohl Dienst A es nicht eingestehen wollte, gab es kaum etwas, womit er einem populären Präsidenten in den USA am Zeug flicken konnte. In Europa und der Dritten Welt, wo man sich über Reagans populistische Berufung, auf die amerikanische Art zu leben, lustig machte, fielen die Angriffe auf den Präsidenten dagegen auf fruchtbaren Boden.

Aktive Maßnahmen gegen den Hauptgegner waren außerhalb seines Territoriums in der Regel erfolgreicher als in den USA selbst. Eine der wirkungsvollsten Taktiken von Dienst A bestand darin, führenden Politikern der Dritten Welt im Vertrauen gefälschte amerikanische Dokumente zu zeigen, um sie auf angeblich gegen sie gerichtete Operationen der CIA und anderer amerikanischer Geheimdienste aufmerksam zu machen. Da die meisten dieser Fälschungen nicht veröffentlicht wurden, waren die Vereinigten Staaten nicht in der Lage, ihre Echtheit zu bestreiten. Ein typisches Beispiel in den von Mitrochin studierten Akten war eine 1975 in dem westafrikanischen Staat Guinea durchgeführte Operation mit dem Codenamen KULBIT. Sie beruhte auf drei gegen Präsident Sékou Touré gerichteten Flugblättern in französischer Sprache, die angeblich von der CIA-Station in der guineischen Hauptstadt Conakry stammten, in Wirklichkeit aber von Dienst A in Moskau gefälscht worden waren. Um die dramatische Wirkung zu vergrößern, rief der sowjetische Botschafter in Conakry am 16. Oktober 1975 um 18 Uhr bei Sicherheitsminister Mussa Diakite an, um ihm mitzuteilen, daß ein Sondergesandter aus Moskau eingetroffen sei, der streng geheime Informationen von großer Wichtigkeit für den Präsidenten mitgebracht habe. Um 21 Uhr wurden der Botschafter und O. A. Seliskow, der stellvertretende Leiter der Direktion K der Ersten Hauptverwaltung, zu Sékou Touré geführt. Seliskow übergab dem Präsidenten die gefälschten CIA-Flugblätter, von denen das erste mit einer Kritik an der hohen Arbeitslosigkeit in Guinea begann. Als Sékou Touré dies las, wandte er sich, der KGB-Akte über die Operation zufolge, an Mussa Diakite und rief, mit dem Flugblatt herumwedelnd, aus: »Diese dreckigen Imperialisten!« Seliskow beschrieb ihm daraufhin mehrere angeblich von der CIA-Station eingefädelte Komplotte mit dem Ziel, ihn zu stürzen, wobei er, um seine Darstellung glaubwürdiger erscheinen zu lassen, Informationen einflocht, von denen er wußte, daß sie dem guineischen Sicherheitsdienst bereits bekannt waren. Sékou Touré, der sich inzwischen »in einem aufgewühlten Zustand« befand, schlug mit der Faust auf den Tisch und verkündete: »Wir werden entschiedene Maßnahmen gegen die von Ihnen identifizierten Geheimdienstoffiziere der USA ergreifen.«

Als er sich wieder beruhigt hatte, bemerkte er, wie von Dienst A beabsichtigt, daß Seliskows Informationen teilweise mit den Erkenntnissen seines eigenen Sicherheitsdienstes übereinstimmten. Er floß geradezu über vor Dank für die Desinformationen des KGB: »Wir sind für die von unseren sowjetischen Genossen bewiesene Sorge überaus dankbar. Hier ist nicht Chile, und wir werden in unserem Land nicht zulassen, was dort geschehen ist [der Sturz des Präsidenten].« Er fragte Seliskow, wie er mit den streng geheimen Informationen über die Machenschaften der CIA, die der KGB angeblich von »bedeutenden und verläßlichen Quellen in den Vereinigten Staaten« erhalten hatte, umgehen solle. »Wie es Ihnen beliebt«, antwortete Seliskow großzügig. Sékou Touré bat ihn, den zuständigen sowjetischen Stellen seinen »tiefempfundenen Dank« zu übermitteln, und drückte den Wunsch aus, auch in Zukunft über imperialistische Bedrohungen der Sicherheit Guineas auf dem laufenden gehalten zu werden.[95]

Kompromittierende Fälschungen amerikanischer Dokumente und Erfindungen von CIA-Komplotten wurden bis in die Gorbatschow-Ära fortgesetzt. Neben den »stillen Fälschungen«, die in aller Welt leichtgläubigen Politikern im Vertrauen gezeigt wurden, gab es solche, die für Medienkampagnen gedacht waren. In diese Kategorie gehörte ein 1987 gefälschter Brief, in dem CIA-Direktor William Casey Pläne zum Sturz des indischen Ministerpräsidenten Rajiv Gandhi besprach. Weitere Beispiele für diese Art von Fälschungen war ein 1988 verfertigtes Dokument mit Instruktionen Präsident Reagans zur Destabilisierung Panamas sowie ein 1989 gefälschter Brief des südafrikanischen Außenministers »Pik« Botha über ein ebenso unseliges wie frei erfundenes Geheimabkommen mit den USA.[96]

Die erfolgreichste antiamerikanische aktive Maßnahme der Ära Gorbatschow war wahrscheinlich die von Dienst A als Mischung aus offener Propaganda und verdeckter Aktion verbreitete Unterstellung, das AIDS-Virus sei von Spezialisten für biologische Kriegführung in Fort Detrick in Maryland »erzeugt« worden. Professor Jacob Segal, ein in Rußland geborener ostdeutscher Biophysiker, behauptete aufgrund von später widerlegten »Indizienbeweisen«, AIDS sei in Fort Detrick aus den zwei natürlichen Viren VISNA und HTLV-1 künstlich hergestellt worden. Solchermaßen durch wissenschaftlichen Jargon untermauert, verbreitete sich diese Geschichte nicht nur in der Dritten Welt, sondern fand auch bei einigen westlichen Medien Glauben. Im Oktober 1986 erschien sie als Aufmacher des konservativen britischen *Sunday Express*, und in der Dritten Welt wurde allein im ersten Halbjahr 1987 in mehr als 40 Ländern über das Thema berichtet.

Auf dem Höhepunkt ihres Erfolges wurde die AIDS-Kampagne jedoch sowohl durch westliche Proteste wie auch durch das Neue Denken in der sowjetischen Außenpolitik konterkariert. »Wir sagen die Wahrheit und nichts als die Wahrheit«, verkündete Gorbatschow im Juli 1987 auf einer Pressekonferenz in Moskau. Angesichts der offiziellen Proteste aus dem Westen und der Widerlegung der Theorie durch Wissenschaftler in aller Welt zeigte sich der Kreml zum ersten Mal öffentlich von einer aktiven Maßnahme peinlich berührt. Im August 1987 wurde US-Vertretern in Moskau mitgeteilt, daß man sich von der Geschichte distanziere. Die sowjetische Presse stoppte abrupt die Berichterstattung über das Thema. Es folgten allerdings bald andere, ebenso abstruse antiamerikanische aktive Maßnahmen in der Dritten Welt, von denen sich manchmal auch westliche Medien übertölpeln ließen. Eine der erfolgreichsten war die

»Baby-Organ«-Geschichte, der zufolge reiche Amerikaner in der Dritten Welt Kinder ermorden ließen, um deren Organe für Transplantationen in den USA zu verwenden. Im September 1988 brachte ein französischer kommunistischer Abgeordneter im Europaparlament den Antrag ein, den Handel mit »Baby-Organen« zu verurteilen. Der Antrag wurde von den wenigen anwesenden Abgeordneten durch Handzeichen angenommen.[97]

Das Ende des Kalten Krieges dämpfte weder bei Krjutschkow, der 1988 KGB-Vorsitzender wurde, noch bei Leonid Schebarschin, seinem Nachfolger als Leiter der Ersten Hauptverwaltung, die Begeisterung für aktive Maßnahmen. Schebarschin, der sich als Resident in Indien von 1975 bis 1977 zum Teil durch den Erfolg seiner aktiven Maßnahmen einen Namen gemacht hatte, neigte dazu, »nostalgisch über die alten Zeiten [zu sprechen], über Desinformation, das Fälschen von Dokumenten, die Schaffung von Sensationen für die Presse«.[98]

Doch nicht alle Mitarbeiter des KGB teilten die anhaltende Begeisterung ihrer Chefs für aktive Maßnahmen. Im September 1990 beklagte sich Krjutschkow darüber, daß einige Offiziere der Ersten Hauptverwaltung sowohl in der Zentrale als auch in den Residenturen »Bedeutung und Rolle von Maßnahmen zur Einflußgewinnung« unterschätzen würden. Deshalb gab er einen formellen Befehl heraus, der eine »Verbesserung der Arbeit des Auslandsnachrichtendienstes auf dem Gebiet der aktiven Maßnahmen« forderte, deren Bedeutung in der Nachrichtendienstarbeit weiterhin zunehme:

»Tatsächlich verlangen das politische und operative Szenario sowie die Interessen des sowjetischen Staates und seiner Gesellschaft vom Auslandsnachrichtendienst des KGB, aktive Maßnahmen mit größerer Raffinesse, Erfindungskraft und Geheimhaltung durchzuführen, um den Grad ihrer Wirksamkeit zu erhöhen ... Die Arbeit an aktiven Maßnahmen ist als eine der bedeutendsten Aufgaben des Auslandsnachrichtendienstes des KGB zu betrachten.«

Die Ausbildungsstätte des KGB, das Andropow-Institut, wurde angewiesen, neue »Speziallehrgänge über aktive Maßnahmen« in ihr Programm aufzunehmen. Zu den wichtigsten »Themen« aktiver Maßnahmen gehörte es, den Westen – insbesondere die USA – von der Unterstützung für die nationalistischen Bewegungen in den baltischen Republiken und anderen Teilen der Sowjetunion abzuschrecken: »In Regierungen und politischen Kreisen des Westens sowie in einflußreichen Emigrantengruppen muß ... die Einsicht gestärkt werden, daß ein abenteuerliches Spiel mit der Auflösung der sowjetischen Föderation und Staatlichkeit die Zerstörung der gegenwärtigen internationalen Beziehungen mit den daraus folgenden unabsehbaren Konsequenzen nach sich ziehen würde.«[99]

Die Mitte der neunziger Jahre vom SWR durchgeführten aktiven Maßnahmen enthalten unüberhörbare Anklänge an dessen KGB-Vergangenheit. Boris Jelzin hat in seinen 1994 im Westen erschienenen Memoiren zwei Dokumente aus dem Geheimarchiv der Generalsekretäre der KPdSU abgedruckt, von denen sich eines mit dem Mord an John F. Kennedy beschäftigt. Die KGB-Akten über dieses Ereignis, auf die Jelzin wahrscheinlich vom SWR aufmerksam gemacht worden ist, unterstützen die einst von Dienst A propagierte Theorie, Oswald sei von »einer Gruppe texanischer Finanziers und Industrieller unter Führung des Millionärs Hunt« ausgewählt worden:

> »Oswald war die geeignetste Figur für den Terrorakt gegen Kennedy, weil er mit seiner Vergangenheit die Möglichkeit bot, eine großangelegte Propagandakampagne zu entfalten und die Sowjetunion, Kuba sowie die Kommunistische Partei der USA der Beteiligung an diesem Verbrechen zu bezichtigen. Ruby und die wirklichen Drahtzieher des Mordes an Kennedy ... bedachten jedoch nicht den Umstand, daß Oswald psychisch krank war. Als Ruby klar wurde, daß Oswald nach längeren Verhören imstande sein könnte, alles zu gestehen, liquidierte Ruby Oswald unverzüglich.«[100]

Keine Verschwörungstheorien aus der Zeit des Kalten Krieges scheinen langlebiger zu sein als jene, die sich um den Tod von Präsident Kennedy ranken.[101]

15.
PROGRESS-Operationen I:
Die Zerschlagung des Prager Frühlings

Bei der Schaffung des Ostblocks nach dem Zweiten Weltkrieg hatten der KGB und seine Vorgänger eine entscheidende Rolle gespielt. Überall in Osteuropa – außer in Jugoslawien und Albanien – wurden von sowjetischen »Beratern« nach dem Vorbild des KGB von diesem überwachte, kommunistisch kontrollierte Sicherheitsdienste aufgebaut, die den Übergang zur sogenannten Volksdemokratie absicherten. Dabei folgte die politische Entwicklung in den meisten osteuropäischen Ländern demselben Muster. Sofort nach dem Abzug der deutschen Truppen wurden Koalitionsregierungen gebildet, denen eine beträchtliche Anzahl nichtkommunistischer Minister angehörten, während die neugegründeten Sicherheitsdienste und andere Schlüsselpositionen in kommunistische Hände gelangten. Nach einer gewissen Zeitspanne, die zwischen wenigen Monaten und drei Jahren dauern konnte, wurden diese Regierungen dann durch kommunistisch beherrschte Scheinkoalitionen ersetzt, die den Weg zum stalinistischen Einparteienstaat unter Führung Moskaus ebneten.[1]

Am 30. April 1945 verkündete Walter Ulbricht, damals Leiter der KPD-Gruppe für Berlin, nach seiner Rückkehr aus Moskau im Kreis seiner engsten Vertrauten: »Es ist doch ganz klar: Es muß demokratisch aussehen, aber wir müssen alles in der Hand haben.«[2] Da eine demokratische Fassade aufrechterhalten werden sollte, mußte die offene Gewaltanwendung beim Ausschluß der nichtkommunistischen Parteien von der Macht möglichst vermieden werden. Statt dessen gingen die neuen Sicherheitsdienste hinter den Kulissen daran, die unerwünschten Kräfte einzuschüchtern und nach der »Salamitaktik«, wie sie in Ungarn genannt wurde, »Scheibe für Scheibe« von der Opposition abzuschneiden. Am Ende wurden die von jedem sichtbaren Widerspruch gesäuberten volksdemokratischen Einparteienstaaten in von den Sicherheitsdiensten manipulierten Wahlen durch gewaltige, wenn auch betrügerische kommunistische Mehrheiten legitimiert.[3]

In der Entstehungszeit des Ostblocks behielten die sowjetischen Berater die nationalen Sicherheitsdienste an der kurzen Leine. Die Verfolgungen und Schauprozesse, durch die vermeintliche Anhänger Titos und des Zionismus aus der Führung der osteuropäischen kommunistischen Parteien entfernt werden sollten, wurden von Moskau aus gelenkt. Einer der angeblichen Komplizen des ungarischen Innenministers László Rajk in der nichtexistenten titoistischen Verschwörung, derentwegen Rajk 1949 hingerichtet wurde, beobachtete während seines Verhörs, daß die Offiziere des ungarischen Sicherheitsdienstes »geschmeichelt und ergeben« lächelten, wenn die Russen mit ihnen sprachen, und bei »jedem noch so platten Witz eines MWD-Offiziers ... untertänig in brüllendes, unmäßiges Gelächter« ausbrachen.[4]

Noch nach Stalins Tod wurde jeder Geheimdienstoffizier des Ostblocks, der dem KGB mißfiel, zum Gezeichneten. Einer von ihnen war Ernst Wollweber, von 1953 bis 1957 Chef der ostdeutschen Stasi, dessen Beziehung zum sowjetischen Nachrichtendienst bis in die dreißiger Jahre zurückreichte, als er ein auf Marineoperationen spezialisierter NKWD-Agent war. Dennoch störte ihn Moskaus Angewohnheit, herrische Befehle zu erlassen, ebenso wie die Tatsache, daß der KGB ihn über seine Operationen in Westdeutschland weitgehend im dunkeln ließ. Andererseits mißtraute der KGB Wollwebers Geliebter, Clara Vater, einer deutschen Kommunistin, die wie viele ihrer Genossen während Stalins Großem Terror zu Unrecht inhaftiert worden war.[5] Bemerkenswerterweise stellte der KGB sowohl sie als auch ihre von Wollweber adoptierte Tochter in Ostdeutschland unter Beobachtung. Wollweber wurde 1957 von dem den Sowjets (und Ulbricht) zutiefst ergebenen Erich Mielke abgelöst, der mit Moskaus Segen bis 1989 im Amt blieb und damit zu einem der dienstältesten Geheimdienstchefs der Welt wurde.[6]

In allen drei Fällen, in denen sowjetische Truppen eingriffen, um die Moskau-hörige Orthodoxie in einem kommunistischen Staat wiederherzustellen – Ungarn 1956, Tschechoslowakei 1968 und Afghanistan 1979 –, war der KGB wesentlich an dem beteiligt, was euphemistisch »Normalisierungsprozeß« genannt wurde. Als im Oktober 1956 mit Massendemonstrationen, auf denen freie Wahlen und der Abzug der sowjetischen Truppen gefordert wurden, der Ungarische Aufstand begann, flog der KGB-Vorsitzende, General Iwan Serow, nach Budapest, um persönlich die Leitung der KGB-Operationen zu übernehmen. Am Abend des 3. November 1956 wurde eine von Verteidigungsminister Pál

Maléter geleitete ungarische Delegation ins militärische Hauptquartier der Sowjets in Tokol gebeten, um abschließende Einzelheiten des Rückzugs der sowjetischen Streitkräfte aus Ungarn zu besprechen. Als um Mitternacht Toasts ausgebracht wurden, stürmte Serow mit gezogener Mauser-Pistole an der Spitze einer Gruppe von KGB-Offizieren in den Raum und nahm Maléter und seine Kollegen fest. Durch Scheinhinrichtungen wurde den ungarischen Delegierten in den nächsten Stunden vorgetäuscht, daß alle ihre Kollegen erschossen worden waren.[7] Um vier Uhr früh am 4. November begannen die sowjetischen Truppen damit, den Ungarischen Aufstand niederzuschlagen. Serow und sein Stellvertreter, KGB-General K. Grebennik, der Militärkommandant von Budapest wurde, blieben vor Ort, um die »Normalisierung« zu überwachen.

Obwohl die sowjetischen Streitkräfte erst 1968 in der Tschechoslowakei wieder eingriffen, um die orthodoxe sowjetische Linie durchzusetzen, wuchs in Moskau während der sechziger Jahre die Sorge über den zunehmenden westlichen Einfluß innerhalb des Ostblocks. Wie der KGB berichtete, organisierte der Westen weitreichende »subversive Aktivitäten in der politischen und ideologischen Sphäre gegen die sozialistischen Länder, ... um die Bevölkerung von der Überlegenheit des westlichen Lebensstils zu überzeugen«. Die »Subversion« fand statt in Form von Rundfunksendungen, »propagandistischen Publikationen«, durch westliche Botschaften verbreiteten Informationen, kulturellem und wissenschaftlichem Austausch zwischen Ost und West, Tourismus und Briefwechsel. Nach Ansicht der Zentrale drohten westliche Rundfunksender wie der BBC World Service und Radio Liberty »unermeßlichen Schaden« anzurichten, indem sie Propaganda ausstrahlten, die dazu gedacht war, die brüderlichen Bande zwischen der Sowjetunion und den »sozialistischen« Ländern Osteuropas zu schwächen.[8] Am beunruhigendsten fand der KGB, daß die Sendungen »bei der Intelligenzia und jungen Menschen beliebt« waren. Nach einer vermutlich von seinem ungarischen Verbündeten, dem AVH (Allamvédelmi Hatóság), stammenden Schätzung hörten über 20 Prozent der ungarischen Jugendlichen westliche Rundfunksender.[9] 1964 wurden rund 50 Millionen Postsendungen zwischen ungarischen Bürgern und dem Westen gewechselt, acht Millionen mehr als im Jahr zuvor. Auch die zunehmende Zahl von Westreisen, von denen die Menschen möglicherweise mit subversiven Ideen im Kopf zurückkehrten, bereitete dem KGB Sorgen. 1964 reisten 168 000 Ungarn und 150 000 Tschechoslowaken in westliche Länder, was in den

Augen der Zentrale um so schlimmer war, als viele ihre Besuche im Westen unbeaufsichtigt unternahmen. Der KGB beklagte sich darüber, daß es in den ausländischen Residenturen seines polnischen Verbündeten, dem SB, keine Offiziere gab, die für die Beobachtung von polnischen Touristen und im Ausland studierenden Polen verantwortlich waren. 1964 besuchten 34 500 Polen den Westen, und zwar überwiegend individuell und nicht in Reisegruppen.[10]

Der KGB führte eine recht absonderliche Statistik über »schädliches Verhalten« und »feindselige Akte« im Ostblock, in der zum Beispiel Begeisterung für westliche Popmusik mit Fällen von ideologischer Abweichung vermengt wurde. Für 1965 und 1966 wurden ungarischen Jugendlichen jeweils 87 000 Fälle von »schädlichem Verhalten« und »feindseligen Akten« nachgesagt. Laut dieser geheimen amtlichen Statistik sank diese Zahl 1968 beruhigenderweise, wenngleich etwas überraschend auf 68 000 und blieb für ein Jahrzehnt etwa auf diesem Niveau stehen. Besorgniserregend war allerdings, daß es sich in rund 30 Prozent der Fälle um Mitglieder des kommunistischen Jugendverbandes handelte.[11]

Bei den Schriftstellern hatte der KGB eine »ungesunde Tendenz zu ideologischer Koexistenz« mit dem Westen und die zunehmende Überzeugung bemerkt, daß die Literatur nicht Sache der Partei sei. Studenten zeigten die störende Neigung, unabhängige, nicht parteigebundene Organisationen für die »freie Diskussion nach dem Vorbild englischer Klubs« zu gründen. In einem KGB-Bericht wurden als Schriften, die auf »zunehmendes Interesse« stießen, Milovan Djilas' Buch *Die neue Klasse* und die Werke Friedrich Nietzsches genannt.[12] Daß Djilas' vernichtende Kritik des sowjetischen Systems als einer kooptierenden Oligarchie mit einer privilegierten Parteinomenklatur an der Spitze als subversiv angesehen wurde, ist leicht nachzuvollziehen. 1963 wurde der 20jährige russische Dissident Wladimir Bukowski in eine psychiatrische Klinik eingewiesen, nur weil er das Buch besessen hatte. Und selbst für KGB-Offiziere war es ein gefährlicher Text. Als General Oleg Kalugin es 1981, 24 Jahre nachdem es im Westen erschienen war, schließlich in der KGB-Bibliothek las, mußte er insgeheim zugeben, daß er mit Djilas übereinstimmte.[13] Daß Nietzsche in einem Atemzug mit Djilas genannt wurde, ist weniger einsichtig. Seine Forderung nach einer »Umwertung aller Werte«, damit die Lebenskraft der Stärksten nicht von den Schwachen behindert wird, war zwar, trotz gewisser Berührungspunkte mit der stalinistischen Praxis, ideologisch verfemt, aber im Unterschied zu Djilas'

Denken kaum geeignet, die Jugend dem Sozialismus abspenstig zu machen. Der Verfasser des KGB-Berichts wußte von dem großen deutschen Philosophen wahrscheinlich nicht mehr, als daß er ein bekannter Gegner des Marxismus gewesen war.

Als Mitte der sechziger Jahre die ersten Reformbemühungen in der Tschechoslowakei unternommen wurden, erregten sie in der Zentrale kaum Besorgnis. Das Hauptangriffsziel der Reformer, Antonín Novotný, der alternde, unbarmherzige Chef der Kommunistischen Partei der Tschechoslowakei (KPČ) und Staatspräsident, wurde in Moskau zunehmend als neostalinistische Belastung und nicht mehr als Bollwerk gegen den Revisionismus empfunden. Als Breschnew im Dezember 1967 auf Wunsch Novotnýs, der bedrängt wurde, von seinem Posten als Erster Sekretär der KPČ zurückzutreten, zu einem ungeplanten eintägigen Besuch nach Prag flog, weigerte er sich, zu Novotnýs Gunsten zu intervenieren, und sagte ihm, er solle selbst sehen, wie er mit dem Problem fertig werde.[14] Ohne sowjetische Rückendeckung war Novotný gezwungen, den Reformern Platz zu machen.

Als am 5. Januar 1968 der 46jährige Alexander Dubček zum neuen Ersten Sekretär der KPČ gewählt wurde, machte man sich anfangs weder im Kreml noch in der Zentrale Sorgen. Dubček hatte den größten Teil seiner Kindheit in der Sowjetunion verlebt und 1958 sein Studium an der Moskauer Parteihochschule mit Auszeichnung abgeschlossen. Im KGB war er als »unser Sascha« bekannt. Als in der Tschechoslowakei damit begonnen wurde, einen »Sozialismus mit menschlichem Antlitz« zu schaffen, glaubte man in der Elften Abteilung (Osteuropa) der Ersten Hauptverwaltung des KGB zunächst, »unser Sascha« werde von cleveren »bürgerlichen Elementen« in der KPČ manipuliert. Doch dann stellte sich heraus, daß Dubček selbst zu den treibenden Kräften hinter den Reformen gehörte. Die Zentrale fühlte sich deshalb persönlich betrogen.[15]

Im Rückblick war Dubček überzeugt, Moskau habe schon etwas mehr als zwei Monate, nachdem er die Nachfolge Novotnýs angetreten hatte, insgeheim die Entscheidung getroffen, Truppen einzusetzen, um den Prager Frühling zu zerschlagen:

»Novotný und seine beiden Vorgänger hatten es geduldet, daß die Sowjets auf unterschiedliche Weise die Kontrolle über die Streitkräfte und die tschechoslowakische Geheimpolizei ausübten, wozu implizit auch das ›Recht‹ gehörte, wichtige Personalentscheidungen mit zu treffen. Die Sowjets erkannten offensichtlich erst Mitte März, daß wir ihre Statthalter ohne ihre Zustimmung entlassen und durch Männer unserer Wahl ersetzen konnten, und beschlossen, nicht länger untätig zu bleiben.«[16]

In Wirklichkeit war sich Breschnew fast bis zum Vorabend des Einmarschs im August nicht sicher, ob eine Militäraktion klug war. Seine Zweifel wurden vom sowjetischen Ministerpräsidenten Alexei Kossygin geteilt,[17] aber schließlich gaben beide den Hardlinern im Politbüro nach.

Für eine militärische Intervention sprach sich als erster der ukrainische Parteisekretär Pjotr Schelest aus, der in einer Politbürositzung am 21. März erklärte, durch den Prager Frühling stehe das Schicksal des gesamten »sozialistischen Lagers« auf dem Spiel. Zwar sei es »erforderlich, sich aktiver um die gesunden [prosowjetischen] Kräfte in der Tschechoslowakei zu kümmern«, aber »militärische Maßnahmen« seien ebenso notwendig. Nachdrückliche Unterstützung fand Schelest beim KGB-Vorsitzenden Juri Andropow, der »konkrete Maßnahmen« zur Vorbereitung einer bewaffneten Intervention forderte.[18] Obwohl erst Kandidat des Politbüros und damit nicht stimmberechtigt, wurde Andropow im Verlauf der tschechoslowakischen Krise zu einer immer einflußreicheren Figur, die bereit war, Kossygin und anderen älteren Parteiführern, die vor dem Einsatz von Gewalt zurückschreckten, entgegenzutreten.

Als sowjetischer Botschafter in Budapest hatte Andropow eine Schlüsselrolle bei der Niederschlagung des Ungarischen Aufstands gespielt. Durch sein Beharren darauf, daß die Gefahr einer Konterrevolution das kritische Stadium erreicht habe, trug er dazu bei, dem zögernden Chruschtschow die Zustimmung zum militärischen Eingreifen abzuringen.[19] Ein junger Diplomat an der sowjetischen Botschaft meinte später voller Bewunderung, Andropow habe den ungarischen reformerischen Ministerpräsidenten Imre Nagy als erster »durchschaut« und auch nach der Ankunft der sowjetischen Panzer die Situation stets im Griff gehabt: »Er blieb ganz ruhig, selbst als die Kugeln pfiffen und alle anderen in der Botschaft sich wie in einer belagerten Festung fühlten.«[20] Aber Andropow war nicht nur ein unnachgiebiger Verfechter der Gewalt, sondern erwies sich auch als Meister der Täuschung, der Nagy weismachte, die sowjetischen Truppen würden abziehen, während er gleichzeitig seinen Sturz vorbereitete. Als der ungarische Oberbefehlshaber dem Ministerpräsidenten in den frühen Morgenstunden des 4. November telefonisch den sowjetischen Angriff meldete, erwiderte Nagy: »Botschafter Andropow ist bei mir und versichert mir, daß es sich um ein Mißverständnis handle. Die sowjetische Regierung habe keinen Angriff auf Ungarn befohlen. Der Botschafter und ich versuchen, Moskau anzurufen.«[21]

1968 in der Tschechoslowakei bestand Andropows Strategie wie 1956 in Ungarn aus einer Mischung von Irreführung und militärischer Stärke. Zu den Hauptinstrumenten der Täuschung während des Prager Frühlings gehörten als Bürger westlicher Staaten auftretende KGB-Illegale. Ihr Einsatz in der Tschechoslowakei im Rahmen der ersten PROGRESS-Operation, wie solche Unternehmungen von nun an genannt wurden, stellte eine bedeutsame Neuerung in der Illegalenstrategie des KGB dar. Vorher waren Illegale fast ausschließlich in den Westen entsandt worden, und die Missionen (BAIKAL) der wenigen, die im Ostblock eingesetzt worden waren, hatten zumeist darin bestanden, sich an westliche Touristen heranzumachen oder Kontakte zwischen Sowjetbürgern und Besuchern aus dem Westen zu observieren. 1966 und 1967, zum Beispiel, wurden einige Illegale an die bulgarische Schwarzmeerküste geschickt, um sich unter die wachsende Zahl westlicher Urlauber zu mischen und nach potentiellen Rekruten Ausschau zu halten.[22] Der Illegale Stanislaw Malotenko besuchte Urlaubsgebiete in der Ukraine, Bulgarien, Rumänien und der Tschechoslowakei, wo er, als westlicher Tourist getarnt, untersuchte, »wie bereitwillig weibliche Agenten ohne Erlaubnis [des KGB] intime Beziehungen zu Ausländern eingehen«.[23]

Während des Prager Frühlings wurden zum ersten Mal Illegale, die als westliche Touristen, Journalisten, Geschäftsleute und Studenten auftraten, in nennenswerter Zahl in einem Land des Ostblocks sowohl zur Informationsbeschaffung als auch zur Durchführung aktiver Maßnahmen eingesetzt. Westlichen Sympathisanten gegenüber, so glaubte die Zentrale, würden die tschechoslowakischen Konterrevolutionäre ihre subversiven Pläne eher enthüllen als ihren Nachbarn in Osteuropa. Selbst in der Ersten Hauptverwaltung des KGB wußten nur wenige über die PROGRESS-Operation in der Tschechoslowakei Bescheid. Anfangs wurde die PROGRESS-Akte im Büro des Chefs der Direktion S (Illegale), Anatoli Lasarew, aufbewahrt, doch im dem Maß, wie die Operation in der Tschechoslowakei ausgeweitet wurde, wuchs auch die Zahl derjenigen in der Verwaltung, die das Geheimnis kannten.[24]

Von den ersten 20 Illegalen, die 1968 von der Zentrale für PROGRESS-

Operationen in der Tschechoslowakei ausgewählt wurden,[25] traten mindestens fünf (GROMOW, SADKO, SEWIDOW, WLADIMIR und WLAS)[26] mit Sicherheit und zwei weitere (GUREJEW und JEWDOKIMOW)[27] wahrscheinlich als Westdeutsche auf. Außerdem gab es drei vorgebliche Österreicher (ARTEMOWA, DIM und WIKTOR)[28] und Engländer (BELJAKOW, USKOW und WALJA),[29] zwei fiktive Schweizer (ALLA[30] und SEP[31]), einen Libanesen (JEFRAT[32]) und einen Mexikaner (ROI[33]).[34] Wahrscheinlich im März gab Andropow Befehl, daß mindestens fünfzehn dieser Illegalen – mehr, als jemals in einem westlichen Land in so kurzer Zeit eingesetzt worden waren – bis zum 12. Mai in der Tschechoslowakei eingetroffen sein mußten. Jeder von ihnen erhielt monatliche Zuwendungen von 300 Dollar sowie Reisespesen und genug Geld, um eine Wohnung anzumieten.[35]

Außerdem vergrößerte Andropow die »legale« KGB-Repräsentanz in Prag, indem er zusätzlich zum Verbindungsbüro unter M. G. Kotow, der seit 20 Jahren in der Zentrale der StB tätig war, eine verdeckte Residentur einrichtete, deren Leitung er W. W. Surschaninow übertrug, der am 26. April seine Arbeit in der sowjetischen Botschaft aufnahm.[36] Der stellvertretende Leiter der Verwaltung S, G. F. Borsow, und ein weiterer hoher Offizier derselben Verwaltung, W. K. Umnow, wurden an die Residentur entsandt, um die Arbeit der Illegalen zu koordinieren.[37] Hauptaufgabe sowohl der Gruppe PR (politische Aufklärung) in der Residentur als auch des Verbindungsbüros bei der StB war es, verläßliche, sowjetfreundliche Mitglieder der KPČ zu identifizieren, aus denen nach einer sowjetischen Invasion eine Quisling-Regierung gebildet werden konnte. An die Spitze seiner Liste setzte der KGB vier Hardliner aus dem Präsidium der KPČ, Alois Indra, Jozef Lenárt, Drahomír Kolder und Vasil Bilak, sowie den früheren Innenminister Rudolf Barák, der 1962 abgesetzt und verhaftet worden war – offiziell, weil er Parteigelder veruntreut haben sollte, tatsächlich aber, weil er mit Hilfe der StB ein belastendes Dossier über Novotný angelegt hatte.[38]

Es fiel den KGB-Offizieren in Prag nicht schwer, Treffen mit Indra, Lenárt, Kolder und Bilak zu arrangieren, da sie regelmäßige Besucher der sowjetischen Botschaft waren. Direkt an Barák heranzutreten, der erst Anfang Mai aus dem Gefängnis entlassen worden war, fand man jedoch zu riskant. Statt dessen beauftragte die Residentur ALLA alias Maria Werner, den Kontakt herzustellen. Die lebenslustige ALLA war seit Jahren darauf spezialisiert, westliche Besucher in der Sowjetunion anzusprechen, die für den KGB interessant waren. ALLA hatte Barák bereits 1961, als er noch Innenminister war, kennengelernt und knüpfte den Kontakt bald nach seiner Haftentlassung wieder an. Auf ihre Bitte traf sich Barák dann mit B. S. Iwanow von der KGB-Residentur.[39]

Indra, Lenárt, Kolder und Bilak sollten sich allesamt als Stützen des neostalinistischen Regimes erweisen, unter dem später die Zerstörung des »Sozialismus mit menschlichem Antlitz« vonstatten ging. Barák jedoch war weniger nützlich, als die Prager Residentur erwartet hatte, nicht zuletzt aufgrund der Ablehnung, die ihm selbst von einigen sowjetfreundlichen Mitgliedern der KPČ-Führung entgegenschlug, die sich nur allzu gut an die Brutalität erinnerten, mit der er als Innenminister und damit auch Chef der StB vorgegangen war. Voll rehabilitiert wurde er erst 1975, sieben Jahre nach seiner Entlassung aus dem Gefängnis.[40]

Die in der Tschechoslowakei eingesetzten KGB-Illegalen hatten zwei Hauptaufgaben: Zum einen sollten sie die während des Prager Frühlings entstandenen, vermeintlich konterrevolutionären Gruppen infiltrieren, um deren subversive Absichten auszukundschaften; zum anderen sollten sie eine Reihe aktiver Maßnahmen durchführen, um sie zu diskreditieren. Mit der Infiltration wurden JEFRAT, GUREJEW, JEWDOKIMOW, GROMOW und SADKO beauftragt.[41] Ihr Hauptangriffsziel waren die nach Ansicht der Zentrale wichtigsten Quellen subversiver Ideen: der Schriftstellerverband, radikale Zeitschriften, die Karlsuniversität, K–231 – ein Klub ehemaliger politischer Gefangener, die nach dem berüchtigten Paragraphen 231 des tschechoslowakischen Strafgesetzbuchs verurteilt worden waren – und KAN, der Anfang April gegründete Klub der engagierten Parteilosen.[42]

Einer der Schlüsselmomente des Prager Frühlings, der das neue Klima der politischen Freiheit und des fast vollständigen Zusammenbruchs der staatlichen Zensur illustrierte, war der vom Fernsehen übertragene 1.-Mai-Umzug in Prag. Statt der üblichen langweiligen Zurschaustellung kriecherischer Bewunderung für die Parteiführung und platter Slogans zum Ruhm der Freundschaft mit der Sowjetunion war eine spontane Demonstration zur Unterstützung der Reformbewegung zu sehen, die überdies mit Transparenten wie »Für immer mit der Sowjetunion – aber keinen Tag länger!« und »Lang lebe die UdSSR – aber auf eigene Kosten!« irritierende Botschaften an Moskau aussandte. Dubček erinnerte sich später »voller Rührung« an den Tag, an dem er »tief bewegt« erlebte, welche Unterstützung er von den ehemaligen politischen Gefangenen der K–231 und den parteilosen Aktivisten von KAN erfuhr. Für Moskau stellte die Demonstration dagegen eine empörende konterrevolutionäre Provokation dar, die offenbarte, daß sich das tschechoslowakische Einparteiensystem in höchster Gefahr befand.[43]

Die Gefahr war um so größer, als die StB aus Sicht der Zentrale immer unzuverlässiger wurde. Für Moskau dürfte das größte Schreckgespenst in Oldřich Černíks seit April amtierender Regierung der für die StB zuständige Innenminister Josef Pavel gewesen sein. Schuld an Pavels Ernennung hatte nach Auffassung des KGB ironischerweise vor allem Lubomír Strougal, der sich später gegen die Reformer wenden und eine herausragende Rolle bei der Wiederherstellung der prosowjetischen Orthodoxie spielen sollte. Laut einem KGB-Bericht war Strougal bald nach Černíks Ernennung zum Ministerpräsidenten in dessen Büro erschienen und hatte ihn aus Furcht, dort abgehört zu werden, zu einem Spaziergang an der Moldau eingeladen, auf dem er ihn drängte, Pavel zum Innenminister zu machen. Da Pavel Anfang der fünfziger Jahre einige Jahre im Gefängnis gesessen habe, erläuterte Strougal seinen Vorschlag, könne man sich darauf verlassen, daß Polizei und StB unter seiner Oberaufsicht ihre Macht nicht mißbrauchen würden. Černík pflichtete ihm angeblich bei.[44] Ende April, kurz nachdem er Innenminister geworden war, gab Pavel bekannt, daß sowohl sein Ministerium als auch die StB fortan nicht mehr unter Parteiaufsicht, sondern unter Regierungskontrolle stünden und eine Reihe höherer Beamter ihre Posten verlieren würden. Zu ihnen gehörte auch der prosowjetische StB-Chef Josef Houska, der im Juni entlassen wurde. Einige Wochen bevor er aus dem Amt schied, übergab er dem KGB Fotokopien diverser Personalakten der StB.[45]

Am 10. Mai sandte der sowjetische Ministerpräsident Kossygin seinem tschechoslowakischen Amtskollegen Černík einen aufgebrachten Brief, in dem er sich darüber beschwerte, daß es als westliche Touristen getarnten »Agenten und Saboteuren« aufgrund mangelnder Grenzsicherung gelungen sei, in die Tschechoslowakei einzudringen.[46] Wie kaum anders zu erwarten, vergaß er zu erwähnen, daß die meisten aktiven Agenten und sämtliche Saboteure mit westlichen Pässen sowjetische Illegale waren. Am selben Tag, an dem er den Brief abschickte, versuchten die »Westdeutschen« GROMOW (Wassili Gordiewski) und GUREJEW (Walentin Gutin) zwei der engagiertesten Verfechter des Prager Frühlings zu entführen, Professor Václav Černý (TJOMNY) und Jan Procházka.[47]

Černý, einer der führenden tschechoslowakischen Romanisten, der nach dem kommunistischen Staatsstreich von 1948 seinen Lehrstuhl an der Karlsuniversität verloren hatte, war während des Prager Frühlings als einer der Gründer von KAN und beredter Fürsprecher der akademischen Freiheit hervorgetreten. Procházka hatte auf dem Kongreß des Schriftstellerverbandes im Juni 1967 zu den führenden Kritikern der staatlichen Zensur gehört und die »Freiheit des Schöpfertums« gefordert.[48] Aus vorgeblicher Sorge um seine Sicherheit versuchte GUREJEW Černý davon zu überzeugen, daß er sich in ernster Gefahr befand (vermutlich von seiten radikaler Reformgegner), und bot ihm an, ein vorübergehendes Versteck für ihn zu finden. GROMOW ging bei Procházka ähnlich vor. Sobald man sie überredet hatte, sich zu verstecken, sollten sowohl Černý als auch Procházka den Verbrechern der Abteilung W, der Einheit für »Sonderaktionen« der Ersten Hauptverwaltung, übergeben werden, die sie in einem Auto mit Diplomatenkennzeichen, ohne kontrolliert zu werden, über die Grenze nach Ostdeutschland schaffen würden.[49] Leisteten sie Widerstand, sollten sie mit »speziellen Substanzen«, wie es in der operativen Akte verschämt heißt, betäubt werden.

Die Operation war jedoch ein kläglicher Fehlschlag. Nach der Verfolgung, der Černý 20 Jahre lang ausgesetzt gewesen war, vermochte GUREJEW ihn nicht davon zu überzeugen, daß er sich in größerer Gefahr als gewöhnlich befand. Und GROMOW mußte zu seinem Leidwesen entdecken, daß Procházka von Pavel einen Leibwächter bekommen hatte. Außerdem hatte die Zentrale die bei der Operation auftauchenden Sprachprobleme übersehen. Während Černý mehrsprachig war, sprach Procházka nur Tschechisch, so daß es GROMOW als Westdeutschem, der kein Tschechisch konnte, schwerfiel, sich mit ihm zu unterhalten. Hätte er sich auf Russisch verständlich gemacht, was wahrscheinlich möglich gewesen wäre, hätte er riskiert, seine wahre Identität zu enthüllen.[50]

Zusätzlich zu ihren anderen Aufgaben während des Prager Frühlings hatten die Illegalen einige aktive Maßnahmen auszuführen, die insgesamt mit dem Codenamen CHODOKI (»Mittler«) bezeichnet wurden und das Ziel verfolgten, eine sowjetische Invasion gerechtfertigt erscheinen zu lassen, indem sie Beweise für eine konterrevolutionäre Verschwörung tschechoslowakischer »Rechter« und westlicher Nachrichtendienste zutage förderten.[51] Als mit der Reformbewegung sympathisierende westliche Besucher auftretend, versuchten die Illegalen Journalisten zu überreden, Angriffe auf die Sowjetunion und andere provokative Artikel zu veröffentlichen. Černý und K-231 versuchten sie dazu zu bringen, die Hilfe einer fiktiven Untergrundorganisation anzunehmen, die angeblich aus dem Westen mit Waffen versorgt wurde. Der von Pavel entlassene ehemalige StB-Chef Houska war insgeheim von der Operation CHODOKI in Kenntnis gesetzt worden und hatte zugesagt, sie zu unterstützen.[52]

Mitte Juli gelang es den Illegalen, im Rahmen von CHODOKI einen falschen Beweis für Vorbereitungen auf einen bewaffneten Staatsstreich zu plazieren, so daß die *Prawda* am 19. Juli melden konnte, nahe der westdeutschen Grenze sei ein »geheimes Lager« mit amerikanischen Waffen entdeckt worden; einige der Verpackungen trügen die Aufschrift »Made in USA«. Die Waffen, so die *Prawda* weiter, seien von »Revanchisten und Vorkämpfern der alten Ordnung« in die Tschechoslowakei geschmuggelt worden. Außerdem liege den sowjetischen Behörden die Kopie eines amerikanischen »Geheimplans« für den Sturz der Prager Regierung vor. Im gesamten Ostblock griff die Presse den *Prawda*-Artikel auf und berichtete, überall in der Tschechoslowakei seien versteckte westliche Waffen gefunden worden. Gleichzeitig wurden der StB falsche Informationen untergeschoben, aus denen hervorging, daß K–231 und KAN in eine konterrevolutionäre Verschwörung mit westlichen Nachrichtendiensten verstrickt waren.[53]

An dem Tag, an dem die *Prawda* die Entdeckung des fingierten Waffenlagers meldete, trat das Politbüro der KPdSU zusammen, um über die nächsten Schritte in der Krise zu beraten. Breschnew eröffnete die Sitzung mit dem Vorschlag, ein letztes Treffen mit der tschechoslowakischen Führung zu vereinbaren, um, wenn möglich, eine Verhandlungslösung zu erzielen. Erst wenn dieser Versuch fehlgeschlagen sei, solle man »extreme Maßnahmen« ergreifen. Hauptsprecher der Befürworter sofortiger »extremer Maßnahmen« war Andropow. Bilaterale Gespräche, sagte er, würden wenig bringen, während jede Verzögerung die von den »Rechten« ausgehende Gefahr vergrößern würde: »Sie kämpfen um ihr Überleben, und sie kämpfen erbittert. ... Sie treffen wie wir Vorbereitungen, und ihre sind sehr ernst zu nehmen. Sie bereiten die Arbeiterklasse, die Arbeitermilizen [auf einen Konflikt] vor.« Die Stimmung der Sitzungsteilnehmer war gedrückt. Andropow geriet mit Kossygin aneinander, dem er vorwarf, ihn »anzugreifen«, vermutlich weil er die sofortige militärische Intervention fordere. »Ich greife dich nicht an«, erwiderte Kossygin.»Im Gegenteil, du bist es, der mich angreift!« Als einziges Vollmitglied des Politbüros stellte sich K. T. Masurow hinter Andropow. Die Meinung der Mehrheit drückte Außenminister Andrei Gromyko aus, ebenfalls kein stimmberechtigtes Mitglied des Politbüros und später ein enger Verbündeter Andropows. Das Treffen mit Dubček und seinen Kollegen, so Gromyko, sei nicht mehr als eine notwendige Vorstufe der Invasion: »Es ist klar, daß sie unsere Vorschläge nicht annehmen werden. Aber dann können wir weitergehen und die Entscheidung treffen, extreme Maßnahmen zu ergreifen.«[54]

Wie Gromyko vorausgesagt hatte, endeten die zwischen dem 29. Juli und dem 1. August in der Grenzstadt Čierna nad Tisou abgehaltenen Gespräche zwischen dem Präsidium der KPČ und dem Politbüro der KPdSU ergebnislos. Nach einer StB-Untersuchung berichtete Pavel dem Präsidium der KPČ, die vermeintlichen konterrevolutionären Waffenlager seien eine Provokation. Es waren zwar tatsächlich amerikanische Waffen gefunden worden, aber sie stammten aus der Zeit des Zweiten Weltkriegs und waren zum Teil in sowjetischem Material verpackt. Auch Meldungen, die K-231 und KAN mit westlichen Geheimdiensten in Verbindung brachten, stellten sich als falsch heraus.[55] Die KGB-Illegalen, die hinter der Operation CHODOKI standen, blieben jedoch unentdeckt. Mitrochins Notizen bestätigen, wenn auch nicht schlüssig, die Aussage eines StB-Überläufers, der zufolge der KGB geplant hatte, im August die sowjetischen Ehefrauen mehrerer tschechoslowakischer Bürger zu ermorden und die Schuld daran »Konterrevolutionären« in die Schuhe zu schieben. Der Plan wurde offenbar fallengelassen, nachdem er von der StB entdeckt worden war.[56]

Anfang August warf Frouz-Farsac, der Leiter der StB-Auslandsaufklärung, auf einer Sitzung des Parteikomitees der StB den KGB-Beratern vor, sie würden gegen die Grundsätze des zwischen der ČSSR und der UdSSR abgeschlossenen Nachrichtendienstabkommens verstoßen, und verlangte mit Zustimmung anderer StB-Offiziere ihre Abberufung. Dem KGB ging postwendend ein Bericht über die Sitzung zu,[57] und nach dem sowjetischen Einmarsch wurden alle, die sich für den Rückzug der KGB-Berater ausgesprochen hatten, verhaftet – mit der auffälligen Ausnahme von Frouz-Farsac selbst, der seine Forderung möglicherweise auf Anweisung des KGB erhoben hatte, um im Vorfeld der Invasion die schärfsten antisowjetischen Elemente in der StB zu identifizieren.[58]

Ähnlich wie der KGB für die Öffentlichkeit Beweise für eine westliche

Verschwörung fälschte, versorgte Andropow das Politbüro der KPdSU während der gesamten Krise mit frisiertem Nachrichtenmaterial, um es in seinem Entschluß zum Eingreifen zu bestärken. Die wichtigsten zutreffenden Informationen über die amerikanische Politik, die während des Prager Frühlings in der Zentrale eintrafen, dürften die der Washingtoner Residentur gewesen sein, wo der dynamische 34jährige Leiter der Gruppe PR, Oleg Kalugin, Zugang zu seiner Einschätzung nach »absolut verläßlichen Dokumenten« erlangt hatte, aus denen hervorging, daß weder die CIA noch irgendeine andere amerikanische Behörde die tschechoslowakische Reformbewegung manipulierte. Diese Erkenntnis paßte jedoch nicht zu Andropows Verschwörungstheorie über ein imperialistisches Komplott, weshalb er sie dem Politbüro vorenthielt. Nach seiner Rückkehr nach Moskau stellte Kalugin verwundert fest, daß die Zentrale angeordnet hatte, »meine Berichte niemandem zu zeigen und sie zu vernichten«. Statt dessen schürte der KGB auf Befehl Andropows »die Angst, die Tschechoslowakei könne einem NATO-Angriff oder einem Putsch zum Opfer fallen«.[59]

Am 18. August beschlossen die Führungen der Sowjetunion und anderer »zuverlässiger« Mitglieder des Warschauer Pakts – Bulgarien, Ostdeutschland, Ungarn und Polen – bei einem Treffen in Moskau die größte Militäroperation in Europa seit dem Ende des Zweiten Weltkriegs.[60] Zwei Tage später, am Nachmittag des 20. August, fand eine Sitzung »zuverlässiger« StB-Mitarbeiter statt, auf der Pavels prosowjetischer Stellvertreter Viliam Šalgovič über die Invasion, die in der folgenden Nacht beginnen sollte, informierte und Aufgaben zur Unterstützung der Streitkräfte des Warschauer Pakts verteilte. Gegen neun Uhr am nächsten Morgen, als die sowjetischen Truppen bereits Schlüsselstellungen in Prag besetzt hatten, gab der altgediente StB-Oberstleutnant Bohumil Molnar, der 1956 zum Dank für seine Hilfe bei der Niederschlagung des ungarischen Aufstands vom damaligen KGB-Vorsitzenden Iwan Serow eine mit einer Gravur versehene Pistole erhalten hatte, den vom KGB ausgewählten StB-Offizieren, die Dubček und die reformerische Mehrheit des KPČ-Präsidiums festnehmen sollten, letzte Anweisungen.[61] Dann begab sich die Abordnung, von KGB-Offizieren begleitet, zu Dubčeks Büro im Gebäude des Zentralkomitees, wo einer der Offiziere mit, wie es Dubček schien, »monotoner Stimme wie ein Laienschauspieler« verkündete: »Ich verhafte Sie im Namen der von Genossen Indra geführten Arbeiter-und-Bauern-Regierung.« Nach einer kurzen Pause, in der er sich offenbar an seinen

Text zu erinnern versuchte, fügte er hinzu, Dubček und seine Kollegen würden binnen kurzem vor ein »Revolutionstribunal« gestellt, dessen Vorsitzender ebenfalls Alois Indra sei.[62]

Indra und die anderen führenden Mitglieder der von Moskau ausgesuchten designierten Quisling-Regierung hielten sich schon in der sowjetischen Botschaft auf und warteten darauf, die Macht zu übernehmen.[63] Doch in diesem Punkt mußte der Invasionsplan geändert werden. Indra und seine Mitverschwörer hatten Moskau fälschlicherweise versichert, der Einmarsch des Warschauer Pakts würde von der Mehrheit der KPČ-Führung begrüßt werden.[64] Doch Dubček konnte sich weiterhin auf eine Mehrheit im Präsidium stützen und genoß darüber hinaus die überwältigende Zustimmung der Bevölkerung. Daher sah sich die sowjetische Führung gezwungen, den Plan, ein Marionettenregime zu installieren, fallenzulassen. Statt dessen wurden Dubček und seine Kollegen vom KGB nach Moskau eskortiert, wo sie durch Druck und Einschüchterung zur Räson gebracht werden sollten. Breschnew blieb bei der KGB-Fiktion, »antisozialistische« Kräfte hätten einen Staatsstreich vorbereitet:

»Untergrundsender und geheime Waffenlager sind jetzt aufgeflogen. Das alles ist jetzt herausgekommen. Wir wollen dich nicht persönlich anklagen, daß du schuld seist. Vielleicht hast du gar nichts davon gewußt ...«

In der Diskussion, die sich über die nächsten Tage hinzog, wechselte die sowjetische Haltung von dem Versuch, den Einmarsch zu rechtfertigen, über vorgeschützte brüderliche Solidarität zu Einschüchterung und Nötigung. Dubček wußte, daß ihm keine andere Wahl blieb, als sich den Hauptforderungen der Sowjets zu beugen: »Anders ging es nicht: Wir lenkten die Geschicke eines besetzten Landes, und bei jeder Bewegung war der Lauf eines sowjetischen Gewehrs auf uns gerichtet.« Am 26. August unterzeichnete die tschechoslowakische Delegation ein Geheimprotokoll, in dem sie die »vorübergehende« Besetzung ihres Landes durch Truppen des Warschauer Paktes hinnahm. Die Beschlüsse des eiligst einberufenen 14. Parteitages der KPČ, der am 22. August zusammengetreten war und die Invasion verurteilt hatte, wurden annulliert und einige führende Reformer in Partei, Regierung, Rundfunk und Fernsehen, die Moskau am meisten verärgert hatten, entlassen.[65]

Der Kreml betrachtete das Moskauer Protokoll nur als Beginn einer

»Normalisierung«, die den Prager Frühling rasch in einen Winter verwandeln sollte. Doch noch hatte, wie ein späterer Historiker der KPČ beklagte, die »Rechte ... die entscheidenden Positionen in der Partei, im Staatsapparat und in den Massenmedien« inne: »Die marxistisch-leninistischen Kräfte in Partei und Gesellschaft führten zwischen August 1968 und April 1969 einen schwierigen und komplizierten Kampf, der durch die schrittweise Unterdrückung der Rechten charakterisiert war.«[66] Für Andropow war besonders die fortdauernde Stärke der »Rechten« in der StB besorgniserregend, obwohl Houska einige führende Reformer hatte festnehmen lassen. Einem KGB-Bericht aus Prag zufolge war die Lage in der Auslandsaufklärung am schwierigsten:

> »In der Ersten Verwaltung [der StB-Auslandsaufklärung] entzündeten sich nationalistische Leidenschaften, und es gab Handlungen antisowjetischer Natur: die Entfernung sowjetischer Fahnen, [feindselige] Slogans, Angriffe auf sowjetische Militäreinheiten, die zum Schutz der alten Räumlichkeiten der Ersten Verwaltung entsandt wurden, Nachrichtendienstoffiziere, die in den Untergrund gingen, ihre Dienstausweise abgaben und aus Protest gegen das Eintreffen der sowjetischen Truppen die Arbeit einstellten.«

Empört reagierte die Zentrale auf einige Solidaradressen an die Reformer, die das Plenarkomitee der Parteigruppe der Ersten Verwaltung der StB beschlossen hatte. Außerdem entdeckte der KGB, daß der StB-Resident in New York (PATERA), wenn auch vergeblich, versucht hatte, den tschechoslowakischen Außenminister Jiří Hájek zu überreden, unter Verletzung des Moskauer Protokolls die sowjetische Invasion vor dem UN-Sicherheitsrat zur Sprache zu bringen. »Wenn wir die tschechoslowakische Frage nicht im Sicherheitsrat ansprechen«, hielt PATERA Hájek vor, »wird die Nation uns zu Verrätern erklären.«[67] Der StB-Resident in Washington sagte mit Tränen in den Augen zu Oleg Kalugin: »Meine Kinder werden euch für das hassen, was ihr meinem Land angetan habt. Sie werden euch das, was passiert ist, niemals verzeihen.«[68] Es dauerte mehrere Jahre, bis die »gesunden Kräfte«, wie der KGB die prosowjetischen StB-Mitarbeiter nannte, alle Spuren des Revisionismus getilgt hatten.

Nach dem sowjetischen Einmarsch spielten KGB-Illegale weiterhin eine Hauptrolle in Andropows Strategie der Unterwanderung und Destabilisierung »rechter« Kräfte.[69] Ergänzt wurden die PROGRESS-Operationen in der Tschechoslowakei durch Aktionen von Nachrichtendiensten anderer Ostblockstaaten. Am 25. August teilte Erich Mielke, der während des Prager Frühlings ostdeutsche Illegale in der Tschechoslowakei eingesetzt hatte, der Zentrale mit, daß er zusammen mit Stasi-Offizieren, die ihre Operationen leiten und die Verbindung zur KGB-Residentur herstellen sollten, ein weiteres Kontingent von Illegalen nach Prag schicken werde.[70] Im September reisten Andropow und Sacharowski, der Leiter der Ersten Hauptverwaltung, nach Warschau, wo sie einen Plan des SB absegneten, der vorsah, sowohl Agenten als auch Illegale einzusetzen, um die tschechoslowakische »konterrevolutionäre Untergrundbewegung«, Emigrantengruppen und gegnerische Geheimdienste zu infiltrieren.[71]

Was die KGB-Akten verschweigen, sind die Gefühle, von denen die Illegalen erfüllt waren, wenn sie die manchmal heldenhaften Überlebenden des Prager Frühlings verrieten. Im Unterschied zu den Führern der Sowjetunion und zur sowjetischen Bevölkerung, denen die Welt außerhalb des Ostblocks fremd war, kannten die Illegalen den Westen und die Lebenswirklichkeit in der Tschechoslowakei zu gut, um zu glauben, daß sie an einem moralischen Kreuzzug zur Verteidigung der sozialistischen Werte gegen die Angriffe des westlichen Imperialismus teilnahmen. In der Direktion S der Ersten Hauptverwaltung gab es immer wieder Klagen darüber, daß Illegale von ihren Auslandseinsätzen mit einer »unrichtigen« Haltung gegenüber dem Leben in der Sowjetunion zurückkehrten.[72] Gelegentlich war ihre Haltung derart »unrichtig«, daß ihre Karriere ein vorzeitiges Ende fand. 1966 berichtete das KGB-Verbindungsbüro in Budapest voller Abscheu über einige politisch unkorrekte Bemerkungen der Illegalen ERNA, die sich nach einem Urlaub in Moskau auf der Rückreise nach Kanada befunden hatte:

> »In Moskau habe ich mich nicht getraut, über bestimmte Dinge offen meine Meinung zu sagen. Trotzdem konnte ich sehen, daß sie dachten, ich sei mehr als nur ein bißchen bürgerlich geworden.
> Warum hat die Partei es zugelassen, daß in bezug auf Chruschtschow ein zweiter Personenkult entstanden ist? Ich verstehe nicht, wieso Chruschtschow in wichtigen Fragen von Staat und Partei ganz allein Entscheidungen treffen kann. Was tun die anderen Mitglieder des Zentralkomitees? Haben sie die Folgen des Personenkults von Stalin nicht mehr frisch im Gedächtnis?

Welchen Sinn hat es, so viele Sputniks zu starten? Wäre es nicht besser, sich wichtigeren Dingen auf der Erde zu widmen? Zwanzig Jahre sind seit dem Kriegsende vergangen, doch die Menschen haben immer noch nicht die materiellen Dinge, die sie brauchen und verdienen und deren sich die Bewohner des Westens schon seit langem erfreuen.«[73]

Nur wenige Illegale wagten es, solche aufrührerischen Gedanken auszusprechen. Da manche sie jedoch zweifellos hegten, dürfte sich, zumal angesichts der Erfahrungen in der Tschechoslowakei, in zunehmendem Maß Zynismus breitgemacht haben. Im Fall von GROMOW, einem der ersten fünf Illegalen, die während des Prager Frühlings in die Tschechoslowakei geschickt wurden, um »rechte« Gruppen zu infiltrieren, kann dies aufgrund der Erinnerungen seines jüngeren Bruders Oleg Gordiewski, der von 1963 bis 1972 in der Illegalendirektion der Ersten Hauptverwaltung und der Gruppe N der Kopenhagener Residentur gearbeitet hat, in gewissem Ausmaß nachvollzogen werden. 1933 geboren, war GROMOW nach Olegs Darstellung »unter vom Krieg verrohten Jungen aufgewachsen« und zu einem zynischen, materialistischen Erwachsenen geworden, der das Leben im Westen den Einschränkungen in der Tschechoslowakei vorzog. Als Oleg während seiner Ausbildung vor die Wahl gestellt wurde, entweder Tschechisch oder Schwedisch zu lernen, sagte ihm sein Bruder, er solle kein Idiot sein und sich für Schwedisch entscheiden: »Wenn du Tschechisch nimmst, wirst du den Rest deines Lebens in den jämmerlichen Konsularabteilungen in Prag und Bratislava herumsitzen. ... Schweden ist ein schönes Land. ... Von dort kannst du nach ganz Europa gehen.«[74] In den Berichten des Illegalen FJODOROW an die Zentrale ist die zynische Haltung gegenüber den Tschechen zwar weniger deutlich, aber doch vorhanden. So spielten die sowjetischen Streitkräfte in der Tschechoslowakei seiner Ansicht nach »die Rolle eines Polizisten auf einer stark befahrenen Kreuzung; jeder sieht ihn, und das regelt den Verkehr«. Mit anderen Worten, die Bevölkerung wurde durch Einschüchterung zur Botmäßigkeit gezwungen.[75]

Bei manchen Illegalen hatten die Erlebnisse in der Tschechoslowakei ernstere Konsequenzen als eine Vertiefung ihres Zynismus. So machte ALLA einige Jahre später einen Selbstmordversuch. Als Grund wird in ihrer KGB-Akte angeführt, daß ihr Partner sie verlassen hatte,[76] doch auch der Betrug an den Tschechoslowaken, mit denen sie sich angefreundet hatte, dürfte emotionale Narben hinterlassen haben. Eine häufigere

Reaktion auf die Erfahrungen in der Tschechoslowakei war der Alkoholismus. GROMOW konnte, selbst nachdem er sich während einer Mission in Südostasien mit Hepatitis B angesteckt hatte, nicht von der Flasche lassen und starb 1972 im Alter von nur 39 Jahren.[77] Auch BOGUN und seine Frau wurden Alkoholiker. 1976 wurde er zu einer »umfassenden Alkoholtherapie« ins Militärkrankenhaus Burdenko eingeliefert, während seine Frau in der psycho-neurologischen Abteilung des zentralen KGB-Krankenhauses behandelt wurde. Die vorangegangenen Jahre, in denen BOGUN intensiv an PROGRESS-Operationen in der Tschechoslowakei und anderen osteuropäischen Ländern mitgearbeitet hatte, scheinen eine größere psychologische Belastung gewesen zu sein als seine vorherige Tätigkeit in den USA.[78]

Auf einen Mitarbeiter der Illegalendirektion hatte die sowjetische Invasion der Tschechoslowakei ohne Zweifel tiefgreifende Auswirkungen, GROMOWs jüngeren Bruder Oleg Gordiewski, der damals als Offizier der Gruppe N in Kopenhagen diente: »Es war dieses furchtbare Ereignis, dieser schreckliche Tag, der die Richtung meines Lebens veränderte.« Die Zerschlagung des Prager Frühlings machte ihm klar, daß der sowjetische Einparteienstaat die menschlichen Freiheiten von Natur aus verhinderte. In den darauffolgenden Jahren dachte er lange darüber nach, wie er zu seinem Sturz beitragen könnte, bevor er sich entschied und zum britischen Infiltrationsagenten innerhalb des KGB wurde.[79]

16.
PROGRESS-Operationen II:
Spionage im Ostblock

Dubček beschrieb die acht Monate nach der sowjetischen Invasion später als »geordneten Rückzug; wir gaben keinen Zentimeter auf ohne wohlkalkulierten Widerstand«. Aber es war ein Rückzug, der unweigerlich in der Niederlage enden mußte. Die Position der Reformer wurde von einer Mischung aus äußerem und innerem Druck durch die sowjetischen Besatzer, die alte Garde innerhalb der KPČ und frühere Verbündete, die sich auf die Seite der Invasoren schlugen, um ihre eigene Karriere zu retten, unaufhaltsam untergraben.

Unmittelbarer Anlaß für Dubčeks Ablösung war die im März 1969 in Schweden stattfindende Eishockeyweltmeisterschaft. »Am 21. März«, erinnerte er sich später, »blickte unser ganzes Land nach Stockholm, denn an diesem Tag spielte die Tschechoslowakei gegen die Sowjetunion. Und dabei ging es natürlich um mehr als um Eishockey. Es war die Revanche für einen verlorenen Krieg.«[1] Die öffentlichen Freudenfeiern der Tschechoslowaken nach dem Sieg ihrer Mannschaft veranlaßten den KGB, mit Hilfe von Handlangern in der StB antisowjetische Unruhen vorzubereiten, die nach dem nächsten Spiel zwischen der Sowjetunion und der Tschechoslowakei am 28. März ausbrechen sollten. Kurz vor dem Spiel lud eine Gruppe von Polizisten, als städtische Arbeiter verkleidet, vor dem Büro der sowjetischen Fluggesellschaft Aeroflot am Wenzelsplatz einen Haufen Pflastersteine ab. Aus Dokumenten der Prager Polizei geht hervor, daß die Aktion unter der direkten Leitung des tschechischen Innenministers[2] und sowjetischen Agenten Josef Groesser stattfand. Unmittelbar nachdem die tschechoslowakische Mannschaft die sowjetische zum zweitenmal binnen einer Woche besiegt hatte, mischten sich unauffällig gekleidete StB-Mitarbeiter unter die feiernde Menge und warfen die praktischerweise bereitliegenden Pflastersteine auf die Aeroflot-Niederlassung. Die Einrichtung wurde auf den Bürgersteig geschleppt und in Brand gesteckt.

Jetzt konnte Moskau empört aufschreien: »Die Konterrevolution muß enthauptet werden.« Dubček glaubte, keine andere Wahl mehr zu haben, als zurückzutreten: »Andernfalls würden die Sowjets die nächste Provokation präsentieren, es würde noch mehr öffentlichen Aufruhr geben und womöglich gar ein Blutbad.«[3] Am 17. April löste ihn der Erste Sekretär der slowakischen KP, Gustáv Husák, als Ersten Sekretär der KPČ ab.

Die PROGRESS-Operationen in der Tschechoslowakei wurden fortgesetzt. Ein hoher Offizier der Direktion S, Dmitri Wetrow, traf in Prag ein, um die Aktivitäten der Illegalen, die sich in die Reihen der unbelehrbaren Reformer einschlichen, zu überwachen und zu koordinieren.[4] Galina Winogradowa (ALLA) erhielt den Auftrag, sich als angebliche Schweizer Sympathisantin des Prager Frühlings mit Ladislav Lebovic (CHAN) anzufreunden, einem der Trainer der siegreichen tschechoslowakischen Eishockeymannschaft, dem man in der Zentrale tiefes Mißtrauen entgegenbrachte.[5] Der Illegale Juri Linow (KRAWTSCHENKO), der sich als Österreicher ausgab, konnte das Vertrauen des Schachgroßmeisters und Sportkolumnisten Ludek Pachman gewinnen, der zu den Organisatoren der »illegalen« Radiosendungen nach dem Einmarsch der sowjetischen Truppen gehört hatte. Sobald KRAWTSCHENKO diejenigen von Pachmans Freunden und Bekannten identifiziert hatte, die den »Kampf gegen die sowjetischen Besatzer« fortsetzen wollten, wurde Pachman selbst festgenommen.[6]

Im KGB-Verbindungsbüro in Prag hatte man Dubčeks Rücktritt zwar erfreut zur Kenntnis genommen, aber die Begeisterung über seinen Nachfolger Husák, der 1952 als angeblicher Trotzkist und »bürgerlicher Nationalist« inhaftiert worden war, hielt sich in Grenzen. »Neun Jahre im Gefängnis«, schrieb das Büro nach Moskau, »haben insofern ihre Spuren in Husáks Psyche hinterlassen, als er gegenüber eindeutigen Feinden der Kommunistischen Partei der Tschechoslowakei eine unangebrachte Duldsamkeit an den Tag legt.« Die Führung der KPČ sei gespalten in »Internationalisten« wie Bilak und Indra, die das sowjetische Eingreifen im August 1968 begrüßt hätten, und »Realisten« wie Strougal, die es abgelehnt, sich aber mit den Tatsachen abgefunden hätten. Zwischen beiden Fraktionen tobe ein Machtkampf, in dem jede Seite versuche, Schlüsselpositionen zu besetzen und ihre Anhänger im Parteiapparat unterzubringen.[7] Im Verlauf des nächsten Jahres konnten sowohl Internationalisten als auch Realisten Erfolge verbuchen. Im Januar 1970 löste Strougal Ministerpräsident Černík ab. Gleichzeitig übernahm Bilak die Leitung der Umtauschaktion der Parteibücher, deren Ziel es war, die KPČ von Reformern zu säubern.[8] Zu seiner rechten Hand wurde ein anderer

Hardliner, Miloš Jakeš, der Vorsitzende der Zentralen Kontroll- und Revisionskommission der Partei, der dem KGB-Verbindungsbüro regelmäßig über die Fortschritte der Säuberung Bericht erstattete.[9] Siebzehn Jahre später sollte Jakeš Husáks Nachfolger als Erster Sekretär der KPČ werden. Die Zentrale kam in ihrer Einschätzung der Arbeit des Verbindungsbüros und der Residentur in Prag zu dem Schluß:

»Der Block der revisionistischen und antisozialistischen Kräfte in der Tschechoslowakischen Sozialistischen Republik hat eine politische Niederlage erlitten; die ideologischen Zentren der Rechten sind ausgeschaltet worden; die Hauptideologen der tschechoslowakischen Erneuerung sind aus der politischen Arena entfernt und aus der Partei ausgeschlossen worden; es wurden Maßnahmen ergriffen, um den Staatsapparat von den aktivsten Trägern der rechten Gefahr zu säubern. Dennoch wäre es falsch anzunehmen, daß die Kommunistische Partei der Tschechoslowakei durch den Umtausch der Parteibücher ihre Reihen völlig von feindlichen Elementen gesäubert hätte.«[10]

Über Indra, den Moskau anfangs als Kopf der neuen »Arbeiter-und-Bauern-Regierung« vorgesehen hatte, schrieb das KGB-Verbindungsbüro, er warte seine Zeit ab, bis sich eine Gelegenheit ergebe, seinen Anspruch auf den Posten des Ersten Sekretärs der KPČ anzumelden.[11] Er sollte vergebens warten.

KGB-Agenten und Speichellecker der Sowjets in der KPČ kritisierten weiterhin, daß Strougal und andere ehemalige Reformer auf Kosten der wahren Freunde der Sowjetunion zuviel Gewicht in der Partei hätten. Ein Informant des Innenministers Jaroslav Zeman beklagte sich darüber, daß Strougal die Internationalisten benachteilige: Während Wendehälse unter seiner Ägide vorankämen, seien Beamte, »die mit der UdSSR zusammenarbeiten, in der Tschechoslowakischen Sozialistischen Republik schlecht angesehen; sie werden in den Hintergrund gedrängt und weder befördert noch belohnt«.[12]

Bis Januar 1971 wurden 310 Nachrichtendienstoffiziere entlassen und 170 aus der Partei ausgeschlossen. Neben vielen untergeordneten Offizieren war die gesamte Führungsebene der StB ausgetauscht worden.[13] Der Zentrale genügte dies jedoch nicht. Sie wies das Prager Verbindungsbüro an, beim Innenministerium und bei der StB »auf taktvolle Weise« darauf zu drängen, »angesichts der Tatsache, daß der Zentralapparat verseucht war, und der Möglichkeit, daß aktive Agenten des Gegners in ihm vorhanden sind«, eine grundlegende Neuorganisation des tschechoslowakischen Geheimdienstes durchzuführen. Von der solcherart erneuerten StB erwartete die Zentrale Unterstützung bei der Beschaffung wissenschaftlich-technischer Informationen, dem Einsatz von Illegalen und anderen Operationen der Ersten Hauptverwaltung.[14] Trotz fortbestehender Zweifel an der Zuverlässigkeit der StB-Mitarbeiter berichtete das KGB-Verbindungsbüro, Innenminister Radko Kaska zeige sich kooperativ.[15]

Der KGB erhielt Kopien der operativen Befehle und Berichte der StB, und beabsichtigte Personalwechsel wurden ihm zur Genehmigung vorgelegt.[16] Auf Husáks Anweisung begann Kaska insgeheim Material über »führende rechtsgerichtete Persönlichkeiten« zu sammeln, um festzustellen, von wie vielen man annehmen konnte, daß sie Staatsgesetze gebrochen hatten.[17] Dabei stürzte Kaska den KGB in einige Verlegenheit, als er im März 1971 anfragte, ob die Zentrale Informationen über frühere Westkontakte des Vorsitzenden der Bundesversammlung, Dalibor Hanes, besitze. Da die Zentrale befürchtete, andernfalls den (völlig zutreffenden) Eindruck zu erwecken, der KGB sei »damit beschäftigt, Informationen über Vertreter der Bruderparteien in befreundeten Staaten« zu sammeln, wies sie den Leiter des Prager Verbindungsbüros, J. G. Sinizyn, an, Kaska zu antworten, es lägen »keine Berichte über Verbindungen zwischen Hanes und ausländischen Nachrichtendiensten« vor, und hinzuzufügen, daß man in Zukunft auf solche Anfragen nicht eingehen werde, weil Verbündete prinzipiell nicht ausspioniert würden. Vertraulich wurde Sinizyn mitgeteilt, Bilak habe dem sowjetischen Botschafter erzählt, daß Hanes während des Prager Frühlings »unrichtige Positionen bezogen« habe und daß sein Vater zwischen den Kriegen für die Niederschlagung von Arbeiterdemonstrationen verantwortlich gewesen sei.[18] Bald darauf wurde Hanes als Vorsitzender der Bundesversammlung durch den untadelig orthodoxen Indra ersetzt.[19]

Am 4. Mai 1971 traf Kaska mit dem stellvertretenden KGB-Vorsitzenden Semjon Zwigun zusammen, um über den Stand des »Normalisierungsprozesses« Bericht zu erstatten.[20] Zwigun verdankte seinen Posten beinah ausschließlich der Tatsache, daß er einer der ältesten Trinkkumpane Breschnews war. Kalugin hielt ihn für »strohdumm, aber relativ harmlos«.[21] Was Kaska zu berichten hatte, dürfte Zwigun nicht ganz zufriedengestellt haben, denn in den vorangegangenen zwei Jahren waren immerhin 450 000 Mitglieder aus der KPČ ausgetreten oder ausgeschlossen worden, und dies »erschwerte den Kontakt zwischen Partei und Bevölkerung«.[22] Mit einer Ausnahme waren alle Abteilungsleiter im Innenministerium abgelöst worden. Insgesamt waren rund 3000 Mitarbeiter der StB und anderer Regierungsstellen entlassen worden. Aber immer noch gab es verbreitet Anzeichen für antisowjetische Stimmungen. Es kam zu zahllosen Drohungen, böswilligen Gerüchten und Sabotageakten gegen die Eisenbahn. Aber Kaska konnte auch Erfolge vermelden. So war es der StB gelungen, eine angeblich dem »Sozialismus mit menschlichem Antlitz« verpflichtete Organisation aufzubauen, deren Zweck es war, die heimliche Anhängerschaft des Prager Frühlings auszuräuchern. Schließlich versicherte Kaska dem Besucher aus Moskau, er selbst und sein Ministerium stünden in engem Kontakt mit dem KGB-Verbindungsbüro und dessen Leiter, General Sinizyn.[23]

Als Andropow im nächsten Frühjahr zu einem inoffiziellen Treffen mit Kaska zusammenkam, trat er wesentlich herrischer auf als Zwigun ein Jahr zuvor. Seiner Ansicht nach waren die oppositionellen Kräfte trotz der »Stabilisierung« der Tschechoslowakei und der Stärkung der Autorität der KPČ immer noch beachtlich und zudem von westlichen Geheimdiensten unterwandert. Daher hielt er den Einsatz von Agenten zur Infiltration der Opposition weiterhin für unerläßlich.[24] Die Quelle in der Opposition, der Andropow die größte Bedeutung beimaß, dürfte Leo Lappi (FREDDI) gewesen sein, mit dem sich FJODOROW, der die Rolle eines westdeutschen Anhängers des Prager Frühlings spielte, regelmäßig in Prag und Ost-Berlin traf. Am 25. Januar 1972 ersuchte Fjodor Mortin, der Sacharowski an der Spitze der Ersten Hauptverwaltung abgelöst hatte, Andropow um die Erlaubnis, Lappi mit einem Trick zum KGB-Agenten zu machen, indem man ihn unter westdeutscher Flagge rekrutierte. Andropow gab am 29. Januar seine Zustimmung, und FJODOROW machte sich ans Werk, wozu er in die Rolle eines Mitarbeiters des BND schlüpfte. Ein zusätzlicher Grund für das Interesse der Zentrale an Lappi war die Tatsache, daß sein Bruder Karl, den KGB-Akten zufolge, mit zwei bekannten bundesdeutschen Politikern befreundet war.[25]

Trotz Kaskas eigener Unterwürfigkeit gegenüber den KGB-Beratern und der umfassenden Säuberung, die unter seiner Führung stattgefunden hatte, war die Zentrale mit der ideologischen Linientreue der StB weiterhin unzufrieden. Im August 1972 berichtete Andropow dem ZK der KPdSU, »innere Feinde« in der StB versuchten die Vollendung der »Normalisierung« zu verhindern.[26] In einem anderen KGB-Bericht vom November wurden Klagen von Agenten und Informanten im tschechoslowakischen Innenministerium wiedergegeben, die bemängelten, leitende Stellungen im Ministerium seien weiterhin mit Personen besetzt, »die politisch kein Vertrauen einflößen«.[27] Zahlreiche Informanten des KGB fanden außerdem, daß die Führer des Prager Frühlings und ihre Familien nicht scharf genug verfolgt würden.[28] Tatsächlich waren in den Jahren 1969 und 1970 von 3500 Universitätsprofessoren 900 entlassen worden. Sämtliche tschechischen Literatur- und Kulturzeitschriften hatten ihr Erscheinen einstellen müssen. Arbeitslose Akademiker und Schriftsteller waren gezwungen, sich ihren Lebensunterhalt als Toilettenreiniger, Bauarbeiter und Heizer zu verdienen. »Ja, in unserem Land herrscht Ruhe«, stellte Václav Havel in einem offenen Brief an Husák fest und fragte dann: »Ist es aber nicht die Ruhe der Leichenhalle oder des Grabes?«[29]

Viele Berichte, die in der Periode der »Normalisierung« in der Zentrale eingingen, betrafen verdeckte Fehden innerhalb der Führung der KPČ. Im Dezember 1972 beschwerte sich Jakeš beim KGB-Verbindungsbüro darüber, daß Husák die Telefone aller Präsidiumsmitglieder habe anzapfen lassen. Die Arbeitsatmosphäre im ZK sei mittlerweile derart vergiftet, daß die Novotný-Ära im Vergleich wie ein Goldenes Zeitalter erscheine.[30] Im Februar 1973 protestierten Jakeš und drei andere führende Sowjetgetreue – die Präsidiumsmitglieder Karel Hoffmann und Antonín Kapek sowie der ZK-Sekretär M. Hrušković – erneut beim KGB gegen »Versuche, internationalistische Kommunisten von bedeutenden Posten zu verdrängen«.[31] Zu den Intrigen innerhalb der KPČ-Führung, über die der KGB 1973 nach Moskau berichtete, gehörte der angebliche Versuch des »realistischen« Ministerpräsidenten Strougal, sich bei Husáks »internationalistischem« Stellvertreter Bilak einzuschmeicheln, indem er zum Beispiel dessen Tochter – zu Lasten des Budgets des tschechoslowakischen Fernsehens – ein Geschenk im Wert von 10000 Kronen machte.[32]

Am 28. Februar 1973 kam Kaska während eines Besuchs bei seinem polnischen Amtskollegen durch einen Flugzeugabsturz ums Leben. Sein Nachfolger, Jaromír Obzina, versuchte umgehend seine »internationalistische« Glaubwürdigkeit unter Beweis zu stellen. »Für die KPdSU und Genossen Breschnew«, ließ er das KGB-Verbindungsbüro wissen, sei er »bereit, jede Aufgabe auszuführen«.[33] Im Innern wurde er von Husák rasch in dessen Vorhaben einbezogen, sein persönliches Ansehen zu steigern, indem er, wie Novotný vor dem Prager Frühling, neben dem Posten des Parteichefs auch den des Präsidenten der Republik übernahm. Wahrscheinlich auf Drängen Husáks versuchte Obzina seit Ende 1973, »Internationalisten«, die den präsidialen Ambitionen des Parteichefs ablehnend gegenüberstanden, umzustimmen. Laut einem KGB-Bericht aus Prag widersetzte sich eine Gruppe sowjetischer Gefolgsleute unter Führung von Hoffmann, Indra, Jakeš und Kapek, die allesamt enge Beziehungen zum KGB-Verbindungsbüro und zur sowjetischen Botschaft in Prag unterhielten, hartnäckig jedem Versuch, beide Ämter zu verbinden.[34] Die zunehmende Altersschwäche von Ludvík Svoboda, der 1968 Novotnýs Nachfolger als Präsident geworden war, spielte jedoch Husák in die Hände, und im Mai 1975 löste er den inzwischen geistig umnachteten Svoboda als Staatschef ab. Die Parteizeitung *Rudé právo* feierte das Ereignis mit fünf großformatigen Fotos, die Husák jeweils neben dem Führer eines der fünf Warschauer-Pakt-Staaten zeigten, deren Truppen im August 1968 in die Tschechoslowakei einmarschiert waren.[35]

Zu dieser Zeit arbeitete Dubček als Mechaniker der slowakischen Forstverwaltung unter ständiger Beobachtung und Belästigung durch die StB.[36] Am 2. Oktober 1975 berichtete die Zentrale Breschnew, Dubček habe westlichen Medien kompromittierendes Material über Husák zugeschickt, und auf Grundlage dieser Informationen hätten westdeutsche und österreichische Zeitungen gemeldet, daß Husák während des Krieges eine Gruppe nationalsozialistischer Journalisten zum Wald von Katyn bei Smolensk geführt habe, wo die Deutschen die Leichen mehrerer tausend vom NKWD erschossener polnischer Offiziere ausgegraben hatten (ein Massaker, das Moskau den Deutschen anlastete). Dubček wurde zweimal zur Vernehmung durch die StB ins slowakische Innenministerium vorgeladen. Das Ergebnis enttäuschte den KGB. »Im Verhör«, informierte er Breschnew, »verhielt sich Dubček herausfordernd, lehnte es kategorisch ab, Fragen zu beantworten, und erklärte, er werde in Zukunft dagegen protestieren, daß man ihn unter Druck setze.« Außerdem weigerte er sich, zwei für die Öffentlichkeit bestimmte Erklärungen zu unterschreiben, zum einen ein Dementi, daß das Material über Husák von ihm stamme, und zum anderen einen Protest gegen die Verwendung seines Namens in der westlichen Presse. Unterdessen wies Husák in einem Schreiben an Obzina die gegen ihn erhobenen Vorwürfe zurück.[37]

Obwohl Husák nun auch das Amt des Staatschefs innehatte, war seine Macht weniger unumschränkt als die Novotnýs ein Jahrzehnt zuvor. Sein Stellvertreter, der »Internationalist« Bilak, verfügte über mehr Autorität und Einfluß als jeder andere zweite Mann in den Hierarchien des Ostblocks. Nachdem der Kreml die Idee eines ausschließlich von Hardlinern dominierten Regimes fallengelassen hatte, betrachtete er die Kombination Husák–Bilak, wenn auch mit Abstrichen, als die bestmögliche Alternative. In einem KGB-Bericht aus Prag vom Ende des Jahrzehnts wurde kaum verhüllt festgestellt, daß trotz wachsender Spannungen zwischen Husák und Bilak keiner von beiden den anderen zu stürzen versuchte, weil sie wüßten, daß Moskau dies nicht zulassen würde.[38]

Aber trotz aller Vorbehalte war das KGB-Verbindungsbüro mit der Bereitwilligkeit, mit der Obzina und die StB taten, was von ihnen verlangt wurde, vollauf zufrieden. Obzina hielt den KGB sowohl über die Vorgänge im KPČ-Präsidium als auch über die Aktivitäten der einzelnen Präsidiumsmitglieder, einschließlich Husáks, »sachlich auf dem laufenden«.[39] 1977 berichtete Sinizyn, es gebe in 26 Ländern »operative Kontakte« zwischen KGB- und StB-Residentur.[40] Zwei Jahre zuvor hatte die StB auf Bitten des KGB eine Residentur in Albanien aufgebaut, da es dem KGB selbst schwerfiel, dort Fuß zu fassen.[41] Als die StB 1976 entdeckte, daß Jozef Grohman, der Cheflektor des staatlichen Verlages für technische Literatur und tschechoslowakischer Vertreter bei der UNESCO, für den westdeutschen Nachrichtendienst arbeitete, forderte Obzina die Zentrale auf, KGB-Offiziere nach Prag zu entsenden, um die Ermittlungen im Fall Grohman auf einem, wie er ehrerbietig schrieb, »höheren fachlichen Niveau« durchzuführen.[42]

Die Niederschlagung des Prager Frühlings und die anschließende »Normalisierung« markierten einen Wendepunkt in der KGB-Politik gegenüber Osteuropa. Nachdem die PROGRESS-Operationen von Illegalen in der Tschechoslowakei erprobt worden waren, wurden sie auf ganz Osteuropa ausgedehnt, um die öffentliche Meinung zu beobachten, subversive Gruppen zu infiltrieren und nach Anzeichen für eine »ideologische Sabotage« westlicher Geheimdienste Ausschau zu halten. Seit 1969 war es dem KGB gestattet, überall in Osteuropa Agenten und vertrauliche Kontakte zu rekrutieren. Gleichzeitig wurden nun auch in den Ländern des Warschauer Paktes zusätzlich zu den bestehenden KGB-Verbindungsbüros Residenturen eingerichtet, die unter diplomatischer Tarnung in den sowjetischen Botschaften operierten.[43]

Im März 1968 kam es, zum Teil als Folge des Prager Frühlings, in Warschau zu einer wochenlangen Konfrontation zwischen Studenten und

Polizei, wobei es fast so aussah, als würde dem alternden polnischen Parteiführer Władysław Gomułka die Macht entgleiten. Doch er konnte sich noch einmal behaupten, wenn auch nur aufgrund seiner unerschütterlichen Unterstützung der Intervention in der Tschechoslowakei und des Moskauer Wunsches, gleichzeitige Unruhen in anderen Teilen des Ostblocks zu vermeiden. Seine Stellung wurde aber schon von seinem späteren Nachfolger Edward Gierek bedroht. Den Berichten des Warschauer KGB-Verbindungsbüros ist zu entnehmen, daß Innenminister Mieczysław Moczar, ein antisemitischer Hardliner, dem unter anderem der SB unterstand, befürchtete, seine eigene Stellung könnte unter Gierek gefährdet sein, und zu intrigieren begann, um dessen Aufstieg zu verhindern.

Als Ende 1970 erneut Unruhen ausbrachen, war Gomułkas Position nicht mehr zu halten. Am 14. Dezember traten Arbeiter der Werften in Gdańsk, Gdynia und Szczecin aus Protest gegen eine drastische Erhöhung der Lebensmittelpreise in den Streik. Am nächsten Tag kamen bei Zusammenstößen mit Ordnungskräften 300 Streikende und Demonstranten ums Leben.[44] Den Schießbefehl hatten den KGB-Berichten aus Warschau zufolge Zenon Kliszko, Gomułkas engster Gefolgsmann im Politbüro, und der stellvertretende Verteidigungsminister General Grzegorz Korczynski, ein Anhänger Giereks, gegeben.[45] Auch das Protokoll der Politbürositzung über die Krise vom 19. Dezember leitete der KGB nach Moskau weiter. Da Gomułka aufgrund einer Nervenschwäche im Krankenhaus lag, leitete Ministerpräsident Józef Cyrankiewicz die Sitzung, der zunächst Verteidigungsminister Wojciech Jaruzelski um einen Lagebericht bat. Was Jaruzelski zu sagen hatte, besiegelte Gomułkas Schicksal. Allein in Gdańsk und Gdynia seien 350 Panzer und 600 Mannschaftswagen aufgefahren. Sollte es in Warschau zu einem Aufruhr von ähnlichem Ausmaß kommen, könne er nicht für die Sicherheit der Hauptstadt garantieren, selbst wenn besondere Maßnahmen zum Schutz der Partei- und Regierungsgebäude ergriffen würden. Die Moral der Soldaten habe schwer gelitten. An der Ostsee würden sie mit Rufen wie »Gestapo!« und »Mörder!« empfangen. Nach Jaruzelski faßte Moczar die Berichte des SB und andere im Innenministerium eingehenden Informationen zusammen. Die Partei, erklärte er, habe einer Krise noch nie derart hilflos gegenübergestanden. Bisher hätten die Parteimitglieder auch in schweren Zeiten stets das Gefühl gehabt, für eine »gerechte Sache« zu kämpfen, doch das sei vorbei. Wenn in Parteiversammlungen der Brief des Politbüros zur Rechtfertigung der Preiserhöhungen verlesen werde, brächen viele in Tränen aus und verließen den Saal. An der Basis sei man verblüfft über das Unverständnis der Führung für die Lebensumstände im Lande. Nach einer erregten Debatte wurde Gierek zum Nachfolger Gomułkas bestimmt.

Es war das erste Mal im Nachkriegseuropa, daß spontane Arbeiterproteste einen Wechsel der politischen Führung bewirkt hatten.[46] Die Zentrale war dementsprechend beunruhigt und leitete umgehend eine PROGRESS-Operation ein, um festzustellen, wie weit die unerwartet erfolgreiche Volksbewegung eingedämmt worden war. Eine Gruppe von Illegalen, die wiederum als westliche Besucher getarnt waren, sollte die Rolle der katholischen Kirche bei der Organisierung der Proteste, ihre Haltung zum Gierek-Regime und die Stimmung in der Bevölkerung erkunden.[47] Zu dieser Gruppe gehörte unter anderen der erfahrene BOGUN, der als westdeutscher Pressefotograf auftrat und sich um fünf Zielpersonen kümmern sollte. Wenn möglich, sollte er zwei oder drei von ihnen »unter falscher Flagge«, das heißt unter der Vortäuschung, sie hätten es mit westdeutschen Sympathisanten zu tun, zur Mitarbeit überreden. Der wichtigste Name auf BOGUNS Liste war der von Andrzej Bardecki, dem persönlichen Assistenten des Krakauer Kardinalerzbischofs Karol Wojtyła, den die Zentrale als die führende ideologische Kraft in der polnischen Kirche betrachtete. Daß er knapp acht Jahre später zum ersten polnischen Papst werden sollte, konnte sie nicht ahnen, aber es bewies doch eine gewisse Voraussicht, in ihm die potentielle Hauptgefahr für das kommunistische Regime zu erkennen.[48]

Außer in der Tschechoslowakei und in Polen wurden 1971 dreizehn Illegale nach Rumänien, neun nach Jugoslawien, sieben nach Ostdeutschland, vier nach Ungarn und drei nach Bulgarien entsandt.[49] Obwohl sie alle ähnliche Aufgaben hatten, gab es für den KGB in jedem Land auch besondere Gründe zur Sorge. Daß Rumänien ein derartiges Gewicht beigemessen wurde, sprach für das wachsende Mißfallen über die Außenpolitik von Nicolae Ceauşescu, der eine nepotistische Version des Neostalinismus im Innern mit zunehmender Unabhängigkeit vom Warschauer Pakt nach außen verband.

Schwerpunkte der Informationsbeschaffung der 1971 mit westlicher Tarnung nach Rumänien entsandten Illegalen waren die Beziehungen Rumäniens zu den USA und China, die rumänischen Ansprüche auf sowjetisches Territorium in Bessarabien und der Nordbukowina, die politische und wirtschaftliche Basis der Opposition gegen die Sowjetunion, die Haltung der deutschen und ungarischen Minderheiten, der Ceaușescu-Kult und der Zustand der KP Rumäniens.[50] Zu den Hauptquellen der Illegalen gehörten Mitarbeiter der Parteizeitung *Scinteia* und der deutschsprachigen Zeitung *Volk und Kultur*.[51]

Grund für die PROGRESS-Operationen von 1971 in Jugoslawien war vor allem die schwerste innere Krise seit Titos Bruch mit Moskau im Jahr 1948. Der dramatische Ausbruch nationaler Spannungen im »kroatischen Frühling« von 1971 kulminierte am Ende des Jahres in der Verhaftung von führenden kroatischen Kommunisten und 400 Nationalisten sowie in Titos direkter Kontrolle über die kroatische Geheimpolizei. Die Behauptung, der jugoslawische Sozialismus habe die ethnischen Rivalitäten gelöst, hatte sich als Illusion erwiesen.[52] Den Illegalen wurde eine lange Liste von Institutionen mitgegeben, in denen sie »Bekanntschaften schließen« sollten. Einige der von den Illegalen per Kurier, Funk oder Post nach Moskau gesandten Berichte wurden für wichtig genug erachtet, um Breschnew vorgelegt zu werden.[53]

Die bei weitem stärkste KGB-Präsenz in Osteuropa gab es in Ostdeutschland. Seit dem Ende des Zweiten Weltkriegs war bei der Sowjetischen Militäradministration (SMAD) in Berlin-Karlshorst eine große Außenstelle des KGB angesiedelt. In der Phase bis zur Gründung der DDR behielt der KGB Parteien, Kirchen, Gewerkschaften und öffentliche Meinung in der sowjetischen Besatzungszone Deutschlands im Auge. Aber auch nach der Gründung der DDR verfolgte er die Entwicklungen im Land, selbst wenn er behauptete, Hauptaufgabe seines Ablegers in Karlshorst sei es, Operationen gegen die Bundesrepublik und andere westliche Länder durchzuführen sowie die Verbindung zur Stasi aufrechtzuerhalten.[54] 1971 verfügte der Karlshorster KGB-Apparat, die Verbindungsoffiziere nicht mitgerechnet, über 404 Mitarbeiter, darunter 48 verdeckt arbeitende operative Offiziere. Weitere 47 operative Offiziere waren anderswo in der DDR stationiert.[55]

Die 1969 in Westdeutschland an die Regierung gelangte sozialliberale Koalition eröffnete Möglichkeiten der Entspannung, die Moskau eher gelegen kamen als dem alternden und unflexiblen, neostalinistischen Walter Ulbricht. KGB-Berichte aus Karlshorst beklagten, daß sich Ulbricht nach dem Einmarsch in der Tschechoslowakei als weisester und weitsichtigster Staatsmann des Ostblocks geriert habe, womit (wahrscheinlich zu Recht) darauf hingedeutet werden sollte, daß er die subversive Natur des Dubček-Regimes früher erkannt hatte als Breschnew.[56] Da

Ulbricht nicht bereit war, das Ziel der Wiedervereinigung Deutschlands unter »sozialistischem« Vorzeichen aufzugeben, widerstrebte es ihm, ein Abkommen mit Brandt über die gegenseitige Anerkennung der beiden deutschen Staaten in Betracht zu ziehen.[57]

1969, wenn nicht schon früher, schürten sowohl der ostdeutsche Ministerpräsident Willi Stoph als auch Erich Honecker, unter dessen Leitung die Berliner Mauer gebaut worden war, bei Treffen mit dem KGB und dem sowjetischen Botschafter in Ost-Berlin, Pjotr Abrassimow, die Moskauer Verärgerung über den SED-Chef. Ulbricht, berichteten sie, habe die verbilligten sowjetischen Uranimporte aus der DDR als »Ausplünderung der Bodenschätze der DDR« bezeichnet. Als Abrassimow erwiderte, man müsse sein Alter (Ulbricht war damals 76 Jahre alt) in Rechnung stellen, konterten Stoph und Honecker, er hätte mit 70 zurücktreten sollen.[58] 1971 wurde Ulbricht auf den neugeschaffenen Posten des SED-Vorsitzenden abgeschoben, während Honecker ihn als Erster Sekretär ablöste. Im folgenden Jahr erkannten sich DDR und BRD gegenseitig als souveräne Staaten an.

Obwohl das Gezänk innerhalb der Parteiführung weiterging, war die Hauptsorge des KGB der durch westliche Rundfunk- und Fernsehsender und Besuche aus Westdeutschland ausgeübte »Einfluß der gegnerischen Ideologie auf die Bürger der DDR«. Mitte der siebziger Jahre schätzte die Zentrale, daß »500 000 Bürger dem existierenden System feindlich gegenüberstehen und der Gegner für lange Zeit eine Unterstützerbasis in der DDR« haben werde.[59] Im Rahmen einer Langzeitoperation mit dem Codenamen LUTSCH beobachtete der KGB die Meinung der ostdeutschen Bevölkerung und der Parteimitglieder, Kontakte zwischen Ost und West sowie angebliche »Versuche der USA und der BRD, den Aufbau des Sozialismus [in der DDR] zu stören«. 1974 wurde die für LUTSCH zuständige Abteilung in Karlshorst in den Rang einer Direktion erhoben.[60]

Der überwiegende Teil der in der Zentrale eingehenden Informationen über Ostdeutschland kam jedoch von der Stasi, deren Netz von Informanten wesentlich größer war als das des KGB. In der DDR gab es pro Kopf der Bevölkerung siebenmal so viele Informanten wie im Dritten Reich.[61] 1975 stammten 65 Prozent aller Berichte, die die Zentrale aus Osteuropa erhielt, von der Stasi,[62] darunter geheime ostdeutsche Meinungsumfragen. In einer Umfrage unter Fabrikarbeitern von 1976, zum Beispiel, meinten 20,6 Prozent der Befragten, »daß die Freundschaft mit der UdSSR die Autonomie der DDR beschränkt und der Sowjetunion mehr Nutzen bringt als der DDR«. Um eine Erklärung für die Phrase »die Errichtung der Macht der Arbeiterklasse« gebeten, erklärte eine Mehrheit, sie wisse nicht, was sie bedeute. Andere Antworten auf diese Frage, so der Bericht an die Zentrale, seien »bitter, verletzend und bösartig«, wie etwa: »Die Macht der Arbeiterklasse ist schon in Ordnung [in der Theorie], aber wie sieht sie in der Praxis aus?«; »Das ist nur ein Schlagwort!«; »Gerechtigkeit für alle Arbeiter, nicht nur für eine neugeschaffene privilegierte Gruppe!« Angesichts der angeratenen Vorsicht bei der Äußerung politisch unliebsamer Ansichten dürfte das wirkliche Ausmaß der Unzufriedenheit noch wesentlich größer gewesen sein. Aufgrund der Größe des KGB-Apparats in Karlshorst und der Menge der von der Stasi erhaltenen Informationen mußte die Zentrale in Ostdeutschland weit weniger auf PROGRESS-Operationen zurückgreifen als in anderen Ländern des Ostblocks.[63]

1972 wurden die PROGRESS-Operationen auf Gebiete innerhalb der Sowjetunion selbst ausgedehnt, in denen nationalistische Unruhen zu befürchten waren. Am 4. Oktober 1972 wurde die Erste Hauptverwaltung durch die Direktive Nr. 150/3-10807 angewiesen, die Stimmung der Bevölkerung und die Aktivitäten westlicher Touristen in den baltischen Republiken zu untersuchen. Die von der Zentrale vorgenommene Analyse der von ARTEM, FJODOROW, SEWIDOW und WLAS eingegangenen Berichte fiel niederschmetternd aus. Als westliche Besucher getarnt, waren alle vier Illegale auf eine uneffektive Verwaltung, apathische Arbeiter, »die, ohne jeden Stolz auf ihren Beruf, nur die vereinbarten [Arbeits-]Stunden absitzen«, mangelnde Toleranz zwischen den unterschiedlichen ethnischen Gruppen und verbreiteten Alkoholismus gestoßen. Die Bevölkerung sei jedoch »über die Ereignisse im Westen und in der Sowjetunion gut informiert«. Ausländischen Touristen würden Briefe in den Westen mitgegeben, die meistens von Personen stammten, die eine Heirat mit einem passenden westlichen Partner anstrebten, um einen Grund für die Auswanderung zu haben: »Viele Menschen beiderlei Geschlechts heiraten ethnische Juden, obwohl sie selbst keine Juden sind; ihr einziges Ziel ist es, die UdSSR zu verlassen.« Wie so häufig bei der Analyse innerer Probleme waren die Juden der Hauptsündenbock. Weil sie sich der »moralischen Unterstützung durch Israel und die USA sowie andere westliche Länder« sicher seien, wären sie sogar noch träger als der Rest der Bevölkerung. Gegenüber den Illegalen hätten sie zugegeben: »Wir arbeiten gerade genug, um nicht entlassen zu werden.«[64]

Überall in Osteuropa scheinen die Illegalen freimütiger und daher bedrückender über die Ansichten der Bevölkerung berichtet zu haben als die KGB-Verbindungsoffiziere und die Residenturen, die unter dem Zwang standen, schmeichelhafte Meldungen über die örtliche Reaktion auf langweilige, phrasenhafte Reden von Sowjetführern abzusetzen. Sogar in Bulgarien hatte der größte Teil der Bevölkerung das traditionelle Gefühl der slawischen Verwandtschaft mit den Sowjetrussen verloren. Im bulgarischen Fernsehen, hieß es in einem Bericht, blühe der Antisowjetismus. »Obwohl nicht offen geäußert«, fuhr der Schreiber fort, »fällt er auf fruchtbaren Boden. Die sogenannten ›Spots‹, in denen sowjetische Filme über die Sowjetunion und das sowjetische Leben vorgestellt werden, bringen die Menschen dazu, ihr Fernsehgerät auszuschalten.«[65]

Als der Illegale TANOW 1974 in der Rolle eines westlichen Journalisten, der für einen Reiseführer recherchierte, auf eine zweimonatige PROGRESS-Mission nach Bulgarien geschickt wurde, traf er überall, wohin er kam, auf Unmut über den niedrigen Lebensstandard und die tiefe Überzeugung, daß Bulgarien unter sowjetischem Druck gezwungen sei, seine Ressourcen für die Unterstützung Kubas und anderer leichtfertiger ausländischer Freunde sowie für einen riesigen Polizei- und Staatssicherheitsapparat zu verschwenden. Aus Sicht der Zentrale enthielt TANOWs trübseliger Bericht nur einen Hoffnungsschimmer, nämlich den, daß die Bulgaren zuviel Angst vor dem Sicherheitsdienst DS hatten, um in der Öffentlichkeit aufzubegehren.[66]

Die für die Zentrale deprimierendsten Meldungen aus dem Ostblock kamen auch in den siebziger Jahren aus der Tschechoslowakei. 1976 berichtete ein Illegaler nach einer PROGRESS-Operation:

»Die Bevölkerung des Landes haßt die Russen. Die Tschechen vermögen nicht einmal die Leistungen sowjetischer Künstler, die sich auf Gastspielreise in der Tschechoslowakei befinden, objektiv zu beurteilen. Die folgende Bemerkung ist ein typisches Beispiel: ›Es mag sein, daß die Künstler, für sich betrachtet, gut sind, aber weil sie Russen sind, kann ich es nicht ertragen, ihnen zuzusehen.‹«[67]

In Theateraufführungen wurden Textzeilen, die als »negative Anspielungen« auf die Sowjetunion verstanden werden konnten – wie »Liebe zum Feind ist keine Liebe« in Gorins *Till Eulenspiegel* –, mit stürmischem Applaus bedacht.[68]

Als 1979 die Eishockeyweltmeisterschaft in Prag stattfinden sollte, löste dies – in Erinnerung an die öffentlichen Freudenkundgebungen nach den tschechoslowakischen Siegen über die sowjetische Mannschaft zehn Jahre zuvor in Stockholm – erhebliche Befürchtungen aus. Eine Sonderkommission unter Vorsitz von Antonín Kapek, dem führenden »Internationalisten« im Präsidium der KPČ, versuchte durch verschiedene Sicherheitsmaßnahmen, Kartenzuteilung an Parteiorganisationen und sogenannte »Erziehungsarbeit« unter Spielern wie Zuschauern zu gewährleisten, daß das Verhalten der Masse im Rahmen blieb. Die meisten Bemühungen waren jedoch vergeblich.

Während der Weltmeisterschaft, die Ende April begann, wurde Breschnew sowohl vom KGB als auch von der Prager Botschaft regelmäßig Bericht erstattet. Es war eine unangenehme Lektüre. Gleich, gegen wen die sowjetische Mannschaft spielte, das Publikum stand hinter der gegnerischen Mannschaft, während die Mannschaften der USA, Kanadas und Westdeutschlands allesamt herzlich empfangen wurden. Der KGB meldete, daß der Sieg der Russen über die Tschechoslowaken sogar von Strougal und den anderen Ministern in der Regierungsloge »kühl aufgenommen« worden sei, und nach dem Spiel seien die Repräsentanten der KPČ den Angehörigen der sowjetischen Botschaft aus dem Weg gegangen.

Eine peinliche Situation konnte der KGB jedoch verhindern. Nach dem Spiel der Sowjets gegen die Ostdeutschen wurde ein russischer Spieler, der verbotene Aufputschmittel eingenommen hatte, zum Dopingtest bestellt. Wäre der Test positiv ausgefallen, was zweifellos der Fall gewesen wäre, hätte der sowjetische Sieg annulliert werden können. Doch der KGB konnte Breschnew stolz berichten, der betreffende Spieler habe »aufgrund von Maßnahmen, die von der Residentur ergriffen worden« seien, nicht zu dem Test erscheinen müssen.[69]

In den KGB-Berichten aus Prag wurde beklagt, daß die Siegerehrung für die sowjetische Mannschaft, die den Weltmeistertitel gewonnen hatte, in Englisch und Deutsch, aber ohne russische Übersetzung abgehalten worden sei. Auf dem anschließenden Galaempfang habe man den Russen die kalte Schulter gezeigt. Ihrem Trainer sei die sowjetische Fahne weggerissen worden, und sogar die Parteizeitung *Rudé právo* zolle den Mannschaften aus Kanada, Schweden und Finnland mehr Aufmerksamkeit als dem Weltmeister.[70]

Trotz der Unzufriedenheit des KGB mit der öffentlichen Meinung in der Tschechoslowakei und den Spannungen in der KPČ-Führung befand sich der Einparteienstaat in diesem »Bruderstaat« Ende der siebziger Jahre offensichtlich nicht in Gefahr. Anfang 1977 schlossen sich mehrere kleine Dissidentengruppen zur Bewegung »Charta 77« zusammen, die sich selbst als »freie, informelle, offene Gemeinschaft von Menschen verschiedener Überzeugungen, Glaubensbekenntnisse und Berufe« bezeichnete, »die der Wille eint, einzeln und gemeinsam für die Achtung der Bürger- und Menschenrechte einzutreten«. Innerhalb von sechs Monaten unterschrieben 750 Mutige die Charta. Sie alle waren öffentlicher Verleumdung und Verfolgung ausgesetzt, die von Angriffen auf der Straße bis zu Gefängnisstrafen und zur Einweisung in psychiatrische Anstalten reichte. Einer der Initiatoren, der Philosoph Jan Patočka, starb nach einem brutalen Verhör durch die StB. Die Macht der StB, das durch den »Normalisierungsprozeß« verursachte Ohnmachtsgefühl der breiten Bevölkerung und die sowjetische Truppenpräsenz nahmen der Charta 77 von vornherein jede Chance, die neun Jahre zuvor von der Aussicht auf einen Sozialismus mit menschlichem Antlitz ausgelöste Begeisterung neu anzufachen.[71]

Überall im Ostblock gehörten die Klone des KGB, von der Zentrale angespornt, zu den treibenden Kräften einer Entwicklung, in deren Verlauf im Jahrzehnt nach dem Prager Frühling eine geistig monotone, todkranke Gesellschaft geschaffen wurde. Václav Havel, Mitbegründer der Charta 77 und später erster Präsident der postkommunistischen Tschechischen Republik, schrieb über diese Zeit:

»... die erste Hälfte der siebziger Jahre in der Tschechoslowakei habe ich persönlich als die Zeit einer Art des ›Stehenbleibens von Geschichte‹ in Erinnerung ... Die Geschichte wurde durch Pseudogeschichte ersetzt, durch rhythmisierte kalendarische Jahrestage, Kongresse, Feiern und Spartakiaden. ... Die totalitäre Macht brachte bürokratische ›Ordnung‹ in die ›Unordentlichkeit‹ der Geschichte, womit sie sie als Geschichte abtötete. Die Regierung hat sozusagen die Zeit verstaatlicht. Deswegen traf sie das Schicksal so vieler anderer verstaatlichter Dinge: sie begann abzusterben.«[72]

Die Uhr, die in Osteuropa nach der Niederschlagung des Prager Frühlings stehengeblieben war, sollte zehn Jahre später mit der Wahl eines Polen zum Papst wieder zu ticken beginnen.

17.

Der KGB und die kommunistischen Parteien im Westen

Während des gesamten Kalten Krieges wiesen die kommunistische Parteien überall auf der Welt die Behauptung, sie seien an sowjetischer Spionage beteiligt, als grobe Verleumdung à la McCarthy zurück. Die KGB-Akten strafen die meisten dieser Dementis Lügen. Seit den zwanziger Jahren wurden westliche Kommunisten regelmäßig um Hilfe bei Nachrichtendienstoperationen gebeten, was sie für gewöhnlich als ihre brüderliche Pflicht ansahen. Umgekehrt betrachteten es die meisten Führer selbst der größten kommunistischen Parteien im Westen als brüderliche Pflicht der KPdSU, ihnen über den KGB jährliche Geldzuwendungen zukommen zu lassen, die sie öffentlich voller Empörung leugneten. Das Wissen um die KGB-Verbindung auf den Gebieten von Spionage und Finanzen war jeweils einem kleinen inneren Kreis in der Parteiführung vorbehalten.

Unmittelbar nach dem Zweiten Weltkrieg waren vier kurzzeitig an Koalitionsregierungen beteiligte kommunistische Parteien in Europa die aktivsten Helfer bei der Rekrutierung von KGB-Agenten: *Parti Communiste Français* (PCF), *Partito Comunista Italiano* (PCI), die Kommunistische Partei Österreichs (KPÖ) und *Suomen Kommunistinen Puolue* (SKP) in Finnland. Wie in Kapitel 9 gezeigt, half die PCF nach der Befreiung bei der umfangreichen Infiltration der französischen Nachrichtendienste, die mindestens ein Vierteljahrhundert anhielt. In den zwölf Monaten nach dem 1. Juli 1946 schickte die Pariser Residentur der Zentrale insgesamt 1289 französische Geheimdienstdokumente.[1] Der wichtigste KGB-Kollaborateur in der PCF war Anfang der fünfziger Jahre Gaston Plissonnier (LANG), der 1970 zum zweiten Mann in der Partei aufsteigen sollte.[2] Wenngleich in der Öffentlichkeit kaum bekannt und ein schlechter Redner, der mit starkem Dialekt sprach, war er ein Meister in der Beherrschung der komplizierten Prozeduren des »demokratischen Zentralismus«, durch den die Parteiführung den Mitgliedern ihre Politik aufzwang.[3] Neben Insiderinformationen aus der PCF unterstützte er den

KGB bei der Suche nach potentiellen Agenten und anderen Nachrichtendienstoperationen. Ende der siebziger Jahre leitete er außerdem die Berichte eines Agenten aus der Umgebung des algerischen Präsidenten Houari Boumedienne weiter.[4]

Auch in Italien gehörten der Nachkriegsregierung bis zum Frühjahr 1947 kommunistische Minister an. Ende 1945 war die PCI mit 1,76 Millionen Mitgliedern allerdings doppelt so groß wie die PCF. In ganz Italien prangten Porträts von *Baffone* (»Schnauzbart«), wie Stalin liebevoll genannt wurde, an Fabrikmauern und Maschinen. »Wir hatten alle den Eindruck, daß der Wind in unsere Richtung wehte«, erinnerte sich einer der kommunistischen Minister, Fausto Gallo, später.[5] Washington fürchtete, daß Gallo und seine Genossen recht haben könnten. Im November 1947 kam die NSA zu dem Schluß: »Die italienische Regierung, die ideologisch der westlichen Demokratie zuneigt, ist schwach und ständigen Angriffen einer starken kommunistischen Partei ausgesetzt.« Die allererste verdeckte CIA-Operation bestand darin, über zehn Millionen Dollar aus erbeuteten Mitteln der Achsenmächte zu waschen, um den Wahlkampf der Christdemokraten vor den Wahlen von 1948 zu unterstützen.[6]

Wie in Frankreich boten sich dem sowjetischen Nachrichtendienst aufgrund der Nachkriegspopularität der Kommunisten und ihrer kurzzeitigen Regierungsbeteiligung auch in Italien die besten Gelegenheiten zur Ageninfiltration, die er jemals erhalten sollte. Der am längsten aktive und wahrscheinlich bedeutendste italienische Agent, DARIO, gehörte wie JOUR, der wohl wichtigste französische Agent nach dem Krieg, dem Außenministerium an. Der 1908 geborene Jurist war 1932 »auf ideologischer Grundlage« als sowjetischer Agent angeworben worden. Nach außen gab er auf Anweisung seines Führungsoffiziers jedoch vor, ein Anhänger Mussolinis zu sein, und trat 1937 dessen *Partito Nazionale Fascista* (PNF) bei. Vor dem Ausbruch des Krieges erhielt er eine Stellung im Außenministerium, wo er ironischerweise mit sowjetischen und Komintern-Angelegenheiten zu tun hatte und drei Schreibkräfte (DARJA, ANNA und MARTA) anwarb, die ihn regelmäßig mit nach Einschätzung der Zentrale »wertvollen« Geheimdokumenten versorgten. Fast 40 Jahre lang blieb DARIO eine überaus ergiebige Quelle. Während des Krieges war seine bemerkenswerte Karriere als sowjetischer Agent jedoch vorübergehend unterbrochen, da er 1942, nachdem die italienische Polizei einen illegalen GRU-Residenten enttarnt hatte, mit dem er in Verbindung gestanden hatte, festgenommen wurde und ins Gefängnis kam. Das Ende des Krieges erlebte er in einem deutschen Konzentrationslager, aus dem er von der Roten Armee befreit wurde.[7]

Zurück in Italien, erneuerte DARIO die Verbindung zu DARJA und MARTA, die beide wiederum bereit waren, ihm Dokumente aus dem Außenministerium zu liefern. Wahrscheinlich auf sowjetische Anweisung trat er nicht in die PCI ein, sondern in die von Pietro Nenni geführte Sozialistische Partei Italiens, aus der er 1946 allerdings ausgeschlossen wurde, nachdem er als ehemaliger Faschist denunziert und mit Strafverfolgung bedroht worden war. Auf Bitten der Residentur in Rom intervenierte der Kommunistenführer Palmiro Togliatti insgeheim bei Nenni, und DARIO erhielt sein sozialistisches Parteibuch zurück. Togliattis Rolle wurde jedoch bekannt und damit auch DARIOs Beziehung zur sowjetischen Botschaft. Trotzdem gelang es ihm, zwei weitere Schreibkräfte im Außenministerium anzuwerben: TOPO (später LEDA), die fünfzehn Jahre lang »wertvolle Dokumente«, so die Einschätzung der Zentrale, weitergab, und NIKOL (später INGA), die ebenfalls »durchweg wertvolle« Informationen lieferte. Wahrscheinlich bald, nachdem er sie »unter falscher Flagge« rekrutiert hatte, heiratete DARIO TOPO.[8] Im März 1975, 43 Jahre nach DARIOs Rekrutierung, wurde ihm und seiner Frau der Orden »Roter Stern« verliehen. Als er sich im Mai 1979 schließlich zur Ruhe setzte, hatte er eine der längsten Agentenkarrieren in der Geschichte der Ersten Hauptverwaltung hinter sich.[9]

Österreich war zwar bis 1955 von der Sowjetunion, den USA, Großbritannien und Frankreich besetzt, durfte sich aber im Unterschied zu Deutschland schon vom Kriegsende an selbst regieren. In der im April 1945 von Karl Renner gebildeten provisorischen Regierung waren den Kommunisten drei Ministerien zugestanden worden, darunter das Schlüsselministerium für Inneres, an dessen Spitze Franz Honner trat. In den Wahlen im November desselben Jahres erhielt die KPÖ, die erwartet hatte, mindestens so gut abzuschneiden wie die französischen Kommunisten, nur fünf Prozent der Stimmen, und in der neuen Regierung blieb ihr nur noch das vergleichsweise unbedeutende Ministerium für Elektrifizierung. Zwei Jahre später schied die KPÖ ganz aus der Regierung aus. Ihre halbherzigen Putschversuche von 1947 und 1950 erhielten keine ernsthafte sowjetische Unterstützung.[10]

Honner nutzte seine siebenmonatige Amtszeit als Innenminister dazu, die österreichische Bundespolizei mit KP-Mitgliedern zu durchsetzen. Obwohl unter seinem sozialistischen Nachfolger Oskar Helmer viele von ihnen wieder entlassen wurden,[11] blieb die Infiltration der österreichischen Polizei, insbesondere ihres Sicherheitsdienstes, der Staatspolizei, bis in die achtziger Jahre bestehen. Um der von Helmer in Gang gesetzten Säuberung zu entgehen, wurden die Kommunisten bei der Polizei angewiesen, ihre KP-Mitgliedschaft zu leugnen oder zu verschleiern.[12] In Mitrochins Notizen werden mehrere wichtige KGB-Agenten bei der Polizei mit dem Datum ihrer Rekrutierung genannt: EDUARD (1945),[13] WENZEJEW (1946),[14] PETER (1952),[15] zwei Rekruten 1955, SAK (1974)[16] und NADESCHDIN (1978)[17]. Es dürfte noch mehr gegeben haben, denn Mitrochins Liste ist wahrscheinlich nicht vollständig. Zumindest einige dieser Agenten nahmen an Operationen teil, von denen eine den Codenamen EDELWEISS trug und die das Ziel hatten, streng geheime Dokumente aus dem Safe des Chefs der Staatspolizei zu kopieren. 1973 billigte Andropow persönlich die Zahlung von 30 000 Schillingen an einen der KGB-Agenten in der Staatspolizei.[18]

Bis 1948 waren alle kommunistischen Parteien in Westeuropa aus den Nachkriegskoalitionen ausgeschieden, was ihre Fähigkeit, die sowjetische Infiltration der jeweiligen Regierungsbürokratie zu unterstützen, schwächte, aber nicht beendete. Die bei weitem größte Enttäuschung, die der KGB zu Beginn des Kalten Krieges in den Beziehungen zu den Bruderparteien im Westen erlebte, war das dramatische Nachlassen der Unterstützung von seiten der KP der USA. Vom Beginn der dreißiger Jahre bis zum Ausbruch des Kalten Krieges war der Kommunismus eine bedeutende Kraft in der amerikanischen Arbeiterbewegung gewesen, die erheblichen Einfluß auf den liberalen Flügel der Demokratischen Partei ausübte und eine Durchgangsstation für Hunderttausende junger Radikaler darstellte. Während des Zweiten Weltkriegs war die Partei den Sowjets eine wichtige Hilfe bei der Infiltration der Regierung Roosevelt, des MANHATTAN-Projekts und der Nachrichtendienste gewesen. Doch der Ausbruch des Kalten Krieges war für die Partei ein schwerer Schlag, von dem sie sich nie wieder ganz erholen sollte.

Nachdem Generalsekretär Eugene Dennis und zehn weitere Parteiführer im Jahr 1949 wegen der Befürwortung des gewaltsamen Sturzes der US-Regierung zu Gefängnis verurteilt worden waren, konnte die Partei in den darauffolgenden Jahren zumeist nur im Untergrund tätig werden. Erst als der Oberste Gerichtshof 1957 seine frühere Entscheidung aufhob, war die KP der USA in der Lage, sich neu zu formieren. Die 1958 neu angelegte Mitgliederkartei enthielt nur noch 3000 offene und eine geringe Zahl heimlicher Mitglieder.[19]

Was die KP der USA bei geringerem Verfolgungsdruck in den fünfziger Jahren hätte erreichen können, zeigte ihre Schwesterpartei im benachbarten Kanada, die der Residentur in Ottawa von 1951 bis 1953 bei der Anwerbung von Hugh Hambleton, dem wahrscheinlich bedeutendsten kanadischen KGB-Agenten im Kalten Krieg, und zehn anderen Agenten behilflich war. Außerdem unterstützte die KP Kanadas wie die meisten kommunistischen Parteien im Westen den KGB bei der Beschaffung von Papieren für Illegale, unter anderem für Konon Molodi (BEN), den berühmtesten illegalen britischen Residenten während des Kalten Krieges. 1957 besorgte die Residentur in Ottawa mit Hilfe der kanadischen KP einen neuen Paß für »Willie« Fischer, besser bekannt als »Abel«, den illegalen Residenten in den USA. »Abel« wurde jedoch verhaftet, bevor er die Identität von Robert Callan, geboren am 10. März 1903 in Fort William, Ontario, annehmen konnte. Danach fürchtete die Residentur in Ottawa, der Beamte, der den Paß ausgestellt hatte, könnte das in den Zeitungen veröffentlichte Foto von »Abel« als das von »Robert Callan« wiedererkennen. Doch die Sorge war unbegründet. Der Beamte bekam tagein, tagaus zu viele Fotos zu Gesicht, um sich jedes von ihnen einzuprägen.[20]

Einer der seltenen Fälle, in denen die Unterstützung westlicher kommunistischer Parteien bei der Verfertigung der Legende eines sowjetischen Illegalen bekannt wurde, war der von Reino Hayhanen (WIK), der mit Hilfe des finnischen Kommunisten Olavi Åhman (WIRTANEN) die Identität des Finnen Eugene Maki angenommen hatte. Als sich Hayhanen 1957 dem FBI stellte, wurden Åhman und seine Frau in ein Versteck in der Sowjetunion gebracht. Åhman kämpfte fast 20 Jahre darum, nach Finnland zurückkehren zu dürfen, aber die SKP bestand aus Furcht, seine Rückkehr würde »antikommunistische Propaganda« auslösen, auf seinem Verbleib in der Sowjetunion. 1975 schließlich gab Parteichef Ville Pessai (BARANOW) nach. Åhman durfte nach Finnland zurückkehren und erhielt eine KGB-Pension von 200 Rubel im Monat.[21]

Westeuropäische kommunistische Parteien wurden auch um Unterstützung von KGB-Illegalen gebeten. In den siebziger Jahren scheint der KGB mehr Bitten an seine »Freunde« gerichtet zu haben als im vorangegangenen Jahrzehnt. Der vermehrte Einsatz erfahrener Illegaler in Osteuropa nach dem Prager Frühling und die Schwierigkeit, ausreichend qualifizierte und motivierte Nachfolger für sie zu finden, führten dazu, daß der KGB Anregung in der Ära der »Großen Illegalen« suchte, von denen einige, mit dem Österreicher Arnold Deutsch und dem Deutschen Richard Sorge an der Spitze, aus anderen europäischen Ländern stammende Kommunisten gewesen waren. Deutschs Karriere blieb, nicht zuletzt wegen zwei seiner wichtigsten Rekruten, Anthony Blunt und John Cairncross, die noch auf freiem Fuß im Westen lebten, streng geheim. Sorge dagegen war der in der Öffentlichkeit bekannteste Held aus dem Pantheon des sowjetischen Nachrichtendienstes. Er hatte 1964 postum den Titel Held der Sowjetunion erhalten und war darüber hinaus mit der ersten Briefmarke, die jemals zur Erinnerung an einen Spion herausgegeben wurde, geehrt worden. Hinzu kam sein Ruf als romantischer Herzensbrecher, der seine Anziehungskraft erhöhte. Sorge wurde von der Zentrale zum Vorbild einer neuen Generation nichtsowjetischer KGB-Illegaler aufgebaut.

Die Anwerbungskampagne begann kurz vor dem XXIV. Parteitag der KPdSU im April 1971, so daß der KGB die Anwesenheit einer großen Zahl von Repräsentanten westlicher Bruderparteien nutzen konnte, um sie aufzufordern, eine neue Generation von Sorges auszuwählen. In den von Mitrochin eingesehenen Akten werden Treffen zwischen hochrangigen Vertretern der Ersten Hauptverwaltung und Parteiführern aus sechs westeuropäischen Ländern erwähnt, in denen die Anwerbung von Illegalen besprochen wurde. Es könnte allerdings noch mehr solcher Gespräche gegeben haben.

Heinrich Fritz, Mitglied des ZK der KPÖ, hatte kurz vor der Eröffnung des Parteitages einen Ischiasanfall erlitten und lag im ZK-Krankenhaus in Kunzewo, als der KGB an ihn herantrat. Sein Besucher war der stellvertretende Leiter der für Deutschland und Österreich zuständigen Vierten Abteilung, Iwan Jerofejew, der Fritz bat, »ein oder zwei« österreichische Sorges vorzuschlagen. Fritz erwiderte, der KPÖ-Vorsitzende Franz Muhri lehne es aufgrund seiner prekären Stellung in der Partei ab, in Geheimdienstangelegenheiten verwickelt zu werden. Aber er werde selbst nach geeigneten Kandidaten Ausschau halten und N. W. Kirilenko, den Leiter der Gruppe PR in der Wiener Residentur, über die Ergebnisse auf dem laufenden halten.[22]

Über ein Vierteljahrhundert nach dem Auseinanderfallen der Nachkriegskoalitionen, in denen die Kommunisten in Frankreich, Italien, Österreich und Skandinavien kurzzeitig Erfahrungen mit der Machtausübung machen konnten, wurden erneut kommunistische Minister in die Regierung eines westlichen Landes berufen. Dazu verholfen hatte ihnen die portugiesische Revolution vom April 1974, in der eine von jungen, radikalen Offizieren gebildete Bewegung der Streitkräfte die mehr als 40 Jahre bestehende Diktatur gestürzt und versprochen hatte, die Demokratie wiedereinzuführen und Portugals Kolonialkriege in Afrika zu beenden. Binnen weniger Tage waren die Vorsitzenden der KP und der Sozialistischen Partei, Alvaro Cunhal und Mario Soares, aus dem Exil zurückgekehrt und hatten vor ihren begeisterten Anhängern gemeinsam ein und dieselbe rote Nelke geschwenkt. Soares zollte seinem ehemaligen Lehrer Cunhal Tribut, indem er ihn als »bemerkenswerten Mann mit einem klaren, durchdringenden Blick, der von großer innerer Stärke zeugt«, beschrieb.[23] Doch Cunhal war auch ein prosowjetischer Hardliner, der 1968 als erster westlicher KP-Chef die Niederschlagung des Prager Frühlings begrüßt hatte. Trotz größer werdender Differenzen sollten Soares und Cunhal bis zum Sommer 1975 in mehreren Koalitionsregierungen zusammenarbeiten.

Im Juni 1974 nahmen Portugal und die Sowjetunion zum ersten Mal seit der Oktoberrevolution diplomatische Beziehungen auf. Ein halbes Jahr darauf kam Cunhal zu einem ersten Gespräch mit Swjatoslaw Kusnezow (LEONID) zusammen, dem Lissabonner KGB-Residenten, der unter diplomatischer Tarnung in der kürzlich eröffneten sowjetischen Botschaft stationiert war. Obwohl das Treffen in einem sicheren Haus der KP Portugals stattfand, fürchteten beide, ihr Gespräch könnte abgehört werden, weshalb sie es in völligem Schweigen nur mit Papier und Bleistift führten. Sie vereinbarten, daß der KGB zwei verläßliche Parteimitglieder darin ausbilden würde, Abhöreinrichtungen aufzuspüren, damit sie sich in Zukunft unter Einsatz ihrer Stimme unterhalten konnten. Außerdem sagte Cunhal zu, Material über den portugiesischen Sicherheitsdienst, die NATO, zu deren Gründungsmitgliedern Portugal gehörte, und andere »den KGB interessierende Fragen« zu liefern.[24]

Kurz nach der Revolution erhielt eine Untersuchungskommission Zugang zu den Akten des brutalen Sicherheitsdienstes des gestürzten Regimes (nacheinander PIDE und DGS genannt), dessen Informantennetz fast das Ausmaß seiner Pendants im Ostblock hatte. Da die KP Portugals, deren 22 ZK-Mitglieder unter der Diktatur zusammengenommen 308

Jahre im Gefängnis gesessen hatten, das Hauptziel des PIDE/DGS gewesen war, konnte es kaum überraschen, daß sie in der Kommission gut vertreten war.[25] Außer einer großen Anzahl von Akten des PIDE/DGS (von denen einige die Kooperation mit westlichen Nachrichtendiensten betrafen) beschaffte die KP der Lissabonner Residentur auch Dokumente der militärischen Abwehr und des nach der Revolution gegründeten neuen Sicherheitsdienstes. Laut einer von Mitrochin eingesehenen KGB-Akte betrug das Gesamtgewicht des von der KP Portugals gelieferten Geheimmaterials 474 Kilogramm. Im Januar 1976 wurde in der Fünften Abteilung der Ersten Hauptverwaltung ein eigenes Referat für die Bearbeitung der portugiesischen Dokumente eingerichtet, die in der Mikrofilmfassung 68 138 Aufnahmen umfaßten. Mitrochins Zusammenfassung des von der Zentrale verfaßten Berichts über das Material endet mit der Feststellung:

»Man erhielt äußerst wichtige Informationen über Struktur, Arbeitsmethoden und Agentennetze der Geheimdienste der USA, Frankreichs, der BRD und Spaniens auf dem Territorium Portugals; über deren Zusammenarbeit mit dem PIDE/DGS und dessen Agentennetz in Portugal und den früheren Kolonien; über die Streitkräfte Portugals und einer Reihe anderer Länder; über die gegen die Sowjetunion und andere sozialistische Länder angewandten Arbeitsmethoden der portugiesischen Geheimdienste; über die operative Situation von Agenten im Land und in Zielobjekten, die für den KGB interessant waren; [und] über Personen von operativem Interesse für den KGB.«

Dienst A nutzte die Dokumente sowohl in ursprünglicher als auch in bearbeiteter Fassung als Grundlage aktiver Maßnahmen mit dem Ziel, die CIA sowie die französischen und westdeutschen Nachrichtendienste in Verruf zu bringen.[26]

In den ersten freien Wahlen nach dem Zweiten Weltkrieg kam die KP im April 1975 auf 12,5 Prozent der Stimmen, ein Drittel des von den Sozialisten erzielten Ergebnisses. Cunhal nahm den Rückschlag gelassen hin. Er war zuversichtlich, daß die wirkliche Macht weiterhin in den Händen der Bewegung der Streitkräfte liegen würde, von der ein Jahr zuvor die Revolution ausgegangen war. »Die Wahlen«, sagte er einem Reporter, »haben nichts oder nur wenig mit der Dynamik der Revolution zu tun. ... Ich versichere Ihnen, daß es kein Parlament in Portugal geben wird.« Er irrte sich. Nach dem Scheitern eines linken Putschversuchs im November schwand sein Einfluß auf die Bewegung, und in erneuten Wahlen im April 1976 konnte die KP wiederum nur 14,5 Prozent der Stimmen auf sich vereinigen, während die Sozialisten 35 Prozent erhielten. Soares wurde Ministerpräsident, und Cunhal führte die KP in die Opposition.[27]

Auch in der Opposition betätigte sich die KP weiterhin als Talentsucher für den KGB.[28] Bei Gesprächen in Moskau im Juli 1977 bat die Erste Hauptverwaltung PATRICK, ein Mitglied des Politbüros der KP Portugals, geeignete KP-Mitglieder zu benennen, die als illegale Agenten für Operationen gegen die NATO ausgebildet werden könnten. Nach PATRICKs Ansicht sprach nichts dagegen, für bestimmte Nachrichtendienstaufträge erfahrene Parteimitglieder heranzuziehen, aber die Idee, sie langfristig als Illegale einzusetzen, widerstrebte ihm, da sie dann ihre Arbeit für die Partei hätten aufgeben müssen. Nach seiner Rückkehr nach Lissabon schlug er trotzdem fünf mögliche Kandidaten »ohne bedeutende Parteiverpflichtungen« vor und beschaffte portugiesische Blankopässe und andere Personaldokumente für die Untermauerung ihrer Legenden.[29]

Die Gespräche mit westlichen KP-Führern gingen mit Ermahnungen einher, in denen Krjutschkow als Leiter der Ersten Hauptverwaltung die Residenturen aufforderte, die Arbeit ihrer Gruppe N (Illegalenunterstützung) zu verbessern. Aufgrund der intensiver werdenden Überwachung der legalen Residenturen durch westliche Spionageabwehreinheiten gewannen illegale Agentennetze immer mehr an Bedeutung, und Krjutschkow war mit den Leistungen der Residenturen bei der Verfolgung der von westlichen kommunistischen Parteien und anderen Quellen gegebenen Hinweise auf potentielle Illegale nicht zufrieden. In einem Rundschreiben vom April 1978 kritisierte er:

»In einer Reihe von Residenturen wird die Arbeit der Gruppe N von seiten der Residenten nur halbherzig verfolgt. Die Durchleuchtung derjenigen, die für die illegale Spionage in Frage kommen, insbesondere als Sonderagenten [Illegale], wird nicht mit genügender Entschlossenheit durchgeführt.«[30]

Bis Mitte der siebziger Jahre waren die meisten westlichen und lateinamerikanischen sowie einige nahöstliche, nordafrikanische und asiatische kommunistische Parteien in die Suche nach einer neuen Generation von Illegalen einbezogen worden.[31] Dennoch gibt es keinen Hinweis darauf, daß diese nahezu globale Rekrutierungskampagne einen neuen Arnold Deutsch oder Richard Sorge hervorgebracht hätte. Was die Rekrutierungshinweise westlicher KP-Führer betrifft, wird in Mitrochins Notizen kein einziger großer Erfolg erwähnt, dafür aber mehr als ein Fehlschlag.[32]

Dreißig, vierzig Jahre zuvor wäre die Rekrutierungskampagne zweifellos kein solcher Reinfall gewesen. Daß sie in den siebziger Jahren scheiterte, spiegelte die Unfähigkeit der von Breschnews überalterter Führung geprägten Sowjetunion wider, den Idealismus früherer Generationen ideologisch motivierter Agenten wachzurufen, die sich von der utopischen Vision des ersten Arbeiter-und-Bauern-Staats der Welt leiten ließen. Mitte der siebziger Jahre waren die meisten großen kommunistischen Parteien im Westen vom Virus der – nach Moskauer Verständnis – eurokommunistischen Häresie befallen, die einen parlamentarischen Weg zum Sozialismus innerhalb eines Mehrparteiensystems befürwortete, statt sich sklavisch an das sowjetische Modell zu halten. In der neuen Generation junger westlicher Marxisten waren Sowjetgläubige eine aussterbende Minderheit.

Ebenso wie die Zentrale mit der brüderlichen Unterstützung der Führer der kommunistischen Parteien im Westen rechnete, hingen diese in unterschiedlichem Ausmaß von den durch den KGB übermittelten finanziellen Zuschüssen aus Moskau ab. Wie die Verwicklung in Nachrichtendienstoperationen waren auch diese Zuschüsse das streng gehütete Geheimnis der jeweiligen Parteiführung, und wenn gelegentlich Geschichten über das »Moskauer Gold« an die Öffentlichkeit drangen, wurden sie als Verleumdungen à la McCarthy zurückgewiesen. Der Zentrale war jedoch bewußt, daß den westlichen Nachrichtendiensten einige Details über die Zahlungen bekannt waren. In den späten siebziger Jahren protestierte zum Beispiel der sowjetische Botschafter in Ottawa, Alexander Jakowlew, der später einer der führenden Berater Gorbatschows werden sollte, bei Andropow, Gromyko und Boris Ponomarjow, dem Leiter der Internationalen Abteilung des ZK, gegen die Praxis von Vertretern der kanadischen KP – insbesondere von Parteichef Kashtan –, in der Botschaft anzurufen, um vom KGB-Residenten Wladimir Metschulajew Zuwendungen (Tarnbegriff »US-Weizen«) zu verlangen. Nach Meinung der Zentrale wußten die kanadischen Behörden 1980, daß die Zahlungen an die KP durch die in Toronto ansässige sowjetische Firma Ukrainskaja Kniga (»Ukrainisches Buch«) erfolgten.[33]

Nachdem die Regierung von Boris Jelzin im August 1991 in der Folge des fehlgeschlagenen Putschversuchs die Archive der KPdSU beschlagnahmt hatte, wurden zum ersten Mal dokumentarische Beweise veröffentlicht, die belegen, daß die KPdSU trotz der chronischen Devisenknappheit der Sowjetunion über 200 Millionen Dollar an ihre Bruderparteien außerhalb des Ostblocks verteilt hatte. Die Internationale Abteilung des ZK hatte vor der Beschlagnahme ihres Archivs begonnen, die Akten über die Zahlungen zu vernichten, aber die Büroklammern, die sie zusammenhielten, hatten die Aktenvernichter blockiert, so daß einige der Akten erhalten geblieben sind.[34]

Während des größten Teils des Kalten Krieges scheinen die höchsten Summen an die PCF und die PCI gegangen zu sein, die beiden führenden kommunistischen Parteien im Westen. Im Verhältnis zur Zahl der Parteimitglieder erhielt jedoch die KP der USA die stattlichsten Zuwendungen. Grund dafür war der Wunsch Moskaus, den Kommunismus auf dem Territorium des »Hauptgegners« nach dem nahezu vollständigen Zusammenbruch der Partei Mitte der fünfziger Jahre neu zu beleben. Die Partei revanchierte sich für die sowjetische Großzügigkeit damit, daß sie eisern an der orthodoxen ideologischen Linie festhielt, was in Moskau in späteren Jahren um so mehr geschätzt wurde, als in den bedeutenden kommunistischen Parteien Westeuropas der Eurokommunismus die Oberhand gewann.

Im April 1958 wurde Morris Childs (alias Morris Summers, alias Ramsey Kemp Martin, alias D. Douglas Mozart, CHAB), ein altgedientes Mitglied der Parteiführung der KP der USA, zu Gesprächen über die finanzielle Unterstützung für seine Partei nach Moskau eingeladen. Ponomarjow bot 75000 Dollar für das laufende Jahr und 200000 Dollar für 1959 an. Ausbezahlt wurden die Zuschüsse anfangs über die KP Kanadas.[35] Von 1961 bis 1980 fungierten Childs und sein Bruder Jack alias D. Brooks (MARAT), ein heimlicher Kommunist, der in den dreißiger Jahren für die Komintern gearbeitet hatte, als Mittler. Bis Ende der siebziger Jahre reiste Morris Childs für gewöhnlich mindestens einmal im Jahr nach Moskau, um den Etat der KP der USA vorzulegen und um Zuschüsse zu bitten, Instruktionen der Internationalen Abteilung des ZK der KPdSU und des KGB einzuholen sowie an Diskussionen über amerikanische Fragen teilzunehmen. Hauptkontakt für die Geldübergabe in den

USA war Jack Childs. Normalerweise schickte die Zentrale einem Funker der KP der USA in New York eine chiffrierte Nachricht, in der die Einzelheiten der nächsten Übergabe mitgeteilt wurden. Die Nachricht wurde an Jack Childs weitergeleitet, der sie entschlüsselte und dann seinen Bruder sowie Gus Hall (PALM), seit 1959 Parteichef, oder dessen Frau Elizabeth davon in Kenntnis setzte, daß die nächste Lieferung zu erwarten sei.[36]

Ende der sechziger Jahre stiegen die sowjetischen Zahlungen an die KP der USA auf weit über eine Million Dollar im Jahr; ein Jahrzehnt später waren es mehr als zwei Millionen. Daneben tauschte Jack Childs regelmäßig schriftliche Botschaften mit der New Yorker Residentur aus, die sich für gewöhnlich auf einem unentwickelten Minox-Film in einem magnetischen Behälter befanden und entweder bei »Streifkontakten« oder durch tote Briefkästen übermittelt wurden. Laut einer von Mitrochin gelesenen KGB-Akte war MARAT zwischen Juli 1975 und August 1976 an fünf Geldübergaben (WALDAI) und neun Nachrichtenübermittlungen beteiligt. Die ausgeklügelten Sicherheitsvorkehrungen, die der KGB bei Kontakten mit MARAT und CHAB traf, hatten jedoch einen fatalen Mangel: Beide waren seit den frühen fünfziger Jahren FBI-Agenten.[37] 1974 war die Zentrale jedoch mißtrauisch geworden, insbesondere in bezug auf CHAB (Morris Childs), der weder während der antikommunistischen Verfolgung in den fünfziger Jahren noch später verhaftet worden war, als er mit falschen Pässen in die Sowjetunion reiste, wovon das FBI nach Meinung der Zentrale wußte. Außerdem war er 1967 unter seinem Geburtsnamen, Morris Chilovsky, und einem seiner Decknamen, Morris Summers, in einem Bericht des Justizausschusses des Senats aufgetaucht, in dem seine Beziehungen zum sowjetischen Nachrichtendienst aus der Vorkriegszeit erwähnt wurden. Auch CHABS Bestreben, Gus Hall bei allen Reisen in die Sowjetunion zu begleiten, und seine »Nervosität«, wenn Moskau an ihm und seinem Bruder vorbei Verbindung mit Hall aufnahm, fanden die Zentrale verdächtig. Im März 1974 berichtete Wladimir Kasakow, der Leiter der für Nordamerika zuständigen Ersten Abteilung der Ersten Hauptverwaltung, Andropow und dem ZK:

»Obwohl [Morris] Childs das Vertrauen des Genossen Gus Hall genießt, stellt seine direkte Verwicklung in die Finanzangelegenheiten der Kommunistischen Partei der USA eine echte Gefahr für diesen Sonderkanal [für die Übermittlung der sowjetischen Zuschüsse] dar.

Zudem legen gewisse zweifelhafte und verdächtige Züge in M. Childs Verhalten die Annahme nahe, daß er möglicherweise vom US-Geheimdienst benutzt wird.«

Kasakow verlangte außerdem, Hall zu drängen, einen Ersatz für CHAB (Jack Childs) zu finden, den er als zerstreut und gesundheitlich angeschlagen beschrieb.

Am 8. Mai versuchte B. S. Iwanow, ein anderer hochrangiger Vertreter der Ersten Hauptverwaltung, Hall bei einem Treffen in Moskau davon zu überzeugen, daß die Zeit gekommen sei, die Childs-Brüder in Rente zu schicken, weil sie aufgrund ihrer langjährigen Geheimarbeit zunehmend der Gefahr einer FBI-Überwachung ausgesetzt seien. Iwanow schlug mehrere Möglichkeiten für den Transfer der sowjetischen Mittel für die KP der USA vor, unter anderem die Eröffnung eines Bankkontos in der Schweiz und die Benutzung eines Tarnunternehmens in den USA. Hall versprach, einen »zuverlässigen Genossen« auszuwählen, der an Jack Childs Stelle treten würde, blieb aber untätig, und die Internationale Abteilung des ZK, die Kasakows Warnung offenbar nicht ernst nahm, beharrte nicht auf ihrer Forderung.[38] 1975 wurde Morris und Jack Childs dennoch der Rotbannerorden verliehen, und sie machten weiter wie bisher.

Wenngleich Hall dazu neigte, den Einfluß, den heimliche KP-Mitglieder in der Demokratischen Partei besaßen, zu übertreiben, gab es wenigstens einen Agenten, der in den Augen der Zentrale in den siebziger Jahren wirkliche Bedeutung besaß. Dabei handelte es sich um einen aus Kalifornien stammenden aktiven Demokraten, der während eines Aufenthalts in der Sowjetunion vom KGB angeworben worden war. Sein Name wurde in den von Mitrochin eingesehenen Akten nicht genannt, aber er hatte eine große Zahl einflußreicher Bekannter in der Demokratischen Partei, unter anderen den Gouverneur von Kalifornien, Jerry Brown, die Senatoren Alan Cranston, Eugene McCarthy, Edward Kennedy, Abraham Ribicoff und J. William Fulbright sowie den Kongreßabgeordneten John Conyers jr. Während des Wahlkampfs für die Präsidentschaftswahlen von 1976 lieferte er Insiderinformationen aus dem Carter-Lager und ein Persönlichkeitsprofil von Carter selbst, dem die Zentrale wegen des Fehlens anderer hochrangiger amerikanischer Quellen besonderen Wert beimaß. Einmal führte der Agent in Carters Zimmer im Pacific Hotel mit Carter, Brown und Cranston ein dreistündiges Gespräch über den Stand des Wahlkampfs. Sein Bericht darüber wurde ans Politbüro weitergeleitet. In der Endphase des Wahlkampfs hatte der Agent, laut KGB, »direkte, ausführliche Gespräche« mit Carter, Kennedy, Ribicoff und Jacob Javits. Andropow hielt den Bericht über diese Treffen für so bedeutsam, daß er ihn, mit seiner Unterschrift versehen, unmittelbar nach Carters Wahl dem Politbüro vorlegte.[39]

Am 10. November 1977 kamen Kasakow und Iwanow bei einem weiteren Treffen mit Hall in Moskau erneut auf die Frage der Ablösung der Brüder Childs zu sprechen. Hall erwiderte, er habe drei Kandidaten im Sinn – John Vogo und die Brüder »Eppelchoums« (Appleholmes?).[40] Er werde in nächster Zukunft seine endgültige Wahl treffen und Moskau die Entscheidung mit einem kodierten Telegramm über die Fertigstellung des Entwurfs für einen Artikel über den Kolonialismus mitteilen. Die im Telegramm genannte Zahl des Entwurfs (erster, zweiter oder dritter) werde darauf hinweisen, welchen Kandidaten er als Jack Childs' Nachfolger ausgewählt habe. Anschließend werde dieser im sowjetischen Konsulat in Wien ein Visum beantragen, so daß er in Moskau eine anderthalb- bis zweimonatige »Spezialausbildung« durchlaufen könne. Außerdem schlug Hall vor, die Frau seines Chauffeurs und Leibwächters als zusätzlichen Kommunikationskanal nach New York zu verwenden. Die Residentur könne sie auf ihrer Arbeitsstelle anrufen und sich mit den Worten identifizieren: »Hier ist Mr. Budnik. Ich rufe wegen der alten Möbel an. Mein Freund aus Hoboken hat mir geraten, mich an Sie zu wenden.«[41]

Doch auch diesmal unternahm Hall nichts. Die Childs-Brüder blieben bis zum Ende des Jahrzehnts an der »Sonderkanaloperation« beteiligt. Den KGB-Akten zufolge führte Jack Childs in den acht Monaten bis zum April 1978 neunzehn Operationen aus, drei Geldübergaben (WALDAI), zwei Treffen mit KGB-Offizieren, fünf Sendungen über tote Briefkästen, sechs »Streifkontakte« und drei Funkkontakte.[42] Im Frühjahr 1980 war das FBI jedoch überzeugt, daß die Brüder Childs in Gefahr waren, enttarnt zu werden. Um vom »Sonderkanal« abgezogen zu werden, teilte Morris Childs Hall am 28. Mai mit, bei seinen Nachbarn hätten unbekannte Männer angerufen und sich nach ihm erkundigt. Er werde wohl untertauchen müssen, um der Verhaftung zu entgehen. Dann übergab er Hall 225 437 Dollar in bar. Dies, erklärte er, sei der Rest des sowjetischen Geldes, der sich noch in seinem Besitz befunden habe. Sein Bruder Jack, der schon seit einiger Zeit krank gewesen war, verstarb am 12. August in einem New Yorker Krankenhaus, und Morris zog sich mit seiner Frau Eva in eine luxuriöse Eigentumswohnung nördlich von Miami zurück. 1987 empfing Morris Childs in einer Feierstunde im FBI-Hauptquartier aus den Händen von Ronald Reagan die Friedensmedaille des Präsidenten. Damit wurden er und sein Bruder Jack, dem postum dieselbe Medaille verliehen wurde, zu den einzigen Spionen, die sowohl von der Sowjetunion als auch von den Vereinigten Staaten dekoriert worden sind.[43]

In den Jahrzehnten, in denen die Brüder Childs den Geheimkanal nach Moskau bildeten, war die KP der USA eine Randerscheinung der politischen Landschaft der USA gewesen. In den vier Präsidentschaftswahlen zwischen 1972 und 1984 hatte Gus Hall nie mehr als 59 000 Stimmen erhalten, und nachdem 1984 nur noch 34 000 Wähler für ihn gestimmt hatten, beschloß er, 1988 die Demokraten zu unterstützen. Mitte der siebziger Jahre war seine Partei auf 10 000 Mitglieder geschrumpft, und obwohl sie danach einen leichten Aufschwung erlebte, zählte sie auch Ende der achtziger Jahre nur 15 000 Mitglieder.[44] Hall lebte jedoch weiter in einer Phantasiewelt, in der die KP bedeutenden Einfluß auf die amerikanische Politik ausübte. An Boris Ponomarjow schrieb er im Herbst 1981:

»Mehr als jemals zuvor in der jüngeren Geschichte bin ich davon überzeugt, daß unsere Partei ein wichtiger Faktor bei der Verlangsamung, Unterbrechung und Umkehr der gegenwärtigen reaktionären Politik der Regierung Reagan sein kann. Zig Millionen Menschen sind inzwischen desillusioniert. Sie neigen zu Massenaktionen, und Millionen sind in einem ideologischen Wandel begriffen. Unsere Partei kann ein wichtiger und sogar entscheidender Faktor bei der Beeinflussung und Lenkung dieser Massen sein.«

In der Regel waren derlei phantastische Einschätzungen des wachsenden Einflusses der KP der USA von der Bitte um sowjetische Zuschüsse begleitet. 1987 verlangte Hall eine deutliche Erhöhung:

»Ich kann darauf hinweisen, daß unsere Partei im niedergehenden Zentrum des Imperialismus arbeitet und daher alles, was wir tun, um die Ereignisse in den Vereinigten Staaten zu beeinflussen, Auswirkungen auf die weltweiten Entwicklungen hat. Und aufgrund der mittlerweile tiefen und chronischen Krise der Präsidentschaft Reagans übt die

Arbeit unserer Partei auch weiterhin wachsenden Einfluß auf die Politik unseres Landes aus.
Vor dem Hintergrund des Kampfes gegen den US-Imperialismus und die Politik der Regierung Reagan muß unsere Partei deshalb als bedeutender und sogar unentbehrlicher Faktor betrachtet werden.«

Im folgenden Jahr wurde der Zuschuß für die KP der USA auf drei Millionen Dollar erhöht.[45]

Morris Childs glaubte, die Großzügigkeit der Sowjetunion, die der KP der USA 1987 immerhin 200 Dollar pro Mitglied gewährte, sei zum Teil darin begründet, daß der Kreml Gus Halls Behauptungen zumindest ansatzweise ernst nahm und »den Einfluß der amerikanischen Partei gewaltig überschätzte«.[46] Ein anderer Grund war sicherlich die ideologische Vasallentreue Halls und der KP-Führung gegenüber der Sowjetunion. Laut Dorothy Ray Healey, die 45 Jahre lang eine prominente Aktivistin der Partei war, hatte die amerikanische KP unter Halls Führung die »zweifelhafte Ehre, der Schäferhund der internationalen kommunistischen Bewegung zu sein, der auf Kommando losbellte, wenn eins der Schafe von der Herde abzuirren drohte. Die sowjetischen Führer setzten sich dann mit Gus in Verbindung, um ihm mitzuteilen, was er sagen sollte. Er tat es, und die *Prawda* konnte melden, die kampferprobten amerikanischen Kommunisten, die aus dem Kernland des Weltimperialismus sprächen, hätten dies und jenes zu dem Thema geäußert, das für die Sowjets gerade von besonderem Interesse war.«[47]

18.
Ideologische Subversion
Die Auseinandersetzung mit den Dissidenten

Sowjetische »Dissidenten« meldeten sich das erste Mal am Verfassungstag 1965 (5. Dezember) zu Wort, als etwa 100 Menschen auf dem Puschkinplatz in Moskau für die Schriftsteller Andrei Sinjawski und Juli Daniel demonstrierten, die wenig später vor Gericht gestellt werden sollten, weil sie mit ihren Schriften angeblich versucht hatten, das Sowjetsystem zu untergraben. Einigen Demonstranten gelang es, für kurze Zeit Transparente zu entrollen, auf denen stand: »Achtet die Verfassung!« und »Wir fordern einen öffentlichen Prozeß für Sinjawski und Daniel!« Dann wurden sie von KGB-Männern in Zivil gewaltsam zum Polizeirevier geschleppt. Seither bezeichnete man in der Sowjetunion diejenigen, die sich für Demokratie und Menschenrechte einsetzten, mit dem englischen Wort *»dissidents«* statt mit der russischen Entsprechung *»inakomysljaschtschije«* (Andersdenkende), was vermutlich zu dem offiziellen Versuch gehörte, sie als Kreaturen des Westens hinzustellen, um sie nicht als eigenständige Stimme des russischen Protestes anerkennen zu müssen.[1]

Der KGB hatte ungewöhnlich lange gebraucht, um die beiden Schriftsteller aufzuspüren. Sinjawski hatte seine Werke seit 1959 unter dem Pseudonym Abram Tertz im Westen veröffentlicht – zuerst in Paris –, und sein Freund Daniel, der den Namen Nikolai Arzhak benutzte, war 1961 seinem Vorbild gefolgt. Nach eingehender Analyse der Publikationen von »Tertz« und »Arzhak« durch sowjetische Schriftsteller und Literaturkritiker, die als KGB-Agenten und informelle Mitarbeiter für die Zentrale arbeiteten, war die Meinung über ihre wahre Identität gespalten. Eine Fraktion vertrat die Ansicht, die intime Kenntnis des Lebens in Moskau beweise, daß die Autoren in der Sowjetunion lebten und ihre Schriften ins Ausland geschmuggelt hatten. Eine zweite Fraktion in der Zentrale schloß sich jenen Analytikern an, die aufgrund der »Ungenauigkeiten« der Beschreibung des Lebens in Moskau meinten, die Autoren lebten im Westen. Beide Auffassungen wurden durch KGB-Berichte gestützt.[2]

Nach jahrelanger vergeblicher Überwachung der falschen Schriftsteller berichtete ein KGB-Agent in der literarischen Szene Moskaus mit dem Codenamen JEFIMOW Anfang 1964, ein Autor namens Juli Daniel sei im Besitz »antisowjetischen Materials«. Gleichzeitig schickte der KGB in Jalta den Bericht eines anderen Agenten, der behauptete, Daniel besitze das Manuskript einer »Erzählung, für die er fünfzehn Jahre Gefängnis erhalten könnte«. Die Observierung Daniels führte den KGB rasch zu Sinjawski. Im Mai 1964 startete die Zentrale die Operation EPIGONI, deren Ziel es war, Beweise dafür beizubringen, daß Daniel und Sinjawski die Autoren der im Westen veröffentlichten »antisowjetischen« Schriften waren, und herauszufinden, wo sie ihre Manuskripte aufbewahrten und wie sie sie in den Westen schmuggelten. Der KGB ließ Sinjawski durch dessen Arbeitgeber, das Gorki-Institut für Weltliteratur, auf eine Dienstreise schicken, um in seiner Abwesenheit seine Wohnung zu durchsuchen und Wanzen darin zu verstecken. Die Durchsuchung und Verwanzung von Daniels Wohnung war schwieriger, da seine Zweizimmerwohnung mit geteilter Küche im Haus Leninprospekt 85 »ständig von seiner Familie, einem Freund und einem Hund« bewohnt wurde. Schließlich gelang es einem KGB-Offizier, der sich als Verwandter eines Nachbarn ausgab, in die Wohnung einzudringen, Wachsabdrücke der Schlüssel zu machen und eine Gelegenheit für die Durchsuchung zu arrangieren.[3]

Es dauerte über ein Jahr, bis die Operation EPIGONI greifbare Resultate erbrachte. Obwohl ein Beweis fehlte, kam der KGB zu dem zutreffenden Schluß, daß Hélène Zamoyska, die Tochter eines früheren französischen Marineattachés, die Sinjawski während ihres Studiums an der Moskauer Universität kennengelernt hatte, seine ersten Manuskripte ins Ausland geschafft hatte.[4] Im Sommer 1965 fing der KGB einen Brief an Sinjawski ab, der mit »Alfreda« unterschrieben war, aber keinen Absendervermerk enthielt. »Alfreda« lud Sinjawski ein, sie in Moskau im Hotel Bukarest zu treffen. Nachdem der KGB herausgefunden hatte, daß die Briefeschreiberin Alfreda Aucouturier, eine Freundin von Hélène Zamoyska, war, hoffte er, Sinjawski bei der Übergabe eines Manuskripts ertappen zu können. Doch obwohl ein Besuch, den sie Sinjawski in seiner Wohnung abstattete, abgehört und ein anderes Treffen der beiden in der Nähe der Metro-Station Retschnoi Woksal gefilmt wurde, konnte die Gruppe kein Manuskript ausmachen. Auch das Gepäck von Madame Aucouturier, das am 8. September an der polnischen Grenze durchsucht wurde, erwies sich als Enttäuschung. Eine lange Vernehmung war ebenso ergebnislos.[5]

Kurz nachdem Madame Aucouturier die Ausreise aus der Sowjetunion gestattet worden war, wurden Sinjawski und Daniel festgenommen und ins Moskauer Lefortowo-Gefängnis gebracht. Im Verhör gestanden beide, unter Pseudonym im Westen publiziert zu haben, bestritten aber, der Sowjetunion feindlich gegenüberzustehen. Auch daß Hélène Zamoyska ihre Manuskripte aus dem Land geschmuggelt hatte, wollten sie nicht zugeben. Laut den Überwachungsberichten aus der Zeit vor ihrer Verhaftung hatten sich Sinjawski und Daniel jedem neuen Bekannten gegenüber mißtrauisch verhalten, weil sie offenbar fürchteten, es könnte ein KGB-Agent sein. Im Gefängnis jedoch fiel Sinjawski auf einen der ältesten Tricks im Repertoire des KGB herein, denn als ein Spitzel mit dem Codenamen MICHAILOW – wahrscheinlich handelte es sich um den Illegalen Geli Wassiljew[6] – in seiner Zelle untergebracht wurde, schenkte er ihm bald sein Vertrauen. MICHAILOWS Informationen und die Überwachung der Besuche von Sinjawskis Frau lieferten, der EPIGONI-Akte zufolge, »unschätzbares Material in bezug auf Sinjawskis Kontakte«. Der wichtigste Hinweis war der auf Andrei Remisow, den Chefbibliothekar der Moskauer Bibliothek für ausländische Literatur.[7]

Remisow gestand im Verhör, unter dem Pseudonym Iwanow im Westen das Theaterstück *Gibt es Leben auf dem Mars?* und den Essay »American Pangs of the Russian Conscience«, der 1964 in der englischen literarisch-politischen Zeitschrift *Encounter* erschienen war, veröffentlicht zu haben.[8] Außerdem gab er zu, während einer Frankreichreise Hélène Zamoyska eines von Sinjawskis Manuskripten überbracht zu haben.[9] Offenbar hatte der KGB ursprünglich vorgehabt, Remisow zusammen mit Sinjawski und Daniel vor Gericht zu stellen. Als Remisow Selbstmordtendenzen zeigte, änderte er seinen Plan jedoch. Remisow sollte jetzt als Belastungszeuge gegen Sinjawski und Daniel auftreten, während sein eigenes Verfahren abgetrennt wurde. Er wurde rund um die Uhr überwacht, um einen Selbstmord zu verhindern. Um weitere Kontakte mit den Ehefrauen von Sinjawski und Daniel, die ihn zur Aussageverweigerung bewegen wollten, auszuschließen, wurde er im Auftrag des Kulturministeriums nach Kursk und Tula geschickt, wo er bis zum Prozeß unter ständiger Überwachung blieb. Bei der Observierung von Daniels Frau entdeckte man, daß sie ein Dossier zusammenstellte, das noch vor dem Prozeß im Westen erscheinen sollte. Doch der KGB setzte einen Illegalen auf sie an, der sich als westlicher Geschäftsmann und Sympathisant der Dissidenten ausgab, das ihm anvertraute Dossier aber nicht in den Westen brachte, sondern dem KGB übergab.[10]

Schon vor Sinjawski und Daniel waren viele sowjetische Schriftsteller wegen ihrer unorthodoxen Ansichten verfolgt worden. Allerdings hatte man sich nicht die Mühe gemacht, sie deswegen vor Gericht zu stellen. Sinjawski und Daniel waren die ersten, die allein wegen ihrer Schriften angeklagt wurden. Der im Februar 1966 abgehaltene Prozeß wurde dem Anschein nach öffentlich geführt, und den Angeklagten wurden ihre »vollen Rechte« garantiert. Die *New York Herald Tribune* schrieb dazu: »Diese Rechte umfaßten das Recht, von einem aus 70 Personen bestehenden handverlesenen Publikum ausgelacht zu werden, ... [und] das Recht, daß denjenigen, die keinen Zutritt zu dem ›öffentlichen‹ Prozeß erhielten, weil sie keine Passierscheine besaßen, nur die Anklageseite des Falls halbwegs genau berichtet wurde.«[11] Die inszenierte Verhandlung wurde indes durch die Weigerung der Angeklagten gestört, die ihnen zugedachten Rollen zu spielen. Entgegen allen Traditionen sowjetischer Schauprozesse sperrten sie sich dagegen, ein Geständnis abzulegen und Reue zu zeigen.

Trotz des ergebenen Publikums brachten der Mut und die Beredsamkeit der Angeklagten den Staatsanwalt sichtlich aus der Fassung. Sinjawski legte den Finger auf den grundlegenden Irrtum einer Anklage, die die Ansichten fiktiver Figuren mit denen des Autors verwechselte. Er konnte sogar auf die in seiner Wohnung angebrachten Mikrofone hinweisen, bevor er mitten im Satz unterbrochen wurde.[12] Ungeachtet seiner eigenen Geistesverwirrung und seines mangelnden Rechtswissens – denn es war in der Sowjetunion keineswegs verboten, Manuskripte ins Ausland zu schicken[13] –, schloß der Staatsanwalt mit einer absurden melodramatischen Anprangerung der Arbeit der beiden Schriftsteller: »Sie bewerfen alles, was heilig und rein ist – Liebe, Freundschaft, Mutterschaft –, mit Schmutz. Ihre Frauen sind entweder Ungeheuer oder Schlampen. Ihre Männer sind zügellos.« Aber ihr schlimmstes Verbrechen war ideologische Subversion: »Die gesellschaftliche Gefahr, die von ihren Werken, von dem, was sie getan haben, ausgeht, ist in der heutigen Zeit besonders groß, da die gesamte Propagandamaschinerie der mit den Geheimdiensten verstrickten internationalen Reaktion in Gang gesetzt wird, um unsere Jugend mit dem Gift des Nihilismus zu verseuchen und mit ihren Fangarmen um jeden Preis in unsere intellektuellen Kreise einzudringen.«[14] Sinjawski wurde zu sieben, Daniel zu fünf Jahren Arbeitslager verurteilt.

Das versprochene offizielle Protokoll des Prozesses ist nie veröffentlicht worden, was ein sicheres Zeichen für die Schwäche der Anklage ist. Im Westen wurde jedoch eine von Anhängern der Angeklagten erarbeitete inoffizielle Mitschrift der Verhandlung publiziert. Um die Gruppe der Dissidenten zu infiltrieren, die sich zur Verteidigung von Sinjawski und Daniel zusammengefunden hatte, wählte die Zentrale zwei Illegale Ende Zwanzig aus, Anatoli Tonkonog (TANOW) und seine Frau Jelena Fjodorowa (TANOWA). Tonkonog berichtete, der Verkauf des Prozeßprotokolls sei von einem umtriebigen KGB-Agenten namens Nikolai Djakonow (GOGOL) organisiert worden, der in den USA und anderen westlichen Ländern für Nowosti gearbeitet habe und ein »echter Geschäftemacher« sei, der mit Devisen handle und russische abstrakte Gemälde und unveröffentlichte Manuskripte an westliche Interessenten verkaufe.[15]

Während dem KGB eine Strafverfolgung Djakonows offenbar zu peinlich war, wurden im Januar 1968 nach langen Ermittlungen vier junge Dissidenten vor Gericht gestellt, die das Protokoll und anderes Material über den Prozeß gegen Sinjawski und Daniel zusammengetragen hatten: Alexander Ginsburg, Juri Galanskow, Alexei Dobrowolski und Wera Laschkowa. Ginsburg und Galanskow hatten seit einigen Jahren eine führende Rolle bei der Herausgabe von Samisdat-Zeitschriften gespielt. Ihr Prozeß lief ähnlich ab wie der gegen Sinjawski und Daniel. Wieder fand er vor vom KGB ausgesuchten Zuschauern statt, und die Verteidigung durfte die meisten ihrer Zeugen nicht aufrufen. Die zwei Hauptangeklagten, Ginsburg und Galanskow, weigerten sich, zum Erfolg ihres eigenen Schauprozesses beizutragen, und wurden zu fünf beziehungsweise sieben Jahren Arbeitslager verurteilt.

Bislang war der Schriftsteller, der den sowjetischen Behörden die meisten Kopfschmerzen bereitete, Alexander Solschenizyn, der vom KGB den Codenamen PAUK (»Spinne«) erhalten hatte,[16] der Verhaftung entgangen. Zum Teil hatte er dies seiner Berühmtheit zu verdanken. Die Erzählung über das Leben im Arbeitslager, *Ein Tag im Leben des Iwan Denissowitsch,* die 1962 mit dem persönlichen Segen Chruschtschows verlegt worden war, hatte den unbekannten Mathematik- und Physiklehrer aus der Provinz über Nacht zu einem weltberühmten Schriftsteller gemacht. Bei einer Razzia bei Moskauer Dissidenten kurz nach der Verhaftung von

Sinjawski und Daniel hatte der KGB im September 1965 einige Manuskripte entdeckt und beschlagnahmt, die Solschenizyn einem Freund zur Aufbewahrung anvertraut hatte. Der KGB berichtete dem ZK, die Manuskripte bewiesen, daß Solschenizyn sich in »politisch schädlichen Äußerungen« ergehe und »Verleumdungen« verbreite. Aber weder der KGB-Vorsitzende Wladimir Semitschastny noch Generalstaatsanwalt Roman Rudenko wußte, wie sie verfahren sollten, und so gaben sie Solschenizyns Schriften einfach an den Schriftstellerverband weiter, von dem sie eine vernichtende Kritik erwarteten, die jedoch anderthalb Jahre auf sich warten ließ. Als sich das ZK im März 1967 mit Solschenizyn befaßte, hatte dieser seinen letzten Roman, *Krebsstation,* bereits in den Westen geschickt und sein Epos über die Arbeitslager, *Archipel Gulag,* fast vollendet. Die Initiative, auf Solschenizyn »entschiedenen Einfluß« zu nehmen, damit er seine »antisowjetische Tätigkeit« einstellte, ging von Andropow aus, der im Sommer 1967 Semitschastnys Nachfolge als KGB-Vorsitzender angetreten hatte.[17]

In den verbleibenden siebzehn Jahren seines Lebens blieb Andropow in der sowjetischen Führung der schärfste Gegner der Dissidenten. Nachdem er die Ungarische Revolution aus erster und den Prager Frühling im ersten Jahr seiner Amtszeit als KGB-Vorsitzender aus zweiter Hand miterlebt hatte, war er überzeugt, daß eine der Hauptgefahren für den Ostblock aus der ideologischen Suberversion erwuchs:

»Der Feind unterstützt direkt oder indirekt die konterrevolutionären Elemente, betätigt sich auf dem Feld der ideologischen Sabotage, gründet allerlei antisozialistische, antisowjetische und andere feindliche Organisationen und versucht die Glut des Nationalismus zu entfachen. Dies wird durch die Ereignisse in der Tschechoslowakei eindeutig bestätigt.«

Im Gefolge des Prager Frühlings richtete Andropow eine neue Fünfte Verwaltung ein, die gegen abweichende Meinungen jeder Art vorgehen sollte. Einzelne Abteilungen dieser Verwaltung waren für die Überwachung von Intellektuellen, Studenten, Nationalisten ethnischer Minderheiten, Gläubigen und Juden zuständig.[18]

Solschenizyn wurde für Andropow in zunehmendem Maß zu einer Art fixen Idee. Als im Oktober 1970 bekanntgegeben wurde, daß diesem Umstürzler der Literaturnobelpreis zuerkannt worden sei, legte Andropow dem Politbüro eine von Rudenko gegengezeichnete Denkschrift vor, die den Entwurf für einen Erlaß des Präsidiums des Obersten Sowjets enthielt, durch den Solschenizyn die Staatsbürgerschaft aberkannt und er aus der Sowjetunion ausgewiesen werden sollte:

»Die Analyse des Materials zu Solschenizyn und seinen Werken führt zwangsläufig zu der Schlußfolgerung, daß wir es mit einem politischen Gegner des Sowjetstaats und der sowjetischen Gesellschaftsordnung zu tun haben. ... Wenn Solschenizyn nach der Verleihung des Nobelpreises weiter in unserem Land lebt, dann wird das seine Position stärken und ihm die Möglichkeit geben, seine Ansichten noch aktiver zu propagieren.«[19]

Andropow erhielt jedoch keine Mehrheit für seinen Antrag. Breschnew neigte eher der gegenteiligen Ansicht seines Spezis, des Innenministers Nikolai Schtschelokow, zu, der im Herbst 1971 argumentierte, man müsse Solschenizyn für sich gewinnen, statt ihn zu verfolgen: »Ein höherer Funktionär sollte sich mit ihm zusammensetzen, um in ihm die Verbitterung, die sich durch die Hetzjagd in ihm angestaut hat, abzubauen.« Breschnew unterstrich in einer Denkschrift Schtschelokows – offenbar zustimmend – einige Bemerkungen, die für Andropow völlig unannehmbar gewesen sein müssen:

»Bei der Entscheidung der Angelegenheit Solschenizyn müssen die Fehler der Vergangenheit in bezug auf die Kunst- und Kulturschaffenden analysiert werden. ... Das ›Problem Solschenizyn‹ wurde durch unkluges Handeln von Administratoren in der Literatur heraufbeschworen. ... Für solche Fälle gilt, Feinde nicht öffentlich hinzurichten, sondern sie mit unseren Umarmungen zu erdrücken.«[20]

In Andropows Augen war Schtschelokow fortan ein gebrandmarkter Mann. Nach Breschnews Tod klagte er ihn der Korruption an, doch Schtschelokow entzog sich dem bevorstehenden Prozeß durch Selbstmord.[21] Im Herbst 1971 hütete sich Andropow jedoch, einen von Breschnew bevorzugten Standpunkt anzugreifen. Aufgeben wollte er aber auch nicht. Im März 1972 unternahm er einen weiteren Versuch, das Politbüro für die Ausweisung Solschenizyns zu gewinnen, indem er neue »unbestreitbare« Beweise dafür vorlegte, »daß er bewußt und endgültig den

Weg des Kampfes gegen die Sowjetmacht eingeschlagen hat und ihn um jeden Preis weitergehen wird«. Das Politbüro pflichtete ihm zwar bei, daß Solschenizyn »Abschaum der Gesellschaft und praktisch übergeschnappt« sei, war aber – zweifellos sehr zu Andropows Mißvergnügen – immer noch nicht bereit, ihn ins Exil zu schicken.[22]

Der Dissident, der Andropow seit Anfang der siebziger Jahre neben Solschenizyn am meisten beschäftigte, war der Atomphysiker Andrei Sacharow, vom KGB ASKET genannt, der Vater der sowjetischen Atombombe und dreifache Held der sozialistischen Arbeit. Ende 1970 gründete Sacharow zusammen mit zwei Physikerkollegen, Waleri Tschalidse und Andrei Twerdochlebow, das Komitee für Menschenrechte und überredete Solschenizyn, ihm als korrespondierendes (wenn auch nicht sehr aktives) Mitglied beizutreten.[23] Wie Solschenizyn konnte der KGB auch Sacharow aufgrund seiner internationalen Bekanntheit nicht so rücksichtslos verfolgen wie weniger bekannte Dissidenten. In seiner KGB-Akte wurde die absurde Behauptung aufgestellt, er benutze seine Autorität, »um den Ausgang von Gerichtsverfahren zu beeinflussen und für Aufregung um Prozesse gegen gesellschaftsfeindliche Elemente zu sorgen«, wie etwa den gegen Wladimir Bukowski, der im Januar 1972 vor Gericht gestellt wurde, weil er Material über seine eigene und die Einweisung anderer Dissidenten in psychiatrische Kliniken gesammelt hatte.[24] In Wirklichkeit ging es dem KGB gegen den Strich, daß es Sacharow und seinem Komitee in gewissem Ausmaß tatsächlich gelang, den Mißbrauch von Gerichtsverfahren, wenn schon nicht zu verhindern, so doch einzuschränken.

Im Oktober 1972 gelang es dem 37jährigen Illegalen Georgi Kotljar (BERTRAND), zu Sacharow und seiner Frau Jelena Bonner eine »vertrauensvolle Beziehung« aufzubauen, wie die Zentrale erfreut vermerkte. Kotljar war in Frankreich geboren, und so fiel es ihm nicht schwer, unter dem Namen Alain Boucaut einen französischen Archäologen zu spielen, der in den letzten Jahren in Mexiko gearbeitet hatte. Sowohl der Leiter der Fünften Verwaltung, Filip Bobkow, als auch sein Stellvertreter Nikaschin zollten ihm hohes Lob für seine Tarnung und seine Berichterstattung über Sacharow und Bonner.[25] Auch in Solschenizyns Umgebung versuchte man Agenten einzuschleusen, so die Pianistin Miroka Kokornaja, die den durchsichtigen Codenamen MIROKA erhielt. Da sie regelmäßig Konzertreisen ins Ausland unternahm, versuchte der KGB 1973,

Solschenizyn dazu zu bewegen, sie als Kurier in den Westen zu benutzen, doch die Operation schlug fehl.[26]

Im Sommer 1973 konnte der KGB endlich einen nach eigener Ansicht erfolgreichen Schauprozeß in Szene setzen, in dem die Angeklagten in bester stalinistischer Tradition sich selbst belasteten und der andere Dissidenten nachhaltig entmutigte. Opfer dieser Travestie der sowjetischen Justiz waren Pjotr Jakir und Wiktor Krassin, zwei führende Mitglieder der Samisdat-Gruppe, welche die *Chronik der laufenden Ereignisse* herausgab. Jakir, Sohn eines während des Großen Terrors erschossenen Armeeoffiziers, hatte einen großen Teil seines Lebens im Gefängnis verbracht. Als er im Juni 1972 verhaftet wurde, stand er kurz vor dem Zusammenbruch. Vor seiner Festnahme verteilte er ein Schreiben, in dem er erklärte, alle Geständnisse, die ihm im Gefängnis abgepreßt würden, seien als ungültig zu betrachten.[27] Obwohl von vielen Jahren der Verfolgung erschöpft, fand Jakir die Kraft, in der ersten Phase der Verhöre zu widerstehen, bevor er schließlich unter dem anhaltenden Druck zusammenbrach. In den triumphierenden Worten seines Chefvernehmers liest sich das so: »Er begann sein Handeln und den Inhalt der antisowjetischen Literatur, die er verteilt hatte, ziemlich objektiv und politisch zutreffend einzuschätzen.« Jakir wurde überredet, seine Unterschrift unter ein vom KGB diktiertes formelhaftes Geständnis zu setzen:

»Im Verlauf der Untersuchung ist mir klargeworden, daß ich eine ganze Reihe krimineller Akte begangen habe: Ich habe Briefe mit diffamierendem Inhalt unterschrieben, in denen behauptet wurde, daß in unserem Land Menschen wegen ihres Glaubens verurteilt werden; ich habe ausländischen Korrespondenten mehrere Interviews gegeben, in denen ich verleumderische Behauptungen aufstellte; ich habe Dokumente mit ähnlichem Inhalt besessen, vervielfältigt und verbreitet; und ich habe regelmäßig tendenziöse Informationen an ausländische Korrespondenten weitergegeben, die sie für Propagandazwecke nutzten.

Nachdem ich die Schwere dessen, was ich getan habe, begriffen habe, bereue ich aufrichtig. Nicht nur werde ich es in Zukunft nicht noch einmal tun, sondern ich werde auch mein Äußerstes versuchen, um Einfluß auf die Menschen auszuüben, die mir nahestehen, und ihnen die Irrigkeit ihrer Standpunkte vor Augen führen.«[28]

Wesentlich überraschender kam es für Dissidentenkreise, daß auch Krassin im Verhör zusammenbrach. Immerhin bescheinigte ihm der KGB »eine in der Jugend erworbene besonders feindselige Haltung gegenüber der Sowjetordnung, Hartnäckigkeit und Konsequenz in seiner Tätigkeit und die Bereitschaft, etwas ungeachtet aller Hindernisse bis zum Ende durchzustehen«. Er war Mitautor der im Samisdat erschienenen *Juristischen Ratschläge*, in denen allen, die vom KGB zur Vernehmung bestellt wurden, empfohlen wurde, keine Fragen zu beantworten, und er hatte sich zwischen 1968 und 1972 in sieben Vernehmungen auch an seinen eigenen Rat gehalten. Nach langer Observierung kam die Fünfte Verwaltung jedoch zu dem Schluß, daß eine »höflich und ruhig« geführte Vernehmung »ohne jede höhnische Bemerkung« in Kombination mit einem mitfühlenden Spitzel in der Zelle seinen Widerstand am Ende brechen würde. Es war bekannt, daß Krassin sich gern mit anderen Dissidenten stritt und 1971/72 besonders an ihren Erfolgsaussichten verzweifelte. Es gebe, wie er sagte, »auf den letzten Barrikaden nur wenige Verteidiger«.[29]

Wie erwartet, verhielt er sich im Verhör zunächst abweisend. Die erste Bresche schlug der KGB-Spitzel in seiner Zelle, der angeblich festgenommen worden war, weil er mit Devisen gehandelt hatte. Er bat Krassin um Rat, wie er sich der Anklage gegenüber verhalten solle. Statt ihm einfach zu sagen, er solle keine Fragen beantworten, erklärte ihm Krassin, wie er sich im Verhör am besten verteidigen konnte. Daraufhin forderte ihn der Spitzel, voller Lob für sein Wissen über die Strafgesetze, auf, seinem eigenen Rat zu folgen und die gegen ihn erhobenen Anschuldigungen zu widerlegen: »Du bist so schlau. Toll, wie du die Gesetze kennst! Du nimmst es doch mit jedem Vernehmer auf. Dich kann man nicht austricksen oder einschüchtern! Wenn du beweist, daß das, was du getan hast, kein Verbrechen ist, dann hilfst du auch deinen Freunden, die noch in Freiheit sind!« Indem er vorgab, durch Krassin von seiner politischen Skepsis geheilt und zu dessen Anschauungen bekehrt worden zu sein, überzeugte er ihn nach und nach davon, daß er in den Vernehmungen zu diesen Anschauungen stehen müsse, um auf diese Weise den Kampf für die russische Demokratie fortzusetzen. Als ihm auch noch das Gerücht übermittelt wurde, daß Jakir inzwischen mit seinem Vernehmungsbeamten spreche, war Krassin soweit, dem Rat seines Zellengenossen zu folgen.[30]

Anfangs beantwortete er die Fragen Pawel Alexandrowskis überaus vorsichtig. Er beschränkte sich darauf, den Vorwurf, er habe versucht, die

Sowjetmacht umzustürzen oder zu schwächen, zurückzuweisen. Wenn er eine Frage als Suggestivfrage betrachtete, verweigerte er die Antwort. Fragen, die er akzeptierte, beantwortete er schriftlich, wobei er häufig mehrere Entwürfe anfertigte, bevor er Alexandrowski die Antwort übergab. Bei dieser umständlichen Prozedur blieb es zwei Monate, in denen Krassin nach Ansicht der Zentrale »nur wertlose Informationen« lieferte. Alexandrowski jedoch war wie alle guten Vernehmer geduldig. »Die Bedeutung dieser ersten Verhöre«, glaubte er, »bestand darin, daß es gelang, eine psychologische Verbindung herzustellen.«

Das erste Anzeichen für einen Durchbruch zeigte sich am 27. September 1972. Zunächst erklärte Krassin wie gewöhnlich: »Die gegen mich erhobenen Anschuldigungen sind monströs. Ich kann nicht tun, was gegen mein Gewissen verstößt. Ich kann nicht gestehen, an etwas schuldig zu sein, das ich nicht getan habe, oder Verbrechen bereuen, die ich nicht begangen habe.« Doch dann schien er zum ersten Mal zu akzeptieren, daß seine Zeit als Dissident vorüber war, denn er fuhr fort: »Ich werde meine Tätigkeit nicht fortsetzen.« In der Folgezeit erweiterte sich der Gegenstand der Vernehmungen. Alexandrowski gestattete Krassin, das jeweilige Thema der täglichen Vernehmungen selbst zu bestimmen, versuchte das Gespräch aber in Bahnen zu lenken, die Krassin von der Hoffnungslosigkeit seiner Position und der Sache der Dissidenten überzeugten.

Sobald Krassin während der Vernehmungen Interesse an einem bestimmten Thema äußerte, versuchte Alexandrowski einschlägige Bücher und Artikel aufzutreiben, die einen »positiven Einfluß« auf ihn ausüben würden. Besonders beeindruckend fand er anscheinend eine ergreifende Darstellung der Leiden und des Triumphs des sowjetischen Volkes im Großen Vaterländischen Krieg in einem Buch des britischen Journalisten Alexander Werth mit dem Titel *Russia at War.* Einmal erhielt Krassin sogar ein Exemplar der von der Nationalen Arbeitsunion (NTS), einer Emigrantenvereinigung im Westen, herausgegebenen verbotenen Zeitschrift *Posew,* in dem Artikel von ihm selbst und Jakir abgedruckt waren. Bevor er die Zeitschrift aufschlug, hatte Krassin sich erwartungsvoll die Hände gerieben, doch nach einer Weile legte er sie mißmutig beiseite und erklärte, das sei »weißgardistisches Geschwafel«; er hätte noch nie »etwas so Primitives und Ideenloses« gelesen. Nach der Lektüre der Akte vermutete Mitrochin, daß Krassin eine Fälschung zu lesen bekommen hatte, um seine Empörung zu wecken.

Auch die Trennung von seiner Frau Jemelkina, die nach Jesineisk verbannt worden war, wurde als Druckmittel gegen Krassin eingesetzt. Alexandrowski notierte zynisch: »Krassin liebte seine Frau sehr und war bereit, alles für sie zu tun.« Als er Krassins Frau in Jesineisk besuchte, stellte er fest, daß auch sie sich verzweifelt nach ihrem Ehepartner sehnte. Wahrscheinlich als Bedingung dafür, daß ihr erlaubt wurde, ihren Mann zu sehen, versprach sie, zu verraten, wo sie »antisowjetische Literatur« versteckt hatte. Nach einem aufwühlenden Wiedersehen mit seiner Frau im Januar 1973 nannte Krassin Alexandrowski vier Verstecke, die 60 angeblich subversive ausländische Publikationen und 140 Mikrofilme mit insgesamt 5000 Fotos von anderen »antisowjetischen Texten« enthielten.[31] Als weiteres Druckmittel gegen Krassin wurden Besuche seiner Mutter und anderer Verwandter benutzt, die allesamt vom KGB auf fachkundige Art und Weise eingeschüchtert worden waren.[32]

Selbst nachdem er sich schuldig bekannt hatte, weigerte sich Krassin noch zwei Monate, seine Freunde zu verraten. Doch Zug um Zug gelang es Alexandrowski, seinen Widerstand zu überwinden. Zuerst war Krassin bereit, über Dissidenten, die bereits Geständnisse abgelegt hatten, auszusagen, dann über ausländische Korrespondenten, die Moskau inzwischen verlassen hatten, und über sowjetische Emigranten in den USA und Israel, die sich »außerhalb der Reichweite des KGB« befanden. Danach identifizierte er Personen, die, wie er erklärte, keine Verbrechen begangen, sondern nur »antisowjetische Literatur« gelesen hatten oder anwesend gewesen waren, wenn ausländischen Korrespondenten die *Chronik der laufenden Ereignisse* übergeben wurde. Dann, fast über Nacht, brach Krassins Widerstand völlig zusammen. Zehn Tage lang schrieb er an einer 100seitigen handschriftlichen Aussage, in der er andere Dissidenten belastete, von denen er 60 mit Namen nannte. Außerdem führte er Einzelheiten über zahlreiche Geschehnisse an, die der Fünften Verwaltung bisher unbekannt gewesen waren, etwa über die Entstehung der *Chronik der laufenden Ereignisse.* Der triumphierende Alexandrowski hatte das Gefühl, als würde Krassin »sich von einer großen Last befreien«.

Auf Alexandrowskis Drängen verfaßte Krassin anschließend einen Aufruf an die Dissidenten, der im April 1973 bei einem Treffen in Jakirs Wohnung verlesen wurde und, einem KGB-Bericht zufolge, einen »starken Eindruck« machte. »Wir begannen mit der Forderung, daß die Gesetze beachtet werden müßten«, erklärte Krassin, »und endeten damit, sie zu brechen. Wir vergaßen die grundlegende Wahrheit, daß wir Bürger der UdSSR und verpflichtet sind, die Gesetze unseres Staates zu respektieren und einzuhalten.« 57 von Krassin und Jakir genannte Dissidenten wurden vom Moskauer KGB zur Vernehmung vorgeladen. Einige von ihnen wurden für emotionsgeladene Gegenüberstellungen mit Krassin und Jakir ausgesucht, die an sie appellierten, die Dissidententätigkeit zu beenden. Den KGB-Akten zufolge gaben zweiundvierzig klein bei. Weitere acht waren sich »über die Beurteilung ihrer Aktivitäten unschlüssig«, gaben aber die »Versicherung ab, daß sie in Zukunft keine gesellschaftsfeindlichen Handlungen mehr begehen würden«. Nur sieben blieben völlig uneinsichtig. Alle Vorgeladenen erhielten öffentliche Verwarnungen und wurden unter »operative Überwachung« gestellt. 1973 wurden insgesamt 154 Personen, die mit der Dissidentenbewegung in Verbindung standen, vom Moskauer KGB verwarnt, 80 von ihnen »wegen Besitzes, Herstellung und Verteilung von ideologisch schädlichem Material sowie gesellschaftlich und politisch feindlichen Verhaltens«.

Am 27. August 1973 begann in Moskau der Prozeß gegen Jakir und Krassin, der für Solschenizyn von vornherein nicht mehr war als eine »Wiederholung der kümmerlichen Farcen von Stalin und Wyschinski«. In den dreißiger Jahren hätten diese Farcen »bei all ihrer Holzhammerdramaturgie, der grob aufgetragenen Schminke und der Lautstärke des Souffleurs großen Erfolg bei der *denkenden* westlichen Ingelligenz« gehabt: »Wenn aber [ausländische] Korrespondenten zum Prozeß nicht zugelassen werden, heißt das, er wird noch zwei Ebenen tiefer durchgeführt.« Westliche Korrespondenten wurden jedoch zu einer KGB-Pressekonferenz eingeladen, auf der Jakir und Krassin vor laufenden Fernsehkameras ihre Schuld und Reue zur Schau stellten.[33]

In der Zentrale wurde der Schauprozeß als Erfolg betrachtet. Sich in der Anerkennung ihrer Vorgesetzten badend, publizierten die Führungsoffiziere Jakirs und Krassins einen selbstbeweihräuchernden Artikel in der geheimen hausinternen Vierteljahresschrift *KGB Sbornik*, in dem sie erläuterten, wie die »für die Vernehmung von Angeklagten ausgearbeitete detaillierte Taktik« und die »durchdachte Bearbeitung in der [Gefängnis-]Zelle« durch einen gut ausgebildeten Spitzel zusammengewirkt hatten, um »die bei der Anhörung des Falles erzielten positiven Resultate« zu erreichen.[34]

Sacharow und Solschenizyn entgingen den Fängen des KGB jedoch weiterhin. Während des Prozesses gegen Jakir und Krassin meldeten sie sich zu Wort, indem sie öffentlich die von den Vereinigten Staaten um der Entspannung willen gemachten Zugeständnisse an die Sowjetunion kritisierten. Am 17. September wandte sich Sacharow mit einem Aufruf an den Kongreß in Washington, in dem er ihn aufforderte, den von Senator Jackson eingebrachten Gesetzentwurf anzunehmen und der UdSSR die Meistbegünstigungsklausel vorzuenthalten, bis diese die Ausreisebeschränkungen aufgehoben hätte.[35] Diesem in der *Washington Post* abgedruckten Aufruf wurde allgemein das Verdienst daran angerechnet, daß der Kongreß gegen den Widerstand der Regierung Nixon den Gesetzentwurf billigte.

Das Politbüro reagierte erwartungsgemäß wütend. Breschnew verurteilte Sacharows Aufruf mit der absurden Behauptung, er sei »nicht nur als staats- und sowjetfeindlich, sondern durchweg als trotzkistisch zu bewerten«. Man habe das Verhalten Sacharows und Solschenizyns viel zu lange geduldet: »Man hätte ihr Treiben sofort unterbinden müssen.« Andropow, mittlerweile Vollmitglied des Politbüros und damit stimmberechtigt, suchte die Entrüstung seiner Kollegen weiter anzufachen, indem er einige tendenziöse KGB-Berichte in Umlauf brachte, in denen Solschenizyn und Sacharow vorgeworfen wurde, sie würden »ihre Dienste immer aktiver den reaktionären imperialistischen und vor allem zionistischen Kreisen anbieten« und von westlichen Geheimdiensten manipuliert werden oder von sich aus mit ihnen zusammenarbeiten. Am 7. Februar 1974 legte er dem Politbüro ein weiteres Mal den Entwurf des Erlasses über die Aberkennung von Solschenizyns Staatsbürgerschaft und seine Ausweisung aus der Sowjetunion vor. Gleichzeitig schickte er Breschnew einen dringlichen Brief, in dem er andeutete, daß es in der Führung von Partei und Streitkräften zu ernstlichen Verstimmungen kommen könne, sollte der Beschluß nicht angenommen werden. Diesmal führte der vom KGB auf Breschnew und seine Kollegen ausgeübte Druck zum gewünschten Ergebnis. Am 11. Februar stimmte das Politbüro den »Vorschlägen des Gen. J. W. Andropow« zu.[36] Drei Tage später wurde Solschenizyn von KGB-Offizieren zwangsweise an Bord einer Aeroflot-Maschine gebracht, die nach Frankfurt am Main flog. Als das Flugzeug startete, bekreuzigte er sich und verbeugte sich vor seinem Heimatland, das er möglicherweise nie wiedersehen würde.[37]

Von Frankfurt fuhr Solschenizyn nach Zürich weiter, wo er im Stadtzentrum ein Haus mietete. Paradoxerweise bereitete es dem KGB in der

Schweiz weniger Schwierigkeiten, seine Umgebung zu infiltrieren, als in der Sowjetunion. Im Ausland, unter Fremden, fiel es Solschenizyn schwerer, Freund und Feind zu unterscheiden, als zu Hause. Der KGB nutzte seine Sympathie für die Repräsentanten des Prager Frühlings und setzte StB-Agenten in der tschechischen Emigrantengemeinde auf ihn an. Als erster gewann die in der Sowjetunion geborene StB-Offizierin Valentina Holubova sein Vertrauen.[38] Obwohl über ihre erste Begegnung mit Solschenizyn in den von Mitrochin eingesehenen Akten nichts vermerkt ist, scheint sie schon am Tag seiner Ankunft in Zürich, mit einem Strauß aus Rosen und Flieder in der Hand, an seine Tür geklopft zu haben. Sie stamme aus Rjasan (der Stadt, in der Solschenizyn Lehrer gewesen war), stellte sie sich vor und hinterließ zusammen mit den Blumen eine Mitteilung an Solschenizyn, in der sie ein altes Sprichwort aus Rjasan zitierte und ihm sagte, der Flieder solle ihn an die Fliederbüsche erinnern, die dort im Frühling blühten.[39] Binnen weniger Wochen hatten sich Valentina Holubova und ihr Mann František Holub – ebenfalls ein StB-Agent – als Solschenizyns Berater in Zürich etabliert. Valentina wurde seine Sekretärin und Sprecherin.[40]

Im März 1974 stellte das Ehepaar Holub ihm den jungen tschechoslowakischen Schriftsteller Tomas Rezác (REPO) vor, der ebenfalls StB-Agent war und als angeblicher Dissident die Emigrantengemeinde infiltriert hatte. Solschenizyn willigte später ein, daß Dr. Holub die Arbeit der sieben Übersetzer redigierte, die den *Archipel Gulag* ins Tschechische übertrugen. Rezác übersetzte auch das lange erzählerische Poem *Preußische Nächte,* das Solschenizyn 1949 im Gefängnis geschrieben hatte.[41] Damit reihte sich Solschenizyn in die bis zu den Weißgardisten und Trotzkisten der Zwischenkriegszeit zurückreichende, lange Reihe führender sowjetischer Emigranten ein, die unwissentlich sowjetische Agenten zu ihren vertrautesten Beratern zählten. Daß sich Holub und Rezác an der Verbreitung der Werke des großen Häretikers beteiligten, rief in der Zentrale zwar Bedenken hervor, aber man hielt es für »operativ gerechtfertigt«.[42]

Aufgrund der von Rezác und den Holubs beschafften Informationen konnte der KGB sowohl Solschenizyns Kontakte mit Anhängern in der Sowjetunion als auch seine Aktivitäten im Westen überwachen. Am 2. Mai berichtete Andropow dem Politbüro:

»[Solschenizyn] trägt sich mit Plänen für subversive Handlungen gegen die UdSSR. In Zürich ansässig, hat er insbesondere Kontakte zu Vertretern der tschechoslowakischen Emigranten in der Schweiz geknüpft, mit deren Hilfe er die illegale Verbreitung seiner Schriften und anderen sowjetfeindlichen Materials in der Sowjetunion zu bewerkstelligen beabsichtigt. In einer Diskussion mit tschechoslowakischen Emigranten bemerkte Solschenizyn, daß seine Tätigkeit künftig in erster Linie den Interessen der ›Opposition innerhalb der UdSSR‹ gelten werde.«

Wie üblich gab Andropow seine Quellen nicht an. Insbesondere klärte er das Politbüro nicht darüber auf, daß Solschenizyns wichtigste Bekannte unter den tschechoslowakischen Emigranten StB-Agenten waren. Am 24. Juli berichtete er, Solschenizyn habe mit den Honoraren für seine Bücher eine »Russische Sozialstiftung« ins Leben gerufen, um die »Familien politischer Gefangener, die in sowjetischen Arbeitslagern inhaftiert sind, [zu] unterstützen«. Außerdem gab Andropow, wie bei anderen Gelegenheiten auch, eine völlig aus der Luft gegriffene Einschätzung von Solschenizyns Einfluß im Exil ab: »Die vorliegenden Informationen ... deuten darauf hin, daß nach Solschenizyns Ausweisung aus unserem Land das Interesse an ihm im Westen stetig nachläßt.« Zur selben Zeit war der erste Band von *Archipel Gulag* ein Dauerbrenner auf den Bestsellerlisten, der allein in den USA eine Taschenbuchauflage von zwei Millionen Exemplaren erreichte.[43] In diesem wie in anderen Fällen war die verzerrte Darstellung des KGB auf zwei Gründe zurückzuführen: Erstens berichteten die Residenturen der Zentrale mehr oder weniger das, was diese hören wollte, und zweitens teilte Andropow dem Politbüro nur mit, was *er* wollte, das es hören *sollte* – und das war im Sommer 1974 die Richtigkeit der Entscheidung, Solschenizyn ins Exil zu schikken, jedoch nicht die Tatsache der phänomenalen Verkaufszahlen seiner Werke.

Am 19. September 1974 genehmigte Andropow einen großangelegten »vielseitigen Plan« (Nr. 5/9-16091) mit dem Ziel, Solschenizyn und seine Familie zu diskreditieren und zu destabilisieren sowie seine Verbindungen zu Dissidenten in der Sowjetunion abzuschneiden. Ein Offizier der Fünften Verwaltung, der über Erfahrungen mit dem Fall PAUK verfügte, wurde für längere Zeit in die Schweiz geschickt, um eine Reihe von Operationen gegen Solschenizyn zu leiten.[44] Gleichzeitig erschienen mehrere vom KGB geförderte Bücher und Artikel gegen Solschenizyn, darunter ein Erinnerungsband, der unter dem Namen seiner ersten Frau,

Natalja Reschetowskaja, veröffentlicht wurde, wahrscheinlich aber hauptsächlich von Dienst A geschrieben worden war. 1975 verschwand Rezác mitsamt dem Manuskript der *Preußischen Nächte* aus Zürich und begab sich nach Moskau, wo er an einer Biographie zu arbeiten begann, die, wie man hoffte, Solschenizyns Ansehen erschüttern würde. Kurz darauf erkannte Solschenizyn, daß auch die Holubs ihn betrogen hatten, und brach jede Beziehung zu ihnen ab.[45] Andropow gab daraufhin die Anweisung, eine »Atmosphäre voller Mißtrauen und Verdächtigungen zwischen PAUK und den Menschen in seiner Umgebung« aufrechtzuerhalten, indem ihm ständig neue Gerüchte über KGB-Agenten in seiner Umgebung oder Personen, die ihn auf die eine oder andere Weise betrogen, hinterbracht wurden.

Das Erstaunlichste an der Kampagne gegen Solschenizyn in der Schweiz waren das Gewicht, das man ihr beimaß, und die enormen Mittel, die für sie bereitgestellt wurden. Ende 1974 erarbeiteten die Leiter der Ersten und Zweiten Hauptverwaltung sowie der Fünften Verwaltung, Krjutschkow, Grigorenko und Bobkow, einen gemeinsamen »Plan für operative Agentenmaßnahmen«, die 1975 gegen Solschenizyn und die Emigrantenzeitschrift *Kontinent,* mit der er verbunden war, ergriffen werden sollten. Er bestand aus neunzehn Abschnitten, von denen allein die ersten drei Instruktionen für 20 unterschiedliche Operationen enthielten. An der Durchführung der »operativen Agentenmaßnahmen« sollten die Residenturen in Bern, Genf, London, Paris, Rom und Stockholm sowie der KGB-Apparat in Karlshorst beteiligt sein. Außerdem war eine Reihe gemeinsamer Operationen mit anderen Nachrichtendiensten des Ostblocks geplant.[46] Im Juli 1976 billigte Andropow weitere von Krjutschkow, Grigorenko und Bobkow vorgeschlagene aktive Maßnahmen.

Die Destabilisierungskampagne zeitigte gewisse Erfolge. Schweizer Zeitungen meldeten, Solschenizyn habe um Polizeischutz gebeten, ihn aber nicht erhalten. Darüber hinaus dürfte die Belästigung durch den KGB einer der Gründe gewesen sein, warum Solschenizyn sich 1976 entschloß, in die USA zu gehen.[47] Seit seiner Ausweisung aus der Sowjetunion zwei Jahre zuvor hatte er einen Teil der immensen moralischen Autorität, die er als verfolgter Dissident besessen hatte, verloren. Enttäuscht von dem, was er als westliche Gleichgültigkeit gegenüber der sowjetischen Gefahr betrachtete, verlegte er sich darauf, das moralische Versagen eines Westens, den er nicht völlig verstand, in gelegentlich apokalyptischen Tönen zu brandmarken. Nachdem er sich auf einer über 2200 Hektar großen Farm in Vermont niedergelassen hatte, wurde er hinter einem zweieinhalb Meter hohen, mit Stacheldraht gekrönten Maschendrahtzaun buchstäblich zum Einsiedler, während er eine Reihe historischer Romane verfaßte, die im Rußland vor der Oktoberrevolution spielten.

Das Einsiedlerleben, das er nur selten unterbrach, um, wie 1978, in Harvard die Rede zur Verleihung der akademischen Grade zu halten oder feierliche Erklärungen über das Verhältnis von Ost und West abzugeben, mag ihn vor einer neuerlichen Infiltration seiner Umgebung wie in Zürich bewahrt haben. Am 23. August 1975 hatte Andropow den von den Leitern der Ersten Hauptverwaltung und der Fünften Verwaltung, Krjutschkow und Bobkow, vorgelegten Entwurf einer Direktive (Nr. 150/S-9195) gebilligt, die als oberste Priorität der Emigrantenoperationen vorsah, mindestens einen Illegalen in Solschenizyns engste Umgebung einzuschleusen. Als Solschenizyn in die USA übersiedelte, wurde L. G. Bolbotenko, einem Offizier der Gruppe KR der New Yorker Residentur, die Leitung der gegen ihn gerichteten Operationen übertragen. Während zahlreiche aktive Maßnahmen durchgeführt wurden, um Solschenizyn in Verruf zu bringen und mit anderen Emigranten zu entzweien, gab es in den Akten keinen Hinweis darauf, daß es einem Illegalen gelungen wäre, sich in sein Vertrauen einzuschleichen.[48]

Trotz dieses Fehlschlags scheint der KGB Ende der siebziger Jahre zufrieden beobachtet zu haben, daß der große Schriftsteller im Westen erheblich an Ansehen einbüßte. Im Sommer 1978 veranstalteten Erste Hauptverwaltung und Fünfte Verwaltung für KGB- und Parteiführung eine Vorführung der Videoaufnahme seiner Harvard-Rede. Es war ein außergewöhnlicher Augenblick in der sowjetischen Geschichte. Noch niemals zuvor dürfte sich ein solch auserlesenes Publikum versammelt haben, um dem Vortrag eines führenden Gegners des Sowjetsystems zu lauschen.[49] Die Moskauer Notabeln sahen – vermutlich aufmerksam – zu, wie Solschenizyn bei der Verleihung der akademischen Grade auf dem Festplatz der Harvard-Universität, während sich feiner Nieselregen auf ihre Akademikerroben legte, seinen Zuhörern ein kompromißloses »Maß bitterer Wahrheit« verabreichte und jene im Westen verurteilte, die sich durch Schweigen und Untätigkeit zu »Mitschuldigen« an den Leiden der unter kommunistischer Herrschaft lebenden Menschen machten. Von Materialismus und selbstsüchtigem Individualismus verdorben, sei der Westen moralisch verarmt: »Vor zweihundert oder auch nur fünfzig Jahren wäre es in Amerika unmöglich gewesen, daß einem einzelnen grenzenlose Freiheit ohne jeden Zweck gewährt worden wäre, einfach für die Befriedigung seiner Launen.« Obwohl viele seiner Zuhörer in Harvard die Rede mit Skepsis aufnahmen und manche wahrscheinlich vor Wut kochten, bewahrten sie die Tradition und spendeten Solschenizyn Applaus.[50]

Der Videovorführung in Moskau folgten selbstgefällige Anmerkungen von Offizieren der Ersten Hauptverwaltung und der Fünften Verwaltung. Wenngleich Mitrochins kurze Notizen nur die Schlußfolgerungen wiedergeben, dürften sie auf die negativen Kommentare von *New York Times* und *Washington Post* hingewiesen haben. Für den Leitartikler der *New York Times* war »Mr. Solschenizyns Weltsicht ... weit gefährlicher als der lockere Geist, den er so ärgerlich findet«, während die *Washington Post* sein »krasses Unverständnis für die westliche Gesellschaft« hervorhob. Die KGB-Experten trafen auf allgemeine Zustimmung, als sie feststellten, Solschenizyn habe seine amerikanischen Zuhörer mit seinen »reaktionären Ansichten und der unerbittlichen Kritik des Lebens in den USA« vor den Kopf gestoßen, »was in den Augen des Westens unweigerlich eine negative Wirkung auf seine Autorität und seine weitere Rolle in der antisowjetischen Propaganda haben muß«. Die Würdenträger aus Partei und KGB waren übereinstimmend der Auffassung, daß keine aktiven Maßnahmen erforderlich seien, um der Harvard-Rede entgegenzutreten.[51] Nach ihrer Ansicht hatte sich Solschenizyn selbst diskreditiert.

Am 1. August 1975 beging die sowjetische Führung in ihrem Kampf gegen die Dissidenten einen schweren strategischen Fehler: Sie unterzeichnete in Helsinki die Schlußakte der Konferenz über Sicherheit und Zusammenarbeit in Europa (KSZE), in der sich die Vereinigten Staaten und Kanada sowie alle europäischen Staaten, außer Albanien und Andorra, unter anderem zum Schutz einer Reihe von Menschenrechten verpflichteten. Obwohl Andropow vor den Folgen warnte, teilte die Mehrheit des Politbüros der KPdSU Gromykos zuversichtliche Ansicht, daß man »Herr im eigenen Haus« bleiben werde, das heißt die Menschenrechtsklauseln der KSZE-Schlußakte nach eigenem Gutdünken interpretieren könne. Tatsächlich aber sollte die KSZE die Sowjetunion, wie Zbigniew Brzezinski vorausgesagt hatte, »ideologisch in die Defensive« drängen.[52] In Zukunft konnten sich die Kritiker der Menschenrechtslage in der Sowjetunion sowohl im Innern als auch im Ausland darauf berufen, daß sie gegen ein internationales Abkommen verstoße, dem sie freiwillig beigetreten sei.

Der einflußreichste dieser Kritiker war Andrei Sacharow. Sowohl die Schwierigkeit, ihn vor der Weltöffentlichkeit zu diskreditieren, als auch die Bedeutung dieser Aufgabe wurden aus Sicht des KGB durch die Verleihung des Friedensnobelpreises im Oktober 1975 vergrößert. Die Residentur in Oslo war instruiert worden, alles in ihrer Macht Stehende zu tun, um die Wahl Sacharows zum Preisträger zu verhindern, mußte aber eingestehen, daß sie keine Möglichkeit besaß, das Nobelpreiskomitee zu beeinflussen, das sich, wie sie behauptete, ausschließlich aus »Reaktionären« zusammensetzte – mit der Vorsitzenden, der stellvertretenden Chefin der Sozialdemokratischen Arbeiterpartei Aase Lionaes, an der Spitze.[53] Sacharow erklärte, der Nobelpreis sei »eine große Ehre nicht nur für mich, sondern für die gesamte Bürgerrechtsbewegung«; er teile diese Ehre »mit unseren Gewissensgefangenen, die für den Schutz anderer Menschen durch öffentliche gewaltlose Mittel das Wertvollste geopfert haben: ihre Freiheit«.[54] Gut eine Woche nach der Entscheidung des Nobelpreiskomitees fand in Kopenhagen das erste »Sacharow-Hearing« statt, das Sacharow gemeinsam mit anderen Dissidenten ein Jahr zuvor angeregt hatte, um Aussagen über Menschenrechtsverletzungen in der Sowjetunion – fast alle unter Bruch des Helsinki-Abkommens – zu sammeln.

Am 22. November billigte Andropow eine Aktennotiz mit dem Titel »Komplexe operative Maßnahmen, um den politischen Hintergrund der Verleihung des Friedensnobelpreises an Sacharow bloßzustellen«. An Umfang und Zielen der vorgeschlagenen aktiven Maßnahmen ließ sich ablesen, welche Bedeutung Sacharow als Zielperson des KGB beigemessen wurde. Die Erste Hauptverwaltung erhielt den Auftrag, wenn nötig in Zusammenarbeit mit anderen Verwaltungen, in Westeuropa Artikel und Reden von Persönlichkeiten aus Öffentlichkeit und Politik zu initiieren, in denen die Verleihung des Friedensnobelpreises an Sacharow als Versuch gewisser politischer Kreise dargestellt wird, den Entspannungsprozeß zu verlangsamen. So sollte Sebastian Haffner, der führende politische Kommentator der westdeutschen Zeitschrift *Stern,* zu einem negativen Kommentar über die Verleihung des Friedensnobelpreises an Sacharow bewegt werden (Haffner hatte in der Presse der BRD bereits scharfe Kritik geübt, als Sacharow 1973 als Kandidat für den Friedensnobelpreis vorgeschlagen wurde). Weiterhin sollte kompromittierendes Material über seine angebliche Verbindung zu westlichen Geheimdiensten verbreitet werden. Außerdem sollte das Gerücht in Umlauf gesetzt werden, Sacharow habe 1973 den Sturz der Regierung Allende begrüßt, wofür er als Gegenleistung von Pinochet den Titel »Ehrenbürger« verliehen bekommen habe. Zudem stehe er in der Schuld zionistischer Kreise, denen er die Verleihung des Nobelpreises zu verdanken habe. Schließlich sollte Nowosti unter dem Titel »Wer verteidigt Sacharow?« eine Artikelserie über (angeblich Sacharow unterstützende) Kriminelle, die in der Sowjetunion wegen Bestechung (Schtern), Diebstahl (Lewijew) und Anstiftung zum Terrorismus (Bukowski, Moros) verurteilt worden waren, zur Veröffentlichung im Westen zur Verfügung stellen.[55]

Die wichtigsten Vorspiegelungen, die Sacharow in Mißkredit bringen sollten – seine Verbindung zu westlichen Geheimdiensten, die Beziehung zum Pinochet-Regime und die Verschwörung mit Zionisten –, wurden in den nächsten Jahren in aktiven Maßnahmen weiterentwickelt.[56] Nach den von Mitrochin eingesehenen Akten hatten die im November 1975 beschlossenen Operationen jedoch nur mäßigen Erfolg. Das Beste, was die Osloer Residentur vorweisen konnte, war die Behauptung, für einen Artikel in der Tageszeitung *Dagbladet,* in dem Jelena Bonner verspottet wurde, verantwortlich zu sein.[57]

Bei der Preisverleihung saß auch der sowjetische Emigrant Wladimir Maximow im Publikum, der Chefredakteur der Zeitschrift *Kontinent,* die in einer russischen, englischen, französischen, deutschen und italienischen Ausgabe Neuigkeiten über die Dissidentenbewegung verbreitete. Die erste Ausgabe vom September 1974 war mit einer pathetischen Erklärung Solschenizyns eingeleitet worden:

»Die Intelligenzija Osteuropas spricht eine einzige Sprache, die des Wissens um das Leiden. Wir werden der Zeitschrift ›Kontinent‹ unsere Hochachtung aussprechen, wenn es ihr gelingt, der Stimme Osteuropas eindringlich Gehör zu verschaffen. Wehe Westeuropa, wenn seine Ohren taub bleiben.«[58]

Durch seine Mitarbeit an *Kontinent* eroberte sich Maximow hinter Solschenizyn rasch Platz zwei auf der KGB-Liste emigrierter Feinde. Für eine der raffiniertesten der vielen aktiven Maßnahmen, die 1976 gegen ihn eingeleitet wurden, nutzte man die Entdeckung, daß das von Eduard

Serdinow (TKATSCHEW), einem operativen Offizier der New Yorker Residentur, benutzte Auto vom FBI verwanzt worden war, und inszenierte, um das FBI zu täuschen, folgendes Gespräch zwischen Serdinow und einem KGB-Agenten in dem Wagen:

Serdinow: Solschenizyns Kumpel Maximow wird übrigens immer unverschämter. Er wird zu einem offenen Feind.
Agent: Welchen Maximow meinst du?
Serdinow: Den Pariser – von *Kontinent.*
Agent: Oh, vergiß ihn! Ich habe hier von »gewissen Leuten« ... nun, von »ihnen« eben [dem KGB] gehört, daß er ihr Agent ist und sogar eine Spezialausbildung bei ihnen absolviert hat, bevor er aus der Sowjetunion ausgereist ist.

Weitere aktive Maßnahmen sollten den Verdacht, daß Maximow ein KGB-Agent war, verstärken.[59] Ob eine von ihnen das FBI oder einen anderen westlichen Geheimdienst täuschen konnte, ist zweifelhaft. Jedenfalls konnte *Kontinent,* zum Leidwesen der Zentrale, 1976 und 1977 die Bildung von »Fördergruppen zur Erfüllung der Beschlüsse von Helsinki in der UdSSR«, sogenannten Helsinki-Gruppen, in Moskau, der Ukraine, Litauen, Georgien und Armenien vermelden, die es sich zur Aufgabe machten, darauf zu achten, ob die sowjetischen Behörden die Bestimmungen der KSZE-Schlußakte einhielten.

In einer Sitzung des KGB-Kollegiums im Jahr 1976 bezeichnete Andropow Sacharow als »Staatsfeind Nummer eins«.[60] Diesen Titel sollte er neun Jahre lang behalten. In dieser Zeit wurden die aktiven Maßnahmen weiter ausgedehnt, wobei immer öfter Jelena Bonner (LISSA, »Füchsin«) ins Visier des KGB geriet. Im Februar 1977 umfaßte die Liste der durchgeführten und geplanten aktiven Maßnahmen dreizehn »Operationen, um ASKET [Sacharow] zu kompromittieren«, sieben »Maßnahmen, um ASKET und LISSA von ihren an gesellschaftsfeindlichen Aktivitäten beteiligten engen Kontakten abzuschneiden und Differenzen in ihrem Kreis zu erzeugen«, acht »Maßnahmen, um die feindselige Tätigkeit von ASKET und LISSA zu behindern«, und vier »Maßnahmen, um ASKET und LISSA von ihrer feindseligen Tätigkeit abzulenken«. Man leistete sich also die pedantische Haarspalterei, zwischen »behindernden« und »ablenkenden« aktiven Maßnahmen zu unterscheiden. Hauptverantwortlicher für die Koordination dieser 32 Operationen war der Leiter der Neunten Abteilung der Fünften Verwaltung, W. N. Schadrin.[61] Es spricht für den Mut und die Charakterstärke des Ehepaars Sacharow, daß weder ihr Geisteszustand noch ihre Entschlossenheit durch diese Belästigungen beeinträchtigt wurden.

Das Ausmaß der verdeckten Verfolgung der Sacharows war zum Teil darin begründet, daß der KGB es noch nicht wagte, sie ins Gefängnis zu werfen. Der Präsident der sowjetischen Akademie der Wissenschaften versicherte seinem amerikanischen Pendant, Sacharow würde »nicht ein Haar gekrümmt« – obwohl dies, wie Jelena Bonner trocken anmerkte, nicht viel zu sagen hatte, da Sacharow fast kahl war.[62] Andere prominente Dissidenten waren 1977 jedoch von einer Verhaftungswelle betroffen, darunter die beiden bekanntesten Mitglieder der »Helsinki-Gruppen«, der altgediente Bürgerrechtskämpfer Alexander Ginsburg, ein Opfer des verpfuschten Schauprozesses von 1968, und der Physiker Juri Orlow, der die Moskauer Gruppe gegründet hatte. In Andropows wie üblich tendenziösen Nachrichtendienstberichten an das Politbüro wurde der Schluß nahegelegt, daß beide in vermeintliche ideologische Subversionskampagnen westlicher Geheimdienste verwickelt waren:

> »Die Geheimdienste und ideologischen Zentren des Feindes unternehmen erhebliche Anstrengungen, um die Tätigkeit sowjetfeindlicher Elemente auf dem Gebiet der Sowjetunion zu stärken und auszuweiten. Besonders bemerkenswert ist das Bemühen westlicher Geheimdienste, Vereinigungen von Personen zu organisieren, die dem existierenden Staat und der Gesellschaftsordnung in unserem Land ablehnend gegenüberstehen. ... Daher ist die Notwendigkeit entstanden, die Tätigkeit von Orlow, Ginsburg und anderen auf der Grundlage der bestehenden Gesetze ein für allemal zu beenden.«[63]

Orlow und Ginsburg wurden im Februar 1977 verhaftet, und einen Monat später war der führende jüdische Bürgerrechtskämpfer Anatoli Schtscharanski an der Reihe. Doch obwohl mehrere Teams von Vernehmungsbeamten des KGB ein Jahr lang alles unternahmen, um sie zur Kooperation in ihren Schauprozessen zu drängen, bissen sie bei allen drei Gefangenen auf Granit. Am 29. Dezember 1977 gestand Orlows leitender Vernehmer, ein Hauptmann Jakowlew, indirekt ein, daß er gescheitert sei. Als er Orlow die amtliche Anklageschrift zeigte, machte sich dieser zwar Notizen, weigerte sich aber »mit der Bemerkung, er weise die gesamte Anklage zurück«, sie zu unterschreiben. Das Protokoll der Vernehmung zeigt, daß Orlow zehn Monate nach seiner Festnahme die Oberhand über seinen Vernehmer gewonnen hatte. Auf die Frage, ob er die Anklage verstehe, entgegnete er, sie sei ihm nicht klar. Ihm seien »keine Beweise gezeigt worden, daß meine Handlungen das Ziel hatten, das Sowjetregime zu untergraben oder zu schwächen«. In einer während der Vernehmung verfaßten schriftlichen Beschwerde monierte er, ihm sei »nie erklärt worden, was mit den Worten ›untergraben‹, ›schwächen‹ und sogar ›Sowjetregime‹ gemeint ist«. Darauf wußte Hauptmann Jakowlew keine Antwort. Nach Orlows Darstellung hatten die Dokumente, die er im Namen der Helsinki-Gruppe in Umlauf gebracht hatte, eine wohltuende Wirkung gehabt. Sie waren von »fortschrittlichen Kräften im Westen«, wie den kommunistischen Parteien Frankreichs und Italiens, gelesen worden, und deren Kritik habe »gewisse Aspekte der Menschenrechte in der UdSSR eindeutig verbessert«. Es würden weniger Menschen in Arbeitslagern eingesperrt oder in psychiatrischen Kliniken mißhandelt und weniger Kinder ihren Eltern weggenommen, nur weil diese einer nicht zugelassenen christlichen Sekte angehörten. Auch hierauf wußte Jakowlew nichts zu erwidern.[64]

Der bemerkenswerteste Aspekt von Orlows Prozeß im Mai 1978 war, neben seiner eigenen mutigen Verweigerungshaltung, der klägliche Auftritt von fünfzehn Zeugen der Anklage, die behaupteten, sowjetischen Bürgern würden alle in der KSZE-Schlußakte genannten Freiheiten garantiert. Dennoch wurde Orlow wegen seines Einsatzes für eben diese Freiheiten zu sieben Jahren Gefängnis verurteilt, denen ein fünfjähriges Exil folgen sollte. Ginsburg, der zwei Monate später vor Gericht gestellt wurde, wußte, daß ihm als Wiederholungstäter eine Haftstrafe von zehn Jahren drohte. Doch es sollte anders kommen:

> »Sie spielten ein kleines Spiel mit mir. Die Anklage sagte dem Gericht, sie fordere nur acht Jahre, weil ich der Polizei im Fall Schtscharanski geholfen hätte. Das war eine Lüge, aber ein geschickter Rufmord, den sie in ihrer Propaganda benutzen konnten, während er mir das Leben in den Lagern schwermachen würde.«[65]

Auch der Prozeß gegen Schtscharanski, der zur selben Zeit wie der gegen Ginsburg stattfand, hatte sowohl Züge einer Farce als auch brutale Momente. So wurde ein Zeuge namens Platonow gefragt, was er über den

Fall Schtscharanski sagen könne. »Nichts«, antwortete der Mann. »Ich bin nicht vertraut mit dem Fall.« Aber, fügte er hinzu, Schtscharanski habe sich sehr schlecht verhalten. Wie sich herausstellte, hatte sich Platonow im Gerichtssaal geirrt. Der Prozeß endete mit einem moralischen Sieg des Angeklagten. In seinem Schlußwort erklärte Schtscharanski:

»Ich bin stolz, daß ich Menschen wie Andrei Sacharow, Juri Orlow und Alexander Ginsburg, die die besten Traditionen der russischen Intelligenzija fortsetzen, kennenlernen und mit ihnen zusammenarbeiten durfte. Aber vor allem fühle ich mich als Teil eines wunderbaren historischen Prozesses: des Prozesses der nationalen Wiedergeburt des sowjetischen Judentums und seiner Rückkehr in die Heimat, nach Israel.
Zweitausend Jahre ist das jüdische Volk, mein Volk, über die ganze Welt verstreut und scheinbar jeder Hoffnung auf Rückkehr beraubt gewesen. Trotzdem haben Juden Jahr für Jahr starrsinnig und anscheinend ohne Grund zueinander gesagt: ›Nächstes Jahr in Jerusalem!‹ Und heute, da ich weiter von meinem Traum, von meinem Volk und von meiner Awital [Schtscharanskis Frau] entfernt bin als jemals zuvor und viele schwierige Jahre in Gefängnissen und Lagern vor mir liegen, heute sage ich zu meiner Frau und zu meinem Volk: ›Nächstes Jahr in Jerusalem!‹
Zu diesem Gericht, das nur ein seit langem fertiges Urteil zu verlesen hat, habe ich nichts zu sagen.«[66]

Nach den Schauprozessen gegen Orlow, Ginsburg und Schtscharanski war es die größte Sorge des KGB, daß Orlow, wie drei Jahre zuvor Sacharow, der Friedensnobelpreis verliehen werden könnte. Die Residentur in Norwegen wurde instruiert, einer von Andropow persönlich überwachten Kampagne von aktiven Maßnahmen, durch die Orlow diskreditiert und seine Wahl zum Preisträger ausgeschlossen werden sollte, höchste Priorität einzuräumen.[67] Am 27. Oktober 1978 rief der Osloer Resident Leonid Makarow (SEDOW) mitten in der Nacht bei Suslow, dem Chefideologen des Politbüros, an, um ihm die freudige Neuigkeit mitzuteilen, daß der Preis an die Staatsführer von Ägypten und Israel, Anwar al-Sadat und Menachem Begin, gegangen sei.

Es gelang Makarow, sich einen größeren Teil des Verdienstes an diesem nach Ansicht des KGB grandiosen Sieg anzurechnen, als er verdiente. In einem bemerkenswert unbescheidenen Telegramm an die Zentrale berichtete er, die Residentur habe »komplexe aktive Maßnahmen durchgeführt, um die sowjetfeindliche Operation zu zerschlagen«, deren Ziel die Verleihung des Friedensnobelpreises an Orlow gewesen sei. In einer Reihe von Gesprächen sei auf führende norwegische Politiker Druck ausgeübt worden, darunter an erster Stelle Außenminister Knut Frydenlund, sodann den Vorsitzenden der Sozialdemokratischen Arbeiterpartei und des außenpolitischen Ausschusses des norwegischen Parlaments Reiulf Steen, den Vorsitzenden des Gewerkschaftsbundes und der Gesellschaft für norwegisch-sowjetische Freundschaft Tor Halvorsen sowie den früheren Ministerpräsidenten und Vorsitzenden der Parlamentsfraktion der Sozialdemokratischen Arbeiterpartei Trygve Bratelli.[68]

In der Zentrale sah man Makarows Rolle im selben rosigen Licht wie er selbst. Der Leiter der für Skandinavien zuständigen Dritten Abteilung der Ersten Hauptverwaltung, Wiktor Gruschko, telegrafierte seinen Glückwunsch zu der »Entschlossenheit und operativen Durchschlagskraft, welche die Residentur bei der Ausführung dieser Arbeit an den Tag gelegt hat«.[69]

Andropow war in den letzten Jahren seiner Amtszeit als KGB-Vorsitzender genauso von der Furcht vor ideologischer Subversion besessen wie an deren Anfang. Selbst auf die abstrakte Malerei dehnte sich der Kampf gegen die Subversion aus. In einem gemeinsamen Bericht der Moskauer KGB-Verwaltung und der Moskauer Abteilung der Fünften Verwaltung wurde stolz darauf hingewiesen, daß es in den vorangegangenen zwei Jahren gelungen sei, »durch den Einsatz von Agenten sieben Versuche von Avantgardekünstlern zu verhindern, provokative Verabredungen zu treffen, um ihre Bilder zu zeigen«. Vier »Anführer der Avantgardekünstler« seien als Agenten rekrutiert worden. Die Überwachung der »schöpferischen Intelligenzija« sei ein bedeutender Teil der »Aufgabe der Organe [KGB], die Intelligenzija vor dem Einfluß der bürgerlichen Ideologie zu schützen«. Die »Kulturarbeiter« würden individualistische Werke produzieren: »... sie sind vom positiven Einfluß des Kollektivs auf die Formung und Ausbildung ihrer Persönlichkeit abgeschnitten; sie entwickeln eine egoistische Haltung gegenüber der Wirklichkeit, die ausschließlich auf der persönlichen Wahrnehmung, persönlichen Interessen, Hochmut, Ehrgeiz und Überschätzung der eigenen Bedeutung beruht.«[70]

Auf einer Sitzung der Fünften Verwaltung sagte Andropow im März 1979, der KGB könne es sich nicht leisten, die Tätigkeit auch nur eines einzigen Dissidenten, wie unbedeutend er auch sein mochte, zu ignorieren:

»Unsere Feinde – und sogar gewisse Genossen aus kommunistischen Parteien in westlichen Ländern – werfen häufig die folgende Frage auf: Wenn Sie, wie Sie sagen, eine entwickelte sozialistische Gesellschaft aufgebaut haben, stellen dann einige gesellschaftsfeindliche Erscheinungen oder die negativen Aktivitäten einer unbedeutenden Handvoll von Menschen wirklich eine Gefahr für Sie dar? Sind sie wirklich in der Lage, die Fundamente des Sozialismus zu erschüttern?
Natürlich nicht, erwidern wir, wenn man jede Tat und jede politisch schädliche List einzeln betrachtet. Wenn man sie aber alle zusammennimmt und ihren Inhalt und Zweck als ideologische Subversion begreift, dann stellt jede solche Handlung eine Gefahr dar. Und darüber können wir nicht hinwegsehen. Wir haben schlicht nicht das Recht, uns in dieser Beziehung auch nur die kleinste Fehleinschätzung zu gestatten, denn in der politischen Sphäre verfolgt jede Art von ideologischer Suberversion direkt oder indirekt die Absicht, eine unserem System feindlich gegenüberstehende Opposition zu bilden – einen Untergrund aufzubauen, den Übergang zum Terrorismus und zu anderen extremen Kampfformen zu ermutigen und letzten Endes die Bedingungen für den Sturz des Sozialismus zu schaffen.«

Die Erfahrungen in Ungarn 1956 und der Tschechoslowakei 1968 hätten gezeigt, daß hinter den sowjetischen Dissidenten die »Hauptorganisatoren der ideologischen Sabotage« stünden – »die Geheimdienste und subversiven Zentren der imperialistischen Staaten«, gegen die »entschlossen, kompromißlos und gnadenlos« vorgegangen werden müsse. Innerhalb der Sowjetunion beweise der »zwölfjährige ideologische Kampf« der Fünften Verwaltung, daß die Unterdrückung funktioniere:

»Die Tschekisten haben gelernt, unerwünschte feindliche Erscheinungen schon im Keim zu ersticken. Dies wird von den Zahlen belegt. Von den 15 580 Menschen, die im vergangenen Jahr belangt wurden, zeigten nur 107 erneut feindliche Regungen.«[71]

1980 war auch Sacharow nicht mehr unantastbar. Am 22. Januar wurde er auf der Fahrt zur Akademie der Wissenschaften abgepaßt und zur Staatsanwaltschaft gebracht, wo man ihm mitteilte, daß er und seine Frau nach Gorki, einer für westliche Besucher gesperrten Stadt, verbannt würden. In Gorki sagte man ihm: »Ihnen ist verboten, die Stadtgrenzen von Gorki, wo Sie unter öffentlicher Aufsicht angesiedelt sind, zu überschreiten. Ihnen ist verboten, sich mit ausländischen Bürgern und verbrecherischen Elementen [Dissidenten] zu treffen oder irgendeine Beziehung zu ihnen zu unterhalten.«[72] Die Fünfte Verwaltung des KGB organisierte in Gorki eine Reihe von Betriebsversammlungen sowie einige Rundfunk- und Fernsehsendungen, um zu erreichen, daß Sacharow und seine Frau in ihrem Exil als Parias behandelt wurden. Unangenehm für den KGB war, daß Gorki nach Sacharows Ankunft eine Zeit sozialer Unruhe erlebte, was zwar nicht mit ihm zusammenhing, aber, wie man fürchtete, im Westen bekanntwerden könnte. Zuerst brach im Mai in der Autofabrik ein Streik aus, und dann kam es im September und Oktober zu einer Serie von vier Morden. Zur Erleichterung der Zentrale blieb die Aufregung in Gorki dem Westen verborgen.[73]

Anfang der achtziger Jahre hatte die Dissidentenbewegung den tiefsten Stand seit den sechziger Jahren erreicht. Die meisten führenden Dissidenten befanden sich in Arbeitslagern oder im Exil, und diejenigen, die in Freiheit geblieben waren, wurden vom KGB überwacht. Die Samisdat-Literatur war zu einem dünnen Rinnsal verkümmert. In der zweiten Hälfte der achtziger Jahre verwandelten sich die Dissidenten jedoch zu ihrer eigenen Überraschung plötzlich von »gesellschaftsfeindlichen Elementen« in Propheten der Perestroika. Hauptgrund dieser Verwandlung war Michail Gorbatschow. »Nachdem ich zum Generalsekretär gewählt worden war«, schrieb Gorbatschow in seinen *Erinnerungen*, »gab ich umgehend Anweisung, Sacharow aus der Verbannung zu entlassen.«[74] Aus den öffentlichen und privaten Äußerungen, die er in seinem ersten Amtsjahr machte, ergibt sich ein komplizierteres Bild. In einer Politbürositzung am 29. August 1985 berichtete er, er habe einen Brief »von einem gewissen Herrn Sacharow, dessen Name euch nicht unbekannt sein dürfte« erhalten; Sacharow bitte darum, »seiner Frau Jelena Bonner zu erlauben, für eine medizinische Behandlung und Verwandtenbesuche ins Ausland zu reisen«. Der KGB-Vorsitzende Wiktor Tschebrikow wies darauf hin, daß Sacharows eigener Gesundheitszustand ebenfalls schlecht sei: »Er hat seine Stellung als politische Figur weitgehend verloren. In jüngster Zeit haben wir nichts mehr von ihm gehört. Man sollte Bonner erlauben, für drei Monate ins Ausland zu reisen.« Tschebrikow schien an das Propagandabild zu glauben, das der KGB ein Jahrzehnt lang von Bonner gemalt hatte, denn er fuhr fort: »Wir dürfen nicht vergessen, daß [Sacharow] überwiegend unter Bonners Einfluß handelt. ... Sie besitzt hundertprozentigen Einfluß auf ihn.« – »Da sieht man, was der Zionismus mit einem macht!« witzelte Gorbatschow. In Bonners Abwesenheit, fügte Tschebrikow hinzu, könnte Sacharow vielleicht sogar zu einer Regelung bereit sein.[75] Wenngleich er es dem Politbüro nicht erzählte, wußte Tschebrikow aus den KGB-Berichten zweifellos, daß Sacharow Gorbatschows Wahl zum Generalsekretär der KPdSU mit den Worten begrüßt hatte: »Es sieht so aus, als hätte unser Land Glück. Wie haben einen intelligenten Führer bekommen.«[76]

Alexander Jakowlew, der einflußreichste Reformer unter Gorbatschows Beratern, bat zwei Mitarbeiter der Internationalen Informationsabteilung des ZK, Andrei Gratschew und Nikolai Schischlin, insgeheim darum, eine Denkschrift vorzubereiten, die das Politbüro dazu bewegen sollte, Sacharows Verbannung zu beenden. Laut Gratschew war sowohl Gorbatschow als auch Jakowlew klar, daß weder die demokratischen Reformen noch die Normalisierung der Ost-West-Beziehungen vorangebracht werden konnten, solange Sacharow nicht frei war. Wie heikel die Angelegenheit war, »deutete Jakowlews verschwörerischer Tonfall an«, als er hervorhob, man dürfe nicht die Aufmerksamkeit des KGB erregen. Gratschew und Schischlin mußten sich sogar Sacharows Schriften mühevoll unterderhand beschaffen, um zu vermeiden, daß Tschebrikow ihnen auf die Schliche kam. Am 1. Dezember 1986 hielt Gorbatschow den Zeitpunkt für gekommen, das »Problem Sacharow« im Politbüro anzusprechen. Er erhielt eine Mehrheit für den Beschluß, Sacharows Verbannung zu beenden.[77] Am 15. Dezember erschienen in Begleitung eines KGB-Offiziers zwei Elektriker in Sacharows Wohnung in Gorki und schlossen ein Telefon an. Am nächsten Tag erhielt er einen Anruf von Gorbatschow. »Sie [und Bonner] können gemeinsam nach Moskau zurückkehren«, versprach der Generalsekretär. »Eine Wohnung haben Sie dort ja. ... Kehren Sie an Ihre patriotische Arbeit zurück!«[78]

Obwohl Gorbatschow wahrscheinlich die Arbeit in der Akademie der Wissenschaften gemeint hatte, erzielte Sacharow die größte Wirkung im Prozeß des Übergangs zur Demokratie, als es darum ging, den Zustand der Sowjetunion als einer »Nation von Stummen« zu verändern, wie es ein französischer Besucher des zaristischen Rußland, Marquis de Custine, anderthalb Jahrhunderte zuvor beschrieben hatte. Custines berühmte Prophezeiung hatte gelautet:

> »Nationen sind nur eine Zeitlang stumm – früher oder später kommt der Tag der Diskussion. ... Sobald diesem verstummten Volk die Gabe der Rede wiedergegeben ist, wird man so viele Debatten hören, daß eine verwunderte Welt glauben wird, sie sei in die Verwirrung von Babel zurückgekehrt.«[79]

In Rußland kam der »Tag der Diskussion« am 25. Mai 1989, als die erste Sitzung des aus den ersten freien Wahlen seit 1917 hervorgegangenen Kongresses der Volksdeputierten eröffnet wurde. Später erkannte Gorbatschow den Volksdeputierten Sacharow als herausragende Persönlichkeit an; vorerst jedoch betrachtete er ihn mit einer Mischung aus Irritation und Bewunderung. Sacharow wollte, daß der Kongreß den Einparteienstaat abschaffte, die Macht des KGB beschnitt und die Direktwahl des Präsidenten einführte. »Wenn wir Andrei Dmitrijewitsch [Sacharow] aufmerksamer zugehört hätten«, sagte Gorbatschow später, »hätten wir vielleicht etwas lernen können.« Aber noch war der Generalsekretär nicht bereit, das Machtmonopol der KPdSU aufzugeben. Er konnte sich, wie Sacharow beklagte, nicht entscheiden, ob er »der Führer der Nomenklatur oder der Führer der Perestroika« war. Als die Wochenzeitschrift *Argumenty i Fakty* eine Meinungsumfrage veröffentlichte, die zeigte, daß Sacharow der bei weitem beliebteste Politiker des Landes war, war Gorbatschow derart aufgebracht, daß er drohte, den Chefredakteur zu entlassen. Die Spannungen zwischen Sacharow und Gorbatschow lebten bei der nächsten Sitzung des Kongresses der Volksdeputierten im Dezember 1989 wieder auf. Als Sacharow versuchte, Gorbatschow Zehntausende von Telegrammen zu übergeben, in denen das Ende des Einparteienstaats gefordert wurde, ließ er ihn kurzerhand abblitzen. Einige Tage später verstarb Sacharow plötzlich an Herzversagen. Als Sacharow feierlich aufgebahrt lag, standen Gorbatschow und das Politbüro minutenlang mit entblößtem Kopf vor dem offenen Sarg des Mannes, den Andropow als »Staatsfeind Nummer eins« bezeichnet hatte.[80]

Sacharows verfrühter Tod war vermutlich zum Teil auf die Verfolgung, der er und Jelena Bonner ausgesetzt gewesen waren, und auf die mangelhafte medizinische Versorgung während der Verbannung nach Gorki zurückzuführen.»Wahrscheinlich hat ihn das totalitäre System getötet«, sagte der demokratische Journalist Witali Korotitsch.»Ich bin nur froh, daß Sacharow, bevor er starb, dem System den Todesstoß versetzt hat.«[81] 1990 wurde ein Brief, den er zusammen mit zwei anderen Dissidenten 20 Jahre zuvor an die sowjetische Führung gerichtet hatte und der bislang nur in Samisdat erschienen war, aus den Archiven der KPdSU ausgegraben und zum ersten Mal veröffentlicht. Wie sich herausstellte, war fast jede Forderung aus dem »subversiven« Appell von 1970 seit Gorbatschows Amtsantritt als Generalsekretär auf die politische Tagesordnung gesetzt und verwirklicht worden.[82] Gleichzeitig hatten sich Solschenizyns Werke, die seit 1974 aus den Regalen der Buchhandlungen und Bibliotheken verbannt gewesen waren, zu Bestsellern entwickelt.

Die Dissidenten waren nicht die Haupttriebkraft der Veränderung in Gorbatschows Sowjetunion. Wie an anderen Wendepunkten der russischen Geschichte – etwa der Öffnung nach Westen am Anfang des 18. Jahrhunderts, dem Ende des Feudalismus 1861 sowie der Kollektivierung und forcierten Industrialisierung nach 1929 – war die Veränderung von oben gekommen. Es war Gorbatschows mutiger, aber fehlgeleiteter Versuch, das Unreformierbare zu reformieren, der das Sowjetsystem verwandelte und schließlich zerstörte. Bei der Veränderung des politischen Bewußtseins in der sowjetischen Elite spielten die Dissidenten jedoch eine bedeutende Rolle. In einem KGB-Bericht aus der Mitte der siebziger Jahre wird Solschenizyn mit den Worten zitiert, Hauptaufgabe der Dissidentenbewegung sei es, »die russische Intelligenzija moralisch und ideologisch darauf vorzubereiten, sich dem Sowjetregime zu widersetzen«.[83] Obwohl alles gegen sie sprach, haben die Dissidenten diese Mission im großen ganzen erfüllt. Am Ende widersetzte sich eine kleine, verfolgte Minderheit, die nur auf die Stärke ihrer Überzeugungen bauen konnte und vom Westen kaum unterstützt wurde, erfolgreich einer erbittert geführten Kampagne, mit der der größte und mächtigste Sicherheits- und Nachrichtendienst der Welt versucht hatte, sie zum Verstummen zu bringen. Nirgendwo auf der Welt hat eine radikale Intelligenzija im letzten Drittel des 20. Jahrhunderts einen größeren Beitrag zur Zerstörung eines antidemokratischen Systems geleistet.

19.
Fernmeldeaufklärung im Kalten Krieg

Eine der größten Lücken in den Darstellungen der nachrichtendienstlichen Operationen und der internationalen Beziehungen sowohl im Osten als auch im Westen betrifft die Rolle der Fernmeldeaufklärung. Die Bedeutung der von den britischen und amerikanischen Codeknackern gelieferten ULTRA-Informationen für die Beschleunigung des Sieges über Deutschland und Japan im Zweiten Weltkrieg ist heute allgemein bekannt. Im Gegensatz dazu enthalten die meisten Darstellungen des Kalten Krieges keinerlei Hinweis auf die Fernmeldeaufklärung. Mit Ausnahme der VENONA-Dokumente, die überwiegend sowjetische Funksprüche aus der Weltkriegszeit umfassen, unterliegen die britischen und amerikanischen Fernmeldeakten aus dem Kalten Krieg weiterhin der Geheimhaltung. Aus freigegebenen Dokumenten geht jedoch hervor, daß die Fernmeldeaufklärung gelegentlich einen bedeutenden Einfluß auf die anglo-amerikanische Politik hatte. Eine interne CIA-Geschichte gelangt zu dem Schluß, daß die Fernmeldeaufklärung im Koreakrieg eine »Informationsquelle von entscheidender Bedeutung« war. Während der Suezkrise von 1956 gratulierte der britische Außenminister Selwyn Lloyd dem Direktor des britischen Fernmeldeaufklärungsdienstes GCHQ zu Umfang und Güte der entschlüsselten Funksprüche aus dem Nahen Osten und versicherte ihm, »wie wertvoll« diese Informationen gewesen seien.[1] Am Ende des Kalten Krieges bezeichnete US-Präsident George Bush die Fernmeldeaufklärung als einen »Faktor von größter Wichtigkeit« für seine Außenpolitik.[2]

Während die Fernmeldeaufklärung im Kalten Krieg sowohl in Großbritannien als auch in den USA von einer einzigen Behörde kontrolliert wurde, war sie in der Sowjetunion stärker zersplittert. Für das Abfangen und Entschlüsseln militärischer Nachrichten war die GRU zuständig, für die diplomatische und sonstige zivile Kommunikation der KGB. Ein zu Beginn des Kalten Krieges unternommener Versuch, die Fernmeldeaufklärung beider Organisationen zusammenzulegen, war nur von kurzer Dauer. Beim KGB fielen Fernmeldeaufklärung, Kommunikation und

Codes bis zum Ende der sechziger Jahre vor allem in den Aufgabenbereich der Achten Verwaltung.[3] Der sowjetischen Führung wurden enorme Mengen von aus der Fernmeldeaufklärung gewonnenen Informationen zugeleitet. In einem Chruschtschow Anfang 1961 vorgelegten Jahresbericht wurde bilanziert, daß die Achte Verwaltung 1960 209 000 diplomatische Telegramme von Repräsentanten von 51 Staaten entschlüsselt hatte. Nicht weniger als 133 200 dieser Telegramme wurden an das ZK weitergeleitet (vermutlich hauptsächlich an dessen Internationale Abteilung).[4] 1967 war der KGB in der Lage, 152 Chiffriersysteme von 72 Staaten zu entschlüsseln.[5] Zwar sind diese in den Archiven der Achten und Sechzehnten Verwaltung lagernden Dokumente weiterhin unzugänglich, doch enthalten die Akten der Ersten Hauptverwaltung und andere Quellen bedeutende Informationen über die Operationen sowie einige der Ergebnisse, die sie erzielten. Im Ausland trugen die Residenturen der Ersten Hauptverwaltung und im Inland die Zweite Hauptverwaltung wesentlich zu diesen Operationen bei.

David Kahn, der führende westliche Historiker der Fernmeldeaufklärung, zieht den plausiblen Schluß, daß nach gegenwärtiger Beweislage Wanzen und Agenteninfiltration einen größeren Anteil an den Erfolgen der sowjetischen Fernmeldeaufklärung im Kalten Krieg hatten als die Kryptoanalyse.[6] Die Zweite Hauptverwaltung blickte auf eine lange Tradition des Abhörens der in Moskau befindlichen Botschaften zurück, und die amerikanische Vertretung war in den gut 30 Jahren seit der Aufnahme der diplomatischen Beziehungen zu den USA eines ihrer ergiebigsten Zielobjekte. 1944 waren bei der ersten Suche nach Abhöranlagen 120 versteckte Mikrofone im Botschaftsgebäude entdeckt worden. Eine Zeitlang, berichtete ein Botschaftsangestellter, seien ständig Mikrofone aufgetaucht, »in den Beinen neu gelieferter Tische und Stühle, im Verputz der Wände, einfach überall«.[7] Daß zu Beginn des Kalten Krieges keine Wanzen mehr gefunden wurden, war weniger ein Beweis für eine verbesserte Sicherheitssituation als vielmehr ein Zeichen für die Vervollkommnung der sowjetischen Abhörtechnik.

1952 ordnete der neue US-Botschafter George F. Kennan eine gründliche Durchsuchung sowohl des Botschaftsgebäudes als auch seiner eigenen Residenz an. Auf Bitten der Sicherheitsexperten diktierte er einer Sekretärin eine alte diplomatische Depesche, um es ihnen zu ermöglichen, stimmaktivierte Abhöreinrichtungen aufzuspüren. Während er sprach, hämmerte einer der Experten die Wand hinter einem holzgeschnitzten Wappen der Vereinigten Staaten auf. Als er nichts fand, machte er sich über das Siegel selbst her und zog schließlich triumphierend eine bleistiftförmige Wanze hervor, die den Lauschern jedes Wort Kennans (und zweifellos auch seiner Vorgänger) übermittelt hatte. Am nächsten Morgen bemerkte Kennan, daß die Stimmung bei den sowjetischen Wachposten und dem einheimischen Botschaftspersonal »aufs äußerste gespannt« war: »Die Luft war so erfüllt von Zorn und Feindschaft, daß man sie mit dem Messer hätte schneiden können.«[8]

1953 begannen die Bauarbeiten an einem neuen Botschaftsgebäude in der Tschaikowsky-Straße. Während des Baus standen amerikanische Sicherheitsbeamte den ganzen Tag Wache, um den Einbau von Abhöranlagen zu verhindern, insbesondere in den beiden obersten Stockwerken, wo die CIA-Station, das Büro des Botschafters und der Chiffrierraum untergebracht werden sollten. Die Wachsamkeit nutzte jedoch wenig, da die Männer nachts abgezogen wurden, so daß der KGB ausreichend Zeit und Gelegenheit hatte, das Gebäude zu verwanzen. Charles »Chip« Bohlen, Kennans Nachfolger im Amt des Botschafters, machte später »Nachlässigkeit« (vermutlich seine eigene) und den Wunsch, Geld einzusparen, für die ungewöhnliche Entscheidung verantwortlich, die Baustelle nachts unbewacht zu lassen.[9]

In einer hitzigen Diskussion mit US-Botschafter Foy Kohler gab Chruschtschow 1962, sehr zum Leidwesen des KGB, zu verstehen, er wisse, daß der Botschafter persönlich Einspruch gegen die Lieferung von im Westen hergestellten Rohren für Erdgasleitungen in der Sowjetunion eingelegt hatte.[10] Obwohl Kohler wahrscheinlich begriff, daß Chruschtschow den Inhalt einiger seiner Telegramme nach Washington kannte, scheint er nicht auf den Gedanken gekommen zu sein, daß Mikrofone in seiner eigenen Botschaft der Grund dafür sein könnten. 1964 jedoch entdeckte man nach Hinweisen des KGB-Überläufers Juri Nosenko über 40 Wanzen in der Botschaft, die in Bambushüllen in das Mauerwerk hinter Heizkörpern eingebaut worden waren, um sie vor Entdeckung durch Metalldetektoren zu schützen.[11] Bemerkenswerterweise haben amerikanische Studien über die amerikanisch-sowjetischen Beziehungen über 30 Jahre lang den fast ununterbrochenen Aderlaß an diplomatischen Geheimnissen aus der Moskauer Botschaft völlig außer acht gelassen.

Die ehrgeizigste Abhöroperation gegen eine US-amerikanische Vertretung in der Spätphase des Kalten Krieges war der 1979 begonnene Bau eines neuen, achtstöckigen Botschaftsgebäudes in Moskau. Die CIA wurde 1980 von Wiktor Schejmow, einem Überläufer aus der Achten Verwaltung, gewarnt, daß der KGB dabei sei, »das Gebäude selbst zu einem riesigen Sensorsystem, das buchstäblich alles wahrnehmen kann«, zu machen. In Washington glaubte man jedoch, jeden von den Sowjets installierten Sensor entdecken zu können, bevor er zum Einsatz kam. Fünf Jahre später stellte man fest, daß dies ein gewaltiger Irrtum gewesen war. Bei einer intensiven Suche fand man in die Bausubstanz integrierte, hochentwickelte Abhöreinrichtungen, die das Gebäude, mit den Worten eines Mitglieds des außenpolitischen Ausschusses des US-Repräsentantenhauses, »zu einem im Politbüro eingestöpselten achtstöckigen Mikrofon« machten. Die Stahlbewehrung des Betons diente als Antenne, und in einer Betonwand wurde eine Energiequelle – von der CIA BATWING genannt – entdeckt, deren Lebensdauer auf 100 Jahre geschätzt wurde. Ein US-Beamter sagte der *Washington Post:* »Unsere Techniker waren über den Entwicklungsstand verblüfft. Ein Mann von der CIA meinte: ›Das sind Sachen, die es bei uns erst auf dem Reißbrett gibt.‹« Für den KGB war es jedoch ein genauso kostspieliger Fehlschlag wie für das US-Außenministerium. Das neue Botschaftsgebäude wurde nie bezogen.[12]

Die meisten Abhöroperationen, bei denen Wanzen in Botschaften oder anderen ausländischen Zielobjekten installiert wurden, waren kurzfristig angelegt und hielten allenfalls einige Jahre vor. Die bedeutendsten langfristigen Operationen der Fernmeldeaufklärung der Ersten Hauptverwaltung wurden Ende der sechziger Jahre von speziellen Posten in den Residenturen in ausländischen Hauptstädten durchgeführt, die den örtlichen Telefon- und Funkverkehr abhörten. Die erste dieser Stationen scheint 1963 in der Residentur in Mexiko City eingerichtet worden zu sein. Unter dem Codenamen RADAR sollte sie die Kommunikation von US-Botschaft und CIA-Station abfangen, konnte aber nur mit mäßigen Ergebnissen aufwarten.[13] Am erfolgreichsten lösten diese Aufgabe die Posten in den USA selbst. Der erste nahm 1966 unter dem Codenamen POTSCHIN (»Anfang« oder »Initiative«) im obersten Stockwerk der sowjetischen Botschaft in der 16th Street in Washington, nur wenige Blocks vom Weißen Haus entfernt, seine Arbeit auf. Im folgenden Jahr wurde unter dem Codenamen PROBA (»Probe«) in der New Yorker Residentur ein ähnlicher Posten untergebracht. Es sollten schließlich fünf POTSCHIN-Posten in verschiedenen sowjetischen Einrichtungen in und bei Washington sowie vier PROBA-Posten im Gebiet von New York werden. Bis 1970 hatten POTSCHIN-1 (in der Botschaft) und POTSCHIN-2 (in der Residentur im Botschaftskomplex) die Informationsbeschaffung durch die Residentur merklich verändert.[14] Der Leiter der Gruppe PR, Oleg Kalugin, schrieb dazu:

> »Wir waren in der Lage, den Nachrichtenverkehr von Pentagon, FBI, Außenministerium, Weißem Haus, Polizei und einer Reihe anderer Institutionen mitzuhören. Diese Nachrichten wurden auf offenen, ungesicherten Kanälen übertragen, enthielten aber trotzdem eine überraschende Menge nützlicher Informationen.«[15]

Zu dem Material, das die Zentrale am meisten beeindruckte, gehörten Geheiminformationen über die Sicherheitsüberprüfung von 90 Kandidaten für Posten in der ersten Regierung Nixon. 1969/70 wurden 23 POTSCHIN-Dokumente für wichtig genug erachtet, um führenden Mitgliedern des Politbüros vorgelegt zu werden. In derselben Periode fingen PROBA-1 (in der sowjetischen UN-Botschaft) und PROBA-2 (in der großen »Datscha« der Botschaft auf Long Island) den diplomatischen Nachrichtenverkehr der UN-Missionen Argentiniens, Brasiliens, Kanadas, Frankreichs, Portugals, Spaniens und Venezuelas ebenso ab wie Telegramme des US-Militärs und den Funkverkehr von Radio Liberty und Radio Free Europe. Den PROBA-Akten zufolge erfreuten sich die Informationen aus diesen Quellen einer »hohen Wertschätzung« durch Außenminister Gromyko und Jakow Malik, den sowjetischen UN-Botschafter.[16]

Eine große Hilfe für die Fernmeldeaufklärung des KGB auf dem Territorium des Hauptgegners war eine Reihe von Agenten und Überläufern – allesamt Selbstanbieter – mit Zugang zu Geheiminformationen über die amerikanische Kryptoanalyse und/oder US-Chiffriersysteme. Dazu zählten die beiden NSA-Angestellten Bernon Mitchell und William Martin, die sich 1959 in Mexiko zur Verfügung gestellt hatten und im Jahr darauf nach Moskau geschleust wurden, wo sie noch jahrelang befragt wurden. 1963 beging Staff Sergeant Jack Dunlop Selbstmord, nachdem er mehrere Jahre für die GRU Geheimdokumente aus dem NSA-Hauptquartier in Fort Meade herausgeschmuggelt hatte. Kurz vor Dunlops Selbstmord war Victor Norris Hamilton, ein anderer NSA-Überläufer, in Moskau eingetroffen. 1965 begann Robert Lipka, ein junger Armeeangehöriger, der bei der NSA mit der Vernichtung von geheimen Dokumenten beschäftigt war, viele davon an den KGB weiterzureichen. Lipka ist der letzte KGB-Agent in der NSA, der in Mitrochins Notizen identifiziert wird. (Anfang der achtziger Jahre sollte Ronald William Pelton, ein pensionierter NSA-Mitarbeiter, der Washingtoner Residentur wertvolle Informationen liefern.)[17] Kurz nachdem Lipka 1967 aus der NSA ausgeschieden war, begann Anthony Walker, Fernmeldewachoffizier im Stab des COMSUBLANT, seine achtzehnjährige Karriere als KGB-Agent, in der er den Sowjets detaillierte Informationen über die Schlüsselsysteme der US Navy lieferte.

In den späten sechziger Jahre konnten die Residenturen in New York und Washington noch einige andere Erfolge auf dem Gebiet der Fernmeldeaufklärung verbuchen. Ende 1969 wurden im Rahmen einer von der New Yorker Residentur durchgeführten Operation (Codename PRESSING) in den vom Vorsitzenden des UN-Sicherheitsrats benutzten Büros ferngesteuerte Sender angebracht. Die in Holzbrettern versteckten Geräte wurden unter Bücherschränken befestigt; um ihre Herkunft zu verschleiern, waren sie aus westlichen Teilen hergestellt worden. Gleichzeitig lief eine – mit Sicherheit vom Politbüro abgesegnete – Operation mit dem Codenamen KRAB, in deren Rahmen das Sekretariat von UN-Generalsekretär U Thant (BRID) verwanzt wurde. Auch in der ghanaischen UN-Botschaft wurde eine funkgesteuerte Abhöreinrichtung installiert.[18]

1969 plazierte die Washingtoner Residentur im Sitzungssaal des Senatsausschusses für auswärtige Beziehungen ein ferngesteuertes Abhörgerät, das zur Verschleierung seiner Herkunft ebenfalls aus westlichen Teilen bestand. Es war mindestens vier Jahre in Betrieb. Im Februar 1973 erhielt die Residentur aus Pressequellen die möglicherweise unzutreffende Information, daß an der Unterseite des Pressetischs im Sitzungssaal des Ausschusses eine Wanze gefunden worden sei. Der KGB stand vor einem Rätsel, denn seine eigene Abhöreinrichtung war unter einem Stuhl befestigt und schien weiterhin normal zu funktionieren. Dennoch dachte sich Dienst A in der Annahme, die Wanze sei entdeckt worden, eine Geschichte aus, der zufolge sie vom französischen Auslandsnachrichtendienst DGSE angebracht worden war. Zur Überraschung des KGB verloren die Medien das Interesse an der Story. Über die Wanze unter dem Stuhl erschien nie eine Meldung in den Zeitungen.[19]

Anfang 1968 gelang dem KGB die bedeutendste Infiltration der britischen Fernmeldeaufklärung, seit John Cairncross 1942 nach Bletchley

Park gekommen war. An einem sowjetischen Kontrollpunkt übergab Corporal Geoffrey Arthur Prime, der damals in der Fernmeldeaufklärungsstation der britischen Luftwaffe in Berlin-Gatow tätig war, einem russischen Offizier einen Zettel, auf dem er den sowjetischen Nachrichtendienst aufforderte, Kontakt zu ihm aufzunehmen. Der Zettel wurde nicht an die Erste Hauptverwaltung weitergeleitet, sondern an die vergleichsweise unbedeutende Dritte Verwaltung des KGB, die für die Sicherheit und Überwachung der sowjetischen Streitkräfte verantwortlich war, aber manchmal auch – für gewöhnlich in den unteren Rängen – Rekruten unter den in Deutschland stationierten westlichen Soldaten anwarb. In dem Bemühen, der angeseheneren Ersten Hauptverwaltung die Schau zu stehlen, hinterließ ein Offizier der Dritten Verwaltung an der Fahrertür von Primes Auto einen kleinen magnetischen Zylinder mit der Einladung zu einem Rendezvous in Ost-Berlin. Bei dem Treffen erklärte Prime, seine Dienstzeit bei der Luftwaffe werde im August zu Ende gehen. In Absprache mit der Dritten Verwaltung bewarb er sich um eine Stelle bei der britischen Fernmeldeaufklärung (GCHQ). Bevor er Ende September die neue Arbeit antrat, verbrachte er eine Woche auf dem KGB-Gelände in Karlshorst, wo er lernte, mit Funkgeräten und Chiffrierschlüsseln umzugehen, Mikropunkte herzustellen, mit einer Minox-Kamera Dokumente zu fotografieren und tote Briefkästen zu benutzen. Vor dem Flug nach England erhielt er eine Aktenmappe mit Abreißchiffrenblöcken, Materialien zum Schreiben in Geheimschrift und 400 Pfund in Banknoten. In den acht Jahren, die er als sowjetischer Agent im GCHQ arbeitete, war er überwiegend damit beschäftigt, abgefangene Funksprüche zu transkribieren und zu übersetzen.[20]

Die Ausweitung der Fernmeldeaufklärung des KGB in den späten sechziger Jahren führte zu einer Umorganisation der Zentrale. Bisher war die Achte Verwaltung sowohl für die Fernmeldeaufklärung als auch für Chiffren und Kommunikation zuständig gewesen. Wahrscheinlich 1968 ordnete Andropow jedoch die Schaffung einer neuen Sechzehnten Verwaltung an,[21] die sich unter ihrem Leiter Nikolai Andrejew ganz auf die Fernmeldeaufklärung konzentrieren sollte. Ihre Operationen gehörten zum Geheimsten, was es im KGB gab. Die Sechzehnte Verwaltung arbeitete eng mit der Sechzehnten Abteilung der Ersten Hauptverwaltung zusammen, die ungefähr zur selben Zeit geschaffen worden war und in deren Zuständigkeit die Horchposten der Residenturen, Operationen zur Beschaffung ausländischer Codes und Chiffren sowie die Infiltration der

Fernmeldeaufklärungsbehörden anderer Länder fielen.[22] Am 15. Mai 1970 billigte Andropow den Plan, in fünfzehn Residenturen Horchposten (von denen einige bereits in Betrieb waren) einzurichten: in Washington, New York, Montreal, Mexiko, Tokio, Peking, Teheran, Athen, Rom, Paris, Bonn, Salzburg, London, Reykjavik und Belgrad. 1971 fingen diese Posten insgesamt 62000 chiffrierte diplomatische und militärische Telegramme aus 60 Ländern sowie 25000 Mitteilungen im Klartext ab.[23]

Die bedeutendsten Horchposten, die von der Sechzehnten Verwaltung mit Unterstützung des OT-Personals betrieben wurden, blieben die POTSCHIN- und PROBA-Posten in New York beziehungsweise Washington. In den siebziger Jahren bestand der bemerkenswerteste Erfolg der POTSCHIN-Posten darin, daß sie viele der Funksprüche mitschnitten, die über den Luftwaffenstützpunkt Andrews zwischen Washington und dem Flugzeug gewechselt wurden, mit dem der Präsident, der Außenminister und andere hohe Regierungsmitglieder ihre Auslandsreisen unternahmen. Einem auf POTSCHIN-Posten tätigen operativen Offizier mit dem Codenamen ANTON wurde der Orden »Roter Stern« verliehen, weil er den amerikanischen Nachrichtenverkehr während Kissingers Besuch bei seinem britischen Amtskollegen, dem späteren Premierminister James Callaghan, im Juli 1974 aufgefangen hatte. Für die Zentrale waren diese Funksprüche vermutlich deshalb so interessant, weil Kissinger vor allem aus dem Grund nach London gereist war, um Callaghan über Nixons jüngsten Moskaubesuch – die letzte Auslandsreise Nixons vor seinem Rücktritt infolge des Watergate-Skandals – zu informieren. Wenig später gelang es den PROBA-Posten, Kissingers Telefongespräche mit Callaghan und dem türkischen Außenminister Turan Güneş während der durch die türkische Invasion Nordzyperns am 21. Juli 1974 ausgelösten Krise abzuhören.[24] Der KGB konnte auf diese Weise die dramatische Entwicklung verfolgen, an die sich Kissinger später so erinnerte: »In der Nacht vom 21. zum 22. Juli erzwangen wir einen Waffenstillstand, indem wir der Türkei drohten, die Kernwaffen aus ihren vorgeschobenen Stellungen abzuziehen, besonders dort, wo die Gefahr bestand, daß sie in den Krieg gegen Griechenland hineingezogen würden.«[25]

Der Antennenwald auf den Dächern der sowjetischen Botschaften erregte mit der Zeit den Verdacht der westlichen Fernmeldeaufklärungsbehörden. Obwohl Kissinger wahrscheinlich nicht ahnte, daß seine eigenen Gespräche abgehört wurden, protestierte er am 15. August 1975 gegen das Abhören des Funk- und Telefonverkehrs durch die sowjetische Botschaft. Die Zentrale empfahl eine markige Antwort:

> »Es ist angeraten, daß der sowjetische Botschafter, falls Kissinger das Thema erneut anspricht, feststellen sollte, die Antennen auf dem Dach der sowjetischen Botschaft würden auf der Grundlage des Prinzips der [diplomatischen] Gegenseitigkeit benutzt, um die Kommunikation mit Moskau sicherzustellen. Daneben würden mit ihnen normale Rundfunk- und Fernsehsender empfangen. Die Antennen stünden in keiner Weise in Widerspruch zum Status der Botschaft. Der Außenminister sollte darauf aufmerksam gemacht werden, daß die US-Regierung es unterlassen möge, auf den Dächern von Gebäuden in der Nähe der Botschaft Geräte zu installieren, die den normalen Betrieb der Funkstation der Botschaft der UdSSR stören können.«[26]

Kissinger beharrte nicht auf seinem Protest, weil er wußte, daß auch die NSA von der Botschaft in Moskau aus Fernmeldeaufklärung betrieb. 1971 hatte der Kolumnist Jack Anderson in der *Washington Post* enthüllt, daß es der Botschaft gelungen war, den Richtfunkverkehr und die Telefonverbindungen zwischen den durch Moskau fahrenden SIL-Limousinen der Politbüromitglieder abzuhören.[27] Aber die elektronischen Gegenmaßnahmen gegen die Fernmeldeaufklärung der Moskauer Botschaft scheinen Kissinger ernstlich beunruhigt zu haben. Jedenfalls sagte er Botschafter Dobrynin im November 1975, er glaube, daß die Leukämie des amerikanischen Botschafters Walter Stoessel von der Dauerbelastung durch die gegen die Botschaft gerichtete elektromagnetische Strahlung verursacht worden sei. Auf Anweisung Moskaus erwiderte Dobrynin, das Magnetfeld um die Botschaft übersteige nicht das in der Sowjetunion zugelassene Maß. Wie Dobrynin behauptet, war er unter Carters Präsidentschaft vom Außenministerium privat darüber informiert worden, daß es einer Studie zufolge keinen Beweis für gesundheitliche Schäden bei den Botschaftsmitarbeitern gebe.[28]

Kissingers Protest konnte den weiteren Ausbau der Operationen POTSCHIN und PROBA nicht verhindern. Der Umfang der von POTSCHIN gelieferten Zusammenfassungen und Transkripte abgefangener Funksprüche wuchs von 2600 Seiten im Jahr 1975 auf 7000 Seiten im folgenden Jahr. Im gleichen Zeitraum telegrafierte die Washingtoner Residentur achthundert auf dem abgehörten Nachrichtenverkehr beruhende Berichte nach Moskau. Zu den 1976 abgefangenen Funksprüchen des Luftwaffenstützpunkts Andrews gehörten wichtige Mitteilungen über die Besuche von US-Verteidigungsminister Donald Rumsfeld bei der Nuklearen Planungsgruppe der NATO im Januar und Juni sowie im Hauptquartier der US-Streitkräfte in Europa im Februar und über Kissingers Begegnungen mit führenden Politikern aus England, Frankreich, Westdeutschland und Südafrika.[29] 1977 erhöhte sich die POTSCHIN-Ausbeute auf über 10 500 Seiten,[30] darunter Material über Auslandsreisen von Vizepräsident Walter Mondale und Außenminister Cyrus Vance.[31] Während eines großen Teils der Amtszeit von Präsident Carter hörten die POTSCHIN-Posten außerdem in erheblichem Umfang den Nachrichtenverkehr des Außenministeriums ab; der KGB führte eine Kartei über alle in diesem Material erwähnten Mitarbeiter des Außenministeriums.[32]

Angesichts der Tatsache, daß der KGB in den siebziger Jahren keinen hochrangigen Infiltrationsagenten in Washington besaß, dürften die POTSCHIN-Posten und andere Operationen der Fernmeldeaufklärung seine wichtigsten Informationsquellen über die Außen- und Verteidigungspolitik der Regierungen Ford und Carter gewesen sein. Im allgemeinen hatten die so gewonnenen Erkenntnisse wahrscheinlich einen günstigen Einfluß, indem sie der natürlichen Neigung der Zentrale zu Verschwörungstheorien über die amerikanische Politik entgegenwirkten. Während der vom amerikanischen Protest gegen die Anwesenheit einer sowjetischen »Kampfbrigade« auf Kuba ausgelösten Krise, zum Beispiel, konnte die Washingtoner Residentur Moskau aufgrund des POTSCHIN-Materials und anderer abgefangener Funksprüche die beruhigende Mitteilung machen, daß die Vereinigten Staaten keine militärische Intervention planten.[33]

Das wichtigste Material, das die POTSCHIN-Posten in den siebziger und frühen achtziger Jahren lieferten, stammte jedoch aus dem militärischen Sektor. Dazu gehörten streng geheime Informationen über die Trident-, MX- und Pershing-2-Raketen, über Lenkflugwaffen und Flugabwehrraketen, über die Jagdflugzeuge und Bomber F-15, F-16, F-18, B-52 und B-1 sowie über das Frühwarnsystem AWACS. Seit 1973 war die wissenschaftlich-technische Spionage – insbesondere auf militärischem Gebiet – eine der Hauptaufgaben der New Yorker PROBA-Posten. Ihren größten Erfolg in den siebziger Jahren erzielten sie, als es ihnen gelang, sich in den Faxverkehr zwischen dem Brookhaven National Laboratory auf Long Island und mehreren Großunternehmen – darunter Boeing, Fairchild, General Dynamics, Grumman, Hughes, IBM, Lockheed und

Sperry Rand – einzuschalten. Auf diesem Weg wurde Material über die Flugzeuge A-10, B-1, EF-111A und F-14, das Raketenabwehrprogramm und die U-Boot-Abwehr gewonnen. 1976 war außerdem ein Horchposten in der Residentur in San Francisco (WESNA, »Frühling«) in Betrieb, der den Fax- und Telefonverkehr von Rüstungsfirmen und anderen High-Tech-Unternehmen an der Westküste der USA abhörte.[34]

Daneben gab es in den Residenturen in New York, Washington und San Francisco Funkabhörposten (Codenamen RAKETA, SEFIR beziehungsweise RUBIN), die den Funkverkehr das FBI (FIRMA) überwachten, um über dessen Operationen auf dem laufenden zu sein. Der RAKETA-Posten in New York hörte in den siebziger Jahren ständig sechs vom FBI benutzte Kurzwellenfrequenzen ab. Dabei gewöhnten sich die Lauscher rasch an den FBI-Jargon. In einem KGB-Bericht heißt es dazu:

»Die Beobachtungsposten und Überwachungsgruppen des FBI benutzen einfache Codes, Slangausdrücke und feststehende Phrasen, die vom RAKETA-Techniker leicht zu entschlüsseln sind. ... Aus der täglichen Funküberwachung der Einsatzzentrale des FBI ergibt sich ein Bild der operativen Umgebung und der vom FBI in der Stadt durchgeführten Operationen. Wann immer die Residentur eine Operation in der Stadt vorhat, überwacht der RAKETA-Techniker die Funkzentrale des FBI; wenn nötig, kann einem operativen Offizier ein Warnsignal gegeben werden, bevor er den Ort der geplanten Operation aufsucht, [oder gesagt werden,] von einer Operation abzulassen, wenn er durch Observierung entdeckt worden ist. Der RAKETA-Posten wird auf Personen aufmerksam, für die das FBI sich interessiert, und nimmt sie ins KONTAKT-System [die Computerkartei der Ersten Hauptverwaltung] auf.«

Mehrere Jahre lang gab sich die New Yorker Residentur der Illusion hin, sie würde jede Observierung von KGB-Mitarbeitern entdecken.[35] 1973 mußte sie jedoch erkennen, daß man sie hinters Licht geführt hatte. Nachdem sie festgestellt hatte, daß das FBI über die Aktivitäten einiger ihrer operativen Offiziere sowie über drei »Entwicklungsagenten« Bescheid wußte, dämmerte ihr, daß die anscheinende Einfachheit der Überwachungstechniken des FBI in Wirklichkeit dazu gedient hatte, sie von den raffinierteren Methoden der Observierung abzulenken. Die Operationen der Residentur wurden vorübergehend unterbrochen, während sie versuchte, Überwachungsmethoden zu durchschauen, die sie nicht völlig verstand.[36]

Die Zahlen für die laufenden Kosten der Horchposten in den KGB-Residenturen im Jahr 1979 zeigen, daß die Posten in New York und Washington den KGB bei weitem am teuersten zu stehen kamen.[37] An dritter Stelle folgte die Residentur in Havanna, deren Horchposten ebenfalls hauptsächlich amerikanische Frequenzen abhörte. Auch alle anderen Posten waren angewiesen, der Kommunikation des Hauptgegners, wenn möglich, Priorität einzuräumen. Der wichtigste KGB-Horchposten zur Überwachung des amerikanischen Funkverkehrs von außerhalb befand sich in dem großen Fernmeldeaufklärungskomplex im kubanischen Lourdes, den die GRU Mitte der sechziger Jahre errichtet hatte, um den Nachrichtenverkehr der US Navy und andere Hochfrequenz-Übermittlungen abzuhören.[38] Am 25. April 1975 genehmigte die sowjetische Regierung mit dem Geheimerlaß Nr. 342-115 die Errichtung eines neuen KGB-Horchpostens (TERMIT-P) in dem Komplex in Lourdes. Der im Dezember 1976 fertiggestellte und von der Sechzehnten Verwaltung betriebene Posten verfügte über eine feste Zwölf-Meter- und eine bewegliche, auf eine getarnte Lafette montierte Sieben-Meter-Parabolantenne, die ihn in die Lage versetzten, den von amerikanischen Satelliten »heruntergeladenen« oder zwischen Sendemasten ausgetauschten Richtfunkverkehr aufzufangen.[39] Ende der siebziger Jahre errichteten GRU und Sechzehnte Verwaltung auch im Südjemen und in Cam Ranh in Südvietnam Horchposten. Aber der Komplex in Lourdes blieb die größte Anlage, und sie wurde im folgenden Jahrzehnt noch weiter ausgebaut. 1983 erklärte Präsident Reagan:

»Die weniger als hundert Meilen von unserer Küste entfernte sowjetische Anlage zur Informationsbeschaffung ist die größte ihrer Art auf der Welt. Auf vielen Hektar sind ganze Antennenwälder und andere Abhörgeräte auf Schlüsseleinrichtungen der US-Streitkräfte und sensible Aktivitäten ausgerichtet. Die Einrichtung in Lourdes auf Kuba ist mit 1500 sowjetischen Technikern bemannt, und die Satellitenbodenstation erlaubt den sofortigen Nachrichtenaustausch mit Moskau. Im vergangenen Jahrzehnt ist diese 28 Quadratmeilen [72,5 qkm] große Anlage um mehr als 60 Prozent gewachsen.«

In einem gemeinsamen Bericht von Außen- und Verteidigungsministerium der USA von 1985 wurde geschätzt, daß die Personalstärke des Stützpunkts mittlerweile auf 2100 Menschen gestiegen war.[40] Seit Anfang der achtziger Jahre besaß jede KGB-Residentur einen Funkabhörposten.[41] Von ihnen wurde erwartet, daß sie der Zentrale im November einen Jahresbericht vorlegten, der Angaben über das in den vorangegangenen zwölf Monaten abgefangene verschlüsselte und unverschlüsselte Material, den Anteil operativ bedeutsamer Informationen, neu entdeckte Kommunikationskanäle von nachrichtendienstlichem Wert, die charakteristischen Merkmale der »funkaufklärerischen Umgebung« im jeweiligen Land, die Bearbeitung und Erfüllung der Beschaffungsaufträge und die zum Schutz der eigenen Operationen ergriffenen Maßnahmen sowie Schlußfolgerungen über die erbrachte Leistung und Vorschläge für die Zukunft enthalten sollte.[42]

1980 berichteten die POTSCHIN-Posten, daß es aufgrund neuer Sicherheitsvorkehrungen wesentlich schwieriger geworden sei, den Nachrichtenverkehr der US-Regierung abzuhören.[43] Dennoch konnte die Washingtoner Residentur einen bedeutenden neuen Erfolg der Fernmeldeaufklärung verbuchen. Nach zweijähriger Planung war es ihr im September 1980 im Rahmen einer Operation mit dem Codenamen FLAMINGO gelungen, den Sitzungssaal der System Planning Corporation (SPC), eines in Arlington, Virginia, ansässigen Privatunternehmens, das Forschungsaufträge des Pentagon ausführte, zu verwanzen. Wiktor Losenko (MARVIN), einem Offizier der Washingtoner Gruppe X mit diplomatischer Tarnung, war aufgefallen, daß der Saal auch für die Sitzungen der Society for Operational Research, der er angehörte, genutzt wurde. Einen Tag bevor er Washington verließ, weil seine Dienstzeit zu Ende war, konnte er unter einem Tisch ein Abhörgerät – eine Stange von einem Viertelmeter Länge – befestigen. Die von der Wanze ausgesendeten Signale wurden von einem Posten in einem Diplomatenwagen mit einer T-förmigen Antenne in der Windschutzscheibe empfangen, der jeweils an einer von neun Stellen in 300 bis 500 Metern Entfernung vom Sitz der SPC parkte.

In den nächsten zehneinhalb Monaten lieferte Operation FLAMINGO nach Einschätzung der Zentrale »sehr wichtige« Informationen über die gegenwärtige und künftige Aufstellung amerikanischer Atomwaffen in Europa, über amerikanische chemische Waffen, die Überlebensfähigkeit der US Navy in einem Atomkrieg und die amerikanischen Positionen für die SALT-2-Verhandlungen. Am 27. Januar 1981 präsentierte ein Vertreter des Pentagon einen Geheimbericht mit dem Titel »Stand und Trends der Entwicklung der US-Atomstreitkräfte auf dem mitteleuropäischen Kriegsschauplatz«. Diskussionsthemen der Sitzung waren unter anderem: die amerikanische Mobilisierungsfähigkeit, die Wirksamkeit von Laserleitsystemen, Pläne für die Zerstörung von 730 Tonnen unbrauchbar gewordener chemischer Waffen sowie die vorhandenen und geforderten nachrichtendienstlichen Erkenntnisse über die chemischen Waffen der Sowjetunion. In anderen Sitzungen wurde, ebenfalls unter Teilnahme hoher Beamter des Pentagon, über den Zustand und vorgeschlagene Reformen der US-Streitkräfte gesprochen. Die Operation FLAMINGO endete nicht, weil die Wanze entdeckt worden wäre, sondern weil ihre Batterie verbraucht war.[44]

Vier an der Operation beteiligten KGB-Offizieren wurde der Orden »Roter Stern« verliehen: Losenko, der die Gelegenheit entdeckt und die Wanze installiert hatte; W. I. Schokin, der die Operation geleitet hatte; Juri Marachowski, dem Chef des POTSCHIN-Postens, der eine wichtige Rolle bei Empfang und Bearbeitung der Funksignale aus dem Sitzungssaal der SPC gespielt hatte; und schließlich Juri Grazianski, der in der Residentur die Direktion für operativ-technische Unterstützung leitete und für die technische Seite der Operation zuständig gewesen war. Drei weitere Offiziere erhielten niedrigere Auszeichnungen.[45]

Die sowjetische Fernmeldeaufklärung wurde wie die amerikanische von verbündeten Diensten unterstützt. 1948 hatten die USA, Großbritannien, Kanada, Australien und Neuseeland durch das Sicherheitsabkommen UKUSA eine Aufgabenteilung zwischen ihren Fernmeldeaufklärungsdiensten und den Austausch der gewonnenen Erkenntnisse vereinbart.[46] Der KGB gestattete seinen Verbündeten dagegen nur begrenzten Einblick in seine kryptoanalytischen Geheimnisse. Im Januar 1975 billigte Andropow von der Sechzehnten Verwaltung entworfene »Vorschriften über die Grundsätze und Richtlinien der Zusammenarbeit mit den Sicherheitsdiensten der sozialistischen Länder in Entschlüsselungsoperationen«. Die beiden Hauptprinzipien lauteten: erstens, daß gemeinsame Operationen mit den »Freunden« (verbündeten Diensten) unter Kontrolle des KGB stehen mußten, und zweitens, daß die den »Freunden« mitgeteilten kryptographischen Informationen »nicht den Stand der jüngsten [sowjetischen] Entwicklungen auf dem Feld der Kryptoanalyse offenbaren« sollten:

»In Anbetracht dessen, daß die entsprechenden Dienste unserer Freunde gewisse Erfahrungen bei der Arbeit mit und der Ausbeutung von Zielen [der Funkaufklärung] mittels elektronischer [computergestützter] Kryptoanalyse gesammelt haben, besteht die Möglichkeit, daß unsere Freunde in Zukunft versuchen könnten, diese Mittel eigenständig bei anderen Zielen anzuwenden. Unter diesen Umständen ist es notwendig, die Zusammenarbeit zwischen der Sechzehnten Verwaltung und den entsprechenden Diensten unserer Freunde zu stärken, um unkontrollierte Operationen, die der Sechzehnten Verwaltung in bezug auf die Anwendung der Methoden der elektronischen Kryptoanalyse irreparablen Schaden zufügen könnten, auszuschließen.«

Auf keinen Fall sollten die »Freunde« etwas von der streng geheimen kryptoanalytischen Schule des KGB erfahren. Vielmehr sollten sie in dem Glauben bleiben, die Ausbildung der Kryptoanalytiker finde in der Zentrale statt. Und obwohl den verbündeten Diensten gelegentlich von der Sechzehnten Verwaltung abgefangene verschlüsselte Nachrichten überlassen werden konnten, sollten sie keinesfalls Zugang zu dem Material erhalten, das von den Horchposten in den Residenturen sowie aus Satellitenverbindungen und Telegrafenleitungen innerhalb der Sowjetunion gewonnen wurde.[47]

Umgekehrt hing die Sechzehnte Verwaltung allerdings von der Unterstützung der verbündeten Dienste ab. Mit der wachsenden Komplexität der computergestützten Schlüsselsysteme waren die sowjetischen Kryptoanalytiker zunehmend darauf angewiesen, daß ausländische Botschaften infiltriert und Chiffriermaterial und, wenn möglich, Chiffriermaschinen sowie Fernschreiber gestohlen wurden. Allein 1974 wurde in gemeinsamen Operationen mit osteuropäischen Verbündeten Chiffriermaterial aus mindestens sieben Botschaften in Prag, fünf in Sofia, zwei in Budapest und zwei in Warschau beschafft.[48] Außerdem stellten osteuropäische Dienste dem KGB Agenten in westlichen Botschaften und ausländischen Ministerien zur Verfügung. Besonders geschätzt wurde in der Sechzehnten Verwaltung ein bulgarischer Agent mit dem Codenamen EPIR, der als Nachtwächter im griechischen Außenministerium arbeitete. 1966 vom bulgarischen Nachrichtendienst rekrutiert, lieferte er in den nächsten zehn Jahren über 12 000 Seiten Geheimmaterial aus dem Ministerium.[49]

In einer Konferenz im Mai 1981 nahm die KGB-Führung die Rekrutierung von Chiffrierbeamten in den USA, Großbritannien, Frankreich, Westdeutschland und China in die Liste der Hauptaufgaben des sowjetischen Nachrichtendienstes auf. Andropow bekräftigte dies in einer Sonderdirektive, die er erließ, nachdem er Breschnews Nachfolge als Generalsekretär der KPdSU angetreten hatte.[50] Außerdem billigte er die Verleihung des Ordens der Völkerfreundschaft an den am längsten für den KGB arbeitenden westlichen Chiffrierbeamten, den im französischen Außenministerium angestellten JOUR, der für die »lange und fruchtbare Zusammenarbeit« in den vergangenen 37 Jahren geehrt wurde. Die von A. W. Krassawin geleitete Sechzehnte Abteilung der Ersten Hauptverwaltung plante bis zum Ende des Jahrzehnts die Errichtung von 40–50 weiteren Horchposten rund um die Welt. Sie schätzte, daß die Menge des aufgefangenen Nachrichtenverkehrs auf das Fünf- bis Achtfache anwachsen würde, wenn das Tempo des Ausbaus gleich bliebe.[51]

Laut Wiktor Makarow, der von 1980 bis 1986 in der Sechzehnten Abteilung arbeitete, gehörten in der ersten Hälfte der achtziger Jahre Dänemark, Finnland, Frankreich, Griechenland, Italien, Schweden, die Schweiz und Westdeutschland zu den europäischen Ländern, deren diplomatischer Nachrichtenverkehr mit unterschiedlicher Häufigkeit entschlüsselt wurde. Soweit er weiß, gab es in dieser Phase keinen Einbruch in hochkarätige britische Chiffriersysteme.[52] Ein innerer Zirkel im Politbüro, der 1980 aus Breschnew, Andropow, Gromyko, Kirilenko, Suslow und Ustinow bestand, erhielt täglich eine Zusammenfassung der wichtigsten abgefangenen Funksprüche. Eine größere Auswahl ging jeden Tag an die Leiter der Ersten und Zweiten Hauptverwaltung.[53] Diese Berichte sind heute noch nicht zugänglich. Aber sie befaßten sich zweifellos nicht nur mit solchen bedeutenden Ereignissen wie Kissingers oder Vance' Treffen mit ausländischen Staatsmännern, sondern, wann immer möglich, auch mit den westlichen Reaktionen auf die Verlautbarungen der Kremlführung. Wjatscheslaw Gurgenew alias Artemow, der stellvertretende Leiter der Ersten Hauptverwaltung, beklagte sich 1991 öffentlich:

»Unser Dienst hat in der Vergangenheit genug Mühe damit gehabt, die öffentlichen Reaktionen auf jede ›brillante‹ Initiative unserer Führung zu sammeln. Diese Art von Arbeit tendierte dazu, Leute zu verderben, die mit der Illusion begonnen hatten, etwas Nützliches zu tun.«[54]

Von den Residenturen überall auf der Welt wurde erwartet, augenblicklich über positive Reaktionen auf jede große Rede eines Vertreters der sowjetischen Führung zu berichten. Gab es keine, war es üblich, welche zu erfinden, um das Politbüro nicht zu verärgern. Da die Sechzehnte Verwaltung Ende der sechziger Jahre in der Lage war, den diplomatischen

Funkverkehr von mindestens 70 Staaten wenigstens teilweise zu entschlüsseln, waren ihre Chancen, in den Tausenden von Funksprüchen auf eine positive Reaktion zu stoßen, wesentlich größer als die der meisten aktiven Residenturen.

In der Ära vor Glasnost wurden ungünstige Äußerungen über Sowjetführer prinzipiell aus den Übersetzungen der abgefangenen diplomatischen Telegramme herausgestrichen. Makarow erinnert sich an ein Telegramm des schwedischen Botschafters in Moskau vom August 1984, in dem über die Möglichkeit eines Machtkampfes nach dem absehbaren Ableben von Konstantin Tschernenko spekuliert wurde. Zu den Passagen, die in der russischen Übersetzung weggelassen oder redigiert wurden, gehörte eine Bemerkung über Gorbatschows Frau Raissa Maximowna. In einem anderen diplomatischen Funkspruch hatte Makarow den später gestrichenen Satz »Gorbatschow ist wie Andropow« dechiffriert. »Auf die Worte achten« wurden solche Eingriffe in der Sechzehnten Abteilung genannt.[55]

In den achtziger Jahren waren die Fernmeldeaufklärungsdienste in Ost wie West mit zwei enormen technologischen Herausforderungen konfrontiert: der Nutzung der Glasfaseroptik für die globale Telekommunikation und der erleichterten allgemeinen Verfügbarkeit hochentwickelter Schlüsselsysteme. Weder der KGB noch irgendein anderer Fernmeldeaufklärungsdienst scheint eine Technik entwickelt zu haben, die in der Lage wäre, Nachrichten abzufangen, die als Lichtströme durch Glasfaserkabel rasen. Ende der achtziger Jahre führte Großbritannien ein sicheres faseroptisches Leitungssystem (BOXER) ein, das 200 militärische Einrichtungen miteinander verband. Gleichzeitig entwickelten Mathematiker des MIT und des israelischen Weizmann-Instituts die Public Key Cryptography, die in Gestalt von Programmen wie Phil Zimmermanns PGP (Pretty Good Privacy) weiter verfeinert worden sind und es jedem, der einen leistungsstarken PC und ein Modem besitzt, erlauben, chiffrierte Texte zu versenden, die von den Fernmeldeaufklärungsdiensten nur schwer, wenn überhaupt, zu knacken sind.[56]

Die von Mitrochin eingesehenen Akten über die Fernmeldeaufklärung enden 1982 und offenbaren nicht, wie der KGB diesen Herausforderungen begegnen wollte. Aus anderen Quellen ist jedoch bekannt, daß die sowjetische Fernmeldeaufklärung in der Ära Gorbatschow weiter ausgebaut wurde, zumindest dem Umfang nach. Dabei übertraf die GRU, deren Operationen sich vornehmlich gegen die Streitkräfte der USA, der NATO und Chinas richteten, sogar die Anstrengungen des KGB auf diesem Gebiet. Ende der achtziger Jahre verfügten die sowjetischen Streitkräfte über 40 Regimenter, 170 Bataillone und mehr als 700 Kompanien, die auf Fernmeldeaufklärung spezialisiert waren. Seit dem Start von *Kosmos 189* im Jahr 1967 hatte die für die Weltraumüberwachung zuständige Verwaltung der GRU über 130 Aufklärungssatelliten in die Umlaufbahn geschossen. Mehr als 60 Überwasserschiffe und über 20 verschiedene Flugzeugtypen wurden für die Fernmeldeaufklärung benutzt. GRU und KGB betrieben in der Sowjetunion und rund um die Welt insgesamt über 500 Abhörposten. Alles in allem waren in der Fernmeldeaufklärung beider Dienste wahrscheinlich rund 350 000 Abhörkräfte, Sachbearbeiter, Kryptoanalytiker und andere Spezialisten, überwiegend Militärangehörige, beschäftigt – etwa fünfmal so viele wie in NSA und U. S. Service Cryptological Authorities, für die zusammen schätzungsweise 60 000 bis 70 000 Menschen arbeiteten.[57] In einem kurz vor der Umstrukturierung des sowjetischen Nachrichtendienstes von 1991 geführten Interview erklärte Wladimir Rubanow, ein hoher KGB-Offizier, die Operationen der Fernmeldeaufklärung verschlängen ein Viertel des KGB-Budgets.[58]

Im Dezember 1991 wurden Achte und Sechzehnte Verwaltung in einem gesonderten Dienst vereint, der Föderationsbehörde für Regierungskommunikation und Information (FAPSI), die für die Sicherheit der Kommunikationswege, Chiffren und Fernmeldeaufklärung zuständig ist. Heute haben die Operationen der russischen Fernmeldeaufklärung einen wesentlich bescheideneren Umfang als in der früheren Sowjetunion. Eine der am wenigsten beachteten Folgen des Zerfalls des Sowjetblocks ist der Verlust der Mehrzahl der 150 Horchposten in den Ländern des Warschauer Pakts.[59] Einige der wichtigsten Posten außerhalb Rußlands sind jedoch erhalten geblieben, etwa die großen Komplexe in der Nähe der estnischen Hauptstadt Tallinn und in Lourdes auf Kuba (wenngleich die Personalstärke in Lourdes bis 1993 um über die Hälfte auf 1000 Mitarbeiter reduziert wurde).[60] Außerdem betreiben die Residenturen des russischen Auslandsnachrichtendienstes SWR weiterhin Horchposten. Obwohl FAPSI mit etwas verringerten Ressourcen auskommen muß, sich besser gesicherten Zielen gegenübersieht und wahrscheinlich nur schwer mit dem technischen Standard der NSA mithalten kann, ist die russische Fernmeldeaufklärung immer noch weltweit aktiv.

20.

»Sonderaufgaben« I: Von Tito zu Nurejew

Mord war ein integraler Bestandteil von Stalins Außenpolitik. Ende der dreißiger Jahre war er auf die NKWD-Operationen zur Liquidierung Trotzkis und seiner führenden ausländischen Anhänger fixiert, und der letzte Akt seiner Außenpolitik vor seinem Tod im Jahr 1953 war ein Mordplan gegen Josip Tito, der Trotzkis Rolle als führender Häretiker im Sowjetblock übernommen hatte.

Auf dem Höhepunkt des Terrors war Tito, der als Josip Broz geboren war, einer der wenigen führenden jugoslawischen Kommunisten (die damals zumeist im Moskauer Exil lebten), denen der NKWD vertraute. Nachdem er 1937 Generalsekretär der gesäuberten Kommunistischen Partei Jugoslawiens (KPJ) geworden war, hatte er seine verfolgten und liquidierten Genossen in einer makellos stalinistischen Invektive pflichtschuldig als Trotzkisten, Verräter, Fraktionierer, Spione und parteifremde Elemente verketzert. Außerdem entschuldigte er sich bei Stalin für seinen persönlichen Mangel an »Wachsamkeit«, weil er seine erste Ehe mit einer Frau geschlossen habe, die inzwischen (fälschlich) als Gestapoagentin »entlarvt« worden sei. Als Tito im Krieg Anführer der kommunistischen Partisanen wurde, fungierte der NKWD-Agent Josip Kopinić (WOSDUCH, »Luft«) als sein Verbindungsmann nach Moskau.[1] Zum Kriegsende schenkte der NKGB-Resident Saweli Burtakow (LIST) dem Leiter von Titos Abteilung für Volkssicherheit (OZNA), Alexander-Leka Ranković (MARKO), ein Stalinporträt. Ranković war tief bewegt: Ein wertvolleres Geschenk hätte man ihm nicht machen können.[2] Nichts deutete auf die heftige Auseinandersetzung hin, die nur drei Jahre später zwischen Tito und Stalin entbrennen sollte. Selbst Milovan Djilas, der den Stalinismus später verabscheute, mußte zugeben:

»... kein einziger unserer Parteiführer war antisowjetisch oder antistalinistisch. Weder vor dem Krieg noch im Krieg oder danach! ... Stalin und die Sowjetunion, das war unser Programm, wir fühlten uns als Bestandteil ihrer politischen Existenz ...«[3]

Es gab jedoch schon bei Kriegsende Anzeichen dafür, daß Tito (von der Zentrale ORJOL, »Adler«, genannt) Moskau gegenüber weniger unterwürfig sein würde als die meisten anderen Partei- und Staatsführer des sich herausbildenden Sowjetblocks. Im Unterschied zu anderen osteuropäischen Ländern hatten die jugoslawischen Partisanen die Deutschen und Italiener im wesentlichen aus eigener Anstrengung und nicht durch die Opfer der Roten Armee besiegt. Tito erklärte bald nach dem Sieg der Alliierten mit ominösem Unterton: »Wir wollen nie mehr von irgend jemandem abhängig sein.« Burtakow berichtete der Zentrale:

»Neben seinen positiven Zügen – Popularität, gutes Aussehen, ein ausdrucksstarkes Gesicht, Verstand und Willenskraft – besitzt ORJOL auch folgende negative Eigenschaften: Machtgier, Maßlosigkeit, Hochmut und Unaufrichtigkeit. Er betrachtet sich selbst als die absolute Autorität, verlangt blinden Gehorsam, lehnt Gedankenaustausch und Kritik an seinen Befehlen ab; er ist reizbar, aufbrausend und schroff, und er liebt es zu posieren.«

Außerdem sei er in bezug auf seine Beziehungen zu England alles andere als aufrichtig, »auch wenn er nach außen hin viel von seiner angeblichen Ablehnung der Alliierten, insbesondere der Briten, hermacht«.[4] Umgekehrt hielten Tito und Ranković nicht viel von Burtakow, der dafür bekannt war, daß er jugoslawische Häuser plünderte und Schmuck, Kristall, Porzellan und Teppiche mitgehen ließ (was er später auch in Rumänien und der Tschechoslowakei tun sollte).[5] Ende 1945 wurde er als Chefberater der OZNA durch Arseni Tischkow, den die Jugoslawen als Timofejew kannten, abgelöst.[6]

Das MGB unterhielt nach dem Krieg Residenturen in Belgrad, Zagreb, Ljubljana und Skopje sowie Unterresidenturen in vier anderen Städten Jugoslawiens.[7] Deren anmaßendes Gebaren rief zunehmend Vorbehalte gegen die sowjetische Einmischung in jugoslawische Angelegenheiten hervor. Bei einer Inspektion der Zentrale wurde festgestellt, daß MGB-Berater sich »rücksichtslos in die inneren Angelegenheiten der Abteilung für Volkssicherheit einmischen und Druck ausüben, um Informationen zu erhalten«. Was sie nicht von der Führung der OZNA bekämen, würden sie sich von untergeordneten Rängen nehmen.[8] Besonders verstimmt war Belgrad jedoch darüber, daß das MGB Jugoslawen als Agenten rekrutierte. Daß zwei seiner eigenen Minister – Industrieminister Andrija Hebrang und Finanzminister Sreten Šujoviê – dazugehörten, ahnte Tito 1945 noch nicht. Aber ein anderer Fall hatte seinen Zorn erregt. Der NKWD hatte versucht, Dušica Peroviê, die Leiterin der jugoslawischen Chiffrierabteilung, zu verführen und anschließend anzuwerben. Als Tito durch Ranković davon erfuhr, explodierte er: »Die Schaffung eines nachrichtendienstlichen Netzes – das werden wir ihnen absolut nicht gestatten! Und das soll man ihnen auch gleich zur Kenntnis bringen.«[9] Tischkow beanspruchte für sich und die sowjetischen »Berater« dennoch weiterhin Büros in der OZNA-Zentrale und das Recht, Informationen über sämtliche Agentenakten und Operationen zu verlangen.[10]

Das für Moskau beunruhigendste Anzeichen für Titos Eigenständigkeit dürfte sein Vorhaben gewesen sein, eine Balkanföderation zu gründen. In Stalins Augen war dieser Plan eine potentielle Bedrohung der sowjetischen Hegemonie. Im März 1948 zog die Sowjetunion ihre Berater ab und warf der KPJ vor, sie sei gleichermaßen von ideologischer Abweichung und britischen Spionen beeinflußt. Am 28. Juni schloß das Kominform, der Nachkriegsnachfolger der Komintern, die KPJ aus seinen Reihen aus und appellierte an die »gesunden Elemente« in der Partei, die Führung zu stürzen. Die Zentrale beeilte sich, Tito vom ORJOL (»Adler«) zum STERWJATNIK (»Aasgeier«) herabzustufen.[11] Stalin glaubte anfangs, der »Aasgeier« würde sich problemlos vertreiben lassen. »Ich brauche nur den kleinen Finger zu bewegen«, brüstete er sich vor Chruschtschow, »und es wird keinen Tito mehr geben.« Als dies fehlschlug, »bewegte er schließlich alles, was ihm zur Verfügung stand«. Doch auch damit hatte er keinen Erfolg. Tito hatte Partei, Armee und Staatsapparat fest in der Hand.

Im Sommer 1948 entspann sich ein schmutziger Krieg zwischen MGB und UDBA (dem Nachfolger der OZNA). Hebrang und Žuković, die beiden Maulwürfe in Titos Kabinett, wurden verhaftet. Auch unter Titos Leibwächtern fand man sowjetische Agenten, von denen Generalmajor Momo Jurovich (WAL) der ranghöchste war. Laut Djilas deckte der UDBA darüber hinaus einen MGB-Plan auf, der vorsah, das Politbüro der KPJ mit automatischen Waffen niederzumetzeln, während es sich in Titos Villa beim Billard erholte. Die Greuel, die der UDBA an »Verrätern« vom Kominform beging, standen dem Terror, mit dem der NKWD ein Jahrzehnt zuvor gegen »Volksfeinde« vorgegangen war, in nichts nach. Djilas sagte damals bedauernd zu Ranković: »Jetzt gehen wir mit Stalins Anhängern genauso um wie er mit seinen Gegnern!«[12] Gleichzeitig setzten das MGB und die verbündeten Geheimdienste überall in Osteuropa eine Säuberung von fiktiven trotzkistischen Verschwörern in Gang. Die bekanntesten Opfer waren der ungarische Innenminister László Rajk und sieben seiner angeblichen Komplizen, die in einem sorgfältig vorbereiteten Schauprozeß in Budapest gestanden, an einer von Tito und der CIA initiierten riesigen Verschwörung beteiligt gewesen zu sein.[13]

Am letzten und einfallsreichsten MGB-Plan für Titos Ermordung war einer der bemerkenswertesten sowjetischen Illegalen beteiligt: Jossif Griguljewitsch (Codenamen zu diesem Zeitpunkt MAX und DAX), der bei dem ersten, knapp fehlgeschlagenen Anschlag auf Trotzki von 1940 eine führende Rolle gespielt, während des Zweiten Weltkriegs ein lateinamerikanisches Sabotagenetz betrieben hatte und 1951 als Teodoro Castro costaricanischer Geschäftsträger (später bevollmächtigter Minister) in Rom geworden war. Da Costa Rica in Belgrad keine eigene Botschaft betrieb, konnte er sich auch den Posten eines nicht-residenten Gesandten in Jugoslawien sichern. Das MGB berichtete Stalin im Februar 1953:

»Bei der Erfüllung seiner diplomatischen Pflichten besuchte [MAX] in der zweiten Hälfte des Jahres 1952 zweimal Jugoslawien, wo er freundlich empfangen wurde. Er hatte Zutritt zu gesellschaftlichen Kreisen, die Titos Stab nahestanden, und es wurde ihm eine persönliche Unterredung mit Tito in Aussicht gestellt. Das Amt, das MAX gegenwärtig innehat, würde ihm aktive Operationen gegen Tito ermöglichen.«

Griguljewitsch bot sich selbst für den Part des Attentäters an. Anfang Februar 1953 schlug er auf einer Geheimsitzung mit hohen MGB-Offizieren in Wien vier mögliche Methoden vor, den »Aasgeier« zu eliminieren: 1. ihn bei einer persönlichen Unterredung mit einer tödlichen Dosis Lungenpesterreger zu besprühen, 2. ihn während einer geplanten Londonreise auf einem Empfang zu erschießen; 3. ihn bei einem offiziellen Empfang in Belgrad zu ermorden; 4. ihm von einem Vertreter Costa Ricas eine Schmuckschatulle überreichen zu lassen, die beim Öffnen ein tödliches Giftgas freisetzt.

Griguljewitsch wurde aufgefordert, der Zentrale detailliertere Pläne zu unterbreiten. Unterdessen versicherte das MGB Stalin, MAX sei »aufgrund seiner persönlichen Qualitäten und seiner Erfahrung in der Nachrichtendienstarbeit fähig ..., eine Mission dieser Art erfolgreich auszuführen«.[14]

Durch die Wahl eines akkreditierten mittelamerikanischen Diplomaten als Attentäter sollte, so gut es ging, verschleiert werden, daß das MGB seine Hände im Spiel hatte. Griguljewitsch schrieb als Teodoro Castro einen Abschiedsbrief an seine mexikanische Frau, der, falls er bei dem Mordversuch gefangengenommen oder getötet wurde, veröffentlicht werden sollte, um seine costaricanische Tarnung zu verstärken.[15] Am 1. März 1953 berichtete das MGB Stalin, MAX' Versuche, Tito »auszuradieren«, seien bisher leider erfolglos geblieben. Dieser enttäuschende Bericht, den Stalin gegen Mitternacht las, könnte das letzte Dokument gewesen sein, das er sah, bevor er in den frühen Morgenstunden des 2. März den Schlaganfall erlitt, an dem er drei Tage später verstarb.[16]

Nach Stalins Tod wurde der Attentatsplan gegen Tito auf Eis gelegt. Zwei Monate später wurde Griguljewitsch hastig nach Moskau zurückbeordert, als der sowjetische Überläufer Alexander Orlow in der Zeitschrift *Life* seine Erinnerungen an Stalin und den NKWD zu veröffentlichen begann. Da Orlow von Griguljewitschs Sabotageaktionen im Spanischen Bürgerkrieg und in der Zeit davor wußte, fürchtete die Zentrale, er könnte seine Tarnung auffliegen lassen – was dann jedoch nicht geschah.[17] Soweit es das verblüffte costaricanische Außenministerium und das Diplomatische Korps in Rom betraf, hatten Griguljewitsch und seine Frau sich einfach in Luft aufgelöst. In einem 1980 eingetragenen Vermerk in seiner KGB-Akte wird festgestellt, die westlichen Nachrichtendienste hätten den vermißten Teodoro Castro offenbar nie als den sowjetischen Illegalen Jossif Griguljewitsch identifiziert. Nach seiner Rückkehr nach Moskau hatte Griguljewitsch promoviert, 1958 eine Forscherstelle am Ethnographischen Institut der Sowjetischen Akademie der Wissenschaften angetreten und sich danach seinen Lebensunterhalt als anerkannter Autor und akademische Kapazität auf den Gebieten Lateinamerikanistik, Völkerkunde und Religion verdient. Außerdem war er Vizepräsident der Gesellschaften für sowjetisch-kubanische und sowjetisch-venezolanische Freundschaft.[18]

Unter Chruschtschow traten Aussöhnungsversuche mit Belgrad an die Stelle von Mordplänen. Das Zerwürfnis zwischen der Sowjetunion und Jugoslawien wurde während eines Staatsbesuchs Chruschtschows in Belgrad im Mai 1955 offiziell beigelegt. Mordanschläge hatten in

Chruschtschows Außenpolitik einen wesentlich geringeren Stellenwert als unter Stalin. Gegenüber antisowjetischen Emigrantengruppen blieben sie jedoch wie in der Stalin-Ära ein integraler Bestandteil der sowjetischen Politik, insbesondere gegenüber der Organisation Ukrainischer Nationalisten (OUN) und der Nationalen Arbeitsunion (NTS). Als Parteisekretär in der Ukraine hatte Chruschtschow unter anderem die Vergiftung des Nationalisten Olexander Schumski und des unierten Erzbischofs Romscha durch das MGB angeordnet.[19]

Als erstes ausländisches Opfer in der Ära nach Stalin war Georgi Okolowitsch, einer der Führer der NTS in Westdeutschland, ausersehen. Die Vorbereitung seines designierten Mörders, Nikolai Chochlow, wurde von Alexander Panjuschkin, dem Leiter des Auslandsnachrichtendienstes des MGB, persönlich überwacht. Als Mordinstrument sollte eine elektrisch gesteuerte Waffe dienen, die mitsamt Schalldämpfer in einer Zigarettenschachtel versteckt war. Sie war ebenso wie die dazugehörigen Blausäurepatronen in den geheimen Waffenwerkstätten der Zentrale in Chosjaistwo Schelesnowo entwickelt worden. Doch Chochlow zeigte mehr Skrupel als die Mordgesellen der Stalinzeit. Dazu beigetragen hatten vermutlich die NTS-Schriften, die er während der Vorbereitungen auf das Attentat gelesen hatte. Am 18. Februar 1954 suchte er Okolowitsch in dessen Wohnung in Frankfurt auf und stellte sich mit den beunruhigenden Worten vor: »Georgi Sergejewitsch, ich komme aus Moskau zu Ihnen. Das Zentralkomitee der Kommunistischen Partei der Sowjetunion hat Ihre Ermordung befohlen.« Dann teilte er dem verblüfften Okolowitsch mit, daß er sich entschlossen habe, ihn nicht umzubringen. Statt dessen lief Chochlow zur CIA über, die ihn anfangs jedoch mit Skepsis aufnahm. Am 20. April gab er eine sensationelle Pressekonferenz, auf der er den Mordplan enthüllte und die ungewöhnliche Mordwaffe präsentierte.[20]

Nach einer sich hinziehenden Manöverkritik im Anschluß an Chochlows medienwirksamen Seitenwechsel wurden die »Sonderaufgaben« im April 1955 der umorganisierten Dreizehnten Abteilung der Ersten Hauptverwaltung anvertraut, die in den Residenturen durch eine neu geschaffene Gruppe F vertreten sein würde. Zu ihren Obliegenheiten gehörte es, in Zusammenarbeit mit der GRU Sabotageakte vorzubereiten und auszuführen, andere »Sonderaufgaben«, die Gewaltanwendung erforderten – von Entführungen bis zu Attentaten –, zu erledigen und westliche Militärtechnik zu stehlen (wofür nach ihrer Gründung im Jahr 1963 die Direktion T der Ersten Hauptverwaltung verantwortlich wurde).[21]

Während und nach der Ära Chruschtschow wurden Sabotageoperationen anstelle von Mordanschlägen zu den wichtigsten »Sonderaktionen« der Dreizehnten Abteilung. Oberste Priorität dieser Operationen besaßen die Erkundung von Zielen im Westen und die Vorbereitung ihrer Zerstörung durch sowjetische Sabotage- und Aufklärungsgruppen (DRGs) und den einheimischen kommunistischen »Widerstand« im Fall eines Ost-West-Konflikts. Einen ihrer ersten Aufträge erhielt die Abteilung nach Abschluß des österreichischen Staatsvertrages im Mai 1955, durch den die Nachkriegsbesetzung Österreichs durch die Vier Mächte beendet wurde. Vor dem Rückzug der sowjetischen Streitkräfte wurde der KGB angewiesen, eine Reihe von geheimen Waffenverstecken anzulegen. Unter den vielen Orten, die in Mitrochins Notizen genannt werden, waren die Dörfer Mayerling, Mollram, Weinersdorf, Heiligenkreuz und Semmering sowie die beiden Schloßruinen Starhemberg und Merkenstein. In letzterer, zum Beispiel, waren in einer Nische unter einem großen Stein links neben dem Torbogen eine Mauserpistole vom Kaliber 7,65 mit Magazin und 21 Patronen sowie in einem Riß in der Mauer eine Walter-Pistole samt Magazin und 25 Patronen verborgen. Als die Wiener KGB-Residentur im Mai 1964 das zweite Versteck auf Schloß Merkenstein überprüfte, stellte sie fest, daß die Mauer weiter zerfallen war. Vier Patronen fehlten; sie waren offenbar tiefer in den Spalt gerutscht, und die restlichen einundzwanzig waren so stark verrottet, daß sie unbrauchbar waren. Die Walter-Pistole konnte jedoch wieder benutzt werden, nachdem sie vom Rost befreit war. Die Zentrale entschied sich vernünftigerweise dafür, die Ruhe der anderen Verstecke nicht zu stören.[22]

Die potentiellen Sabotageziele und Landeplätze der DRGs sind in den KGB-Akten ebenso detailliert vermerkt wie die Lage der Waffenverstecke.[23] 1959, möglicherweise auch schon früher, wurden in den meisten, wenn nicht allen, NATO-Staaten die verwundbarsten Punkte von Stromleitungen, Ölpipelines, Kommunikationssystemen und großen Industriekomplexen erkundet und auf den Karten der Dreizehnten Abteilung verzeichnet. So nahm ein KGB-Agent im Sommer 1959 im Zuge der Vorbereitungen für die Sabotage der über den Rhein führenden Stromleitungen eine Zeitarbeit in einem Umspannwerk bei Worms an,[24] und eine sowjetische Delegation aus Energieexperten unter Leitung des stellvertretenden Ministers für Kraftwerksbau, der auch ein KGB-Offizier angehörte, nutzte vom 2. bis 30. Oktober einen Aufenthalt in den USA, um Sabotageziele in Kraftwerken und Stromleitungen auszukundschaften.

Die Akten über geeignete Landeplätze (DOROSCHKI, »Pfade«) und Stützpunkte (ULJA, »Bienenstöcke«) für DRGs enthielten genaue Angaben über das Terrain, Orientierungspunkte, das Wetter zu den verschiedenen Jahreszeiten, die vorherrschende Windrichtung, Wohngebiete und örtliche Bräuche. Sollten die DRGs nicht aus der Luft, sondern von See aus landen, waren zudem Hinweise auf Küstenverlauf, Gezeiten und Fahrbedingungen für U-Boote und Motorboote aufgeführt.[25] Ein großer Teil der Informationen stammte von vor Ort lebenden Agenten und von Sowjetbürgern, denen zu Familienbesuchen die Reise in den Westen erlaubt worden war. Außerdem versuchte man, in den wichtigsten NATO-Staaten und in Japan illegale Agenten für die Unterstützung der DRGs anzuwerben.

Die von der Dreizehnten Abteilung getroffenen Vorbereitungen für den Kriegsfall überschnitten sich notwendigerweise mit denen der GRU, was die Rivalität und das Mißtrauen zwischen beiden Diensten verstärkte. Am 7. April 1960 billigte das ZK der KPdSU den Beschluß Nr. P-274-XIV, der eine engere Zusammenarbeit von KGB und GRU forderte. Diese und andere Ermahnungen hatten jedoch kaum praktische Auswirkungen. Im September 1963 beklagte sich die Zentrale darüber, daß die GRU sich nicht ernsthaft bemühe, ihre Operationen mit dem KGB abzustimmen.[26]

Die Zusammenarbeit mit den Geheimdiensten des Ostblocks gestaltete sich einfacher, da sie für gewöhnlich bereitwillig eine untergeordnete Rolle spielten, und so nahm der KGB in einer Reihe von Operationen der Gruppen F ihre Hilfe in Anspruch. Laut Markus Wolf bot die Zentrale ihren Verbündeten für den Einsatz in »Sonderaktionen« Nervengifte und Gifte an, die bei der Berührung der Haut tödlich wirkten. Wolf will das Angebot abgelehnt haben – bis auf eine kleine Menge einer »Wahrheitsdroge«, die er von einem Arzt der HVA untersuchen ließ, der anschließend kopfschüttelnd zu ihm gekommen sei und gesagt habe: »Wenn Sie das hier ohne ständige ärztliche Überwachung verwenden, habe Sie große Chancen, daß der Mann, von dem Sie die Wahrheit erfahren wollen, binnen Sekunden mausetot ist.« Wolf versucht sich in seinen Erinnerungen von den Mordanschlägen des KGB zu distanzieren. Zum Beispiel behauptet er, der KGB habe Alexander Truschnowitsch, den Westberliner NTS-Vorsitzenden, »während des Versuchs, ihn zu entführen«, zu Tode gebracht.[27] Die KGB-Akten erzählen eine andere Geschichte. Danach lockte der Stasioffizier Heinz Gleske, der verdeckt in Westdeutschland operierte, Truschnowitsch im April 1954 in seine Wohnung, von wo er entführt und zum KGB-Komplex in Karlshorst gebracht wurde. Anschließend gab Gleske eine Erklärung ab, in der er erklärte, Truschnowitsch sei vom Westen enttäuscht und »freiwillig« nach Ostdeutschland übergelaufen. Die Zentrale verlieh Gleske den Orden »Roter Stern«.[28]

Doch trotz der Unterstützung der verbündeten Dienste zeitigten die »Sonderaktionen« gegen die NTS und die ukrainischen Nationalisten in der Ära Chruschtschow nur mäßige Resultate, was nicht zuletzt den Skrupeln der ausgewählten Attentäter geschuldet war. Als die Dreizehnte Abteilung die Verwicklung des KGB in die Ermordung des NTS-Präsidenten Wladimir Poremski zu verschleiern versuchte, indem sie den deutschen Profikiller Wolfgang Wildpret anheuerte, überlegte er es sich wie Chochlow anders und alarmierte im Dezember 1955 die westdeutsche Polizei. Im September 1957 scheiterte der Versuch, Chochlow mit radioaktivem Thallium zu töten; für dieses Gift hatte man sich entschieden, weil man glaubte, es würde sich zersetzen und bei einer Autopsie keine nachweisbaren Spuren hinterlassen. Diesen Fehlschlägen folgte jedoch die »erfolgreiche« Liquidierung zweier ukrainischer Emigranten: des NTS-Ideologen Lew Rebet im Oktober 1957 und des OUN-Vorsitzenden Stepan Bandera im Oktober 1959.[29]

Der Mörder war in beiden Fällen Bogdan Staschinski, der bei der Ermordung Rebets erst 25 Jahre alt gewesen war und vom KGB-Komplex in Karlshorst aus operierte. Seine Waffe war eine von den KGB-Werkstätten eigens entwickelte Spritzpistole, die aus einer zerquetschten Ampulle einen Strahl Blausäuredampf verschoß, der beim Opfer zum Herzstillstand führte. Die Zentrale nahm zu Recht an, daß ein ahnungsloser Pathologe wahrscheinlich Herzversagen als Todesursache diagnostizieren würde. Staschinski testete die Waffe, indem er mit einem Hund in einen Wald in der Nähe von Karlshorst ging, wo er den Hund an einen Baum band und auf ihn schoß. Das Tier wand sich in Krämpfen und starb nach wenigen Augenblicken. Der Tödlichkeit seiner Waffe sicher, lauerte Staschinski sowohl Rebet als auch Bandera in dunklen Hausfluren auf und tötete sie. Im Dezember 1959 wurde er nach Moskau beordert, wo der KGB-Vorsitzende Schelepin in einer Feierstunde in der Zentrale eine Belobigung verlas, in der Staschinski »für die Ausführung eines äußerst wichtigen Regierungsauftrages« gedankt wurde. Staschinski wurde mitgeteilt, daß er zu einem Kurs geschickt würde, um sein Englisch zu verbessern. Danach sollte er für drei bis fünf Jahre in den Westen gehen, um weitere »Sonderoperationen« auszuführen.[30]

Wie Chochlow und Wildprett hatte aber auch Staschinski schließlich Skrupel wegen der Morde. Bestärkt wurde er darin von seiner ostdeutschen Freundin Inge Pohl, die er 1960 heiratete. Im August 1961, einen Tag bevor die Berliner Mauer den Fluchtweg von Ost nach West abriegelte, setzte sich das Paar in den Westen ab. Staschinski gestand die Morde an Rebet und Bandera und wurde im Oktober 1962 in Karlsruhe zu acht Jahren Gefängnis verurteilt. Der Richter erklärte, der Hauptschuldige sei die sowjetische Regierung, die den politischen Mord institutionalisiert habe. Im KGB rollten daraufhin die Köpfe. Laut Anatoli Golizin, der vier Monate nach Staschinski überlief, wurden mindestens siebzehn KGB-Offiziere entlassen oder degradiert.[31] Wichtiger jedoch war, daß der Seitenwechsel von Chochlow und Staschinski Politbüro und KGB veranlaßte, die Risiken der »nassen Angelegenheiten« neu einzuschätzen. Um ein weltweites Aufsehen, wie es Chochlows Pressekonferenz und Staschinskis Prozeß erregt hatten, in Zukunft zu vermeiden, gab das Politbüro Mordanschläge als normales Instrument der Politik außerhalb des Sowjetblocks auf und griff nur noch selten darauf zurück, etwa bei der Ermordung des afghanischen Präsidenten Hafizullah Amin im Dezember 1979.[32]

Zu den Hauptnutznießern der nachlassenden Begeisterung des KGB für Mordanschläge zählte Nikita Chruschtschow. 1964 wandte sich der Rädelsführer des zum Sturz Chruschtschows geschmiedeten Komplotts, Leonid Breschnew, an den KGB-Vorsitzenden Semitschastny und schlug die »physische Eliminierung« des Parteiführers vor. Semitschastny weigerte sich,[33] willigte aber ein, Chruschtschows Privattelefone abzuhören. Mit Unterstützung des KGB hatten die Verschwörer das Überraschungsmoment auf ihrer Seite. Als Chruschtschow im Herbst 1964 zum Urlaub ans Schwarze Meer abreiste, wurde er von seinen Kollegen mit einem Lächeln verabschiedet. Als er am 13. Oktober zurückkehrte, weil man ihn zu einer dringenden Präsidiumssitzung gerufen hatte, erwarteten ihn auf dem Flughafen nur Semitschastny und ein hoher Sicherheitsoffizier des KGB. »Alle haben sich im Kreml versammelt und warten auf Sie«, sagte ihm Semitschastny. Chruschtschow ergab sich kampflos in das Unvermeidliche und trat wegen »fortgeschrittenen Alters und schlechter Gesundheit« von seinen Ämtern zurück. Danach wurde er fast zu einer Unperson. In der Presse tauchte er erst wieder auf, als die *Prawda* 1970 eine kurze Todesmeldung veröffentlichte.[34]

Während die Zahl der Mordanschläge sank, stieg in den sechziger und siebziger Jahren das Interesse der Zentrale an einer Zusammenarbeit mit »antiimperialistischen« Guerilla- und Terroristengruppen in der Dritten Welt. Im Januar 1961 versprach Chruschtschow öffentlich sowjetische Hilfe für »Bewegungen der nationalen Befreiung«. Die gescheiterte, von der CIA unterstützte Invasion in der kubanischen Schweinebucht drei Monate später bestärkte ihn in dieser Absicht. Am 3. August sagte er bei einem nichtöffentlichen Treffen der Führer der Warschauer-Pakt-Staaten in Moskau: »Ich wünschte, wir könnten dem Imperialismus eine blutige Nase verpassen!«[35] Die Zentrale glaubte einen Weg gefunden zu haben, wie dies bewerkstelligt werden konnte, ohne daß die Rolle des KGB ans Licht kam.

Die aggressive globale Gesamtstrategie gegen den Hauptgegner, die im Sommer 1961 von Schelepin entwickelt und von Chruschtschow und dem ZK gebilligt worden war, sah vor, sowohl in Operationen gegen die USA und ihre Verbündeten als auch zur Anzettelung von »bewaffneten Aufständen gegen reaktionäre prowestliche Regierungen« nationale Befreiungsbewegungen zu benutzen. Ganz oben auf der Liste zu umwerbender Gruppen stand die Sandinistische Front der nationalen Befreiung (FSLN) in Nicaragua, die nach kubanischem Vorbild die brutale proamerikanische Diktatur des Somoza-Clans beseitigen wollte. Carlos Fonseca Amador (GIDROLOG, »Hydrologe«), Mitbegründer und Anführer der FSLN, wurde von der Zentrale als »vertrauenswürdiger Kontaktmann« beschrieben. Sandinistische Guerillas bildeten die Basis einer Sabotage- und Nachrichtendienstgruppe, die 1966 an der mexikanischen Grenze zu den USA mit Unterstützungslagern in der Gegend von Ciudad Juárez, Tijuana und Ensenada aufgestellt wurde. Ihr Anführer, Manuel Ramón de Jesús Andara y Ubeda (PRIM), erhielt in der Sowjetunion eine Ausbildung in Gruppe-F-Operationen. Zu den Hauptangriffszielen auf der anderen Seite der US-Grenze gehörten Militärstützpunkte, Raketenstandorte, Radaranlagen und die Ölpipeline (START), die von El Paso in Texas nach Costa Mesa in Kalifornien führte. An der amerikanischen Küste wurden drei DRGs-Landeplätze sowie Orte für tote Briefkästen, in denen große Mengen von Minen, Sprengstoff, Zündern und anderem Sabotagematerial eingelagert werden sollten, ausgewählt. Eine Unterstützungsgruppe (SATURN) erhielt die Aufgabe, die Bewegungen der Wanderarbeiter *(braceros)* als Tarnung zu benutzen, um Agenten und Munition über die Grenze zu bringen. Hauptquartier von SATURN war ein Hotel in Ensenada, 80 Kilometer von der US-Grenze entfernt, das einem Agenten russischer Herkunft mit dem Codenamen WLADELEZ (»Besitzer«) gehörte. Dessen beide Söhne, die, obwohl in Mexiko geboren, vom KGB als »russische Patrioten« geführt wurden, betrieben eine Tankstelle, die sowohl als Versteck für DRGs und deren Ausrüstung wie auch als Ausgangslager für Sabotageaktionen in den USA dienten sollte.[36]

Wie Mexiko im Süden war Kanada im Norden von der Dreizehnten Abteilung (die ab 1965 als Abteilung W firmierte) als Stützpunkt für grenzüberschreitende DRGs-Operationen gegen den Hauptgegner vorgesehen. 1967 wurden mehrere Grenzabschnitte erkundet, unter anderem das Gebiet zwischen dem Lake of the Woods und International Falls in Minnesota sowie das des Glazier-Nationalparks in Montana. Die Flathead-Talsperre, eines der Zielobjekte in Montana, hielt der KGB für den »größten Stromhersteller der Welt«. Abteilung W benannte am South Fork River eine Stelle (DORIS) rund drei Kilometer unterhalb der Talsperre, wo auf einem steilen Berghang mehrere Strommasten umgestürzt werden konnten, deren Wiederaufbau einige Zeit in Anspruch nehmen würde. Gleichzeitig sollten DRGs-Kommandos bei Nacht zum Hungry-Horse-Staudamm hinuntersteigen und die Schleusen sabotieren. Die meisten Zielobjekte lagen aber wahrscheinlich im US-Bundesstaat New York, wo DRGs von Stützpunkten am Delaware, im Big Spring Park bei Harrisburg, Pennsylvania, und von anderen Orten aus die gesamte Stromversorgung lahmlegen und sich dann in die Appalachen zurückziehen sollten.[37]

Kanada war jedoch nicht nur Ausgangsbasis für die Erledigung von »Sonderaufgaben« auf dem Territorium des Hauptgegners, sondern auch selbst ein bedeutendes Ziel. Über zwölf Jahre hinweg wurden im Rahmen der Operation KEDR (»Zeder«), die 1959 von der Residentur in Ottawa begonnen wurde, Erdölraffinerien sowie Öl- und Gasleitungen in ganz Kanada, von Britisch-Kolumbien bis Montreal, in allen Einzelheiten erkundet. Von jedem Ziel wurden aus allen möglichen Perspektiven Fotos gemacht und die verwundbaren Punkte bestimmt, und auf Karten mit kleinem Maßstab wurden geeignete Anmarschwege für Sabotageoperationen und die besten Fluchtrouten eingezeichnet.[38]

Die Operationen der Gruppen F in Nordamerika waren Bestandteil einer umfassenden Strategie. Im Fall eines Krieges mit der NATO plante Moskau eine massive Sabotage- und Zersetzungskampagne hinter den feindlichen Linien. Aber auch für Krisenzeiten waren in geringerem Umfang Sabotageaktionen, die sich unterhalb der Schwelle zum Kriegsausbruch hielten, vorgesehen, die in Mitrochins Notizen jedoch nicht näher erläutert werden. In Europa erwartete man von allen Residenturen in NATO-Staaten und einigen neutralen Ländern – vor allem in Österreich, Schweden und der Schweiz –, daß sie pro Jahr vier bis sechs große Ziele auskundschafteten.[39] Die Gruppe F in Westdeutschland, zum Beispiel, plante zwischen 1964 und 1966 »Sonderaktionen« gegen die Ölpipeline Wilhelmshaven-Wesseling, Treibstoff- und Schmiermittellager in Wilhelmshaven und Unterpfaffenhofen, Umspannwerke in Brauweiler, Rommerskirchen und Feinau, den Transportstützpunkt der NATO auf dem Flughafen Bremen, den für den Kriegsfall vorgesehenen Bunker der Bundesregierung, die Howaldswerft in Kiel und die Weser AG in Bremen sowie das Hauptdepot der US Army in Misau. Auf Anweisung der Zentrale erwarb die Bonner Residentur Uniformen und Arbeitskleidung von Bundeswehrsoldaten, Eisenbahnern, Waldarbeitern, Förstern und Straßenarbeitern, die für DRGs-Saboteure bestimmt waren, die auf Landeplätzen im Schwarzwald und in Bayern abgesetzt werden sollten. Waffen und Funkgeräte, die für die Sabotageoperationen gebraucht wurden, versteckte man in der Nähe der Zielobjekte. Die DRGs-Standardbewaffnung, die in einem für die langfristige Lagerung entwickelten Behälter verstaut wurde, bestand aus der Ausrüstung für die Sprengung einer Eisenbahnstrecke, einer »Tscherepacha«-Mine (»Schildkröte«) mit drei zusätzlichen Zündern, vier »Ugolok«-Apparaten (»kleine Ecke«), deren Zweck in Mitrochins Notizen nicht erläutert wird, Sprengstoff für die Zerstörung der Hauptpfeiler von Hochspannungsmasten, drei Zündschnüren von sechs Metern Länge und zwei »Karandasch«-Zündern (»Bleistift«) mit zweistündiger Verzögerung.[40] In jedem Waffenlager konnte mehr als ein Behälter untergebracht sein. Funkgeräte wurden für gewöhnlich separat versteckt, manchmal zusammen mit Geldbeträgen in der jeweiligen Landeswährung. Im August 1965 wurden zum Beispiel in einem Versteck (Tresubez, »Dreizack«) bei Bonn 10 000 D-Mark hinterlegt. Zehn Jahre später war das Versteck, obwohl man es mehrmals versuchte, nicht wiederzufinden, so daß das Geld abgeschrieben werden mußte.[41]

Zu den finstersten Hinterlassenschaften des Kalten Krieges in Nordamerika sowie in großen Teilen von West- und Mitteleuropa, in Israel, der Türkei, Japan und anderen Weltgegenden gehören die geheimen KGB-Lager mit Waffen und Funkgeräten für die DRGs. Mitrochins Notizen enthalten für eine Reihe von Ländern genaue Angaben über ihre Lage. Viele von ihnen sind mit Molnija-Sprengsätzen (»Blitz«) versehen, die hochgehen, wenn die Lager von Uneingeweihten geöffnet werden. Ein oder zwei Lager könnten bereits auf diese Weise zerstört worden sein, obwohl die betreffenden Explosionen anderen Ursachen zugeschrieben werden. Bislang konnte der SWR beteuern, dieses Problem gebe es nicht. Das ist heute nicht mehr möglich.

Ende 1998 wollten die Schweizer Behörden ein von Mitrochin bezeichnetes Lager bei Bern räumen, das jedoch explodierte, als man den Strahl eines Wasserwerfers auf das Versteck richtete. Ein Sprecher der Staatsanwaltschaft warnte daraufhin die Öffentlichkeit davor, solche Verstecke anzurühren: »Jeder, der versucht hätte, den Behälter zu bewegen, wäre getötet worden.«[42] In Belgien wurden in drei KGB-Verstecken (Codenamen ALFA-1, -2 und -3) Funkgeräte gefunden, und während dieses Buch in Druck geht, werden auch in anderen europäischen Ländern Verstecke ausgehoben. Der SWR hat heute keine Entschuldigung mehr dafür, den Regierungen der betroffenen Länder die vollständigen Angaben über diese mit Sprengsätzen gesicherten Verstecke vorzuenthalten.

Zusätzlich zur Gruppe F in den Residenturen verfügten die Dreizehnte Abteilung und ihre Nachfolgerin zur Durchführung ihrer Operationen über eine kleine Zahl von Illegalen, die in Sabotagetechniken und anderen »Sonderaktionen« ausgebildet waren und mit Sabotagemissionen oder »nassen Aufträgen« um die Welt reisten.[43] Der aktivste von ihnen war Igor Woitezki (PAUL), der 1956 im Alter von 23 Jahren die Ausbildung zum Illegalen aufgenommen hatte. Sein Vater, Gleb Schljandin, hatte 1937 auf dem Höhepunkt des Großen Terrors Selbstmord begangen. Danach hatte seine Mutter, Sofja Rudnizkaja, eine Musiklehrerin, den Filmregisseur Witali Woitezki geheiratet. Nach seiner Legende war Woitezki Emil Evraert, Sohn von Ernst Evraert, einem Belgier, und Hedwig Marta Althammer, einer Deutschen. Ernst Evraert hatte seit 1933 in der Sowjetunion gelebt; Hedwig Althammer hat es nie gegeben. Dennoch machte ein KGB-Agent mit dem Codenamen RAG, der in der Stadtverwaltung von Bellecour in der belgischen Provinz Hainault arbeitete, einen Eintrag ins Melderegister, der besagte, daß Woitezki und seine fiktive Mutter vom 15. Oktober 1943 bis zum 14. Dezember 1944 in der Stadt gewohnt hatten. Aufgrund dieses Eintrags und mit Hilfe von gefälschten Personalpapieren, die er von der Illegalendirektion S der Ersten Hauptverwaltung erhalten hatte, wurde PAUL am 8. November 1962 ein belgischer Paß auf den Namen Emil Evraert ausgestellt.

Am 30. Januar 1963 heiratete Woitezki im Standesamt von Dover die KGB-Illegale Julia Gorankowa (VIRGINIA), die danach in der Lage war, ihren gefälschten westdeutschen Paß gegen echte belgische Personaldokumente auszutauschen. Mit ihrer Unterstützung nahm Woitezki seine Tätigkeit als Illegaler im Dienst der Dreizehnten Abteilung auf.[44] Der erste Auftrag führte ihn nach Nordirland, wo er Plätze auswählte, an denen DRGs mit dem Fallschirm abspringen oder von See aus landen konnten. Anschließend erkundete er Landeplätze in Schottland, wo er außerdem geeignete Stützpunkte für im Kriegsfall entstehende »Widerstandsbewegungen« schottischer Kommunisten suchte, Verstecke für Sabotageausrüstungen vorbereitete, Schwachstellen von Ölpipelines und anderen Zielen auskundschaftete und Agenten für die Durchführung von Sabotageaktionen auswählte. Im nächsten Jahrzehnt, bevor er 1975 Ausbilder von Illegalen wurde, führte Woitezki ähnliche Aufträge in Österreich, Belgien, Frankreich, Griechenland, Hongkong, Israel, Italien, Kanada, Spanien, der Türkei und den USA aus. Damit war er wohl der erste und einzige weltreisende Saboteur.[45]

Während die Erste Hauptverwaltung ihre Sabotagesparte in den sechziger Jahren erheblich ausbaute, bereitete ihr die traditionelle Aufgabe ihrer Abteilung für »Sonderaufgaben« – die Liquidation von »Volksfeinden« im Ausland – zunehmend Kopfzerbrechen. Die Zielpersonen der meisten in den sechziger und siebziger Jahren ausgeführten Mordanschläge, die in den von Mitrochin eingesehenen KGB-Akten erwähnt werden, waren Überläufer aus den eigenen Reihen, die allesamt in Geheimprozessen in Abwesenheit wegen Hochverrats zum Tode verurteilt worden waren. Trotz der Gefahr, erneut die Aufmerksamkeit der Öffentlichkeit zu erregen, wenn sie im Westen eliminiert wurden, wollte der KGB bei seinen Mitarbeitern nicht den Eindruck aufkommen lassen, Verräter könnten ihrer verdienten Strafe entgehen:

»Der KGB muß den Geist des Hasses auf Feinde und Verräter verstärken. Die besänftigende Theorie, Verluste seien im Krieg zwischen Geheimdiensten unvermeidbar, verursacht großen Schaden. In Sitzungen und Berichten wird Verrat manchmal Scheitern *[proval]* genannt. Dieses Scheitern, mit dem operatives Versagen gemeint ist, wird in der Regel von geschickten Vorspiegelungen des Gegners verursacht. Die Gleichsetzung dieser beiden Begriffe führt für gewöhnlich zur moralischen Rechtfertigung von Verrätern und schafft ein Bild von ihnen, das sie als Opfer der geheimdienstlichen Geschicklichkeit des Gegners darstellt. Überläufer kommen nicht ungestraft davon. Ihre Strafe wird von Sprichwörtern beschrieben wie: ›Der Verräter Judas wird überall gehaßt‹, ›Ein käuflicher Hund verdient einen Pflock durchs Herz‹ und ›Ein Verräter ist sein eigener Mörder‹.«[46]

Die tiefe Besorgnis über den Schaden, den Anatoli Golizin, der im Dezember 1961 aus der Residentur in Helsinki desertiert war, angerichtet hatte, bestärkte die Zentrale in der Entschlossenheit, weitere potentielle Überläufer abzuschrecken. Ohne zu ahnen, welche Verwirrung Golizins immer ausschweifenderen Verschwörungstheorien bei der CIA hervorriefen, betrachtete der KGB seinen Übertritt als schweren Rückschlag. Der Fall löste eine Untersuchung der zur Liquidierung von Verrätern außerhalb der Sowjetunion angewandten Verfahren aus. Im November 1962 billigte Semitschastny, der ein Jahr zuvor Schelepins Nachfolge als KGB-Vorsitzender angetreten hatte, einen Plan für »Sonderaktionen« gegen einige »besonders gefährliche Verräter«. In diesem Plan schrieben die Autoren, Sacharowski und Oleg Gribanow, die Leiter der Ersten beziehungsweise Zweiten Hauptverwaltung: »Da diese Verräter, die dem Gegner wichtige Staatsgeheimnisse mitgeteilt und der UdSSR großen politischen Schaden zugefügt haben, in Abwesenheit zum Tode verurteilt wurden, wird dieses Urteil im Ausland vollstreckt.« Der älteste Name auf der Todesliste war der des früheren GRU-Chiffrierbeamten Igor Gusenko, der 1945 übergelaufen war. Die anderen Fälle waren jüngeren Datums: Anatoli Golizin, Pjotr Derjabin, Juri Rastworow, Wladimir und Jewdokija Petrow, Reino Hayhanen, Nikolai Chochlow und Bogdan Staschinski. Ihre Henker sollten von der Dreizehnten Abteilung ausgebildet werden, während die Gegenspionageabteilung der Ersten Hauptverwaltung, die spätere Direktion K, den Auftrag erhielt, sie an ihren ausländischen Zufluchtsorten aufzuspüren. Dabei sollte ihr die Zweite Hauptverwaltung zur Seite stehen, indem sie ihre in der Sowjetunion lebenden Verwandten observierte, deren Post überwachte und regelmäßige Hausdurchsuchungen vornahm.[47] In Golizins Fall hoffte man, er würde sein Versteck verlassen, um vor einem Kongreßausschuß auszusagen, und so dem KGB-Attentäter die Gelegenheit geben, ihn zu ermorden.[48]

1964 erschienen in der amerikanischen Presse Meldungen, denen zufolge der frühere Illegale Reino Hayhanen, der »Willie« Fischer alias

Rudolf Abel verraten hatte, bei einem Verkehrsunfall ums Leben gekommen sei. Den Mitarbeitern der Ersten Hauptverwaltung wurde mitgeteilt, der »Unfall« sei von der Dreizehnten Abteilung arrangiert worden, und obwohl der KGB mit Hayhanens Tod nichts zu tun hatte, ließen sich die meisten Offiziere des Auslandsnachrichtendienstes von der Fehlinformation ihrer Vorgesetzten täuschen.[49] Die Wahrheit, die die Zentrale nicht eingestehen wollte, war, daß es ihr nur selten gelang, die auf der Todesliste stehenden »besonders gefährlichen Verräter« aufzuspüren, und daß sie, wenn sie doch einen von ihnen fand, nicht wußte, wie sie seinen Tod herbeiführen sollte, ohne ein unannehmbares Risiko einzugehen.

In den sechziger Jahren verlängerte sich die Liste der zu liquidierenden Überläufer weiter. Der erste neue Name war der von Juri Nosenko, der im Juni 1962 Kontakt zur CIA aufgenommen hatte und im Januar 1964 übergelaufen war. Im Unterschied zu den anderen Überläufern auf der Todesliste von 1962 wurde Nosenko ins Gefängnis gesperrt, allerdings nicht hingerichtet, denn nicht der KGB, sondern die CIA hatte ihn in Verwahrung genommen. Golizin hatte angekündigt, der KGB werde eine Reihe falscher Überläufer schicken, um ihn zu diskreditieren, und Nosenko sei einer von ihnen. Unglücklicherweise glaubten Nosenkos Vernehmungsbeamte Golizin, allen voran James Angleton, der Chef der Gegenspionage. Sie kaprizierten sich zu sehr auf die offensichtlichen Lücken in Nosenkos Aussage, insbesondere die Unklarheit über seinen Dienstgrad. Zudem hielten sie seine Informationen für zu gut, um wahr zu sein, vor allem die zutreffende Enthüllung, aus Lee Harvey Oswalds KGB-Akte gehe hervor, daß die Zentrale ihn als geistesgestört einschätze und es trotz seines jahrelangen Aufenthalts in der Sowjetunion abgelehnt habe, ihn als Agent zu verwenden. Verdächtig fand man auch, daß Nosenko Golizins Verschwörungstheorien nicht bestätigte. Nosenko, erklärte Pete Bagley, der Chef der Gegenspionage in der Sowjetabteilung der CIA, »hat alles weniger unheilvoll erscheinen lassen als Golizin. Für mich war Golizins Version einfach besser.« Vier Jahre und acht Monate wurde Nosenko von der CIA unter elenden Bedingungen festgehalten – ohne menschlichen Kontakt und Lektüre, aber ständig unter dem Druck, zugeben zu sollen, daß er ein KGB-Spitzel sei. In der Geschichte der amerikanischen Nachrichtendienste hat es nur wenige Fälle gegeben, die auf so erschreckende Weise falsch angefaßt worden sind.[50] Während die CIA auf ihrem Verdacht beharrte und Nosenko in Einzelhaft von allem abschottete, arbeitete der KGB, der nichts davon ahnte, ironischerweise an einem Plan sowohl für seine als auch für Golizins Ermordung durch den Illegalen PAUL, wenn sie 1967 die Weltausstellung in Montreal besuchten – was aus unterschiedlichen Gründen keiner von beiden tat.[51]

Die Unfähigkeit der Zentrale, die Verräter aufzuspüren, wird durch den Fall des Illegalen Eugen Runge (MAX) illustriert, der mit seiner Frau Valentina Rush (SINA) im Oktober 1967 in Deutschland zur CIA überlief. Nach der üblichen Praxis, Überläufern abschätzige Codenamen zu geben, wurde MAX in GNIDA, »Nisse«, umbenannt und wie seine Vorgänger in Abwesenheit zum Tode verurteilt. Zugleich begann eine ebenso langwierige und aufwendige wie erfolglose Operation (TRESOR) mit dem Ziel, ihn aufzuspüren und zu liquidieren. Über 50 Verwandte und Freunde Runges in der Sowjetunion sowie in Ost- und Westdeutschland wurden observiert. Ihre Post, soweit sie den Sowjetblock passierte, wurde geöffnet und überprüft; ihre Wohnungen wurden verwanzt und heimlich durchsucht. Die Stasi leitete eine Unterstützungsoperation mit dem Codenamen KOBRA ein, um über Valentina Rushs Schwester Renata Ludwig und einen ihrer Verwandten, Ernst Buchholz, die beide in West-Berlin lebten, an Runge heranzukommen. Nach fünfzehn Jahren wurde KOBRA ohne Ergebnis abgebrochen.

Auch andere verbündete Geheimdienste wurden in die Suche nach einem Killer eingespannt, der in der Lage war, Runge in Nordamerika, wo man seinen Zufluchtsort vermutete, zu liquidieren. Wunschkandidat der Zentrale war ein in Ungarn geborener westdeutscher Verbrecher, der vom AVH unter dem Codenamen JAGUAR für »Sonderaktionen« gegen antikommunistische ungarische Emigranten rekrutiert worden war. Am 1. Juli 1968 sprengte JAGUAR den Münchener Donau-Verlag, der Schriften von ungarischen Emigranten veröffentlichte, in die Luft. Außerdem legte er in den Redaktionen zweier ungarischer Emigrantenzeitungen Feuer, mit der Folge, daß eine von ihnen ihr Erscheinen einstellen mußte. Für diese Operationen erhielt er vom AVH 40 000 Forint und 1000 D-Mark. Von seinen Operationen in München beeindruckt, beschloß der KGB, JAGUAR für die Operation TRESOR anzuheuern. Man zeigte ihm Fotos von Runge und seiner Frau, und er willigte ein, sie in Nordamerika aufzuspüren. Doch kaum war er in den USA angekommen, verschwand er auf Nimmerwiedersehen – und mit ihm vermutlich die operativen Mittel, die er vom KGB erhalten hatte. Nach seinem Verschwinden fragte die Zentrale bei der Stasi und beim bulgarischen DS an, ob sie Kontakte zu amerikanischen Gangstern oder Mafiosi besäßen, die den Auftrag,

Runge umzubringen, annehmen würden. Doch keiner der beiden Dienste konnte einen geeigneten Killer vorschlagen.[52]

Zu den Aufgaben der Dreizehnten Abteilung/Abteilung W gehörte nicht nur die Liquidierung der schlimmsten Verräter, sondern auch die Vollstreckung geringerer Strafen gegen Überläufer, deren Vergehen als nicht schwerwiegend genug angesehen wurden, um die Todesstrafe zu verhängen. So sah der Plan vom November 1962 auch »Sonderaktionen« gegen den weltberühmten Tänzer Rudolf Nurejew vor, der sich 1961 während einer Tournee des Kirow-Balletts auf dem Pariser Flughafen Le Bourget abgesetzt hatte.[53] Der KGB hatte bereits kurz darauf eine Einschüchterungskampagne in Gang gesetzt. Am Abend von Nurejews erstem großen Auftritt im Westen – er sollte in Paris den Blauen Vogel in *Dornröschen* tanzen – erhielt er sowohl von seinen Eltern als auch von seinem früheren Ballettlehrer Briefe, in denen sie ihn leidenschaftlich beschworen, das Vaterland nicht zu verraten. Als er dennoch die Bühne betrat, wurde er mit Zurufen und Pfiffen empfangen, die während seines gesamten Auftritts anhielten; darüber hinaus wurden Glassplitter auf die Bühne geworfen. Doch die Einschüchterungsversuche des KGB scheiterten, und als Nurejew am 21. Februar 1962 unter enormer Anteilnahme der Medien sein Debüt an der Londoner Covent Garden Opera gab, wo er zusammen mit Margot Fonteyn in *Giselle* tanzte, war klar, daß eine der größten Partnerschaften in der Geschichte der Tanzkunst geboren war.[54] Die Zentrale war außer sich. Nicht nur wurde ein notorischer Verräter von der westlichen Öffentlichkeit in den Himmel gehoben, sondern er wagte es einige Monate später auch noch, ein Buch über seinen »Sprung in die Freiheit« zu publizieren. Obwohl in dem Plan vom November 1962 nicht näher erläutert wurde, welche »Sonderaktionen« gegen Nurejew durchgeführt werden sollten, ging aus dem Kontext eindeutig hervor, daß man jetzt mehr vorhatte, als ein paar Glassplitter auf die Bühne zu werfen.[55] In der Ersten Hauptverwaltung dachte man daran, ihm die Beine zu brechen, aber dieses Vorhaben wurde nie verwirklicht.[56]

Im Sommer 1970 lief eine von Nurejews bekanntesten Kolleginnen, Natalja Makarowa, während eines Gastspiels des Kirow-Balletts in London in den Westen über. Für den KGB wurde sie dadurch zu einer »politisch unreifen Person mit niedrigen moralischen Eigenschaften«.[57] In Wirklichkeit war der Hauptgrund für ihre Flucht wie bei Nurejew das Verlangen nach größerer künstlerischer Freiheit.[58] Die Leiter der Ersten und Zweiten Hauptverwaltung schlugen in einem gemeinsamen Aktenvermerk vor, falls man einen Weg finden sollte, Nurejew zu verletzen, ohne daß die Beteiligung des KGB offensichtlich wäre, sollte eine ähnliche »Sonderaktion« auch gegen Makarowa durchgeführt werden. Wie üblich, wurde die beabsichtigte Körperverletzung hinter bürokratischen Floskeln versteckt:

> »In Abhängigkeit von den Ergebnissen der in bezug auf Nurejew eingeleiteten Sonderaktionen mit dem Ziel, seine beruflichen Fähigkeiten zu vermindern, sollte [der KGB] ähnliche Operationen in bezug auf Makarowa in Betracht ziehen, um die negative Wirkung ihrer bevorstehenden Auftritte in Großbritannien und den Vereinigten Staaten einzudämmen. Sollten die britischen Propagandaorgane eingeschaltet und von ihr stammende Informationen benutzt werden, um das sowjetische Leben zu verleumden, werden zusätzliche Maßnahmen entwickelt.«[59]

Die Zentrale wandte sich an den bulgarischen Nachrichtendienst, weil sie möglicherweise die Hilfe eines DS-Agenten in einer Balletttruppe, in der Makarowa tanzen sollte, benötigen würde. Einmal wurde die Tänzerin hinter der Bühne von einem herabfallenden Balken leicht verletzt. Aber den von Mitrochin eingesehenen Akten läßt sich nicht entnehmen, ob dieser Unfall dem KGB oder doch nur der Ungeschicklichkeit eines Bühnenarbeiters anzulasten war.[60]

Seit 1960 der zögerliche Attentäter Bogdan Staschinski die Seiten gewechselt hatte, waren sämtliche KGB-Operationen gegen im Westen lebende Verräter kläglich gescheitert. Trotz des enormen Aufwandes an Zeit und Ressourcen, der für die Suche nach Überläufern und ihre Ermordung oder Verstümmelung betrieben wurde, hatte die Zentrale nur einen einzigen Erfolg vermeldet, die angebliche Liquidierung von Reino Hayhanen, und die war frei erfunden. Möglicherweise hatte der KGB bei Makarowas Unfall seine Hand im Spiel. Wahrscheinlicher aber ist, daß die Verfolgung von Verrätern in dem Jahrzehnt bis 1970 ein völliger Mißerfolg war.

21.
»Sonderaufgaben« II:
Die Ära Andropow und danach

Nachdem Andropow 1967 KGB-Vorsitzender geworden war, verkündete er umgehend seine Absicht, die »Sonderaktionen« als wesentliches Instrument der sowjetischen Politik im Kalten Krieg neu zu beleben. Die Erste Hauptverwaltung müsse »in die Offensive gehen, um die Handlungsfähigkeit unserer Gegner zu lähmen und sie unter für sie ungünstigen Bedingungen in einen Kampf zu verwickeln«.[1] Zwei Jahre zuvor hatte die Unzufriedenheit über die Leistungen der für die »Sonderaufgaben« zuständigen Dreizehnten Abteilung zu ihrer Reorganisation als Abteilung W geführt.[2] Hauptaufgabe der neuen Abteilung waren ganz in Andropows Sinn »Sonderaktionen politischer Natur«, das heißt der Einsatz von Sabotage und anderen Formen der Gewalt in Friedenszeiten zur Förderung der sowjetischen Politik.[3] Die Offiziere der Gruppen F an den Residenturen wurden aufgefordert, bei der Entwicklung von »Sonderaktionen«, bei denen die Rolle des KGB im dunkeln bleiben sollte, größeren Einfallsreichtum an den Tag zu legen. In sämtlichen neuen Vorschlägen wurde derselbe Codejargon benutzt: Eine »Lilie« *(lilija)* war eine Sabotageaktion, ein »Bukett« ein Sprengsatz, eine »Blume« *(zwetok)* ein Zünder, ein »Spritzer« *(saplyw)* war die Explosion des Sprengsatzes, und der Saboteur war ein »Gärtner« *(sadownik)*.[4]

Die bedeutendste »Sonderaktion«, die zu Beginn der Ära Andropow geplant wurde, sollte in Griechenland stattfinden, wo eine Gruppe von Obristen im April 1967 die parlamentarische Regierungsform aufhob und das Kriegsrecht verhängte. Danach war die Kommunistische Partei Griechenlands (KPG) gezwungen, in den Untergrund zu gehen, und ihre Führung verlor vorübergehend den Kontakt zu Moskau. Im Juli 1967 wurde der KGB vom ZK formell beauftragt, die Verbindung zur KPG wiederherzustellen – woran zweifellos bereits gearbeitet wurde – und ihr »politische und materielle Hilfe« zukommen zu lassen.[5] Die »materielle Hilfe« bestand sowohl aus Geld, das für gewöhnlich in Budapest an Vertreter der KPG übergeben wurde,[6] als auch aus Material für den Guerillakampf. Als oberste Priorität für 1968 erteilte die Zentrale der Abteilung W die Aufgabe, in Griechenland DRGs für einen Aufstand gegen das Militärregime aufzustellen.[7] Auch Guerillaoperationen in Italien wurden in Erwägung gezogen. Wie oben erwähnt, befürchtete die PCI-Führung einen Putsch nach griechischem Vorbild und bat um sowjetische Hilfe für den Fall, daß die Partei wie die KPG in den Untergrund abtauchen mußte.

1968 erhielten alle KGB-Residenturen ein Schreiben mit »Empfehlungen für die Schaffung der auf dem Territorium eines potentiellen Gegners nötigen Bedingungen für Operationen von Sondergruppen [DRGs] im Notfall«. Der Brief an den Residenten in Athen, Iwan Kisljak (MAISKI), enthielt den Zusatz: »Es ist nicht ausgeschlossen, daß der Gang der Ereignisse es in der Praxis erforderlich machen wird, in naher Zukunft örtliche fortschrittliche Kräfte zu unterstützen. Deshalb müssen wir im vorhinein Vorkehrungen dafür treffen.«[8] Die Zentrale verfügte weiterhin, daß alle in Griechenland selbst aufgestellten DRGs unter der Führung eines KGB-Agenten stehen müßten, dies aber vor den Mitgliedern der Gruppen geheimgehalten werden solle.[9] 1968 wurde der Illegale PAUL nach Griechenland geschickt, um »Pfade« (DOROSCHKI) für die Landung sowjetischer DRGs und »Bienenstöcke« (ULJA) als Ausgangslager für ihre Operationen zu erkunden und die Eignung früher gefundener Plätze zu prüfen.[10]

Obwohl der KGB den griechischen Kommunisten weiterhin große Geldbeträge zukommen ließ,[11] scheint die Bildung von DRGs auf griechischem Boden kaum Fortschritte gemacht zu haben. Über die bulgarisch-griechische Grenze wurden keine Ausrüstungsgegenstände für Sabotageoperationen transportiert, sondern – in umgekehrter Richtung – die Akten des Archivs der KPG. 1598 Kartons und vier Kisten mit einem Gesamtgewicht von 14 Tonnen wurden, von 30 griechischen Kommunisten bewacht, nach Bulgarien und von dort über Rumänien in die Sowjetunion geschafft, wo sie in Iwanowo eingelagert wurden.[12]

Zu den ambitioniertesten Plänen der Abteilung W im Jahr 1968 gehörte eine Operation, durch die die westliche Öffentlichkeit von der Niederschlagung des Prager Frühlings abgelenkt werden sollte. Dazu sollte in Österreich in der Nähe des Bodensees eine große Ölpipeline (SWENO, »Kettenglied«), durch die nach Kenntnis der Zentrale zehn Millionen Tonnen Erdöl im Jahr von Italien nach Westdeutschland geleitet wurden, an der Stelle, wo sie den Rheinkanal überquerte, gesprengt werden. Die

Abteilung W rechnete damit, daß das Öl in den Bodensee fließen und das größte Trinkwasserreservoir an der österreichisch-deutschen Grenze vergiften würde. Für den Transport des Sprengstoffs kaufte die Wiener Residentur vier in Westdeutschland hergestellte Thermoskannen und zehn Kugelschreiber – vermutlich für die Zünder. Als Sündenbock für die Umweltkatastrophe sollten italienische Extremisten vorgeschoben werden, die sich angeblich für Sabotageakte von Südtiroler Terroristen rächen wollten.

SWENO schuf das Muster, nach dem die meisten Planungen der Abteilung W für »Sonderaktionen« in Friedenszeiten abliefen: Aufwendigen und detaillierten Vorbereitungen folgte die widerstrebend getroffene Entscheidung, nicht weiterzumachen, weil die politischen Risiken – insbesondere die Gefahr, daß trotz aller Vorsichtsmaßnahmen die Rolle des KGB ans Licht kam – zu groß waren. Nachdem die Operationen mehrmals verschoben und über Jahre hinweg immer wieder diskutiert worden waren, wurden sie schließlich aufgegeben.[13] Viele, wenn nicht die meisten vorgeschlagenen »Sonderaktionen« in Europa hatten den Zweck, in der NATO Zwietracht zu säen. Ein typisches Beispiel war ein Vorschlag der Athener Residentur von 1969, einen Sprengstoffanschlag auf das türkische Generalkonsulat in Saloniki zu unternehmen, den man griechischen Extremisten in die Schuhe schieben konnte. Die Zentrale begrüßte zwar die Initiative der Residentur, wagte es aber nicht, das Risiko auf sich zu nehmen und ihr Plazet für die Operation zu geben. Statt dessen hielt sie die Residentur hin und forderte sie in ihrem Antwortschreiben vom 12. Mai 1969 auf: »Wir bitten Sie, das JAIZO-Ziel [das türkische Generalkonsulat], soweit möglich, unter Beobachtung zu halten, um zusätzliche Informationen zu gewinnen und mögliche Veränderungen zu registrieren.«[14]

Das erste von Sacharowski genehmigte Vorhaben der Abteilung W in Großbritannien dürfte eine Operation mit dem Codenamen EDDING gewesen sein, die das Ziel hatte, die Investitur des 20jährigen Prinz Charles als Prince of Wales am 1. Juli 1969 zu stören. Bei der Zeremonie selbst erwartete man zu strenge Sicherheitsvorkehrungen, um eine »Sonderaktion« durchführen zu können. Deshalb schlug die Abteilung W vor, ungefähr einen Monat vorher unter Verwendung britischer Sprenggelatine eine kleine Straßenbrücke in die Luft zu jagen. Am Vorabend der Explosion sollte dem walisischen nationalistischen Unterhausabgeordneten Gwynfor Evans ein Brief zugestellt werden, der ihn darauf aufmerksam machte, daß MI5 und Scotland Yard eine »Provokation« planten, um die walisischen Nationalisten zu diskreditieren und einen Vorwand für ein scharfes Vorgehen in Wales zu haben. Wenn alles nach Plan verlief, würden Evans und seine Kollegen nach der Sprengung der Brücke das gegen die walisische Freiheit gerichtete Komplott der »britischen Machtorgane« brandmarken. Doch obwohl die Erste Hauptverwaltung die Operation EDDING billigte, wurde sie von höherer Stelle – entweder von Andropow oder vom Politbüro (die KGB-Akte enthält keine genaue Angabe darüber) – verschoben. Zweifellos fürchtete man auch in diesem Fall, die Beteiligung des KGB könnte herauskommen.[15]

In einem Bericht von 1969 wurde die bisherige Tätigkeit von Dreizehnter Abteilung und Abteilung W einer vernichtenden Kritik unterzogen. Einzig die Ausbildung von DRGs wurde als halbwegs zufriedenstellend beurteilt. Bei einigen »Sonderaktionen«, so der Bericht, habe sich herausgestellt, daß sie die Kräfte der Dreizehnten Abteilung und ihrer Nachfolgerin überstiegen; andere seien überflüssig geworden. Es habe wenig Sinn, umfangreiche Vorbereitungen für DRGs-Sabotageakte gegen militärische Einrichtungen von USA und NATO zu treffen, wenn diese zugleich Zielobjekte der erheblich zahlreicheren *speznas* (Sondereinheiten) der GRU und in vielen Fällen auch der sowjetischen Atomraketen seien. In den vorangegangenen drei Jahren habe es nur eine einzige erfolgreiche »Sonderaktion politischer Natur« gegeben, Operation PEPEL (»Asche«) in Istanbul.[16] Daß dieser Mangel vor allem darin begründet war, daß Andropow die ihm vorgelegten Pläne nicht genehmigte, verschwieg der Bericht.

Nachdem Andropow zu Beginn seiner Amtszeit als KGB-Vorsitzender gefordert hatte, das Risiko von »Sonderaktionen« einzugehen, sah er sich jetzt gezwungen, seine Strategie zu überdenken, und da er die direkte Beteiligung des KGB inzwischen ablehnte, sprach er sich zunehmend für den Einsatz terroristischer Stellvertreter aus. Eine der ersten Gelegenheiten, einen solchen Stellvertreter vorzuschicken, ergab sich, als in Nordirland eine neue Welle von Unruhen ausbrach. Am 6. November 1969 gab der Generalsekretär der KP Irlands, Michael O'Riordan, ein alter Spanienkämpfer,[17] eine Bitte der marxistischen IRA-Führer Cathal Goulding und Seamus Costello um sowjetische Waffen weiter. Laut O'Riordan gab es »zwischen der IRA und den irischen Kommunisten stets mehr oder weniger gute Beziehungen«.[18]

Von vielen ihrer Anhänger wurde der IRA vorgeworfen, daß sie die katholische Gemeinde nicht verteidigt hatte, als im August 1969 in Belfast sieben Menschen getötet, etwa 750 verletzt und 1505 Familien aus ihren Häusern vertrieben wurden – fast fünfmal mehr als auf protestantischer Seite. Ein Priester erzählte, daß seine Gemeindemitglieder die Abkürzung IRA nur noch mit »I Ran Away« (Ich renne weg) übersetzten.[19] In seinem Brief an die Moskauer Führung erklärte O'Riordan, die IRA habe während des »Augustpogroms« nicht eingegriffen, »weil ihr Kampfpotential dadurch geschwächt war, daß sie ihre Anstrengungen bisher auf den sozialen Protest und auf Aufklärungstätigkeit konzentriert hat«. Er schloß die Möglichkeit eines Bürgerkriegs in Nordirland und schwerer Zusammenstöße zwischen britischen Truppen und Katholiken nicht aus. Deshalb brauche die IRA Waffen. In einem Bericht an das ZK stellte Andropow die Bedingung, vor eventuellen Lieferungen an die IRA müsse geklärt werden, ob O'Riordan in der Lage sei, »bei der Übergabe der Waffen und der Geheimhaltung ihrer Herkunft für die notwendige Konspiration zu sorgen«.[20] Es sollte zwei Jahre dauern, bis Andropow diese Bedingung erfüllt sah und die Waffenlieferungen begannen.

Unterdessen erhielt der Illegale PAUL den Auftrag, herauszufinden, inwieweit kanadische Extremisten für »Sonderaktionen« gegen die USA eingesetzt werden könnten.[21] Angesichts der von der Befreiungsfront von Quebec (FLQ) angewandten Terrormethoden und ihres Interesses an kubanischer und osteuropäischer Hilfe war diese Möglichkeit nicht aus der Luft gegriffen. 1969 verübte die FLQ Sprengstoffanschläge auf das Wohnhaus des Bürgermeisters von Montreal und das National Defense Headquarter in Ottawa. Im nächsten Jahr scheiterten Versuche, den amerikanischen und den israelischen Generalkonsul zu entführen, während die Entführungen des britischen Wirtschaftsbeamten James Cross und des Arbeitsministers von Quebec, Pierre Laporte, gelangen. Cross kam im Austausch für die unbehelligte Ausreise seiner Entführer nach Kuba frei, doch Laporte wurde ermordet.[22]

Obwohl PAUL zumindest indirekt Kontakt mit der FLQ aufnehmen konnte, hielt die Zentrale die Herstellung einer direkten Verbindung zwischen KGB und FLQ mit großer Wahrscheinlichkeit für zu riskant. Jedenfalls versuchte der KGB seine Spuren zu verwischen, indem er ein gefälschtes Dokument verbreitete, das darauf hindeutete, daß die CIA mit der FLQ im Bunde war. Am 24. September 1971 druckte der *Montreal Star* die Fotokopie eines gefälschten Aktenvermerks der CIA vom 20.

Oktober 1970 ab: »Thema Quebec. Quellen empfehlen, dringend Schritte zu unternehmen, um den Kontakt zu den FLQ-Militanten abzubrechen, da die Maßnahmen der kanadischen Regierung unerwünschte Konsequenzen haben können.« Es folgten Anfragen im kanadischen Parlament, die Premierminister Pierre Trudeau mit der Auskunft beantwortete, daß CIA-Operationen in Kanada, falls es sie gebe, »ohne Wissen und Zustimmung der Regierung« durchgeführt würden.[23] Zwanzig Jahre später wurde der gefälschte Aktenvermerk immer noch in kanadischen Publikationen zitiert, selbst von anerkannten Wissenschaftlern.[24] Unmittelbar vor dem Kanadabesuch von Präsident Nixon im Jahr 1972 kamen weitere Fälschungen über Verbindungen zwischen CIA und Extremisten in Quebec in Umlauf.[25]

Andropows Enttäuschung über die Schwierigkeiten bei der Erledigung von »Sonderaufgaben« in Friedenszeiten wurde durch die irrige Überzeugung verstärkt, die CIA unternehme ihrerseits »Sonderaktionen« gegen KGB-Offiziere und andere im Ausland lebende Sowjetbürger. Am 21. Mai 1970 führte er in einem Schreiben an Breschnew, das als »von besonderer Bedeutung« gekennzeichnet war, drei Beispiele von »Entführungen« durch die CIA an: die fehlgeschlagenen Versuche, am 17. März 1966 in Tokio den KGB-Offizier Georgi Pokrowski und am 29. März 1970 in Buenos Aires den GRU-Offizier Juri Piwowarow zu kidnappen, und das spurlose Verschwinden des Nowosti-Korrespondenten Juri Besmenow am 9. März 1970 in Neu Delhi.[26]

Andropows Verdacht beruhte allerdings einzig und allein auf seiner Neigung zu Verschwörungstheorien. Piwowarows gescheiterte Entführung war das Werk der argentinischen Terroristengruppe *Mano* (»Hand«) gewesen, die für die Entführung eines paraguanischen Diplomaten durch linke Terroristen Rache nehmen wollte.[27] In den meisten anderen Fällen angeblicher »Sonderaktionen« der CIA gegen KGB-Offiziere handelte es sich um erfolgte oder versuchte Übertritte. Die Residenturen versuchten diese peinliche Tatsache mit der Fiktion von »Entführungen« zu verschleiern, womit sie zumindest bei Andropow Erfolg hatten.

In seinem Brief an Breschnew vom 21. Mai 1970 beharrte Andropow darauf, daß die CIA ihre »unverschämten« Provokationen gegen den KGB nur wage, weil es einen »Mangel an angemessenen Maßnahmen von unserer Seite« gebe. Es sei höchste Zeit, Vergeltung zu üben und einen CIA-Offizier zu entführen, um den Amerikanern eine Lektion zu erteilen. Um das Risiko auszuschließen, daß eine »Sonderaktion« des KGB schiefging und bekannt wurde, bat Andropow um die Erlaubnis, sie Stellvertretern anzuvertrauen.

Die mit den sandinistischen Guerillas gemachten Erfahrungen ermutigten Andropow und die Abteilung W, über den Einsatz palästinensischer Terroristen für Operationen im Nahen Osten und in Europa nachzudenken. Für den Export des palästinensischen Terrorismus nach Europa war vor allem ein Mann verantwortlich: Wadid Haddad, der stellvertretende Vorsitzende von George Habashs marxistisch-leninistischer Al-Fatah, der Volksfront für die Befreiung Palästinas (PFLP). 1968/69 hatte Haddad mit einer Welle von Flugzeugentführungen sowie Angriffen auf israelische Einrichtungen und jüdische Geschäfte in europäischen Hauptstädten die wohlwollende Aufmerksamkeit der Zentrale auf sich gezogen. Im folgenden Jahr wurde er vom KGB als Agent NAZIONALIST rekrutiert. Andropow berichtete Breschnew: »Die Natur unserer Beziehung zu W. Haddad versetzt uns in die Lage, die externen Operationen der PFLP bis zu einem gewissen Grad zu kontrollieren, in einer für die Sowjetunion günstigen Weise Einfluß zu nehmen und durch Kräfte der Organisation unter Einhaltung der notwendigen konspirativen Geheimhaltung aktive Maßnahmen zur Unterstützung unserer Interessen ausführen zu lassen.« Breschnew wurde um Zustimmung zu dem Plan gebeten, Haddad für eine »Sonderaktion« gegen die CIA zu benutzen:

»Es erscheint angeraten, sowohl als Vergeltungsmaßnahme als auch mit dem Ziel, verläßliche Informationen über die Pläne und spezifischen Operationen der USA im Nahen Osten zu erhalten, eine Operation durchzuführen, um den stellvertretenden CIA-Residenten im Libanon zu entführen ... und in die Sowjetunion zu bringen. Es ist geplant, die Operation durch NAZIONALIST, einen zuverlässigen Agenten der Beiruter Residentur, der die Sabotageaktionen der Volksfront für die Befreiung Palästinas leitet und Erfahrungen in der Anwendung aggressiver Maßnahmen besitzt, ausführen zu lassen.
Im wesentlichen besteht der Plan darin, [den CIA-Offizier] von den zuverlässigen Beiruter Kämpfern NAZIONALISTs in Beirut oder Umgebung zu entführen und heimlich an einen von uns ausgewählten Ort in der Nähe von Damaskus zu bringen, wo er unseren operativen Offizieren übergeben würde. Von Damaskus aus würde er in einem

unserer Spezialflugzeuge oder mit einem Schiff illegal in die UdSSR gebracht.

Da die palästinensischen Guerillaorganisationen ihre Aktivitäten gegen den amerikanischen Geheimdienst und seine Offiziere im Libanon verstärkt haben, würden die libanesischen Behörden und die Amerikaner annehmen, palästinensische Guerillas hätten die obige Operation ausgeführt. Der eigentliche Zweck der Operation wäre im Ausland allein NAZIONALIST und im Inland nur den direkt an Planung und Ausführung der Operation beteiligten KGB-Offizieren bekannt. Ich bitte um Ihre Genehmigung für die Vorbereitung und Ausführung der obigen Operation.«

Nachdem Breschnew am 25. Mai 1970 sein Plazet gegeben hatte, händigte die Beiruter Residentur Haddad ein detailliertes Dossier über den CIA-Offizier (WIR) aus, in dem unter anderem seine Adresse (eine Wohnung im vierten Stock), sein Auto (ein hellblauer Ford Comet mit Diplomatenkennzeichen), seine Fahrtroute zur US-Botschaft und seine persönlichen Gewohnheiten vermerkt waren, zum Beispiel, daß er regelmäßig ohne weitere Begleitung mit seinem schwarzen Pudel spazierenging.

Einer der Gründe, aus denen Haddad sich bereit erklärt hatte, für den KGB zu arbeiten, dürfte die Absicht gewesen sein, Waffen für die PFLP zu beschaffen. Im Juli 1970 stimmte Breschnew einem ersten Antrag Andropows zu, Haddad fünf Panzerabwehrgranatwerfer RPG-7 für terroristische Operationen zu liefern. Anschließend kamen der Leiter der Abteilung W, Nikolai Gusew, und sein Assistent, Alexei Sawin, mit Haddad zusammen, um die Übergabe weiterer Waffen zu besprechen. Man einigte sich darauf, sie im Schutz der Dunkelheit mit einem Schlauchboot an einem bestimmten Ort bei Aden zu übergeben. Die Leitung der Operation WOSTOK (»Osten«) wurde dem stellvertretenden Leiter und späteren Chef der Abteilung W, Alexander Lasarenko, anvertraut. Auf Befehl von Verteidigungsminister Ustinow wurden die für Haddad bestimmten Waffen in Wladiwostok auf die *Kursograf*, ein Aufklärungsschiff der Pazifikflotte, verladen. Dann nahm die *Kursograf* Kurs auf den Golf von Aden. An Bord befand sich S. M. Grankin von der Abteilung W, der die Auslieferung der Waffen überwachen sollte.

Ihre Waffenladung bestand aus 50 westdeutschen Pistolen (10 davon mit Schalldämpfern) mit 5000 Schuß Munition, 50 erbeuteten MG-ZI-Maschinengewehren mit 10 000 Schuß, 5 in England hergestellten Sterling-Pistolen mit Schalldämpfern und 36 000 Schuß, 50 amerikanischen AR–16-Pistolen mit 30 000 Schuß, 15 aus ausländischem Material gefertigten Minen und 5 per Funk zu zündenden »SNOP«-Minen, die ebenfalls aus ausländischem Material bestanden. Die beiden Minentypen gehörten aus sowjetischer Sicht zu den höchstentwickelten kleinen Waffen aus dem eigenen Arsenal und waren ebenso wie einige der Schalldämpfer vorher noch nicht einmal den Verbündeten aus dem Warschauer Pakt zugänglich gemacht worden.

Der erfolgreiche Abschluß der Operation WOSTOK wurde in der Zentrale als großer Triumph gefeiert. Auf Empfehlung der Ersten Hauptverwaltung und mit Zustimmung von Konteradmiral Radschenko, dem Leiter der KGB-Sonderabteilung bei der Pazifikflotte, wurden sieben der beteiligten Marineoffiziere mit WOSTOK-Andenken im Wert von 600 Rubeln und Bargeld in Höhe von ebenfalls 600 Rubeln belohnt. Der Chef des Marinestabs, Admiral N. D. Sergejew, erhielt ein formelles Dankschreiben der Zentrale.

Im Lauf der Zeit setzte die Zentrale Haddad und die PFLP in einer ganzen Reihe ihrer Ansicht nach erfolgreicher »Sonderaktionen« im Nahen Osten ein, die insbesondere gegen Israel gerichtet waren. Die Operation WINT, der Versuch, den stellvertretenden Chef der Beiruter CIA-Station zu entführen, endete allerdings mit einem Fehlschlag. WIR änderte seinen Tagesablauf, und Haddads Kommando konnte den ursprünglichen Plan nicht umsetzen. 1971 schlug die Abteilung W mehrere Alternativpläne vor. Einer bestand schlicht darin, WIR umzubringen. Aber alle scheiterten. Auch Operation INTIKAM, der Versuch, mit Hilfe von PFLP-Terroristen zwei sowjetische Überläufer, P. S. Brasinskas und seinen Sohn (PIRAT, »Piraten«), die 1970 ein Flugzeug der Aeroflot in die Türkei entführt hatten, zu liquidieren, blieb erfolglos. Den operativen Akten zufolge begriff NAZIONALIST nicht, »wie schwierig die Aufgabe war, und überschätzte seine Fähigkeiten«.[28]

Die Absicht, die PFLP in größerem Umfang für die Jagd auf sowjetische Überläufer einzusetzen, wurde weitgehend aufgegeben. Dennoch markierten Andropows Entscheidung, Haddad für »Sonderaktionen« zu verwenden, und Breschnews Zustimmung dazu einen Wendepunkt in der Geschichte des KGB. In Zukunft sollten andere Nachrichtendienste des Ostblocks dem sowjetischen Beispiel folgen und terroristische Gruppen benutzen oder ihren Einsatz stillschweigend in Kauf nehmen.

Wie die Operationen der Dreizehnten Abteilung in der Ära Chruschtschow wurden auch jene der Abteilung W durch Desertionen schwer geschädigt. Der bedeutendste Überläufer war Oleg Ljalin, ein Offizier der Gruppe F an der Londoner Residentur. Ljalin, erfahrener Nahkämpfer, Scharfschütze und Fallschirmspringer, wurde im Frühjahr 1971 vom MI5 angeworben und lieferte in den sechs Monaten bis zu seinem Übertritt im September Informationen über Sabotagevorhaben des KGB in London, Washington, Paris, Bonn, Rom und anderen westlichen Hauptstädten. Neben den Vorbereitungen für eine Reihe von »Sonderaktionen« in Friedenszeiten enthüllte er die haarsträubenden Pläne der Abteilung W für den Fall internationaler Krisen oder Konflikte, in denen sämtliche Zielländer von Illegalen, einheimischen Agenten und DRGs infiltriert werden sollten.[29]

In Washington plante die Gruppe F, laut Oleg Kalugin, dem Leiter der Gruppe PR und stellvertretenden Residenten, »alles mögliche, von Methoden zur Vergiftung der Wasserleitungen der Hauptstadt bis zu Mordplänen gegen führende US-Politiker«.[30] Die Pläne für Großbritannien umfaßten die Flutung der Londoner U-Bahn, die Sprengung der Frühwarnstation in Fylingdale in North Yorkshire und die Zerstörung von V-Bombern am Boden. Einige Vorhaben der Abteilung W waren nicht weniger bizarr als die ein Jahrzehnt zuvor von der CIA entwickelten Mordpläne gegen Fidel Castro. Nach einem von Ljalin enthüllten Plan sollten als Boten oder Lieferanten verkleidete KGB-Agenten in den Fluren der Regierungsgebäude farblose Giftkapseln ausstreuen, die jeden töten würden, der eine von ihnen zertrat. Die britische Regierung gab nach Ljalins Übertritt nur wenige Einzelheiten bekannt, doch der Justizminister teilte dem Unterhaus mit, Ljalin habe den Auftrag gehabt, »in Großbritannien Sabotageakte zu organisieren« und die »Eliminierung von Personen vorzubereiten, die von der UdSSR als Feinde betrachtet werden«.

Die Zentrale war von Ljalins Seitenwechsel und den fast gleichzeitig von der britischen Regierung gegen die Londoner Residentur ergriffenen Maßnahmen völlig überrascht worden. Am 24. September 1971, einem Freitag, bestellte der ständige Staatssekretär im Außen- und Commonwealthministerium, Denis Greenhill, den sowjetischen Geschäftsträger (und KGB-Agenten) Iwan Ippolitow ein und eröffnete ihm, daß 90 unter offizieller Tarnung in Großbritannien stationierte KGB- und GRU-Offiziere ausgewiesen würden. Weiteren fünfzehn, die gerade auf Urlaub in der Sowjetunion weilten, würde die Wiedereinreise verwehrt werden, was die Zahl der Ausweisungen auf 105 erhöhte.[31] Viele der betroffenen Nachrichtendienstoffiziere waren MI5 und SIS schon seit einiger Zeit bekannt gewesen, doch Ljalin hatte in den vorangegangenen sechs Monaten eine Reihe wahrscheinlicher Kandidaten bestätigt und der Liste neue Namen hinzugefügt.[32] In dieser Zeit wurde insgeheim über die Operation FOOT, wie die Massenausweisung in Whitehall genannt wurde, diskutiert. In einem an Premierminister Edward Heath gerichteten gemeinsamen Aktenvermerk vertraten Außenminister Douglas-Home und Innenminister Reginald Maulding die Ansicht, die schiere Anzahl der KGB- und GRU-Offiziere in London sei »mehr, als der Sicherheitsdienst im Zaum halten kann«.[33] Ljalins erschreckende Enthüllungen über die Pläne der Abteilung W lieferten weitere Argumente für die Ausweisung.

Kurzfristig machte sich der KGB vermutlich mehr Sorgen über Ljalins Seitenwechsel als über die Operation FOOT. Während des Wochenendes teilte die Zentrale der sowjetischen Führung mit, daß Ljalin wahrscheinlich Operationen der Abteilung W in anderen Ländern verraten werde. Am Montag, dem 27. September, brach Breschnew eine Reise durch Osteuropa ab, um in der VIP-Lounge des Moskauer Flughafens an einer Krisensitzung des Politbüros teilzunehmen. Kurz darauf wurden die Offiziere der Gruppen F aus den westlichen Hauptstädten abberufen, so daß die Abteilung W praktisch lahmgelegt wurde und nicht mehr in der Lage war, ihre Aufgabe, die Koordination von Sabotageoperationen im Ausland in Krisenzeiten, zu erfüllen.[34] In der Analyse des Londoner Debakels betonte die Zentrale, wie üblich, die moralische Verkommenheit des Überläufers: Ljalin habe die Ehefrauen mehrerer in London stationierter Kollegen verführt. Außerdem wurde der frühere Resident Juri Woronin dafür kritisiert, daß er Ljalins Verfehlungen vertuscht habe, um einen Skandal zu vermeiden.[35] Zu den hohen KGB-Offizieren, die infolge der Affäre entlassen oder degradiert wurden, gehörte der Leiter der Dritten Abteilung der Ersten Hauptverwaltung, in deren Zuständigkeit die Operationen in Großbritannien fielen.[36]

Ebenso wie die Zentrale seit Staschinskis Seitenwechsel 1961 vorsichtiger mit Mordaufträgen umging, versetzte ein Jahrzehnt später auch Ljalins Übertritt ihren Plänen für Sabotageoperationen in Friedenszeiten einen schweren Schlag. Die Abteilung W wurde von einer Umstrukturierung behindert, die sich dreieinhalb Jahre hinziehen sollte. Mitrochin hat in den Akten aus den Jahren unmittelbar nach Ljalins »Verrat« keine neuen Pläne für »politische Sonderaktionen« gefunden, obwohl es natürlich möglich ist, daß in Akten, die er nicht einsehen konnte, solche Aktionen vermerkt sind. Ein Beispiel für die nachlassende Begeisterung der Zentrale für »Sonderaktionen«, das Mitrochin besonders beeindruckt hat, war die Flucht eines weiteren Stars des Kirow-Balletts, Michail Baryschnikow, der sich im Juni 1974 während eines Gastspiels in Kanada absetzte. Wie kaum anders zu erwarten, wurde Baryschnikow nach seiner Flucht vom KGB observiert, unter anderem von einem Tänzer mit dem Codenamen MORIS, der auch Nurejew und Makarowa bespitzelte. Aber nichts deutet darauf hin, daß gegen Baryschnikow ähnliche Pläne geschmiedet wurden wie einige Jahre zuvor gegen diese beiden Tänzer.[37]

Trotz der zunehmenden Abneigung dagegen, direkt in »Sonderaktionen« im Westen verwickelt zu werden, benutzte der KGB weiterhin terroristische Gruppen als Stellvertreter im Kampf gegen die USA und ihre Verbündeten; zumindest duldete er ihren Einsatz. Die Zentrale blieb jedoch äußerst vorsichtig. Es dauerte drei Jahre, bis der KGB der IRA die Waffen lieferte, um die sie im November 1969 durch Vermittlung von Michael O'Riordan gebeten hatte. Kurz nachdem die Bitte in Moskau eingegangen war, hatte sich die IRA in die »Official IRA« unter Cathal Goulding und die »Provisional IRA« unter Sean MacStiofáin gespalten.[38] Die Sympathien des KGB lagen eindeutig bei der marxistischen Official IRA. Obwohl Gouldings langfristiges Ziel darin bestand, eine nichtsektiererische, nichtmilitärische gesamtirische revolutionäre Bewegung zu schaffen, waren die »Officials« für einige der blutigsten Vorfälle in den frühen siebziger Jahren verantwortlich. Den »Kräften von Imperialismus und Ausbeutung«, erklärte Goulding 1971, könne nur auf eine Art geantwortet werden, nämlich »in der Sprache, die diese Aasgeier am schnellsten zur Vernunft bringt, der Sprache der Bomben und Kugeln«. Die blutigen Versuche der »Officials«, die »Provisionals« auszustechen, führten dazu, daß sich selbst einige ihrer Anhänger von ihnen abwandten. Im Februar 1972 kamen bei einem Sprengstoffanschlag auf das Hauptquartier des Fallschirmspringerregiments in Aldershot sieben Menschen ums Leben, darunter ein katholischer Priester und fünf Kantinenarbeiterinnen. Als am 21. Mai ein britischer Soldat, der sich auf Heimaturlaub in Derry befand, ermordet wurde, brach ein solcher Sturm der Entrüstung los, daß der Armeerat der »Officials« acht Tage später eine Waffenruhe verkündete. Da sich die »Officials« jedoch das Recht vorbehielten, »Verteidigungsmaßnahmen« zu ergreifen, hatte die Waffenruhe kaum eine unmittelbare Auswirkung. Es gelang Goulding zwar, die »militärischen Operationen« nach und nach einzuschränken, aber örtliche Militante führten in den restlichen Monaten des Jahres 1972 und auch 1973 weiterhin terroristische Anschläge aus.[39]

Am 3. Juli 1972 wies O'Riordan das ZK der KPdSU in einem Brief darauf hin, daß die von ihm für die IRA angeforderten Waffen immer noch nicht geliefert worden seien. In der Zwischenzeit habe er mit »technischen Experten« des KGB zahlreiche Gespräche über die Transportmittel geführt: »Die Tatsache, daß es in zweieinhalb Jahren nicht den geringsten Informationsabfluß gegeben hat, zeugt meiner Meinung nach davon, wenn man es so ausdrücken darf, daß ein hohes Verantwortungsbewußtsein für die Geheimhaltung besteht.« Andropow pflichtete ihm bei und legte dem ZK am 21. August einen »Plan zur Durchführung einer Maßnahme der illegalen Übergabe von Waffen an die irischen Freunde« (WSPLESK, »Geplätscher«) vor. Wie bei der Operation WOSTOK, der Waffenlieferung an die PFLP zwei Jahre zuvor, sollten die Waffen – 2 Maschinengewehre, 70 Maschinenpistolen, 100 Walther-Pistolen und 41 600 Patronen, allesamt nicht aus sowjetischer Produktion, um die Beteiligung des KGB zu verschleiern – von einem Aufklärungsschiff transportiert werden. Dann jedoch sollten sie, wasserdicht verpackt, in ungefähr 40 Metern Tiefe auf der Stanton-Sandbank, 90 Kilometer vor der Küste Nordirlands, zwischengelagert und ihre Position mit einer Boje markiert werden. Bevor die Ladung verschifft wurde, sollten Waffen und Verpackung in KGB-Labors sorgfältig geprüft werden, um sicherzustellen, daß nichts die sowjetische Beteiligung verriet. Die Walther-Pistolen sollten mit westdeutschem Öl eingeschmiert werden, das Verpackungsmaterial sollte von KGB-Residenturen im Ausland gekauft werden, und die Leuchtboje sollte finnischer oder japanischer Herkunft sein. Wenige Stunden nachdem die Waffen über der Sandbank versenkt worden waren, würde ein Fischerboot der »irischen Freunde« sie bergen, so daß dessen Besatzung nicht erfahren würde, wer die Ladung versenkt hatte.[40] An Bord des Aufklärungsschiffs wurde die Operation WSPLESK von einem Offizier der Achten Abteilung der Direktion S, dem Nachfolger der Abteilung W, geleitet. Auf ähnliche Weise wurden mehrere Waffenlieferungen an die Official IRA verschifft.[41]

Über die Verwendung der Waffen dürfte sich der KGB keine Illusionen gemacht haben, denn der Mann, der den Abtransport von der Sandbank überwachte, war der schlimmste Terrorist der »Officials«, Seamus Costello.⁴² Nachdem er Ende 1974 nach einem Streit mit Goulding aus der Official IRA ausgeschlossen worden war, gründete er eine neue, trotzkistische Gruppe, die Irisch-Republikanische Sozialistische Partei (IRSP). Die »Officials« setzten vier Mordkommandos gegen die Abtrünnigen ein, zogen in einer Reihe von Schießereien im Frühjahr 1975 aber den kürzeren. Mehr Glück hatten sie in einer Fehde mit den »Provisionals« im nächsten Jahr. 1977 gelang es der Official IRA schließlich, Costello zu ermorden.⁴³ Wahrscheinlich wurden in den Auseinandersetzungen zwischen den paramilitärischen republikanischen Gruppen auch einige der vom KGB nach Irland geschmuggelten Waffen benutzt.

Auch in der Dritten Welt stützte sich der KGB weiterhin auf Terroristen und Guerillas, vor allem auf die PFLP und die Sandinisten. In Lateinamerika mußte der KGB mit gewissem Unmut feststellen, daß er von seinem kubanischen Verbündeten, der DGI, in den Hintergrund gedrängt wurde. Bis 1970 hatte die DGI aus Sicht der Zentrale die sandinistische ISKRA-Gruppe erfolgreich »enteignet«. 1969 finanzierte die DGI eine Guerillaaktion zur Befreiung des FSLN-Führers Carlos Fonseca Amador (GIDROLOG) aus einem costaricanischen Gefängnis, wo er wegen Bankraubs einsaß.⁴⁴ Kurz nach seinem Ausbruch wurde er wieder gefangengenommen, aber erneut befreit und nach Kuba geflogen, nachdem die Sandinisten ein Flugzeug mit Managern der United Fruit Company entführt hatten, die sie im Gegenzug freiließen.⁴⁵ Außerdem organisierte die DGI in Kuba die Guerillaausbildung der Sandinisten und stellte ihnen 100 000 Dollar für den Kauf von Waffen zur Verfügung. DGI-Chef Manuel Piñeiro Losado erklärte dem stellvertretenden Leiter der Ersten Hauptverwaltung des KGB, Boris Iwanow: »Von allen Ländern Lateinamerikas sind wir in Nicaragua am aktivsten. Wir unterstützen die Partisanengruppen von C. Fonseca. Diese Bewegung hat Einfluß und könnte es weit bringen.« Bei einem Treffen mit Fonseca im Februar 1971 bekräftigte Piñeiro die Überzeugung der kubanischen Führung, daß in den meisten lateinamerikanischen Ländern der bewaffnete Kampf der einzige Weg zur Befreiung sei. Kuba werde den Sandinisten weiterhin »jede Art von Hilfe und Beistand« leisten, aber sie müßten ihre Organisation grundlegend verändern, um ähnliche Niederlagen und Verluste wie im zurückliegenden Jahrzehnt zu vermeiden. Die Zentrale kam zu dem Schluß, daß künftige Versuche, die Sandinisten für »Sonderaktionen« gegen die USA zu benutzen, in Zusammenarbeit mit der DGI unternommen werden müßten.⁴⁶

Der KGB behielt jedoch mehrere Agenten in den Reihen der Sandinisten, darunter GRIN (sein Klarname wird in Mitrochins Notizen nicht genannt), dessen Aufgabe es war, Operationen vorzuschlagen, für die der KGB die FSLN einsetzen konnte. Im Mai 1974 besuchte eine FSLN-Delegation die sowjetische Botschaft in Havanna, um einen Brief an das ZK der KPdSU zu überbringen, in dem die sowjetische Führung um Hilfe gebeten wurde. Die dramatischste Aktion der Sandinisten gegen ein US-amerikanischen Ziel war der von der DGI mit dem persönlichen Segen Castros unterstützte Versuch, Turner B. Shelton, den US-Botschafter in Managua und einen engen Freund der Familie Somoza, zu entführen.[47] Nach dem ursprünglichen Plan sollte sich eine Guerillagruppe während eines diplomatischen Empfangs gewaltsam Zutritt zur US-Botschaft verschaffen.[48] Dann ergab sich jedoch eine unerwartete Gelegenheit, als der frühere Landwirtschaftsminister José María »Chema« Castillo am 27. Dezember eine Party zu Ehren Sheltons gab. Ein Sandinist, der als Kellner auf dem Empfang arbeitete, meldete der Guerillagruppe telefonisch, daß Castillos Haus nur schwach bewacht werde und die Party eine ausgezeichnete Gelegenheit für die Entführung des Botschafters darstelle.[49]

Shelton entkam dem Anschlag nur knapp. Er verließ den Empfang wenige Minuten bevor ein gut ausgebildetes sandinistisches Kommando Castillos Villa stürmte. Als es feststellte, daß der Botschafter nicht mehr anwesend war, tötete es den Gastgeber, nahm die verbliebenen Gäste als Geiseln und verlangte die Einschaltung des Erzbischofs von Managua als Vermittler. Nach mehrtägigen Verhandlungen ließ Präsident Somoza achtzehn inhaftierte FSLN-Mitglieder frei, zahlte ein Lösegeld von einer Million Dollar, bewilligte die Veröffentlichung einer 12 000 Worte umfassenden Anklage gegen sich selbst und den US-Imperialismus und stellte ein Flugzeug bereit, mit dem die Sandinisten nach Kuba flogen.[50] Bei ihrer Ankunft in Havanna nahmen ihnen die Kubaner das Lösegeld ab.[51]

Damit hatte die FSLN zwar einen enormen Propagandasieg errungen, aber die nachfolgende brutale Periode des Kriegsrechts in Nicaragua kostete viele ihrer Kämpfer das Leben und löste eine innere Debatte darüber aus, wie der Guerillakrieg siegreich geführt werden könne.[52] Immer noch voller Bewunderung für die revolutionäre Tradition der Sowjetunion, wandte sich Fonseca an Moskau. Am 14. Februar 1975 bat er die sowjetische Botschaft in Havanna, für sich selbst und andere Sandinisten eine Reise nach Moskau zu arrangieren. Man wolle die Erfahrungen der Bolschewiken vor der Oktoberrevolution und die Methoden des Partisanenkampfs im Großen Vaterländischen Krieg studieren. Außerdem ersuchte er um weitere finanzielle Unterstützung.[53] Ende 1975, vermutlich kurz nach der Rückkehr aus Moskau,[54] reiste Fonseca heimlich nach Nicaragua, um den Versuch zu unternehmen, die inneren Auseinandersetzungen der FSLN zu lösen. Am 8. November 1976 kam er bei einer Schießerei mit der Nationalgarde ums Leben. Nach dem Sieg der Sandinisten im Jahr 1979 wurde er mit einem Begräbnis als Held der Revolution geehrt.[55]

Im Februar 1976 billigte das Politbüro der KPdSU den personellen Ausbau und eine bessere finanzielle Ausstattung der Illegalendirektion der Ersten Hauptverwaltung des KGB. Im Zuge der Umstrukturierung wurde die Abteilung W durch den KGB-Erlaß Nr. 0046 vom 12. April 1976 formell als Achte Abteilung in die Direktion S eingegliedert. 1980 gehörten 23 der 400 in der Zentrale dienenden operativen Offiziere der Direktion der neuen Abteilung an.[56] Ihr Leiter, Wladimir Krasnowski, bedauerte den Niedergang der Sonderaufgaben in den vorangegangenen Jahren. »Wir räumen Papier von einer Stelle zur anderen«, beklagte er sich. »Mehr tun wir nicht!«[57] Die grundlegende Aufgabe der Achten Abteilung – die Liquidierung von ins Ausland geflohenen Verrätern – war mittlerweile ein nahezu aussichtsloses Unterfangen. Dennoch konnte sich die Zentrale nicht dazu durchringen, entweder das Ritual der Verhängung von Todesurteilen gegen Überläufer selbst oder aber die Vorspiegelung, es würde eines Tages vollstreckt werden, aufzugeben.

Laut Oleg Kalugin, von 1973 bis 1979 Leiter der Direktion K (Gegenspionage) der Ersten Hauptverwaltung, konnte der KGB nach dem Zweiten Weltkrieg nur zwei Überläufer aufspüren, einen in Australien (wahrscheinlich Wladimir Petrow) und den anderen in den USA (vermutlich Pjotr Derjabin), die beide in den fünfziger Jahren die Seiten gewechselt hatten. »Zum Teufel mit ihnen, sie sind inzwischen alte Männer!« sagte Andropow zu Kalugin. »Finden Sie Ljalin oder Juri Nosenko, und ich werde die Hinrichtung der beiden genehmigen!« Vermutlich 1974 erklärte Nikolai Artamonow (LARK), ein früherer sowjetischer Marineoffizier, der unter dem Decknamen »Nicholas Shadrin« als Analytiker im Nachrichtendienst der US Navy arbeitete, seinem KGB-Führungsoffizier, er könne den Verbleib Nosenkos, der in der Nähe von Washington lebe, herausfinden.[58] Ein KGB-Agent in der russisch-orthodoxen Priesterschaft in den USA fand 1975 einen Gangster, der für 100 000 Dollar bereit war, Nosenko umzubringen. Aber bevor der Mann den Auftrag erledigen konnte, wurde er aufgrund anderer Verbrechen verhaftet.[59] Fast zur selben Zeit entdeckte der KGB, daß Artamonow ein Doppelagent des FBI war. Im Dezember 1975 wurde er, nachdem er nach Österreich gelockt worden war – offenbar unter dem Vorwand, einen neuen Führungsoffizier kennenzulernen –, von operativen Offizieren der Wiener Residentur in ein Auto gezerrt. Eigentlich sollten sie Artamonow außer Landes schmuggeln, aber das Beruhigungsmittel, das sie ihm verabreichten, war so stark, daß es ihn tötete. Krjutschkow war trotzdem erfreut, daß wenigstens ein Verräter bekommen hatte, was er verdiente. »Welchen Orden wollen Sie?« fragte er Kalugin. »Oktoberrevolution oder Rotbanner?« Kalugin entschied sich für letzteren.[60]

J. R. Ponomarjow (KEDROW) war von 1976 bis 1981 als Offizier der Gruppe KR (Gegenspionage) in Washington stationiert und hatte in dieser Zeit nur eine Aufgabe: Überläufer aufzuspüren. Als stellvertretender Leiter der Konsularabteilung der Botschaft getarnt, hatte er einen perfekten Vorwand, um sowohl in Einwanderungs- und Einbürgerungsbüros als auch in Rechtsanwaltskanzleien zu recherchieren. Außerdem erlangte er Zugang zur Kundenkartei einer russischen Buchhandlung und suchte die Bekanntschaft von Akademikern, von denen anzunehmen war, daß sie mit Überläufern in Kontakt kamen.[61] Doch die fünf Jahre, die er sich in Washington aufhielt, waren offenbar reine Zeitverschwendung.

Manche verbündete Dienste aus dem Ostblock, insbesondere der bulgarische DS, legten weit weniger Zurückhaltung an den Tag, wenn es darum ging, Überläufer dingfest zu machen. Die Verbissenheit, mit der der DS Verräter jagte, hatte ihren Grund zum großen Teil darin, daß der bulgarische Diktator Todor Schiwkow, die schillerndste und groteskeste Figur unter den osteuropäischen Herrschern, sich durch Kritik und Spott von seiten der Emigranten persönlich verletzt fühlte. Der bekannteste emigrierte bulgarische Schriftsteller, Georgi Markow, sprach in den bulgarischen Programmen des BBC World Service und von Radio Free Europe regelmäßig über die Korruption und die Exzesse des Regimes in Bulgarien und machte sich über Schiwkow lustig, der sich durch das tyrannische Verhalten eines »Dorfpolizisten«, einen »Humor von abstoßender Mittelmäßigkeit« sowie eine Vorliebe für »pompöse Phrasen« auszeichne und sich der Selbsttäuschung hingebe, ein großer Jäger zu sein.

1974 verschwand Boris Arsow, ein anderer Überläufer, der es gewagt hatte, das Schiwkow-Regime zu kritisieren, plötzlich aus seiner Wohnung im dänischen Aarhus, wo er die bulgarische Emigrantenzeitung *Lewski* herausgab. Zwei Monate später tauchte er als Angeklagter in Sofia wieder auf und wurde zu fünfzehn Jahren Gefängnis verurteilt. In einer während des Prozesses verbreiteten offiziellen Stellungnahme wurde praktisch zugegeben, daß Arsow vom DS entführt worden war: »Arsow hat mit dem Feuer gespielt. Durch das rechtzeitige Einschreiten des Staatssicherheitsdienstes wurden seine gefährlichen Aktivitäten beendet. Das zeigt nur, daß der Arm der Gerechtigkeit länger ist als die Beine des Verräters.« 1975 wurde bekanntgegeben, er sei tot in seiner Gefängniszelle aufgefunden worden. Ungefähr zur selben Zeit wurden in Wien drei bulgarische Emigranten, die anderen zur Flucht verholfen hatten – Iwan Kolew, Peter Nesamow und Wesselina Stojowa –, erschossen. Der Mörder wurde von der österreichischen Polizei rasch identifiziert; es handelte sich um einen DS-Agenten, der die Emigrantengruppe infiltriert hatte und nach den Morden nach Sofia geflohen war.[62]

Schließlich wurde auch der KGB in die »politischen Sonderaktionen« des DS hineingezogen. Anfang 1978 bat der bulgarische Innenminister General Dimitar Sojanow die Zentrale um Hilfe bei der Liquidierung Georgi Markows, der damals in London lebte. Die Angelegenheit wurde in einer Sitzung beraten, an der unter Andropows Vorsitz Krjutschkow, dessen Stellvertreter, Vizeadmiral Michail Usatow, und Oleg Kalugin teilnahmen. Obwohl es Andropow widerstrebte, das Risiko der Verwicklung in die bulgarische Operation auf sich zu nehmen, stimmte er Krjutschkows Argument zu, daß eine Ablehnung der Bitte ein unannehmbarer Affront für Schiwkow wäre. »Aber«, fügte Andropow hinzu, »es darf keine direkte Beteiligung unsererseits geben. Gebt den Bulgaren, was immer sie brauchen, zeigt ihnen, wie man es benutzt, und schickt jemanden nach Sofia, der ihre Leute ausbildet. Aber das ist alles!«

Die Zentrale stellte dem DS die Ressourcen ihres aus der »Kamera« der Stalinära hervorgegangenen geheimen Giftlabors zur Verfügung, das zwar der Direktion OT (operative und technische Unterstützung) angegliedert war, aber direkt dem KGB-Vorsitzenden unterstand. Als Verbindungsmann zu den Bulgaren wurde der Sicherheitschef der Ersten Hauptverwaltung und Giftspezialist Sergei Golubew ausgewählt. Die Mordwaffe wurde in einem von mehreren amerikanischen Regenschirmen versteckt, welche die Washingtoner Residentur auf Golubews Ersuchen erstanden hatte, um die Verbindung zum KGB zu verschleiern, falls die Waffe entdeckt werden sollte. Aus der Schirmspitze hatten die OT-Techniker ein schallgedämpftes Gewehr gemacht, mit dem eine winzige Kugel mit einer tödlichen Dosis Ricin, einem aus dem Samen der Rizinuspflanze gewonnenen hochgiftigen Eiweißstoff, abgeschossen werden konnte. Als Markow am 7. September 1978 an der Waterloo-Brücke an einer Bushaltestelle wartete, spürte er plötzlich einen Stich im rechten Oberschenkel und drehte sich automatisch um. Hinter ihm hatte ein Mann seinen Regenschirm fallengelassen. Der Fremde entschuldigte sich, hob den Schirm auf und stieg in ein in der Nähe wartendes Taxi. Markow fühlte keine sofortige Wirkung, erkrankte aber am nächsten Tag und starb am 11. September im Krankenhaus. Bei der Autopsie wurde eine winzige Kugel aus seinem Schenkel entfernt, doch das Ricin hatte sich zersetzt, wie Golubew es kalkuliert hatte. Durch den Mord an Markow wurde einem anderen bulgarischen Emigranten, Wladimir Kostow, klar, was es mit dem unerklärlichen Angriff auf sich gehabt hatte, dessen Opfer er am 26. August in Paris geworden war. Am 25. September wurde aus seinem Rücken eine noch intakte Stahlkugel von der Art, die Markow getötet hatte, entfernt. Bald darauf überreichte General Stojankow Kalugin während eines Besuchs in Sofia als Dank für die Mithilfe des KGB bei der Liquidierung Markows ein teures Jagdgewehr der Marke Browning.[63]

Die bei weitem bedeutendste »Sonderaktion« der Ära Andropow war die Ermordung des afghanischen Präsidenten Hafisullah Amin, der im September 1979 durch eine blutige Palastrevolte an die Macht gelangt war.[64] Obwohl Andropow, was die Erteilung von Mordbefehlen betraf, vorsichtig geworden war, hatte er in diesem Fall keine andere Wahl. Amin, so glaubte er, wollte das kommunistische Regime in Afghanistan beenden und sich dem Westen zuwenden. Es gab sogar Berichte, die behaupteten, Amin konspiriere mit der CIA, und Andropow scheint sie ernst genommen zu haben.[65] Wie in der tschechoslowakischen Krise von 1968 stellte er sich auch diesmal an die Spitze derjenigen, die auf der Umsetzung der »Breschnew-Doktrin« bestanden, der zufolge Moskau das Recht hatte zu verhindern, daß ein Mitglied des Sowjetblocks die Seiten wechselte.

Damit rückte die Achte Abteilung der Direktion S zum ersten Mal seit ihrer Gründung in den Vordergrund. Ihr Plan für die Ermordung Amins, Operation AGAT (»Achat«), war Bestandteil eines umfassenderen Invasionsplans.[66] Als Amin Ende November die Ablösung des sowjetischen Botschafters A. M. Pusanow verlangte, waren Andropow und Verteidigungsminister Ustinow, die beiden führenden Falken im Politbüro, übereinstimmend der Meinung, daß eine sowjetische Invasion notwendig sei und Amin eliminiert werden müsse.[67] Andropow schickte Breschnew

Anfang Dezember einen handschriftlichen Brief, in dem er von »alarmierenden Informationen über Amins geheime Aktivitäten, die auf eine mögliche Wendung zum Westen hindeuten«, berichtete. Dies würde das Ende der kommunistischen Herrschaft in Afghanistan und einen katastrophalen Einflußverlust der Sowjetunion bedeuten.[68] Am 8. Dezember stimmte Breschnew dem von Andropow und Ustinow vorgelegten Invasionsplan zu.[69]

Während Marschall Achromejew und die für die Invasion zuständige operative Gruppe des Generalstabs an der usbekischen Grenze zu Afghanistan ihr Hauptquartier aufschlugen, flogen der Leiter der Direktion S, Wadim Kirpitschenko, und der Leiter der Achten Abteilung, Wladimir Krassowski, heimlich nach Kabul, um den Sturz Amins zu überwachen. Die direkte Leitung der Operation AGAT wurde Krassowskis Stellvertreter A. I. Lasarenko anvertraut. Eine Gruppe der Siebenten Verwaltung (Observierung) des KGB wurde eingeflogen, um Amin im Auge zu behalten. Gleichzeitig unternahm man alles, um zu verhindern, daß er Verdacht schöpfte. So erfüllte man seine Bitte um militärischen Nachschub und baute ihm zwei Funkstationen. Die Hauptinvasion begann am ersten Weihnachtsfeiertag um fünfzehn Uhr Ortszeit.[70]

Nach einigen Darstellungen der Invasion ließ sich Amin täuschen und nahm an, die sowjetischen Truppen würden einmarschieren, um ihm »brüderliche Unterstützung« im Kampf gegen antikommunistische Rebellen zu gewähren.[71] Die Kabuler KGB-Residentur sah es anders. Am 26. Dezember berichtete sie der Zentrale von einem in der englischsprachigen *Kabul Times* erschienenen Artikel mit dem Titel »Der Volkswille wird der entscheidende Faktor sein«, in dem die massive Verlegung sowjetischer Truppen zwar nicht direkt angesprochen wurde, der aber mit dem Ausruf endete: »Nieder mit den Interventionisten!« Die Residentur kommentierte: »Da die afghanische Presse einer strengen Zensur unterliegt, kann der Artikel nicht ohne Zustimmung Amins veröffentlicht worden sein.«

An der Spitze des Angriffs auf den Präsidentenpalast am 27. Dezember standen 700 Soldaten der KGB-Sondereinheiten Alpha und Zenith, die afghanische Uniformen trugen und mit Militärfahrzeugen mit afghanischen Hoheitszeichen fuhren. Das Angriffssignal war die Explosion eines Sprengsatzes, der einige Tage zuvor unter einem Baum auf dem zentralen Platz der Hauptstadt versteckt worden war. Die Palastwachen leisteten jedoch mehr Widerstand, als erwartet, so daß über 100 KGB-Soldaten fielen, bevor der Palast eingenommen und Amin niedergestreckt worden war. Unter den Opfern war auch der Kommandeur der Angriffsgruppe, Oberst Grigori Bojarinow, der Direktor der Schule für Spezialoperationen der Achten Abteilung in Balaschicha.[72]

Es war üblich, als Zeichen der Trauer um im Kampf gefallene KGB-Offiziere ihre schwarz gerahmten Porträts in der Zentrale auszustellen. In diesem Fall jedoch entschied Andropow wegen der großen Zahl der Opfer, keine Bilder aufzuhängen. Aber einige der Überlebenden wurden für ihre Rolle in der Operation AGAT ausgezeichnet. Kirpitschenko wurde zum Generalleutnant befördert und bald darauf zum Ersten stellvertretenden Leiter der Ersten Hauptverwaltung ernannt. Lasarenko stieg zum Generalmajor auf, und Leonid Koslow von der Achten Abteilung wurde der Titel Held der Sowjetunion verliehen.[73] Der Leiter der Gruppe N (Illegalenunterstützung) an der Kabuler Residentur, Ismail Murtusa Ogli Alijew, wurde ebenso wie eine unbekannte Zahl von Angehörigen der Angriffsgruppe, die den Präsidentenpalast gestürmt hatte, mit dem Orden »Roter Stern« geehrt.[74]

Unmittelbar nach der Erstürmung des Präsidentenpalastes bat der exilierte afghanische Kommunist und langjährige KGB-Agent Babrak Karmal, der von Moskau als Amins Nachfolger auserkoren worden war, einige hohe KGB-Offiziere, dem Genossen Andropow zu versichern, daß er als Präsident stets seinem Rat folgen werde. Außerdem forderte er die »strengste Bestrafung« von Amins Gefolgsleuten und all jenen, die sich den sowjetischen Truppen entgegengestellt hatten. Für den Heldenmut der Soldaten, die den Präsidentenpalast gestürmt hatten, war Karmal voll des Lobes:

»Sobald wir eigene Orden haben, würden wir sie gern allen sowjetischen Soldaten und Tschekisten verleihen, die an dem Kampf beteiligt waren. Wir hoffen, daß die Regierung der UdSSR diese Genossen mit Auszeichnungen ehrt.«[75]

Der sich hinziehende Afghanistankrieg erlöste die Achte Abteilung aus dem kümmerlichen Dasein, das sie während des größten Teils der siebziger Jahre gefristet hatte. 1982 wurde in ihrer Schule für Sonderaktionen ein »Ausbildungszentrum für Afghanistan« eingerichtet, dessen Leitung W. I. Kukot übernahm, der als ehemaliger Offizier der Gruppe N an der Residentur in Havanna gut über die kubanischen Erfahrungen mit der Guerillakriegführung Bescheid wußte.[76] Außerdem befaßte sich die Achte

Abteilung eingehend mit den Methoden, die einerseits die Palästinenser gegen die Israelis und andererseits die Israelis gegen die Palästinenserlager im Libanon anwandten.[77] Balaschicha trug wesentlich dazu bei, daß die Sowjetunion vermehrt Sondertruppen einsetzte und zu Mitteln griff, die der Terrorisierung der Bevölkerung dienten – darunter Brandbomben, Napalm, Giftgas, winzige, aus der Luft verstreute Minen, sogar als Spielzeug getarnte Sprengsätze, durch die Kinder verstümmelt und deren Eltern in Angst und Schrecken versetzt wurden. Doch obwohl ein Viertel der afghanischen Bevölkerung vor dem Terror in Flüchtlingslagern in Pakistan Zuflucht suchte, brachte er der Sowjetunion nicht den Sieg.

Als sich der Kalte Krieg in den ersten Jahren der Präsidentschaft Ronald Reagans verschärfte und die Zentrale befürchtete, daß der neue Präsident einen nuklearen Angriff plane, war Andropow sowohl als KGB-Vorsitzender wie auch als Nachfolger Breschnews von 1982 bis 1984 zunehmend bereit, Terroranschläge gegen amerikanische und NATO-Ziele anzuordnen oder zu dulden. Mit seinem Wissen – und zweifellos auch seinem Segen – wurde Ostdeutschland zu einem »Eldorado für Terroristen« (Peter-Michael Diestel). Besonderer Beliebtheit erfreute sich die westdeutsche Rote Armee Fraktion (RAF), die Mitte der siebziger Jahre eine Reihe erfolgreicher Terroranschläge durchführte, deren für 1977 geplante Großoffensive aber fehlschlug. Vier ihrer Anführer begingen im Gefängnis Selbstmord. Dank der Tatsache, daß die wichtigsten überlebenden Aktivisten von 1977 an in Ostdeutschland Unterschlupf fanden, konnte sich die RAF neu formieren.

Die Ausbildung bei der Stasi und die von dieser zur Verfügung gestellten Waffen, Geldmittel und falschen Papiere ermöglichten es der RAF, Anfang der achtziger Jahre erneut in die Offensive zu gehen. Im August 1981 wurden bei einem Autobombenanschlag auf das europäische Hauptquartier der US-Luftwaffe in Ramstein siebzehn Menschen verletzt; einen Monat später unternahm die RAF in Heidelberg einen erfolglosen Raketenangriff auf den Wagen des Oberbefehlshabers der amerikanischen Landstreitkräfte in Europa, General Fredrick Kroesen. In einer weiteren terroristischen Offensive in den Jahren 1984 und 1985 verübte die RAF Sprengstoffanschläge auf die NATO-Schule in Oberammergau und den US-Luftwaffenstützpunkt in Frankfurt am Main und griff amerikanische Soldaten in Wiesbaden an. Auch der Sprengstoffanschlag auf die Diskothek La Belle in West-Berlin geschah mit stillschweigender Duldung der Stasi, die beim Transport des Sprengstoffs behilflich war, der einen amerikanischen Unteroffizier und eine türkische Frau tötete sowie 230 Menschen verletzte, darunter 50 US-Soldaten. Daneben unterhielt die Stasi Kontakte zur IRA, zur baskischen ETA und zu Ilich Ramírez Sánchez alias »Carlos«.[78]

1983, auf dem Höhepunkt der Operation RJAN, dem von KGB und GRU gemeinsam unternommenen Versuch, (nichtexistente) Beweise für angebliche US- und NATO-Pläne für einen nuklearen Überraschungsangriff zu finden, wies Andropow die Achte Abteilung an, terroristische Anschläge auf britische, amerikanische und NATO-Ziele in Europa vorzubereiten. Daraufhin wurde ein Plan für eine Briefbombenkampagne gegen Margaret Thatchers Büro in der Downing Street 10 und eine Reihe prominenter Repräsentanten der USA und der NATO ausgearbeitet.[79] Ungefähr zur selben Zeit suchte der KGB in Bars und Restaurants in der Nähe amerikanischer Stützpunkte in Westdeutschland Verstecke für Sprengsätze aus, die so gezündet werden könnten, daß es wie ein Terroranschlag aussehen würde. Als die CIA die Verstecke 1985 entdeckte, war die Operation RJAN bereits abgeflaut, und die Pläne für terroristische Kampagnen gegen NATO-Ziele waren ad acta gelegt worden.[80]

Im August 1983, als RJAN noch mit voller Kraft vorangetrieben wurde, befahl die Zentrale den wichtigsten Residenturen in europäischen NATO-Staaten, ihre Suche nach NATO-Vorbereitungen auf den Atomkrieg zu intensivieren. Zu den Aktivitäten, auf die sie achten sollten, gehörten »die heimliche Einschleusung von Sabotagegruppen mit atomaren, bakteriologischen und chemischen Waffen in Länder des Warschauer Pakts« sowie der »Ausbau des Netzes von Sabotage- und Nachrichtendienstausbildungszentren«, die »verstärkte Anwerbung von Emigranten aus den sozialistischen Ländern und die Schaffung von militärischen Einheiten und Sabotage- und Nachrichtendienstgruppen aus Emigranten«.[81] Obwohl, wie bei den meisten Beschaffungsaufträgen im Rahmen der Operation RJAN, solche Informationen nicht gesammelt werden konnten, weil es sie nicht gab, gestatten die Instruktionen der Zentrale einen interessanten Einblick in die Moskauer Eventualpläne für die Rolle der Achten Abteilung und ihrer Nachrichtendienst- und Sabotagegruppen (DRGs) bei einem Angriff auf die NATO.

Das Ende des Kalten Krieges brachte einen weiteren Niedergang der »Sonderaufgaben« des KGB mit sich. Die letzte große »Sonderaktion« der Sowjetära richtete sich nicht gegen den traditionellen »Hauptgegner« und seine NATO-Verbündeten, sondern gegen die Reformer in der Sowjetunion selbst. Am 8. Dezember 1990 rief Krjutschkow, der seit zwei Jahren KGB-Vorsitzender war, seinen früheren Stabschef, den jetzigen stellvertretenden Leiter der Ersten Hauptverwaltung, Wjatscheslaw Schischin, und Alexei Jegorow von der Gegenspionage in sein Büro in der Lubjanka, um sie mit einer Studie zu beauftragen, die Auskunft darüber geben sollte, welche Maßnahmen notwendig wären, um das Land nach der Verhängung des Ausnahmezustands zu »stabilisieren«, das heißt welche »aktiven« und anderen Maßnahmen ergriffen werden müßten, um die Einparteienherrschaft und den zentralistischen Sowjetstaat zu erhalten.

In den nächsten acht Monaten versuchte Krjutschkow wiederholt ohne Erfolg, Gorbatschows Zustimmung zur Verhängung des Ausnahmezustands und zur »Stabilisierung« der Sowjetunion zu bekommen. Mit der Einigung über einen neuen Unionsvertrag der ehemaligen Sowjetrepubliken am 23. Juli 1991, durch den viele Kompetenzen der Zentralregierung den einzelnen Republiken übertragen werden sollten, war dann für ihn und seine Mitverschwörer die Grenze des Zumutbaren überschritten. Am 4. August reiste Gorbatschow, den Krjutschkow seit einigen Monaten als SUBJEKT 110 unter ständige Überwachung gestellt hatte, mit der Absicht, zur Unterzeichnung des Unionsvertrages am 20. des Monats nach Moskau zurückzukehren, nach Foros auf der Krim in Urlaub. Am nächsten Tag kamen Krjutschkow und seine Mitverschwörer – mit Verteidigungsminister Dmitri Jasow und Innenminister Boris Pugo, dem früheren Leiter des lettischen KGB, an der Spitze – im OBJEKT ABC, einem komplett mit Swimmingpool, Saunen, Masseusen und Kino ausgestatteten KGB-Sanatorium, zusammen und konstituierten sich insgeheim als Staatliches Notstandskomitee. In den nächsten vierzehn Tagen trafen sie sich immer wieder, um den Putsch vorzubereiten, der die Unterzeichnung des Unionsvertrages verhindern sollte. Das Komitee ordnete den Druck von 300 000 Haftbefehlsformularen an und bestellte bei einer Fabrik in Pskow eine Viertelmillion Handschellen. Krjutschkow rief sämtliche KGB-Mitarbeiter aus dem Urlaub zurück, versetzte sie in Alarmbereitschaft und verdoppelte ihr Gehalt. Im Gefängnis Lefortowo wurden in zwei Stockwerken die Zellen geleert, um für bedeutende Gefangene Platz zu schaffen, und in der Lubjanka wurde ein geheimer Bunker vorbereitet, den das Komitee beziehen würde, falls es hart auf hart kommen sollte.

Am 18. August unternahmen die Verschwörer einen letzten Versuch, Gorbatschow zu überreden, den Ausnahmezustand zu erklären. Nachdem er fehlgeschlagen war, schnitten sie seine Verbindungen zur Außenwelt ab und stellten ihn in Foros unter Hausarrest. Am nächsten Tag gaben sie bekannt, der Präsident sei gesundheitlich nicht in der Lage, seinen Amtspflichten nachzukommen. Vizepräsident Gennadi Janajew – der in Wirklichkeit nicht mehr als eine Galionsfigur war – habe an der Spitze eines achtzehnköpfigen Staatlichen Notstandskomitees als amtierender Staatschef die Regierungsgeschäfte übernommen. Die Verschwörer mußten jedoch bald erkennen, daß sich die alte autokratische Maschinerie des Einparteienstaats in einem zu schlechten Zustand befand, um die Uhr zurückdrehen zu können. Die Sondereinheit Alpha der Siebenten Verwaltung (Observierung) des KGB hatte die Aufgabe erhalten, das Moskauer Weiße Haus, den Sitz der Regierung der Russischen Föderation, zu stürmen und Boris Jelzin festzunehmen, scheiterte aber in beiden Fällen. Kein einziger der auf der Verhaftungsliste der Verschwörer stehenden 7000 Reformer wurde festgenommen. Der Putsch brach in nur vier Tagen wie eine absurde Posse in sich zusammen. Pugo beging Selbstmord. »Verzeiht mir«, schrieb er an seine Kinder und Enkel. »Das Ganze war ein Fehler. Ich habe mein ganzes Leben lang ehrenhaft gelebt.« Als Jasow zu einem Gefangenentransporter geführt wurde, sagte er zu den Männern, die ihn verhaftet hatten: »Jetzt ist alles klar. Ich bin doch ein alter Idiot. Ich habe es wirklich versaut.« Krjutschkow mangelte es an Selbsterkenntnis, um eine ähnliche Schlußfolgerung zu ziehen.[82]

Das Ergebnis der letzten vom KGB organisierten »Sonderaktion« war das genaue Gegenteil dessen, was Krjutschkow und die anderen Verschwörer beabsichtigt hatten: Der Zusammenbruch des kommunistischen Einparteienstaats und der Zerfall der Sowjetunion wurden beschleunigt. Für den KGB endete der Putsch mit einer beispiellosen Demütigung. Am Abend des 21. August traf ein großer Kran vor der Lubjanka ein und entfernte unter dem Beifall einer jubelnden Menschenmenge die Statue von Felix Dserschinski von ihrem Sockel und fuhr sie zu einer Wiese unweit der Tretjakow-Galerie, die zu einer Art Friedhof für Denkmale des Sowjetregimes wurde.

22.

Operationen gegen Großbritannien I: Nach den »Glorreichen Fünf«

Die sowjetischen Nachrichtendienstoperationen in Großbritannien nach den dreißiger Jahren lassen sich in drei Phasen einteilen. Die erste war ein Goldenes Zeitalter, das von den »großen Illegalen« eröffnet wurde und dem KGB – auch wenn er sie nicht immer verstand – bessere Informationen bescherte, als jeder andere feindliche Nachrichtendienst in der britischen Geschichte jemals beschaffen konnte. Es folgte in den fünfziger und sechziger Jahren ein Silbernes Zeitalter, in dem zwar weniger, aber immer noch bedeutende Nachrichtendiensterfolge erzielt wurden. Die siebziger und achtziger Jahre schließlich können als Bronzenes Zeitalter mit wenigen großen Erfolgen und einigen spektakulären Fehlschlägen beschrieben werden.

Das Goldene Zeitalter der sowjetischen Nachrichtendienstoperationen in Großbritannien endete 1951 mit der Flucht von Burgess und Maclean nach Moskau und Philbys Abberufung aus Washington. Mitrochins Notizen enthüllen zum ersten Mal, daß eine wichtige, in den dreißiger Jahren angeworbene ideologisch motivierte Agentin, nämlich Melita Norwood (HOLA), nach dem Ende der »Glorreichen Fünf« weiterhin tätig war. Als Mitarbeiterin der Forschungsabteilung des Britischen Nichteisenmetall-Verbandes war sie in der Lage, Informationen über das britische Atomprojekt TUBE ALLOYS zu beschaffen. Nach dem Zweiten Weltkrieg lebte zwischen KGB und GRU die Rivalität in bezug auf die Führung von HOLA wieder auf. Ihr erster Führungsoffizier nach Kriegsende war ein NKGB/MGB-Offizier der Londoner Residentur, Nikolai Ostrowski. In der KI-Phase der Anfangszeit des Kalten Krieges, als die Auslandsnachrichtendienste von MGB und GRU zusammengeschlossen waren, hatte HOLA dann jedoch zwei Führungsoffiziere von der GRU: Galina Tursewitsch und Jewgeni Oleinik. Im April 1950, nach der Verurteilung des Atomspions Klaus Fuchs und der Vernehmung von SONJA, die während des Krieges sowohl HOLA als auch Fuchs für die GRU geführt hatte, durch den MI5 wurde HOLA aus Furcht, sie könnte enttarnt worden sein, vorübergehend auf Eis gelegt. 1951 wurde der Kontakt zu ihr wiederaufgenommen, und rund ein Jahr später verlangte die Zentrale von der GRU, ihr die Führung von HOLA zu übergeben.[1]

Im Oktober 1952, wenige Monate, nachdem HOLA vom MGB übernommen worden war, wurde auf den Montebello-Inseln vor der Nordwestküste Australiens die erste britische Atombombe getestet. Stalin war über die Konstruktion der Bombe besser informiert als die meisten britischen Minister. Clement Attlee hatte es als Premierminister (bis 1951) nie zugelassen, daß TUBE ALLOYS vom gesamten Kabinett diskutiert wurde. Später erklärte er, einige seiner Minister seien »nicht geeignet [gewesen], um ihnen Geheimnisse dieser Art anzuvertrauen«. Nachdem Churchill die Wahlen von 1951 gewonnen hatte, stellte er verwundert fest, daß Attlee die Kosten der Atombombe – immerhin 100 Millionen Pfund – sowohl vor dem Parlament als auch vor den meisten seiner Minister verheimlicht hatte.[2]

In den folgenden zwei Jahrzehnten hatte HOLA sieben Führungsoffiziere, sechs Offiziere der Londoner KGB-Residentur (Jewgeni Below, Georgi Trusewitsch, Nikolai Assimow, Witali Zeirow, Gennadi Mjakinow und Lew Scharznew) und einen Illegalen (BEN). Aus Sicherheitsgründen traf sich HOLA nur vier- oder fünfmal im Jahr mit ihrem Führungsoffizier, für gewöhnlich in den südöstlichen Vororten von London, um ihm von ihr beschaffte Dokumente zu übergeben.[3]

Daß sich NKGB/MGB und GRU während des Zweiten Weltkriegs und in der Frühphase des Kalten Krieges um HOLA stritten – eine Auseinandersetzung, die in beiden Fällen zugunsten der Zentrale entschieden wurde –, ist ein unmißverständliches Anzeichen für ihre Bedeutung als Agentin. Laut ihrer Akte fanden einige ihrer wissenschaftlich-technischen Informationen »praktische Anwendung in der sowjetischen Industrie« (nähere Einzelheiten sind Mitrochins Notizen nicht zu entnehmen). 1958 wurde HOLA der Rotbannerorden verliehen, und zwei Jahre später wurde ihr eine Rente von 20 Pfund pro Monat gewährt, deren Auszahlung sofort begann, obwohl sie bis zu ihrem Ruhestand noch zwölf Jahre beim Nichteisenmetall-Verband arbeitete. Aber sie war eine ideologisch motivierte Agentin, die nicht aus finanziellen Gründen handelte. Nachdem sie in Rente gegangen war, wies sie weitere Zahlungen zurück, da sie genug zum Leben habe und das Zubrot nicht brauche.[4]

HOLA warb auch Agenten an. In Mitrochins Notizen wird allerdings nur ein Rekrut erwähnt, ein Beamter mit dem Codenamen HUNT, den sie 1965 zu umwerben begann. In den vierzehn Jahren nach seiner Rekrutierung im Jahr 1967 lieferte er Informationen aus dem wissenschaftlich-technischen Bereich sowie über britische Waffenverkäufe (nähere Angaben macht Mitrochin nicht). Ende der siebziger Jahre stellte ihm die Zentrale 9900 Pfund zur Verfügung, damit er sich selbständig machen konnte. Vermutlich hoffte sie, er würde sie über seine Firma mit Technologie beliefern können, für die ein Embargo galt.[5]

Soweit bekannt, ist es keinem nach dem Zweiten Weltkrieg angeworbenen sowjetischen Agenten gelungen, so tief in die britischen Nachrichtendienste einzudringen wie Philby, Blunt und Cairncross. Wenige Monate nach Philbys Entlassung aus dem SIS im Juni 1951 begann das MGB jedoch mit der Anwerbung eines anderen SIS-Mitarbeiters, des 29jährigen George Blake, geborener Behar. Blake war der Sohn eines naturalisierten britischen Vaters, eines sephardischen Juden aus Konstantinopel, und einer holländischen Mutter, die ihren Sohn nach König George V. genannt hatte. In Rotterdam geboren, kämpfte Blake im Zweiten Weltkrieg zunächst im holländischen Widerstand und dann in der Royal Navy, bevor er 1944 dem SIS beitrat. Es gab jedoch manches, was der SIS über seinen neuen Mitarbeiter nicht wußte, zum Beispiel, daß er stark von seinem älteren Cousin Henri Curiel, einem Mitbegründer der KP Ägyptens, beeinflußt war. 1949 wurde Blake, als Vizekonsul getarnt, in Seoul stationiert. Ein Jahr später, kurz nach dem Ausbruch des Koreakrieges, nahmen ihn die einmarschierenden Nordkoreaner gefangen.[6]

Im Herbst 1951 gab er seinen Wächtern einen russisch geschriebenen Brief an die sowjetische Botschaft, in dem er mitteilte, daß er wichtige Informationen besitze. Bei einem Treffen mit Wassili Doschdaljow vom KGB gab er sich als SIS-Offizier zu erkennen und bot sich als Agent an. Nach einer günstigen Beurteilung von Doschdaljow reiste der Londoner Resident, Nikolai Rodin alias Korowin, nach Korea, um die Rekrutierung von Agent DIOMID abzuschließen und mit ihm für die Zeit nach dem Koreakrieg ein Treffen in den Niederlanden zu verabreden. Laut Sergei Kondraschow, der im Oktober 1953 Blakes Führungsoffizier in Großbritannien wurde, stufte die Zentrale ihn derart hoch ein, daß niemand sonst in der Londoner Residentur Identität und Stellung von DIOMID erfahren durfte.[7]

In den KGB-Akten wird Blake das Verdienst an zwei großen Erfolgen der fünfziger Jahre angerechnet. Erstens hätten seine Informationen zusammen mit denen von Heinz Felfe, einem sowjetischen Agenten beim westdeutschen BND, und dem früheren Material von Philby die »Ausschaltung eines gegnerischen Agentennetzes in der DDR in den Jahren 1953 bis 1955« ermöglicht.[8] In seinen 1990 veröffentlichten Memoiren behauptet Blake, er habe fast 400 westliche Agenten im Ostblock verraten, beharrt aber darauf, daß keinem von ihnen ein Leid geschehen sei – eine unhaltbare Versicherung, der nicht nur von Oleg Kalugin widersprochen wird. Laut Blake spielen viele der von ihm Verratenen »heute eine aktive Rolle bei der Demokratisierung in den Ländern Osteuropas«. Weit mehr wurden jedoch in den fünfziger Jahren hingerichtet.[9]

Blakes zweite Großtat bestand darin, daß er die Zentrale auf eine der herausragenden westlichen Nachrichtendienstoperationen des Kalten Krieges aufmerksam machte – den Bau eines 500 Meter langen Tunnels von West- nach Ost-Berlin, in dem Überlandleitungen des Hauptquartiers der sowjetischen Streitkräfte und des KGB in Karlshorst angezapft werden sollten. Bei einem Treffen mit seinem Führungsoffizier auf dem Oberdeck eines Londoner Busses im Januar 1954 übergab Blake eine Durchschrift des Protokolls einer Konferenz von SIS- und CIA-Beamten über das Tunnelprojekt mit dem Codenamen GOLD. Im April 1955, einen Monat bevor der Tunnel in Betrieb ging, wurde Blake an die SIS-Station in Berlin versetzt. Um Blake, ihren mittlerweile bedeutendsten britischen Agenten, nicht zu enttarnen, wagte es die Zentrale nicht, den Bau des Tunnels zu stören oder seine Benutzung frühzeitig zu unterbinden.

Als der KGB im April 1956 die »zufällige« Entdeckung des Tunnels in Szene setzte, hatte Operation GOLD über 50 000 Tonbandspulen mit Mitschnitten sowjetischer und ostdeutscher Telefonate produziert. Es dauerte über zwei Jahre, um das Material zu bearbeiten. Während die Erste Hauptverwaltung ihren eigenen Nachrichtenverkehr schützte, nahm sie es erstaunlich gelassen hin, daß die Telefongespräche von GRU und Streitkräften abgehört wurden. Für die früher aufgestellte Behauptung, das durch die Operation GOLD beschaffte Material sei mit einem erheblichen Anteil von Falschinformationen des KGB durchsetzt, gibt es jedenfalls keinen Beleg. Die auf der Operation beruhenden SIS- und CIA-Berichte enthielten wichtige neue Informationen über die verbesserte atomare Schlagkraft der sowjetischen Luftflotte in Ostdeutschland, deren Ausrüstung mit neuen Bombern und zweistrahligen Abfangjägern mit Bordradar, die Verdopplung der sowjetischen Bomberflotte und die Aufstellung einer neuen Jägerdivision in Polen, den Standort von über 100

Einrichtungen der sowjetischen Luftwaffe in der UdSSR, der DDR und Polen, den Aufbau, die Stützpunkte und das Personal der sowjetischen Ostseeflotte sowie über Einrichtungen und Mitarbeiter des sowjetischen Atomenergieprogramms. In der Ära vor den Spionageflugzeugen und -satelliten – der erste U2-Flug über die Sowjetunion fand im Juli 1956 statt – waren diese Informationen von besonderem Wert, da der Westen hinsichtlich der Möglichkeiten der sowjetischen Streitkräfte immer noch weitgehend im dunkeln tappte.[10]

Einem der abgefangenen Telefongespräche war zu entnehmen, daß ein sowjetischer Agent beim britischen Nachrichtendienst in West-Berlin arbeitete, doch es dauerte noch bis 1961, bevor Blake aufgrund der Aussage von Michał Goleniewski, einem Überläufer vom polnischen SB, identifiziert wurde.[11] Blake wurde zu 42 Jahren Haft verurteilt, saß aber nur fünf ab, da es ihm mit Hilfe von drei ehemaligen Mithäftlingen, mit denen er sich angefreundet hatte – dem Iren Sean Bourke und den Friedensmarschierern Michael Randle und Pat Pottle –, gelang, aus dem Gefängnis Wormwood Scrubs zu fliehen.

Während Blake in den fünfziger Jahren im SIS spionierte, hegte der KGB außerdem ehrgeizige Pläne für die Anwerbung führender britischer Politiker. Eine der Zielpersonen, die in den von Mitrochin eingesehenen Akten genannt wird, war der Journalist Tom Driberg, der für die Labour Party im Parlament saß, von 1949 bis 1974 dem Parteivorstand angehörte und 1957/58 Parteivorsitzender war.[12] 1956, kurz nach der ersten Pressekonferenz von Burgess und Maclean nach ihrer Flucht, in der sie vorgaben, nach Moskau gekommen zu sein, »um für das Ziel eines besseren Verständnisses zwischen der Sowjetunion und dem Westen zu arbeiten«, gab Driberg dem KGB die Gelegenheit, an ihn heranzutreten, indem er um ein Interview mit Burgess nachsuchte.[13] Die beiden hatten sich während des Krieges angefreundet, weil sie gemeinsame Interessen verbanden, darunter, laut Dribergs Biographen, die »Verachtung des Bürgertums« und »ein starkes Verlangen nach Alkohol und jungen Männern«.[14] Mit Zustimmung des KGB sagte Burgess das Interview zu. Vorher hatte er die Zentrale ohne Zweifel davon in Kenntnis gesetzt, daß Driberg einer der umtriebigsten Homosexuellen im öffentlichen Leben Englands war.

Wann immer sich eine Gelegenheit dazu ergab, unternahm die Zweite Hauptverwaltung des KGB alles Erdenkliche, um zu Besuch in Moskau weilende ausländische Diplomaten und westliche Politiker zu kompromittieren, indem sie weibliche oder männliche »Schwalben« einsetzte, um ihre sexuellen Eskapaden zu fotografieren und ihre Zusammenarbeit zu erpressen. Ein Jahr vor Dribergs Besuch in der sowjetischen Hauptstadt war John Vassall, ein homosexueller Sekretär im Büro des britischen Marineattachés in Moskau, auf eine von der Zweiten Hauptverwaltung organisierte Party gelockt worden. Bald darauf, erinnerte sich Vassall später, habe man ihm eine Schachtel mit verfänglichen Fotos gezeigt: »Nach ungefähr drei Fotos konnte ich nicht mehr. Die Bilder machten mich ganz krank.« In den nächsten sieben Jahren, in denen er an der Moskauer Botschaft und bei der Admiralität in London arbeitete, gab er Tausende streng geheimer Dokumente über die Entwicklung von britischen und NATO-Waffen und über die Marinepolitik weiter.[15]

Die Rekrutierung des zwanghaften »Bewohners« von öffentlichen Toiletten, Tom Driberg, erwies sich als noch leichter denn diejenige Vassalls. Die Zweite Hauptverwaltung mußte nicht erst eine raffinierte Sexfalle aufbauen; er lieferte das kompromittierende Material selbst, denn unter den Sexpartnern, die er in einem öffentlichen Pissoir fand, war auch ein Agent der Zweiten Hauptverwaltung, und wenig später wurde er mit »kompromittierendem Material« konfrontiert – vermutlich Fotografien – und als Agent LEPAGE rekrutiert.[16] In den nächsten zwölf Jahren gab Driberg einerseits Informationen aus dem Vorstand der Labour Party weiter und unterstützte andererseits aktive Maßnahmen.[17] Sein Gewicht in der Labour Party wurde von der Zentrale jedoch überschätzt, insbesondere nachdem er 1957 Parteivorsitzender geworden war. Der politische Klatsch, den er weitergab, wurde vom KGB jedenfalls so hoch bewertet, daß er dem Politbüro vorgelegt wurde.[18]

Dribergs erste aktive Maßnahme als Agent LEPAGE war 1956 die Veröffentlichung einer verlogenen Biographie von Guy Burgess, der zufolge er nie sowjetischer Agent gewesen war. Damals gehörte Driberg vorübergehend nicht dem Unterhaus an und war als freier Journalist knapp bei Kasse, während ihm seine Bank im Nacken saß. Das Buch über Burgess brachte ihm mehr Geld ein als alles andere, was er im Lauf seines Lebens schrieb, nicht zuletzt die erstaunlich hohe Summe von 5000 Pfund für den Abdruck in der *Daily Mail*.[19] Eine erste Fassung des Buches hatte er nach dem Interview mit Burgess und seiner Rückkehr nach London innerhalb von etwa einem Monat niedergeschrieben. Dann war er mit den Fahnen nach Moskau zurückgekehrt. »Vermutlich«, schrieb er später, »hat Guy jedes einzelne Kapitel seinen Kollegen und Vorgesetzten gezeigt.«[20] Mit anderen Worten, die Fahnen wurden sorgfältig vom KGB geprüft, bis hin zur Ausmerzung jedes Hinweises auf Burgess' Alkoholismus.

Der Propagandaeffekt von Dribergs Buch wurde durch die Tatsache gestört, daß zum Zeitpunkt seines Erscheinens im November 1956 sowjetische Panzer durch Budapest fuhren, um den ungarischen Aufstand niederzuschlagen. Laut seiner KGB-Akte wurde Driberg jedoch weiterhin für aktive Maßnahmen eingesetzt.[21] Obwohl in Mitrochins Zusammenfassung der Akte keine Einzelheiten genannt werden, sah die Zentrale seine Hauptaufgabe als Einflußagent wahrscheinlich darin, in der Labour Party die Kampagne für eine einseitige nukleare Abrüstung zu unterstützen. Auf dem Parteitag in Scarborough im Oktober 1960 erwies sich die Linke als stark genug, um gegen den erbitterten Widerstand des Parteivorsitzenden Hugh Gaitskell zwei entsprechende Anträge durchzubringen. Sicherlich zur Freude der Zentrale wurde Driberg vom Vorstand in den Zwölferausschuß berufen, der eine neue Verteidigungspolitik entwerfen sollte. Gaitskell beklagte sich zwar darüber, daß sich Driberg im Ausschuß »wie eine müde Schlange« verhalte, konnte aber mit Hilfe seiner Anhänger eine Politik durchsetzen, die sich an der NATO orientierte und eine einseitige Abrüstung ablehnte. Sie wurde auf dem Parteitag von 1961 angenommen, der damit die Entscheidung von Scarborough umkehrte.[22]

Es ist unwahrscheinlich, daß der KGB nach der Veröffentlichung der Biographie von Burgess wesentlichen Einfluß auf Dribergs Reden und Artikel ausübte, wenngleich er zweifellos einen Teil des Verdienstes an seiner Verurteilung der britischen nuklearen Abschreckungspolitik und der amerikanischen Rolle in Vietnam für sich beanspruchte. Dribergs Kampagnen zu diesem und anderen linken Themen waren von seinen eigenen Überzeugungen und nicht vom KGB diktiert. Für die Zentrale bestand sein Hauptnutzen vermutlich darin, daß sie sich gegenüber dem Politbüro damit brüsten konnte, einen Agenten in der Führung der Labour Party zu haben, der wahrscheinlich der nächsten Labour-Regierung angehören würde.

Es dürfte sie zutiefst enttäuscht haben, als in der Regierung, die Gaitskells Nachfolger Harold Wilson nach dem Wahlsieg der Labour Party von 1964 bildete, für Driberg kein Platz war. Wilson mißtraute ihm zu sehr, um ihn zum Minister zu machen.[23] Zusammen mit Ian Mikardo bildete

Driberg die Tribune-Gruppe, die sich von den Hinterbänken aus vielen von Wilsons Entscheidungen widersetzte. Nachdem dieser 1966 die Mehrheit der Labour Party vergrößert hatte, ließ die Wirkung des Widerstands der Tribune-Gruppe jedoch nach. Gleichzeitig begann sich Driberg vom KGB zu lösen; er stellte die Geheimkontakte ein und beschränkte sich auf offizielle Begegnungen mit sowjetischen Diplomaten und Nachrichtendienstoffizieren mit diplomatischer Tarnung. Als der KGB ihn unter Druck zu setzen versuchte, brach er den Kontakt 1968 ganz ab,[24] vermutlich aufgrund seines sich verschlechternden Gesundheitszustandes.

Es ist ungewiß, ob Wilson jemals vom MI5 erfahren hat, daß Driberg ein sowjetischer Agent war. Ende der sechziger Jahre wurde er jedoch darüber informiert, daß Josef Frolik, ein Überläufer der tschechoslowakischen StB, ausgesagt hatte, Driberg habe auf der Gehaltsliste der StB gestanden.[25] Die StB sei jedoch vom KGB mit der Begründung, Driberg sei »sein Mann«, zurückgepfiffen worden.[26] Mitrochins Notizen über Dribergs Akte enthalten keinen Hinweis auf eine tschechoslowakische Verbindung. In der Akte eines anderen Labour-Abgeordneten, des Journalisten Raymond Fletcher, der von 1964 bis 1983 den Wahlbezirk Ilkeston im Parlament vertrat, ist jedoch vermerkt, daß er sowohl für den KGB als auch für die StB tätig war.

Als Fletcher (PETER) 1962 von der Londoner Residentur angeworben wurde,[27] bereitete er gerade eine ätzende Kritik an der konservativen Verteidigungspolitik vor, die im folgenden Jahr unter dem Titel *£60 A Second On Defence* veröffentlicht wurde. Fletcher forderte eine drastische Kürzung der Verteidigungsausgaben und die Auflösung der britischen Atomstreitmacht und machte sich über die Sicherheitsmaßnahmen lustig, mit denen verhindert werden sollte, daß die britischen Verteidigungsgeheimnisse der Sowjetunion bekannt wurden. »Geheimhaltung«, schrieb er, »ist eher ein Mittel, um Inkompetenz zu verbergen, als ein Mittel, um Informationen vor einem potentiellen Gegner zu schützen.«[28] Kurz bevor Fletcher 1964 ins Unterhaus gewählt wurde, erfuhr die Zentrale, daß er auch für die StB arbeitete. In diesem Fall drängte sie die Tschechoslowaken nicht hinaus, sondern brach ihrerseits den Kontakt zu Fletcher ab. Später erfuhr sie vom polnischen SB, aus einem Brief, der in die Hände der KP Großbritanniens gelangt sei, gehe hervor, daß Fletcher seit 1957 mit der CIA »kooperiert« habe.[29]

Einige Monate vor seinem Tod im Jahr 1991 gab Fletcher zu, daß er in den sechziger Jahren Kontakte zu Angehörigen der tschechoslowakischen Botschaft in London gehabt habe, »von denen später behauptet wurde, sie seien Geheimdienstleute gewesen«. Er selbst habe geglaubt, daß alles in Ordnung sei, weil er Goronwy Roberts im Außenministerium jeden Kontakt gemeldet habe. Der MI5 habe es jedoch anders gesehen. Dessen Mitarbeiter seien eine »Bande totaler Bastarde« gewesen: »Sie haben versucht, mich zu zermürben, und haben mir fast den Schneid abgekauft.«[30] Sollte der MI5 ihn wirklich, wie er glaubte, unter Beobachtung gestellt haben, hatte er, nach den KGB-Akten zu urteilen, allen Grund dafür.

Der bedeutendste britische Politiker, der laut Mitrochins Notizen als Zielperson für die Anwerbung durch den KGB erwähnt wird, ist Harold Wilson. Angesichts seiner für einen westlichen Politiker in der Frühphase des Kalten Krieges ungewöhnlich reichhaltigen Kontakte zur Sowjetunion lag es auf der Hand, ihn als möglichen Rekruten zu betrachten. Als Handelsminister und jüngstes Mitglied des Kabinetts Attlee von 1947 bis 1951 war er aktiv am Aufbau des Ost-West-Handels beteiligt, und in den dreizehn Jahren in der Opposition nach 1951 verstärkte er dieses Engagement noch. 1952 veröffentlichte er ein Pamphlet mit dem Titel *In Place of Dollars,* in dem er die Lockerung der Kontrollen »strategischer« Exporte in den Sowjetblock forderte; die unvermeidlichen amerikanischen Proteste auf solch einen Schritt solle man ignorieren. Im Mai 1953, zwei Monate nach Stalins Tod, reiste er als erster führender britischer Politiker seit der Berlin-Krise fünf Jahre zuvor nach Moskau, wo er die Bekanntschaft mit Anastas Mikojan, zu dem er bei Besuchen im Jahr 1947 eine freundschaftliche Beziehung aufgebaut hatte, erneuerte und Gespräche mit Außenminister Wjatscheslaw Molotow führte. Nach seiner Rückkehr sprach er in einer Sondersitzung der Labour-Fraktion im Unterhaus, wonach Attlee ihm für den »großartigen Insiderbericht« über das nachstalinistische Rußland dankte. In Moskau scheinen Wilsons Informationen über die britische Politik ähnlich hoch eingeschätzt worden zu sein. Jedenfalls wurden sie ans Politbüro weitergeleitet.[31] Es gibt jedoch keinen Hinweis darauf, daß Wilsons Gespräche mit sowjetischen Politikern, von denen einige, wie kaum anders zu erwarten, verdeckt arbeitende KGB-Offiziere waren, vertraulicher waren als seine Rede vor der Labour-Fraktion.

Die gelegentlich geäußerte Unterstellung, Wilson sei ein KGB-Agent gewesen, beruhte nicht auf Beweisen, sondern auf unbegründeten Verschwörungstheorien. Einige von ihnen stammen von dem ehemaligen KGB-Offizier Anatoli Golizin, der von der Existenz der »Agentenentwicklungsakte« gewußt haben mag und nach seinem Übertritt im Dezember 1961 behauptete, Wilson sei ein sowjetischer Maulwurf. Als Gaitskell 1963 unerwartet starb, vertrat Golizin die absurde Theorie, er sei vom KGB vergiftet worden, um Wilson den Weg an die Spitze der Labour Party freizumachen. Bedauerlicherweise ließen sich manche britische und amerikanische Nachrichtendienstoffiziere mit einer Vorliebe für Verschwörungstheorien – darunter James Angleton von der CIA und Peter Wright vom MI5 – von Golizins Phantasien täuschen.[32]

Statt Wilson nach seiner Wahl zum Premierminister im Jahr 1964 als Agent oder vertraulichen Kontakt zu benutzen, gab die Londoner Residentur bei einem 1959 rekrutierten Agenten mit dem Codenamen DAN, der für die linke Wochenzeitung *Tribune* schrieb, Artikel gegen einige seiner politischen Entscheidungen in Auftrag. Aus DANs Akte geht hervor, daß er vom KGB bereitgestelltes Material veröffentlichte und Artikel über von Dienst A vorgegebene »Thesen« verfaßte. Ob DAN eine regelmäßige Bezahlung erhielt, ist in Mitrochins kurzen Notizen über dessen Akte nicht angegeben; erwähnt wird jedoch eine »Belohnung« von 200 Dollar, die DAN im Februar 1967 zugesprochen wurde.[33]

Der prominenteste britische Journalist, der in der Frühphase des Kalten Krieges zur Zielperson der Zentrale wurde, ist Edward Crankshaw, der vom Beginn des Kalten Krieges an bis nach seiner Pensionierung im Jahr 1968 der maßgebliche britische Kommentator über sowjetische Angelegenheiten war. Im Zweiten Weltkrieg hatte er zwei Jahre an der britischen Militärmission in der Sowjetunion gedient, und 1947 war er als Rußland- und Osteuropakorrespondent des *Observer* nach Moskau zurückgekehrt. Im nachfolgenden Vierteljahrhundert verfaßte er nach eigener Aussage einen »fortlaufenden Kommentar darüber, worauf die Russen meiner Meinung nach aus waren«.[34] Dieser in aller Welt verbreitete »fortlaufende Kommentar« war sowohl für den Kreml als auch für die Zentrale ein ständiges Ärgernis. »In der Welt von heute«, schrieb Crankshaw 1951, »gibt es nur eine einzige Menschengruppe, die planvoll und aktiv darauf aus ist, unsere Gesellschaftsform zu stürzen. Das ist die Gruppe der Russen, die die heutige Sowjetregierung bilden.«[35]

Die Zentrale bemühte sich erfolglos, Crankshaw unter Druck zu setzen, unter anderem, indem sie seine Affären in Moskau gegen ihn auszunutzen versuchte. Aber er war durch verfängliche Fotos nicht zu beeindrucken. Ganz im Gegenteil könnten ihn die Erpressungsversuche zu der im *Observer* erschienenen Mahnung veranlaßt haben, daß die vom KGB in der Vergangenheit begangenen Greuel ein »Teil der Gegenwart« geblieben seien:

> »Noch immer ist in der Sowjetunion keine Stimme zu hören, die sagt, daß Kollektivierung, Massenverhaftungen, Deportationen und Tötungen entsetzliche Verbrechen gewesen seien, die jetzt zwar der Vergangenheit angehörten, aber niemals vergessen werden dürften, und das bedeutet letztlich, daß trotz aller bemerkenswerten Veränderungen, die seit Stalin eingetreten sind, Chruschtschows Regierung diese Verbrechen immer noch entschuldigt.«[36]

Die westlichen Botschaften in Moskau waren während des gesamten Kalten Krieges Hauptziele für Operationen zur sexuellen Kompromittierung. Nach den von Mitrochin studierten Akten gab es kaum eine westliche Botschaft, die von KGB-»Schwalben« unbehelligt blieb. Es gibt allerdings in Mitrochins Notizen keinen Hinweis darauf, daß nach Vassall irgendein Angehöriger der britischen Botschaft bedeutende Informationen weitergegeben hätte. Die erfolgreichste Verführung in der Ära Breschnew dürfte die eines verheirateten 30jährigen Diplomaten mit dem Codenamen KAREW gewesen sein, dem das russische Hausmädchen (TSCH) seiner Familie den Kopf verdrehte. Um ihn zur Zusammenarbeit zu bewegen, griff der KGB zu einer List, die bei einer ganzen Reihe von Diplomaten zum Erfolg geführt hat. TSCH gab auf Anweisung der Zentrale vor, schwanger zu sein, und bat KAREW um Hilfe bei der Abtreibung, die angeblich ein Wachmann der Botschaft arrangiert hatte. KAREW ließ sich überreden, seine Dankbarkeit zu beweisen, indem er einige biographische Angaben über Botschaftspersonal sowie die Identität von SIS-Offizieren, die mit diplomatischer Tarnung an der Botschaft tätig waren, preisgab. Um KAREW noch weiter zu kompromittieren, täuschte TSCH eine zweite Schwangerschaft vor und bat ihn erneut um seine Hilfe bei der Abtreibung. Bald darauf wurde sie auf Anweisung des KGB verhaftet, weil in ihrem Besitz westliches Geld, das sie von KAREW erhalten hatte, gefunden worden war. KAREW wandte sich an einen sowjetischen Beamten, von dem er wahrscheinlich wußte, daß er ein KGB-Offizier war, um sowohl die angebliche zweite Abtreibung zu organisieren als auch zu erreichen, daß die Anklagen gegen TSCH fallengelassen wurden. Da seine Dienstzeit in Moskau dem Ende zuging, ließ man sich von ihm die Zusage geben, daß er auf seinem nächsten Posten mit einem KGB-Offizier Kontakt aufnehmen würde. Aber sobald KAREW Moskau verlassen hatte, hielt er sich den KGB vom Leib. Als Philby seine Akte gezeigt wurde, riet er von einer Wiederholung der Operation PROBA ab – wahrscheinlich weil die Handschrift des KGB zu offensichtlich gewesen wäre.[37]

In Großbritannien wie in den USA bestand die Strategie der Zentrale während des größten Teils des Kalten Krieges darin, ein Netz von illegalen Residenturen aufzubauen, die vom MI5 schwerer zu überwachen waren als die legale Residentur in der Botschaft und die im Fall eines heißen Krieges weiter operieren könnten. Erster illegaler Resident nach dem Zweiten Weltkrieg war Konon Molodi (BEN), der als Sohn eines sowjetischen Wissenschaftlerpaares offenbar schon in der Kindheit als potentieller Offizier des Auslandsnachrichtendienstes ausgewählt worden war. 1932, als er zehn Jahre alt war, wurde er mit offizieller Zustimmung zu seiner Tante nach Kalifornien geschickt, wo er in San Francisco die Oberschule besuchte, so daß er sechs Jahre später zweisprachig in die Sowjetunion zurückkehrte. Im Großen Vaterländischen Krieg schloß er sich dem NKWD an und unternahm, einer offiziellen Hagiographie zufolge, »regelmäßige Vorstöße ins Hinterland des Feindes, wobei er auf herausragende Weise Eigenschaften wie Kühnheit und Heldenmut unter Beweis stellte«. Nach dem Krieg studierte er Sinologie und arbeitete als Chinesischlehrer, bis er 1951 die Ausbildung zum Illegalen aufnahm.[38]

Wie die meisten Illegalen, die in den USA stationiert werden sollten, untermauerte auch Molodi seine Tarnung zunächst in Kanada, wo er 1954 mit der Identität eines »lebenden Doppelgängers«, eines kanadischen Kommunisten, eintraf. MICK, ein Mitglied des ZK der KP Kanadas, hatte das Parteimitglied ein Jahr zuvor überredet, ihm seinen Paß, der noch nie für eine Auslandsreise benutzt worden war, zu überlassen, angeblich für Parteizwecke. Tatsächlich aber gab MICK den Paß durch Vermittlung eines führenden Mitglieds der Gesellschaft für kanadisch-sowjetische Freundschaft mit dem Codenamen SWJASCHTSCHENNIK (»Priester«), der sich bereits bei Hambletons Rekrutierung nützlich gemacht hatte, an Wladimir Burdin, den KGB-Residenten in Ottawa, weiter. So konnte Molodi, nachdem das Foto ausgetauscht worden war, mit dem Paß in Kanada einreisen. Dort erhielt er einen neuen Paß auf den

Namen des »toten Doppelgängers« Gordon Arnold Lonsdale (KISCH), der 1924 in Cobalt in Ontario geboren und als Kind mit seiner finnischen Mutter in die Sowjetunion ausgewandert war, wo er 1943 gestorben war.[39] Ein kanadischer Untersuchungsausschuß konstatierte später: »Kanada hat sich hinsichtlich seiner Pässe einen zweifelhaften Ruf erworben, und es gibt Beweise dafür, daß gegnerische Nachrichtendienste sich auf den Erwerb kanadischer Dokumente konzentriert haben, weil sie relativ einfach zu beschaffen sind.«[40]

Im März 1955 reiste Molodi unter seiner neuen Identität als »Gordon Lonsdale« nach London und schrieb sich an der School of Oriental and African Studies (SOAS) für einen Chinesischkurs ein. Gleichzeitig begann er sich mit Zustimmung der Zentrale eine Fassade als Geschäftsmann zuzulegen, indem er sich mit dem Geld des KGB als Direktor mehrerer Firmen etablierte, die Musik- und Verkaufsautomaten sowie »einarmige Banditen« betrieben. Laut einer KGB-Akte gehörten ihm unter anderem Kaugummiautomaten an nicht weniger als 200 Plätzen, so daß er stets einen Vorwand hatte, durch den Großraum London zu fahren, um W. A. Dmitrijew, seinen Kontaktmann in der Londoner Residentur, die beiden anderen Mitarbeiter seiner Residentur oder seine Agenten zu treffen. Für eine elektronische Schließvorrichtung, die von einer der Firmen hergestellt wurde, deren Mitinhaber Molodi war, erhielt er 1960 auf einer internationalen Erfinderausstellung in Brüssel eine Goldmedaille.[41] Nachdem er sich zur Ruhe gesetzt hatte, stellte er die arg übertriebene Behauptung auf, er sei der erste illegale Resident des KGB gewesen, der zugleich Multimillionär war. Zu einem sowjetischen Journalisten sagte er: »Ich darf daran erinnern, daß das gesamte Betriebskapital und der Gewinn meiner vier Firmen (Millionen Pfund Sterling), der Jahr für Jahr wuchs, ohne daß ich etwas dazutat, ›sozialistisches Eigentum‹ waren. Merkwürdig, aber wahr!«[42]

Für den Funkverkehr und die technische Unterstützung waren in Molodis illegaler Residentur die altgedienten amerikanischen Agenten Morris und Lona Cohen (LOUIS und LESLIE, zusammen DATSCHNIKI genannt) zuständig, die nach der Verhaftung der Rosenbergs nach Moskau zurückbeordert worden waren. Im Mai 1954 erhielten die Cohens von einem KGB-Agenten im neuseeländischen Konsulat in Paris, Paddy Costello (LONG), der später Russischprofessor an der Universität von Manchester wurde, Pässe auf die Namen Peter und Helen Kroger.[43] »Peter Krogers« Tarnung in London war ein Antiquariat. Wie Molodi waren

LOUIS und LESLIE extrovertiert und führten ein reges gesellschaftliches Leben.

George Blake, der Molodi kennenlernte, als sie beide in Wormwood Scrubs einsaßen, rühmte ihn später als das »perfekte Beispiel eines ... ›illegalen Residenten‹«.[44] Was die Rekrutierung einer neuen Generation von ideologisch motivierten Spionen wie Blake betraf, wurde Molodi in seinen Londoner Jahren allerdings ernüchtert. Später erklärte er:

»Der durchschnittliche Engländer ist apolitisch und indifferent. Es könnte ihm nichts gleichgültiger sein, als wer ihn regiert, in welche Richtung sich das Land entwickelt und welche Vorteile oder Nachteile der Gemeinsame Markt hat. Ihn interessiert nur seine Lohntüte, seine Arbeit und die Frage, wie er seine Frau bei Laune hält.«

Ebenso zynisch betrachtete er die Art von Agenten, auf die sich der KGB seiner Ansicht nach in Großbritannien konzentrieren sollte:

»Ein guter Agent ist ein Mensch mit folgenden Eigenschaften: Er arbeitet in einer militärischen Institution in mittlerer Position, aber in einer Schlüsselstellung, so daß er Zugang zu Informationen hat. Er strebt nicht nach einer höheren Position, er redet sich ein, ein Versager zu sein (sagen wir, weil ihn sein Gesundheitszustand angeblich daran gehindert hat, sein Studium am Generalstabscollege zu beenden), er trinkt (eine kostspielige Angewohnheit), er hat eine Schwäche für das schöne Geschlecht (was ebenfalls nicht gerade preiswert ist), er hat eine kritische Einstellung zu seiner eigenen Regierung, und er ist ein loyaler Anhänger der Regierung des Residenten.«[45]

In den vom SWR veröffentlichten Darstellungen von Molodis Laufbahn wird eine Tatsache sorgfältig ausgespart: daß er nämlich Ende 1958 Führungsoffizier von Melita Norwood (HOLA) wurde, der am längsten aktiven britischen Agentin, deren ideologische Motivation über 40 Jahre hinweg nie nachgelassen zu haben scheint. Molodi traf am 23. Dezember zum ersten Mal mit ihr zusammen und erhielt von ihr den üblichen Stapel von Dokumenten aus den Safes des Nichteisenmetall-Verbandes. Aus Gründen, die in Mitrochins Notizen nicht genannt werden, wurde HOLA nur zwei Monate später wieder der legalen Residentur in London übergeben.[46] Möglicherweise fühlte sie sich von der lebenslustigen Art dieses Frauenhelden, den man ihr als Führungsoffizier gegeben hatte, abgestoßen. Vielleicht fehlte Molodi auch einfach das Gespür dafür, wie man einen ideologisch motivierten Agenten führt.

Die von Mitrochin eingesehenen Akten über Molodis Residentur legen den Schluß nahe, daß sie nur zwei Agenten erfolgreich geführt hat: Harry Houghton und seine Geliebte Ethel Gee (Codenamen SCHAH und ASJA).[47] Houghton, ein früherer Unteroffizier in der britischen Marine, entsprach dem von BEN beschriebenen Agententyp. Er arbeitete als Zivilbeamter im Amt für Unterwasserwaffen in Portland, wo er mit Unterstützung von Ethel Gee, die dort in der Registratur angestellt war, problemlos an streng geheime Informationen über U-Boot-Abwehr und Atom-U-Boote herankam. Die Memoiren, die Houghton später schrieb, sind ein beredtes Zeugnis dafür, wie gut es seinem Führungsoffizier gelungen war, seine schlechte Meinung über ihn zu verbergen. Obwohl Molodi, wie die in Moskau gegebenen Interviews belegen, Agenten wie Houghton für leicht widerwärtige moralische Blindgänger hielt, war Houghton überzeugt, daß vom ersten Treffen an ein »tiefes Band der Freundschaft« zwischen ihnen bestanden habe.[48]

Wie Blake wurde auch Houghton durch die Aussagen des Überläufers Michał Goleniewski enttarnt. Seine Observierung führte den MI5 zu »Lonsdale«, der anschließend bei einem Besuch bei den »Krogers« in Ruislip beobachtet wurde. Bei der Durchsuchung des Hauses der »Krogers« wurden in einem Hohlraum unter dem Küchenfußboden ein starker Sender für die Kommunikation mit der Zentrale und ein Kurzwellenempfänger für die Mitteilungen aus Moskau gefunden; in Taschenlampen und einem Feuerzeug waren Abreißchiffrenblöcke versteckt, und in einer Puderdose entdeckte man ein Lesegerät für Mikropunkte. Auch für die Herstellung von Mikropunkten war alles Nötige vorhanden. In einem Kochtopf befand sich magnetisches Eisenoxid, mit dessen Hilfe Morsenachrichten auf Band übertragen wurden. Schließlich wurden Tausende von Pfund und Dollars sowie Travellerschecks und sieben Pässe sichergestellt.[49] In ihrem Prozeß, der 1961 stattfand, wurde Molodi zu 25 Jahren Gefängnis verurteilt; die Cohens erhielten 20, Houghton und Gee jeweils 15 Jahre.

Molodi kam 1964 im Zuge eines Agentenaustauschs frei. Ein Jahr darauf veröffentlichte er unter seinem Decknamen »Gordon Lonsdale« mit Zustimmung des ZK der KPdSU höchst irreführende Memoiren, die eine Vielzahl von Fehlinformationen enthielten, einschließlich der Behauptung, die »Krogers« seien völlig unschuldig. Die Londoner Residentur berichtete über eine »negative Reaktion« der Führung der britischen KP, die kritisierte, das Buch stelle das förmliche Eingeständnis dar, daß die Sowjetunion im Westen Spionage betreibe.[50] 1969 wurden die Cohens gegen den inhaftierten britischen Dozenten Gerald Brooke ausgetauscht. Bei einem Abendessen, das am 25. November auf einer KGB-Datscha zu ihren Ehren gegeben wurde, überreichte ihnen Andropow persönlich den Orden »Roter Stern«. Zu den Spitzenbeamten der Zentrale, die an der Feier teilnahmen, gehörten der Leiter der Ersten Hauptverwaltung Sacharowski und der Leiter der Illegalensektion Lasarew. Im April 1970 erschienen dieselben KGB-Spitzen zur Einweihungsfeier in der neuen Moskauer Wohnung der Cohens in der Malaja Bronnaja, für deren Einrichtung 5000 Rubel ausgegeben worden waren.[51] In der Ruhmeshalle des KGB erhielten die Cohens einen Ehrenplatz. Lona Cohen starb 1993 im Alter von achtzig, Morris zwei Jahre später mit neunzig Jahren. Durch einen Erlaß von Präsident Jelzin wurde Morris Cohen postum der Titel Held der Russischen Föderation verliehen.[52]

Molodis Karriere endete weniger glücklich. Nach seiner Rückkehr nach Moskau erging es ihm wie anderen früheren Illegalen auch, die das Sowjetsystem vor dem Hintergrund ihrer Erfahrungen im Westen mit kritischen Augen betrachteten. Laut Blake störte ihn vor allem »die Ineffizienz der sowjetischen Industrie und die Inkompetenz, mit der die Fabriken geleitet und der internationale Handel betrieben wurden. Und das sagte er auch, worauf er – da derartige Kritik unerwünscht war – in Ungnade fiel und auf einen ziemlich subalternen Posten versetzt wurde.«[53] Außerdem begann er zu trinken. Im Oktober 1970 ging er an einem Samstag mit seiner Frau und zwei Freunden von der Luftwaffe in der Nähe der Stadt Medji auf Pilzsuche. Nach seinem zweiten Glas Wodka erlitt er einen Herzanfall, durch den er die Sprachfähigkeit verlor. Wenige Tage später verstarb er, erst 48jährig, im Krankenhaus.[54] Er wurde im Offiziersklub des KGB inmitten seiner auf Samtkissen ausgestellten stattlichen Ordenssammlung aufgebahrt, und Andropow und andere Spitzenbeamte erwiesen ihm die letzte Ehre.[55] Kurz vor seinem Tod hatte eine von der Zentrale beauftragte Gruppe von Autoren mit Molodis Unterstützung unter dem Titel *Sonderauftrag* eine neue Biographie verfaßt, aus der Auszüge in der sowjetischen Presse erschienen. 1972 entschied man jedoch mit Andropows Zustimmung, das Buch nicht im Ausland zu veröffentlichen und die Publikation in der Sowjetunion aufzuschieben, um nicht »die Spionagemanie im Westen anzufachen«.[56] 1976 wurde jedoch auf Molodis Grab, das neben dem des anderen berühmten Illegalen der fünfziger Jahre – Wiljam Fischer alias Abel – lag, ein 2000 Rubel teures Standbild errichtet, und im selben Jahr bewilligte das ZK der KPdSU seiner Witwe eine Rente von 120 Rubel im Monat.[57]

Mitrochin hat in den KGB-Akten zwar Hinweise darauf gefunden, daß in den zwanzig Jahren nach Molodis Verhaftung hin und wieder sowjetische Illegale nach Großbritannien gereist sind, aber keinen Beweis dafür entdeckt, daß in dieser Zeit eine funktionstüchtige illegale Residentur an die Stelle der von Molodi errichteten getreten wäre, wenngleich ein solcher Beweis natürlich in einer Akte enthalten sein kann, die Mitrochin nicht zugänglich war. Einer der wichtigsten Kandidaten für Molodis Nachfolge war offenbar der relativ junge Eduard Koslow (JEWDOKIMOW). Der 1934 geborene Koslow wurde mit Hilfe von Agent RAG, einem belgischen Kommunalbeamten,[58] mit Personaldokumenten auf den Namen des nichtexistenten Jean-Louis de Mol ausgestattet, die er 1961 vorlegte, um einen belgischen Paß zu erhalten. Es folgte eine ausgedehnte Akklimatisierungsphase, in der er seine Tarnung stärkte, indem er in der Schweiz auf eine Sprachschule ging, in Zürich als Elektronikfachmann arbeitete und in Stuttgart für eine Versicherungsgesellschaft tätig war. 1966 kehrte er nach Belgien zurück und ließ sich in Dinant nieder, wo er sich einen neuen, bis 1970 gültigen Paß ausstellen ließ. Bevor er nach Großbritannien oder in die USA gehen konnte, erregte er jedoch das Mißtrauen des belgischen Sicherheitsdienstes und wurde hastig nach Moskau zurückbeordert. Da Koslow nicht mehr in den Westen reisen konnte, arbeitete er in der Folgezeit, als britischer, amerikanischer oder belgischer Tourist auftretend, bei PROGRESS-Operationen in Bulgarien, der Tschechoslowakei, Ungarn und der Sowjetunion.[59]

Obwohl nach der Verhaftung Molodis und des Ehepaars Cohen offenbar keine illegale Residentur in Großbritannien mehr aufgebaut werden konnte, erzielte der KGB in den zehn Jahren danach doch eine Reihe bedeutender Erfolge. Die Zentrale fand eine einfache Methode, wie der legalen Residentur in London das Leben erleichtert werden konnte. Unter vier aufeinanderfolgenden Residenten – Nikolai Bagritschew (1962–1964),[60] Michail Tschischow (1964–1966), Michail Lopatin (amtierender Resident 1966/67) und Juri Woronin (1967–1971) – wurde die Residentur ständig vergrößert. Zwischen 1960 und 1970 stieg die Zahl der KGB- und GRU-Mitarbeiter in London von rund 50 auf über 120 – mehr als in Washington oder irgendeiner anderen westlichen Hauptstadt. Auch andere osteuropäische Nachrichtendienste dehnten ihre britischen Operationen aus. Das Ziel war, den überforderten MI5 mit so vielen Nachrichtendienstoffizieren zu überschwemmen, daß er sie nicht mehr wirksam überwachen konnte.[61]

Als der StB-Offizier Josef Frolik 1964 in London stationiert wurde, sagte man ihm, dem britischen Geheimdienst fehle es an Geld und Personal, »so daß es relativ leicht ist, seine Beschatter abzuschütteln«.[62] Zu Beginn von Woronins Amtszeit im Jahr 1967 wurde die Arbeit des MI5 zusätzlich erschwert, weil einer seiner operativen Offiziere, Alexei Sawin (RUSLAN),[63] einen Beamten der Londoner Kfz-Zulassungsstelle namens Sirioj Husein Abdoolcader rekrutierte, der Zugang zu den Kennzeichen sämtlicher Fahrzeuge der Sicherheitsdienste hatte. Da die Residentur fortan in der Lage war, die benutzten Fahrzeuge zu erkennen, konnte sie eine Reihe ausgeklügelter Beschattungsoperationen des MI5 vereiteln.[64]

Die größten Erfolge erzielte die Londoner Residentur in der Ära Breschnew auf dem Gebiet von Wissenschaft und Technik, insbesondere auf dem der Rüstungstechnik. Lopatin, der Mitte der sechziger Jahre wichtigste Experte der Residentur für wissenschaftlich-technische Spionage, gehörte 1967 zu den Mitbegründern der neuen Direktion T der Ersten Hauptverwaltung, die sich auf dieses Gebiet spezialisierte und von den Offizieren der Gruppe X in den Residenturen mit Material beliefert wurde. Leiter der Londoner Gruppe X war von Anfang 1968 bis zu seiner Ausweisung im Sommer 1971 Lew Scherstnew, ein rauher, aber freundlicher Ingenieur, der ein nahezu fehlerfreies Englisch mit kanadischem Akzent sprach und eine Vorliebe für westliche HiFi-Geräte hatte.[65]

Neben der altgedienten HOLA werden in Mitrochins Notizen mindestens zehn weitere in den späten sechziger Jahren tätige Agenten der Gruppe X mit dem Datum ihrer Rekrutierung genannt: der Chemiker MERCURY (1958);[66] SAKS, Angestellter eines britischen Flugzeugherstellers, der – wahrscheinlich 1964 – »gegen materielle Belohnung« in Westdeutschland rekrutiert wurde[67]; der Flugzeug- und Computeringenieur YUNG (1965)[68]; der Chemieingenieur NAGIN (1966)[69]; der Flugzeugingenieur ACE (1967), der umfangreiches Material über Triebwerke und Flugsimulatoren lieferte[70]; HUNT, der 1967 von HOLA angeworbene Beamte[71]; der Atomphysiker ACHURJAN (1968)[72]; der Flugzeugkonstrukteur STARIK (1968)[73]; DAN, ein Ingenieur in der britischen Filiale eines amerikanischen Unternehmens, 1969 »gegen materielle Belohnung« rekrutiert[74]; und STEP, ein Laborant, der 1969 für ein monatliches Salär von 150 Pfund angeworben wurde[75]. Außerdem werden in Mitrochins Notizen vier in den siebziger Jahren aktive wissenschaftlich-technische Agenten erwähnt, die möglicherweise schon in den sechziger Jahren gewonnen worden waren: ein Virologe, ein Forscher in einem pharmazeutischen Labor,[76] ein Ingenieur in einem Atomkraftwerk[77] und COOPER, der in einer Arzneimittelfirma in der Abteilung für neue Produkte arbeitete.[78]

Der MI5 war bei der Bekämpfung der zunehmenden wissenschaftlich-technischen Spionage nicht nur durch seine begrenzten Ressourcen behindert, sondern auch durch die Schwierigkeit, erfolgreiche Strafverfahren einzuleiten. Wenn keine Geständnisse vorlagen oder die Agenten nicht dabei ertappt worden waren, wie sie Material übergaben, war es für gewöhnlich unmöglich, eine Verurteilung zu erreichen. Mitte und Ende der sechziger Jahre gab es in Großbritannien nur zwei Fälle, in denen sowjetische Spione schuldig gesprochen wurden. 1965 wurde Frank Bossard, ein 52jähriger Sachbearbeiter im Luftfahrtministerium, zu 21 Jahren Haft verurteilt, weil er streng geheime Informationen über die Entwicklung britischer Lenkwaffen an die GRU weitergegeben hatte. Drei Jahre später erhielt Douglas Britten, Cheftechniker bei der Luftwaffe, ebenfalls 21 Jahre Gefängnis, weil er dem KGB streng geheime Informationen über die Fernmeldeeinheiten der Royal Air Force auf Zypern und in der Grafschaft Lincolnshire verraten hatte.[79]

Neben der Gruppe X der Londoner Residentur befaßten sich KGB-Offiziere, die als Mitglieder von Wissenschafts- und Handelsdelegationen oder als Aufbaustudenten nach Großbritannien geschickt wurden, mit wissenschaftlich-technischer Spionage. Zu den Aufbaustudenten gehörte A. W. Scharow von der Direktion T, der im November 1966 an der Londoner Universität an seiner Dissertation zu arbeiten begann und am 22. Oktober 1969 den Doktortitel erhielt. Auf Anweisung des KGB kehrte Scharow im Januar 1971 nach London zurück, um seinen Titel persönlich entgegenzunehmen. Anschließend begab er sich auf eine von der Akademie der Wissenschaften organisierte Vortragsreise, auf der er nach Vorstellung der Zentrale potentielle Rekruten unter Wissenschaftlern ausmachen sollte.[80] Der bedeutendste Aufbaustudent der Gruppe PR an einer britischen Universität dürfte Mitte der sechziger Jahre Gennadi Titow (SILIN) gewesen sein, der am University College in London studierte. 1971, als 39jähriger, wurde er Resident in Norwegen.[81] 1984 stieg er zum KGB-General auf, und zur Zeit des Putschs von 1991 rangierte er in der Hierarchie des KGB an dritter Stelle.

Seit dem Ende der »Glorreichen Fünf« und der Verhaftung von George Blake hatte die Zentrale es als ihre Hauptschwäche angesehen, daß es ihr nicht gelungen war, eine neue Generation von aufstrebenden, ideologisch motivierten Agenten anzuwerben. Doch die einfache Wahrheit, daß die Sowjetunion ihre ideologische Anziehungskraft eingebüßt hatte, vermochte sie nicht zu akzeptieren. Den alternden Apparatschiks, die über Breschnews Sowjetunion herrschten, fehlte sowohl der in der Zwischenkriegszeit vorhandene Glanz des Mythenbildes vom ersten Arbeiter-und-Bauern-Staat der Welt als auch das weitaus realistischere Image des Staates, dem das Hauptverdienst am Sieg über den Nationalsozialismus zukam. Die meisten jungen westlichen Radikalen der sechziger Jahre fühlten sich nicht von den ideologisch linientreuen kommunistischen Parteien, sondern von den libertären Bewegungen der Linken angezogen. Aber Moskau wollte nicht einsehen, daß dies keine vorübergehende Phase war. Die Zentrale versuchte Kim Philbys Leben als Vorbild darzustellen, um eine neue Generation radikaler Idealisten dazu anzuregen, seinem Beispiel zu folgen.

In den ersten fünf Jahren seines Moskauer Exils wurde Philbys Enttäuschung über die geringe Wertschätzung von seiten des KGB davon überdeckt, daß er stets beschäftigt war, entweder durch lange Befragungen oder indem er als Ghostwriter mithalf, Konon Molodis Memoiren zu schreiben (die unter dessen Pseudonym »Gordon Lonsdale« veröffentlicht wurden), und seine eigenen, geglätteten Erinnerungen an seine Karriere im SIS zu Papier zu bringen, die 1968 unter dem Titel *My Silent War* (westdeutsche Ausgabe: *Mein Doppelspiel,* 1968; ostdeutsche Ausgabe: *Im Secret Service,* 1983) veröffentlicht wurden.[82] Seine Vorbehalte gegenüber dem Leben in Moskau behielt er für sich. Statt dessen behauptete er: »Wenn ich aus dem Fenster meines Arbeitszimmers über Moskau schaue, sehe ich die soliden Fundamente der Zukunft vor mir, die ich mir in Oxford vorgestellt habe.« Seine Einleitung schließt mit Worten, die aufrüttelnd wirken sollten:

»Schließlich sollte man daran denken, daß ohne die Macht der Sowjetunion und der kommunistischen Ideale die alte Welt, wenn nicht die ganze Welt, wahrscheinlich heute von Hitler und Hirohito regiert werden würde. Es ist für mich ein Grund zu großem Stolz, daß ich als ein noch so junger Mann aufgefordert wurde, meine winzige Rolle beim Aufbau dieser Macht zu spielen. ... Nur das eine will ich sagen, daß, als mir der Vorschlag [für den sowjetischen Nachrichtendienst tätig zu werden] gemacht wurde, ich keinen Augenblick gezögert habe. Man erlebt es nicht zweimal, daß einem angeboten wird, in eine Elitetruppe einzutreten.«[83]

Kurz nach Erscheinen des Buches traf ein amerikanischer Oberschüler, der in Philbys Fußstapfen treten wollte, mit einem Touristenvisum in Moskau ein und bot dem KGB seine Dienste an. Obwohl erst sechzehn Jahre alt und damit der jüngste westliche Rekrut, den Mitrochin in den KGB-Akten entdeckt hat, wurde er im Juli 1968 mit der persönlichen Zustimmung Andropows als Agent SYNOK (»Söhnchen«) angeheuert, das heißt, er erhielt denselben Codenamen, den man Philby 1934 nach seiner Rekrutierung gegeben hatte.[84] Aus SYNOKs Akte geht hervor, daß er aus einer wohlhabenden Familie kam, eine idealistische Bewunderung für die Sowjetunion hegte und von romantischen Vorstellungen über die Geheimdienstarbeit erfüllt war. Nach einem zweiten Treffen mit ihm, das am 19. Oktober in Mexiko stattfand, wurde beschlossen, ihn zum Illegalen auszubilden. In den nächsten Monaten scheinen er selbst oder seine Eltern jedoch Skrupel bekommen zu haben; jedenfalls tauchte er beim nächsten vereinbarten Treffen in London nicht auf.

Es kann als Zeichen dafür interpretiert werden, wie wenige intelligente, ideologiegläubige junge Leute im Westen dem Beispiel Philbys folgen wollten – in Mitrochins Notizen ist kein einziger anderer Fall erwähnt –, daß der KGB noch über ein Jahrzehnt versuchte, die Verbindung zu SYNOK wieder anzuknüpfen. 1978 erfuhr ein KGB-Offizier von seinem Vater, daß er sich in Mexiko aufhalte, konnte ihn dort aber nicht ausfindig machen. Zwei Jahre später entlockte man seiner Mutter mit einer List eine Adresse in San Francisco, und im Dezember 1980 schickte der KGB-Offizier, mit dem er sich zwölf Jahre zuvor in Mexiko getroffen hatte, einen Brief an diese Adresse. Darin wurde er zu einem neuen Treffen in Mexiko eingeladen und erhielt als Antwortanschrift eine Adresse in Ostdeutschland. Als keine Antwort kam, scheint der KGB endlich aufgegeben zu haben.[85]

Obwohl keine neue Generation von Philbys in Sicht war, stärkte die

Erinnerung an die »Glorreichen Fünf« weiterhin das Ansehen der Londoner Residentur. Sogar in der Ära Gorbatschow wurden die während des Zweiten Weltkriegs und in den 25 Jahren danach in Großbritannien durchgeführten Operationen jungen Nachrichtendienstoffizieren, die im Andropow-Institut ausgebildet wurden, als Vorbild präsentiert. Juri Modin, der den Fachbereich Politische Aufklärung leitete, war früher Führungsoffizier der »Fünf« gewesen; Iwan Schischkin, der für die Gegenspionage zuständig war, hatte von 1966 bis 1970 die Gruppe KR der Londoner Residentur geleitet; und Wladimir Barkowski, der für die Ausbildung in wissenschaftlich-technischer Spionage verantwortlich war, hatte sich seine Sporen auf diesem Gebiet zwischen 1941 und 1946 ebenfalls in London verdient.[86]

War das Goldene Zeitalter der KGB-Operationen in London mit dem Auseinanderbrechen der »Glorreichen Fünf« im Jahr 1951 zu Ende gegangen, so endete das Silberne zwanzig Jahre später noch abrupter mit dem Seitenwechsel von Oleg Ljalin und der Massenausweisung von 105 KGB- und GRU-Offizieren. Danach wurden die Überwachungskapazitäten des MI5 nicht mehr durch die schiere Zahl der sowjetischen Nachrichtendienstmitarbeiter überfordert. Oleg Gordiewski beschreibt die britische Operation FOOT im Rückblick als »eine Bombe, ein Erdbeben der Vertreibung, das beispiellos war, ein Ereignis, das die Zentrale in ihren Grundfesten erschütterte«.[87] Laut Oleg Kalugin »erlitten unsere Aktivitäten zur Informationsbeschaffung in England einen Schlag, von dem sie sich nie mehr erholten.«[88] Danach kam der KGB bis zum Ende des Kalten Krieges in London schwerer an hochwertige Informationen heran als in jeder anderen westlichen Hauptstadt.

23.

Operationen gegen Großbritannien II: Nach der Operation FOOT

Während Moskau offiziell seine Empörung über die Massenausweisung der Nachrichtendienstoffiziere aus London bekundete, war der Zentrale klar, daß ihr Bild in der Öffentlichkeit einen verheerenden Schlag erlitten hatte. Im Mittelpunkt der aktiven Maßnahmen, mit denen sie den Spieß umzudrehen und die Ausweisungen in ein schlechtes Licht zu rücken versuchte, stand der frühere Star des SIS, Kim Philby. Dieser befand sich allerdings nicht in einem Zustand, in dem er der Öffentlichkeit präsentiert werden konnte. Seit der Veröffentlichung seiner Memoiren scheint der KGB keine Verwendung mehr für ihn gehabt zu haben, und er war in einer Serie nahezu selbstmörderischer Sauftouren durch Rußland geirrt, auf denen er manchmal nicht mehr wußte, wo er sich gerade aufhielt und ob es Tag oder Nacht war. Anfang der siebziger Jahre wurde er jedoch von Rufa, »der Frau, auf die ich mein ganzes Leben gewartet hatte«, vor dem Versinken im Alkohol gerettet.[1]

Da Philby, wie die Zentrale zweifellos zu Recht befand, noch nicht soweit war, um vor die Presse zu treten, lancierte sie nach der Operation FOOT ein langes Interview mit ihm, das am 1. Oktober 1971 in der *Iswestija* erschien und in dem er den von der »rechtsgerichteten britischen Presse« erhobenen »verleumderischen Vorwurf« zurückwies, die aus England ausgewiesenen Sowjetbürger hätten Spionage betrieben. Philbys plumpe Angriffe auf die »herrschenden Kreise« und deren »subversive Aktivitäten« standen in krassem Gegensatz zu dem wesentlich eleganteren Tonfall seiner drei Jahre zuvor publizierten Memoiren. Wahrscheinlich wurde ihm das »Interview« vom KGB einfach zur Unterschrift vorgelegt, und er fügte nur hier und da eine persönliche Erinnerung an die »psychologische Kriegführung« des britischen Nachrichtendienstes hinzu. Es entbehrt allerdings nicht der Ironie, wenn er behauptet, der SIS habe »seine subversiven Operationen gegen die Sowjetunion nicht einmal während des Krieges gegen Hitlerdeutschland unterbrochen«.[2] Denn in Wirklichkeit hatte das Fehlen von Beweisen für antiso-

513

wjetische Operationen in den von ihm während des Krieges weitergegebenen SIS-Berichten dazu geführt, daß die Zentrale ihn verdächtigte, Desinformationen zu verbreiten. Die Tatsache, daß Philby wirkliche und vermeintliche SIS-Offiziere namentlich nannte, die im Nahen Osten stationiert worden waren, nachdem er 1963 in Beirut übergelaufen war, beweist ebenfalls, daß das Interview teilweise, wenn nicht ganz von der Zentrale verfaßt worden war.[3] Zu den angesprochenen Nachrichtendienstoffizieren gehörte übrigens David Spelling, der ein Vierteljahrhundert später Chef des SIS werden sollte.[4]

Weit davon entfernt, den durch die Massenausweisung aus England angerichteten Schaden einzugrenzen, wurde Philbys Interview zu einer weiteren Public-Relations-Katastrophe. Die sowjetische Nachrichtenagentur TASS wurde postwendend von vier prominenten libanesischen Bürgern wegen Verleumdung verklagt.[5] Der sowjetische Botschafter in Beirut versuchte seine Regierung aus der Schußlinie zu nehmen, indem er erklärte, die ganze Affäre sei »rein journalistischer Natur« und die »Sowjetunion als Staat« habe nichts damit zu tun. Als der Leiter des TASS-Büros in Beirut, Nikolai Filatow, in die Klage einbezogen wurde, machte der Botschafter jedoch hastig eine Kehrtwendung, indem er darauf hinwies, daß TASS eine »regierungsamtliche Nachrichtenagentur« sei und Filatow diplomatische Immunität genieße.[6]

Um die Sache noch schlimmer zu machen, vertraute die Botschaft die Vertretung des TASS-Büros einem Rechtsanwalt an, der zwar Kommunist war, aber daneben, wie die Zentrale glaubte, auch SIS-Agent.[7] Bevor der Fall vor Gericht kam, rief TASS Filatow und seine Familie nach Moskau zurück.[8] Im Mai 1972 wurde der libanesische Bürochef von TASS, Raymond Saadeh, der sich nicht auf diplomatische Immunität berufen konnte, zu zwei Monaten Gefängnis und einer Entschädigungszahlung von 40000 libanesischen Pfund an jeden Zivilkläger verurteilt; später wurde das Urteil in einer Berufungsverhandlung auf eine Geldstrafe von 1000 Pfund und Entschädigungen von je 10000 Pfund reduziert. Eine weitere Demütigung für TASS war die Anordnung des Gerichts, daß die Agentur selbst über das Urteil berichten müsse. In der *Times* erschien die Geschichte unter der Schlagzeile: »TASS dazu verurteilt, für Verleumdung durch Mr. Kim Philby zu zahlen«.[9]

Die verheerenden Folgen des *Iswestija*-Interviews konnten Philby weder davon überzeugen, daß der KGB wieder Verwendung für ihn hatte, noch brachten sie seine Rehabilitation voran. Als Oleg Kalugin ihn Anfang 1972 kennenlernte, einen Monat nach seiner Heirat mit Rufa, begegnete er dem »Wrack eines Mannes«. In den nächsten Jahren gelang es ihm und anderen jungen, aufstrebenden KGB-Offizieren, Philby zu rehabilitieren, indem sie ihn für aktive Maßnahmen und Seminare für Offiziere, die in Großbritannien, Irland, Australien und Ozeanien oder Skandinavien stationiert werden sollten, heranzogen. Krjutschkow und die alte Garde der Ersten Hauptverwaltung blieben Philby gegenüber jedoch mißtrauisch und verweigerten ihm den Zutritt zu Jasenewo.[10] Seine niedrige Position nagte weiterhin an ihm. Bei westlichen Journalisten erweckte er gern den Eindruck, er sei Oberst oder sogar General des KGB. In Wirklichkeit blieb er Agent TOM.

Nach der Massenausweisung vom September 1971 wurden die meisten Agenten der Londoner Residentur auf Eis gelegt. Die Zentrale schätzte, daß die Residentur, selbst bei reduzierter Tätigkeit, frühestens Mitte 1974 wieder normal funktionieren würde.[11] Darüber hinaus war die vergleichsweise geringe Zahl der in London verbliebenen KGB- und GRU-Offiziere einer deutlich verschärften Überwachung ausgesetzt. Am 17. September 1971 wurde Abdoolcader, der KGB-Agent in der Londoner Kfz-Zulassungsstelle, aufgrund eines Hinweises von Ljalin, der in den vorangegangenen zwei Jahren sein Führungsoffizier gewesen war, verhaftet. In seiner Brieftasche fand man eine Postkarte an Ljalin mit den neuesten Kennzeichen von MI5-Fahrzeugen. Er wurde zu drei Jahren Gefängnis verurteilt.[12]

Da der letzte Resident, Woronin, zur Persona non grata erklärt worden war und bekannte Nachrichtendienstoffiziere kein britisches Einreisevisum erhielten, wurde Jewgeni Lasebny, ein junger Offizier der Gruppe KR, der, als Sicherheitsbeamter der sowjetischen Handelsdelegation getarnt, der Ausweisung irgendwie entgangen war, zum Residenten ernannt. In den vierzehn Monaten, die er diesen Posten innehatte, versuchte er seine Tarnung aufrechtzuerhalten, indem er sein Büro in der Handelsdelegation behielt und jeden Tag in die Botschaft ging, um in der Residentur nach dem Rechten zu sehen.[13] Mit der Leitung von Nachrichtendienstoperationen hoffnungslos überfordert, bestand er auf umfangreichen, zeitaufwendigen Vorsichtsmaßnahmen, die der Residentur das Leben zusätzlich erschwerten. Niemand durfte die Residentur mit einem Mantel betreten, weil man damit Material hätte herausschmuggeln können. Aktenmappen, Handtaschen und Pakete waren ebenfalls verboten, und die Schuhe der operativen Offiziere wurden geröntgt, um auszuschließen, daß sie Wanzen oder versteckte Hohlräume enthielten. Auch die Post und alle Möbel, die in London angeschafft oder repariert worden waren, wurden durchleuchtet. Ölkannen, Batterien und sogar Aststellen in Holzarbeiten wurden regelmäßig untersucht.[14]

Ende 1972 wurde Lasebny durch den Letten Jakow Lukasewitsch alias Bukaschow abgelöst,[15] der gleichfalls auf strengen Sicherheitsvorkehrungen beharrte. 1971/72 wurde die Residentur von Agenten darauf hingewiesen, daß der MI5 entweder in der sowjetischen Handelsdelegation oder unter den Inspektoren von Industrieausrüstungen eine Quelle hatte. Doch die intensive Suche nach dem Verräter blieb erfolglos, obwohl sie bis 1976 fortgesetzt wurde. Am Ende zog man den Schluß, daß die Informationen, auf denen die Berichte der Agenten beruhten, vom MI5 in Umlauf gesetzt worden sein mußten, um die Residentur von ihren operativen Prioritäten abzulenken. Die Befürchtung, vom MI5 infiltriert worden zu sein, hatte allerdings einen realen Kern, denn bei der Handelsdelegation, die Außenstellen von KGB und GRU beherbergte, wurde ein umfangreiches Netz von Abhörgeräten entdeckt.[16]

Nach der Massenausweisung von 1971 bat die Zentrale verbündete Nachrichtendienste aus Kuba und Osteuropa, die Lücke in London zu schließen.[17] Außerdem versuchte der KGB den Aderlaß wenigstens teilweise zu kompensieren, indem er sein Agentennetz unter den Diplomaten und sonstigen Mitarbeitern der Londoner Botschaft vergrößerte. 1973 wurden neunzehn Botschaftsangehörige in den Akten der Zentrale als KGB-Agenten geführt, darunter der ständige Stellvertreter des Botschafters, Iwan Ippolitow.[18] Einige KGB-Offiziere, die ausgewiesen worden waren oder denen Großbritannien die Einreise verwehrte, wurden in Commonwealth-Hauptstädten mit großen britischen Gemeinden stationiert, so in New Delhi, Daressalam, Lagos und Lusaka.[19]

Die erste Abteilung der Londoner Residentur, die nach 1971, wenn auch langsam und in reduziertem Umfang, ihren Betrieb wiederaufnehmen konnte, war die für wissenschaftlich-technische Spionage zuständige Gruppe X. 1972 plante man, den Kontakt zu ihren wichtigsten Agenten wiederherzustellen: zu HOLA im Britischen Verband für Nichteisenmetall-Forschung, dem Flugzeugingenieur ACE, dem von HOLA rekrutierten HUNT, dem Flugzeug- und Computeringenieur YUNG, dem Chemiker NAGIN und dem Laboranten STEP.[20] Mitrochins Notizen enthalten zwar nur einen unvollständigen Bericht darüber, wie diese Agenten reaktiviert wurden, aber es war auf alle Fälle eine langwierige Angelegenheit. Der eigentlichen Kontaktaufnahme gingen wahrscheinlich zeitraubende Beschattungen voraus, um sicherzustellen, daß keiner der Agenten vom MI5 überwacht wurde. Der Kontakt zu HUNT wurde erst 1975 erneuert, und auch dann hielt man es für sicherer, keinen operativen Offizier der Londoner Residentur, sondern den französischen Agenten MAIRE einzusetzen.[21]

Als man 1974 an Melita Norwood (HOLA) herantrat, stellte man fest, daß sie zwei Jahre zuvor in Pension gegangen war. Da sie keinen Zugang zu Geheimmaterial mehr hatte, wurde der Kontakt abgebrochen. HOLA stand in der Zentrale jedoch weiterhin in hohem Ansehen, immerhin war sie wahrscheinlich die am längsten aktive britische KGB-Agentin, die zudem überaus produktiv gewesen war und unter anderem Informationen über das britische Atomprogramm geliefert hatte. Sie scheint während ihrer gesamten Agentenkarriere nie den Glauben an die Sowjetunion verloren zu haben. Als sie 1979 zusammen mit ihrem Mann Moskau besuchte, lehnte sie, wie schon erwähnt, die angebotene finanzielle Unterstützung ab. Sie habe alles, was sie brauche.[22]

1974 bestand die Gruppe X aus neun operativen Offizieren – sieben weniger als vor der Operation FOOT – unter Leitung des stellvertretenden Residenten Oleg Jakimow. Mittlerweile hatte man den Kontakt zu den meisten Agenten, die im September 1971 auf Eis gelegt worden waren, wiederaufgenommen.[23] Der produktivste reaktivierte Agent dürfte ACE gewesen sein. Als er Anfang 1980 starb, umfaßte seine Produktakte rund 300 Bände mit jeweils etwa 300 Seiten. Die meisten dieser 90 000 Seiten enthielten technische Angaben über neue Flugzeuge (darunter die Concorde, die Super VC-10 und die Lockheed L-1011), Triebwerke (zum Beispiel Rolls-Royce, Olympus-593, RB-211 und SNEY-505) und Flugsimulatoren. Das Material über die Simulatoren für die Lockheed L-1011 und die Boeing 747 wurde zur Grundlage einer neuen Generation sowjetischer Geräte dieser Art. Darüber hinaus rekrutierte ACE »unter falscher Flagge« (wahrscheinlich der eines Konkurrenzunternehmens) einen Triebwerkspezialisten mit dem Codenamen SCHWED. Bemerkenswert ist, daß ACE eine monatliche Zahlung von nur 225 Pfund erhielt, die 1980 auf 350 Pfund angehoben wurde.[24]

Während bekannten KGB- und GRU-Offizieren die Einreise verwehrt war, konnte der KGB immer noch Agenten und »vertrauenswürdige Kontakte« der Gruppe X an sowjetischen Universitäten im Rahmen des akademischen Austauschs oder zum Aufbaustudium in technischen und naturwissenschaftlichen Fächern nach Großbritannien schicken. Die meisten von ihnen gingen an Technische Hochschulen oder Universitäten im Gebiet von London oder nach Oxford und Cambridge.[25] »Ziele von operativem Interesse«, wo die Agenten oder »vertrauenswürdigen Kontakte«, wenn möglich, potentielle Rekruten ausfindig machen sollten, waren unter anderem diverse Colleges in »Oxbridge« sowie die *London School of Economics*, die *School of Oriental and African Studies* und die *School of Slavonic Studies* der Universität London.[26]

Obwohl Mitrochins Notizen nicht vollständig sind, lassen sie doch den Schluß zu, daß in den siebziger Jahren von der Gruppe X weniger neue britische Agenten angeworben werden konnten als im Jahrzehnt vor der Operation FOOT. Der erste Rekrut nach der Massenausweisung, den Mitrochin zweifelsfrei identifiziert, war KRISTINA, die 1973 wahrscheinlich in der Sowjetunion angeworben wurde.[27] Bei vier anderen Agenten, die in den siebziger Jahren aktiv waren, ist nicht klar, ob sie vor oder nach der Operation FOOT rekrutiert worden sind. Wegen der schwierigen Operationsbedingungen in London trafen mindestens sechs, wahrscheinlich aber mehr Agenten der Gruppe X ihre Führungsoffiziere außerhalb Großbritanniens oder wurden von anderen europäischen Residenturen geführt.[28]

Der bedeutendste britische wissenschaftlich-technische Spion im Jahrzehnt nach FOOT dürfte Michael John Smith (BORG) gewesen sein, ein kommunistischer Elektronikingenieur.[29] Den Kontakt hergestellt hatte ein Offizier der Gruppe X der Londoner Residentur, Wiktor Oschtschenko (OSEROW), der Smith im Mai 1975 nach einer Gewerkschaftsversammlung über das bevorstehende Referendum über die britische Mitgliedschaft in der EU in einem Pub in der Nähe seiner Wohnung ansprach. Auf Anweisung von Oschtschenko schied Smith aus der KP aus, gab seine Gewerkschaftsaktivitäten auf, wurde zum Leser des *Daily Telegraph,* trat einem örtlichen Tennisklub bei und »bemühte sich, seine Ergebenheit gegenüber den Behörden zu bezeigen«, wie es in seiner operativen Akte heißt.

Eine bürokratische Verwirrung im MI5, die durch den erstaunlichen Zufall ausgelöst wurde, daß es in der KP-Organisation von Surrey einen zweiten Michael John Smith gab, verhalf Smith zu einer Anstellung als Prüfingenieur in der Qualitätskontrolle bei Thorn-EMI Defence Electronics in Feltham in Middlesex, wo er binnen eines Jahres am streng geheimen Projekt XN-715 arbeitete und Radarzünder für die britischen Atombomben entwickelte und testete.[30] Der KGB gab die von Smith gelieferten Dokumente über XN-715 an N. W. Serebrow und andere Atomwaffenspezialisten in einem geheimen sowjetischen Forschungsinstitut mit dem Codenamen »Unternehmen G-4598« weiter, die auf diese Weise in der Lage waren, den britischen Radarzünder nachzubauen. Das von Smith beschaffte Material schien jedoch zu gut, um wahr zu sein. Serebrow und seinen Kollegen war es ein Rätsel, wie Smith die Funkfrequenz zum Einschalten des Zünders herausgefunden hatte. Diese Information, meinten sie, sei so sensibel, daß sie selbst auf den streng geheimen Dokumenten über Aufbau und Funktionsweise des Zünders, zu denen Smith Zugang hatte, nicht vermerkt worden wäre. Da sie die Frequenz kannten, konnten die sowjetischen Streitkräfte Störsignale aussenden, die verhindern würden, daß der Zünder losging. Eine Erklärung für Smith' erstaunliches Wissen bestand nach Ansicht der Spezialisten darin, daß es sich um eine Testfrequenz handelte, die beim militärischen Einsatz nicht verwendet werden würde. Doch der Umfang des detaillierten Geheimmaterials, das Smith lieferte, erregte weiterhin ihr Mißtrauen.[31]

Auch in der Zentrale rief die Leichtigkeit, mit der ein bekannter prosowjetischer Kommunist so kurz nach seinem Austritt aus der KP und dem Wechsel von der KP-Zeitung *Morning Star* zum *Daily Telegraph* Zugang zu einem der größten britischen Atomgeheimnisse erhielt, Argwohn hervor. Der Verdacht, daß die Informationen über den Radarzünder möglicherweise eine raffinierte Täuschung waren, verstärkte sich, als Smith seinem Führungsoffizier 1978 berichtete, seine Unbedenklichkeitsbescheinigung sei widerrufen worden und er könne keine Geheiminformationen mehr liefern. Smith konnte nicht wissen, daß der MI5 seinen früheren Irrtum erkannt und Thorn-EMI unterderhand über seine kommunistische Vergangenheit aufgeklärt hatte.[32]

Um ihre Zweifel auszuräumen, unterzog die Zentrale Smith mehreren Tests. Beim ersten, den er offenbar bestand, mußten zwei Päckchen mit Geheimmaterial aus einem toten Briefkasten in Spanien geholt werden. Der zweite war komplizierter und nannte sich im KGB-Jargon »psychologisch-physiologischer Test unter Verwendung eines kontaktlosen Polygraphen«. Er wurde mit Andropows persönlicher Zustimmung von Boris Stalnow und zwei OT-Offizieren im August 1979 in Wien durchgeführt. Zur Erleichterung der Zentrale bestätigte sich, daß Smith nicht, wie sie gefürchtet hatte, in eine große Täuschungsoperation des britischen Geheimdienstes verwickelt war. Der »psychologisch-physiologische Test« war vorher noch nie außerhalb der Sowjetunion angewandt worden, obwohl man Smith weisgemacht hatte, er sei eine reine Routinemaßnahme. Mit dem Ergebnis war die Zentrale derart zufrieden, daß sie beschloß, auch andere Agenten auf diese Weise zu überprüfen. Dennoch unterzog sie Smith einem dritten (und offenbar letzten) Test, indem sie ihn anwies, einem KGB-Offizier in Lissabon einen Behälter mit zwei Mikrofilmen zu überbringen, der sich in einem toten Briefkasten in einem Pariser Vorort befand.[33]

Seit 1979 zahlte der KGB Smith 300 Pfund im Monat. Darüber hinaus erhielt er laut seiner Akte Sonderzahlungen von 1600, 750, 400 und 2000 Pfund. Obwohl in Mitrochins Notizen nicht erwähnt wird, wann Smith diese Zahlungen bekam, ist anzunehmen, daß sie überwiegend in die zwei Jahre fielen, in denen er bei Thorn-EMI arbeitete. Das aufregende Leben eines KGB-Agenten scheint Smith so gefallen zu haben, daß er sich mit aller Kraft bemühte, seine Unbedenklichkeitsbescheinigung wiederzuerhalten. 1980 schrieb er deshalb sogar an Margaret Thatcher. »Über mir hängt eine Wolke, die ich nicht vertreiben kann«, beschwerte er sich bei der Premierministerin. »Ich bin in falschen Verdacht geraten und habe ungerechterweise meine Stellung verloren.« Während er den Brief nie aufgegeben zu haben scheint, gelang es ihm im Juni desselben Jahres, seinen Fall einem MI5-Offizier vorzutragen. Er begann damit, daß er leugnete, jemals Kommunist gewesen zu sein. Mit Beweisen für das Gegenteil konfrontiert, entschuldigte er sich für seine Lüge und sagte, er sei nur in die Partei eingetreten, weil er eine Freundin finden wollte.[34] Erstaunlicherweise kämpfte Smith auch nach diesem Rückschlag weiter um seine Unbedenklichkeitsbescheinigung. Noch erstaunlicher ist, daß er einige Jahre später damit Erfolg hatte.

1980 kamen 7,5 Prozent des sowjetischen Nachrichtenmaterials über Wissenschaft und Technik von britischen Quellen.[35] Neben Informationen, die nach eigener Aussage für die sowjetische Forschung und Entwicklung – insbesondere auf militärischem Gebiet – von enormem Wert waren, rechnete sich die Direktion T auch als Verdienst an, daß sie Geschäftsgeheimnisse beschaffte, die es der Sowjetunion in Verhandlungen mit westlichen Firmen erlaubten, den Preis zu drücken. Ein britisches Beispiel, auf das sie Ende der siebziger Jahre besonders stolz war, waren die Vertragsverhandlungen über den Kauf zweier Methanfabriken bei den britischen Unternehmen Davy Power Gas und Klöckner INA Industrial Plants, einem Tochterunternehmen der westdeutschen Holding Klöckner & Co. Das Konsortium verlangte anfangs 248 Millionen konvertierbare Rubel, während der sowjetische Ministerrat nur 206 Millionen veranschlagt hatte. Doch am 23. März 1977 gelangte Direktion T mit Unterstützung des Moskauer KGB durch eine Operation im Moskauer Hotel Peking, die wahrscheinlich aus einer Kombination aus Abhörmaßnahmen und dem Fotografieren von vertraulichen Firmenunterlagen bestand, in den Besitz von Informationen, die es den Sowjets laut einem Bericht des Außenhandelsministeriums ermöglichten, den Preis um 50,6 Millionen Rubel herunterzuhandeln. Am 24. Oktober 1977 belobigte Andropow fünfzehn KGB-Offiziere wegen ihrer Beteiligung an der Operation. Ironischerweise dankte der britische Premierminister James Callaghan seinem sowjetischen Amtskollegen Alexei Kossygin nach Vertragsabschluß in einem Brief dafür, daß die sowjetische Regierung einem britischen Unternehmen den Auftrag erteilt hatte.[36]

Die Gruppen PR und KR der Londoner Residentur hatten in den siebziger Jahren offenbar weniger Erfolg als die Gruppe X. Der einzige bekannte sowjetische Agent in den britischen Nachrichtendiensten, Geoffrey Prime im GCHQ, wurde nicht von der Residentur geführt, sondern von Offizieren der Dritten Abteilung, die ihn außerhalb Englands trafen. Der hochkarätigste Agent der Gruppe PR im Jahrzehnt nach FOOT, der in Mitrochins Notizen erwähnt wird, war WILLIAM, ein Gewerkschafter und früherer Kommunist. WILLIAM wurde während eines Besuchs in der Sowjetunion von Boris Denissow, einem als Funktionär des sowjetischen Gewerkschaftsbundes getarnten KGB-Offizier, rekrutiert und sagte zu, Informationen über den britischen Gewerkschaftsdachverband TUC und die Labour Party zu liefern. Nach einem Treffen in London im Dezember 1975 berichtete sein Führungsoffizier jedoch, daß WILLIAM Angst bekommen habe. Er habe erklärt, daß er zwar weiterhin den Wunsch habe, den sowjetischen Genossen zu helfen, weniger fortschrittliche Gewerkschafter ihm aber wegen seiner marxistischen Ansichten mißtrauten. Wenn etwas von seiner sowjetischen Verbindung bekannt würde, wäre es ein schwerer Schlag für seine Chancen, Vorsitzender seiner Gewerkschaft zu werden.[37] Ohne wirklich wichtige britische Agenten zu besitzen, neigte die Gruppe PR dazu, die Bedeutung ihrer zumeist zweitrangigen Agenten und »vertraulichen Kontakte« zu Quellen von Insiderinformationen aus britischer Politik und Regierung hochzuspielen.

Besonders stolz war die Gruppe PR auf den Kontakt zu Harold Wilson (OLDING), der nach seinem Rücktritt als Premierminister 1976 Ehrenvorsitzender der *Great Britain–USSR Association* geworden war. Der für die Verbindung zu der Vereinigung zuständige Erste Sekretär an der sowjetischen Botschaft, Andrei Parastajew, rief in regelmäßigen Abständen bei Wilson an, angeblich, um über die Vereinigung zu sprechen. Da Parastajew KGB-Agent war, konnte die Residentur damit prahlen, sie habe Zugang zu dem ehemaligen Premierminister. Obwohl sie nicht behauptete, Wilson sei ein »vertraulicher Kontakt« – oder gar Agent –, berichtete sie der Zentrale, daß er freimütig politische Informationen weitergebe.[38] Welcherart diese Informationen waren, wird in Mitrochins Notizen nicht näher erläutert, aber wenn Wilsons Bemerkungen gegenüber Parastajew seinen privaten Äußerungen im Gespräch mit britischen Freunden und Bekannten geähnelt hätten, wäre es der Aufmerksamkeit der Zentrale gewiß nicht entgangen. Roy Jenkins zum Beispiel notierte 1978, Wilson glaube nicht, »daß die Regierung [Callaghan] oder die Labour Party insgesamt noch viel Zukunft hat«.[39]

Angeblich waren Wilson – wahrscheinlich über Parastajew – Desinformationen des Dienstes A übermittelt worden, die, so hoffte die Zentrale, der Labour-Regierung zu Ohren kommen würden.[40] Doch es ist unwahrscheinlich, daß sie Wilson nachhaltig beeinflußten, von der Regierung ganz zu schweigen. Im Ruhestand bewegte sich Wilson, obwohl er fest in der Labour Party verankert blieb, immer weiter nach rechts. Laut seinem offiziellen Biographen Philip Ziegler glich sein Mißfallen an der Linken demjenigen »der konservativsten Kapitalisten«.[41] Auch für die Außenpolitik der Sowjetunion zeigte er keine besondere Sympathie. In seiner KGB-Akte ist vermerkt, daß er nach dem sowjetischen Einmarsch in Afghanistan eine Reise in die UdSSR abgesagt und es abgelehnt habe, weitere Sitzungen der *Great Britain–USSR Association* abzuhalten.[42]

In den siebziger Jahren wurde von der Gruppe PR der Londoner Residentur wie von ihren Pendants in anderen Residenturen erwartet, daß sie ein Viertel ihrer Zeit aktiven Maßnahmen widmete und jährliche Statistiken über die Zahl ihrer Einflußoperationen erstellte.[43] 1977 hatte sie angeblich 99 Gespräche mit einflußreichen Politikern, Journalisten und anderen geführt und 26 öffentliche Erklärungen, 20 Publikationen, die Versendung von mehr als 20 Briefen und Telegrammen, 9 Anfragen im Unterhaus, 5 Pressekonferenzen, 4 Versammlungen und Demonstrationen sowie 3 Fernseh- und Rundfunksendungen initiiert. Außerdem hatte sie drei Broschüren und ein von Dienst A gefälschtes Dokument in Umlauf gebracht.[44]

Um sich die Anerkennung der Zentrale zu sichern, pflegten die Residenturen allerdings die Erfolge ihrer aktiven Maßnahmen zu übertreiben. Während Oleg Gordiewski in der Zentrale arbeitete, erzählte man ihm, daß der Londoner Resident Jakow Lukasewitsch von Andropow gefragt worden sei, ob seine Residentur die Mittel besäße, um die britische Politik zu beeinflussen. »Aber ja, wir können Einfluß ausüben«, antwortete Lukasewitsch, »wir haben solche Kanäle.« Darauf erwiderte Andropow: »Ich glaube nicht, daß Sie das können. Ich glaube, Sie sind zu schnell mit der Antwort bei der Hand.«[45] Die von Mitrochin eingesehenen Akten bestätigen Andropows Skepsis.

Die Bemühungen des KGB, Einflußagenten in den britischen Medien zu rekrutieren, um sie für aktive Maßnahmen zu benutzen, sind im Vergleich zu Frankreich und anderen europäischen Ländern wenig erfolgreich gewesen. Der Journalist DAN, der wohl verläßlichste Einflußagent, den die Londoner Residentur in den sechziger Jahren gehabt hatte, brach in den siebziger Jahren, wahrscheinlich nachdem er nach der Operation FOOT auf Eis gelegt worden war, den Kontakt ab. Mehrere Versuche der Residentur, ihn zu reaktivieren, schlugen fehl, und Anfang der achtziger Jahre gab man ihn schließlich auf.[46]

Das wohl ehrgeizigste Anwerbungsvorhaben der Londoner Residentur in den siebziger Jahren betraf Mervyn Stockwood, den sozialistischen Bischof von Southwark.[47] Im Oktober 1975 protestierte Stockwood öffentlich gegen einen von den Erzbischöfen von Canterbury und Yorck, Donald Coggan und Stuart Blanch, veröffentlichten »Aufruf an die Nation«, der nach Ansicht Stockwoods zuviel Gewicht auf die individuelle Verantwortung legte und den sozialen Ungerechtigkeiten, die so viel menschliches Elend verursachten, zuwenig Beachtung schenkte. Am bemerkenswertesten an dem Protest war jedoch die Tatsache, daß Stockwood den kommunistischen *Morning Star* als Forum ausgewählt hatte und daß er dem Sowjetblock einen ungewöhnlichen Tribut zollte:

»Diejenigen von uns, die sozialistische Länder in Europa besucht haben, wissen, daß unter einer kommunistischen Regierung in Großbritannien das West End über Nacht gesäubert wäre und die häßlichen Züge unserer permissiven Gesellschaft sich binnen weniger Tage verändern würden. Und der Himmel möge den Pornohändlern und all jenen helfen, die mit der kommerziellen Ausbeutung der Sexualität ein Vermögen verdienen.«[48]

Die Hoffnung der Residentur, den Bischof künftig für aktive Maßnahmen benutzen zu können, erreichte ihren Höhepunkt, als Stockwood ein Abendessen mit Gordon McLennan, dem Generalsekretär der KP, als Ehrengast ausrichtete, zu dem offenbar auch mindestens ein sowjetischer Vertreter eingeladen wurde – der, was der Bischof nicht wußte, ein KGB-Agent war.[49] Während des Essens fragte der Bischof McLennan, was er von der Kirche von England halte. Der KP-Chef antwortete, die Kirche sei eine »moralische Kraft in der Gesellschaft«, bedauerte aber, daß man im Unterschied zur Zeit vor und während des Zweiten Weltkriegs »bei progressiven Versammlungen und Demonstrationen keine Vertreter der Priesterschaft« sehe. Stockwood gab zurück: »Wir sehen Sie ja auch nicht bei Demonstrationen vor der sowjetischen Botschaft.«[50] Danach scheint die Residentur widerstrebend zu dem Schluß gelangt zu sein, daß die Neigung des Bischofs zur Kritik an der Sowjetunion ihn für den Einsatz bei aktiven Maßnahmen untauglich mache.

Nach Mitrochins Notizen zu urteilen, versuchte die Residentur in ihren Berichten an die Zentrale eine Reihe eher bescheidener Erfolge aufzuwerten. Für gewöhnlich nahm die Zentrale die übertriebenen Berichte der Residenturen kritiklos hin. Es paßte ihr ins Konzept, daß sie dem Politbüro melden konnte, sie sei in der Lage, Anfragen im Unterhaus und Artikel im *Guardian* anzuregen. Doch die Londoner Gruppe PR konnte auch einige unbestrittene Erfolge verbuchen. So ließen sich *The Observer, New Statesman* und andere britische Printmedien Anfang der achtziger Jahre von gegen die USA und Südafrika gerichteten gefälschten Dokumenten irreführen.[51] Noch 1986 berief sich der *Daily Express* in einem Artikel auf der Titelseite auf ebenfalls vom Dienst A stammende Meldungen, denen zufolge das AIDS-Virus im Rahmen eines amerikanischen Programms zur biologischen Kriegführung »hergestellt« worden war.[52] Behauptungen, aktive Maßnahmen des KGB hätten einen tiefgreifenden Wandel der britischen öffentlichen Meinung bewirkt, waren jedoch wenig mehr als Wunschdenken.

Der Mangel an hochkarätigen Agenten in den britischen Medien erklärt, warum der KGB für seine erste große aktive Maßnahme gegen Margaret Thatcher, nachdem sie 1979 zur Premierministerin gewählt worden war, keinen britischen, sondern den dänischen Journalisten Arne Herlov Petersen (CHARLEW und PALLE) auswählte. Petersen war Mitte der siebziger Jahre als »vertraulicher Kontakt« der Kopenhagener Residentur nach Moskau eingeladen worden, »um die Beziehung zu vertiefen«.[53] Danach wurde er regelmäßig als Einflußagent eingesetzt, der nicht nur selbst nach Vorgaben seiner Führungsoffiziere Artikel schrieb, sondern auch vom Dienst A auf Englisch verfaßte Artikel unter seinem Namen erscheinen ließ. Die erste gegen Thatcher gerichtete Koproduktion mit dem KGB war 1979 ein Pamphlet mit dem Titel *Cold Warriors* (»Kalte Krieger«), in dem ihr der Ehrenplatz des führenden antisowjetischen Kreuzzüglers in Europa eingeräumt wurde. Das nächste vom Dienst A stammende Pamphlet Petersons, das 1980 unter dem Titel *True Blues* (»Wahrer Blues«) erschien, war eine einzige wütende Attacke auf die britische Premierministerin. Dabei hatte man allerdings den Fehler begangen, sich an einer Satire zu versuchen – ein Genre, in dem die zumeist eher plumpen aktiven Maßnahmen des KGB für gewöhnlich versagten – und dem Machwerk den lahmen Untertitel gegeben: »Der Dachdecker *[thatcher]*, der das eigene Dach nicht flicken kann«. Auch in der englischen Geographie kannte sich der anonyme Autor des Dienstes A nicht besonders gut aus, denn er vermutete Thatchers in Lincolnshire gelegenen Geburtsort Grantham »in den Vororten von London«. Obwohl die Zentrale offenbar stolz auf die beiden Pamphlete war – die wahrscheinlich vor allem für die Versendung an britische »Meinungsmacher« gedacht waren –, hatten sie kaum Einfluß.[54]

Mitrochins Notizen weisen aufgrund der Menge von Akten, zu denen er Zugang hatte, notwendigerweise Lücken auf. Es besteht also die Möglichkeit, daß der KGB über bedeutende britische Quellen verfügte, die Mitrochin nicht erwähnt hat. Doch es können nicht viele gewesen sein. Nach Information von Oleg Gordiewski führten die Gruppe PR und wahrscheinlich auch die Gruppe KR in seiner Dienstzeit in der Londoner Residentur (1982–1985), an der er zwei Jahre lang die erstere leitete und einige Monate designierter Resident war, keine hochkarätigen britischen Agenten. Allerdings könnte es britische Agenten gegeben haben, die wie Geoffrey Prime von Residenturen oder Illegalen außerhalb Großbritanniens geführt wurden. So enthält eine von Mitrochin notierte Liste von Agenten, Kontakten und noch nicht rekrutierten Kandidaten des KGB einen knappen, einzeiligen Hinweis auf einen von Berlin-Karlshorst aus geführten britischen Agenten, dessen operative Akte 1981 fünfzehn Bände umfaßte.[55]

Auch SCOT, der bemerkenswerteste der von Mitrochin identifizierten britischen Agenten, die jenseits des Bereichs der wissenschaftlich-technischen Spionage nach der Operation FOOT angeworben werden konnten, wurde von einer Gruppe KR außerhalb Englands geführt. SCOT war Detective Sergeant John Symonds von der Londoner Polizei und dürfte von allen britischen KGB-Agenten am weitesten in der Welt herumgekommen sein.[56] Am 29. November 1969, dem Tag, an dem die *Times* Fotos der auf dem Mond aufgenommenen Fußspuren der Astronauten von Apollo 12 veröffentlichte, brachte sie auf der Titelseite außerdem einen Artikel mit der Schlagzeile: »Londoner Polizist unter Bestechungsverdacht. Tonbänder enthüllen untergeschobene Beweise«. Aus Gesprächen, die insgeheim von zwei verdeckt arbeitenden Journalisten der *Times* mitgeschnitten worden waren, ging angeblich hervor, daß Symonds und mindestens zwei weitere korrupte Polizisten »als Gegenleistung dafür, daß sie Anklagen fallenließen, nachlässig mit Beweisen umgingen und Kriminelle ungestört ihrer Tätigkeit nachgehen ließen, große Geldbeträge kassiert« hatten. Der damals 33jährige Symonds hatte gegenüber den Journalisten zugegeben, »einer kleinen Firma in einer Firma« anzugehören – einer Gruppe korrupter Polizisten, die im Sold solcher Krimineller wie des Südlondoner Bandenchefs Charlie Richardson standen.[57]

Als 1972 sein Prozeß bevorstand, tauchte Symonds zunächst für einige Monate unter und floh dann ins Ausland. Laut seiner KGB-Akte benutzte er dabei einen Paß, den er sich auf den Namen von John Frederick Freeman, dem geistig behinderten Bruder seiner Freundin, hatte ausstellen lassen. Die Echtheit des Paßbildes war von der Geliebten eines Mitglieds der Richardson-Bande beglaubigt worden. In seiner Abwesenheit wurden die beiden anderen von der *Times* beschuldigten Polizisten zu sechs beziehungsweise sieben Jahren Gefängnis verurteilt. Im August 1972 suchte Symonds die sowjetische Botschaft in Rabat auf, erzählte seine Geschichte und bot mit dem Hinweis darauf, daß ihm das Geld ausgehe, dem KGB seine Dienste an.[58] Um die Aufmerksamkeit der Zentrale zu erlangen, nannte er den Namen eines Geheimdienstoffiziers, der den Überläufer Oleg Ljalin bewachte und nach Symonds' Ansicht wahrscheinlich käuflich war. Außerdem stellte er die sensationelle Behauptung auf, der britische Verteidigungsminister Denis Healey besteche regelmäßig Chief Superintendent Bill Moody von der Londoner Polizei, damit er »gewisse Unannehmlichkeiten ausräumt«.[59] Zwar wurde Moody später zu zwölf Jahren Haft verurteilt, weil er von der Unterwelt riesige Bestechungssummen angenommen hatte, aber Healeys Beteiligung war frei erfunden. Die Zentrale nahm Symonds' unwahrscheinliche Lügengeschichte jedoch für bare Münze.[60]

Die nächsten acht Jahre arbeitete Symonds als KGB-Agent. Da der Zentrale seine »anziehende Erscheinung« aufgefallen war, setzte sie ihn als ihren ersten »Romeo-Spion« ein, als der er anstelle der gröberen Methode der sexuellen Kompromittierung und Erpressung, die der KGB sonst anzuwenden pflegte, zu den Mitteln von Verführung und Romantik griff, um weibliche Beamte zu rekrutieren oder Geheiminformationen von ihnen zu erhalten. 1973 wurde er in Bulgarien stationiert, um in den bei westlichen Touristen beliebten Ferienorten am Schwarzen Meer geeignete Zielpersonen zu umgarnen. Seine wichtigste Eroberung war eine Mitarbeiterin eines westdeutschen Ministeriums. In den folgenden Jahren reiste Symonds mehrmals nach Bonn, um die Affäre fortzuführen. 1975 auf diesem Weg beschaffte Informationen wurden als so wertvoll eingestuft, daß man sie zum Gegenstand eines persönlichen Berichts an Andropow machte.[61]

Symonds durfte seine Verführungskünste auf vier Kontinenten spielen lassen. Ende 1973 erkrankte er jedoch in Tansania an einem »tropischen Fieber«, wie es in seiner KGB-Akte heißt, und mußte sich zur medizinischen Behandlung nach Moskau begeben. Kaum genesen, setzte ihn der KGB auf eine Angehörige der britischen Botschaft mit dem Codenamen WERA an, die in ihrer Freizeit bei langen einsamen Spaziergängen beobachtet worden war. Als Jean-Jacques Baudouin auftretend, inszenierte Symonds eine scheinbar zufällige Begegnung mit WERA und gewann ihre Freundschaft. Doch obwohl sie angeblich seine »feste Freundin« wurde und ihm Einzelheiten über ihren nächsten Posten und ihr Zuhause in Großbritannien erzählte, enthält Symonds' KGB-Akte keinen Hinweis darauf, daß er von ihr mehr als unbedeutenden Klatsch über ihre Kollegen und Vorgesetzten in Moskau und London erfuhr. Die Zentrale sah in ihr jedoch eine potentiell wertvolle Quelle, die geeignete weibliche Zielpersonen an der britischen Botschaft identifizieren konnte.[62]

Als Symonds sich 1977 in Singapur an eine von der örtlichen KGB-Residentur ausgewählte Sekretärin an einer westlichen Botschaft heranmachte, hatte er den Eindruck, beschattet zu werden, und nahm einen

Flug nach Athen, von wo er nach Bulgarien zurückkehrte. Eine Beurteilung der Direktion K über Symonds' Arbeit in den vorangegangenen fünf Jahren fiel positiv aus, und auf Bitten Kalugins, des Leiters der Direktion K, befahl Krjutschkow der Illegalendirektion, ihm eine neue Identität zu geben.[63] Er erhielt die Identität des »toten Doppelgängers« Raymond Francis Everett (FORST), eines Australiers, der während des Zweiten Weltkriegs im Kindesalter gestorben war.[64] Am 23. Juli 1978 flog er von Moskau mit einem gefälschten britischen Paß auf den Namen Everett, einer echten Geburtsurkunde auf denselben Namen und 8000 US-Dollar über Tokio nach Australien. In Australien angekommen, sollte er den britischen Paß verschwinden lassen und sich mit Hilfe der Geburtsurkunde einen australischen Paß ausstellen lassen. Doch zunächst verbrachte er einige Monate in Neuseeland, um seine »Legende« zu entwickeln und später in Australien als Australier auftreten zu können, der mehrere Jahre in Neuseeland gelebt hatte.[65]

Im November 1978 reiste Symonds mit einer Gruppe von Rugbyfans nach Australien, wo er in der Hoffnung, sie würde die für seinen Paßantrag notwendige Bürgschaft übernehmen, Margaret, die Geschäftsführerin einer kleinen Reiseagentur, umwarb. Er hofierte sie mit Blumen, Pralinen, Geschenken und Einladungen zum Abendessen, als er sie aber bat, für ihn zu bürgen, weigerte sie sich, weil sie ihn dafür laut Gesetz mindestens ein Jahr kennen müßte. Inzwischen war Symonds' Geld nahezu aufgebraucht. Ein Arrangement für eine Geldauszahlung durch die Residentur in Canberra zerschlug sich, und als er seine Miete nicht mehr bezahlen konnte, setzte ihn sein Vermieter auf die Straße. Danach verbrachte er einige Nächte sogar in einer Unterkunft der Heilsarmee, bevor es ihm gelang, bei einer französischen Bank in Sydney 5000 Dollar von einem Konto abzuheben, das er unter seinem vorherigen Decknamen Freeman in Senegal eingerichtet hatte.[66]

Anfang 1979 erhielt Symonds unter Vorlage einer von ihm selbst gefälschten Bürgschaft einen australischen Paß auf den Namen seines toten Doppelgängers Raymond Everett. Bald darauf nahm er einen Flug nach Rom, von wo er mit dem Zug nach Wien weiterfuhr, um seinen Führungsoffizier zu treffen. Nach den Schwierigkeiten, die es ihm bereitet hatte, seine neue australische Identität anzunehmen, wollte er jedoch nicht das Risiko eingehen, den australischen Paß zu benutzen. Statt dessen befestigte er ihn unter einer Socke am Bein und reiste mit dem gefälschten britischen Paß, den er in Australien hatte ersetzen sollen. In

Wien händigte er seinem Führungsoffizier den australischen Paß aus und begab sich dann über Belgrad nach Moskau.[67]

Nach seiner Rückkehr segneten Andropow, Krjutschkow und Grigorenko (der Leiter der Zweiten Hauptverwaltung) einen Plan ab, der vorsah, daß Symonds, wiederum als kanadischer Geschäftsmann auftretend, sich an eine Sekretärin der britischen Botschaft heranmachen sollte, ERIKA, eine Freundin seiner früheren Zielperson WERA. Das Vorhaben scheiterte – zum Teil sicherlich wegen Symonds' zunehmend heruntergekommener Erscheinung. Laut seiner Akte wirkte er »physisch nicht anziehend auf ERIKA«.[68] Mit diesem Fehlschlag scheint seine Karriere als »Romeospion« zu Ende gegangen zu sein. In seiner Akte ist vermerkt, daß er nach seiner Rückkehr aus Australien immer eigensinniger wurde und sich über den vermeintlichen Mangel an Vertrauen und Interesse von seiten des KGB beschwerte. Ein ohne sein Wissen angefertigter medizinischer Bericht über ihn bescheinigte ihm emotionale Instabilität und eine psychologische Störung; er sei überempfindlich und unbeständig. 1980 verließ Symonds Moskau und ging nach Sofia, um seine Freundin NELLIE, eine Agentin des bulgarischen DS, zu heiraten. Das Paar zerstritt sich jedoch bald, und Symonds ersuchte um die Erlaubnis, nach Westeuropa reisen zu dürfen. Bevor die Zentrale darüber entscheiden konnte, hatte er bereits selbst einen Weg nach Wien gefunden, von wo er nach Großbritannien weiterreiste.[69] Im April 1980 stellte er sich in Begleitung eines Rechtsanwalts dem Londoner Zentralgericht, das acht Jahre zuvor einen Haftbefehl gegen ihn erlassen hatte.[70]

Hauptsorge der Zentrale war, daß Symonds seine Tätigkeit als KGB-Agent enthüllen könnte. Wenn er es tat, wollte man seine Geschichte als reines Phantasieprodukt abtun. Die bulgarischen Gesundheitsbehörden wurden vorsorglich gebeten, ein Gutachten anzufertigen, in dem er als geistig verwirrt hingestellt wurde.[71] Es wurde jedoch nicht gebraucht, denn der ehemalige Detective Sergeant Symonds erwähnte seine Verbindung zum KGB, von der die Staatsanwaltschaft keine Ahnung hatte, in seinem Prozeß mit keinem Wort. Statt dessen behauptete er, acht Jahre vor korrupten hohen Polizeibeamten, die ihn mit dem Tod bedroht hatten, falls er vor Gericht aussagen sollte, auf der Flucht gewesen zu sein. Er wurde zu zwei Jahren Gefängnis verurteilt, weil er drei Schmiergeldzahlungen von insgesamt 150 Pfund angenommen hatte. Weitere fünf Anklagen wegen Korruption konnte die Staatsanwalt nicht beweisen. Symonds war empört über das Urteil. »Ich hatte mich zur Rückkehr entschlossen, weil ich auf einen fairen Prozeß hoffte«, sagte er dem Gericht. »Aber ich hatte keinen fairen Prozeß. Das ist alles, was ich zu sagen habe.«[72]

Fast zum selben Zeitpunkt, als Symonds 1980 nach Großbritannien zurückkehrte, verließ Lukasewitsch nach achtjähriger Amtszeit als Londoner Resident das Land. Die Zentrale war mit seinen Leistungen unzufrieden, weil er beim Wiederaufbau des Agentennetzes der Residentur nach der Massenausweisung von 1971 nicht genügend Fortschritte gemacht hatte, und schob ihn in seine Heimat Lettland ab.[73] Sein Nachfolger, der schwere Trinker Arkadi Guk (JERMAKOW), war laut Oleg Gordiewski, der unter ihm gedient hat, ein »massiger, aufgedunsener Mann mit mittelmäßigem Verstand, aber einer großen Reserve an Bauernschläue«. Seine unverdiente Beförderung zum Londoner Residenten verdankte er hauptsächlich dem Umstand, daß bekannte und fähigere sowjetische Nachrichtendienstoffiziere kein britisches Visum erhielten. Von Natur aus mißtrauisch, entwickelte Guk immer wieder neue Verschwörungstheorien. Unter anderem war er überzeugt, daß sich hinter vielen der Reklamewände auf den Londoner U-Bahnhöfen Beobachtungsposten des MI5 befanden, die KGB-Offiziere und andere verdächtige Passagiere im Auge behielten.[74]

In Guks erstem Jahr als Resident mußten mehrere KGB-Offiziere auf sein Betreiben nach Hause zurückkehren. Als Oleg Gordiewski im Sommer 1982 als Offizier der Gruppe PR in London eintraf, fand er ein »Treibhaus der Intrigen« vor. Seit acht Jahren war er der bedeutendste Infiltrationsagent des SIS im KGB. Daher waren in der Folgezeit dem SIS fast alle Operationen der Residentur bekannt. 1983 wurde Gordiewski zum Leiter der Gruppe PR und stellvertretenden Residenten befördert. Nachdem er im Januar 1985 zum designierten Residenten aufgestiegen war, konnte er die meisten verbliebenen Wissenslücken über die KGB-Operationen in Großbritannien füllen.

Von Gordiewski erfuhr der MI5 unter anderem, daß einer seiner Offiziere, Michael Bettaney, ein frustrierter Alkoholiker, der in der Gegenspionageabteilung arbeitete, sich den Sowjets als Agent angeboten hatte. Guk bot sich damit die Chance, zum ersten Mal seit einem Vierteljahrhundert einen Mitarbeiter des MI5 oder SIS anzuwerben. Doch seine Neigung zu Verschwörungstheorien verleitete ihn dazu, hinter dem Angebot ein britisches Komplott zu vermuten. Verzweifelt über Guks Untätigkeit, beschloß Bettaney, sein Glück in Wien zu versuchen. Doch er wurde am 16. September verhaftet, wenige Tage vor seinem geplanten Flug nach Wien. Davon sollte sich Guks Ruf nie mehr erholen. Kurz nachdem Bettaney im nächsten Frühjahr zu 23 Jahren Haft verurteilt worden war, wurde Guk zur Persona non grata erklärt.[75]

In Guks vierjährige Amtszeit in London fiel die gefährlichste Phase der Operation RJAN. Die Offiziere der Gruppe PR der Londoner Residentur standen der Furcht der Zentrale vor einem von der NATO angeblich geplanten nuklearen Erstschlag gegen die Sowjetunion zwar allesamt skeptisch gegenüber, aber keiner von ihnen wollte seine Karriere aufs Spiel setzen, indem er die beunruhigenden Annahmen, auf denen RJAN beruhte, in Frage stellte. Die Folge war, daß von 1981 bis mindestens Anfang 1984 die regelmäßig alle vierzehn Tage einzureichenden Berichte über nicht vorhandene Beweise für die Vorbereitungen der NATO auf eine nukleare Aggression die oberste Priorität der Residentur darstellten. Ihren Höhepunkt erreichte die Paranoia der Zentrale, als die NATO im November 1983 das Manöver ABLE ARCHER durchführte. Sie befürchtete, die Übung könnte den Beginn des Countdowns für den Erstschlag markieren. In seinem Jahresbericht über die Tätigkeit der Londoner Residentur mußte Guk Ende 1983 »Unzulänglichkeiten« bei der Beschaffung von Informationen über »spezifische US- und NATO-Pläne für die Vorbereitung eines Überraschungsangriffs mit Atomraketen auf die UdSSR« eingestehen. In den ersten Monaten des Jahres 1984 beruhigte sich die Stimmung in Moskau nach und nach, zumal aus London und Washington beschwichtigende Signale kamen. Als Nikolai Schischlin, ein hoher außenpolitischer Experte des ZK der KPdSU und späterer Berater Gorbatschows, im März in London vor den Mitarbeitern von Botschaft und KGB-Residentur über die gegenwärtigen internationalen Probleme sprach, erwähnte er die Gefahr eines atomaren Erstschlags mit keinem Wort. Die bürokratische Schwerkraft der Operation RJAN ließ allerdings erst mit der Zeit nach. Als die Londoner Residentur im Frühsommer 1984 bei der Abgabe der vierzehntägigen Berichte nachlässig wurde, erhielt sie von der Zentrale einen Rüffel; die Direktive über Operation RJAN sei »strikt einzuhalten«.[76]

Wie sein Vorgänger Lukasewitsch versuchte auch Guk, die Mängel der Arbeit der Residentur durch übertriebene Erfolgsmeldungen auszugleichen. Insbesondere das Wiedererstarken der britischen Friedensbewegung infolge der Anfang der achtziger Jahre einsetzenden Verschärfung des Kalten Krieges versuchte er als Initiative der Residentur zu verkaufen. Die größten echten Erfolge der Londoner Residentur in Guks vierjähriger Amtszeit waren auf dem Gebiet der wissenschaftlich-technischen Spionage erzielt worden. Zwischen 1980 und 1984 führte Gennadi Kotow (DEJEW), ein Offizier der Gruppe X, der eine Tarnposition in der sowjetischen Handelsdelegation bekleidete, 12 Agenten und erhielt von ihnen 600 Berichte und Proben. Einer seiner Kollegen in der Gruppe X, Anatoli Tschernjajew (GRIN), der von 1979 bis 1983 mit diplomatischer Tarnung in London operierte, erhielt 800 Stück Geheimmaterial. Er wurde 1983 im Zuge einer »Wie du mir, so ich dir«-Ausweisung des Landes verwiesen. Ein Bericht der Zentrale kam jedoch zu dem Schluß, daß er vom MI5 vermutlich dennoch nicht eindeutig als KGB-Offizier identifiziert worden war.[77] Sein Verfasser wußte allerdings nicht, daß Gordiewski die gesamte Residentur enttarnt hatte.

Nach Guks Ausweisung im Frühjahr 1984 wurde Leonid Nikitenko, der Leiter der Gruppe KR, zum amtierenden Residenten ernannt. Im Januar 1985 beschloß die Zentrale jedoch, daß er nach Moskau zurückkehren und Gordiewski an die Spitze der Residentur treten solle. Als Michail Gorbatschow im März die Nachfolge Konstantin Tschernenkos als Generalsekretär der KPdSU antrat, befand sich die Londoner Residentur daher auf einem operativen Tiefpunkt, während ein SIS-Agent sich anschickte, das Kommando über sie zu übernehmen. Nur einen Monat später erzielte die amerikanische Hauptresidentur in Washington einen ihrer größten Erfolge seit dem Zweiten Weltkrieg. Am 16. April betrat Aldrich Ames, ein leitender Mitarbeiter der Sowjetabteilung der CIA, die Eingangshalle der sowjetischen Botschaft in der 16th Street und übergab einer Wache einen an den Residenten Stanislaw Androssow adressierten Brief. Wie Ames behauptet, hatte er ursprünglich einen einmaligen Tauschhandel vorgehabt: die Namen von drei offensichtlichen CIA-Agenten in der Sowjetunion, von denen er wußte, daß sie in Wirklichkeit Doppelagenten im Dienst der Zentrale waren, gegen die Zahlung von 50 000 Dollar. Erst später habe er Gordiewski und über 20 weitere echte westliche Agenten identifiziert, von denen die meisten erschossen wurden. Laut Wiktor Tscherkaschin, dem Leiter der Gruppe KR in Washington, enthielt Ames' Brief vom 16. April 1985 außer den Namen der Doppelagenten jedoch auch Angaben über zwei echte amerikanische Agenten, darunter einen seiner Kollegen an der Washingtoner Residentur. Sie wurden beide hingerichtet. Obwohl Ames darauf beharrt, Gordiewski erst am 13. Juni verraten zu haben, ist es also möglich, daß er es bereits früher getan hat.[78]

Bis Mitte Mai 1985 hatte die Zentrale den beunruhigenden Schluß gezogen, daß ihr designierter Resident in London ein britischer Agent sei, auch wenn nicht klar ist, ob ein Hinweis von Ames der Grund dafür war. Am 17. Mai erhielt Gordiewski die Anweisung, zu Konsultationen nach Moskau zurückzukehren, bevor er formell als Resident bestätigt werden sollte. In Moskau wurde er unter Drogen gesetzt und verhört, ohne daß man ihm ein Schuldgeständnis entlocken konnte. Am 30. Mai wurde er in Urlaub geschickt, in dem er, wohl in der Hoffnung, ihn bei einem Kontakt mit dem SIS zu ertappen oder andere kompromittierende Beweise zu finden, rund um die Uhr überwacht wurde. Gordiewski war sich bewußt, daß seine Hinrichtung auch ohne weitere Beweise schon beschlossene Sache war. Am 20. Juli gelang es ihm jedoch, im Kofferraum eines SIS-Autos die finnische Grenze zu überqueren. Er ist damit der einzige unter KGB-Überwachung stehende westliche Agent, dem jemals die Flucht aus der Sowjetunion glückte. Im Oktober wurden 31 von Gordiewski enttarnte sowjetische Nachrichtendienstoffiziere aus England ausgewiesen. Danach wurde in Ermangelung eines hochrangigeren Kandidaten der unerfahrene Alexander Smagin, der bislang Wachoffizier an der sowjetischen Botschaft gewesen war, zum neuen Londoner Residenten ernannt.[79]

Der größte bekannte Erfolg des KGB in Großbritannien in der Ära Gorbatschow war die Reaktivierung von Michael Smith, dem wahrscheinlich bedeutendsten britischen Agenten der Gruppe X, seit Melita Norwood (HOLA) sich zur Ruhe gesetzt hatte. Als Mitrochin 1984 Smith' Akte zu Gesicht bekam, hatte dieser seit sechs Jahren erfolglos versucht, die Unbedenklichkeitsbescheinigung wiederzuerhalten, durch die er in den Jahren 1976 bis 1978 zu einem derart wertvollen Agenten bei Thorn-EMI geworden war. Inzwischen stand die Zentrale kurz davor, ihn fallenzulassen. Der letzte Kontakt zu ihm hatte, laut seiner Akte, im März 1983 stattgefunden. 1984 war beschlossen worden, ihn für drei Jahre auf Eis zu legen.[80] Im Dezember 1985 wurde Smith jedoch vom GEC Hirst Research Center in Wembley im Nordwesten von London als Prüfingenieur eingestellt, und sieben Monate später erhielt er eine auf die jeweils unerläßlichen Informationen beschränkte Unbedenklichkeitsbescheinigung für Rüstungsaufträge.[81]

1990 nahm die Gruppe X der Londoner Residentur wieder Kontakt zu ihm auf. Die Treffen fanden für gewöhnlich auf dem Friedhof der Marienkirche in Harrow on the Hill oder im nahe gelegenen Roxeth-Park in Südharrow statt. Für beide Orte wurden Sicherheitsmaßnahmen ergriffen, um Smith zu warnen, falls er beschattet wurde. In der Marienkirche sollte er in der Nähe eines Hydranten nach einem weißen Kreidestrich an der Wand des Pfarrhauses Ausschau halten. War es ein einfacher Strich und kein Kreuz, war der Friedhof sicher. Außerdem sollte er sich das Anschlagbrett der Kirche ansehen. Ein kleiner grüner Punkt – für gewöhnlich auf einer Reißzwecke – bedeutete, daß das Treffen mit seinem Führungsoffizier stattfinden konnte, ein roter, daß er den Ort sofort verlassen sollte. War Smith anfangs ideologisch motiviert gewesen, so trat im Lauf der Zeit das Geld immer mehr in den Vordergrund. Bei Treffen zwischen 1990 und 1992 wurden ihm für das von ihm beschaffte Material über GEC-Rüstungsprojekte insgesamt 20000 Pfund ausgehändigt. Smith fühlte sich offenbar sehr sicher und wurde unvorsichtig. Als er im August 1992 verhaftet wurde, fand die Polizei in einem Plastikbeutel im Kofferraum seines Autos Dokumente über die Boden-Luft-Rakete »Rapier« und über militärische Radartechnik.[82]

Im Verlauf des Kalten Krieges hat das nachrichtendienstliche Machtgleichgewicht zwischen Großbritannien und der Sowjetunion einen bemerkenswerten Wandel erlebt. Am Anfang des Kalten Krieges, als England keine bedeutenden Quellen in Moskau besaß, verfügte der KGB weiterhin über die »Glorreichen Fünf« und andere wertvolle Agenten beim britischen Atomprojekt. In der Endphase des Kalten Krieges hatte er dagegen, soweit heute bekannt ist, keine vergleichbaren britischen Agenten, obwohl die Möglichkeit (auch wenn sie eher unwahrscheinlich ist) nicht ausgeschlossen werden kann, daß es einen bislang unentdeckt gebliebenen britischen Ames gab. Der SIS andererseits konnte eine Reihe von KGB-Offizieren entweder als Infiltrationsagenten oder als Überläufer auf seine Seite ziehen, darunter Oleg Gordiewski, Wladimir Kusitschkin, Wiktor Oschtschenko, Michail Butkow und Wassili Mitrochin. Es mögen noch mehr gewesen sein, deren Namen bislang nicht bekanntgeworden sind.

24.
Die Bundesrepublik Deutschland

Die sowjetische Geheimdienstoffensive gegen Westdeutschland in der Zeit des Kalten Krieges zeichnete sich durch drei Besonderheiten aus. Erstens ermöglichte es die Spaltung Deutschlands, die Bundesrepublik leichter zu infiltrieren als jeden anderen größeren westlichen Staat. Aus der DDR flohen so viele Menschen in den Westen – etwa drei Millionen bis zur Errichtung der Berliner Mauer im Jahre 1961 –, daß es nicht schwer war, Hunderte oder sogar Tausende ostdeutsche und sowjetische Agenten im Flüchtlingsstrom heimlich mitzuschicken. Unter den falschen Flüchtlingen befanden sich zahlreiche Illegale. Einige davon waren KGB-Offiziere mit sowjetischer Staatsangehörigkeit, die mehrere Jahre damit verbracht hatten, in der sicheren Umwelt der DDR eine falsche Identität zu erwerben; viele von ihnen reisten weiter, um gegen nordamerikanische und andere Ziele tätig zu werden. Andere waren ostdeutsche Agenten mit einer falschen Identität, von denen die meisten gegen Ziele in der Bundesrepublik eingeschleust wurden.[1]

Zweitens war die Bundesrepublik Deutschland der einzige westliche Staat, über den Moskau von einem verbündeten Dienst – der Hauptverwaltung Aufklärung (HVA),[2] dem Auslandsnachrichtendienst der Stasi – sogar höherkarätige Geheiminformationen erhielt als vom KGB. Von 1952 bis 1986 wurde die HVA von Markus Johannes (»Mischa«) Wolf, dem vielleicht fähigsten Spionagechef des Ostblocks, geleitet. Wolf war der Sohn eines bekannten kommunistischen Arztes und Schriftstellers, der sich nach Hitlers Machtergreifung gezwungen sah, nach Moskau zu fliehen. Seine Ernennung zum Leiter der ostdeutschen Auslandsaufklärung kurz vor seinem 30. Geburtstag verdankte Markus Wolf sowohl der Tatsache, daß er ein überzeugter Stalinist war und das Vertrauen des KGB (damals MGB) besaß, als auch seinen Fähigkeiten. 1947 erklärte er seinem Freund Wolfgang Leonhard, die ostdeutschen Kommunisten müßten die in ihrem Parteiprogramm erwähnte Idee von einem »deutschen Sonderweg zum Sozialismus« aufgeben. Als Leonhard, der im Zentralsekretariat der Partei arbeitete, ihm erwiderte, Wolf habe nicht recht, antwortete dieser: »Es gibt höhere Instanzen als dein Zentralsekretariat.« Kurz danach bereiteten die »höheren Instanzen« in Moskau dem Gerede von einem »deutschen Sonderweg« tatsächlich ein Ende.[3] Wolf hat nie unter falscher Bescheidenheit gelitten. »Die HVA war, wie selbst meine erbitterten Feinde zugeben würden, wahrscheinlich der effektivste Dienst dieser Art auf dem europäischen Kontinent«,[4] rühmte sich Wolf als Ruheständler.

Die dritte Besonderheit der sowjetischen Geheimdienstoperationen in Westdeutschland war, daß der KGB, abgesehen von den Berichten, die er von der HVA erhielt, von den Ostberliner Verbündeten intensiv dabei unterstützt wurde, die Bundesrepublik zu infiltrieren. Er schuf nicht nur »legale« Residenturen in Bonn, Köln und Hamburg,[5] sondern konnte die westdeutschen Operationen von seiner Basis im Ostberliner Stadtteil Karlshorst aus leiten, dem größten sowjetischen Spionagezentrum außerhalb der UdSSR, und nutzte dabei ostdeutsche Illegale und andere Agenten, die von der Stasi und der HVA zur Verfügung gestellt wurden. Obwohl der KGB im Prinzip für die Finanzierung seiner Karlshorster Dependance verantwortlich war, schoß die DDR Mitte der siebziger Jahre jährlich 1,3 Millionen zu.[6]

Die ersten großen Anwerbungen, welche die Karlshorster KGB-Basis in der Bundesrepublik durchführte, fallen in das Jahr 1950 und sind in den von Mitrochin erwähnten Akten erfaßt. SERGEJEW (auch NIKA) war ein junger westdeutscher Kommunist, der in jenen Jahren als Agent rekrutiert wurde. Er erhielt den Auftrag, sich von der kommunistischen Partei zu distanzieren, um Informationen über die Trotzkisten in der Bundesrepublik liefern zu können; trotz der politischen Bedeutungslosigkeit der Trotzkisten blieb ihre Observierung aus ideologischen Gründen eine fixe Idee der Zentrale. Aus SERGEJEWs Akte geht hervor, daß er zu Beginn seiner Agentenlaufbahn Informationen lieferte, welche die Entführung des Trotzkisten Weiland aus West-Berlin ermöglichte; diese Aktion wurde von einem Spezialkommando ausgeführt.[7] SERGEJEW wurde einer der am längsten tätigen westdeutschen Agenten des KGB und erhielt bis etwa 1963 monatlich 400 DM. »Mit seiner Hilfe«, so wird in einem Bericht der Zentrale über seine Tätigkeit behauptet, »wurden von 1951 bis 1974 trotzkistische Organisationen in der BRD überwacht und enttarnt.« SERGEJEW war zugleich mehrere Jahre lang ein geachteter norddeutscher Bürgermeister. Da der KGB befürchtete, daß SERGEJEW überwacht wurde, brach er 1981 den Kontakt zu ihm ab und zahlte ihm eine Abfindung von 3000 DM.[8]

Karlshorsts Haupterfolg in den Anfangsjahren der Bundesrepublik war die Infiltration des halbamtlichen Spionagedienstes, der Organisation Gehlen, die von 1956 an als Bundesnachrichtendienst (BND) dem Bundeskanzleramt unterstellt war. Im März 1950 warb Karlshorst den arbeitslosen ehemaligen SS-Offizier Hans Clemens (HANNI) an, der ein Jahr später eine Anstellung in der Organisation Gehlen erhielt. Im darauffolgenden Jahrzehnt lieferte er, wie seiner Akte zu entnehmen ist, »wertvolle Informationen« über die Geheimdienstkreise der Bundesrepublik: »Dies ermöglichte es, die Enttarnung wertvoller Agenten zu verhindern und Operationen zu unterbinden, die gegen sowjetische Vertretungen in der BRD gerichtet waren.«[9] Clemens' größter Erfolg bestand in der Anwerbung eines früheren SS-Kameraden, Heinz Felfe (KURT), den er der Organisation Gehlen empfahl.[10] Mit aktiver Unterstützung durch Karlshorst wurde Felfe rasch einer der erfolgreichsten Agenten des Kalten Krieges. In der Zeit von 1953 bis 1955 ermöglichten seine geheimen Informationen, kombiniert mit denen der britischen Spione George Blake und Kim Philby, »die Ausschaltung des feindlichen Agentennetzes in der DDR«, wie in einem KGB-Bericht festgestellt wurde.[11]

1953 verblüffte Felfe seine Kameraden in der Organisation Gehlen mit der Mitteilung, er habe einen von einem Oberst der Roten Armee geführten Agentenring in Moskau geschaffen. Viele Nachrichten des fiktiven Agentenrings – eine Mischung aus Fakten und Erfindungen, die von der KGB-Zentrale fabriziert worden waren – wurden an Bundeskanzler Konrad Adenauer in Bonn weitergeleitet. Gleichzeitig lieferte Felfe Karlshorst viele Berichte des BND. Dringende Berichte wurden über Funk übermittelt; die übrigen wurden in Koffern mit doppeltem Boden, auf Filmen, die in Gläsern mit Babynahrung versteckt waren, über tote Briefkästen oder durch Erwin Tiebel, einen Kurier der Organisation Gehlen, der auch für den KGB arbeitete, nach Karlshorst gebracht. 1958 hatte sich Felfe als der deutsche Philby etabliert. Er wurde, wie Philby vierzehn Jahre später, Chef der für die Sowjetunion zuständigen Abteilung Spionageabwehr. Im Unterschied zu Philby hatten seine Motive mehr mit Eitelkeit zu tun als mit Ideologie. Er war, wie er selbst erzählte, der überlegene professionelle Geheimdienstler, der als aufsteigender Stern des BND galt und diesen gleichzeitig überlistete. Karlshorst bemühte sich, sein Ego zu befriedigen, und ließ ihn glauben, seine Leistungen würden sogar die eines Richard

Sorge übertreffen. »Ich wollte«, sagte Felfe später, »bei den Russen wie eine Eins dastehen.« Ein CIA-Offizier, der in Deutschland in den fünfziger Jahren diente, schlußfolgerte nach Felfes Verhaftung im Jahre 1961:

»Der BND-Schadensbericht muß sich auf Zehntausende von Seiten belaufen haben. Nicht nur Agenten und Adressen waren aufgeflogen; Agentenberichte aus einem Zeitraum von zehn Jahren mußten neu ausgewertet werden: Einige hatte die andere Seite zurechtgebastelt, andere waren vorsichtig verfälscht worden, wieder andere waren von vorne bis hinten erfunden.«[12]

Bald nach Andropows Ernennung zum Vorsitzenden des KGB im Jahre 1967 bezeichnete er Felfe – neben Philby, Blake und Vassall – als jene Art von früheren Agenten, deren Anwerbung dringend nötig war, um die sowjetische Führung über die Entwicklung der westlichen Politik auf dem laufenden zu halten.[13]

Die Bundesrepublik Deutschland bildete nicht nur ein Hauptziel aktiver Maßnahmen des KGB, sondern auch einen Hauptschwerpunkt beim Sammeln geheimer Informationen. In den fünfziger und sechziger Jahren hatten sowohl beim KGB als auch bei der HVA Operationen Priorität, deren Ziel es war, so viele westdeutsche Politiker wie möglich als Neonazis und »Revanchisten« zu diskreditieren. Die Desinformation ist fast immer dann erfolgreich, wenn sie wahre Tatsachen enthält. In der Anfangszeit der Bundesrepublik mangelte es nicht an ehemaligen Nazis, die sich in Machtpositionen und anderen einflußreichen Stellungen befanden und durch gezielte Kampagnen öffentlich angeprangert werden konnten. Zu den effektivsten »Entlarvern« zählte der Reuter-Korrespondent in Berlin, John Peet, der während des Spanischen Bürgerkriegs als NKWD-Agent angeworben worden war. 1950 setzte sich Peet nach Ost-Berlin ab. Peet hatte lediglich einen Telefonanruf von einem Ostberliner Professor erwartet, der ihn häufig in seiner Westberliner Wohnung besuchte, und mit einer Einladung zum Kaffee gerechnet. Statt dessen rief ihn der Professor an und teilte ihm mit einer seltsam hohen Stimme mit: »PRIMROSE hat eine Nachricht für DAFFODIL. Um 16.00 Uhr am Montag. Ich wiederhole, um 16.00 Uhr am Montag.« Sobald Peet in Ost-Berlin war, erklärte er auf einer Pressekonferenz:

»Ich kann einfach nicht länger an der Kriegshetze teilnehmen, die nicht nur die Sowjetunion und die Volksdemokratien bedroht, sondern auch im Begriff ist, mein Heimatland England in eine machtlose amerikanische Kolonie zu verwandeln.«[14]

Von 1952 bis 1975 gab Peet den vierzehntägig erscheinenden *Democratic German Report* heraus, der sich lange Zeit damit befaßte, die (häufig von Wolf gelieferten) Einzelheiten über die Vorgeschichte westdeutscher Politiker, Diplomaten, Industrieller, Juristen, Generäle und Polizeichefs zu veröffentlichen. Peet sah den wichtigsten Berater Adenauers, Hans Globke, Mitverfasser der infamen offiziellen Kommentare zu Hitlers Rassegesetzen von 1935, als sein »Prunkstück« an.[15]

Peets Propaganda wurde durch den vom KGB arrangierten Übertritt von Otto John, dem ersten Präsidenten des Bundesamtes für Verfassungsschutz (BfV), im Juli 1954 effektvoll verstärkt. John hielt, wie Peet vier Jahre zuvor, eine Pressekonferenz ab, auf der er das angebliche Wiederaufleben des Nazismus in Westdeutschland anprangerte. Im Dezember 1955 tauchte John wieder im Westen auf und behauptete, er sei von Wolfgang Wohlgemuth, einem Arzt, der für den KGB arbeitete, betäubt worden. Das westdeutsche Oberlandesgericht war skeptisch. Aufgrund anderer Hinweise war John ein starker Trinker, der, wie beobachtet worden war, die Grenze zum Osten in ziemlich »vergnügter« Stimmung statt in einem fast bewußtlosen Zustand passiert hatte, nachdem Wohlgemuth ihn mit Whisky traktiert und Johns Furcht vor einem Wiederaufleben des Nazismus ausgenutzt hatte. Im Dezember 1959 wurde John zu einer vierjährigen Freiheitsstrafe verurteilt, saß aber nur 18 Monate ab. Der Fall John ist noch immer ziemlich geheimnisumwittert. Der Leiter des KGB-Apparats in Karlshorst, Jewgeni Pitowranow, berichtete im Juli 1954 der Zentrale, John sei nach Ost-Berlin gekommen, weil er »wünschte, mit uns in Kontakt zu bleiben, um über politische Probleme und gemeinsame Aktionen gegen die Nazis in Ostdeutschland zu diskutieren«. Johns Entschluß, im Osten zu bleiben, war unter dem Druck des KGB zustande gekommen. Einer der KGB-Offiziere, die mit dem Fall John zu tun hatten, äußerte:

»Wir wollten ihn als Agenten anwerben, aber John wollte nicht... John mußte in Ost-Berlin bleiben, und daher taten wir ihm eine Schlaftablette in den Kaffee... Nachdem er etwa dreißig Stunden lang geschlafen hatte, wurde er von KGB-Experten mit psychologischen Mitteln bearbeitet. Endlich sagte er, er werde mit uns zusammenarbeiten.«

Zu den Mitteln, mit denen John unter Druck gesetzt wurde, gehörte eine falsche westliche Rundfunkmeldung, die besagte, John habe sich bereits in die DDR abgesetzt.[16]

Der HVA und dem KGB stand ein Archiv in Ost-Berlin zur Verfügung, das von der Roten Armee beschlagnahmt worden war und Wehrmachts-, SS- und Naziakten enthielt. Die Abteilung X – die für aktive Maßnahmen zuständige Abteilung der HVA – stellte authentische Dokumente, die aus Archiven stammten, und gefälschte Beweise zusammen. Sie bildeten zusammengenommen eine vernichtende Anklage gegen die westdeutsche Elite in Politik, Wirtschaft und Militär und wurden in zwei umfangreichen Bänden über tatsächliche und angebliche Kriegsverbrecher und Neonazis veröffentlicht.[17] Die Abteilung X fabrizierte ein weiteres sehr belastendes Kapitel der Memoiren Reinhard Gehlens, des ersten BND-Chefs, dessen Handschrift nachgemacht wurde.[18]

Die berühmteste westdeutsche Zielscheibe des KGB und der HVA war Willy Brandt (POLJARNIK, »Polarforscher«).[19] Von dem Zeitpunkt an, da Brandt im Oktober 1957 Regierender Bürgermeister von Berlin wurde, war er das Opfer zahlreicher aktiver Maßnahmen, mit denen bezweckt wurde, ihn zuerst zu diskreditieren und dann zu erpressen. Aufgrund seiner antifaschistischen Vergangenheit war es einfach unrealistisch, ihn in die KGB-Liste der neonazistischen Verschwörer aufzunehmen. Statt dessen versuchten der KGB und die HVA, ihn mal als einen Informanten der Gestapo, mal wieder als einen antideutschen Emigranten, mal als einen Kollaborateur des SIS und der CIA und dann sogar als einen ehemaligen sowjetischen Agenten hinzustellen.

1931, kurz vor seinem achtzehnten Geburtstag, war Willy Brandt (eigentlich Herbert Frahm) Führer der Jugendsektion der Sozialistischen Arbeiterpartei (SAP), einer aus der SPD hervorgegangenen linken Splitterpartei, gewesen. Nach Hitlers Machtergreifung ging Brandt nur mit einer Aktentasche, die den ersten Band des »Kapitals« von Marx, einige Hemden und 100 Reichsmark enthielt, nach Norwegen ins Exil. In Oslo angekommen, etablierte er sich als Vertreter der SAP und begann als Journalist tätig zu werden. Im Februar 1937 reiste er als Journalist, der über den Bürgerkrieg berichten wollte, nach Spanien; zugleich wollte er als Verbindungsmann zwischen SAP-Mitgliedern der Internationalen Brigade und der neotrotzkistischen POUM-Miliz fungieren. Brandt prangerte bald darauf den »blinden Terror« an, den die Kommunisten aufgrund sowjetischer Instruktionen gegen die POUM und gegen andere linke Abweichler entfalteten:

> »Dabei handelt es sich recht und schlecht um die wahnwitzige Zielsetzung der Komintern, alle Kräfte zu vernichten, die sich ihr nicht gleichschalten wollen. Darum handelt es sich, und deshalb muß die ganze internationale Arbeiterbewegung diesen Schlag der Komintern entsprechend parieren.«

Brandt wiederum wurde von den Kommunisten als »Agent Francos« und »Spion der Gestapo« bezeichnet.[20]

Die erste Eintragung in Brandts KGB-Akte stammt aus dem Jahre 1936. Er wird darin als Mitglied der Danziger Trotzkisten bezeichnet. Die anderen Berichte über Brandt, die Ende der dreißiger Jahre – alle in einem feindlichen Ton – verfaßt wurden, spiegeln die Paranoia der Zeit des Großen Terrors wider. Sie enthalten falsche Behauptungen: daß POLJARNIK von der Pariser Sûreté beauftragt worden sei, die POUM zu infiltrieren, daß er viele SPD-Mitglieder an die Gestapo verraten habe und daß er in die Ermordung von Mark Rein, dem Sohn eines bekannten russischen Menschewiken, verwickelt sei.[21] Mark Rein war in Wirklichkeit vom NKWD in Spanien umgebracht worden.

Nach Hitlers Überfall auf die Sowjetunion im Juni 1941 änderte sich Brandts Haltung zu Moskau. Die NKWD-Residentur in Stockholm berichtete über eine Spaltung in den Reihen der »norwegischen Trotzkisten«. Einige von ihnen, darunter auch Brandt, waren nun bereit, mit der Sowjetunion zusammenzuarbeiten, um Hitlers Niederlage herbeiführen zu helfen. Im Herbst 1941 ging M. S. Ochunjow (OLEG), ein Agent der Stockholmer Residentur, bei Brandt vorbei, traf ihn aber nicht an und hinterließ seine Visitenkarte. Am nächsten Abend suchte Brandt die sowjetische Botschaft auf und sprach dort drei Stunden lang mit Ochunjow und dem NKWD-Residenten Michail Wetrow. Brandt sagte, er unterhalte eine Nachrichtenagentur, zu deren Kunden auch die amerikanische Presse gehöre; er sei bereit, alles zu tun, um das Ende des Nazismus so rasch wie möglich herbeiführen zu helfen, und würde gern Geschichten von »sowjetischen Genossen« in die Vereinigten Staaten schicken (die damals noch nicht in den Krieg eingetreten waren). Wetrow und Ochunjow erwiderten, der wichtigste Beitrag, den er zu den Kriegsanstrengungen leisten könne, bestünde darin, von seinen norwegischen Freunden geheime Informationen über die deutschen Truppen und Operationen in Norwegen zu beschaffen. Brandt willigte ein, und im Laufe der nächsten neun Monate traf er sich alle vierzehn Tage heimlich mit Offizieren der Stockholmer Residentur. Einmal wurden ihm 500 Kronen, vermutlich zur Deckung seiner Unkosten, ausgehändigt, und er quittierte den Betrag.

Unter den Geheiminformationen, die Brandt lieferte, befand sich eine über das deutsche Schlachtschiff »Tirpitz«, das den norwegischen Hafen Trondheim verlassen hatte, um die arktischen Schiffskonvois anzugreifen. Brandt teilte dem NKWD mit, daß er die gleiche Information den Briten gegeben habe.[22] Er lieferte der sowjetischen Residentur auch Informationen über den Druck, den die Deutschen auf Schweden ausübten, damit es dem Antikominternpakt beitrat, und über (nie verwirklichte) Pläne zum Verbot der schwedischen KP. Nachdem die schwedische Polizei im Sommer 1942 zwei tschechische Agenten der Residentur, TERENTI und WANJA,[23] verhaftet hatte, lehnte Brandt weitere geheime Zusammenkünfte mit NKWD-Offizieren ab. Er willigte jedoch ein, offen in die sowjetische Botschaft zu kommen, wo er sich manchmal mit Offizieren des Geheimdienstes traf, die als Diplomaten getarnt tätig waren.[24]

Nichts davon macht POLJARNIK zu einem sowjetischen Agenten. Die Stockholmer Residentur berichtete 1943, Brandt habe auch mit Offizieren des britischen und amerikanischen Geheimdienstes in Schweden sowie mit Trotzkis ehemaligem norwegischem Sekretär, der der Zentrale weiterhin sehr suspekt war, in Kontakt gestanden.[25] Brandts Hauptmotiv war, allen drei Mitgliedern der Großen Allianz Informationen zu liefern, die vielleicht zur Niederlage Hitlers beitragen konnten. Was die Sowjetunion betraf, so schätzte er richtig ein, daß der beste Verbindungskanal zu Moskau der Weg über die Stockholmer Residentur war.

Der erste Versuch, Brandt nach seiner Wahl zum Regierenden Bürgermeister von Berlin im Jahre 1957 zu diskreditieren, war eine länger dauernde Operation, die der KGB und die HVA 1958/59 gemeinsam durchführten. Dabei wurden tendenziöse Versionen über Brandts Tätigkeit während des Krieges und andere Erfindungen in Umlauf gesetzt, die ihn als einen Agenten des britischen und amerikanischen Geheimdienstes hinstellten. In der Akte über diese Operation heißt es jedoch: »Dies erbrachte nicht das gewünschte Ergebnis, und Brandts Position als Politiker wurde nicht erschüttert.«[26] Wolf schlug als nächstes vor, das alte

Märchen aufzuwärmen, Brandt sei im norwegischen Exil ein Gestapoagent gewesen. Die ostdeutsche Führung befahl jedoch, den Plan aus Mangel an glaubwürdigen Beweisen fallenzulassen.[27]

Bei den westdeutschen Wahlen von 1961 war Brandt der SPD-Kandidat für das Amt des Bundeskanzlers. Der Wahlkampf war der schmutzigste in der Geschichte der Bundesrepublik. Brandt war, wie er selbst formulierte, einer »Schmutzkampagne von rechts« ausgesetzt. Da er die Nazizeit im Exil verbracht hatte, wurde er beschuldigt, unpatriotisch zu sein, zugleich wurden aufgrund der Tatsache, daß er ein linker Sozialist gewesen war, versteckte Andeutungen gemacht, er sei ein verkappter Kommunist. Brandt bekannte später, daß er durch die Bemühungen, ihn zu diskreditieren, »verwundet war. Dieses Ziel haben meine Gegner gelegentlich erreicht. Sie hielten mich über Tage von meiner Arbeit ab.« – »Es war kaum ein Trost, daß die Schmutzkampagne von ›rechts‹ damals – und noch Jahre später – munter aus Ostberliner Quellen gespeist wurde.«[28]

Obwohl es die SPD – größtenteils dank der Errichtung der Berliner Mauer während des Wahlkampfes – schaffte, der christlich-demokratischen Mehrheit Stimmen abzujagen, beschloß die Zentrale, Brandt mit weit schädlicheren Beweisen zu drohen, als während der Wahlen zum Vorschein gekommen waren. Am 16. November 1962 billigte der Vorsitzende des KGB, Semitschastny, offiziell eine erpresserische Operation, die Sacharowski, Leiter des Ersten Hauptverwaltung des KGB, vorgeschlagen hatte. Obwohl über die Operation in der von Mitrochin eingesehenen Akte nichts erwähnt ist, kann fast mit Sicherheit angenommen werden, daß sie auch von Chruschtschow genehmigt war, der noch immer unter dem für ihn demütigenden Ausgang der Kubakrise litt.[29] Der Operationsplan sah vor, daß sich der *Iswestija*-Korrespondent Poljanow, dem Brandt im gleichen Jahr ein Interview gegeben hatte, an Brandt wenden solle. Bei dieser Gelegenheit sollten Poljanow zwei Geheimagenten des KGB begleiten, die zu Brandt sagen sollten: »Wir möchten unsere vertraulichen Beziehungen zu Ihnen erneuern, um vernünftige Lösungen für das West-Berlin-Problem gemeinsam zu entwickeln.« Wenn Brandt sich weigerte, sollte ihm gesagt werden: »Wir haben genügend Mittel in der Hand, Ihnen Unannehmlichkeiten zu bereiten, und deswegen nehmen wir an, daß Sie Ihre Haltung überdenken werden.« Die Drohung war größtenteils ein Bluff. Sacharowski hatte zu seinem Ärger feststellen müssen, daß die aus der Kriegszeit stammenden Originaldokumente in Brandts Akte 1959 vernichtet worden waren (das wäre undenkbar gewesen, wenn er tatsächlich ein Agent gewesen wäre), darunter auch solche offensichtlich kompromittierenden Dinge wie die Quittung für den Empfang von 500 Kronen von der Stockholmer Residentur. Brandt würde das aber nicht wissen. Der von Semitschastny genehmigte Operationsplan baute darauf, daß Brandt glauben mußte: »Es sind Materialien in unserem Besitz, die ihn kompromittieren könnten.«[30]

Mitrochin hat keinen Bericht über ein Zusammentreffen mit Brandt gesehen.[31] Klar ist jedoch, daß dieser den Erpressungsversuch des KGB energisch zurückgewiesen hätte, wenn eine Begegnung zustande gekommen wäre. Es ist sicher, daß Semitschastny und Sacharowski mit Chruschtschows Billigung versuchten, Brandt vor der Begegnung mit dem Sowjetführer nachgiebig zu stimmen. Chruschtschow lud ihn im Januar 1963 während eines Besuchs in Berlin zu einem Treffen ein. Brandt, von der Notwendigkeit überzeugt, sowohl einen Modus vivendi zwischen der Bundesrepublik und der DDR zu finden als auch sich über die Berlin-Frage zu verständigen, war bereit, die Einladung anzunehmen. Aber der Widerstand der CDU in der regierenden Westberliner Koalition gegen das vorgeschlagene Treffen bewogen ihn, ablehnend zu antworten. Brandt äußerte sich dazu folgendermaßen:

»Chruschtschow mußte meine Ablehnung als Brüskierung empfinden. Botschafter Abrassimow erzählte mir später sehr plastisch, sein ehemaliger Chef sei völlig konsterniert gewesen, als ihm meine Absage mitgeteilt wurde: Chruschtschow, der sich gerade umzog, habe in seiner Überraschung fast die Hosen fallen lassen...«[32]

In den viereinhalb Jahren, in denen Brandt vom 21. Oktober 1969 bis 6. Mai 1974 der erste SPD-Bundeskanzler Westdeutschlands war, erreichte die Geheimdienstoffensive der HVA und des KGB in der Bundesrepublik ihren Höhepunkt. Wolfs größter Erfolg war das Eindringen von Günter Guillaume (HANSEN) ins Kanzleramt. 1956 hatten Guillaume und seine Ehefrau Christel, beide HVA-Offiziere, eine sorgfältig geplante »Flucht« aus Ostdeutschland inszeniert, kleine Firmen in Frankfurt gegründet, die ihnen als Tarnung für ihre Spionagetätigkeit dienen sollten, und waren aktive, anscheinend antikommunistisch eingestellte Mitglieder der SPD geworden. 1968 war Guillaume Geschäftsführer des SPD-Unterbezirks Frankfurt und Stadtverordneter von Frankfurt geworden. Damit war er der einzige HVA-Offizier (im Gegensatz zu einem Agenten), der jemals ein offizielles Amt in der Bundesrepublik bekleidet hat. Im November 1969, drei Wochen nach der Wahl Brandts zum Bundeskanzler, erhielt Guillaume eine Anstellung im Kanzleramt, zuerst als ein für Gewerkschaften und politische Organisationen zuständiger Referent. Fleißig und effizient in seiner Arbeit, jovial und kontaktfreudig im Umgang wurde er 1972 Persönlicher Referent des Kanzlers für Parteiangelegenheiten. Zugleich wurde er mit der Organisation der Reisen Willy Brandts betraut. Guillaumes Berichte wurden in der Zentrale so hoch bewertet, daß Andropow sie persönlich an Außenminister Gromyko weiterleitete.[33]

Der Hauptauftrag Guillaumes betraf Brandts Ostpolitik. Diese hatte, wie Brandt definierte, »ein dreifaches Ziel: verbesserte Beziehungen zur Sowjetunion, normale Beziehungen zu den osteuropäischen Staaten und ein Modus vivendi zwischen den beiden Teilen Deutschlands«. In seinem »Bericht zur Lage der Nation«, den er Anfang 1970 dem Bundestag erstattete, forderte Brandt die Herstellung einer »kooperativen Gemeinschaft« zwischen der Bundesrepublik Deutschland und der DDR. Im selben Jahr besuchte er als erster Bundeskanzler Ostdeutschland und unterzeichnete Verträge mit der Sowjetunion und Polen.[34] »Guillaumes Erkenntnissen und Schlußfolgerungen konnten wir«, schreibt Wolf in seinen Erinnerungen, »zweifelsfrei entnehmen..., daß es sich bei Brandts neuer Ostpolitik um einen zwar widersprüchlichen, aber dennoch echten Kurswechsel in der bundesdeutschen Außenpolitik handelte.«[35] Moskau gelangte zur gleichen Erkenntnis. Nach Brandts Besuch in Ostdeutschland berichtete Karlshorst jedoch über »eine sichtliche Zunahme seiner Popularität«,[36] die bei der DDR-Führung Besorgnis hervorrief.

Da die Christdemokraten in offener Opposition zu Brandts Ostpolitik standen, bemühte sich die Zentrale nunmehr, Brandt nicht zu kompromittieren, sondern ihn an der Macht zu halten. Im Frühjahr 1972 war Brandts Mehrheit dadurch, daß einige Abgeordnete der SPD und der mit ihr verbündeten FDP die Seiten gewechselt hatten, auf vier geschrumpft. Sollten noch mehr Abgeordnete diesem Beispiel folgen, so hing das Schicksal der Ostpolitik an einem seidenen Faden. Im April 1972 stellte der Vorsitzende der CDU/CSU-Fraktion, Rainer Barzel, einen Mißtrauensantrag im Bundestag.[37] Mit dem Segen der Zentrale unternahm Wolf den möglicherweise riskanten Versuch einer geheimen Einmischung in die Angelegenheiten des Bundestages, um Brandt an der Macht zu halten. Kurz vor der Abstimmung über den Mißtrauensantrag warb die HVA einen korrupten CDU-Abgeordneten, Julius Steiner, als Agenten (SIM-

SON) an.[38] Wolf zahlte Steiner 50 000 DM, damit er für Brandt stimmte.[39] Bei der Abstimmung fiel Barzels Antrag durch, weil zwei Abgeordnete gegen die eigene Partei gestimmt hatten. Bei der Bundestagswahl im November errang Brandt eine sichere Mehrheit im Bundestag. Damit hatte die SPD die Christdemokraten zum ersten Mal bei einer Abstimmung des Volkes geschlagen.[40] SIMSON war weiter als Agent der HVA im neuen Bundestag tätig. Im Februar 1973 schloß Steiner einen Vertrag mit der HVA (die sich euphemistisch »Strukturelle Arbeitsgruppe des DDR-Ministerrates« nannte) und erhielt daraufhin ein Honorar von monatlich 3000 DM. Bald danach (das Datum ist von Mitrochin nicht vermerkt) berichtete Wolf der Zentrale, daß Steiner mit dem Bundesamt für Verfassungsschutz (BfV) zusammenarbeite und daher als Agent wertlos sei.[41] Im Juni veröffentlichte die Münchener Wochenzeitschrift *Quick* das Foto eines Kontoauszugs, welches zeigte, daß einen Tag nach dem Mißtrauensvotum im April 1972 50 000 DM auf Steiners Konto überwiesen worden waren. Dies rief einen öffentlichen Skandal hervor, der rasch als »Bonns Watergate« oder »Rheingate« bezeichnet wurde. Steiner gab zu, daß er von der HVA angeworben worden war, behauptete aber, er sei mit Billigung des BfV als Doppelagent tätig gewesen, und sagte, die 50 000 DM seien vom Geschäftsführer der SPD-Fraktion, Karl Wienand, überwiesen worden[42] (der, wie später durchsickerte, ebenfalls ein Agent der HVA war).[43] Ein parlamentarischer Untersuchungsausschuß folgerte, es gebe keinen schlüssigen Beweis für eine Bestechung.[44]

Zur Zeit des Sieges, den Brandt bei den Wahlen im November 1972 errang, hatte Guillaume als Agent, der an allen Beratungen der SPD und der Fraktionsführung im Bundestag teilnahm, den Gipfel seiner Karriere erreicht. Am 29. Mai 1973 informierte Günter Nollau, Präsident des Bundesamtes für Verfassungsschutz (BfV), jedoch den Innenminister Hans-Dietrich Genscher, Guillaume sei der Spionage verdächtig und werde überwacht (allerdings unterscheiden sich ihre Erinnerungen daran, wie ernst der von Nollau gemeldete Verdacht war).[45] Kurz danach wies die HVA, die – laut Wolfs nicht ganz zuverlässigem Bericht – durch die ungeschickte Observierung von Guillaumes Frau gewarnt worden war, Günter und Christel Guillaume an, ihre Spionagetätigkeit einzustellen.[46] Am 24. April 1974 um 6.30 Uhr wurden die Guillaumes in ihrer Bonner Wohnung verhaftet. Gegen alle Regeln der Geheimdiensttätigkeit gab Guillaume seine Schuld faktisch zu. Nur mit einem Bademantel bekleidet, rief er stolz: »Ich bin Offizier der Nationalen Volksarmee!« – »Im

Grunde«, so schrieb Genscher in seinen *Erinnerungen,* »war es allein Guillaumes eigene Erklärung..., die ihn überführte.«[47]

Wolf äußert heute, sein Erfolg bei der Infiltration der unmittelbaren Umgebung Brandts sei »ein politisches Eigentor für die DDR« gewesen. Der politische Skandal, den die Verhaftung auslöste, war der unmittelbare Anlaß für Brandts Rücktritt am 6. Mai 1974. Die HVA, so folgert Wolf, »half unabsichtlich die Karriere des weitsichtigsten heutigen Staatsmannes zu zerstören.«[48] Wie Brandts Witwe mittlerweile offenbart hat, hegte er nach seinem Rücktritt den Verdacht, es habe noch einen weiteren Spion im Bundeskanzleramt gegeben, der unentdeckt blieb.

Die HVA-Operationen, welche die Methoden des KGB am nachhaltigsten beeinflußten, waren wohl die ihrer »Romeo-Spione« (der von den westlichen Medien erfundene Ausdruck wurde später auch von Wolf übernommen).[49] Der KGB hatte sich seit den dreißiger Jahren auf die Verführung westlicher Diplomaten und Besucher spezialisiert, die nach Moskau kamen. Das geschah nach einem bestimmten Muster: der Einsatz attraktiver Frauen oder Männer – sogenannter »Schwalben« – als Lockvögel, das heimliche Fotografieren des sexuellen Abenteuers (das manchmal von einem plötzlich auftauchenden, angeblich wütenden »Ehegatten« oder »Verwandten« unterbrochen wurde) und schließlich der Erpressungsversuch.[50] Wolfs Taktik war sowohl subtiler als auch wirksamer. Liebe oder ein plausibler Ersatz für sie erbrachte auf Dauer mehr Geheiminformationen als kurze sexuelle Abenteuer.[51] Romeo-Spione wurden in der Hauptsache auf alleinstehende Sekretärinnen angesetzt, die meist zwischen dreißig und fünfzig Jahre alt waren und in westdeutschen Ministerien oder bei Geheimdiensten arbeiteten.

Ende der fünfziger Jahre begann die Karlshorster Filiale des KGB die »Sekretärinnenoffensive« der HVA zu imitieren. Tatsächlich zeigen die von Mitrochin eingesehenen Akten, daß einige »Sekretärinnenspione«, von denen später angenommen wurde, daß sie HVA-Agentinnen gewesen waren, in Wirklichkeit für den KGB arbeiteten. Karlshorsts ursprüngliche Zielpersonen waren weibliche Angestellte im Bonner Auswärtigen Amt, die von einer KGB-Agentin in der Personalabteilung des Ministeriums, Gisela Herzog (MARLENE), ausgewählt wurden; sie selbst war 1954 – offenbar ohne Verwendung eines »Romeo-Spions« – angeworben worden. MARLENE heiratete 1958 einen Beamten des französischen Verteidigungsministeriums und zog nach Paris. Das erste Opfer der »Sekretärinnenoffensive« war ihre Freundin Leonore Heinz (LOLA), Sekretärin eines Abteilungsleiters im Auswärtigen Amt. Ihr Verführer war Heinz Sütterlin (WALTER), ein Westdeutscher aus Freiburg, der 1957 vom KGB angeworben worden war. Als Herzog 1958 hörte, daß die dreißigjährige Leonore Heinz Sütterlins Annäherungsversuchen erlegen war, bekam sie Gewissensbisse. Da sie wahrscheinlich voraussah, wie niedergeschmettert LOLA sein würde, wenn sie herausfand, daß sie betrogen worden war, schrieb Herzog an die Zentrale: »Ich möchte Sie bitten, LOLA nicht durch Sütterlin zur Zusammenarbeit mit uns zu gewinnen. Sie wäre sehr desillusioniert.« – »Ich bitte Sie«, schrieb sie ein anderes Mal, »LOLA in Ruhe zu lassen.«[52] Die Zentrale schenkte dem, wie vorauszusehen war, keine Beachtung.

Im Dezember 1960 wurden Heinz Sütterlin und Leonore Heinz getraut. Im darauffolgenden Jahr sprach Sütterlin häufig mit seiner Frau darüber, daß der Kalte Krieg in einen heißen umschlagen könne. In einer Zeit, in der die westdeutsche Führung für sich Atombunker bauen lasse, so argumentierte er, müßten sie etwas für ihre eigene Sicherheit tun. Leonore willigte ein, ihm alles anzuvertrauen, was sie über die Ost-West-Beziehungen herausfand. 1961 wurde sie, zunächst ohne ihr Wissen, in das Agentennetz des KGB aufgenommen. Zwei Jahre später berichtete Sütterlin der Zentrale, er habe seiner Frau, ohne den KGB zu erwähnen, erklärt, daß er ihre Informationen an eine Organisation weitergebe, die einen Atomkrieg verhindern wolle:

> »Ich habe LOLA erzählt, es gebe in der Welt eine große Organisation, welche die Erhaltung des Friedens als ihre Aufgabe ansieht. Diese Organisation bitte sie um einen großen Gefallen. Sie solle im Auswärtigen Amt weiterarbeiten und mir alles, was sie herausfindet, berichten ... Sie hat zugestimmt, auf jede nur erdenkliche Weise zu kooperieren, und erklärt, daß sie es als die Pflicht jedes anständigen Menschen ansehe, den Kriegstreibern das Handwerk zu legen. Sie hat es abgelehnt, für ihre Hilfe Geld zu nehmen. Ich glaube, daß wir in LOLA eine Helferin haben, auf die man sich hundertprozentig verlassen kann.«

Während seine Frau jegliche Bezahlung ablehnte, kassierte Sütterlin 1000 DM monatlich. Von 1964 an übergab er Filme von Dokumenten, die LOLA aus dem Ministerium herausgeschmuggelt hatte, dem ostdeutschen Illegalen Eugen Runge (MAX), der für die Karlshorster KGB-Filiale arbeitete. Runge wiederum hinterlegte die Filme in einem toten Briefkasten, der von der Bonner Residentur geleert wurde. Nachdem Leonore schließlich erkannt hatte, daß sie für den Sowjetblock arbeitete, traf sich Runge persönlich mit ihr und stellte fest, daß sie durch ihre Entdeckung nicht weiter erschüttert war. Leonore sagte, sie vertraue ihrem Mann vollkommen, und ihre Tätigkeit für den Frieden sei etwas, das einfach getan werden müsse. Sütterlin erklärte Runge, Leonore sei auch vom »Haß gegen die Kaste der hochnäsigen Beamten des Auswärtigen Amtes« motiviert und empfinde »Genugtuung, wenn sie soviel wie möglich Schaden anrichte«.[53] Diese Bemerkung enthält einen Hinweis, der in den traditionellen Erklärungsansätzen des Erfolges der »Sekretärinnenoffensive« der HVA und des KGB fehlt. Obwohl die meisten Sekretärinnen aus Liebe zu spionieren anfingen, fand ihre Tätigkeit wahrscheinlich auch – zumindest teilweise – Rückhalt in der Arroganz ihrer gebildeteren und besser bezahlten Vorgesetzten.

1967 lief Runge zur CIA über und verriet sowohl Leonore als auch Heinz Sütterlin. Er berichtete seinen Vernehmungsbeamten: »Wir haben [bundesdeutsche diplomatische] Dokumente bekommen, bevor sie von Leonores Schreibtisch aus in den Coderaum wanderten, und wir haben die von Kurieren beförderten Auslandsberichte meistens schon gelesen, bevor der deutsche Außenminister [Gerhard] Schröder sie erhielt.« Wie ihre Freundin Gisela Herzog bereits neun Jahre zuvor befürchtet hatte, war Leonore außer sich über die Entdeckung, daß ein »Romeo-Spion« auf sie angesetzt worden war. Während ihrer polizeilichen Vernehmung wurde ihr das Geständnis ihres Mannes vorgelegt, in dem er zugab, sie nicht aus Liebe, sondern auf Geheiß des KGB geheiratet zu haben. Daraufhin erhängte sich Leonore in ihrer Zelle.[54]

Unter den erfolgreichsten Verführungen im Rahmen der »Sekretärinnenoffensive« finden sich in den von Mitrochin eingesehen Akten zwei weitere Anwerbungen – die von DORIS und ROSIE –, die von ostdeutschen Illegalen »unter falscher Flagge« durchgeführt wurden. In diesem Fall glaubten DORIS und ROSIE jedoch, für eine geheime Neonazi-Gruppe und nicht, wie LOLA annahm, für eine illegale Friedensbewegung zu arbeiten.

DORIS war Margret Höke, eine Sekretärin im Bundespräsidialamt, wo sie nacheinander in verschiedenen Abteilungen tätig war. Ihr »Romeo-Spion« war der ostdeutsche Illegale Hans-Jürgen Henze (HAGEN), der die Identität von Franz Becker, einem in der DDR lebenden Westdeutschen, angenommen hatte.⁵⁵ Henze stieß durch Zufall auf die 33jährige Höke. Als er eines Tages im Jahre 1968 aus dem Fenster seiner Bonner Wohnung blickte, sah er eine einsame Spaziergängerin, die eine Staatsbeamtin zu sein schien. Das nächste Mal lauerte ihr Henze in einer Telefonzelle auf, und als Höke vorüberging, fragte er sie, ob sie Kleingeld für einen Telefonanruf habe. Er verwickelte sie in ein Gespräch, und als er herausfand, wo Höke arbeitete, arrangierte er eine weitere Begegnung mit ihr. Allmählich »verliebte sie sich«, wie in ihrer Akte vermerkt war, »ernsthaft in ihn und war ihm sehr zugetan«. Henze erklärte ihr, er sei ein Hochschulabsolvent, der an einer Dissertation über die Arbeit des Bundespräsidenten schreibe; er benötige jedoch noch zusätzliches Quellenmaterial, bevor er seine angebliche Doktorarbeit beenden könne. Höke beschaffte ihm dafür Dokumente aus ihrer Arbeitsstelle. Obwohl Henze in Höke weniger vernarrt war als umgekehrt sie in ihn, entwickelte er eine emotionale Beziehung zu ihr, und einige Jahre lang »fiel es ihm schwer, ein rein sachliches Verhältnis zu ihr zu finden«. Schließlich, 1971 oder 1972 (das Datum geht aus der Akte nicht eindeutig hervor), erzählte er ihr in der Hoffnung, damit ihren extrem rechten Auffassungen entgegenzukommen, er gehöre einer Organisation »deutscher Patrioten« an, die in Brasilien ihren Sitz habe. Diese träten für die nationale Erneuerung ein und brauchten zur Fortsetzung ihrer Tätigkeit interne Informationen über die Bonner Regierung.⁵⁶

Höke erwiderte, sie habe bereits etwas Ähnliches geahnt, und willigte ein, den »deutschen Patrioten« zu helfen. Auf Henzes Veranlassung unterschrieb sie einen Vertrag, den sein »Boß« angeblich aufgesetzt hatte. Darin verpflichtete sie sich, gegen eine monatliche Aufwandsentschädigung von 500 DM Informationen aus dem Bundespräsidialamt zu beschaffen. Unter den Geheiminformationen, die sie lieferte, befanden sich die Mobilisierungspläne des Bundeskanzleramtes und der großen Bonner Ministerien, Einzelheiten über den Regierungsbunker (die Breschnew übermittelt wurden), Telegramme der bundesdeutschen Botschafter aus Moskau, Washington und anderen Hauptstädten, die geheimen Wochenberichte des Auswärtigen Amts an den Bundespräsidenten, ein Dossier über Breschnews Besuch in der Bundesrepublik und Protokolle der Begegnungen des Bundespräsidenten mit ausländischen Diplomaten. Höke kam bald ohne die 500 DM nicht mehr aus, die sie jeden Monat erhielt. Um keine Spuren in ihren Bankunterlagen zu hinterlassen, gab sie das

Geld mit der Begründung, sie fände es schwierig, es zu sparen,[57] ihrer Mutter, damit sie es für sie anlegte. Schließlich konnte sie sich damit ein neues Apartment in Oberkassel kaufen.[58]

Nachdem Höke ihren Agentenvertrag unterschrieben hatte, ging sie nicht mehr das Risiko ein, vertrauliches Material mit in ihre Wohnung zu nehmen. Statt dessen brachte Henze ihr bei, mit einer in einer Lippenstifthülse versteckten Miniaturkamera Dokumente im Bundespräsidialamt zu fotografieren. Eines Tages betrat Hökes Chef den Raum, als sie gerade ihre Kamera benutzen wollte, aber zu ihrer großen Erleichterung bemerkte er nicht, womit sie beschäftigt war.[59] Höke übergab die Filme gewöhnlich entweder in Köln oder in Zürich. Das Geheimtreffen *(jawka)* fand jeweils am ersten Dienstag im Monat um 20.30 Uhr in Köln-Bayenthal am Ende des Bayenthalgürtels statt, etwa 50 Meter von der Bismarcksäule entfernt, und zwar an einer Telefonzelle neben einer Litfaßsäule. Höke sollte eine Ausgabe des *Spiegel* in der Hand halten, wenn sie zu der Begegnung bereit war. Um Gefahr zu signalisieren, sollte sie statt dessen einen Plastikbeutel tragen. Die Treffen in Zürich fanden jeweils samstags um 17 Uhr vor dem Schaufenster eines Porzellangeschäfts am Rennweg 35 statt.[60]

Henze wurde dafür, daß er Höke so erfolgreich als Agentin führte, zweimal mit dem Orden »Roter Stern« ausgezeichnet. 1976 kehrte er nach Ostdeutschland zurück, traf Höke aber weiter regelmäßig in Köln oder Zürich.[61] 1976 wurde sie zeitweilig »auf Eis gelegt«, als Untersuchungen gegen eine andere Sekretärin liefen, die im Verdacht stand, für den Osten zu spionieren. Ein Jahr später wurde sie mit dem neuen Codenamen VERA reaktiviert. 1980 füllten die von ihr gelieferten Dokumente zehn Bände.[62] Obwohl Höke mit Henze in Kontakt blieb, gab sie geheimdienstliche Informationen auch durch RENATA weiter, eine ostdeutsche Illegale, die für den KGB arbeitete.[63] Unter den Informationen, die sie zu Beginn der achtziger Jahre lieferte, befanden sich Einzelheiten der Gespräche, die Außenminister Hans-Dietrich Genscher mit US-Außenminister George Shultz im Oktober 1982 über die Stationierung von Pershing-II-Raketen in der Bundesrepublik führte. Sie nahm auch an den beiden großen WINTEX-Manövern der NATO teil, bei denen sie geheime Informationen über das Kommando- und Leitsystem der Bundesrepublik im Kriegsfall lieferte, und berichtete über ihre Erfahrungen bei der Arbeit im geheimen Regierungsbunker in der Eiffel.

Höke wurde 1985 verhaftet und legte bald ein Geständnis ab. 1987 wurde sie zu acht Jahren Zuchthaus und einer Geldstrafe in Höhe von 33 000 DM verurteilt – dem Gesamtbetrag dessen, was sie nach Meinung des Gerichts vom KGB bekommen hatte. Bei der Verkündung des relativ milden Urteils erklärte der Richter, er habe berücksichtigt, daß sie sich in den Mann, der sie anwarb, »hoffnungslos verliebt« hatte. Die britische Presse urteilte zwiespältig über Höke. Während sie der *Daily Telegraph* als eine »schäbige Sekretärin« bezeichnete, zeigte sich der *Observer* von ihr als *»Glamour Spy«* beeindruckt.[64]

Die zur Anwerbung von Höke benutzten Methoden ähnelten den bei Heidrun Hofer (ROSIE) angewandten. Sie war Sekretärin, Anfang dreißig und beim Bundesnachrichtendienst (BND) beschäftigt.[65] Als sie Anfang der siebziger Jahre in der Pariser BND-Filiale tätig war, wurde sie von ROLAND, einem ostdeutschen Illegalen von militärisch straffem Auftreten verführt. Er behauptete wie Henze, für eine neonazistische Gruppe von »deutschen Patrioten« zu arbeiten.[66] Bei Hofer ging man noch einen Schritt weiter als bei Höke. Am 26. Februar 1973 stellte ROLAND sie in Innsbruck WLADIMIR vor, der ihr mitteilte, er sei ein Führer der Untergrundbewegung der Neonazis. Am Tag darauf traf sich WLADIMIR mit Hofer allein. Dabei erzählte er ihr, er habe Admiral Wilhelm Canaris gekannt, den Chef der deutschen Abwehr, in der ihr Vater gedient hatte, und besprach mit ihr, welche Geheiminformationen sie ihm liefern sollte. WLADIMIR war, was Hofer nicht wußte, ein ranghoher Illegaler des KGB, Iwan Unrau, ein 1914 in Rußland geborener Volksdeutscher.[67]

1974 wurde Hofer in die BND-Zentrale nach Pullach in Bayern versetzt, wo sie nacheinander in den Verbindungsbüros Westeuropa und NATO arbeitete und sich mit einem BND-Major verlobte.[68] Nach dem Ende ihrer Affäre mit ROLAND setzte der KGB zwei weitere ostdeutsche Illegale ein, MASON (der behauptete, ROLANDs Vater zu sein) und FRANK, um den Kontakt zu ihr aufrechtzuerhalten. Beide behaupteten, Mitglieder des neonazistischen Untergrunds zu sein.[69] Obwohl in Mitrochins Notizen davon nichts erwähnt ist, hat Hofer wohl irgendwann bemerkt, daß sie »unter falscher Flagge« angeworben worden war, und dann als bezahlte Agentin weitergearbeitet. Am 21. Dezember 1977 wurde sie – möglicherweise aufgrund eines Hinweises des französischen Auslandsnachrichtendienstes SDEC – verhaftet, als sie die österreichische Grenze passieren wollte, um ihren Führungsoffizier zu treffen. Am nächsten Tag gab sie zu, KGB-Agentin zu sein. Hofer blieb ziemlich ungerührt, bis ihr mitgeteilt wurde, der BND-Major habe ihre Verlobung gelöst. Da brach sie in Tränen aus und bat schließlich darum, das Fenster zu öffnen, um etwas frische Luft hereinzulassen. Dann sprang sie plötzlich auf und stürzte sich aus dem Fenster im sechsten Stock. Obwohl einige Büsche ihren Sturz milderten, wurde sie schwer verletzt.[70]

Neben Höke und Hofer scheint Elke Falk (LENA) die erfolgreichste Agentin gewesen zu sein, die in den siebziger Jahren von einem ostdeutschen Romeo angeworben wurde. Nachdem LENA in einer Kolumne für einsame Herzen inseriert hatte, nahm der Illegale Kurt Simon (GEORG), der sich als Gerhard Thieme vorstellte, Kontakt zu ihr auf. Aus Mitrochins Notizen geht nicht klar hervor, ob GEORG sie »unter falscher Flagge« anwarb. Angespornt von ihm, fand Falk 1974 eine Anstellung als Sekretärin im Bundeskanzleramt.[71] Zur Arbeit nahm sie eine in einem Feuerzeug versteckte Miniaturkamera mit sowie eine unechte Haarspraydose, in der sie ihre Filme verstauen konnte.[72] Wie Höke gehörte sie während der WINTEX-Manöver dem Stab des Krisenmanagements an. 1977 verlieh die Zentrale Simon den Orden »Roter Stern«. Später wurde Falk von zwei anderen Illegalen geführt, von denen sich der eine »Peter Müller« nannte und der andere den Codenamen ADAM trug.[73] LENA wechselte 1977 vom Bundeskanzleramt zum Verkehrsministerium und 1979 zum Ministerium für Entwicklungshilfe über.[74] Als Mitrochin 1980 ihre operative Akte einsah, umfaßte sie sieben Bände.[75] Falk wurde 1989 verhaftet, bei ihrem Prozeß aber fälschlicherweise als eine Agentin der HVA statt des KGB bezeichnet. Obwohl sie zu sechseinhalb Jahren Zuchthaus verurteilt wurde, saß sie nur wenige Monate ab, da sie im Zuge eines Ost-West-Agentenaustauschs freikam. Falk erhielt für ihre Spionagetätigkeit angeblich insgesamt 20 000 DM.[76]

Nicht alle Romeo-Spione erzielten jedoch Resultate. Unter den Versagern befand sich ein für den KGB tätiger ostdeutscher Illegaler, Wilhelm Kahle (WERNER), der die Identität eines in der DDR lebenden Westdeutschen annahm. Zu Kahles Tarnberufen gehörten Tätigkeiten als Labortechniker an der Kölner und Bonner Universität sowie als Deutschlehrer in Paris. Anfang der siebziger Jahre knüpfte er Kontakte zu vier bundesdeutschen Außenamts- und Botschaftssekretärinnen, zur Angestellten einer amerikanischen Botschaft in Europa, zu einer amerikanischen Studentin an einer deutschen Universität und zu einer britischen Sekretärin bei der NATO an. Kahles zehnbändige Akte enthält jedoch keinen Hinweis darauf, daß er von seinen Quellen irgendwelche bedeutenden geheimen Informationen erhielt. Seine wichtigste westdeutsche Kontaktperson war BELLA, die in der bundesdeutschen Botschaft in Teheran und ab 1975 in London arbeitete. Laut Kahles Akte stießen seine Versuche, BELLA während ihres Aufenthalts in London anzuwerben, auf »ungenügende Entschlossenheit« und wurden dadurch vereitelt, daß der Sicherheitsbeamte der Botschaft mißtrauisch wurde. Kahle interessierte sich mehr für MONA, eine französische Übersetzerin, die für eine schwedische Papierfabrik in Paris arbeitete, wo er von 1975 an stationiert war. In seiner Akte steht, daß er ein »intimes Verhältnis« zu MONA unterhielt und sie heiraten wollte. Die Zentrale hegte jeoch verständlicherweise Zweifel sowohl an MONAs Möglichkeiten, geheimdienstliche Informationen zu liefern, als auch an Kahles Beweggründen. Der KGB, der das Telefon von Kahles Mutter in Ostdeutschland angezapft hatte und die an sie gerichtete Post abfing, fand heraus, daß er befürchtete, nach Moskau zurückbeordert zu werden, und sich außerdem um seine Kristall- und Porzellansammlung in Paris Sorgen machte, von der die Zentrale bislang nichts gewußt hatte.[77]

1978 wurde Kahle dann auch nach Moskau zurückgerufen und einem Lügendetektortest unterzogen. Dies geschah unter dem Vorwand, ihm wertvolle Erfahrungen für den Fall zu vermitteln, daß bei seinem nächsten Einsatz ein ähnlicher Test mit ihm gemacht würde. Außerdem wurde eine ideologisch zuverlässige Agentin, ANITA, auf ihn angesetzt, um herauszufinden, was er wirklich im Sinn hatte. ANITAs Bericht bestätigte das Mißtrauen der Zentrale. Als sie Kahle fragte, ob er wüßte, weshalb er zurückbeordert wurde, antwortete er grinsend, er sei in Paris »zu bequem« geworden, habe viele Freundschaften und Bekanntschaften geschlossen und eine komfortabel eingerichtete Wohnung erworben, die er ungern verlassen wolle. Er habe auch gegen Regeln des KGB verstoßen, indem er einige seiner Sachen bei MONA deponiert und von ihr 3000 Franc geborgt habe. ANITA zeigte sich über Kahles »ideologische Krise« entsetzt:

»Es würde ihm nicht schaden, seine marxistisch-leninistischen Kenntnisse aufzufrischen und vor allem den Kursus über die politische Ökonomie des Sozialismus zu wiederholen. Er besitzt keinen Klasseninstinkt, da er in einer kleinbürgerlichen Umgebung aufgewachsen ist. Das Leben im Westen hat bei ihm Spuren hinterlassen: Steter Tropfen höhlt den Stein, wie das Sprichwort lautet. Seine Ansichten entsprechen denen der Französischen Kommunistischen Partei. Die Diktatur des Proletariats ist für ihn wie ein rotes Tuch; er ist nicht von ihrer

Notwendigkeit überzeugt und glaubt wenig an die Vorzüge der sozialistischen Planwirtschaft. WERNER hat nur die Schokoladenseite des Westens kennengelernt. Er hat mit Leuten in Verbindung gestanden, die zufrieden, reich und erfolgreich sind. Er hat keine Arbeitslosigkeit und Armut kennengelernt.«[78]

Als Folge von ANITAs Bericht scheint Kahle auf ein Abstellgleis geschoben worden zu sein. 1982 wurde er formell aus dem Dienst als Illegaler entlassen.[79]

Neben den Sekretärinnen, die spionierten, erwiesen sich in den siebziger Jahren zwei Anwerbungen im Geheimdienstmilieu als außerordentlich produktive Quellen des KGB. Eine davon erhielt für »ergiebige Zusammenarbeit« das Ehrenabzeichen *(Snak potschota)* des KGB.[80] Die andere Quelle, deren Anwerbung Andropow persönlich genehmigte, gehörte zu den wertvollsten Agenten der Karlshorster KGB-Basis.[81] Beide Quellen scheinen jedoch zu Beginn der achtziger Jahre versiegt zu sein.

Die Erfolge der HVA beim Eindringen in die Geheimdienste der Bundesrepublik Deutschland waren nicht weniger beeindruckend als die des KGB. 1973 wurde Gabriele Gast, die drei Jahre zuvor von einem Romeo der HVA angeworben worden war, Analytikerin beim BND und 1987 stellvertretende Leiterin der Ostblockabteilung, die höchstplazierte Frau in dem von Männern beherrschten westdeutschen Nachrichtendienst. Gasts Motivation war komplex. Neben der emotionalen Beziehung zu ihrem Anwerber mißtraute sie dem politischen System der Bundesrepublik und war von Markus Wolf fasziniert. »Sie mußte«, wie Wolf schreibt, »fühlen, daß ich sie brauchte, und ich schenkte ihr meine persönliche Aufmerksamkeit ... Manchmal waren ihre Mitteilungen im Ton einer verletzten Geliebten abgefaßt ...« Wolf traf sich siebenmal mit ihr. Seine Aufmerksamkeit wurde reich belohnt. »Gabys Arbeit für uns«, so erinnert er sich, »war tadellos. Sie lieferte uns ein genaues Bild vom Wissen und Urteil des Westens über den ganzen Ostblock. Dies erwies sich für uns als lebenswichtig, um uns auf den Aufschwung der Solidarność Anfang der achtziger Jahre in Polen einstellen zu können.« Einige ihrer geheimen Einschätzungen, die Wolf so beeindruckten, landeten auch auf dem Schreibtisch von Helmut Kohl und, wie angenommen werden kann, auch auf denen von Andropow, Tschernenko und Gorbatschow.[82]

1981 bot Klaus Kuron vom BfV in einem Brief an die Bonner HVA-Dependance seine Dienste an. Kuron, ein hoher Offizier der Spionageabwehr, der darauf spezialisiert war, »umgedrehte« Agenten der HVA zu führen, war darüber verbittert, daß er bei der Vergabe von Spitzenposten übergangen worden war, und steckte in finanziellen Schwierigkeiten. Besonders fiel Wolf an ihm auf, daß ihm sein Verrat überhaupt nicht peinlich war. »Sein Paradigma war das von unerfüllten Ambitionen, wie es in jedem Staatsdienst vorkommt.« Die HVA nutzte geschickt sein verletztes Selbstwertgefühl aus und zahlte Kuron in den letzten acht Jahren ihrer Existenz insgesamt fast 700 000 DM.[83]

1985 sorgte Hans-Joachim Tiedge, Leiter der Spionageabwehr beim BfV, für eine noch größere Überraschung als vier Jahre zuvor Kurons Brief. Er erschien betrunken und ungekämmt bei den ostdeutschen Grenzern und erklärte, daß er übertreten wolle. Tiedge war sowohl Spieler als auch Alkoholiker; einmal wäre er beinahe wegen Totschlags angeklagt worden, nachdem seine Frau bei einem Familienkrach den Tod gefunden hatte. »Wenn mir ein Fall wie meiner zur Entscheidung unterbreitet worden wäre«, so erzählte er der HVA, »hätte ich empfohlen, mich unverzüglich rauszuschmeißen.« Die erste Prostituierte, die Wolf holen ließ, damit sie Tiedge nach seinem Übertritt die Zeit vertrieb, warf nur einen Blick auf ihn und rannte weg. Aber »Tiedge hatte«, wie Wolf behauptet, »ein computergleiches Gedächtnis für Namen und Verbindungen und füllte für uns eine Menge Lücken, jedoch nicht so viele, wie er dachte, da er nicht wußte, daß sein Kollege Kuron in unserem Sold stand«.[84]

Der vielleicht komplizierteste Aspekt der HVA-Operationen in der Bundesrepublik betraf die Kontakte, die die HVA entweder direkt oder durch Mittelsmänner zu Politikern unterhielt. Die meisten Treffen zwischen westdeutschen Politikern und Vertretern der DDR waren Teil eines echten Versuchs, einen Dialog zwischen Ost und West zustande zu bringen. Dieser Dialog mußte oft unter Ausschluß der Öffentlichkeit stattfinden. Die Tatsache, daß die Stasi zwangsläufig ein starkes Interesse an diesen Begegnungen hatte, genügt nicht, um jene Politiker der Bundesrepublik, die an ihnen teilnahmen, als Kollaborateure der HVA zu brandmarken. Bei einer verschwindend kleinen Zahl der Fälle dienten solche Kontakte jedoch als Tarnmantel für Spionage oder etwas, das ihr nahekam.

Der bekannteste Fall eines westdeutschen Politikers, der als HVA-Agent tätig wurde, ist der von Karl Wienand, der zur Zeit der Brandt-Regierung Parlamentarischer Geschäftsführer der SPD-Bundestagsfraktion und einer der engsten Vertrauten des Fraktionsvorsitzenden Herbert Wehner war. Nach dem Zusammenbruch der DDR tauchten in den Stasi-Akten Beweise dafür auf, daß Wienand von 1970 bis zum Fall der Berliner Mauer im Jahre 1989 HVA-Agent gewesen war. 1996 wurde er zu zweieinhalb Jahren Haft und einer Geldstrafe von einer Million DM – der Summe, die er insgesamt von der HVA erhalten hatte – verurteilt.[85] Wie Außenminister Hans-Dietrich Genscher schrieb, war Wienand derjenige, der im Spannungsdreieck Schmidt-Brandt-Wehner als einziger das Vertrauen aller drei Männer zu genießen schien, die nach Brandts Rücktritt die SPD leiteten: des neuen Bundeskanzlers Helmut Schmidt, des Parteivorsitzenden Brandt und des Fraktionsvorsitzenden Wehner.[86] Wolf behauptet, Wienand, der »im Geruch außergewöhnlicher materieller Interessiertheit stand«, habe ihm »einen beneidenswerten Einblick in die unterschiedlichen Vorstellungen, Absichten und Grabenkämpfe« innerhalb des Triumvirats an der SPD-Spitze vermittelt. Dieser Einblick scheint auch die Zentrale beeindruckt zu haben. Wolf zufolge unternahm der KGB einen Versuch, selbst »mit Wienand ins Geschäft zu kommen«, Wolf aber »konnte die sowjetischen Kollegen ... davon abbringen«.[87]

Der widersprüchlichste Fall eines hohen westdeutschen Politikers, der mit dem Osten in engem Kontakt stand, war Herbert Wehner. Hinweise auf Wehner, die seit dem Fall der Berliner Mauer in sowjetischen und ostdeutschen Dokumenten gefunden wurden, führten zu zahlreichen Spekulationen, ob er wie sein Kollege Wienand ein Agent der HVA oder des KGB gewesen war.[88] Die Akte Wehner der Zentrale (Wehners Codename war KORNELIS) zeigt, daß er ein »vertraulicher Kontakt« sowohl des KGB als auch der HVA war, doch niemals ein voll rekrutierter Agent.[89] Wehners Kontakte zum sowjetischen Geheimdienst reichten bis zu seinen Jahren als Mitglied des Politbüros der Exil-KPD in Moskau nach Hitlers Machtergreifung zurück. Während der Zeit des Großen Terrors hatte er mehrere seiner Genossen als Verräter denunziert[90] und sollte als NKWD-Agent angeworben werden. Aus Wehners KGB-Akte ist jedoch ersichtlich, daß er selbst knapp der Hinrichtung entging. Heinrich Mayer (MOST), ein KPD-Funktionär, der Wehner im Exil denunzierte, wurde exekutiert; ein zweiter Mann, Erich Birkenhauer (BELFORT), wurde zu zwölf Jahren Gulag verurteilt. Eine dritte Denunziation – durch MIRRA, eine NKWD-Agentin unter den deutschen Kommunisten – führte beinahe zum Sturz Wehners. MIRRA berichtete, Wehners Verhalten scheine darauf hinzudeuten, daß er »mit der Gestapo in Kontakt« stehe. Am 15. Dezember 1937 wurde Wehner (damals unter dem Namen Herbert Funk bekannt) zur Vernehmung ins Hauptgebäude des NKWD bestellt. Aus einem Vermerk in seiner Akte geht hervor, daß er den Eindruck gewinnen sollte, er solle als Agent angeworben werden, daß man aber in Wirklichkeit in Vorbereitung seiner Verhaftung Beweise gegen ihn sammeln wollte. 1938 gestand Theodor Beutming, ehemaliger Sekretär des KPD-Bezirks Berlin-Brandenburg, zusammen mit Wehner Mitglied eines (nicht existierenden) »geheimen deutschen trotzkistischen Zentrums« in Moskau zu sein. Am 22. Juli schrieb der NKWD-Vorsitzende Jeschow auf Beutmings Geständnis: »Wo ist die Meldung über die Verhaftung von Funk?« Eine Mitteilung, die kurz danach an Jeschow gesandt wurde, enthielt die Namen mehrerer deutscher Kommunisten, die bei Verhören durch den NKWD Wehner als einen Gestapo-Agenten bezeichnet hatten.[91]

Wehner scheint der Hinrichtung nur dadurch entgangen zu sein, daß der Terror abebbte und daß Jeschow einige Monate später in Ungnade fiel. Anfang 1940 schickte ihn die Komintern nach Schweden, damit er dort unter Verwendung von Papieren, die auf den Namen H.M. Kornelis ausgestellt waren, »illegale Arbeit« leistete. Im Juni 1941, kurz vor Hitlers Überfall auf die Sowjetunion, zog die Zentrale Wehner noch einmal für eine Anwerbung als NKWD-Agent in Betracht. Als jedoch herausgefunden wurde, daß ein von ihm im Oktober des vorangegangenen Jahres verfaßter Bericht die richtige, aber politisch falsche Feststellung enthalten hatte, ein Angriff Nazideutschlands auf die Sowjetunion sei früher oder später unvermeidlich, wurde beschlossen, ihn nicht anzuwerben.[92] Wehner wurde später von der schwedischen Polizei verhaftet und gab, wie Markus Wolf in seinem Buch behauptet, die Namen von Mitgliedern des kommunistischen Untergrunds in Schweden und in Deutschland preis.[93] Als er aus dem Gefängnis freikam, distanzierte er sich von den Kommunisten und schloß sich der SPD an.

Wolf empfand den Wehner der Nachkriegszeit als »eine Person von unversöhnlichen Gegensätzen«. Obwohl Wehner eine bedeutende Rolle bei der Umwandlung der SPD von einer marxistischen in eine sozialdemokratische Partei spielte, bewahrte er eine nostalgische Einstellung zu seinen kommunistischen Wurzeln. 1973 hatte er ein sehr herzliches Wiedersehen mit Ulbrichts Nachfolger, Erich Honecker, mit dem er fast ein halbes Jahrhundert zuvor als junger Kommunist im Saarland zusammengearbeitet hatte. Honecker gab sich enorme Mühe, das Wiedersehen in allen Einzelheiten vorzubereiten, und sorgte dafür, daß der Kuchen, der zum Tee serviert wurde, genauso schmeckte wie der, den Honeckers Mutter viele Jahre zuvor für Wehner gebacken hatte.[94] Nach Wehners Tod im Jahre 1990 behauptete Honecker, daß dessen »Ziel noch immer die Einheit der Arbeiterbewegung und die Errichtung einer sozialistischen deutschen Republik« gewesen sei, obwohl er den Kommunismus abgelehnt hatte.[95]

Wolf zufolge begannen die geheimen Kontakte zu Wehner Mitte der fünfziger Jahre, wurden aber von Ulbricht mit großem Mißtrauen betrachtet. Für Ulbricht war er merkwürdigerweise »ein englischer Agent«. Die Verbindung zu Wehner wurde leichter, als er 1966 Minister für Gesamtdeutsche Fragen geworden war und regelmäßige Begegnungen mit dem ostdeutschen Anwalt Wolfgang Vogel stattfanden, der mit westdeutschen Beamten »humanitäre Fragen« verhandelte. Vogel wurde von Erich Mielke, dem Minister für Staatssicherheit der DDR, direkt instruiert und erstattete ihm nach jeder Begegnung mit Wehner Bericht. Wolf schreibt:

»Mielke allein redigierte die Berichte über die Gespräche mit Wehner für die Weitergabe an Honecker. Da das Formulieren nicht seine Stärke war, zog er sich oft einen ganzen Tag zurück, um die Botschaften des ›Onkels‹ in die rechte Form zu bringen. Kaum etwas in der DDR war geheimer als diese Berichte. Außer den drei Exemplaren für Honecker, Mielke und mich gab es noch eine extra redigierte und zensierte Version der Protokolle, die an die sowjetischen Partner ging.«[96]

Mielke prahlte der Zentrale gegenüber, die Stasi habe durch Wehners regelmäßige Berichte einen direkten Draht zum Zentrum der westdeutschen Machtstruktur. In Mitrochins Notizen ist nicht ein einziger solcher Bericht zu finden. Was jedoch aus ihnen hervorgeht, ist ein Beweis dafür, welches Vertrauen in Wehner gesetzt wurde. 1973 wurde er – offensichtlich bevor die Nachricht publik wurde – darüber informiert, daß der von der HVA als Agent angeworbene Herausgeber der Wochenzeitschrift *Quick*, Heinz van Nouhuys (NANT), in Wirklichkeit ein für den BfV arbeitender Doppelagent war.[97]

Brandt kam später zu dem Schluß, Wehner habe hinter seinem Rücken mit der DDR verhandelt.[98] Es ist jedoch unwahrscheinlich, daß Wehner jemals bewußt das verriet, was er als Interessen der Bundesrepublik

Deutschland betrachtete. »Die Konspiration war für ihn«, wie Wolf meint, »von Jugend an ein Mittel der Machtpolitik und auch des politischen, ja bisweilen des physischen Überlebens. Von den ersten Kontakten zu uns ... hat er wohl immer geglaubt, der Stärkere im politischen Spiel zu sein.«[99]

Der KGB, der Wienand anscheinend völlig der HVA überließ und Wehner stets nur als einen »vertraulichen Kontakt« betrachtete, besaß in den siebziger Jahren in der SPD-Führung einen Agenten, KARDINAL, der bis heute unbekannt geblieben ist. Dieser war von einem anderen KGB-Agenten, MAWR, einem westdeutschen Filmemacher, empfohlen worden. KARDINAL lieferte Informationen über bundesdeutsche Politiker und Industrielle, nannte die Themen, die Brandt während seines Besuchs in Moskau im Jahre 1973 erörtern wollte, berichtete über Brandts Rücktritt im Jahre 1974 sowie über die Beziehungen der Bundesrepublik zu China, Israel und Portugal. KARDINAL erhielt eine Ikone und andere wertvolle Geschenke. Außerdem wurden ihm 1974 und 1976 jeweils 5000 US-Dollar und 1977 11635 DM gezahlt. Danach begannen die Zweifel. Eine genaue Prüfung seiner »geheimdienstlichen Informationen« durch die Zentrale förderte – abgesehen von einigen Dingen, bei denen es sich, wie der KGB vermutete, um Desinformationen handelte – nichts von Belang zutage, was nicht auch in der westdeutschen Presse gestanden hatte. Es wurde die Schlußfolgerung gezogen, daß KARDINAL und MAWR sich beim KGB einzuschmeicheln versucht hatten, um dessen Unterstützung beim Abschluß wertvoller Verträge in der Sowjetunion zu erhalten. Der Kontakt wurde abrupt abgebrochen.[100]

Mitrochins Notizen über die Versuche des KGB, die CDU zu infiltrieren, sind viel weniger umfangreich als über die SPD. Er identifizierte jedoch zwei Agenten in der CDU, die 1972 angeworben wurden: STOLPEN, einen Berater der Partei,[101] und RADIST, ein Mitglied des Westberliner Abgeordnetenhauses.[102] Es sind keine Einzelheiten darüber bekannt, welche Informationen sie lieferten. Mitrochin identifiziert auch ein führendes FDP-Mitglied mit dem Codenamen MARK, das aufgrund angeblicher »kompromittierender Umstände«, die mit seinem Kriegsdienst in der Wehrmacht in Zusammenhang standen, 1946 in Ostdeutschland angeworben worden war. Einige Jahre später gelang es MARK, in den Westen zu fliehen, wo er bald bestrebt war, als Politiker Karriere zu machen. 1956 nahm der KGB zu ihm Kontakt auf und blieb in den nächsten vierundzwanzig Jahren mit ihm in Verbindung. Es gibt keinen Beweis dafür, daß MARK in dieser Zeit irgendwelche wichtigen Informationen geliefert hätte. Einer späteren Einschätzung der Zentrale zufolge hatte er Informationen weitergegeben, die zugunsten der politischen Interessen der Bundesrepublik frisiert waren, und versucht, seine Verbindungen zum Osten für seine Karriere zu nutzen. 1980 kam die Zentrale endgültig zu dem Schluß, daß es keinen Sinn mehr hatte, den Kontakt zu ihm aufrechtzuerhalten.[103]

Sowohl die umfrisierten Zeitungsmeldungen, die KARDINAL geliefert hatte, als auch die Tatsache, daß ein Vierteljahrhundert für Versuche vergeudet wurden, von MARK geheime Nachrichten zu erhalten, sind ein weiterer Beweis für die beschränkte politisch-analytische Fähigkeit des KGB. Mitrochin berichtet über einen Fall, bei dem Andropow die schlechte Qualität der Einschätzungen der Ersten Hauptverwaltung über die Bundesrepublik Deutschland scharf rügte. Im Oktober 1977 unterbreitete Krjutschkow als Teil der Vorbereitungen auf den darauffolgenden Jahr vorgesehenen offiziellen Staatsbesuch Breschnews in Westdeutschland einen alarmierenden Bericht über die angeblich zu erwartenden Sicherheitsprobleme, indem er behauptete, in der Bundesrepublik seien mindestens 250 Gruppen von Terroristen und Extremisten in der Lage, ein Attentat auf den Sowjetführer zu verüben. Andropow erwiderte sarkastisch:

»Genosse Keworkow [von der Zweiten Hauptverwaltung], der gerade aus der BRD zurückgekehrt ist, schätzt die Situation anders ein. Sie sollten ihre Uhren vergleichen, denn das ist keine triviale Sache.«[104]

Keworkows weniger schwarzseherische Einschätzung erwies sich als richtig, und Breschnews Besuch im Mai 1978 verlief ohne Zwischenfall.[105]

Mitrochins Informationen über die westdeutschen Agenten des KGB sind zwar ausführlich, aber nicht erschöpfend. Die von ihm eingesehenen Akten enthalten zum Beispiel einen interessanten Hinweis auf einen KGB-Agenten in der Umgebung von Egon Bahr, der einer der engsten Berater Helmut Schmidts und ein führender Architekt der Ostpolitik war. (Es gibt jedoch kein Anzeichen dafür, daß Bahr selbst der Agent war.) Am 5. Februar 1981 schickte Andropow Breschnew und dem Zentralkomitee der KPdSU einen geheimen Bericht (Nr. 259-A/OV), der den Vermerk

»Besonders wichtig!« trug und den Inhalt eines Telefongesprächs wiedergab, das Schmidt am 27. Januar mit Reagan geführt hatte, der eine Woche zuvor in sein Präsidentenamt eingeführt worden war. Der Bericht enthielt auch Einzelheiten über Gespräche, die Schmidt danach mit Bahr und anderen Beratern geführt hatte. Schmidt war verärgert, weil ihn Reagan mit der Begründung, er sei »auf eine ernsthafte Diskussion über außenpolitische Probleme« noch nicht vorbereitet, bat, den für den 3. März geplanten Besuch des Bundeskanzlers in Washington um einen Monat zu verschieben. Schmidt sagte zu seinen Beratern, dies sei eine absichtliche Verzögerungstaktik der neuen Reagan-Administration, mit der Washington Zeit gewinnen wolle, »um seine Rüstung zu steigern mit dem Ziel, die UdSSR auf militärischem Gebiet zu überholen«.

Der Quelle des KGB zufolge äußerte Schmidt Bahr und anderen Personen gegenüber seine Unzufriedenheit darüber, daß Bonn von Spezialisten überflutet sei, die Washington entsandt habe, um die Zunahme der Handelsbeziehungen zwischen Westdeutschland und der Sowjetunion zu stoppen. Schmidt glaubte zu Recht, daß die Reagan-Administration die Verhandlungen zwischen Bonn und Moskau über den Bau von Pipelines, durch die Erdgas von Sibirien in die Bundesrepublik geliefert werden konnte, torpedieren wollte. Moskau war zweifellos erfreut, daß Schmidt beabsichtigte, die Verhandlungen zu beschleunigen, um Reagan vor vollendete Tatsachen zu stellen.[106]

Die Zuverlässigkeit der deutschen Quelle des KGB wurde in dem Bericht, der an Breschnew und an das Zentralkomitee gesandt wurde, sowohl von Andropow als auch von Generalleutnant Keworkow, dem damaligen Leiter der Siebenten Abteilung der Zweiten Hauptverwaltung des KGB, bestätigt.[107] Daß Keworkow involviert war, deutet darauf hin, daß die Quelle nicht von der Ersten Hauptverwaltung angeworben worden war und gesteuert wurde, sondern von der Zweiten, vielleicht aufgrund einer Kompromittierung bei einem Besuch oder einer Stationierung in Moskau (einer charakteristischen Form der Erpressung, die mit Vorliebe von der Zweiten Hauptverwaltung praktiziert wurde).[108]

Obgleich weder die sowjetische noch die ostdeutsche Führung von Schmidt sehr begeistert waren, wollten sie eine Rückkehr der Christdemokraten an die Macht verhindern. Wie aus einer KGB-Akte hervorgeht, ließ Honecker der Regierung Schmidt 1978 die Nachricht zukommen, die DDR sei gewillt, Maßnahmen zu treffen, welche die sich offensichtlich verschlechternden Wahlaussichten der SPD verbessern sollten. Dazu gehörte zum Beispiel die Lockerung der Reisebeschränkungen zwischen der DDR und der Bundesrepublik.[109] Es gibt jedoch keinen Beleg über irgendeine Antwort der SPD.

Für Moskau stellte der charismatische rechte bayerische CSU-Chef Franz Josef Strauß, der bei den Bundestagswahlen 1980 für das Amt des Bundeskanzlers kandidierte, ein besonderes Schreckgespenst dar. Im Protokoll einer Begegnung zwischen Andropow und Mielke im Juli 1979 heißt es: »Es wurde festgestellt, daß Strauß ein ernsthafter Gegner Schmidts bei den Bundestagswahlen von 1980 ist. Es ist deshalb wichtig, Strauß und seine Anhänger zu kompromittieren.«[110] Zu den aktiven Maßnahmen, die Andropow und Mielke vereinbarten, gehörte die Operation COBRA-2, die von einer HVA-Agentin – Inge Goliath, einer ehemaligen Sekretärin beim Leiter des Arbeitskreises Außenpolitik der CDU – gelieferte Informationen dazu verwendete, sinistre Verbindungen zwischen der CDU/CSU-Führung und rechten Elementen in den Geheimdiensten zu konstruieren. 1587 Exemplare einer Broschüre, in der behauptet wurde, BND-Offiziere hätten gemeinsam mit der Opposition gegen die Schmidt-Regierung konspiriert, wurden unter Politikern, Gewerkschaftsführern und anderen Meinungsmachern in der Bundesrepublik verbreitet. Den KGB-Akten über COBRA-2 zufolge wurden einige der in der Broschüre enthaltenen Desinformationen von der westdeutschen Presse übernommen und veranlaßten Bundeskanzler Schmidt, gerichtliche Untersuchungen anstellen zu lassen.[111]

Der KGB, der ständig dazu neigte, den Erfolg seiner aktiven Maßnahmen in den Berichten für das Politbüro zu übertreiben, behauptete, CO-BRA-2 habe große Beunruhigung in der CDU/CSU-Führung hervorgerufen und »einen positiven Einfluß« zur Sicherung eines SPD-Sieges bei den Bundestagswahlen 1980 ausgeübt.[112] Die Wahlniederlage von Strauß war in Wirklichkeit kaum, wenn überhaupt, auf sowjetische und ostdeutsche aktive Maßnahmen zurückzuführen. Als schließlich die SPD-Regierung 1983 scheiterte, stand an der Spitze der neuen Regierung nicht Strauß, sondern der gemäßigtere Helmut Kohl.

Hauptziel der aktiven Maßnahmen des KGB zu Beginn der achtziger Jahre war der Versuch, sich den Widerstand der großen, militanten westdeutschen Friedensbewegung gegen die Aufstellung amerikanischer Mittelstreckenraketen in der Bundesrepublik zunutze zu machen. Einer der beredtesten Gegner der Stationierung war Oskar Lafontaine, damals Oberbürgermeister von Saarbrücken, später erfolgloser SPD-Kanzlerkandidat (und 1998 kurzzeitig Finanzminister im Kabinett von Gerhard Schröder). Es wäre verwunderlich gewesen, hätte die Zentrale, die nur wenige Jahre zuvor völlig absurde Pläne geschmiedet hatte, Harold Wilson und Cyrus Vance zu rekrutieren, nicht auch Lafontaine aufs Korn genommen. 1981 wurde der operative Offizier L. S. Bratus auf ihn angesetzt, der aber, wie nicht anders zu erwarten, scheiterte.[113] Dennoch scheint der KGB versucht zu haben, sich einen Teil des Verdienstes an einem Parteitagsbeschluß der SPD acht Monate nach ihrer Wahlniederlage von 1983, sich der Stationierung amerikanischer Mittelstreckenraketen auf deutschem Boden zu widersetzen, selbst zugute zu halten. In einem ZK-Dokument von 1984 heißt es selbstgefällig: »...Zahlreiche Argumente, die den Vertretern der SPD zuvor von uns vorgehalten worden waren, sind nunmehr von ihnen übernommen worden.«[114]

Höchste Priorität bei der Beschaffung von Geheiminformationen in der Bundesrepublik Deutschland wie in anderen NATO-Staaten hatte in den achtziger Jahren die Operation RJAN* – der fruchtlose Versuch, alle Anzeichen für einen bevorstehenden nuklearen Erstschlag gegen die Sowjetunion festzustellen. Markus Wolf und sicherlich auch einige KGB-Offiziere in der Karlshorster KGB-Basis und in der westdeutschen Residentur betrachteten die ganze Operation als völlig irrsinnig. Keiner wagte jedoch die paranoide Denkweise der Zentrale in Frage zu stellen. Wolf fand, daß seine sowjetischen Verbindungsleute von RJAN und der Gefahr eines nuklearen Erstschlages »wie besessen« waren:

»Der HVA wurde befohlen, alle westlichen Pläne für einen solchen Überraschungsangriff aufzudecken, und wir schufen sowohl einen Sonderstab und ein Lagezentrum als auch Kommandozentren für den Kriegsfall. Das Personal mußte sich einem militärischen Training unterziehen und an Alarmübungen teilnehmen. Genauso wie die meisten Geheimdienstler empfand ich diese Kriegsspiele als eine lästige Zeitvergeudung, aber über diese Befehle ließ sich ebensowenig diskutieren wie über andere Befehle von oben.«[115]

Da die wissenschaftlich-technische Spionage weniger durch falsche Auffassungen vom Westen beeinträchtigt war als die politische Aufklärung,

---

* Abk. für *Raketno-jadernoje napadenije*, zu deutsch: Raketen-Kernwaffen-Angriff (A.d.Ü.).

war ihre Qualität wahrscheinlich höher. Krjutschkow schrieb im Juli 1977 in einer an die Residenturen gerichteten Direktive:

»Die Arbeit gegen Westdeutschland gewinnt im Zusammenhang mit dem wachsenden wirtschaftlichen Potential der Bundesrepublik und ihrem zunehmenden Einfluß auf die Lösung wichtiger internationaler Probleme gegenwärtig eine immer größer werdende Bedeutung.
Die Bundesrepublik Deutschland ist sowohl ökonomisch als auch militärisch das führende westeuropäische kapitalistische Land. Es ist der wichtigste strategische Brückenkopf der NATO, wo sich eine bedeutende Konzentration der militärischen Stärke des Gegners feststellen läßt: Die Gesamtstärke der Streitkräfte der westlichen Verbündeten (einschließlich der Bundeswehr) in diesem Land beläuft sich auf fast eine Million. Diese Situation unterscheidet die Bundesrepublik Deutschland von anderen europäischen kapitalistischen Staaten und macht sie zur wichtigsten Komponente des militärischen Blocks. In der Bundesrepublik Deutschland wird die militärisch-wissenschaftliche Forschung auf dem Gebiet der Atomenergie, der Luftfahrt, des Raketenbaus, der Elektronik, der Chemie und der Biologie intensiv vorangetrieben.«[116]

Westdeutschland war, wie aus Krjutschkows Direktive ersichtlich, das europäische Hauptziel der Operationen der Gruppe X (wissenschaftlich-technische Spionage) geworden. 1980 stammten 61,5 Prozent der geheimen wissenschaftlich-technischen Informationen, welche die Militärisch-Industrielle Kommission (WPK) erhielt, von amerikanischen Quellen (nicht alle in den USA), 10,5 Prozent aus der Bundesrepublik Deutschland, 8 Prozent aus Frankreich, 7,5 Prozent aus Großbritannien und 3 Prozent aus Japan. Etwas mehr als die Hälfte der geheimen Informationen, welche die Direktion T der Ersten Hauptverwaltung des KGB im Jahre 1980 erhielt (was möglicherweise eine Ausnahme war), kam von den Diensten der Verbündeten, hauptsächlich von der HVA und der StB, dem tschechoslowakischen Staatssicherheitsdienst.[117]

Zu den von der Direktion T in der Bundesrepublik verfolgten Hauptzielen gehörte Deutschlands größter Elektronikkonzern, Siemens. Zu den bei Siemens tätigen Wissenschaftlern und Technikern gehörten der in Ostdeutschland angeworbene KGB-Illegale RICHARD[118] sowie mindestens zwei weitere sowjetische Agenten, HELMUT[119] und KARL[120]. HEL-

MUT wußte nicht, daß er ein KGB-Agent war, sondern glaubte, er arbeite für die HVA.[121]

Es erwies sich – wie im Fall der anderen westlichen Firmen – als leichter, geheime wissenschaftlich-technische Informationen bei Siemens zu beschaffen, als sie in der Sowjetunion, besonders in der zivilen Wirtschaft, zu nutzen. Die paranoiden Neigungen der Zentrale führten dazu, daß sie in wachsendem Maße befürchtete, die auf Umwegen beschafften Siemens-Computer enthielten absichtliche Programmfehler oder seien anderweitig manipuliert. Die Fünfzehnte Abteilung (Registratur und Archive) der Ersten Hauptverwaltung plante, einen Siemens-Computer für die Speicherung der Daten zu verwenden, die sich auf ihren Karteikarten befanden, auf denen über drei Millionen Personen erfaßt waren. Da die Zentrale befürchtete, der Computer könne irgendeinen verborgenen Programmfehler enthalten, den die sowjetischen Experten nicht entdeckt hatten, blieb er fünf Jahre lang ungenutzt in einem Lager.[122] Statt dessen wurden ostdeutsche Computer verwendet, die weniger leistungsfähig waren.[123]

Der KGB profitierte nicht nur von den ausgedehnten HVA-Operationen im wissenschaftlich-technischen Bereich, sondern auch die Tätigkeit seiner eigenen Agenten der Gruppe X umspannte fast die ganze westdeutsche Hochtechnologie. Außer den Spionen, die bei Siemens beschäftigt waren, verweisen Mitrochins Notizen noch auf 29 weitere Agenten von unterschiedlicher Bedeutung, von denen einige für so große Firmen wie Bayer, Dynamit Nobel, Messerschmitt und Thyssen arbeiten.[124]

Die meisten dieser Spionagefälle kamen nie vor Gericht. Einer der wenigen, denen der Prozeß gemacht wurde, war Manfred Rotsch (EMIL), der von einem französischen Agenten in der Direktion T verraten wurde.[125] Als Leiter der Planungsabteilung im größten Rüstungsunternehmen der Bundesrepublik, Messerschmitt-Bölkow-Blohm (MBB), verriet er viele Geheimnisse des von MBB gemeinsam mit britischen und italienischen Herstellern produzierten neuen NATO-Kampfbombers Tornado, der Panzerabwehrrakete Milan und der Boden-Luft-Raketen Hot und Roland.[126] Rotsch war ein hochprofessioneller, gut ausgebildeter Spion, der seinen Führungsoffizieren die Informationen durch Mikropunkte übermittelte.[127] Auch seine Tarnung war vorbildlich. Er führte ein scheinbar konventionelles, fast langweiliges Familienleben in einem Münchener Vorort, trat der CSU bei und ließ sich für die Kommunalwahlen in Bayern aufstellen.[128] Aus Mitrochins kurzer Notiz über EMIL geht hervor, daß er vom KGB schon angeworben worden war, bevor er die

DDR 1954 verließ.[129] Rotsch war vielleicht der dienstälteste KGB-Agent, der mit ostdeutscher Hilfe in die Bundesrepublik eingeschleust wurde. 1984 verhaftet, wurde er 1986 zu achteinhalb Jahren Haft verurteilt, aber ein Jahr später gegen einen Ostberliner Arzt ausgetauscht, der eine langjährige Zuchthausstrafe in Einzelhaft verbüßte. Obwohl Rotsch mit seiner Frau in einer luxuriösen Villa an einem ostdeutschen See wohnte, war er an sein Leben im Westen gewöhnt. Binnen weniger Monate kehrten beide in ihr Haus in der Nähe von München zurück, wo ihnen ihre empörten Nachbarn einen frostigen Empfang bereiteten.[130]

Die Büros der Stasi und der HVA waren voll von Lenin- und Dserschinski-Büsten, Gedenktafeln mit dem Schwert und Schild der Tscheka und anderen Kinkerlitzchen, die bei geselligen Zusammenkünften ostdeutscher und sowjetischer Geheimdienstoffiziere verschenkt wurden. Auf diesen Zusammenkünften wurden operative Erfolge gefeiert, die gegen die Bundesrepublik errungen worden waren, und Trinksprüche auf die Zukunft ausgebracht. Doch nach dem Fall der Berliner Mauer im November 1989 endete die beinahe vierzigjährige Zusammenarbeit von HVA und KGB – die erfolgreichste, aber bezeichnenderweise ziemlich einseitige Allianz der Geheimdienste des Ostblocks – mit ostdeutschen Vorwürfen, von Moskau verraten worden zu sein. Hilferufe von ehemaligen Offizieren und Agenten der HVA an die Zentrale, die befürchteten, im Westen verfolgt zu werden, wurden vom KGB zumeist mit verlegenem Schweigen beantwortet. Am 22. Oktober 1990 schrieb Wolf an Gorbatschow:

»Wir waren Eure Freunde. Wir tragen viele Eurer Auszeichnungen an der Brust. Uns wurde gesagt, wir hätten einen großen Beitrag zu Eurer Sicherheit geleistet. Jetzt, in unserer Stunde der Not, nehme ich an, daß Sie uns Ihre Hilfe nicht versagen werden.«

Gorbatschow aber tat genau das. Wolf appellierte an ihn, vor der Zustimmung zur Wiedervereinigung Deutschlands auf einer Amnestie für die Stasi und ihren Auslandsspionagedienst zu bestehen. Gorbatschow lehnte das ab. »Es war«, so schrieb Wolf verbittert, »der letzte Verrat der Sowjets an ihren ostdeutschen Freunden, deren Arbeit mehr als vier Jahrzehnte lang den sowjetischen Einfluß in Europa verstärkt hatte.«[131]

25.
Frankreich und Italien:
Infiltration von Agenten und aktive Maßnahmen

Während des Kalten Krieges beschäftigte die Pariser Residentur lange Zeit mehr Agenten (mindestens fünfzig) als jede andere KGB-Filiale in Westeuropa. Ihre bedeutendste Leistung während der Vierten Republik (1946–1958) war die Infiltration der französischen Geheimdienste, besonders des SDECE. Eine in den KGB-Akten vorhandene unvollständige Liste der besonders »wertvollen Agenten« der Residentur von 1953 enthält die Codenamen von vier Beamten im SDECE (NOSSENKO, SCHIROKOW, KORABLJOW und DUBRAWIN) und von je einem Beamten im inneren Sicherheitsdienst DST (GORJATSCHOW), im allgemeinen Nachrichtendienst *Renseignements Généraux* (GIS), im Außenministerium (ISWEKOW), im Verteidigungsministerium (LAWROW), im Marineministerium (PISHO), in der neuseeländischen Botschaft (LONG) und in der Presse (SCHIGALOW).[1] 1954 beruhten 30 Prozent aller Berichte der Pariser Residentur an die Zentrale auf Informationen, die sie von ihren Agenten in den französischen Geheimdiensten erhalten hatte.[2]

Die Grundlage für die Penetration Frankreichs während des Kalten Krieges war am Ende des Zweiten Weltkrieges geschaffen worden. Dank der führenden Rolle der Kommunistischen Partei (PCF) in der Résistance und ihrer Regierungsbeteiligung bis 1947 waren die wenigen Jahre nach der Befreiung eine goldene Zeit für Agentenrekrutierungen. Zwar war dem britischen und amerikanischen Geheimdienst die Identität der meisten Sowjetagenten in Frankreich wohl unbekannt, doch waren sie sich der Sicherheitsschwächen im Frankreich der Nachkriegszeit vollauf bewußt und dementsprechend vorsichtig beim Austausch von Geheimmaterial mit SDECE und DST. In einer von einem etwas absurden Gefühl ethnischer Überlegenheit durchdrungenen Lagebeurteilung des Gemeinsamen Geheimdienstausschusses (JIC) der USA und Großbritanniens von 1948 wurde der Erfolg der sowjetischen Penetration auf »inhärente Mängel im französischen Charakter« und die »große Anziehungskraft des Kommunismus in Frankreich« geschoben. Von folgenden Eigenschaften, schloß der JIC-Bericht, könne der sowjetische Geheimdienst profitieren:

(a) einer natürlichen Neigung zur Geschwätzigkeit im französischen Charakter, durch die der Drang, »heiße« Informationen weiterzugeben, wenn auch »in strengstem Vertrauen«, fast unwiderstehlich wird;
(b) einem Mangel an »Sicherheitsbewußtsein«, der zur Sorglosigkeit und ungenügenden Vorkehrungen im Umgang mit geheimen Dokumente führt;
(c) einem gewissen Niedergang moralischer Normen in Frankreich, der, zusammen mit extrem niedrigen Löhnen, zu der Versuchung beitragen muß, Informationen zu »verkaufen«.[3]

Das uneingeschränkte Vertrauen des JIC in die Überlegenheit der britischen gegenüber der französischen Sicherheit dürfte drei Jahre später zumindest einen leichten Dämpfer durch den Seitenwechsel von Burgess und Maclean, Philbys Rückruf aus Washington und den Verdacht, der auf Blunt und Cairncross fiel, erfahren haben.

Nach der Kompromittierung der »Glorreichen Fünf« im Jahre 1951 wurde Frankreich in jenem Jahrzehnt die produktivste Quelle geheimer Informationen über die westliche Politik gegenüber dem Ostblock.[4] Die KGB-Überläufer Wladimir und Jewdokija Petrow berichteten 1954, die Zentrale habe »die Spionagearbeit in Frankreich als besonders leicht empfunden ... In der französischen Operationszentrale lagen überall Papiere herum, die wie Fotokopien amtlicher französischer Dokumente aussahen.«[5] Die Pariser Residentur beschaffte sowohl vor der Anfang 1954 abgehaltenen Berliner Außenministerkonferenz der UdSSR, der USA, Großbritanniens und Frankreichs als auch vor der Genfer Viermächtekonferenz im Juli 1955 wichtige Informationen über die Verhandlungspositionen des Westens.[6] Dank der diplomatischen Geheimcodes, die JOUR, ein 1954 angeworbener Chiffrierbeamter des Quai d'Orsay, lieferte, wurden der Zentrale anscheinend auch viele Informationen der französischen Fernmeldeaufklärung zugänglich. 1957 wurde JOUR mit dem Orden »Roter Stern« ausgezeichnet. Es war wahrscheinlich zum großen Teil JOUR zu verdanken, daß der KGB dem Kreml während der Kubakrise wörtliche Aufzeichnungen des diplomatischen Nachrichtenverkehrs zwischen dem Quai d'Orsay und seinen Botschaften in Moskau und Washington zur Verfügung stellen konnte.[7]

In den ersten Jahren des Kalten Krieges scheint die Pariser Residentur auch am erfolgreichsten aktive Maßnahmen zur Beeinflussung der öffentlichen Meinung im Westen gefördert zu haben. Von 1947 bis 1955 sponserte sie einige gefälschte Memoiren und andere propagandistische Publikationen: u. a. *J'ai choisi la potence* (»Ich wählte den Galgen«) von General Andrej Wlassow, der an der Seite der Deutschen an der Ostfront gekämpft hatte, *Ma carrière à l'État-major soviétique* (»Meine Karriere im sowjetischen Generalstab«) von »Iwan Krylow« sowie einen erfundenen Briefwechsel zwischen Stalin und Tito, der im Wochenmagazin *Carrefour* erschien und in dem sich Tito dazu bekannte, ein Trotzkist zu sein. Der Hauptverfasser dieser Fälschungen war Grigori Bessedowski, ein ehemaliger sowjetischer Diplomat, der sich in Paris niedergelassen hatte. Einige Produkte Bessedowskis, zu denen auch zwei Bücher über Stalin gehörten, die angeblich aus der Feder eines nicht existierenden Neffen Stalins stammten, waren so raffiniert geschrieben, daß sich sogar ein berühmter Sowjetologe wie E. H. Carr davon täuschen ließ und 1955 ein Vorwort zu den *Notes for a Journal* verfaßte, die angeblich der frühere russische Volkskommissar für Äußeres, Maxim Litwinow, geschrieben hatte. Der Mann, der die Pariser Residentur von 1946 bis 1948 leitete und die Fälschungen Bessedowskis in Umlauf brachte, hieß Iwan Agajanz und wurde später zum Leiter der 1959 gegründeten Sektion für Desinformation, der Abteilung D (später Dienst A) der Ersten Hauptverwaltung des KGB ernannt.[8]

Die Pariser Residentur der Nachkriegszeit besaß eigentlich auch eine eigene Wochenzeitung, die sich auf internationale Beziehungen spezialisiert hatte: *La Tribune des Nations* (Codename ÉCOLE), die 1946 mit Hilfe sowjetischer Gelder von André Ulmann gegründet worden war.[9] Zu den Abonnenten der Zeitung gehörten sowohl Ministerien der französischen Regierung als auch ausländische Botschaften. Pierre Daix, ein Freund Ulmanns, äußerte über ihn:

»Er hatte nichts Stalinistisches an sich. Er schien nicht einmal ein Kommunist zu sein. Er war ein fortschrittlicher Intellektueller, aber ohne den utopischen oder idealistischen Unsinn, der mit diesem Ausdruck verbunden ist. Er stand mit beiden Beinen fest auf der Erde.«[10]

Aus Ulmanns KGB-Akte geht jedoch hervor, daß er als geheimes Mitglied der PCF und der Pariser Residentur von der Parteiführung empfohlen worden war. 1946 wurde er als Agent DURANT angeworben. Von 1948 an war Ulmann auch als Agent des polnischen Geheimdienstes tätig, der ihm den Codenamen JULI gab und ihm monatlich 200 000 Franc zahlte, um die *Tribune des Nations* finanzieren zu helfen.[11] Von 1946 bis zu seinem Tod im Jahre 1970 erhielt Ulmann von der Pariser Residentur insgesamt 3 552 100 Franc sowie eine (nicht näher bezeichnete) sowjetische Auszeichnung für seine Tätigkeit für den KGB.[12] Zumindest für einige Pariser Journalisten war Ulmanns Tarnung jedoch allzu durchsichtig. Die Historikerin der PCF, Annie Kriegel, erinnert sich, gehört zu haben, wie einer ihrer Freunde Ulmann als »einen als Geheimagent verkleideten Geheimagenten« bezeichnete.[13]

Trotz der Erfolge, die die Pariser Residentur in den fünfziger Jahren aufzuweisen hatte, war die Zentrale mit der Zahl ihrer Anwerbungen unzufrieden. Moskau brauchte etwas Zeit, um zu akzeptieren, daß nach dem Ende der kommunistischen Regierungsbeteiligung im Jahr 1947 das Tempo der Anwerbungen zwangsläufig zurückgehen mußte. In einem Telegramm vom 3. Februar 1954 forderte die Zentrale die Pariser Residentur auf, ihre Bemühungen zur Rekrutierung neuer Agenten im Außenministerium, im Kabinettssekretariat, im SDEC und im DST, im Deuxième Bureau des Generalstabs, bei den Streitkräften und in der NATO zu beschleunigen. »Die Residentur«, so beklagte sie sich, »zehrt von ihrem alten Kapital und ergreift keine energischen Maßnahmen, um neue, wertvolle Informationsquellen zu erschließen.«[14]

1955 rekrutierte die Pariser Residentur einen wichtigen neuen Agenten mit Codenamen GERMAIN in der NATO. Er wurde von einem von der Zentrale entsandten (nicht identifizierten) Illegalen geführt. GERMAIN wurde später wie JOUR der Orden »Roter Stern« verliehen. Seine Ehefrau NINA wurde zu einer Funkerin des KGB ausgebildet und mit der Verdienstmedaille ausgezeichnet.[15] 1956 berichtete DROSDOW, ein Agent der Residentur, daß ROSA, die in der Zentrale der SDEC arbeitete, nach einer Nacht mit einer »Zufallsbekanntschaft« schwanger geworden sei. Entsprechend den Instruktionen der Residentur unterstützte DROSDOW ROSA nach der Geburt ihrer Tochter finanziell in der Hoffnung, damit den Weg für eine Anwerbung ROSAs als Agentin zu ebnen. Er kam jedoch nur langsam voran. 1961 war die Residentur zu dem Schluß gelangt, daß ROSA jeden direkten Vorschlag, Agentin des KGB zu werden, ablehnen würde. Daher wurde festgelegt, sie »unter falscher Flagge« anzuwerben. DROSDOW brachte sie dazu, regelmäßig geheime Berichte zu liefern, um einer fiktiven »fortschrittlichen Organisation« zu helfen, deren Mitglied er angeblich war.[16] Weitere französische Agenten, die in den ersten Jahren der im Januar 1959 gegründeten Fünften Republik angeworben wurden, waren zwei Chiffrierbeamte (LARIONOW[17] und SIDOROW[18]), zwei Pariser Polizeibeamte (FRENE[19] und DATSCHNIK[20]) sowie zwei junge Wissenschaftler (ADAM[21] und SASCHA[22]). 1964 wurde SIDOROW, wie sieben Jahre früher sein Kollege JOUR, mit dem Orden »Roter Stern« ausgezeichnet[23] – ein weiteres Indiz dafür, daß der KGB dadurch, daß er den französischen diplomatischen Nachrichtenverkehr dechriffrieren konnte, auf dem Gebiet der Fernmeldeaufklärung erfolgreich war.

Auch die französische Botschaft in Moskau war ein wichtiges Zielobjekt des KGB. Anfang der sechziger Jahre wurden sowohl der Botschafter, Maurice Dejean, als auch der Luftfahrtattaché, Oberst Louis Guibaud, nach raffiniert geplanten »Honigfallen«-Operationen von KGB-»Schwalben« verführt. Diese Operationen wurden vom Chef der Zweiten Hauptverwaltung des KGB, Oleg Gribanow, mit persönlicher Billigung Chruschtschows geleitet. Dejean wurde von einem KGB-Offizier zusammengeschlagen, der den wütenden Ehemann der »Schwalbe« – einer Moskauer Ballerina, die Dejean verführt hatte – markierte. Guibaud wurde mit den üblichen kompromittierenden Fotos seiner sexuellen Liaison konfrontiert. Beide Verführungen schlugen jedoch als geheimdienstliche Operationen fehl. 1962 erschoß sich Guibaud mit seiner Dienstpistole. Im darauffolgenden Jahr verriet ein Überläufer Gribanows Plan, Dejean zu kompromittieren. Dieser wurde nach Paris zurückgerufen, bevor der KGB begonnen hatte, ihn zu erpressen. Staatspräsident de Gaulle begrüßte den Botschafter mit dem berühmt gewordenen Tadel: »Nun, Dejean, man hat's also mit den Frauen!« *(»Alors, Dejean, on couche!«).*[24] Aus den von Mitrochin eingesehenen KGB-Akten ist zum ersten Mal ersichtlich geworden, daß eine dritte Person der französischen Botschaft in Moskau erfolgreich von Gribanow als Ziel ins Auge gefaßt wurde. Eine Mitarbeiterin der Botschaft mit dem Codenamen LOUISA wurde von einer männlichen KGB-»Schwalbe« verführt, mit Fotos von ihrer Verführung konfrontiert und dazu gezwungen, als sowjetische Agentin tätig zu werden. Sobald sie jedoch nach Paris zurückgekehrt war, brach sie den Kontakt zum KGB ab.[25]

Die erfolgreichste Anwerbung eines Franzosen in Moskau, die in den von Mitrochin eingesehenen Akten verzeichnet ist, war die des Geschäftsmannes François Saar-Demichel (Codename NN in den sechziger Jahren).[26] Nachdem er in der Résistance gekämpft und für kurze Zeit im

DGER und in dessen Nachfolgeorganisation, dem SDEC, gedient hatte, schlug er 1947 eine Laufbahn als Geschäftsmann ein. 1954 gelang es ihm, einen lukrativen Vertrag für die Einfuhr sowjetischer Zellulose für die französische Papierindustrie abzuschließen. Ein Jahr später wurde er während eines Besuchs in Moskau von der Zweiten Hauptverwaltung des KGB als Agent angeworben. Entsprechend den Instruktionen der Zentrale nutzte Saar-Demichel seine Résistance-Verbindungen, um mit einigen führenden Anhängern de Gaulles in Kontakt zu treten, und spendete in den letzten Jahren der Vierten Republik fast 15 Millionen Franc für die Gaullisten.[27]

Nach dem Regierungswechsel und der Wahl de Gaulles zum Präsidenten der Republik gelang es Saar-Demichel, Zugang zum Elysee zu erhalten, und erstattete regelmäßig Bericht über die Begegnungen, die er während seiner Geschäftsreisen nach Moskau mit führenden sowjetischen Funktionären gehabt hatte. Constantin Melnik, Sicherheitsberater Michel Debrés, des ersten Ministerpräsidenten der Fünften Republik, äußerte einmal: »Mehr als jede andere politische Bewegung wurde der Gaullismus von Einflußagenten des sich freundlich gebärdenden KGB umschwärmt, die wir niemals von de Gaulle fernzuhalten vermochten.« Der wichtigste dieser Agenten war wahrscheinlich Saar-Demichel. Seine Berichte wurden von der Zentrale entworfen, um de Gaulle in dem Glauben zu bestärken, daß sich die Sowjetführer nicht von der kommunistischen Ideologie leiten ließen, sondern von traditionellen russischen Interessen, und ihn davon zu überzeugen, daß sie an einer echten Verständigung mit Frankreich interessiert seien:

> »Meine sowjetischen Geschäftspartner bedienen sich [heutzutage] viel weniger der marxistisch-leninistischen Phraseologie ... Sie sind sehr dialogbereit und machen einen klaren Unterschied zwischen Verlautbarungen zu Propagandazwecken und Diskussionen, die auf präzisen Fakten beruhen... Die schwere Last der Ideologie ist besonders unter Vertretern der neuen Generation im Schwinden begriffen. Angesichts dieses Wandels der öffentlichen Meinung unternimmt die Führung keinen Versuch, dies zu stoppen.«[28]

Während seiner Besuche in Moskau lieferte Saar-Demichel auch der Zentrale regelmäßig Berichte über de Gaulles Außenpolitik. Er behauptete, de Gaulle habe nach der Unterzeichnung des Deutsch-Französischen

Vertrags im Januar 1963 privat geäußert: »Wir strecken den Deutschen unsere Hand entgegen, damit wir wenigstens sicher sein können, daß sie kein Messer in der ihren halten.«[29]

Die Pariser Residentur sammelte nicht nur geheime Nachrichten, sondern führte weiterhin »aktive Maßnahmen« durch. In ihrem Jahresbericht von 1961 stellte sie stolz fest, sie habe 230 Presseartikel, 11 Bücher und Broschüren, 32 Parlamentsanfragen und -erklärungen, 9 öffentliche Versammlungen und die Verbreitung von 10 Plakaten und Flugblättern in 14 000 Exemplaren angeregt.[30] Außer André Ulmann (DURANT), dem Herausgeber der *Tribune des Nations*,[31] gehörten noch zwei prominente sozialistische Politiker, GILBERT und DROM, zu den Einflußagenten der Residentur.[32] GILBERT (später GILES), ein Journalist, der angeblich dem künftigen Präsidenten François Mitterrand nahestand, wurde 1955 unter dem Codenamen ROTER von der tschechoslowakischen StB angeworben. Die KGB-Kontakte zu GILBERT begannen ein Jahr später.[33] DROM, gleichfalls ein Journalist, war zur Zeit der Vierten und Fünften Republik mehr als zehn Jahre lang sozialistischer Abgeordneter. 1961 wurde er schließlich vom KGB als Agent angeworben und erhielt in den folgenden zwölf Jahren ein monatliches Honorar von 1500 Franc.[34]

Die ehrgeizigste aktive Maßnahme der Pariser Residentur in den sechziger Jahren bestand jedoch in der Finanzierung einer neuen Nachrichtenagentur, des *Centre d'Information Scientifique, Économique et Politique*, 1961 gegründet von Pierre-Charles Pathé (PECHERIN, später MASON), einem frisch angeworbenen Agenten. Die Residentur war auf den Journalisten Pathé, Sohn eines Millionärs und Magnaten der Filmbranche, zwei Jahre früher aufmerksam geworden, als er eine naive prosowjetische Abhandlung, *Essai sur le phénomène soviétique*, veröffentlicht hatte:

»Die Grausamkeiten des Stalinismus waren nur Kinderkrankheiten. Der Sieg der Sowjetunion ist der Sieg der richtigen Vision vom Voranschreiten der Geschichte. Die UdSSR, dieses Laboratorium neuer Ideen für die modernste Entwicklung der Gesellschaft, wird über den Gigantismus der Vereinigten Staaten triumphieren.«

Von 1961 bis 1967 zahlte der KGB Pathé 6000 Franc monatlich, damit er im Auftrag der Zentrale ein wöchentliches Informationsblatt (Codename OBSOR) veröffentlichte. Es konnte abonniert werden, wurde aber an

Meinungsbildner in der Politik und Geschäftswelt, im Zeitungswesen und in der Diplomatie kostenlos versandt.[35]

Das Hauptziel der aktiven Maßnahmen, die von Pathé und weiteren einflußreichen Agenten in der Anfangszeit der Fünften Republik durchgeführt wurden, bestand darin, die französisch-amerikanischen Beziehungen zu unterminieren, die französisch-sowjetische Annäherung zu fördern und Frankreich der NATO zu entfremden.[36] Saar-Demichel berichtete über Fortschritte an allen drei Fronten. Seine schönste Stunde als KGB-Agent kam, als er im März 1965 zu Verhandlungen über den Verkauf des französischen Farbfernsehsystems SECAM an das sowjetische Fernsehen in Moskau weilte und seinem Führungsoffizier mitteilen konnte, daß de Gaulle im darauffolgenden Jahr die Sowjetunion zu besuchen wünschte. De Gaulle messe, so behauptete er, den ideologischen Unterschieden zwischen Frankreich und der Sowjetunion keine Bedeutung bei und habe zu ihm gesagt:

»Rußland war, ist und bleibt weiterhin eine Großmacht in Europa. Die hervorragenden Eigenschaften des russischen Volkes sind ungeachtet der Ideologie der kommunistischen Regierung die gleichen geblieben, aber gegenwärtig fungiert die kommunistische Ideologie als ein Band, das diese riesige multinationale Föderation zusammenhält. Nicht die Ideologie hat die Hauptrolle gespielt, sondern die Staatsräson.«

Was die Wiedervereinigung Deutschlands betraf, die von der Sowjetunion mit aller Entschiedenheit abgelehnt wurde, so wollte de Gaulle sie so lange wie möglich hinausschieben: »Je später, desto besser.« Die Zentrale leitete Saar-Demichels Botschaft sicherlich frohlockend an das Zentralkomitee weiter.[37]

Es bleibt unklar, ob, wie der KGB glaubte, das Elysee Saar-Demichel gebeten hatte, in Moskau wegen des Staatsbesuchs vorzufühlen, oder ob er in Kenntnis der Wünsche de Gaulles selbst die Initiative ergriff. Die Zentrale nahm jedenfalls einen Großteil der Lorbeeren dafür in Anspruch, daß de Gaulle beschlossen hatte, Frankreich aus der NATO zurückzuziehen und die Beziehungen zur Sowjetunion zu verbessern.[38] Im März 1966 schied Frankreich aus dem integrierten Oberkommando der NATO aus. Drei Monate später stattete de Gaulle der Sowjetunion einen triumphalen Staatsbesuch ab. Der KGB hatte in Wirklichkeit weder auf die eine noch auf die andere Entscheidung großen Einfluß. Seit die USA und Großbritannien de Gaulles Vorschlag abgelehnt hatten, zusammen mit Frankreich ein Dreimächte-Direktorat an der Spitze der NATO zu bilden, tendierte er immer mehr dazu, sich von ihr zu distanzieren. Sein Bemühen, die Sowjetunion als Gegengewicht gegen den amerikanischen Einfluß zu benutzen, reichte bis in die Kriegsjahre zurück, als er der Führer der Freien Franzosen gewesen war und Roosevelt und Churchill ihn nicht als gleichrangig behandelt hatten. »Ah, Monsieur le Secrétaire Général« sagte er während seines Staatsbesuchs zu Breschnew, »wir sind glücklich darüber, daß Sie uns helfen, dem amerikanischen Druck standzuhalten, und nicht weniger glücklich sind wir darüber, daß die Vereinigten Staaten uns helfen, dem Druck der Sowjetunion standzuhalten!« Aber auch wenn die aktiven Maßnahmen des KGB de Gaulles Außenpolitik nicht bestimmten, spielten sie zumindest eine gewisse Rolle, indem sie ihn in seiner Überzeugung bestärkten, daß die Sowjetunion eine traditionelle Großmacht mit einem immer dünner werdenden kommunistischen Anstrich war. Der Bericht, den er dem französischen Kabinett über seinen Staatsbesuch in Rußland erstattete, stimmte mit den von Saar-Demichel geäußerten Ansichten überein. »Die Sowjetunion«, erklärte de Gaulle, »entwickelt sich von der Ideologie zur Technokratie.«

> »Ich habe mit niemandem gesprochen, der zu mir gesagt hätte: ›Ich bin ein kommunistischer Kämpfer oder ein Parteiführer‹ ... Läßt man ihre Propagandaparolen beiseite, so verfolgen sie eine friedliche Politik.«[39]

Die aktiven Maßnahmen des KGB hatten vielleicht einen etwas größeren, aber auch nicht entscheidenden Einfluß auf die Entwicklung der öffentlichen Meinung in Frankreich. Ergebnissen von Umfragen zufolge hatten 35 Prozent der französischen Bevölkerung ein positives Verhältnis zur Sowjetunion (verglichen mit 25 Prozent zwei Jahre früher), während ihr nur 13 Prozent feindlich gegenüberstanden. Der Anteil derer, die eine gute Meinung von den USA hatten, sank – zum Teil als Folge des Vietnamkrieges – von 52 Prozent im Jahr 1964 auf nur noch 22 Prozent Anfang 1967.[40] Nach den offensichtlichen Erfolgen der letzten Jahre sah die Pariser Residentur kaum mehr einen Sinn darin, Pathés Informationszentrum weiter zu finanzieren, für das sie seit 1961 436 000 Franc aufgewendet hatte. Das Zentrum schloß, das Informationsblatt stellte sein Erscheinen ein. Pathé war jedoch weiter als Einflußagent tätig, indem er unter dem Pseudonym Charles Morand regelmäßig Artikel für inländische Zeitungen schrieb. Von Januar 1967 bis Juni 1979 bezog er insgesamt 218 400 Franc an Gehältern, dazu 68 423 Franc an Spesen und Sondervergütungen.[41] 1969 war Pathé einer der Organisatoren des von den Gaullisten dominierten *Mouvement pour l'Indépendence de l'Europe*, das von der Zentrale als ein potentiell wertvolles Mittel zur Destabilisierung der NATO angesehen wurde.[42]

In den sechziger Jahren setzte der KGB die Infiltration des französischen Geheimdienstes fort. In Mitrochins Notizen ist vermerkt, daß von 1963 bis 1966 mindestens vier Offiziere des französischen Geheimdienstes und ein ehemaliger Abteilungsleiter der Sûreté Générale als KGB-Agenten tätig waren, Einzelheiten werden jedoch kaum genannt.[43] In den ersten Jahren nach de Gaulles Rücktritt im Jahre 1969 scheint die Qualität der französischen KGB-Agenten nachgelassen zu haben, auch wenn sich deren Zahl nicht verminderte. Sie stieg von 48 im Jahr 1971 auf 55 im Jahre 1974, dazu kamen 17 »vertrauliche Kontakte«.[44] Die von Mitrochin eingesehenen Akten enthalten jedoch keinen Hinweis darauf, daß sich unter den Agenten des Jahres 1974 irgendwelche hohen Beamten oder Geheimdienstoffiziere befanden. Der KGB hatte auch DROM, einen seiner beiden führenden Leute in der Sozialistischen Partei, als Agenten verloren. 1973 erhielt dieser »beträchtliche Mittel« für die Bezahlung seiner Schulden. Kurz danach wurde jedoch berichtet, daß DROM mit dem DST in Verbindung stand.[45]

Die besten Hinweise darauf, wo die Hauptstärken des Agentennetzes des KGB in Frankreich Mitte der siebziger Jahre lagen, liefert eine Liste der »wertvollen Agenten« der Pariser Residentur, die 1973, 1974 und 1975 ansehnliche Neujahrsgeschenke bekamen. In jedem dieser drei Jahre erhielt JOUR eine Prämie von 4000 Franc; ANDRÉ, BROK und FJODOR bekamen je 3000, ARGUS, DRAGUN, DSCHELIB und LAURENT je 2000, NANT und REM 1500, BUKINIST, MARS und TUR je 1000 Franc.[46] Zwei Einschränkungen müssen hier gemacht werden. Erstens ist in der Liste ALAN, der wichtigste Agent der Pariser Residentur, der geheime wissenschaftlich-technische Informationen lieferte und nach einem anderen Prämiensystem bezahlt wurde, nicht enthalten.[47] Zweitens waren drei Agenten, welche die Neujahrsprämie erhielten, ausländische Beamte, die in Paris tätig waren und hauptsächlich Informationen über nichtfranzösische Angelegenheiten lieferten. DSCHELIB war Angestellter einer asiatischen Botschaft und lieferte Chiffren und andere geheime Dokumente,[48] REM war ein Kanadier im Hauptquartier der UNESCO, der sich als Agentenwerber betätigte,[49] und BUKINIST arbeitete in der Botschaft eines nahöstlichen Landes.[50] Die elf französischen Rekruten, die zwischen 1973 und 1975 mit Neujahrsgratifikationen bedacht wurden, vermitteln jedoch einen wichtigen Einblick, welchen Wert die Zentrale und die Pariser Residentur ihren wichtigsten französischen Zuarbeitern beimaßen.

Der am höchsten eingestufte französische Agent Mitte der siebziger Jahre war auch der dienstälteste: JOUR, der Chiffrierbeamte im Außenministerium (ELITA), der dreißig Jahre zuvor angeworben worden war und die höchste Prämie erhielt. Von 1968 bis 1973 lieferte er Informationen über die Chiffriermaschinen in der französischen Botschaft in Moskau und im NATO-Hauptquartier, was der 16. Abteilung (Fernmeldeaufklärung) half, den diplomatischen Nachrichtenverkehr zu dechriffrieren. 1973 wurde JOUR an eine französische Botschaft im Ausland versetzt, wo der Kontakt mit ihm über tote Briefkästen aufrechterhalten wurde.[51] Die von JOUR gelieferten Informationen spielten wahrscheinlich auch eine Rolle, als im Jahr 1976 die Fernschreiber in der Moskauer Botschaft verwanzt wurden. Über sechs Jahre lang sendeten die Wanzen den unchiffrierten Text der Telegramme, die ankamen oder abgeschickt wurden, an den KGB.[52] Dem Leiter der Abhöroperation, Igor Maslow, wurde der Leninorden verliehen, und später wurde er zum Chef der Sechzehnten Abteilung (Fernmeldeaufklärung) befördert.[53]

Bis 1983 verfügte die Zentrale dank JOUR und Maslow über weit bessere Informationen zur französischen Sowjetpolitik als irgendeiner der NATO-Verbündeten Frankreichs. Währenddessen versuchte JOUR weiterhin, Talente unter dem Chiffrierpersonal und den Sekretärinnen des Außenministeriums ausfindig zu machen. 1978/79 suchte er mit »L« in Kontakt zu kommen (von dem nur bekannt ist, daß er zum »Hilfspersonal« des Ministeriums gehörte), beschaffte sich dessen Privatadresse, zog Erkundigungen über sein Elternhaus ein und leitete seine Anwerbung durch einen operativen Offizier der Residentur ein.[54] Von 1978 bis 1982 pflegte der KGB mit nicht weniger als sechs Angehörigen des Chiffrierpersonals am Quai d'Orsay aktive Anwerbungskontakte.[55]

Die Mehrheit der wertvollsten französischen Agenten in den Mittsiebzigern (sechs der zehn, die 1973–1975 Neujahrsgratifikationen erhielten: ANDRÉ, BROK, ARGUS, NANT, MARS und TUR) waren entweder Journalisten oder hatten sonstwie mit der Presse zu tun – ein klares Indiz dafür, daß die Zentrale aktive Maßnahmen als eine der Stärken der Pariser Residenz ansah. Von den drei anderen besonders »wertvollen« französischen Agenten hatte FJODOR einen hohen Posten in einem außenpolitischen Institut inne und lieferte Dokumente über die USA, die NATO und China,[56] LAURENT war ein Wissenschaftler in einem aeronautischen Forschungsinstitut der NATO[57] und DRAGUN ein Geschäftsmann und Agentenwerber.[58] LAURENT und DRAGUN waren wahrscheinlich Agenten der Gruppe X (wissenschaftlich-technische Spionage). Pathé (MASON), einer der führenden Einflußagenten der sechziger Jahre, hatte an Bedeutung verloren und erschien nicht auf der Liste der wertvollsten Agenten von 1973/75. Seine Karriere sollte jedoch in der zweiten Hälfte des Jahrzehnts noch einmal aufleben.

Das wahrscheinlich übertriebene Vertrauen, das die Zentrale in Einflußagenten der Pariser Residentur setzte, führte dazu, daß in den siebziger Jahren eine Reihe ehrgeiziger aktiver Maßnahmen durchgeführt wurde. KGB-Akten zufolge hatte ANDRÉ, ein prominenter Journalist, »Zugang zu Präsident Georges Pompidou«, der 1969 Nachfolger de Gaulles geworden war, und zu einigen seiner wichtigsten Minister, darunter Pierre Messmer, der 1972 Ministerpräsident wurde, sowie zu Außenminister Maurice Schuman.[59] Berichten aus der Pariser Residentur zufolge wurde ANDRÉ benutzt, um Pompidous Büro »frisierte Informationen« zuzuleiten, durch welche das Mißtrauen des Präsidenten gegenüber den USA geschürt werden sollte.[60] Auch hier, wie bei allen Einflußoperationen, läßt sich kaum abschätzen, welchen Erfolg diese Operationen zeitigten. Angesichts der Tatsache, daß ANDRÉ Zugang zu den höchsten Regierungsstellen hatte, kann man sich kaum vorstellen, daß man ihn einfach ignorierte. Andererseits ist es auch wenig glaubhaft, daß er mehr als einen marginalen Einfluß auf die französische Außenpolitik ausübte. Die Zentrale neigte in ihren Berichten an das ZK dazu, mehr Ehre dafür in Anspruch zu nehmen, als sie wahrscheinlich verdiente, wenn innerhalb des Atlantischen Bündnisses Spannungen entstanden oder sich vertieften.

Die Abstriche, die man bei den aktiven Maßnahmen des KGB machen muß, traten auch deutlich beim Mißlingen der Operation LA MANCHE (Ärmelkanal) zutage, die darauf abzielte, Mißtrauen zwischen Pompidou und dem britischen Premier, Edward Heath, zu säen, als es nicht gelang, den Präsidenten zu überzeugen, bei de Gaulles Veto gegen den Beitritt Großbritanniens zur Europäischen Gemeinschaft zu bleiben.[61]

Obwohl der Journalist ARGUS anscheinend keinen direkten Zugang zu Pompidou hatte, stand er in sogar noch engerem Kontakt mit Messmer als ANDRÉ. Berichten der Pariser Residentur zufolge führte er während des Wahlkampfes für die allgemeinen Wahlen vom März 1973 regelmäßige Gespräche mit dem Ministerpräsidenten und fuhr fort, ihn auch danach zu beraten. Hauptziel der durch ARGUS kanalisierten Desinformationskampagne war es, die Wahlaussichten der von den Gaullisten angeführten Koalition dadurch zu verschlechtern, daß zwischen den Gaullisten und ihren Verbündeten Mißtrauen gesät wurde. ARGUS stellte Messmer gegenüber die falsche Behauptung auf, daß Michel Poniatowski, Generalsekretär der Unabhängigen Republikaner, und der Reformist Jean-Jacques Servan-Schreiber heimlich übereingekommen seien, gemeinsam die Position der gaullistischen Kandidaten zu unterminieren. Auf Anweisung des KGB lancierte der Journalist ähnliche Storys in der Presse. Eine andere der von Dienst A entwickelten aktiven Maßnahmen, die »atlantizistischen« – das heißt proamerikanischen – Kandidaten schaden sollten, gehörte auch die Behauptung, der Wahlkampf Servan-Schreibers und des Führers der Christdemokraten, Jean Lecanuet, sei von den Amerikanern finanziert. In Servan-Schreibers Wahlkreis Meurthe-et-Moselle erhielten prominente Bürger Briefe, die den Eindruck erweckten, als ob sie von einer neonazistischen Gruppierung in der Bundesrepublik Deutschland kämen. Darin wurden alle, »in deren Adern deutsches Blut fließt«, aufgefordert, für Servan-Schreiber zu stimmen.[62] Solche Aktionen mögen vielleicht die Zentrale beeindruckt haben, doch ist es schwer vorstellbar, daß sie einen merklichen Einfluß auf die französischen Wähler hatten. Obwohl die Linke bei den Wahlen zur Nationalversammlung einen Stimmenzuwachs zu verzeichnen hatte, behielt die von den Gaullisten geführte Koalition eine ausreichende Mehrheit im Parlament.

Die Zentrale, die ihren Erfolg 1973 gewaltig übertrieb, war von ihrer Fähigkeit überzeugt, den Ausgang der Präsidentenwahl im Mai 1974 zu beeinflussen. Sie informierte das ZK, daß der Führer der Sozialisten, François Mitterrand, als Kandidat aller wichtigen linken Parteien eine reale Siegeschance habe,[63] und startete eine große Kampagne von aktiven Maßnahmen gegen seinen Gegner, Valéry Giscard d'Estaing. Innerhalb einer Woche führten zehn Agenten der Gruppe PR der Pariser Residentur während des Wahlkampfes 56 angeblich »bedeutende operative Maßnahmen« durch.[64]

Eine führende Rolle bei den aktiven Maßnahmen gegen Giscard d'Estaing spielte der dienstälteste und am höchsten eingestufte Agent BROK, der damals ein einflußreicher Journalist mit ausgezeichneten Verbindungen war. BROK, der bereits 1946 als »ideologischer Agent« angeworben worden war, hatte für den sowjetischen Geheimdienst zu arbeiten begonnen, um sein Einkommen als Journalist aufzubessern und sich eine Wohnung in Paris kaufen zu können. Mitte der siebziger Jahre erhielt er mehr als 100000 Franc jährlich.[65] BROK, der mindestens zehn Führungsoffiziere hatte,[66] erfreute sich einer so hohen Wertschätzung, daß er mit fünf Leitern der 5. Abteilung der Ersten Hauptverwaltung zusammentraf, die unter anderem für Operationen in Frankreich verantwortlich waren.[67] Während des Wahlkampfes vor der Präsidentenwahl im Jahre 1974 wurde BROK auf Andropows persönliche Anweisung die gefälschte Kopie einer angeblich geheimen Wahlkampfempfehlung der Amerikaner an die Adresse von für Giscard d'Estaing übergeben, in der Wege aufgezeigt wurden, wie er Mitterrand sowie Jacques Chaban-Delmas, Giscards erfolglosen gaullistischen Rivalen beim reichten Wählerspektrum, in der ersten Wahlrunde schlagen könne. Daraufhin wurde das gefälschte Dokument Chaban-Delmas gezeigt, um zu erreichen, daß sich die Zusammenarbeit zwischen ihm und Giscard in der zweiten Runde des Wahlkampfes, in der Giscard der einzige Kandidat der Rechten war, schwieriger gestaltete.[68]

Ansonsten wird in Mitrochins Notizen nur noch auf eine weitere Operation ausführlich eingegangen, die Giscard d'Estaing bei der Präsidentenwahl im Jahre 1974 diskreditieren sollte, und zwar eine etwas merkwürdige aktive Maßnahme, in der sich die Tatsache widerspiegelt, daß viele Verschwörungstheoretiker des KGB vom Glauben an zionistische Intrigen geradezu besessen waren. Die Zentrale war davon überzeugt, daß in Frankreich ebenso wie in den USA und in anderen Ländern eine mächtige jüdische Lobby agiere und aus dem Hintergrund den politischen Prozeß manipuliere. Der KGB beschloß, die Ermordung einer Verwandten Giscard d'Estaings im Oktober 1973 für eine Operation auszunutzen, die ihn mit der jüdischen Lobby in Konflikt bringen sollte. Dienst A fabrizierte ein Dokument, das angeblich von einer (fiktiven) französischen proisraelischen Gruppe verbreitet wurde und die Behauptung enthielt, Giscard d'Estaings Verwandte sei von Zionisten umgebracht worden, weil diese sich für die Rolle rächen wollten, die Giscard d'Estaing in der Zeit, als er Finanzminister gewesen war, bei der Verfolgung jüdischer Finanziers gespielt hatte. Die Zentrale war auf diese absurde Operation unglaublich stolz.[69] Giscard schlug Mitterrand um weniger als zwei Prozent der Wählerstimmen. Es ist nicht ersichtlich, daß die aktiven Maßnahmen des KGB auch nur den geringsten Einfluß auf das Ergebnis hatten.

In der führenden französischen Nachrichtenagentur, Agence France-Presse, gab es zahlreiche Agenten. In Mitrochins Notizen werden sechs Agenten[70] und zwei »vertrauliche Kontakte«[71] genannt, die im Zeitraum von 1956 bis 1980 angeworben wurden. Der höchste, LAN, wurde 1969 vom Geschäftsmann DRAGUN »unter falscher Flagge« angeworben und erhielt monatlich 1500 Franc, die angeblich von der an Insiderinformationen über die Politik der französischen Regierung interessierten italienischen Firma Olivetti gezahlt wurden.[72]

Die vielleicht anspruchsvollste aktive Maßnahme, die vom KGB während der Präsidentschaft Giscard d'Estaings durchgeführt wurde, war das alle vierzehn Tage einmal erscheinende Informationsblatt *Synthesis* (Codename KAKTUS), das der Agent Pierre-Charles Pathé (MASON) herausgab. Die erste Nummer von *Synthesis*, deren Ton offensichtlich dem des linken Flügels der Gaullisten entsprach, erschien im Juni 1976 und wurde kostenlos an 500 meinungsbildende Persönlichkeiten[73] gesandt, darunter 70 Prozent der Mitglieder der Nationalversammlung, 47 Prozent der Mitglieder des Senats und 41 Journalisten.[74] In den siebzig Nummern, die in den folgenden drei Jahren erschienen und den KGB 252000 Franc kosteten,[75] wurden die abgedroschenen Themen des Dienstes A behandelt. Frankreich wurde als Opfer eines »hinterhältigen« Wirtschaftskrieges der USA dargestellt, in dem das Zahlungsbilanzdefizit der USA Washington erlaube, als Parasit vom Reichtum anderer Staaten zu profitieren. Giscard d'Estaing wurde als *Atlanticiste* bezeichnet, der es unterlasse, die französischen Interessen gegen die Amerikaner zu vertreten. Die Vereinigten Staaten seien eine finstere »Polizeidemokratie«, die systematisch Gewalt gegen ihre schwarze Minderheit und alle anderen, die ihr im Weg seien, anwende. Pol Pots Massaker dagegen wurden heruntergespielt oder gerechtfertigt, und die vietnamesischen Bootsflüchtlinge wurden als Emigranten der Mittelklasse abgetan.[76]

Pathés Sturz begann 1978, als der DST seinen Führungsoffizier in der Pariser Residentur, Igor Sacharowski (alias Kusnezow), Sohn eines ehemaligen Vorsitzenden der Ersten Hauptverwaltung, zu beschatten begann. Als Sacharowski dies seinen Vorgesetzten meldete, wurden seine Treffen mit Pathé zeitweilig ausgesetzt, und als sie zwei Monate später wieder aufgenommen wurden, führte Sacharowski seine Beobachter ungewollt zu Pathé. Am 5. Juli 1979 vernahm der Mann, der in der Pariser Residentur den Funkverkehr überwachte und gerade eine von einer DST-Gruppe verwendete Frequenz abhörte, wie der Leiter dieses Teams sagte:

»Die Akteure sind auf ihren Posten. Beginnen wir mit der Show!« Unmittelbar danach wurde Pathé verhaftet, als er im Begriff war, Geld und Dokumente von Sacharowski in Empfang zu nehmen.[77] Im Mai 1980 wurde er zu fünf Jahren Haft verurteilt, aber schon 1981 aus dem Gefängnis entlassen. Bei seinem Prozeß gab Pathé zu, kleinere Geldbeträge für Artikel bekommen zu haben, die er im Auftrag Moskaus geschrieben hatte. Aus seiner KGB-Akte ist ersichtlich, daß ihm bis zu seiner Verhaftung in Wirklichkeit insgesamt 974 823 Franc an Gehältern und Spesen gezahlt wurden.[78]

Fast zur gleichen Zeit, da die aktive Maßnahme *Synthesis* ein unrühmliches Ende gefunden hatte, beschloß die Pariser Residentur, die von ihrem Agenten André Ulmann (DURANT) 1946 gegründete *La Tribune des Nations* nicht mehr zu finanzieren. Seit Ulmanns Tod im Jahre 1970 hatten sich die weiteren Subsidien des KGB für das Wochenblatt bis 1978 auf insgesamt 1 527 500 Franc belaufen. Das Geld war über den Agenten NANT, einen früheren Geschäftspartner Ulmanns, zur Verfügung gestellt worden. Mitte der siebziger Jahre galt NANT als einer der wertvollsten Agenten der Residentur. Er lieferte Informationen, die er sowohl durch seine Kontakte in offiziellen Kreisen als auch durch aktive Maßnahmen erhielt. Seiner Akte zufolge lieferte er von 1970 bis 1978 119 geheimdienstliche Berichte, veröffentlichte 78 Artikel über Themen, die vom Dienst A vorgegeben waren, und half, 12 potentielle Agenten zu umgarnen. Ende der siebziger Jahre fing der KGB an, ihn zu verdächtigen, daß er »unehrlich« war und mit dem DST in Kontakt stand. Die Verbindung zu NANT wurde 1980 abgebrochen. So endete die längste und teuerste Operation auf dem Gebiet der aktiven Maßnahmen, die je von der Pariser Residentur durchgeführt wurde. Die KGB-Akten über DURANT, NANT und drei mit ihnen eng verbundene Agentinnen – VERONIQUE, JACQUELINE und NANCY – füllen 26 Bände mit insgesamt über 8000 Seiten.[79]

Jedes Jahr schickte die Pariser Residentur, wie andere KGB-Filialen im Ausland auch, eher grobe Statistiken über ihre aktiven Maßnahmen an die Zentrale. Für 1978 wurden insgesamt 188 Presseberichte (trotz des Hinscheidens von *Synthesis*), 67 »beeinflussende Gespräche«, 19 Operationen zur mündlichen Verbreitung von Desinformationen, sieben Operationen unter Verwendung gefälschter Dokumente, zwei öffentliche Veranstaltungen, vier Reden auf öffentlichen Versammlungen, zwei Bücher und vier Flugblätter angeführt.[80] 1980 war die Zahl der Presseberichte, die angeblich auf Veranlassung der Residentur verfaßt worden waren, als Folge des Bruchs mit NANT auf 99 zurückgegangen. Die Zahl der »beeinflussenden Gespräche« hatte sich jedoch auf 79 und die der Operationen zur mündlichen Verbreitung von Desinformationen auf 59 erhöht.[81]

Nimmt man die Berichte der Pariser Residentur wörtlich, so erzielte sie mit »beeinflussenden Gesprächen« einige durchschlagende Erfolge. Danach sollen sich mehrere führende französische Politiker aller politischen Schattierungen sowie einige bekannte Akademiker, die hier zu nennen vielleicht unfair wäre, angeblich zu Ansichten bekehrt haben, welche die von der amerikanischen Verteidigungspolitik ausgehende Bedrohung, die Zukunft der Ost-West-Beziehungen und die Gefährdung der französischen Souveränität durch ein »supranationales Europa« betrafen. Einige dieser Persönlichkeiten waren vielleicht beim Umgang mit Vertretern der sowjetischen Botschaft, die möglicherweise KGB-Offiziere waren, unvorsichtig gewesen. Viel wahrscheinlicher ist aber, daß die Pariser Residentur lediglich behauptete, daß politische Stellungnahmen, die sowjetische Positionen zwar unterstützten, aber in Wirklichkeit von ihnen nicht beeinflußt waren, ihr Verdienst seien. Zu den absurden Behauptungen gehörte die Prahlerei, aktive Maßnahmen des KGB hätten zwei ehemalige Ministerpräsidenten de Gaulles, Michel Debré und Maurice Couve de Murville (der den Auswärtigen Ausschuß der Nationalversammlung leitete), »dazu gezwungen, Frankreichs Unabhängigkeit von den Vereinigten Staaten zu verteidigen« – eine Politik, die beide sowieso bereits verfolgten. Obwohl der KGB behauptete, Berater des Präsidenten Giscard d'Estaing, des Ministerpräsidenten Raymond Barre, des Außenministers Jean François-Poncet und des Sozialistenführers François Mitterrand beeinflußt zu haben, hatte dieser »Einfluß« keine erkennbaren Auswirkungen auf ihre Politik.[82]

Die Politik des KGB während des Präsidentenwahlkampfes im Jahre 1981 war weniger klar als sieben Jahre zuvor. Ende der siebziger Jahre war das Linksbündnis der Sozialisten und Kommunisten, das Mitterrand als Präsidentschaftskandidat 1974 unterstützt hatte, zerbrochen, und Mitterrand mußte in der ersten Runde sowohl gegen den Führer der PCF, Georges Marchais, als auch gegen Kandidaten der Rechten antreten. Obwohl die aktiven Maßnahmen des KGB 1981 eine größere Feindschaft gegen Giscard d'Estaing und die Kandidaten der Rechten erkennen ließen als gegen Mitterrand, wurde nicht mehr wie 1974 die einfache Strategie verfolgt, Mitterrands Sieg sichern zu helfen (von Anfang an war klar, daß Marchais keine Chance hatte, die Wahl zu gewinnen). Die aktiven

Maßnahmen, die in den von Mitrochin eingesehenen Akten vermerkt sind, lassen erkennen, daß es als wichtiger angesehen wurde, Druck auf alle führenden Kandidaten auszuüben, als den Sieg eines von ihnen sichern zu helfen. Aber die Zentrale übertrieb genauso wie im Jahre 1974 erheblich ihre Fähigkeit, die Entwicklung der Ereignisse zu beeinflussen.

Im Mai 1980 war Giscard d'Estaing der erste westliche Regierungschef, der seit der sowjetischen Invasion in Afghanistan Gespräche mit Breschnew führte. Der weiterhin ungehinderte Zugang zu dem gesamten diplomatischen Nachrichtenverkehr zwischen Paris und der französischen Botschaft in Moskau muß Breschnews Beratern sehr bei der Vorbereitung des Treffens geholfen haben. Nach seiner Rückkehr erklärte Giscard etwas blauäugig, die Sowjetunion sei bereit, eine ihrer Divisionen aus Afghanistan abzuziehen.[83] Obwohl sich seine Position zur Sowjetunion danach verhärtete, führte die Pariser Residentur aktive Maßnahmen durch, die ihn davon überzeugen sollten, daß er die Chancen für seine Wiederwahl erhöhen könnte, wenn er als »Befürworter des Dialogs [mit Osteuropa] gegen die amerikanische Vorherrschaft« aufträte. Einem der Mitarbeiter des Stabes von Giscard wurde eine falsche Information zugespielt, von der man sich erhoffte, sie würde Giscard davon überzeugen, daß die CIA hinter dem größten Skandal während seiner Präsidentschaft stecke. Dazu war es im Zusammenhang mit den Brillanten gekommen, die ihm Jean-Bedel Bokassa, »Kaiser« der Zentralafrikanischen Republik, geschenkt hatte.[84] Außerdem behauptete die Residentur, sie habe die gegen das angebliche »Abweichen von gaullistischen Prinzipien« und gegen proamerikanische Tendenzen des offiziellen gaullistischen Kandidaten, Jacques Chirac, gerichteten Angriffe des inoffiziellen gaullistischen Kandidaten, Michel Debré, »initiiert«. Weitere aktive Maßnahmen sahen vor, »proamerikanische und proisraelische Elemente« in der Politik Mitterrands und eines seiner künftigen Ministerpräsidenten, Michel Rocard, aufzudecken.[85]

Einer Meinungsumfrage während des Wahlkampfes zufolge beabsichtigten 53 Prozent der jüdischen Wähler, für Mitterrand zu stimmen, während nur 23 Prozent sich für Giscard d'Estaing entscheiden wollten.[86] Mitterrands Popularität bei den jüdischen Wählern stand der KGB natürlich mißtrauisch gegenüber. Wie bereits 1974 spiegelten die vom Dienst A geplanten aktiven Maßnahmen die antizionistischen Verschwörungstheorien des KGB wider, insbesondere seinen Glauben an die Stärke der jüdisch-französischen Lobby. Die vielleicht absurdeste Operation der Residentur während der Wahlen war der Versuch, »die Zionisten zu entlarven«, indem sie den französischen Behörden eine Falschinformation zukommen ließ, die zeigen sollte, daß die Zionisten »extremistische Maßnahmen« zur Störung des Wahlkampfes von Giscard d'Estaing und Debré planten.[87] Es ist höchst unwahrscheinlich, daß diese Maßnahme irgendeinen merklichen Einfluß auf die Hauptkandidaten oder auf den Ausgang der Präsidentenwahlen hatte.

Mitterrands Erfolg im Mai 1981 wurde einen Monat später durch einen Erdrutschsieg der Sozialisten bei den Wahlen zur Nationalversammlung gekrönt. Zwar war die Karriere des Agenten GILES, der 25 Jahre früher angeworben worden war, fast beendet, doch blieb er mit seinem Führungsoffizier Walentin Sidak (RYSCHOW) in Kontakt, der von 1978 bis 1983 unter diplomatischer Tarnung als Zweiter Sekretär an der sowjetischen Botschaft in Paris stationiert war. GILES scheint Sidak mit Informationen aus der »nahen Umgebung F. Mitterrands« versorgt zu haben.[88]

Durch die Verhaftung Pathés im Jahr 1979 und die Entscheidung im folgenden Jahr, den Kontakt zu NANT abzubrechen, kam es zu einer wesentlichen Änderung der Strategie bei den aktiven Maßnahmen, mit denen der KGB nach der Wahl Mitterrands die französische Presse zu beeinflussen versuchte. Eine ungewöhnlich rückhaltlose Untersuchung der 5. Abteilung der Ersten Hauptverwaltung gelangte zu dem wahrscheinlich richtigen Schluß, daß *Synthesis*, *La Tribune des Nations* und andere vom KGB finanzierte Blätter »praktisch keinen Einfluß auf die öffentliche Meinung« hatten. Die Pariser Residentur wurde angewiesen, sich künftig auf die billigere und produktivere Aufgabe der Anwerbung von Agenten bei den etablierten Zeitungen und Zeitschriften zu konzentrieren.[89] Der Wert einiger der bereits in den Medien tätigen Agenten wurde jedoch in Zweifel gezogen, darunter auch BROK, der als Journalist wahrscheinlich am längsten im Dienst des KGB gestanden hatte. Eine Prüfung seiner Tätigkeit ergab, daß er »unzuverlässig und bei seinen Kontakten mit Führungsoffizieren unaufrichtig war, seine operativen Möglichkeiten und den Wert seiner Informationen übertrieb, geldgierige Tendenzen entwickelte, disziplinlos war und Aufträge nicht durchführte«. 1981 wurde BROKs dreiundzwanzigjährige Tätigkeit als sowjetischer Agent abrupt beendet.[90] Die Zentrale bemühte sich weiterhin, neue Agenten unter französischen Journalisten zu gewinnen, kam aber zu dem Schluß, daß die Presse im Zeitalter des Fernsehens nicht mehr denselben Einfluß auf die öffentliche Meinung ausübte wie noch zwanzig Jahre zuvor.[91]

Zu Beginn der achtziger Jahre betrachtete die Zentrale – zum Teil als Folge des schwindenden Vertrauens des KGB zu seinen Pariser Einflußagenten – die wissenschaftlich-technische Spionage als den erfolgreichsten Teil ihrer französischen Operationen. Mitte der siebziger Jahre (wenn nicht schon früher) hatte die Pariser Residentur doppelt so viele Offiziere und Agenten der Gruppe X – jeweils über 20 – wie jede andere Residentur in der Europäischen Gemeinschaft.[92] Die Operationen in diesem Bereich wurden Ende der siebziger und wahrscheinlich auch noch Anfang der achtziger Jahre weiter ausgedehnt. Die Zahl der wissenschaftlich-technischen Unterlagen, die an die Zentrale gesandt wurden (1973: 835, 1974: 829, 1975: 675), erreichte mit 1021 in der ersten Jahreshälfte 1977 eine Rekordhöhe.[93] Zwischen 1974 und 1979 waren insgesamt 36 Offiziere der Gruppe X – wiederum mehr als in jedem anderen Land der EG – in Paris tätig.[94] In puncto Produktivität war Frankreich als Quelle geheimer wissenschaftlich-technischer Informationen beim KGB auf den dritten Platz vorgerückt. Acht Prozent aller geheimen wissenschaftlich-technischen Informationen, welche die sowjetische Militärisch-Industrielle Kommission (WPK) insgesamt erhielt, stammten aus französischen Quellen.[95]

Der wichtigste und am besten bezahlte französische Agent, der in den siebziger Jahren im wissenschaftlich-technischen Bereich tätig war, in den von Mitrochin eingesehenen Akten als ALAN (auch FLINT und TELON) identifiziert, war ein Elektronikfachmann, der eine Forschungsabteilung in einem Rüstungsunternehmen (AVANTGARDE) leitete. ALAN war ein Selbstanbieter. 1972 ging er zur sowjetischen Botschaft, erklärte, daß er im Monat 7000 Franc verdiene, aber mehr Geld benötige, um ein Haus (vielleicht ein Wochenendhaus) in der Preislage von etwa 150000 bis 200000 Franc zu bauen, und gewillt sei, Geheimnisse seiner Firma zu verkaufen. Während der nächsten sechs Jahre lieferte er technische Unterlagen und Teile von Raketenleitsystemen, Laserwaffen, Erfassungssystemen für mit hoher Geschwindigkeit niedrig fliegende Ziele sowie von Infrarot-Nachtsichtgeräten für Panzer, Hubschrauber und andere Zwecke. »Seine wissenschaftlich-technischen Informationen haben«, heißt es in ALANs Akte, »den Anforderungen der höchsten Instanzen [Politbüro] voll entsprochen.«[96] Im Dezember 1974 wurde sein Führungsoffizier, Boris Kessarew, in einer von Andropow persönlich unterzeichneten Liste für die Auszeichnung mit dem Orden »Roter Stern« vorgeschlagen.[97] ALAN erhielt über 200000 Franc jährlich,[98] wurde aber

1978 von seiner Firma entlassen, weil er verdächtigt wurde, ihre Geheimnisse einem westlichen Geheimdienst verraten hatte. Der KGB schien nicht in Verdacht geraten zu sein.[99]

Sieht man von ALANs Informationen ab, so interessierte sich die Zentrale wahrscheinlich am meisten für Frankreichs Trägerrakete Ariane und deren Treibstoff, *Cryogène*.[100] Von 1974 bis 1979 arbeitete ein 1970 vom KGB angeworbener französischer Ingenieur, Pierre Bourdiol, beim SNIAS, dem Vorläufer des staatlichen Luft-Raumfahrt-Unternehmens Aerospatiale, am Ariane-Projekt mit.[101] 1979 oder 1980 gelang es dem Agenten KARL, einem Fachmann auf dem Gebiet des Elektromagnetismus, von einer ungenannten Quelle weitere Informationen über die Ariane zu erhalten. KARL wurde 1974 ein Jahresgehalt von etwa 150000 Franc gezahlt, und er erhielt 1979 und 1980 Prämien von über 30000 Franc.[102] 1982 warb er NIKE, einen weiteren hochwertigen Agenten der Gruppe X, an. Dieser arbeitete als Physiker in einem Forschungsinstitut des *Centre National de Recherches Scientifiques*. NIKE wurde »unter falscher Flagge« rekrutiert und glaubte, er werde von einer ausländischen Firma bezahlt. Aus seiner Akte ist ersichtlich, daß seine Informationen den »Prioritätsanforderungen« der Direktion T entsprachen.[103]

Gerade als Anfang der achtziger Jahre die Operationen der Gruppe X in Frankreich ihren Höhepunkt erreichten, wurden sie von Wladimir Wetrow (FAREWELL), einem französischen Agenten in der Direktion T, der bis 1970 in der Pariser Residentur stationiert gewesen war, verraten. Wetrow war frankophil, vom sowjetischen System tief enttäuscht und über seine Behandlung durch die Direktion T, die ihn von der operativen in die analytische Abteilung versetzt hatte, verärgert. Im Frühjahr 1981 sandte er durch einen französischen Geschäftsmann, der von Moskau nach Frankreich zurückkehrte, eine Nachricht an das DST-Hauptquartier in Paris und bot seine Dienste als Spion an. Im darauffolgenden Jahr lieferte Wetrow mehr als 4000 Dokumente über die sowjetische Beschaffung und Auswertung geheimer wissenschaftlich-technischer Informationen. Die Operation FAREWELL fand nach einem brutalen, bizarren Vorfall, der sich Ende Februar in einem Moskauer Park ereignete, ein plötzliches Ende. Als sich Wetrow mit einer KGB-Sekretärin, mit der er eine Affäre hatte, dort betrank und wahrscheinlich stritt, näherte sich ihm ein KGB-Kollege. Vielleicht aus Angst, daß sein Doppelleben entdeckt worden sei, erstach Wetrow den Kollegen. Als seine Geliebte davonrennen wollte, stach er auch auf sie ein, doch sie kam mit dem Leben davon und sagte vor Gericht gegen ihn aus. Im Herbst 1981 trat Wetrow seine zwölfjährige Strafe für Mord im Zuchthaus von Irkutsk an, doch es dauerte Monate, bis der KGB dahinterkam, daß er auch der Spionage schuldig war. Wetrow schrieb sein eigenes Todesurteil, als er ein Geständnis abfaßte, das mit folgendem Satz endete: »Ich bedaure, daß ich der Sowjetunion nicht noch mehr schaden und Frankreich nicht noch mehr nützen konnte.«[104]

Wetrows Dokumente bereicherten das Wissen der westlichen Geheimdienste über die sowjetischen Operationen zur Erlangung geheimer wissenschaftlich-technischer Informationen enorm.[105] Im Juli 1981, zwei Monate, nachdem Mitterrand Präsident geworden war, setzte er Ronald Reagan persönlich über die von FAREWELL gelieferten Unterlagen in Kenntnis. Bald darauf flog Marcel Chalet, Chef des DST, nach Washington, um den Vizepräsidenten und ehemaligen CIA-Direktor George Bush ausführlicher zu informieren. Der öffentlichen Enthüllung des von Wetrow gelieferten Materials folgte Anfang 1983 die Entdeckung, daß während der vergangenen sieben Jahre der gesamte ein- und ausgehende Nachrichtenverkehr der französischen Botschaft in Moskau durch Wanzen in den Fernschreibern an den KGB weitergeleitet worden war. Als Reaktion darauf ordnete Mitterrand am 5. April 1983 die Ausweisung von 47 Offizieren des sowjetischen Geheimdienstes aus Frankreich an – der größte derartige Exodus seit der Operation FOOT zwölf Jahre zuvor in Großbritannien. Viele der Ausgewiesenen, besonders die Offiziere der Gruppe X, waren von Wetrow benannt worden. Als Sowjetbotschafter Juli Woronzow zum Quai d'Orsay kam, um offiziell zu protestieren, brachte Außenminister Claude Cheysson ihn damit zum Schweigen, daß er ihm eines der von Wetrow gelieferten KGB-Dokumente über wissenschaftlich-technische Operationen unter die Nase hielt.[106]

Obwohl die KGB-Residentur in Rom nicht einmal halb soviel Agenten hatte wie ihr Pendant in Paris (etwas mehr als 20 Mitte der siebziger Jahre im Vergleich zu rund 50 in Frankreich),[107] war das Muster der Anwerbung von Agenten in beiden Ländern ziemlich gleich. Sofort nach dem Zweiten Weltkrieg gelang es dem sowjetischen Geheimdienst mit Hilfe der jeweiligen KP-Führung, mehrere Ministerien in Italien wie in Frankreich zu infiltrieren. In den siebziger Jahren jedoch war die Mehrheit der am besten bezahlten PR-Agenten, die von den Residenturen in Rom und Paris, geführt wurden, Journalisten und keine Staatsdiener.

Die Popularität der Kommunistischen Partei in der Nachkriegszeit und die kurze Periode kommunistischer Regierungsbeteiligung schufen in Italien genauso wie in Frankreich die besten Bedingungen für das Eindringen sowjetischer Agenten. Wie JOUR, der wichtigste französische Agent der Nachkriegszeit, arbeitete auch DARIO, der am längsten tätige und wahrscheinlich wertvollste italienische Agent, im Außenministerium, wo er vor dem Zweiten Weltkrieg seine ersten Agentinnen angeworben hatte. Nach seiner Rückkehr ins Ministerium nach dem Krieg warb er zwei weitere Sekretärinnen an: TOPO (später in LEDA umbenannt), die er heiratete, und NIKOL (später INGA).

Im Laufe der nächsten drei Jahrzehnte spielte DARIO eine entscheidende Rolle bei der Beschaffung einer ungeheuren Menge von geheimem Material aus dem Außenministerium.[108] Mitte der fünfziger Jahre warb er drei weitere Agentinnen an: VENEZIANKA, die der italienischen Botschaft in Paris angehörte, OVOD, über die Mitrochins Notizen keine weiteren Angaben enthalten, und SUZA, die für den diplomatischen Berater von Präsident Giovanni Gronchi arbeitete und Zugang zu einer großen Auswahl von Botschafterberichten und anderen geheimen Dokumenten des Außenministeriums hatte.[109] Anfang der sechziger Jahre traf LEDA, DARIOs Frau, ihren Führungsoffizier von der Residentur in Rom einmal wöchentlich in Kinos oder an anderen Orten der Stadt. Wenn sie ihm die Hand schüttelte, gab sie ihm einen Mikrofilm mit Aufnahmen der Geheimdokumente des Außenministeriums, die sie in der vorangegangenen Woche angefertigt hatte.[110]

1968 beschloß die Zentrale, DARIO »auf Eis zu legen«, und gewährte ihm eine monatliche Rente von 180 konvertierbaren Rubeln. Vier Jahre später reaktivierte sie ihn wieder, um sich einer Angestellten in der Chiffrierabteilung einer ausländischen Botschaft sowie einer weiteren Sekretärin des Außenministeriums anzunehmen, die anscheinend den Codenamen MARA erhielt.[111] Im März 1975, vierzig Jahre nach DARIOs eigener Rekrutierung, wurden er und seine Frau mit dem Orden »Roter Stern« ausgezeichnet. Er holte sich seine Rente in regelmäßigen Abständen ab, indem er entweder in die Sowjetunion oder in ein anderes Land reiste.[112]

Nach dem Zweiten Weltkrieg konnte die römische Residentur auch das Innenministerium erfolgreich infiltrieren. Dies gelang vor allem dank DEMID, einem Ministerialbeamten, der 1945 angeworben worden war und der selbst Agenten anwarb. DEMIDs erste wichtige Zielperson im Ministerium war QUESTOR, dem er half, eine Anstellung in der Chiffrierabteilung zu finden. QUESTOR erklärte sich bereit, den Inhalt von geheimen Telegrammen, die er chiffrierte oder dechiffrierte, mitzuteilen, glaubte aber jahrelang, daß DEMID seine Informationen an die PCI und nicht an den sowjetischen Geheimdienst weiterleitete, und weigerte sich, die Chiffren selbst preiszugeben. Ende 1953 beschloß die Residentur in Rom, die Sache zu beschleunigen, und beauftragte DEMID, QUESTOR 100 000 Lire zu bieten, wenn er ihm den Code und die vom Ministerium benutzten Chiffrierbücher »für einige Stunden« auslieh. QUESTOR akzeptierte. Am 3. März 1954 sagte DEMID ihm endlich, daß er nicht für die PCI, sondern für den KGB arbeitete, und ließ sich von ihm eine Quittung für die 100 000 Lire geben. Bald darauf wurde QUESTOR einem operativen Offizier an der Residentur in Rom, STEPAN, überstellt. Er lieferte ihm eine unglaubliche Vielzahl von offiziellen Chiffren, zu denen er sich Zugang verschaffte, darunter die der Präfekturen, des Finanzministeriums, der zentralen und regionalen Kommandostäbe der Carabinieri, der italienischen diplomatischen Vertretungen im Ausland, des italienischen Generalstabs und des militärischen Auslandsnachrichtendienstes SIFAR *(Servizio Informazioni Forze Armate)*: QUESTOR beschaffte auch Listen des Innenministeriums, in denen Kommunisten, Ausländer und andere Personen verzeichnet waren, die vom Sicherheitsdienst der Polizei *(Pubblica Sicurezza)* überwacht wurden.[113]

Die Zentrale sah die Infiltration des italienischen Innenministeriums als so wichtig an, daß sie diese Aufgabe 1955 einer neugegründeten illegalen Residentur unter Leitung von JEFRAT (»Euphrates«) zuwies. JEFRAT war Aschot Akopjan, ein vierzig Jahre alter Armenier aus Baku, der die Identität eines »lebenden Doubles«, Organes Saradschjan, eines in der Sowjetunion lebenden libanesischen Armeniers, angenommen hatte. JEFRAT war, wie viele Illegale, polyglott, er sprach fließend Arabisch, Armenisch, Bulgarisch, Französisch, Italienisch, Rumänisch und Türkisch. Seine Frau, Kira Tschertenko, eine Russin aus Baku, war ebenfalls eine Illegale (TANJA). JEFRAT und TANJA begannen ihre Laufbahn als Illegale 1948 in Rumänien, erlangten durch Bestechung italienische Visa und zogen nach Rom, wo sie sich von der libanesischen Botschaft Pässe auf den Namen Saradschjan ausstellen ließen. JEFRATs ursprünglicher Auftrag lautete, die Gründung einer neuen illegalen Residentur im Iran vorzubereiten, doch 1952 wurden er und seine Frau statt dessen nach Ägypten beordert. 1954 wurden sie nach Rom zurückgerufen, wo JEFRAT 19 500 US-Dollar für den Kauf eines Geschäftes erhielt, das als

Tarnung für eine illegale Residentur dienen sollte. Er war jedoch kein erfolgreicher Geschäftsmann; eine italienische Firma, mit der er zu tun hatte, ging bankrott.[114]

JEFRATs Residentur führte DEMID und QUESTOR sowie einen dritten Agenten im Innenministerium, ZENSOR, den wahrscheinlich DEMID angeworben hatte. ZENSORs größter Coup war die Entwendung streng geheimer Dokumente aus dem Safe des Generaldirektors des Sicherheitsdienstes im Ministerium.[115] JEFRAT gelang es auch, den Kontakt zu einem früheren Agenten, OMAR, wiederherzustellen. Dieser war 1948 aus der Chiffrierabteilung des Innenministeriums entlassen worden und hatte in einem »Dienst, der der amerikanischen Botschaft angeschlossen ist« (so Mitrochins Notizen) eine Anstellung gefunden. Aus unerklärlichen Gründen nahm jedoch die große Menge an erstklassigen geheimen Informationen, die von den Agenten im Innenministerium geliefert wurden, gegen Ende der fünfziger Jahre immer mehr ab. Als die Mahnungen der Zentrale und ein persönliches Treffen von JEFRAT und Lasarew, dem Leiter der für die Illegalen zuständigen Direktion S, zu keinen Ergebnissen führten, wurde JEFRAT abberufen und seine illegale Residentur geschlossen. Seine Agenten wurden wieder von der legalen Residentur in Rom aus geführt.[116]

Die italienische Botschaft in Moskau war, wie die französische, ein Hauptziel des KGB. Während die Operationen der Zweiten Hauptverwaltung gegen französische Diplomaten zum peinlichen Skandal führten, erzielten die gegen die italienische Botschaft gerichteten spektakuläre Erfolge, die nie an die Öffentlichkeit drangen. Die Waffen, die gegen italienische Diplomaten ins Feld geführt wurden, kamen aus dem üblichen Arsenal der Zweiten Hauptverwaltung: Sie bildeten eine Kombination aus sexueller Kompromittierung und Erpressung. Das erste Opfer der Zweiten Hauptverwaltung war IKAR (»Ikarus«), ein italienischer Botschaftsattaché, der Ende der fünfziger Jahre von einer »Schwalbe« des KGB verführt wurde, die danach behauptete, schwanger zu sein, und so tat, als wollte sie eine Abtreibung vornehmen lassen. IKAR wurde mit einem KGB-Offizier konfrontiert, der den wütenden Ehemann der »Schwalbe« spielte, und unterschrieb als Gegenleistung für das Vertuschen des angeblichen Skandals ein Papier, in dem er sich verpflichtete, Agent des KGB zu werden. Er lieferte nicht nur geheime Informationen, sondern gab seinem Führungsoffizier die Zahlenkombination für seinen

Safe sowie eine Kopie des Chiffrierschlüssels, den er für seinen telegrafischen Nachrichtenverkehr mit Rom benutzte. IKAR machte sich immer mehr Sorgen darüber, daß der KGB ihn in der Gewalt hatte, und übergab seinem Führungsoffizier einen ziemlich pathetisch klingenden Brief, in dem er versprach, als sowjetischer Agent weiterzuarbeiten, aber flehentlich um die Vernichtung der von ihm unterschriebenen Verpflichtungserklärung bat. IKAR erhielt eine Abschrift, die so geschickt gefälscht war, daß sie wie das Original aussah, und vernichtete sie in Anwesenheit seines Führungsoffiziers. Das Original blieb indes zusammen mit einer russischen Übersetzung, die Mitrochin später abschrieb, in IKARs Akte.[117]

Ein weiterer Mitarbeiter der italienischen Botschaft (PLATON) wurde ebenfalls erfolgreich erpreßt, nachdem auch er Opfer der gleichen »Honigfalle« der Zweiten Hauptverwaltung geworden war. Die auf ihn angesetzte KGB-»Schwalbe« (»R«) zog in seine Moskauer Wohnung ein und behauptete dann, schwanger zu sein. PLATON bezahlte für ihre (fiktive) Abtreibung – ein kriminelles Vergehen nach italienischem Recht. Ihm wurde mit einer Anzeige gedroht, wonach er sich bereit erklärte, KGB-Agent zu werden. Als Mitrochin 1976 PLATONs Akte las, hatte dieser Moskau bereits verlassen, und es war geplant, daß Georgi Pawlowitsch, ein Italienisch sprechender Offizier der Ersten Hauptverwaltung, der früher in Rom stationiert gewesen war, mit ihm in Belgien wieder Kontakt aufnehmen sollte.[118] Ob PLATON nach 1976 weiter als Agent tätig war, ist unbekannt.

Ein hochgestellter verheirateter italienischer Diplomat in Moskau wurde Opfer von zwei »Honigfallen«. Als ENERO (auch INSPEKTOR genannt) zum ersten Mal als Zielperson ins Auge gefaßt wurde, hatte er eine Affäre mit einer Sekretärin der französischen Botschaft. Die Zweite Hauptverwaltung schlußfolgerte, daß er einen unersättlichen »Appetit auf Frauen« habe, schickte eine »Schwalbe«, Agentin SCHUKOWA, als Dienstmädchen zu ihm und ließ das Paar beim intimen Beisammensein heimlich fotografieren. Während eines Besuchs in Taschkent wurde ENERO von einer anderen »Schwalbe«, Diana Kasatschenko, verführt, und es wurden weitere Fotos geschossen. Ein russischer Freund (der ein KGB-Offizier war, ohne daß ENERO es wußte) erzählte ihm danach, der KGB sei in den Besitz von Fotos gelangt, die ihn mit SCHUKOWA im Bett zeigten. Die Fotos seien von einer kriminellen Bande geschossen worden, die jetzt vor Gericht komme, weil sie diese kompromittierenden

Bilder für erpresserische Zwecke benutzen wollte. Fast gleichzeitig wurde ENERO davon in Kenntnis gesetzt, daß Diana Kasatschenkos Familie Strafantrag wegen Vergewaltigung gegen ihn gestellt hätte und behauptete, er habe sie geschwängert. Sie sei aufgrund von Komplikationen bei der Abtreibung zur Invalidin geworden.

Ein Offizier der Zweiten Hauptverwaltung, I. I. Kusnezow, sagte ENERO, die sowjetischen Behörden seien bereit, beide Angelegenheiten unter den Teppich zu kehren, wenn er einwillige, ihnen zu »helfen«. Obwohl ENERO protestierte und Kusnezows Vorschlag als Erpressung bezeichnete, gab er rasch nach. Laut seiner Akte berichtete er unter anderem, daß die Botschaft mit der Diplomatenpost illegal Rubel nach Moskau schmuggelte, die im Ausland zu einem Bruchteil des offiziellen Wechselkurses gekauft wurden. Bevor ENERO Anfang der siebziger Jahre Moskau verließ, erklärte er sich bereit, nach seiner Rückkehr in Italien als KGB-Agent weiterzuarbeiten, und erhielt einen Vorschuß in Höhe von 500 US-Dollar. Bald darauf suchte Kusnezow ihn in Rom auf, um ihm seinen neuen Führungsoffizier von der dortigen Residentur vorzustellen. Ein Jahr später berichtete die Residentur, ENERO vermeide es, mit seinem Führungsoffizier zusammenzutreffen, und habe seine Adresse geändert. 1979 nahm ein Offizier der Residentur wieder Kontakt zu ihm auf, aber da ENERO inzwischen pensioniert und krank war, wurde er aus dem Agentennetz entfernt.[119]

Der größte Triumph der Zweiten Hauptverwaltung über die italienische Botschaft bildete die Anwerbung eines ihrer Botschafter, der den Codenamen ARTUR, später ARLEKINO (»Harlekin«), trug. ARTUR war zuerst 1961 von der tschechoslowakischen StB angeworben worden, die ihm damit gedroht hatte, sowohl seine Affäre mit einer Prostituierten als auch seine Währungsschieberei publik zu machen. Als er einige Jahre später Botschafter in Moskau wurde, übernahm die Zweite Hauptverwaltung ihn von den Tschechen. Aus ARTURs Akte geht hervor, daß der KGB ihm »wertvolle Geschenke« machte und alle Kosten seiner Jagdausflüge in die Umgebung von Moskau beglich. Nach seiner Rückkehr nach Italien war ARTUR bis 1983 für den KGB tätig. Da er inzwischen schon mehrere Jahre lang pensioniert war und kaum noch Zugang zu geheimen Informationen hatte, wurde er ebenfalls aus dem Agentennetz entlassen.[120]

Eine Reihe anderer italienischer Botschaften in der ganzen Welt war ebenfalls von KGB-Agenten infiltriert, darunter DENIS, ein Chiffrierbeamter in Beirut, der 1961 angeworben wurde,[121] VITTORIO (ein ehemaliges PCI-Mitglied), 1970 in Mexiko rekrutiert,[122] und PLEMJANNIK (»Neffe«), ein Chiffrierbeamter in Kairo, angeworben 1977 mit Hilfe des bulgarischen Geheimdienstes.[123] Abgesehen davon, daß sie eine große Menge Dokumente lieferten, müssen die KGB-Agenten im italienischen Außenministerium und in den Botschaften auch sehr zum Erfolg der Sechzehnten Verwaltung bei der Dechiffrierung von diplomatischen Telegrammen beigetragen haben, der mindestens bis Mitte der achtziger Jahre anhielt.[124] Mitrochins Notizen enthalten sehr wenig Einzelheiten über den Inhalt der Dokumente, die die Zentrale erreichten, und überhaupt nichts über den Inhalt der dechiffrierten Telegramme. Dennoch geht aus dem Material über Frankreich und Italien, das er einsehen konnte, eines eindeutig hervor: So weitgehend war der Zugang der Zentrale zu dem geheimen italienischen und französischen diplomatischen Nachrichtenverkehr, daß beide Länder während des Kalten Krieges gegenüber der Sowjetunion quasi eine offene Diplomatie betrieben.

Obwohl die Operationen der Gruppe X in Italien nur einen etwa halb so großen Umfang hatten wie in Frankreich, konnten sie auch überraschende Erfolge vorweisen. 1970 lieferten die Mitbesitzer einer kleinen Hightech-Firma, METIL (»Methyl«) und BUTIL (»Butyl«), dem KGB die vollständige technische Dokumentation über die Herstellung von Butylkautschuk. Diese Informationen wurden beim Bau der sowjetischen Kautschukfabrik in Sumgait genutzt und führten zu einer völligen Produktionsumstellung im Nischnekamsker Kombinat und der Synthetikkautschukwerke in Kuibyschew. Die Direktion T schätzte, daß ihre wissenschaftlich-technischen Erkenntnisse in diesem Fall eine Einsparung von 16 Millionen Rubeln erbrachten. METIL und BUTIL erhielten 50 000 US-Dollar. Mitte der siebziger Jahre lieferte BUTIL weitere hochkarätige geheime Informationen (einige aus amerikanischen Quellen) über chemische und petrochemische Prozesse.[125]

1970 verfügte die Residentur in Rom über neun Offiziere der Gruppe X, die ungefähr zehn Agenten[126] – hauptsächlich Geschäftsleute, aber auch einige wichtige Wissenschaftler – führten.[127] Ende der siebziger Jahre wurden die Operationen zur Beschaffung geheimer wissenschaftlich-technischer Informationen sowohl in Rom[128] als auch in Mailand ausgedehnt. Dort wurde 1978 ein hoher Offizier der Gruppe X, Anatoli Kusnezow (KOLIN), unter konsularischer Tarnung stationiert.[129] Der wohl wichtigste Agent der Gruppe X Ende der siebziger und Anfang der achtziger Jahre war UTSCHITEL (»Lehrer), der an einer Hochschule lehrte und als Agent von Kusnezow geführt wurde.[130] Unter Nutzung seiner weitreichenden wissenschaftlichen und geschäftlichen Verbindungen lieferte UTSCHITEL geheime wissenschaftlich-technische Informationen von acht Großunternehmen und Forschungsinstituten in Italien, Westdeutschland, Frankreich und Belgien und erfüllte weitere Aufträge des KGB in den USA und in der Bundesrepublik. UTSCHITELs wichtigste Informationen betrafen anscheinend Militärflugzeuge, Hubschrauber, Flugzeugmotoren und Flugleitsysteme. Dazu gehörten Informationen über das neueste Kampfflugzeug der NATO, den von Großbritannien, der Bundesrepublik Deutschland und Italien gemeinsam entwickelten Tornado.[131] Zumindest einer seiner Kollegen am Polytechnikum, der Kernphysiker MARIO, war – ohne daß UTSCHITEL es wußte – ebenfalls ein KGB-Agent.[132] Auch KARS, ein weiterer Akademiker, der in Italien und in der USA als Gruppe-X-Agent tätig war, scheint am gleichen Institut beheimatet gewesen zu sein.[133]

Zwar bedienten sich sowjetische Wissenschaftler, die als Agenten des KGB tätig waren oder ihm zuarbeiteten, unterschiedlicher Methoden, um ihre westlichen Fachkollegen zur geheimen Zusammenarbeit zu verlocken, doch ging es im allgemeinen um Geld und den privilegierten Zugang zu sowjetischen Forschungen auf dem jeweiligen Fachgebiet. Ein wahrscheinlich typisches Beispiel ist der Vertrag, den Professor Georgi Alexandrow (Agent AJUN) von der Leningrader Polytechnischen Hochschule (LPI) »M. I. Kalinin« am 12. September 1976 mit KULON, einem hochrangigen Wissenschaftler eines italienischen Forschungsinstituts, abschloß. Darin wurde »angesichts der Bedeutung des Austauschs wissenschaftlicher und technischer Kenntnisse« vereinbart, daß KULON LPI dabei behilflich sein solle, »wissenschaftliche und technische Kenntnisse in Form von unveröffentlichten Berichten und Artikeln sowie Materialien zu erwerben, die auf Forschungen von Firmen und Instituten in den Vereinigten Staaten, der BRD, Frankreich, dem UK und Japan beruhten« (den Hauptzielen der Direktion T). Im Gegenzug werde LPI dem Professor dabei behilflich sein, »in der Öffentlichkeit nicht zugänglichen sowjetischen Fachjournalen zu publizieren und gemeinsame Forschungen mit sowjetischen Institutionen zu betreiben«.

Die meisten Treffen zwischen KULON und seinen KGB-Kontaktpersonen fanden in der Schweiz statt.[134] Zwar blieb KULON wahrscheinlich nur »vertraulicher Kontakt«, doch führten ähnliche Bemühungen, westliche Wissenschaftler zu geheimer Kooperation zu bewegen, auch manchmal zu ihrer Anwerbung als Agenten.

Einen ernsten Rückschlag erlitten die Operationen zur Beschaffung geheimer wissenschaftlich-technischer Informationen in Italien am 5. August 1981, als Anatoli Kusnezow, der wahrscheinlich höchstrangige Offizier der Gruppe X, unter Ausschluß der Öffentlichkeit ausgewiesen wurde. Dies führte zwangsläufig zu Befürchtungen beim KGB, daß die italienische Spionageabwehr UTSCHITEL und anderen Agenten auf die Spur gekommen sein könnte. Eine Untersuchung in der Zentrale gelangte zu drei möglichen Erklärungen für die Ausweisung: daß einige Operationen, die Kusnezow während seiner Tätigkeit bei der Residentur in Paris von 1970 bis 1975 durchgeführt hatte, entdeckt worden waren; daß seine Tarnung als Konsul in Mailand durch seine Tätigkeit als Sicherheitsoffizier für die in Norditalien lebenden Sowjetbürger, die er mit seiner Tätigkeit im Rahmen der Gruppe X kombinierte, aufgeflogen war; oder daß seine häufigen Fahrten von Mailand nach Turin Verdacht erweckt hatten.[135] Der Zentrale war es bis zur Untersuchung des FAREWELL-Falles im Jahre 1982 offenbar überhaupt nicht in den Sinn gekommen, daß das Leck, das zu Kusnezows Scheitern führte, in der Direktion T selbst zu suchen war.

In den siebziger Jahren bestand der Großteil der Topagenten der Gruppe PR, die von den Residenturen in Rom und Paris geführt wurden, aus Journalisten. Eine der von Mitrochin eingesehenen Akten enthält eine Liste der dreizehn höchstbezahlten Agenten auf dem Gebiet der politischen Spionage, die Anfang 1977 von der Residentur in Rom geführt wurden.[136] Von den sechs höchstbezahlten Agenten, von denen jeder monatlich 240 konvertierbare Rubel erhielt, waren mindestens drei Journalisten: FRANK, der 1966 angeworben worden war und eine hohe Stellung bei einer großen Tageszeitung innehatte;[137] PODWISCHNY (»der Agile«), ebenfalls ein bekannter Journalist;[138] und STASCHOR (»Praktikant«), der 1969 angeworben worden war und im römischen Büro einer Nachrichtenagentur arbeitete.[139] Die anderen drei Agenten, denen die Residentur in Rom monatlich 240 Rubel zahlte, waren DARIO, der Veteran der Agentenwerber im Außenministerium, NEMEZ (»Deutscher«), ein Politiker, und ORLANDO, der aufgrund der Notizen Mitrochins nicht eindeutig identifiziert werden kann.[140]

Die am zweitbesten bezahlten Agenten der Residentur in Rom waren

1977 sechs Personen, die monatlich 170 Rubel erhielten. Bei einem von ihnen, ACERO, liegen keine Angaben zu seinem Beruf vor; aus Mitrochins Notizen geht zwar seine Identität hervor und daß er vermutlich nicht später als 1969 rekrutiert wurde, aber nähere Einzelheiten sind nicht verfügbar.[141] Von den übrigen fünf waren drei – FIDELIO, RENATO und MAWR – Journalisten. RENATO wurde 1974 angeworben.[142] FIDELIO, 1975 angeworben, war Leiter einer Presseagentur.[143] MAWR war ein linker Journalist, der einige Jahre vor RENATO und FIDELIO angeworben worden war und sowohl als Agentenwerber wie auch als Einflußagent verwendet wurde. Mitte der sechziger Jahre war er längere Zeit in einem Ministerium tätig gewesen, wo er den Beamten ARALDO »unter falscher Flagge« anwarb. Dieser war MAWR zufolge ein Zyniker, für den das politische Establishment Italiens eine »Räuberhöhle« war. Er begann mit der Lieferung geheimer Dokumente, als MAWR ihm zur Beförderung im Ministerium verholfen hatte. Nachdem MAWR zum Journalismus zurückgekehrt war, bezog ARALDO ein monatliches Gehalt von 100 000 Lire. Als es ihm 1973 gelang, anderswo eine Stelle mit einem Monatsgehalt von 600 000 Lire im öffentlichen Dienst zu finden, war er weniger auf das Zusatzeinkommen vom KGB angewiesen und hatte auch weniger Zugang zu geheimen Dokumenten, weshalb sich seine Bedeutung als Agent verringerte.[144] Aus Mitrochins Notizen geht hervor, daß MAWR versuchte, einen Amtsträger im Kabinettssekretariat anzuwerben, aber es ist nicht vermerkt, ob diese Bemühungen erfolgreich waren.[145]

Die anderen beiden Agenten, die monatlich 170 Rubel erhielten, waren LORETO und MEZENAT. LORETO, der auf dem Höhepunkt einer Welle von Arbeiterunruhen im Jahre 1969 angeworben worden war, lieferte Informationen über prochinesische Bewegungen und chinesische Kontakte zu europäischen Linken.[146] MEZENAT (»Patronage«) war ein hoher Beamter, zu dem die Residentur in Rom 1968 »vertrauliche Kontakte« hergestellt hatte und der vier Jahre später als Agent angeworben wurde. Die Residentur berichtete, daß er politisch links der Mitte stand und nur an Geld interessiert war. Als MEZENAT 1980 im Alter von siebzig Jahren als Agent in den Ruhestand trat, erhielt er 1500 US-Dollar als Abfindung.[147] Der letzte Codename, der im Januar 1997 auf der Liste der wertvollsten Agenten der Residentur in Rom erschien, war TURIST, Herausgeber einer Zeitung, der monatlich 150 Rubel erhielt.[148] Alles in allem waren zumindest sieben der am besten bezahlten Agenten der

Residentur, die jeweils zwischen 150 und 240 konvertierbare Rubel monatlich erhielten, Journalisten. Wie in Paris, wo ebenfalls eine Mehrheit der am höchsten eingestuften Agenten Journalisten waren, führte das wahrscheinlich übertriebene Vertrauen der Zentrale in ihr Potential als Einflußagenten dazu, daß sie im gesamten Verlauf der siebziger Jahre eine ambitiöse Reihe aktiver Maßnahmen ins Werk setzte.

Ein Bericht der Zentrale über die Residentur in Rom kam im August 1977 zu dem Schluß, daß sie ein »effektives und zuverlässiges Agentennetz« mit Quellen im Außenministerium, im Kabinettsbüro, im Verteidigungsministerium und in den wichtigsten politischen Parteien besaß. Jeden Monat erhielt die Residentur von ihren Agenten 40–50 Geheimberichte. Sie wurde jedoch dafür kritisiert, daß sie vergleichsweise wenig Erfolge gegen Ziele der USA, der NATO und der Europäischen Gemeinschaft vorzuweisen hatte. Am meisten lobte die Zentrale die Einflußoperationen der Residentur, insbesondere die Operation CRESCENDO im Jahre 1977, bei der gefälschte Dokumente benutzt wurden, um die Menschenrechtspolitik der Carter-Administration zu diskreditieren, sowie die gegen die Chinesen gerichtete Operation BONSA.[149]

Die jährliche Statistik über die aktiven Maßnahmen der Residentur in Rom sah 1977 folgendermaßen aus: in der bürgerlichen Presse veröffentlichte Artikel: 43; verteiltes Material: 1; aufgesetzte Briefe: 2; mündlich verbreitete Informationen: 1; Einflußgespräche: 13; Interviews erreicht: 1; Fernsehauftritte: 1; Ausstellungen organisiert: 1; Parlamentsanfragen angeregt: 2; Appelle angeregt: 2.[150] Eine solche Statistik war natürlich nur von geringer Bedeutung, wenn nicht gezeigt werden konnte, daß die erwähnten aktiven Maßnahmen einen nennenswerten Einfluß auf die öffentliche Meinung in Italien gehabt hatten. In den von Mitrochin eingesehenen Akten war jedoch nirgendwo ein Anzeichen für eine ernsthafte, kritische Einschätzung dessen zu finden, was mit den aktiven Maßnahmen tatsächlich erreicht worden war. Statt dessen wurde jedes Anzeichen dafür, daß sich die westliche Öffentlichkeit zu irgendeinem Aspekt der amerikanischen Politik ablehnend oder zur Sowjetunion positiv verhielt, unkritisch als Beweis für eine erfolgreiche Operation des KGB angesehen. Die Residenturen benutzten diese angeblichen Beweise dazu, den Erfolg ihrer aktiven Maßnahmen stark zu übertreiben, und die Zentrale war zufrieden, dem Politbüro diese Erfolge melden zu können.

Mindestens die Hälfte der am besten bezahlten italienischen Agenten der Gruppe PR wurde entweder vom Januar 1977 aus KGB-Diensten entlassen oder trat im Laufe der nächsten fünf Jahre in den Ruhestand.[151] Der erste, der ausschied, war TURIST. Offensichtlich durch die Menschenrechtsverletzungen in der Sowjetunion desillusioniert, verweigerte TURIST 1977 unter verschiedenen Vorwänden die weitere Zusammenarbeit mit dem KGB und brach Ende 1977 den Kontakt ganz ab. Seinem Führungsoffizier zufolge »verstand er die Situation der Gläubigen sowie der Kirche bzw. der Dissidenten in der UdSSR nicht richtig«. Mit anderen Worten, TURIST fühlte sich von der Verfolgung religiöser und politischer Dissidenten in der Sowjetunion abgestoßen. Eine Prüfung der Akte von TURIST erweckte bei Mitrochin Zweifel, ob dieser je ein wirklich engagierter KGB-Agent gewesen war.[152]

1978 wurde auch FIDELIO aus dem Agentennetz entlassen, nachdem festgestellt worden war, daß er mit dem ungarischen Geheimdienst in Verbindung stand – von dem er zweifellos auch Geld erhielt – und außerdem mit dem tschechoslowakischen und dem polnischen Dienst Kontakt aufgenommen hatte.[153] 1979 trat DARIO in den Ruhestand, und MEZENAT folgte ihm im Jahr darauf.[154] Gleichzeitig verloren auch RENATO und FRANK – ebenso wie TURIST – ihre Illusionen. RENATO wurde 1980, zunächst für vier Jahre, »auf Eis gelegt«,[155] es gibt aber keinen Anhaltspunkt dafür, ob mit ihm später wieder Kontakt aufgenommen wurde. FRANKs Führungsoffizier beklagte, daß jener sich im Zusammenhang mit dem sowjetischen Einmarsch in Afghanistan im Dezember 1979 und der Unterdrückung der Solidarność in Polen zwei Jahre später zu leicht »von der antisowjetischen Propaganda« habe beeinflussen lassen. Auch solle er mit jemandem in Verbindung gestanden haben, der wegen seiner Zugehörigkeit zu den Roten Brigaden verhaftet worden war. 1982 wurde er aus dem Agentennetz entlassen.[156]

Die Ernüchterung FRANKs, der wenige Jahre zuvor noch einer der bestbezahlten italienischen KGB-Agenten gewesen war, verdeutlicht die Probleme, denen sich Dienst A gegenübersah, als er sich Anfang der achtziger Jahre an die Planung neuer Einflußoperationen machte. Auch wenn kein KGB-Bericht dies auszusprechen wagte, so ließ sich der Schaden, den die Invasion in Afghanistan und die Unterdrückung der Solidarność-Bewegung dem Image der Sowjetunion zugefügt hatten, mit keinerlei aktiven Maßnahme reparieren.

Am wirksamsten erwiesen sich die aktiven Maßnahmen, die der KGB Anfang und Mitte der achtziger Jahre in Italien und in Frankreich, wie insgesamt in Westeuropa, unter Ausnutzung der antiamerikanischen Strömungen und der Furcht vor einem Atomkrieg durchführte. Die Sowjetunion hatte zwar mit ihrem 1978 gefaßten Beschluß über die Stationierung von SS–20-Raketen (einer neuen Generation ballistischer Mittelstreckenraketen) den ersten Schritt in der neuen Runde des nuklearen Wettrüstens unternommen, doch verhielten sich die Friedensbewegungen im Westen viel kritischer zum nachfolgenden NATO-Beschluß, von 1983 an Pershing-II-Raketen und Cruise Missiles in Europa zu stationieren. Mitterrand sagte einmal: »Die Raketen sind im Osten, aber die Friedensproteste im Westen.« Es ist anzunehmen, doch schwer zu beweisen, daß die ununterbrochene sowjetische Friedenspropaganda, verstärkt durch aktive Maßnahmen des KGB, dazu führte, daß sich die westlichen Friedensaktivisten viel mehr auf die angeblich von Reagan und seinen NATO-Verbündeten ausgehende atomare Bedrohung konzentrierten als auf die von der Sowjetunion herrührende. Im Februar 1984 erklärte Krjutschkow auf einer Konferenz hoher Offiziere der Ersten Hauptverwaltung des KGB, auf der die aktiven Maßnahmen der letzten beiden Jahre bewertet wurden:

»Eine beträchtliche Arbeit wurde geleistet, um nichtstaatliche Organisationen [wie zum Beispiel die Friedensbewegungen] in zahlreichen Ländern im Kampf gegen die Verwirklichung der militaristischen Pläne der amerikanischen Regierung zu unterstützen.«[157]

Die Tatsache, daß die Zentrale überzeugt war, sie habe jetzt Einfluß auf die öffentliche Meinung im Westen, spiegelte sich in den drei Prioritäten wider, die 1984 für die aktiven Maßnahmen gesetzt wurden:

– Bemühungen der USA und der NATO entgegenzuwirken, das bestehende militärstrategische Gleichgewicht zu verändern und militärische Überlegenheit über die Sowjetunion zu erlangen; die aggressiven Bemühungen imperialistischer Gruppierungen und ihre Pläne zur Vorbereitung eines mit Atomraketen geführten Krieges zu kompromittieren ...
– die Spannungen innerhalb der NATO zu vertiefen ...
– vor der internationalen Gemeinschaft die Pläne der USA zur Entfesse-

lung eines Krieges und ihre Weigerung bloßzustellen, in gutem Glauben mit der UdSSR über Rüstungsbegrenzung zu verhandeln; die Weiterentwicklung der Antikriegs- und Antiatomraketenbewegung im Westen unter Einbeziehung einflußreicher Politiker und Persönlichkeiten des öffentlichen Lebens sowie breiter Schichten der Bevölkerung anzuregen ...[158]

In der Ära Gorbatschow verloren die aktiven Maßnahmen des KGB sowohl aufgrund der Ost-West-Entspannung als auch der *Glasnost* in der Sowjetunion beträchtlich an Wirkung. 1987 befürchteten Gorbatschow und seine Berater offenbar, daß das neue sowjetische Image im Westen an Glanz verlieren könnte, wenn Desinformationen des KGB bekannt würden. Eine der erfolgreichsten aktiven Maßnahmen Mitte der achtziger Jahre, und zwar die These, das AIDS-Virus sei von amerikanischen Experten in biologischer Kriegführung künstlich hergestellt worden, wurde in Moskau offiziell in Abrede gestellt, obwohl sie noch mehrere Jahre lang durch die Dritte Welt und leichtgläubige westliche Medien geisterte. Ende der achtziger Jahre wurden in zunehmendem Maße sowjetische Frontorganisationen entlarvt. Die wichtigste von ihnen, der Weltfriedensrat, verlor 1989 zum größten Teil seine Glaubwürdigkeit, als er zugab, 90 Prozent seiner Mittel seien von der Sowjetunion gekommen.[159]

Im September 1990 gab Krjutschkow in einem »Befehl des KGB-Vorsitzenden« zu, daß die Wirksamkeit der aktiven Maßnahmen entschieden nachgelassen hatte:

»Die Möglichkeiten der Residenturen, Zugang zu den Massenmedien in den westlichen Ländern zu erhalten, sind sehr begrenzt, den Bemühungen, neue Operationsgebiete zu erschließen, sind nur langsame Fortschritte beschieden, und es fehlt die nötige Zusammenarbeit mit anderen Bereichen des sowjetischen KGB und anderen sowjetischen Ministerien und Dienststellen.«

Krjutschkow weigerte sich genauso wie andere Mitglieder der alten Garde des KGB, zu akzeptieren, daß mit dem Ende des Kalten Krieges auch die Bedeutung aktiver Maßnahmen in Westeuropa im Schwinden war.[160] In den oberen Rängen des heutigen Aufklärungsdienstes SWR scheint die alte Auffassung auch heute noch verbreitet zu sein.

26.
Der polnische Papst und die »Solidarność«

Vierzig Jahre lang wurde jede Opposition gegen die kommunistischen Einparteiensysteme, die nach dem Zweiten Weltkrieg in Osteuropa geschaffen worden waren, erfolgreich unterdrückt. Regimekritiker hielten sich meist für zu schwach, um einen spürbaren Widerstand zu organisieren. Wenn das Überleben des Einparteiensystems in Frage gestellt schien – wie 1956 in Ungarn und 1968 in der Tschechoslowakei –, wurde rasch und brutal durchgegriffen. Die polnische Herausforderung hatte dann schließlich da Erfolg, wo der ungarische Aufstand und der Prager Frühling gescheitert waren. Trotz zehn Jahre andauernder Eindämmungsversuche wurde man damit nicht fertig. Am Ende leitete sie den Zerfall des Ostblocks ein.

Die polnische Krise begann auf eine völlig neue und unvorhergesehene Weise: nicht wie in Ungarn und der Tschechoslowakei mit der Bildung einer revisionistischen Regierung, sondern mit der Wahl des Kardinals Karol Wojtyła, des Erzbischofs von Krakau, zum Papst – Johannes Paul II. – am 16. Oktober 1978. Kein sowjetischer Führer war geneigt, die von Stalin am Ende des Zweiten Weltkrieges geäußerte Frage zu wiederholen: »Wie viele Divisionen hat der Papst?« Der Untergang des von Stalin nach Jalta errichteten Imperiums wurde nicht durch die militärische Stärke des Westens herbeigeführt. Es begann durch die moralische Autorität des ersten polnischen Papstes zu wanken, die rasch diejenige der PVAP, der Polnischen Vereinigten Arbeiterpartei, verblassen ließ.

Boris Aristow, der sowjetische Botschafter in Warschau, berichtete dem Politbüro, die polnische Regierung sehe den neuen Papst als »einen virulenten Antikommunisten« an.[1] Die Zentrale war der gleichen Auffassung. Seit 1971 war Wojtyła das Ziel von PROGRESS-Operationen gewesen, die darauf gerichtet waren, seine angebliche »subversive Rolle« bei der Untergrabung der Autorität des polnischen Einparteienstaates zu überwachen.[2] Einen Tag nach Wojtyłas Wahl schickte der Chef der KGB-Filiale in Warschau, Wadim Pawlow, eine vom polnischen Staatssicherheitsdienstes SB verfaßte Einschätzung des neuen Papstes nach Moskau:

603

»Wojtyła vertritt extrem antikommunistische Auffassungen. Ohne offen gegen das sozialistische System zu opponieren, kritisiert er, wie die staatlichen Behörden der Volksrepublik Polen arbeiten, und prangert folgendes an:
- daß die Grundrechte der polnischen Bürger eingeschränkt sind;
- daß eine unzumutbare Ausbeutung der Arbeiter existiert, die ›die katholische Kirche vor der Arbeiterregierung in Schutz nehmen muß‹;
- daß die katholische Kirche in ihrem Wirken Beschränkungen unterliegt und die Katholiken als Bürger zweiter Klasse behandelt werden;
- daß eine breite atheistische Kampagne durchgeführt und dem Volk eine fremde Ideologie aufgezwungen wird;
- daß die kulturelle Bedeutung der katholischen Kirche geleugnet wird, wodurch die polnische Kultur ihrer nationalen Reichtümer beraubt wird.«

Nach Wojtyłas Meinung bedeutete das Konzept des Einparteiensystems, »das Volk seiner Souveränität zu berauben«: »Die Kollektivierung hat zur Zerstörung des Individuums und seiner Persönlichkeit geführt.« Die Tatsache, daß er auszusprechen wagte, was die meisten polnischen Katholiken dachten, galt sowohl dem KGB als auch dem SB als Beweis dafür, daß er ideologische Subversion betrieb.

Der SB-Bericht, den die Zentrale erhielt, zeigt, daß der polnische Generalstaatsanwalt schon 1973/74 erwog, Wojtyła wegen seiner Predigten anzuklagen. Drei seiner Homilien – am 5. Mai 1973 in Warschau, am 12. Mai 1973 im Krakauer Vorort Nowa Huta und am 24. November 1974 in Krakau – wurden als Verstoß gegen Artikel 194 des Strafgesetzbuches angesehen, der für staatsgefährdende Äußerungen während eines Gottesdienstes eine Freiheitsstrafe von ein bis zehn Jahren vorsah. Einem SB-Informanten zufolge hatte Wojtyła in einer seiner Predigten erklärt: »Die Kirche hat das Recht, alle Manifestationen und Aspekte der Tätigkeit der Regierung zu kritisieren, wenn sie für das Volk inakzeptabel sind.«[3] Wojtyła war jedoch dank seiner geistlichen Würde geschützt. Zwar hatte der UB, der Vorgänger des SB, den polnischen Primas, Kardinal Stefan Wyszyński, in den fünfziger Jahren drei Jahre lang unter Hausarrest gestellt hatte, doch in den siebziger Jahren wagte es das Gierek-Regime nicht mehr, einen Kardinal zu verhaften. In ohnmächtiger Wut brandmarkte daher der SB »die moralische Unterstützung der Initiativen antisozialistischer Elemente« durch Wojtyła.

Im Juni 1976 wiederholte Gierek den Fehler, der sechs Jahre zuvor zu Gomułkas Sturz geführt hatte, und ordnete eine plötzliche Erhöhung der Lebensmittelpreise an. Nach einer Welle von Proteststreiks und Unruhen wurden die Preiserhöhungen wieder rückgängig gemacht. Am 30. September schuf Wojtyła einen Fonds für die Unterstützung der Familien jener Menschen im Krakauer Erzbistum, die wegen ihrer Teilnahme an den Protesten verhaftet oder bei Zusammenstößen mit der Polizei verletzt worden waren.[4] Er zeigte auch ein reges Interesse für das nach der Streikwelle gegründete Komitee zur Verteidigung der Arbeiter (KOR), das ein Bündnis zwischen Arbeitern und regimekritischen Intellektuellen anstrebte. Observierungsprotokollen des SB zufolge traf sich Wojtyła im Herbst 1976 mehrfach mit Gründern des KOR in der Wohnung des Schriftstellers Bohdan Cywinski, der später ein prominenter »Solidarność«-Aktivist war.[5] Der SB berichtete auch, er habe sich mit einzelnen Kämpfern des KOR getroffen, die aus den verschiedensten Bevölkerungskreisen kamen, darunter der kommunistische Dissident Jacek Kuron, das ehemalige Mitglied der Widerstandsbewegung im Zweiten Weltkrieg Jan Józef Lipski, der Ex-Maoist Antoni Macierewicz und der Schriftsteller Jerzy Andrzejewski.[6]

Wojtyła las selten Zeitungen, hörte kaum Rundfunknachrichten und sah sich nur hin und wieder die Nachrichtensendungen des Fernsehens an. Aber alle vierzehn Tage kam Pater Andrzej Bardecki, der Verbindungsmann der Kirche zur katholischen Wochenzeitung *Tygodnik Powszechny* (für die Wojtyła regelmäßig schrieb), in das erzbischöfliche Palais in Krakau, um ihn zu informieren.[7] Bardecki war ein Ziel der PROGRESS-Operationen von KGB-Illegalen, seit BOGUN, der vorgab, ein westdeutscher Pressefotograf zu sein, 1971 erstmals mit ihm Kontakt aufgenommen hatte.[8] 1977 traf sich ein weiterer Illegaler, Iwan Bunyk, Codename FILOSOF, der von der Zentrale den Auftrag erhalten hatte, Quellen in der polnischen Kirche zu erschließen, mehrmals mit ihm. Bunyk war in Frankreich geboren, aber in seiner Jugend mit seiner ukrainischen Familie 1947 in die Sowjetunion emigriert. 1970 war er nach einer Ausbildung zum Journalisten als KGB-Illegaler nach Frankreich zurückgekehrt, wo er als freier Schriftsteller und Dichter tätig war. Bei seiner ersten Begegnung mit Bardecki im Jahre 1977 schenkte ihm FILOSOF wahrscheinlich ein oder mehrere Bücher, die er mit Geldern des

KGB in Frankreich veröffentlicht hatte. Obwohl die Akten, von denen sich Mitrochin Notizen machte, keine Berichte von FILOSOF aus Polen enthalten, besteht kaum ein Zweifel, daß der Hauptzweck seiner Kontakte mit Bardecki darin bestand, Informationen über Wojtyła zu erhalten.[9]

Den Observierungsberichten des SB aus dem Jahre 1977 zufolge verbündete sich Wojtyła mit verschiedenen Protestbewegungen. Am 23. März empfing er die Initiatoren einer studentischen Protestpetition an die Behörden und stellte sich hinter sie.[10] Immer öfter zitierte er das Beispiel des heiligen Stanislaus, Bischof im alten Krakau, der im 11. Jahrhundert den Märtyrertod starb und dessen silberner Sarkophag einen Teil des Hochaltars in der Kathedrale bildet, als Symbol des Widerstandes gegen einen Unrechtsstaat:

»Sankt Stanislaus ist der Patron der moralischen und gesellschaftlichen Ordnung im Lande geworden ... Er wagte es, selbst dem König zu sagen, daß dieser verpflichtet sei, die Gesetze Gottes zu achten ... Er war auch der Verteidiger der Freiheit, die ein unveräußerliches Recht jedes Menschen ist, daher ist die Verletzung dieser Freiheit durch den Staat zugleich eine Verletzung der moralischen und gesellschaftlichen Ordnung.«[11]

Man kann sich leicht vorstellen, wie groß die Wut in der Zentrale war, als Wojtyła weiterhin ungestraft die Rechte des einzelnen gegen die Übergriffe durch den polnischen Staat verteidigte.

Zu den größten Triumphen der Krakauer Jahre Wojtyłas gehörte die Einweihung der großen neuen Kirche in Nowa Huta am 15. Mai 1977. Sie war nach jahrelangem Widerstand des Staates erbaut worden, der versucht hatte, die sichtbare Präsenz der katholischen Kirche in der »sozialistischen Musterstadt« zu verhindern.[12] In seiner Predigt vor über 20 000 Gläubigen segnete Wojtyła diejenigen, die gegen den Tod des KOR-Aktivisten Stanisław Pyjas protestiert hatten. Dieser war, wie viele trotz offizieller Dementis glaubten, vom SB ermordet worden.[13] An jenem Abend wand sich eine lange Prozession von Trauernden durch die Straßen Krakaus bis zum Schloß Wawel, wo ein Komitee der studentischen Solidarität gegründet wurde. In anderen Städten kam es zu ähnliche Gründungen, die alle unabhängig vom staatlich geförderten Sozialistischen Polnischen Studentenbund waren.[14]

Als am 16. Oktober 1978 in ganz Polen die Kirchenglocken läuteten und begeisterte Menschen auf die Straßen strömten, um Wojtyłas Wahl zum Papst zu feiern, war das Politbüro der PVAP geschockt und beunruhigt. Vor der Öffentlichkeit teilte es gezwungenermaßen die Freude des Volkes und sandte ein langes Glückwunschtelegramm an den Vatikan, in dem es heuchlerisch die Freude darüber zum Ausdruck brachte, daß zum ersten Mal »ein Sohn der polnischen Nation ... auf dem Papstthron sitzt«. Besonders beunruhigt war der KGB darüber, daß die Freude bei vielen PVAP-Mitgliedern und sogar unter einigen hohen Funktionären echt war.[15] Neben den offiziellen Berichten über den Jubel des polnischen Volkes teilten die KGB-Offiziere in Warschau ihren Kollegen in der Zentrale inoffiziell auch einige der politischen Witze mit, die gleich nach der Wahl Johannes Pauls II. die Runde machten. Dem weißen Rauch, der aus dem Schornstein des Vatikans aufsteigt, um traditionell die Wahl des Papstes zu verkünden, sei diesmal roter Rauch gefolgt: Wojtyła habe sein Parteibuch verbrannt. Ein anderer Witz besagte, der neue Papst habe nach der Wahl heimlich den für den SB zuständigen polnischen Innenminister besucht und gemeldet: »Genosse Minister! Ihr Auftrag ist ausgeführt!«[16]

Zwei Tage nach der Wahl berichtete Aristow, der sowjetische Botschafter, in ernsterem Ton nach Moskau:

»Nach Ansicht der Führung der Volksrepublik Polen besteht durch Wojtyłas Wechsel in den Vatikan die Gefahr, daß es jetzt offensichtlich schwieriger sein wird, über den Vatikan einen besänftigenden Einfluß auf das polnische Episkopat in der Frage seiner Beziehungen zum Staat auszuüben. Die katholische Kirche wird jetzt sogar noch größere Anstrengungen unternehmen, um ihre Position zu festigen und ihre Bedeutung im gesellschaftlichen und politischen Leben des Landes zu erhöhen.
Gleichzeitig denken unsere Freunde, daß Wojtyłas Weggang auch eine positive Seite hat, da der reaktionäre Teil des Episkopats seinen Führer verloren hat, der eine ausgezeichnete Chance hatte, Primas der Polnischen Katholischen Kirche zu werden.«

Des weiteren kritisierte Aristow das polnische Politbüro, weil es seine Fähigkeit kompromittiert habe, sich künftigen Forderungen der Kirche zu widersetzen, nachdem es sich in der Vergangenheit so schwach gezeigt hatte, den Bau neuer Kirchen, die Weihe von noch mehr Priestern und höhere Auflagen katholischer Veröffentlichungen zu genehmigen.[17]

Zur Zeit der Wahl Wojtyłas war Polen wahrscheinlich das katholischste Land der Welt. Der KGB schätzte den Anteil der Gläubigen auf 90 Prozent.[18] Mit 569 Priesterweihen im Jahr 1978 hatte Polen den höchsten prozentualen Anteil an Berufungen zum Priestertum im Verhältnis zur Bevölkerungszahl auf der ganzen Welt. Insgesamt gab es 19913 Priester sowie 5325 Studenten an den Priesterseminaren.[19] In alarmistischen KGB-Schätzungen wurden diese Zahlen sogar noch höher angesetzt.[20] In den Folgejahren war ein stetiger Anstieg der Religionsausübung zu beobachten. Einer dem Zentralkomitee der PVAP zugeleiteten geheimen Studie zufolge »hat sich dieses Phänomen besonders unter der Intelligenz bemerkbar gemacht, zumal unter Leuten mit Hochschulbildung«. Im Jahr 1978 beteten angeblich nur 25 Prozent der Akademiker privat zu Hause, während dieser Anteil 1983 auf über 50 Prozent gestiegen war. In der Studie des Zentralkomitees wurde diese Steigerung auf die Zuspitzung der »gesellschaftlichen und politischen Krise« und den Einfluß des polnischen Papstes zurückgeführt.[21] Viele polnische Parteifunktionäre hatten sogar große Ehrfurcht vor Wojtyłas überwältigender mystischer Spiritualität. Sie berichteten nach Moskau, daß er oft sechs bis acht Stunden täglich betend verbrachte. Manchmal fanden ihn seine Mitarbeiter, wenn sie seine Privatkapelle betraten, mit in Form eines Kreuzes ausgestreckten Armen regungslos auf dem Marmorboden liegend.[22]

Insgeheim bezeichnete der KGB einige der ersten Handlungen Johannes Pauls II. im Vatikan als »antisowjetische Gesten«. So verfügte er zum Beispiel einen Tag nach seiner Wahl zum Papst, den roten Zucchetto – das Kardinalskäppchen, das er während der päpstlichen Konklave getragen hatte – von zwei Priestern des Krakauer Erzbistums nach Litauen bringen und in der Kirche der Jungfrau voller Gnaden in Wilna auf den Altar legen zu lassen.[23] Was die Zentrale während der ersten Wochen des Pontifikats jedoch am meisten beunruhigte, war die offensichtliche Entschlossenheit des Papstes, dem Vatikan eine stärkere Stimme in der Weltpolitik zu verleihen. Zwar erstreckten sich die Interessen Johannes Pauls II. ganz allgemein auf Probleme der Erhaltung des Friedens und Wahrung der Menschenrechte auf der ganzen Welt, doch galt sein Hauptaugenmerk der Situation in Polen und in Osteuropa.[24] Besonderes Mißtrauen hegte die Zentrale gegenüber dem aus Litauen gebürtigen Audris Backis, stellvertretender Vorsitzender des Rates für die öffentlichen Angelegenheiten (des Auswärtigen Amtes des Vatikans). Backis' Vater war vor dem

Krieg Botschafter des unabhängigen Litauen gewesen, und man glaubte, daß Backis selbst dieser »bourgeoisen« Tradition folgen werde. Seine Ernennung war nach Ansicht der Zentrale eine weitere »antisowjetische Geste«.[25] Am 5. November galt sein erster offizieller Besuch außerhalb des Vatikans Assisi, der Stadt des heiligen Franziskus, des Schutzpatrons Italiens. Eine Stimme aus der Menge mahnte ihn, an Osteuropa zu denken: »Vergiß nicht die schweigende Kirche!« »Es ist keine schweigende Kirche mehr, denn sie spricht mit meiner Stimme«, erwiderte Johannes Paul II.[26]

Zu den Illegalen, die nach Wojtyłas Wahl zu PROGRESS-Operationen nach Polen geschickt wurden, gehörte Oleg Burjon (DEREWLJOW), der vorgab, Vertreter eines kanadischen Verlags zu sein. DEREWLJOW behauptete, Material über polnische Missionare im Fernen Osten zu sammeln, und benutzte dies als Vorwand, um zu einigen prominenten Kirchenvertretern Kontakt aufzunehmen. Die meisten empfahlen ihn weiter. Falls er von der Polizei oder dem SB verhaftet werden sollte, sollte er sich strikt an seine Legende halten und sich darauf berufen, daß er kanadischer Staatsbürger sei. Im äußersten Fall sollte er jedoch nach Oberst Jan Slowikowski vom SB fragen, der offenbar ein Kontaktmann für KGB-Agenten war, die Schwierigkeiten mit den polnischen Behörden hatten. Zu DEREWLJOWs wertvollsten Kontaktpersonen gehörte einer der engsten Freunde des Papstes, Pater Józef Tischner, ein Philosoph, der geholfen hatte, die Päpstliche Theologische Akademie in Krakau zu gründen.[27] Tischner besuchte häufig Rom und war einer von denen, die Johannes Paul II. ausgewählt hatte, ihn geistlich aufzurichten, wenn er sich im Vatikan eingesperrt fühlte.[28]

Einer der größten Wünsche Johannes Pauls II. im ersten Jahr seines Pontifikats war es, nach Polen zurückzukehren. Anfang 1979 rief Breschnew voller Entsetzen darüber, daß das Politbüro der PVAP einen Papstbesuch in Erwägung zog, Gierek an, um ihm das auszureden. »Wie könnte ich mich weigern, einen polnischen Papst zu empfangen«, antwortete Gierek, »angesichts der Tatsache, daß die Mehrheit meiner Landsleute Katholiken sind?« Seltsamerweise drängte Breschnew ihn, den Papst zum Vorwand einer »diplomatischen Erkrankung« zu bewegen: »Sagen Sie dem Papst – er ist ein kluger Mann –, er könne öffentlich erklären, er sei erkrankt und deshalb nicht in der Lage zu kommen.« Als Gierek keinen Sinn in diesem merkwürdigen Vorschlag erkennen konnte, erwiderte Breschnew ärgerlich: »Gomułka war ein besserer Kommunist [als

Sie]. Er wollte [Papst] Paul VI. nicht in Polen empfangen, und damals ist auch nichts Schlimmes passiert.« Das Gespräch endete damit, daß Breschnew sagte: »Tun Sie, was Sie wollen. Ich hoffe nur, daß Sie und Ihre Partei es später nicht bedauern.« Damit beendete er das Gespräch.[29]

Am 2. Juni 1979 versammelten sich eine Million Polen an der Straße zum Flugplatz, auf dem Warschauer Platz des Sieges und in der nach dem Zweiten Weltkrieg wiederaufgebauten Altstadt, um Johannes Paul II. bei der Rückkehr in seine Heimat zu begrüßen. Während der folgenden neun Tage kamen mindestens zehn Millionen Menschen, um ihn zu sehen und zu hören; die meisten der übrigen fünfundzwanzig Millionen verfolgten seine triumphale Reise durch Polen im Fernsehen. Am Ende seines Besuchs, als der Papst Abschied von seiner Heimatstadt Krakau nahm, wo »mir jeder Stein und Ziegel teuer ist«, wie er sagte, weinten Männer und Frauen hemmungslos auf der Straße. Der Gegensatz zwischen dem politischen Bankrott des kommunistischen Regimes und der moralischen Autorität der katholischen Kirche war für alle deutlich erkennbar.

Der Papstbesuch habe, so berichtete die Zentrale dem Politbüro, ihre schlimmsten Befürchtungen bestätigt.[30] Viele polnische Parteimitglieder hatten angesichts der »ideologischen Subversion« durch den Papst den Eindruck, daß die ideologische Schlacht verloren sei. Während des Papstbesuchs hielt es die Warschauer KGB-Filiale sogar für möglich, daß militante KOR-Mitglieder und antikommunistisch eingestellte Arbeiter in Krakau versuchen könnten, die Macht zu ergreifen. Es wurden bereits Vorbereitungen getroffen, um im Ernstfall die von einem KGB-Offizier geleitete sowjetische Handelsmission von Katowice in die Tschechoslowakei zu evakuieren.[31] Die Zentrale glaubte, Johannes Paul II. habe sich vorgenommen, die Grundfesten des gesamten Sowjetblocks zu erschüttern. Wie ein KGB-Bericht betonte, hatte er sich mehrmals nicht nur als »polnischer Papst« bezeichnet, sondern sogar noch häufiger als »slawischer Papst«.[32] In seinen Predigten habe er an die Taufe der Völker Osteuropas – der Polen, Kroaten, Slowenen, Bulgaren, Mähren, Slowaken, Tschechen, Serben, Russen und Litauer – erinnert:

»Papst Johannes Paul II., ein Slawe und Sohn der polnischen Nation, fühlt, wie tief er im Boden der Geschichte verwurzelt ist... Er kommt hierher, um vor der ganzen Kirche, vor Europa und der Welt über jene so oft vergessenen Nationen und Völker zu sprechen.«[33]

Ein Dokument des Politbüros enthielt die Schlußfolgerung, der Vatikan habe begonnen, einen »ideologischen Krieg gegen die sozialistischen Länder« zu führen. Mit der Wahl Johannes Pauls II. sei die päpstliche Politik gegenüber katholischen Gebieten in der Sowjetunion – vor allem in der Ukraine, in Litauen, Lettland und Weißrußland – »aggressiver« geworden, sie unterstütze »illoyale Priester« und ermutige sie. Am 13. November faßte das Sekretariat des ZK einen sechs Punkte umfassenden »Beschluß über Maßnahmen gegen die Taktiken des Vatikans in bezug auf die sozialistischen Staaten«. Dieser Beschluß war von einer Arbeitsgruppe vorbereitet worden, der Andropow und der stellvertretende Vorsitzende des KGB, Viktor Tschebrikow, anhörten. Der KGB wurde beauftragt, Propagandakampagnen im Ostblock zu organisieren, die zeigen sollten, »daß die Politik des Vatikans den Fortbestand der katholischen Kirche gefährdet«, und aktive Maßnahmen im Westen durchzuführen, »um zu verdeutlichen, daß die Führung durch den neuen Papst, Johannes Paul II., für die katholische Kirche schädlich ist.«[34]

Eine der Prioritäten der ausländischen Operationen des polnischen Staatssicherheitsdienstes bestand in der Schaffung eines Agentennetzes unter den Polen in Rom und im Vatikan. Am 16. Juni 1980 berichtete die Warschauer KGB-Filiale der Zentrale:

»Unsere Freunde [der SB] verfügen über wichtige operative Positionen [d.h. Agenten] im Vatikan, durch die sie direkten Zugang zum Papst und zur Kongregation in Rom haben. Abgesehen von erfahrenen Agenten, denen Johannes Paul II. persönlich wohlgesinnt ist und die ihn jederzeit um eine Audienz bitten können, haben unsere Freunde Agenten unter den katholischen Studentenführern, die mit Kreisen des Vatikans ständig in Kontakt stehen und Möglichkeiten im Radio Vatikan und im päpstlichen Sekretariat haben.«

Die Zentrale schlug daraufhin eine Reihe von »gemeinsamen langfristigen Operationen« des KGB und des SB mit folgenden Zielen vor:

– den Papst dahingehend zu beeinflussen, daß er die Idee der internationalen Entspannung [nach Moskaus Definition], der friedlichen Koexistenz und der Zusammenarbeit zwischen den Staaten aktiv unterstützt, und einen günstigen Einfluß auf die Politik des Vatikans in bezug auf besondere internationale Probleme auszuüben;

- interne Meinungsverschiedenheiten im Vatikan zu verschärfen;
- Operationen zur Durchkreuzung der Pläne zu studieren, zu planen und durchzuführen, die der Vatikan zur Stärkung der Kirchen und des Religionsunterrichts in sozialistischen Ländern hegt;
- die Mitarbeiter des KGB in der russisch-orthodoxen, georgischen und armenisch-gregorianischen Kirche dazu zu benutzen, aktive Maßnahmen zu planen und durchzuführen, um der Erweiterung der Kontakte zwischen diesen Kirchen und dem Vatikan entgegenzuwirken;
- herauszufinden, über welche Kanäle die polnische Kirche ihren Einfluß erhöht und das Wirken der Kirche in der Sowjetunion stärkt.

Da das polnische Politbüro bemüht war, eine Konfrontation mit der katholischen Kirche zu vermeiden, hegte die Zentrale nur geringe Illusionen hinsichtlich dessen, was durch gemeinsame KGB/SB-Operationen zu erreichen war:

»Solange unsere Freunde [der SB] Angst davor haben, die Entwicklung der Beziehungen zwischen der Volksrepublik Polen und dem Vatikan sowie zwischen Staat und Kirche zu sabotieren, werden sie unserer Meinung nach keine besondere Initiative bei der Verwirklichung der von uns vorgeschlagenen Maßnahmen an den Tag legen. Die Offiziere in unserer Zentrale und in der [Warschauer] Filiale werden Takt und Flexibilität an den Tag legen müssen, um Mittel und Wege zur Lösung der vor ihnen stehenden Aufgabe zu finden.[35]

Moskaus Befürchtungen, dem polnischen Politbüro fehle der Mut, der Bedrohung seiner Autorität entgegenzutreten, wurden noch durch dessen offensichtliche Kapitulation angesichts der Unzufriedenheit der Arbeiter verstärkt. Die plötzliche Erhöhung der Lebensmittelpreise im Sommer 1980 löste eine Streikwelle aus, die zur Entstehung der Gewerkschaftsbewegung »Solidarność« unter Führung eines bisher unbekannten 37jährigen Elektrikers aus Danzig, Lech Wałęsa, führte. Das Innenministerium informierte die Warschauer KGB-Filiale, daß es ein von seinem stellvertretenden Minister, Stachura, geleitetes operatives Zentrum geschaffen habe, um die Operationen von Polizei und SB gegen die Streikenden zu leiten, die Situation zu überwachen und tägliche Berichte zu erstellen. Einem nach Moskau übersandten Bericht zufolge war das Zentrum mit seiner eigenen Leistung außerordentlich zufrieden: »Das operative Personal legte ein hohes Maß an Disziplin und Pflichtbewußtsein an den Tag; es wurde in Alarmbereitschaft versetzt, eine Urlaubssperre wurde verhängt, und Dienst rund um die Uhr wurde eingeführt.« Das operative Zentrum erzielte keinen »vollständigen Erfolg«, doch behauptete es, die Streikbewegung dadurch eingedämmt zu haben, daß ihre Druckerpressen »ausgeschaltet« und die Verbindungen zwischen den Protestierenden in verschiedenen Teilen des Landes unterbrochen wurden. Außerdem wurden »Versuche antisozialistischer Kräfte unterbunden, Kontakte zur künstlerischen und wissenschaftlichen Intelligenz herzustellen, um sie für die Unterstützung der Forderungen der Streikenden zu gewinnen«.[36] Die Wirklichkeit sah jedoch etwas anders aus. Den Streikenden gelang es, überbetriebliche Streikkomitees zu bilden, um die Proteste zu koordinieren, und regimekritische Intellektuelle spielten bei der Beratung dieser Komitees eine wichtige Rolle. Das abschließende Urteil der Warschauer KGB-Filiale stand in krassem Gegensatz zu den Bemühungen des Innenministeriums, seine »Erfolge« herauszustellen. Der SB, so berichtete sie, »erkannte weder rechtzeitig die Größe der Gefahr noch die versteckte Unzufriedenheit der Arbeiterklasse«. Als die Streikbewegung begann, waren weder der SB noch die Polizei in der Lage, sie unter Kontrolle zu bringen:

> »Die Schuld lag hauptsächlich beim Innenministerium, besonders bei Minister Kowalczyk und seinem Stellvertreter Stachura... Als sich die Streiks in der Küstenregion verstärkten, verlor Kowalczyk einfach den Kopf... Nach Meinung der KGB-Vertretung ist es an der Zeit, Kowalczyk und Stachura durch andere Funktionäre zu ersetzen.«[37]

Am 24. August sandte Aristow die alarmierende Nachricht nach Moskau, der stellvertretende Ministerpräsident Mieczysław Jagielski verhandle mit Wałęsa und den Streikführern.[38] Am nächsten Tag bildete das sowjetische Politbüro eine von seinem Chefideologen Suslow geleitete Kommission, um die polnische Krise zu überwachen und Gegenmaßnahmen vorzuschlagen.[39] Am 27. August stimmten die polnischen Bischöfe auf Anregung des Papstes einem Dokument zu, das ausdrücklich »das Recht auf Unabhängigkeit sowohl von Organisationen, welche die Arbeiter vertreten, als auch von Organisationen der Selbstverwaltung« forderte. Da sich Wałęsa der Unterstützung des Papstes sicher wähnte, war er überzeugt, daß die Regierung kaum eine andere Wahl hatte, als nachzugeben.[40]

Die polnische Regierung willigte heimlich ein. Am 27. trafen sich die führenden Mitglieder des polnischen Politbüros mit Aristow, um ihn davon zu überzeugen, daß der teilweise Zerfall der PVAP und die Feindschaft, die ein großer Teil der polnischen Bevölkerung ihr gegenüber empfand, »eine neue Situation« geschaffen habe:

»Wir müssen einen Schritt zurückgehen, um nicht in den Abgrund zu stürzen, und der Bildung autonomer Gewerkschaften zustimmen. Wir haben keine anderen Mittel zur Normalisierung der Situation, und es ist unmöglich, Gewalt anzuwenden. Dadurch, daß wir einen [taktischen] Rückzug antreten, können wir die Kräfte der Partei umgruppieren und uns auf einen Angriff vorbereiten.«

Nur noch pro forma holten die Polen »die Meinung des Genossen Breschnew« ein, da sie erkannt hatten, daß Gewerkschaften, die nicht der Parteikontrolle unterstanden, nicht nur eine polnische Angelegenheit waren, »sondern eine Frage, welche die Interessen der ganzen sozialistischen Staatengemeinschaft berührt«.[41]

In Wirklichkeit waren bereits sämtliche Alternativen zu einer Legalisierung der »Solidarność« ausgeschieden. Im Danziger Abkommen vom 31. August, das »die Bildung unabhängiger Gewerkschaften als echte Vertretung der Arbeiterklasse« grundsätzlich akzeptierte, wurden einige beispiellose Zugeständnisse gemacht, die vom Streikrecht bis zu der Zustimmung reichten, jeden Sonntag im staatlichen Rundfunk den katholischen Gottesdienst zu übertragen. Wałęsa unterzeichnete die Vereinbarung vor laufenden Fernsehkameras mit einem auffallend großen farbigen Füllfederhalter, der anläßlich des Papstbesuchs als Andenken produziert worden war und den er schwungvoll aus der Brusttasche zog. Den Füller zierte ein Porträt Johannes Pauls II.[42]

27.
Die polnische Krise und der Zerfall des Ostblocks

Sowohl vom Standpunkt des KGB als auch von dem des Politbüros aus betrachtet, stellte das Danziger Abkommen die größte Gefahr für die »sozialistische Staatengemeinschaft« (die offizielle Bezeichnung des Sowjetblocks) nach dem Prager Frühling von 1968 dar. Am 3. September 1980 beschloß das Politbüro »Thesen für die Diskussion mit Vertretern der polnischen Führung« – ein Euphemismus für die Forderung an die Polen, das an die »Solidarność« verlorene Terrain wiederzugewinnen:

»Das [Danziger] Abkommen bedeutet im Grunde die Legalisierung der antisozialistischen Opposition ... Die Frage lautet jetzt, wie ein Gegenangriff vorbereitet und der Einfluß auf die Arbeiter und das Volk zurückgewonnen werden kann ... Der Konsolidierung der führenden Rolle der Partei in der Gesellschaft ist überragende Bedeutung beizumessen.«[1]

Der Hauptsündenbock, dem man die Schuld für den Erfolg der »Solidarność« zuschob, war Edward Gierek, der Erste Sekretär der PVAP, der von Sowjetbotschafter Aristow und anderen schwer gerügt wurde, weil die Partei die Kontrolle verloren hatte.[2] Die Streikenden der Leninwerft hatten auf Giereks Fernsehauftritte mit durchdringendem Pfeifen und Buhrufen reagiert. Einfache Polen machten sich mit einem politischen Witz über ihre kommunistische Führung lustig:

Frage: Welcher Unterschied besteht zwischen Gierek und Gomułka [der 1970 zum Rücktritt als Erster Sekretär der Partei gezwungen worden war]?
Antwort: Es besteht überhaupt kein Unterschied, nur Gierek weiß es noch nicht![3]

Am 5. September wurde Gierek von Stanisław Kania, dem für die nationale Sicherheit zuständigen zähen, stark gebauten und stark trinkenden

Parteisekretär, abgelöst. Der KGB in Warschau berichtete von einem satirischen Spruch, der in Polen die Runde machte: »Besser Kania als Wanja!« – mit anderen Worten, es war besser, sich mit einem unpopulären polnischen Kommunisten abzufinden, als mit einem sowjetischen Einmarsch konfrontiert zu werden.[4] Der KGB meldete auch, Admiral L. Janczyszyn, der Oberbefehlshaber der polnischen Marine, habe am 6. September zwei sowjetische Admiräle warnend darauf hingewiesen, daß eine militärische Intervention nicht in einer »Normalisierung« enden würde, wie 1968 in Prag, sondern in einer Katastrophe. »Sollten Truppen nach Polen entsandt werden«, habe er ihnen gesagt, »so würden Ströme von Blut fließen. Sie müssen verstehen, daß Sie es mit Polen zu tun haben – nicht mit Tschechen.«[5]

Am 18. September meldete Pawlow, Chef der KGB-Mission in Warschau, das Kania-Regime wiederhole bereits die Fehler seiner Vorgänger – es versuche, mit der Opposition einen Kompromiß zu schließen, statt gegen sie hart zu bleiben. Die Parteibasis sei weiterhin demoralisiert.[6] »Die Konterrevolution ist schon in vollem Gange«, verkündete Breschnew dem Politbüro am 29. Oktober mit finsterer Miene:

»Wałęsa reist durch das ganze Land und wird in jeder Stadt begeistert empfangen. Die polnische Führung und die Presse äußern sich nicht dazu. Nicht einmal das Fernsehen wendet sich gegen diese antisozialistischen Elemente ... Vielleicht ist es wirklich notwendig, das Kriegsrecht zu verhängen.«

Breschnews Einschätzung wurde, wie vorauszusehen, von Andropow bekräftigt. Auch Gorbatschow, der ein Jahr zuvor ins Politbüro aufgerückt war, stimmte zu: »Wir müssen offen und deutlich mit unseren polnischen Freunden reden«, sagte er. »Bisher haben sie noch nicht die notwendigen Maßnahmen ergriffen. Sie verhalten sich defensiv, aber das wird ihnen auf Dauer nichts nutzen – am Ende könnten sie selbst gestürzt werden.«[7]

Zu den erfolgreichsten Illegalen, die für PROGRESS-Operationen in Polen ausgesucht wurden, gehörte FILOSOF, der noch immer vorgab, ein französischer Schriftsteller und Poet zu sein. Laut seiner KGB-Akte stellte er »zahlreiche Kontakte innerhalb der Solidarność« her. Am wichtigsten war vielleicht sein Kontakt zu Tadeusz Mazowiecki, Chefredakteur der Wochenzeitung der »Solidarność«-Bewegung, *Tygodnik Solidarność*. Er war ihm von Pater Andrzej Bardecki im November vorgestellt worden.[8] Neun Jahre später sollte Mazowiecki Ministerpräsident der ersten von »Solidarność« geführten Regierung werden.

Anfang November ließ Andropow den neuen polnischen Innenminister, General Mirosław Milewski, einen Hardliner, zu Gesprächen nach Moskau kommen. Milewski berichtete, es seien Listen mit den Namen von über 1200 der »konterrevolutionärsten Individuen« zusammengestellt worden, die man sofort verhaften wolle, sobald das Kriegsrecht verhängt sei. Andropow verfiel danach in einen pessimistischen Monolog, um Milewski zu überzeugen, daß es unvermeidlich sei, das Kriegsrecht zu verhängen:

»Selbst wenn Sie [den polnischen Primas] Wyszyński und Wałęsa in Frieden ließen, würden Wyszyński und Wałęsa Sie nicht in Frieden lassen, bis sie entweder ihr Ziel erreicht haben oder von der Partei und dem verantwortungsbewußten Teil der Arbeiterklasse niedergeschlagen worden sind. Wenn Sie passiv warten ..., wird Ihnen die Kontrolle über die Situation entgleiten. Ich habe gesehen, wie das in Ungarn [1956] geschah. Dort hatte die alte Führung darauf gewartet, daß sich alles von selbst normalisiere, und als schließlich beschlossen wurde zu handeln, stellte sich heraus, daß man sich auf niemanden mehr verlassen konnte. Es ist zu befürchten, daß das gleiche auch in Polen geschieht, wenn man jetzt nicht energische Maßnahmen ergreift.

Das ist ein Kampf um die Macht. Wenn Wałęsa und seine faschistischen Bundesgenossen ans Ruder kämen, würden sie Kommunisten ins Gefängnis werfen, erschießen und allen möglichen Verfolgungen aussetzen. In einem solchen Fall wären aktive Parteimitglieder, Tschekisten [der SB] und militärische Führer am meisten in Gefahr.

Sie sagen, einige Ihrer Genossen könnten es nicht verantworten, daß irgendwelche aggressiven Maßnahmen gegen die Konterrevolutionäre ergriffen werden. Aber warum haben sie keine Angst, untätig zu bleiben, obwohl dies zum Sieg der Reaktion führen könnte? Man muß den Kommunisten und in erster Linie den Parteiaktivisten, den Tschekisten und den Genossen in der Armee zeigen, daß es nicht nur um die Verteidigung der sozialistischen Errungenschaften geht, sondern auch darum, ihr eigenes Leben und das ihrer Familien zu schützen, die dem Terror der Reaktion ausgesetzt wären, wenn das – Gott bewahre! – geschähe.

Bisweilen sagen unsere polnischen Genossen, sie könnten sich nicht auf die Partei verlassen. Ich kann das nicht glauben. Unter drei Millionen Parteimitgliedern lassen sich bestimmt 100000 finden, die bereit sind, sich zu opfern. Wyszyński und Wałęsa haben sich die unabhängigen Gewerkschaften an Land gezogen und erringen in verschiedenen Bereichen Polens immer neue Positionen. Es gibt bereits erste Anzeichen dafür, daß die Armee von der Konterrevolution angesteckt wird.

Genosse Breschnew sagt, daß wir bereit sein müssen, sowohl mit friedlichen als auch mit nicht friedlichen Mitteln zu kämpfen.«

Als Andropow seine Tirade beendet hatte, fragte ihn Milewski: »Sie haben mich überzeugt, aber wie soll ich unsere Genossen daheim in Warschau überzeugen?« Andropows Antwort ist nicht überliefert.[9]

Am 5. Dezember fand ein außerordentliches Treffen der Führer des Warschauer Pakts in Moskau zusammen, um die polnische Krise zu erörtern. Kania hörte, wie ein Redner nach dem anderen die Schwächen seiner Politik geißelte und ein scharfes Vorgehen gegen »Solidarność« und Kirche forderte. Andernfalls würden die Streitkräfte des Warschauer Paktes eingreifen. An der polnischen Grenze waren bereits achtzehn Divisionen zusammengezogen, und man präsentierte ihm Pläne für die Besetzung polnischer Städte. Der Beratung folgte ein persönliches Gespräch Kanias mit Breschnew. Eine militärische Intervention, so betonte Kania, wäre sowohl für die Sowjetunion als auch für Polen eine Katastrophe. »Nun gut, wir werden jetzt nicht in Polen einmarschieren«, erwiderte Breschnew, »aber wenn sich die Lage weiter zuspitzt, werden wir kommen.«[10]

Breschnews Drohung war vielleicht ein Bluff. Da sowjetische Truppen bereits in Afghanistan kämpften und die Aussicht bestand, daß eine militärische Intervention in Polen mit einem Blutbad enden würde, da außerdem mit wirtschaftlichen Sanktionen des Westens gerechnet werden mußte und das Ansehen der Sowjetunion in der ganzen Welt enorm geschädigt würde, bestand die Strategie des Kreml darin, die Polen zu drängen, das Kriegsrecht auszurufen, um der Herausforderung des kommunistischen Einparteienstaates durch »Solidarność« ein Ende zu bereiten. Die wirksamste Methode, auf die Polen Druck auszuüben, bestand darin, mit dem Einmarsch der Sowjetarmee zu drohen. Aufgrund der Erinnerungen an das, was 1956 Ungarn, 1968 in der Tschechoslowakei und 1979 in Afghanistan geschehen war, gab es kaum jemanden in Polen oder im Westen, der diese Drohung im Jahr 1980 nicht ernst nahm.

Es dauerte noch mehr als ein Jahr, bis das polnische Politbüro nach mehreren personellen Veränderungen endlich die Verhängung des Kriegsrechts beschloß. Die KGB-Filiale in Warschau berichtete im Dezember 1980, daß zwar Milewski zur »Anwendung von Gewalt gegen feindliche Elemente« bereit sei, nicht aber der größte Teil des Politbüros:

»Unsere Freunde halten Kania für einen ehrlichen Kommunisten, der treu zur Sowjetunion und zur KPdSU steht. Trotzdem kann nicht ausgeschlossen werden, daß zwischen seinem und unserem Standpunkt, besonders was die Ergreifung entschiedener Maßnahmen betrifft, ein beträchtlicher Unterschied besteht ... Seit kurzem neigt Genosse Kania dazu, die Empfehlungen sowjetischer Vertreter nicht sofort zu akzeptieren, äußert Zweifel und stimmt nicht allen unseren Einschätzungen über die Situation in der Volksrepublik Polen zu.«[11]

Der KGB war auch über die vermeintliche Zunahme der Präsenz westlicher Geheimdienste in Polen sehr beunruhigt. Entsprechend den Angaben, die ihm der SB lieferte, waren von den Anfang 1981 in Polen akkreditierten 1300 ausländischen Journalisten etwa 150 Mitarbeiter oder Agenten von Geheimdiensten. Nachrichtendienste der NATO, so wurde behauptet, »sind im Begriff, sich feste Positionen in der ›Solidarność‹ zu erobern.«[12]

1981 verlor die PVAP weiter an Einfluß zugunsten von »Solidarność«. Am 15. Januar wurde Wałęsa von Johannes Paul II. im Vatikan empfangen. »Der Sohn ist gekommen, seinen Vater zu besuchen«, erklärte Wałęsa ehrerbietig vor den laufenden Fernsehkameras der Welt. Zunehmend erschienen nun der Papst und Wałęsa als die wirklichen Führer der polnischen Nation.[13] In seinen Gesprächen mit dem KGB erweckte Milewski den Eindruck, als ob er jede Hoffnung aufgegeben hätte, der Herausforderung durch »Solidarność« ohne militärische Intervention der Sowjets begegnen zu können. Als die Nachricht eintraf, daß Wałęsa sich mit dem Papst treffe, sagte Milewski zu Aristow: »Allmählich glaube ich, daß erst dann wieder Ordnung in Polen Einzug halten wird, wenn es eine zuverlässige Sicherheitsgarantie in Form verbündeter Truppen hat.«[14] Kania gab dem sowjetischen Botschafter gegenüber zu, daß die PVAP die Verbindung zum polnischen Volk verloren hatte: »Das ist keine ›Solidarność‹-Parole, sondern eine Tatsache, die bittere Wahrheit«, sagte er. Die einzigen Kräfte, auf die er sich verlassen könne, seien die Armee und der SB.[15]

Da das Kriegsrecht die einzige Lösung war, die vom Kreml favorisiert wurde, kam der polnischen Armee eine entscheidende Rolle zu. Am 9. Februar wurde, wahrscheinlich auf sowjetischen Druck, General Wojciech Jaruzelski polnischer Ministerpräsident. Schlank, ständig eine dunkle Brille tragend, mit kerzengerader Haltung und einem unergründlichen Gesichtsausdruck, war Jaruzelski für die meisten Polen ein rätselhafter Mann. Dennoch hatte er sowohl aufgrund der Tatsache, daß er sich 1970 geweigert hatte, Truppen gegen die Arbeiter einzusetzen, als auch dank dem Ansehen der Streitkräfte als vertrauenswürdigster staatlicher Institution ein relativ gutes Image. In KGB-Berichten wiederum wurde Jaruzelski seit langem als »aufrichtiger Freund der Sowjetunion« bezeichnet.[16] Auf seine Anordnung hatte der Chef der militärischen Abwehr, General Czesław Kiszczak (später Innenminister, dem auch der SB unterstand), eine Zeitlang alle zwei bis drei Tage die KGB-Filiale in Warschau besucht, um die aus militärischen Quellen stammenden neuesten geheimen Berichte über die Krise zu übermitteln.[17] Als Ministerpräsident behielt Jaruzelski das Amt des Verteidigungsministers.

Die Zeit bis Dezember 1981 war durch wiederholte sowjetische Beschwerden über die polnische Inaktivität sowie durch polnische Versuche gekennzeichnet, die sowjetische Führung zu beschwichtigen, doch kamen dem Kreml immer wieder Zweifel, ob Jaruzelski wirklich die nötige Entschlußkraft zur Durchsetzung des Kriegsrechts besaß. Schließlich zog man jedoch den Schluß, daß es keinen besseren Kandidaten gab. Die sowjetischen Zweifel an Kania sollten sich jedoch als begründet erweisen.

Am 4. März wurden Kania und Jaruzelski in den Kreml gerufen, um von Breschnew und anderen Mitgliedern des Politbüros abgekanzelt zu werden. Die sowjetische Führung fragte, wann die polnischen Genossen das Kriegsrecht ausrufen würden und weshalb Polen als einziges sozialistisches Land mit der Kirche nicht fertig werde.[18] Die Standpauke zeigte wenig Wirkung. Ein Mitglied des polnischen Politbüros, Mieczysław Moczar, informierte den KGB darüber, daß Kania ihm kurz nach der Rückkehr nach Warschau gesagt hatte: »Trotz des Drucks, den Moskau ausübt, möchte ich keine Gewalt gegen die Opposition anwenden. Ich möchte nicht als Henker des polnischen Volkes in die Geschichte einge-

hen.« Einem anderen polnischen Informanten des KGB zufolge äußerte Kania, weder die Partei noch die Regierung seien zu einer Konfrontation mit »Solidarność« bereit – »und ich werde die Russen niemals um militärische Hilfe bitten«.[19]
»Wir alle machen uns große Sorgen um die möglichen Folgen der Ereignisse in Polen«, sagte Breschnew dem Politbüro. »Das schlimmste ist, daß unsere Freunde auf unsere Empfehlungen hören und ihnen zustimmen, aber praktisch nichts unternehmen. Zusätzlich befindet sich die Konterrevolution auf allen Fronten in der Offensive!« Verteidigungsminister Ustinow erklärte, ein Blutvergießen werde sich nicht vermeiden lassen, wenn der Sozialismus in Polen weiterbestehen solle. »›Solidarność‹ beginnt jetzt eine Position nach der anderen zu erobern«, berichtete Andropow. Die einzige Lösung bestehe darin, erneut Druck auf die Polen auszuüben, damit sie das Kriegsrecht ausrufen:

»Wir müssen ihnen sagen, daß das Kriegsrecht eine Ausgangssperre, eine Einschränkung der Bewegungsfreiheit in den Straßen der Stadt, eine Stärkung der Staatssicherheit [des SB] in den Einrichtungen der Partei, in den Fabriken und dergleichen bedeutet. Der unter dem Druck der führenden Männer von ›Solidarność‹ stehende Jaruzelski befindet sich in einer sehr unangenehmen Lage, während Kania in letzter Zeit angefangen hat, immer mehr zu trinken. Das ist sehr traurig. Zugleich möchte ich darauf hinweisen, daß sich die Ereignisse in Polen auch auf die westlichen Gebiete unseres Landes auswirken ... Auch hier werden wir strenge Gegenmaßnahmen ergreifen müssen.«

Am nächsten Tag wurden Kania und Jaruzelski aufgefordert, sich mit Andropow und Ustinow in einem Salonwagen in der Grenzstadt Brest-Litowsk zu treffen. Nach Kaviar und einem üppigen Büfett mußten sie an einem grün bezogenen Tisch Platz nehmen und sich sechs Stunden lang anhören, wie Andropow und Ustinow ihnen Vorwürfe machten, Forderungen nach Verhängung des Kriegsrechts stellten und mit einer militärischen Intervention drohten. Kania und Jaruzelski reagierten darauf mit der Bitte, ihnen mehr Zeit zu lassen.[20] Am 7. April, vier Tage nach dem Treffen in Brest-Litowsk, führte Mieczysław Moczar ein weiteres Gespräch mit Kania, über das Moczar dem KGB berichtete. Kania glaubte offenbar, daß die Drohung mit einer militärischen Intervention todernst gemeint war. »Es wäre eine schreckliche Tragödie, wenn sowjetische

Streitkräfte eingriffen«, sagte er zu Moczar. »Es würde zwei Generationen dauern, bis der Schaden wiedergutgemacht wäre.«[21]

Das sowjetische Politbüro war der Meinung, daß die Androhung der militärischen Intervention das wichtigste Mittel war, um die polnischen »antisozialistischen Kräfte« in Schranken zu halten. Am 23. April billigte es einen Bericht über Polen, der folgendermaßen endete:

»... ›Solidarność‹ hat sich in eine organisierte politische Kraft verwandelt, die in der Lage ist, die Tätigkeit der Partei und der Staatsorgane zu paralysieren und faktisch die Macht zu ergreifen. Wenn die Opposition bis jetzt davon Abstand genommen hat, ist das bis jetzt in der Hauptsache darauf zurückzuführen, daß sie einen Einmarsch sowjetischer Truppen fürchtet und hofft, sie könne ihre Ziele ohne Blutvergießen und mit den Mitteln einer schleichenden Konterrevolution erreichen.«

Das Politbüro kam überein, »die Furcht der inländischen Reaktionäre und des internationalen Imperialismus vor einer Entsendung sowjetischer Truppen nach Polen« als »Abschreckungsmittel gegen die Konterrevolution« voll auszunutzen. Des weiteren beschloß es, »die Genossen Kania und Jaruzelski, die trotz ihres altbekannten Geschwätzes für die Verteidigung des Sozialismus sind«, weiterhin zu unterstützen. Sie müßten jedoch »ständig unter Druck gesetzt werden, damit sie entschiedenere Maßnahmen ergreifen, um die Krise zu überwinden und Polen als ein mit der Sowjetunion befreundetes sozialistisches Land zu erhalten«.[22]

Am 13. Mai hielt Johannes Paul II. seine übliche Generalaudienz auf dem Petersplatz ab. Als er von seinem offenen Papamobil aus der Menge zuwinkte, schoß ein türkischer Attentäter, Mehmet Ali Ağca, aus weniger als sieben Meter Entfernung auf ihn. Die Kugel verfehlte die Hauptschlagader um wenige Millimeter; hätte sie getroffen, wäre der Papst auf der Stelle tot gewesen. Johannes Paul II. glaubte, sein Leben sei durch ein Wunder gerettet worden, das die Jungfrau von Fátima in Portugal bewirkt habe, deren Festtag der 13. Mai war. Am ersten Jahrestag des Mordanschlags unternahm er eine Pilgerfahrt nach Fátima, um Ağcas Kugel auf ihren Altar zu legen.[23] Wäre der Papst ums Leben gekommen, so wäre der KGB zweifellos überglücklich gewesen. Aber in den von Mitrochin notierten Akten ist kein Beleg für eine Beteiligung des KGB am Anschlag auf das Leben des Papstes enthalten.[24]

In den Wochen nach dem Attentat übte Marschall Viktor Kulikow, der aufbrausende Oberbefehlshaber der Streitkräfte des Warschauer Paktes, den stärksten Druck auf Kania und Jaruzelski aus, das Kriegsrecht zu verhängen. Kulikow bezichtigte Jaruzelski der Feigheit. »Du selbst, Genosse Jaruzelski«, sagte er, »hast Angst davor, entschiedene Maßnahmen zu ergreifen.« Zwar entgegnete Jaruzelski, daß die Zeit noch nicht reif für das Kriegsrecht sei, doch nahm er Kulikows Beleidigungen – einem KGB-Bericht an das Politbüro zufolge – mit bemerkenswerter Unterwürfigkeit hin und bot sogar seinen Rücktritt als Ministerpräsident an.[25] Kulikow blieb zutiefst mißtrauisch gegenüber den Motiven Kanias und Jaruzelskis; dem Politbüro berichtete er: »Es scheint, als ob die Führung der PVAP und die Regierung ein unehrliches politisches Spiel treiben und jenen den Zugang zur Macht erleichtern, die ›Solidarność‹ unterstützen.«[26]

Die Zentrale informierte ihre Warschauer Filiale, daß es an der Zeit sei, sowohl einen neuen Ersten Sekretär als auch einen neuen Ministerpräsidenten zu suchen:

»Kania und Jaruzelski sind nicht mehr in der Lage, die Partei und Regierung effektiv zu führen. Sie können die Niederwerfung der Opposition nicht organisieren und sind durch die jahrelange Zusammenarbeit mit Gierek kompromittiert. Es besteht kein Zweifel, daß sie nicht einmal über die kämpferischen Eigenschaften verfügen, die politische Führer benötigen, um energische Maßnahmen zu ergreifen.«

Die von der Zentrale bevorzugten Kandidaten des polnischen Politbüros, die Kanias und Jaruzelskis Nachfolger werden sollten, waren die Hardliner Tadeusz Grabski und Stefan Olszowski. Beide, berichtete sie, »vertreten einen festen marxistisch-leninistischen Standpunkt und sind bereit, entschlossen und konsequent zu handeln, um die sozialistischen Interessen zu vertreten und die Freundschaft mit der Sowjetunion zu verteidigen.«[27] Am 30. Mai sandten Aristow und Pawlow ein gemeinsames Telegramm an Breschnew und das Politbüro, in dem Kania und Jaruzelski vorgeworfen wurde, daß sie ständig vor »revisionistischen Elementen« kapitulierten:

»Die jetzige Situation macht es dringend erforderlich, die Entfernung Kanias von seinem Posten als Erster Sekretär des Zentralkomitees und seine Ersetzung durch einen Genossen zu erörtern, der in der Lage ist, dafür zu sorgen, daß der marxistisch-leninistische Charakter der Partei und der sozialistische Charakter des polnischen Staates erhalten bleiben ... Die Analyse der Stimmung unter den Parteiaktivisten zeigt, daß Genosse T. Grabski der geeignetste Kandidat für den Posten des Ersten Sekretärs des Zentralkomitees der PVAP ist.«[28]

Als Kania herausfand, daß der KGB gegen ihn intrigierte, zerfloß er fast vor Selbstmitleid. Pawlow rief ihn am 7. Juni an, um ihn zu fragen, ob er Genossen Breschnew nicht telefonisch auf einen erneuten Brief Moskaus antworten wolle, in dem strenge Maßnahmen gegen »Solidarność« gefordert wurden. Kania erwiderte: »Es hat wahrscheinlich keinen Sinn, daß ich telefoniere, da alles bereits ohne mich entschieden wurde.« Spät am Abend rief Kania Pawlow zu Hause an und bat ihn um Verständnis für seine Lage:

»Jetzt sagen Ihre Leute [der KGB], es sei notwendig, auf dem Plenum [des ZK der PVAP) gegen Kania und Jaruzelski aufzutreten ... Sie haben und hatten keine vertrauenswürdigeren Freunde als mich und Jaruzelski ... Ich wundere mich über die Methode, die Sie gegen mich anwenden. Ich verdiene das nicht ... Es ist nicht notwendig, die Mitglieder des Zentralkomitees gegen mich zu mobilisieren. Es ist klar, daß ich auf der Seite der KPdSU stehen werde ... Für mich ist es eine bittere Erkenntnis, daß ich Ihr Vertrauen verloren habe. Es kränkt mich, daß Sie gegen mich Stimmung machen, damit ich auf dem Plenum angegriffen werde. Mir fällt es deshalb schwer, mit Genossen Breschnew zu sprechen. Was kann ich ihm sagen?[29]

Als Kulikow Jaruzelski nach seiner Reaktion auf die jüngste Philippika aus Moskau fragte, antwortete dieser: »Sie hämmern auf mich ein. Ich bin ein Narr, daß ich diesen Posten [des Ministerpräsidenten] übernommen habe.«[30]

Im Juni wandte sich eine Gruppe von neun polnischen Generälen an den KGB. Sie planten, Jaruzelski wegen seiner mangelnden Bereitschaft, das Kriegsrecht zu verhängen, seines Amtes zu entheben und durch einen neuen Verteidigungsminister (offenbar einen der Verschwörer) zu ersetzen. Dieser sollte die übrige Regierung festnehmen, die strategischen Punkte besetzen und bis zu 3000 Konterrevolutionäre verhaften lassen.

Eine unter Führung des Verteidigungsministers stehende »Aktionsgruppe«, der weder Mitglieder der ehemaligen Regierung noch Mitglieder des Politbüros angehören sollten, würde dann die Ostblockstaaten um »militärische Hilfe für den Schutz des Sozialismus in der Volksrepublik Polen« bitten.[31] In den von Mitrochin eingesehenen Akten ist kein Hinweis darauf enthalten, wie Moskau auf den Plan reagierte. Geht man davon aus, daß es keine »militärische Hilfe« leisten und den Schein von Legalität wahren wollte, so kann der Plan kaum Anklang gefunden haben.

Jaruzelskis Hauptsorge scheint nicht gewesen zu sein, in welcher Lage er sich persönlich befand, sondern wie die Katastrophe einer sowjetischen militärischen Intervention abgewendet werden konnte. Am 22. Juni traf er sich mit dem Innenminister, General Milewski, von dem er wußte, daß er das Vertrauen des Kreml genoß. Wie könne er das Vertrauen der sowjetischen Genossen wiedergewinnen, fragte Jaruzelski. Milewski erwiderte, das sowjetische Vertrauen zur polnischen Regierung sei zwar schwer erschüttert, aber noch nicht völlig zerstört: »Wenn überhaupt keines mehr existierte, hätten sie aufgehört, mit uns zu reden.« Jaruzelski sagte, die sowjetischen Genossen würden tatsächlich nicht mehr mit ihm redeten. Früher habe Kulikow fast täglich angerufen und ihn oft besucht, doch seit kurzem habe er jeden Kontakt zu ihm abgebrochen. Die sowjetischen Vertreter in Warschau waren angewiesen, Jaruzelski zu sagen, ihr Vertrauen zu ihm sei erschüttert und er könne es ganz verlieren, wenn er sich nicht bessere.[32]

In den Akten der Zentrale ist vermerkt, daß die sowjetische Botschaft, die KGB-Filiale und die sowjetischen militärischen Vertreter vor dem Neunten Kongreß der PVAP wochenlang »unter den Delegierten tätig waren, um jene Parteimitglieder herauszufinden, die die marxistisch-leninistische Linie vertraten, zu ihnen persönliche Kontakte herzustellen und dadurch den Verlauf des Kongresses zu beeinflussen«.[33] Die Gefahr eines militärischen Eingreifens der Mitgliedstaaten des Warschauer Pakts sollte, wie es in den Anweisungen der ein Jahr zuvor gebildeten Suslow-Kommission zur Überwachung der polnischen Krise hieß, »ein ständiger Faktor in den Köpfen aller polnischen politischen Kräfte sein«.[34] Kurz vor dem Kongreß beauftragte die Zentrale Pawlow, den Chef der KGB-Filiale in Warschau, »ein offenes Gespräch mit S. Kania und Jaruzelski über ihre schlechte Partei- und Regierungsarbeit zu führen und sie daran zu erinnern, daß sie sich bereit erklärt hatten, ihre Partei- und Regierungsämter, wenn nötig, im Interesse der Rettung des sozialistischen Systems in Polen und der Erhaltung der Einheit der sozialistischen Zusammenarbeit in Europa niederzulegen«. Als Nachfolger Kanias kämen drei Hardliner in Frage: Tadeusz Grabski, Stefan Olszowski und Andrzej Zabinski. Kein anderer Vertreter der »gesunden Kräfte« in der PVAP besitze die nötige Autorität, um Erster Sekretär zu werden. Der KGB stellte auch eine Liste der für die Wahl ins Politbüro geeigneten Personen sowie eine Abschußliste mit den Namen der gemäßigten Kräfte zusammen, die von Partei- und Regierungsposten entfernt werden sollten. An oberster Stelle der Abschußliste stand der Name des stellvertretenden Ministerpräsidenten, Mieczysław Rakowski, der damit gedroht hatte, die Führer der italienischen und der französischen KP über die sowjetische Einmischung in die inneren Angelegenheiten der PVAP zu informieren. Die Zentrale kam zu dem Schluß, daß es in Anbetracht von Jaruzelskis »Autorität im Lande und besonders in der Armee« unklug wäre, ihn einfach seines Amtes zu entheben. Statt dessen hoffte man, ihn auf den weniger einflußreichen Posten des Präsidenten hieven zu können und sein persönliches Ansehen für eine Regierung auszunutzen, die einen harten Kurs verfolgen würde.[35]

Soweit es Moskau betraf, verlief der Neunte Kongreß der PVAP nicht nach Plan. Nach einem unverhohlenen sowjetischen Versuch, Kania abzusetzen, scharte sich der Kongreß um ihn. Aber da der Kongreß die Gefahr eines sowjetischen Einmarsches ernst nahm, sorgte er dafür, daß einige Hauptbefürworter der sowjetischen Einschüchterungskampagne in der Führung blieben. Und obwohl er nach Rakowskis Rede lauten Beifall spendete, wagte er es nicht, den Kreml durch Rakowskis Wahl in das Politbüro gegen sich aufzubringen. Die Folge der widersprüchlichen Ergebnisse des Kongresses war eine fast vollständige Lähmung der Regierung. Frauen und Kinder marschierten, auf leere Pfannen schlagend, durch polnische Städte und protestierten gegen den Mangel an Lebensmitteln. Industriearbeiter wählten, von »Solidarność« ermutigt, Betriebsräte, die das Recht einforderten, ihre Direktoren zu wählen.[36]

Die Zuspitzung der Regierungskrise scheint Jaruzelski überzeugt zu haben, daß es bald unvermeidlich sein würde, das Kriegsrecht zu verhängen. Anfang August wurden mit Kulikow detaillierte Pläne beschlossen. Auf einem Treffen mit Jaruzelski und hohen polnischen Generälen forderte Kulikow am 12. August »Standhaftigkeit und nochmals Standhaftigkeit«.[37] Am 21. August besuchte der neue Innenminister und ehemalige Chef der militärischen Abwehr, General Czesław Kiszczak, Moskau, um Andropow persönlich über die geheimen Vorbereitungen von Polizei und SB auf die Verhängung des Kriegsrechts zu informieren. Bis jetzt, so erklärte er, »hat die polnische Führung ›Solidarność‹ wie ein rohes Ei behandelt. Wir müssen dem Einhalt gebieten.«[38] Kiszczak und der SB sahen Wałęsa nicht mehr als das Hauptproblem an. Während der letzten Monate hatte Wałęsas Führung etwas an Glanz verloren, während er sich bemühte, einen klaren Richtungssinn wiederzufinden. »Solidarność« hatte letzten Endes nur zwei strategische Möglichkeiten. Entweder wurde sie eine wirklich revolutionäre Organisation, die in der Lage war, den Sturz des Einparteienregimes herbeizuführen, oder sie mußte sich dem System anpassen und sich damit zufriedengeben, einige Zugeständnisse zu erhalten. Wałęsa war nicht in der Lage, sich klar für eine dieser Möglichkeiten zu entscheiden. Im März war er vor einem Generalstreik zurückgeschreckt, während die meisten Führer von »Solidarność« der Meinung waren, die Zeit sei reif für die entscheidende Kraftprobe. Zbigniew Bujak, Vorsitzender von »Solidarność« im Gebiet von Warschau, kam zu dem Schluß, das Wałęsa einen riesigen Fehler begangen hatte:

»Generalstreiks sind wie Schwerter ... Wenn man sie aus der Scheide zieht und nicht benutzt, sind sie nur noch ein Stück nutzloses Eisen. Wałęsa hat praktisch die Gewerkschaft demoralisiert ... Wir wurden unserer Hauptwaffe beraubt, und das war die Hauptursache für unsere spätere Niederlage. Die Regierung hat damit gerechnet, als sie die Kriegsrechtsoperation vom 13. Dezember vorbereitete.«[39]

Kiszczak sagte Andropow, Wałęsa könne sich vielleicht einer aggressiven Sprache bedienen, wenn er sich an die »Extremisten« von »Solidarność« wende, aber ansonsten vertrete er einen ziemlich gemäßigten Standpunkt. Die Hauptgefahr gehe jetzt von Bujak aus, der »antisozialistisch und antisowjetisch« sei: »Er ist klüger als Wałęsa und mit [den KOR-Führern] Kuron und Michnik eng verbunden. Die Aufgabe [des SB] besteht darin, ihn zu diskreditieren.«

»Zur Zeit stellt die römisch-katholische Kirche«, bemerkte Kiszczak Andropow gegenüber, »keine Gefahr für die PVAP dar.« Milewski habe »immense Anstrengungen« unternommen, um Agenten in die Kirche einzuschleusen, und der SB sei nun über deren Stimmungen und Absichten gut informiert. »Zu 50 von 70 Bischöfen bestehen gute Kontakte.

Dies ermöglicht es, die katholische Kirche zu beeinflussen und unerwünschte Schritte zu verhindern.«[40] Den Tod des achtzigjährigen Primas der katholischen Kirche in Polen, Kardinal Wyszyński, der ein Freund von »Solidarność« gewesen war und jahrzehntelang die Religionsfreiheit mutig verteidigt hatte, empfand der SB (und zweifellos auch der KGB) als große Erleichterung:

»Der neue Primas [Kardinal Józef] Glemp, ist nicht so antisowjetisch eingestellt wie sein Vorgänger. Wyszyński genoß ein ungeheures Ansehen; sein Wort war Gesetz. Er war Objekt eines Personenkults, und dieser Kult um ihn war unvorstellbar. Glemp ist ein anderer Mensch, und es gibt zweifellos Möglichkeiten, ihn zu beeinflussen.«

Zwei Probleme existierten jedoch weiterhin in den Beziehungen zwischen Staat und Kirche. Das erste war der Papst, der Kiszczak zufolge die Situation in Polen zur Förderung seiner antikommunistischen Politik in Osteuropa klug ausnutzte. Das zweite Problem war die moralische Autorität der polnischen Kirche. Das Volk sah sie und nicht die Partei als »Bannerträgerin der Moral« an. »In nächster Zukunft«, so Kiszczak, »wird die Partei nicht in der Lage sein, die Einstellung zur katholischen Kirche zu ändern.«

Andropow scheint Kiszczak eher weniger als andere führende polnische Politiker, mit denen er in den letzten Jahren zusammengetroffen war, drangsaliert zu haben. Er beendete jedoch die Zusammenkunft in düsterer Stimmung:

»Der Klassenfeind hat wiederholt versucht, die Volksmacht in den sozialistischen Ländern herauszufordern ... Aber die polnische Krise ist die am längsten dauernde und vielleicht die gefährlichste. Die schleichende Konterrevolution des Gegners hat sich lange auf den Kampf gegen den Sozialismus vorbereitet.[41]

Der erste Nationalkongreß von »Solidarność« (der in zwei Etappen, vom 5. bis 10. September und vom 26. September bis 7. Oktober) abgehalten wurde, lieferte weitere Beweise für die »schleichende Konterrevolution«. Sein am 8. September verabschiedeter Appell »An die Werktätigen Osteuropas ..., die den schweren Weg des Kampfes für eine unabhängige Gewerkschaftsbewegung eingeschlagen haben« wurde vom SB als »ein unverfrorener Versuch« bezeichnet, »sich in die inneren Angelegenheiten der sozialistischen Länder einzumischen.«[42]

Pawlow schien sich jetzt überzeugt zu haben, daß Jaruzelski zu »entschiedenen Maßnahmen« bereit war, um der von »Solidarność« ausgehenden Gefahr ein Ende zu bereiten. Am 29. September berichtete er der Zentrale, er habe Jaruzelski »Ratschläge« in bezug auf die Linie erteilt, die auf der Plenartagung des Zentralkomitees am 18. Oktober verfolgt werden solle.[43] Vorrangig sei, Kania loszuwerden, der, wie Pawlow berichtete, weiterhin eine Politik der Versöhnung gegenüber »Solidarność« betrieb. Nachdem es nicht gelungen war, Kania auf dem Parteitag im Juli von seinem Posten zu entfernen, war Moskau entschlossen, auf dem Plenum des Zentralkomitees im Oktober Erfolg zu haben. Besonders erbost muß die Zentrale über Pawlows Bericht von einer geheimen Informationsrunde des stellvertretenden Ministerpräsidenten, Kazimierz Barcikowski, eines Anhängers Kanias, vom 2. Oktober 1981 gewesen sein, in der Barcikowski Kanias Politik erläutert hatte. Barcikowski zufolge war Kania »vom sowjetischen Modell des Sozialismus enttäuscht«:

»Das sowjetische System des Sozialismus hat die Prüfung nicht bestanden. Die Tatsache, daß die UdSSR systematisch Getreide im Westen kauft, sei ein Beweis für schwere Mängel in der Leitung der Landwirtschaft ... Die Macht des sowjetischen Regimes werde nur durch die Armee und andere Organe des Staatsschutzes aufrechterhalten. In den letzten zwei oder drei Jahren beginne sich die Lage zum Nachteil der Sowjetunion zu ändern. China erhöhe seine militärische Macht beträchtlich; seine militärischen und wirtschaftlichen Kontakte zu den USA seien eine ernste Bedrohung für die UdSSR und binde eine große Zahl von Truppen an den fernöstlichen Grenzen. In den letzten Monaten habe sich die Situation in Afghanistan deutlich verschlechtert. Es sei nun klar, daß es unmöglich sei, diesen Konflikt ohne Anwendung massiver repressiver Maßnahmen ähnlich denen, die von den Amerikanern in Vietnam angewendet wurden, politisch zu gewinnen. Wenn die UdSSR gegenwärtig noch einen gewissen strategischen Vorteil gegenüber den USA besitze, so werde sie ihn innerhalb von drei bis vier Jahren verlieren, da die sowjetische Wirtschaft nicht mehr in der Lage sei, die zusätzlichen Kosten der Entwicklung und Produktion neuer Waffentypen zu verkraften.«

Die Aufnötigung des sowjetischen Sozialismusmodells habe nach Kanias Meinung »die PVAP verbürokratisiert« und die leninistischen Prinzipien verzerrt:

»Er betrachte es als seine Hauptaufgabe, alles zu tun, um die positiven Prozesse, die sich in Polen, einschließlich der ›Solidarność‹-Bewegung, vollziehen, zu schützen, um die Grundlage für einen wirklichen Sozialismus zu schaffen, der mit gewissen Variationen auch in anderen sozialistischen Ländern einen Platz finden könnte.«[44]

Nicht einmal Dubček hatte während des Prager Frühlings ein so vernichtendes Urteil über das sowjetische System abgegeben.

Pawlows ausführliche Berichte über Kania deuten darauf hin, daß entweder Kanias Wohnung »verwanzt« worden war oder daß es im engsten Kreis seiner Familie einen Informanten gab. Pawlow teilte der Zentrale mit, Kania sei am 5. Oktober »in einem sehr erregten Zustand« nach Hause gekommen und habe im Kreise seiner Familie geäußert, »daß die russischen Genossen wieder gegen ihn intrigieren, um ihn vom Posten des Ersten Sekretärs zu entfernen«. Kania habe behauptet, er verstehe nicht, warum seine sowjetischen »Freunde« ihm nicht offen sagten, daß er zurücktreten müsse. Kanias Frau war dem KGB zufolge über die seelische Verfassung ihres Mannes sehr besorgt, daher sei ihr viel daran gelegen, daß er seine Funktion aufgebe, damit er seine Gesundheit wiederherstellen könne und aufhöre, »ein verfolgter Politiker« zu sein. Pawlow glaubte jedoch nicht, daß Kania wirklich beabsichtigte, still und leise zu gehen. Am 7. Oktober berichtete er, Kania habe Kiszczak beauftragt, Maßnahmen gegen einige Parteimitglieder zu ergreifen, die, wie er (zweifellos zu Recht) glaubte, eine Verschwörung gegen ihn vorbereiteten.[45] Kiszczak schlug sich jedoch auf die Seite Jaruzelskis und der Verschwörer.

Kanias Schicksal entschied sich bei einer stürmischen Auseinandersetzung mit Jaruzelski, Kiszczak, Milewski (nunmehr Sekretär des ZK der PVAP) und zwei anderen polnischen Generälen. Jaruzelski sagte ihm, daß sie, wenn er den Vorbereitungen auf den Kriegszustand nicht zustimme, hinter seinem Rücken handeln und »entschiedene« (jedoch nicht näher bezeichnete) Maßnahmen gegen ihn persönlich ergreifen würden.[46] Am Vormittag des 18. Oktober, kurz vor der Eröffnung der Plenums des Zentralkomitees, setzte Aristow Kania davon in Kenntnis, daß Moskau »einhelliger Meinung« sei, er solle von Jaruzelski als Erster Sekretär abgelöst werden.⁴⁷ Das Zentralkomitee folgte dem Befehl Moskaus, und Kania räumte kampflos das Feld. Nach seiner Absetzung sagte Kania KGB-Berichten zufolge, ihn würden noch immer die Erinnerungen an die Beschießung von Streikenden im Jahre 1977 quälen. Wäre er Erster Sekretär geblieben, so wäre er nie imstande gewesen, den Befehl zu geben, das Feuer nochmals zu eröffnen.⁴⁸

Am nächsten Tag, dem 19. Oktober, rief Breschnew Jaruzelski an, um ihm zur Wahl zum Ersten Sekretär zu gratulieren, während er zugleich Ministerpräsident und Verteidigungsminister blieb:»Hallo, Wojciech«, sagte Breschnew am Telefon.»Hallo, mein teurer, hochverehrter Leonid Iljitsch!« antwortete Jaruzelski. Er behielt diesen schmeichlerischen Ton während des ganzen Telefongesprächs bei:

»Ich danke Ihnen sehr, lieber Leonid Iljitsch, für die Glückwünsche und vor allem für das Vertrauen, das Sie mir bekunden. Ich möchte Ihnen offen sagen, daß ich einige Bedenken hatte, diesen Posten anzunehmen, und habe nur deshalb eingewilligt, weil ich wußte, daß Sie mich unterstützen und diese Entscheidung befürworten. Wenn das nicht der Fall gewesen wäre, hätte ich nie zugestimmt.«

Breschnew log glatt, als er Jaruzelski antwortete, das Politbüro der KPdSU hätte schon seit langem erkannt, daß er der richtige Mann für den Posten sei.⁴⁹ Natürlich erwähnte er nicht, daß der KGB im Sommer empfohlen hatte, außer Kania auch Jaruzelski abzusetzen. Schließlich war das Politbüro zögernd zu dem Schluß gekommen, daß nur Jaruzelski die Autorität besaß, das Kriegsrecht zu verhängen.⁵⁰

Die sowjetischen Zweifel in bezug auf Jaruzelski bestanden jedoch weiter. Am 4. November begann Jaruzelski Gespräche mit Wałęsa und Erzbischof Glemp zu führen. Dabei schlug er ihnen die Teilnahme an einer »Front der nationalen Einigung« vor, die zwar keine Beschlüsse fassen, aber einen offenen Dialog zwischen Staat, Kirche und Gewerkschaften ermöglichen würde.⁵¹ Obwohl Pawlow und Aristow diese Taktik befürworteten, die jeden Verdacht Wałęsas und Glemps zerstreuen sollte, daß die Ausrufung des Kriegszustandes bevorstand, befürchteten sie, Jaruzelski könne letzten Endes wirklich Konzessionen machen. Am 13. November schickten sie ein gemeinsames Telegramm an das Politbüro, in dem sie Jaruzelskis Unentschlossenheit und seinen Versuch, Wałęsa versöhnlich zu stimmen, verurteilten und darauf drängten, erneut Druck auf Jaruzelski auszuüben, damit er das Kriegsrecht ohne weitere Verzögerung ausrief.[52] Am 21. November billigte das Politbüro den Wortlaut einer persönlichen Botschaft Breschnews an Jaruzelski, in dem ihm seine Untätigkeit vorgeworfen wurde:

»Die antisozialistischen Kräfte sind nicht nur im Begriff, viele Großbetriebe unter ihre Kontrolle zu bringen, sondern dehnen ihren Einfluß auch auf weitere Teile der Bevölkerung aus. Schlimmer noch, die Führer von ›Solidarność‹ und die Konterrevolutionäre treten auf verschiedenen Kundgebungen auf und halten ungehindert flammende Reden, die gegen die PVAP und den Sozialismus gerichtet sind. Die direkte Folge ist eine gefährliche Zunahme des Antisowjetismus in Polen. ... Die Führer der antisozialistischen Kräfte ... setzen große Hoffnungen darauf, daß neue Rekruten, die von ›Solidarność‹ bearbeitet wurden, zur Armee kommen werden. Ist Ihnen nicht klar, daß Sie wertvolle Zeit vergeuden, wenn Sie nicht umgehend strenge Maßnahmen gegen die Konterrevolution ergreifen?[53]

Anfang Dezember scheint Jaruzelski dem sowjetischen Druck nachgegeben zu haben. Auf einer Sitzung des Politbüros der PVAP am 5. Dezember sagte er, es gebe nach sechsunddreißig Jahren »Volksmacht« in Polen leider keine andere Möglichkeit mehr, als »Polizeimethoden« gegen die Arbeiterklasse anzuwenden. Das Politbüro beschloß einstimmig, das Kriegsrecht auszurufen.[54] Die wichtigsten Einzelheiten dieser Aktion wurden unter der Leitung von Kiszczak ausgearbeitet,[55] der Pawlow am 7. Dezember informierte. 157 Sicherheitsoffiziere und andere Mitarbeiter des Innenministeriums seien in Gruppen bis zu fünf Mann in die Bezirke entsandt worden, um dafür zu sorgen, daß Vorbereitungen zur Isolierung und Verhaftung von »Solidarność«-Führern und anderen »Extremisten« getroffen würden. Pawlow berichtete der Zentrale, daß der SB »auf allen Ebenen von ›Solidarność‹« Agenten habe, die dort, wo es möglich sei, in die Fußstapfen der verhafteten Aktivisten treten sollten. Ihre Hauptaufgabe nach der Ausrufung des Kriegsrechts bestehe darin, die Arbeiter daran zu hindern, in den Streik zu treten oder auf die Straße zu gehen.[56] Verdächtige Mitglieder der Regierung oder der Parteiführung sollten vom SB observiert werden. Kanias früherer Anhänger, Barcikowski, berichtete Freunden, der SB folge ihm, wohin er auch gehe, und schneide alle seine Telefongespräche mit.[57]

In der Nacht vom 8. zum 9. Dezember informierte Jaruzelski Marschall Kulikow kurz über den Zeitplan der ganzen Aktion. Rund 80000 Personen waren ausgewählt worden, um entweder in der Nacht vom 11. zum 12. Dezember oder in der Nacht darauf 6000 »Solidarność«-Aktivisten zu verhaften. Danach sollten Truppen um 6.00 Uhr morgens aus ihren Kasernen ausrücken. Trotz dieser Pläne hatte Jaruzelski Bedenken. »Während unserer Diskussion«, berichtete Kulikow, »waren W. Jaruzelskis Unentschlossenheit, sein Schwanken und seine Besorgnis hinsichtlich der erfolgreichen Verwirklichung des Plans zur Ausrufung des Kriegsrechts spürbar.« Jaruzelski beklage sich, daß die PVAP nur noch wenig Autorität besitze. 600000 oder 700000 ihrer Mitglieder seien mit »Solidarność« verbunden, die Partei selbst sei durch zahlreiche Diebstähle, Bestechungsskandale und andere Fälle, die das Vertrauen des Volkes erschüttert hätten, kompromittiert. Um den Erfolg des Unternehmens zu gewährleisten, müsse er vielleicht die Streitkräfte des Warschauer Pakts zu Hilfe rufen – allerdings sollten dabei keine ostdeutschen Truppen eingesetzt werden. »Ich kann Ihnen versichern«, sagte Kulikow, »daß Sie sich darüber keine Sorgen zu machen brauchen. Falls Sie Hilfe benötigen und Ihre eigenen Reserven erschöpft sind, wird diese Frage dem Generalstab unterbreitet.«[58]

Am 9. Dezember lieferte Milewski Pawlow einen weiteren Beweis für Jaruzelskis schwankende Haltung. Jaruzelski hatte noch immer kein Datum für die Ausrufung des Kriegszustandes festgelegt. Wenn die Kirche gegen das Kriegsrecht sei, so hatte Jaruzelski ihm gesagt, würde sich Glemp in »einen zweiten Khomeini« verwandeln.[59] Am nächsten Tag trat das sowjetische Politbüro zu einer Notsitzung zusammen, um über die Polenkrise zu beraten. Zunächst erstattete Nikolai Baibakow von der Staatlichen Planungskommission (Gosplan), der gerade aus Warschau zurückgekehrt war, wo er Gespräche über den polnischen Antrag auf Wirtschaftshilfe geführt hatte, seinen Bericht. Jaruzelski sei mit seinen Nerven völlig am Ende und befürchte, daß Glemp einen heiligen Krieg erklären könnte. Obwohl alle Politbüromitglieder, die nach Baibakow sprachen, Jaruzelski einer vernichtenden Kritik unterzogen, schlug niemand vor, ihn durch jemand anderen zu ersetzen. Dafür war es einfach zu spät. Es herrschte allgemeine Übereinstimmung, daß die sowjetischen Streitkräfte nicht eingreifen durften. Andropow sagte ganz offen:

»Sollte Genosse Kulikow vom Einmarsch von Truppen geredet haben, so hat er meines Erachtens nicht richtig gehandelt. Wir können einen solchen Schritt nicht riskieren. Wir beabsichtigen nicht, Truppen nach Polen zu entsenden. Das ist die richtige Position, auf der wir bis zum Schluß beharren müssen. Ich weiß nicht, wie die Sache in Polen ausgehen wird, aber selbst wenn es ›Solidarność‹ in die Hände fallen sollte, dann soll es eben sein.«[60]

Jaruzelski äußerte zu Milewski und anderen, das sowjetische Politbüro habe ihn mit der Entscheidung, keine militärischen Intervention des Warschauer Pakts zuzulassen, wenn die polnischen Sicherheitskräfte der Lage nicht Herr würden, im Stich gelassen. Ohne sowjetische militärische Unterstützung sah er schwarz für das Unternehmen. »Wir sind im Begriff, in die Offensive zu gehen«, äußerte er gegenüber Milewski, »aber ich befürchte, daß wir später als Verschwörer gebrandmarkt und gehenkt werden.« Milewski rief Andropow an, um ihm zu berichten, was Jaruzelski gesagt hatte.[61]

Bis zum letzten Augenblick befürchtete Moskau, Jaruzelski könnte einen Nervenzusammenbruch erleiden. Am 11. Dezember meldeten Aristow, Kulikow und Pawlow dem Politbüro gemeinsam, daß die Vorbereitungen für die »Operation X« (die Verhängung des Kriegszustandes) abgeschlossen seien. Aber:

»Aufgrund der Neigung W. Jaruzelskis zu Schwankungen und Zweifeln können wir nicht ausschließen, daß er sich unter dem Druck des Episkopats und anderer Kräfte weigert, den endgültigen Entschluß zu fassen, und die Linie fortsetzt, Zugeständnisse zu machen und Vereinbarungen zu treffen. Angesichts der jetzigen Situation könnte sich ein solcher Schritt als falsch für die PVAP und die Zukunft des Sozialismus in Polen erweisen.[62]

Am Sonnabend, dem 12. Dezember, rief Jaruzelski Breschnew und Suslow an und bat sie, der am selben Abend beginnenden Operation X zuzustimmen.[63] Die KGB-Filiale in Warschau war aber noch immer nicht überzeugt, daß Jaruzelski handeln würde. Ihn quäle weiterhin der Gedanke, ob die Menschenopfer, die vielleicht nötig seien, um zu verhindern, daß »Solidarność« Polen in einen »bourgeoisen Staat« verwandelt, wirklich gerechtfertigt wären. Wenn das Unternehmen mißglücke, würden seiner Überzeugung nach alle diejenigen, die für die Verkündung des Kriegsrechts verantwortlich waren, »physisch beseitigt« werden. »Wenn wir scheitern«, habe Jaruzelski gesagt, »wird mir nichts anderes übrig bleiben, als mir eine Kugel in den Kopf zu jagen.«[64] Pawlow berichtete auch, daß, wenn Jaruzelskis Nerven versagten, Olszowski bereit wäre, einen Staatsstreich zu unternehmen – vorausgesetzt, er hätte die Unterstützung Moskaus. Olszowskis Aktionsplan sah die sofortige Verhaftung der »Solidarność«-Führer, ein Verbot von Streiks und Protestkundgebungen, die Konfiszierung der Nahrungsmittelvorräte auf dem Land, eine enge wirtschaftliche Zusammenarbeit mit der Sowjetunion, die Durchsetzung des Kriegsrechts im ganzen Land und die Schließung der polnischen Grenzen vor.[65]

Zu Pawlows großer Erleichterung schien Kiszczak, der für die Durchführung der Operation X verantwortlich war, viel entschlossener als Jaruzelski. Im Laufe des Sonnabends, des 12. Dezember, stellte er dem KGB den genauen Zeitplan der Operation zur Verfügung. Um 23.30 Uhr sollten alle Telefonleitungen stillgelegt werden. Alle Botschaften würden dann nicht mehr terrestrisch telefonieren können. Auch sämtliche Nachrichtenverbindungen ins Ausland sollten unterbrochen und die Grenzen dichtgemacht werden. Ausländische Journalisten ohne ständige Akkreditierung sollten ausgewiesen werden. Die Festnahmen sollten um Mitternacht beginnen. 4200 Personen sollten in der Nacht verhaftet und weitere 4500 Personen am Sonntag, dem 13., in »Schutzhaft« genommen werden. Wałęsa sollte aufgefordert werden, in Gespräche mit der Regierung einzutreten, und im Falle einer Weigerung ebenfalls verhaftet werden. In einer vom Fernsehen um 6 Uhr morgens übertragenen Ansprache sollte Jaruzelski den Kriegszustand erklären und die Bildung eines Militärrates zur Nationalen Rettung verkünden. Damit die Leute am Sonntag zu Hause blieben und nicht auf die Straße gingen, sollte der Gottesdienst unüblicherweise im Fernsehen übertragen werden. Montag, der 14., sollte notfalls zum Feiertag erklärt werden. Die Sicherheitskräfte hatten den Befehl, das Feuer zu eröffnen, wenn sie auf ernsthaften Widerstand stießen. Aber, so warnte Kiszczak, der Erfolg war nicht sicher:

»Sollte die Operation, die wir unternommen haben, fehlschlagen und müßten wir das mit unserem Leben bezahlen, so muß die Sowjetunion gewärtig sein, an ihrer Westgrenze einen feindlichen Staat zu haben, dessen Führer Nationalismus und Antisowjetismus fördern werden. Von Anfang an werden sie von den imperialistischen Staaten starke Unterstützung in einem Maße bekommen, daß sie alle Verbindungen zu den sozialistischen Ländern abbrechen können. Polens sozialistische Entwicklung wäre für lange Zeit vertagt.«[66]

Am Ende verlief die Verhängung des Kriegsrechts glatter, als Jaruzelski zu hoffen gewagt hatte. Auch Krjutschkow, der aus Moskau angereist war, um den Verlauf der Operation X aus nächster Nähe zu beobachten, muß angenehm überrascht gewesen sein. »Solidarność« war außer Gefecht gesetzt. Die meisten ihrer Führer schliefen in ihren Betten, als die Sicherheitskräfte kamen, um sie zu verhaften. Zbigniew Bujak, der ranghöchste Führer der »Solidarność«, dem es gelang, der Festnahme zu entgehen und im Untergrund weiterzuarbeiten, sagte später: »Die Behörden hatten offensichtlich die Absicht, energisch gegen die Gewerkschaft vorzugehen. Aber wir haben nie geglaubt, daß es so gefährlich werden würde.« Es war so viel über die Machtlosigkeit der polnischen Regierung geredet worden, daß die »Solidarność«-Führung schließlich selbst an ihre eigene Propaganda glaubte. Die Polen wachten am Sonntag morgen auf und fanden an jeder Straßenkreuzung einen Kontrollposten. An jeder Straßenecke hing ein Plakat mit der Verkündung des Ausnahmezustandes. Jaruzelskis Sechs-Uhr-Ansprache wurde den ganzen Tag über wiederholt, und zwischendurch hörte man Polonaisen von Chopin und patriotische Musik. Fernsehzuschauer sahen Jaruzelski in seiner Uniform vor einer großen polnischen Flagge am Schreibtisch sitzen. »Bürger und Bürgerinnen der Volksrepublik Polen!« begann er. »Ich wende mich an Sie als Soldat und Regierungschef! Unser Vaterland steht am Rand eines Abgrunds!«[67] Viele interpretierten seine Rede als warnenden Hinweis darauf, daß nur das Kriegsrecht Polen vor einem sowjetischen Einmarsch retten konnte.

In den frühen Morgenstunden war Wałęsa von einer Militäreskorte in Begleitung des Arbeitsministers, Stanisław Ciosek, zu einer Villa außerhalb Warschaus gebracht worden. Wałęsa erinnerte sich später, daß er als »Herr Vorsitzender« angeredet wurde. Man entschuldigte sich für die Unannehmlichkeiten, die ihm bereitet wurden, und das Rasiermesser wurde aus dem marmornen Badezimmer der Villa entfernt, damit er nicht Selbstmord begehen konnte.[68] Am selben Tag berichtete Ciosek dem Politbüro der PVAP, Wałęsa stünde unter Schock. Er habe gesagt, daß er seine Rolle als »Solidarność«-Vorsitzender ausgespielt habe und daß die Gewerkschaft reorganisiert werden müßte. Er sei angeblich auch bereit, mit der Regierung zusammenzuarbeiten. Kiszczak übermittelte die guten Nachrichten der KGB-Filiale.[69] Milewski teilte Pawlow und Krjutschkow überschwenglich mit: »Wałęsa kann sein Entsetzen nicht verbergen!«[70] In Wirklichkeit ist es unwahrscheinlich, daß Wałęsa in Panik geriet, wenn ihn auch die Plötzlichkeit der Ausrufung des Kriegsrechts überrascht haben mag. Er war vorher etliche Male verhaftet worden, und für seine Frau Danuta war es schon Routinesache, eine Reisetasche zu packen, die er ins Gefängnis mitnahm.[71] Während Wałęsa in der Regierungsvilla untergebracht wurde, wurde Glemp von Kazimierz Barcikowski, Sekretär des polnischen Zentralkomitees und Vorsitzendem der Gemeinsamen Kommission für den Staat und das Episkopat, sowie Jerzy Kuberski, Minister für religiöse Angelegenheiten, aufgesucht und von der bevorstehenden Ausrufung des Kriegsrechts in Kenntnis gesetzt. Da kein Telefon funktionierte, kamen sie unangemeldet um drei Uhr morgens beim Palast des Erzbischofs an. Dort läutete ein Polizist wiederholt an der Tür, bis schließlich im Innern des Gebäudes ein Licht anging, Glemp geweckt wurde und eine Nonne erschien, um sie hereinzulassen. »Die ganze Sache war ein wenig theatralisch«, sagte Barcikowski.[72] Entgegen den düsteren Prophezeiungen Jaruzelskis zeigte Glemp keine Neigung, einen heiligen Krieg zu erklären und ein »polnischer Khomeini« zu werden. Milewski informierte Krjutschkow und Pawlow, daß Glemp ruhig – »mit einem gewissen Verständnis« – reagiert habe. Obwohl die Verhängung des Kriegsrechts ihn nicht überraschte, hatte er nicht erwartet, daß das noch vor den Weihnachtsferien geschehen würde.[73]

Was die Behörden beunruhigte, war die Homilie, die Glemp am Sonntag nachmittag in der Jesuitenkirche Maria Muttergottes in der Warschauer Altstadt abhalten würde.[74] Sie hätten sich keine Sorgen zu machen brauchen. Der Tenor von Glemps Predigt war Mahnung zur Vorsicht. »Wer sich gegen die Entscheidungen wendet, welche die Behörden aufgrund des Kriegsrechts treffen, muß mit strengen Gegenmaßnahmen rechnen, die vielleicht sogar zu Blutvergießen führen können, weil der Regierung die Streitkräfte zur Verfügung stehen ... Es gibt nichts Wertvolleres als das menschliche Leben.« – »Die Worte des Primas wurden«, so schreibt Timothy Garton Ash, »von vielen christlichen Polen, die zur gleichen Zeit bereit waren, ihr Leben für etwas einzusetzen, was sie für noch wertvoller hielten, aufrichtig bedauert.« Glemps Predigt wurde vom polnischen Fernsehen mehrmals gesendet, in der »Parteizeitung abgedruckt und in den Kasernen ausgehängt«.[75]

Am ersten Tag des Ausnahmezustandes rief Breschnew Jaruzselski an, um ihn zum Beginn der Operation X zu gratulieren.[76] Krjutschkow, Pawlow und Kulikow telegrafierten gemeinsam aus Warschau, daß die ersten Etappen der Operation erfolgreich verlaufen seien. »Aber die gefährlichen Tage werden«, so glaubten sie, »der Montag, Dienstag und Mittwoch der kommenden Woche [14.–16. Dezember] sein, wenn die ›Solidarność‹-Aktivisten, die noch immer in Freiheit sind, versuchen werden, Unruhe unter Arbeitern und Studenten zu verbreiten.«[77] »In den nächsten beiden Wochen«, so äußerte Jaruzelski gegenüber Krjutschkow, »wird sehr viel von der Marktlage abhängen.« Das beste Gegenmittel gegen »Solidarność« wären gutgefüllte Regale in den polnischen Geschäften. Er bat Moskau, so schnell wie möglich Schuhe, Kinderspielzeug und andere Gebrauchsgüter zu schicken. »Jede materielle Hilfe wird jetzt viel weniger kosten, als wenn in Polen das Undenkbare geschähe.«[78]

Zu den gefährlichsten Ausschreitungen nach der Verkündung des Kriegsrechts kam es in einer Kohlengrube bei Katowice, wo mehr als 2000 Bergleute einen Sitzstreik durchführten. Am Dienstag, dem 15. Dezember, warfen Hubschrauber Tränengasbomben ab, während die Sicherheitspolizei ZOMO, von vierzig Panzern unterstützt, mit Gummigeschossen auf die Bergleute feuerte. Die Sicherheitskräfte griffen danach die Ärzte und Krankenwagenfahrer an, die den Verletzten zu Hilfe kamen.[79] Sieben Bergleute kamen ums Leben und neununddreißig wurden verwundet; einundvierzig Polizisten wurden ebenfalls verwundet, obwohl keiner getötet wurde. Die Zahl der Opfer war jedoch viel geringer, als SB und KGB erwartet hatten. Die bloße Gefahr eines sowjetischen Einmarsches hatte sich für die Ausschaltung des Widerstandes als ebenso wirksam erwiesen wie der tatsächliche Einmarsch dreizehn Jahre früher in der Tschechoslowakei. Bis zum Jahresende gab es faktisch keinen organisierten Widerstand gegen das Kriegsrecht mehr. Graffitti an den Mauern polnischer Städte verkündeten optimistisch: »Der Winter gehört euch, der Frühling uns!« Er kam aber eigentlich erst 1989, als eine von »Solidarność« geführte Regierung gebildet wurde und der kommunistische Einparteienstaat zerfiel.

Nach Jaruzelskis Meinung war der Erfolg der Operation X vor allem dem SB, der Sicherheitspolizei ZOMO und anderen Einheiten des Innenministeriums zu verdanken. Am 31. Dezember lobte er auf einer Versammlung im Ministerium die hohe Moral und die politischen Qualitäten der Offiziere, die den Einsatz geleitet hatten. »Ihr wart die Verteidiger des

Sozialismus in Polen«, sagte Jaruzelski. »Die polnische Armee trug zum Erfolg bei, aber die Hauptarbeit wurde vom Innenministerium geleistet.« Die Hauptaufgabe des SB bestand darin, die oppositionelle Bewegung zu infiltrieren, um die Informationen zu erhalten, die benötigt wurden,»um den Gegner so rasch wie möglich zu neutralisieren«. Auf die Frage, weshalb bei den gerichtlichen Verfahren gegen die Organisatoren des Streiks in Katowice und anderswo so milde Urteile gefällt wurden, antwortete Jaruzelski, daß er persönlich für eine härtere Bestrafung sei, daß aber die öffentliche Meinung berücksichtigt werden müsse:»Wenn wir zu harte Urteile fällten und Freiheitsstrafen von zehn oder zwölf Jahren aussprächen, würden die Leute sagen, daß wir uns an ›Solidarność‹ rächen wollten. Deshalb müssen wir uns mit milden Urteilen zufriedengeben.« Ein Bericht über die Versammlung wurde von der KGB-Filiale in Warschau wie üblich an die Zentrale weitergeleitet.[80]

Der prahlerischen SB-Statistik zufolge, die der KGB erhielt, wurden im Jahr nach der Verhängung des Kriegsrechts 701 illegale Gruppen ermittelt, von denen 430 mit der nun illegalen Gewerkschaft »Solidarność« verbunden waren. 10 131 Personen wurden interniert, über 400 Demonstrationen aufgelöst, 370 »illegale« Druckerpressen beschlagnahmt und zwölf illegale Radiosender von »Solidarność« geschlossen. Außerdem wurde die Verteilung von 1,2 Millionen Flugblättern unterbunden. Bei diesen Maßnahmen waren angeblich insgesamt 250 000 Angehörige der Sicherheitskräfte eingesetzt, darunter 90 000 von Einheiten der Polizeireserve, über 30 000 Soldaten und 10 000 Angehörige der freiwilligen Polizeireserve.[81] Die Zahlen über die Sicherheitskräfte erscheinen verdächtig hoch. Sie können übertrieben worden sein, um Moskau zu beeindrucken.

Das größte Problem für den SB war Wałęsa, dessen weltweite Berühmtheit es unmöglich machte, einen Schauprozeß gegen ihn zu inszenieren oder ihn mit der gleichen Brutalität zu behandeln wie einige der weniger bekannten »Solidarność«-Aktivisten. (Selbst Wałęsas Frau und ihre kleinen Töchter wurden einer erniedrigenden Leibesvisitation unterzogen.) Als der erste Schock über die Festnahme überwunden war, kehrte Wałęsas alter Kampfgeist zurück, und er weigerte sich, mit den Behörden zu verhandeln. Die erste Taktik des SB bestand in dem Versuch, Wałęsa dazu zu bewegen, dem gemäßigteren Kurs des Kardinals Glemp zu folgen und dem Sprecher des Primas, Pater Alojsy Orszulik, zu gestatten, ihn regelmäßig zu besuchen.[82] Orszulik kam anfangs in Begleitung

639

eines Beamten des Innenministeriums, der später als Oberst Adam Pietruszka, stellvertretender Leiter der SB-Abteilung Kirchen, identifiziert wurde und drei Jahre später in die Ermordung des Kaplans Jerzy Popieluszko, eines Priesters der »Solidarność«-Bewegung, verwickelt war. Wałęsa konnte sich mit Orszulik nicht anfreunden. Als dieser ihn drängte, seinen Widerstand gegen Verhandlungen mit dem Militärrat der Nationalen Rettung aufzugeben, brüllte Wałęsa: »Sie werden noch auf den Knien zu mir rutschen!« Polnische Katholiken pflegten ihre Priester nicht anzuschreien, und Orszulik muß ziemlich geschockt gewesen sein. laut Wałęsa »mißbilligte er meinen Mangel an christlicher Demut, und es dauerte eine gewisse Zeit, bis wir uns aneinander gewöhnt hatten.«[83]

Wałęsas Zusammenstöße mit Orszulik hatten vom Standpunkt des SB aus betrachtet den Vorteil, Glemps Befremden zu erregen. Im Januar 1982 berichtete Kiszczak dem KGB mit offensichtlicher Genugtuung und vielleicht einer gewissen Übertreibung, Glemp sei »von Wałęsa völlig enttäuscht« und glaube, daß die Führer von »Solidarność« »nichts aus den Ereignissen gelernt haben und sich weigern, von ihren Positionen abzurücken«.[84] Der SB informierte den KGB auch darüber, daß Orszuliks Besuche schließlich eine »positive Wirkung« auf Wałęsa ausübten.[85] Wałęsa äußerte später: »Ich verzichtete nacheinander auf alle meine ursprünglich gestellten Bedingungen und schloß mich der Position der Kirche an.«[86]

Der SB versuchte auch, weniger subtile Methoden zur Beeinflussung und Diskreditierung Wałęsas anzuwenden. Als dieser Anfang der siebziger Jahre als Elektriker in der Schiffswerft arbeitete, hatte er mit dem SB in Kontakt gestanden. Unter den SB-Akten, die Anfang der neunziger Jahre nach dem Zusammenbruch des kommunistischen Regimes entdeckt wurden, befand sich auch eine mit dem Codenamen BOLEK, deren ganzer Inhalt noch nicht bekanntgegeben worden ist und deren Authentizität noch geprüft werden muß. Sie enthält jedoch einige Einzelheiten, die seine angebliche Rolle als SB-Informant betreffen. Einigen Berichten zufolge habe Wałęsa – inzwischen Präsident der Republik Polen – 1992 eine Kopie der Akte gelesen und danach begonnen, den Entwurf einer öffentlichen Erklärung zu Papier zu bringen, in der er zugab, »drei oder vier« Befragungsprotokolle des SB unterschrieben zu haben, und die Bitte äußerte, die schwierige Lage derjenigen zu verstehen, die vom SB gezwungen wurden, in den siebziger Jahren als Informanten tätig zu sein. Schließlich, so wird behauptet, habe Wałęsa es sich anders überlegt und die Erklärung zerrissen.[87]

Aus den von Mitrochin eingesehenen Akten geht nicht hervor, wie weit die Zusammenarbeit Wałęsas mit dem SB in den siebziger Jahren ging. Sie zeigen jedoch, daß der SB versuchte, Wałęsa nach seiner Festnahme gefügig zu machen, »indem sie ihn daran erinnerten, daß sie ihm Geld gezahlt und dafür Informationen erhalten hatten«. Sollte Wałęsa tatsächlich in einer bestimmten Etappe seiner Laufbahn als bezahlter Informant des SB tätig gewesen sein, so kann man sich leicht vorstellen, welchem Druck er wie die vielen Millionen anderen Informanten der Sicherheitsdienste des Ostblocks ausgesetzt gewesen sein muß. Kiszczak berichtete dem KGB, Wałęsa sei einem seiner angeblichen Führungsoffiziere gegenübergestellt worden, wobei das Gespräch mitgeschnitten wurde.[88]

Da der SB nicht wollte, daß sein riesiges Netz freiwilliger und unfreiwilliger Informanten bekannt wurde, machte er bei den aktiven Maßnahmen, die Wałęsa diskreditieren sollten, von seinem früheren Kontakt nur begrenzt Gebrauch. Statt dessen bediente er sich verschiedener Fälschungen, um ihn als habgierigen, großmäuligen Veruntreuer zu diskreditieren.[89] Zu diesem Zweck entwendete er eine Tonbandaufzeichnung, die Wałęsas Bruder Stanisław bei der Feier zu Wałęsas Geburtstag am 29. September gemacht hatte.[90] Am 11. November 1982, dem Jahrestag der Unabhängigkeit Polens, wurde Wałęsas Internierung aufgehoben. Moskau war wütend, weil die Nachricht in Polen gleichzeitig mit der Meldung über Breschnews Tod am Vortag gesendet wurde.[91] Kiszczak versicherte Pawlow, daß trotz Wałęsas Freilassung aktive Maßnahmen im Gange seien, um ihn zu diskreditieren.[92] Jaruzelski sagte Aristow, daß das Material, das zusammengetragen wurde, um Wałęsa bloßzustellen, auch pornographische Aufnahmen umfasse (wahrscheinlich von Wałęsa und einer Geliebten) und ihn als »einen intriganten, gemeinen Menschen mit gigantischen Ambitionen« entlarve. Wałęsa, so behauptete Jaruzelski, habe bereits die Hälfte der Autorität eingebüßt, die er vor seiner Festnahme besessen hatte. Obwohl er weiterhin eine potentielle Gefahr darstelle, verfüge er nicht mehr über den nötigen Rückhalt bei »Solidarność« und sei nicht in der Lage, sein früheres Bündnis mit der Kirche wiederherzustellen.[93]

Moskau war keineswegs beruhigt. Nach der unerwartet erfolgreichen Verhängung des Kriegsrechts waren seine früheren Zweifel an Jaruzelski wieder aufgetaucht. Ein KGB-Agent in Jaruzelskis unmittelbarer Umgebung bezeichnete ihn als »Sproß reicher polnischer Gutsbesitzer«, der wenig Sympathie für die Arbeiterschaft habe:»Seine Tendenz ist prowestlich, und er umgibt sich mit Generälen, die Abkömmlinge polnischer Gutsbesitzer und antisowjetisch eingestellt sind.« Der Agent (vermutlich ein Antisemit) berichtete auch, Jaruzelski stehe in Verbindung mit einem »Vertreter des polnischen Zionismus«. Im Gegensatz dazu ignoriere Jaruzelski faktisch die Ratschläge des sowjetischen Botschafters.[94]

1982 wurde in den Berichten der KGB-Filiale und der sowjetischen Botschaft wiederholt Jaruzelskis Toleranz gegenüber Männern mit revisionistischen Tendenzen in der polnischen Führung verurteilt, darunter auch gegenüber Mieczysław Rakowski, dessen angeblich defätistische Haltung zu antisozialistischen Kräften in Moskau großes Mißtrauen hervorrief. Rakowski, so wurde berichtet, habe im Juni im Ministerrat geäußert:»Die PVAP ist krank. Das Kriegsrecht hat es ermöglicht, den Hauptwiderstand zu brechen, es läßt sich jedoch keine merkliche Besserung in der Einstellung breiter Bevölkerungsschichten feststellen.« Eine Konfrontationspolitik angesichts der Stärke der katholischen Kirche sei reines »Abenteurertum«.[95] Ein Bericht Rakowskis vom 22. Juni 1982 endete mit der Feststellung, es gebe »100 000 feindlich gesinnte Lehrer«, es sei aber unmöglich, alle zu entlassen.[96] Jaruzelski habe, so wurde behauptet, Milewski gesagt:»Ich weiß, daß Rakowski ein Schwein ist, aber ich brauche ihn noch.« In einem an Breschnew gerichteten Telegramm vom 29. Juni teilte Aristow mit, es sei »nicht nur ein taktischer Schachzug«, Rakowski und andere gleichgesinnte Leute in der polnischen Führung zu belassen,»sondern eine strategische Linie Jaruzelskis, der ihre Meinung zu mehreren Problemen teilt. Es ist daher sehr wichtig, auf Genossen W. Jaruzelski weiterhin einzuwirken.«[97]

Pawlow und Aristow forderten weitere Verhaftungen und Prozesse gegen Konterrevolutionäre. Bei einem Treffen mit Kiszczak am 7. Juli kritisierte Pawlow die Politik des Innenministeriums und des SB als »schwach und unentschlossen«. Kiszczak erwiderte, es gebe 40 000 »Solidarność«-Aktivisten, und es sei unmöglich, alle strafrechtlich zu verfolgen.[98] Vier Tage später überbrachte Aristow Jaruzelski eine persönliche Botschaft Breschnews und wiederholte die sowjetische Forderung nach mehr Verfolgungen. Jaruzelski äußerte dazu, Wałęsa zu verurteilen sei unmöglich, weil ein lauter Aufschrei der Entrüstung durch Polen und die Welt ginge und weil ein Prozeß gegen führende Oppositionelle nicht glaubwürdig erschiene, wenn nicht auch Wałęsa vor Gericht gestellt würde.[99] Der im Dezember 1982 gefaßte polnische Beschluß, das Kriegsrecht zu suspendieren (wenn auch noch nicht formell aufzuheben), wurde in Moskau mit Bestürzung aufgenommen. Als Aristow jedoch darauf drang, daß es weiterhin in Kraft bleiben solle, hielt Jaruzelski eine Art von Referat, dessen Inhalt pflichtgemäß nach Moskau berichtet wurde:

»Wir können den Kriegszustand nicht mehr so fortsetzen, als ob wir in einem Bunker lebten; ... wir möchten einen Dialog mit dem Volk führen ... Glemps jüngste Erklärungen klingen so, daß sie sogar in der *Trybuna Ludu* [der Parteizeitung] abgedruckt werden könnten. Er ruft zu Ruhe, Zurückhaltung und Realismus auf ... Wir spielen natürlich ein Spiel mit der katholischen Kirche, unser Ziel ist es, ihren schädlichen Einfluß auf die Bevölkerung zu neutralisieren. Die Ziele der Kirche und meine Ziele unterscheiden sich immer noch. In diesem Stadium müssen wir aber unser gemeinsames Interesse zur Stabilisierung der Situation ausnutzen, um den Sozialismus und die Positionen der Partei zu stärken.[100]

Jaruzelskis Haltung gegenüber Moskau war seit der Operation X ein Jahr zuvor deutlich weniger ehrerbietig. Die KGB-Filiale berichtete, er habe erklärt: »Die sowjetischen Genossen irren, wenn sie glauben, die polnische Sektion des Zentralkomitees der KPdSU werde polnische Politik wie zur Zeit Giereks betreiben. Das wird nicht geschehen. Diese Zeit ist vorbei.«[101] Jaruzelski hatte anfangs einen günstigen Eindruck von den ersten Anzeichen eines neuen, weniger tyrannischen Stils in Moskau nach Breschnews Tod. Nach einer Begegnung mit Andropow, Breschnews Nachfolger, bemerkte er im Dezember 1982 zu Kiszczak:

»Dies war eine wirkliche Unterredung auf gleichberechtigter Grundlage zwischen den Führern beider Parteien und Länder, und nicht ein Monolog, wie das früher bei Breschnew der Fall war. In einer dreistündigen Unterredung sagte Andropow, alle sozialistischen Länder müßten die spezifischen Bedingungen in Polen berücksichtigen. Die polnischen Probleme seien nicht die Angelegenheit eines Landes allein; sie seien ein Weltproblem.«

Andropow äußerte sich jedoch besorgt über das weitere Verbleiben Rakowskis und seines Gesinnungsgenossen Barcikowski in der polnischen Führung. Die Tatsache, daß Andropow so gut über die polnische Situation Bescheid wußte, war Jaruzelskis Meinung nach in der Hauptsache auf die Berichte der Warschauer KGB-Filiale zurückzuführen.[102] Diese brachte den revisionistischen Tendenzen in der polnischen Führung weiterhin tiefes Mißtrauen entgegen. Ende 1982 telegrafierte sie an die Zentrale: »Rakowski beeinflußt Jaruzelski nach wie vor. Sie treffen sich ständig, um Meinungen auszutauschen, und zwar nicht nur im Dienst, sondern auch zu Hause. Rakowski war der erste, mit dem sich Jaruzelski sofort nach seiner Rückkehr traf.«[103] Das Mißtrauen des KGB gegenüber Jaruzelski wuchs 1983 weiter. Die Warschauer Filiale meldete, daß er am 12. Januar eine gefährlich defätistische Rede im Zentralkomitee der PVAP gehalten habe:

»Giereks Losungen von der moralischen und ideologischen Einheit der Polen, von der Entwicklung des Sozialismus – all das ist eine Phantasie- und Traumwelt. Wir haben ein Mehrparteiensystem. Der Kapitalismus entwickelt sich ungleichmäßig, aber es gibt auch so etwas wie eine ungleichmäßige Entwicklung des Sozialismus ... In der [jetzigen] Situation muß die Taktik Vorrang vor der Strategie haben.«

Sogar Lenin habe mehrfach einen taktischen Rückzug in seinem Leben angetreten. Polen, so Jaruzelski, müsse das gleiche tun.[104] Pawlow glaubte, Jaruzelski würde dabei zu weit gehen. Die Gefahr, daß es das tun könne, erhöhe sich dadurch, daß die polnische Regierung dem Druck der Kirche nachgegeben und einem zweiten Besuch Johannes Pauls II. im Juni zugestimmt habe. Pawlow äußerte: »Das Episkopat und die rechten Kräfte in der PVAP und im ganzen Lande versuchen, Jaruzelski zu beeinflussen, und schüchtern ihn mit der Macht der Kirche ein. Es gibt viele Anzeichen dafür, daß der rechte Flügel und die Kirche damit Erfolg haben.«[105]

Zu den beunruhigenden Anzeichen für Jaruzelskis Neigung, dem Druck von rechts nachzugeben, gehörte auch seine Bereitschaft, das Recht auf bäuerliche Familienbetriebe und privaten Landbesitz in der polnischen Verfassung verankern zu lassen.[106] Die sowjetische Botschaft verurteilte einen Bericht über die »Ursachen und Folgen gesellschaftlicher Krisen in der Geschichte der Volksrepublik Polen«, der dem Politbüro der PVAP am 1. Februar vorgelegt wurde, als Produkt einer »bourgeoisen Methodologie«:

»[Der Bericht] reduziert das Wesen des Klassenkampfes in der Volksrepublik Polen auf Konflikte zwischen den Behörden und der Gesellschaft und schließt dabei bewußt die Möglichkeit einer Analyse der Aktivitäten antisozialistischer Kräfte und ihrer Beziehungen zu den ideologischen Sabotagezentren des Westens aus. Die Hilfe der UdSSR bei der Wiederherstellung und Weiterentwicklung der polnischen Wirtschaft wird mit keinem Wort erwähnt.«

Nach massiver Überzeugungsarbeit durch die sowjetische Botschaft, die ein Vorausexemplar erhalten hatte, wurde der Bericht zurückgewiesen, und man kam überein, in einer revidierten Fassung Polens angebliche Leistungen beim sozialistischen Aufbau unter Führung der PVAP hervorzuheben.[107] Aristow beklagte sich jedoch weiterhin darüber, daß die ideologische Arbeit stark vernachlässigt werde und daß es der Führung der PVAP nicht gelinge, »die revisionistischen, rechtsopportunistischen Tendenzen in der Partei« unter Kontrolle zu bringen. Die Presse sei vom Revisionismus und Eurokommunismus angesteckt, während die polnischen Übersetzungen sowjetischer Lehrbücher ganz offen geringschätzig behandelt würden:

»Man hat die Idee in Umlauf gebracht, daß das sowjetische Modell für Polen ungeeignet sei; die PVAP ist nicht in der Lage, Widersprüche in den Interessen der Gesamtheit der Gesellschaft zu lösen, und ein ›dritter Weg‹ muß ausgearbeitet werden. Es wird zunehmend Kritik am realen Sozialismus geübt.«[108]

Als der Termin des zweiten Polenbesuchs Johannes Pauls II. näher rückte, wurde man sowohl in Warschau als auch in Moskau immer nervöser. Am 5. April 1983 übermittelte Pawlow dem Vorsitzenden des KGB, Viktor Tschebrikow, eine Bitte Kiszczaks um »materielle und technische Unterstützung« im Zusammenhang mit dem Papstbesuch: 150 Gewehre zum Abfeuern von Gummigeschossen, 20 Schützenpanzerwagen, 300 Fahrzeuge zum Transport von Polizisten in Zivil sowie Überwachungsanlagen, 200 Armeezelte und verschiedene medizinische Artikel.[109] Kiszczak drehte Pawlow zufolge fast durch und erklärte, er würde sich »auf niemanden mehr verlassen«. SB-Quellen im Vatikan berichteten, daß der Ton der Stellungnahmen, die für Johannes Paul II. ausgearbeitet würden, gewöhnlich gemäßigt sei, doch der Papst dazu neige, von vorbereiteten Texten abzuweichen, zu improvisieren und sich davon hinreißen zu lassen. Kiszczak befürchtete, daß er das auch in Polen tun werde.

Das einzige, was den SB optimistisch stimmen konnte, war, daß sich seit dem Mordanschlag vor einem Jahr die Gesundheit des Papstes verschlechterte. »Gegenwärtig können wir nur davon träumen«, sagte Kiszczak, »daß Gott ihn so bald wie möglich zu sich rufen wird.« Er klammerte sich verzweifelt an jeden Hinweis darauf, daß die Tage des Papstes gezählt sein könnten. Einem an den KGB weitergeleiteten SB-Bericht zufolge litt Johannes Paul II. an Leukämie, benutzte jedoch Kosmetika, um seinen Zustand zu verbergen.[110] Zwei Jahre zuvor hatte der KGB einen gleichermaßen unzutreffenden Bericht vom ungarischen AVH erhalten, daß der Papst an Wirbelsäulenkrebs leide.[111] Etwa zwei Wochen nach Kiszczaks Hilferuf berichtete Aristow, es gebe Anzeichen dafür, daß die polnischen Behörden der Kirche gegenüber weich würden. Nachdem sie sich zuerst geweigert hätten, in Krakau und Katowice große Messen unter freiem Himmel abhalten zu lassen, hätten sie schließlich nachgegeben und beide Veranstaltungen erlaubt – wodurch sie in unverantwortlicher Weise riskieren würden, daß »der religiöse Fanatismus in der Arbeiterklasse angefacht wird«.[112]

Kurz bevor der Papst am 16. Juni 1983 eintraf, gab die wöchentlich in Warschau erscheinende Untergrundzeitung *Tygodnik Mazowsze* der Hoffnung Ausdruck, sein Besuch werde »es den Menschen ermöglichen, die Barriere der Verzweiflung zu durchbrechen, wie auch sein Besuch von 1979 die Barriere der Furcht durchbrochen hat«. Nach seiner Ankunft auf dem Warschauer Flughafen galten die ersten Worte Johannes Pauls II. den Inhaftierten und Verfolgten des Regimes:

»Ich bitte alle, die jetzt leiden, mir besonders nah zu sein. Ich bitte darum mit den Worten Christi: Ich war krank, und ihr habt mich besucht. Ich war im Gefängnis, und ihr seid zu mir gekommen. Ich kann nicht alle jene besuchen, die im Gefängnis sind *[die Menge nahm diese Worte mit Staunen zur Kenntnis]*, alle, die heute leiden. Aber ich bitte sie, mir im Geiste nahe zu sein und mir zu helfen, wie sie es immer getan haben.«[113]

Bei jeder Etappe seines neuntägigen Aufenthalts war wie beim ersten Besuch Johannes Pauls II. vier Jahre zuvor die Kluft zwischen seiner ungeheuren moralischen Autorität und dem diskreditierten Einparteienstaat für alle deutlich erkennbar. Selbst Jaruzelski spürte das bei seiner ersten Zusammenkunft mit dem Papst im reichverzierten Schloß Belvedere. Jaruzelski, ein Atheist, bekannte später, daß ihm die Knie zitterten, als er der weißgewandeten Gestalt gegenüberstand. Mit seiner Persönlichkeit und seinem Charisma machte der Papst einen großen Eindruck auf ihn.[114]

Für Millionen von Polen war der Besuch genauso unvergeßlich. Viele durchquerten zu Fuß ganz Polen, um Johannes Paul II. zu sehen, und schliefen während ihrer Wanderung am Straßenrand. Wo immer der Papst haltmachte, wartete selten weniger als eine halbe Million Menschen auf ihn.[115] »Wir müssen uns mit dem berühmtesten Polen in der Welt befassen«, knurrte Kiscczak, »und leider müssen wir es hier in Polen tun!«[116] Zwar konnte er sich während seines Besuchs nicht mit den Führern der illegalen Gewerkschaft »Solidarność« treffen, doch hatte er Pater Adam Boniecki vorausgesandt, der sie vor der Ankunft des Papstes besuchen und ihnen seine Dankbarkeit und Anerkennung aussprechen sollte.[117] Zuerst erlaubten die Behörden Wałęsa nicht, mit dem Papst zusammenzukommen. Am letzten Tag gaben sie jedoch nach, und Wałęsa wurde mit dem Flugzeug zu einer Begegnung in die Hohe Tatra gebracht. Eine Untergrundkarikatur zeigte SB-Agenten, die, als Schafe und Ziegen getarnt, mit Hilfe von Mikrofonen das Gespräch zu belauschen versuchten.[118]

Die formelle Aufhebung des Kriegsrechts einen Monat nach dem Papstbesuch half wenig, das ramponierte Ansehen des Regimes wieder zu erhöhen. Auch Rakowski, der Danzig besuchte, um am dritten Jahrestag der Vereinbarungen vom August 1980 vor Werftarbeitern zu sprechen, vermochte das nicht. Als er »Solidarność« für tot erklärte und Wałęsa als einen Mann bezeichnete, der seine Zeit hinter sich habe, wurde er von Zurufern am Weiterreden gehindert. Wałęsa hatte die Arbeiter auf seiner Seite, als er, stotternd zwar, Rakowski und dessen Genossen vorwarf, Gierek von der Macht verdrängt zu haben, um selbst Karriere zu machen. Wahrscheinlich war dieses Debakel in Danzig der Anlaß dafür, daß das Regime sich entschloß, im Fernsehen das verleumderische Video über Wałęsa zu senden, das der SB Ende des letzten Jahres fabriziert hatte. Der mit einer versteckten Kamera des SB aufgenommene Film, der Wałęsa und seinen Bruder Stanisław bei seinem Geburtstagsessen zeigte, diente als Ausgangsmaterial eines gefälschten »Dokumentarfilms«, der den Titel »Geld« trug und Wałęsas angebliche Habgier und Korrumpiertheit vor

Augen führen sollte. Der Dialog bestand aus einigen zusammengeklebten Teilen von Wałęsas öffentlichen Auftritten, aus Tonbandaufnahmen, die Stanisław von der Unterhaltung beim Geburtstagsessen gemacht (und der SB entwendet) hatte, sowie Worten, die ein Warschauer Schauspieler, Wałęsas Stimme imitierend, gesprochen hatte.[119] Die von Mitrochin eingesehenen Akten endeten zu früh, so daß nicht geklärt werden kann, wer an dem Beschluß beteiligt war, eine über ein Jahr zuvor begonnene aktive Maßnahme weiterzuführen. Kiszczak versuchte später, die Schuld auf seinen SB-Untergebenen, Adam Pietruszka, abzuwälzen, doch muß er selbst zu denen gehört haben, die die Verwendung des Videos genehmigten. Der Filmdialog enthält einen gefälschten Wortwechsel über Wałęsas angebliches Vermögen im Westen:

Lech Wałęsa: Du weißt, alles in allem sind es über eine Million Dollar... Jemand muß das Geld abheben und es woanders deponieren. Allerdings kann es nicht ins Land gebracht werden.
Stanisław Wałęsa: Nein, nein, nein!
Lech Wałęsa: Ich habe also darüber nachgedacht, und sie kamen her, und der Priester hatte die Idee, ein Konto in der Bank, der päpstlichen, zu eröffnen. Sie geben dort 15 Prozent ... Jemand muß das alles arrangieren, Konten im Vatikan eröffnen. Ich kann mich damit nicht befassen, sonst kriege ich eins in die Fresse. Deshalb könntest du ...«

Das Ziel der aktiven SB-Maßnahme bestand zum Teil darin, Wałęsas Chancen, den Friedensnobelpreis zu erhalten, zunichte zu machen. Der Schauspieler, der Wałęsa darstellt, erklärt, daß der Preis eine Menge Geld wert ist, und sagt dann: »Ich würde ihn mir holen, wenn da die Kirche nicht wäre! Aber die Kirche beginnt sich einzumischen.« – »Ja«, erwidert Wałęsas Bruder, »weil sie den Papst wieder aufgestellt haben.«[120]
Am 5. Oktober wurde jedoch gemeldet, daß Wałęsa tatsächlich mit dem Friedensnobelpreis ausgezeichnet worden war. Um dem Versuch des SB entgegenzuwirken, ihn als korrupten Glücksritter hinzustellen, verkündete Wałęsa, er spende das Geld für ein kirchliches Projekt, mit dem Bauern geholfen werden solle, die Landwirtschaft zu modernisieren und zu mechanisieren.[121] Andropow konnte, obwohl bereits unheilbar krank, seine Wut kaum zügeln. Von seinem Krankenbett aus schickte er einen Brief an Jaruzelski:

»Die Kirche läßt den Kult um Wałęsa wieder aufleben, gibt Wałęsa Zuspruch und ermutigt ihn. Das bedeutet, daß die Kirche eine neue Art von Konfrontation mit der Partei vorbereitet. In dieser Situation ist es von größter Wichtigkeit, keine Zugeständnisse zu machen ...«

Jaruzelski schien unbeeindruckt zu sein. Einen Monat später schrieb er einen bemerkenswerten Brief an Johannes Paul II., in dem er erwähnte, daß er noch oft an ihre Gespräche während des Papstbesuchs in Polen denke, »die ungeachtet verständlicher Meinungsunterschiede von tiefer Sorge um das Schicksal des Vaterlandes und das Wohlergehen der Menschen erfüllt waren«.[122]

Im April 1984, zwei Monate nach Andropows Tod, wurde Jaruzelski aufgefordert, an einer weiteren geheimen Besprechung in einem Eisenbahnwagen in Brest-Litowsk teilzunehmen, diesmal mit Außenminister Gromyko und Verteidigungsminister Ustinow. Gromyko erstattete darüber dem Politbüro am 26. April Bericht:

»Jaruzelski hielt die Kirche für einen unentbehrlichen Verbündeten, ohne den es gegenwärtig nicht möglich sein werde, Fortschritte zu erzielen. Jaruzelski sagte nichts über ein entschlossenes Vorgehen gegen die Machenschaften der Kirche.«

Andropows Nachfolger, Konstantin Tschernenko, erklärte, die Kirche führe eine konterrevolutionäre Offensive in Polen, »sie inspiriert und vereint die Feinde des Kommunismus und jene, die mit dem gegenwärtigen System nicht zufrieden sind.« Die Bemerkungen Michail Gorbatschows dazu, der elf Monate später an Tschernenkos Stelle trat, waren seltsam prophetisch: »Mir scheint, daß wir die wahren Absichten Jaruzelskis noch nicht durchschaut haben. Vielleicht will er in Polen ein pluralistisches Regierungssystem einrichten.«[123]

Jede Etappe der polnischen Krise wurde, wie seinerzeit während des Prager Frühlings und danach in der Tschechoslowakei, von Illegalen im Rahmen von PROGRESS-Operationen überwacht. Sowohl in Polen als auch in der Tschechoslowakei gibt es Hinweise darauf, daß sich zumindest einige Illegale zu Sympathisanten der Reformer wandelten. Der klarste Beweis sind Walentin Barannik (ORLOW) und seine Frau Swetlana Michailowna (ORLOWA), die von 1978 an unter Verwendung von falschen westdeutschen Pässen auf verschiedene Missionen nach Polen entsandt wurden. Im Sommer 1982 übte ORLOW eine vernichtende Kritik am polnischen Einparteienstaat:

»Das Fehlen einer legalen Opposition führt dazu, daß nur Jasager erfolgreich sind. Meinungen, die denen der Führung widersprechen, werden nicht diskutiert, sondern unterdrückt. Die ganze herrschende Schicht ist damit beschäftigt, einzeln oder in Gruppen einen verborgenen Kampf um immer höhere Posten, Prestige bringende Ernennungen und andere Vorteile zu führen. Daher ist die Parteibürokratie nicht in der Lage, das Land zu führen und eine umfassende Bilanz seiner Probleme und Bedürfnisse zu ziehen. Ohne Kreativität und freies Unternehmertum ist eine Gesellschaft nicht lebensfähig und wird zum Opfer der Bürokratie.«[124]

In den von Mitrochin eingesehenen Akten ist die zweifellos wütende Reaktion der Zentrale nicht verzeichnet. Es besteht jedoch kaum ein Zweifel, daß auch andere Illegale insgeheim das dachten, was ORLOW offen zu sagen gewagt hatte.

Bereits 1980 hatte das sowjetische Politbüro zugeben müssen, daß das einzig wirksame Mittel zur Verhinderung einer polnischen Konterrevolution die Furcht vor einer sowjetischen militärischen Invasion war. Diese Furcht war jedoch ein Faktor, der nur einen begrenzten Wert besaß und auf den Erinnerungen an Budapest 1956, Prag 1968 und Kabul 1979 basierte. Sobald das Politbüro insgeheim die Absicht fallenließ, 1980 in Warschau einzumarschieren, beruhte seine Politik nur noch auf einem Bluff, der sich nicht ewig aufrechterhalten ließ.

Dadurch, daß Gorbatschow 1985 an die Macht kam, rückte der Zeitpunkt rasch näher, wo die Karten offengelegt werden mußten. Bei einigen ersten Begegnungen mit osteuropäischen Führern wies er sie warnend darauf hin, daß sie bei Streitigkeiten mit ihrer eigenen Bevölkerung nicht mehr mit dem Eingreifen der Sowjetarmee rechnen konnten. Das gleiche brachte Gorbatschow auf einer RGW-Tagung im November 1986 in Moskau noch förmlicher zum Ausdruck.[125] Obgleich die osteuropäischen Regime natürlich nur ungern dazu bereit waren, dieses Geheimnis mit ihren Untertanen zu teilen, war es nur eine Frage der Zeit, wann sie es selbst entdeckten. Es kam Gorbatschow jedoch nicht in den Sinn, daß er damit vielleicht den Weg zum Ende der kommunistischen Ära in Osteuropa freigab. Vielmehr rechnete er damit, daß nach den Hardlinern eine Generation kleiner Gorbatschows kommen würde, die bestrebt wären, Moskau in der Durchführung von Reformen nachzueifern. Nur wenige Fehleinschätzungen in Friedenszeiten hatten so schwerwiegende Folgen wie seine. Sobald eine neue Krise im Ostblock entstand und es klar war, daß die Sowjetarmee in ihren Kasernen blieb, war die »sozialistische Staatengemeinschaft« zum Untergang verurteilt.

Das Endspiel begann in Polen. Als Anfang 1989 eine wirtschaftliche Notlage herrschte und es wieder Arbeiterunruhen gab, erörterte das Politbüro neue Sparmaßnahmen, die zu einer Explosion der aufgestauten Unzufriedenheit zu führen drohten. Die Situation rief Erinnerungen an 1980 wach. Jaruzelski weigerte sich, erneut den Ausnahmezustand auszurufen, da er überzeugt war, daß dies noch mehr Menschenopfer fordern würde als 1981. Die einzige Möglichkeit bestand seiner Meinung nach darin, mit der noch immer illegalen »Solidarność« zu verhandeln, um im Gegenzug mit ihrer Hilfe den Frieden zu erhalten. Obwohl Jaruzelski von Innenminister Czesław Kiszczak unterstützt wurde, dem auch der SB unterstand und der 1981 ein führender Hardliner gewesen war, konnte er seinen Vorschlag im Politbüro nur durchbringen, indem er mit seinem Rücktritt drohte. Zwei Monate zäher Verhandlungen führten dazu, daß »Solidarność« wieder offiziell zugelassen wurde und für den Juni allgemeine Wahlen unter Bedingungen angesetzt wurden, die zwar den Kommunisten die große Mehrheit sichern würden, aber auch der »Solidarność« einen Platz im Parlament gewähren sollten. Zur allseitigen Überraschung errang »Solidarność« jedoch einen überwältigenden Sieg. Einige Monate zuvor hatte der Regierungssprecher Jerzy Urban »Solidarność« als eine »nicht existierende Organisation« und Wałęsa als einen politisch unbedeutenden »Privatmann« bezeichnet. Nach der kommunistischen Niederlage sagte er der abtretenden Regierung: »Das ist nicht nur eine verlorene Wahl, meine Herren. Es ist das Ende eines Zeitalters.«[126]

Das Ende kam schneller, als man es für möglich gehalten hatte. Alle noch bestehenden Zweifel an Moskaus Entschlossenheit, die Absetzung der alten kommunistischen Garde zu tolerieren, schwanden, als Gorbatschow im September Ost-Berlin besuchte, um an der Feier zum vierzigjährigen Bestehen der nunmehr zum Untergang verurteilten »Deutschen Demokratischen Republik« teilzunehmen. Honecker gegenüber gebrauchte er einen Satz, der von der sowjetischen Delegation rasch publik gemacht wurde: »Wer zu spät kommt, den bestraft das Leben.« Honecker mußte sechs Wochen später abtreten. Sogar als klar wurde, daß die gesamte kommunistische Ordnung und nicht nur die alte Garde in Osteuropa in Gefahr war, machte Gorbatschow keinen Rückzieher. Er schickte seinen Berater Alexander Jakowlew in die Hauptstädte der zerfallenden sozialistischen Staatengemeinschaft, »um immer wieder auf eines hinzuweisen: Wir werden uns nicht einmischen«. Jakowlew erklärte später:

»Wir sagten ihnen: Stellt bitte eure eigenen Überlegungen an, aber vergeßt nicht, daß unsere Truppen nicht eingesetzt werden, selbst wenn sie da sind. Sie werden in ihren Kasernen bleiben und unter keinen Umständen ausrücken.«[127]

Nachdem die Ostdeutschen am 9. November in großer Zahl freudetrunken durch die plötzlich geöffnete Berliner Mauer geströmt waren, dauerte es nur noch sieben Wochen, bis die noch übriggebliebenen Einparteienstaaten wie Kartenhäuser zusammenfielen.

Die Zentrale nahm den Zusammenbruch des Ostblocks weit weniger gleichmütig hin als Gorbatschow. Zwar plante der KGB noch »aktive Maßnahmen« und versuchte verzweifelt, den Niedergang der kommunistischen Regime aufzuhalten, doch wurde ihm nicht gestattet, sie auch durchzuführen. Dem Chef der Ersten Hauptverwaltung, Leonid Schebarschin, zufolge wurde den Führern Osteuropas gesagt, sie sollten selber sehen, wo sie blieben. »Aber sie waren«, wie er beklagte, »nur dazu erzogen worden, Freunde der Sowjetunion zu sein; sie waren nie darauf vorbereitet worden, auf eigenen Füßen zu stehen. Sie wurden einfach den Wölfen vorgeworfen.«[128]

Schlußbetrachtung
Vom Einparteienstaat zur Präsidentschaft Jelzins.
Die Rolle des russischen Geheimdienstes

Die meisten Historiker haben nie so recht erkannt, welche Rolle die Geheimdienste in den internationalen Beziehungen und in der Politik des 20. Jahrhunderts spielten. Die Geschichte der Fernmeldeaufklärung ist dafür ein auffälliges Beispiel. Von 1945 an haben fast alle Geschichtswerke über den Zweiten Weltkrieg erwähnt, daß es den Amerikanern mehr als ein Jahr vor dem Überfall auf Pearl Harbour gelungen war, den diplomatischen Hauptcode der Japaner zu knacken. Bekannt ist auch der Erfolg, den die Briten im Ersten Weltkrieg mit der Entschlüsselung deutscher Geheimcodes erzielten; der von den Briten gelieferte Klartext des sogenannten Zimmermann-Telegramms, in dem Deutschland Mexiko territoriale Gewinne zu Lasten der USA versprach, falls es an Deutschlands Seite in den Krieg eintrete, führte sogar dazu, daß sich die USA 1917 beeilten, Deutschland den Krieg zu erklären. Aber bis zur Bekanntgabe des Geheimnisses um das Projekt ULTRA im Jahre 1973 war es fast keinem Historiker (mit Ausnahme ehemaliger Geheimdienstoffiziere, denen es allerdings verboten war, das Projekt zu erwähnen) in den Sinn gekommen, daß vielleicht bedeutende Erfolge auf dem Gebiet der Fernmeldeaufklärung gegen Deutschland und Japan erzielt worden waren. Selbst als bekannt wurde, welche wichtige Rolle ULTRA während des Krieges bei den britischen und amerikanischen militärischen Operationen im Westen gespielt hatte, dauerte es noch weitere fünfzehn Jahre, bis irgendein Historiker die ziemlich offensichtliche Frage aufwarf, ob es vielleicht auch ein russisches ULTRA an der Ostfront gegeben habe.[1]

Viele Historiker, die inzwischen die Bedeutung der Fernmeldeaufklärung im Zweiten Weltkrieg anerkannten, ignorierten sie am Ende des 20. Jahrhunderts jedoch noch völlig in ihren Studien über den Kalten Krieg. Dieses plötzliche Verschwinden der Fernmeldeaufklärung von der historischen Landschaft unmittelbar nach dem Sieg über Japan führte sogar in manchen Untersuchungen über bedeutende Staatsmänner und internationale Beziehungen zu einigen außergewöhnlichen Anomalien. So wird in Sir Martin Gilberts mehrbändiger Biographie Churchills dessen starkes Interesse an der Fernmeldeaufklärung während der Krieges zwar bestätigt, doch enthält das Werk keinen einzigen Hinweis darauf, daß er sich als Friedenspremier von 1951 bis 1955 weiterhin dafür interessierte. In den Stalin-Biographien ist sogar noch weniger über die Fernmeldeaufklärung zu finden. Es gibt einige ausgezeichnete Geschichtswerke über die Sowjetunion, aber kaum eines, das auch nur mit einem Wort den riesigen Umfang der Fernmeldeaufklärung erwähnt, die vom KGB und von der GRU, der militärischen Abwehr, geleistet wurde. In vielen Untersuchungen über die sowjetische Außenpolitik wird der KGB kaum erwähnt. Die Bibliographie des neuesten (1998 erschienenen) wissenschaftlichen Werkes zur Geschichte der russischen Auslandsbeziehungen von 1917 bis 1991, das von einem britischen Fachmann als »beste allgemeine Geschichte der sowjetischen Außenpolitik« gepriesen wurde, enthält – abgesehen von einer Biographie Berijas – unter mehr als 120 Titeln nicht ein einziges Werk über die sowjetische Spionage.[2]

Zwar läßt sich diese Blindheit führender Historiker teilweise dadurch erklären, daß die Archive der Geheimdienste, und ganz besonders die der Fernmeldeaufklärung, einer übermäßigen Geheimhaltung unterliegen, doch im Grunde ist sie auf etwas zurückzuführen, was die Psychologen »kognitive Dissonanz« nennen – die Schwierigkeit, die wir alle haben, wenn wir neue Konzepte erfassen sollen, die nicht in unser bisheriges Weltbild passen.[3] Für viele Historiker, Politikwissenschaftler und Fachleute auf dem Gebiet der internationalen Beziehungen war die Welt der Geheimdienste ein solches Konzept. Während nunmehr ein neues Jahrhundert heraufdämmert, ist die traditionelle Mißachtung der Spionage von seiten der Historiker jedoch im Abschwung begriffen, wenn sie auch noch nicht völlig verschwinden wird. Eine neue Generation von Forschern bildet sich heran, die sich weniger als die meisten ihrer Vorgänger von der Rolle der Spionage und deren Nutzung (oder Mißbrauch) durch die Politik irritiert fühlen wird.[4] Ein weites Feld neuer Forschungsaufgaben liegt vor ihnen.

Untersuchungen der Sowjetzeit haben bereits die allgemeine Annahme erschüttert, man könne von einer grundsätzlichen Symmetrie bei der Rolle der Nachrichtendienste in Ost und West ausgehen. Die Tscheka und ihre Nachfolger waren jedoch für das Funktionieren des sowjetischen Systems von einer zentralen Bedeutung, wie es die Geheimdienste für die westlichen Staaten niemals waren. Alexander Herzen, der große

Dissident des 19. Jahrhunderts und wahrscheinlich auch der erste russische Sozialist, sagte einmal, was er für das 20. Jahrhundert befürchte, sei ein »Dschingis Khan mit einem Telegrafen« – also ein traditioneller Despot, der die ganze Macht eines modernen Staates zu seiner Verfügung habe. Mit Stalins Rußland wurde Herzens Alptraum Wirklichkeit. Aber die Macht des stalinistischen Staates war, wie George Orwell erkannte, zum großen Teil eine geheime Macht. Errichtung und Überleben des ersten Einparteienstaates der Welt in Rußland und seines »benachbarten Auslands« hingen davon ab, daß nach der Oktoberrevolution ein beispielloses Überwachungssystem geschaffen wurde, das in der Lage war, alle abweichenden Meinungen zu kontrollieren und zu unterdrücken. In *1984* beschreibt Orwell einen Staat, der auf einer fast totalen Überwachung beruht:

»Es bestand ... keine Möglichkeit festzustellen, ob man in einem gegebenen Augenblick gerade überwacht wurde. Wie oft und nach welchem System die Gedankenpolizei sich in einen Privatapparat einschaltete, blieb der Mutmaßung überlassen. Es war sogar möglich, daß jeder einzelne ständig überwacht wurde. Auf alle Fälle aber konnte sie sich, wenn sie wollte, jederzeit in einen Apparat einschalten.«[5]

Millionen von Menschen fühlten sich in Stalins Sowjetunion genauso überwacht wie Winston Smith in *1984*. »Wegen der Allgegenwart der NKWD-Informanten«, so schreibt Geoffrey Hosking, »... hatten viele Leute niemanden, dem sie völlig vertrauten.«[6]

Die Grundlagen für Stalins Überwachungsstaat wurden von Lenin geschaffen. Er war der eifrigste Verfechter der Tscheka innerhalb der bolschewistischen Führung; Proteste gegen ihre Brutalität tat er als weichliches »Gejammere« ab. Mit seiner persönlichen Unterstützung und Billigung durchdrang die Tscheka allmählich jeden Lebensaspekt unter dem Sowjetregime.[7] Als Lenin zum Beispiel versuchte, den Brauch, Weihnachten zu feiern, in Rußland abzuschaffen, wandte er sich an die Tscheka. »Alle Tschekisten«, ordnete er am 25. Dezember 1919 an, »haben alarmbereit zu sein, um jeden zu erschießen, der wegen ›Nikolaus‹ nicht zur Arbeit erscheint.«[8] Stalin benutzte die Nachfolger der Tscheka, OGPU und NKWD, für die Durchführung der umfassendsten Verfolgung, die es jemals in Friedenszeiten in der europäischen Geschichte gegeben hat. Unter den Opfern befand sich ein Großteil der Parteiführung, des Oberkommandos und sogar der Kommissare der Staatssicherheit, die für die Ausübung des Großen Terrors verantwortlich war. Unter den westlichen Beobachtern des Terrors, die sich nicht vorstellen konnten, daß eine derartige Verfolgung überhaupt möglich war, gab es einige lehrbuchreife Fälle kognitiver Dissonanz. Der amerikanische Botschafter, Joseph Davies, informierte Washington, die Schauprozesse hätten »über jeden vernünftigen Zweifel erhabene Beweise« geliefert, um »den Schuldspruch wegen Landesverrats zu rechtfertigen«. Der Historiker Sir Bernard Pares, der als führender britischer Experte seiner Generation für alle möglichen russischen Fragen gilt, schrieb noch 1962: »Nahezu alle [die bei den Prozessen verurteilt wurden] gaben zu, gegen das Leben Stalins und anderer konspiriert zu haben; und in diesem Punkt erübrigt sich jeder Zweifel.«[9]

Nach dem Zweiten Weltkrieg spielten der NKWD und sein Nachfolger, das MGB, eine zentrale Rolle bei der Errichtung des neuen sowjetischen Imperiums in Ost- und Mitteleuropa. Ihre Rolle bestand einer offiziellen linientreuen Darstellung der sowjetischen Geschichte zufolge darin, »den Menschen der befreiten Länder zu helfen, eine freie heimische Regierungsform zu schaffen und zu festigen«[10] – mit anderen Worten, eine Reihe gefügiger Einparteienstaaten entlang der sowjetischen Westgrenzen zu schaffen. Im gesamten Ostblock spielten Sicherheits- und Geheimdienste eine entscheidende Rolle bei der Errichtung stalinistischer Regime. In der DDR gab es sogar siebenmal mehr Informanten als im Dritten Reich. Viele Führer der neuen Einparteienstaaten waren wie in Ostdeutschland nicht nur treue Stalinisten, sondern auch ehemalige Sowjetagenten.

Zwar wurden »Volksfeinde« in der Zeit nach Stalin vom KGB in die Kategorie der Dissidenten eingestuft und weniger mörderischen Unterdrückungsmethoden ausgesetzt, doch blieb der Feldzug gegen sie kompromißlos wie eh und je. Um die Arbeitsweise des sowjetischen Staates besser zu verstehen, müssen die KGB-Methoden zur Überwachung der Gesellschaft noch viel eingehender untersucht werden. Mitrochins Notizen über den Inhalt von Dokumenten, die aus den inneren Verwaltungen des KGB stammen und in die Akten der Ersten Hauptverwaltung Eingang gefunden haben, zeigen, welch ungeheure Menge von streng geheimem Material über das sowjetische System noch in den Archiven des heutigen russischen Sicherheitsdienstes FSB schlummert. Zu den Neuerungen des KGB in der Zeit des Kalten Krieges gehörte der Mißbrauch der Psychiatrie als Bestrafung für ideologische Subversion. Der KGB warb eine Reihe von

Psychiatern am Serbski-Institut für Forensische Psychiatrie und an anderen Instituten an, die beauftragt wurden, bei politischen Dissidenten »paranoide Schizophrenie« zu diagnostizieren, worauf die Betreffenden auf unbegrenzte Zeit in Irrenanstalten eingewiesen wurden, wo sie unter Drogen gesetzt und ruhiggestellt werden konnten. Ein »Plan für operative Maßnahmen von Agenten«, der Ende 1975 verwirklicht wurde, sah den Einsatz von vier Agenten (KRAJEWSKI, PETROW, PROFESSOR und WAIKIN) und sechs inoffiziellen Mitarbeitern (BEA, LDR, MGW, MSN, NRA und SAB) als Psychiater vor.[11] Fast mit Gewißheit kann man davon ausgehen, daß es noch viel mehr solcher Fälle gab. Bemerkenswerterweise sind die meisten Dissidenten, die in geschlossenen Anstalten eingesperrt wurden, sogar nach der Behandlung durch KGB-Psychiater bei Verstand geblieben. Als 1977/78 siebenundzwanzig von ihnen von Alexander Woloschanowitsch, einem Arzt an der Dolgoprudnaja-Klinik für Psychiatrie, untersucht wurden, stellte sich heraus, daß kein einziger von ihnen an psychischen Störungen litt.[12] 1983 traten die sowjetischen Psychiater gerade noch rechtzeitig von selbst aus dem Weltverband für Psychiatrie aus, bevor sie wegen des systematischen Mißbrauchs von Patienten ausgeschlossen werden konnten.

Die vom KGB am häufigsten angewandten Methoden zur Überwachung der Gesellschaft waren die einfacheren, aber sehr arbeitsintensiven Methoden der allgegenwärtigen Observation und Einschüchterung. Die unmittelbaren Erfahrungen, die Andropow als Botschafter 1956 in Budapest sammelte, ergänzt durch die tschechoslowakische Krise in seinem ersten Jahr als KGB-Vorsitzender, überzeugten ihn, daß der KGB es sich nicht leisten konnte, auch nur einen einzigen Fall von ideologischer Subversion zu übersehen. »Jede derartige Handlung«, betonte er, »stellt eine Gefahr dar.« Niemand war zu unbedeutend, als daß er nicht die Aufmerksamkeit des KGB auf sich gelenkt hätte. Der Aufwand an Kräften und Mitteln, die eingesetzt wurden, um jeden Verfasser eines anonymen Briefes oder Urheber eines aufwieglerischen systemkritischen Graffito zu ermitteln, ging häufig über das hinaus, was im Westen zur Aufklärung eines bedeutenden Mordfalls aufgeboten wird.

Zu den vielen Operationen dieser Art, deren Erfolg in der internen Zeitschrift *KGB Sbornik* gefeiert wurde, gehörte auch die Jagd nach einer Person mit dem Codenamen CHUDOSCHNIK (»Künstler«), die im Juli 1971 anonyme Briefe mit Angriffen auf den Marxismus-Leninismus und verschiedene Parteifunktionäre an Komitees der KPdSU und des Komsomol zu verschicken begann. Die Briefe waren mit Kugelschreiber geschrieben und mit »Zentralkomitee der Freiheitspartei« unterzeichnet.

Bei der kriminaltechnischen Untersuchung wurden auf der Rückseite einiger Briefe kaum wahrnehmbare Spuren von Bleistiftzeichnungen entdeckt – daher der Codename CHUDOSCHNIK und die Hypothese, der Gesuchte habe an einer Kunsthochschule studiert. Dem Inhalt der Briefe nach zu urteilen, las er regelmäßig die *Komsomolskaja Prawda* und hörte ausländische Rundfunksender. Aufgrund der Tatsache, daß einige Briefe an Komsomolzen beim Militär gesandt worden waren, begann eine umfangreiche Überprüfung der Personalakten von Leuten, die aus militärischen Ausbildungsstätten entlassen worden waren, sowie von Reserveoffizieren. Die Suche nach CHUDOSCHNIK konzentrierte sich auf Moskau, Jaroslawl, Rostow und Gawrilow-Jam, wo seine Briefe abgeschickt worden waren. An allen vier Orten suchte die Postzensur (Sluschba PK) viele Monate lang nach einer Handschrift, die der von CHUDOSCHNIK ähnelte; zahlreichen KGB-Agenten und inoffiziellen Mitarbeitern zeigte man Muster seiner Handschrift und gab ihnen sein vermutliches psychologisches Profil an die Hand. Ein enormer Aufwand wurde betrieben, um amtliche Formulare zu überprüfen, die CHUDOSCHNIK ausgefüllt haben könnte. Schließlich wurde nach fast dreijähriger Suche seine Unterschrift unter einem Antrag an die Wohnungskommission der Stadt Rostow gefunden. 1974 wurde CHUDOSCHNIK als Vorsitzender eines Rostower Straßenkomitees namens Korobow identifiziert. Nach kurzer Überwachung wurde er verhaftet und zu einer Gefängnisstrafe verurteilt.[13] Wie in vielen derartigen Fällen ließ der triumphalistische KGB-Bericht über die langwierige Operation jeden Sinn dafür missen, wie absurd es war, einen so enormen Aufwand für die Jagd nach dem Verfasser von »Verleumdungen der sowjetischen Realität« zu betreiben, die niemals das Licht der Öffentlichkeit erblickten.

KGB-Offiziere wurden durch Artikel im *KGB Sbornik* und andere Ermahnungen regelmäßig daran erinnert, daß sogar westliche Popmusik inhärent subversiv war. KGB-Büros in der Provinz gaben sich enorme Mühe, festzustellen, wie groß in ihrem lokalen Bereich das Interesse an dieser Musik war, und waren gewöhnlich beunruhigt über das, was sie herausfanden. Der KGB im Gebiet Dnepropetrowsk, wo Breschnews Karriere als Parteiapparatschik begonnen hatte, schätzte nach einer vermutlich länger anhaltenden Durchschnüffelungsaktion des privaten Briefwechsels junger Leute Mitte der siebziger Jahre, daß fast 80 Prozent der Altersgruppe der Fünfzehn- bis Zwanzigjährigen »systematisch die Sendungen westlicher Rundfunkstationen hörten«, besonders Popmusik, und andere ungesunde Anzeichen für das Interesse an westlichen Popstars zeigten, indem sie versuchten, Fotografien von ihnen zu bekommen. Der fast surrealistisch anmutende Bericht über die musikalische Subversion im Gebiet Dnepropetrowsk verdeutlicht, wie die Hatz auf ideologisches Dissidententum bei jenen, die diesen heiligen Krieg führten, häufig jeglichen Sinn für das Absurde zerstörte:

»Selbst das Anhören von Musikprogrammen vermittelte Jugendlichen eine verzerrte Vorstellung von der sowjetischen Realität und führte zu Zwischenfällen, die an Landesverrat grenzten. Das Schwärmen für moderne westliche Popmusik und ihr Einfluß auf Musikgruppen und Künstler kann dazu führen, daß diese jungen Leute einen feindseligen Weg einschlagen. Derartige Schwärmereien wirken sich negativ auf die Interessen der Gesellschaft aus, sie wecken eitle Ambitionen und ungerechtfertigte Forderungen und können die Entstehung informeller [nicht offiziell genehmigter] Gruppen mit staatsgefährdender Tendenz bewirken.«[14]

So wurden zum Beispiel Michael Jackson und Pink Floyd als potentielle Gefahr für das sowjetische System angesehen. Der kommunistische Einparteienstaat fühlte sich durch westliche Popstars deswegen bedroht, weil sie die Rebellion der Jugend symbolisierten. Sogar in Albanien wimmelte es nach dem Zusammenbruch des letzten und am stärksten – selbst von Moskau – isolierten kommunistischen Regimes in Europa 1992 auf dem von Bäumen gesäumten eleganten »Bulevard« im Zentrum von Tirana von jungen Leuten, die Michael-Jackson- (oder Mikel-Jaksen-) T-Shirts trugen. Die enthauptete Stalinstatue war in großen roten Lettern mit »Pink Floyd« beschriftet.[15]

Alle Orte, wo Sowjetbürger mit Personen aus dem Westen in Kontakt kamen, wurden vom KGB prinzipiell als Gefahrenquellen angesehen, von denen verderbliche ideologische Einflüsse ausgehen konnten. In den Residenturen im Ausland gab es Gruppe-SK-Offiziere, deren Hauptaufgabe darin bestand, eine »ideologische Verseuchung« der sowjetischen Kolonie zu verhindern, die immer auch von zahlreichen Agenten und inoffiziellen Mitarbeitern des KGB durchsetzt war. Mitte der siebziger Jahre waren 15 Prozent der in New York beschäftigten sowjetischen Angestellten voll rekrutierte Agenten.[16] Schon lange wußte man, daß sowjetische Gruppen, die ins Ausland reisten, stets sorgfältig von KGB-Offizieren behütet wurden. Was aber bisher weniger bekannt war, ist, wie viele Agenten und inoffizielle Mitarbeiter in jeder Gruppe (häufig mehr als 15 Prozent) das Verhalten ihrer Mitreisenden überwachten. Als das sowjetische Staatliche Akademische Symphonieorchester im Oktober und November in der Bundesrepublik Deutschland, in Italien und Österreich Konzerte gab, täuschten zwei KGB-Offiziere, Pawel Sobolew und Pjotr Trubogard, vor, zum Orchesterpersonal zu gehören. Dazu waren von den 122 Orchestermitgliedern mindestens acht Agenten und elf inoffizielle Mitarbeiter. Während der Gastspielreise wurde »kompromittierendes Material« über 35 Orchestermitglieder gesammelt, darunter Beweise für »Alkoholmißbrauch«, »Spekulation« (wahrscheinlich meistens Versuche, westliche Konsumgüter zu kaufen) und – soweit es jüdische Musiker betraf – »freundschaftliche« Korrespondenz mit in Israel lebenden Privatpersonen. Weitere kompromittierende Informationen wurden über die Familien von Musikern zusammengetragen, wie zum Beispiel darüber, daß die Frau eines Geigers (der in Mitrochins Notizen namentlich genannt ist) Geburtstagsgrüße mit Bekannten in Frankreich austauschte.[17] Das Moskauer Kammerorchester reiste im Oktober 1974 unter der Oberaufsicht von Michail Sisow vom KGB ebenfalls in den Westen. Von den 30 Orchestermitgliedern waren drei Agenten und fünf inoffizielle Mitarbeiter. Bei den »kompromittierenden Informationen«, die von den acht Informanten über die übrigen zweiundzwanzig Kollegen gesammelt wurden und den KGB am meisten beunruhigten, handelte es sich um Beweise, daß einige von ihnen mit ausländischen Bekannten korrespondierten.[18]

Es war in der Hauptsache auf den immensen Aufwand an Zeit und Mühe zurückzuführen, die der Kampf an allen Fronten gegen die ideologische Subversion kostete, daß der KGB um ein Vielfaches größer war als jeder westliche Nachrichten- oder Sicherheitsdienst. Ein Beispiel für die überwältigende Konzentration der regionalen KGB-Filialen auf Fälle ideologischer Subversion liefert der geheime Bericht der KGB-Verwaltung für das Gebiet Leningrad aus dem Jahre 1970. Man hatte nicht einen einzigen Fall von Spionage oder Terrorismus festgestellt. Dagegen wurden 502 Personen »prophylaktisch aufgeklärt«, und zwar aufgrund ihrer Verwicklung in »politisch schädliche Vorfälle«. Des weiteren wurden 41 Personen strafrechtlich verfolgt, weil sie Verbrechen gegen den Staat (wobei es sich wohl fast immer um ideologische Subversion handelte) begangen oder versucht hatten, und 34 Sowjetbürger wurden bei Versuchen gefaßt, die Grenze zu überqueren. An höheren Lehranstalten wurden umfangreiche Maßnahmen durchgeführt, um »feindselige Zwischenfälle zu verhindern«. Die Postzensur fing über 25 000 Dokumente mit »ideologisch schädlichem Inhalt« ab; weitere 19 000 Dokumente wurden an der Grenze beschlagnahmt. Festgestellt wurde ferner, daß 109 Personen (im Vergleich zu 99 im Jahr 1969) subversive Flugblätter verteilt und anonyme Briefe verschickt hatten; 27 Täter wurden ermittelt. Dem Bericht zufolge war das riesige Agentennetz im Vergleich zum Vorjahr um 17,3 Prozent gewachsen. Auf der Verlustseite standen 27 Autos des KGB-Überwachungsdienstes, die bei Einsätzen zu Bruch gegangen waren.[19] Oleg Kalugin, der 1980 zum stellvertretenden Leiter der Leningrader KGB-Filiale avancierte, tat dessen Arbeit im privaten Kreis als »sorgfältig orchestrierte Farce« ab, bei der das Büro verzweifelt versuchte, genügend Beweise für ideologische Subversion zu sammeln, um seine Existenz zu rechtfertigen.[20]

Als Chef des KGB suchte Andropow das Problem der ideologischen Subversion im Bewußtsein der Führung stets wachzuhalten. Meldungen über (nach westlichem Standard) so triviale Dinge wie zum Beispiel das Wirken einer kleinen Gruppe von Zeugen Jehovas in den Weiten Sibiriens oder die unerlaubte Veröffentlichung irgendeiner Kurzgeschichte eines sowjetischen Schriftstellers in Paris landeten nicht nur auf dem Schreibtisch Andropows, sondern gelangten gelegentlich auch ins Politbüro. Obwohl sogar die führenden Dissidenten, zumindest vor der Ära Gorbatschow, wenig Resonanz in der sowjetischen Bevölkerung fanden, diskutierte das Politbüro stundenlang über sie. Anfang 1977 wurden in der Sowjetunion und im Ausland insgesamt 32 »aktive Maßnahmen« gegen Andrei Sacharow – von Andropow als »öffentlicher Feind Nummer eins« bezeichnet – entweder bereits durchgeführt oder gerade in Angriff genommen.

Nicht eine einzige Gruppe sowjetischer Dissidenten konnte während des Kalten Krieges lange der Gefahr entgehen, von einem oder mehreren Angehörigen des Millionenheers von Agenten und inoffiziellen Mitarbeiter des KGB unterwandert zu werden. Ihre einzigen Möglichkeiten des öffentlichen Protests bestanden darin, heimlich Samisdat-Broschüren zu verbreiten oder kurzzeitig Spruchbänder auf dem Roten Platz zu entrollen, die umgehend von KGB-Männern in Zivil heruntergerissen wurden. Bis zu den letzten Jahren des Sowjetsystems waren die Dissidenten nur eine winzige Minderheit, die sehr wenig Unterstützung oder Sympathie in der Bevölkerung fand. Darin besteht zum großen Teil ihr Heroismus: Sie kämpften mutig, obwohl ein Erfolg so gut wie ausgeschlossen war. Der KGB trug dazu bei, daß jeder Gedanke an ernsthafte politische Veränderungen als unerfüllbarer Traum erscheinen mußte. Den meisten Russen kam überhaupt nicht in den Sinn, daß es eine Alternative zum sowjetischen System geben könnte. Die Tatsache, daß sie trotz ihres Murrens über den Lebensstandard den Status quo fast widerspruchslos hinnahmen, hatte eine nachhaltige Wirkung auf die Haltung des Westens und damit auch auf seine Außenpolitik. Während des Kalten Krieges gingen die meisten westlichen Beobachter mit einem Gefühl des Bedauerns davon aus, daß das sowjetische System unbegrenzt Bestand haben würde. Daher der Schock und die Überraschung allenthalben, als in den letzten Monaten des Jahres 1989 die kommunistische Ordnung in Osteuropa so rasch zusammenbrach und der sowjetische Einparteienstaat zwei Jahre später fast ebenso schnell zerfiel. Henry Kissinger erklärte 1992: »Ich kannte niemanden, ... der die Entwicklung in der Sowjetunion vorausgesagt hatte.«[21]

Westliche Beobachter unterschätzten nicht nur, welche zentrale Bedeutung das System der sozialen Kontrolle durch den KGB für das Funktionären des sowjetischen Systems hatte, sie unterschätzten auch Macht und Einfluß seiner für die innere Sicherheit und den Nachrichtendienst verantwortlichen Chefs.[22] Berija, der gegen Ende des Großen Terrors Chef des NKWD wurde, entwickelte sich zum zweitmächtigsten Mann in der Sowjetunion – »mein Himmler«, wie Stalin ihn einmal nannte. 1945 wurde ihm die Leitung beim Bau der ersten sowjetischen Atombombe übertragen. Nach Stalins Tod im Jahre 1953 war Berija der erste Chef der sowjetischen Staatssicherheit, der nach der höchsten Macht griff. Die Furcht vor seinen Ambitionen einte jedoch die übrigen Mitglieder der sowjetischen Führung gegen ihn, und Ende 1953 wurde er hingerichtet.

Danach glaubten viele, daß keinem KGB-Chef vom Rest der Sowjetführung je wieder Gelegenheit gegeben werden würde, erfolgreich nach der Macht zu greifen. Diese Annahme erwies sich bei Alexander Schelepin, dem dynamischen und relativ jungen Vorsitzenden des KGB von 1958 bis 1961, als richtig. Er machte kaum einen Hehl aus seinem Wunsch, Generalsekretär zu werden, wurde aber nach Chruschtschows

Sturz von Breschnew und den anderen führenden Verschwörern beiseite geschoben.

Juri Andropow ging, als er seinen Aufstieg zur Macht in den siebziger Jahren plante, viel geschickter vor als Berija oder Schelepin. Als Breschnew immer mehr verfiel, avancierte Andropow allmählich zum gesetzmäßigen Erbe und wurde 1982 als Breschnews Nachfolger Generalsekretär.

Juri Andropow stellte sich sehr viel geschickter bei der Planung seines eigenen Aufstiegs zur Macht in den siebziger Jahren an. Während Breschnew zunehmend schwächer wurde, stilisierte sich Andropow schrittweise zu seinem rechtmäßigen Nachfolger, was er 1982 auch wurde. In den zweitausend Seiten umfassenden Memoiren Henry Kissingers über die Zeit von 1969 bis 1977 oder den Memoiren von Cyrus Vance über seine Amtszeit von 1977 bis 1980 als Außenminister und Nachfolger Kissingers findet sich jedoch kein einziger Hinweis auf Andropow.[23] Wladimir Krjutschkow wurde zehn Jahre später als KGB-Vorsitzender gleichermaßen unterschätzt. Die meisten westlichen Beobachter waren überrascht, als er sich als Rädelsführer des fehlgeschlagenen Staatsstreichs vom August 1991 entpuppte, durch den Gorbatschow gestürzt und ein hartes Regime wiedereingeführt werden sollte. Wie Berija hatte sich Krjutschkow übernommen. Obwohl der KGB bis dahin ein unverzichtbares Bollwerk des kommunistischen Einparteienstaates gewesen war, beschleunigte Krjutschkows zur falschen Zeit unternommener Versuch nur dessen Zusammenbruch.[24]

Auch Jewgeni Primakow, der erste Chef des Nachfolgers der Ersten Hauptverwaltung, des SWR, fand bei den meisten westlichen Kommentatoren erstaunlich wenig Aufmerksamkeit. Eine vielgepriesene Studie über Jelzins Rußland, die kurz vor Primakows Ernennung zum Ministerpräsidenten im September 1998 erschien, enthielt keinen einzigen Hinweis auf ihn.[25] Obwohl Primakow jede Absicht in Abrede stellte, Jelzins Nachfolger zu werden, lag er im Frühjahr 1999 bei Meinungsumfragen zu den potentiellen Kandidaten für die Präsidentschaftswahlen des Jahres 2000 an der Spitze. Jelzin entließ ihn im Mai 1999, da er offenbar zu dem Schluß gekommen war, daß Primakow zu mächtig geworden war.

Die Tscheka und ihre Nachfolger waren nicht nur für die Überwachung des Einparteienstaates, sondern auch für die sowjetische Außenpolitik von zentraler Bedeutung. Kim Philby sagte 1980 stolz bei einem Vortrag vor KGB-Offizieren: »Unser im Ausland operierender Dienst ist die erste

Verteidigungslinie der Sowjetunion.«[26] Die Tatsache, daß viele westliche Historiker im KGB nicht den verlängerten Arm der sowjetischen Außenpolitik sahen, ist zum Teil darauf zurückzuführen, daß viele Ziele sowjetischer Politik nicht mit westlichen Begriffen von internationalen Beziehungen im Einklang standen. Betrachtungen der Außenpolitik Stalins erwähnen stets die von Litwinow und sowjetischen Diplomaten geführten Verhandlungen über die kollektive Sicherheit gegen Nazideutschland, ignorieren aber gewöhnlich die weniger konventionellen Operationen gegen die Weißgardisten in Paris, den Plan, General Franco zu Beginn des spanischen Bürgerkrieges zu ermorden, die Liquidierung der führenden Trotzkisten in Westeuropa Ende der dreißiger Jahre und das Komplott zur Ermordung Titos im Jahr 1953 – alles Dinge, mit denen der Auslandsnachrichtendienst betraut wurde.[27] Selbst nach Stalins Tod entsprach die sowjetische Außenpolitik größtenteils nicht westlichen Vorstellungen.

INO, der Auslandsnachrichtendienst in der Zeit zwischen den beiden Weltkriegen, machte sich zum ersten Mal nach dem Bürgerkrieg einen Namen, indem er konterrevolutionäre Verschwörungen aufdeckte, an denen antibolschewistische Emigranten und imperialistische Geheimdienste beteiligt waren. Obwohl die Beweise, die heute vorliegen, zeigen, daß keine dieser (in Wirklichkeit ziemlich trivialen) Verschwörungen auch nur die geringste Aussicht auf Erfolg hatte, spielten sie in den Vorstellungen der sowjetischen Führung eine große Rolle. Die Liquidierung führender Weißgardisten und Trotzkisten außerhalb der Grenzen der Sowjetunion war aus der Sicht Stalins ein bedeutender Sieg. Bei Ausbruch des Zweiten Weltkrieges machte sich Stalin wegen Trotzki mehr Sorgen als wegen Hitler.

In den dreißiger Jahren war die sowjetische Auslandsspionage hauptsächlich dank der »Großen Illegalen« führend in der Welt. Die Rekrutierung der »Glorreichen Fünf« und anderer ehrgeiziger ideologisch motivierter Agenten eröffnete Aussichten auf die Infiltrierung der Machtzentren in den westlichen Hauptstädten. Die zahlreichen britischen und anderen diplomatischen Papiere, die von der INO beschafft wurden, übten einen wichtigen – wenn auch noch wenig erforschten – Einfluß auf die sowjetische Außenpolitik aus. Während der gesamten Stalinära war der Wettkampf der Geheimdienste zwischen der Sowjetunion einerseits und Großbritannien, dem Hauptziel vor dem Krieg, und den USA, dem »Hauptfeind« im Kalten Krieg, andererseits erstaunlich einseitig. Der britische SIS hatte in der Zeit zwischen den Kriegen keine Niederlassung in Moskau; die USA besaßen bis 1941 überhaupt keinen Spionagedienst. Die Hauptniederlagen der INO vor dem Krieg fügte sie sich selber zu: Die wichtigste war das Massaker unter ihren besten Offizieren, die der Paranoia des Großen Terrors zum Opfer fielen.

Die Penetration des Westens durch den sowjetischen Nachrichtendienst erreichte während des Zweiten Weltkriegs ihren Höhepunkt. Nie zuvor hatte ein Staat so viele Geheimnisse seiner Verbündeten erkundet. In Teheran und Jalta war Stalin über die Karten in den Händen der anderen Verhandlungsführer wahrscheinlich besser informiert als je ein Staatsmann auf früheren Konferenzen. Er kannte den Inhalt vieler streng geheimer britischer und amerikanischer Dokumente, die Churchill und Roosevelt selbst den meisten Mitgliedern ihrer eigenen Regierung vorenthielten. Stalin wußte über ULTRA Bescheid, in dessen Geheimnis nur sechs britische Minister eingeweiht waren. Das gleiche traf auf das MANHATTAN-Projekt zu, das vor Vizepräsident Harry Truman sorgfältig geheimgehalten wurde, bis er im April 1945 Roosevelts Nachfolger wurde (erst dann wurde Truman auch über ULTRA informiert).[28] Es entbehrt nicht einer gewissen Ironie, daß dieser sich während der Potsdamer Konferenz im Juli 1945 dazu entschloß, Stalin mitzuteilen, daß die USA »jetzt über ein neues Kampfmittel von außergewöhnlicher Zerstörungskraft verfügten«.[29] Stalin schien von der Nachricht unbeeindruckt zu sein – und das zu Recht, da er von den Plänen, die amerikanische Atombombe zu bauen, fünfzehnmal länger Kenntnis hatte als Truman.

Stalin war auch viel besser als Spitzenbeamte der amerikanischen und britischen Regierung über den ersten großen Erfolg informiert, den die amerikanische und britische Spionageabwehr während des Kalten Krieges gegen die Sowjetunion erzielte, und zwar über die gelungene Entschlüsselung sowjetischer Geheimcodes im Rahmen des VENONA-Projekts, durch die mehrere hundert sowjetische Agenten enttarnt wurden. Bemerkenswerterweise scheint Truman überhaupt nie über VENONA informiert worden zu sein, genausowenig wie die Mehrzahl der Kabinettsmitglieder der Regierung Attlee in Großbritannien. Aufgrund von Rivalitäten innerhalb der Geheimdienstgemeinde der USA wurde sogar die CIA erst 1952 eingeweiht. Die Zentrale hingegen erfuhr von ihren Agenten gleich mehrfach von diesem Projekt: von William Weisband in den beiden militärischen Fernmeldeaufklärungsdiensten der USA, ASA und AFSA, und von Kim Philby im SIS. Stalin war daher erstaunlicherweise mindestens fünf Jahre früher als der amerikanische Präsident oder die CIA darüber im Bilde.[30]

Die außerordentlichen Erfolge der Zentrale bei der Penetration ihrer Verbündeten im Zweiten Weltkrieg sowie die Tatsache, daß einige ihrer westlichen Agenten nach dem Sieg in ihren Stellungen blieben, erweckten übertriebene Hoffnungen in bezug darauf, was der sowjetische Geheimdienst während des Krieges gegen den Hauptfeind und dessen NATO-Verbündete erreichen konnte. Die Nachkriegsstrategie des KGB beruhte auf dem Versuch, die Vorkriegsära der Großen Illegalen wiedererstehen zu lassen, ein großes Netz von illegalen Residenturen zu schaffen und eine neue Generation ehrgeiziger, ideologisch motivierter Agenten zu rekrutieren. Noch Anfang der achtziger Jahre plante die Zentrale, neben den legalen Residenturen in Washington, New York und San Francisco sechs illegale Residenturen zu gründen, die Agenten im Herzen der Reagan-Administration führen sollten. Diese Pläne erwiesen sich als hoffnungslos optimistisch.

Trotz einiger erstaunlicher taktischer Erfolge scheiterte die große Nachkriegsstrategie des KGB in bezug auf das Eindringen in die Machtzentren ihres Hauptfeindes. Zu Beginn des Kalten Krieges verblaßte jener so verführerische Mythos von Stalins Sowjetunion als dem ersten sozialistischen Arbeiter-und-Bauern-Staat der Welt, der die »Glorreichen Fünf« und ihre amerikanischen Pendants inspiriert hatte. Die meisten idealistischen Revolutionäre unter den Studenten Ende der sechziger Jahre wandten sich nicht wie ihre Vorgänger den alten kommunistischen Parteien zu, sondern einer neuen Linken, die der zunehmend greisenhaften Führung in Breschnews Sowjetunion zutiefst suspekt war.

Die Marginalisierung der kommunistischen Parteien in den Vereinigten Staaten und in Großbritannien nach dem Krieg beraubte den sowjetischen Geheimdienst einer wichtigen Agentenquelle. Unmittelbar nach dem Zweiten Weltkrieg bildeten Frankreich und Italien – die beiden westeuropäischen Ländern mit den stärksten kommunistischen Parteien, die in beiden Fällen an Nachkriegs-Koalitionsregierungen beteiligt waren –, das ergiebigste Agentenreservoir im Westen. Die am längsten tätigen und wahrscheinlich produktivsten französischen und italienischen Agenten, die in den von Mitrochin eingesehenen Akten identifiziert wurden, waren JOUR und DARIO; sie traten während dieser Jahre den Dienst in ihrem jeweiligen Außenministerium an.[31]

Seit den fünfziger Jahren erhielt der KGB von den wichtigsten NATO-

Mitgliedern auf dem europäischen Kontinent wahrscheinlich mehr erstklassiges geheimes diplomatisches und politisches Nachrichtenmaterial als von den USA und von Großbritannien. Für die Codeknacker des KGB war es von ungeheurem Nutzen, daß eine so große Anzahl außenpolitischer Dokumente beschafft werden konnte und es gelang, das französische, das italienische und andere Außenministerien zu infiltrieren. Die Zahl der dechiffrierten außenpolitischen Dokumente, die von der Zentrale als so wichtig angesehen wurden, daß sie an das Zentralkomitee weitergeleitet wurden, sank während des gesamten Kalten Krieges kaum jemals unter 100000 pro Jahr. Besonders die Bundesrepublik Deutschland war als Folge der deutschen Teilung und des Flüchtlingsstroms von Ost nach West dasjenige NATO-Mitglied, das gegenüber einer Einschleusung von Agenten am verwundbarsten war – obwohl die Erfolge des KGB von denen seines ostdeutschen Verbündeten übertroffen wurden. Die Einschleusung des HVA-Agenten Günter Guillaume in die engste Umgebung Willy Brandts, gerade als dieser seine Ostpolitik auf den Weg brachte, war einer der größten geheimdienstlichen Coups des Kalten Krieges.

Obwohl die Zentrale eine beachtliche Menge an Geheiminformationen aus NATO-Staaten erhielt, gab sie sich mit dem Erreichten nie zufrieden. Wie in Nordamerika weigerte sie sich auch in Europa, ihr ehrgeiziges Ziel aufzugeben, eine neue Generation »Großer Illegaler« zu schaffen. In den siebziger Jahren versprachen kommunistische Führer in der ganzen Welt, bei der Suche nach weiteren Richard Sorges zu helfen. Die von Mitrochin eingesehen Akten zeigen, daß nur sehr wenige erfolgreiche Agenten rekrutiert werden konnten. Mitte der siebziger Jahre zählten die intelligentesten jungen Parteimitglieder in den wenigen westeuropäischen Ländern, in denen der Kommunismus eine mächtige Kraft geblieben war, eher zur Klasse der »eurokommunistischen« Ketzer als zu den blind gehorchenden prosowjetischen Loyalisten, die bereit waren, ihr Leben im Dienste des Vaterlandes der Werktätigen zu opfern. Sogar einigen sowjetischen Illegalen fiel es schwer, ihrem ideologischen Engagement treu zu bleiben, wenn sie mit der Realität des Lebens im Westen konfrontiert wurden. Als der Kalte Krieg sich zuspitzte, folgten die besten Agenten des KGB zunehmend eher materiellen Interessen wie Aldrich Ames als ideologischen Motiven wie Kim Philby.

Die Residenturen standen jedoch weiterhin unter dem Druck ihrer Vorgesetzten in der Zentrale (die selber meist über keine unmittelbaren Erfahrungen mit dem Leben im Westen verfügten), bedeutende Persönlichkeiten der Politik anzuwerben. Daher rührten auch die hoffnungslos unrealistischen, aber zweifellos von der politischen Führung gebilligten Pläne des KGB, Harold Wilson, Willy Brandt, Oskar Lafontaine, Cyrus Vance, Zbigniew Brzezinski und andere hohe Staatsmänner des Westens als Agenten zu rekrutieren. Krjutschkow reagierte auf diese und andere Fehlschläge nicht mit einer realistischeren Anwerbungspolitik, sondern mit größerer Bürokratie: Er verlangte noch längere Berichte und noch mehr ausgefüllte Formulare. Die Residenten müssen im April 1985 sicherlich aufgestöhnt haben, als sie von der Zentrale einen neuen Fragebogen erhielten, den sie auf Anweisung Krjutschkows als Grundlage für Berichte über Politiker und andere »prominente Persönlichkeiten im Westen« nehmen sollten, die als mögliche »Zielpersonen« in Frage kamen. Der Vordruck enthielt 56 Fragen, von denen viele sehr komplex waren und bis ins kleinste Detail gingen. Frage 14 in Teil 4 des Fragebogens zum Beispiel verlangte Informationen über:

»Lebensstil: Hobbys, Zerstreuungen, Geschmack; Bücher – welche Autoren bevorzugt er? Theater, Musik, Malerei und was er besonders liebt; Sammlertätigkeit, sein Verhältnis zum Sport (Reiten, Jagen, Fischen, Schwimmen, Schach, Fußball, Spiele, Autofahren, Segeln usw.), Preise, die er gewonnen hat; Wanderungen; welches Milieu zieht er vor, mit wem pflegt er Umgang, welche Küche bevorzugt er ...«

Die übrigen 55 Fragen, die ähnlich detailliert waren, betrafen so unterschiedliche Dinge wie »kompromittierende Angaben über Subjekt« oder »Haltung des Subjekts zur amerikanischen Außenpolitik«.[32] Operative Offiziere einer Residentur hätten monatelang Erkundigungen einziehen müssen, um den Fragebogen über irgendeine »prominente Persönlichkeit im Westen« vollständig ausfüllen zu können.

Die Hauptschwäche der Zentrale auf dem Gebiet des politischen Nachrichtendienstes war nicht, wie sie meinte, das Sammeln geheimer Informationen, sondern die Fähigkeit, die gelieferten Informationen zu interpretieren. Unter Stalin wie unter Chruschtschow legte die Zentrale dem Kreml täglich eine Auswahl ausländischer Geheimberichte vor, die sie von Residenturen und anderen Quellen erhalten hatte, scheute sich allerdings aus Furcht, in Widerspruch zu den Auffassungen der politischen Führung zu geraten, die Berichte mehr als nur flüchtig zu interpretieren.[33] Sowohl

Stalin wie auch Chruschtschow betätigten sich als ihre eigenen schlechtqualifizierten Chefanalytiker. Breschnew dagegen verwendete wenig Zeit darauf, geheime oder andere Informationen zu interpretieren. Er gab damit Andropow einen größeren Spielraum, seine eigene geheimdienstlichen Analysen zu präsentieren, als jedem seiner Vorgänger.

Am schlimmsten war es um die Auswertung von Geheiminformationen in der Stalinzeit bestellt. Stalin war zu einem erheblichen Teil persönlich dafür verantwortlich, daß geheimdienstliche Warnungen vor dem deutschen Überfall im Jahre 1941 wiederholt mißachtet wurden. Die institutionalisierte Paranoia des stalinistischen Systems führte auch zu verschiedenen anderen fehlerhaften Einschätzungen, darunter zu der irrigen Annahme mitten im Krieg, die »Glorreichen Fünf«, die wahrscheinlich die talentiertesten Agenten der Zentrale waren, seien Teil eines raffinierten britischen Täuschungsmanövers. Obwohl die Auswertung nachrichtendienstlicher Informationen nach Stalins Tod nie wieder einen so paranoiden Tiefpunkt erreichte, neigte der KGB während des Kalten Krieges in Krisenzeiten dazu, ausgewogene Einschätzungen wiederum durch Verschwörungstheorien zu ersetzen. Innerhalb eines Jahres nachdem Andropow KGB-Vorsitzender geworden war, unterbreitete er dem Politbüro verzerrte Lagebewertungen, um es in seiner Entschlossenheit zu bestärken, dem Prager Frühling mit Waffengewalt ein Ende zu bereiten. Da er von der Idee besessen war, der Westen fördere die ideologische Subversion im Ostblock, war er nicht bereit, irgendwelche Beweise anzuerkennen, die andere Schlußfolgerungen zuließen. 1968 vernichtete die Zentrale geheime amerikanische Dokumente, die von der Washingtoner Residentur beschafft worden waren und zeigten, daß weder die CIA noch irgendein anderer amerikanischer Dienst die Reformer des Prager Frühlings manipulierte.

Sowohl Anfang der sechziger als auch Anfang der achtziger Jahre glaubte die Zentrale, die USA planten einen nuklearen Erstschlag gegen die Sowjetunion. Zwar betrachteten einige Offiziere der Ersten Hauptverwaltung in westlichen Residenturen solche Befürchtungen persönlich als Schwarzmalerei, da sie den Westen besser kannten als die sowjetische Führung und die Vorsitzenden des KGB, doch wagte keiner von ihnen, das Urteil der Zentrale in Zweifel zu ziehen. Auch der Chef der ostdeutschen Auslandsspionage, Markus Wolf, der bedauerte, wieviel Zeit unnütz vergeudet werden mußte, weil der KGB die Bitte an die HVA gerichtet hatte, nicht existierende Pläne für einen nuklearen Erstschlag der USA aufdecken zu helfen, hütete sich davor, sich in Moskau zu beschweren: »... über diese Befehle ließ sich ebensowenig diskutieren wie über andere Befehle von oben.«

Die Defizite der sowjetischen Analyse geheimdienstlicher Informationen gingen im Grunde auf den Charakter des Einparteienstaates und dessen eingefleischtes Mißtrauen gegenüber allen entgegengesetzten Auffassungen zurück. So fand es die Sowjetunion stets schwieriger als ihre westlichen Rivalen, das politische Nachrichtenmaterial, das sie sammelten, zu verwerten. Obwohl die sowjetische Führung bis in die letzten Jahre des Kalten Krieges den Westen niemals wirklich verstand, wäre sie höchst empört gewesen, wenn ihr falsches Verständnis durch geheimdienstliche Berichte in Frage gestellt worden wäre. Heterodoxe Meinungen im sowjetischen System liefen stets Gefahr, als subversiv verurteilt zu werden. Jene Geheimdienstoffiziere, die es Ende der dreißiger Jahre wagten, sie offen zu äußern, riskierten, ihre Lebenserwartung erheblich zu verkürzen. Sogar in der Zeit nach Stalins Tod, als ihr Leben nicht mehr auf dem Spiel stand, bedeutete es wie in Mitrochins Fall fast mit Sicherheit einen Karriereknick. Eine geschlossene oder halbgeschlossene Gesellschaft hat der offenen gegenüber bei der Beschaffung geheimdienstlicher Informationen von menschlichen Quellen den inhärenten Vorteil einer größeren Handlungsfreiheit in den westlichen Hauptstädten. Dagegen befindet sie sich im Nachteil, wenn es um die Analyse dieser Informationen geht.

Während die Verfasser der INO-Berichte in den dreißiger Jahren es tunlichst vermieden, mit ihren Formulierungen bei der politischen Führung Anstoß zu erregen, wußten sie, daß sie festen Boden unter den Füßen hatten, wenn sie Beweise für antisowjetische Komplotte der Briten lieferten. Gleichermaßen wußten auch ihre Nachfolger während des Kalten Krieges, daß sie kein Risiko eingingen, wenn sie die Vereinigten Staaten als Sündenbock benutzten. Ein Offizier der Gruppe PR, der einige Wochen nach dem fehlgeschlagenen Putsch von 1991 von der *Iswestija* interviewt wurde, sagte, er und seine Kollegen hätten in ihrem Beruf viel Zeit damit verbracht, nach dem Prinzip zu handeln: »Schiebe alles auf die Amerikaner, und alles wird okay sein.«[34] So tendierten Geheimberichte, die der sowjetischen Führung zugingen, dahin, sie in ihren falschen Auffassungen über die Außenwelt eher zu bestärken als zu korrigieren.

Es gibt keinen überzeugenderen Beweis für Gorbatschows »neues Denken« gegenüber dem Westen als die Tatsache, daß er im ersten Jahr nach seinem Amtsantritt als Generalsekretär die traditionell einseitige politische Berichterstattung der Ersten Hauptverwaltung streng rügte. Die Zentrale mußte Ende 1985 strikte Anordnungen »über die Unzulässigkeit von Entstellungen der Sachlage in Mitteilungen und Berichten an das Zentralkomitee der KPdSU und andere leitende Organe« erlassen. Damit wurde ein vernichtendes Urteil über die von früheren sowjetischen Führern erwartete Anpassung des KGB an die Normen der politischen Korrektheit gefällt.

Trotz aller Verzerrungen sind die nachrichtendienstlichen Berichte dennoch zuweilen von entscheidender Bedeutung für das Verständnis der sowjetischen Außenpolitik. Chruschtschows Politik gegenüber den USA, vor allem das ungeheuer gefährliche Spiel mit den kubanischen Raketenstellungen, war von den falschen Berichten über die amerikanischen Vorbereitungen für einen atomaren Erstschlag stark beeinflußt. Der wachsende Einfluß Andropows in den siebziger Jahren und seine die Politik bestimmende Troika mit Gromyko und Ustinow sind ein Beweis dafür, welchen Einfluß die von der Zentrale unterbreiteten Analysen in der Ära Breschnew hatten. In der immer apokalyptischer klingenden Sprache, deren sich Andropow als Nachfolger Breschnews bediente – sie gipfelte in der wiederholten Anprangerung der »verbrecherischen militaristischen Psychose«, in welche die Reagan-Administration angeblich die amerikanische Bevölkerung versetzte –, spiegelten sich genauso wie in den sechziger Jahren unkenhafte Einschätzungen der Zentrale in bezug auf die (nicht existierende) Gefahr eines atomaren Erstschlages der USA.

Obwohl Gorbatschow anfangs die Einschätzungen des KGB kritisierte, verließ er sich auch bei der Neuorientierung der sowjetischen Politik gegenüber den USA wiederum auf den Geheimdienst. Dies erklärt den beispiellosen Entschluß, den Leiter der Ersten Hauptverwaltung zu seinem ersten offiziellen Besuch nach Washington mitzunehmen, sowie die anschließende Ernennung Krjutschkows zum Vorsitzenden des KGB, die verheerende Konsequenzen nach sich ziehen sollte. Schebarschin, Krjutschkows Nachfolger als Chef der ersten Hauptverwaltung, betont, daß die Auslandsberichte des Geheimdienstes inzwischen frei von den früheren, politisch korrekten Entstellungen waren. Als jedoch 1990/91 der Zerfall des sowjetischen Systems einsetzte, tauchten wieder einige der alten antiamerikanischen Verschwörungstheorien auf. Die USA und ihre Verbündeten wurden von Krjutschkow und anderen hohen KGB-Offizieren verschiedentlich beschuldigt, sowjetische Getreideimporte zu infizieren, Versuche zur Destabilisierung des Rubels zu unternehmen, die

Auflösung der Sowjetunion zu planen und Agenten für die Sabotierung von Wirtschaft, Verwaltung und wissenschaftlicher Forschung auszubilden.[35]

Dem Sowjetsystem fiel es viel leichter, wissenschaftlich-technische als politische Geheimdienstinformationen zu verwerten. Westliche Politik wirkte sich subversiv auf den Einparteienstaat aus, westliche Wissenschaft hingegen größtenteils nicht. »Die Errungenschaften der ausländischen Technik« waren erstmals 1925 von Dserschinski als Ziel sowjetischer Spionage bezeichnet worden.[36] Während des Zweiten Weltkrieges wurde die wissenschaftlich-technische Spionage, besonders auf militärischem Gebiet, als besonders wichtig angesehen. Die Ausspähung der britisch-amerikanischen Pläne für den Bau der ersten Atombombe trug mehr als alles andere dazu bei, daß Stalin und die Zentrale begriffen, wie wichtig die Spionage im wissenschaftlich-technischen Bereich dafür war, daß die sowjetische Rüstung nicht hinter dem Westen zurückblieb. Wie bei den Kernwaffen hing die sowjetische Entwicklung auf dem Gebiet der Radar-, Raketen- und Düsenantriebstechnik anfangs stark von der Imitation kapitalistischer Technik ab. In der Tat hatte Stalin zu Wissenschaftlern westlicher Länder mehr Zutrauen als zu den eigenen. Er vertraute sowjetischen technischen Innovationen nicht, wenn und solange sie nicht von westlichen Erfahrungen bestätigt waren.[37]

Der enorme Abfluß westlicher (besonders amerikanischer) wissenschaftlich-technischer Informationen während des Kalten Krieges hilft, einen der Hauptwidersprüche eines Sowjetstaats zu erklären, der einmal als »Obervolta mit Raketen« bezeichnet worden war: seine Fähigkeit, eine militärische Supermacht zu sein, während seine Kindersterblichkeit und andere soziale Indikatoren dem Niveau von Dritte-Welt-Ländern entsprachen. Die Tatsache, daß die Kluft zwischen sowjetischen und westlichen Waffensystemen viel geringer war als auf jedem anderen Gebiet der Produktion, war nicht nur darauf zurückzuführen, daß der militärischen Rüstung im Sowjetsystem enorme Bedeutung beigemessen wurde, sondern auch auf die beachtlichen Erfolge bei der Beschaffung wissenschaftlich-technischer Informationen im Westen. Im Kalten Krieg war es die meiste Zeit viel leichter, die amerikanische Wirtschaft zu infiltrieren als die amerikanische Bundesregierung. Lange bevor der KGB mit dem Selbstanbieter Aldrich Ames im Jahre 1985 endlich einen wichtigen Mann in der CIA hatte, waren zahlreiche andere käufliche Agenten in der amerikanischen Rüstungsindustrie für ihn tätig. Außerdem wurde der Fernschreibverkehr einiger der größten Industrieunternehmen der USA abgefangen. Anfangs der achtziger Jahre basierten wohl an die 70 Prozent aller Waffensysteme des Warschauer Pakts auf westlicher Technologie.[38] In erstaunlichem Maße waren beide Seiten im Kalten Krieg von amerikanischem Know-how abhängig.

Andropow und zumindest anfangs auch Gorbatschow sahen in der verstärkten wissenschaftlich-technischen Spionage auf nichtmilitärischem Gebiet das entscheidende Mittel zur Verjüngung der sowjetischen Gesamtwirtschaft. Der reale wirtschaftliche Nutzen westlicher wissenschaftlich-technischer Geheimnisse, deren Wert sich nach Schätzungen der Direktion T auf Milliarden Dollar belief, war allerdings durch die strukturellen Mängel der Kommandowirtschaft sehr begrenzt. Den ideologischen Scheuklappen des Sowjetsystems entsprachen die Unbeweglichkeit seiner Wirtschaft und der Widerstand gegen Innovationen im Vergleich zur westlichen Marktwirtschaft. Daher das große wirtschaftliche Paradoxon in den achtziger Jahren: Obwohl die Sowjetunion über eine große Anzahl hochqualifizierter Naturwissenschaftler und Ingenieure und eine riesige Menge an wissenschaftlich-technischen Informationen verfügte, blieb die sowjetische Technologie immer weiter hinter der ihrer westlichen Rivalen zurück. Bevor Gorbatschow an die Macht kam, wurde das Ausmaß dieses Niederganges vor der sowjetischen Führung geheimgehalten. Die politischen Berichte der Ersten Hauptverwaltung gingen hauptsächlich auf die ökonomischen Probleme des kapitalistischen Westens und nicht auf die des »sozialistischen« Ostens ein. In einem im Februar 1984 fertiggestellten Zweijahresbericht über geheimdienstliche Operationen betonte Krjutschkow »die sich vertiefende ökonomische und gesellschaftliche Krise in der kapitalistischen Welt«, erwähnte aber nicht die viel ernstere Krise im Ostblock.[39] Selbst Gorbatschow behauptete in seiner Rede auf dem XXVII. Parteitag 1986, in der er zum ersten Mal zum »Neuen Denken« in der sowjetischen Außenpolitik aufrief, daß sich die Krise des Kapitalismus ständig zuspitze.[40]

Bis zum Ende des Kalten Krieges klaffte eine tiefe Lücke zwischen dem privilegierten Zugang des Kreml zu den Geheimnissen modernster westlicher Technologie und seinem Unvermögen, Charakter und Ausmaß des eigenen Mißmanagements zu begreifen. Gorbatschow war der erste sowjetische Führer nach dem Krieg, der einigermaßen zutreffende Statistiken über die Leistungsfähigkeit der sowjetischen Wirtschaft zu Gesicht bekam. Abel Aganbegjan, sein einflußreichster Wirtschaftsberater in den ersten Jahren der Perestroika, schätzte, daß es zwischen 1981 und 1985 ein »Nullwachstum« gegeben hatte. Als das ganze Ausmaß der Stagnation der sowjetischen Wirtschaft und ihr langfristiges Zurückbleiben hinter dem Westen bekannt wurden, hatte das einen nachhaltigeren Einfluß auf Gorbatschows Politik als die Erfolge der wissenschaftlich-technischen Spionage, die ihn zuerst so beeindruckt hatten. Hatte er anfangs noch versucht, die Kommandowirtschaft zu verjüngen, so akzeptierte er gegen Ende des Jahrzehnts den Markt als den Hauptregulator der Wirtschaft.[41]

Das Ende des Kalten Krieges bedeutete keineswegs auch das Ende der wissenschaftlich-technischen Operationen der Russen im Westen. Vielmehr boten sich durch die Erweiterung des wissenschaftlichen Austauschs zwischen Ost und West und durch Joint ventures mit westlichen Firmen neue Möglichkeiten der Wissenschaftsspionage, die sich der SWR zunutze machte. Die Tatsache, daß der führende britische Agent der Gruppe X, Michael Smith, Anfang der neunziger Jahre reaktiviert wurde, zeigt, daß der Spionage im wissenschaftlich-technischen Bereich in der Ära Jelzin weiterhin große Bedeutung beigemessen wurde. Wie seinerzeit für die Erste Hauptverwaltung blieben auch für den SWR die USA das Hauptziel der Gruppe X. Die laxere Handhabung der US-amerikanischen Sicherheitskontrollen in dem Versuch, Brücken zu Moskau und Peking zu bauen, hatte zur Folge, daß immer mehr russischen und chinesischen Wissenschaftlern gestattet wurde, die Kernforschungsinstitute in Los Alamos und Sandia und andere Institute zu besuchen, die geheime Forschungen betreiben. Die Gruppe X mußte jedoch feststellen, daß ihre Produkte nun viel weniger gefragt waren als während des Kalten Krieges. Der Kollaps der russischen Kommandowirtschaft hatte zur Folge, daß auch der militärisch-industrielle Komplex, vorher Hauptabnehmer der wissenschaftlich-technischen Informationen, völlig zusammenbrach. Während (und vielleicht auch schon vor) der Präsidentschaft Jelzins scheinen russische Operationen in wissenchaftlich-technischen Bereichen von denen der Chinesen in den Schatten gestellt worden zu sein. Eine Untersuchung des amerikanischen Kongresses kam 1999 zu dem Schluß, daß sich China in den letzten beiden Jahrzehnten genaue Informationen über jeden Sprengkopf im nuklearen Arsenal der USA beschafft hatte.[42] Es besteht kaum ein Zweifel daran, daß die phänomenalen Leistungen der Chinesen auf dem Gebiet der Wissenschaftsspionage zumindest teilweise durch den früheren Erfolg der Sowjetunion inspiriert wurden, als diese die erste amerikanische Atombombe kopierte und die meisten ihrer Waffensysteme des Kalten Krieges auf westlichem Know-how aufbaute.

Der Erfolg der ausländischen Operationen des KGB sollte nicht an rein westlichen Standards gemessen werden. Letztlich hatte die Zentrale noch Wichtigeres zu tun, als geheime Informationen aus dem Westen zu beschaffen. Die Tscheka war sechs Wochen nach der Machtergreifung der Bolschewiken für »die revolutionäre Abrechnung mit den Konterrevolutionären« gegründet worden. Bei der Erfüllung dieser primären Aufgabe – der Verteidigung des bolschewistischen Einparteienstaates gegen den Dissens in allen seinen Formen – waren die Tscheka und ihre Nachfolger erstaunlich erfolgreich.

Von den zwanziger Jahren an wurde der Kampf gegen die »Konterrevolution« sowohl im Ausland als auch im Inland geführt. Was die Rolle der Ersten Hauptverwaltung bei der Bekämpfung der ideologischen Subversion betrifft, so ist Jelzins Rußland von einem seltsamen Gedächtnisschwund betroffen. Der SWR behauptet – genauso wie Krjutschkow und einige andere hohe Offiziere der Ersten Hauptverwaltung –, diese habe nichts mit der Verfolgung von Dissidenten und mit der Verletzung der Menschenrechte zu tun gehabt. In Wirklichkeit hatte sie damit sehr wohl zu tun. Innerhalb des Ostblocks wurde der Kampf gegen die ideologische Subversion in zunehmendem Maße zwischen dem internen KGB und seinem Auslandsnachrichtendienst koordiniert.

Unmittelbar nach der Niederschlagung des ungarischen Aufstandes von 1956 durch den Einsatz von Panzern und später nach der Niederschlagung des Prager Frühlings 1968 bezweifelten viele westliche Beobachter, ob der Geist der Freiheit überhaupt so schnell wieder in seine Flasche zurückgestopft werden könne. In der Tat wurde der Einparteienstaat großenteils dank des KGB und seiner ungarischen und tschechoslowakischen Verbündeten sowohl in Budapest wie auch in Prag erstaunlich rasch und erfolgreich wiederhergestellt. Von 1968 an wurde der Stand der öffentlichen Meinung im Ostblock von erfahrenen Illegalen sorgfältig überwacht: Als westliche Touristen und Geschäftsleute getarnt, suchten sie sich die Kritiker des jeweiligen kommunistischen Regimes heraus und gaben vor, mit ihnen zu sympathisieren. In der Berichterstattung über die Ergebnisse dieser »PROGRESS-Operationen« war die Erste Hauptverwaltung freimütiger, als sie es zum Beispiel bei der Analyse satirischer Bemerkungen sowjetischer Bürger über Breschnews zunehmende Hinfälligkeit zu sein gewagt hätte.

Während des gesamten Kalten Krieges wurde der Kampf des KGB gegen ideologische Subversion sowohl in ausländischen Hauptstädten als auch auf sowjetischem Boden energisch geführt. Die Residenturen im Westen waren angewiesen, soviel Material wie möglich zusammenzutragen, das bei der Verfolgung von Dissidenten im In- und Ausland nützen konnte:

»Um aktive Maßnahmen gegen Dissidenten durchführen zu können, ist es wichtig, über Unstimmigkeiten zwischen ihnen, über Meinungsverschiedenheiten und Konflikte im Milieu der Dissidenten, über Gründe für deren Entstehung sowie eventuelle Möglichkeiten, sie zu verschärfen, Bescheid zu wissen; desgleichen über Eigenheiten, welche die Dissidenten persönlich diskreditieren (Alkoholismus, unmoralisches Verhalten, beruflicher Abstieg usw., sowie auch Anzeichen für Verbindungen zur CIA, zu westlichen Sonderdiensten [d.h. Geheimdiensten] und ideologischen Zentren).«[43]

Die Residenturen sollten auch solche Personen im Westen ins Visier nehmen, die Dissidenten am tatkräftigsten unterstützten. Zu den Zielpersonen des KGB gehörte der Londoner Neurologe Harold Merskey, der sich für die Opfer des Mißbrauchs der Psychiatrie in der Sowjetunion eingesetzt hatte. Am 20. September 1976 schickte die Londoner Residentur einen anonymen Brief an Merskey, angeblich von jemandem, der es gut mit ihm meinte, in dem er vor nicht näher bezeichneten Angreifern gewarnt wurde, die ihn demnächst in die Mangel nehmen wollten. Dadurch hoffte man wohl zu erreichen, daß sich Merskey in Sorge um seine eigene Sicherheit weniger mit der Unterstützung inhaftierter Dissidenten befassen würde.[44]

Weit davon entfernt, ein bloßes Anhängsel neben den konventionelleren geheimdienstlichen Operationen im Ausland zu sein, war der Kampf der Ersten Hauptverwaltung gegen Dissidenten vielmehr eine seiner Hauptaufgaben. Zu ihren wichtigsten Operationen gehörte zum Beispiel der Versuch, dafür zu sorgen, daß Juri Orlow nicht – wie Sacharow drei Jahre zuvor – den Friedensnobelpreis erhielt. Die Tatsache, daß der Preis schließlich an Anwar Sadat und Menachem Begin ging, wurde von der Zentrale als eigener Triumph angesehen, obwohl das Ergebnis wahrscheinlich kaum auf aktive Maßnahmen des KGB zurückzuführen war. Der Resident in Oslo rief mitten in der Nacht Suslow, den führenden Ideologen des Politbüros, an, um ihm die gute Nachricht mitzuteilen. Es gibt wohl kaum einen besseren Gradmesser für die Bedeutung einer Information in gleich welchem politischen System als die Entscheidung, einen Minister aufzuwecken.

Mit Besorgnis beobachteten Residenturen auch, wie sich in einigen führenden kommunistischen Parteien des Westens die eurokommunistische Ketzerei entwickelte. Sie forderte die traditionelle Unfehlbarkeit der Moskauer Linie heraus und wurde daher als eine neue Form der ideologischen Subversion angesehen. Zu den ungewöhnlicheren aktiven Maßnahmen, die Ende der siebziger Jahre geplant wurden, gehörte die Diskreditierung eurokommunistischer Parteiführer.

Eine der Hauptaufgaben der Ersten Hauptverwaltung bestand bis zum Ende des Kalten Krieges darin, zu verhindern, daß sowjetische Dissidenten und Überläufer selbst auf Gebieten, die mit Politik gar nichts zu tun hatten, im Ausland Anerkennung fanden. Die Zentrale wandte enorm viel Zeit und Mühe auf, um Mittel und Wege ausfindig zu machen, wie Rudolf Nurejew, Natalia Makarowa und anderen Abtrünnigen des sowjetischen Balletts beruflich geschadet werden konnte. Als der große Cellist Mstislaw Rostropowitsch (VOYAGER) 1974 in den Westen ging, hatte der KGB zwar aufgehört, Operationen zu planen, bei denen Emigranten auf dem Gebiet der darstellenden Künste physischer Schaden zugefügt wurde, doch unternahm er anscheinend verstärkt Kampagnen im Rahmen seiner aktiven Maßnahmen, um dafür zu sorgen, daß sie im Westen eine schlechte Presse bekamen. Nachdem Rostropowitsch und seiner Frau, der Sängerin Galina Wischnewskaja, die sowjetische Staatsbürgerschaft aberkannt worden war, forderte die Zentrale 1976 alle Sicherheitsdienste im Ostblock auf, Agenten ausfindig zu machen, die in Rostropowitschs Umgebung eindringen konnten. 1977 geriet sie über Rostropowitschs Ernennung zum Dirigenten des National Symphony Orchestra in Washington außer sich – diesen Posten sollte er siebzehn Jahre lang, bis zu seiner Rückkehr nach Rußland, innehaben –, faßte aber durch einen im Mai 1978 in der *Washington Post* erschienenen ungewöhnlich kritischen Artikel über Rostropowitschs Arbeit mit dem Orchester neuen Mut. Die Zentrale schickte den Artikel an westliche Residenturen als Beispiel dafür, welche Art Kritik sie unterstützen sollten, und verlangte von ihnen, Artikel anzuregen, in denen Rostropowitschs angebliche Eitelkeit, die Tatsache, daß er den Erwartungen des Westens nicht entsprochen habe, und – was angesichts der vom KGB eingeleiteten aktiven Maßnahmen einer gewissen Ironie nicht entbehrte – seine angeblichen Versuche, die westliche Presse zu manipulieren, angeprangert wurden.[45] Auch abtrünnig gewordene Schachspieler waren das Ziel größerer Operationen des KGB, mit denen verhindert werden sollte, daß die Betreffenden Wettkämpfe gegen ideologisch orthodoxe Gegner gewannen. Während der Schachweltmeisterschaft, die 1978 zwischen dem sowjetischen Weltmeister Anatoli Karpow und dem Abtrünnigen Wiktor Kortschnoi auf den Philippinen ausgetragen wurde, bot die Zentrale ein Team von achtzehn operativen Offizieren der Ersten Hauptverwaltung auf, die versuchen sollten, Kortschnois Niederlage herbeizuführen.[46] Die aktiven Maßnahmen des KGB hätten durchaus den Ausgang dieses äußerst kontroversen Wettkampfes bestimmen können. Nachdem die ersten sieben Partien, bei denen Kortschnoi den besseren Eindruck gemacht hatte, unentschieden ausgegangen waren, weigerte sich Karpow, seinem Gegner zu Beginn der achten Partie die Hand zu reichen. Kortschnoi, von dem bekannt war, daß er schlecht spielte, wenn er wütend war, verlor die Partie. Nach zwölf Partien, bei denen sich Kortschnoi erneut in besserer Form zeigte, wurde wieder der Gleichstand erreicht. Bei den nächsten fünf Partien wurde Kortschnoi durch die Anwesenheit eines russischen Hypnotiseurs, Dr. Wladimir Sucher, völlig durcheinandergebracht, der in der ersten Reihe saß und ihn ständig anstarrte. Nach siebzehn Partien hatte Kortschnoi einen Rückstand von drei Punkten. Bis zum Ende des Wettkampfes hatte er zwei Punkte aufgeholt und verlor dann die Meisterschaft um einen einzigen Punkt.[47] Über die Einmischung des KGB in das sowjetischen Schach könnte wohl ein ganzes Buch geschrieben werden.[48]

Die meisten Unannehmlichkeiten in puncto »ideologische Subversion« bereitete dem KGB während des Kalten Krieges die organisierte Religion – besonders das Christentum, das nicht aussterben wollte, wie die Bolschewiken gehofft und erwartet hatten. Obwohl im kommunistischen Einparteienstaat keine andere politische Partei existieren durfte, fühlten sich die Sowjetführer verpflichtet, scheinheilig zu erklären, sie würden die Religionsfreiheit respektieren. Gegen Ende des Zweiten Weltkrieges wurde der Versuch, den Glauben auszurotten, durch subtilere Formen der Verfolgung ersetzt, die den steten Niedergang der Kirche bewirken und die Gläubigen diskriminieren sollten. Innerhalb der russisch-orthodoxen Kirche konnte sich der KGB auf eine gehorsame Hierarchie verlassen, die von seinen Agenten durchsetzt war. Die Hauptprobleme der Zentrale rührten von anderen christlichen Kirchen und einer tapferen Minderheit orthodoxer Geistlicher her, die ein Ende der religiösen Verfolgung forderten. Für die bessere Durchsetzung der Religionsfreiheit in der Sowjetunion benötigten verfolgte Christen eine starke Unterstützung seitens der Weltkirche, vor allem des Ökumenischen Rates der Kirchen (Weltkirchenrat). Diese erhielten sie nicht. Die KGB-Agenten im Weltkirchenrat waren erstaunlich erfolgreich in ihrem Bemühen, den Rat zu überzeugen, daß er sich auf die Sünden des kapitalistischen Westens statt auf die Verfolgung von Gläubigen im Ostblock konzentrieren solle. 1975 wurde Agent ADAMANT (Metropolit Nikodim) zu einem der sechs Präsidenten des Weltkirchenrates gewählt.

Die Bedeutung, die der KGB der Kontrolle des religiösen Dissenses und der Weigerung beimaß, verfolgten sowjetischen Christen Unterstützung durch den Westen zu gestatten, war durch die Ereignisse in Polen voll gerechtfertigt. Dort war es nie gelungen, die katholische Kirche mit Hilfe der Infiltrationsversuche des SB politisch unter Kontrolle zu bringen. Schon zu Beginn der siebziger Jahre hatte der KGB Karol Wojtyła, den Erzbischof von Krakau, als potentiell gefährlichen Gegner eingestuft, der nicht bereit war, Kompromisse in bezug auf die Religionsfreiheit oder die Menschenrechte einzugehen. Der SB wagte es nicht, ihn zu verhaften, weil er den Aufschrei fürchtete, den ein solcher Schritt in Polen und im Westen hervorgerufen hätte. Wojtyłas Wahl zum Papst im Jahre 1978 versetzte dem polnischen kommunistischen Regime einen Schlag, von dem es sich nie mehr erholte. Während seiner triumphalen Reise durch Polen im darauffolgenden Jahr war der Gegensatz zwischen dem diskreditierten kommunistischen Regime und der ungeheuren moralischen Autorität des ersten polnischen Papstes für alle deutlich erkennbar.

Im gleichen Sinne konnten auch die früheren Befürchtungen des KGB hinsichtlich des Schadens, den das sowjetische Regime erleiden konnte, wenn den politischen Dissidenten gestattet würde, weiter »ideologische Subversion« zu betreiben, durch die neuen Freiheiten der Gorbatschow-Ära beinahe gerechtfertigt erscheinen. 1989, weniger als drei Jahre nach der Rückkehr Sacharows aus der Verbannung nach Moskau, wurde er, wie Gorbatschow es formulierte, »unbestritten die herausragende Persönlichkeit« im Kongreß der Volksdeputierten. Fast alle wichtigen Forderungen der Dissidenten von Anfang der siebziger Jahre wurden nun auf die politische Tagesordnung gesetzt.

Erst als damit begonnen wurde, den riesigen Machtapparat des KGB abzubauen, zeigte sich deutlich, wie wichtig er für das Überleben der Sowjetunion gewesen war. Das Manifest der Rädelsführer des Putsches, durch den Gorbatschow im August 1991 gestürzt werden sollte, enthielt das implizite Eingeständnis, daß die Einstellung des Kampfes gegen die ideologische Subversion die Grundlagen des Einparteienstaates erschüttert hatte:

»Auf allen Ebenen hat die Autorität das Vertrauen des Volkes verloren ... Alle Institutionen des Staates werden zur Zielscheibe beißenden Spotts. Das Land ist tatsächlich unregierbar geworden.«[49]

Was die Putschisten nicht begriffen, war die Tatsache, daß es zu spät war, die Zeiger der Uhr zurückzudrehen. »Hätte der Putsch vor ein bis zwei Jahren stattgefunden, er hätte Erfolg haben können. Doch inzwischen hat sich die Gesellschaft völlig geändert«, schrieb Gorbatschow später.[50] Entscheidend für den inzwischen eingetretenen Stimmungswandel war der schwindende Respekt vor der einschüchternden Macht des KGB, der bisher jede Moskauer Demonstration schon im Keim zu ersticken vermochte. Eine große Menschenmenge, die noch vor Jahren niemals zugelassen worden wäre, sammelte sich vor dem Moskauer Weißen Haus, dem Sitz Jelzins, um es vor einem Angriff zu schützen, und umkreiste später die Lubjanka, wo sie vor Begeisterung jubelte, als die große Statue Felix Dserschinskis von ihrem Sockel gestürzt wurde.

Damals waren fast alle Beobachter erstaunt, wie rasch das Sowjetsystem zusammenbrach. Was aber heute am meisten überrascht, ist nicht der plötzliche Tod des kommunistischen Regimes Ende 1991, sondern die Tatsache, daß es fast siebenundfünfzig Jahre überleben konnte. Ohne das von Lenin und Dserschinski geschaffene Überwachungs- und Unterdrückungssystem und ohne den großen Feldzug des KGB gegen ideologische Subversion während des Kalten Krieges wäre die kommunistische Ära von viel kürzerer Dauer gewesen. Der KGB war wirklich »Schwert und Schild« des sowjetischen Systems gewesen. Seine größte Leistung war, daß er den am längsten existierenden Einparteienstaat des 20. Jahrhunderts am Leben erhalten hatte.

Mit dem Zerfall des Einparteienstaates ging auch die Auflösung des riesigen Überwachungs- und Unterdrückungssystems des KGB einher. Aber obwohl die Macht der verschiedenen Verwaltungen des KGB (der nacheinander in ein Sicherheitsministerium, einen Dienst für Spionageabwehr und einen Sicherheitsdienst umgewandelt wurde) sich dramatisch verringerte, nahm der Einfluß des neuen selbständigen Nachfolgers der Ersten Hauptverwaltung, des Auslandsnachrichtendienstes *Sluschba Wneschnej Raswedki* (SWR), rasch wieder zu. Tatsächlich trat der SWR in der Öffentlichkeit bald anmaßender auf, als es die Erste Hauptverwaltung je gewesen war. 1993 veröffentlichte sein Chef, Jewgeni Primakow, einen Bericht, der die Erweiterung der NATO als Bedrohung der Sicherheit Rußlands anprangerte – und dies zu einer Zeit, als das russische Außenministerium eine viel weichere und konziliantere Linie vertrat. Kurz vor Präsident Jelzins Besuch in Washington im September 1994 lief Primakow dem Außenministerium erneut den Rang ab, indem er die Warnung an die Adresse des Westens veröffentlichte, sich nicht der wirtschaftlichen und politischen Reintegration Rußlands mit anderen Staaten zu widersetzen, die einmal zur Sowjetunion gehört hatten. Primakows Stellvertreter, Wjatscheslaw Trubnikow, betonte das Recht des SWR auf öffentliche Äußerungen, selbst wenn er mit dem Außenministerium anderer Meinung war: »Wir möchten gehört werden ... Wir äußern unseren Standpunkt, wenn wir es für nötig erachten.«[51]

Die Rivalität zwischen SWR und Außenministerium in den ersten fünf Jahren der Präsidentschaft Jelzins endete mit einem Sieg des SWR: Primakow wurde im Dezember 1996 zum Außenminister ernannt und löste den prowestlichen Andrei Kosyrew ab. Wahrscheinlich zum Mißvergnügen vieler russischer Diplomaten nahm Primakow einige SWR-Offiziere ins Außenministerium mit. Sowohl als Außenminister und später als Ministerpräsident blieb er mit Trubnikow, seinem früheren Stellvertreter, der sein Nachfolger als Chef des SWR geworden war, in enger Verbindung.[52]

Auch hinter den Kulissen ist der SWR anmaßender, als es die Erste Hauptverwaltung je gewagt hatte. Diese hatte der Parteiführung sklavischen Gehorsam geschworen, so zum Beispiel in der schwerfälligen Präambel ihres »Arbeitsplans« für 1984:

»Die Arbeit der Auslandsresidenturen muß 1984 in enger Übereinstimmung mit den Beschlüssen des XXVI. Parteitages, des November-Plenums (1982) und des Juni-Plenums (1983) des Zentralkomitees der

KPdSU, mit den programmatischen Direktiven und grundlegenden Schlußfolgerungen in den Reden des Generalsekretärs des ZK der KPdSU, des Genossen Ju. W. Andropow, sowie mit den Forderungen der im Mai (1981) abgehaltenen Allunionskonferenz der Leitung [der Ersten Hauptverwaltung des KGB] geplant werden.[53]

Heute verzichtet der SWR auf eine solche bürokratische Kriecherei. Er erstattet dem Präsidenten direkt Bericht und schickt Jelzin täglich Zusammenfassungen von Geheiminformationen ähnlich dem *President's Daily Brief* der CIA in den Vereinigten Staaten. Im Unterschied zur CIA listet der SWR die Optionen für politische Entscheidungen auf und zögert nicht, die von ihm bevorzugten zu empfehlen.[54]

Wie viele SWR-Berichte der kränkelnde Jelzin noch liest, ist ungewiß. Mitte der neunziger Jahre hat er, wenn ihm sein Schriftverkehr zur Durchsicht vorgelegt wurde, zu seinem geplagten Personalchef, Wiktor Iljuschin, gesagt, er solle ihn nicht mit »all dem Scheiß« behelligen.[55] Wie Primakow vor ihm hat Trubnikow jedoch direkten Zutritt zu Jelzin. 1998 half er während des Disputs wegen der UN-Waffeninspektion im Irak, die russische Politik zu formulieren. Bald danach nahm er an den Moskauer Gesprächen Jelzins mit Slobodan Milošević über den Kosovo teil.[56] Von den Medien unbemerkt, begleitete Trubnikow Primakow auch im März 1999 bei dem Besuch in Belgrad, bei dem die Diskussion mit Milošević fortgesetzt wurde. Obwohl der SWR nicht auf der Seite von Saddam Hussein oder Milošević steht, möchte er vom Westen nicht beiseite gedrängt werden.

Mitte der neunziger Jahre hatte der für die innere Sicherheit verantwortliche Dienst (damals noch FSK, heute FSB) teilweise seinen früheren Einfluß, wenn auch nur einen Bruchteil seiner einstigen Macht, wiedergewonnen. Sergei Stepaschin, der 1994 sein Chef wurde, war einer der engsten Berater Jelzins. Als ein Politiker der Mitte, der zu den Reformern gerechnet wurde, hatte er 1991 erklärt: »Der KGB muß liquidiert werden.« Sobald er jedoch Chef des FSK geworden war, klagte er darüber, daß sein Sicherheitsdienst »kastriert« worden sei, und verlangte größere Vollmachten. Wie groß sein Einfluß war, wurde während der Tschetschenienkrise erkennbar. Als der Sommer 1994 zu Ende ging, überzeugte Stepaschin Jelzin, ein Angriff auf Grosny, die tschetschenische Hauptstadt, werde den rebellischen Präsidenten Dschochar Dudajew fast über Nacht stürzen und die Macht Moskaus über Tschetschenien wiederherstellen. Den Angriff sollten die tschetschenischen Gegner Dudajews durchführen, finanziert und bewaffnet vom FSK. Als der größte Teil der tschetschenischen Opposition im November im letzten Augenblick von der Operation Abstand nahm, setzte der FSK russische Truppen ein – mit (wie Stepaschin später zugab) verheerenden Folgen. Dudajew warf den ersten Angriff zurück und ließ gefangengenommene russische Soldaten vor den Fernsehkameras der Welt paradieren. Obwohl Grosny später von russischen Streitkräften eingenommen wurde, leisteten die Tschetschenen in einem erbitterten Krieg, der in den darauffolgenden zwei Jahren 25000 Menschenleben kostete, erbitterten Widerstand. Jelzin hat seinen guten Ruf niemals wiedererlangt. Stepaschin wurde im Juni 1995 bei dem Versuch, Kritiker des Krieges in der Duma zu beschwichtigen, abgesetzt, blieb Jelzin nahe und wurde zwei Jahre später wieder in die Regierung geholt, erst als Justiz- und im März 1998 als Innenminister. Im Mai 1999 ernannte Jelzin ihn als Nachfolger Primakows zum Ministerpräsidenten.[57]

Zu der Zeit, da dieses Buch 1999 in Druck ging, hat sich das Jelzin-Jahrzehnt, das 1991 mit seiner Wahl zum Präsidenten Rußlands und seinem Sieg im Augustputsch so glorreich begann, unter seiner schwachen, »alkoholischen« Führung dem Ende genähert. Sowohl der SWR als auch der FSB stellen sich schon auf die Zeit nach Jelzin ein. Keiner von ihnen hat eine Rückkehr zum Kalten Krieg vor. Beide unterhalten jetzt gute, wenn auch diskrete Beziehungen zu den wichtigsten Geheimdiensten des Westens. Dennoch rechnen SWR und der FSB damit, daß der Interessenkonflikt mit dem Westen andauern wird.

Sie haben guten Grund dazu. Der Zusammenbruch des sowjetischen Systems hat eine viel ältere Verwerfungslinie zwischen Ost und West erkennbar werden lassen, die mehr mit Ereignissen im 4. als im 20. Jahrhundert zu tun hat. Sie folgt nicht der Linie des Eisernen Vorhangs im Kalten Krieg, sondern der Trennlinie zwischen dem orthodoxen und dem katholischen Christentum, die damit begann, daß Konstantinopel 330 zum neuen Rom erklärt wurde, und sich durch das Schisma von 1054 verewigte. Obwohl der Islam in den orthodoxen Osten eindrang und die Einheit des katholischen Westens durch die protestantische Reformation zerstört wurde, dauerte die kulturelle Trennung zwischen Ost und West an. »Seit der Zeit der Kreuzzüge«, so schreibt der Historiker Norman Davies, »hat der Osten den Westen als Quelle der Gefahr einer Unterwerfung betrachtet, die schlimmer ist als die Unterwerfung durch Ungläubige.«[58] Gerade weil der Graben so tief ist, läßt sich die Spaltung so schwer überwinden.[59] Diejenigen osteuropäischen Staaten, die der NATO am Ende des 20. Jahrhunderts beitreten, jene, die ihr zu Beginn des 21. Jahrhunderts beitreten werden, sowie die wahrscheinlichsten zukünftigen Mitglieder der EU befinden sich alle auf der westlichen Seite der Trennungslinie.[60] Im orthodoxen Europa dagegen gibt es noch immer keinen aussichtsreichen Kandidaten.

Den meisten Russen erscheint die Sympathie, die westliche Staatsmänner Ende der achtziger Jahre für Gorbatschows Bestreben äußerten, Rußland einen Platz im »gemeinsamen europäischen Haus« zu sichern, unglaubwürdig, wenn nicht gar scheinheilig. »Ein ausgeschlossenes und abgeschnittenes Rußland«, meint Jonathan Haslaw, »wird unweigerlich Schwierigkeiten bereiten.«[61] Trotz der Zugehörigkeit Rußlands zum Europarat und zum Ständigen Gemeinsamen NATO-Rußland-Rat und trotz anderer westlicher Versuche, die Ost-West-Trennung zu überwinden, bestätigen die Ost-Erweiterung der NATO und die geplante Ausdehnung der Europäischen Union Rußlands Verdrängung an den Rand Europas nur. Es ist daher nicht verwunderlich, daß der SWR beides strikt ablehnt. Er wird in seiner Haltung durch den Groll über Rußlands nationalen Niedergang bestärkt. 1989 zerstörten die Revolutionen in Osteuropa innerhalb weniger Monate den Ostblock. Zwei Jahre später verlor Rußland noch plötzlicher fast die Hälfte des Gebietes, das früher von Moskau aus regiert wurde, und war auf einmal kleiner als zur Zeit Katharinas der Großen. Es gibt Anzeichen dafür, daß einige – vielleicht auch viele – Offiziere des SWR den Glauben des derzeitigen Führers der Russischen Kommunistischen Partei, Gennadi Sjuganow, an einen langfristigen westlichen Plan teilen, der angeblich vorsieht, erst den Sowjetstaat zu zerstören und dann ein Wiedererstarken Rußlands zu verhindern. Rußlands historische Mission besteht ihrer Ansicht nach darin, sich einer amerikanischen globalen Hegemonie und dem Triumph der westlichen Werte in den Weg zu stellen.[62]

Jelzins Jahrzehnt war für Rußland eine viel zu kurze Zeit, um sich auf das Verschwinden des Ostblocks und den Zusammenbruch der Sowjetunion einstellen zu können. Wie Großbritannien in der Nachkriegszeit, so hat Jelzins Rußland, Dean Achesons berühmtem Ausspruch zufolge, »ein Imperium verloren, aber noch keine Rolle gefunden«. Anders als bei Großbritannien, das sein Empire in einer Zeit politischer Stabilität verlor, war der Verlust des Imperiums im Falle Rußlands jedoch von wirtschaftlichem Zusammenbruch und politischem Zerfall begleitet. Rußland befindet sich gegenwärtig in der ungewöhnlichen Lage, zwar eine Nationalhymne zu haben, aber nur geringe Aussichten, sich auf einen Text dafür einigen zu können – ein Zeichen für seine derzeitige Identitätskrise.[63]

Bei der Suche nach seiner eigenen Identität blickt der SWR auf eine heroische, neu erfundene Version seiner sowjetischen Vergangenheit zurück. Am 20. Dezember 1995 beging er den 75. Jahrestag der Gründung der Auslandsabteilung der Tscheka als seinen eigenen Geburtstag und veröffentlichte dazu eine unkritische Lobpreisung der »zahlreichen Ruhmestaten«, vollbracht von Offizieren der sowjetischen Auslandsaufklärung, »die einen herausragenden Beitrag dazu geleistet haben, die Sicherheit unseres Heimatlandes zu garantieren«. Mit der unliebsamen Tatsache, daß einige der früheren Helden an den scheußlichen Verbrechen beteiligt waren, die in der Zeit des Großen Terrors verübt wurden, wird der SWR fertig, indem er absurderweise ihre Mitwirkung an diesen Untaten leugnet. Nach der Version des SWR hatte die Auslandsspionage mit dem Großen Terror nur insoweit zu tun, als ihre Märtyrer »in den Folterkammern von Jeschow und Berija umkamen«.[64] Als Chef des SWR wurde Primakow der »Chefredakteur« einer vielbändigen Geschichte des sowjetischen Auslandsnachrichtendienstes, die unter Beweis stellen soll, daß die sowjetische Aufklärung »ehrenhaft und selbstlos ihre patriotische Pflicht gegenüber dem Mutterland und dem Volk erfüllte«.[65] Obwohl Primakows Geschichte noch nicht bis zur Zeit des Kalten Krieges gediehen ist, ist jetzt schon klar, daß die Beteiligung der Ersten Hauptverwaltung an der Verfolgung der Dissidenten und an dem Mißbrauch der Menschenrechte dort keine Erwähnung finden wird.

1996 gab der SWR eine CD-ROM in Russisch und Englisch mit dem Titel *Russian Foreign Intelligence: VChK-KGB-SVR* (»Russische Auslandsaufklärung: Tscheka-KGB-SWR«) heraus, die den Anspruch erhebt, »zum ersten Mal ... einen sachkundigen Überblick über Geschichte und Entwicklung eines der mächtigsten Geheimdienste der Welt« zu geben. Die früheren Erfolge, wie zum Beispiel die Rekrutierung der »Glorreichen Fünf« und die Atomspionage, werden multimedial gefeiert, um die direkte Verbindung zwischen der sowjetischen Auslandsaufklärung und dem heutigen SWR vor Augen zu führen. Auf der Hülle der CD-ROM ist die Statue Dserschinskis abgebildet, die der SWR und der FSB wohl gern wieder auf ihrem früheren Sockel vor der Lubjanka sehen würden. Nichts kann besser die Kontinuität des sowjetischen und des russischen Geheimdienstes illustrieren als der Versuch des SWR, seine KGB-Vergangenheit zu beschwören.

Anhang
Struktur und Geschichte des KGB

Die Entwicklung des KGB, 1917–1991

Dezember 1917	Tscheka
Februar 1922	als GPU in der NKWD eingegliedert
Juli 1923	OGPU
Juli 1934	als GUGB wieder in der NKWD eingegliedert
Februar 1941	NKGB
Juli 1941	als GUGB wieder in der NKWD eingegliedert
April 1943	NKGB
März 1946	MGB
von Oktober 1947 bis November 1951	Auslandsspionage an KI übertragen
März 1953	mit MWD zusammengelegt
März 1954	KGB

Die Funktionen des sowjetischen Sicherheits- und Nachrichtendienstapparates blieben, im Gegensatz zur Namensgebung, während des gesamten Zeitraums von 1917 bis 1991 relativ konstant. In Anerkennung diese Kontinuität bezeichneten sich KGB-Offiziere häufig, wie die ursprünglichen Angehörigen der Tscheka, als Tschekisten. Mit KGB wird zuweilen der Sicherheits- und Nachrichtendienstapparat der gesamten Sowjetepoche bezeichnet, auch wenn diese Bezeichnung korrekterweise erst seit 1954 galt.

Auslandsnachrichtendienst: 1920 gegründet, war die Abteilung Auslandsnachrichtendienst der Tscheka und ihrer Nachfolger in der Zwischenkriegszeit unter der Bezeichnung *Inostrannyi Otdel* (INO) bekannt. Von 1941 bis 1947 folgte ihr die *Inostrannoje Uprawlenije* (INU), auch als Erste Verwaltung bekannt. Von 1947 bis 1951 wurden die meisten Aufgaben der Auslandsaufklärung vom *Komitet Informazii* (KI) übernommen. Von 1952 bis 1991 wurde die Auslandsaufklärung von der Ersten Hauptverwaltung geleitet (ausgenommen der Zeitraum von März 1953 bis März 1954, als diese sich Zweite Hauptverwaltung nannte).

Zentrale: Offiziere der Auslandsaufklärung und Direktiven an die Residenturen bezeichneten die KGB-Zentrale als »Zentrale«. In der Praxis war damit aber eher die Zentrale der Auslandsaufklärung als die des gesamten KGB gemeint. Der organisatorische Aufbau der Ersten Hauptverwaltung des KGB (Auslandsaufklärung) ist auf Seite 690 dargestellt.

Die KGB-Vorsitzenden

1917–1926	Felix Edmundowitsch Dserschinski (Tscheka/GPU/OGPU)
1926–1934	Wjatscheslaw Rudolfowitsch Menschinski (OGPU)
1934–1936	Genrich Grigorjewitsch Jagoda (NKWD)
1936–1938	Nikolai Iwanowitsch Jeschow (NKWD)
1938–1941	Lawrenti Pawlowitsch Berija (NKWD)
1941 (Februar–Juli)	Wsewolod Nikolajewitsch Merkulow (NKGB)
1941–1943	Lawrenti Pawlowitsch Berija (NKWD)
1943–1946	Wsewolod Nikolajewitsch Merkulow (NKGB)
1946–1951	Viktor Semjonowitsch Abakumow (MGB)
1951 (August-Dezember)	Sergei Iwanowitsch Ogolzow (geschäftsführend; MGB)
1951–1953	Semjon Denisowitsch Ignatjew (MGB)
1953 (März–Juni)	Lawrenti Pawlowitsch Berija (MWD)
1953–1954	Sergei Nikiforowitsch Kruglow (MWD)
1954–1958	Iwan Alexanderowitsch Serow (KGB)
1958–1961	Alexander Nikolajewitsch Schelepin (KGB)
1961–1967	Wladimir Jefimowitsch Semitschastny (KGB)
1967–1982	Juri Andropow (KGB)
1982 (Mai–Dezember)	Witali Wassiljewitsch Fedortschuk (KGB)
1982–1988	Viktor Michailowitsch Tschebrikow (KGB)
1988–	Wladimir Alexandrowitsch Krjutschkow (KGB)

Die Leiter der Ersten Hauptverwaltung (Auslandsspionage)

1921–1929	Michail Abramowitsch Trilisser
1929–1934	Artur Christjanowitsch Artusow
1934–1938	Abram Aronowitsch Sluzki
1938 (Februar–Juli)	Michail Schpigelglas (geschäftsführend)
1938–1940	Wladimir Georgjewitsch Dekanosow
1940–1946	Pawel Michailowitsch Fitin
1946–1949	Pjotr Wassiljewitsch Fedotow (stellvertretender Vorsitzender des KI 1947–1949)
1949–1953	Sergei Romanowitsch Sawtschenko (stellvertretender Vorsitzender des KI 1949–1951)
1953 (März–Juni)	Wassili Stepanowitsch Rjasnoi
1953–1956	Alexander Semjonowitsch Panjuschkin
1956–1971	Alexander Michailowitsch Sacharowski
1971–1974	Fjodor Konstantinowitsch Mortin
1974–1988	Wladimir Alexandrowitsch Krjutschkow
1988–	Leonid Wladimirowitsch Schebarschin

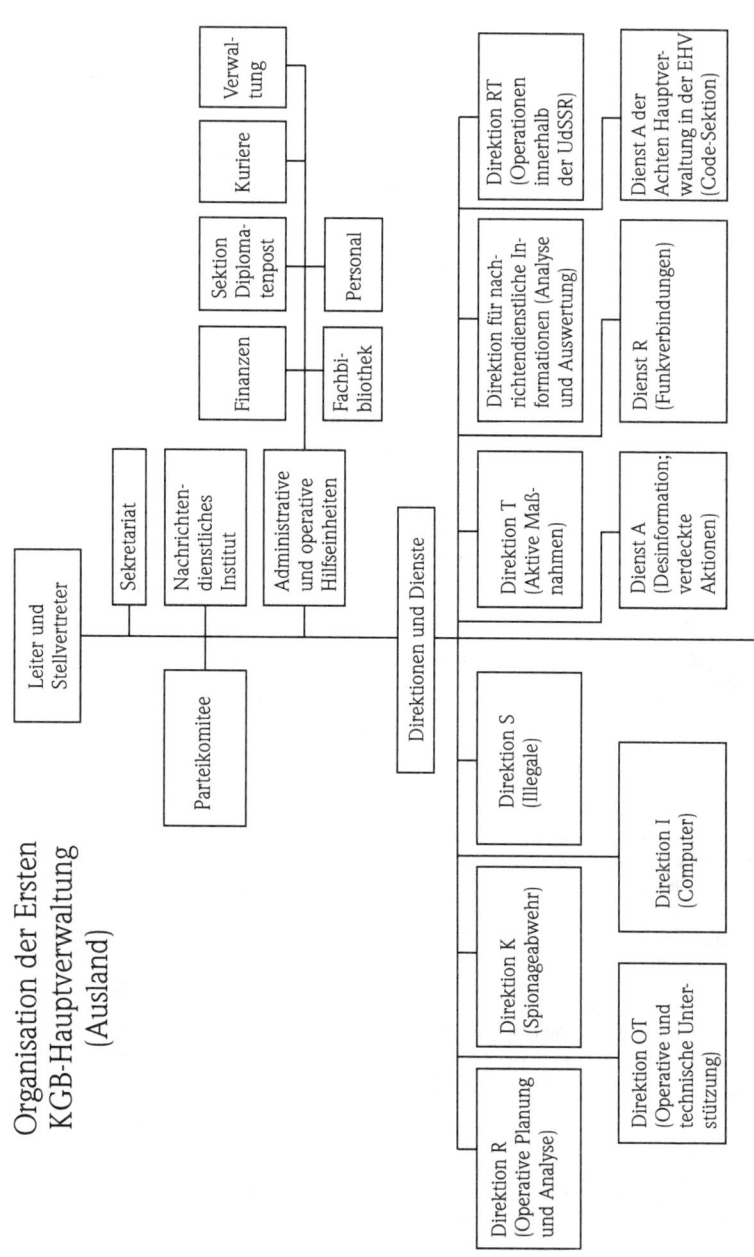

Abteilungen

1. USA, Kanada
2. Lateinamerika
3. Großbritannien, Australien, Neuseeland, Skandinavien
4. DDR, BRD, Österreich
5. Beneluxländer, Frankreich, Spanien, Portugal, Schweiz, Griechenland, Italien, Jugoslawien, Albanien, Rumänien
6. China, Vietnam, Laos, Kambodscha, Nordkorea
7. Thailand, Indonesien, Japan, Malaysia, Singapur, Philippinen
8. Afghanistan, Iran, Israel, Türkei
9. Afrika (englischsprachig)
10. Afrika (französischsprachig)
11. Verbindung zu sozialistischen Ländern
15. Registratur und Archiv
16. Fernmeldeaufklärung und Operationen gegen westliche Chiffriertechniker
17. Indien, Sri Lanka, Pakistan, Nepal, Bangladesch, Burma
18. Arabische Länder und Ägypten
19. Emigranten
20. Verbindung zu den Entwicklungsländern

Quellen: Desmond Ball und Robert Windren, »Soviet Signals intelligence (Sigint): Organisation and Management«, Intelligence and National Security, Bd. V (1990), Abb. 2, und Gordiewsky.

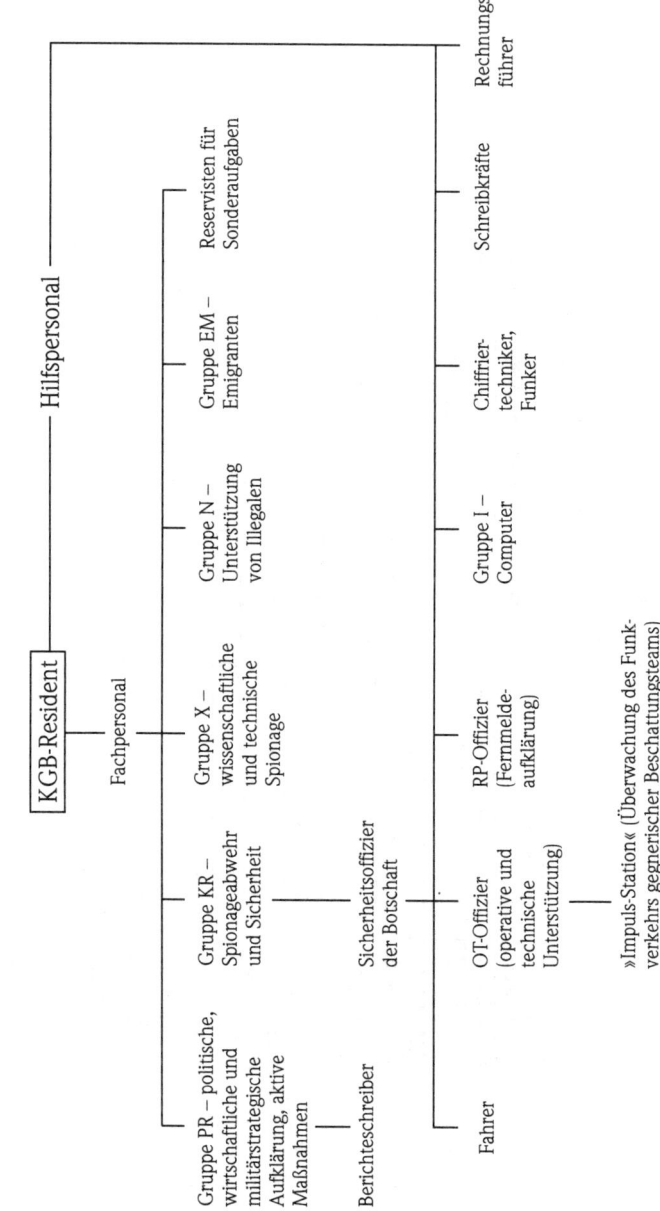

Abkürzungen

AFSA	Armed Forces Security Agency (Fernmeldeaufklärung der US-Streitkräfte)
ARA	American Relief Association (Amerikanische Hilfsorganisation)
ASA	Army Security Agency (Fernmeldeaufklärung der US Army)
AVH	Államvédelmi Hatóság (ungarischer Sicherheitsdienst)
AWACS	Airborne Warning and Control System (luftgestütztes Frühwarn- und Kontrollsystem)
BfV	Bundesamt für Verfassungsschutz
BSC	British Security Coordination (Britische Sicherheitskoordination)
CBC	Canadian Broadcasting Company (kanadischer Rundfunk- und Fernsehsender)
CIA	Central Intelligence Agency (US-Geheimdienst)
CND	Campaign for Nuclear Disarmament (Bewegung für atomare Abrüstung)
COCOM	Coordinating Committee for East-West Trade Policy
COMSUBLANT	Befehlshaber der Unterwasserstreitkräfte der US Navy im Atlantik
DGER	französischer Auslandsnachrichtendienst, Vorgänger des SDECE
DGI	Dirección General de Intelligencia (kubanischer Auslandsnachrichtendienst)
DGS	portugiesischer Sicherheitsdienst
DGSP	Directoratul General al Sigurantei Poporolui (Hauptverwaltung für Volkssicherheit, Rumänien)
DIA	Defence Intelligence Agency (Militärischer Nachrichtendienst, USA)
DRG	Diversjonnyje Raswedywatelnyje Gruppy (Sabotage- und Aufklärungsgruppen des KGB)
DS	Durschawna Sigurnost (bulgarischer Sicherheitsdienst)
DST	Direction de la Surveillance du Territoire (innerer Sicherheitsdienst Frankreichs)
ETA	Euzkadi Ta Azkatasuna (»Das Baskenland und seine Freiheit«, baskische Untergrundbewegung)
FAPSI	Föderationsbehörde für Regierungskommunikation und Information
FBI	Federal Bureau of Investigation (Bundespolizei der USA)
FLQ	Front de Libération du Québec (Befreiungsfront von Quebec)
FNLA	Fronte Nacional de Libertação de Angola (Nationale Front zur Befreiung Angolas)

FSA	Farm Security Administration (Amt zur Sicherung der Farmen)
FSB	Federalnaja sluschba besopasnosti (Sicherheitsdienst der Russischen Föderation)
FSLN	Frente Sandinista de Liberación Nacional (Sandinistische Befreiungsfront Nicaraguas)
GCHQ	Government Communications Headquarters (britische Fernmeldeaufklärung)
GKS	Staatskomitee für Außenwirtschaftsbeziehungen, UdSSR
GKNT	Staatskomitee für Wissenschaft und Technik, UdSSR
GPU	Gossudarstwennoje Polititscheskoje Uprawlenije (Staatliche Politische Verwaltung; Vorgängerorganisation des KGB, 1922/23)
GRU	Glawnoje Raswedywatjelnoje Uprawlenije (Nachrichtendienstliche Hauptverwaltung des Generalstabs der sowjetischen Streitkräfte)
Gulag	Glawnoje Uprawlenije Lagerej (Hauptverwaltung der Straflager in der UdSSR)
HVA	Hauptverwaltung Aufklärung des Ministeriums für Staatssicherheit der DDR (Auslandsnachrichtendienst der DDR)
INO	Innostranny Otdel (Auslandsabteilung der Tscheka)
IRD	Information Research Department (Abteilung zur Informationsauswertung des britischen Außenministeriums)
IRSP	Irish Republican Socialist Party (Irisch-Republikanische Sozialistische Partei)
JIC	Joint Intelligence Committee (Vereinigtes Nachrichtendienstkomitee)
KGB	Komitet Gossudarstwennoi Besopasnosti (Komitee für Staatssicherheit)
KI	Komitet Informazii (Informationskomitee, sowjetischer Auslandsnachrichtendienst, 1947–1951)
Kominform	Informationsbüro der kommunistischen und Arbeiterparteien, kurz Kommunistisches Informationsbüro
Komintern	Kommunistische Internationale
KOR	Komitee zur Verteidigung der Arbeiter (Polen)
KPČ	Kommunistische Partei der Tschechoslowakei
KPdSU	Kommunistische Partei der Sowjetunion
KPF	s. PCF
KPG	Kommunistische Partei Griechenlands
KPI	s. PCI
KPJ	Kommunistische Partei Jugoslawiens
KPÖ	Kommunistische Partei Österreichs
KPS	s. PCE
KSZE	Konferenz über Sicherheit und Zusammenarbeit in Europa
MGB	Ministerstwo Gossudarstwennoi Besopasnosti (Ministerium für Staatssicherheit; Vorgängerorganisation des KGB, 1946–1954)
MGIMO	Moskauer Staatsinstitut für Internationale Beziehungen
MI5	britischer Sicherheitsdienst
MIT	Massachusetts Institute of Technology

MOR	Monarchistische Vereinigung Zentralrußlands
MOPR	Internationale Arbeiterhilfe
MPLA	Movimento Popular de Libertação de Angola (Volksbefreiungsbewegung Angolas)
MRP	Mouvement Républicain Populaire (Republikanische Volksbewegung; französische christlich-demokratische Partei)
MWD	Ministerstwo Wnutrennych Del (Ministerium des Innern, Vorgängerorganisation des KGB, 1953/54)
NKWD	Narodnyj Komissariat Wnutrennych Del (Volkskommissariat für Innere Angelegenheiten; Vorgängerorganisation des KGB, 1922/23 und 1934–1946)
NSA	National Security Agency (Nationale Sicherheitsbehörde, USA)
NSC	National Security Council (Nationaler Sicherheitsrat der USA)
NSZRiS	Volksunion zur Verteidigung von Land und Freiheit
NTS	Nazionalno Trudowoi Sojus (Nationale Arbeitsunion, UdSSR)
OGPU	Objedinjonnoje Gossudarstwennoje Polititscheskoje Uprawlenije (Vereinte Staatliche Politische Verwaltung; Vorgängerorganisation des KGB, 1923–1934)
OMS	Abteilung für internationale Verbindungen der Komintern
OSS	Office of Strategic Services (Büro für Strategische Dienste; Vorgängerorganisation der CIA)
PCE	Partido Comunista Español (KP Spaniens)
PCF	Parti Communiste Français (KP Frankreichs)
PCI	Partito Communista Italiano (KP Italiens)
PCPE	Partido Comunista de los Pueblos de España (Kommunistische Partei der Völker Spaniens)
PFLP	Popular Front for the Liberation of Palestine (Volksfront für die Befreiung Palästinas)
PIDE	portugiesischer Sicherheitsdienst
POUM	Partido Obrero de Unificación Marxista (Arbeiterpartei der marxistischen Einheit)
PSIUP	Partito Socialista Italiano di Unità Proletaria (Italienische Sozialistische Partei der proletarischen Einheit)
PSOE	Partido Socialista Obrero Español (Spanische Sozialistische Arbeiterpartei)
PVAP	Polnische Vereinigte Arbeiterpartei (poln. Abk. PZPR)
RAF	Rote Armee Fraktion
RCMP	Royal Canadian Mounted Police (kanadische Bundespolizei)
ROWS	Russische Vereinte Dienstunion
RPF	Rassemblement du Peuple Français (Sammlungsbewegung des französischen Volkes; gaullistische Partei)
SAC	Strategic Air Command (Strategisches Luftwaffenkommando, USA)
SACEUR	Supreme Allied Commander Europe (NATO-Oberbefehlshaber Europa)
SB	Służba Bezpieczeństwa (polnischer Staatssicherheitsdienst)

SCHON	Schkola Osobogo Nasnatschenija (Schule für besondere Zwecke; Ausbildungsstätte der INO)
SCLC	Southern Christian Leadership Conference (Konferenz Christlicher Führer des Südens, schwarze Bürgerrechtsbewegung in den USA)
SDECE	Service de Documentation Extérieure et de Contre Espionage (französischer Auslandsnachrichtendienst)
SDI	Strategic Defence Initiative (Strategische Verteidigungsinitiative der USA)
SHAEF	Supreme Headquarters Allied Expeditionary Forces (Hauptquartier der Alliierten Expeditionsstreitkräfte)
SIS	Secret Intelligence Service (britischer Geheimdienst)
SK	Gruppe SK (Abteilung zur Überwachung der im Ausland tätigen Sowjetbürger in KGB-Residenturen)
SKP	Suomen Kommunistinen Puole (Kommunistische Partei Finnlands)
SMAD	Sowjetische Militäradministration in Deutschland
SMERSCH	Smert Schpionam (»Tod den Spionen«, sowjetische Spionageabwehr)
SOAS	School of Oriental and African Studies (Schule für Orientalische und Afrikanische Studien, London)
SOE	Special Operations Executive (Abteilung für Sonderoperationen)
SPC	System Planning Corporation, Arlington, Virginia
StB	Státní Bezpečnost (tschechoslowakischer Staatssicherheitsdienst)
SWR	Sluschba Wneschnei Raswedki (Auslandsnachrichtendienst der Russischen Föderation)
Tscheka	Tschreswytschainaja Komissija po Borbe s Kontrrewoljuzijei i Sabotaschem (Außerordentliche Kommission zum Kampf gegen Konterrevolution und Sabotage; erste sowjetische Geheimpolizei, 1917–1922)
TUC	Trade Union Congress (britischer Gewerkschaftsdachverband)
UB	Urząd Bezpieczeństwa (»Verwaltung Sicherheit« – ältere Bezeichnung für den polnischen Staatssicherheitsdienst)
UDBA	jugoslawischer Staatssicherheitsdienst
UdSSR	Union der Sozialistischen Sowjetrepubliken
UNITA	União Nacional para Independência Total de Angola (Nationale Union für die völlige Unabhängigkeit Angolas)
UNRRA	United Nations Relief and Rehabilitation Administration (Hilfsorganisation der Vereinten Nationen zur Wiedereingliederung von Flüchtlingen und Displaced persons, 1943–1947)
USIA	United States Information Agency (Informationsagentur der US-Regierung)
WPC	World Peace Council (Weltfriedensrat)
WPK	Militärisch-Industrielle Kommission
WWR	Wysschaja Woyskowaja Rada (Oberster Militärrat, Ukraine)

Anmerkungen

1. Mitrochins Archiv

1 »Jagd auf Moskaus Agenten«, *Focus*, 9. Dezember 1996, S. 11; *Nesawissimaja Gaseta*, 10. Dezember 1996; Reuter-Meldungen, 10. Dezember 1996.
2 Wenn nicht anderes vermerkt, beruht die Darstellung von Mitrochins Laufbahn auf seinen eigenen Angaben. Aus Sorge um seine Verwandten in Rußland möchte er keine Einzelheiten über seine Familie bekanntmachen. Der SWR steht Überläufern, ganz gleich, welche Gründe sie hatten, weiterhin äußerst ablehnend gegenüber. Über den meisten schwebt immer noch ein Todesurteil, auch wenn sie – wie Oleg Gordiewsky – nicht Rußland, sondern den heute diskreditierten sowjetischen Einparteienstaat aus ideologischer Überzeugung verraten haben. Obwohl ihre Verwandten keiner offenen Verfolgung mehr ausgesetzt sind, ziehen es einige, wenn nicht die meisten, verständlicherweise vor, nicht genannt zu werden.
3 Aus persönlichen Gründen möchte Mitrochin den Ort seines ersten Einsatzes, an dem er unter einem Tarnnamen operierte, nicht nennen.
4 Moskalenko, »Berija's Arrest«; Wolkogonow, *The Rise and Fall of the Soviet Empire*, S. 185–193; Knight, *Berija*, Kap. 9.
5 Chruschtschow, »Die Geheimrede«, S. 489 f.
6 Das Archiv der Ersten Hauptverwaltung, das 1956 als Abteilung der operativen Registratur *(Otdel Operatiwnowo Utschjota)* firmierte, wurde in der Folgezeit in Zwölfte (später Fünfzehnte) Abteilung umbenannt.
7 Wolkogonow, *The Rise and Fall of the Soviet Empire*, S. 194.
8 Knight, *KGB*, S. 64 f.
9 k-9, 183.
10 Medwedjew, *Andropow*, S. 81.
11 Andrew/Gordiewsky, *KGB*, S. 559 f., 623 f.; Arbatow, *Das System*, S. 292 f.; Dobbs, *Down With Big Brother*, S. 13.
12 k-25, 1.
13 k-1, 191. Aufgrund der (realen wie eingebildeten) Kontakte der Dissidenten zum Westen und der Ausweisung mehrerer ihrer führenden Gestalten aus der Sowjetunion enthielt das Archiv der Ersten Hauptverwaltung sowohl Material der Zweiten Hauptverwaltung (innere Sicherheit) als auch Dokumente der von Andropow zur Bekämpfung der inneren ideologischen Subversion gegründeten Fünften Verwaltung.
14 Bd. 6, Kap. 2, Teil 1.

15 k-16, 506.
16 Blake, *Keine andere Wahl*, S. 337.
17 Solange Mitrochin an den Notizen arbeitete, versteckte er sie in einem Wäschekorb. Bevor er die Datscha verließ, vergrub er sie dann in der Milchkanne. Er war nicht der erste, der ein Geheimarchiv in einer Milchkanne versteckte. 1942/43 hatte Emanuel Ringelblum im Warschauer Ghetto drei Milchkannen vergraben, in denen nach dem Krieg eine unbezahlbare Sammlung von Untergrundzeitungen, Berichten über den Widerstand und die Aussagen von Juden, die den Todeslagern entkommen waren, gefunden wurde. Eine der Milchkannen ist heute im Holocaust-Museum in Washington ausgestellt.
18 Pipes (Hg.), *The Unknown Lenin*, S. 48 ff.
19 Ein typisches Beispiel ist ein von Krjutschkow und Bobkow, dem Leiter der Fünften Verwaltung, gemeinsam unterzeichneter Plan (Dokument Nr. 150/S-9195) für die Agenteninfiltration russischer Emigrantengemeinden, um Dissidenten im Ausland zu beobachten und zu bekämpfen; der Plan wurde Andropow am 19. August 1975 vorgelegt und einige Tage darauf von ihm gebilligt (Bd. 6, Kap. 8, Teil 6). Dennoch behauptet Krjutschkow heute, er habe »nichts mit dem Kampf gegen Abweichungen« zu tun gehabt (Remnick, *Resurrection*, S. 322).
20 Bd. 10, Kap. 3, § 23.
21 Bd. 6, Anh. 2, Teile 3 f.; k-2, 323; k-5, 169.
22 Da Mitrochin die Einzelheiten seiner Ausreise aus der Sowjetunion dem heutigen russischen Sicherheitsdienst nicht preisgeben will, möchte er für sich behalten, in welcher der baltischen Republiken er Kontakt zum SIS aufgenommen hat.
23 Kessler, *The FBI*, S. 433.
24 Michael Isikoff, »FBI Probing Soviet Spy Effort, Book Says«, *Washington Post*, 18. August 1993.
25 »Fun And Games With the KGB«, *Time*, 30. August 1993.
26 Der erste Artikel, der diese Anklage enthielt, war: Jérôme Dupuis/Jean-Marie Pontaut, »Charles Hernu était un agent de l'Est«, *L'Express*, 31. Oktober 1996.
27 »Le contre-espionage français est convaincu que Charles Hernu a été un agent de l'Est«, *Le Monde*, 31. Oktober 1996.
28 Mitrochins Notizen sind zwar umfangreich, aber keineswegs vollständig. Deshalb ist das Fehlen von Hernus Namen kein Beweis seiner Unschuld, zumal er seine ersten Kontakte mit dem bulgarischen und dem rumänischen Geheimdienst gehabt haben soll. Hernus Familie beharrt allerdings darauf, daß keine der gegen ihn erhobenen Anschuldigungen zutrifft.
29 »Jagd auf Moskaus Agenten«, *Focus*, 9. Dezember 1996, S. 11; »Deutsche Politiker im KGB-Netz«, ebd., 17. März 1997, S. 13.
30 Andreas Weber, »Die ›Grot‹ geschluckt«, *Profil*, 26. Mai 1997, S. 28 f.
31 t-7, 65.
32 »KGB-Dossiers rütteln am Denkmal Willy Brandt«, *Focus*, 15. Juni 1998, S. 58–61; vgl. Roger Boyes, »Defector Says Willy Brandt was a KGB agent«, *The Times*, 16. Juni 1998. In bezug auf den Abtransport der versteckten Notizen durch SIS-Offiziere irrt der Artikel ebenso wie mit der Behauptung, der Überläufer habe »bis Anfang der neunziger Jahre im Zentrum des sowjetischen Nachrichtendienstes KGB« gearbeitet.

33 ITAR/TASS, Interview mit Juri Kobaladse, 19. Juni 1998. Burkows Memoiren, die viel Interessantes (einschließlich von KGB-Akten) über seine Tätigkeit in der Ersten Hauptverwaltung von 1984 bis 1991 enthalten, liegen bislang nur auf Norwegisch vor.
34 k-26, 88.
35 Bd. 6, Kap. 11, Teil 3; Anh. 1, Teile 26, 28, 41.
36 Scott Shane/Sandy Banisky, »Lipka Was Wary of FBI's Spy Trap«, *Baltimore Sun*, 25. Februar 1996; William C. Carley, »How the FBI Broke Spy Case That Baffled Agency for 30 Years«, *Wall Street Journal*, 21. November 1996.
37 Julia C. Martinez, »Accused Spy Admits Guilt«, *Philadelphia Inquirer*, 24. März 1997. Zusätzlich zur Haftstrafe wurde Lipka zur Zahlung einer Geldstrafe von 10000 Dollar und zur Rückzahlung der 10000 Dollar, die er von »Nikitin« erhalten hatte, verurteilt (Joseph A. Slobodzian, »18 Years Sentence for Ex-Soviet Spy«, *Philadelphia Inquirer*, 25. September 1997).
38 Bd. 6, Kap. 8, Teil 4.
39 Bd. 6, Anh. 1, Teil 28.
40 Bd. 6, Kap. 8, Teil 4.
41 Ein Teil der Dokumente ist veröffentlicht in: Andrew/Gordiewsky (Hg.), *Instructions from the Centre*, und dies. (Hg.), *More Instructions from the Centre*.
42 Anonyme Information. Da Mitrochin sechs Jahre vor der Veröffentlichung der KGB-Geschichte von Andrews und Gordiewsky aus dem Dienst ausgeschieden ist, kann er die KGB-Akten über das Buch nicht kennen.
43 Befehl des Vorsitzenden des KGB, Nr. 107/OW, 5. September 1990.
44 Costello erzählte Andrew und Gordiewsky später, daß er das erste Angebot von KGB-Material kurz nach der Pressekonferenz aus Anlaß des Erscheinens von deren KGB-Geschichte erhalten habe.
45 Costello/Zarew, *Der Superagent*, S. 579f.
46 Costello, *Ten Days to Destiny*; Costello/Zarew, *Der Superagent*; Borovik, *The Philby Files*; West/Tsarev, *The Crown Jewels*.
47 Bailey/Kondraschow/Murphy, *Die unsichtbare Front*, S. 313 f. Auch die jüngste vom SWR vorgenommene Zusammenstellung von Dokumenten für eine in amerikanisch-russischer Zusammenarbeit verfaßte Geschichte der Spionage in den USA während der Stalinära, *The Haunted Wood* von Weinstein und Vassiliev, weist solche Symptome einer archivarischen Amnesie hinsichtlich peinlicher Episoden auf.
48 Samolis (Hg.), *Weterany Wneschnei Raswedki Rossii*. Herausgeberin ist die Sprecherin des SWR.
49 Primakow u. a., *Otscherki Istorii Rossijskoi Wneschnei Raswedki*. Die bisher erschienenen drei Bände beruhen zum Teil auf geheimen Artikeln der hausinternen KGB-Zeitschrift *KGB Sbornik*, von denen Mitrochin ebenfalls einige gelesen hat und in seinen Notizen erwähnt.
50 Obwohl der ehemalige Leiter des SWR, Jewgeni Primakow, von September 1998 bis Mai 1999 russischer Ministerpräsident, als »Chefredakteur« genannt wird, dürfte sein Anteil an dem Werk kaum über die Nennung seines Namens hinausgehen. Samoiski spielte als »literarischer Redakteur« vermutlich eine wesentlich bedeutendere Rolle. In den achtziger Jahren brachte er auf seinen Inspektionsreisen zu ausländischen Residenturen diesen seinen Glauben an eine weltweite freimaurerisch-zionistische Ver-

schwörung nahe. Gordiewsky hörte im Januar 1985 einen seiner Vorträge; Samoiski war damals stellvertretender Leiter des Informationsdienstes der Ersten Hauptverwaltung (Andrew/Gordiewsky, *KGB*, S. 35).

51 »Die Freimaurer«, verkündet Samoiski, »haben immer die oberen Ränge der Regierungen der westlichen Länder kontrolliert. ... Tatsächlich wird die bürgerliche Gesellschaft von den Freimaurern ›ferngesteuert‹. ... Das wahre Zentrum der freimaurerischen Weltbewegung befindet sich im ›freimaurerischsten‹ Land überhaupt, den Vereinigten Staaten. ... Ronald Reagan wurde als ›herausragender‹ Freimaurer beschrieben.« Samoiskis Erklärung des Kalten Krieges ist verblüffend einfach: »Der erste atomare Angriff auf Menschen, der Einsatz von Atomwaffen zur Erpressung und Eskalation des Wettrüstens, wurde durch den Freimaurer des 33. Grades Harry Truman gebilligt. – Die Forderung nach einem Kalten Krieg wurde (mit Trumans Segen) zum ersten Mal von dem Freimaurer Winston Churchill erhoben. – Die (als Marshallplan getarnte) Attacke auf die wirtschaftliche Eigenständigkeit Westeuropas wurde von dem Freimaurer des 33. Grades George Marshall befehligt. – Truman und westeuropäische Freimaurer haben die Gründung der NATO in die Wege geleitet. – ›Verdanken‹ wir nicht dieser Kohorte die Entfachung der Feindseligkeit zwischen dem Westen und der Sowjetunion ...?« (*Behind the Facade of the Masonic Temple*, S. 6f., 141).

52 Im dritten und vorläufig letzten Band der offiziellen SWR-Geschichte wird der Schluß gezogen, der sowjetische Auslandsnachrichtendienst habe »ehrenhaft und selbstlos seine patriotische Pflicht gegenüber Volk und Vaterland« erfüllt (Primakow u. a., *Otscherki Istorii Rossijskoi Wneschnei Raswedki*, Bd. 3, Schlußbetrachtungen).

53 Deshalb hat der SWR als Gegenstand für die erste Zusammenarbeit zwischen einem seiner Berater und einem westlichen Historiker Alexander Orlow ausgewählt, einen hohen Nachrichtendienstoffizier, der sich, obwohl er gezwungen war, vor Stalins Terror in den Westen zu fliehen, angeblich den »Glauben an Lenins Revolution« bewahrte und seine überlegene Geheimdienstausbildung nutzte, um den Westen jahrelang hinters Licht zu führen (Costello/Tsarev, *Der Superagent*).

2. Von Lenins Tscheka zu Stalins OGPU

1 Andrew/Gordiewsky, *KGB*, S. 58–62.
2 Ebd., S. 49 f.
3 Bd. 6, Kap. 3, Teil 3, Anm. 2; k-9, 218.
4 Leggett, *Cheka*, S. 17.
5 k-9, 67.
6 Pipes, *Die russische Revolution*, Bd. 3, S. 157 f.
7 k-9, 67, 204.
8 Lenin, »Rede in der gemeinsamen Sitzung des Gesamtrussischen Zentralexekutivkomitees, des Moskauer Sowjets, der Betriebskomitees und der Gewerkschaften Moskaus«, 29. Juli 1918, in: Ders., *Werke*, Bd. 28, S. 2.
9 Ostrjakow, *Militärtschekisten*, S. 17–24, 29–33.
10 Andrew/Gordiewsky, *KGB*, S. 76–79. Zu Beweisen für Lenins Beteiligung siehe Brook-Shepherd, *Iron Maze*, S. 103.

11 Brook-Shepherd, *Iron Maze*, S. 107.
12 Andrew/Gordiewsky, *KGB*, S. 84.
13 Vor seiner Hinrichtung wurde Kannegisser zweimal von Dserschinski persönlich verhört. Obwohl er aktives Mitglied der Volkssozialistischen Arbeiterpartei gewesen war, behauptete er jetzt – vielleicht um andere Anhänger der Partei zu schützen –, daß er gegenwärtig »im Prinzip« keiner Partei angehöre. Den Anschlag habe er allein deshalb durchgeführt, weil er alle jene habe rächen wollen, die auf Urizkis Befehl als »Feinde der Sowjetmacht« erschossen worden seien. Nach Aussage von Kannegissers Vater war unter den Erschossenen auch ein Freund seines Sohnes. Das Hausmädchen der Familie, Ilinaja, erklärte, daß Kannegisser »mit einigen verdächtigen Leuten zusammen war, die ihn oft besuchen kamen, und daß er nachts aus dem Haus zu gehen pflegte, um erst im Lauf des Tages zurückzukehren«. Ein anderer von der Tscheka vernommener Zeuge namens Rosenberg behauptete, Kannegisser hätte ihm von seinem Vorhaben erzählt, das bolschewistische Regime zu stürzen. Mitrochin merkte nach der Lektüre der Verhörakten der Tscheka an, daß die Widersprüche der Aussagen nicht gelöst worden seien (Bd. 10, Kap. 4).
14 Zit. in Pipes, *Die russische Revolution*, Bd. 2, S. 781. Das Protokoll von Kaplans Verhör wurde 1923 veröffentlicht.
15 Andrew/Gordiewsky, *KGB*, S. 82–88.
16 Pipes (Hg.), *Unknown Lenin*, S. 48, 54.
17 In den von Mitrochin eingesehenen KGB-Akten war kein Hinweis auf Filippows Schicksal nach seiner Verhaftung durch die Petrograder Tscheka zu finden, aber man hat nie wieder von ihm gehört (k-9, 67, 204).
18 Leggett, *The Cheka*, S. 417, Anm. 21; Conquest, *Der große Terror*, S. 376 f.
19 Bd. 7, Kap. 1, § 5. Buikis verfaßte zwei kurze Erinnerungstexte über seine Erlebnisse bei der Tscheka, abgedruckt in Roswadowskaja u. a. (Hg.), *Ryzar Rewoluzii*, und Ljalin u. a. (Hg.), *Ossobije Sadanije*.
20 Vgl. zum Beispiel Ostrjakow, *Militärtschekisten*, Kap. 1.
21 Zu der während der Sowjetherrschaft unterdrückten amtlichen Urkunde, mit der Lenins Vater die »Rechte auf den erblichen Adel« verliehen wurden, siehe Pipes (Hg.), *The Unknown Lenin*, S. 19.
22 Pipes (Hg.), *The Unknown Lenin*, S. 3 ff., 138 f.
23 Radzinsky, *Stalin*, S. 11 f.
24 Bd. 1, Anh. 3; vgl. Radzinsky, *Stalin*, S. 12 ff.
25 Radzinsky, *Stalin*, S. 77 ff. Der Änderung von Tag und Jahr seiner Geburt in den amtlichen Akten lag wahrscheinlich Stalins Befürchtung zugrunde, daß die Akten der Ochrana noch unentdeckte Hinweise auf einen Agenten enthalten könnten, der zwar nur mit dem Codenamen genannt wurde, aber sein Geburtsdatum hatte.
26 Am 11. Juni 1919 stellte das Zentralkomitee der Kommunistischen Partei fest: »[Wir] haben Genosse Dserschinskis Erklärung in bezug auf die Notwendigkeit, in den vom Feind besetzten Gebieten illegale politische Arbeiter zurückzulassen, zur Kenntnis genommen. ... Es wird empfohlen, daß ... im Organisationsbüro eine Abteilung für Illegaloperationen gebildet wird ...« (Bd. 6, Kap. 5, Teil 1, Anm. 1).
27 Bd. 6, Kap. 5, Teil 1 und Anm. 1; Bd. 7, Kap. 1.
28 k-27, 305.

29 Leggett, *Cheka*, Anh. C.
30 Lenin, *Staat und Revolution*, in: Ders., *Werke*, Bd. 25, S. 477. Zweifellos gibt *Staat und Revolution* Lenins innerste Überzeugungen wieder. Andernfalls hätte er die Broschüre kaum im Februar 1918 erscheinen lassen, als die Tscheka bereits existierte und es für seine Gegner leicht war, auf den Widerspruch zwischen seinen Worten und Taten hinzuweisen. Die Veröffentlichung in einer derart schwierigen Zeit war Ausdruck der Zuversicht, daß die Probleme des Regimes vorübergehender Natur waren und er noch die Erfüllung seines revolutionären Traums erleben würde.
31 Abgedruckt in der ersten Ausgabe der Wochenzeitschrift der Tscheka vom 22. September 1918, k-9, 212.
32 Mitrochin erwähnt einen Bericht (k-9, 210) über den 18jährigen Tscheka-Vorsitzenden von Dmitrow mit Namen Kurenkow und seine jugendliche Einheit, die zwar mit Leidenschaft an ihre Arbeit herangegangen sei, sie aber in »primitiver Weise« ausgeführt hätte.
33 Melgunow, *Der rote Terror*, passim; Figes, *Die Tragödie eines Volkes*, S. 682 f. Lenin gab sich damit zufrieden, daß Dserschinski »Exzesse« vermied.
34 Lenin, »Über die Innen- und Außenpolitik der Republik«, Bericht des Gesamtrussischen Zentralexekutivkomitees und des Rats der Volkskommissare an den IX. Gesamtrussischen Sowjetkongreß, 23. Dezember 1921, in: Ders., *Werke*, Bd. 33, S. 160.
35 Brovkin, *Behind the Front Lines of the Civil War*, S. 424. Das Dserschinski-Archiv befindet sich in Fond 76 im Moskauer Allrussischen Zentrum für Erhaltung und Studium der Dokumente der modernen Geschichte.
36 Wolkogonow, *Lenin*, S. 258.
37 Zwigun u. a. (Hg.), *Lenin i WTschK*, Nr. 198; Andrew/Gordiewsky, *KGB*, S. 70.
38 Pipes (Hg.), *The Unknown Lenin*, S. 127 ff.
39 Bd. 6, Kap. 1, Teil 1, Anm. 1.
40 Pipes, *Die russische Revolution*, Bd. 3, S. 670 f.
41 Andrew/Gordiewsky, *KGB*, S. 108; Samolis (Hg.), *Weterany Wneschnei Raswedki Rossii*, S. 142 f.; West/Tsarev, *Crown Jewels*, S. 5.
42 Zwigun u. a. (Hg.), *Lenin i WTschK*, Nr. 198; Andrew/Gordiewsky, *KGB*, S. 102.
43 West/Tsarev, *Crown Jewels*, S. 5.
44 Lenin, »Referat über die KPR«, gehalten auf dem III. Kongreß der Kommunistischen Internationale, 5. Juli 1921, in: Ders., *Werke*, Bd. 32, S. 505 ff.
45 Brovkin, *Behind the Front Lines of the Civil War*, S. 334–356; Leggett, *Cheka*, S. 334–338, 464 ff.
46 k-9, 87.
47 Die erste von fünf Prioritäten, die in den INO-Instruktionen vom 28. November 1922 aufgestellt wurden, war die »Entlarvung von konterrevolutionären Gruppen, die sowohl aktive als auch passive Handlungen gegen die Interessen der RSFSR und gegen die internationale revolutionäre Bewegung begehen, auf dem Territorium des jeweiligen Landes« (Bd. 1, Kap. 1).
48 Aus Mitrochins handschriftlicher Notiz (k-9, 87) läßt sich nicht ersehen, ob das Datum der 16. oder der 26. Juni war. Da Sajarny am 15. Juni die Grenze zu Rumänien überschritt, um die Einzelheiten von Tutjunniks Rückkehr zu besprechen, erscheint es, besonders im Hinblick auf frühere Verzögerungen, höchst unwahrscheinlich, daß

dies schon am 16. geschehen konnte. Da FALL 39 in die Zuständigkeit der Inneren Abteilungen der OGPU fiel, wurde die Akte im Sonderarchiv *(spezfondy)* der Zweiten Hauptverwaltung aufbewahrt, zu dem Mitrochin keinen Zugang hatte. Er war jedoch in der Lage, eine geheime Geschichte der Operation einzusehen, die auf der Akte von FALL 39 beruhte und sie zitierte.

49 k-9, 87. In den dreißiger Jahren gab es in Deutschland eine von I. M. Kaminski (MOREZ und MOND) geleitete illegale Residentur, die auf Operationen gegen ukrainische Emigranten spezialisiert war (Bd. 7, Kap. 9, §§ 1 f.; Bd. 6., Kap. 5, Teil 1). Auch die Direktion für Sonderaufgaben führte Anschläge auf mehrere führende ukrainische Nationalisten aus (Sudoplatow/Sudoplatow, *Der Handlanger der Macht*, Kap. 1 f.).
50 Bd. 6, Kap. 8, Teil 6.
51 Bd. 6, Kap. 5, Teil 1, Anm. 1.
52 Churchill, *Große Zeitgenossen*, S. 148.
53 Andrew/Gordiewsky, *KGB*, S. 126; Costello/Zarew, *Der Superagent*, S. 61 f.
54 Bd. 6, Kap. 8, Teil 1. Zu Syrojeschkins und Fjodorows vorheriger Laufbahn vgl. Samolis (Hg.), *Weterany Wneschnei Raswedki Rossii*, S. 138 ff., 147 ff.
55 Andrew/Gordiewsky, *KGB*, S. 128 f.
56 k-4, 199.
57 Costello/Zarew, *Der Superagent*, S. 63.
58 Andrew/Gordiewsky, *KGB*, S. 129.
59 Andrew/Gordiewsky, *KGB*, S. 131–134.
60 Costello/Zarew, *Der Superagent*, S. 62–69 (unter Benutzung von Teilen der KGB-Akte über TREST) und das Foto (nach S. 304), auf dem Reillys in der Sanitätsabteilung der Lubjanka ausgestellter Leichnam zu sehen ist; vgl. auch Primakow u. a., *Otscherki Istorii Rossijskoi Wneschnei Raswedki*, Bd. 3, S. 121 ff. Der kurzen SWR-Biographie von Syrojeschkin zufolge hatte er sich »besonders bei den Verhaftungen der subversiven weißgardistischen Organisation von B. Sawinkow« und als »aktiver Beteiligter an der Operation TREST hervorgetan, in deren Verlauf im September 1925 der britische Agent S. Reilly in Haft genommen wurde« (Samolis [Hg.], *Weterany Wneschnei Raswedki Rossii*, S. 139).
61 Andrew/Gordiewsky, *KGB*, S. 134–139; Costello/Zarew, *Der Superagent*, S. 69 f.
62 Bd. 7, Kap. 14, Punkt 1. Die nach der Revolution abgebrochenen diplomatischen Beziehungen zwischen Italien und dem Sowjetstaat wurden erst 1924 wiederaufgenommen, und in der neu eingerichteten diplomatischen Vertretung wurde dann die erste legale Residentur aufgebaut. Der Offizier der Residentur, dem in den KGB-Akten die Anwerbung Constantinis zugeschrieben wurde, war ein gewisser Scheftel (DOKTOR). Mitrochins Notizen enthalten keine näheren Angaben über ihn. 1997/98 machte der SWR für zwei autorisierte Geschichten der sowjetischen Nachrichtendienstoperationen ausgewählte Teile von Constantinis Akte zugänglich: Primakow u. a., *Otscherki Istorii Rossijskoi Wneschnei Raswedki*, Bd. 3, Kap. 13; und West/Tsarev, *Crown Jewels*, Kap. 5.
63 Die KGB-Akten berichtigen frühere Darstellungen von undichten Stellen in der Botschaft in Rom grundlegend. In der 1937 von Valentine Vivian, dem Chef der SIS-Gegenspionage, durchgeführten Untersuchung wurde nur die Weitergabe von Informationen an den italienischen Nachrichtendienst berücksichtigt. Obwohl man später

entdeckte, daß einige Informationen auch an die OGPU beziehungsweise den NKWD gegangen waren, scheint das britische Außenministerium nie erkannt zu haben, daß die Infiltration das Werk der OGPU war. Hauptverdächtiger war 1937 Constantinis Bruder Secondo. Francesco selbst war zum ersten Mal 1925 nach dem Verschwinden der beiden Exemplare des Chiffrierschlüssels von Vivian als Verdächtiger betrachtet worden (Andrew, *Secret Service*, S. 567–570).

64 Bd. 7, Kap. 14, Punkt 1.
65 Primakow u. a., *Otscherki Istorii Rossijskoi Wneschnei Raswedki*, Bd. 3, Kap. 13.
66 West/Tsarev, *Crown Jewels*, S. 94–99. Obwohl Litwinow erst 1930 Kommissar für Äußere Angelegenheiten wurde, bemerkte die *Iswestija* später, er sei »de facto seit 1928 der Kopf unserer Außenpolitik« gewesen (Haslam, *Soviet Foreign Policy 1930–1933*, S. 10).
67 Andrew/Gordiewsky, *KGB*, S. 145; zum Spionagering von Jean Crémet vgl. Faligot/Kauffer, *As-tu vu Crémet*, S. 126 f.
68 Andrew/Gordiewsky, *KGB*, S. 146 ff.
69 Professor Mazokin wurde zu einem in den Akten nicht vermerkten Zeitpunkt von einem anderen Japanexperten abgelöst, Kim Roman, der koreanischer Herkunft war und aus Nikolsk-Ussurijsk stammte (k-9, 73). In der Darstellung der Episode um die Tanaka-Denkschrift in Primakow u. a., *Otscherki Istorii Rossijskoi Wneschnei Raswedki*, Bd. 2, Kap. 32, wird keiner von beiden erwähnt.
70 k-9, 73.
71 k-9, 119. In der offiziellen SWR-Geschichte kommt ANO nicht vor.
72 k-9, 73. Zur Publikation der Tanaka-Denkschrift vgl. Klehr/Haynes/Firsov, *The Secret World of American Communism*, S. 52 f. Von manchen Gelehrten, die von dem erfolgreichen Einbruch der OGPU in die japanischen Kommunikationswege nichts wußten, wurde die veröffentlichte Fassung der Denkschrift für eine Fälschung der OGPU gehalten. Aus der KGB-Akte über ihre Beschaffung geht jedoch hervor, daß sie echt ist. Obwohl Mitrochin dafür keinen Beweis gefunden hat, ist es allerdings möglich, daß der veröffentlichte Text bearbeitet worden war, um seinen Propagandawert zu erhöhen.
73 Primakow u. a., *Otscherki Istorii Rossijskoi Wneschnei Raswedki*, Bd. 2, S. 257.
74 Stalin, »Notizen über Gegenwartsfragen«, 28. Juli 1927, in: Ders., *Werke*, Bd. 9, S. 278.
75 Wolkogonow, *Trotzki*, S. 312.
76 Bd. 6, Kap. 3, Teil 1.
77 Deutscher, *Trotzki*, Bd. 3, S. 17.
78 k-4, 198.
79 Ostrjakow, *Militärtschekisten*, S. 113; Andrew/Gordiewsky, *KGB*, S. 201. In diesem Fall stimmt die veröffentlichte KGB-Version der Ereignisse (die Ostrjakow wiedergibt) mit den Akten überein (Bd. 6, Kap. 3, Teil 1). Wolkogonow meint, daß man Bljumkin »außer der Begegnung mit Trotzki nichts zur Last legen konnte« (*Trotzki*, S. 349), übersieht aber die Tatsache, daß Trotzki selbst später zugab, Bljumkin habe versucht, »eine Verbindung zwischen Trotzki und seinen Ko-Denkern in der UdSSR herzustellen« (Trotzki, mit »G. Gourov« unterzeichneter Artikel in: *La Voix Communiste*, 30. Oktober 1932; Vereeken, *The GPU in the Trotskyist Movement*, S. 13).

80 Eine geglättete Darstellung von Gorskajas Laufbahn findet sich in Samolis (Hg.), *Weterany Wneschnei Raswedki Rossii*, S. 53 ff..
81 Agabekov, *OGPU*, S. 202 f., 207 f., 219 ff., 238 ff.; Poretsky, *Our Own People*, S. 146 f.; Orlow, *Kreml-Geheimnisse*, S. 231 ff. Zwischen den Erinnerungen dieser Autoren gibt es geringfügige Diskrepanzen, die auf ihrem unterschiedlichen persönlichen Wissen über die Affäre beruhen. Übereinstimmung herrscht jedoch über Bljumkins Treffen mit Trotzki, Gorskajas Beteiligung und Bljumkins Hinrichtung. Die von Mitrochin eingesehenen Akten enthielten keine Einzelheiten über Bljumkins Rückruf nach Moskau und sein Verhör; in ihnen werden nur sein Versuch, »einen Kommunikationsweg zwischen Trotzki und den Trotzkisten in Moskau« einzurichten, und seine spätere Hinrichtung erwähnt (Bd. 6, Kap. 3, Teil 1).
82 Andrew/Gordiewsky, *KGB*, S. 196 f.
83 k-4, 198, 206.
84 Sudoplatow/Sudoplatow, *Der Handlanger der Macht*, S. 65, 96. Bei ihrer Gründung war die Direktion für Sonderaufgaben hauptsächlich dafür vorgesehen gewesen, in Kriegszeiten Sabotageoperationen hinter den feindlichen Linien vorzubereiten und auszuführen.
85 k-9, 199.
86 Andrew/Gordiewsky, *KGB*, S. 197.

3. Die Großen Illegalen

1 Bd. 7, Kap 9.
2 Bd. 6, Kap. 12.
3 1930 gab es in den USA keine legale und nur eine einzige illegale Residentur mit vier OGPU-Offizieren und vier illegalen Agenten. Das Interesse der Zentrale an den USA beruhte in dieser Zeit vor allem auf der Möglichkeit, die großen Gemeinden von deutschen und japanischen Einwanderern für Operationen gegen Deutschland und Japan zu benutzen (Bd. 6, Kap. 8, Teil 1).
4 Bd. 7, Kap. 9. Der 1930 aufgestellte, aber nie ganz umgesetzte Plan sah vor, in jedem wichtigen Zielstaat mehrere illegale Residenturen einzurichten. Im Gegensatz dazu gab es in den dreißiger Jahren in keinem Land mehr als eine legale Residentur.
5 Bd. 7, Kap. 9, § 4.
6 Bd. 7, Kap. 9.
7 Die neueste und am besten dokumentierte Biographie von Sorge ist Whymant, *Stalin's Spy*. Obwohl er ein Illegaler der Vierten Abteilung (später GRU) war, wurde Sorge vom KGB noch in den siebziger Jahren im Gespräch mit führenden westlichen Kommunisten als Musterbeispiel des Illegalen gerühmt, wie ihn der KGB zu rekrutieren wünschte.
8 Andrew/Gordiewsky, *KGB*, S. 42–45.
9 Wie die Akten anderer Operationen der Zwischenkriegszeit sind auch die von Bystroletows Auslandsmissionen unvollständig. Die wichtigsten Dokumente, die Mitrochin einsehen konnte, waren Bystroletows nach dem Krieg geschriebene Erinnerungen, einige zwischen der Zentrale und mehreren Residenturen gewechselte Briefe über seine Operationen sowie die 26 Bände umfassende Akte eines seiner führenden Agen-

ten, Ernest Holloway Oldham (ARNO). Obwohl Bystroletows Erinnerungen sehr lebhaft geschrieben sind, lassen sich einige, wenn auch nicht alle Hauptereignisse durch andere Quellen bestätigen. Für zwei Bücher, deren Koautor der ehemalige KGB-Offizier und jetzige Berater des SWR Oleg Zarow ist, hat der SWR einen Teil der Akten über Bystroletow zugänglich gemacht: Costello/Zarew, *Der Superagent*, und West/Tsarov, *Crown Jewels*.

10 Samolis (Hg.), *Weterany Wneschnei Raswedki Rossii*, S.19ff. Auch in der 1997 erschienenen offiziellen SWR-Geschichte werden bei der Darstellung Bystroletows viele für seine Laufbahn bedeutsame Fakten übergangen, einschließlich der Identität seines wichtigsten britischen Agenten (Primakow u.a., *Otscherki Istorii Rossijskoi Wneschnei Raswedki*, Bd. 3, Kap. 22).

11 Bd. 7, Kap. 9, § 16. In der von Mitrochin eingesehenen Akte wird LAROCHE in kyrillischer Transliteration als Eliana Aucouturier, geboren 1898, identifiziert. In Samolis (Hg.), *Weterany Wneschnei Raswedki Rossii*, wird einfach festgestellt, Bystroletow habe »erfolgreich Umgang mit einer Sekretärin der französischen Botschaft gepflegt, die Zugang zu geheimen Korrespondenzen und Chiffren des französischen Außenministeriums hatte« (S.19), ohne den Klar- oder Codenamen der Sekretärin zu nennen oder ihre Verführung zu erwähnen.

12 Bd. 7, Kap. 9.

13 Sowohl in den vom SWR 1995 und 1997 veröffentlichten Darstellungen von Bystroletows Laufbahn als auch in den beiden vom SWR geförderten Büchern, die der ehemalige KGB-Offizier Oleg Zarow zusammen mit westlichen Historikern verfaßte, wird verschwiegen, daß Bystroletow kein Offizier der OGPU beziehungsweise des NKWD war. Mitrochin hat jedoch bei der Durchsicht von Bystroletows Akte festgestellt, daß er nur ein einfacher Agent war (Bd. 7, Kap. 9, § 38). Selbst nach seiner vollen Rehabilitierung im Jahr 1956, nachdem er sechzehn Jahre (1938–1954) als unschuldiges Opfer des stalinistischen Terrors im Gefängnis gesessen hatte, wurde ihm mit der Begründung, er habe nie einen Offiziersrang bekleidet, eine KGB-Pension verweigert. Da der SWR ihn heute als einen der größten Vorkriegshelden des sowjetischen Auslandsnachrichtendienstes präsentiert, wäre es ihm offenbar peinlich, seinen niedrigen Rang zuzugeben.

14 Wenngleich in Berlin gelegen, operierte Basarows Residentur gegen eine ganze Reihe von Ländern, so auch – seit 1929 – gegen Großbritannien. Andere Angehörige der Residentur waren Teodor Maly und D. A. Posledny (Bd. 7, Kap. 1).

15 Bd. 7, Kap. 9, §§ 24–30. De Ry zog später als »trafiquant de codes« auch die Aufmerksamkeit des französischen Deuxième Bureau auf sich (Paillole, *Notre espion chez Hitler*, S.223).

16 Bd. 7, Kap. 9, § 26. Bystroletow war zwar bei diesem ersten Kontakt mit ROSSI nicht anwesend, wurde aber von der Pariser Residentur eingehend darüber unterrichtet, weil er mithelfen sollte, ihn aufzuspüren.

17 In Bystroletows Darstellung (Bd. 7, Kap. 9, § 26) wird der Botschaftsangehörige, der mit dem Besucher sprach, nur als »hoher Genosse« identifiziert. Aus anderen, unvollständigen Darstellungen der Episode geht jedoch hervor, daß Woinowitsch alias Janowitsch oder Wolowitsch dieser Genosse war (Bessedovsky, *Den Klauen der Tscheka entronnen*, S.298f.; Corson/Crowley, *The New KGB*, S.433ff.; Costello/Zarew, *Der Superagent*, S.292).

18 Bd. 7, Kap. 9, § 27. Daß Woinowitschs Frau die Fotografien anfertigte, wurde von dem Überläufer Grigori Bessedowsky enthüllt, der damals ein hoher Diplomat an der sowjetischen Botschaft war (Bessedovsky, *Den Klauen der Tscheka entronnen*, S. 299).
19 Bd. 7, Kap. 9. Corson und Crowley, *The New KGB*, S. 140 ff., verwechseln die Besuche von de Ry und Oldham und behaupten, letzterer sei ebenfalls erfolgreich betrogen worden. Die Autoren, die keinen Zugang zu KGB-Akten hatten, geben weder den Klarnoch den Codenamen von de Ry an und sprechen von Oldham als »Scott«. Andrew/Gordiewsky, *KGB*, S. 233 f., identifizieren zwar Oldham, folgen aber Corson und Crowley in bezug auf den Betrug durch Woinowitsch. Überraschenderweise wird de Ry von Costello und Zarew, obwohl sie Zugang zu KGB-Akten hatten, nicht erwähnt, und über Oldham schreiben sie:»... Woinowitsch, der [in seinem Angebot] eine britische Provokation erblickte, warf ihn schlicht und einfach hinaus« *(Der Superagent,* S. 292).
20 Bessedowsky, *Den Klauen der Tscheka entronnen*, S. 298 f., 334. Bessedowskys Memoiren erschienen 1930 auf Russisch *(Na putnjach k Termidoru*, Paris), Französisch und Deutsch sowie 1931 auf Englisch (die deutsche Ausgabe endet vor Bessedowskys Pariser Zeit). Die verletzenden Angriffe auf Stalin machen die Annahme, er sei ein in den Westen gesandter falscher Überläufer, unhaltbar. Es gibt jedoch Hinweise darauf, daß er im Laufe seines manchmal bizarren Lebens im Exil nach dem Zweiten Weltkrieg in gewissem Ausmaß mit sowjetischen Nachrichtendiensten zusammengearbeitet hat.
21 Das Folgende beruht auf: Bd. 7, Kap 9.
22 Der einzige echte Posten, der dem eines Chefs des Nachrichtendienstes im Außenministerium nahekommt, ist der des Leiters der politischen Nachrichtenabteilung im SIS und Verbindungsoffiziers zum Außenministerium, den von 1921 bis zum Ende des Zweiten Weltkriegs Major Malcolm Woollcombe bekleidete.
23 Mitrochin hat in der Akte keinerlei zweifelnde Anmerkungen in bezug auf diese Geschichte gefunden.
24 Bd. 7, Kap. 9, §§ 30 f. Französische Nachrichtendienstakten bestätigen sowohl Lemoines Freundschaft mit de Ry als auch ihr gemeinsames Interesse daran, ausländische Chiffrierschlüssel zu beschaffen (Paillole, *Notre espion chez Hitler*, S. 223).
25 Vgl. Paillole, *Notre espion chez Hitler*, passim.
26 Die französischen Kryptologen konnten mit den von Schmidt gelieferten Informationen über ENIGMA nichts anfangen. So waren es Kryptologen der polnischen Armee, denen das Deuxième Bureau Schmidts Material zur Verfügung gestellt hatte, die den ersten Schritt zur Entschlüsselung von ENIGMA unternahmen. Die von den Polen erzielten Resultate wurden am Vorabend des Zweiten Weltkriegs den Engländern zugänglich gemacht (Garliński, *Intercept*, Kap. 2 f.; Andrew, *Secret Service*, S. 628–632).
27 Bd. 7, Kap. 9, § 30. In Bystroletows 1995 erschienener SWR-Hagiographie werden weder Lemoines Klar- noch sein Codename genannt. Bestätigt wird jedoch, daß Bystroletow in der »Periode zwischen 1930 und 1936..., während er mit einem anderen Agenten zusammenarbeitete, operativen Kontakt zu einem Angehörigen des französischen Militärnachrichtendienstes aufnahm. Er erhielt von ihm österreichisches und später auch italienisches und türkisches Chiffriermaterial und sogar Geheimdokumente aus Hitlerdeutschland« (Samolis [Hg.], *Weterany Wneschnei Raswedki Rossii*, S. 20). Aus dieser geglätteten Darstellung geht hervor, daß Bystroletows Kollege Ignaz

Reiss alias Porezki, mit dem zusammen er JOSEF führte, wegen seines späteren Seitenwechsels in der SWR-Geschichtsschreibung immer noch als Unperson gilt; deshalb tritt er nur als »anderer Agent« auf. In Wests und Zarews Darstellung von Bystroletows Laufbahn in *Crown Jewels* wird JOSEF nicht erwähnt.

28 In der von Mitrochin eingesehenen Akte wird ORJOL als Lemoines Vorgesetzter im Deuxième Bureau bezeichnet; seine wirkliche Identität mag der Zentrale unbekannt geblieben sein (Bd. 7, Kap. 9, § 30). Reiss kannten Lemoine und Bertrand als »Walter Scott«. Auf einem Foto des Deuxième Bureau, das mit großer Wahrscheinlichkeit ohne sein Wissen aufgenommen wurde, ist Reiss bei einem Treffen mit Lemoine und Bertrand 1935 in Rotterdam zu sehen (Paillole, *Notre espion chez Hitler*, Abb. gegenüber S. 161).
29 Bd. 7, Kap. 9.
30 Paillole, *Notre espion chez Hitler*, S. 132. Welche Seite dabei was mitteilte ist im allgemeinen nicht bekannt. Laut Mitrochin wird jedoch in einer Akte erwähnt, daß ORJOL (Bertrand) im November 1933 einen neuen italienischen Chiffrierschlüssel übergab.
31 Bd. 7, Kap. 9, § 18. Der Beschluß, Bystroletow ein mit einer Inschrift versehenes Gewehr zu verleihen, ist in den KGB-Akten als Befehl 1042 vom 17. September 1932 verzeichnet.
32 Das Datum von Oldhams Ausscheiden aus dem Außenministerium ist in seinem »Diensteintrag« in der *Foreign Office List* von 1933 angegeben.
33 Bd. 7, Kap. 9.
34 Bd. 7, Kap. 11, § 56.
35 Bd. 7, Kap. 9.
36 *Foreign Office List*, 1934; Andrew/Gordiewsky, *KGB*, S. 235.
37 Bd. 7, Kap. 9.
38 Ebd.
39 *Foreign Office List*, 1934. Oakes »Diensteintrag« hob seine ungesicherte Stellung hervor. Während solche Einträge bei Festangestellten den vollen Namen, das Geburtsdatum und eine Laufbahnbeschreibung enthielten, bestanden die Einträge für Zeitbeamte wie Oake nur aus dem Nachnamen, den Initialen und dem Datum des Eintritts ins Außenministerium.
40 Bd. 7, Kap. 9, § 20.
41 *Foreign Office List*, 1934.
42 Bd. 7, Kap. 9, § 22. Ob King Piecks Geschichte glaubte, daß das Geld, das er erhielt, von einem niederländischen Bankier stamme, der großes Interesse an Informationen über internationale Beziehungen habe, ist nicht bekannt (Andrew/Gordiewsky, *KGB*, S. 236).
43 West/Tsarev, *Crown Jewels*, S. 94.
44 Bd. 7, Kap. 14, Punkt 1; k-4, 200.
45 Agabekov, *OGPU*, S. 151 f., 204, 237–240.
46 Bd. 7, Kap. 14, Punkt 1; k-4, 200. Axelrod hatte vorher schon einen österreichischen Paß auf den Namen Friedrich Keil benutzt (Agabekov, *OGPU*, S. 240 ff.) und könnte in Italien dieselbe falsche Identität benutzt haben. Bezeichnenderweise enthält die SWR-Darstellung von Axelrods früher Laufbahn keinen Hinweis auf seine Mitglied-

schaft in Poale Zion. Wie es scheint, fühlen sich die SWR-Historiker der KGB-Tradition verpflichtet, der zufolge die Heroen des sowjetischen Nachrichtendienstes vom Zionismus unbefleckt zu sein hatten (Primakow u.a., *Otscherki Istorii Rossijskoi Wneschnei Raswedki*, Bd. 3, Kap. 13).
47 Primakow u.a., *Otscherki Istorii Rossijskoi Wneschnei Raswedki*, Bd. 3, Kap. 13. Der Originaltext der britischen Dokumente ist abgedruckt in Medlicott u.a. (Hg.), *Documents on British Foreign Policy*, 2. Reihe, Bd. 12, S.703–746, 771–791, 803–810, 812–817; Bd. 13, S.477–484; Bd. 14, S.329–333.
48 Medlicott u.a. (Hg.), *Documents on British Foreign Policy*, 2. Reihe, Bd. 12, S.766–769.
49 Ebd., S.820.
50 Zu Edens Sowjetpolitik und zur kollektiven Sicherheit vgl. Carlton, *Anthony Eden*, S.63.
51 Die Einschätzung stammte von einer Kommission unter Vorsitz von Sir John Maffey. Sie kam zu dem Schluß, daß die britischen Interessen in Äthiopien und den umliegenden Gebieten nicht bedeutend genug waren, um der italienischen Eroberung entgegenzutreten. Daß sich Mussolini im Februar 1936, als die britische Regierung über ein Ölembargo gegen Italien nachdachte, zur Veröffentlichung des Textes entschloß, brachte das britischen Außenministerium verständlicherweise in einige Verlegenheit (Dilks, »Flashes of Intelligence«, S.107f.; Andrew, *Secret Service*, S.567f.). In den beiden Darstellungen von Constantinis Tätigkeit, die auf ausgewählten Abschnitten seiner Akte beruhen, wird die italienische Veröffentlichung des Maffey-Berichts nicht erwähnt (West/Tsarev, *Crown Jewels*, Kap. 5; Primakow u.a., *Otscherki Istorii Rossijskoi Wneschnei Raswedki*, Bd. 3, Kap. 13).
52 Laut Mitrochins Notizen aus den KGB-Akten verlor Constantini die Stellung an der Botschaft 1936 (Bd. 7, Kap. 14, Punkt 1). Dies wird durch den auf S.78 zitierten SIS-Bericht von 1937 (s. Anm. 54) bestätigt. In der von den beiden autorisierten Geschichten wiedergegebenen SWR-Version von Constantinis Laufbahn wird fälschlicherweise behauptet, er sei 1931 entlassen worden. West/Tsarev, *Crown Jewels*, Kap. 5; Primakow u.a., *Otscherki Istorii Rossijskoi Wneschnei Raswedki*, Bd. 3, Kap. 13).
53 Andrew, *Secret Service*, S.568f.
54 (Valentine Vivian,) »Report on Measures to enhance the Security of Documents, etc., in H. M. Embassy, Rome«, 20. Februar 1937, PRO FO 850/2 Y775. Dieser Bericht, wenn auch nicht sein Autor, wurde zum erstenmal erwähnt in Dilks, »Flashes of Intelligence«, S.107ff. Zu Vivians Untersuchung in Rom und zur Frage seiner Verfasserschaft vgl. Andrew, *Secret Service*, S.560–571, 771 Anm. 102.
55 Andrew, *Secret Service*, S.571f.
56 Interview von Christopher Andrew mit Lord Gladwyn (bis zum Italienisch-Äthiopischen Krieg als Gladwyn Jebb Angehöriger der Botschaft in Rom), »Timewatch«, BBC 2, 10. Juli 1984.
57 Andrew, *Secret Service*, S.572.
58 Welche wirren Vorwürfe die Zentrale 1937, auf dem Höhepunkt des Großen Terrors, gegen Francesco Constantini im einzelnen erhob, ist unbekannt. Den in DUNCANS Akte formulierten Verdacht hat Mitrochin in einem einzigen Satz zusammengefaßt: »Er stand in Kontakt mit dem OWRA [dem italienischen Nachrichtendienst], befaßte

sich mit Erpressungen, und die Dokumente wurden wahrscheinlich von den Geheimdiensten geliefert« (Bd. 7, Kap. 14, Punkt 1). Vgl. West/Tsarev, *Crown Jewels*, Kap. 5; Primakow u. a., *Otscherki Istorii Rossijskoi Wneschnei Raswedki*, Bd. 3, Kap. 13).
59 »Mrs Petrov's Statement Concerning Her Past Intelligence Work«, 15. Mai 1954, CRS A6283/XR1/14, Australische Archive, Canberra.
60 Petrov, *Empire of Fear*, S. 129 ff.
61 Bd. 7, Kap. 1, § 13.
62 Andrew/Gordiewsky, *KGB*, S. 289–296.
63 Britische Dechiffrierer waren in der Zwischenkriegszeit bis 1935 in der Lage, sämtliche französischen Chiffrierschlüssel zu brechen (Andrew, *Secret Service*, S. 375). Daher ist kaum anzunehmen, daß Bokis Einheit durch die französischen diplomatischen Telegramme vor unlösbare Probleme gestellt wurde, zumal Bystroletow von LAROCHE mit geheimem französischen Chiffriermaterial beliefert wurde.
64 Eine offizielle sowjetische Zusammenstellung von Nachrichtendienstdokumenten aus der Zeit von 1938 bis 1941 enthält eine alles andere als umfassende Auswahl abgefangener (hauptsächlich deutscher, italienischer, japanischer und türkischer) Telegramme (Stepaschin u. a. [Hg.], *Organy Gossudarstwennoi Besopastnosti SSSR w Welikoi Otetschestwennoi Woine*, Bde. 1–2.).
65 Degras (Hg.), *Documents on Soviet Foreign Policy*, Bd. 3, S. 224; Andrew/Gordiewsky, *KGB*, S. 233.
66 Andrew, *Secret Service*, S. 471, 573.
67 Orlov, *A Handbook of Intelligence and Guerilla Warfare*, S. 10; Costello/Zarew, *Der Superagent*, S. 90; Fursenko/Naftali, »Soviet Intelligence and the Cuban Missile Crisis«, S. 66.
68 Primakow u. a., *Otscherki Istorii Rossijskoi Wneschnei Raswedki*, Bd. 3, Vorwort, Kap. 13.
69 Der Bericht des britischen Außenministeriums über die Gespräche vom 25. und 26. März 1935 ist abgedruckt in: *Documents on British Foreign Policy 1919–1939*, 2. Reihe, S. 703–745. Im Verlauf der Begegnung mit Hitler wurde ein britisch-deutsches Marineabkommen vorgeschlagen, in dem ein Verhältnis der beiden Marinen von 100 zu 35 zugunsten Großbritanniens festgelegt werden sollte. Dieser Vorschlag bildete die Grundlage des Abkommens, das dann am 18. Juni 1935 in London geschlossen wurde.
70 Die gekürzte russische Übersetzung des britischen Berichts findet sich im Anhang von Primakow u. a., *Otscherki Istorii Rossijskoi Wneschnei Raswedki*, Bd. 3. In einer Anmerkung der Herausgeber (Anh., Anm. 11) wird dazu erklärt, Simon habe mit seiner Bemerkung über Österreich »den Weg zum Anschluß geebnet«.
71 Primakow u. a., *Otscherki Istorii Rossijskoi Wneschnei Raswedki*, Bd. 3, Vorwort.
72 Ebd., Kap. 13.

4. Die Glorreichen Fünf

1 Andrew/Gordiewsky, *KGB*, S. 258; Primakow u. a., *Otscherki Istorii Rossijskoi Wneschnei Raswedki*, Bd. 3, Kap. 1.
2 »Nationale für ordentliche Hörer der philosophischen Fakultät«, Einträge für Arnold

Deutsch, 1923–1927; »Rigorosenakt des Arnold Deutsch«, 1928, Nr. 9929, mit Lebenslauf; Protokolle von Deutschs Promotionsprüfung, 1928, Universitätsarchiv Wien.
3 Bd. 7, Kap. 9f. Es gibt eine wesentliche, aber unvollständige Überschneidung des von Mitrochin eingesehenen Archivmaterials über Deutsch mit den Dokumenten, die vom SWR jüngst West und Zarew zugänglich gemacht worden sind. Letztere haben das wichtigste dieser Dokumente, einen von Deutsch 1938 für die Zentrale verfaßten Lebenslauf, den Mitrochin nur kurz abhandelt, in voller Länge veröffentlicht (*Crown Jewels*, S. 104–107). Außerdem zitieren sie einige interessante Dokumente über Deutschs Leben nach seinem Rückruf nach Moskau 1937, die Mitrochin nicht erwähnt. Andererseits scheinen sie zu einem Teil des von Mitrochin ausgewerteten Materials, wie Deutschs wichtiger Denkschrift über die Anwerbung kommunistischer Studenten, keinen Zugang gehabt zu haben. Auch österreichisches Quellenmaterial, das einige Episoden belegt, die Deutsch in seiner kurzen Autobiographie von 1938 vorsichtshalber übersprang, wird in ihrer Darstellung nicht berücksichtigt.
4 Andrew/Gordiewsky, *KGB*, S. 259f.
5 Sharaf, *Wilhelm Reich*.
6 Reichs Schrift *Sexualerregung und Sexualbefriedigung*, die erste Veröffentlichung in der Reihe »Sexualberatung und Sexualforschung in Wien«, enthielt den Eintrag »Copyright 1929 by Münster-Verlag (Dr. Arnold Deutsch), Wien II«. Als Deutsch später für die NKWD-Akten seinen Lebenslauf schrieb, hielt er es offenbar für angebracht, seine enge Verbindung zur Sex-Pol-Bewegung und zu Reich, der inzwischen aus der kommunistischen Partei ausgetreten war und sein teils recht bizarres Forschungsprogramm über das menschliche Sexualverhalten vorantrieb, zu verschweigen. Weder in Mitrochins Notizen über Deutschs Akte noch in den beiden Büchern, deren Autoren sie vom SWR teilweise zugänglich gemacht wurde – Costello/Zarew, *Der Superagent*, und West/Tsarev, *Crown Jewels* –, wird Reich erwähnt, ebensowenig wie in dem hagiographischen Kapitel über Deutsch in der offiziellen SWR-Geschichte von 1997 (Primakow u. a., *Otscherki Istorii Rossijskoi Wneschnei Raswedki*, Bd. 3, Kap. 1).
7 Wiener Polizeiberichte über Deutsch vom 25. März und 27. April 1934, Z1.38.Z.g.P./34, Dokumentationsarchiv des österreichischen Widerstandes, Wien.
8 Bd. 7, Kap. 9, § 10; Kap. 10, § 1. Der illegale Resident, unter dem Deutsch in Frankreich operierte, war Fjodor Jakowlewitsch Karin (JACK).
9 Deutschs Adresse und Berufsbezeichnung (Universitätsdozent) sind auf der Geburtsurkunde seiner am 21. Mai 1936 geborenen Tochter Ninette Elizabeth angegeben. Weitere Informationen stammen von Bewohnern der Lawn Road Flats.
10 Bd. 7, Kap. 9, § 10. In den Akten der Londoner Universität findet sich kein Hinweis auf Deutsch, weder als Forschungsstudent noch als Dozent. Der Grund dafür ist wahrscheinlich, daß er nur auf Teilzeitbasis an der Universität war.
11 Andrew/Gordiewsky, *KGB*, S. 260; Bd. 7, Kap. 9.
12 Bd. 7, Kap. 10, § 24.
13 Bd. 7, Kap. 10, § 1. Aus den von Mitrochin eingesehen Akten geht eindeutig hervor, daß Deutsch der erste war, der diese Anwerbungsstrategie empfahl.
14 Bd. 7, Kap. 10, § 2; Andrew/Gordiewsky, *KGB*, S. 254, 257f.; Costello/Zarew, *Der Superagent*, S. 198–203.

15 Page/Leitch/Knightley, *Philby*, Kap. 5.
16 Bd. 7, Kap. 9, § 11; Kap. 10, § 2. Costello und Zarew erwähnen in *Der Superagent* nicht, daß EDITH von Deutsch als Agentin angeworben worden war.
17 Bd. 7, Kap. 9, § 11; vgl. Costello/Zarew, *Der Superagent*, S. 205, 208.
18 Costello/Zarew, *Der Superagent*, S. 212.
19 Bd. 7, Kap. 10.
20 Der Bericht des illegalen Residenten in London, Ignati Reif, über Deutschs erstes Treffen mit Philby ist abgedruckt in Borovikh, *The Philby Files*, S. 38 ff.; Costello/Zarew, *Der Superagent*, S. 213.
21 Borovikh, *The Philby Files*, S. 29.
22 Die Ausnahme war Philby, der aufgrund seines mangelnden Studieneifers im ersten Teil der Abschlußprüfung in Geschichte nur eine Drei, im zweiten über Wirtschaft eine Zwei plus erhielt. Burgess schloß den ersten Teil mit einer Eins ab und bekam den Abschluß im zweiten wegen einer Krankheit ohne Prüfung verliehen.
23 Cairncross, *When Polygamy Was Made A Sin*.
24 Cairncross zitiert Greenes Brief in einer Nachbemerkung zu seinem Buch *La Fontaine Fables and Other Poems*.
25 In Bd. 7, Kap. 9, werden die Namen der in Costello/Zarew, *Der Superagent*, identifizierten illegalen Residenten bestätigt.
26 Costello/Zarew, *Der Superagent*, S. 196 f. und passim.
27 Bd. 5, Kap. 7. Orlow lernte Philby erst 1937, wenige Monate bevor er überlief, in Paris kennen, als er von Deutsch mit ihm bekannt gemacht wurde (West/Tsarev, *Crown Jewels*, S. 110).
28 Costello/Zarew, *Der Superagent*, Kap. 15. Obwohl diese vom SWR unterstützte Biographie Orlows wertvolles Material aus dem KGB-Archiv über die Anwerbung britischer Agenten in den dreißiger Jahren enthält, übertreibt es nicht nur Orlows Bedeutung, sondern führt auch in anderen Punkten in die Irre. So wird James Klugman (MER) aus der Liste der in Cambridge angeworbenen Agenten ausgeschlossen, und es wird sogar angedeutet, er sei wegen seiner offenen Parteimitgliedschaft nicht rekrutiert worden. Außerdem wird nicht Cairncross, sondern Maclean als der Agent genannt, der 1941 die ersten Informationen über die Pläne zum Bau einer Atombombe lieferte. (Da Cairncross 1993 zum Zeitpunkt des Erscheinens des Buchs noch am Leben war, hat man vermutlich darauf geachtet, das Material über ihn auf die Aspekte zu begrenzen, die er selbst bereits eingestanden hatte. Heute gibt der SWR zu, daß die 1941 von der Londoner Residentur gelieferten Informationen über den Atombombenbau von Cairncross und nicht von Maclean stammten.) Eine weitere irreführende Mystifikation des Buchs ist die Behauptung, der Agent ABO sei ein gleichzeitig mit den »Glorreichen Fünf« in Cambridge studierender Mann gewesen, der nie als sowjetischer Spion enttarnt worden sei. In Wirklichkeit handelte es sich bei ABO um Peter Smollett, der nicht in Cambridge, sondern in Wien studiert hatte; dessen Laufbahn als sowjetischer Agent wurde bereits dargestellt in Andrew/Gordiewsky, *KGB*, S. 415-420.
29 Diese Tatsache wird in Costello/Zarew, *Der Superagent*, bestätigt, auch wenn die Autoren sie dann offenbar aus den Augen verloren haben. Insgesamt stehen die in diesem Werk veröffentlichten detaillierten Beweise in vieler Hinsicht im Widerspruch zur Überbetonung von Orlows Rolle im Vergleich zu der von Deutsch. In der offiziellen

SWR-Geschichte von 1997 wird Deutschs Beitrag aufgewertet und ihm bescheinigt, er sei derjenige gewesen, »der die ›Cambridger Fünf‹ schuf« (Primakow u. a., *Otscherki Istorii Rossijskoi Wneschnei Raswedki*, Bd. 3, Kap. 1; vgl. West/Tsarev, *Crown Jewels*, S. 103 ff.).

30 Bd. 7, Kap. 10, § 8.
31 Andrew/Gordiewsky, *KGB*, S. 273.
32 Costello/Zarew, *Der Superagent*, S. 279.
33 Andrew/Gordiewsky, *KGB*, S. 269, 271.
34 Costello/Zarew, *Der Superagent*, S. 330.
35 Ebd.
36 Andrew/Gordiewsky, *KGB*, S. 261–265.
37 In diesem wie in anderen in diesem Kapitel dargestellten Fällen bestätigen Mitrochins Notizen die in Costello/Zarew, *Der Superagent*, genannten Codenamen.
38 Bd. 7, Kap. 10.
39 Andrew/Gordiewsky, *KGB*, S. 273 f.
40 G. Rees, *A Chapter of Accidents*, S. 122 f.; Straight, *After Long Silence*, S. 94 f., 142.
41 Costello/Zarew, *Der Superagent*, S. 227 f., 242 f.
42 Bd. 7, Kap. 10, §§ 8 f.
43 Andrew/Gordiewsky, *KGB*, S. 13 f.
44 Philby, *My Silent War*, S. 13 (Hervorhebung hinzugefügt).
45 Bd. 7, Kap. 10, § 24.
46 Bd. 7, Kap. 10, Anh., § 2. Zu der irreführenden Erwähnung Klugmans in Costello/Zarew, *Der Superagent*, siehe Anm. 28 zu diesem Kapitel.
47 Blunt, »From Bloomsbury to Marxism«.
48 Boyle, *Ring der Verräter*, S. 71.
49 Bd. 7, Kap. 10., Anh., § 2.
50 Klugmans Anwerbung ist dokumentiert in West/Tsarev, *Crown Jewels*, S. 206, 294.
51 Siehe unten Kap. 10.
52 Deutsch, der zehn Jahre jünger als Orlow und Maly war und erst seit 1932 der OGPU angehörte, wurde für den Posten des Residenten offenbar als zu jung befunden.
53 Obwohl einige Agenten glaubten, Maly sei katholischer Priester, geht aus seinen operativen Akten hervor, daß er 1914 erst die Diakonatsweihe erhalten hatte (West/Tsarev, *Crown Jewels*, S. 113 f.).
54 Poretsky, *Our Own People*, S. 214 f.; Cornelissen, *De GPOe op de Overtoom*, Kap. 11.
55 Andrew/Gordiewsky, *KGB*, S. 255 f., 278.
56 Bd. 7, Kap. 10, Anh., Punkt 3.
57 Ebd., Punkt 6.
58 Straight, *After Long Silence*, S. 101 ff., 120 f.
59 Die Einzelheiten über Cairncross' akademische Laufbahn finden sich in den Archiven der Universität von Glasgow, des Trinity College in Cambridge und der Universität Cambridge.
60 *Trinity Magazine*, Ostern 1935 und Ostern 1936.
61 Cairncross, *The Enigma Spy*, S. 42.
62 Colville, *Fringes of Power*, S. 30, Fußnote.
63 Bd. 7, Kap. 10, Punkt 1.

64 Ebd., Punkt 23.
65 Costello/Zarew, *Der Superagent*, S. 310; West/Tsarev, *Crown Jewels*, S. 207.
66 Bd. 7, Kap. 10, § 23.
67 Cairncross, *The Enigma Spy*, S. 61 f. Cairncross' Darstellung seiner Einführung in den NKWD in aufeinanderfolgenden Treffen mit Burgess, Klugman und Deutsch stimmt sowohl mit den von Mitrochin erwähnten als auch mit den in West/Tsarev, *Crown Jewels*, zitierten KGB-Akten überein. *The Enigma Spy* ist dennoch ein Musterbeispiel der Selbstverleugnung, denn außer in bezug auf sein heroisches Jahr in Bletchley Park (1942/43), in dem er Informationen über die Ostfront weitergab, die angeblich »den Verlauf des Zweiten Weltkriegs veränderten«, versucht Cairncross für jede Phase seiner Laufbahn als sowjetischer Spion die Bedeutung seiner Rolle herunterzuspielen. Seine Darstellung widerspricht jedoch, wiederum von dem Jahr in Bletchley Park abgesehen, dem Beweis der KGB-Akten.
68 West/Tsarev, *Crown Jewels*, S. 208.
69 Aktenvermerk von Cairncross, 23. März 1937, PRO FO371/21287 W7016; Andrew/Gordiewsky, *KGB*, S. 280.
70 Es gibt zwar keinen Beleg dafür, daß dieses Dokument von Maclean oder Cairncross beschafft wurde, aber alle anderen Quellen sind auszuschließen, so daß nur noch sie übrig bleiben.
71 Roberts, *»The Holy Fox«*, S. 70.
72 Primakow u. a. (Hg.), *Otscherki Istorii Rossijskoi Wneschnei Raswedki*, Bd. 3, S. 6, 162.
73 Medlicott u. a. (Hg.), *Documents on British Foreign Policy 1919-1939*, 2. Reihe, Bd. 19, S. 540-548; Roberts, *»The Holy Fox«*, S. 70-75; Parker, *Chamberlain and Appeasement*, S. 98 ff.
74 Andrew/Gordiewsky, *KGB*, S. 260 f., 282 f.
75 Ebd., S. 283; Borovik, *Philby Files*, S. 80.
76 Bd. 7, Kap. 10, § 4.
77 Borovik, *Philby Files*, S. 90 ff.
78 Andrew/Gordiewsky, *KGB*, S. 284.

5. Terror

1 Serge, *Beruf: Revolutionär*, S. 290.
2 Rjutin-Plattform, *Iswestija*, 1989, Nr. 6, und *Ogonjok*, 1989, Nr. 15.
3 Wolkogonow, *Stalin*, S. 306 f.
4 k-4, 198.
5 Wolkogonow, *Trotzki*, S. 365.
6 Zit. in Andrew/Gordiewsky, *KGB*, S. 187.
7 Andrew/Gordiewsky, *KGB*, S. 203 f.; Wolkogonow, *Trotzki*, S. 355 ff. Bemerkenswert ist, daß in der 1997 erschienenen offiziellen SWR-Geschichte der Versuch unternommen wird, die antitrotzkistische Hexenjagd teilweise zu rechtfertigen. Die trotzkistische Kritik habe, »obwohl dem Anschein nach gegen Stalin persönlich gerichtet, ... im wesentlichen alles Sowjetische diffamiert. Zum großen Teil dank der Trotzkisten

bildete sich im Ausland eine Erscheinung heraus, die als Antisowjetismus bekannt wurde und viele Jahre lang sowohl die damals von der UdSSR verfolgte Innen- und Außenpolitik als auch die internationale kommunistische und Arbeiterbewegung belastete. ... Die Trotzkisten waren für die [westlichen] Nachrichtendienste ein ergiebiges Agentenreservoir« (Primakow u.a., *Otscherki Istorii Rossijskoi Wneschnei Raswedki*, Bd. 3, Kap. 8).

8 k-4, 198, 206.
9 Ebd. In einer jüngst erschienenen Biographie von Eugen Fried, dem geheimen Repräsentanten der Komintern in der Führung der PCF, wird enthüllt, daß die Kampagne gegen Doriot laut Anweisung der Komintern in drei Phasen ablaufen sollte: »manipulieren, isolieren, liquidieren«. Ohne Zugang zu den KGB-Akten gehabt zu haben, nehmen die Autoren – verständlicherweise, aber irrtümlich – an, die Liquidierung sei nur politisch und nicht physisch gemeint gewesen (Kriegel/Courtois, *Eugen Fried*, S. 228).
10 Vgl. Brunet, *Jacques Doriot*, Kap. 9–12; Burrin, *La Dérive Fasciste*, Kap. 5, 9.
11 k-4, 198, 206.
12 Der Codename CHORKI wird in den VENONA-Dokumenten verwendet.
13 k-4, 206. Der Codename der Einsatzgruppe wird genannt in: Bd. 7, Kap. 5, Anm. 15.
14 k-4, 206.
15 Deutscher, *Trotzki*, Bd. 3, S. 327.
16 Bd. 7, Kap. 5, Anm. 15.
17 Deutscher, *Trotzki*, Bd. 3, S. 327.
18 Ebd., S. 127f.
19 Aktennotiz von R. A. Sykes, 23. Oktober 1952, PRO FO 371/100826 NS 1023/29/G.
20 Bd. 6, Kap. 12.
21 Unter der wachsenden Zahl von Studien über den Großen Terror bleibt Robert Conquests Buch *The Great Terror*, 1990 in überarbeiteter Neuauflage erschienen, das Standardwerk (dt.: *Der große Terror*, 1992). Die Zahl der Opfer des Terrors ist umstritten. 1995 schätzte Oberst Grashoven, der Leiter der Rehabilitationsgruppe des russischen Sicherheitsministeriums, daß in der Zeit zwischen 1935 und 1945 18 Millionen Menschen verhaftet und 7 Millionen erschossen wurden. Olga Schatunowskaja, ein Mitglied von Chruschtschows Rehabilitationskommission, bezifferte die Zahl der von 1935 bis 1941 »Unterdrückten« (Verhafteten oder Erschossenen) den Papieren von Anastas Mikojan zufolge auf 19,8 Millionen Menschen. Dmitri Wolkogonow kommt für die Zeit von 1929 bis 1953 auf eine Gesamtzahl von 21,5 Millionen Opfern, von denen ein Drittel erschossen wurde. Conquests revidierte Schätzungen bewegen sich in einem ähnlichen Rahmen (»Playing Down the Gulag«, S. 8). In jüngsten Studien werden auf der Grundlage unvollständiger amtlicher Akten erheblich niedrigere, wenn auch immer noch hohe Zahlen genannt. Stephen Wheatcroft, einer der führenden Analytiker der offiziellen Zahlenangaben, hält es für »unwahrscheinlich, daß es zwischen 1921 und 1953 mehr als eine Million Hinrichtungen gab. In den Arbeitslagern und Arbeitskolonien hielten sich nie mehr als 2,5 Millionen Gefangene auf.« Doch auch in den offiziellen Angaben fällt der enorme Anstieg der Zahl der Hinrichtungen während des Großen Terrors auf: 353074 und 328618 Exekutionen 1937 und 1938 stehen weniger als

insgesamt 10000 in den fünf Jahren von 1932 bis 1936 gegenüber (Wheatcroft, »The Scale and Nature of German and Soviet Repression and Mass Killing«).
22 Bd. 6, Kap. 12.
23 Andrew/Gordiewsky, *KGB*, S.168-193.
24 Radzinsky, *Stalin*, S.371.
25 Bd. 6, Kap. 12.
26 Costello/Zarew, *Der Superagent*, S.398.
27 Bd. 6, Kap. 5, Teil 1, Anm. 1; Bd. 7, Kap. 5, Anm. 15.
28 Vgl. Flocken/Scholz, *Ernst Wollweber*.
29 k-4, 206.
30 Costello/Zarew, *Der Superagent*, S.383.
31 Ebd., S.395f., 405-411.
32 Bd. 5, Kap. 7. Gemeinsam ist all diesen Episoden, daß sie in der offiziellen SWR-Hagiographie nicht erwähnt werden: Samolis (Hg.), *Weterany Wneschnei Raswedki Rossii*, S.21-24.
33 Castelos Personalakte, Archivnummer 68312, Registriernummer 66160, einst in den Akten der 15. Abteilung der Ersten Hauptverwaltung, dann der 8. Abteilung der Direktion S der Ersten Hauptverwaltung übergeben (Bd. 5, Kap. 7).
34 Nachdem Orlow übergelaufen war, wurde Eitingon sein Nachfolger als Resident.
35 Bd. 5, Kap. 7.
36 Bd. 6, Kap. 5, Teil 2.
37 Andrew/Gordiewsky, *KGB*, S.210f.
38 Bd. 6, Kap. 5, Teil 2.
39 k-4, 198.
40 Es gibt allerdings einen späteren Hinweis darauf, daß Sedow »getötet« wurde: Bd. 6, Kap. 12.
41 Andrew/Gordiewsky, *KGB*, S.213f.; Wolkogonow, *Trotzki*, S.377f.; Costello/Zarew, *Der Superagent*, S.400.
42 Deutscher, *Trotzki*, Bd. 3, S.377-380; Costello/Zarew, *Der Superagent*, S.449-453.
43 Bd. 7, Kap. 12.
44 Deutscher, *Trotzki*, Bd. 3, S.378f., 389f. Sylvia Angelhoff erinnerte sich später, daß der »forsche, gutaussehende« Mercader sie bei einer anscheinend »zufälligen Begegnung«, bei der er sich als belgischer Journalist vorstellte, mit »seinem Charme, seiner Ritterlichkeit und Großzügigkeit geradezu überwältigt« habe (Hook, *Out of Step*, S.242).
45 k-4, 198, 206.
46 Bd. 6, Kap. 5, Teil 2, Anm. 4.
47 Ebd. In Albams Akte ist nichts darüber vermerkt, daß seine Frau verhaftet wurde. Also könnte ihre Denunziation sie gerettet haben. Die Bekanntschaft mit Albam gehörte auch zu den Anklagepunkten, die zur Verhaftung der militärischen Nachrichtendienstoffiziere führte, die ihn einige Jahre zuvor angeworben hatten: S. P. Urizki und Alexander Karin. Zum Zeitpunkt ihrer Verhaftung im Jahr 1937 waren sie Leiter beziehungsweise stellvertretender Leiter des militärischen Nachrichtendienstes. Beide wurden erschossen.
48 k-9, 75.
49 k-9, 76.

50 k-9, 83. Bucharin wurde im Februar 1938 im letzten der großen Schauprozesse zum Tode verurteilt.
51 Bd. 6, Kap. 8, Teil 1.
52 Orlow, *Kreml-Geheimnisse*, S. 271–274. Obwohl Maly nur die Diakonatsweihe erhalten hatte, als er das Klosterleben aufgab, wurde er im NKWD als Priester betrachtet.
53 Bd. 7, Kap. 14, Punkt 1; vgl. Primakow u. a., *Otscherki Istorii Rossijskoi Wneschnei Raswedki*, Bd. 3, Kap. 13.
54 Informationen von David Deutsch, dem Sohn Oscar Deutschs, der sich erinnert, Arnold Deutsch bei Sabbatessen in Birmingham getroffen zu haben.
55 Bd. 6, Kap. 5, Teil 2.
56 Die genaueste Darstellung der Ermordung Porezkis, die in einigen Einzelheiten voneinander abweichen, findet sich in: Porezki, *Our Own People*, S. 1 ff., Kap. 9 f.; Kriwizki, *Ich war in Stalins Dienst!*, Kap. 8.
57 Bd. 7, Kap. 9.
58 Bd. 7, Kap. 9, 22.
59 Andrew/Gordiewsky, *KGB*, S. 285.
60 G. Rees, *A Chapter of Accidents*, S. 110 f.
61 J. Rees, *Looking for Mr Nobody*, S. 87 ff.
62 Bd. 7, Kap. 10, Anh., Punkt 7.
63 Costello/Zarew, *Der Superagent*, S. 352 f. Blunt arbeitete inzwischen am Warburg-Institut in London, fuhr aber regelmäßig zu Treffen der Apostel und aus anderen Anlässen nach Cambridge.
64 Orlow, *Kreml-Geheimnisse*, S. 274 f. Einer anderen Darstellung zufolge wurde Sluzki in seinem Büro erstickt (Bd. 7, Kap. 9, 37). Offiziell blieb man jedoch bei der Behauptung, er sei eines natürlichen Todes gestorben, um nicht andere Volksfeinde aufzuschrecken, die von ihren Posten im Ausland abberufen wurden, um in Moskau ihre Strafe zu erhalten.
65 Andrew/Gordiewsky, *KGB*, S. 184 f.
66 Bd. 7, Kap. 9, 37.
67 Primakow u. a. (Hg.), *Otscherki Istorii Rossijskoi Raswedki*, Bd. 3, S. 17.
68 Radzinsky, *Stalin*, S. 417.
69 Bd. 7, Kap. 9, 36.
70 Die Daten stammen aus Bystroletows KGB-Akte, zit. in Costello/Zarew, *Der Superagent*, S. 320, Anm. 63.
71 Bd. 7, Kap. 9, 36.
72 Ebd., 37.
73 Costello/Zarew, *Der Superagent*, S. 303. In Mitrochins Notizen wird SAM erwähnt, aber der Monat seiner Ankunft in London nicht genannt.
74 Bd. 7, Kap. 6, 2.
75 Costello/Zarew, *Der Superagent*, S. 304 ff.
76 Foreign Office an Sir Eric Phipps, 11. März 1938, Phipps-Papiere PHPP 2/21, Churchill College Archives Centre, Cambridge.
77 West/Tsarev, *Crown Jewels*, S. 209. Cairncross behauptet in seinen Memoiren (*The Enigma Spy*, S. 69), nach Deutschs Rückkehr nach Moskau habe er »bis zum deutschen Angriff auf Rußland keine Informationen mehr geliefert«. Dies ist eine der

vielen Unwahrheiten, die von seiner KGB-Akte, von der er angenommen haben muß, daß sie niemals an die Öffentlichkeit gelangen würde, richtiggestellt werden.
78 Modin, *My Five Cambridge Friends*, S. 79f.
79 Bd. 7, Kap. 10, § 23.
80 Ebd.; West/Tsarev, *Crown Jewels*, S. 210.
81 Bd. 7, Kap. 10, § 15. ADA blieb in Paris, bis Maclean im Sommer 1940 kurz vor dem Einmarsch der deutschen Wehrmacht zusammen mit allen anderen Angehörigen der britischen Botschaft Frankreich verließ.
82 Bd. 7, Kap. 10, §§ 15, 20; vgl. Costello/Zarew, *Der Superagent*, S. 313f.
83 Andrew/Gordiewsky, *KGB*, S. 370; Costello/Zarew, *Der Superagent*, S. 346; Bd. 7, Kap. 10, § 8.
84 Bd. 7, Kap. 1, § 16.
85 Borovik, *Philby Files*, S. 135.
86 Bd. 7, Kap. 10, § 15.
87 Borovik, *Philby Files*, S. 131.
88 Ebd., S. 132f.
89 Bd. 7, Kap. 10, Anh., Punkt 8f.; vgl. Costello/Zarew, *Der Superagent*, S. 349.
90 Bd. 7, Kap. 10, Anh., Punkt 4. Zu Smolletts Laufbahn im Krieg siehe Andrew/Gordiewsky, *KGB*, S. 417–420.
91 J. Rees, *Looking for Mr Nobody*, S. 273–277.
92 Bd. 7, Kap. 10, Anh., Punkt 7.
93 J. Rees, *Looking for Mr Nobody*, S. 191.
94 Borovik, *Philby Files*, S. 140f.
95 Bd. 7, Kap. 1, § 16.
96 Borovik, *Philby Files*, S. 149.
97 In Mitrochins Notizen heißt es: »1940, als keine Verbindung mehr zu Burgess bestand, übermittelte er Material für das CPGP über MARY [Litzi Philby] und EDITH [Edith Tudor Hart]« (Bd. 7, Kap. 10, Anh., Punkt 4). Während eines Besuchs in den USA im Sommer 1940 bat er Straight um Hilfe bei der Wiederherstellung des Kontakts. »Ich habe schon seit Monaten keine Verbindung mehr zu unseren Freunden«, erklärte er (Straight, *After Long Silence*, S. 142f.).
98 Sudoplatow/Sudoplatow, *Der Handlanger der Macht*, S. 96. Obwohl zum Tod verurteilt, entkam Serebrjanski der Hinrichtung, und nach Ausbruch des Großen Vaterländischen Krieges wurde er wieder in die Reihen des NKWD aufgenommen und mit der Rekrutierung deutscher Kriegsgefangener beauftragt. 1953 als mutmaßlicher Mitverschwörer Berijas erneut verhaftet, starb er 1956 im Gefängnis (ebd., S. 96f., 168).
99 Sudoplatow/Sudoplatow, *Der Handlanger der Macht*, S. 53–60, 107f. Im Winter 1938/39 war Sudoplatow nur knapp der Verhaftung entgangen (ebd., S. 98–103). Seine formelle Ernennung zum Leiter der Direktion für Sonderaufgaben erfolgte erst 1941. Zur komplizierten Geschichte dieser Direktion während des Krieges siehe ebd., S. 165–169.
100 Sudoplatow/Sudoplatow, *Der Handlanger der Macht*, S. 108–113, 119f.; Andrew/Gordiewsky, *KGB*, S. 216–221. Zu den Lücken in den KGB-Akten über die Operation UTKA siehe Primakow u. a., *Otscherki Istorii Rossijskoi Wneschnei Raswedki*, Bd. 3, Kap. 8.

101 Levine, *Die Psyche des Mörders*, S. 96, 233 f., 239. Sudoplatow bestätigt zwar, daß »Eitingon zu Recht der Ruf vorauseilte, viele Frauenaffären zu haben«, erklärt aber wenig einleuchtend, seine »enge« Beziehung zu Caridad Mercader sei nicht sexuell gewesen, weil dies »gegen das Berufsethos eines professionellen Agenten verstoßen« hätte (*Der Handlanger der Macht*, S. 133, Anm. 2).

102 Zu den Codenamen siehe Primakow u. a., *Otscherki Istorii Rossijskoi Wneschnei Raswedki*, Bd. 3, Kap. 8. Nach seiner Verhaftung wurde Ramón Mercaders Codename in GNOM geändert; in den VENONA-Dokumenten wird er mehrmals unter diesem Codenamen erwähnt.

103 Levine, *Die Psyche des Mörders*, Kap. 1–4; Sudoplatow/Sudoplatow, *Der Handlanger der Macht*, Kap. 4.

104 k-2, 369; k-16, 518.

105 k-4, 206; t-7, 12; k-16, 518. In der offiziellen SWR-Geschichte von 1997 wird eine gereinigte Darstellung von Griguljewitschs Aktivitäten im Spanischen Bürgerkrieg gegeben. Seine Rolle beim ersten großen Anschlag auf Trotzkis Leben wird verschwiegen, vermutlich um sein heroisches Bild nicht zu beflecken. Im Kapitel über die Ermordung Trotzkis ist zwar von einem FELIPE die Rede, aber daß er mit Griguljewitsch identisch ist, bleibt unerwähnt (Primakow u. a., *Otscherki Istorii Rossijskoi Wneschnei Raswedki*, Bd. 3, Kap. 8, 12).

106 t-7, 12.

107 k-16, 518.

108 k-2, 354.

109 Primakow u. a., *Otscherki Istorii Rossijskoi Wneschnei Raswedki*, Bd. 3, Kap. 8.

110 Dies läßt sich aus Hartes Entsetzen über die Art des Angriffs schließen.

111 k-2, 369. Der Chef der mexikanischen Geheimpolizei, General Leandro Sánchez Salazar, kam später zu demselben Schluß. Zwar kannte er Griguljewitsch nur unter dem Codenamen, den er in der Gruppe benutzte, das heißt als FELIPE, aber er bezeichnete ihn als den »Organisator des Attentats«. Allerdings hielt er den mehrsprachigen Griguljewitsch für einen »französischen Juden«, da man Unterwäsche von ihm gefunden hatte, die am Pariser Boulevard Saint Michel gekauft worden war (Sánchez Salazar, *Mord in Mexiko*, S. 84 f., 93 f.).

112 Sánchez Salazar, *Mord in Mexiko*, S. 81.

113 k-2, 369.

114 Sudoplatow/Sudoplatow, *Der Handlanger der Macht*, S. 117 f.; vgl. Deutscher, *Trotzki*, Bd. 3, S. 450.

115 Deutscher, *Trotzki*, Bd. 3, S. 449 ff.

116 Primakow u. a., *Otscherki Istorii Rossijskoi Wneschnei Raswedki*, Bd. 3, Kap. 8.

117 Auf Kaution freigelassen, floh Siqueiros mit Hilfe des chilenischen Dichters Pablo Neruda aus Mexiko (Sánchez Salazar, *Mord in Mexiko*, S. 277–283, 293 ff.).

118 k-2, 369, 354; Bd. 5, Kap. 5, Teil 1.

119 Andrew/Gordiewsky, *KGB*, S. 219 f.

120 Levine, *Die Psyche des Mörders*, Kap. 5–9; Deutscher, *Trotzki*, Bd. 3, Kap. 5.

121 Brief von Enrique Castro Delgado, dem Vertreter der spanischen KP bei der Komintern, über ein Gespräch mit Caridad Mercader, abgedruckt in Levine, *Die Psyche des Mörders*, S. 233–239.

6. Krieg

1 k-27, Anh.
2 Primakow u. a., *Otscherki Istorii Rossijskoi Wneschnei Raswedki*, Bd. 3, Kap. 23.
3 Zu den Gastdozenten gehörten I. M. Maiski, A. M. Dobrynin und A. A. Guber sowie die Botschafter A. A. Trojanowski, B. Je. Schtein und Schenburg (k-27, Anh.).
4 Primakow u. a., *Otscherki Istorii Rossijskoi Wneschnei Raswedki*, Bd. 3, Kap. 23.
5 Am 5. Juni 1943 wurde SCHON zur Nachrichtendienstschule (RASCH) der Ersten Hauptverwaltung (Ausland), und die Ausbildungszeit wurde auf zwei Jahre verlängert. Bis Kriegsende durchliefen rund zweihundert Nachrichtendienstoffiziere für den Auslandseinsatz die RASCH (k-27, Anh.). Während des Kalten Krieges wurde sie nacheinander in Nachrichtendiensthochschule (»Schule Nr. 101«), Rotbanner-Institut und Andropow-Institut umbenannt, bevor sie im Oktober 1994 zur Akademie des Auslandsnachrichtendienstes der Russischen Föderation wurde (Primakow u. a., *Otscherki Istorii Rossijskoi Wneschnei Raswedki*, Bd. 3, Kap. 23).
6 Sluzki und Pasow waren 1938 liquidiert worden, während Berijas Gehilfe Wladimir Georgijewitsch Dekanosow, der kurzzeitig an der Spitze der INO stand, im Mai 1939 zum Stellvertretenden Volkskommissar für Äußere Angelegenheiten aufstieg.
7 Fitins Laufbahn ist zusammengefaßt in Samolis (Hg.), *Weterany Wneschnei Raswedki Rossii*, S. 153 ff., wo bestätigt wird, daß seine Ernennung zum INO-Chef auf den »akuten Mangel an Nachrichtendienstpersonal« zurückzuführen war.
8 Bd. 7, Kap. 2, § 1. Eine ungenaue Darstellung von Gorskis Laufbahn, in der unter anderem die Lieferung von Informationen, die von Cairncross stammten, Maclean angerechnet wird, findet sich in Samolis (Hg.), *Weterany Wneschnei Raswedki Rossii*, S. 31 f. Gorskis Sturz im Jahr 1953 wird nicht erwähnt (vgl. Andrew/Gordiewsky, *KGB*, S. 373). Indirekt geben die SWR-Historiker jedoch einen Hinweis darauf, wie tief Gorski fiel, wenn sie erklären, sie hätten das Datum seines Todes nicht eruieren können.
9 Interview mit Blunt, zit. in Cecil, *A Divided Life*, S. 66.
10 Bentley, *Out of Bondage*, S. 173–177.
11 Borowik, *Philby Files*, S. 153 f., 166 f.; zur SOE siehe Foot, *SOE*.
12 Andrew/Gordiewsky, *KGB*, S. 379–385. Der britische Nachrichtendienst fand die Identität ELLIs erst Jahre nach dem Zweiten Weltkrieg heraus, obwohl er einen der vielen recht durchsichtigen sowjetischen Codenamen der damaligen Zeit erhalten hatte. Im Russischen bedeutet ELLI den Plural des Buchstaben L, womit der Bezug zu Leo Longs Initialen überdeutlich sein dürfte.
13 Bd. 7, Kap. 9, § 22. Der Überläufer war Walter Kriwizki (GROLL). Zu Kings Verhaftung vgl. Andrew, *Secret Service*, S. 606 f.
14 Andrew/Gordiewsky, *KGB*, S. 333.
15 West/Tsarev, *Crown Jewels*, S. 214–217; Smith, »The Humble Scot Who Rose to the Top – But Then Chose Treachery«, *Daily Telegraph*, 12. Januar 1998. Cairncross' KGB-Akte bestätigt die Aussage eines ehemaligen Leiters des britischen Referats in der Zentrale, er habe »buchstäblich zentnerweise Dokumente« geliefert (Andrew/Gordiewsky, *KGB*, S. 333). Zuversichtlich, daß seine Akte nie an die Öffentlichkeit gelangen würde, leugnete Cairncross, vor dem Kriegseintritt der Sowjetunion irgend etwas

von Bedeutung an die Londoner Residentur weitergeleitet zu haben. Wie er selbst zugab, hatte er jedoch »keinerlei Schwierigkeiten, an die Geheimpapiere in Hankeys Büro heranzukommen« (Cairncross, *The Enigma Spy*, S. 90 f.). Als eine Neuregelung des Kriegskabinetts vom Juni 1941 die Verteilung diplomatischer Telegramme an Hankey einschränkte, wurden sowohl Hankey als auch Cairncross persönlich im Außenministerium vorstellig, um sich zu beschweren. Die Einschränkung wurde daraufhin wieder aufgehoben (G. L. Clutton [Außenministerium] an Cairncross, 6. Juni 1941; Alexander Cadogan an Hankey, 17. Juni 1941, in: Hankey-Papiere, Churchill College Archives Centre, Cambridge, HNKY 4/33).

16 Bd. 7, Kap. 2, § 7.
17 Samolis (Hg.), *Weterany Wneschnei Raswedki Rossii*, S. 63 ff.; Costello/Zarew, *Der Superagent*, S. 122 f.; Andrew/Gordiewsky, *KGB*, S. 325. Costello und Zarew geben den Zeitraum, in dem die Zentrale keinen Kontakt zu Harnack hatte, fälschlicherweise mit 15 statt mit 28 Monaten an.
18 Samolis (Hg.), *Weterany Wneschnei Raswedki Rossii*, S. 64; Costello/Zarew, *Der Superagent*, S. 125 f.; Andrew/Gordiewsky, *KGB*, S. 325 f.; Tarrant, *The Red Orchestra*, Kap. 17 ff.
19 Andrew/Gordiewsky, *KGB*, S. 350.
20 Samolis (Hg.), *Weterany Wneschnei Raswedki Rossii*, S. 64.
21 Ebd., S. 154. Einige der Warnungen sind in Primakow u. a., *Otscherki Istorii Rossijskoi Wneschnei Raswedki*, Bd. 3, als Anh. abgedruckt.
22 Abgedruckt in: *Iswestija*, April 1990; vgl. Costello/Zarew, *Der Superagent*, S. 132.
23 Andrew/Gordiewsky, *KGB*, S. 337, 344; Prange u. a., *Target Tokyo*, Kap. 42–47.
24 JIC (41) 218 (Final), CAB 81/102, PRO. Zu den Warnungen, die Churchill an Stalin sandte, vgl. Gorodetsky, *Stafford Cripps' Mission to Moscow*, Kap. 2 ff. Welche JIC-Berichte Stalin im einzelnen erreichten und in welcher Form, läßt sich derzeit nicht sagen. Aber angesichts der Menge streng geheimer Erkenntnisse aus London und der Anzahl der JIC-Einschätzungen, die Churchills Überzeugung, daß Hitler einen Angriff auf die Sowjetunion plane, widersprachen, muß Stalin die Auffassung des JIC bekannt gewesen sein. Die von Mitrochin eingesehenen Akten zeigen, daß Stalin zumindest ein Teil der zwischen dem britischen Außenministerium und dessen Botschafter in Moskau, Stafford Cripps, gewechselten Telegramme zugänglich war (Bd. 7, Kap. 2, 10).
25 Andrew/Gordiewsky, *KGB*, S. 335 f.
26 Bd. 7, Kap. 2, § 11.
27 Whaley, *Codeword Barbarossa*, S. 223 f., 241 ff.
28 Waksberg, *Gnadenlos*, S. 311.
29 In einer der von Mitrochin eingesehenen Akten ist vermerkt, daß Sarubin 1937 zum stellvertretenden Leiter der INO ernannt wurde (Bd. 6, Kap. 5, Teil 2). In den nächsten drei Jahren wurden drei aufeinanderfolgende INO-Chefs liquidiert, und Sarubin entging nur knapp demselben Schicksal. Welchen Posten er Anfang 1941 in der Zentrale bekleidete, ist nicht klar.
30 Bd. 6, Kap. 5, Teil 2. Am 18. Dezember 1940 hatte Hitler befohlen, die Vorbereitungen für BARBAROSSA bis zum 15. Mai 1941 abzuschließen.
31 Bd. 6, Kap. 5, Teil 2.

32 Samolis (Hg.), *Weterany Wneschnei Raswedki Rossii*, S. 154.
33 Interview mit Schebarschin, in: *Daily Telegraph*, 1. Dezember 1992. Noch im Jahr vor dem fehlgeschlagenen Staatsstreich von 1991 wurden sowohl die öffentlichen Äußerungen als auch die inneren Überzeugungen der KGB-Führung von groben antiwestlichen Verschwörungstheorien bestimmt (Andrew/Gordiewsky, *Instructions from the Centre*, S. 218–222; dies., *More Instructions from the Centre*, S. 125–128).
34 Andrew/Gordiewsky, *KGB*, S. 344 f.; Kahn, »Soviet Comint in the Cold War«, S. 11 ff.
35 Overy, *Russia's War*, S. 118; Erickson, *The Road to Stalingrad*, S. 329.
36 Andrew/Gordiewsky, *KGB*, S. 344 f.
37 Zur Rekrutierung der Mitarbeiter von Bletchley Park vgl. Hinsley/Stripp (Hg.), *Codebreakers;* Andrew, »F. H. Hinsley and the Cambridge Moles«; Smith, *Station X*.
38 Sudoplatow/Sudoplatow, *Der Handlanger der Macht*, S. 169. Nach dem deutschen Angriff wurde Sudoplatows Direktion für Sonderaufgaben und Partisanenkriegführung (offiziell »Direktion für Diversion« genannt), die Nachfolgerin der Vorkriegsdirektion für Sonderaufgaben, aus der Ersten Verwaltung (Ausland) des NKWD ausgegliedert und in die neu errichtete Vierte Verwaltung umgewandelt. Trotz der formellen Eigenständigkeit beider Verwaltungen gab es jedoch einen regen Personalaustausch zwischen ihnen (Bailey/Kondraschow/Murphy, *Die unsichtbare Front*, S. 53 f.).
39 Der offizielle Museumsführer ist Balatsky, *Museum in the Catacombs*. Während ich dies schreibe (Sommer 1998) ist das Museum immer noch jeden Tag geöffnet und bietet Führungen auf Russisch und Ukrainisch an.
40 Samolis (Hg.), *Weterany Wneschnei Raswedki Rossii*, S. 101.
41 Vgl. Balatsky, *Museum in the Catacombs*.
42 Bd. 5, Abschnitt 13.
43 Samolis (Hg.), *Weterany Wneschnei Raswedki Rossii*, S. 102 f.
44 Bd. 5, Abschnitt 13.
45 Ebd.
46 Bd. 6, Kap. 5, Teil 1.
47 Dear/Foot (Hg.), *The Oxford Companion of the Second World War*, S. 1240 f.
48 Ebd., S. 1240. In der wahrscheinlich besten Studie über die Ostfront, Richard Overys *Russia's War*, heißt es: »Wo immer das NKWD eingriff, führte es dazu, daß die Kriegsanstrengungen gestört und nicht gestärkt wurden ...« Ein Grund für den zunehmenden Erfolg der Roten Armee war die im Herbst 1942 unter dem Druck des Krieges erfolgte Rückstufung der politischen Apparatschiks an der Front und die den Offizieren gewährte neue Entscheidungsfreiheit ohne die ständige Überprüfung der politischen Korrektheit ihrer Befehle *(Russia's War*, S. 329 f.).
49 Andrew/Gordiewsky, *KGB*, S. 316 ff., 321 f.
50 Overy, *Russia's War*, S. 232 f.
51 Wolkogonow, *Stalin*, S. 608 f.
52 k-4, 204. Die Gesamtzahl der Quellen war wesentlich höher als die Zahl derjenigen, die von der Zentrale als Agenten anerkannt wurden. Die Agenten gehörten laut den KGB-Akten folgenden Nationen an: 55 waren Deutsche, 14 Franzosen, 5 Belgier, 13 Österreicher, Tschechen und Ungarn, 6 Russen, und 16 waren anderer Nationalität. Als Leiter werden in denselben Akten genannt: für die belgische Sektion Leopold Trepper, für die deutsche Harro Schulze-Boysen, für die französische (außer Lyon, wo

Isidor Springer zuständig war) Henry Robinson, für die niederländische Anton Winterinck und für die Schweizer Sandor Rado.
53 CIA, *The Rote Kapelle;* Milligan, »Spies, Ciphers and ›Zitadelle‹«; Andrew/Gordiewsky, *KGB*, S. 351 ff.
54 Glantz, *Soviet Military Intelligence in War;* Jukes, »The Soviets and ›Ultra‹«; Andrew/Gordiewsky, *KGB*, S. 353 f.
55 Beevor, *Stalingrad*, S. 166–175, 201.
56 Im Rahmen der 1941 geschlossenen Leih- und Pachtvereinbarungen mit Großbritannien und den USA erhielt die Sowjetunion 35 000 Funkgeräte, 380 000 Feldtelefone und 1,5 Millionen Kilometer Telefonkabel (Overy, *Russia's War*, S. 193 f.).
57 Andrew/Gordiewsky, *KGB*, S. 392 f.; Milligan, »Spies, Ciphers and ›Zitadelle‹«.
58 Kahn, »Soviet Comint in the Cold War«, S. 14.

7. Die Große Allianz

1 Andrew/Gordiewsky, *KGB*, S. 293. Aufgrund von Unklarheiten in der Führung der sowjetischen Nachrichtendienstoperationen in den USA vor dem Krieg gab es Überschneidungen und Wechsel zwischen den Agentennetzen von NKWD und Vierter Abteilung. Zumindest Anfang der dreißiger Jahre war die Vierte Abteilung vor allem deshalb an den USA interessiert, weil sich von dort aus Informationen über Deutschland und Japan sammeln ließen. Mitrochin hatte keinen Zugang zu den Akten der Vierten Abteilung, und in den KGB-Akten fand er keine Hinweise auf deren Agenten. Was Hiss betrifft, dessen Fall seit seiner Verurteilung 1951 umstritten gewesen ist, so sind in den neunziger Jahren in Gestalt der VENONA-Dokumente, der KGB-Akten über seine Arbeit für den militärischen Nachrichtendienst, die Weinstein und Vassiliev zugänglich gemacht wurden, und der ungarischen Vernehmungsakten des ebenfalls für die Sowjetunion spionierenden Noel Field eindeutige Beweise für seine Schuld bekannt geworden. Außerdem untermauern diese Quellen die Glaubwürdigkeit des Hauptzeugen gegen Hiss, des vormaligen Kuriers der Vierten Abteilung Whittaker Chambers. Die besten Darstellungen des Falls sind die 1997 erschienene aktualisierte Ausgabe von Weinstein, *Perjury*, und Weinstein/Vassiliev, *The Haunted Wood*, Kap. 2, 12.
2 Wadleigh, »Why I Spied for the Communists«, Teil 7, in: *New York Post*, 19. Juli 1949.
3 Die Residentur wurde 1934 errichtet (Bd. 6, Kap. 5, Teil 2; Kap. 8, Teil 1, Anm. 2).
4 Massing, *Die große Täuschung*, S. 179 f.
5 Bd. 6, Kap. 5, Teil 2.
6 Ebd.
7 Die in Mitrochins Notizen enthaltenen Angaben über »19« (Geburtsdatum, Arbeitsplatz in der Lateinamerikaabteilung des Außenministeriums, spätere Versetzung zur UNRRA, der UN-Hilfsorganisation für Flüchtlinge und Displaced persons) decken sich mit Duggans Daten (Bd. 6, Kap. 5, Teil 2). Spätestens 1943 wurde sein Codename in FRENK (oder FRANK) geändert (VENONA, 2. Ausgabe, S. 278 f.). Wie in anderen Fällen auch wurde der Codename »19« wieder verwendet (siehe Mark, »Venona's Source 19«).

8 Weinstein, *Perjury*, S. 182 f.
9 Bd. 6, Kap. 5, Teil 2.
10 Straight, *After Long Silence*, S. 110, 122 f., 129–136; Newton, *Butcher's Embrace*, S. 20 ff.
11 Andrew/Gordiewsky, *KGB*, S. 293–296, 355 f. Zu Chambers siehe dessen unter dem Titel *Witness* erschienene Memoiren und Tanenhaus, *Whittaker Chambers*. Zu Hiss siehe unten S. 193 ff.
12 Bd. 6, Kap. 5, Teil 2.
13 Zu denen, die zurückbeordert und hingerichtet wurden, gehörte auch der Illegale CHARLIE, dessen Akte vernichtet wurde und der daher nicht identifiziert werden kann (Primakow u. a., *Otscherki Istorii Rossijskoi Wneschnei Raswedki*, Bd. 3, S. 180 f.).
14 Bd. 6, Kap. 5, Teil 2. Bezeichnenderweise gehörten die Dokumente über Morosows Denunziation zweier aufeinanderfolgender Residenten zu dem Material, das der SWR den Autoren der jüngsten Studie über die sowjetische Spionage, Weinstein und Vassiliev, nicht zugänglich machte. Während der SWR die Verfolgung vieler loyaler Offiziere des Auslandsnachrichtendienstes zugibt, widerstrebt es ihm, jene Fälle preiszugeben, in denen sie von den eigenen Kameraden angeschwärzt wurden. Dennoch ist Weinsteins und Vassilievs Buch *The Haunted Wood* ein wichtiger Beitrag zur Geschichte der in den dreißiger und vierziger Jahren in den USA durchgeführten sowjetischen Nachrichtendienstoperationen. Das den beiden Autoren zur Verfügung gestellte Material und Mitrochins Notizen ergänzen einander. Neben beträchtlichen Überschneidungen konnten Weinstein und Vassiliev auch Material auswerten, das in Mitrochins Notizen nicht erwähnt oder nur kurz zusammengefaßt wird, während Mitrochin umgekehrt bedeutende Akten einsehen konnte, die Weinstein und Vassiliev nicht zugänglich waren.
15 Aus Mitrochins Notizen geht nicht eindeutig hervor, ob Achmerow möglicherweise bereits vor Basarows Abberufung Leiter einer eigenen, unabhängigen illegalen Residentur geworden war. Hede Massings Memoiren zufolge gehörten sie jedoch mindestens bis 1937 derselben illegalen Residentur an *(Die große Täuschung*, S. 210, 213 f.).
16 Bd. 6, Kap. 3, Teil 1. Bezeichnenderweise fehlt in Mitrochins Liste der Name von Samuel Dickstein, einem demokratischen Kongreßabgeordneten aus Manhattan (CROOK), der dem NKWD 1937 seine Dienste angeboten, aber einen hohen Preis für seine Informationen verlangt hatte. In den folgenden zwei Jahren schwankte der NKWD zwischen dem Stolz darauf, einen Agenten im Kongreß rekrutiert zu haben, und dem Verdacht, daß Dickstein nur allgemein zugängliche Informationen wiederkäute. Im Juni 1939 charakterisierte Owakimjan ihn in einem Schreiben an die Zentrale als »kompletten Gangster und Erpresser« (Weinstein/Vassiliev, *The Haunted Wood*, Kap. 7).
17 MORIS wird in Mitrochins Notizen als »Archivar« im Justizministerium bezeichnet, was allerdings auch nur bedeuten könnte, daß er Zugang zu den Akten und Archiven des Ministeriums hatte.
18 Über die Tätigkeit von Morros (der zu Beginn des Kalten Krieges Doppelagent des FBI wurde), Martha Dodd Stern und William E. Dodd jr. (die beide die hochgesteckten Erwartungen der Zentrale nicht erfüllten) vgl. Weinstein/Vassiliev, *The Haunted Wood*, Kap. 3, 6.

19 CHOSJAIN wird in Bd. 6, Kap. 5, Teil 2, als »Buchman« identifiziert, wobei die Schreibweise unsicher ist (kyrillische Transliteration: »Bukman«). Seine Hauptaufgabe scheint darin bestanden zu haben, Achmerow und anderen Illegalen oder Agenten eine Tarnung zu verschaffen.
20 Bd. 6, Kap. 5, Teil 2.
21 Straight, *After Long Silence*, S. 143f.
22 Bd. 7, Kap. 10, Anh. 6; Bd. 6, Kap. 5, Teil 2.
23 Bd. 6, Kap. 5, Teil 2. Im Gegensatz zu Straights Datierung des Treffens mit Achmerow (Ende Oktober) heißt es in der offiziellen SWR-Geschichte, dieser sei bereits Mitte 1939 zurückbeordert worden (Primakow u. a., *Otscherki Istorii Rossijskoi Wneschnei Raswedki*, Bd. 3, Kap. 15).
24 Primakow u. a., *Otscherki Istorii Rossijskoi Wneschnei Raswedki*, Bd. 3, Kap. 15. Zu Owakimjans Rolle bei der Ermordung Trotzkis siehe Andrew/Gordiewsky, *KGB*, S. 218f.
25 Samolis (Hg.), *Weterany Wneschnei Raswedki Rossii*, S. 135ff.; Primakow u. a., *Otscherki Istorii Rossijskoi Wneschnei Raswedki*, Bd. 3, Kap. 15. Es gab damals zwei chemische Institute in New York, aber aus der SWR-Geschichte geht nicht hervor, welches von beiden gemeint ist.
26 Bd. 6, Kap. 6.
27 Bd. 6, Kap. 5, Teil 2; Samolis (Hg.), *Weterany Wneschnei Raswedki Rossii*, S. 169ff.; Primakow u. a., *Otscherki Istorii Rossijskoi Wneschnei Raswedki*, Bd. 3, Kap. 15; Weinstein/Vassiliev, *The Haunted Wood*, S. 173.
28 Bd. 6, Kap. 3, Teil 1. In den durch VENONA entschlüsselten NKWD-Telegrammen, die während des Krieges aus den USA geschickt wurden, werden die Codenamen von fast zweihundert Agenten genannt, von denen rund die Hälfte nicht identifiziert werden konnte. Da diese Telegramme nur einen Bruchteil des Nachrichtenverkehrs zwischen der Zentrale und ihren amerikanischen Residenturen darstellen, muß das Netz des NKWD erheblich größer gewesen sein. In Mitrochins Notizen sind keine genauen Angaben über seine Größe nach 1941 enthalten, und die berufliche Aufschlüsselung für den April 1941 ist unvollständig. Neben den 49 »Ingenieuren« gibt Mitrochin nur noch für 36 weitere Agenten den Beruf an, darunter 22 Journalisten. Viele Agenten waren Einwanderer und Flüchtlinge. 1940/41 emigrierten 66 baltische Rekruten in die USA (Bd. 6, Kap. 3, Teil 1).
29 Weinstein/Vassiliev, *The Haunted Wood*, S. 173.
30 Primakow u. a., *Otscherki Istorii Rossijskoi Wneschnei Raswedki*, Bd. 3, Kap. 15.
31 Andrew/Gordiewsky, *KGB*, S. 355f.; Weinstein, *Perjury*, S. 292f. In den von Weinstein und Vassiliev zitierten KGB-Akten wird Lauchlin Currie als der in mehreren VENONA-Dokumenten auftauchende Agent PAGE identifiziert *(The Haunted Wood*, S. 106, 159, 161f.). In Mitrochins Notizen wird Currie nicht erwähnt.
32 Bd. 6, Kap. 5, Teil 2; Samolis (Hg.), *Weterany Wneschnei Raswedki Rossii*, S. 53.
33 Samolis (Hg.), *Weterany Wneschnei Raswedki Rossii*, S. 50–53.
34 Zur Rolle von Sarubina, damals (1929) noch Gorskaja, als Lockvogel für den trotzkifreundlichen Illegalen Bljumkin siehe oben S. 62.
35 Bd. 6, Kap. 5, Teil 2.
36 Bd. 6, Kap. 12.

37 Ebd.; Klehr/Haynes/Firsov, *The Secret World of American Communism*, Kap. 7.
38 Einige VENONA-Dokumente beziehen sich auf Lees Tätigkeit als sowjetischer Agent. Andere durch VENONA identifizierte bedeutende Agenten im OSS waren Maurice Halpert (HARE), J. Julius Joseph (CAUTIOUS) und Donald Niven Wheeler (IZRA) (siehe zum Beispiel: VENONA, 2. Ausgabe, S. 118, 178 f.; 3. Ausgabe, Teil II, S. 196). Insgesamt dürfte im OSS-Hauptquartier eine hohe zweistellige Zahl von sowjetischen Agenten gearbeitet haben. Kommunisten (von denen nicht alle Agenten waren) wurden in den für Rußland, Spanien, den Balkan, Ungarn und Lateinamerika zuständigen Referaten der Forschungs- und Analyseabteilung des OSS identifiziert. In der Operationsabteilung entdeckte man sie in den Referaten für Deutschland, Japan, Korea, Italien, Spanien, Ungarn und Indonesien (Peake, »OSS and the Venona Decrypts«; Andrew/Gordiewsky, *KGB*, S. 361; Klehr/Haynes/Firsov, *The Secret World of American Communism*, S. 276 ff.).
39 Andrew/Gordiewsky, *KGB*, S. 580 f.
40 Klehr/Haynes/Firsov, *The Secret World of American Communism*, S. 234 ff.
41 Bd. 6, Kap. 12.
42 VENONA, 2. Ausgabe, Teil II, S. 58.
43 Andrew/Gordiewsky, *KGB*, S. 581.
44 Bd. 6, Kap. 5, Teil 2.
45 Ebd.
46 Im April 1944 teilte Achmerow der Zentrale mit: »Zu Ihrer Kenntnisnahme: Ich habe RULEWOI [Browder] niemals getroffen« (VENONA, 3. Ausgabe, Teil I, S. 26 ff.).
47 Bd. 6, Kap. 5, Teil 2.
48 Straight, *After Long Silence*, S. 167 f.
49 Aus Furcht, die Sicherheitsbeamten des Außenministeriums hätten seine frühere Verbindung zum sowjetischen Nachrichtendienst entdeckt, war Duggan während des Krieges weniger mitteilsam als vorher. Im Juni 1944 schied er aus dem Außenministerium aus und wechselte als diplomatischer Berater zur neugegründeten UNRRA (Weinstein/Vassiliev, *The Haunted Wood*, S. 16–19).
50 Bd. 6, Kap. 5, Teil 2.
51 Wir verdanken diese Information Professor Harvey Klehr.
52 Bd. 6, Kap. 5, Teil 2.
53 Bentley, *Out of Bondage*, S. 103 f., 115.
54 Als Moskau während des Krieges die Führungsmethoden änderte, schrieb die New Yorker Residentur an die Zentrale: »Nach ALBERTS [Achmerows] Ansicht würden unsere Arbeiter [die sowjetischen Nachrichtendienstoffiziere] kaum in der Lage sein, mit demselben Erfolg unter der Fahne der LANDSLEUTE [der Kommunistischen Partei] zu arbeiten. Wir könnten wahrscheinlich eine direkte Verbindung [zu Mitgliedern der Silvermaster-Gruppe] herstellen, aber es ist zweifelhaft, ob wir von ihnen dieselben Resultate erhalten würden wie ROBERT [Silvermaster], der ständig mit ihnen zu tun hat und deshalb uns gegenüber im Vorteil ist.« Außerdem berichtete die Residentur, daß Silvermaster »nicht an unsere orthodoxen Methoden glaubt« (VENONA, 3. Ausgabe, Teil III, S. 2).
55 Bentley, *Out of Bondage*, S. 68 f.; die Codenamen stammen aus Bd. 6, Kap. 5, Teil 2 und VENONA. In der vom SWR geglätteten Darstellung von Golos' Laufbahn wird

sein sexueller Regelverstoß nicht erwähnt. Sie schließt mit den Worten: »Die russischen [Nachrichtendienst-]Offiziere werden ihn stets in Ehren halten und voller Stolz an ihn denken« (Primakow u. a., *Otscherki Istorii Rossijskoi Wneschnei Raswedki*, Bd. 3, Kap. 16).
56 Bd. 6, Kap. 12. Aus den VENONA-Dokumenten geht hervor, daß Belfrage auch den Codenamen UCN/9 erhielt.
57 Vgl. Andrew, *For the President's Eyes Only*, S. 96, 102 f., 127–130.
58 Bd. 6, Kap. 12. Die von Mitrochin eingesehene KGB-Akte bestätigt im wesentlichen diese von Belfrage zeitlebens bestrittene Darstellung (vgl. Bentley, *Out of Bondage*, S. 139 f.), insbesondere seine Spionageverbindung zu Golos und V. J. Jerome, einem engen Mitarbeiter Browders.
59 Bd. 6, Kap. 5, Teil 2.
60 Vgl. Andrew, *For the President's Eyes Only*, S. 132 f.
61 Andrew/Gordiewsky, *KGB*, S. 425 f.; Zubok/Pleshakov, *Inside the Kremlin's Cold War*, S. 23.
62 Bd. 6, Kap. 12. Hopkins hatte seine Information von Hoover (Benson/Warner [Hg.], *VENONA*, Dokument 9).
63 Als Informationsquelle wurde in dem Bericht »19« genannt – was ein weiteres Beispiel für die verwirrende Praxis der Zentrale war, Codenamen mehrfach zu verwenden. »19« war früher Laurence Duggan, der jedoch inzwischen den Codenamen FRANK erhalten hatte; im übrigen hätte er die hier interessierenden Informationen nicht beschaffen können. Eduard Mark hat in einer detaillierten, gewissenhaften Studie »wahrscheinlich buchstäblich bis zum Punkt der Gewißheit« nachgewiesen, »daß Hopkins 19 war« (Mark, »Venona's Source 19«).
64 Andrew, »Anglo-American-Soviet Intelligence Relations«, S. 125 f.; Crozier, *Free Agent*, S. 1 f.
65 Zu den Maßnahmen, die Hopkins ergriff, um Spannungen zu vermeiden, gehörte die Ablösung antisowjetischer Beamter, etwa des Botschafters in Moskau, Laurence A. Steinhardt, des dortigen Militärattachés, Major Ivan D. Yeaton, und des Chefs der Sowjetabteilung im Außenministerium, Loy W. Henderson. Als der sowjetische Außenminister Molotow im Mai 1942 Washington besuchte, nahm Hopkins ihn beiseite und erklärte ihm, was er sagen mußte, um Roosevelt entgegen dem Rat der amerikanischen Militärs von der Notwendigkeit der baldigen Schaffung einer zweiten Front zu überzeugen (Andrew/Gordiewsky, *KGB*, S. 368 f.; Mark, »Venona's Source 19«, S. 20).
66 Bohlen, *Witness to History*, S. 148.
67 Dilks (Hg.), *Diaries of Sir Alexander Cadogan*, S. 582.
68 Zit. in Kissinger, *Die Vernunft der Nationen*, S. 439; vgl. Kimball, *Forged in War*, S. 237–255.
69 Andrew/Gordiewsky, *KGB*, S. 428.
70 Bd. 6, Kap. 5, Teil 2.
71 Bd. 7, Kap. 2, § 2; Kap. 6, Anm. 21.
72 Bd. 7, Kap. 2, § 5.
73 Bd. 7, Kap. 10, § 15.
74 Philby, *Mein Doppelspiel*, S. 62, 86.
75 Bd. 7, Kap. 10, § 5.

76 Borovik, *Philby Files*, S. 196 f.; zur fehlenden SIS-Station in Moskau siehe Andrew, *Secret Service*, S. 573.
77 Zum ersten Mal veröffentlicht wurde der Bericht zusammen mit anderen KGB-Dokumenten über die Atomspionage in: *Woprossi Istorii Estestwosnanija i Techniki*, 1992, Nr. 3. Diese Ausgabe wurde kurz nach Erscheinen zurückgezogen, doch die Dokumente sind abgedruckt in Costello/Zarew, *Der Superagent*, S. 315; vgl. Sudoplatow/Sudoplatow, *Der Handlanger der Macht*, Anh. 2.
78 Laut den Protokollen des Ausschusses für wissenschaftliche Beratung diente Cairncross ihm kurzzeitig als Sekretär (S.A.C. [D.P.] [41], CAB 90/8, PRO). In seinen ausgesprochen verlogenen Memoiren leugnet Cairncross, jemals diese Stellung bekleidet zu haben. Aber selbst wenn er in diesem Fall die Wahrheit sagen sollte (und Whitehall-Sekretäre konnten in der Regel dafür sorgen, daß ihre Namen korrekt protokolliert wurden), hätte es keinen Einfluß auf die Frage gehabt, ob er Zugang zu den Protokollen des Ausschusses hatte, da er nach eigener Aussage problemlos an Hankeys Papiere herankam *(The Enigma Spy*, S. 9 f., 88–92).
79 Daß Cairncross dank des Zugangs zu den Papieren des Ausschusses für wissenschaftliche Beratung derjenige war, der die Zentrale als erster über den Plan zum Bau einer Atombombe in Kenntnis setzte, wurde 1990 in Andrew/Gordiewsky, *KGB*, S. 397 f., enthüllt. Wahrscheinlich weil Cairncross noch am Leben war, wurde in einer Reihe von Veröffentlichungen, die vom KGB beziehungsweise SWR gefördert wurden, der Eindruck erweckt, als sei der Ausschußbericht nicht von Cairncross, sondern von Maclean weitergeleitet worden (vgl. zum Beispiel Costello/Zarew, *Der Superagent*, S. 314 f.; Samolis [Hg.], *Weterany Wneschnei Raswedki Rossii*, S. 31, 60). Nachdem bestätigt worden war, daß Juri Modin, der seit 1944 Cairncross' Akte betreut hatte und 1947 sein Führungsoffizier wurde, den Ausschußbericht von Cairncross erhalten hatte, änderte der SWR seine Haltung. 1998 gab er Dokumente aus Cairncross' Akte frei, die belegen, daß er den Bericht geliefert hat, und zusätzliche Informationen über seine Rolle als erster Atomspion enthalten (West/Tsarev, *Crown Jewels*, S. 228 f., 234; Smith, »The Humble Scot Who Rose to the Top – But Then Chose Treachery«, in: *Daily Telegraph*, 12. Januar 1998«).
80 Berijas Bericht, der erstmals in *Woprossi Istorii Estestwosnanija i Techniki*, 1992, Nr. 3, veröffentlicht wurde, ist abgedruckt in Sudoplatow/Sudoplatow, *Der Handlanger der Macht*, Anh. 2, S. 523 ff. Zum Hintergrund siehe Holloway, *Stalin and the Bomb*, S. 82 ff.
81 Holloway, *Stalin and the Bomb*, S. 84–89.
82 Bd. 6, Kap. 6. Schriftlich fixiert wurde die mündliche Vereinbarung über den unbeschränkten Informationsaustausch über das Atomprojekt erst durch den Vertrag von Quebec vom August 1943.
83 Bd. 6, Kap. 6.
84 Holloway, *Stalin and the Bomb*, S. 85.
85 Andrew/Gordiewsky, *KGB*, S. 398 f.
86 West/Tsarev, *Crown Jewels*, S. 231 ff.
87 Fuchs zog Treffen in Londoner U-Bahnhöfen vor. Im Rückblick beklagte er sich über das auffällige Verhalten der sowjetischen Nachrichtendienstoffiziere (Andrew/Gordiewsky, *KGB*, S. 400 f.; Wolf, *Spionagechef im geheimen Krieg*, S. 420). Die beste Biographie Fuchs' ist die von Robert Williams.

88 Aus den in Mitrochins Notizen enthaltenen Hinweisen auf FIR, einschließlich der Beziehung zu Fuchs, läßt sich eindeutig auf die Identität mit SONJA schließen (Bd. 7, Kap. 14, Punkt 17).

89 Werner, *Sonya's Report*, S. 250–253; vgl. Wolf, *Spionagechef im geheimen Krieg*, S. 420.

90 Wolf, *The Man without a Face*, S. 229.

91 Bd. 7, Kap. 14, Punkt 17. Es ist möglich, wenn auch nicht wahrscheinlich, daß in Mitrochins Notizen ein noch besserer Kandidat für beide Rekorde identifiziert wird. Wie die meisten, wenn nicht alle in den dreißiger Jahren rekrutierten britischen Agenten, die nach dem Zweiten Weltkrieg noch aktiv waren, hatte Norwood im Verlauf ihrer Karriere mehrere Codenamen. (So war Philby nacheinander SÖHNCHEN, STANLEY und TOM.) Obwohl sie in Mitrochins Notizen nur als HOLA auftaucht, wurde sie 1945, kurz nachdem sie von der GRU wieder zum NKGB gewechselt war, unter dem Codenamen TINA geführt (vgl. die Erwähnung von TINA in VENONA, 5. Ausgabe, Teil II, S. 247).

92 Bd. 7, Kap. 14, Punkt 17.

93 Ebd.

94 Samolis (Hg.), *Weterany Wneschnei Raswedki Rossii*, S. 59 ff.; vgl. Bd. 6, Kap. 8, Teil 1.

95 Bd. 6, Kap. 6. Im März 1943 schickte Kurtschatow ähnliche Berichte an Michail G. Perwuchin, den stellvertretenden Vorsitzenden des Rats der Volkskommissare und Volkskommissar für die chemische Industrie. Der Text, der zuerst in *Woprossi Istorii Estestwosnanija i Techniki*, 1992, Nr. 3 veröffentlicht wurde, ist abgedruckt in Sudoplatow/Sudoplatow, *Der Handlanger der Macht*, Anh. 2, S. 526–537.

96 Bd. 6, Kap. 6. Die Identität des Wissenschaftlers und die Nachnamen der beiden Frauen gehen aus Mitrochins Notizen nicht hervor.

97 VENONA, 1. Ausgabe, S. 1–4.

98 Bd. 6, Kap. 6.

99 Holloway, *Stalin and the Bomb*, S. 104.

100 Bd. 6, Kap. 6.

101 VENONA, 1. Ausgabe, S. 5; Holloway, Stalin and the Bomb, S. 103.

102 Es gibt Hinweise darauf, daß FOGEL/PERS im weiteren Verlauf des Jahres 1944 Informationen aus dem MANHATTAN-Laboratorium in Oak Ridge, Tennessee, lieferte (VENONA, 1. Ausgabe, S. 10, 29; Weinstein/Vassiliev, *The Haunted Wood*, S. 190f.; Albright/Kunstel, *Bombshell*, S. 319).

103 Das Gegenteil behaupten vor allem zwei Quellen: eine geglättete Darstellung der Laufbahn von PERS (unter dem neuen Codenamen PERSEUS) durch den SWR, die offensichtlich der Verschleierung dient, vermutlich um Theodore Hall zu schützen (vgl. Albright/Kunstel, *Bombshell*, S. 271; Weinstein/Vassiliev, *The Haunted Wood*, S. 190f., Anm.); und das fehlbare Gedächtnis von Pawel Sudoplatow, der hinsichtlich der Atomspionage wesentlich weniger verläßlich ist als in bezug auf die »Sonderaufgaben«, mit denen er während des größten Teils seiner Laufbahn zu tun hatte (vgl. Holloway, »Sources for *Stalin and the Bomb*«). Die New Yorker Residentur war enttäuscht, als sie Anfang 1945 erfuhr, daß FOGEL/PERS, vermutlich auf Drängen seiner Familie und aus Furcht, enttarnt zu werden, eine ihm angebotene Stelle als

Bauingenieur in Los Alamos abgelehnt hatte (Weinstein/Vassiliev, *The Haunted Wood*, S.192).
104 Bd. 6, Kap. 6.
105 Bd. 8, Kap. 12, § 1.
106 Bd. 6, Kap. 6.
107 Bd. 6, Kap. 5, Teil 2.
108 Bd. 7, Kap. 2, § 4.
109 Andrew/Gordiewsky, *KGB*, S.387; Pincher, *Too Secret Too Long*, S.396. Zu Anfang des Krieges hatte Philby versucht, in Bletchley Park unterzukommen, war aber gescheitert.
110 Bd. 7, Kap. 2, § 3.
111 Haslam, »Stalin's Fears«, S.97ff.
112 Andrew/Gordiewsky, *KGB*, S.335, 375; Schmidt, »Der Hess-Flug und das Kabinett Churchill«; ders., »The Marketing of Rudolf Hess«.
113 Protokoll der Gespräche beim Abendessen im Kreml, 18. Oktober 1944, FO 800/414, PRO.
114 Zu den Verschwörungstheorien in bezug auf Heß vgl. die Rundfunkdokumentation *Hess – An Edge of Conspiracy* (Moderator: Christopher Andrew; Produzent: Roy Davies), BBC 2, 17. Januar 1990.
115 Borovik, *Philby Files*, S.216ff.
116 Andrew/Gordiewsky, *KGB*, S.417–420.
117 Borovik, *Philby Files*, S.216.
118 Ebd., S.217, Anm.
119 Samolis (Hg.), *Weterany Wneschnei Raswedki Rossii*, S.154. Bei einem Treffen mit Christopher Andrew im August 1990 bestätigte Cairncross, daß er Material aus Bletchley Park an den NKGB weitergeleitete hatte, wollte aber keine Einzelheiten nennen.
120 Andrew/Gordiewsky, *KGB*, S.388; Pincher, *Too Secret Too Long*, S.396.
121 Borovik, *Philby Files*, S.218.
122 Bd. 7, Kap. 2, § 1.

8. Der Sieg

1 Noch 1990 behauptete Valentin Falin, der Leiter der Internationalen Abteilung des ZK der KPdSU, die wesentlich für die Festlegung der sowjetischen Außenpolitik verantwortlich war, aus den Nachrichtendienstberichten von 1943 gehe hervor, daß sowohl Washington als auch London »die Möglichkeit der Beendigung der Koalition mit der Sowjetunion und einer Verständigung mit Hitlerdeutschland oder den Nazigeneralen über die Frage eines gemeinsamen Krieges gegen die Sowjetunion« erwogen hatten: »Deshalb sollten wir, wenn wir über Stalins Mißtrauen gegenüber Churchill und in einem gewissem Stadium auch gegenüber der Umgebung Roosevelts, nicht so sehr gegenüber Roosevelt selbst, sprechen, die Tatsache beachten, daß dieses Mißtrauen auf einem sehr genauen Wissen über bestimmte Fakten beruhte« (Interview von Christopher Andrew mit Valentin Falin für BBC 2, Moskau, 12. Dezember 1990). In Wirklichkeit waren diese »Fakten« in der Regel nicht mehr als bloße Verschwörungs-

theorien, die während der Stalinära und sogar noch danach in mehr oder weniger großem Ausmaß die sowjetische Nachrichtendienstanalysen verzerrten.
2 Klehr/Haynes/Firsov, *The Secret World of American Communism*, S. 89.
3 Bd. 6, Kap. 12; vgl. Klehr/Haynes/Firsov, *The Secret World of American Communism*, S. 216f.
4 Bd. 6, Kap. 12.
5 Benson/Warner (Hg.), *VENONA*, S. XVIII, Anm. 30 und Dokument 10. Während die Herausgeber nur vermuten, daß Mironow der Verfasser des Briefs an Hoover »gewesen sein könnte«, wird es von einer von Mitrochin eingesehenen Akte ohne jeden Zweifel bestätigt. Nach den KGB-Akten zu urteilen, war Mironow einerseits von einem abgrundtiefen Haß auf Sarubin erfüllt und andererseits von dem Gedanken besessen, der Westen müsse die Wahrheit über das Massaker an den polnischen Offizieren erfahren.
6 Sarubin an die Zentrale, 3. Juni 1943, in: VENONA, 2. Ausgabe, S. 157f.
7 Bd. 6, Kap. 5, Teil 2. Der US-Offizier hatte aus Mironows Brief an Hoover möglicherweise Kenntnis von Sarubins Beteiligung an dem Massaker.
8 Bd. 6, Kap. 5, Teil 2.
9 Sudoplatow/Sudoplatow, *Der Handlanger der Macht*, S. 247.
10 Bd. 6, Kap. 5, Teil 2.
11 Samolis (Hg.), *Weterany Wneschnei Raswedki Rossii*, S. 53 ff. Sarubins Mißhelligkeiten in den USA werden in dieser SWR-Hagiographie erwartungsgemäß verschwiegen.
12 Bd. 5, Abschnitt 11. Sudoplatow/Sudoplatow behaupten fälschlicherweise, Mironow sei aufgrund einer Schizophrenie in ein Krankenhaus eingewiesen und aus dem Dienst entlassen worden (*Der Handlanger der Macht*, S. 247).
13 VENONA, 4. Ausgabe, Teil IV, S. 115f.
14 Bd. 6, Kap. 5, Teil 2; Anh. 2, Teil 7. Sarubins direkter Nachfolger in New York im Sommer 1943 war – vermutlich kommissarisch – Pawel Klarin (LUKA) gewesen (VENONA, 2. Ausgabe, S. 180ff.). Zu Abbiates früherer Tätigkeit siehe oben Kap. 4.
15 VENONA, 3. Ausgabe, Teil II, S. 205f.
16 Ebd., Teil III, S. 175. Das Telegramm der Zentrale, mit dem Abbiate zum Residenten ernannt wurde, spricht ihn als SERGEJ an, der in der NSA-Entschlüsselung als Prawdin (Abbiates Tarnname in den USA) identifiziert wurde. Apresjans Versetzung muß nicht unbedingt als Herabstufung betrachtet werden. Immerhin stand die Gründungskonferenz der UNO kurz bevor, die unter Vorsitz des GRU-Agenten Alger Hiss und unter Teilnahme des NKGB-Agenten Harry Dexter White in San Francisco stattfinden sollte.
17 Bd. 7, Kap. 2, 1; Anh. 3, Anm. 21.
18 Borovik, *Philby Files*, S. 232f.
19 Philby, *Mein Doppelspiel*, Kap. 6; Cecil, »Cambridge Comintern«. Zu Krötenschild vgl. Modin, *My Five Cambridge Friends*, S. 103f., 124f.
20 Modin, *My Five Cambridge Friends*, S. 114.
21 Andrew/Gordiewsky, *KGB*, S. 388, 475f.
22 Pincher, *Too Secret Too Long*, S. 397.
23 Cecil, *A Divided Life*, S. 74f.
24 Bd. 7, Kap. 10, § 9.
25 Andrew/Gordiewsky, *KGB*, S. 381–385; Cecil, »Cambridge Comintern«.
26 Bd. 7, Kap. 10, Anh., § 2.

27 In den VENONA-Dokumenten werden Fuchs' Codenamen mehrfach erwähnt. Fuchs sagte später aus, er habe nie gewußt, für welche Abteilung des sowjetischen Geheimdienstes er gearbeitet habe. Bis zu seiner Verhaftung habe er nicht einmal gewußt, daß es mehr als eine Abteilung gab (Andrew/Gordiewsky, *KGB*, S. 401).
28 Bd. 6, Kap. 6. Die GRU behielt allerdings die Kontrolle über ihre Agenten im anglokanadischen Forschungszentrum in Chalk River (Andrew/Gordiewsky, *KGB*, S. 404 f.).
29 Mitrochins Notizen zufolge fand das erste Treffen zwischen HOLA und ihrem neuen (nicht identifizierten) NKGB-Führungsoffizier aber erst 1945 statt (Bd. 7, Kap. 14, Punkt 17).
30 Bd. 7, Kap. 14, Punkt 17.
31 VENONA, 5. Ausgabe, Teil II, S. 249. HOLAS Codename in dieser Zeit war TINA.
32 West/Tsarev, *Crown Jewels*, S. 234.
33 VENONA, 1. Ausgabe, S. 8 f.
34 FBI FOIA 65-58805, Akte 38, S. 7.
35 VENONA, 1. Ausgabe, S. 8 f.
36 FBI FOIA 65-58805, Akten 38 und 40.
37 VENONA, 1. Ausgabe, S. 25, 27.
38 Williams, *Klaus Fuchs*, S. 206–212.
39 Bd. 6, Kap. 8, Teil 1.
40 Zu Rosenbergs Agenten gehörten der Wissenschaftler William Perl (GNOME), der Informationen über Düsentriebwerke beschaffte, und die Militärelektroniker Joel Barr (METRE) und Alfred Sarant (HUGHES) (VENONA, 1. Ausgabe, S. 12, 18 f., 47, 51). Zu den Anfängen von Rosenbergs Spionagering, der laut Semjonow zunächst »nach den Prinzipien einer kommunistischen Parteigruppe« geführt wurde, siehe Weinstein/Vassiliev, *The Haunted Wood*, S. 177 ff.
41 VENONA, 1. Ausgabe, S. 15, 36, 45 f.
42 Radosh/Milton, *The Rosenberg File*, Kap. 3.
43 VENONA, 1. Ausgabe, S. 44 f.; 3. Ausgabe, S. 255 f., 261–266. Seine Überzeugung, der Welt geholfen zu haben, erläuterte Hall in einer Rundfunkdokumentation mit dem Titel »VENONA« (Moderator: Christopher Andrew; Produzenten: Mark Berman und Helen Weinstein), BBC Radio 4, 18. März 1998.
44 Bd. 6, Kap. 5, Teil 2.
45 VENONA, 2. Ausgabe, S. 424.
46 Bentley, *Out of Bondage*, S. 160 f. Das erste VENONA-Dokument, in dem Achmerow Informationen Bentleys weitergab, stammte vom 11. Dezember 1943 (VENONA, 2. Ausgabe, S. 430 f.).
47 Bentley, *Out of Bondage*, S. 163 ff. Bentleys Darstellung deckt sich auch in diesem Punkt weitgehend mit den VENONA-Dokumenten und anderen Quellen (VENONA, 3. Ausgabe, Teil I, S. 26 ff.; Klehr/Haynes/Firsov, *The Secret World of American Communism*, S. 312–315).
48 Bd. 6, Kap. 5, Teil 2. Mitrochin nennt Perlo in dieser Notiz, vermutlich aufgrund eines Schreibfehlers, PEL. Aus den VENONA-Dokumenten und anderen Quellen geht eindeutig hervor, daß PEL (andere Codenamen: PAL und ROBERT) Greg Silvermaster war. Die anderen Mitglieder von Perlos (RAIDERs) Gruppe, die allesamt als Kommunisten

bezeichnet werden, waren Charles Kramer, Edward Fitzgerald, Harry Magdoff, John Abt, Charles Flato und Harold Glasser.
49 VENONA, 3. Ausgabe, Teil I, S. 26 ff.
50 Bentley, *Out of Bondage*, S. 166 f. Bentleys Darstellung wird wiederum von den VENONA-Dokumenten bestätigt.
51 VENONA, 3. Ausgabe, Teil I, S. 272.
52 Bentley, *Out of Bondage*, S. 173–177.
53 VENONA, 1. Ausgabe, Teil I, S. 14; 3. Ausgabe, Teil II, S. 139, 152, 196.
54 Bentley, *Out of Bondage*, S. 179 f.
55 VENONA, 3. Ausgabe, Teil II, S. 17 f. Im Januar 1945 wurde White zum stellvertretenden Finanzminister ernannt.
56 Romerstein/Levchenko, *The KGB against the Main Enemy*, S. 111 f. George Silverman, an den Currie seine Warnung weitergab, ist in den VENONA-Dokumenten als sowjetischer Agent (ELERON = AILERON, »Querruder«) identifiziert. Currie selbst könnte der in den entschlüsselten Dokumenten mehrfach erwähnte Agent mit dem Codenamen PAGE sein. Obwohl er bestritt, jemals ein sowjetischer Agent gewesen zu sein, gab er später zu, daß er in Gorskis Wohnung bewirtet worden war. Höhere Beamte des Weißen Hauses wie Currie gehörten zu der kleinen Gruppe, die von der geheimgehaltenen Tatsache wußten, daß das OSS das Code-Buch des NKGB erbeutet hatte. In Mitrochins Notizen wird Currie nicht erwähnt.
57 Robert Lamphere, ein höherer FBI-Beamter, der an der Analyse der VENONA-Dokumente beteiligt war, behauptet in seinen Memoiren fälschlicherweise, das Code-Buch des NKGB sei später bei deren Entschlüsselung benutzt worden *(The FBI-KGB War*, S. 87 ff.; vgl. Benson, *Introductory History of VENONA*, S. 8).
58 Andrew/Gordiewsky, *KGB*, S. 362.
59 Bd. 6, Kap. 8, Teil 1; Bd. 7, Kap. 2, § 22.
60 Bd. 6, Kap. 6.
61 Holloway, »Sources for *Stalin and the Bomb*«, S. 5.
62 Bd. 7, Kap. 2, § 19.
63 Albright/Kunstel, *Bombshell*, S. 121–127.
64 Ebd., Kap. 15. Die Laufbahn von Morris und Lona Cohen ist zusammengefaßt in: Bd. 6, Kap. 5, Teil 2.
65 Albright/Kunstel, *Bombshell*, S. 138 f.
66 NKB-Bericht an Berija, 10. Juli 1945, zuerst veröffentlicht in: *Kurier Sowjetski Raswedki*, 1991; gekürzt abgedruckt in Sudoplatow/Sudoplatow, *Der Handlanger der Macht*, Anh. 4, S. 561 f. (Sudoplatow/Sudoplatow identifizierten fälschlicherweise Pontecorvo als MLAD).
67 Lona Cohens Aufenthalt in Albuqerque wird kurz erwähnt in Samolis (Hg.), *Weterany Wneschnei Raswedki Rossii*, S. 71; vgl. Albright/Kunstel, *Bombshell*, Kap. 17.
68 Bd. 6, Kap. 5, Teil 2. Es überrascht nicht, daß diese bemerkenswerte Episode bei jedem Erzählen besser wurde. In einigen russischen Versionen aus jüngster Zeit versteckte Mrs. Cohen die Papiere in einer Kleenexschachtel. Glaubwürdiger erscheint jedoch der knappere Bericht, den Mitrochin gelesen hat. Er nennt allerdings nicht den Namen des Wissenschaftlers, der die Dokumente in Los Alamos beschafft hatte.
69 Bd. 6, Anh. 2, Teil 5. In den VENONA-Dokumenten wird Jazkow zum ersten Mal am

23. Januar 1945 als der für ENORMOS verantwortliche Offizier erwähnt (VENONA, 1. Ausgabe, S. 60).
70 Samolis (Hg.), *Weterany Wneschnei Raswedki Rossii*, S. 169 ff.
71 VENONA, 3. Ausgabe, Teil II, S. 268.
72 In Mitrochins Notizen werden zwar die meisten bekannten und einige vorher unbekannte sowjetische Agenten, die während des Krieges in den USA tätig waren, erwähnt, aber nur jene, die vom NKWD bzw. NKGB geführt wurden. Da Hiss für die GRU arbeitete, taucht er in den Notizen nicht auf.
73 VENONA, 3. Ausgabe, Teil II, S. 207.
74 k-27, Anh., Abs. 21.
75 Andrew/Gordiewsky, *KGB*, S. 433.
76 Kimball, *Forged in War*, S. 318.
77 VENONA, 3. Ausgabe, Teil III, S. 207. In einer 1969 hinzugefügten Anmerkung der NSA zu diesem VENONA-Dokument heißt es zu ALES: »wahrscheinlich Alger Hiss«. Angesichts der heute zugänglichen Beweise steht diese Identifikation außer Zweifel. Von den vier Amerikanern, die außer dem Botschaftsstab nach der Konferenz von Jalta nach Moskau reisten, entsprach nur Hiss der Beschreibung, die Gorski von ALES gab (Moynihan, *Secrecy*, S. 146 ff.). Gordiewsky erinnert sich an einen Vortrag Achmerows in der Zentrale, in dem dieser seinen Kontakt zu Hiss während des Krieges erwähnte. Aus ungarischen Nachrichtendienstakten über Noel Field geht hervor, daß auch Field Alger Hiss als sowjetischen Agenten identifiziert hat. Whittaker Chambers, der ehemalige GRU-Agent, der Hiss enttarnt hat, sagte aus, daß Hiss, wie in Gorskis Telegramm angedeutet, 1935 begonnen habe, Informationen an Moskau weiterzugeben. Gorskis Hinweis auf die Spionagetätigkeit von Hiss' Familie wurde sowohl von Chambers als auch von Bentley bestätigt. Weitere Hinweise, die auf Hiss deuteten, kamen 1945 von dem sowjetischen Überläufer Igor Gusenko. Obwohl die Verjährungsfrist 1950 Hiss' Verurteilung als Spion verhinderte, bleiben die Beweise, auf deren Grundlage er im selben Jahr wegen Meineids verurteilt wurde, weil er geleugnet hatte, Regierungsdokumente an einen kommunistischen Spionagering weitergegeben zu haben, erdrückend (vgl. Breindel,»Hiss's Guilt«; Schmidt,»The Hiss Dossier«; Weinstein, *Perjury;* Andrew/Gordiewsky, *KGB*).
78 Andrew/Gordiewsky, *KGB*, S. 434. Wegen des für einen GRU-Agenten ungewöhnlichen Kontakts Achmerows zu Hiss zogen Andrew und Gordiewsky den Schluß, daß Hiss zu diesem Zeitpunkt wie andere führende GRU-Agenten der dreißiger Jahre dem NKGB übergeben worden war.
79 Bd. 5, Abschnitt 4; Andrew/Gordiewsky, *KGB*, S. 438 ff. 1946 wurde SMERSCH für die Friedenszeit umorganisiert und wieder dem MGB, der Nachfolgorganisation des NKGB, unterstellt.
80 Bethell, Nicholas, *Das letzte Geheimnis;* Tolstoy, *Die Verratenen von Jalta;* ders., *Stalin's Secret War*, Kap. 17; Knight,»Harold Macmillan and the Cossacks«; Mitchell, *Cost of a Reputation*, Kap. 1, 3, 5. Tolstoys Darstellung ist die detaillierteste und bewegendste, aber er übertreibt, wie Knight nachgewiesen hat, die Verantwortung von Harold Macmillan, der damals Ministerresident in Italien und politischer Berater von Feldmarschall Alexander war.
81 Der vierte »weiße« General auf der SMERSCH-Liste der meistgesuchten Verbrecher,

Timofej Domanow, war im Unterschied zu den anderen drei ein früherer Sowjetbürger, dessen Schicksal in Jalta besiegelt worden war.
82 Bd. 5, Abschnitt 4.
83 Ebd., §§ 2f.
84 Ebd., § 5. In den Memoiren des Operationschefs der Roten Armee, General Sergej M. Schtemenko, wird zwar die Bestechung nicht erwähnt, aber ein Teil der Ereignisse bestätigt: »Die Sowjetregierung wurde wegen Krasnow, Schkuro, Sultan-Girei und anderer Kriegsverbrecher energisch bei den Verbündeten vorstellig. Wenn sich die Briten auch Zeit ließen, übergaben sie doch die für sie wertlosen weißgardistischen Generale und ihre Soldateska den sowjetischen Behörden. Die ganze Übergabeprozedur bestand im Wechsel der britischen Begleitmannschaften gegen sowjetische« (Schtemenko, *Im Generalstab*, Bd. 2, S. 502; vgl. Tolstoy, *Die Verratenen von Jalta*, Kap. 11).
85 Alexander gab am 22. Mai 1945 den Befehl heraus: »Alle sowjetischen Bürger, die den Russen ohne Gewaltanwendung ausgeliefert werden können, sind durch die 8. Armee zu übergeben. Alle anderen sind zur 12. Armeegruppe zu evakuieren.« Es ist argumentiert worden, das 5. Korps der 8. Armee, das die Kosaken übergab, habe geglaubt, ihm sei dennoch »freie Hand« für die Anwendung von Gewalt gegeben worden. Die Kontroverse dauert an (Mitchell, *Cost of a Reputation*, S. 49–54).
86 Knight, »Harold Macmillan and the Cossacks«, S. 248–252.
87 Tolstoy, *Die Verratenen von Jalta*, S. 260, 251 f., 266, 343–384. Die Hinrichtung der Generale wurde am 17. Januar 1947 in einer kurzen Meldung der *Prawda* bekanntgegeben.

9. Vom Heißen zum Kalten Krieg

1 Bd. 8, Kap. 2.
2 Vgl. Bothwell/Granatstein (Hg.), *The Gouzenko Transcripts;* Granatstein/Stafford, *Spy Wars*, Kap. 3; Sawatsky, *Gouzenko;* Brook-Shepherd, *The Storm Birds*, Kap. 21. Christopher Andrew führte im November 1992 in Kanada ein Interview mit Mrs. Gusenko und ihrer Tochter, die beide einen anderen Namen angenommen haben.
3 VENONA, 5. Ausgabe, Teil III, S. 206 f.
4 Bd. 8, Kap. 2. Burdin war 1951 bis 1953 Resident. 1952 rekrutierte er Hugh Hambleton, der später einer der wichtigsten kanadischen KGB-Agenten wurde (siehe unten, Kap. 10).
5 Bd. 8, Kap. 10, § 7 f.
6 VENONA, 5. Ausgabe, Teil II, S. 263 ff., 272 f., 275.
7 Die verläßlichste Darstellung dieser Episode findet sich in Brooke-Shephard, *The Storm Birds*, Kap. 4. Sie korrigiert eine Reihe von Erfindungen in Philbys Version der Geschichte.
8 Philby, *Mein Doppelspiel*, S. 153–156.
9 Bd. 5, Kap. 7.
10 Andrew/Gordiewsky, *KGB*, S. 479.
11 Philby, *Mein Doppelspiel*, S. 164.

12 Bd. 5, Kap. 7.
13 Bd. 7, Kap. 6,6.
14 Modin, *My Five Cambridge Friends*, S.137, 155; Zubok/Pleshakov, *Inside the Kremlin's Cold War*, S.86ff.
15 Andrew/Gordiewsky, *KGB*, S.474f.
16 Ebd., S.475.
17 West/Tsarev, *Crown Jewels*, S.222.
18 Briefe von Geoffrey A. Robinson an Christopher Andrew vom 19. Oktober 1997 und 14. September 1998. Cairncross' Memoiren sind in bezug auf seine Nachkriegstätigkeit ebenso unzuverlässig wie hinsichtlich seiner früheren Arbeit als sowjetischer Spion. So behauptet er, buchstäblich keinen Zugang zu Geheimmaterial gehabt zu haben *(The Enigma Spy*, S.124–127). Dazu Robinson: »Das ist absolut unwahr. Die Tube-Alloys-Akten [über das Atomwaffenprojekt] waren viele Zentimeter dick, ganz zu schweigen von all den anderen geheimen und streng geheimen Akten.« Mitrochins Notizen enthalten keine genauen Angaben über die Informationen, die Cairncross nach dem Krieg lieferte.
19 Modin, *My Five Cambridge Friends*, S.150; vgl. West/Tsarev, *Crown Jewels*, S.222–226; Andrew/Gordiewsky, *KGB*, S.475, 518.
20 Bd. 7, Kap. 6, § 4.
21 Ebd., § 1.
22 Die genaue Aufenthaltszeit der Überwachungsgruppe an der Londoner Residentur wird in Mitrochins Notizen nicht genannt. Sie traf in der Endzeit des Krieges ein und blieb »für mehrere Jahre« (Bd. 7, Kap. 2,1; Kap. 6,5).
23 Bd. 7, Kap. 10, § 11.
24 Andrew/Gordiewsky, *KGB*, S.507f.; Boyle, *Ring der Verräter*, S.277f., 313, 316; Mayhew, *Time to Explain*, S.109.
25 Andrew/Gordiewsky, *KGB*, S.506; Modin, *My Five Cambridge Friends*, S.201. Bei Modin taucht Rodin nur unter seinem Codenamen Korowin auf.
26 VENONA, 3. Ausgabe, Teil III, S.150, 153.
27 Benson/Warner (Hg.), *VENONA*, S.61–71. Hoover gab Bentley nicht als Quelle an. »Zum jetzigen Zeitpunkt«, fügte er hinzu, »läßt sich unmöglich feststellen, wie viele dieser Personen tatsächlich von der Verwendung der von ihnen weitergegebenen Informationen wußten.«
28 Weinstein, *Perjury*, S.357.
29 Bentley, *Out of Bondage*, S.204–207, 266f.
30 Wenn die Zentrale geglaubt hätte, Gorski sei durch Gusenkos Übertritt kompromittiert worden, wäre er vermutlich schon früher zurückbeordert worden. Im März 1946 war das FBI davon überzeugt, daß Silvermaster inzwischen von Bentleys Seitenwechsel wußte (Bentley, *Out of Bondage*, S.267).
31 Bd. 6, Kap. 5, Teil 2; Bentley, *Out of Bondage*, S.329.
32 Bd. 6, Kap. 5, Teil 2.
33 Modin, *My Five Cambridge Friends*, S.133.
34 Andrew/Gordiewsky, *KGB*, S.485.
35 Benson/Warner (Hg.), *VENONA*, Einleitung.
36 Interview mit Dr. Cleveland Cram, 2. Oktober 1996. Dr. Cram war einer der ersten

CIA-Offiziere, die im November 1952 mit VENONA bekannt gemacht wurden. Ein Teil seiner Erinnerungen war auch in der Rundfunkdokumentation »VENONA« (BBC Radio 4, 18. März 1998, Autor und Moderator: Christopher Andrew; Produzenten: Mark Burman und Helen Weinstein) enthalten.

37 Andrew, »The VENONA Secret«.
38 Weisband war 1934 angeworben worden. Im Rahmen der Vorsichtsmaßnahmen nach dem Seitenwechsel von Elizabeth Bentley wurde der Kontakt jedoch von 1945 bis 1947 unterbrochen (Weinstein/Vassiliev, *The Haunted Wood*, S. 291).
39 Interviews mit Cecil Phillips und Meredith Gardner in der Rundfunkdokumentation »VENONA« von BBC 4.
40 Andrew/Gordiewsky, *KGB*, S. 492 f.; Zubok/Pleshakov, *Inside the Kremlin's Cold War*, S. 87 f.
41 Bd. 6, Kap. 5, Teil 1. Zunächst dem Ministerrat unterstellt, wurde das KI 1949 dem Außenministerium angeschlossen (Bailey/Kondraschow/Murphy, *Die unsichtbare Front*, S. 66 f.).
42 Bd. 7, Kap. 6, § 4.
43 Die genaueste verfügbare Darstellung von Organisation und Entwicklung des KI ist ein vierundzwanzig Seiten starker Bericht, der auf Informationen beruht, die Wladimir und Jewdokija Petrow 1954 nach ihrem Übertritt gegeben haben: »The Committee of Information (›KI‹) 1947-1951«, 17. November 1954, CRS A6823/XR1/56, Australische Archive, Canberra.
44 Dzhirkvelov, *Secret Servant*, S. 138.
45 Andrew/Gordiewsky, *KGB*, S. 493. Panjuschkin war 1947-51 Botschafter in Washington und 1953-56 Leiter der Ersten Hauptverwaltung von MWD bzw. KGB.
46 Gromyko, *Erinnerungen*, S. 444.
47 »The Committee of Information (›KI‹) 1947-1951«, 17. November 1954, CRS A6823/XR1/56, Australische Archive, Canberra.
48 Ebd. Laut Bd. 7, Kap. 11, 7, wurde die Illegalensektion der GRU erst 1949 aus dem KI herausgelöst.
49 t-7, 187; Bd. 6, Kap. 5, Teil 4, Anm. 8; Bd. 7, Kap. 11, § 5.
50 Bd. 7, Kap. 11, § 7; Bd. 7, Anh. 3, Anm. 62; Bd. 6, Kap. 5, Teil 1. Zu Korotkows Laufbahn vor dem Krieg siehe Costello/Zarew, *Der Superagent*, S. 121 f. In einem offiziellen SWR-Porträt wird seine Tätigkeit als Chef der Illegalendirektion nicht erwähnt (Samolis [Hg.], *Weterany Wneschnei Raswedki Rossii*, S. 63 ff.).
51 Auf der Geburtsurkunde wird sein Name mit Wilhelm August Fischer angegeben. Sein Vater war deutscher Abstammung. Zu seiner Herkunft vgl. Saunders, »Tyneside and the Russian Revolution«, S. 280-284. Fischers wahre Identität wurde erst nach seinem Tod im Jahr 1971 bekannt, als westlichen Journalisten der Name auf seinem Grabstein auffiel.
52 Bd. 6, Kap. 5, Teil 2 und Anm. 6; vgl. Samolis (Hg.), *Weterany Wneschnei Raswedki Rossii*, S. 156-159.
53 Bd. 6, Kap. 5, Teil 2 und Anm. 6. In Fischers Porträt in Samolis (Hg.), *Weterany Wneschnei Raswedki Rossii*, S. 156-159, wird keiner der gegen ihn erhobenen Vorwürfe erwähnt.
54 Bd. 6, Kap. 5, Teil 2.

55 Bd. 6, Kap. 5, Teile 1 f.
56 Bd. 6, Kap. 5, Teil 2.
57 Ebd.
58 Samolis (Hg.), *Weterany Wneschnei Raswedki Rossii*, S. 68 ff.; Albright/Kunstel, *Bombshell*, S. 179–185.
59 Bd. 6, Kap. 5, Teil 2.
60 Albright/Kunstel, *Bombshell*, S. 176 ff.
61 Tchikov/Kern, *PERSEUS*, S. 280 f.
62 Bd. 6, Kap. 5, Teil 2.
63 Samolis (Hg.), *Weterany Wneschnei Raswedki Rossii*, S. 158 f.
64 ORJOL war Sixto Fernandes Donsel, RYBA Antonio Arjonilla Toriblo (Bd. 6, Anh. 1, Teil 41).
65 Bd. 6, Kap. 5, Teil 2.
66 Interviews mit Ted Hall und dem früheren FBI-Agenten Robert McQueen in der Rundfunkdokumentation »VENONA« (Autor und Moderator: Christopher Andrew; Produzenten: Mark Berman und Helen Weinstein), BBC Radio 4, 18. März 1998. Albright und Kunstel schreiben unter Berufung auf eine »vertrauliche Quelle«, Hall habe sich 1952/53 in New York vier- oder fünfmal mit einem sowjetischen Agenten, den er als »Jimmy Stevens« kannte, getroffen, bevor er die Verbindung zum sowjetischen Nachrichtendienst abbrach *(Bombshell,* Kap. 25). Hall bestätigt, daß er sich mehrere Male mit einem sowjetischen Kontaktmann getroffen habe, beharrt aber darauf, daß er in dieser Periode keine Informationen weitergegeben habe (Interview von Christopher Andrew, 11. März 1998).
67 Bd. 6, Kap. 5, Teil 2.
68 Bd. 6, Kap. 11, Teil 2. Kopazky behauptete später, am Neujahrstag 1922 in Kiew geboren zu sein (Wise, *Molehunt*, S. 183).
69 Wise, *Molehunt*, S. 184. Mitrochins Notizen enthalten, von den Geburtsdaten abgesehen, keinerlei Angaben über Kopazky aus der Zeit vor 1946.
70 Bd. 6, Kap. 11, Teil 2.
71 Wise, *Molehunt*, S. 182 f., 199.
72 Bailey/Kondraschow/Murphy, *Die unsichtbare Front*, S. 313. Der SWR machte den Autoren (George Bailey war früher Direktor von Radio Liberty, Sergej Kondraschow stellvertretender Leiter der Ersten Hauptverwaltung des KGB und George Murphy von 1959 bis 1961 Leiter der Berliner CIA-Station) eine große Zahl von Akten über KGB-Operationen in Berlin aus der Zeit vor dem Mauerbau zugänglich, weshalb seine von den Autoren zu Recht als »unaufrichtig« eingeschätzte Auskunft, daß keine Angaben über Kopazky vorhanden seien, um so erstaunlicher ist.
73 Bd. 6, Kap. 11, Teil 2.
74 Ebd.; Bailey/Kondraschow/Murphy, *Die unsichtbare Front*, S. 153 f.
75 Bd. 6, Kap. 11, Teil 2.
76 Andrej Schdanow sagte im September 1947 auf der Gründungskonferenz des Kommunistischen Informationsbüros (Kominform), dem Nachkriegsnachfolger der Komintern, die »führende Hauptkraft des imperialistischen Lagers« seien die USA, und »[i]m Bunde mit den USA befinden sich England und Frankreich« (Schdanow, *Über die internationale Lage*, S. 12).

77 k-11, 112f.; k-7, 84.
78 Bd. 9, Kap. 1.
79 Zubok/Pleshakov, *Inside the Kremlin's Cold War*, S. 15.
80 Bd. 9, Kap. 1.
81 k-11, 112f.; k-7, 84.
82 Bd. 9, Kap. 1.
83 Ebd., § 86.
84 Ebd., § 17.
85 k-6, 91. Zu WESTs Kontakten im DGER/SDECE gehörten Mitarbeiter der italienischen und spanischen Abteilung sowie PASCAL, der 1946 im Ausland stationiert war.
86 k-6, 92.
87 Erinnerung des KGB-Überläufers Peter Deriabin (Schecter/Deriabin, *The Spy Who Saved the World*, S. 237 Anm.).
88 Wolton, *La France sous influence*, S. 78f.; Buton, *Les lendemains qui déchantent*, S. 259.
89 t-1, 24; t-2, 25.
90 k-4, 32, 176, 179; t-1, 42.
91 Bd. 9, Kap. 1, § 6.
92 Ebd., §§ 18f.
93 Ebd., § 51. Allerdings beklagte sich die Residentur über fortdauernden Personalmangel. 1948 verfügte sie über insgesamt achtzehn operative Offiziere und technische Mitarbeiter. Neun weitere Nachrichtendienstoffiziere, die nach Paris geschickt werden sollten, hatten keine Visa erhalten. Deshalb hatte man mit begrenztem Erfolg versucht, den Mangel auszugleichen, indem man eine neue illegale Residentur einrichtete und Dolmetscher und Schreibkräfte der Residentur sowie Angehörige der Botschaft, der Handelsmission und anderer sowjetischer Institutionen für die operative Nachrichtendienstarbeit heranzog (ebd., § 50).
94 Modin, *My Five Cambridge Friends*, S. 159, 165.
95 G. Rees, *A Chapter of Accidents*, S. 7; Penrose/Freeman, *Conspiracy of Silence*, S. 324–327.
96 Bd. 7, Kap. 10, § 9.
97 Bd. 7, Kap. 10.
98 Cecil, *Divided Life*, Kap. 6f.
99 *The Times*, 2. Januar 1951.
100 Aktennotiz von Maclean, 21. Dezember 1950, PRO FO 371/81613 AU 1013/52.
101 Philby, *Mein Doppelspiel*, S. 184.
102 Obwohl Philby in sechs Telegrammen von 1945 unter dem Codenamen STANLEY erwähnt wurde, scheinen sie erst Jahre später entschlüsselt worden zu sein (VENONA, 5. Ausgabe, Teil I, S. 263–267, 272, 275f.). Insgesamt wurden schließlich 30, überwiegend aus dem Jahr 1945 stammende Telegramme aus dem Nachrichtenverkehr zwischen der Zentrale und der Londoner Residentur entschlüsselt.
103 Benson/Warner (Hg.), *VENONA*, S. XXVIIf.
104 Im Verhör erklärte Fuchs, er habe im Februar oder März 1949 zum letzten Mal Kontakt zum sowjetischen Nachrichtendienst gehabt. Dies könnte sein letztes Treffen mit seinem Führungsoffizier gewesen sein (Williams, *Klaus Fuchs*, S. 186).

105 Benson/Warner (Hg.), *VENONA*, S. XXVII f. Da Weisbands Spionagetätigkeit nicht bewiesen werden konnte, wurde er nur zu einem Jahr Gefängnis verurteilt, weil er einer Vorladung zu einer gerichtlichen Voruntersuchung über Aktivitäten der KP der USA nicht Folge geleistet hatte.
106 Bd. 7, Kap. 10, § 7.
107 Philby, *Mein Doppelspiel*, S. 201.
108 Bd. 6, Kap. 5, Teil 2; Modin, *My Five Cambridge Friends*, S. 186 f.
109 Philby, *Mein Doppelspiel*, S. 208 f. Burgess trat im August 1950 seinen Posten als Legationsrat an der britischen Botschaft in Washington an. Zu Philbys Wohnung siehe P. Kessler, *Undercover Washington*, S. 93 f.
110 Newton, *Butcher's Embrace*, S. 305–311; Knightley, *Philby*, S. 213 f.
111 Bd. 6, Kap. 5, Teil 2.
112 Ebd.; zum Einsatz der *Batory* für den Transport sowjetischer Agenten in die Vereinigten Staaten s. Budenz, *Men Without Faces*, S. 19, 64, 68.
113 Bd. 6, Kap. 5, Teil 2. Es gibt keinen Hinweis darauf, daß Senator Flanders oder seine Familie wußten, daß HARRY ein sowjetischer Illegaler war.
114 Bd. 6, Kap. 5, Teil 2.
115 Newton, *Butcher's Embrace*, S. 281.
116 Bd. 6, Kap. 5, Teil 2.
117 Newton, *Butcher's Embrace*, S. 281 f.
118 Philby, *Mein Doppelspiel*, S. 212.
119 Cecil, *Divided Life*, S. 118.
120 VENONA, 3. Ausgabe, Teil I, S. 240 f.
121 Modin, *My Five Cambridge Friends*, S. 199.
122 Philby, *Mein Doppelspiel*, S. 213, 215.
123 Bd. 6, Kap. 5, Teil 2.
124 Modin, *My Five Cambridge Friends*, S. 199 ff.
125 Ebd., S. 202 ff.; Costello/Zarew, *Der Superagent*, S. 476.
126 Andrew/Gordiewsky, *KGB*, S. 516; Cecil, *Divided Life*, S. 135 ff.
127 Bd. 7, Kap. 10, §§ 16 f.
128 Ebd., § 19.
129 Modin, *My Five Cambridge Friends*, S. 251.
130 Bd. 7, Kap. 10, § 19.
131 Ebd., § 18.
132 Bd. 6, Kap. 5, Teil 2.
133 Philby, *Mein Doppelspiel*, S. 217, 220 f.
134 Bd. 6, Kap. 5, Teil 2.
135 Ebd.
136 Bd. 7, Kap. 10, § 19.
137 Andrew/Gordiewsky, *KGB*, S. 518 f.; Modin, *My Five Cambridge Friends*, S. 213–218.
138 Modin, *My Five Cambridge Friends*, S. 221–224, 229–232; Andrew/Gordiewsky, *KGB*, S. 519. 1964 legte Blunt unter der Zusicherung von Straffreiheit schließlich ein Geständnis ab. In der Öffentlichkeit wurde er erst 1979 als sowjetischer Agent enttarnt.

139 Philby, *Mein Doppelspiel*, S. 218-237; Andrew/Gordiewsky, *KGB*, S. 521; Knightley, *Kim Philby*, S. 231-234; Modin, *My Five Cambridge Friends*, S. 224, 228-232.
140 Borovik, *Philby Files*, S. 284.
141 Andrew/Gordiewsky, *KGB*, S. 13-16.

10. Der Hauptgegner I

1 t-7; k-13, 267; Bd. 6, Kap. 5, Teil 1. In Mitrochins Notizen wird der Codename, den Griguljewitsch als costaricanischer Diplomat trug, nicht erwähnt, aber durch die anderen Angaben wird Griguljewitsch eindeutig als Teodoro B. Castro identifiziert. Die Mitglieder der costaricanischen Delegation bei der sechsten Tagung der UN-Generalversammlung sind aufgeführt in United Nations, *Official Records of the General Assembly Sixth Session, Plenary Sessions*, S. XIV.
2 k-13, 370.
3 k-13, 267; k-26, 194. An der Spitze der costaricanischen Delegation standen neben Figueres der Minister für öffentliche Arbeiten Francisco Orlich und der Botschafter in Paris und spätere Präsident von Costa Rica (1974-1978) und stellvertretende Vorsitzende der Sozialistischen Internationale (1980) Daniel Oduber. Auch deren Vertrauen scheint Griguljewitsch gewonnen zu haben; jedenfalls wurde seine Frau, als sie 1952 Costa Rica besuchte, von ihnen empfangen.
4 k-13, 267.
5 Acheson, *Present at the Creation*, S. 580 f.
6 k-13, 267; t-7, 12; Bd. 6, Kap. 5, Teil 1; United Nations, *Official Records of the General Assembly Sixth Session, Ad Hoc Political Committee*, S. 20.
7 k-13, 267.
8 Die VENONA-Dokumente führten nur zu wenigen Verhaftungen, da sie als zu geheim eingestuft wurden, um sie im Gerichtssaal verwenden zu können. Doch selbst wenn sie verwendet worden wären, hätte es eine Vielzahl juristischer Einspruchsmöglichkeiten gegeben.
9 Klehr/Haynes, *American Communist Movement*, Kap. 4.
10 Vorgesehen waren 28 »Dokumentationsagenten« in Österreich, 24 in Ostdeutschland, 24 in Westdeutschland, 15 in Frankreich, 13 in den USA, 12 in Großbritannien, 12 in Italien, 10 in Kanada, 10 in Belgien, 9 in Mexiko, 8 im Iran, 6 im Libanon und 6 in der Türkei (Bd. 6, Kap. 5, Teil 4). Die große Zahl der Agenten in Deutschland und Österreich hatte ihren Grund in dem hohen Anteil sowjetischer Illegaler, die als Flüchtlinge aus Ostdeutschland auftraten.
11 Die betreffenden illegalen Residenturen waren die in New York, Washington, Ottawa, Mexiko, Buenos Aires, London, Paris, Rom, Brüssel, Den Haag, Kopenhagen, Oslo, Stockholm, Helsinki, Wien, Athen, Istanbul, Teheran, Beirut, Kalkutta, Karatschi und Kairo (Bd. 6, Kap. 5, Teil 4).
12 Bd. 7, Kap. 11, Punkt 2.
13 Bd. 8, Kap. 8.
14 Sawatsky, *For Services Rendered*, S. 34.
15 Bd. 8, Kap. 8, §§ 5 f.

16 Ebd., § 7.
17 Sawatsky, *For Services Rendered*, S. 34.
18 Bd. 8, Kap. 8, § 7.
19 Sawatsky, *For Services Rendered*, S. 38 ff.
20 Ihr Name wird zwar in Mitrochins Notizen erwähnt, soll hier aber ungenannt bleiben.
21 Bd. 8, Kap. 8, §§ 14, 18.
22 Sawatsky, *For Services Rendered*, S. 44–53, 66 f.; Interviews von Christopher Andrew mit Terry Guernsey, Toronto, Oktober 1991.
23 Bd. 8, Kap. 2.
24 Sawatsky, *For Services Rendered*, S. 53 f.
25 Bd. 8, Kap. 8, § 9; zu EMMA siehe auch k-8, 82.
26 Heaps, *Hugh Hambleton, Spy;* Granatstein/Stafford, *Spy Wars*, Kap. 8; Barron, *KGB heute*, Kap. 9.
27 Bd. 8, Kap. 8; Bd. 8, Anh. 1, Punkt 87.
28 Bd. 6, Kap. 5, Teil 2.
29 Ebd.; Bd. 8, Kap. 8.
30 Bd. 8, Kap. 8, §§ 11, 20.
31 Sawatsky, *For Services Rendered*, S. 64–71.
32 Bd. 8, Kap. 8, §§ 10, 20.
33 Sawatsky, *For Services Rendered*, S. 27.
34 Bd. 8, Kap. 8, § 14.
35 Ebd., §§ 10, 12.
36 Ebd., §§ 13, 15, 20.
37 Ebd., § 16. Erstaunlicherweise überlebte Brik fünfzehn Jahre Haft, davon fünf in Einzelhaft, drei in einer normalen Gefängniszelle und sieben in einem Arbeitslager, so daß er später vom SIS in den Westen geschmuggelt werden konnte. Heute lebt er in Kanada.
38 Bd. 8, Kap. 8, § 20. Im Januar 1964 reiste ein KGB-Offizier mit einer wissenschaftlich-technischen Delegation und der Volkstanzgruppe von Igor Moissejew nach Winnipeg und versuchte erfolglos Verbindung zu Morrison aufzunehmen. Eine Untersuchung des Agenten ANTEA ergab, daß er umgezogen war. Später plante die Zentrale, Morrison in die Jagd nach Jewgeni Runge (MAX) und Valentina Rush (SINA) einzubeziehen, zwei Illegalen, die 1967 in Berlin zur CIA übergelaufen waren. Aber er blieb unauffindbar, obwohl die Suche nach seinem Wohnort bis 1974 sporadisch fortgesetzt wurde (ebd., § 21; Bd. 6, Kap. 5, Teil 5). Im Mai 1986 wurde Morrison wegen Verstoßes gegen das Gesetz über Amtsgeheimnisse zu achtzehn Monaten Gefängnis verurteilt (Granatstein/Stafford, *Spy Wars*, S. 149).
39 Bd. 8, Kap. 8, § 19.
40 k-4, 207; k-11, 130. Von 1961 bis 1964 arbeitete Grintschenko als Berater der Illegalendirektion des kubanischen Auslandsnachrichtendienstes DGI in Kuba (k-11, 130).
41 Unterstützt wurde er dabei von dem finnischen Kommunisten Olavi Åhman (WIRTANEN), einem ehemaligen Spanienkämpfer (Bd. 6, Kap. 5, Teil 2; k-27, 451). Vgl. S. 385.
42 Bernikow, *Abel*, Kap. 2 f.
43 Die Nachricht wurde 1957 mit Hilfe des von WIK mitgebrachten Schlüsselmaterials

und der Dokumente, die das FBI nach MARKs Verhaftung in dessen Wohnung fand, dechiffriert (Lamphere, *FBI-KGB War*, S. 270f., 274f.).
44 k-3, 80; k-8, 83. ORISOs Hauptmotivation scheint finanzieller Natur gewesen zu sein. In Paris hatte er monatlich 40 000 Franc erhalten. Wieviel er in New York bekam, wird in Mitrochins Aufzeichnungen nicht erwähnt.
45 k-8, 91.
46 k-3, 80. ORISO war bis 1980 als sowjetischer Agent tätig.
47 Bernikow, *Abel*, S. 171 f.
48 Ebd., Kap. 3 f. MARK begriff selbst noch nach seiner Verhaftung nicht, daß WIK niemals unter FBI-Beobachtung gestanden hatte. Zu seinem Anwalt sagte er, er glaube jetzt, »Hayhanen sei im Dezember [1956] insgeheim von dem FBI festgenommen und wieder freigelassen worden. Wahrscheinlich habe er Abel seitdem im Auftrag des FBI aufgesucht« (Donovan, *Der Fall des Oberst Abel*, S. 44).
49 Bd. 6, Kap. 5, Teil 2.
50 Bernikow, *Abel*, S. 86–95.
51 Bd. 6, Kap. 5, Teil 2.
52 Ebd.
53 Ebd., Anm. 11.
54 Donovan, *Der Fall des Oberst Abel*, S. 179; Bernikow, *Abel*, S. 242 ff.
55 Donovan, *Der Fall des Oberst Abel*, S. 253 f.
56 Bd. 6, Kap. 5, Teil 2.
57 Bernikow, *Abel*, S. 223 f.
58 Bd. 6, Kap. 5, Teil 2.
59 Am selben Tag wurde am Checkpoint Charlie Frederic L. Pryor, ein Student aus Yale, der in Ost-Berlin der Spionage angeklagt worden war, freigelassen.
60 Bd. 6, Kap. 5, Teil 2.
61 Ebd.
62 Donovan, *Der Fall des Oberst Abel*, S. 394.
63 Bd. 6, Kap. 5, Teil 2.
64 Ebd.
65 Auf Bitten der GRU hatte »Abel« in New York in großen Maßstäben gezeichnete amerikanische Stadtpläne beschafft, was in den USA nicht sonderlich schwierig war. Für sowjetische Städte dagegen gab es solche Pläne nicht.
66 Bd. 6, Kap. 5, Teil 2.
67 Donovan, *Der Fall des Oberst Abel*, S. 268 f., 400.
68 Bd. 6, Kap. 5, Teil 2.
69 Noch 1995 erklärte der SWR, der weiter am heroischen Abel-Mythos festhält, die »Erfordernisse der Geheimhaltung« erlaubten »noch nicht, alle Operationen, an denen MARK beteiligt war, zu enthüllen« (Samolis [Hg.], *Weterany Wneschnei Raswedki Rossii*, S. 156–159).
70 Gordievsky, *Next Stop Execution*, S. 141 f.

11. Der Hauptgegner II

1 Bd. 6, Kap. 11, Teil 2.
2 Ebd.
3 Wise, *Molehunt*, S. 186f.
4 Bailey/Kondraschow/Murphy, *Die unsichtbare Front*, S. 311f.
5 Bd. 6, Kap. 11, Teil 2.
6 Wise, *Molehunt*, S. 188f.
7 Bd. 6, Kap. 11, Teil 2. Die »Gallery Orlow« befand sich zunächst in der South Pitt Street in Alexandria, zog später aber in die King Street um (P. Kessler, *Undercover Washington*, S. 125f.).
8 Wise, *Molehunt*, S. 191–194.
9 Bd. 6, Kap. 11, Teil 2.
10 Ebd. Mrs. Orlow erzählte später, ihr Mann habe gesagt, die sowjetische Botschaft hätte seiner Bitte um Asyl für sich und seine Familie zugestimmt (Wise, *Molehunt*, S. 192).
11 Wise, *Molehunt*, Kap. 13.
12 Bd. 6, Kap. 11, Teil 2; Anh. 1, Teile 17, 41.
13 P. Kessler, *Undercover Washington*, S. 126.
14 k-4, 136.
15 Barron, *KGB*, Kap. 10; Andrew/Gordiewsky, *KGB*, S. 598f.
16 k-4, 136.
17 Andrew/Gordiewsky, *KGB*, S. 600.
18 Bamford, *NSA*, S. 187.
19 Bd. 6, Kap. 11, Teil 11.
20 Bamford, *NSA*, S. 176f., 180f.
21 Bd. 6, Kap. 11, Teil 11.
22 Bamford, *NSA*, S. 183.
23 Bd. 6, Kap. 11, Teil 11. Von 1960 bis 1963 hatte die GRU einen bedeutenden Agenten in der NSA, Staff Sergeant Jack E. Dunlop, der sich wie Mitchell und Martin selbst angeboten hatte. 1963 lief Victor Norris Hamilton, ein früherer Mitarbeiter der NSA, der 1959 wegen seines psychischen Zustands zum Ausscheiden gezwungen worden war, in die Sowjetunion über und gab wie Mitchell und Martin eine Pressekonferenz (Andrew/Gordiewsky, *KGB*, S. 597f.; Bamford, *NSA*, S. 193–199).
24 Fursenko/Naftali, »Soviet Intelligence and the Cuban Missile Crisis«, S. 77.
25 Bamford, *NSA*, S. 183ff.
26 Bd. 6, Kap. 11, Teil 11; Theodore Shabad, »Defector From U. S. Resigned To Soviet«, in: *New York Times*, 24. Juni 1962; Bamford, *NSA*, S. 191f. Als Mitchell eine Arbeit fand, bekam er zusätzlich zu seinem Gehalt von hundert Rubeln weiterhin einen Zuschuß von vierhundert Rubeln (Bd. 6, Kap. 11, Teil 11).
27 Bd. 6, Kap. 11, Teil 11.
28 Bamford, *NSA*, S. 192f. Martin war 1986 in Moskau an Leukämie gestorben.
29 »Unterstützung mit Raketen«, in: *Frankfurter Allgemeine Zeitung*, 11. Juli 1960, S. 4. Quelle des KGB-Berichts war »ein Dokument, das ein Verbindungsoffizier bei der CIA an seine Regierung geschickt hat« (Fursenko/Naftali, *One Hell of a Gamble*, S. 51f.). Obwohl sich General Curtis LeMay, der kämpferische Chef des Strategischen Luftwaf-

fenkommandos (SAC), privat für einen Präventivschlag aussprach, konnte er sich nie Hoffnungen machen, daß seine Ansicht zur Politik der Regierung Eisenhower werden würde. Bei den NATO-Verbündeten sorgten solche Vorstellungen dennoch für Unruhe. Das britische JIC hielt es zwar »angesichts der demokratischen Regierungsform und der engen Beziehungen zu anderen westlichen Nationen für höchst unwahrscheinlich, daß [die USA] jemals einen Krieg provozieren werden«, zog 1954 aber den Schluß, es sei »unter der Voraussetzung (a) einer extremeren Regierung in den USA, (b) des Nachlassens des Vertrauens der USA zu einigen oder allen westlichen Verbündeten aufgrund der politischen Entwicklung in deren Ländern und (c) irgendeines plötzlichen Vorteils der USA auf dem Gebiet der Waffentechnik etc. durchaus möglich, daß die Befürworter der Ungeduld die Oberhand gewinnen könnten« (JIC [54]37; den Hinweis auf dieses Dokument verdanke ich Alex Craig vom Christ's College in Cambridge). Zudem deuten kürzlich aus der Geheimhaltung entlassene Dokumente darauf hin, daß höhere amerikanische Befehlshaber unter bestimmten Notfallbedingungen die »im vorhinein erteilte« präsidiale Vollmacht besaßen, Atomwaffen einzusetzen (Paul Lashmere, »Dr Strangelove's secrets«, in: *The Independent*, 8. September 1998). Es ist möglich, wenn auch keineswegs sicher, daß ein von einer KGB-Quelle stammender Bericht darüber zusammen mit LeMays apokalyptischer Rhetorik die Zentrale in ihrer Furcht vor einem amerikanischen Erstschlag bestärkt hatte.

30 Feklisow, *Sa okeanom i na ostrowje*, S. 199 ff.; Zubok/Pleshakov, *Inside the Kremlin's Cold War*, S. 236–240.
31 Andrew, *For the President's Eyes Only*, S. 257 ff.
32 Zubok/Pleshakov, *Inside the Kremlin's Cold War*, S. 242.
33 Andrew, *For the President's Eyes Only*, S. 267 ff.
34 Schelepin an Chruschtschow, Denkschrift Nr. 1861-Sch, 29. Juli 1961; Erlaß Nr. 191/75-GS; Bd. 6, Kap. 5, Teil 5; vgl. Zubok, »Spy vs. Spy«, S. 28 ff.; Zubok/Pleshakov, *Inside the Kremlin's Cold War*, S. 253 ff.
35 Andrew, *For the President's Eyes Only*, S. 278 f.; Dobrynin, *In Confidence*, S. 52 ff.
36 Fursenko/Naftali, *One Hell of a Gamble*, S. 155, 168; Andrew, *For the President's Eyes Only*, S. 271–280.
37 Fursenko/Naftali, *One Hell of a Gamble*, Kap. 9.
38 Andrew, *For the President's Eyes Only*, S. 282–290; vgl. Schecter/Deriabin, *Die Penkowskij-Akte*, Kap. 13, 15.
39 Andrew, *For the President's Eyes Only*, S. 285–295; Zubok/Pleshakov, *Inside the Kremlin's Cold War*, S. 258–266; Dobrynin, *In Confidence*, S. 52 ff.
40 Fursenko/Naftali, »Soviet Intelligence and the Cuban Missile Crisis«. Sacharowskis Urteil ist angesichts von Mitrochins Notizen nichts hinzuzufügen.
41 Ebd., S. 65.
42 Kaugin, *Spymaster*, S. 237 f.; vgl. Sacharowskis Foto in Samolis u. a. (Hg.), *Weterany Wneschnei Raswedki Rossii*, S. 133 ff.
43 Fursenko/Naftali, »Soviet Intelligence and the Cuban Missile Crisis«, S. 66, 75, 85 Anm.
44 Zubok/Pleshakov, *Inside the Kremlin's Cold War*, S. 266 f.; Fursenko/Naftali, *One Hell of a Gamble*, Kap. 14. Am 26. Oktober hatte Feklisow zwei später hochgelobte Treffen mit John Scali, dem diplomatischen Korrespondenten des Fernsehsenders

ABC, von dem er wußte, daß er einen guten Draht zum Weißen Haus hatte, und diskutierte mit ihm über Möglichkeiten, die Krise zu beenden. An Chruschtschows Vorschlag vom 26. und dessen Rücknahme am 27. Oktober war Feklisow nicht beteiligt. Es ist möglich, daß Schelepin, der im Unterschied zu Semitschastni dem Präsidium des ZK angehörte, diesen ermutigt hatte, bei einem Treffen mit Scali einen amerikanischen Vorschlag zur Lösung der Krise auszuhandeln, der den sowjetischen Rückzug weniger demütigend machen würde. Da die KGB-Akten über diese Episode unvollständig sind und die mündlichen Aussagen von Feklisow, Semitschastni und Scali einander widersprechen, dürfte wohl nie geklärt werden, was die sowjetische Seite dazu bewog, diese Treffen zu arrangieren (Fursenko/Naftali, »Using KGB Documents«; dies., »Soviet Intelligence and the Cuban Missile Crisis«, S. 80–83).

45 Zubok/Pleshakov, *Inside the Kremlin's Cold War*, S. 267; Fursenko/Naftali, *One Hell of a Gamble*, S. 284 ff.
46 Zu Penkowski vgl. Schecter/Deriabin, *Die Penkowskij-Akte*.
47 Bd. 6, Kap. 1, Teil 1.
48 Bd. 6, Kap. 8, Teil 6.
49 Bd. 6, Kap. 1, Teil 1.
50 Bd. 2, Anh. 3.
51 Wise, *Molehunt;* Mangold, *Cold Warrior.*
52 Bd. 1, Anh. 3; Bd. 6, Kap. 1, Teil 1; vgl. Wise, *Molehunt*, S. 121 ff.
53 Bd. 2, Anh. 3.
54 Aufträge vergab die WPK auch an die GRU, das Staatskomitee für Wissenschaft und Technik (GKNT), eine geheime Abteilung der sowjetischen Akademie der Wissenschaften, und das Staatskomitee für außenwirtschaftliche Beziehungen (GKES). Die meisten Informationen, die sie erhielt, kamen jedoch von KGB und GRU (Hanson, *Soviet Industrial Espionage;* Andrew/Gordiewsky, *KGB*, S. 800 f.).
55 k-5, 476.
56 k-5, 473.
57 URBAN könnte eine Nachkriegscodename für den während des Krieges tätigen, nicht identifizierten Agenten PERS sein, der in den VENONA-Dokumenten erwähnt wird. Zu den Versuchen von KGB und SWR, die Identifizierung von PERS zu erschweren, siehe Albright/Kunstel, *Bombshell*, S. 156, 271.
58 Mitrochin gibt als BERGs Arbeitgeber »Consolidated Vacuum« an, was wahrscheinlich als Hinweis auf Sperry-Rand zu verstehen ist; es ist bekannt, daß UNIVAC-Computer ganz oben auf der Liste der Ziele der wissenschaftlich-technischen Spionage standen (Tuck, *High-Tech Espionage*, Kap. 11).
59 Bd. 6, Kap. 6.
60 Romertsein/Levchenko, *The KGB against the »Main Enemy«*, S. 266 f.; Richelson, *A Century of Spies*, S. 279–282.
61 Bd. 6, Kap. 6.
62 Judy, »The case of computer technology«.
63 Bd. 6, Anh. 1, Teil 27.
64 k-5, 473.
65 k-5, 369.

66 Bd. 6, Anh. 1, Teil 39.
67 k-5, 475.
68 Judy, »The case of computer technology«; Ammann/Cooper/Davies (Hg.), *The Technological Level of Soviet Industry*, Kap. 8.
69 Judy, »The case of computer technology«, S. 66.
70 k-5, 476.
71 Bd. 6, Kap. 6.

12. Der Hauptgegner III

1 Bd. 6, Kap. 5, Teil 4. Auch in Kanada, Mexiko, Westdeutschland und China sollten nach Ansicht des KGB-Kollegiums solche Netze von illegalen Residenturen aufgebaut werden.
2 Bd. 6, Kap. 5, Teile 2f. Merkwürdigerweise hat Mitrochin weder den Klarnamen von Konow noch den seiner Frau notiert.
3 Bd. 6, Kap. 5, Teile 2f.
4 Bd. 8, Anh. 3a.
5 Die Pässe hatten die Nummern 26862/37/41 und 26861/36/41 und waren bis zum 8. April 1961 gültig (Bd. 8, Anh. 3a).
6 Bd. 8, Anh. 3a.
7 Bd. 6, Kap. 5, Teil 3.
8 Bd. 8, Anh. 3, Punkt 7.
9 Bd. 6, Kap. 13, Teil 1.
10 Barron, *KGB heute*, S. 284–305; Bd. 6, Kap. 13, Teil 1. Im Interview mit Barron benutze Valoushek den Tarnnamen »Zemenek«.
11 Barron, *KGB heute*, S. 306–312; Granatstein/Stafford, *Spy Wars*, S. 154f.
12 Bd. 6, Kap. 13, Teil 1.
13 Bd. 8, Kap. 8, § 3.
14 Barron, *KGB heute*, S. 368–371; Granatstein/Stafford, *Spy Wars*, S. 170f.
15 Bd. 6, Kap. 11, Teil 5; Bd. 8, Kap. 8, §§ 3f. Allein 1975 traf sich Hambleton mit Pjatin in Washington, mit W. G. Mazenow in New York, mit S. S. Sadauskas in Wien und mit A. Rusakow in Prag. Seine Auslandsreisen führten ihn daneben unter anderem nach Saudi-Arabien, Ägypten und Israel.
16 Bd. 6, Kap. 13, Teil 1. IWANOWAS Klarname ist in Mitrochins Notizen nicht angegeben.
17 Barron, *KGB heute*, S. 316.
18 Bd. 6, Kap. 13, Teil 1; Bd. 8, Anh. 1, Punkt 87.
19 k-8, 78; k-19, 158; Bd. 6, Kap. 5, Teil 2. LENAS Klarname wird in Mitrochins Notizen nicht genannt.
20 k-8, 78.
21 Bd. 6, Kap. 5, Teil 2.
22 Bd. 6, Anh. 2, Teile 3, 5.
23 Bd. 6, Kap. 5, Teil 2. Ob es sich um einen »lebenden« oder »toten Doppelgänger« handelte, geht aus Mitrochins Notizen nicht hervor.
24 Bd. 6, Kap. 5, Teil 2.

25 Ebd., Teile 2f.
26 Dobrynin, *In Confidence*, S. 377.
27 Schonberg, *Horowitz*, Kap. 15ff.
28 Bd. 6, Kap. 5, Teil 2.
29 Ebd.; t-7, 304.
30 Bd. 6, Kap. 5, Teil 2.
31 Schewtschenko, *Mein Bruch mit Moskau*, S. 336.
32 Bd. 6, Kap. 5, Teil 4. Der regionale Schwerpunkt beim Aufbau neuer illegaler Residenturen lag – neben Nordamerika – auf Westeuropa, China und dem Nahen Osten. Mit Ausnahme der USA sollten in keinem Land mehr als zwei Residenturen gegründet werden.
33 Bd. 6, Kap. 5, Teile 2f.
34 Barron, *KGB heute*, S. 321.
35 Bd. 6, Kap. 5, Teil 3.
36 Barron, *KGB heute*, S. 323–326, 329, 331 f., 335 f.; Bd. 6, Kap. 13, Teil 1.
37 Barron, *KGB heute*, S. 340–355.
38 Bei LUTZEN dürfte es sich, obwohl er in Mitrochins Notizen nicht identifiziert wird, um Rupert Sigl handeln, der von 1957 bis 1969 für den KGB in Karlshorst gearbeitet hat.
39 Bd. 6, Kap. 13, Teil 1.
40 Bd. 8, Kap. 8, § 3.
41 Granatstein/Stafford, *Spy Wars*, S. 176, 179–183.
42 Bd. 8, Kap. 8, § 4.
43 Granatstein/Stafford, *Spy Wars*, S. 151–154, 184f. Im Juni 1986 wurde Hambleton in ein kanadisches Gefängnis verlegt, aus dem er im März 1989 auf Bewährung entlassen wurde.
44 Bd. 6, Kap. 5, Teil 2; Bd. 6, Anh. 2, Teil 1; k-16, 89.
45 R. Kessler, *Spy vs. Spy*; weitere Einzelheiten in Earley, *Confessions of a Spy*, Kap. 6, und R. Kessler, »Moscow's Mole in the CIA«, in: *Washington Post*, 17. April 1988. Karl Koechers frühe Laufbahn ist zusammengefaßt in: k-8, 110.
46 Bd. 6, Kap. 5, Teil 2; Bd. 6, Anh. 2, Teil 1; k-16, 89.
47 k-19, 96. Hana Koecher erhielt den durchsichtigen Codenamen HANKA.
48 R. Kessler, *Spy vs. Spy*, S. 60, 245.
49 Bd. 6, Kap. 8, Teil 2; k-8, 110.
50 t-7, 306; Bd. 6, Anh. 1, Teil 2
51 R. Kessler, *Spy vs. Spy*, S. 139–144, 152–158, 233–236; ders., »Moscow's Mole in the CIA«.
52 Tom Gross, »Spy's wife gets a job with our man in Prague«, *Sunday Telegraph*, 5. März 1995.
53 Bd. 6, Kap. 5, Teil 3.
54 Bd. 6, Anh. 2, Teil 4.

13. Der Hauptgegner IV

1 Bd. 6, Kap. 2, Teil 1, Anm.
2 Dobrynin, *In Confidence*, S. 209 f., 513. Laut Dobrynin war »Andropow rücksichtsvoll genug, sich nicht in Gromykos außenpolitische Tagesgeschäfte einzumischen, während Gromyko seinerseits Andropows wachsenden Einfluß im Politbüro hinnahm«.
3 Fursenko/Naftali, »Soviet Intelligence and the Cuban Missile Crisis«, S. 85, Anm. 7. An den Maßstäben des britischen JIC, des Nachrichtendirektoriums der CIA und anderer westlicher Analysegremien gemessen, scheint die Nachrichtenanalyse der Ersten Hauptverwaltung dennoch relativ unterentwickelt geblieben zu sein.
4 Kalugin, *Spymaster*, S. 257. In den letzten Monaten vor Breschnews Tod begann Andropow jedoch in dem Bestreben, Rivalen um die Nachfolge auszuschalten, Geschichten über die Korruptheit der Familie und des Hofstaats des Generalsekretärs in Umlauf zu setzen (Service, *A History of Twentieth-Century Russia*, S. 426).
5 Dobrynin, *In Confidence*, S. 130.
6 Dobbs, *Down With Big Brother*, S. 6 ff., Tschasow, *Sdorowje i Wlast*, S. 115–144.
7 Bd. 6, Anh. 2, Teil 6.
8 Bd. 6, Kap. 11, Teil 3; Anh. 1, Teile 12, 41.
9 Kalugin, *Spymaster*, S. 83. Kalugin nennt weder Lipkas Klarnamen noch seinen Codenamen und spricht von ihm nur als einem »Selbstanbieter, der Mitte der sechziger Jahre zu uns kam und erklärte, er sei mit dem Schreddern von NSA-Dokumenten beschäftigt«.
10 Bd. 6, Kap. 11. Teil 3; Bd. 6, Anh. 1, Teile 12, 26, 28, 41; k-8, 78. Die von Mitrochin gelieferten Informationen aus Lipkas Akte führten 1997 zu seiner Verurteilung.
11 Kalugin, *Spymaster*, S. 84–89.
12 Ebd., S. 83.
13 Ebd., S. 89. Da Walkers Akte in der Sechzehnten Abteilung und damit getrennt von den meisten anderen Akten der Ersten Hauptverwaltung aufbewahrt wurde, bekam Mitrochin sie nie zu Gesicht. Wahrscheinlich gibt es noch mehr Agenten der Sechzehnten Abteilung, von denen er nicht erfuhr.
14 Earley, *Confessions of a Spy*, S. 7 f.
15 Kalugin, *Spymaster*, S. 89.
16 In der Zentrale zweifelten manche selbst nach Agees Information über MAREK noch an der Schlüssigkeit der Beweise (Bd. 6, Anh. 1, Teil 11).
17 Earley, *Confessions of a Spy*, S. 91 f.
18 Kalugin, *Spymaster*, S. 111 f. Obwohl Mitrochin Sedows Namen nicht nennt, bestätigt er doch den Kontakt eines »operativen Offiziers« zu Kissinger.
19 Shultz, *Turmoil and Triumph*, S. 117.
20 t-7, 321.
21 Dobrynin, *In Confidence*, passim.
22 Barron, *KGB*, S. 33 f.; ders., *KGB heute*, S. 231; Bd. 6, Kap. 10; Bd. 6, Anh. 1, Teile 19, 40.
23 Bd. 6, Kap. 10; Anh. 1, Teil 40.
24 Schewtschenko, *Mein Bruch mit Moskau*, S. 298 f., 352.
25 Bd. 6, Anh. 1, Teile 4, 19; t-3, 69; k-24, 228.

26 Bd. 6, Kap. 14, Teil 2, Anm. 2.
27 Bd. 6, Kap. 3, Teil 3.
28 Bd. 6, Kap. 14, Teil 2, Anm. 2.
29 Bd. 6, Kap. 3, Teil 3.
30 Kalugin, *Spymaster*, S. 72–75.
31 Ebd., S. 103.
32 Dobrynin, *In Confidence*, S. 355.
33 Bd. 6, Kap. 3, Teil 3.
34 Kramer/Roberts, »*I Never Wanted to Be Vice-President of Anything!*«, S. 23.
35 Bd. 6, Kap. 3, Teil 3.
36 Dobrynin, *In Confidence*, S. 377 f.
37 Bd. 6, Kap. 3, Teil 3.
38 1977 reiste Lomow zusammen mit seinem Stellvertreter Juri Michailowitsch Sabrodin noch einmal für drei Monate nach New York. Seine Hauptaufgabe bei diesem Aufenthalt war die Erforschung von Verhörtechniken, die, wie die Zentrale hoffte, bewirken würden, daß die Verhörten sich hinterher nicht mehr an ihre Antworten erinnerten (Bd. 6, Kap. 2, Teil 1; Anh. 2, Teile 4 f.).
39 Bd. 6, Kap. 2, Teil 1; Kap. 3, Teil 3.
40 Ebd., Teil 1.
41 Bd. 6, Kap. 7. Mitrochin identifiziert WLADIMIROW als stellvertretenden Institutsdirektor, nennt aber seinen Klarnamen nicht. Vgl. Barron, *KGB heute*, S. 254.
42 Bd. 6, Kap. 2, Teil 1; Anh. 2, Teile 4, 6.
43 Kissinger, *Memoiren*, Bd. 1, S. 153.
44 Bd. 6, Kap. 2, Teil 1; Anh. 2, Teile 4, 6.
45 Dobrynin, *In Confidence*, S. 485.
46 Bd. 5, Abschnitt 10.
47 Bd. 6, Kap. 3, Teile 2 f.
48 Andrew/Gordiewsky (Hg.), *Instructions from the Centre*, S. 306 f.
49 Bd. 6, Kap. 2, Teil 1, Anm. 3.
50 Andrew/Gordiewsky (Hg.), *Instructions from the Centre*, Kap. 4.
51 Kalugin, *Spymaster*, S. 300 f.
52 Wolkogonow, *The Rise and Fall of the Soviet Empire*, S. 351.
53 Dobrynin, *In Confidence*, S. 523.
54 Andrew/Gordiewsky, *KGB*, S. 754; dies. (Hg.), *Instructions from the Centre*, Kap. 4.
55 Shvets, *Washington Station*, S. 29, 74 f. Schwez war von 1982 bis 1985 Mitarbeiter der Ersten Abteilung (Nordamerika) der Ersten Hauptverwaltung gewesen und hatte dort Zugang zu Androsows Berichten gehabt, bevor er als Offizier der Gruppe PR an Androsows Residentur in Washington versetzt wurde.
56 Andrew/Gordiewsky, *KGB*, S. 771–774.
57 Andrew, *For the President's Eyes Only*, S. 471–477.
58 *Iswestija*, 24. September 1991.
59 Garthoff, »KGB Reports to Gorbachev«, S. 226 f.
60 Bd. 6, Kap. 6.
61 Vgl. zum Beispiel Krjutschkows Analyse der »sich vertiefenden ökonomischen und

sozialen Krise in der kapitalistischen Welt« von 1984 (Andrew/Gordiewsky [Hg.], *Instructions from the Centre*, S. 33 f.).
62 Bd. 6, Anh. 1, Teil 41.
63 Bd. 6, Kap. 6.
64 In Mitrochins Notizen sind die Rekrutierungsdaten von 15 wissenschaftlich-technischen Agenten der siebziger Jahre angegeben: ANTON (1975), ARAM (1975), MAG (1974), MIKE (1973), OTPRYSK (1974), SARKIS (1974), SATURN (1978), SOFT (1971), TROP (1979), TSCHECHOW/YAYKAL (1976), TURIST (1977), UGNJUS (1974), SENIT (1978) sowie zwei 1975 beziehungsweise 1976 rekrutierte Agenten, deren Codenamen nicht veröffentlicht werden können. Ein Agent mit dem Codenamen WIL scheint früher angeworben worden zu sein. Weitere in den siebziger Jahren in den USA aktive wissenschaftlich-technische Spione, deren Rekrutierungsdaten Mitrochin nicht notiert hat, waren LONG, PATRIOT und RIDEL. Mitrochin nennt außerdem fünf »vertrauenswürdige Kontakte« aus den siebziger Jahren: KLARA (1972), KURT (1973), ZORN (1977), WELLO (1973) und WEIT (1973). Bei weiteren acht der von Mitrochin genannten Mitglieder des wissenschaftlich-technischen Spionagenetzes (FOGEL, FREI, ISOLDA, OZON, ROSCHEK, SPINTER, TEPLOTEKNIK und WAIS) ist nicht klar, ob sie vollgültige Agenten oder »vertrauenswürdige Kontakte« waren. Bei anderen acht fehlen in Mitrochins Aufzeichnungen genaue Zeitangaben für ihre Aktivitäten: ALGORITMAS, AUTOMOBILIST, CHARLES, KLIM, LIR, ODISSEE, PAWEL und RUTH. Mitrochin hat sich über alle Genannten nur knappe Notizen gemacht, bei den meisten unter Angabe des Klarnamens (k-17, 171; k-18, 380ff.; t-1, 138, 290, 294f., 297–301; t-2, 109, 161f.; t-7, 77; Bd. 6, Anh. 1, Teile 1 ff., 5, 11, 14, 20, 27ff., 31f., 38f.).
65 FREI war ein Agent und PAWEL ein »vertrauenswürdiger Kontakt« bei IBM (Bd. 6, Anh. 1, Teile 5, 27). Agent SATURN hatte einen gehobenen wissenschaftlichen Posten bei McDonnell Douglas inne (ebd., Teile 27, 32), und Agent ZENIT war Abteilungsleiter bei TRW (ebd., Teil 27).
66 Bd. 6, Anh. 1, Teile 2, 32, 38.
67 Ebd., Teil 33.
68 Ebd., Teil 31.
69 Boyce floh 1980 aus dem Gefängnis, wurde ein Jahr später aber wieder gefangengenommen und für den Gefängnisausbruch zu drei und für siebzehn Banküberfälle, die er auf der Flucht verübt hatte, zu weiteren 25 Jahren verurteilt (Lindsay, *The Flight of the Falcon*).
70 Bd. 6, Anh. 1, Teil 27.
71 Bd. 6, Kap. 6. Ähnliche Erfolgsmeldungen gingen auch an Ministerpräsident Kossygin und Verteidigungsminister Ustinow.
72 Bd. 6, Kap. 6.
73 t-7, 105.
74 Bd. 6, Kap. 6.
75 Andrew/Gordiewsky, *KGB*, S. 800.
76 Von Wladimir Wetrow (FAREWELL), einem französischen Agenten in der Direktion T, beschaffte Dokumente, zit. in: Brook-Shepherd, *Storm Birds*, S. 260; vgl. Andrew/Gordiewsky, *KGB dans le monde*, S. 619–623; Hanson, *Soviet Industrial Espionage*. Wetrows Dokumente und Mitrochins Notizen ergänzen sich.

77 Hanson, *Soviet Industrial Espionage*, S. 31.
78 Bd. 6, Kap. 6. In Mitrochins Notizen sind 106 KGB-Agenten im sowjetischen Wissenschaftsbetrieb aufgeführt (ebd., Kap. 2, Teil 1, Anm. 6).
79 Bd. 6, Kap. 6.
80 Bd. 6, Anh. 1, Teile 2, 32.
81 Ebd., Teile 27, 32.
82 Bd. 6, Kap. 6.
83 Kessler, *Spy vs. Spy*, S. 167f.
84 Weitere Zielobjekte westeuropäischer Residenturen waren die US-Atomenergiekomission, das MIT, Arthur D. Little Inc., Dow Chemicals, Dupont de Nemours, Litton Industries Inc., das Battelle Memorial Institute, RCA und ein Unternehmen, das Mitrochin in seinen Notizen »General Telephone and Electronics Company« nennt und das nicht eindeutig identifiziert werden kann. Welche Residenturen, wenn überhaupt, speziell für diese Ziele zuständig waren, erwähnt Mitrochin nicht (k-5, 424). Das Nationale Gesundheitsinstitut sollte wegen seiner Forschungen über die Auswirkungen der chemischen und biologischen Kriegführung infiltriert werden (Bd. 6, Kap. 6).
85 Bd. 6, Anh. 1, Teil 1; t-7, 8, 77.
86 Bd. 2, Anh. 3.
87 Wolkogonow, *The Rise and Fall of the Soviet Empire*, S. 338.
88 US-Verteidigungsministerium, *Soviet Acquisition of Military Significant Western Technology. An Update*, September 1985.
89 Brook-Shepherd, *The Stormbirds*, S. 260.
90 Bd. 2, Anh. 3.
91 k-5, 504.
92 Hanson, *Soviet Industrial Espionage*, S. 10, 23.
93 Wolf, *The Man Without a Face*, S. 182.
94 Andrew/Gordiewsky, *KGB*, S. 825.
95 Andrew/Gordiewsky (Hg.), *Instructions from the Centre*, S. 37, 49f.
96 Erinnerung von Oleg Gordiewski (Andrew/Gordiewsky, *KGB*, S. 799).
97 Garthoff, »KGB Reports to Gorbatschow«, S. 226f.
98 Brook-Shepherd, *The Stormbirds*, S. 260.
99 Andrew/Gordiewsky (Hg.), *Instructions from the Centre*, S. 40–49, 115ff.
100 Earley, *Confessions of a Spy* (zum Verrat der Agenten siehe dort S. 143ff.).
101 Interview mit Schebarschin, in: *Daily Telegraph*, 1. Dezember 1992.
102 Gates, *From the Shadows*, S. 424ff.
103 Andrew/Gordiewsky (Hg.), *Instructions from the Centre*, S. 212–217. RJAN wurde erst endgültig aufgegeben, nachdem Primakow im Oktober 1991 zum Leiter der Ersten Hauptverwaltung ernannt worden war (Richelson, *Century of Spies*, S. 421).
104 Andrew/Gordiewsky, *KGB*, S. 807; Andrew/Gordiewsky (Hg.), *Instructions from the Centre*, S. 217f.
105 Andrew/Gordiewsky, *KGB*, S. 798f.
106 »Intelligence Service Divorces From the KGB«, in: *Iswestija*, 24. September 1991.
107 Interview mit Schebarschin, *Daily Telegraph*, 1. Dezember 1992.
108 Vgl. Brown, *The Gorbachev Factor*, Kap. 5.

109 BBC, *Summary of World Broadcasts*, SU/0955, 24. Dezember 1990, C4/3ff.; SU/0946, 13. Dezember 1990, B/1.
110 Interview mit Schebarschin, *Daily Telegraph*, 1. Dezember 1992.
111 BBC, *Summary of World Broadcasts*, SU/0946, 13. Dezember 1990, B/1.
112 Andrew/Gordiewsky (Hg.), *Instructions from the Centre*, S. 218–222; dies. (Hg.), *More Instructions from the Centre*, S. 125–128.
113 Krjutschkow hält weiterhin an dieser absurden Verschwörungstheorie fest und beklagt sich darüber, daß Gorbatschow wiederholt sein Wort gebrochen habe, sich die Akte über den Fall, die er ihm vorgelegt hatte, anzusehen (Remnick, *Resurrection*, S. 86).

14. Politische Kriegführung

1 Beschlüsse der Konferenz der Dienstleiter der Ersten Hauptverwaltung, Aktenzeichen 156/54, 1. Februar 1984; Andrew/Gordiewsky (Hg.), *Instructions from the Centre*, S. 30–44.
2 Andrew/Gordiewsky, *KGB*, S. 809.
3 Andrew/Gordiewsky, *KGB*, S. 651f., 677, 791.
4 Auszüge aus dem Bericht sind abgedruckt in: Jelzin, *Auf des Messers Schneide*, S. 165.
5 Golson (Hg.), *The Playboy Interview*, S. 135.
6 Posner, *Case Closed*, S. 371; Summers, *J. F. K.*, S. 34.
7 Hurt, *Reasonable Doubt*, S. 124.
8 Jelzin, *Auf des Messers Schneide*, S. 165.
9 Dobrynin, *In Confidence*, S. 111.
10 Jelzin, *Auf des Messers Schneide*, S. 165.
11 Die beste und umfassendste Darstellung von Oswalds Zeit in der UdSSR ist Mailer, *Oswalds Geschichte*. Mailer hatte Zugang zu vielen der umfangreichen KGB-Akten über Oswald.
12 Childs' Warnung wird in einem Bericht des KGB-Vorsitzenden Semitschastny an das ZK vom 10. Dezember 1963 erwähnt, der in Auszügen abgedruckt ist in: Jelzin, *Auf des Messers Schneide*, S. 164f. Jelzin identifiziert den Informanten aus der KP der USA als »Brooks«, ohne zu enthüllen, daß dies der KP-Deckname von Childs war. Oswalds Brief vom 28. August 1963 ist abgedruckt in: Mailer, *Oswald's Tale*, S. 594f.
13 Gerald Posner widerlegt in *Case Closed* einen großen Teil der Verschwörungstheorien. Auch Norman Mailer kommt zu dem Schluß, Oswald habe »das Zeug dazu gehabt, Kennedy zu ermorden, und er hat es wahrscheinlich allein getan«. Die schwierigste ungelöste Frage ist nicht, ob er den Präsidenten erschossen hat, sondern warum. Den einleuchtendsten Ansatz für eine Erklärung gab wahrscheinlich die Intourist-Führerin, die ihn mit Moskau bekanntmachte. »Am wichtigsten für ihn war, daß er berühmt werden wollte«, erinnert sie sich. »Die Nummer eins. Davon war er ganz besessen« (Mailer, *Oswald's Case*, S. 321). Am 22. November 1963 in Dallas ergriff er die Gelegenheit, einer der berühmtesten Amerikaner des 20. Jahrhunderts zu werden.
14 Marzani war 1912 in Rom geboren und 1923 mit seinen Eltern nach Amerika ausgewandert. Nachdem er 1935 in Williams, Massachusetts, das College abgeschlossen

hatte, arbeitete er ein Jahr in einem Verlag, bevor er 1936–1938 am Exeter College in Oxford studierte. Laut seiner KGB-Akte kämpfte er (möglicherweise in den Sommerferien 1937) in einer anarchistischen Brigade im Spanischen Bürgerkrieg und trat anschließend der Kommunistischen Partei bei. Nach der Rückkehr nach Amerika (wahrscheinlich 1938) wurde er unter dem Parteinamen »Tony Wells« Mitglied der KP der USA und arbeitete als Gewerkschaftsfunktionär im Hafen von New York. 1942 schloß er sich dem *Office of the Coordinator of Information* an, aus dem wenig später das OSS hervorging. Bei der Auflösung des OSS im September 1945 wurde Marzanis Abteilung dem Außenministerium unterstellt. In seiner KGB-Akte ist vermerkt, daß er der New Yorker Residentur von deren Agenten Cedric Belfrage (CHARLIE), der während des Zweiten Weltkriegs für die British Security Coordination in New York gearbeitet hatte, empfohlen wurde (Bd. 6, Kap. 14, Teil 2). Nach der Überstellung ans Außenministerium versicherte Marzani in einer eidesstattlichen Erklärung, daß er weder »einer Partei oder Organisation, die sich für den gewaltsamen Sturz der Regierung einsetzt«, angehörte noch eine solche unterstützte. Als 1948 herauskam, daß er Mitglied der KP der USA war, die als Befürworter einer solchen Politik galt, wurde er zu zweieinhalb Jahren Gefängnis verurteilt. Am 18. Juni 1953 machte er in seiner Aussage vor dem Senatsausschuß zur Untersuchung der Einhaltung des Gesetzes über die innere Sicherheit und anderer Sicherheitsgesetze zwar einige Angaben über seine Tätigkeit vor und während des Krieges, nahm aber bei den Hauptfragen das Recht in Anspruch, die Antwort zu verweigern.
15 Bd. 6, Kap. 14, Teil 2.
16 Ebd., Teile 1 f.
17 Joesten, *Oswald*, S. 4.
18 Ebd., S. 119, 149 f.
19 Bd. 6, Kap. 14, Teil 3.
20 Joesten, *Oswald*, S. 3.
21 Lane, *Warum mußte John F. Kennedy sterben?*, S. 46.
22 Bd. 6, Kap. 14, Teil 3.
23 Ebd.; t-7, 102. Zweifellos hat sich Borowik gegenüber Mark Lane nicht als KGB-Agent zu erkennen gegeben.
24 Lane, *Warum mußte John F. Kennedy sterben?*, S. 25, 40; Posner, *Case Closed*, S. 414 f.
25 Posner, *Case Closed*, S. 453.
26 Bd. 6, Kap. 14, Teil 3.
27 Posner, *Case Closed*, S. 454 f.
28 Bd. 6, Kap. 14, Teil 3. Mitrochin gibt den Brief in russischer Übersetzung wieder. Das englische Original ist abgedruckt in: Hurt, *Reasonable Doubt*, S. 235 f. Zu Oswalds Dyslexie siehe Mailer, *Oswalds Geschichte*, S. 162 f., 301, 489 f.
29 Bd. 6, Kap. 14, Teil 3.
30 Hurt, *Reasonable Doubt*, S. 236.
31 Bd. 6, Kap. 14, Teil 3.
32 Lane, *Warum mußte John F. Kennedy sterben?*, S. 243.
33 Andrew, *For the President's Eyes Only*, S. 311 f.
34 Einflußreich war auch der Bericht des Sonderausschusses des Kongresses zur Unter-

suchung der Attentate auf Kennedy und Martin Luther King. Im Entwurf seines Berichts vom Dezember 1978 vertrat der Ausschuß die Auffassung, daß Oswald allein gehandelt habe. Durch fehlerhafte akustische Beweise ließ er sich dann jedoch davon überzeugen, daß neben Oswalds drei Schüssen ein vierter Schuß von einem Grashügel abgegeben worden war, und sprach in seinem Abschlußbericht vom Juli 1979 von einer Verschwörung. Am wahrscheinlichsten erschien ihm ein Komplott der Mafia (Posner, *Case Closed*, S. 475 ff., Anh. A).

35 Andrew, *For the President's Eyes Only*, S. 401–407, 410 f., 421. Im privaten Gespräch gab Church später zu, seine Untersuchung der Mordkomplotte der CIA habe ihn davon überzeugt, daß der eigentliche Elefant im Weißen Haus saß: »Die CIA handelte als Arm der Präsidentschaft. Deshalb fühlten sich Präsidenten wie ›Superpaten‹ mit Vollstreckern. Sie glaubten, über dem Gesetz zu stehen und unangreifbar zu sein.«

36 Bd. 6, Kap. 14, Teile 1 ff.; Anh. 1, Teil 22.

37 Barron, *KGB heute*, S. 219 f.

38 Kalugin, *Spymaster*, S. 191 f. In den von Mitrochin eingesehenen KGB-Akten ist Agees Zusammenarbeit mit dem KGB detailliert festgehalten, aber er wird nicht als Agent des KGB geführt, sondern als Agent der kubanischen DGI (Bd. 6, Kap. 14, Teile 1 ff.; Anh. 1, Teil 22).

39 Agee, *CIA intern*, S. 10 f.

40 Bd. 6, Anh. 1, Teil 22.

41 Agee, *CIA intern*, S. 438 f.

42 Ebd., S. 168.

43 Bd. 7, Kap. 16, § 46.

44 Agee, *On the Run*, Kap. 7 f., Zitat auf S. 239; Kelly, »The Deportation of Philip Agee«; Bd. 7, Kap. 16, § 45. Hosenball wird in den von Mitrochin eingesehenen KGB-Akten, von einer kurzen Bemerkung über die Arbeit des Verteidigungskomitees abgesehen, nicht weiter erwähnt.

45 Bei einem privaten Treffen am 17. Februar 1977 deutete Innenminister Merlyn Rees allerdings eine Verbindung zum KGB an. Laut Tony Benns Tagebuch äußerte er den vagen Verdacht, Agee sei »in Kontakt oder was auch immer mit feindlichen Agenten« gewesen, was die Partei, wie Benn hinzufügt, »gebührend zur Kenntnis genommen« habe (Benn, *Conflicts of Interest*, S. 41 f.).

46 Bd. 6, Kap. 14, Teile 1 ff.; k-8, 607.

47 Bd. 6, Kap. 14, Teil 1; Bd. 7, Kap. 16, § 46.

48 Agee, »Was Onkel Sam über Sie wissen möchte«, in: Agee/Wolf, *Die CIA in Westeuropa*, S. 78.

49 Agee, *On the Run*, S. 333 f., 367.

50 Bd. 6, Kap. 14, Teil 2.

51 Agee, *On the Run*, S. 333 f.; Bd. 6, Kap. 14, Teil 2.

52 Agee, *On the Run*, S. 367 ff.

53 Auch die britische Zeitschrift *Leveller* hatte die Denkschrift anonym zugeschickt bekommen. Sie veröffentlichte im August 1979 Auszüge daraus (Bd. 6, Kap. 14, Teil 2).

54 Agee, *On the Run*, S. 390 f.

55 Bd. 6, Kap. 14, Teil 2.

56 Ebd.

57 Agee, *On the Run*, S. 393 f.
58 Bd. 6, Kap. 14, Teil 2.
59 Agee, *On the Run*, S. 401 f., 427, 436 f., 485–487.
60 Agee, *On the Run* (engl. Ausgabe), Kap. 13 ff.
61 Bd. 6, Kap. 14, Teil 1.
62 Ebd.
63 »Miss Knight Pens Another Letter«, in: *Washington Post*, 4. August 1966.
64 Bd. 6, Kap. 14, Teil 1; vgl. Gentry, *J. Edgar Hoover*, S. 409.
65 Bd. 6, Kap. 14, Teil 1.
66 DeLoach, *Hoover's FBI*, Kap. 4.
67 Ebd., S. 62.
68 Bd. 6, Kap. 14, Teil 1.
69 DeLoach, *Hoover's FBI*, Kap. 9; der Brief ist abgedruckt in: Theoharis (Hg.), *From the Secret Files of J. Edgar Hoover*, S. 102 f.
70 King, »Brief aus dem Gefängnis von Birmingham«, in: Ders., *Warum wir nicht warten können*, S. 123; Colaiaco, *Martin Luther King*, Kap. 5.
71 Bd. 6, Kap. 14, Teil 2. Andere führende Bürgerrechtskämpfer, die zum Ziel aktiver Maßnahmen wurden, waren A. Philip Randolph, Whitney Young und Roy Wilkens.
72 DeLoach, *Hoover's FBI*, S. 247.
73 Bd. 6, Kap. 14, Teil 2.
74 Ebd. Über die Ergebnisse der Operation PANDORA ist in der von Mitrochin eingesehenen Akte nichts vermerkt.
75 Bd. 6, Kap. 10; Kap. 14, Teil 1. Die Sowjetunion boykottierte die Spiele in Los Angeles aus Protest gegen den amerikanischen Boykott der Spiele in Moskau vier Jahre zuvor.
76 US-Außenministerium, *Active Measures*, S. 55.
77 Dobrynin, *In Confidence*, S. 176.
78 Andrew/Gordiewsky, *KGB*, S. 539; Dobrynin, *In Confidence*, S. 235 f.
79 Kissinger, *Memoiren 1973–1974*, Bd. 1, S. 362; Jacobson, *Kissinger*, S. 612; vgl. Bd. 6, Kap. 14, Teil 1.
80 Jacobson, *Kissinger*, S. 612–615.
81 Bd. 6, Kap. 14, Teil 1.
82 Zum kurzzeitigen Versuch der Zentrale, Einfluß auf Brzezinski auszuüben, siehe oben, Kap. 8
83 Andrew, *For the President's Eyes Only*, S. 433.
84 Dobrynin, *In Confidence*, S. 375.
85 Bd. 6, Kap. 14, Teil 1.
86 Bd. 5, Abschnitt 10.
87 Andrew, *For the President's Eyes Only*, S. 455.
88 Bd. 6, Kap. 14, Teil 1.
89 Reagan, *Erinnerungen*, S. 29.
90 Bd. 6, Kap. 14, Teil 1.
91 Dobrynin, *In Confidence*, S. 459, 470, 523; vgl. oben, Kap. 8.
92 Bd. 4, Anh. 3, Punkt 47.
93 Andrew/Gordiewsky, *KGB*, S. 760 f.
94 Reagan, *Erinnerungen*, S. 333.

95 Bd. 6, Kap. 8, Teil 3. Seliskow unternahm in Conakry auch den vergeblichen Versuch, den dortigen Stationschef der CIA anzuwerben.
96 Andrew/Gordiewsky, *KGB*, S. 810f.
97 Ebd., S. 811f.
98 Interview mit Schebarschin, in: *Daily Telegraph*, 1. Dezember 1992.
99 Befehl des Vorsitzenden des KGB Nr. 107/OW, 5. September 1990.
100 Jelzin, *Auf des Messers Schneide*, S. 165.
101 Zu denen, die diese alten Verschwörungstheorien vertreten, gehört der frühere KGB-Oberst Oleg Netschiporenko, der Oswald im Oktober 1963 in Mexiko City zweimal begegnet ist und später mit den aktiven Maßnahmen im Zusammenhang mit Philip Agee zu tun hatte. Netschiporenko bringt allerdings die ursprüngliche Version der Verschwörungstheorie des KGB, in deren Mittelpunkt der Ölmagnat H. L. Hunt stand, mit einer späteren, gegen den Watergate-Verschwörer E. Howard Hunt gerichteten Fassung durcheinander. In seinem Buch *Passport to Assassination* verwechselt Netschiporenko die beiden Hunts und schreibt dem »Milliardär E. Howard Hunt« eine »besondere Rolle« in dem Komplott zu. Außerdem behauptet er, die CIA sei wahrscheinlich beteiligt gewesen *(Passport to Assassination*, S. 135).

15. PROGRESS-Operationen I

1 Andrew/Gordiewsky, *KGB*, Kap. 9.
2 Leonhard, *Die Revolution entläßt ihre Kinder*, S. 317.
3 Andrew/Gordiewsky, *KGB*, Kap. 9.
4 Szász, *Freiwillige für den Galgen*, S. 145.
5 Flocken/Scholz, *Ernst Wollweber*.
6 Childs/Popplewell, *The Stasi*.
7 Kopásci, *Au nom de la classe ouvrière*, S. 122, 240–248.
8 k-19, 136.
9 t-7, 299.
10 k-19, 136.
11 t-7, 299.
12 k-19, 136.
13 Kalugin, *Spymaster*, S. 313.
14 Dawisha, *The Kremlin and the Prague Spring*, S. 16. Im März 1968 mußte Novotný auch als Staatspräsident zurücktreten.
15 Andrew/Gordiewsky, *KGB*, S. 625.
16 Dubček, *Leben für die Freiheit*, S. 208.
17 Dobrynin, *In Confidence*, S. 179.
18 Pichowa, »Tschechoslowakija 1968 god«, Teil 1, S. 10ff.
19 Litván/Bak (Hg.), *Die Ungarische Revolution 1956*, S. 70f.
20 Schewtschenko, *Mein Bruch mit Moskau*, S. 99.
21 Andrew/Gordiewsky, *KGB*, S. 559f.
22 k-16, 250; Bd. 7, Kap. 7, 68; Bd. 6, Kap. 5, Teil 1.
23 k-19, 299.

24 t-7, 280.
25 Die Liste ihrer Namen findet sich in k-20, 93, 94.
26 GROMOW war Wassili Antonowitsch Gordiewski, der die Namen Kurt Sandler, Kurt Molner und Emil Frank benutzte (t-7, 279). SADKO war der Este Iwan Karlowitsch Josenson, der nacheinander unter dem Namen Valte Urho Kataja als Kanadier finnischer Herkunft und unter den Namen Hans Graven und Pobbs Frederik Schilling als Deutscher auftrat (Bd. 8, Kap. 8; k-8, 23, 167, 574). SEWIDOWs wirklicher Name ist in Mitrochins Notizen nicht vermerkt. Bei Reisen in den Westen benutzte er für gewöhnlich einen westdeutschen Paß auf den Namen Heinrich Dremer oder Kurt Ernst Tile; auf den Namen Dremer besaß er außerdem einen österreichischen Paß. Darüber hinaus wurde in der Wiener Residentur zeitweise ein Schweizer Paß für ihn bereitgehalten. In Polen trat er als Ostdeutscher namens Willi Werner Neumann auf (k-16, 455). WLADIMIR war Iwan Dmitrijewitsch Unrau, ein Russe deutscher Herkunft, der 1961 mit einer angenommenen Identität seinen ersten westdeutschen Paß erhielt; er benutzte mindestens zwei Namen: Hans Emil Redveyks und (Vorname unbekannt) Maikert. Seine Frau Irina Jewsejewna war BERTA (k-16, 61). WLAS war Moldawier (Klarname unbekannt), der als Westdeutscher namens Rolf Max Thiemichen operierte. Auch seine Frau war eine Illegale mit dem Codenamen LIRA (k-11, 6; k-8, 277). Die Decknamen der fünf Illegalen sind von Mitrochin wie alle anderen in kyrillischer Schrift notiert worden; bei der Rückübertragung in die lateinische Schreibweise können sich daher Irrtümer eingeschlichen haben.
27 GUREJEW war Walentin Alexandrowitsch Gutin, der in der Tschechoslowakei als Geschäftsmann (Deckname unbekannt) auftrat, wahrscheinlich aus Westdeutschland; er begleitete GROMOW nach Prag (k-19, 655). JEWDOKIMOWs Klarname ist unbekannt; sein Deckname lautete Heinz Bayer (k-20, 94; t-2, 65).
28 In der ersten Liste der für den Einsatz in der Tschechoslowakei vorgesehenen Illegalen war der Name PJOTR, auch als ARTEM bekannt, aufgeführt. Späteren Akten zufolge spielte seine Frau ARTEMOWA, ebenfalls eine Illegale, eine wichtige Rolle in der Tschechoslowakei. Operationen von PJOTR/ARTEM werden in Mitrochins Notizen nicht erwähnt. ARTEMOWA (Klarname unbekannt) war Absolventin des Moskauer Staatlichen Instituts für Internationale Beziehungen (MGIMO), die einen westdeutschen Paß auf den Namen Edith Ingrid Eichendorf besaß, in der Tschechoslowakei aber als Österreicherin (Deckname unbekannt) auftrat (k-8, 44; k-20, 85). DIM (oder DIMA) war W. I. Ljampin, der mit einem österreichischen Paß (Deckname unbekannt) nach Prag reiste (Bd. 5, Abschnitt 14; k-20, 85). WIKTOR war der Lette Pawel Alexandrowitsch Karaljun, der 1959 einen brasilianischen Paß erworben und später die österreichische Staatsbürgerschaft angenommen hatte (Bd. 6, Kap. 5, Teile 2, 4; k-16, 483).
29 Mitrochin vermerkt zwar, daß BELJAKOW britische Papiere benutzte, nennt aber weder seinen Klar- noch seinen Decknamen (Bd. 6, Kap. 5, Teil 4). USKOW war (Vorname unbekannt) Nikolajewitsch Ustimenko, der nacheinander irische und britische Pässe besaß (Decknamen unbekannt). WALJA war USKOWs in Norwegen geborene Frau Viktoria Martynowa, die 1961 nach ihrer Heirat die sowjetische Staatsbürgerschaft annahm. Wie ihr Mann benutzte sie in der Tschechoslowakei einen britischen Paß (Bd. 7, Kap. 7; k-20, 190).

30 ALLA war Galina Leonidowna Winogradowa (spätere Linizkaja und Kaminskaja), eine Jugoslawin, die in erster Ehe mit dem GRU-Illegalen Wladimir Iwanowitsch Winogradow verheiratet war. 1954 erhielt sie einen österreichischen Paß auf den Namen Maria Machek. Nachdem ihr Mann 1955 aus der GRU entlassen worden war, weil man ihm »politische Unreife und ideologische Unzuverlässigkeit« vorwarf, heiratete ALLA den KGB-Illegalen INDOR, der damals als Waldemar Weber in der Schweiz operierte, und erwarb als Maria Weber die Schweizer Staatsbürgerschaft. Die Ehe wurde 1957 aus »operativen Gründen« geschieden, und ALLA ging eine Beziehung mit einem Ägypter (PHARAO) ein, den sie in der Schweiz kennengelernt hatte. Laut Mitrochins Notizen über ALLAs umfangreiche Akte trat sie in der Tschechoslowakei als Maria Werner auf. Ob sie ihren Decknamen tatsächlich von Weber in Werner geändert hatte oder bei der Übertragung des Namens zwischen kyrillischer und lateinischer Schreibweise ein Fehler begangen wurde, läßt sich nicht sagen (Bd. 4, Indien, Anh. 3; Pakistan, Anh. 3; k-20, 187).

31 SEP war Michail Wladimirowitsch Fjodorow, der von 1945 bis 1951 unter dem Decknamen Michail Lipsinski im polnischen militärischen Nachrichtendienst gearbeitet hatte. 1952 erhielten er und seine Frau SCHANNA, ebenfalls eine Illegale, Schweizer Pässe. Von 1953 bis 1968 war SEP illegaler Resident in der Schweiz; seine Decknamen sind in Mitrochins Notizen nicht vermerkt (k-20, 94, 201; Bd. 7, Kap. 7; Bd. 7, Anh. 3).

32 JEFRAT war der Armenier Aschot Abgarowitsch Akopjan, der die Identität eines lebenden Doppelgängers annahm, eines Libanesen namens Oganes Saradschjan, der in die Sowjetunion eingewandert war und nacheinander einen französischen und libanesischen Paß erwarb. Auch seine Frau Kira Witkorowna Tschertenko (TANJA) war eine Illegale (k-7, 9; k-16, 338, 419).

33 ROI (auch als KONEJEW bekannt) war Wladimir Igorjewitsch Stezenko, der die Identität eines Mexikaners namens Felipe Burns annahm, der angeblich der Sohn eines kanadischen Vaters und einer mexikanischen Mutter war. Seine Frau PAT (auch als IRINA bekannt) war ebenfalls eine Illegale (Bd. 8, Anh. 3a).

34 Die vorgebliche Nationalität eines weiteren Illegalen mit dem Codenamen JURGEN wird in Mitrochins Notizen nicht genannt.

35 k-20, 93.

36 k-19, 331.

37 k-20, 93.

38 k-20, 86. Zu Baráks Verhaftung vgl. Renner, *A History of Czechoslovakia since 1945*, S. 35.

39 k-20. 87, 189; Bd. 3, Pakistan, Anh. 3.

40 Gustáv Husák, der Dubček im April 1969 als Erster Sekretär der KPČ ablösen sollte, machte Barák persönlich für die brutalen Verhöre und den wegen erfundener Anschuldigungen angestrengten Prozeß verantwortlich, die er 1954 hatte durchmachen müssen (Skilling, *Czechoslovakia's Interrupted Revolution*, S. 380).

41 k-20, 93.

42 k-20, 96.

43 Dubček, *Leben für die Freiheit*, S. 223 f.; Skilling, *Czechoslovakia's Interrupted Revolution*, S. 231, 879.

44 k-20, 79. Strougal verlor im Zuge der Neubesetzung der Parteigremien im April seinen

Posten im Sekretariat der KPČ. Im Januar 1970 löste er Černík als Ministerpräsident ab.
45 August/Rees, *Red Star Over Prague*, S. 126 f.; Dubček, *Leben für die Freiheit*, S. 217; Dawisha, *The Kremlin and the Prague Spring*, S. 63.
46 Dubček, *Leben für die Freiheit*, S. 237.
47 k-19, 655; k-20, 95.
48 Skilling, *Czechoslovakia's Interrupted Revolution*, S. 69, 568, 576, 696.
49 Laut der von Mitrochin eingesehenen KGB-Akte wurden als Agenten der Abteilung W, die GUREJEW bei der Entführung Černýs unterstützen sollten, Alexejew und Iwanow benannt; GROMOW wurden zwei Männer namens Petrow und Borissow zugewiesen (k-19, 655).
50 k-19, 655; k-20, 95.
51 k-20, 155, 156, 203.
52 k-20, 89.
53 August/Rees, *Red Star Over Prague*, S. 129; Valenta, *Soviet Intervention in Czechoslovakia*, S. 63 f.
54 Pichowa, »Tschechoslowakija 1968 god«, Teil 2, S. 35 ff.
55 August/Rees, *Red Star Over Prague*, S. 129; Valenta, *Soviet Intervention in Czechoslovakia*, S. 63 f.
56 August/Rees, *Red Star Over Prague*, S. 140 f. In Mitrochins Notizen heißt es ohne Angabe weiterer Einzelheiten, der KGB habe den Plan, im August in der ČSSR »Sonderaufträge gegen neun Personen auszuführen«, aufgegeben (k-20, 203).
57 k-19, 644.
58 Dies ist die Ansicht von František August, einem später in den Westen übergelaufenen StB-Offizier. Laut August war Frouz-Farsac ein »sowjetischer Agent« (August/Rees, *Red Star Over Prague*, S. 128).
59 Interviews mit Kalugin, in: *Komsomolskaja Prawda*, 20. Juni 1990, und *Moscow News*, 1990, Nr. 25; Andrew/Gordiewsky, *KGB*, S. 627; Kramer, »The Prague Spring«, Teil 2, S. 6.
60 Die Protokolle der Politbürositzung vom 15.–17. August 1968, auf der die letzten Einzelheiten der Invasion festgelegt wurden, sind noch nicht zugänglich.
61 Littell (Hg.), *The Czech Black Book*, S. 64–70; August/Rees, *Red Star Over Prague*, S. 134 f.
62 Dubček, *Leben für die Freiheit*, S. 268.
63 Littell (Hg.), *The Czech Black Book*, S. 70.
64 Kramer, »The Prague Spring«, Teil 2, S. 3.
65 Dubček, *Leben für die Freiheit*, S. 277, 297–308, 323.
66 *An Outline of the History of the CPCz*, S. 305.
67 Ebd. Mitrochins Notizen ist nicht zu entnehmen, ob PATERA ein Codename der StB oder des KGB war.
68 Kalugin, *Spymaster*, S. 107. Kalugin war »von den Worten des Residenten tief bewegt«.
69 Im August 1968 wurden vierzehn Illegale in die Tschechoslowakei geschickt (k-20, 182), von denen die meisten höchstwahrscheinlich schon während des Prager Frühlings für kurze Zeit im Einsatz gewesen waren. Insgesamt wurden 1968/69 neunund-

zwanzig Illegale – für gewöhnlich mehrmals – in die Tschechoslowakei entsandt (k-20, 203).
70 k-19, 246.
71 k-20, 181.
72 k-19, 384.
73 Bd. 8, Kap. 8, Anh. 1. ERNA (früherer Codename NORA) war 1914 als Kind spanischer Eltern in Frankreich geboren und zu einer militanten Kommunistin herangewachsen, die im Spanischen Bürgerkrieg eine Maschinengewehrkompanie befehligte. 1939 ging sie nach Rußland, nahm die sowjetische Staatsbürgerschaft an und trat 1941 dem NKGB bei. Sie arbeitete als Illegale in Frankreich (1946–1952) und Mexiko (1954–1957), bevor sie 1958 nach Montreal geschickt wurde. Trotz ihrer kritischen Äußerungen sagte sie ihren schockierten Genossen in Budapest, daß sie eine überzeugte Leninistin bleibe. Mitte der siebziger Jahre war sie dann jedoch derart desillusioniert, daß sie den Kontakt zum KGB abbrach.
74 Gordievsky, *Next Stop Execution*, S. 81 f.
75 k-19, 158.
76 Bd. 3, Pakistan, Anh. 3.
77 Gordievsky, *Next Stop Execution*, S. 187.
78 k-8, 78; k-19, 158, 298, 415, 454; Bd. 6, Kap. 1, Teil 1; Kap. 5, Teil 3.
79 Gordievsky, *Next Stop Execution*, S. 172 f.; Andrew/Gordiewsky, *KGB*, S. 11 f.

16. PROGRESS-Operationen II

1 Dubček, *Leben für die Freiheit*, S. 324, 338.
2 Ein Innenministerium gab es sowohl auf föderaler Ebene, das heißt in der Tschechischen und der Slowakischen Republik, als auch auf bundesstaatlicher Ebene.
3 Dubček, *Leben für die Freiheit*, S. 342.
4 k-20, 149.
5 k-20, 189, 177.
6 k-20, 154; vgl. Hruby, *Fools and Heroes*, Kap. 4.
7 k-19, 643.
8 Renner, *A History of Czechoslovakia Since 1945*, S. 98.
9 Jakeš' Kontakt im KGB-Verbindungsbüro war G. Slawin (Vor- und Vatersname werden in Mitrochins Notizen nicht genannt; k-19, 575).
10 k-19, 552.
11 k-19, 643.
12 k-19, 615.
13 Mitrochins Notizen enthalten keine vollständigen Zahlenangaben über die Säuberung des Sicherheitsapparats. 1970 wurden 1092 Beamte des Innenministeriums entlassen, 3202 verloren ihre Parteimitgliedschaft (k-19, 551). Im selben Jahr liefen über hundert StB-Mitarbeiter in den Westen über (k-19, 559).
14 k-19, 566.
15 k-19, 645.
16 k-19, 555.

17 k-19, 576.
18 Sinizyn berichtete, sowohl Kaska als auch Husák hätten beim KGB weitere Erkundigungen über Personen, »deren Verhalten in den Jahren 1968/69 zu Zweifeln Anlaß gegeben hat«, einziehen wollen (k-19, 587).
19 Für Husák war Indra ein potentieller Rivale, und indem er ihn 1971 vom Posten des ZK-Sekretärs auf den prestigeträchtigen, aber wenig einflußreichen Posten des Vorsitzenden der Bundesversammlung abschob, verfolgte er vermutlich die Absicht, seinen Einfluß in der KPČ zu beschneiden (Renner, *A History of Czechoslovakia Since 1945*, S. 111 f.).
20 k-19, 554.
21 Kalugin, *Spymaster*, S. 157 f.
22 k-19, 554. Zur Schwierigkeit, genaue Zahlen über die Säuberung der KPČ zu erhalten, siehe Kusin, *From Dubcek to Charter 77*, S. 85–89.
23 k-19, 554.
24 k-19, 541.
25 k-16, 329; k-19, 158.
26 k-19, 609.
27 k-19, 600.
28 k-19, 601.
29 Havel, »Offener Brief an Gustáv Husák«, in: Ders., *Am Anfang war das Wort*, S. 66.
30 k-19, 603.
31 k-19, 606.
32 k-19, 62.
33 k-19, 68.
34 k-19, 62, 92, 643.
35 Kusin, *From Dubcek to Charter 77*, S. 194.
36 Dubček, *Leben für die Freiheit*, Kap. 29.
37 t-7, 272, 297. In seinen Memoiren erwähnt Dubček diese Episode nicht.
38 k-19, 330.
39 k-19, 75.
40 k-19, 77.
41 k-19, 76.
42 Die nach Prag entsandte KGB-Gruppe bestand aus A. A. Fabritschnikow und W. A. Pachomow von der Zweiten Hauptverwaltung sowie »anderen Mitarbeitern der Ermittlungsabteilung des KGB«. Im Zuge der Untersuchung behauptete Bilak, Grohman sei ein »enger Bekannter« Strougals (k-19, 67). Zu Grohmans Prozeß vgl.: »Former Prague Minister on Spying Charge«, in: *The Times*, 5. Januar 1977; »Viele Mitarbeiter des BND haben Angst vor Verrat«, in: *Die Welt*, 27. Januar 1977.
43 t-7, 263, 280, 281; k-19, 451.
44 Kurczewski, *The Resurrection of Rights in Poland*, Kap. 5.
45 k-19, 333.
46 Crampton, *Eastern Europe in the Twentieth Century*, S. 359 f.
47 t-7, 243.
48 Die anderen Zielpersonen BOGUNs waren W. Klimczak (nicht identifiziert), der Wirtschaftswissenschaftler G. Nowakowski, der Schriftsteller K. Busz, der als »Anführer

der Krakauer Intelligenzija« bezeichnet wurde, und S. Kozinski, ein Fotograf »mit Beziehungen zum Partei- und Staatsapparat« (k-19, 415). Der von BOGUN hergestellte Kontakt zu Bardecki wurde später von FILOSOW (k-19, 429) übernommen. Wie anderen Zielpersonen von PROGRESS-Operationen kann auch Bardecki kein Vorwurf daraus gemacht werden, daß er mit westlichen Besuchern sprach, die er unmöglich als KGB-Illegale erkennen konnte.

49 In Ostdeutschland wurden neben den sieben Illegalen, die in Operationen vor Ort eingesetzt wurden, weitere Illegale stationiert, die anderswo operierten (k-19, 399, 415).
50 k-19, 455.
51 k-19, 415, 456.
52 Crampton, *Eastern Europe in the Twentieth Century*, S. 350 ff.
53 k-16, 273; k-19, 429.
54 Andrew/Gordiewsky, *KGB*, S. 451–454.
55 k-19, 287.
56 k-19, 264.
57 Crampton, *Eastern Europe in the Twentieth Century*, S. 357 f.
58 k-19, 264.
59 k-19, 270.
60 t-7, 264.
61 Childs/Popplewell, *The Stasi*, S. 82. In einer KGB-Akte wurde die Gesamtzahl der Stasimitarbeiter in den Jahren 1976/77 mit »über 60000« angegeben (k-19, 271), was mit den Dokumenten der Gauck-Behörde übereinstimmt, in denen von 59500 im Jahr 1975 und 75000 im Jahr 1980 die Rede ist.
62 k-19, 273.
63 t-7, 184.
64 k-27, 78.
65 k-19, 627.
66 k-27, 243.
67 t-7, 94.
68 k-19, 209.
69 k-26, 162. In der Akte wird der Name des Spielers genannt, aber da er nie einem Dopingtest unterzogen wurde, wäre es unfair, ihn hier zu nennen.
70 k-26, 162.
71 Kusin, *From Dubcek to Charter 77*, S. 304–325; Renner, A *History of Europe in the Twentieth Century*, S. 128–147; Crampton, *Eastern Europe in the Twentieth Century*, S. 384.
72 Havel, »Ereignis und Totalität«, in: Ders., *Am Anfang war das Wort*, S. 181 f.

17. Der KGB und die kommunistischen Parteien im Westen

1 Bd. 9, Kap. 1, § 17.
2 k-3, 115; k-8, 182.
3 Robrieux, *Histoire intérieure du Parti communiste*, Bd. 4, S. 450 ff.; Bell/Criddle, *The French Communist Party in the Fifth Republic*, S. 19, 21.

4 k-3, 65, 115; k-8, 182.
5 Ginsborg, *History of Contemporary Italy*, S. 84–87.
6 Andrew, *For the President's Eyes Only*, S. 171 f.
7 DARIO trug in verschiedenen Phasen seiner Karriere als sowjetischer Agent auch die Codenamen BASK, SPARTAK, GAU, TSCHESTNY und GAUDEMUS. Die GRU scheint ihn unmittelbar nach dem Krieg an das MGB übergeben zu haben (k-10, 109).
8 k-10, 101 ff., 107, 109. Vermutlich spielte DARIO 1956 auch eine entscheidende Rolle bei der Anwerbung von MAGDA, einer Schreibkraft in der Presseabteilung des Außenministeriums (k-10, 100, 103).
9 k-10, 109.
10 Cronin, *Great Power Politics and the Struggle over Austria*, Kap. 1–4; Barker, *Austria 1918–1972*, Teil III.
11 Barker, *Austria 1918–1972*, S. 178.
12 k-18, 52.
13 Ebd.
14 k-16, 214, 216; Bd. 5, Abschnitt 6, §§ 5 f. und Anm.
15 k-14, 722; k-2, 175; t-7, 1.
16 k-2, 81, 145, 150.
17 k-13, 55, 61.
18 t-7, 1.
19 Klehr/Haynes, *American Communist Movement*, Kap. 4.
20 In Mitrochins Notizen werden zwei Kanadier namentlich erwähnt, die bei der Beschaffung des Passes auf den Namen »Robert Callan«, Nr. 4–716255, beteiligt waren. Die Zentrale bearbeitete außerdem einen echten Paß auf den Namen Vasili Dzogola mit der Nr. 4–428012 so, daß »Abel« ihn hätte benutzen können, wozu es wegen seiner Verhaftung jedoch nicht mehr kam (Bd. 6, Kap. 5, Teil 2).
21 k-27, 451.
22 k-26, 327.
23 Soares, *Portugal's Struggle for Liberation*, S. 24.
24 k-26, 108. In bezug auf den nach dem Ende der portugiesischen Kolonialherrschaft in Angola entbrannten Bürgerkrieg zwischen der marxistischen MPLA und den nichtmarxistischen Befreiungsbewegungen FNLA und UNITA versprach Cunhal, »alles, was möglich ist, zu tun, um die MPLA zu unterstützen, einschließlich der Nutzung illegaler Kanäle, um aus erfahrenen militärischen Kadern ausgesuchte Personen zu entsenden« (k-26, 205, 209).
25 Maxwell, *The Making of Portuguese Democracy*, S. 69 f. Laut Maxwell haben die Akten des PIDE/DGS auch enthüllt, daß die KP Portugals »ihrerseits einige Leichen im Keller« hatte, »nicht zuletzt die Informanten der Geheimpolizei in ihren eigenen Reihen«.
26 k-26, 4; vgl. Maxwell, *The Making of Portuguese Democracy*, S. 70. Mitrochins Notizen geben keine Auskunft über die Art dieser aktiven Maßnahmen. Das PIDE/DGS-Archiv wurde 1994 im Lissaboner Nationalarchiv mit einigen Einschränkungen Forschern zugänglich gemacht.
27 Maxwell, *The Making of Portuguese Democracy*, Kap. 7 ff.
28 Zu den von der KP Portugals Mitte und Ende der siebziger Jahre Empfohlenen gehör-

ten die Staatsanwälte BOREZ und SNATOK (k-16, 180, 182), der Gewerkschaftsanwalt SCHAK (k-16, 179), MARAT, ein Standesbeamter, der Geburts- und Heiratsurkunden sowie Totenscheine für die Dokumentation der Illegalen beschaffen konnte (k-18, 345), KAREKA, ein Zeitungsredakteur, der von 1977 bis 1982 für aktive Maßnahmen in Anspruch genommen wurde (k-14, 272), und EMIL, ein Journalist der Nachrichtenagentur ANOP (k-14, 404). Wahrscheinlich hatte der KGB auch andere portugiesische Kandidaten, Agenten und »vertrauliche Kontakte«, die in Mitrochins Notizen genannt werden, Hinweisen der KP zu verdanken.

29 k-18, 345; vgl. k-26, 210.
30 Andrew/Gordiewsky (Hg.), *Instructions from the Centre*, S. 53–56.
31 k-19, 7.
32 Es ist allerdings möglich, daß in den von Mitrochin nicht eingesehenen Akten ein künftiger Sorge versteckt ist. Auch könnte sich der eine oder andere Rekrut aus den siebziger und frühen achtziger Jahren erst nach Mitrochins Ausscheiden aus dem KGB zu einem bedeutenden Illegalen entwickelt haben.
33 Der Zuschuß belief sich Ende der siebziger Jahre pro Jahr auf 150 000 Dollar, zuzüglich Sonderzahlungen, was bei 4000 Parteimitgliedern eine Subvention von knapp 40 Dollar pro Mitglied und Jahr bedeutete. Auch die Kanadisch-Sowjetische und die Quebecisch-Sowjetische Gesellschaft sowie die Zeitschrift *Severny Sosed* (»Nördlicher Nachbar«) erhielten Zuschüsse. Außerdem wurden Zahlungen an die haitianischen Kommunisten und vielleicht auch andere Parteien gelegentlich über die KP Kanadas abgewickelt (Bd. 8, Kap. 13).
34 Haynes/Klehr, »Moscow Gold«, S. 281 ff.; Dobbs, *Down With Big Brother*, S. 414. Mitrochins Notizen enthalten zahlreiche Beispiele für die Zahlung von »Moskauer Gold«, insbesondere aus den siebziger Jahren, aber keine Angaben über die an die kommunistischen Parteien gezahlten Gesamtsummen.
35 Barron, *Operation Solo*, Kap. 4; Childs' Decknamen werden in Bd. 6, Kap. 12, genannt. Mitrochins Notizen bestätigen weitgehend Barrons Darstellung von Childs' Rolle bei der Beschaffung sowjetischer Mittel für die KP der USA. Obwohl Mitrochin im Unterschied zu Barron selten Zahlen für die jährlichen Zuwendungen angibt, stimmen die, die er notiert hat, im wesentlichen mit Barrons Zahlen überein. Laut den von Mitrochin eingesehenen KGB-Akten beliefen sich die »Zuweisungen« an die KP der USA sowohl 1975 als auch 1976 auf 1,7 Mio. Dollar (Bd. 6, Kap. 12). Barron gibt für 1975 1 792 676 und für 1976 1 997 651 Dollar an *(Operation Solo*, Anh. B). Die Differenzen könnten durch Sonderzahlungen zu erklären sein, die gelegentlich im Lauf des Jahres bewilligt wurden.
36 Bd. 6, Kap. 12.
37 Barron, *Operation Solo*, Kap. 3.
38 Bd. 6, Kap. 12.
39 Bd. 6, Anh. 1, Teil 4; t-3, 76. Mitrochin hatte nur Zugang zu den Akten der Ersten Hauptverwaltung über die von dem Agenten gelieferten Informationen, nicht zur Personalakte des Agenten. Der Grund dafür war möglicherweise, daß er nicht von der Ersten, sondern von der Zweiten Hauptverwaltung angeworben worden war. In den USA scheint er von der Residentur in San Francisco geführt worden zu sein.
40 Die Transliteration der Namen aus dem kyrillischen Alphabet ist unsicher (Bd. 6,

Kap. 12). Es gibt keinen Beleg dafür, daß Vogo oder die Brüder »Ēppelchoums« (Appleholmes?) in irgendeiner Weise Kontakt mit dem KGB hatten.
41 Bd. 6, Kap. 12.
42 Ebd.
43 Barron, *Operation Solo*, S. XIII, 312 ff, 329 ff.
44 Klehr/Haynes, *American Communist Movement*, S. 173 f.
45 Haynes/Klehr, »Moscow Gold«.
46 Barron, *Operation Solo*, S. 300.
47 Healey/Isserman, *Dorothy Healey Remembers*, S. 273. Dorothy Healey ist 1973 aus der Partei ausgetreten.

18. Ideologische Subervsion

1 Scammell, *Solzhenitsyn*, S. 551.
2 Bd. 10, Kap. 3.
3 Ebd.
4 Ebd.; vgl. Zamoyska, »Sinyavsky, the Man and the Writer«, S. 61.
5 Bd. 10, Kap. 3; Aucouturier, »Andrei Sinyavsky on the Eve of His Arrest«, S. 344.
6 Geli Wassiljew hatte unter dem Decknamen Rudolf Steiner in Österreich und Lateinamerika operiert. Offenbar hatte er den Druck des Illegalenlebens nicht ausgehalten und war nach Moskau zurückgekehrt, wo er bei der Nachrichtenagentur Nowosti arbeitete (k-16, 446). Obwohl es wahrscheinlich ist, daß Wassiljew der auf Sinjawski angesetzte Spitzel war, könnte der KGB den Codenamen MICHAILOW auch für einen anderen Agenten verwendet haben – wofür sich in Mitrochins Notizen allerdings kein Hinweis findet.
7 Bd. 10, Kap. 3.
8 Ebd.
9 Labedz/Hayward (Hg.), *On Trial*, S. 153.
10 Bd. 10, Kap. 3.
11 Labedz/Hayward (Hg.), *On Trial*, S. 306.
12 Ebd., S. 196, 198, 209.
13 Trotzdem beharrte der Staatsanwalt in seinem Schlußplädoyer darauf, die Manuskripte seien »illegal« in den Westen gebracht worden (Labedz/Hayward [Hg.], *On Trial*, S. 185, 308).
14 Labedz/Hayward (Hg.), *On Trial*, S. 253 f.
15 Bd. 10, Kap. 3; Bd. 7. TANOW nahm später an PROGRESS-Operationen in Albanien, Bulgarien, der Tschechoslowakei und Jugoslawien teil, wobei er gefälschte österreichische und kanadische Pässe benutzte. Außerdem führten ihn seine Aufträge nach Pakistan, Indien, Frankreich, Syrien, Kuwait und Spanien sowie in den Libanon. 1982 wurde er nach Moskau zurückbeordert, weil er zu wenige Informationen lieferte und sein Budget erheblich überschritten hatte (Bd. 3).
16 k-27, 370.
17 Korotkow u. a. (Hg.), *Akte Solschenizyn*, S. 19 f., 62 f.
18 Andrew/Gordiewsky, *KGB*, S. 627, 633.

19 Korotkow u.a. (Hg.), *Akte Solschenizyn*, S. 163–166.
20 Ebd., S. 194f.
21 Wolkogonow, *Rise and Fall of the Soviet Empire*, S. 330, 348.
22 Korotkow u.a. (Hg.), *Akte Solschenizyn*, S. 230, 238, 240, 246f.
23 Scammell, *Solzhenitsyn*, S. 615.
24 k-21, 30.
25 k-21, 17; Bd. 6, Kap. 5, Teil 4. Die Schreibweise des Namens Boucaut ist unsicher; in der kyrillischen Transliteration lautet er »Buko«. Mitrochin gibt weder Nikaschins Vornamen noch seinen Vatersnamen an.
26 k-21, 114.
27 Sacharow, *Mein Leben*, S. 390, 401, 405; Grigorenko, *Erinnerungen*, S. 479.
28 Zit. in einem Artikel von G. Kislytsch und P. Alexandrowski über die Fälle Jair und Krassin in der geheimen hausinternen KGB-Zeitschrift *KGB Sbornik*, Nr. 73; k-25, 124.
29 Bd. 10, Kap. 5.
30 Die Darstellung von Krassins Vernehmungen beruht auf Bd. 10, Kap. 5.
31 Artikel von G. Kislytsch und P. Alexandrowski in: *KGB Sbornik*, Nr. 73; k-25, 124.
32 Bd. 10, Kap. 5.
33 Scammell, *Solzhenitsyn*, S. 807; Solschenizyn, *Die Eiche und das Kalb*, S. 657f.
34 Artikel von G. Kislytsch und P. Alexandrowski in: *KGB Sbornik*, Nr. 73; k-25, 124.
35 Sakharov, *Sakharov Speaks*, S. 212–215.
36 Korotkow u.a. (Hg.), *Akte Solschenizyn*, S. 316, 319–325, 328, 389–394, 399f.
37 Solschenizyn beschreibt seine zwangsweise Ausreise aus der Sowjetunion in: *Die Eiche und das Kalb*, S. 463–547.
38 k-21, 123.
39 Scammell, *Solzhenitsyn*, S. 886. Die Frau, die Solschenizyn am Ankunftstag in Zürich aufsuchte, ist zwar nie identifiziert worden, aber die Tatsache, daß Valentina Holubova russischer Herkunft war und binnen weniger Wochen, wenn nicht Tage, zu Solschenizyns Sekretärin und Assistentin wurde, legt den Schluß nahe, daß sie die Besucherin war. Es ist höchst unwahrscheinlich, daß eine Frau aus Rjasan ihn so schnell gefunden haben sollte. Holubova kam in Wirklichkeit übrigens aus Wladiwostok (k-21, 123).
40 Scammell, *Solzhenitsyn*, S. 886. Daß Dr. Holub ebenfalls für die StB arbeitete, wird von Mitrochin nur angedeutet. Zum Beispiel notierte er, das Ehepaar Holub habe Solschenizyn Tomas Rezác empfohlen, einen weiteren als tschechischer Dissident auftretenden StB Offizier (k-21, 123). Es ist kaum vorstellbar, daß StB oder KGB dies zugelassen hätten, wenn die Holubs nicht für sie gearbeitet hätten.
41 k-21, 123, 124; Scammell, *Solzhenitsyn*, S. 886.
42 k-21, 124.
43 Scammell, *The Solzhenitsyn Files*, S. 387–390.
44 k-21, 25.
45 Scammell, *Solzhenitsyn*, S. 887f., 890–893, 987–990; Korotkow u.a. (Hg.), *Akte Solschenizyn*, S. 434, 447, 451ff. Rezács skurriles Buch *Die Spirale des Verrats von Solschenizyn* erschien 1977 auf Italienisch und im folgenden Jahr auf Russisch. Während seines Aufenthalts in der Sowjetunion interviewte Rezác auch Sacharow, ohne daß dieser etwas von dessen Hintergrund ahnte (Sacharow, *Mein Leben*, S. 707).

46 k-3 (b), 27.
47 Ebd.
48 Bd. 6, Kap. 8, Teil 6.
49 k-25, 29.
50 Vgl. Thomas, *Solschenizyn*, S. 552–556.
51 k-25, 29; Thomas, *Solschenizyn*, S. 555 f.
52 Dobrynin, *In Confidence*, S. 346, 390.
53 k-21, 16.
54 Sacharow, *Mein Leben*, S. 491.
55 k-21, 69. Die angeblichen Kriminellen waren überwiegend, wenn nicht durchweg Dissidenten, die aufgrund von erfundenen Anklagen verurteilt worden waren.
56 Zu der angeblichen Beziehung zum Pinochet-Regime vgl. Sacharow, *Mein Leben*, S. 433 f.
57 k-21, 64.
58 Alexander Solschenizyn, »Geleitwort zur ersten Ausgabe«, in: *Kontinent* 1/1974, S. 6.
59 Bd. 6, Kap. 8, Teil 6.
60 Kalugin, *Spymaster*, S. 260 f.
61 k-21, 104.
62 Bethell, *Spies and Other Secrets*, S. 73.
63 Aktenvermerk von Andropow und Rudenko, Nr. 123-A, 21. Januar 1977; Albaz, *The State within a State*, S. 178 f.
64 k-21, 153.
65 Bethell, *Spies and Other Secrets*, S. 98 f.
66 Schtscharanski, *Fear No Evil*, S. 205 f., 224 f. Das Urteil lautete auf dreizehn Jahre.
67 k-21, 157, 159.
68 k-21, 164.
69 k-21, 156.
70 k-1, 98.
71 Bd. 6, Kap. 1, Teil 1.
72 Sacharow, *Mein Leben*, S. 605 ff., 612 f.
73 k-21, 80.
74 Gorbatschow, *Erinnerungen*, S. 433.
75 Bethell, *Spies and Other Secrets*, S. 315 f.
76 Brown, *The Gorbachev Factor*, S. 37. Um die Mehrheit des Politbüros nicht zu verprellen, hielt sich Gorbatschow in der Öffentlichkeit an die offizielle Linie. Auf eine entsprechende Frage der *L'Humanité* antwortete er im Februar 1986: »Nun zu den politischen Häftlingen. Bei uns gibt es keine ... Zu Sacharow. ... Bekanntlich hat er rechtswidrige Handlungen begangen. ... Gegen ihn wurden Maßnahmen entsprechend unserer Gesetzgebung ergriffen. Die Situation ist heute folgende. Sacharow lebt unter normalen Bedingungen in Gorki, er arbeitet wissenschaftlich und ist nach wie vor Ordentliches Mitglied der Akademie der Wissenschaften der UdSSR. Sein Gesundheitszustand ist, soweit mir bekannt, normal. Seine Ehefrau ist unlängst zur Heilbehandlung ins Ausland gefahren. Was Sacharow selbst betrifft, so ist er nach wie vor Träger von Geheimnissen besonderer staatlicher Wichtigkeit und darf aus diesem

Grund nicht ins Ausland reisen« (Gorbatschow, »Antworten auf Fragen der Zeitung ›L'Humanité‹«, S. 459).
77 Brown, *The Gorbachev Factor*, S. 165.
78 Sacharow, *Mein Leben*, S. 739 f.
79 Zit. in: Dobbs, *Down With Big Brother*, S. 252 f.
80 Ebd., S. 253–264; Remnick, *Lenin's Tomb*, Kap. 19.
81 Remnick, *Lenin's Tomb*, S. 282.
82 Brown, *The Gorbachev Factor*, S. 7–10.
83 k-21, 76.

19. Fernmeldeaufklärung im Kalten Krieg

1 Andrew, »Intelligence and international relations in the early Cold War«.
2 Andrew, *For the President's Eyes Only*.
3 Mitrochin hatte keinen direkten Zugang zu den Akten der Achten Verwaltung und der Ende der sechziger Jahren geschaffenen Sechzehnten Verwaltung (Fernmeldeaufklärung). In den von ihm eingesehenen Akten der Ersten Hauptverwaltung waren jedoch einige Dokumente dieser Verwaltungen enthalten.
4 Zubok, »Spy vs. Spy«, S. 23.
5 Garthoff, »KGB Reports to Gorbachev«, S. 228.
6 Kahn, »Soviet Comint in the Cold War«.
7 Wellington A. Samouce, »I Do Understand the Russians«, zit. in: Andrew/Gordiewsky, *KGB*, S. 292.
8 Kennan, *Memoiren*, S. 162–165; Andrew/Gordiewsky, *KGB*, S. 586 f. Kennan wurde im Oktober 1952 zur Persona non grata erklärt, allerdings hauptsächlich aus Gründen, die nichts mit der Abhöraffäre zu tun hatten.
9 Bohlen, *Witness to History*, S. 345 f.; Andrew/Gordiewsky, *KGB*, S. 587 f.
10 Dobrynin, *In Confidence*, S. 357.
11 Andrew/Gordiewsky, *KGB*, S. 588.
12 Wadim Bakatin, der reformerische letzte Vorsitzende des KGB, der nach dem Putschversuch vom August 1991 ernannt wurde, versetzte seine Mitarbeiter in Empörung, als er dem amerikanischen Botschafter Zeichnungen des hochentwickelten Abhörsystems überließ (Albaz, *Geheimimperium KGB*, S. 246 f.). In der alten US-Botschaft gab es in den achtziger Jahren mehrere Sicherheitsalarme. 1984 wurden in Schreibmaschinen versteckte Wanzen entdeckt, die seit Jahren in Betrieb waren (Lardner, »Unbeatable Bugs«), und 1986 gestanden zwei Marineinfanteristen, sie hätten KGB-Agenten Zutritt zur Botschaft verschafft. Wegen der verbesserten Sicherheitsvorkehrungen erscheint es jedoch unwahrscheinlich, daß es dem KGB gelang, in den Chiffrierraum und andere sensible Bereiche vorzudringen (Andrew/Gordiewsky, *KGB*, S. 786).
13 k-22, 135, 232. Zu diesem Zeitpunkt verfügte die GRU in ihren Residenturen bereits über mehrere Horchposten, die die Aufgabe hatten, den Nachrichtenverkehr der US-Streitkräfte und der NATO abzufangen.
14 Bd. 6, Kap. 9.
15 Kalugin, *Spymaster*, S. 92; vgl. Bd. 6, Kap. 9.

16 Bd. 6, Kap. 9.
17 Andrew/Gordiewsky, *KGB*, S. 786.
18 Bd. 6, Kap. 2, Teil 2; Bd. 6, Kap. 9. Bereits 1963 war eine Abhöroperation gegen das UN-Sekretariat durchgeführt worden (k-8, 138).
19 Bd. 6, Kap. 2, Teil 2.
20 Als Prime 1977 das GCHQ verließ, brach er für drei Jahre die Verbindung zum KGB ab, bevor er sich 1980 und 1981 in Wien und Potsdam erneut mit seinem Führungsoffizier traf. Seine Spionagetätigkeit kam ans Licht, als er 1982 wegen der Belästigung kleiner Mädchen verhaftet wurde. Er wurde wegen Spionage und drei Fällen von sexueller Belästigung zu fünfunddreißig Jahren Gefängnis verurteilt (Andrew/Gordiewsky, *KGB*, S. 678 ff., 684). Da Prime nicht von der Ersten Hauptverwaltung, sondern von der Dritten Verwaltung geführt wurde, hatte Mitrochin keinen Zugang zu seiner Akte.
21 In Mitrochins Notizen ist das Gründungsdatum der Sechzehnten Verwaltung nicht angegeben. Sie bestätigen aber, daß es sie 1968 gab (k-22, 232).
22 Andrew/Gordiewsky, *KGB*, S. 682; Bd. 6, Kap. 2, Teil 2.
23 Bd. 6, Kap. 3, Teil 3.
24 Bd. 6, Kap. 9. ANTONs Klarname wird in Mitrochins Notizen nicht genannt.
25 Kissinger, *Memoiren 1973–1974*, Bd. 3, S. 1671.
26 Bd. 6, Kap. 9.
27 Andrew, *For the President's Eyes Only*, S. 359.
28 Dobrynin, *In Confidence*, S. 357 f.
29 Bd. 6, Kap. 9.
30 Bd. 6, Kap. 3, Teil 2.
31 Bd. 6, Kap. 9.
32 Bd. 6, Kap. 2, Teil 1.
33 Bd. 6, Kap. 9; vgl. Andrew, *For the President's Eyes Only*, S. 444–447.
34 Bd. 6, Kap. 9.
35 Ebd.
36 Bd. 6, Kap. 8, Teil 4, Anm. 1.
37 Bd. 6, Kap. 9.
38 Ball, *Soviet Signals Intelligence*, S. 27 ff.; Rosenau, »A Deafening Silence«, S. 273 ff.
39 Bd. 6, Kap. 9.
40 Ball, *Soviet Signals Intelligence*, S. 27 ff.
41 Bd. 2, Anh. 3.
42 k-22, 136. Kürzere Berichte wurden mindestens einmal pro Monat nach Moskau geschickt.
43 Bd. 6, Kap. 3, Teil 2.
44 Bd. 6, Kap. 6.
45 Bd. 6, Kap. 2, Teil 3; Kap. 6; Anh. 2, Teile 4–5.
46 Vgl. Andrew, »The Making of the Anglo-American SIGINT Alliance«; Ball/Richelson, *The Ties That Bind;* Hager, *Secret Power.*
47 t-7, 131.
48 t-7, 130. In Mitrochins Notizen werden die Botschaften einzeln aufgeführt.
49 k-19, 435.
50 Bd. 6, Kap. 8, Teil 5.

51 Bd. 2, Anh. 3; k-22, 134.
52 Interview von Christopher Andrew mit Wiktor Makarow, 1993. Als Oleg Gordiewski Anfang 1985 zum designierten Residenten in London wurde, sagte ihm der Offizier der Sechzehnten Abteilung in der Residentur, daß man gegenwärtig über keine britische Quelle von hochwertigem Chiffriermaterial verfüge (Andrew/Gordiewsky, *KGB*, S. 785).
53 Interview von Christopher Andrew mit Wiktor Makarow, 1993; Kahn, »Soviet Comint in the Cold War«, S. 20–23.
54 Interview mit Gurgenew (der nur mit Vor- und Vatersnamen genannt wird) in: *Iswestija*, 24. September 1991.
55 Interview von Christopher Andrew mit Wiktor Makarow, 1993; Viktor Makarov, »The West Had No Aggressive Plans Against the USSR«, in: *Express Chronicle*, 19. Februar 1992, S. 5.
56 Urban, *UK Eyes Alpha*, Kap. 19.
57 Ball, *Soviet Signals Intelligence;* Ball/Windren, »Soviet Signals Intelligence«.
58 Rosenau, »A Deafening Silence«, S. 726.
59 Andrew, »The Nature of Military Intelligence«, S. 5.
60 Rosenau, »A Deafening Silence«, S. 727, 732 Anm. 6.

20. »Sonderaufgaben« I

1 Djilas, *Tito*, S. 77; ders., *Jahre der Macht*, S. 119; Radzinsky, *Stalin*, S. 399.
2 k-20, 272, 287.
3 Djilas, *Jahre der Macht*, S. 94, 118 f.
4 k-20, 281.
5 k-20, 276.
6 k-20, 290, 292. Tischkows Codename wird genannt in Djilas, *Jahre der Macht*, S. 97 f.
7 k-20, 279.
8 k-20, 289, 290.
9 Djilas, *Jahre der Macht*, S. 86, 103, 110–114; Dedijer, *Tito*, S. 251 ff.
10 k-20, 292.
11 k-5, 707.
12 Djilas, *Jahre der Macht*, S. 194–271; ders., *Tito*, S. 169–173; Andrew/Gordiewsky, *KGB*, S. 469. WAL wird identifiziert in Sudoplatow/Sudoplatow, *Der Handlanger der Macht*, S. 386.
13 Andrew/Gordiewsky, *KGB*, S. 530–535.
14 MGB-Bericht an Stalin, Februar 1953, zuerst veröffentlicht von Dmitri Wolkogonow in: *Iswestija*, 11. Juni 1993; abgedruckt in: Sudoplatow/Sudoplatow, *Der Handlanger der Macht*, S. 384 ff., und »Stalin's Plan to Assassinate Tito«, S. 137.
15 »Stalin's Plan to Assassinate Tito«, S. 137.
16 Wolff, »Leadership Transition in a Fractured Bloc«, S. 1.
17 Sudoplatow/Sudoplatow, *Der Handlanger der Macht*, S. 388, 410, 426.
18 k-13, 267. Griguljewitsch veröffentlichte unter seinem eigenen Namen, unter dem

Pseudonym J. R. Lavretsky sowie unter dem Namen Griguljewitsch-Lavretsky unter anderem folgende Werke: J. R. Griguljewitsch, *Mjateschnaja Zerkow w Latinskoi Amerike*, Moskau 1972; ders., *Christianstwo i Rus*, Moskau 1988; ders./S. J. Koslow (Hg.), *Contemporary Ethnic and Racial Problems*, Moskau 1977; J. Griguljewitsch-Lavretsky, *La Iglesia y la Sociedad en América Latina*, Moskau 1983; J. R. Lavretsky, »Un análisis crítico de la Hispanic American Historical Review, 1956–58«, in J. A. Ortega y Medina (Hg.), *Historiografía Soviética Iberoamericanista, 1945–1960*, Ciudad de México 1961.

19 Sudoplatow/Sudoplatow, *Der Handlanger der Macht*, S. 314, 322 Anm. 14f., S. 440f., 469.
20 Khokhlov, *In the Name of Conscience*, Teil 3; Andrew/Gordiewsky, *KGB*, S. 554f.
21 Bd. 3, pakapp. 3.
22 t-7, 267.
23 Jede Zielakte mußte folgende Informationen enthalten: 1. Die Aufgabe des Zielobjekts in Friedenszeiten und seine Bedeutung für die militärisch-industriellen Kapazitäten des Feindes sowie Dokumente, Fotografien, Filme, Karten und Diagramme über Lage, Arbeitsablauf, Sicherheitssysteme, Personal, Nachbarn, nahe gelegene Wohngebiete und Annäherungsmethoden; 2. eine genaue Beschreibung der Schwachstellen des Zielobjekts, der Angriffsmethoden gegen jede einzelne von ihnen, Einschätzungen der wahrscheinlichen Schäden und Angaben über die Art des für die Sabotageoperationen benötigten Personals (Agenten, Illegale etc.); 3. Gelegenheiten für die Aufklärung und Sabotage des Zielobjekts – dieser Teil der Akte enthielt einzelne Berichte über jede Informationsquelle in bezug auf das Zielobjekt und jeden »Kampfagenten«, der für Operationen gegen das Zielobjekt vorgesehen war; 4. Angaben über die für Operationen gegen das Zielobjekt benötigte spezielle Ausrüstung und ihren präzisen Verwendungszweck sowie über tote Briefkästen, Vorratslager und die Rolle jeder Person, die sie benutzen sollte; 5. Verfahren für die Weiterleitung von Intruktionen an diejenigen, die für den Angriff auf das Zielobjekt verantwortlich sein würden, und die Codewörter für den Beginn der »Sonderaktion« – dieser Teil der Akte befand sich in einem versiegelten Kuvert. – Fehlte eine der verlangten Informationen, wurde der Akte ein Vermerk über die Schritte hinzugefügt, die unternommen wurden, um sie zu erhalten (Bd. 6, Kap. 5, Teil 5, Anm. 2).
24 k-16, 255.
25 t-7, 311.
26 Bd. 6, Kap. 5, Teil 5.
27 Wolf, *The Man without a Face*, S. 211f.; vgl. ders., *Spionagechef im Kalten Krieg*, S. 318f.
28 Bd. 6, Kap. 1, Teil 1.
29 Barron, *KGB*, S. 394–398; Andrew/Gordiewsky, *KGB*, S. 602f.
30 Zu Staschinskis Laufbahn vgl. Anders, *Mord auf Befehl*.
31 Anders, *Mord auf Befehl*, S. 48, 58–61, 68–73.
32 Andrew/Gordiewsky, *KGB*, S. 603f.
33 Richard Beeston, »KGB refused to kill Khrushchev«, in: *The Times*, 23. Dezember 1997.
34 Andrew/Gordiewsky, *KGB*, S. 619f.

35 Der Text der Rede wurde erst 1993 bekannt (Zubok/Pleshakov, *Inside the Kremlin's Cold War*, S. 252).
36 Bd. 6, Kap. 5, Teil 5.
37 Ebd.
38 Bd. 8, Kap. 10.
39 t-7, 173.
40 t-7, 65; k-16, 380.
41 k-2, 186.
42 Reuter, 18. Januar 1999.
43 1968/69 verfügte die Abteilung W, neben PAUL, der von seiner Frau VIRGINIA unterstützt wurde, über zwei deutsche Illegalenpaare, zu denen Mitrochin keine näheren Angaben macht (Bd. 3, pakapp. 3). Es könnte allerdings weitere, von Mitrochin nicht erwähnte Illegale im Dienst der Abteilung W gegeben haben.
44 Bd. 7, Kap. 7; Bd. 6, Kap. 5, Teil 5; k-11, 17.
45 Bd. 7, Kap. 7; Bd. 8, Kap. 9; Bd. 6, Kap. 5, Teil 5. Für eine kürzere Zeitspanne arbeitete unter anderen auch Wassili Gordiewski (GROMOW) für die Dreizehnte Abteilung, als er 1964/65 in Spanien sieben Landeplätze und acht Orte für Waffenlager auswählte. Rodin, der Leiter der Dreizehnten Abteilung, empfahl ihn nach dem erfolgreichen Abschluß der Operation bei der Direktion S für eine Auszeichnung (t-7, 279).
46 Bd. 6, Kap. 1, Teil 1.
47 Bd. 5, Abschnitt 7, Anm.; Bd. 2, Anh. 3.
48 Bd. 6, Kap. 8, Teil 6.
49 Bd. 2, Anh. 3; Bd. 6, Kap. 5, Teil 5.
50 Wise, *Molehunt*, Kap. 11; Mangold, *Cold Warrior*, Kap. 12.
51 Bd. 6, Kap. 5, Teil 5.
52 Ebd.
53 Bd. 2, Anh. 3.
54 Nureyev, *Nureyev*, S. 96f.; Percival, *Nureyev*, S. 55f.
55 Bd. 2, Anh. 3.
56 Sheymov, *Tower of Secrets*, S. 92f. Nurejew wurde in Rußland erst 1998 rehabilitiert, fünf Jahre, nachdem er im Exil gestorben war (»Russia reinstates Nureyev«, in: *The Times*, 23. September 1998).
57 Bd. 6, Kap. 5, Teil 5.
58 Percival, *Nureyev*, S. 99.
59 Bd. 6, Kap. 5, Teil 5.
60 Bd. 2, Anh. 3. Sowohl Nurejew als auch Makarowa waren außerdem Ziel zahlreicher aktiver Maßnahmen, durch die sie in Verruf gebracht werden sollten.

21. »Sonderaufgaben« II

1 Bd. 3, pak., Anh. 3.
2 In Mitrochins Notizen wird die Abteilung W zum ersten Mal in Befehl Nr. 00197 vom 7. Oktober 1965 erwähnt, durch den die anderen Abteilungen der Ersten Hauptverwaltung instruiert wurden, geeignete Agenten für den Einsatz in Kriegszeiten oder

internationalen Krisensituationen zur Abteilung W zu überstellen, die wahrscheinlich kurz zuvor gegründet worden war (Bd. 2, Anh. 3).
3 Bd. 3, pak., Anh. 3.
4 k-16, 408.
5 k-26, 317.
6 Die erste von Mitrochin erwähnte Zahlung waren 135000 Dollar, die im Februar 1968 ausgehändigt wurden. Im März folgte eine Zahlung von 100000 Dollar. Mitrochins Notizen über die KPG sind für 1967 allerdings ausgesprochen karg; wahrscheinlich erfolgten die ersten Zahlungen bereits in den letzten Monaten des Jahres 1967.
7 k-16, 69.
8 k-27, 61.
9 k-16, 69.
10 k-27, 61.
11 k-3, 28; k-26, 315, 318, 323, 325, 326, 384, 387, 390, 394.
12 k-26, 322. Auch die KP des Irak deponierte ihr Archiv in der Sowjetunion.
13 k-14, 531.
14 k-16, 408.
15 Bd. 7, Kap. 15.
16 Bd. 3, pak., Anh. 3. In Bd. 7, Kap. 5, § 35, wird zwar der Ort, aber nicht die Art von PEPEL angegeben. Die PEPEL-Akte selbst hat Mitrochin nicht zu Gesicht bekommen.
17 O'Riordans Geschichte der irischen Mitglieder der Internationalen Brigaden, die 1979 unter dem Titel *Connolly Column* erschien, wurde, obwohl in Dublin verlegt, in Ost-Berlin gedruckt und enthält eine freundliche Danksagung an den britischen Sowjetagenten John Peet, der sich nach Ostdeutschland abgesetzt hatte.
18 Zit. in: Jelzin, *Auf des Messers Schneide*, S. 169.
19 Bishop/Mallie, *The Provisional IRA*, S. 88.
20 Andropow an das ZK der KPdSU, 7. April 1970, zit. in: Jelzin, *Auf des Messers Schneide*, S. 170.
21 Bd. 7, Kap. 7; Bd. 8, Kap. 9; Bd. 6, Kap. 5, Teil 5.
22 Vgl. Granatstein/Stafford, *Spy Wars*, S. 206–210.
23 Bd. 8, Kap. 14.
24 Vgl. Granatstein/Stafford, *Spy Wars*, S. 209.
25 Bd. 8, Kap. 14.
26 k-24, 365.
27 »Soviets Protest to Argentina After Envoy Foils Kidnapping«, in: *Washington Post*, 31. März 1970.
28 k-24, 365.
29 Andrew/Gordiewsky, *KGB*, S. 675 f.; Barron, *KGB*, S. 405; Brook-Shephard, *Storm Birds*, S. 197 ff.
30 Kalugin, *Spymaster*, S. 131 f.
31 *Documents on British Policy Overseas*, Reihe III, Bd. 1, S. 388 f.
32 Gordievsky, *Next Stop Execution*, S. 184.
33 *Documents on British Policy Overseas*, Reihe III, Bd. 1, S. 337–343, 359.
34 Barron, *KGB*, S. 386 ff.; Kuzichkin, *Inside the KGB*, S. 81.
35 Kalugin, *Spymaster*, S. 131 f.

36 Gordievsky, *Next Stop Execution*, S. 184.
37 Bd. 6, Kap. 1, Teil 1; Kap. 5, Teil 5.
38 Vgl. Bell, *Secret Army*, Kap. 18; Bishop/Mallie, *The Provisional IRA*, Kap. 7 f.; Coogan, *IRA*, Kap. 15 ff; ders., *The Troubles*, Kap. 3; Taylor, *Provos*, Kap. 5 f.
39 Smith, *Fighting for Ireland?*, S. 88 ff.
40 Jelzin, *Auf des Messers Schneide*, S. 171 ff. Laut Jelzin geht aus der WSPLESK-Akte im Archiv der Generalsekretäre nicht hervor, ob die Waffen tatsächlich ausgeliefert wurden. Nach den von Mitrochin eingesehenen Akten war dies der Fall (Bd. 7, Kap. 15, § 2).
41 Bd. 7, Kap. 15, § 2.
42 O'Riordan hatte dem ZK der KPdSU mitgeteilt, er werde sich »in keiner Weise am Transport beteiligen: meine Rolle wird lediglich darin bestehen, die technischen Informationen darüber an Seamus Costello zu übergeben« (Jelzin, *Auf des Messer Schneide*, S. 172).
43 Bishop/Mallie, *The Provisional IRA*, S. 221 f.; Smith, *Fighting for Ireland?*, S. 90; Coogan, *The Troubles*, S. 276–280.
44 k-27, 393; Bd. 6, Kap. 5, Teil 5.
45 Hodges, *Intellectual Foundations of the Nicaraguan Revolution*, S. 228.
46 Bd. 6, Kap. 5, Teil 5; zu Piñeiro vgl. Andrew/Gordiewsky, *KGB*, S. 662.
47 Bd. 6, Kap. 5, Teil 5.
48 Pastor, *Condemned to Repetition*, S. 39.
49 Bd. 6, Kap. 5, Teil 5.
50 Booth, *The End and the Beginning*, S. 142; Pezzullo/Pezzullo, *At the Fall of Somoza*, S. 116 f.
51 Bd. 6, Kap. 5, Teil 5.
52 Vgl. Booth, *The End and the Beginning*, S. 143 f.; Hodges, *The Intellectual Foundations of the Nicaraguan Revolution*, S. 233–255.
53 k-27, 393.
54 In der Akte, die Mitrochin gelesen hat, ist nur Fonsecas Bitte um eine Einladung nach Moskau vermerkt. Doch es ist unwahrscheinlich, daß ihr nicht entsprochen wurde.
55 Pezzullo/Pezzullo, *At the Fall of Somoza*, S. 117 ff.
56 t-7, 135; Bd. 2, Anh. 3.
57 Kuzichkin, *Inside the KGB*, S. 111 f.
58 Kalugin, *Spymaster*, S. 152 f., 238 f.
59 Bd. 2, Anh. 3.
60 Kalugin, *Spymaster*, S. 152–159.
61 Bd. 2, Anh. 3. Auch Wladimir Nikolajewitsch Jeltschaninow, ein anderer Offizier der Gruppe KR, der 1978 nach New York entsandt wurde, verbrachte viel Zeit damit, Überläufer zu suchen (Bd. 6, Anh. 2, Teil 5).
62 Bereanu/Todorov, *The Umbrella Murder*, S. 34–37, 70–73.
63 Kalugin, *Spymaster*, S. 178–183; Andrew/Gordiewsky, *KGB*, S. 828 f. Bereanu und Todorov ergänzen in *The Umbrella Murder* frühere Darstellungen des Mordanschlags auf Markow, ergehen sich aber auch in unwahrscheinlichen Spekulationen.
64 Bd. 1, Kap. 4.
65 Westad, »Concerning the Situation in ›A‹«, S. 130; Dobbs, *Down With Big Brother*, S. 11 f.

66 Bd. 1, Kap. 4. In Mitrochins Notizen werden die Versuche, Amin zu vergiften – dies war offenbar die bevorzugte Mordmethode der Achten Abteilung –, nur am Rande erwähnt. Laut Wladimir Kusitschkin, der damals der Direktion S angehörte und einige Jahre später überlief, hatte man als Amins Mörder einen aserbaidschanischen Illegalen ausgewählt, Michail Talybow, der Farsi beherrschte und einige Jahre mit vom KGB gefälschten afghanischen Personalpapieren in Kabul gelebt hatte. Mit Gift aus dem OT-Labor ausgestattet, gelang es Talybow, als Küchenchef im Präsidentenpalast angestellt zu werden. Doch Amin war, mit Kusitschkins Worten, »so vorsichtig wie die Borgias. Er wechselte ständig sein Essen und seine Getränke, als rechnete er mit einem Giftanschlag« (Kusitschkin, *Inside the KGB*, S. 314f.; ders., »Coups and Killings in Kabul«, in: *Time*, 22. November 1982; Barron, *KGB heute*, S. 14f.). Ein weiterer erfolgloser Giftanschlag auf Amin fand bei einem Mittagessen statt, das Amin am 27. Dezember für seine Minister gab (Dobbs, *Down With Big Brother*, S. 19).
67 Westad, »Concerning the Situation in ›A‹«, S. 130.
68 »The Soviet Union and Afghanistan, 1978–1989«, S. 159.
69 Westad, »Concerning the Situation in ›A‹«, S. 131. Das Politbüro segnete den Plan am 12. Dezember ab.
70 Bd. 1, Kap. 4.
71 Dobbs, *Down With Big Brother*, S. 18f.
72 Bd. 1, Kap. 4.
73 Ebd.
74 Bd. 1, Anh. 2.
75 Bd. 1, Kap. 4.
76 Zu Kukots Laufbahn vgl.: k-24, 87, 89; k-12, 376; k-8, 590.
77 Bd. 1, Anh. 3.
78 Childs/Popplewell, *The Stasi*, S. 138ff., 156f.; Gates, *From the Shadows*, S. 206f.; Wolf, *Spionagechef im Kalten Krieg*, S. 383f., 445.
79 Bd. 7, Kap. 15.
80 Gates, *From the Shadows*, S. 338f.
81 Andrew/Gordievsky (Hg.), *Comrade Kryuchkov's Instructions*, S. 82–85.
82 Vgl. Stepankow, *Das Kreml-Komplott;* Albaz, *Geheimimperium KGB;* dies., *The State within a State;* Remnick, *Lenin's Tomb;* Gorbatschow, *Der Staatsstreich*.

22. Operationen gegen Großbritannien I

1 Bd. 7, Kap. 14, Punkt 17.
2 Hennessy, *Never Again*, S. 269.
3 Bd. 7, Kap. 14, Punkt 17.
4 Ebd.
5 Aus rechtlichen Gründen können weder HUNTs Klarname noch die Behörde, in der er gearbeitet hat, genannt werden, obwohl sie in Mitrochins Notizen enthalten sind. HUNTs erster Führungsoffizier war W. J. Zeirow, der damals auch HOLA führte; ihm folgten B. K. Stolenow und J. Kondratenko. Nach der Massenausweisung von KGB- und GRU-Mitarbeitern aus London von 1971 wurde HUNT mehrere Jahre auf Eis

gelegt, bevor MAIRE, ein Agent der Pariser Residentur, den Kontakt 1975 wiederaufnahm. Nach MAIREs Tod im nächsten Jahr wurde HUNT dann wieder von der Londoner Residentur übernommen. Seine letzten beiden Führungsoffiziere waren W. W. Jaroschenko und A. N. Tschernajew. Nachdem HUNT sich 1979 selbständig gemacht hatte, wurde seine Frau als Kurier rekrutiert. 1981 fand die Zentrale die von ihm gelieferten Informationen jedoch unzureichend und fürchtete offenbar, daß er vom MI5 überwacht wurde. Deshalb scheint die Verbindung zu ihm abgebrochen worden zu sein (Bd. 7, Kap. 14, Punkt 16).

6 Blake, *Keine andere Wahl*, Kap. 2–8; vgl. Hyde, *George Blake*. Blake gibt zwar seine Bewunderung für Curiel zu, versucht seinen Einfluß auf ihn aber herunterzuspielen. Laut Kalugin hatte Blake bei Ausbruch des Koreakrieges »schon äußerst linke Ansichten« (*Spymaster*, S. 141).

7 Bailey/Kondraschow/Murphy, *Die unsichtbare Front*, S. 269. Rodin war 1947–1952 und 1956–1961 Resident in London (Andrew/Gordiewsky, *KGB*, S. 505).

8 k-9, 65.

9 Blake, *Keine andere Wahl*, S. 279; Kalugin, *Spymaster*, S. 141.

10 Bailey/Kondraschow/Murphy, *Die unsichtbare Front*, S. 257–300.

11 Andrew/Gordiewsky, *KGB*, S. 571; Bailey/Kondraschow/Murphy, *Die unsichtbare Front*, S. 443–447.

12 Bd. 7, Kap. 14, Punkt 3. Driberg war in seiner Schulzeit der KP beigetreten, 1941 aber ausgeschlossen worden, weil die Parteiführung, laut seinem Eintrag im *Dictionary of National Biography, 1971–1980* (S. 251), »entdeckte, daß er ein Agent des MI5 war, der ihn in den späten dreißiger Jahren angeworben hatte«. Obwohl er zweifellos Informationen an Maxwell Knight, einen hohen MI5-Offizier, weitergegeben hat, bleibt die Beziehung zwischen ihnen unklar. Laut seiner persönlichen Assistentin Joan Miller war Knight bisexuell und eine Zeitlang »verrückt« nach Driberg. Nach ihrer Ansicht war Driberg nur ein »Gelegenheitsagent«, der nur dann »ein bißchen Zeug anbrachte«, wenn Knight ihn unter Druck setzte (Interview mit Joan Miller, in: *Sunday Times Magazine*, 18. Oktober 1981; Miller, *One Girl's War*; Andrew, *Secret Service*, S. 521 f.).

13 Driberg, *Ruling Passions*, S. 228 f.

14 Wheen, *Tom Driberg*, S. 309.

15 Vassall, *Vassall*; Andrew/Gordiewsky, *KGB*, S. 570 f.

16 Bd. 7, Kap. 14, Punkt 3.

17 Ebd.

18 Bd. 7, Kap. 14, Punkt 3.

19 Wheen, *Tom Driberg*, S. 292–315.

20 Driberg, *Ruling Passions*, S. 229.

21 Nach Mitrochins Zusammenfassung von Dribergs Akte wurde er für die »Behandlung von KGB-Themen in der britischen Presse« benutzt und »mit [KGB-]Aufträgen in die Vereinigten Staaten und andere westliche Länder geschickt« (Bd. 7, Kap. 14, Punkt 3).

22 Wheen, *Tom Driberg*, S. 337.

23 Ziegler, *Wilson*, S. 313.

24 Bd. 7, Kap. 14, Punkt 3.

25 Ziegler, *Wilson*, S. 313.

26 Frolik nannte drei weitere Labour-Abgeordnete, die in Diensten der StB gestanden haben sollen: Will Owen, John Stonehouse und Agent GUSTAV, der noch nicht zuverlässig identifiziert werden kann (Andrew/Gordiewsky, *KGB*, S. 671–674).
27 Bd. 7, Kap. 14, Punkt 2.
28 Fletcher, *£60 A Second On Defence*, S. 132 f.
29 Bd. 7, Kap. 14, Punkt 2.
30 Fletcher behauptete, der MI5 habe seiner Frau 1969 abgefangene Briefe gezeigt, die belegten, daß er bei einem Besuch in Ungarn eine Affäre gehabt hatte (Dorril/Ramsey, *Smear*, S. 197).
31 Bd. 7, Kap. 14, Punkt 18.
32 Wise, *Molehunt*, S. 97 ff.; Mangold, *Cold Warrior*, S. 95 ff.
33 Bd. 7, Kap. 14, Punkt 18. Angesichts der Verbindung des späteren Labour-Vorsitzenden Michael Foot mit der *Tribune* und den 1995 von der *Sunday Times* gegen ihn erhobenen Vorwürfe, gegen die er eine Verleumdungsklage eingereicht hat, sollte an dieser Stelle erwähnt werden, daß in den von Mitrochin eingesehenen Akten kein Hinweis darauf enthalten war, daß er mit dem KGB in Verbindung stand.
34 Crankshaw, *Risse in der Kremlmauer*, S. 10.
35 Crankshaw, *Russia by Daylight*, S. 12.
36 Crankshaw, *Putting up with the Russians*, S. 81.
37 Bd. 7, Kap. 14, Punkt 13.
38 Samolis (Hg.), *Weterany Wneschnei Raswedki Rossii*, S. 103 ff.
39 Bd. 8, Kap. 8.
40 Granatstein/Stafford, *Spy Wars*, S. 119.
41 Bd. 6, Kap. 5, Teil 3.
42 Agranovsky, »Profession: Foreigner«.
43 Bd. 6, Kap. 5, Teil 2. In einer KGB-Akte von 1953 wird LONG als »wertvoller Agent« der Pariser Residentur bezeichnet (k-4, 99). Laut seinem Paß war »Peter Kroger« am 10. Juli 1910 in Gisborne in Neuseeland geboren. »Helen Kroger« war am 17. Januar 1913 in Boyle in Alberta, Kanada, geboren (Bd. 6, Kap. 5, Teil 3). Ihre britischen Buchhändlerkollegen hielten beide für Kanadier.
44 Blake, *Keine andere Wahl*, S. 337.
45 Agranovsky, »Profession: Foreigner«.
46 Bd. 7, Kap. 14, Punkt 17.
47 Bd. 7, Kap. 12. In anderen Akten, die Mitrochin nicht gelesen hat, könnten natürlich weitere Agenten genannt sein.
48 Houghton, *Operation Portland;* Andrew/Gordiewsky, *KGB*, S. 575.
49 Wright, *Spycatcher*, S. 143 f.; Rositzke, *KGB*, S. 76 f.
50 Bd. 7, Kap. 12.
51 Bd. 6, Kap. 5. Teil 2.
52 Samolis (Hg.), *Weterany Wneschnei Raswedki Rossii*, S. 68–72.
53 Blake, *Keine andere Wahl*, S. 336.
54 Bd. 7, Kap. 12.
55 Andrew/Gordiewsky, *KGB*, S. 576.
56 Bd. 7, Kap. 12.
57 Ebd.

58 RAG war 1955 rekrutiert worden; daß er ein sowjetischer Agent war, wußte mindestens ein Mitglied der Führung der KP Belgiens (k-11, 17).
59 Bd. 7, Kap. 13. Als die Zentrale JEWDOKIMOW zurückbeorderte, hatte sie noch nicht entschieden, ob er nach Großbritannien oder in die USA gehen sollte.
60 Bagritschew wurde später Leiter der Ersten Abteilung der Direktion S. Einer von Mitrochin eingesehenen Akte zufolge hatte er diesen Posten 1975 inne (Bd. 7, Kap. 8, § 6).
61 Andrew/Gordiewsky, *KGB*, S. 666.
62 Frolik, *The Frolik Defection*, S. 82.
63 Von 1964 bis 1968 war Sawin Ljalins Vorgänger als Vertreter der Dreizehnten Abteilung an der Londoner Residentur; später wurde er Leiter der Gruppe N in Finnland (Bd. 7, Anh. 2, §§ 61, 84).
64 West, *A Matter of Trust*, S. 171; Brook-Shepherd, *The Storm Birds*, S. 198.
65 Andrew/Gordiewsky, *KGB*, S. 666. 1971 gehörten der Londoner Gruppe X sechzehn Offiziere mit offizieller Tarnung an. Nach der Massenausweisung vom September 1971 ging der Umfang der Gruppe X stark zurück (k-2, 124).
66 Bd. 7, Anh. 1, Punkt 65; k-2, 124. Aus rechtlichen Gründen ist es nicht möglich, die Klarnamen oder andere persönliche Angaben über die von Mitrochin erwähnten Agenten der Gruppe X zu veröffentlichen.
67 Bd. 7, Anh. 1, Punkt 51.
68 Bd. 7, Kap. 14, Punkt 24; k-2, 120.
69 Bd. 7, Anh. 1, Punkt 70; k-2, 124.
70 Bd. 7, Kap. 14, Punkt 4.
71 Ebd., Punkt 16.
72 Bd. 7, Anh. 1, Punkt 64; k-2, 124.
73 Bd. 7, Kap. 14, Punkt 36; k-2, 124.
74 Bd. 7, Anh. 1, Punkt 69; k-2, 124.
75 Bd. 7, Kap. 14, Punkt 15; k-2, 124.
76 Bd. 7, Anh. 1, Punkt 96.
77 k-2, 124.
78 Bd. 7, Kap. 14, Punkt 31.
79 Berichte der Sicherheitskommission, Juni 1965 (Cmnd. 2722) und November 1968 (Cmnd. 3856); Pincher, *Too Secret Too Long*, S. 421 ff., 463; West, *A Matter of Trust*, S. 127 ff., 161 f.
80 Bd. 7, Anh. 2, Punkt 64.
81 Ebd., Punkt 31.
82 Andrew/Gordiewsky, *KGB*, S. 15.
83 Philby, *Mein Doppelspiel*, S. 18.
84 Bd. 6, Anh. 1, Teil 37.
85 Bd. 6, Anh. 1, Teil 37.
86 Andrew/Gordiewsky, *KGB*, S. 677.
87 Gordievsky, *Next Stop Execution*, S. 184.
88 Kalugin, *Spymaster*, S. 131.

23. Operationen gegen Großbritannien II

1 Andrew/Gordiewsky, *KGB*, S. 15; Knightley, *Kim Philby*, S. 296–299.
2 *Iswestija*, 1. Oktober 1971.
3 Die SIS-Offiziere waren nach Philbys Übertritt durch die Operation RUBIN enttarnt worden (Bd. 7, Kap. 5, § 38).
4 *Iswestija*, 1. Oktober 1971; Robert G. Kaiser, »Soviets Name 7 Britons as Mideast Spies«, in: *Washington Post*, 2. Oktober 1971.
5 Bd. 7, Kap. 5, § 29; *Al Zaman*, Leitartikel, 8. Mai 1972.
6 BBC, *Summary of World Broadcasts*, ME/3823/i, 27. Oktober 1971; *Al Zaman*, Leitartikel, 8. Mai 1972.
7 Bd. 7, Kap. 5, § 36.
8 Ebd., § 29.
9 *L'Orient-Le Jour* (Beirut), 13. Mai 1972; *The Times*, 7. April 1973. Als Philby später nach dem neuerlichen Interesse des KGB an seiner Mitarbeit Anfang der siebziger Jahre gefragt wurde, äußerte er sich »nicht sehr genau« (Knightley, *Kim Philby*, S. 299). Da er das lange *Iswestija*-Interview von 1971 wohl kaum vergessen haben dürfte, zog er es offenbar vor, nicht darüber zu sprechen.
10 Kalugin, *Spymaster*, S. 133–141; Andrew/Gordiewsky, *KGB*, S. 701 f.
11 Bd. 7, Anh. 2, Punkt 82.
12 Brook-Shepherd, *Stormbirds*, S. 199; West, *A Matter of Trust*, S. 170.
13 Andrew/Gordiewsky, *KGB*, S. 677.
14 Bd. 7, Kap. 6.
15 Andrew/Gordiewsky, *KGB*, S. 677.
16 Bd. 7, Kap. 6, § 9. Aus Mitrochins Notizen geht nicht hervor, wann die Wanzen entdeckt wurden. Als die Sowjets die Entdeckung 1989 bekanntgaben, hieß es, sie liege mehrere Jahre zurück (Christopher Andrew/Simon O'Dwyer Russell/Robert Porter, »Battle of the Bugs on the Wall«, in: *Sunday Times*, 4. Juni 1989).
17 Andrew/Gordiewsky, *KGB*, S. 662.
18 Bd. 7, Anh. 2, Punkt 7.
19 Bd. 7, Kap. 3, §§ 6 f., 12.
20 k-4, 154.
21 Bd. 7, Kap. 14, Punkt 16.
22 Ebd., Punkt 17.
23 k-2, 124.
24 Bd. 7, Kap. 14, Punkt 4.
25 Bd. 7, Kap. 3.
26 Bd. 7, Anh. 3, Anm. 8.
27 k-2, 124; Bd. 7, Anh. 1, Punkt 66.
28 k-2, 124; Bd. 6, Anh. 1, Teil 39; Bd. 7, Kap. 14, Punkt 16; Anh. 1, Punkte 65, 68.
29 Bd. 7, Kap. 14, Punkt 12.
30 Bericht der Sicherheitskommission (Cm 2930), Juli 1995, Kap. 2 ff.
31 Bd. 7, Kap. 14, Punkt 12.
32 »Phone call that trapped a spy«, in: *The Independent*, 19. November 1993.
33 Bd. 40, Kap. 14, Punkt 12.

34 Bericht der Sicherheitskommission (Cm 2930), Juli 1995, S. 8 f.; »Dear Maggie, Please Let Me Spy for the KGB!«, in: *Daily Telegraph*, 21. September 1993; Laurence Donegan/Richard Norton-Taylor, »Spy who slipped through the net«, in: *The Guardian*, 19. November 1993.
35 Großbritannien rangierte damit an vierter Stelle.
36 Bd. 7, Anh. 3, Anm. 15.
37 Bd. 7, Kap. 14, Punkt 14.
38 Bd. 7, Kap. 14, Punkt 18; vgl. Bd. 7, Anh. 1, Punkte 7, 42.
39 Ziegler, *Harold Wilson*, S. 503.
40 Bd. 7, Kap. 14, Punkt 18.
41 Ziegler, *Harold Wilson*, S. 508 f.
42 Bd. 7, Kap. 14, Punkt 18.
43 Andrew/Gordiewsky (Hg.), *Instructions from the Centre*, S. 129.
44 Bd. 7, Kap. 16, Punkte 54, 62.
45 Andrew/Gordiewsky (Hg.), *Instructions from the Centre*, S. 129 f.
46 Information von Oleg Gordiewski.
47 Bd. 7, Kap. 16, Punkt 50.
48 *Morning Star*, 31. Oktober 1975.
49 Bd. 7, Kap. 16, Punkt 50.
50 Ebd., Punkt 51.
51 Andrew/Gordiewsky (Hg.), *Instructions from the Centre*, S. 101 f., 138 f.
52 Andrew/Gordiewsky, *KGB*, S. 811.
53 Bd. 6, Anh. 1, Teil 1; k-12, 51.
54 Andrew/Gordiewsky (Hg.), *Instructions from the Centre*, S. 130–137.
55 Bd. 7, Anh. 1, Punkt 77.
56 Bd. 5, Kap. 14.
57 *The Times*, 29. November 1969, 31. März 1994.
58 Bd. 5, Kap. 14, § 1; Bd. 7, Kap. 7, § 74.
59 Bd. 5, Kap. 14, Anm. 4; Bd. 7, Kap. 7, § 74.
60 Bd. 5, Kap. 14, § 2 und Anm. 4.
61 Bd. 7, Kap. 7, §§ 73 f.; k-2, 171; Bd. 5, Kap. 14, § 2 f., 7.
62 Bd. 5, Kap. 14, §§ 5 f.; Bd. 7, Kap. 7, § 75. Da WERA nichts Unrechtes getan zu haben scheint, wäre es unfair, ihren Klarnamen oder ihre genaue Stellung an der Moskauer Botschaft, die beide in SCOTs KGB-Akte genannt werden, zu offenbaren.
63 Bd. 5, Kap. 14, §§ 7–9.
64 Ebd., Anm. 6.
65 Ebd., §§ 10 f.
66 Ebd., §§ 12–44.
67 Ebd., §§ 45 f..
68 Bd. 7, Kap. 7, § 76.
69 Bd. 5, Kap. 14, §§ 51 f.
70 »The Fugitive Detective and His Secret Trips to Britain«, in: *The Times*, 15. April 1981.
71 Bd. 5, Kap. 14, §§ 53 f.
72 »Bribes Trial Man Says He Was Told to Flee«, in: *The Times*, 7. April 1981; »Detective

in »Morass of Corruption‹ Is Jailed«, in: *The Times*, 15. April 1981; »Confessions of a Bent Copper«, in: *The Times*, 31. März 1994.
73 Andrew/Gordiewsky, *KGB*, S. 677 f. Die Rekrutierung von Prime und Symonds, zwei der herausragenden britischen Agenten des KGB in den siebziger Jahren, konnte sich Lukasewitsch nicht zugute halten, da beide im Ausland angeworben worden waren.
74 Andrew/Gordiewsky, *KGB*, S. 754–756; Gordievsky, *Next Stop Execution*, S. 249–252.
75 Andrew/Gordiewsky, *KGB*, S. 599; Gordievsky, *Next Stop Execution*, S. 269 f.
76 Andrew/Gordiewsky, *KGB*, S. 772–779; Andrew/Gordievsky (Hg.), *Instructions from the Centre*, Kap. 4.
77 Bd. 7, Anh. 2, Punkte 72 f.
78 Early, *Confessions of a Spy*, S. 139–145, 176–179.
79 Andrew/Gordiewsky, *KGB*, S. 18–28, 784; Gordievsky, *Next Stop Execution*, Kap. 1, S. 14 f.
80 Bd. 7, Kap. 14, Punkt 12.
81 Bericht der Sicherheitskommission (Cm 2930), Juli 1995, S. 10.
82 Ebd., S. 13 f., 32 f.; »Phone call hoax that trapped a spy«, in: *The Independent*, 19. November 1993; »Vital clues to a traitor«, in: *Daily Mail*, 19. November 1993.

24. Die Bundesrepublik Deutschland

1 1977 bildete der Karlshorster Apparat des KGB sieben ostdeutsche Agenten aus, die eine falsche Identität hatten, und prüfte weitere 52 mögliche Personen auf ihre Eignung, von denen wahrscheinlich die meisten nicht den Anforderungen entsprachen; k-5, 774.
2 Bei ihrer Gründung im Jahre 1952 war die Auslandsaufklärung der Stasi als Hauptverwaltung XV bekannt; sie wurde 1956 in HVA umbenannt.
3 Childs und Popplewell, *The Stasi*, S. 122 f.
4 Wolf, *Man without a Face*, S. vii.
5 k-16, 522. Die Residenturen in Köln und Hamburg waren der in Bonn unterstellt; der Leiter der Bonner Residenz nannte sich »Hauptresident«.
6 k-19, 247.
7 Der Leiter des Entführungskommandos war ein anderer deutscher Agent namens WAGNER (späterer Deckname FLORA). Für diese und andere »Sonderaktionen« wurde er mit dem Orden »Roter Stern« ausgezeichnet. WAGNER war von 1964 bis 1967 in Belgien stationiert, und SERGEJEW reiste als Kurier zu ihm. k-5, 88; k-16, 212.
8 k-5, 288.
9 k-5, 283.
10 k-5, 284.
11 k-9, 65.
12 Höhne und Zolling, *Pullach intern*, Kap. 12. Rositzke, *The KGB*, S. 189–194. Andrew und Gordievsky, *KGB*, S. 527 f., 582 f.; Murphy, Kondraschow und Bailey, *Die unsichtbare Front*, S. 337. Mitrochins kurze Notizen über Felfe enthalten keine detaillierten Angaben über die von ihm gelieferten Informationen; sie bestätigen jedoch, daß Felfes

Memoiren, *Im Dienst des Gegners*, Desinformationen enthalten, die vom Dienst A fabriziert wurden (k-5, 284).
13 Band 6, Kap. 2, Teil 1, n.
14 Peet, *Der Spion, der keiner war*, S. 10, 126f., 211f., 240ff.
15 Peet, *Der Spion, der keiner war*, Kap. 30. Childs und Popplewell, *The Stasi*, S. 145f.
16 Die beste Darstellung des Falles Otto John ist in Murphy, Kondraschow und Bailey, *Die unsichtbare Front*, Kap. 10, zu finden. Murphy hat keine Akte über den Fall gesehen.
17 Nationalrat der Nationalen Front des Demokratischen Deutschland, *Braunbuch* (1965) und *Graubuch* (1967).
18 Schmeidel, »*Shield and Sword of the Party*«, S. 146f.
19 k-26, 88. Die Tatsache, daß Brandt einen Codenamen erhielt, ist natürlich kein Beweis dafür, daß er ein Agent war. In Telegrammen des sowjetischen Geheimdienstes während des Krieges wurden sogar Churchill und Roosevelt mit Codenamen erwähnt.
20 Brandt, *Mein Weg nach Berlin*, Kap. 2ff.
21 k-26, 88. Über Rein siehe Brandt, *Mein Weg nach Berlin*, S. 101f.
22 Die Briten hatten auch dank ihrer Funkaufklärung, die mit dem Projekt ULTRA den deutschen Marinecode geknackt hatten, Informationen über die Bewegungen der *Tirpitz*. Nach mehreren erfolglosen britischen Angriffen wurde die *Tirpitz* schließlich im November 1944 versenkt, wobei 1204 Mann den Tod fanden.
23 TERENTIJ war der tschechische kommunistische Journalist Walter Taube. Aus Mitrochins Notizen geht hervor, daß WANJA Vanek ist, ein früherer tschechischer Geheimdienstoffizier, der jetzt für die Briten arbeitet. Unklar ist, ob »Vanek« ein Vor- oder ein Familienname ist. k-26, 88.
24 k-26, 88.
25 k-26, 88.
26 k-26, 86.
27 Colitt, *Spy Master*, S. 97.
28 Brandt, *Begegnungen und Einsichten*, S. 48f.
29 Operationen gegen bedeutende ausländische Staatsmänner bedurften normalerweise der Genehmigung durch die politische Führung.
30 k-26, 88.
31 Mitrochins Notizen über Brandts Akte reichen nur bis zum Jahre 1962. Sie enthalten jedoch spätere Hinweise auf Brandt, die aus anderen Akten stammen.
32 Brandt, *Begegnungen und Einsichten*, S. 53. Abrassimow, dem später vorgeworfen wurde, er verhalte sich wie ein sowjetischer Statthalter, war Botschafter in Ost-Berlin.
33 Wolf, *Man without a Face*, Kap. 9. Colitt, *Spymaster*, Kap. 4., Bailey/Kondraschow/Murphy, *Die unsichtbare Front*, S. 396.
34 Garton Ash, *In Europe's Name*, ist wahrscheinlich die beste Studie über die Ostpolitik.
35 Wolf, *Spionagechef im geheimen Krieg*, S. 267f.
36 k-19, 248, 250.
37 Marshall, *Brandt*, S. 86f.
38 k-2, 52.
39 Wolf, *Spionagechef im geheimen Krieg*, S. 261.
40 Marshall, *Brandt*, S. 88ff.
41 k-2,52.

42 »Bank pay-in slip published in Bonn bribes scandal«, in: *The Times*, 20. Juni 1973. »Steiner tells of work as an agent«, in: *Daily Telegraph*, 8. August 1973.
43 Wolf erwähnt, daß nie geklärt wurde, ob Steiner nicht zweimal kassiert hat, von Wienand und von der HVA. Vgl. Wolf, *Spionagechef im geheimen Krieg*, S. 261.
44 »Bonn bribery allegations ›not proven‹« in: *The Times*, 28. März 1974.
45 Genscher, *Erinnerungen*, S. 197–201.
46 Wolf, *Man without a Face*, S. 157–165. Wolf stellt einige prahlerische Ungenauigkeiten in Guillaumes eigener Schilderung seiner Karriere fest.
47 Genscher, *Erinnerungen*, S. 201 f.
48 Wolf, *Man without a Face*, S. xi, 171 f.
49 Wolf, *Spionagechef im geheimen Krieg*, S. 150.
50 Andrew und Gordiewsky, *KGB*, S. 289–292, 584 f., 587 ff.; 665.
51 Die Identität von Wolfs erstem »Romeo-Spion« (Deckname FELIX), der seine Tätigkeit Anfang der fünfziger Jahre begann, bleibt unklar. Wolf, *Spionagechef im geheimen Krieg*, S. 86 f.
52 k-5, 30 f.
53 k-5, 31.
54 Barron, *KGB*, S. 187.
55 k-16, 139. Der Deckname »Franz Becker« ist bei Mitrochin nicht verzeichnet, wurde aber später bei Hökes Prozeß genannt.
56 k-10, 56; k-16, 139.
57 k-10, 56; k-16, 139.
58 k-16, 65.
59 k-16, 139; k-5, 19.
60 k-16, 65.
61 k-16, 139, k-5, 19.
62 k-10, 56; k-16, 139.
63 RENATA war mit RYBACEK, einem in der Schweiz lebenden tschechischen Illegalen, verheiratet, der auch für den KGB arbeitete. k-16, 94, 139; k-12, 5; k-8, 25 f.; k-2, 46, 84.
64 »Russia May Have Learned War Secrets«, in: *The Observer*, 1. September 1985; »Bonn Spy Knew Army Secrets«, in: *The Observer*, 8. September 1985; »Glamour Spy's Love Ends In Treachery«, in: *The Observer*, 14. Dezember 1986; »Spionage: Wie ein Halmaspiel«, in: *Der Spiegel*, 29. Dezember 1986; »KGB Lover Led Shy Secretary Into Treason«, in: *Daily Telegraph*, 1. September 1987.
65 Mitrochins Notizen über ROSIE enthalten nicht ihren wirklichen Namen. Aus Presseberichten nach ihrer Verhaftung im Dezember 1976 geht hervor, daß ihr richtiger Name Heidrun Hofer war.
66 k-8, 7, 177; k-18, 385. Laut k-8, 177, wurde ROSIE im Oktober 1971 und laut k-16, 108, 1973 angeworben. Die beiden Daten beziehen sich auf den Zeitpunkt, wo sie ROLAND Informationen zu liefern begann, bzw. auf ihr Treffen mit WLADIMIR im Februar 1973, wonach ihre Bedeutung als Agentin anscheinend wuchs.
67 k-16, 61. Von 1970 bis 1982 war WLADIMIR ein illegaler Ausbilder in Karlshorst, der verschiedene Aufträge in der DDR, in der Bundesrepublik Deutschland und in Österreich durchführte. Seine Frau Irina Jewsejewna (BERTA) war auch eine Illegale.

68 »Bettgeflüster nach Dienstschluß«, in: *Quick*, 13. Januar 1977.
69 k-5, 20.
70 »Bettgeflüster nach Dienstschluß«, in: *Quick*, 13. Januar 1977. »Hat Spionin Hofer den BND auf Jahre gelähmt?«, in: *Die Welt*, 14. Jan. 1977.
71 k-16, 70; k-18, 5, 145. Einzelheiten über die Kolumne der einsamen Herzen und der von GEORG verwendete Deckname (nicht aber seine wirkliche Identität) wurden bei Falks Prozeß bekannt. Vgl. Childs/Poplewell, *The Stasi*, S. 160.
72 Childs/Poplewell, *The Stasi*, S. 160.
73 k-16, 70; k-2, 374.
74 k-19, 357. Childs/Poplewell, *The Stasi*, S. 160.
75 k-18, 145.
76 Childs/Poplewell, *The Stasi*, S. 160f.
77 Bd. 6, Anh. 1, Teil 5; k-14, 747, 748; k-11, 91; k-12, 435.
78 k-14, 747.
79 k-11, 91.
80 t-1, 45, 135; k-5, 193; k-24, 236; Bd. 6, Anh. 2, Teil 3.
81 k-14, 237; k-8, 72.
82 Wolf, *Man without a Face*, S. 142–148. Colitt, *Spy Master*, S. 128–134. Gast wurde am 29. September 1990 – vier Tage vor der Wiedervereinigung Deutschlands – verhaftet. Sie wurde von einem ehemaligen hohen Offizier der nicht mehr existierenden HVA verraten.
83 Wolf, *Man without a Face*, S. 188–194. Colitt, *Spy Master*, S. 197–205, 235 ff. Im Februar 1992 wurde Kuron zu zwölf Jahren Zuchthaus und zu einer Geldstrafe von 692 000 DM verurteilt.
84 Wolf, *Man without a Face*, S. 198–201. Colitt, *Spy Master*, S. 203 f. Wolf behauptet, die Prostituierten, die er beschäftigte, damit sie die sexuellen Bedürfnisse Tiedges und anderer Überläufer befriedigten, seien keine Prostituierten gewesen, sondern nüchtern denkende Frauen, Parteigenossinnen und ihrem Land treu ergebene Bürgerinnen, die bereit waren, dies zu tun, um bei der Zuweisung einer Wohnung bevorzugt zu werden oder auf der Warteliste für ein Auto vorzurücken.
85 »Wienand zu zweieinhalb Jahren Freiheitsstrafe verurteilt«, in: *Frankfurter Allgemeine Zeitung*, 27. Juni 1996. »Karl Wienand zu zweieinhalb Jahren Haft verurteilt«, in: *Süddeutsche Zeitung*, 27. Juni 1966. Imre Karacz, »Cold War Agent Jailed«, in: *The Independent*, 27. Juni 1996.
86 Genscher, *Erinnerungen*, S. 188.
87 Wolf, *Spionagechef im geheimen Krieg*, S. 186 ff. Nach einem Gespräch mit dem ehemaligen sowjetischen Botschafter in Bonn, Valentin Falin, im Jahre 1992 schrieb Brandt: »Seit 1975 hatte sich Karl Wienand verpflichtet, für die Dienste drüben zu arbeiten.« Falin leugnete später, Wienand damit gemeint zu haben. Vgl. Roger Boyes, »Brandt Papers Revive Spy Claims«, in: *The Times*, 11. Februar 1995. Die von Mitrochin eingesehenen Akten enthalten keinen Hinweis auf einen Versuch des KGB, Wienand anzuwerben.
88 *The Observer* berichtete am 3. Juli 1994 aus Bonn, Wehner werde »jetzt von vielen verdächtigt, ein Spion der Stasi gewesen zu sein«.
89 k-3, 63.

90 Colitt, *Spy Master*, S. 250.
91 k-3, 63.
92 Ebd.
93 Wolf, *Man without a Face*, S. 169. Wolfs Behauptungen werden von Mitrochin nicht bestätigt (und auch nicht verneint). Mitrochins ausführliche Notizen über Wehners Akte hören 1941 auf.
94 Wolf, *Spionagechef im geheimen Krieg*, S. 185, 210 f.
95 Garton Ash, *In Europe's Name*, S. 199, 321 f., 533 f.
96 Wolf, *Spionagechef im geheimen Krieg*, S. 207, 209.
97 k-2, 53. Wolf rächte sich danach an Van Nouhuys, indem er die Story dem *Stern*, dem Konkurrenten der Illustrierten *Quick*, zuspielte, der sie am 25. Oktober 1973 abdruckte. Ein langer Rechtsstreit folgte, den schließlich der *Stern* gewann. Vgl. Wolf, *Spionagechef im geheimen Krieg*, S. 350 f.
98 1994 rief Brandts Witwe damit, daß sie öffentlich seinen Verdacht gegenüber Wehner erwähnte, einen politischen Sturm hervor.
99 Wolf, *Spionagechef im geheimen Krieg*, S. 218.
100 k-12, 505 f.
101 k-2, 162.
102 k-2, 165.
103 k-2, 179; k-10, 135 f.
104 k-5, 787.
105 Breschnews Staatsbesuch kostete den KGB viel Zeit und Mühe. Die Sicherheitsvorkehrungen wurden von einem Ausschuß geleitet, dem die Leiter von sieben Direktionen des KGB (einschließlich Krjutschkow) angehörten. 29 operative Gruppen von KGB und GRU (miliärische Abwehr) wurden beauftragt, die Maßnahmen zur Gewährleistung der Sicherheit Breschnews während seines Staatsbesuchs zu überwachen. k-5, 788 f.
106 k-8, 104. Die sowjetisch-deutschen Verhandlungen über die Erdgasleitung nach Sibirien wurden im November 1981 erfolgreich abgeschlossen. Sir Percy Cradock, dem späteren außenpolitischen Berater von Mrs. Thatcher, zufolge fand die Reagan-Administration »in der polnischen Krise [Dezember 1981] einen geeigneten Vorwand, um ein Abkommen zu sabotieren, das ihr nicht gefiel. Ihre Aktion beschränkte sich zuerst nur auf US-amerikanische Unternehmen, wurde aber im Juni erweitert, ohne groß an die Folgen für amerikanische Tochtergesellschaften und ausländische Unternehmen zu denken.« Nach heftigen Protesten von Mrs. Thatcher und Helmut Schmidt gab sie nach, forderte aber von der NATO, dem Handel mit der Sowjetunion größere Beschränkungen aufzuerlegen. Vgl. Cradock, *In Pursuit of British Interests*, S. 56.
107 k-8, 104.
108 Mitrochin hatte keinen Zugang zu den Akten der Zweiten Hauptverwaltung, aus denen der Name des Agenten hervorgegangen wäre.
109 k-13, 44. Mitrochins Notizen erwähnen keinerlei Reaktion der Schmidt-Regierung.
110 k-19, 282. Die aktiven Maßnahmen gegen Strauß widerlegen gelegentliche Andeutungen von Wolf, Strauß sei ein Informant der HVA gewesen.
111 k-5, 718, k-19, 282. Inge Goliath war 1979 in die DDR zurückgeholt worden. Mitrochins Notizen erwähnen summarisch, mit nur wenigen Einzelheiten, mehrere

andere aktive Maßnahmen des KGB, durch die der BND und der BfV kompromittiert werden sollten: die Operation DSCHUNGEL, die von 1978 an gemeinsam mit der HVA durchgeführt wurde, um den BND zu diskreditieren und seine Beziehungen zu anderen westlichen Geheimdiensten zu stören; die Operationen SCHAK-RUSCH, ROSA, BURGUNDER, OSMAN, PANTHER (1978), die, erneut in Zusammenarbeit mit der HVA, »die Tätigkeit der bundesdeutschen Nachrichtendienste in Europa und im Nahen Osten bloßstellen und behindern sollten« (k-13, 61); die Operation ONTARIO (1978), die »Unstimmigkeiten zwischen der CIA, dem SDECE und dem BND« hervorrufen sollte (k-13, 79); die Operation JAMES (1980), die durchgeführt wurde, »um die Unstimmigkeiten zwischen dem BND und der CIA zuzuspitzen« (k-13, 102); die Operation KLOP (1981) zur Diskreditierung des BfV (k-13, 85); die Operation ORCHESTER (1981) zur Diskreditierung westdeutscher Journalisten, die angeblich Offiziere des BND waren oder mit ihm zusammenarbeiteten (k-13, 86), und die Operation DROTIK (1981) zur Enttarnung westlicher Geschäftsleute, die angeblich von der CIA und dem BND zur Tarnung und für andere operative Zwecke benutzt wurden (k-13, 87).

112 k-5, 718, k-19, 282.
113 k-6, 102; k-19, 32.
114 Garton Ash, *In Europe's Name*, S. 320.
115 Wolf, *Man without a Face*, S. 222.
116 Andrew und Gordievsky (Hg.), *Instructions from the Centre*, S. 38f.
117 Hanson, *Soviet Industrial Espionage. Some new Information*, U.S. Government, *Soviet Acquisition of Militarily Significant Western Technology. An Update*.
118 RICHARD wurde 1964 erstmals in der Bundesrepublik eingesetzt; k-16, 110, 129.
119 k-18, 441.
120 k-10, 39.
121 t-2, 34.
122 Bd. 6, Kap. 6.
123 Sogar nachdem die Exportbeschränkungen für westliche Computer in der Ära Gorbatschow gelockert worden waren, befürchtete man, daß diese Geräte Programmfehler enthielten oder absichtlich mit Computerviren infiziert worden seien. Der stellvertretende Vorsitzende der Staatlichen Technischen Kommission, Nikolai Brunizin, beschwerte sich im Jahre 1990 darüber, daß die Software in einem westdeutschen Computer, der einer sowjetischen Schuhfabrik verkauft worden war, absichtlich so vorprogrammiert gewesen sei, daß sie sich selbst lösche. Es habe, wie er behauptete, eine ganze Reihe solcher Fälle gegeben. Brunizin, *Openness and Espionage*, S. 28f.
124 Mitrochin hat folgende im wissenschaftlich-technischen Bereich tätige Agenten (in der Reihenfolge des russischen Alphabets) festgestellt: BORIS, Manager einer Elektronikfabrik (k-18, 230); DAL, Spezialist für Lasertechnik und Plasma (k-10, 38); DYMOW, Programmierer in einem Forschungszentrum in Westberlin (k-12, 442); EBER, Angestellter eines großen Unternehmens (k-14, 570); EGON, ein ostdeutscher Illegaler, der als Ingenieur bei einem großen Unternehmen arbeitete (k-16, 112, 296); EMIL, ein Abteilungsleiter bei MBB (k-10, 37); ERICH, ein Chemieingenieur (k-10, 32, 47); GUZUL, Besitzer einer Farbenfabrik (k-18, 318); KARL, Experte auf

dem Gebiet des Elektromagnetismus, der eine Zeitlang als Agent der Pariser Residentur gegen französische Zielobjekte eingesetzt war (k-4, 21; k-5, 337, 367; k-10, 39; KERNER, ein Chemiker, der auf dem Gebiet der Polymere arbeitete (k-10, 48; k-12, 414; k-16, 120f.), KEST, Leiter einer Forschungsgruppe an einem medizinischen Institut (k-5, 341); KLEIN, ein Kernphysiker (k-14, 429); LEONID, ein Computerwissenschaftler in einem Chemiemulti (k-18, 277; k-27, 323); LETON, ein Händler, der sich auf dem Gebiet der Funkelektronik spezialisert hatte (k-12, 129); LOTZ, der eine hohe Position in einem Forschungsinstitut der Raumforschung innehatte (k-10, 41, 44); MORSCH, ein Jugoslawe, der Chemieerzeugnisse lieferte, die einem Ausfuhrverbot unterlagen (k-5, 9); MOST, Gründer einer Elektronikfirma (k-12, 87); PAUL, Besitzer einer Elektronikfirma (t-2, 18); RASPORJADITEL, ein Betriebsdirektor, der Anlagen für integrierte Schaltungen lieferte (k-14, 570); ROBERT, ein Raketentechniker (k-10, 35); SCHMEL, Leiter einer Computerfirma (k-18, 283); TAL, ein Planer von Chemiebetrieben und Polymerfabriken (t-2, 1); TART, der für den Chemieriesen Bayer arbeitete (k-14, 670); ZANDER, ein Polymerchemiker (k-10, 48; k-12, 414; k-16, 120f.); WILON, Direktor einer Elektronikfabrik (k-5, 216); JUNG, ein Ingenieur für Flugzeug-Computersysteme (k-2, 70, 120); WAGNER, Abteilungsleiter in einem großen petrochemischen Unternehmen (k-10, 33, 46); und FOTOGRAF, ein Spezialist bei der Internationalen Atomenergie-Behörde.
125 *Die Welt*, 17. Juli 1986.
126 »Ex-KGB agent to return to West«, *The Guardian*, 26. November 1987.
127 k-10, 37.
128 »East Seen Escalating Drive for West's Industrial Secrets«, *Washington Post*, 24. Oktober 1986.
129 k-10, 37.
130 »Ex-KGB agent to return to West«, *The Guardian*, 26. Nov. 1987. »Red Spy Returns For His Pension«, *Today*, 26. Nov. 1987.
131 Wolf, *Man without a Face*, Kap. 1.

25. Frankreich und Italien

1 k-4, 91–9, 101. Die aus dem Jahre 1953 stammende Liste der »wertvollen Agenten« in Paris enthält zwar den Decknamen MES, aber keinen Hinweis auf seinen oder ihren Beruf. Die einzigen Decknamen, die aufgrund der Notizen Mitrochins identifiziert werden können, sind PISHO (Georges Pâques) und LONG (Paddy Costello). Es ist jedoch durchaus möglich, daß zu den anderen »wertvollen Agenten« einige gehörten, die kurz nach der Befreiung unter anderen Decknamen angeworben wurden. Pâques' wichtigste Zeit als sowjetischer Agent kam sicherlich, als er von 1958 bis 1962 im französischen Generalstab tätig war.
2 Bd. 9, Kap. 1.
3 »Security Aspects of Possible Staff Talks with France«, 24. Februar 1948, JIC(48)5, CAB158/3, PRO. Diesen Beleg verdanken wir Alex Craig vom Christ's College, Cambridge.
4 In den sechziger Jahren wurde die Bundesrepublik Deutschland als Folge der gleich-

zeitigen Infiltration durch HVA und KGB eine noch wichtigere Quelle von Geheiminformationen als Frankreich. Siehe Kapitel 24.

5 »Miscellaneous Soviet Personalities Who Have Served Abroad«, 29. Sept. 1954, CRS A6283/XR1/144, Australian Archives, Canberra.

6 Bd. 9, Kap. 1. Weitere Beispiele für geheime französische Dokumente, die von der Pariser Residentur beschafft wurden und Berlin und die deutsche Frage betrafen, finden sich bei Bailey/Kondraschow/Murphy, *Die unsichtbare Front*, S. 96f., 103f., 106, 108f., 111ff., 115. Obwohl die Verfasser Zugang zu einigen Berichten der Pariser Residentur erhielten, wurde ihnen nicht erlaubt, Einsicht in die von Mitrochin erwähnten Akten über die Agenteninfiltration in Frankreich zu nehmen.

7 Obwohl sie keinen Zugang zu den KGB-Akten über JOUR erhielten, bestätigen Fursenko/Naftali, daß während der Kubakrise der diplomatische Nachrichtenverkehr zwischen dem Quai d'Orsay und den französischen Botschaften in Moskau und Washington dem KGB zugänglich war; »Soviet Intelligence and the Cuban Missile Crisis«, S. 70f.

8 Wolton, *Le KGB en France*, S. 204ff. Andrew/Gordiewsky, *KGB*, S. 600f.

9 Bd. 9, Kap. 6.

10 Wolton, *La France sous influence*, S. 70.

11 Bd. 9, Kap. 6, § 43.

12 Bd. 9, Kap. 6, § 43. Es ist nicht völlig klar, ob der Offizier der Ersten Hauptverwaltung, der die Gesamtsumme berechnete, den Übergang von »alten« zu »neuen« Francs voll berücksichtigte.

13 Wolton, *La France sous influence*, S. 70.

14 Bd. 9, Kap. 1.

15 k-4, 2–4. Mitrochins Notizen geben keinen detaillierten Aufschluß über die geheimen Informationen, die GERMAIN lieferte, aber die Tatsache, daß er den Orden »Roter Stern« erhielt, beweist seine Bedeutung.

16 k-7, 178. Nach ihrer Anwerbung unter falscher Flagge wurde ROSA von einer Agentin, JEANETTE, geführt, die zweifellos vorgab, Mitglied der fiktiven »fortschrittlichen Gruppe« zu sein.

17 LARIONOW kam 1960 von der Armee zum Außenministerium; k-4, 112.

18 k-4, 18.

19 FRENE wurde 1960 Polizeikommissar in Paris; k-4, 114.

20 DATSCHNIK wurde bei einem Besuch in der UdSSR im August 1962 von der 14. Abteilung der Ersten Hauptverwaltung »gegen Geld« angeworben; k-14, 1.

21 ADAM war Chemiker beim CNRS (Centre National de Recherches Scientifiques) und wurde 1959 angeworben; k-4, 25.

22 SASCHA wurde 1960 oder früher angeworben. 1960 begann er Elektronik in Washington zu studieren; k-4, 113.

23 k-4, 18.

24 Barron, *KGB*, S. 164–181. Interview Christopher Andrews mit Juri Nosenko am 15. November 1987. Wolton, *La France sous influence*, S. 374–379. Da es sich um Operationen der Zweiten Hauptverwaltung handelte, tauchen sie in den von Mitrochin eingesehenen Akten der Ersten Hauptverwaltung nicht auf.

25 k-4, 131. Im Unterschied zu den Vorgängen um Dejean und Guibaud wurde der Fall

LOUISA wegen des erfolglosen Versuchs der Pariser Residentur, mit ihr wieder Kontakt aufzunehmen, in den von Mitrochin eingesehenen Akten der Ersten Hauptverwaltung erwähnt.
26 NNs Name ist nicht in Mitrochins Notizen enthalten, läßt sich aber auf Grund eines biographischen Details als Saar-Demichel identifizieren; Bd. 9, Kap. 6. § 5.
27 Wolton, *La France sous influence*, S. 247–250.
28 Ebd., S. 374, 379, 411 f., 416 f., 426, 437.
29 Bd. 9, Kap. 6, § 5.
30 Bd. 9, Kap. 4, § 8.
31 Bd. 9, Kap. 6, §§ 43 ff.
32 Mitrochins Notizen enthalten keinen Hinweis auf den radikalen (später sozialistischen) Politiker Charles Hernu, der von 1981 bis 1985 Verteidigungsminister war. Es wurde behauptet, Hernu sei 1953 vom bulgarischen Geheimdienst angeworben worden, habe später mit der rumänischen Securitate Kontakt gehabt und sei 1963 KGB-Agent geworden. Jérôme Dupuis und Jean-Marie Pontaut, »Charles Hernu était un agent de l'Est«, *L'Express*, 31. Oktober 1996.
33 k-6, 80, 128; t-1, 61. Aus juristischen Gründen kann GILBERTs Identität nicht veröffentlicht werden, obwohl sie in Mitrochins Notizen vermerkt ist. Es gibt Anzeichen dafür, daß GILBERT an einem bestimmten Punkt vermied, mit seinem Führungsoffizier Kontakt zu haben.
34 Aus juristischen Gründen kann DROMs Identität nicht veröffentlicht werden, obwohl sie in Mitrochins Notizen vermerkt ist. Seine Akte umfaßte sieben Bände. DROMs Führungsoffiziere waren von 1960 bis 1964 Spartak Leschtschow (LARIN), von 1964 bis 1967 Wladimir Jaschtschetschkin (JASNOW), von 1967 bis 1972 Juri Semjonytschew (TANEJEW) und 1972/73 Anatoli Zipalkin (WESNOW). Bd. 9, Kap. 6, §§ 30 f.; t-1, 58, 69; k-4, 27, 58.
35 Bd. 9, Kap. 2, § 33.
36 Bd. 9, Kap. 2 und 4.
37 Bd. 9, Kap. 6, § 5.
38 Myagkov, *Inside the KGB*, S. 24.
39 1965 scheint Saar-Demichel seinen Einfluß auf das Élysée verloren zu haben. Es wird berichtet, de Gaulle habe zu jemandem in seiner unmittelbaren Umgebung geäußert: »Saar-Demichel ist ein sowjetischer Spion. Er stiehlt natürlich keine Geheimnisse, um sie ihnen auszuhändigen, aber er sagt ihnen alles, was er weiß.« Wolton, *La France sous influence*, S. 382, 424 ff.
40 Ebd., S. 426.
41 Bd. 9, Kap. 6, §§ 33, 40.
42 Bd. 9, Kap. 2, § 11.
43 Im Zeitraum 1963–1966 waren drei nicht identifizierte Offiziere des französischen Geheimdienstes Mitglieder der Gruppe GRANIT, und einer gehörte der Gruppe BULAT an. BON, ein ehemaliger Abteilungsleiter der Sûreté Générale, war als Agentenanwerber tätig; k-27, 242. Der letzte in Mitrochins Notizen enthaltene Hinweis auf die Infiltration des SDECE besagt, daß sich dort im Mai 1969 ein (nicht identifizierter) KGB-Agent befand.
44 k-4, 33, 34, 38.

45 Bd. 9, Kap. 6, § 30.
46 Bd. 9, Kap. 6, § 10. Mitrochins Notizen enthalten nur wenige detaillierte Angaben über die regelmäßigen Zahlungen (nicht Prämien) an diese Agenten.
47 Mitrochins Notizen über ALANs Akte enthalten keine Angaben darüber, welchen Anteil regelmäßige Gehaltszahlungen oder Honorare an den großen Summen hatten, die er erhielt, sie zeigen jedoch, daß er hohe Prämien für besonders wichtige geheime wissenschaftlich-technische Informationen bekam; k-5, 460.
48 t-1, 47; k-4,34.
49 k-4, 35, 65; k-14, 93; t-1, 264f.; Bd. 6, § 1, Teil 33.
50 k-5, 281; k-11, 87; t-1, 266.
51 t-1, 42.
52 Wolton, *Le KGB en France*, S. 242 f. Favier und Martin-Roland, *La décennie Mitterrand*, Bd. 1, S. 271 f.
53 Kahn, »Soviet Comint in the Cold War«, S. 20.
54 k-4, 176.
55 Bei den sechs Chiffrierbeamten, mit denen Anwerbungskontakte gepflegt wurden, waren ALMAZOW, GROMOW, GUDKOW, KRASNOW, LAPIN und WESELOW. Mitrochin gibt Einzelheiten nur zu zwei von ihnen. Bei LAPIN begannen die Anwerbungsversuche 1980, und es gab Pläne, sie fortzusetzen, nachdem er 1982 ins Ausland versetzt worden war. Mit JOURs Hilfe wurden KRASNOWs finanzielle Lage, seine häuslichen Gewohnheiten und seine Hobbys untersucht; außerdem wurde er heimlich fotografiert. Ende 1981 begann ein (nicht identifizierter) Illegaler unter falscher Flagge mit ihm Kontakt aufzunehmen. Mitrochins Notizen geben keine Auskunft darüber, ob und welche der Anwerbungsversuche erfolgreich waren. k-4, 177.
56 t-1, 43; k-4, 180.
57 t-1, 44; k-14, 100.
58 t-1, 36; k-27, 292.
59 t-1, 46
60 k-7, 145.
61 Bd. 9, Kap. 2, § 17.
62 Bd. 9, Kap. 6, § 7.
63 k-7, 145.
64 Bd. 9, Kap. 6, § 7. Giscard d'Estaings Codename wird in k-3, 81, angegeben.
65 Für die beiden Jahre 1976/77 erhielt BROK insgesamt 217 000 Franc: 72 000 Franc Grundgehalt, 83 000 Franc Prämien, 62 000 Franc »Spesen«. Für die Zeit von Januar bis November 1978 – den letzten Zeitraum, über den Angaben über Zahlungen an BROK vorliegen – erhielt er insgesamt 182 000 Franc: 55 000 Franc Gehalt, 83 000 Franc Prämien, 62 000 Franc »Spesen«. k-3, 81.
66 Mitrochin nennt nicht BROKs Führungsoffizier(e) für den Zeitraum 1946–1951. Danach waren seine Führungsoffiziere Je.R. Radzig (1951–57); W.K. Radtschenko (1957–59); Je.N. Jakowlew (1959–63); I.F. Gremjakin (1970–72); L.I. Wasenko (1972); R.F. Schurawljow (1972–76); R.N. Lebedinski (1974–75); Je.L. Mokejew (1976–78) und Je.N. Malkow (1978–79). k-3, 81.
67 M.S. Zimbal, A.I. Lasarew, A.W. Krassawin, W.P. Wlassow und N.N. Tschetwerikow; k-3, 81.

68 k-3, 81.
69 Bd. 9, Kap. 3, §§ 5 f.; t-7, 219.
70 SIDOR wurde 1956 angeworben, aber später verdächtigt, für den DST zu arbeiten (k-14, 3). JACQUES, ein AFP-Korrespondent in mehreren asiatischen Ländern, war von 1964 bis 1973 KGB-Agent; in dieser Zeit hatte er sieben verschiedene Führungsoffiziere (k-6, 53). MISCHA wurde 1965 während eines Besuchs in der Sowjetunion angeworben; aus Mitrochins Notizen geht nicht hervor, wie lange er als Agent tätig war (Bd. 2, Anh. 1, § 46; Bd. 2, Anh. 2, § 68). LAN war von 1969 bis 1979 meist, wenn nicht ausschließlich, in Frankreich als Agent tätig (k-4, 85; k-27, 291). MARAT war von 1973 bis 1982 Agent in Paris und im Ausland (k-6, 42). GRININ wurde 1980 angeworben (k-14, 379).
71 PIERRE, ein »vertraulicher Kontakt« in den sechziger Jahren (k-14, 111, 134) und JOSEPH, ein »vertraulicher Kontakt« von 1974 bis 1977 (k-6, 84).
72 k-27, 291.
73 Bd. 9, Kap. 6, § 33.
74 Shultz/Godson, *Dezinformatsia*, S. 134.
75 Bd. 9, Kap. 6. § 40.
76 Shultz/Godson, *Dezinformatsia*, S. 135–149.
77 k-5, 560.
78 Bd. 9, Kap. 6, §§ 37, 39 f. Sacharowski wurde bei Pathés Prozeß mit seinem angenommenen Namen Kusnezow erwähnt. Die Pariser Residentur glaubte, es sei dem DST nicht gelungen, ihn als Sohn des früheren Chefs der Ersten Hauptverwaltung des KGB zu identifizieren; k-5, 560.
79 NANT, VERONIQUE, JACQUELINE und NANCY werden wie DURANT in Mitrochins Notizen identifiziert, ihre Namen können jedoch aus juristischen Gründen nicht angegeben werden; Bd. 9, Kap. 6, §§ 43–49; k-6, 3.
80 Bd. 9, Kap. 6. § 11.
81 Bd. 9, Kap. 4, § 33.
82 Bd. 9, Kap. 6, § 28; Bd. 9, Kap. 2, §§ 25–30; Bd. 9, Kap. 6, §§ 13 ff.
83 *L'élection présidentielle, 26 avril–10 mai 1981* (Paris: Le Monde, 1981), S. 34. Kahn, »Soviet Comint in the Cold War«, S. 18.
84 Bd. 9, Kap. 3, § 20. Der »Brillantenskandal« hatte damit begonnen, daß *Le Canard Enchaîné* am 10. Oktober 1979 einen sechs Jahre zuvor erteilten Auftrag Bokassas zum Kauf einer mit Brillanten besetzten Plakette für Giscard d'Estaing veröffentlichte. Das Élysée versuchte eineinhalb Jahre lang diese und ähnliche Geschichten abzuwehren, bis es schließlich am 23. März 1981, etwas mehr als einen Monat vor der ersten Runde der Präsidentschaftswahlen, bekanntgab, daß Giscard die Brillanten 1973 erhalten habe, daß ihr Wert 1974 und 1975 auf 115 000 Franc geschätzt wurde und daß diese Summe für das Rote Kreuz und andere gute Zwecke in der Zentralafrikanischen Republik gespendet worden sei.
85 Bd. 9, Kap. 2, § 31.
86 *Le Monde* berichtete während des Wahlkampfes: »C'est incontestablement le parti socialiste qui a la meilleure image de marque dans l'électorat juif.« *L'élection présidentielle, 26 avril–10 mai 1981*, S. 73.
87 Bd. 9, Kap. 2, § 31.

88 Mitrochins Notizen geben keinen Aufschluß über die Insiderinformationen von GILES; k-6, 128.
89 Bd. 9, Kap. 6, § 3.
90 k-3, 81. BROK war nicht der einzige französische Journalist, über den der KGB seine Ansichten radikal änderte. 1979 kam die Zentrale zu dem Schluß, daß LAN Material lieferte, »das sich qualitativ nicht von dem in der Presse veröffentlichten unterschied«. Sie brach daraufhin den Kontakt zu ihm ab. k-27, 291.
91 Bd. 9, Kap. 6, § 3.
92 Die Statistik der Operationen der Gruppe X sah 1975 in den europäischen Residenturen folgendermaßen aus (die Zahlen für Offiziere beziehen sich mit Sicherheit, die für Agenten mit hoher Wahrscheinlichkeit auf das Jahr 1975):

Residentur	Offiziere der Gruppe X [k-5, 420]	Agenten der Gruppe X [k-5, 423]
Belgrad	3	?
Bern	3	?
Bonn	15	9
Brüssel	7	4
Genf	3	2
Den Haag	3	1
Helsinki	6	2
Kopenhagen	6	7
Lissabon	2	?
London	9	9
Oslo	3	0
Paris	22	22
Rom	9	10
Stockholm	7	1
Wien	19	29

Diese Statistik wurde von der Zweiten Abteilung der Direktion T der Ersten Hauptverwaltung erstellt. Die Direktion T war für die Operationen der Gruppe X in den obengenannten Residenturen verantwortlich. Die Zahlen für die Bonner Residentur berücksichtigen nur einen Teil der Operationen der Gruppe X in der Bundesrepublik; solche Operationen wurden auch von der Residentur in Köln durchgeführt. Die Gruppe X in Karlshorst, die einer anderen Abteilung der Direktion T unterstellt war, hatte 1975 59 Agenten (k-5, 416). Wahrscheinlich war die Mehrheit der Operationen der Gruppe X in Wien (deren Zahl aus den Notizen Mitrochins nicht ersichtlich ist) gegen nichtösterreichische Ziele gerichtet.
93 k-5, 383, 386, 406. Obwohl Mitrochins Notizen keine spätere Statistik enthalten, besteht die Möglichkeit, daß der Bericht über das Jahr 1977 übergangen wurde.
94 Mitrochins Notizen enthalten folgende unvollständige statistische Angaben (und Identitäten) für Offiziere der Gruppe X, die im Zeitraum von 1974 bis 1979 durchgehend oder zeitweise in europäischen Residenturen stationiert waren: Belgrad 4; Bern 6; Bonn 9; Brüssel 10; Köln 13; Kopenhagen 13; Genf 7; Den Haag 6; Helsinki

10; Lissabon ?; London ?; Oslo ?; Paris 36; Rom 17; Stockholm 19; Wien 38. k-5, 459.
95 Der Gruppe X in Paris gelang es auch, eine unbekannte Zahl US-amerikanischer Unternehmen und Filialen in Frankreich zu infiltrieren.
96 k-5, 460.
97 Obwohl Mitrochins Notizen nur zu entnehmen ist, daß Andropow vorgeschlagen hatte, Kessarow mit dem Orden »Roter Stern« auszuzeichnen, ist es kaum denkbar, daß diese Empfehlung nicht berücksichtigt wurde. Kessarews Mitarbeiter Juri Rakowski wurde zur beschleunigten Beförderung vorgeschlagen. k-5, 470.
98 Mitrochin notierte die folgenden Zahlungen an ALAN aus seiner Akte: 409 000 Franc für die Zeit von 1973 bis 1976 (wahrscheinlich sein »Grundgehalt« mit zusätzlichen Beträgen für besondere Leistungen); 100 000 Franc (undatiert) für Informationen über die Konstruktion von Infrarot-Detektoren; 40 000 Franc (auch undatiert) für »Muster« der Detektoren; 50 000 Franc im September 1973 für zwei »Muster« von Raketenlenksystemen; 71 000 und 100 000 Franc 1974 für technische Dokumentationen; 40 000 Franc im Jahre 1974 oder 1975 für nicht näher genannte »Muster«; 89 400 Franc (Zweck nicht angegeben) 1975; 110 000 Franc 1977 für Dokumentationen über Raketenlenksysteme; 60 000 Franc und etwa 200 000 Franc (30 000 konvertierbare Rubel) im Dezember 1977 (Zweck nicht angegeben) und 200 000 Franc (Zweck nicht angegeben) Mitte 1978. Nimmt man an, daß das alles getrennte Summen waren und daß keine anderen Zahlungen stattfanden, so ergäbe das eine Gesamtsumme von 1 429 400 Franc. k-5, 460.
99 k-5, 460.
100 Favier/Martin-Roland, *La decennie Mitterrand*, Bd. 1, S. 97.
101 Bourdiol wurde 1983 aufgrund geheimer Informationen des französischen Agenten FAREWELL verhaftet und später zu fünf Jahren Haft verurteilt. Wolton, *Le KGB en France*, S. 245; »Ariane: un ingénieur français incarcéré pour l'espionnage«, in: *Libération*, 2. Dez. 1983; *Early Warning*, 2. März 1984; Reuter-Meldungen, 16. Juni 1987. In Mitrochins Notizen findet sich kein identifizierbarer Bezug auf Bourdiol.
102 Mitrochins unvollständigen Notizen über die Zahlungen an KARL ist zu entnehmen, daß er von Januar bis November 1979 ein monatliches Gehalt von 13 200 Franc und zusätzlich 32 000 Franc bezog und daß er von Januar bis Oktober 1980 12 000 Franc monatlich sowie eine einmalige Zahlung von 34 000 Franc erhielt. KARL war von 1972 bis 1982 als KGB-Agent tätig. k-5, 367 ff.
103 k-5, 367.
104 Über den Fall FAREWELL siehe Wolton, *Le KGB en France*, Teil 5, und Brook-Shepherd, *Storm Birds*, Kap. 17. FAREWELL wurde erstmals in Andrew/Gordievsky, *Le KGB dans le monde*, S. 619–623, als Wetrow identifiziert.
105 Raymond Nart, Leiter der sowjetischen Sektion des DST, berichtete in einem in der Zeitschrift *Défense Nationale* erschienenen Artikel unter dem Pseudonym Henri Regnard erstmals öffentlich darüber, welche Erkenntnisse durch die Operation FAREWELL im Dezember 1983 gewonnen worden waren.
106 Präsident Mitterrand, der natürlich eine Verschwörung vermutete, hegte den seltsamen Verdacht, die CIA habe dem DST vielleicht die FAREWELL-Informationen zugespielt, um »das sozialistische Frankreich und mich zu testen« und zu sehen,

ob er diese Informationen zurückhalten oder sie an die Reagan-Administration weiterleiten würde. Favier/Martin-Rolland, *La décennie Mitterrand*, Bd. 1, S. 94–98, 271 ff.

107 Mitrochins Notizen enthalten folgende Angaben über die Zahl der Agenten verschiedener KGB-Agenturen, die der Fünften Verwaltung der Ersten Hauptverwaltung unterstanden:

	1966	1971	1974	
Frankreich	66	48	55	(+ 17 vertrauliche Kontakte)
Italien	18	21	24	(+ 4 vertrauliche Kontakte)
Belgien	24	19	19	(+ 7 vertrauliche Kontakte)
Griechenland	18	6	18	(+ 3 vertrauliche Kontakte)
Niederlande	2	2	?	
Schweiz	2	8	8	(+ 2 vertrauliche Kontakte)
Zypern	2	5	?	
Luxemburg	1	0	?	
Jugoslawien	0	0	?	

(Quelle: k-8, 472; k-4, 33)

Am 1. Januar 1975 hatte die Residentur in Rom 23 Agenten (davon 18 aktiv) und 6 vertrauliche Kontakte, dazu 4 Agenten in der sowjetischen Gemeinde. Ein Jahr später hatte sie 21 nichtsowjetische Agenten (16 davon aktiv), 7 vertrauliche Kontakte und 9 sowjetische Agenten (k-13, 135).

108 Mitrochins Notizen enthalten keine Beispiele für das Material, das DARIO und seine Rekrutinnen im Außenministerium beschafften.

109 k-10, 101 ff., 107, 109. Aus Mitrochins Aufzeichnungen geht hervor, daß DARIO auch bei der Anwerbung von MAGDA, einer Schreibkraft in der Presseabteilung des Ministeriums, behilflich war; k-10, 100, 103. Außerdem ist bei Mitrochin ein 1970 von Georgi Antonow angeworbener Agent (Deckname STRELOK) im Außenministerium erwähnt. STRELOK sträubte sich später gegen eine Zusammenarbeit (k-4, 80, 158; k-2, 221, 231, 268).

110 k-16, 285. Mitrochin vermerkt, daß LEDA 1965 ihren Zugang zu nachrichtendienstlich relevantem Material verloren hatte.

111 k-10, 97, 109.

112 k-10, 109.

113 k-10, 63. In Mitrochins Notizen ist nicht vermerkt, wann QUESTOR die verschiedenen Chiffren und Überwachungslisten übergab. Aus der Tatsache, daß die Zentrale mit der abnehmenden Menge von nachrichtendienstlichem Material unzufrieden war, das JEFRAT Ende der fünfziger Jahre von QUESTOR erhielt, ist zu schließen, daß dieser das meiste Material Mitte der fünfziger Jahre lieferte.

114 Nach Mitrochins Interpretation der Akte JEFRATs war dessen schlechte Unternehmensführung am Bankrott der italienischen Firma schuld. k-7, 4, 193; k-16, 338, 419; k-18, 153; k-20, 94. YEFRAT wurde bei seiner Tätigkeit nicht nur von seiner Frau TANJA unterstützt, ihm wurde auch der Illegale Alexander Subotin (PIK), der sich einen auf den Namen Adolfo Tolmer ausgestellten italienischen Paß verschafft hatte, als stellvertretender Resident zugewiesen (k-16, 98, 285).

115 JEFRAT versuchte auch CENSORs Frau KAPA anzuwerben. Aus Mitrochins Notizen geht nicht hervor, ob er dabei Erfolg hatte. k-16, 419; k-18, 153.
116 YEFRAT nahm später an PROGRESS-Operationen teil. 1962 warb DEMID seinen in der Abteilung Rechnungswesen des Innenministeriums beschäftigten Bruder TIBER als Funker für den litauischen katholischen Priester und KGB-Agenten SAUL an, der damals am Vatikan studierte. DEMID, CENSOR und QUESTOR lieferten mindestens bis 1963 weiterhin Nachrichtenmaterial (k-16, 419; k-10, 63; k-5, 688–691). Keiner von ihnen erscheint jedoch 1977 auf der Liste der führenden Agenten der Residentur in Rom. Nach JEFRATs Weggang war sein ehemaliger Stellvertreter PIK bis 1965 für die Residentur in Rom tätig und war von Februar 1962 bis September 1963 LEDAs Führungsoffizier; k-16, 285.
117 k-2, 66. Aus Mitrochins Notizen geht nicht hervor, ob IKAR nach seiner Rückkehr nach Italien weiterhin als KGB-Agent tätig war.
118 k-5, 102.
119 k-9, 23; k-10, 126.
120 k-12, 516. IKAR, PLATON, ENERO und ARTUR waren nicht die einzigen Agenten der Zweiten Hauptverwaltung in der italienischen Botschaft in Moskau. Mitrochin erwähnt auch, ohne Einzelheiten zu nennen, POLATOW (oder POLJOTOW), der Ende der siebziger Jahre von der Zweiten Hauptverwaltung angeworben wurde (k-10, 124). Vielleicht hat es noch mehr Agenten in der Botschaft gegeben, die in Mitrochins Notizen nicht erwähnt sind. Weitere Italiener, die von der Zweiten Hauptverwaltung in Moskau angeworben wurden, waren ein Beamter in der Rechtsabteilung des italienischen Innenministeriums, der mit Hilfe von VERA, einer »Schwalbe« des polnischen Sicherheitsdienstes, angeworben wurde (k-2, 273), und RITA, eine Angestellte von FIAT, die 1976 rekrutiert wurde (k-10, 132).
121 k-27, 240.
122 k-22, 72; k-26, 66; t-2, 158.
123 k-5, 256.
124 Andrew/Gordiewsky, *KGB*, S. 525.
125 k-14, 262, 383. BUTIL brach 1979 den Kontakt ab, nachdem es seiner Firma nicht gelungen war, Verträge mit den Sowjets abzuschließen.
126 k-5, 420, 423.
127 Die italienischen Geschäftsleute, die in Mitrochins Notizen als Agenten der Gruppe X in den 70er und/oder frühen 80er Jahren identifiziert wurden, waren TSCHISCH, zu deutsch »Zeisig« (k-14, 567), ERWIN (k-7, 37), KOSAK (k-14, 174), METIL (k-14, 383), PAN (k-12, 593) und TELINI (k-12, 389). Es ist unklar, ob SAUST, ein Geschäftsberater, den der KGB anzuwerben begann, tatsächlich als Agent angeworben wurde (k-14, 568).
128 In Mitrochins Notizen werden insgesamt 17 Offiziere der Gruppe X identifiziert, die zwischen 1974 und 1979 in der Residentur in Rom stationiert waren; k-5, 459
129 k-5, 353, 425. Der sowjetische Botschafter in Rom, N. S. Ryschow, wollte nicht, daß in Mailand ein sowjetisches Konsulat als Tarnung für eine KGB-Residentur in Norditalien eröffnet wurde, aber das Außenministerium in Moskau gab dem Druck der Zentrale nach; k-5, 422.

130 k-5, 353, 357.
131 k-5, 357. Auch EMIL in der Bundesrepublik Deutschland lieferte Geheimmaterial über den Tornado.
132 Mitrochins Notizen enthalten nur wenige Angaben über MARIO; vermerkt ist lediglich, daß er 1972 angeworben wurde und seinen Führungsoffizier regelmäßig in der Sowjetunion traf; k-6, 192.
133 k-14, 264; Bd. 6, Anh. 1, Teil 40. Wie in anderen Ländern wurden auch in Italien Agenten der Gruppe X eingesetzt, um wissenschaftlich-technische Geheiminformationen aus US-amerikanischen Quellen zu beschaffen; k-5, 236.
134 Bd. 6, Anh. 1, Teil 39. Mitrochins Notizen identifizieren KULON und sein Forschungsinstitut.
135 k-5, 425. Mitrochins Notizen enthalten keinen Hinweis darauf, was mit UTSCHITEL und mit anderen Agenten Kusnezows nach dessen Ausweisung geschah. Die übliche Praxis wäre gewesen, sie »auf Eis zu legen«.
136 k-2, 415.
137 k-2, 217; k-3, 112.
138 k-2, 225, 243; k-20, 348.
139 k-2, 250, 275; k-4, 71; k-10, 52; Bd. 6, Anh. 1, Teil 39 und 41.
140 k-2, 230, 242; k-13, 133; k-20, 347; k-21, 34; k-26, 68.
141 k-2, 274. In Mitrochins Notizen ist sein Deckname mal als ATSCHERO, mal als ASCHERO transkribiert. Am wahrscheinlichsten ist ACERO (sprich *atschero*, ital. für »Stahl«).
142 k-7, 126.
143 k-7, 48.
144 k-2, 212, 216, 220, 224, 257f.; k-21, 32.
145 k-2, 229, 257.
146 k-2, 211, 249.
147 k-2, 240, 272; k-25, 188. MEZENATs Führungsoffiziere waren nacheinander Wladimir Strelkow, Anatoli Abalin, Walentin Jazura und Konstantin Kasakow.
148 k-1, 1; k-2, 214, 222, 244; k-13, 143; k-14, 687.
149 k-13, 153, 148.
150 k-13, 148. Die Statistik der aktiven Maßnahmen stimmte weitgehend mit der für die vorangegangenen beiden Jahre überein.
151 Bei Mitrochin sind die neuen Agenten, die von 1977 bis 1983 von der Residentur in Rom angeworben wurden, wahrscheinlich nicht vollständig verzeichnet. Unter ihnen befanden sich jedoch ARO, der für die *Divisione Nucleare* der Firma Ansaldo arbeitete und irgendwann zwischen 1978 und 1981 angeworben wurde (k-14, 439); KLEMENT, ein Mitarbeiter der Abteilung für internationale Beziehungen der Christlichen Gewerkschaften Italiens (ACLI), der 1978 angeworben worden war, aber 1981 »auf Eis gelegt« wurde, weil er keine wichtigen Informationen lieferte (k-14, 395); KARS, ein führender italienischer Physiker, der in Italien und Anfang der 80er Jahre auch in den USA als Agent der Gruppe X arbeitete (k-14, 264, Bd. 6, Anh. 1, Teil 40); KOK, ein Sinologe, der 1977 für Operationen gegen die Volksrepublik China angeworben wurde (k-13, 153); und KOSAK, Besitzer einer italienischen Maschinenbaufirma, der spätestens 1978 angeworben wurde (k-14, 174).

152 k-14, 687.
153 k-7, 48.
154 k-10, 109; k-25, 188.
155 k-7, 126.
156 k-13, 112.
157 Andrew/Gordiewsky, *Instructions from the Centre*, S. 10.
158 Ebd., S. 19f.
159 Andrew/Gordiewsky, *KGB*, S. 652ff.
160 Befehl des Vorsitzenden des KGB, Nr. 107/OW, 5. September 1990.

26. Der polnische Papst

1 k-19, 515.
2 Siehe oben, Kap. 9.
3 k-19, 516.
4 Über die Verhaftungen siehe Karpinski, *Poland since 1944*, S. 196f.
5 Cywinski verlas später Wałęsas Ansprache auf der Feier in Oslo, an der Wałęsa nicht teilnehmen konnte, um den Nobelpreis entgegenzunehmen.
6 k-19, 516.
7 Bernstein/Politi, *Seine Heiligkeit*, S. 120.
8 Siehe oben, Kap. 9.
9 k-19, 429. Natürlich kann Bardecki nicht vorgeworfen werden, daß sich unter den von ihm empfangenenen westlichen Besuchern zwei Männer befanden, die er beim besten Willen nicht als Illegale des KGB erkennen konnte.
10 k-19, 516.
11 Bernstein/Politi, *Seine Heiligkeit*, S. 153.
12 Szulc, *Papst Johannes Paul II.*, S. 220.
13 k-19, 516.
14 Karpinski, *Poland since 1944*, S. 200f.
15 k-19, 473.
16 k-1, 45.
17 k-19, 515.
18 k-19, 506.
19 Szulc, *Papst Johannes Paul II.*, S. 246.
20 Der KGB behauptete, daß es 1982 26000 katholische Priester in Polen gab. k-19, 506.
21 Szulc, *Papst Johannes Paul II.*, S. 355.
22 Bernstein/Politi, *Seine Heiligkeit*, S. 383.
23 k-1, 11.
24 Szulc, *Papst Johannes Paul II*, S. 243.
25 k-1, 11.
26 Bernstein/Politi, *Seine Heiligkeit*, S. 218.
27 Bd. 8, Kap. 8; Bd. 8, Anh. 3. Tischner kann selbstverständlich nicht vorgeworfen werden, daß sich unter seinen westlichen Besuchern auch ein kanadischer Verleger befand, der sich wegen eines Buches über polnische Missionare an ihn wandte und den er nicht als Illegalen des KGB identifizieren konnte.

28 Bernstein/Politi, *Seine Heiligkeit*, S. 448.
29 Szulc, *Papst Johannes Paul II.*, S. 254. Bernstein/Politi, *Seine Heiligkeit*, S. 225f.
30 k-20, 208.
31 k-20, 163.
32 k-20, 211.
33 Bernstein/Politi, Seine Heiligkeit, S. 259.
34 Szulc, *Papst Johannes Paul II.*, S. 264ff. Bernstein/Politi, *Seine Heiligkeit*, S. 367.
35 k-1, 19.
36 k-20, 245.
37 k-20, 245.
38 k-20, 220.
39 Kramer (Hg.), »Declassified Soviet Documents on the Polish Crisis«, S. 116.
40 Bernstein/Politi, *Seine Heiligkeit*, S. 293.
41 k-20, 221.
42 Bernstein/Politi, *Seine Heiligkeit*, S. 293.

27. Die polnische Krise und der Zerfall des Ostblocks

1 Kramer (Hg.), »Declassified Soviet Documents on the Polish Crisis«, S. 117, 129f.
2 k-20, 221.
3 Dobbs, *Down with Big Brother*, S. 48f.
4 k-20, 342.
5 k-20, 34.
6 k-20, 35.
7 Bernstein/Politi, *Seine Heiligkeit*, S. 294f.
8 Bd. 8, Anh. 3. Weder Bardecki noch Mazowiecki kann vorgeworfen werden, daß sich unter ihren westlichen Besuchern für sie nicht erkennbare Illegale des KGB befanden.
9 t-7, 156.
10 Bernstein/Politi, *Seine Heiligkeit*, S. 298.
11 k-20, 10, 26.
12 k-19, 29.
13 Bernstein/Politi, *Seine Heiligkeit*, S. 302.
14 k-20, 28.
15 t-7, 154. Am 22. Januar kehrte Michail Simjanin von einer Erkundungsreise durch Polen nach Moskau zurück und erstattete dem Politbüro einen alarmierenden Bericht. Bernstein/Politi, *Seine Heiligkeit*, S. 303f.
16 k-19, 511.
17 t-7, 155.
18 Bernstein/Politi, *Seine Heiligkeit*, S. 323ff.
19 k-20, 309.
20 Bernstein/Politi, *Seine Heiligkeit*, S. 329–341.
21 k-20, 110.
22 Kramer (Hg.), »Declassified Soviet Documents on the Polish Crisis«, S. 130f.

23 Szulc, *Papst Johannes Paul II.*, Kap. 22. Bernstein/Politi, *Seine Heiligkeit*, S. 349–363.
24 Damals waren in der Zentrale die Meinungen darüber geteilt, ob der KGB in das Attentat verwickelt war. Etwa die Hälfte der Offiziere der Ersten Hauptverwaltung, mit denen Oleg Gordiewski über das Attentat sprach, waren überzeugt, daß der KGB nicht mehr gewagt habe, eine so riskante »Sonderaktion« zu unternehmen, selbst wenn er den bulgarischen Geheimdienst beauftragt habe. Die andere Hälfte vermutete jedoch, die für Attentate zuständige 8. Abteilung der Direktion S sei in die Sache verwickelt gewesen. Einige sagten Gordiewski, sie würden nur bedauern, daß das Attentat fehlgeschlagen sei. Andrew/Gordiewsky, *KGB*, S. 822.
25 k-20, 101, 104.
26 k-20, 104.
27 k-20, 102. Olszowski wurde als inoffizieller Mitarbeiter des KGB angesehen; k-19, 26.
28 k-20, 103. Am 7. Juni schickten Aristow, Kulikow und Pawlow dem Politbüro ein Telegramm, um auf »die Notwendigkeit eines direkten Dialogs mit S. Kania über seinen Rücktritt als Erster Sekretär« hinzuweisen. k-20, 57.
29 k-20, 105.
30 k-20, 53.
31 k-20, 52.
32 k-20, 55.
33 k-20, 54.
34 k-19, 385.
35 k-20, 54, 102, 112.
36 Boyes, *The Naked President*, S. 97 f.
37 k-19, 110.
38 k-19–115.
39 Boyes, *The Naked President*, S. 94 f.
40 k-19, 115.
41 Ebd.
42 k-19, 117.
43 k-19, 113.
44 k-19, 102.
45 k-19, 106.
46 k-19, 105.
47 k-19, 103.
48 k-19, 104.
49 Kramer (Hg.), »Declassified Soviet Documents on the Polish Crisis«, S. 132 f.
50 K. W. Russakow, Sekretär des ZK der KPdSU, sagte nach Kanias Absetzung zu Honekker: »Wir stellten fest, daß in letzter Zeit ein Unterschied zwischen Kanias und Jaruzelskis Herangehensweise an Grundfragen immer deutlicher erkennbar wurde. Jaruzelski zeigte sich immer mehr bereit, gewaltsame Maßnahmen gegen die Konterrevolution zu ergreifen. Wir fingen an, mit Jaruzelski zu arbeiten. Dabei ließen wir uns von der Tatsache leiten, daß Jaruzelski eine größere Autorität in der Armee besaß und auch die Unterstützung der Minister genoß.« k-20, 338.
51 Bernstein/Politi, *Seine Heiligkeit*, S. 378.
52 k-20, 303.

53 Kramer (Hg.), »Declassified Soviet Documents on the Polish Crisis«, S. 133 f.
54 k-20, 311.
55 k-20, 327.
56 k-20, 307.
57 k-20, 304.
58 k-20, 327.
59 k-20, 308.
60 Ustinow leugnete nicht ganz überzeugend, daß Kulikow tatsächlich auf die Möglichkeit einer sowjetischen militärischen Intervention hingewiesen hatte. Kramer (Hg.), »Declassified Soviet Documents on the Polish Crisis«, S. 134–137.
61 k-20, 315 f.
62 k-20, 340.
63 k-20, 315.
64 k-20, 325.
65 k-20, 293.
66 k-20, 324.
67 Bernstein/Politi, *Seine Heiligkeit*, S. 399, 406.
68 Boyes, *The Naked President*, S. 106 f.
69 k-20, 329.
70 k-20, 297.
71 Boyes, *The Naked President*, S. 107.
72 Bernstein/Politi, *Seine Heiligkeit*, S. 402.
73 k-20, 297.
74 k-20, 316.
75 Bernstein/Politi, *Seine Heiligkeit*, S. 404 f.
76 k-20, 323.
77 k-20, 296.
78 k-20, 298.
79 Bernstein/Politi, *Seine Heiligkeit*, S. 411 f.
80 k-19, 53.
81 k-19, 321.
82 k-19, 23.
83 Boyes, *The Naked President*, S. 108. Bernstein/Politi, *Seine Heiligkeit*, S. 416 f.
84 k-20, 249.
85 k-19, 23.
86 Bernstein/Politi, *Seine Heiligkeit*, S. 417.
87 Boyes, *The Naked President*, S. 307 ff.
88 k-20, 249.
89 k-19, 261.
90 Boyes, *The Naked President*, S. 117.
91 k-19, 381.
92 k-19, 380.
93 k-19, 411.
94 k-19, 312.
95 k-19, 252.

96 k-19, 253.
97 k-19, 257.
98 k-19, 258.
99 k-19, 261. Mitrochins Notizen geben nicht den Inhalt der Botschaft Breschnews an Jaruzelski wieder. Über die Verfolgungen nach der Verkündung des Kriegsrechts siehe Swidlicki, *Political Trials in Poland 1981–1986*.
100 k-19, 642.
101 k-19, 311.
102 k-19, 324.
103 k-19, 326.
104 k-19, 328.
105 k-19, 337.
106 k-19, 339.
107 k-19, 128.
108 k-19, 124.
109 k-19, 143. Kiszczak dankte für die materielle und technische Unterstützung, die er bereits erhalten hatte; aus Mitrochins Notizen geht nicht hervor, um welche Art Unterstützung es sich gehandelt hatte.
110 k-19, 143.
111 k-1, 15
112 k-19, 135
113 Bernstein/Politi, *Seine Heiligkeit*, S. 452.
114 Szulc, *Papst Johannes Paul II.*, S. 334f.
115 Boyes, *The Naked President*, S. 131.
116 k-19, 143
117 Bernstein/Politi, *Seine Heiligkeit*, S. 458f.
118 Boyes, *The Naked President*, S. 132f.
119 Ebd., S. 117, 134ff.
120 Ebd., S. 117, 136f.
121 Ebd., S. 137f.
122 Szulc, *Papst Johannes Paul II.*, S. 342; Bernstein/Politi, *Seine Heiligkeit*, S. 464.
123 Bernstein/Politi, *Seine Heiligkeit*, S. 466. Szulc, *Papst Johannes Paul II.*, S. 343.
124 k-16, 500.
125 Brown, *The Gorbachev Factor*, S. 249.
126 Dobbs, *Down With Big Brother*, S. 265–269. Lévesque, *The Enigma of 1989*, Kap. 6.
127 Dobbs, *Down With Big Brother*, S. 288.
128 Interview mit Schebarschin, *Daily Telegraph*, 1. Dezember 1992.

Schlußbetrachtung

1 Jukes, »The Soviets and ›Ultra‹«. Obwohl Jukes' Schlußfolgerungen anfechtbar sind, ist sein 1988 erschienener Artikel eine bahnbrechende Studie.
2 Kennedy-Pipe, *Russia and the World*. Das ansonsten wertvolle Buch von Dr. Kennedy-Pipe ist nur ein Beispiel dafür, wie sogar in einigen der neuesten Werke führender westlicher Gelehrter die Rolle des sowjetischen Geheimdienstes im Ausland unterschätzt wurde.
3 Die Bedeutung der Fernmeldeaufklärung wurde in dem 1967 veröffentlichten bahnbrechenden Werk von David Kahn, *Codebreakers*, gezeigt. Obwohl ein Bestseller, schien sein Inhalt die meisten Historiker auf dem Gebiet der internationalen Beziehungen eher zu verblüffen als zu inspirieren.
4 Eine zunehmende Zahl von Abteilungen für internationale Beziehungen, Geschichte und anderen Fachbereichen an britischen Universitäten bieten jetzt Kurse zum Thema Geheimdienste an. Dies geschieht allerdings in geringerem Umfang als in Nordamerika.
5 Orwell, *1984*, S. 6.
6 Hosking, *History of the Soviet Union*, S. 219.
7 Zwei führende Historiker auf dem Gebiet der russischen Revolution, Orlando Figes und Richard Pipes, beschreiben die Tscheka als »einen Staat im Staate«.
8 Wolkogonow, *Rise and Fall of the Soviet Empire*, S. 73 f.
9 Conquest, *Der große Terror*, S. 533.
10 Ostrjakov, *Militärtschekisten*, S. 258.
11 k-25, 78.
12 k-25, 79. Mitrochins Notizen enthalten keinen Hinweis daarauf, daß Woloschanowitsch für den KGB arbeitete.
13 frag. 1,7. Mitrochins Notizen enthalten keine Angaben über die genaue Anklage, die gegen Korobow erhoben wurde, oder über das Strafmaß.
14 k-3b, 136.
15 Ich verdanke diese Schilderung Tiranas im Jahre 1992 Dr. Clarissa de Waal vom Newnham College, Cambridge.
16 Weitere drei Prozent waren inoffizielle Mitarbeiter des KGB.
17 t-7, 284.
18 t-7, 286. Das Verhalten der Informanten sollte in den meisten Fällen nicht zu scharf verurteilt werden. Diejenigen, die sich der Aufforderung, Informationen zu liefern, widersetzten, zogen oftmals den Unwillen des KGB auf sich und ihre Familien.
19 frag. 5, 3.
20 Kalugin, *Spymaster*, S. 287–298.
21 Kissinger gab später zu, daß Senator Pat Moynihan eine Ausnahme war. »Ihre Kristallkugel war besser als meine«, sagte er ihm. Moynihan, *Secrecy*, S. 6.
22 In den russischen Abschnitten der brillanten Geschichte des 20. Jahrhunderts von Eric Hobsbawm, *Das Zeitalter der Extreme*, wird z. B. kein einziger Chef der Tscheka und ihrer Nachfolger erwähnt, mit Ausnahme eines flüchtigen Hinweises auf Andropows Laufbahn als »Chef des Sicherheitsapparats« vor seiner Wahl zum Generalsekretär (S. 589).

23 Es gibt jedoch einen kurzen Hinweis auf Andropows Aufstieg zum Sowjetführer in Vances Reflektionen über die Zeit nach seinem Rücktritt. Vance, *Hard Choices*, S. 421.
24 Gorbatschow gab jedoch zu, daß der Staatsstreich hätte Erfolg haben können, wenn er eineinhalb oder zwei Jahre früher verübt worden wäre.
25 Remnick, *Resurrection*. Die amerikanische Ausgabe dieser ansonsten bewundernswerten Studie erschien 1997.
26 k-13, 268.
27 Kennedy-Pipe, *Russia and the World*, ist die neueste der vielen Untersuchungen zur sowjetischen Außenpolitik, in denen keiner dieser Aspekte erwähnt wird.
28 Andrew, *For The President's Eyes Only*, S. 149–152.
29 Truman, *Memoiren*, Bd. 1, S. 426.
30 *VENONA*, ein von Christopher Andrew verfaßtes und moderiertes dokumentarisches Stück für BBC Radio 4 (Produzenten: Mark Burman und Helen Weinstein), Erstsendung am 18. März 1998. Andrew, »An Agenda for Future Research«, S. 229 f. Moynihan, *Secrecy*, S. 69–73.
31 DARIO hatte schon vor dem Zweiten Weltkrieg im italienischen Außenministerium gearbeitet und wurde danach wieder dort beschäftigt.
32 Andrew/Gordievsky (Hg.), *Instructions from the Centre*, S. 29–40.
33 Fursenko/Naftali, »Soviet Intelligence and the Cuban Missile Crisis«, S. 65 f.
34 *Iswestija*, 24. September 1991.
35 Die Berichte des Auslandsnachrichtendienstes, die Stalin und Chruschtschow erhielten, sowie die ausführlicheren Einschätzungen für deren Nachfolger werden eines Tages eine wichtige Quelle für die Erforschung der sowjetischen Außenpolitik sein. Bis jetzt stehen der Forschung jedoch nur wenige dieser Dokumente zur Verfügung.
36 k-9, 122; Bd. 2, Anh. 3.
37 Holloway, *Stalin and the Bomb*, S. 145 ff.
38 Schätzung des Pentagon, zitiert von Tuck, *High-Tech Espionage*, S. 108 f.
39 Andrew/Gordievsky, *Instructions from the Centre*, S. 33.
40 Über Gorbatschows Rede berichtete die *Prawda* am 26. März 1986.
41 Brown, *The Gorbachev Factor*, S. 134 f., 139.
42 Bericht des Ausschusses des Repräsentantenhauses unter dem Vorsitz von Christopher Cox. Eine freigegebene Version wurde im Mai 1999 veröffentlicht.
43 k-3b, 137. Obwohl dieses für die Residenturen bestimmte Rundschreiben 1977 versandt wurde, wiederholte es nur Prioritäten, die schon in früheren Instruktionen der Zentrale formuliert waren.
44 k-25, 186.
45 Bd. 6, Kap. 1, Teil 1; k-25, 56; k-21, 74, 96, 99.
46 Bd. 6, Kap. 10. Mitrochins Notizen enthalten nicht die Namen der KGB-Offiziere, die zum Wettkampf Karpow–Kortschnoi abkommandiert worden waren. Kortschnois offizieller »Sekundant«, der britische Großmeister Raymond Keene, glaubte, der Leiter der sowjetischen Delegation bei der Meisterschaft, W. D. Baturinski, sei ein KGB-Oberst gewesen (Keene, *Karpov-Korchnoi 1978*, S. 32). Kortschnoi berichtet über seine Emigration und seine Schachkarriere bis zur Weltmeisterschaft 1978 in seiner Autobiographie: Victor Korchnoi: *Chess Is My Life*.

47 Keene, *Karpov-Korchnoi 1978*, S. 56, 147 ff., 153 f. Während der Revanchepartie zwischen Kortschnoi und Karpow in Meran 1981 richtete der KGB eine chiffrierte Standleitung ein, um über den Fortschritt der Spiele zu berichten, und organisierte einen Zubringerdienst zwischen der Residentur in Rom und der operativen KGB-Gruppe, die sich um die Schachweltmeisterschaft kümmerte. Nicht weniger als 14 aktive Maßnahmen wurden eingeleitet, um wiederum Kortschnois Niederlage sicherzustellen (k-5, 921). Die verdeckte KGB-Vorhut in Meran behauptete, das Trinkwasser, das Klima, die Geräuschkulisse und sogar die Stärke der radioaktiven Strahlung unter Kontrolle zu haben (Kasparov, *Politische Partie*, S. 115. Kortschnoi, der seinen Zenit bereits überschritten hatte und mit 50 Jahren ein schon recht alter Herausforderer für den Weltmeistertitel war, verlor mit 7 zu 11 Punkten.

48 Garri Kasparow, der schließlich Karpow bei der Weltmeisterschaft 1985 besiegte, hat viel Wesens um die Hindernisse gemacht, die das sowjetische Establishment ihm in den Weg legte. Er selbst hat jedoch viel der Unterstützung des Chefs des Aserbaidschanischen KGB, Gaidar Aliejew, zu verdanken. Lawson, *The Inner Game*, S. 17; Kasparow, *Politische Partie*, S. 120 f.

49 Der Wortlaut des vom 18. August 1991 datierenden Aufrufs des »Staatlichen Notstandskomitees« wurde in der *Times* vom 19. August 1991 veröffentlicht.

50 Gorbatschow, *Der Staatsstreich*, S. 34.

51 Knight, *Spies Without Cloaks*, S. 130 f. Trubnikow ist ein ehemaliger hoher Offizier der Ersten Hauptverwaltung, der sich bei Operationen in Indien einen Namen machte.

52 Nicht zuzuordnende Information aus russischen Quellen.

53 Andrew/Gordievsky, *Instructions from the Center*, S. 17.

54 Nicht zuzuordnende Information aus russischen Quellen.

55 Remnick, *Resurrection*, S. 370.

56 Nicht zuzuordnende Information aus russischen Quellen.

57 Knight, *Spies Without Cloaks*, S. 89 ff., 106 ff. Remnick, *Resurrection*, S. 276 f., Anna Blundy, »Return to grace of the baby-faced hawk«, *The Times*, 13. Mai 1999. Stepaschin ist der einzige Befürworter des Krieges, der danach seinen Fehler zugab.

58 Davies, *Europe. A History*, S. 328–332, 464 f.

59 Die vielleicht überbewertete klassische Analyse der Verwerfungslinien zwischen den Kulturen stammt aus Huntington, *Kampf der Kulturen*.

60 Griechenland, das aufgrund einer westlich erzogenen Elite, die mit der Bevölkerung oft nicht in Einklang steht, eine westliche Orientierung hat, stellt als ein orthodoxes Mitglied der NATO und der EU sozusagen eine Anomalie dar. Stefan Wagstyl, Kerin Hope und John Thornhill, »Christendom's Ancient Split«, *Financial Times*, 4. Mai 1999.

61 Haslam, »Russia's seat at the table«, S. 129.

62 Vujacic, »Gennadiy Zyuganov and the ›Third Road‹«.

63 Ungewöhnlich, aber nicht einmalig. Als Ergebnis des spanischen Bürgerkrieges hat auch Spanien eine Nationalhymne ohne Worte. Die Sowjetunion befand sich 1956 in einer ähnlichen Situation, nachdem Chruschtschow den vorhandenen Text zur sowjetischen Nationalhymne als zu stalinistisch verboten hatte. Ein neuer Text wurde erst 1977 verfaßt.

64 Samolis (Hg.) Weterany Wneschnei Raswedki Rossii, S. 3f.
65 Primakow u. a., *Otscherki Istorii Rossijskoj Wneschnei Raswedki*, Bd. 3, Schlußteil.

Bibliographie

Mitrochins Archiv

Mitrochins Notizen liegen in vier Teilen vor:
k-Serie *(konwert):* handschriftliches Material in großen Umschlägen.
t-Serie *(teradki):* handschriftliche Notizbücher.
Bände *(papki,* ein Begriff, der von operativen Offizieren für die Aktenordner benutzt wird, die sie über Nacht einschließen): maschinengeschriebenes Material, das überwiegend nach Ländern geordnet und manchmal mit Kommentaren Mitrochins versehen ist.
Fragment-Reihe: verstreute handschriftliche Notizen.

Veröffentlichte Sammlungen sowjetischer Dokumente, die KGB-Material enthalten

Andrew, Christopher, und Oleg Gordiewsky (Hg.): *Instructions from the Centre. Top Secret Files on KGB Foreign Operations, 1975–1985*, London 1990 (leicht revidierte US-Ausgabe: *Comrade Kryutchkov's Instructions. Top Secret Files on KGB Foreign Operations, 1975–1985*, Stanford, Cal., 1993).
– (Hg.): *More Instructions from the Centre. Top Secret Files on KGB Foreign Operations, 1975–1985*, London 1991.
Cold War International History Project Bulletin (CWIHP), darin regelmäßig aus der Geheimhaltung entlassene sowjetische Dokumente, einschließlich KGB-Berichten an das Politbüro des ZK der KPdSU.
Fond 89, Ende 1991 zusammengestellte Dokumente für die Strafverfolgung der KP der USA, einschließlich einiger KGB-Berichte, auf Chadwick-Healey-Mikrofilm erhältlich.
Hanson, Philip: *Soviet Industrial Espionage. Some New Information*, London 1987.
Koenker, Diane P., und Ronald D. Bachman (Hg.): *Revelations from the Russian Archives*, Washington, D. C., 1997.
Russian Foreign Intelligence (VChk-KGB-SVR), 1996 vom SWR veröffentlichte CD-Rom mit kurzen Auszügen aus KGB-Dokumenten.
Scammell, Michael (Hg.): *The Solzhenitsyn Files*, Chicago, Ill., 1995.
Stepaschin, Michail, u. a. (Hg.): *Organy gossudarstwennoi besopastnosti SSSR w Welikoi Otetschestwennoi Woine. Sbornik dokumentow*, Moskau 1995, Bd. 1: November 1938–Dezember 1940; Bd. 2: Januar–Juni 1941.

VENONA, entschlüsselte sowjetische Telegramme, vor allem aus der Periode von 1940 bis 1948, verfügbar auf der NSA-Website http://www.nsa.gov:8080/.

Zwigun, S. K., u.a. (Hg.): *W. I. Lenin i WTschK. Sbornik dokumentow (1917–1922 gg)*, Moskau 1975.

Andere Publikationen

Acheson, Dean: *Present at the Creation. My Years in the State Department*, New York 1969.

Adereth, Maxwell: *The French Communist Party. A Critical History (1920–1984). From Comintern to »The Colours of France«*, Manchester 1984.

Agabekov, Georgi: *OGPU*, New York 1931.

Agee, Philip: *CIA intern. Tagebuch 1956–1974*, Frankfurt/M. ²1981.

–: *On the Run*, London 1987 (dt.: *On the Run. Eine politische Autobiographie*, Hamburg 1994.).

–: »Was Onkel Sam über Sie wissen möchte: Schlüsselfragen der Geheimdienste«, Pamphlet von 1977, abgedruckt in: Ders. und Louis Wolf: *Die CIA in Westeuropa* (s. d.).

– und Louis Wolf: *Die CIA in Westeuropa*, Berlin 1981.

Agranovsky, Valeri: »Profession: Foreigner«, *Snamja*, September 1988.

Albaz, Jewegenija: *Geheimimperium KGB. Totengräber der Sowjetunion*, München 1992.

–: *The State within a State. The KGB and Its Hold on Russia – Past, Present, and Future*, New York 1994.

Albright, Joseph, und Marcia Kunstel: *Bombshell. The Secret Story of America's Unknown Atomic Spy Conspiracy*, New York 1997.

Ammann, Ronald, Julian Cooper und R. W. Davies (Hg.): *The Technological Level of Soviet Industry*, New Haven, Conn., 1977.

Anders, Karl: *Mord auf Befehl. Der Fall Staschynskij. Eine Dokumentation aus den Akten*, Tübingen 1963.

Anderson, John: »The Archives of the Council for Religious Affairs«, *Religion, State and Society*, Bd. 20 (1992), Nr. 3/4.

Andrew, Christopher: »An Agenda for Future Research«, in: Andrew/Jeffreys-Jones (Hg.), *Eternal Vigilance?* (s.d.).

–: »Anglo-American-Soviet Intelligence Relations«, in: Ann Lane und Howard Temperley (Hg.), *The Rise and Fall of the Grand Alliance, 1941–1945*, London 1995.

–: *For the President's Eyes Only. Secret Intelligence and the American Presidency from Washington to Bush*, London 1995.

–: »The Nature of Military Intelligence«, in: Keith Neilson und B. J. C. McKercher (Hg.), *Go Spy the Land. Military Intelligence in History*, London 1992.

–: »The Making of the Anglo-American SIGINT Alliance«, in: Hayden B. Peake und Samuel Halpern (Hg.), *In the Name of Intelligence. Essays in Honor of Walter Pforzheimer*, Washington, D. C., 1994.

–: *Secret Service. The Making of the British Intelligence Community*, London 1985.

–: »The VENONA Secret«, in: K. G. Robertson (Hg.), *War, Resistance and Intelligence. Essays in Honour of M. R. D. Foot*, Barnsley 1999.
– und David Dilks: *The Missing Dimension. Governments and Intelligence Communities in the Twentieth Century*, London 1984.
– und Gordiewsky, Oleg: *KGB. Die Geschichte seiner Auslandsoperationen von Lenin bis Gorbatschow*, München ²1990 (franz. Ausg: *Le KGB dans le monde, 1917–1990*, Paris 1990).
– und Rhodri Jeffreys-Jones (Hg.): *Eternal Vigilance? Fifty Years of the CIA*, London 1997.
Antic, Oxana: »The Spread of Modern Cults in the USSR«, in: Ramet (Hg.), *Religious Policy in the Soviet Union* (s.d.).
Arbatov, Georgi A.: *Das System. Ein Leben im Zentrum der Sowjetpolitik*, Frankfurt/M. 1993.
Aron, Raymond: *Mémoirs. 50 ans de réflexions politiques*, Paris 1983.
Aucouturier, Alfreda: »Andrey Sinyavsky on the Eve of His Arrest«, in: Labedz/Hayward (Hg.), *On Trial* (s.d.).
August, František, und David Rees: *Red Star Over Prague*, London 1984.
Babris, Peter J.: *Silent Churches. Persecution of Religion in the Soviet-Dominated Areas*, Arlington Heights, Ill., 1978.
Bailey, George: *The Making of Andrei Sakharov*, London 1989.
Bailey, George, Sergej A. Kondraschow und David E. Murphy: *Die unsichtbare Front. Der Krieg der Geheimdienste im geteilten Berlin*, Berlin 1997.
Balatsky, V.: *Museum in the Catacombs. Guide*, Odessa 1986.
Ball, Desmond: *Soviet Signals Intelligence (SIGINT)*, Canberra 1989.
– und Jeffrey Richelson: *The Ties That Bind*, London 1995.
– und Robert Windren: »Soviet Signals Intelligence (Sigint). Organisation and Management«, *Intelligence and National Security*, Bd. 4 (1989), Nr. 4.
Bamford, James: *NSA. Amerikas geheimster Nachrichtendienst*, Zürich–Wiesbaden 1986.
Barker, Elizabeth: *Austria 1918–1972*, London 1973.
Barron, John: *Breaking the Ring*, New York 1988.
–: *KGB. Arbeit und Organisation des sowjetischen Geheimdienstes in Ost und West*, Bern–München 1976.
–: *KGB heute. Moskaus Spionageorganisation von innen*, Bern–München ³1984.
–: *Operation Solo, The FBI's Man in the Kremlin*, Washington, D.C., 1996.
–: *The Secret World of Soviet Secret Agents*, New York 1974.
Beckett, Francis: *Enemy Within. The Rise and Fall of the British Communist Party*, London 1995.
Bell, D. S., und Byron Criddle: *The French Communist Party in the Fifth Republic*, Oxford 1994.
Bell, J. Bowyer: *The Irish Troubles. A Generation of Violence, 1976–1992*, Dublin 1993.
–: *The Secret Army. The IRA 1916–1979*, Dublin 1990.
Benn, Tony: *Against the Tide. Diaries*, London 1989.
–: *Conflicts of Interest. Diaries 1977–1980*, London 1990.

Benson, Roger Louis: *Introductory History of VENONA and Guide to the Translations*, Fort George G. Meade, Md., 1995.

–: *VENONA Historical Monograph No. 2: The 1942–43 New York-Moscow KGB Messages; No. 3: The 1944–45 New York and Washington–Moscow KGB Messages; No. 4: The KGB in San Francisco and Mexico City. The GRU in New York and Washington; No. 5: The KGB and GRU in Europe, South America and Australia*, Fort George G. Meade, Md., 1995/96.

– und Warner, Michael (Hg.): *VENONA. Soviet Espionage and the American Response, 1939–1957*, Washington, D. C., 1996.

Bentley, Elizabeth: *Out of Bondage*, New York 1988.

Bereanu, Vladimir, und Kalin Todorov: *The Umbrella Murder*, Bury St. Edmunds, Suffolk, 1994.

Bernikow, Louise: *Abel*, New York 1982.

Bernstein, Carl, und Marco Politi, *Seine Heiligkeit. Johannes Paul II. und die Geheimdiplomatie des Vatikans*, München 1997.

Bessedowsky, Grigorij S.: *Den Klauen der Tscheka entronnen. Erinnerungen*, Leipzig–Zürich 1930.

Bethell, Nicholas: *Das letzte Geheimnis. Die Auslieferung russischer Flüchtlinge an die Sowjets durch die Alliierten 1944–47*, Frankfurt/M.–Berlin–Wien 1975.

–: *Spies and Other Secrets*, London 1994.

Bird, Leonard: *Costa Rica. The Unarmed Democracy*, London 1984.

Bishop, Patrick, und Eamonn Mallie: *The Provisional IRA*, London 1987.

Blake, George: *Keine andere Wahl. Die Autobiographie des wichtigsten Doppelagenten aus der Ära des Kalten Krieges*, Berlin 1995.

Blum, Howard: *I Pledge Allegiance. The True Story of the Walkers, an American Spy Family*, New York 1987.

Blunt, Anthony: »From Bloomsbury to Marxism«, *Studio International*, November 1973.

Bociurkiw, Bohdan: »Suppression de l'Église gréco-catholique ukrainienne après la deuxième guerre mondiale en l'U.R.S.S. et en Pologne. Une comparaison«, in: *Millenium of Christianity in Ukraine* (s.d.).

Boffa, Giuseppe: *Inside the Khrushchev Era*, London 1960.

Bohlen, Charles E.: *Witness to History, 1929–1969*, London 1973.

Bonner, Jelena: *In Einsamkeit vereint. Die Frau des sowjetischen Physikers und Nobelpreisträgers Andrej Sacharow erzählt zum erstenmal die ganze Wahrheit über die Jahre ihrer gemeinsamen Verbannung*, München–Zürich 1986.

Booth, John A.: *The End and the Beginning. The Nicaraguan Revolution*, Boulder, Col., 1985.

Borecky, Isidore: »The Church in Ukraine – 1988«, *Religion in Communist Lands*, Bd. 17 (1989), Nr. 2.

Borovik, Genrich A.: *The Philby Files*, London 1994.

Bothwell, Robert, und J. L. Granatstein (Hg.): *The Gouzenko Transcripts*, Ottawa o. J.

Bourdeaux, Michael: *Gorbachev, Glasnost and the Gospel*, London 1990.

Boyes, Roger: *The Naked President. A Political Life of Lech Wałęsa*, London 1994.

Boyle, Andrew: *Ring der Verräter. Fünf Spione für Rußland*, Hamburg 1980.
Brandt, Willy: *Erinnerungen*, Berlin–Frankfurt/M. 1989.
–: *Mein Weg nach Berlin*, München 1960.
–: *Begegnungen und Einsichten*, Hamburg 1976.
Breindel, Eric: »Hiss's Guilt«, *The New Republic*, 15. April 1996.
Brenner, Philip, und James G. Blight: »Cuba, 1962. The Crisis and Cuban-Soviet Relations. Fidel Castro's Secret 1968 Speech«, *CWIHP 5/1995*.
Brook-Shepherd, Gordon: *Iron Maze. The Western Secret Services and the Bolsheviks*, London 1998.
–: *The Storm Birds*, London 1988.
Brovkin, Vladimir N.: *Behind the Front Lines of the Civil War. Political Parties and Social Movements in Russia, 1918–1922*, Princeton, N.J., 1994.
Brown, Archie: *The Gorbachev Factor*, Oxford 1996.
Brunet, Jean-Paul: *Jacques Doriot. Du communisme au fascisme*, Paris 1986.
Brusnitsin, Nikolai: *Openness and Espionage*, Moskau 1990.
Budenz, Louis Francis: *Men Without Faces. The Communist Conspiracy in the United States*, New York 1948.
Bukovsky, Vladimir: *To Build a Castle. My Life as a Dissenter*, London 1978.
Bulloch, John, und Henry Miller: *Spy Ring*, London 1961.
Burke, James F.: »Recently released material on Soviet intelligence operations«, *Intelligence and National Security*, Bd. 8 (1993), Nr. 2.
Burrin, Phillippe: *La Dérive Fasciste. Doriot, Déat, Bergery, 1933–1945*, Paris 1986.
Buton, Philippe: *Les lendemains qui déchantent. Le Parti communiste français à la Libération*, Paris 1993.
Cairncross, John: *The Enigma Spy. The Story of the Man Who Changed the Course of World War*, London 1997.
–: *La Fontaine Fables and Other Poems*, Gerrards Cross 1982.
–: *When Polygamy Was Made A Sin*, London 1974.
Carr, Edward Hallett: *Foundations of a Planned Economy*, 3 Bde., London 1976–1979.
Carlton, D., *Anthony Eden. A Biography*, London 1981.
Carrillo, Santiago: *Eurokommunismus und Staat*, Hamburg 1977.
Cecil, Robert: »Cambridge Comintern«, in: Andrew/Dilks (Hg.), *The Missing Dimension* (s. d.).
–: *A Divided Life. A Personal Portrait of the Spy Donald Maclean*, London 1988.
Chambers, Whittaker: *Witness*, New York 1952.
Childs, David, und Richard Popplewell: *The Stasi. The East German Intelligence and Security Service*, London 1996.
Chruschtschow, »Die Geheimrede«, in: Ders., *Chruschtschow erinnert sich. Die authentischen Memoiren*, hg. von Strobe Talbott, Reinbek 1992.
Churchill, Winston: *Große Zeitgenossen*, Amsterdam 1938.
CIA: *The Rote Kapelle. The CIA's History of Soviet Intelligence and Espionage Networks in Western Europe, 1936–1945*, Washington, D. C., 1984.
Colaiaco, James A.: *Martin Luther King Jr. Apostle of Militant Nonviolence*, London 1988.

Colitt, Leslie: *Spymaster. The Real Life Karla, His Moles, and the East German Secret Police*, London 1996.
Colville, *Fringes of Power. Downing Street Diaries, 1939–1955*, London 1985.
Conquest, Robert: *Der große Terror. Sowjetunion 1934–1938*, München 1992.
–: »Playing Down the Gulag«, *Times Literary Supplement*, 24. Februar 1995.
Coogan, Timothy Patrick: *The IRA*, London 1995.
–: *The Troubles. Ireland's Ordeal 1966–1995 and the Search for Peace*, London 1995.
Corley, Felix: »Soviet Reaction to the Election of John Paul II«, *Religion, State and Society*, Bd. 22 (1994), Nr. 1.
Cornelissen, Igor: *De GPOe op de Overtoom*, Amsterdam 1989.
Corson, William R., und Robert T. Crowley: *The New KGB. Engine of Soviet Power*, New York 1986.
Corson, William R., Susan B. Trento und Joseph J. Trento: *Widows*, New York 1989.
Cossutta, Armando: *Lo Strappo. USA, URSS movimento operaio di fronte alla crisi internazionale*, Mailand 1982.
Costello, John: *Ten Days to Destiny*, New York 1991.
– und Oleg Zarew: *Der Superagent. Der Mann, der Stalin erpreßte*, Wien 1993.
Courtois, Stéphane, Nicholas Werth, Jean-Louis Panné, Andrzej Paczkowski, Karel Bartosek und Jean-Louis Margolin: *Le livre noir du communisme. Crimes, terreur et répression*, Paris 1997 (= *Schwarzbuch des Kommunismus* XXX).
Cradock, Percy: *In Defence of British Interests, Reflections on Foreign Policy under Margaret Thatcher and John Major*, London 1997.
Crampton, R. J.: *Eastern Europe in the Twentieth Century*, London 1994.
Crankshaw, Edward: *Putting up with the Russians, 1947–1984*, London 1984.
–: *Risse in der Kremlmauer*, Stuttgart 1953.
Cronin, Audrey Kurt: *Great Power Politics and the Struggle over Austria, 1945–1955*, Ithaca, New York, 1986.
Dawisha, Karen: *The Kremlin and the Prague Spring*, Berkeley, Cal., 1984.
Dawson III, Joseph G. (Hg.): *The Louisiana Governors. From Ibberville to Edwards*, Baton Rouge, La., 1990.
Dear, J. C. B., und M. R. D. Foot (Hg.): *The Oxford Companion of the Second World War*, Oxford 1995.
Dedijer, Vladimir: *Tito. Autorisierte Biographie*, Berlin 1953.
Degras, Jane (Hg.): *Documents on Soviet Foreign Policy*, 3 Bde., London 1951–1953.
De-la-Noy, Michael: *Mervyn Stockwood. A Lonely Life*, London 1996.
DeLoach, Cartha D. »Deke«: *Hoover's FBI. The Inside Story of Hoover's Trusted Lieutenant*, Washington, D. C., 1995.
Deutscher, Isaak: *Trotzki*, Stuttgart, Bd. 2: *Der unbewaffnete Prophet, 1921–1928*, 1962; Bd. 3: *Der verstoßene Prophet, 1929–1940*, 1963.
Dictionary of National Biography, 1981–1985, Oxford 1990.
Dilks, David N.: »Flashes of Intelligence«, in: Andrew/Dilks, *The Missing Dimension* (s.d.).
Djilas, Milovan: *Jahre der Macht. Kräftespiel hinter dem Eisernen Vorhang. Memoiren 1945–1966*, München 1983.
–: *Tito. Eine kritische Biographie*, Wien–München–Zürich–New York 1980.

Dobbs, Michael: *Down With Big Brother. The Fall of the Soviet Empire*, London 1997.
Dobrynin, Anatoli F.: *In Confidence*, New York 1995.
Documents of the Christian Committee for the Defense of Believers' Rights in the USSR, 12 Bde., San Francisco, Kalifornien, 1977–1980.
Documents on British Foreign Policy 1919–1939, hg. von W. N. Medlicott u. a., London 1949 ff.
Documents on British Policy Overseas, hg. von G. Bennett und K. A. Hamilton, 3. Reihe, Bd. 1: *Britain and the Soviet Union, 1968–1972*, London 1998.
Donovan, James B.: *Der Fall Oberst Abel*, Frankfurt/M. 1965.
Dorril, Stephen, und Robin Ramsay: *Smear. Wilson and the Secret State*, London 1992.
Draper, Theodore: »Our Man in Moscow«, *New York Review of Books*, 9. Mai 1996.
–: *The Roots of American Communism*, New York 1960.
Driberg, Tom: *Guy Burgess. A Portrait with Background*, London 1956.
–: *Ruling Passions. The Autobiography of Tom Driberg*, London 1978.
Dubček, Alexander: *Leben für die Freiheit*, München 1993.
Dzhirkvelov, Ilya: *Secret Servant*, London 1987.
Earley, Pete: *Confessions of a Spy. The Real Story of Aldrich Ames*, London 1997.
L'élection présidentielle, 26 avril–10 mai 1981, Paris 1981.
Ellis, Jane: *The Russian Orthodox Church. A Contemporary History*, London 1988.
–: *Three Generations of Suffering*, London ²1979.
»Entgegen den Interessen des Friedens und des Sozialismus in Europa. Zu dem Buch des Generalsekretärs der KP Spaniens Santiago Carrillo ›Eurokommunismus und Staat‹«, *Neue Zeit*, 26/1977.
Faligot, Roger, und Rémi Kauffer: *As-tu vu Crémet*, Paris 1991.
–: *Service B*, Paris 1985.
Favier, Pierre, und Michel Martin-Roland: *La décennie Mitterrand*, Bd. 1: *Les ruptures*, Bd. 2: *Les épreuves*, Paris 1990 und 1991.
Feklisow, Alexander S.: *Sa okeanom i na ostrowje. Sapiski raswedtschika*, Moskau 1994.
Felfe, Heinz: *Im Dienst des Gegners*, Berlin 1988.
Ferrarotti, Franco: »Eurocommunism, Italian Version«, in: George Schwab (Hg.), *Eurocommunism. The Ideological and Political-Theoretical Foundations*, London 1981.
Figes, Orlando: *Die Tragödie eines Volkes. Die Epoche der russischen Revolution 1891 bis 1924*, Berlin 1998.
Fischer, Ben: »›Mr. Guver‹. Anonymous Soviet Letter to the FBI«, *Center for the Study of Intelligence Newsletter*, 7/1997.
Fletcher, Raymond: *£60 A Second On Defence*, London 1963.
Flocken, Jan von, und Michael F. Scholz: *Ernst Wollweber. Saboteur, Minister, Unperson*, Berlin 1994.
Floridi, Alexis U.: »The Church of the Martyrs and the Ukrainian Millennium«, in: *Millennium of Christianity in Ukraine* (s.d.).
Foot, Michael Richard Daniel: *SOE*, London 1984.
Friedly, Michael, und David Gallen: *Martin Luther King. The FBI File*, New York 1993.

Frolik, Josef: *The Frolik Defection*, London 1975.
Fursenko, Alexander, und Timothy Naftali: *One Hell of a Gamble. Khrushchev, Kennedy, Castro and the Cuban Missile Crisis, 1958–1964*, London 1997.
–: »The Oitsunda Decision. Khrushchev and Nuclear Weapons«, in: *CWIHP* 10/1998.
–: »Soviet Intelligence and the Cuban Missile Crisis«, *Intelligence and National Security*, Bd. 13 (1998), Nr. 3.
–: »Using KGB Documents. The Scali-Feklisov Channel in the Cuban Missile Crisis«, *CWIHP* 5/1995.
Gardner, A. R.: »The Soviet Decision to Invade Czechoslovakia«, Dissertation, Cambridge 1996.
Garliński, Józef: *Intercept*, London 1979.
Garrow, David: *The FBI and Martin Luther King. From »Solo« to Memphis*, New York 1981.
Garthoff, Raymond L.: »Andropov's Report to Brezhnev on the KGB in 1967«, *CWIHP* 10/1998.
–: »The Conference on Poland, 1980–1982. Internal Crisis, International Dimensions«, *CWIHP* 10/1998.
–: »The KGB Reports to Gorbachev«, *Intelligence and National Security*, Bd. 11 (1996), Nr. 2.
Garton Ash, Timothy: *Im Namen Europas. Deutschland und der geteilte Kontinent*, Frankfurt/M. 1995.
Gates, Robert M.: *From the Shadows. The Ultimate Insider's Story of Five Presidents and How They Won the Cold War*, New York 1996.
Genscher, Hans-Dietrich: *Erinnerungen*, Berlin 1995 (auch München 1997).
Gentry, Curt: *J. Edgar Hoover. The Man and His Secrets*, New York 1991.
Ginsborg, Paul: *A History of Contemporary Italy. Society and Politics 1943–1988*, Harmondsworth 1990.
Glantz, David M.: *Soviet Military Intelligence in War*, London 1990.
Golitsyn, Anatoli: *New Lies for Old*, New York 1984.
Golson, G. Barry (Hg.): *The Playboy Interview*, New York 1981.
Gorbatschow, Michail: »Antworten auf Fragen der Zeitung ›L'Humanité‹, 4. Februar 1986«, in: Ders., *Ausgewählte Reden und Schriften*, Berlin 1986.
–: *Der Staatsstreich*, München 1991.
–: *Erinnerungen*, Berlin 1995.
Gordievsky, Oleg: *Next Stop Execution*, London 1995.
Gorodetsky, Gabriel: *Stafford Cripps' Mission to Moscow 1940–1942*, Cambridge 1984.
Granatstein, J. L., und David Stafford: *Spy Wars. Canada and Espionage from Gouzenko to Glasnost*, Toronto 1990.
Granville, Johanna: »Imre Nagy, Hesitant Revolutionary«, *CWIHP* 5/1995.
Gratschew, Andrej: *Kremljowskaja Chronika*, Moskau 1994.
Gribin, N. P.: *Tragedija olstera*, Moskau 1980.
Grigorenko, Pjotr: *Erinnerungen*, München 1981.
Gromyko, Andrej: *Erinnerungen. Internationale Ausgabe*, Düsseldorf–Wien–New York 1989.

Hager, Nicky: *Secret Power. New Zealand's Role in the International Spy Network*, Nelson, Neuseeland, 1996.
Hanby, Alonzo L.: *Man of the People. A Life of Harry S. Truman*, Oxford 1995.
Harriss, Joseph: »The Gospel according to Marx«, *Reader's Digest*, Februar 1993.
Haslam, Jonathan: *Soviet Foreign Policy 1930–1933. The Impact of the Depression*, London 1983.
–: »Stalin's Fears of a Separate Peace 1942«, *Intelligence and National Security*, Bd. 8 (1993).
Hauner, Milan: »The Prague Spring – Twenty Years After«, in: Norman Stone und Eduard Strouhal (Hg.), *Czechoslovakia. Crossroads and Crises, 1918–1988*, London 1989.
Havel, Václav: *Am Anfang war das Wort. Texte von 1969 bis 1990*, Reinbek 1990.
Haynes, John E., und Harvey Klehr: »›Moscow Gold‹, Confirmed at Last«, *Labor History*, Bd. 33 (1992), Nr. 2.
Healey, Dorothy Ray, und Maurice Isserman: *Dorothy Healey Remembers. A Life in the American Communist Party*, New York 1990.
Heaps, Leo: *Hugh Hambleton, Spy*, Toronto 1981.
Hebly, Johannes A.: *The Russians and the World Council of Churches. Documentary Survey of the Accession of the Russian Church to the World Council of Churches*, Belfast–Dublin–Ottawa 1978.
–: »The state, the church, and the oikumene. The Russian Orthodox Church and the World Council of Churches, 1948–1985«, in: Ramet (Hg.), *Religious Policy in the Soviet Union* (s.d.).
Hellman, Stephen: »The difficult birth of the Democratic Party of the Left«, in: Ders. und Gianfranco Pasqino (Hg.), *Italian Politics*, Bd. 7, London 1992.
Hennessy, Peter: *Never Again. Britain 1945–1951*, London 1993.
Heywood, Paul: *The Government and Politics of Spain*, London 1995.
Hobsbawm, Eric, *Das Zeitalter der Extreme. Weltgeschichte des 20. Jahrhunderts*, München 1998.
Hodges, David C.: *Intellectual Origins of the Nicaraguan Revolution*, Austin, Tx., 1987.
Höhne, Heinz, und Hermann Zolling: *The General was a Spy*, London 1972.
Holloway, David: »Sources for Stalin and the Bomb«, *CWIHP* 4/1994.
–: *Stalin and the Bomb. The Soviet Union and Atomic Energy, 1939–1956*, New Haven, Conn., 1994.
Hook, Sidney: *Out of Step. An Unquiet Life in the 20th Century*, New York 1987.
Hosking, Geoffrey A.: *A History of the Soviet Union*, London 1985.
– (Hg.): *Church, Nation and State in Russia and Ukraine*, London 1991.
Houghton, Harry: *Operation Portland. The Autobiography of a Spy*, London 1972.
Howe, Irving, und Lewis Coser: *The American Communist Party. A Critical History*, New York 1974.
Hruby, Peter: *Fools and Heroes. The Changing Role of Communist Intellectuals in Czechoslovakia*, Oxford 1980.
Hudson, Darril: *The World Council of Churches in International Affairs*, London 1977.
Humphreys, Robert Arthur: *Latin America and the Second World War*, Bd. 1: *1939–1942*; Bd. 2: *1942–1945*, London 1981 und 1982.

Hurt, Henry: *Reasonable Doubt. An Investigation into the Assassinaton of John F. Kennedy*, London 1986.
The Intelligence War in 1941, Washington, D. C., 1991.
Isaacs, Jeremy, und Taylor Downing: *Cold War*, London 1998.
Isaacson, Walter: *Kissinger. A Biography*, New York 1992.
Jelzin, Boris: *Auf des Messers Schneide. Tagebuch des Präsidenten*, Berlin 1994.
Joesten, Joachim: *Oswald. Assassin or Fall-Guy*, London 1964.
Judy, Richard W.: »The Case of a Computer Technology«, in: Stanisław Wasowski (Hg.), *East-West Trade and the Technology Gap. A Political and Economic Appraisal*, New York 1970.
Jukes, Geoff: »The Soviets and ›Ultra‹«, *Intelligence and National Security*, Bd. 3 (1988), Nr. 2.
Kalugin, Oleg: *Spymaster. My 32 Years in Intelligence and Espionage against the West*, London 1994.
Karpinski, Jakub: *Poland since 1944. A Portrait of Years*, Boulder, Col., 1995.
Kasparow, Garri: *Politische Partie*, München 1987.
Keene, Raymond Dennis: *Karpov – Korchnoi 1978. The Inside Story of the Match*, London 1978.
Kelley, Phil: »The Deportations of Phil Agee«, in: Agee/Wolf, *Dirty Work* (s.d.).
Kennan, George F.: *Memoiren 1950–1963*, Frankfurt/M. 1973.
Kennedy-Pipe, Caroline, *Russia and the World, 1917–1991*, London 1998.
Kessler, Pamela: *Undercover Washington. Touring the Sites Where Famous Spies Lived, Worked and Loved*, Washington, D. C., 1992.
Kessler, Ronald: *Escape from the CIA*, New York 1992.
–: *The FBI. Inside the World's Most Powerful Law Enforcement Agency*, New York 1993.
–: *Inside the CIA*, New York 1991.
–: *Spy vs. Spy*, New York 1988.
Khlevniouk, Oleg: *Le Cercle du Kremlin. Staline et le Bureau politique dans les années 30: les jeux du pouvoir*, Paris 1996.
Khokhlow, Nikolai Y.: *In the Name of Conscience*, London 1960.
Kindersley, Richard (Hg.): *In Search of Eurocommunism*, London 1981.
King, Martin Luther: *Warum wir nicht warten können*, Wien–Düsseldorf 1964.
Kissinger, Henry: *Memoiren*, 3 Bde., München 1981.
–: *Memoiren 1973–1974*, 3 Bde., München 1984.
–: *Die Vernunft der Nationen. Über das Wesen der Außenpolitik*, Berlin 1994.
Kiszczak, Czesław: *General Kiszczak Mowi ... Prawie Wszystko*, Warschau 1991.
Klehr, Harvey, und Earl John Haynes: *American Communist Movement. Storming Heaven Itself*, New York 1992.
Klehr, Harvey, und Fridrikh Igorevich Firsov: *The Secret World of American Communism*, New Haven, Conn., 1995.
–: *The Soviet World of American Communism*, New Haven, Conn., 1998.
Klipperstein, Lawrence: »An Unforgotten Past. Recent Writings by Soviet Émigré Baptists in West Germany«, *Religion in Communist Lands*, Bd. 14 (1986), Nr. 1.

Knight, Amy W.: »Annual Report of the KGB to Leonid Brezhnew on its Operations for 1967«, *CWIHP* 10/1998.
–: *Beria. Stalin's First Lieutenant*, Princeton, N.J., 1993.
–: *The KGB. Police and Politics in the Soviet Union*, London 1988.
Knight, Robert: »Harold Macmillan and the Cossacks. Was There a Klagenfurt Conspiracy?«, *Intelligence and National Security*, Bd. 1 (1986), Nr. 2.
Knightley, Phillip: *Kim Philby, Geheimagent*, München 1989.
Kopásci, Sándor: *Au nom de la classe ouvrière*, Paris 1979.
Korchnoi, Victor: *Chess Is My Life. Autobiography and Games*, London 1977.
Korotkow, A., S. Meltschin und A. Stepanow: *Akte Solschenizyn, 1965–1977. Geheime Dokumente des Politbüros der KPdSU und des KGB*, Berlin 1994.
Kramer, Mark: »Poland, 1980–81. Soviet Policy During the Polish Crisis«, *CWIHP* 5/1995.
–: »The Prague Spring and the Soviet Invasion of Czechoslovakia. New Interpretations«, *CWIHP* 2/1992 (Teil 1), 3/1993 (Teil 2).
– (Hg.): »Declassified Soviet Documents on the Polish Crisis«, *CWIHP* 5/1995.
– (Hg.): »Hungary and Poland, 1956. Khrushchev's CPSU CC Presidium Meeting on East European Crisis, 24 October 1956«, *CWIHP* 5/1995.
– (Hg.): »Ukraine and the Soviet-Czechoslovak Crisis of 1968 (Part I). New Evidence from the Diary of Petro Shelest«, *CWIHP* 10/1998.
– (Hg.): »The Warsaw Pact and the Polish Crisis of 1980–81. Honecker's Call for Military Intervention«, *CWIHP* 5/1995.
– und Sam Roberts: *»I Never Wanted to Be Vice-President of Anything!« An Investigative Biography of Nelson Rockefeller*, New York 1976.
Krasikov, Anatoli: *From Democracy to Dictatorship. Spanish Reportage*, Oxford 1984.
Kreji, Jaroslav, und Pavel Machonin: *Czechoslovakia, 1918–1992. A Laboratory for Special Change*, London 1996.
Kriegel, Annie, und Stéphane Courtois: *Eugen Fried. Le grand secret du PCF*, Paris 1997.
Kriwizki, Walter G.: *Ich war in Stalins Dienst!*, Amsterdam 1940.
Kurczewski, Jurcek: *The Resurrection of Rights in Poland*, Oxford 1993.
Kusin, Vladimir V.: *From Dubcek to Charter 77. A Study of »Normalisation« in Czechoslovakia 1968–1978*, Edinburgh 1978.
Kuzichkin, Vladimir: *Inside the KGB. Myth and Reality*, London 1990.
Labedz, Leopold, und Max Hayward (Hg.), *On Trial. The Case of Sinyavsky (Tertz) and Daniel (Arzhak)*, London 1967.
Lamphere, Robert J.: *The FBI-KGB War. A Special Agent's Story*, New York 1987.
Lane, Mark: *Warum mußte John F. Kennedy sterben? Das CIA-Komplott*, Düsseldorf–Wien 1994.
–: *Mark Lane klagt an*, Wien 1967.
Lawson, Dominic: *The Inner Game*, London 1993.
Lefever, Ernest W.: *From Nairobi to Vancouver. The World Council of Churches and the World, 1975–1987*, Washington, D. C., 1987.
Leggett, George: *The Cheka. Lenin's Political Police*, Oxford 1981.
Legris, Michel: *Le Monde tel qu'il est*, Paris 1976.

Leigh, David: *The Wilson Plot. The Intelligence Services and the Discrediting of a Prime Minister*, London 1988.
Lenin, Wladimir Iljitsch: *Werke*, hg. vom Institut für Marxismus-Leninismus beim ZK der SED, Berlin: Bd. 9: *Dezember 1926–Juli 1927*, 1953; Bd. 25: *Juni–September 1917*, 1960; Bd. 28: *Juli 1918–März 1919*, 1960; Bd. 32: *Dezember 1920–August 1921*, 1961; Bd. 33: *August 1921–März 1923*, 1962; Bd. 35, 1979.
Leonhard, Wolfgang: *Die Revolution entläßt ihre Kinder*, Köln 1981.
Lévesque, Jacques: *The Enigma of 1989. The USSR and the Liberation of Eastern Europe*, Berkeley–Los Angeles, Cal., 1997.
Levine, Isaac Don: *Die Psyche des Mörders. Der Mann, der Trotzki tötete*, Wien–Frankfurt/M.–Zürich 1970.
Lindsay, Robert: *The Falcon and the Snowman*, New York 1979.
–: *The Flight of the Falcon*, New York 1981.
Littell, Robert (Hg.): *The Czech Black Book. Prepared by the Institute of History of the Czechoslovak Academy of Sciences*, London 1969.
Litván, György, und János M. Bak (Hg.): *Die Ungarische Revolution 1956. Reform – Aufstand – Vergeltung*, Wien 1994.
Luchterhandt, Otto: »The Council for Religious Affairs«, in: Ramet (Hg.), *Religious Policy in the Soviet Union* (s.d.).
Ljalin, S. N., u.a. (Hg.): *Osoboje Sadanije*, Moskau 1968.
Macdonald, Cullum A.: »The Politics of Intervention. The United States and Argentina, 1941–1946«, *Journal of Latin American Studies*, Bd. 12 (1980), Nr. 2.
Mailer, Norman: *Oswald's Tale. An American Mystery*, New York 1995 (dt.: *Oswalds Geschichte. Der Fall Lee Harvey Oswald. Ein amerikanisches Trauma*, München 1995).
Malhotra, Inder: *Indira Gandhi. A Personal and Political Memoir*, London 1989.
Mangold, Tom: *Cold Warrior. James Jesus Angleton, the CIA's Master Spy Hunter*, New York 1991.
Mark, Edouard: »Venona's Source 19 and the Trident Conference von 1943. Diplomacy or Espionage?«, *Intelligence and National Security*, Bd. 13 (1998), Nr. 2.
Marshall, Barbara: *Willy Brandt*, London 1990.
Massing, Hede: *Die große Täuschung. Geschichte einer Sowjetagentin*, Freiburg 1967.
Maxwell, Kenneth: *The Making of Portuguese Democracy*, Cambridge 1995.
Mayhew, Christopher: *Time to Explain*, London 1987.
McKnight, David: »The Moscow-Canberra Cables. How Soviet Intelligence Obtained British Secrets through the Back Door«, *Intelligence and National Security*, Bd. 13 (1998), Nr. 2.
Medwedjew, Zhores: *Andropow. Der Aufstieg zur Macht*, Hamburg 1983.
Meerson, Michael A.: »The Political Philosophy of the Russian Orthodox Episcopate in the Soviet Period«, in: Hosking (Hg.), *Church, Nation and State in Russia and Ukraine* (s.d.).
Melgunow, Sergej Petrowitsch: *Der rote Terror in Rußland 1918–1923*, Berlin 1924.
Melton, H. Keith: *The Ultimate Spy Book*, London 1996.
Men', Alexander: »The 1960s Remembered«, *Religion, State and Society*, Bd. 23 (1995), Nr. 2.

Millennium of Christianity in Ukraine. A Symposium, Ottawa 1987.

Miller, Joan: *One Girl's War. Personal Experiences in MI5's Most Secret Station*, Dingle, Kerry, 1986.

Milligan, Timothy P.: »Spies, Ciphers and ›Zitadelle‹. Intelligence and the Battle of Kursk, 1943«, *Journal of Contemporary History*, Bd. 22 (1987), Nr. 2.

Mitchell, Ian: *The Cost of a Reputation. Aldington versus Tolstoy: the causes, course and consequences of the notorious libel case*, Lagavulin, Isle of Islay, 1997.

Mletschin, Leonid: »Minister im Exil. Unbekannte Seiten aus der Geschichte der sowjetischen Aufklärung«, *Neue Zeit*, 18–20/1990.

Modin, Juri: *My Five Cambridge Friends*, London 1994.

Morros, Boris: *My Ten Years as a Counterspy*, London 1959.

Mortimer, Edward: *The Rise of the French Communist Party, 1920–1947*, London 1984.

Moskalenko, Kirill S.: »Beria's Arrest«, *Moscow News*, 23/1990.

Moynihan, Daniel Patrick: *Secrecy. The American Experience*, New Haven, Conn., 1998.

Mujal-León, Eusebio: *Communism and Political Change in Spain*, Bloomington, Ind., 1983.

Myagkov, Aleksei: *Inside the KGB. An Exposé by an Officer of the Third Directorate*, Richmoind, Surrey, 1976.

Nationalrat der Nationalen Front des Demokratischen Deutschland (Hg.): *Braunbuch. Kriegs- und Naziverbrecher in der Bundesrepublik und in Westberlin*, Berlin 1965.

–: *Graubuch. Expansionspolitik und Neo-Nazismus in Westdeutschland*, Berlin 1967.

Nechiporenko, Oleg M.: *Passport to Assassination*, New York 1993.

Nelson, Steve, James R. Barrett und Rob Ruck: *Steve Nelson, American Radical*, Pittsburgh, Penn., 1981.

Nevakivi, Jukka (Hg.): *Finnish-Soviet Relations, 1944–1948*, Helsinki 1994.

»New Evidence on Soviet Intelligence. The KGB's 1967 Annual Report«, *CWIHP* 10/1998.

Newton, Ronald C.: »Disorderly Succession. Great Britain, the United States and the ›Nazi Menace‹ in Argentina, 1938–1947«, in: Guido di Tella und D. Cameron Watt (Hg.), *Argentina between the Great Powers, 1939–1946*, London 1989.

Newton, Verne W.: *Butcher's Embrace. The Philby Conspirators in Washington*, London 1991.

Norman, Edward: *Christianity and the World Order*, Oxford 1979.

Nureyev, Rudolf: *Nureyev. An Autobiography with Pictures*, hg. von Alexander Bland, London 1962.

Oppenheim, Raymond: »Are the Furov Reports Authentic?«, in: Geoffrey A. Hosking (Hg.), *Church, Nation and State in Russia and Ukraine* (s.d.).

O'Riordan, Michael: *Connolly Column. The Story of the Irishmen who fought in the ranks of the International Brigades in the national-revolutionary war of the Spanish people*, Dublin 1979.

Orlov, Alexander: *Handbook of Intelligence and Guerilla Warfare*, Ann Arbor, Mich., 1963.

–: *Kreml-Geheimnisse*, Würzburg 1956.

Orwell, George, *1984*, Berlin 1998.

Ostrjakow, Sergei S.: *Militärtschekisten*, Berlin 1985.
An Outline of the History of the CPCz, Prag ²1985.
Overy, Richard: *Russia's War*, London 1988.
Page, David, David Leitch und Phillip Knightley: *Philby. Der Spion, der seine Generation verriet*, Reinbek 1968.
Paillole, Paul: *Notre espion chez Hitler*, Paris 1985.
Parrott, Bruce: *Politics and Technology in the Soviet Union*, Cambridge 1983.
Pastor, Robert A.: *Condemned to Repetition. The United States and Nicaragua*, Princeton, N.J., 1987.
Pawley, Margaret: *Donald Coggan. Servant of Christ*, London 1987.
Peake, Hayden B.: »OSS and the Venona Decrypts«, *Intelligence and National Security*, Bd. 12 (1997), Nr. 3.
–: »Soviet Espionage and the Office of Strategic Services«, in: Warren F. Kimball (Hg.), *America Unbound. World War II and the Making of a Superpower*, New York 1992.
Peet, John: *Der Spion, der keiner war*, Wien 1991.
Pelikan, Jaroslav: *Confessor between East and West. A Portrait of Ukrainian Cardinal Josyf Slipyj*, Grand Rapids, Mich., 1990.
Penner, Norman: *Canadian Communism. The Stalin Years and Beyond*, Toronto 1988.
Penrose, Barrie, und Simon Freeman: *Conspiracy of Silence*, London 1986.
Penton, M. James: *Apocalypse Delayed. The Story of Jehovah's Witnesses*, Toronto 1985.
Percival, John: *Nureyev. Aspects of the Dancer*, London 1976.
Petrov, Vladimir, und Evdokia Petrov: *Empire of Fear*, London 1956.
Pezzullo, Lawrence, und Ralph Pezzullo: *At the Fall of Somoza*, Pittsburgh, Penn., 1993.
Philby, Kim: *My Silent War*, London 1969 (dt.: *Mein Doppelspiel. Autobiografie eines Meisterspions*, Gütersloh o. J.).
Pichowa, R. G.: »Tschechoslowakija 1968 god«, *Nowaja a Noweischaja Istorija*, 6/1994 (Teil 1), 1/1995 (Teil 2).
Pike, David Wingeate: *In the Service of Stalin. The Spanish Communists in Exile, 1939–1945*, Oxford 1993.
Pincher, Chapman: *Too Secret Too Long*, London 1985.
Pipes, Richard: *Die russische Revolution*, Bd. 2: *Die Macht der Bolschewiki;* Bd. 3: *Rußland unter dem neuen Regime*, Berlin 1992/1993.
– (Hg.): *The Unknown Lenin. From the Secret Archive*, New Haven, Conn., 1996.
Plenel, Edwy: *La part de l'ombre*, Paris 1992.
Poelchau, Warner (Hg.): *CIA gegen El Salvador. Der Bericht des Ex-Agenten Philip Agee über Praktiken der CIA in Lateinamerika*, Hamburg 1981.
Polyakov, Yevgeni: »Activities of the Moscow Patriarchate in 1991«, *Religion, State and Society*, Bd. 22 (1994), Nr. 2.
Porch, Douglas: *The French Secret Service*, New York 1995.
Poretsky, Elizabeth: *Our Own People*, London 1969.
Posner, Gerald: *Case Closed. Lee Harvey Oswald and the Assassination of JFK*, New York 1993.
Posniakov, Vladimir: »A NKVD/NKGB Report to Stalin. A Glimpse into Soviet Intelligence in the United States in the 1940s«, *CWIHP* 10/1998.

Pospielovsky, Dimitry: »The ›Best Years‹ of Stalin's Church Policy (1942–1948) in the Light of Archival Documents«, *Religon, State and Society*, Bd. 25 (1997), Nr. 2.

Prange, Gordon W., u. a.: *Target Tokyo. The Story of the Sorge Spy Ring*, New York 1985.

Preston, Paul: »The PCE's Long Road to Democracy«, in: Kindersley (Hg.), *In Search of Eurocommunism* (s.d.).

Primakow, Jewgeni, u. a.: *Otscherki Istorii Rossijskoi Wneschnei Raswedki*, Bd. 1: Bis 1917; Bd. 2: 1917–1933; Bd. 3: 1933–1941, Moskau 1979.

Radosh, Ronald, und Joyce Milton: *The Rosenberg File*, London 1983.

Radzinsky, Edvard: *Stalin*, London 1996.

Rainer, Janos M.: »The Yeltsin Dossier. Soviet Documents on Hungary, 1956«, *CWIHP* 5/1995.

Ramet (Hg.), Sabrina Petra: *Religious Policy in the Soviet Union*, Cambridge 1993.

Reagan, Ronald: *Erinnerungen. Ein amerikanisches Leben*, Berlin–Frankfurt/M. 1990.

Rees, Goronwy: *A Chapter of Accidents*, London 1971.

Rees, Jenny: *Looking for Mr Nobody. The Secret Life of Goronwy Rees*, London 1974.

Regnard, Henri [Raymond Nart]: »L'URSS et le renseignement scientifique, technique et technologique«, *Défense Nationale*, Dezember 1983.

Remnick, David: *Lenin's Tomb. The Last Days of the Soviet Empire*, London 1994.

–: *Resurrection. The Struggle for a New Russia*, London 1998.

Renner, Hans: *A History of Czechoslovakia since 1945*, London 1989.

Revel, Jean-François: *How Democracies Perish*, New York 1984.

Révész, László: *The Christian Peace Conference*, London 1978.

Rezac, Tomas: *The Spiral of Solzhenitsyn's Betrayal*, 1977.

Richelson, Jeffrey T.: *A Century of Spies. Intelligence in the Twentieth Century*, Oxford 1995.

Riebling, Mark: *The Wedge. The Secret War between the FBI and the CIA*, New York 1994.

Robrieux, Philippe: *Histoire intérieure du Parti communiste*, 4 Bde., Paris 1980–1984.

Rogowin, W. K.: *Partija rasstreljannych*, Moskau 1997.

Romerstein, Herbert, und Stanislav Levchenko: *The KGB Against the Main Enemy*, Lexington, Mass., 1989.

Rosenau, William: »A Deafening Silence. US Government Policy and the Sigint Facility at Lourdes«, *Intelligence and National Security*, Bd. 9 (1994), Nr. 4.

Rositzke, Harry: *The KGB. Eyes of Russia*, London 1983.

[Rostowski, Semjon:] »Letter from a Historical Optimist«, *Druschba Narodow*, März 1988.

Roswadowskaja, M. F., u. a. (Hg.): *Ryzar Rewoljuzii. Wospominanija sowremennkiow o Felixe Edmundowitsche Dserschinskom*, Moskau 1967.

Roy, Claude: *Somme tout*, Paris 1976.

Sacharow, Andrej: *Mein Leben*, München–Zürich 1991.

–: *Sakharov Speaks*, London 1974.

Samoiski, Lolly: s. Zamoysky, Lolly.

Samolis, Tatjana W. (Hg.): *Weterany Wneschnei Raswedki Rossii. Kratki Biografitscheski Sprawotschnik*, Moskau 1995.

Sánchez Salazar, Leandro A.: *Mord in Mexiko. Die Ermordung Leo Trotzki's – ein Musterbeispiel des politischen Verbrechens*, Frankfurt/M. 1952.
Sawatsky, John: *For Services Rendered*, Markham, Ontario, 1986.
–: *Gouzenko. The Untold Story*, Toronto 1985.
Sawatsky, Walter: »Protestantism in the USSR«, in: Ramet (Hg.), *Religious Policy in the Soviet Union* (s. d.).
Scammell, Michael: *Solzhenitsyn. A Biography*, London 1985.
Scarfe, Alan (Hg.): *The CCDBR Documents. Christian Committee for the Defense of Believers' Rights in the USSR*, Glendale–Orange, Cal., 1982.
Schdanow, Andrej: *Über die internationale Lage*, Berlin 1947.
Schecter, Jerrold L., und Peter S. Deriabin: *The Spy Who Saved the World*, New York 1992 (dt.: *Die Penkowskij-Akte. Der Spion, der den Frieden rettete*, Frankfurt/M.–Berlin 1993).
Schewtschenko, Arkadi N.: *Mein Bruch mit Moskau*, Bergisch Gladbach 1985.
Schlomann, Friedrich: *Die Maulwürfe*, München 1993.
Schmeidel, John: »Shield and Sword of the Party. Internal Repression, Exterior Espionage and Support for International Terrorism by the East German Ministry for State Security, 1970–1989«, Dissertation, Cambridge 1995.
Schmidt, Maria: »The Hiss Dossier«, *The New Republic*, 8. November 1993.
Schmidt, Rainer F.: »Der Hess-Flug und das Kabinett Churchill. Hitlers Stellvertreter im Kalkül der britischen Kriegsdiplomatie«, *Vierteljahrshefte für Zeitgeschichte*, Bd. 42 (1993).
–: »The Marketing of Rudolf Hess. A Key to the ›Preventive War‹ Debate«, in: *War in History* (erscheint demnächst).
Schonberg, Harold C.: *Horowitz. Ein Leben für die Musik*, München 1992.
Serge, Victor: *Beruf: Revolutionär. Erinnerungen 1901 – 1917 – 1941*, Frankfurt/M. 1967.
Service, Robert: *A History of Twentieth-Century Russia*, London 1998.
Seton-Watson, Christopher: »The PCI's Taste of Power«, in: Kindersley (Hg.), *In Search of Eurocommunism* (s.d.).
Sharaf, Myron: *Wilhelm Reich. Der heilige Zorn des Lebendigen. Die Biografie*, Berlin 1994.
Shcharansky, Natan: *Fear No Evil*, London 1988.
Sheymov, Victor: *Tower of Secrets. A Real Life Spy Thriller*, Annapolis, Md., 1993.
Shultz, George P.: *Turmoil and Triumph. My Years as Secretary of State*, New York 1993.
Shultz, Richard H., und Roy Godson: *Dezinformatsia. Active Measures in Soviet Strategy*, Washington–Oxford 1984.
Shvets, Yuri B.: *Washington Station. My Life as a KGB Spy in America*, New York 1994.
Sievers, Amrosi von: »Endurance. Reminiscences of the True Orthodox Church«, *Religion, State and Society*, Bd. 25 (1997), Nr. 3.
Simmons, Michael: *The Reluctant President. A Political Life of Vaclav Havel*, London 1991.
Simon, Gerhard: *Church, State and Opposition in the U.S.S.R.*, London 1974.
Skilling, Harold Gordon: *Czechoslovakia's Interrupted Revolution*, Princeton, N.J., 1976.

Smith, Bernard: *Fraudulent Gospel, Politics and the World Council of Churches,* London 1991.

Smith, M. L. R.: *Fighting for Ireland? The Military Strategy of the Irish Republican Movement,* London 1995.

Snelling, O. F.: *Rare Books and Rarer People. Some Personal Reminiscences of »The Trade«,* London 1982.

Soares, Mario: *Portugal's Struggle for Liberation,* London 1975.

Solschenizyn, Alexander: *Die Eiche und das Kalb. Skizzen aus dem literarischen Leben,* Darmstadt–Neuwied 1975.

»Soviet Documents on the Hungarian Revolution, 24 Oktober–4 November 1956«, *CWIHP* 5/1995.

»The Soviet Union and Afghanistan, 1978–1989. New Documents from the Russian and East German Archives«, *CWIHP* 8–9/1996–97.

Stalin, Josef W.: *Werke,* hg. vom Marx-Engels-Institut beim ZK der SED, Bd. 9: *Dezember 1926–Juli 1927,* Berlin 1953.

»Stalin's Plan to Assassinate Tito«, *CWIHP* 10/1998.

Stepankow, Valentin: *Das Kreml-Komplott. Putschisten, Drahtzieher, Hintermänner. Die Beweise des Generalstaatsanwalts,* München 1992.

Stepankow, Walentin, und Jewgeni Lissow: *Kremljowski Sagowor,* Moskau 1992.

Stiller, Werner (mit Jefferson Adams): *Beyond the Wall. Memoirs of an East and West German Spy,* Washington, D. C., 1992.

Straight, Michael: *After Long Silence,* London 1983.

Sudoplatow, Pawel A., und Anatoli Sudoplatow (unter Mitarbeit von Jarrold L. und Leona Schecter): *Der Handlanger der Macht. Enthüllungen eines KGB-Generals,* Düsseldorf–Wien–New York–Moskau 1994.

Summers, Anthony: *J. F. K. Die Wahrheit über den Kennedy-Mord,* Frankfurt/M.–Berlin ^{3}1992.

Swidlicki, Andrzej: *Political Trials in Poland 1981–1986,* London 1988.

Szász, Béla: *Freiwillige für den Galgen. Die Geschichte eines Schauprozesses,* Leipzig 1991.

Szulc, Tad, *Papst Johannes Paul II. Die Biographie,* Stuttgart 1996.

Tanenhaus, Sam: *Whittaker Chambers. A Biography,* New York 1997.

Tarrant, V. E.: *The Red Orchestra,* New York 1995.

Tataryn, Mirosław: »The Re-emergence of the Ukrainian (Greek) Catholic Church in the USSR«, in: Ramet (Hg.), *Religious Policy in the Soviet Union* (s.d.).

Taylor, Peter: *Provos. The IRA and Sinn Fein,* London 1997.

Theoharis, Athan G. (Hg.): *From the Secret Files of J. Edgar Hoover,* Chicago, Ill., 1991.

Thibau, Jacques: *Le Monde, 1944–1996. Histoire d'un journal, un journal dans l'histoire,* Paris 1996.

Thomas, Donald M.: *Solschenizyn. Die Biographie,* Berlin 1998.

Thomas, Hugh: *The Spanish Civil War,* London 1977.

Tolstoy, Nikolai: *Stalin's Secret War,* London 1981.

–: *Die Verratenen von Jalta. Englands Schuld vor der Geschichte,* Frankfurt/M.–Berlin 1987.

Trotzki, Leo: *Mein Leben. Versuch einer Autobiographie,* Berlin 1990.

Truman, Harry S., *Memoiren*, Bd. 1, Bern–Stuttgart 1955.
Tschasow, Jewgeni: *Sdorowje i Wlast*, Moskau 1992.
Tschikow, Wladimir: »Wie die sowjetische Aufklärung das amerikanische Atom ›knackte‹«, *Neue Zeit*, 16–17/1991.
– und Gary Kern: *PERSEUS. Spionage in Los Alamos*, Berlin 1996.
Tuck, Jay: *High-Tech Espionage. How the KGB Smuggles NATO's Strategic Secrets to Moscow*, London 1986.
United Nations: *Official Records of the General Assembly Sixth Session: Plenary Sessions; Ad Hoc Political Committee.*
Upton, A. F.: *The Communist Parties of Scandinavia and Finland*, London 1973.
Urban, Joan Barth (Hg.): *Moscow and the Global Left in the Gorbachev Era*, Ithaca, N.Y., 1992.
Urban, Mark: *UK Eyes Alpha. Inside British Intelligence*, London 1996.
US-Außenministerium: *Active Measures. A Report on the Substance and Process of Anti-U.S. Disinformation and Propaganda Campaigns*, Washington, D. C., 1986.
US-Verteidigungsministerium: *Soviet Acquisition of Military Significant Western Technology. An Update, September 1985*, Washington, D. C., 1985.
Valenta, Jiri: *Soviet Intervention in Czechoslovakia, 1968. Anatomy of a Decision*, Baltimore, Md., 1979.
– und Esperanza Durán (Hg.): *Conflict in Nicaragua. A Multidimensional Perspective*, London 1987.
Valenza, Pietro (Hg.): *Der historische Kompromiß*, Berlin 1976.
Van den Bercken, William: »The Russian Orthodox Church, State and Society in 1991–1993. The Rest of the Story«, *Religion, State and Society*, Bd. 22 (1994), Nr. 2.
Vassall, John: *Vassall*, London 1975.
Vereeken, George: *The GPU in the Trotskyist Movement*, London 1976.
Vosjoli, P. L. Thyraud de: *Lamia*, Boston, Mass., 1970.
Waksberg, Arkadi: *Gnadenlos. Andrei Wyschinski – Mörder im Dienste Stalins*, Bergisch Gladbach 1991.
Walters, Philip: »The Defrocking of Fr Gleb Yakunin«, *Religon, State and Society*, Bd. 22 (1994), Nr. 3.
–: »A Survey of Soviet religious policy«, in: Ramet (Hg.), *Religious Policy in the Soviet Union* (s.d.).
Warner, Michael, und Robert Louis Benson: »Venona and Beyond. Thoughts on Work Undone«, *Intelligence and National Security*, Bd. 12 (1997), Nr. 3.
Weinstein, Allen: *Perjury. The Hiss-Chambers Case*, New York 1997.
– und Alexander Vassiliev: *The Haunted Wood. Soviet Espionage in America – The Stalin Era*, New York 1999.
Werner, Ruth: *Sonya's Report*, London 1991.
West, Nigel: *A Matter of Trust*, London 1982.
West, Nigel, und Oleg Tsarev: *Crown Jewels. The British Secrets at the Heart of the KGB's Archives*, London 1998.
Westad, Odd Arne: »Concerning the Situation in ›A‹. New Russian Evidence on the Soviet Intervention in Afghanistan«, *CWIHP* 8–9/1996/97.

Whaley, Barton: *Codeword Barbarossa*, Cambridge, Mass., 1987.
Wheatcroft, Stephen: »The Scale and Nature of German and Soviet Repression and Mass Killing, 1930–1945«, *Europe-Asia Studies*, Bd. 48 (1996), Nr. 8.
Wheen, Francis: *Tom Driberg. His Life and Indiscretions*, London 1990.
Whymant, Robert: *Stalin's Spy. Richard Sorge and the Tokyo Espionage Ring*, London 1966.
Wilke, Manfred, u. a.: »The SED Politbüro and the Polish Crisis«, *CWIHP* 5/1995.
Williams, Robert Chadwell: *Klaus Fuchs. Atom Spy*, Cambridge, Mass., 1987.
Wise, David: *Molehunt. The Secret Search for Traitors That Shattered the CIA*, New York 1992.
Wolf, Markus: *The Man Without a Face*, New York 1997 (dt.: *Spionagechef im geheimen Krieg. Erinnerungen*, Düsseldorf–München 1997).
Wolfe, Bertram David (Hg.): *Khrushchev and Stalin's Ghost. Text, Background and Meaning of Khrushchev's Secret Report to the Twentieth Congress on the Night of February 24–25 1956*, London 1957.
Wolff, David: »Leadership Transition in a Fractured Bloc«, *CWIHP* 10/1998.
Wolkogonow, Dimitri: *Lenin. Utopie und Terror*, Düsseldorf–Wien–New York–Moskau 1994.
–: *The Rise and Fall of the Soviet Empire. Political Leaders from Lenin to Gorbachev*, London 1998.
–: *Stalin. Triumph und Tragödie. Ein politisches Porträt*, Düsseldorf 1989.
–: *Trotzki. Das Janusgesicht der Revolution*, Düsseldorf–Wien–New York–Moskau 1992.
Wolton, Thierry: *La France sous influence. Paris–Moscou: 30 ans de relations secrètes*, Paris 1997.
–: *Le KGB en France*, Paris 1986.
Wright, Peter, und Paul Greengrass: *Spycatcher. Enthüllungen aus dem Secret Service*, Frankfurt/M.–Berlin 1988.
Yakunin, Gleb: »First Open Letter to Patriarch Aleksi II«, *Religion, State and Society*, Bd. 22 (1994), Nr. 3.
Zamoyska, Hélène: »Sinyavsky, the Man and the Writer«, in: Labedz/Hayward (Hg.), *On Trial* (s.d.).
Zamoysky, Lolly: *Behind the Facade of the Mosonic Temple*, Moskau 1989.
Zubok, Vladislav M.: »Soviet Intelligence and the Cold War. The ›Small‹ Committee of Information in 1952–1953«, *Diplomatic History*, Winter 1995.
–: »Spy vs. Spy. The KGB vs. the CIA, 1960–1962«, *CWIHP* 4/1994.
–: und Constantine Pleshakov: *Inside the Kremlin's Cold War. From Stalin to Khrushchev*, Cambridge, Mass., 1996.

Personenregister

A. Klarnamen

Aaron, David 338
Abakumow, Wiktor 210f.
Abbiate, Mireille (AWIATSCHORA) 112f., 118
Abbiate, Roland (alias Wladimir Prawdin; LETSCHIK, SERGEI) 112, 118, 181, 207
Abdoolcader, Sirioj Husein 508, 515
Abel, Rudolf 247
Abel, Rudolf (alias) s. Fischer, Wiljam
Abramow, N. F. 146f.
Abramowa, Nina 148
Abrassimow, Pjotr 376
Abt, John (MORIS?) 156
Acheson, Dean 233, 684
Achmerow, Ischak (»Michael Green«, JUNG, ALBERT) 153–156, 160–163, 173, 180, 187ff., 193, 195, 207, 212, 214
Achromejew, Sergei 485
Adenauer, Konrad 539
Agajanz, Iwan 219, 570
Aganbegjan, Abel 674
Ağca, Mehmet Ali 622
Agee, Philip (PONT) 292, 324–329
Åhman, Olavi (WIRTANEN) 385
Akopjan, Aschot (angen. Ident.: Oganes Saradschjan; JEFRAT) 353f., 591f., 759
Albam, Abram (BELOW) 115
Albam, Frida 115
Alexander, Harold 196f.
Alexandrow, Georgi (AJUN) 596
Alexandrowski, Pawel 406ff.
Alijew, Ismail Murtusa Ogli 486
Allen, Richard 297

Allende, Salvador 417
Ames, Aldrich 291f., 311, 532, 667, 672
Amin, Hafisullah 21, 455, 484f.
Andara y Ubeda, Manuel Ramón de Jesús (PRIM) 456
Anderson, Jack 337, 436
Andrejew, Nikolai 434
Andropow, Juri 13–17, 23, 36, 257, 286, 288f., 297–302, 308f., 333, 339f., 351ff., 357ff., 361f., 369, 384, 390, 394, 402ff., 410–413, 415f., 419, 422f., 426, 434f., 441–444, 466, 469–474, 478, 481, 483–488, 506, 511, 519, 521, 523, 527, 529, 538, 545, 555, 561ff., 581, 611, 617f., 621, 627f., 633f., 643, 648, 657, 661, 663, 668, 671, 673, 682
Androssow, Stanislaw 301, 532
Andrzejewski, Jerzy 605
Angelhoff, Sylvia 114, 130
Angleton, James 265, 462, 500
Appleholmes (?), Brüder 394
Apresjan, Stepan (MAI) 181f., 225
Araujo Aguilar, Laura (LUISA) 130f., 232
Arbatow, Georgi (WASSILI) 298ff.
Aristow, Boris 603, 607, 615, 619, 623, 630f., 634, 641ff., 645f.
Arsow, Boris 482f.
Artamonow, Nikolai (alias Nicholas Shadrin; LARK) 481f.
Artusow, Artur 53f., 64, 75, 688
Assimow, Nikolai 492
Attlee, Clement 492, 499
Aucouturier, Alfreda 398f.
Axelrod, Moissej (OST, OSTO) 75ff., 79, 117f.

Backis, Audris 608f.
Bagley, Pete 462
Bagritschew, Nikolai 507
Bahr, Egon 561 f.
Baibakow, Nikolai 633
Baker, Harry 240
Ball, George 297
Bandera, Stepan 454 f.
Barák, Rudolf 353 f.
Barannik, Walentin 649
Barcikowski, Kazimierz 629, 632, 637, 643
Bardecki, Andrzej 374, 605 f., 617
Barkowski, Wladimir 168, 186, 512
Barre, Raymond 584
Barron, John 32 f., 281
Baryschnikow, Michail 477
Barzel, Rainer 545 f.
Basarow, Boris (alias da Vinci; KIN, NORD) 67, 70, 153 ff.
Batarowskaja, Janina (s. Bitnow, Nina) 272
Beck, Józef 76
Becker, Franz (s. Henze, Hans-Jürgen) 550
Begin, Menachim 421, 676
Belfrage, Cedric (CHARLIE) 162, 180
Below, Jewgeni 492
Beneš, Eduard 76, 165
Bentley, Elizabeth (MIRNA, UMNIZA) 161 f., 188 f., 206 ff., 213, 234
Bergen, Candice 338
Bergsten, C. Fred 297
Berija, Lawrenti 10 f., 13 f., 16, 37, 121, 128, 132, 140 f., 149, 156, 167, 171 f., 190 f., 199, 210 f., 654, 662 f., 685, 687
Berle, Adolf 157 f.
Bersin, Eduard 41 ff.
Bersin, Jan 110
Bertrand, Gustave (ORJOL) 72
Besmenow, Juri 471
Bessedowski, Grigori 68 f., 570
Bettaney, Michael 530 f.
Beutming, Theodor 558
Bevin, Ernest 204
Bidault, George 219
Bilak, Vasil 353, 366, 368, 371 f.
Birkenhauer, Erich (BELFORT) 557
Bishop, Maurice 329
Bismarck, Otto von 140
Bitnow, Nikolai (angen. Ident.: Jean Leopold Delbrouck; ALBERT) 272 ff., 278 f.
Bitnow, Nina (angen. Ident.: Janina Batarowskaja; GERA) 272
Blake (geb. Behar), George (DIOMID) 19, 288, 493 ff., 504 ff., 510, 538
Blanch, Stuart 523
Bljabin, Gennadi (angen. Ident.: Peter Carl Fischer; BOGUN) 275 f., 278, 364, 374, 605
Bljumkin, Jakow 62
Blunt, Anthony (TONY) 86 ff., 94, 96 f., 119 f., 128, 134 f., 175, 184 f., 203, 227, 230, 386, 493, 569
Bobkow, Filip 404, 413 f.
Bogdanow, Radomir (WLADIMIROW) 298 f.
Bohlen, Charles (»Chip«) 165, 430
Bojarinow, Grigori 486
Bokassa, Jean-Bedel 585
Boki, Gleb 42, 79 f.
Bolbotenko, L. G. 414
Bolschakow, Georgi 163, 260 f.
Boniecki, Adam 647
Bonner, Jelena (LISSA) 404, 417 ff., 424 ff.
Borodin s. Burdin, Wladimir
Borowik, Genrich 321
Borsow, G. F. 353
Bossard, Frank 509
Botha, Roelof Frederik »Pik« 343
Boucaut, Alain (BERTRAND) 404
Boumedienne, Houari 382
Bourdiol, Pierre 588
Bourke, Sean 495
Boyce, Christopher 304, 307
Bradley, Omar N. 208
Brandon, Henry 295
Brandt, Willy (eigtl. Herbert Frahm; POLJARNIK) 29 f., 376, 540–547, 556 f., 559 f., 667 f.
Brasinskas, P. S. (und Sohn: PIRATI) 474
Bratelli, Trygve 422
Bratus, L. S. 564
Breschnew, Leonid 14 f., 289, 293, 296, 301, 305, 350 f., 357, 360, 370 f., 375, 379, 390, 403, 410, 443, 455, 471 ff., 484 f., 487, 501, 508, 510, 550, 561 f., 576, 609 f., 614, 616, 618, 623 f., 631 f., 634, 638, 641 f., 643, 658, 663, 666, 669, 671

827

Brewer, Mrs. (geb. Kuczynski; FIR, SONJA) 169f., 185, 491
Brik, Jewgeni (angen. Ident.en Ivan W. Gladysh, David S. Soboloff; GIDEON, HART) 237–245, 247, 273, 278
Britten, Douglas 509
Brooke, Gerald 506
Browder, Earl (RULEWOI) 154, 159f., 162, 178ff., 188f.
Brown, Jerry 393
Brüning, Heinrich 174
Brzezinski, Zbigniew 284, 299, 337–340, 415, 668
Buchanan, Pat 297
Bucharin, Nikolai 108, 117
Buchholz, Ernst 463
Buchman, Henry (CHOSJAIN) 156, 160
Buikis, Jan (alias Schmidchen) 41ff.
Bujak, Zbigniew 627, 636
Bukowski, Wladimir 349, 404, 417
Bulganin, Nikolai 211
Bunker, Ellsworth 233
Bunyk, Iwan (FILOSOF) 605f., 616
Burdin (Borodin), Wladimir 200, 240f., 249, 502
Burgess, Guy (MÄDCHEN) 86ff., 90–93, 96f., 119ff., 123–128, 135, 137, 175, 184, 201, 203–206, 221f., 224–231, 242, 491, 495ff., 569
Burjon, Oleg (DEREWLJOW) 609
Burtakow, Saweli (LIST) 446f.
Bush, George 428, 589
Butenko, John 267
Butkow, Michail 29, 534
Bystroletow, Dmitri (HANS, ANDREI) 66–74 passim, 80, 121f.

Cadogan, Alexander 194
Cairncross, John (MOLIRE, LISZT) 86–89, 97ff., 119, 123f., 136, 167, 173, 176, 183, 204, 230, 386, 433, 493, 569
Callaghan, James 435, 521f.
Canaris, Wilhelm 552
Carey-Foster, George 205
Carr, Edward Hallett 570
Carter, Jimmy 284, 296–300, 337–340, 393f., 436f., 599
Casey, William 343
Castelo, Pacheco José (JOSÉ, PANSO, TEODOR) 111f.

Castillo, José María »Chema« 480
Castro, Fidel 259, 261, 323, 328, 475, 480
Castro, Teodoro B. s. Griguljewitsch, Jossif
Ceauşescu, Nicolae 374f.
Cecil, Robert 183, 222
Černík, Oldřich 355, 366
Černý, Václav (TJOMNY) 355ff.
Chaban-Delmas, Jacques 581
Chalet, Marcel 589
Chamberlain, Neville 123, 194
Chambers, Whittaker 155, 157f., 207, 209, 234
Charles, Prince of Wales 468
Cheysson, Claude 589
Childs (geb. Chilovsky), Morris (alias Morris Summers, alias Ramsey Kemp Martin, alias D. Douglas Mozart; CHAB) 391–396
Childs, Eva 395
Childs, Jack (alias D. Brooks; MARAT) 319, 391
Chilston, Aretas, Viscount 76, 81
Chirac, Jacques 585
Chochlow, Nikolai 451, 454f., 461
Chopin, Fryderyk Franciszek 636
Christie, Agatha 86
Chruschtschow, Nikita 11–15, 30, 103, 132, 150, 258–264, 296, 318, 351, 362, 401, 429f., 448, 450ff., 454ff., 475, 501, 543f., 572, 662, 668f., 671
Church, Frank 324
Churchill, Sarah 193
Churchill, Sir Winston 52, 100, 107, 135f., 139, 163f., 167, 173f., 178, 193f., 196, 492, 576, 654, 665
Chwatow, Michail 200
Ciano, Galeazzo, Conte di Cortellazzo 71
Ciosek, Stanisław 636
Clark, Ramsey 297, 325
Clemens, Hans (HANNI) 537
Coggan, Donald 523
Cohan, Barbara 31
Cohen, Leontina (»Lona«; alias Kroger, Helen; LESLIE) 191f., 213f., 503–507
Cohen, Morris (alias Kroger, Peter; LOUIS, VOLUNTEER) 19, 191, 213f., 503–507

Colby, William 327
Colville, John 230
Constantini, Francesco (DUNCAN) 55f.,
　59, 66, 75–79, 82, 117
Constantini, Secondo (DUDLEY) 77ff.
Conyers jr., John 393
Cornford, John 94, 96
Cossit, Thomas 200
Costello, John 33f., 36
Costello, Paddy (LONG) 503
Costello, Seamus 469, 478f.
Cot, Pierre (DAEDALUS) 159f., 180
Couve de Murville, Maurice 584
Crankshaw, Edward 500
Cranston, Alan 393
Crémet, Jean 57
Cross, James 470
Cunhal, Alvaro 387ff.
Curiel, Henri 493
Currie, Lauchlin 189f., 207
Custine, Adame Philippe Marquis de 426
Cyrankiewicz, József 373
Cywinski, Bohdan 605

Daix, Pierre 570
Daladier, Edouard 92
Daniel, Juli (Pseud. Nikolai Arzhak) 397–402
Davies, Joseph 656
Davies, Norman 682
Dawson, George Geoffrey 120
Debré, Michel 573, 584ff.
Decker, Erna Helga Maria (s. Kohler, Erna) 271
Dejean, Maurice 572
Dekanosow, Wladimir 140, 688
Delbrouck, Jean Leopold (s. Bitnow, Nikolai) 272
Delbrouck, Leopold Lambert 272
DeLoach, »Deke« 331, 334
Dennis, Eugene (geb. Francis X. Waldron; RYAN) 159, 234, 384
Derjabin, Pjotr 461, 481
Deutsch, Arnold (STEFAN, OTTO) 65, 84–97 passim, 100, 118f., 122, 236, 386, 390
Deutsch, Josefine 84
Deutsch, Oscar 118
Deutscher, Isaak 107

Diakite, Mussa 342
Djakonow, Nikolai 401
Djilas, Milovan 349, 446, 448
Dmitrijew, W. A. 503
Dobrowolski, Alexei 401
Dobrynin, Anatoli 288f., 293, 296, 299, 301, 340, 436
Dodd jr., William E. (PRESIDENT) 155f.
Dodd Stern, Martha s. Stern, Martha Dodd
Dodd, William E. 155
Donovan, James 248–251, 253
Donovan, William Joseph (»Wild Bill«) 159, 190
Doriot, Jacques 104f.
Dorogow, Wassili 158
Doschdaljow, Wassili 493
Douglas-Home, Sir Alexander Frederick 476
Driberg, Tom (LEPAGE) 495–498
Droujinsky, Dmitri (alias Sergei Nikitin) 30f.
Drummond, Sir Eric 77f.
Dschingis Khan 655
Dschirkwelow, Ilja 210
Dschugaschwili, Josef (s. Stalin, Josef)
Dserschinski, Felix 37, 39, 41f., 46f., 54, 60, 490, 567, 672, 680, 685, 687
Dubček, Alexander 350, 354, 358ff., 365f., 371, 375, 630
Dudajew, Dschochar 682f.
Duggan, Laurence (»19«, FRANK) 154ff., 160
Dulles, Allen 251, 323
Dutow, A. I. 52

Eden, Sir Anthony 76f., 82f., 98, 233
Eisenhower, Dwight D. 252, 329
Eitington, Leonid 111, 129, 132
Evans, Gwynfor 468f.
Evraert, Emil (s. Woitezki, Igor) 459
Evraert, Ernst 459

Falk, Elke (LENA) 553
Feder, Heinz Walter August (s. Rudenko, Anatoli) 276
Fedortschuk, Witali 687

Fedotow, Pjotr 210f., 688
Feklisow (alias Fomin), Alexander 259, 262
Felfe, Heinz (KURT) 494, 537f.
Figueres Ferrer, José 231
Filatow, Nikolai 514
Filippow, Alexei 39, 42
Filonenko, Anna (angen. Ident.: Maria Novotnaya; MARTA) 241
Filonenko, Michail (angen. Ident. Joseph I. Kulda; HEKTOR, SCHANGO) 241f., 244
Fischer, Ilja 248, 250
Fischer, Peter Carl (s. Bljabin, Gennadi) 275
Fischer, Wiljam (»Willie«; alias Rudolf Abel; angen. Ident.en: Andrey Y. Kayotis, Emil Robert Goldfus, s.d.; MARK) 212ff., 225, 229, 234, 236, 244–251, 253, 271, 278, 385, 461f., 507
Fitin, Pawel 134, 138, 141, 190, 688
Fjodorow (alias Lipsinski), Michail (SEP) 353, 759
Fjodorow, Andrei 53
Flanders, Ralph E. 225
Fletcher, Raymond (PETER) 498
Fonseca Amador, Carlos (GIDROLOG) 456, 479ff.
Fonteyn, Margot 464
Footman, David 183
Ford, Gerald 339, 437
Frahm, Herbert (s. Brandt, Willy)
Franchon, Benoîte 219
Franco, Francisco 100f., 109, 119, 130, 541, 664
François-Poncet, Jean 584
Fraser, Mark Petrowitsch s. Maclean, Donald
Freeman, John Frederick (s. Symonds, John) 526
Freud, Sigmund 85
Friedman, Litzi (verh. Philby) 87
Fritz, Heinrich 386
Frolik, Josef 498, 508
Frouz-Farsac 358
Frydenlund, Knut 422
Fuchs, Klaus (CHARLES, REST) 168f., 185ff., 191ff., 223, 235, 491
Fulbright, William 295, 393

Gaitskell, Hugh 497, 500
Galanskow, Juri 401
Galbraith, Kenneth 297
Gallo, Fausto 382
Gandhi, Rajiv 343
Gardner, Meredith 208f., 226
Gardner, Richard 338
Garton Ash, Timothy 637
Gaspari, Alcide de 234
Gast, Gabriele 555
Gates, Robert 312
Gaulle, Charles de 159f., 217, 572f., 575ff., 579
Gee, Ethel (ASJA) 505
Gehlen, Reinhard 215, 540
Genscher, Hans-Dietrich 546, 551, 557
Georg VI., König von England 79, 493
Gielgud, Sir John 175
Gierek, Edward 373f., 604f., 609, 615, 623, 644
Gilbert, Sir Martin 654
Ginsburg, Alexander 401, 419ff.
Girej, Sultan Keletsch 196
Giscard d'Estaing, Valérie 580ff., 584ff.
Glading, Percey (GOT) 170
Gladysh, Ivan Wasilyevich (FRED) 238 (s. a. Brik, Jewgeni)
Gleason, S. Everett 297
Glemp, Kardinal Józef 628, 631, 637, 639f., 643
Gleske, Heinz 453f.
Globke, Hans 539
Glutschenko 147
Gold, Harry (»Raymond«; ARNO, GOOSE) 186, 191
Goldfus, Emil Robert (s. Fischer, Wiljam) 213
Goleniewski, Michal 495, 505
Goliath, Inge 563
Golizin, Anatoli (GORBATY) 254, 264f., 455, 461ff., 500
Golos, Jacob (»Timmy«; SWUK) 161f., 180, 188
Golubew, Sergei 483f.
Gomułka, Władysław 373f., 605, 609, 615
Gorankowa, Julia (VIRGINIA) 460
Gorbatschow, Michail 9, 19, 22ff., 142, 302f., 310–315, 343, 390, 424–427, 444, 489f., 512, 531ff., 555, 567,

602, 616, 649–652, 661, 663, 670f., 673, 679f., 684
Gorbatschowa, Raissa Maximowna 444
Gorchin, A. F. 17
Gordiewski, Oleg 33, 301, 311, 363f., 512, 523, 525, 530, 532ff.
Gordiewski, Wassili (alias Kurt Sandler, Kurt Molner, Emil Frank; GROMOW) 353–356, 363f.
Gordon, B. M. 116
Göring, Hermann 105
Gorskaja, Jelisaweta (»Lissa«) 62
Gorski, Anatoli (»Al«, »Henry«; HENRI, WADIM) 125f., 128, 134ff., 165ff., 173, 180, 183, 189, 193, 195, 207
Goulding, Cathal 469, 477ff.
Grabski, Tadeusz 623f., 626
Grafpen, Grigori (SAM) 122–125
Grankin, S. M. 473
Grazianski, Juri 441
Grebennik, K. 348
Greene, Graham 89
Greenglass, David (KALIBR, SCHMEL) 187, 191
Greenglass, Ruth (WASP) 187
Greenhill, Denis 475
Gribanow, Oleg 461, 572
Gridina, M. M. 248
Grigorenko 413, 529
Griguljewitsch, Jossif (alias Teodoro B. Castro; ARTUR, DAX, MAX, FELIPE) 130f., 213, 232ff., 449f.
Grintschenko, Wladimir (alias Jan Bechko; KLOD, RON) 244, 278
Grischin, Wiktor 14
Groesser, Josef 365
Grohman, Jozef 372
Gromyko, Andrei 211, 288, 358, 390, 415, 432, 443, 545, 649, 671
Gronchi, Giovanni 590
Gruschko, Wiktor 314, 422
Guibaud, Louis 572
Guillaume, Christel 544, 546
Guillaume, Günter (HANSEN) 544ff., 667
Guk, Arkadi (JERMAKOW) 530ff.
Güneş, Turan 435
Gurgenew (alias Artemow), Wjatscheslaw 443

Gusenko, Igor 199–202, 204, 206, 234, 239, 241, 461
Gusew, Nikolai 473
Gutin, Walentin (GUREJEW) 353–356 758
Gutzeit, Pjotr (NIKOLAI) 155

Habash, George 472
Haddad, Wadid (NAZIONALIST) 472ff.
Haffner, Sebastian 416
Hájek, Jiří 361
Halifax, Edward Frederick Lindley Wood, Earl of H. (Lord Halifax) 98f., 120
Hall, Elizabeth 392
Hall, Gus (PALM) 392–396
Hall, Joan 213
Hall, Theodore »Ted« Alvin (MLAD) 187, 191f., 213f., 236, 247, 290
Halperin, Morton 325
Halvorsen, Tor 422
Hambleton, Hugh (RADOW, RIMEN) 240, 274f., 282f., 385, 502
Hamilton, Norris 432
Hanes, Dalibor 368
Hankey, Lord (BOSS) 136, 167
Hardinge, Charles 66
Harnack, Arvid (KORSIKAN) 136ff., 149
Harriman, Averell 296f.
Harsch, Joseph 295
Hart, Judith 325
Harte, Robert Sheldon (AMUR) 130f.
Hartfield, Mark 295
Harvey, Libby 224
Haslaw, Jonathan 684
Havel, Václav 370, 380
Hayhanen (geb. Kurikka), Hannah (angen. Ident.: Mrs. Maki) 245ff.
Hayhanen (geb. Moissejewa) 248
Hayhanen, Reino (angen. Ident.: Nikolai Maki; WIK) 225, 245–248, 250, 278f., 385, 461f.
Healey, Dennis 526
Healey, Dorothy Ray 396
Heath, Edward, 476
Hebrang, Andrija 448
Hedy (Verlobte von Robert Lee Johnson) 254
Heinz, Leonore (LOLA) 548f.
Helmer, Oskar 384

831

Henze, Hans-Jürgen (angen. Ident.: Franz Becker; HAGEN) 549–552
Hernu, Charles 27
Herrmann, Peter (ERBE) 281
Herrmann, Rudolf Albert (s. Dalibar Valoushek) 273
Herzen, Alexander 654
Herzog, Gisela (MARLENE) 547 ff.
Heß, Rudolf 33, 174 f.
Hiss, Alger (ALES) 153 ff., 157, 193 ff., 206 f., 209, 235
Hitler, Adolf 30, 72, 76, 82 f., 91, 98 f., 107, 123 f., 127, 129, 136, 139 ff., 143, 158 f., 164, 174, 194, 216, 535, 539–542, 557 f., 664
Hofer, Heidrun (ROSIE) 552 f.
Hoffmann, Karel 371 f.
Höke, Margret (DORIS, VERA) 549–553
Holub, František 411
Holubova, Valentina 411
Honecker, Erich 376, 558 f., 562, 651 f.
Honner 383
Hoover, J. Edgar 179 f., 206 f., 323, 329–332
Hopkins, Harry 163 f., 179
Horowitz, Vladimir 277
Hosenball, Mark 326
Hosking, Geoffrey 655
Houghton, Harry (SCHAH) 505
Houska, Josef 355, 357, 361
Hrušković, M. 370
Hughes, H. Stuart 330
Hull, Cordell 163
Humphrey, Hubert 335
Hunt, Bunker 318
Hunt, E. Howard 321 ff.
Hunt, H. L. 317–322, 345
Husák, Gustáv 366 ff., 370 ff.
Huseinjyan, Karo (SKIF) 276
Hussein, Saddam 682

Ignatjew, Semjon 687
Iljuschin, Wiktor 682
Inderfurth, Karl 338
Indra, Alois 353 f., 359 f., 367 f., 371
Ippolitow, Iwan 475, 516
Iwanow, B. S. 354, 393 f.
Iwanow, Boris 479
Iwaschutin, Pjotr 250
Izkow, A. N. 328

Jachontow, Gen. 52
Jackson, Henry »Scoop« 335 ff., 339, 410
Jackson, Michael 659
Jagielski, Mieczysław 613
Jagoda, Genrich 11, 37, 107 f., 687
Jakeš, Miloš 367, 370 f.
Jakimow, Oleg 517
Jakir, Pjotr 405 ff., 409 f.
Jakowlew, Alexander 173, 315, 390, 425, 652
Jakowlew, Hptm. 419 f.
Jakowlewa, Galina (verh. m. Bernon F. Mitchell) 257
Jakuschew, Alexander 54
Jakuschkin, Dmitri 327
Janajew, Gennadi 490
Janczyszyn, Adm. L. 616
Jaruzelski, Wojciech 373, 620–626, 629–639, 641–644, 647, 649, 651
Jasow, Dmitri 489 f.
Javits, Jacob 295, 394
Jazkow (alias Jakowlew), Anatoli (ALEXEI) 192
Jebb, Gladwyn 226
Jelena (Geliebte von Schkuro, Andrei) 196
Jelzin, Boris 19, 24, 345, 391, 490, 506, 663, 674, 681–684
Jenkins, Roy 522
Jenukidse 117
Jermolow, Wassili 112
Jerofejew, Iwan 386
Jeschow, Nikolai 11, 37, 108, 121, 558, 685, 687
Jewsejew, Dmitri 38
Jewstafejew, Gennadi 294
Joesten, Joachim 319 f.
Joffe, Abram 190
Johannes Paul II., Papst (s. a. Wojtyła, Karol) 603, 607 f., 610 f., 614, 619, 622, 644–647
John, Otto 539 f.
Johnson, Lyndon B. 319, 333
Johnson, Robert Lee (GEORGE) 254 f.
Joliot-Curie, Frédéric 217
Jones, Penn 322
Jones, Sam Houston 180
Josenson, Iwan K. (alias Valte Urho Kataja, Hans Graven, Pobbs Frederik Schilling; SADKO) 353 f., 758

Jurovich, Momo (WAL) 448
Justinian 251

Kahane, Meir 333f.
Kahle, Wilhelm (WERNER) 553ff.
Kahn, David 429
Kalugin, Oleg 290–293, 295, 324, 349, 359, 361, 368, 432, 475, 481–484, 494, 512, 514, 528, 661
Kamenew, Lew 38, 108, 115
Kania, Stanisław 615f., 618–626, 629–632
Kannegisser, Leonid 41
Kapek, Antonin 370f., 379
Kapiza, Pjotr 16
Kaplan, Fanja (Dora) 41
Karmal, Babrak 21, 486
Karpow, Anatoli 678
Karzewa, Jewdokija s. Petrowa, J.
Kasakow, Wladimir 392ff.
Kasatschenko, Diana 593f.
Kashtan 390
Kaska, Radko 368ff.
Kasparow, Grigori 181
Katharina die Große 684
Kayotis, Andrey Yurgesovich (s. Fischer, Wiljam) 212f.
Kelley, Clarence 322
Kennan, George F. 429f.
Kennedy, Edward 337, 393f.
Kennedy, John F. 163, 250, 252, 259f., 262ff., 293, 295, 317–323, 345
Kennedy, Robert 250, 259ff., 295, 297
Kerenski, Alexander 318
Kessarew, Boris 587
Kessler, Erich (OREND, SCHWEJZAREZ) 126
Kessler, Ronald 26ff., 285f.
Keworkow 561f.
Kidd, Ronald F. 31
King, John H. (MAG) 75, 79, 95f., 119, 135
King, Martin Luther 332f.
Kirejew, Anatoli 334
Kirilenko, N. W. 386, 443
Kirow, Sergei 102f.
Kirpitschenko, Wadim
Kisljak, Iwan (MAISKI) 467
Kissinger, Henry 277, 293, 298f., 325f., 335f., 435ff., 443, 662f.

Kiszczak, Cesław 620, 626ff., 630, 632, 635f., 640–643, 645–648, 651
Kiwi, Wladimir 216
Klement, Rudolf 114
Kliszko, Zenon 373
Klugman, Norman John (»James«; MER) 94f., 97, 124, 185
Knight, Frances 330
Kobaladse, Juri 29
Koecher, Hana 284ff.
Koecher, Karl (RINO) 284ff.
Kohl, Helmut 555, 563
Kohler, Erna (angen. Ident.: Erna Helga Maria Decker; EMMA) 271f., 280
Kohler, Foy 430
Kohler, Gerhard (angen. Ident.; KONOW) 271f., 280
Kohler, Gerhard Max 271
Kokornaja, Miroka (MIROKA) 404
Kolder, Drahomír 353f.
Kolew 483
Kondraschow, Sergei 493
Konowalez, Jewchen 129
Kopazky (alias Koischwitz), Alexander (»Sascha«; alias Igor Orlow; ERWIN, HERBERT; RICHARD) 34f., 215f., 252ff.
Kopazky (alias Orlow), Eleonore 253f.
Kopinić, Josip (WOSDUCH) 446
Korczynski, Grzegorz 373
Korobow (CHUDOSCHNIK) 657f.
Korotitsch, Witali 427
Korotkow (alias Erdberg), Alexander (DLINNY, SASCHA) 137f., 211f., 237
Korsakow, Klementi (angen. Ident.: Klemens Oskar Kuitan; KIM) 283f.
Kortschnoi, Wiktor 678
Koslow, Eduard (alias Jean-Louis de Mol; JEWDOKIMOW) 507
Koslow, Leonid 486
Kossygin, Alexei 521, 351, 355, 357f.
Kosterin, W. N. 327
Kostow, Wladimir 484
Kosyrew, Andrei 681
Kotljar, Georgi 404
Kotow, Gennadi (DEJEW) 532
Kotow, M. G. 353
Kovalik, Ivan »John« Mikhaylovich (s. Makajew, Waleri) 224

Kowalczyk (poln. Innenminister) 613
Kowaltschuk 147
Kraft, Joseph 295
Kramer, Charles (LOT) 188f.
Krasnikow, Leonid (ANTON) 170
Krasnow, Pjotr 196ff.
Krasnowski, Wladimir 481
Krassilnikow, Rem (ARTUR) 243f.
Krassin, Jemelkina 408
Krassin, Wiktor 405–410
Krassowski, Wladimir 485
Kremer, Simon 168
Krepkogorski, Waleri 294
Kriegel, Annie 571
Krimker, Simona (MIRA) 244
Kriwizki, Walter 119
Krjutschkow, Wladimir 23, 33, 36, 299ff., 306, 309, 311–315, 344, 389, 413f., 482, 489f., 528f., 561, 565, 601f., 636ff., 663, 668, 671, 673, 675, 687f.
Kroesen, Fredrick 487
Krötenschild (alias Krotow), Boris (KRETSCHIN) 183ff., 201
Kruglow, Sergei 193, 687
Kuberski, Jerzy 637
Kuczynski, Jürgen 168f.
Kuitan, Klemens Oskar (s. Korsakow, Klementi) 283
Kukin, Konstantin (IGOR) 182, 206
Kukot, W. I. 486
Kulda, Joseph Ivanovich (s. a. Filonenko, Michail) 241
Kulebjakin, Nikolai
Kulikow, Wiktor 623–626, 633f., 638
Kurikka, Hannah (geb.) s. Hayhanen, Hannah
Kuron, Jacek 605, 627
Kuron, Klaus 556
Kurtschatow, Igor 170, 172, 190f.
Kusitschkin, Wladimir 534
Kusnezow, Anatoli (KOLIN) 595ff.
Kusnezow, I. I. 594
Kusnezow, Swjatoslaw (LEONID) 387
Kusnezow, W. A. 146f.
Kutepow, Alexander 54, 62f., 112f.
Kwasnikow, Leonid 186f., 192

Lafontaine, Oskar 563f., 668
Lamphere, Robert 208
Lane, Mark 320f.
Lansky, Egon 286
Laporte, Pierre 470
Lappi, Karl 369
Lappi, Leo (FREDDI) 369
Lasarenko, Alexander 473, 485f.
Lasarew, Anatoli 352, 506, 592
Laschkowa, Wera 401
Lasebny, Jewgeni 515f.
Le Carré, John 215
Lebovic, Ladislav (CHAN) 366
Lecanuet, Jean
Lee, Andrew Daulton 304
Lee, Duncan Chaplin (KOCH) 159, 189
Lemoine, Rodolphe (geb. Rudolf Stallmann, REX, JOSEF) 71f.
Lenárt, Jozef 352f.
Lendl, Ivan 284
Lenin (eigtl. Uljanow), Wladimir 21, 38–42, 46–50, 59f., 81, 89, 103, 107, 115, 280, 567, 644, 655, 680
Leonhard, Wolfgang 535
Lewijew 417
Linkow, Juri (BUROW) 282
Linow, Juri (KRAWTSCHENKO) 366
Lionaes, Aase 416
Lipka, Robert (DAN) 30f., 290ff., 432f.
Lippman, Walter 295
Lipski, Józef 605
Litwinow, Maxim 57, 76f., 80, 147, 570, 664
Ljalin, Oleg 475f., 481, 512, 515, 526
Ljampin, Witali (DIM, DIMA) 225, 353
Lloyd George, David 40
Lloyd, John Selwyn Brooke 428
Lockhart, Robert Bruce 40f.
Lomow, Boris 296
Long, Leo (ELLI) 135, 184, 203
Lonsdale, Gordon Arnold (KISCH; s. Molodi, Konon) 503
Lopatin, Michail 507f.
Losenko, Wiktor (MARVIN) 440f.
Low, Toby 197f.
Lowry, Helen (ADA, MADLEN) 154, 160, 162
Luce, Claire Boothe 233
Ludwig, Renata 463
Lukasewitsch (alias Bukaschow), Jakow 516, 523, 530f.
Lyon, Alex 325

MacBride, Sean 325
Macierewicz, Antoni 605
Maclean, Alan 225 f.
Maclean, Donald (späterer Name: Mark Petrowitsch Fraser; LIRIK, GOMER, SIROTA, WAISE) 86 ff., 90–94, 97 ff., 122–126, 128, 135, 154, 166, 175 f., 184, 201, 203, 222 f., 226–230, 242, 491, 495, 569
Maclean, Melinda 226–229
Maclean, Sir Donald 123
Macnamara, Captain »Jack« 92
MacStiofáin, Sean 477
Maiski, Iwan 174, 202
Makajew, Waleri (angen. Ident.: Ivan »John« Mikhaylovich Kovalik, s.d.; HARRY/GARRI) 224 ff., 229 f., 237 f., 244 f., 247, 278
Makarow, Leonid (SEDOW) 421 f.
Makarow, Wiktor 443 f.
Makarowa, Natalja 464 f., 477, 677
Maki, Nikolai (DAVID; s. Hayhanen, Reino) 245, 385
Maléter, Pál 347 f.
Malik, Jakow 296, 432
Malinowski, Roman 38
Malotenko, Stanislaw 352
Maly, Teodor (MANN, PAUL, THEO) 73, 89, 95 ff., 100, 117 ff., 125, 236
Mannerheim, Carl-Gustav von 39
Mansfield, Mike 295
Marachowski, Juri 441
Marchais, Georges 584
Marder, Murray 295
Margaret 528
Markelow, I. A. 23
Markow, Georgi 482 ff.
Marling, Melinda (verh. Maclean) 124
Martin (später geändert in Sokolowski), William H. 255 ff., 432
Martínez Moreno, Jorge 233
Martynowa, Viktoria (WALJA) 353, 759
Marx, Karl 316, 540
Marzani, Carlo Aldo (NORD) 319
Maslow, Igor 578
Massing, Hede 153 f.
Masurow, K. T. 358
Maulding, Reginald 476
Maximow, Wladimir 417 f.
Mayhew, Christopher 205

Mazowiecki, Tadeusz 616 f.
McCarthy, Eugene 295, 393
McCarthy, Joseph R. 231, 235, 237, 381, 390
McGovern, George 295
McLennan, Gordon 524
McNeil, Hector 204 f.
Medwedew, Roy 13
Medwedjew, Zhores 14
Melnik, Constantin 573
Menschinski, Wjatscheslaw 60, 687
Menzies, Stewart 201 f.
Mercader del Río, Caridad (MAT') 129, 132
Mercader, Ramón (Frank Jacson; RAIMOND) 114, 129 f., 132, 181
Merkulow, Wsewolod 138 f., 687
Merskey, Harold 676
Messmer, Pierre 579 f.
Metschulajew, Wladimir 390
Michailowna, Swetlana (verh. Barannik; ORLOWA) 649
Michnik (KOR-Führer) 627
Mielke, Erich 347, 362, 559, 562
Mihailović, Dragoljub (»Draža«) 185
Mikardo, Ian 325, 497
Mikojan, Anastas 499
Milewski, Mirosław 617 ff., 625, 627, 630, 634, 637, 642
Miller, Jewgeni 112 f., 118
Milošević, Slobodan 682
Mironow, Wassili 158, 179 ff.
Mitchell, Bernon F. 255–258, 432
Mitchell, Galina s. Jakowlewa
Mitchell, Leslie 242
Mitterrand, François 27, 574, 580 f., 584 ff., 589
Mjakinow, Gennadi 492
Moczar, Miecysław 373, 620 ff.
Modin, Juri (»Peter«) 124, 204–207, 221, 228, 230, 317, 333, 512
Moissejewa s. Hayhanen (geb. M.)
Molnar, Bohumil 359
Molodi, Konon (angen. Ident.: Lonsdale, Gordon Arnold; BEN) 385, 492, 502–507, 510
Molodzow, Wladimir 145 f.
Molotow, Wjatscheslaw 203, 209 ff., 499
Molotschni 147
Mondale, Walter 437

Montgomery of Alamein, Bernard Law 70
Moody, Bill 527
Mörke, Ingalore (s. Valoushek, Inga) 273
Moros 417
Morosow, Iwan (JUS, KIR) 155
Morrison, Herbert 228
Morrison, James (FRIEND) 241–244
Morros, Boris (FROST) 156, 179
Mortin, Fjodor 369, 688
Mott, Nevill 168
Muhri, Franz 386
Murchinson 317
Mussolini, Benito 71, 76, 382

Nagy, Imre 351 f.
Nelson, Steve 163, 178
Nenni, Pietro 383
Netschiporenko, Oleg 328
Newens, Stan 325
Nietzsche, Friedrich 349
Nikitenko, Leonid 532
Nikodim, Metropolit (ADAMANT) 679
Nikolai Nikolaiewitsch, Großherzog 54
Nikolaiewski, Boris 106 f.
Nikolaus II., Zar 54
Nin, Andrés 110
Nixon, Richard M. 259, 277, 293, 295, 297, 321, 335 f., 410, 432, 435, 471
Noble, Andrew 55
Nollau, Günter 546
Norwood, Melita Stedman (geb. Sirnis; HOLA) 169 f., 185, 491 f., 504, 508, 516 f., 533
Nosenko, Juri 255, 266, 430, 462, 481
Nouhuys, Heinz van (NANT) 559
Novotnaya, Maria (s. a. Filonenko, Anna) 241
Novotný, Antonín 350, 353, 370 f.
Nurejew, Rudolf 17, 464 f., 477, 677

Oake, Raymond (SHELLEY) 74 f.
Obzina, Jaromír 370 ff.
Ochunjow, M. S. (OLEG) 541
Ogolzow, Sergei 687
Ogorodnik, Alexander 286
Okolowitsch, Georgi 451
Oldham, Ernest Holloway (ARNO) 68–74
Oldham, Lucy (MADAM) 69, 73

Oleinik, Jewgeni 491
Olivier, Sir Laurence 175
Olszowski, Stefan 623, 626, 635
O'Riordan, Michael 469 f., 477 f.
Orlow, Alexander (SCHWED) 33, 62, 90, 92 f., 109 ff., 114, 122, 125, 450
Orlow, Juri 419–422, 676
Orszulik, Alojsy 639
Orwell, George 655
Oschtschenko, Wiktor (OSEROW) 518, 534
Ostrowski, Nikolai (GOLUBEW) 241, 491
Oswald, Lee Harvey 317–323, 345, 462
Oswald, Marina 318, 322
Overy, Richard 143
Owakimjan, Gaik (GENNADI) 155 ff.

Pacelli, Fürst Giulio 233
Pachman, Ludek 366
Page, C. H. 201
Panjuschkin, Alexander 210, 451, 688
Parastajew, Andrei 522
Pares, Sir Bernard 656
Pasow, Selman 121
Pasternak, Boris 12
Pathé, Pierre-Charles (alias Charles Morand; PECHERIN, MASON) 574–577, 579, 582 f., 586
Patoćka, Jan 380
Paul VI., Papst 610
Paulus, Friedrich 151
Pavel, Josef 355, 358 f.
Pawlow, Wadim 603, 616, 623 ff., 629–635, 637 f., 641 f., 644 f.
Pawlow, Walentin 314
Pawlowitsch, Georgi 593
Pawlowski, Sergei 53
Pearson, Drew 295, 330
Peet, John (DAFFODIL) 538 f.
Pelton, Ronald William 432
Penkowski, Oleg 261, 264
Percy, Charles 295
Pérez de Cuellar, Javier 294
Perkins, Frances 164
Perle, Richard 335 ff.
Perlo, Victor (RAIDER) 188
Peroviê, Dušica 448
Perwuchin, Michail 250
Pessai, Ville (BARANOW) 385

Peter, König von Jugoslawien 165
Petersen, Herlov (CHARLEW, PALLE) 525
Petrow, Wladimir 461, 481, 569
Petrowa (geb. Karzewa), Jewdokija 79, 461, 569
Pfeiffer, Edouard 92
Philby, Aileen 224
Philby, Kim (SYNOK, STANLEY, TOM) 34, 86–91, 93, 97, 99 ff., 125–128, 135, 137, 166, 175, 182 f., 201 ff., 221–231 passim, 247, 288, 491, 494, 502, 510 f., 513 ff., 537, 538, 569, 663, 665, 667
Philby, Litzy (MARY) 126 f.
Philby, Rufa 513, 515
Pieck, Henri Christian (»Han«, COOPER) 74 f., 95
Pietruszka, Adam 640, 648
Piñeiro Losado, Manuel 479
Pinochet, Augusto 417
Pitowranow, Jewgeni 539
Pius XII., Papst 234
Piwowarow, Juri 471
Pjatin, Artur 284
Platonow 421
Plissionier, Gaston (LANG) 381
Pohl, Inge 455
Pokrowski, Georgi 471
Pol Pot 582
Poljakow, Dmitri 311
Poljanow 543
Pollitt, Harry 95
Polonik, Michail (ARDOW) 32
Polschikow 147
Pompidou, Georges 579
Ponger, Kurt 248 f.
Poniatowski, Michel 580
Ponomarjow, Boris 390 f., 395
Ponomarjow, J. R. (KEDROW) 482
Popieluszko, Jerzy 640
Poremski, Wladimir 454
Porezki, Ignati/Ignaz (alias Ignace Reiss, Walter Scott; RAYMOND) 71 f., 118 f., 181
Pottle, Pat 495
Powers, Gary 249 f.
Price, Mary Wolf (DIR, KID) 156
Primakow, Jewgeni (MAXIM) 24, 663, 681 ff., 685

Prime, Geoffrey Arthur 434, 521, 525
Procházka, Jan 355 f.
Pugo, Boris 489 f.
Pujol, Antonio (JOSÉ) 130 f.
Pupo Pérez, Pedro 328
Pusanow, A. M. 484
Puschkin 122
Pyjas, Stanisław 608

Radek, Karl 62
Rado, Sandor 150
Radschenko, Konteradmiral 474
Rajk, László 347, 449
Rakowski, Mieczysław 626, 642 ff., 644, 647
Ramírez Sánchez, Ilich (alias »Carlos«) 488
Randle, Michael 495
Ranković, Alexander-Leka (MARKO) 446–449
Ransome, Arthur 49
Rastworow, Juri 461
Ray, Ellen 327
Reagan, Jack 339
Reagan, Nancy 300
Reagan, Ronald 287, 293, 300 ff., 310, 312, 339 ff., 343, 395, 439, 487, 562, 589, 671
Rebet, Lew 454 f.
Rees, Goronwy (FLEET, GROSS) 119 ff., 127 f., 221
Rees, Jenny 127
Reich, Wilhelm 85
Reif, Ignati (Max Wolisch, MARR) 89, 92, 125
Reilly, Sidney 40 ff., 54 f., 63
Rein, Mark 541
Remisow (Pseud. Iwanow), Andrei 399
Renner, Karl 383
Reschetowskaja, Natalja 413
Reston, James 259
Revoi, Andrew (TAFFI) 126
Rezác, Tomas (REPO) 411, 413
Ribbentrop, Joachim von 127, 143
Ribicoff, Abraham 393 f.
Richardson 317
Richardson, Charlie 526
Rjabow, Wiktor 15
Rjasnoi, Wassili 688
Rjutin, Michail 102

Roberts, Chalmers 295
Robertson, »Tar« 203
Robinson, G. A. 204
Rocard, Michel 585
Rockefeller, David 296
Rockefeller, Nelson 277, 296
Rodin (alias Korowin), Nikolai 206, 227, 493
Roe, Alliot Verdon 239
Rogoschin, Anatol 197
Romscha, Erzbischof 451
Roosevelt, Elanor 154
Roosevelt, Franklin D. 107, 154, 158, 160, 163 ff., 167, 173, 178 f., 189 f., 194, 196, 262, 270, 384, 576, 665
Rosenberg, Ethel 187, 214, 235, 246, 503
Rosenberg, Julius (ANTENNA, LIBERAL) 186 f., 214, 235, 246, 503
Rosenstiel, Susan 331
Rostropowitsch, Mstislaw (VOYAGER) 677
Rothstein, Andrew 169
Rotsch, Manfred (EMIL) 566 f.
Rowan, Carl 295
Rubanow, Wladimir 445
Ruby, Jack 318, 345
Rudenko, Anatoli (angen. Ident.: Heinz Walter August Feder; RYBAKOW) 276–297
Rudenko, Roman 402
Rudnizkaja, Sofja 559
Rumsfeld, Donald 437
Runge, Eugen (MAX, GNIDA) 463 f., 548 f.
Rush, Valentina (SINA) 463
Rusk, Dean 293
Ry, Giovanni de (ROSSI) 67–71
Rykow, Alexei 108

Saadeh, Raymond 514
Saar-Demichel, François 572 f., 575 f.
Sacharow, Andrei (ASKET) 36, 404, 409 f., 416–419, 421, 424–427, 661, 676, 679
Sacharowski, Alexander 250, 262 f., 362, 369, 461, 468, 506, 543 f., 688
Sacharowski, Igor (alias Kusnezow) 582 f.
Sadat, Anwar al-S. 421, 676

Saizew, General 52
Saizew, Leonid 305
Sajarny 51
Šalgoviæ, Viliam 359
Samoiski (Zamoysky), Lolly 35
Samolis, Tatjana 9
Sapper, Alan 325
Saradschjan, Oganes (s. Akopjan, Aschot) 591, 759
Sarubin, Wassili (alias Subilin; MAXIM) 62, 141, 158 ff., 162 f., 165, 178–181, 188
Sawin, Alexei 473
Sawinkow, Boris 52–55, 63
Sawtschenko, Sergei 211, 688
Sax, Saville Savoy (STAR) 187, 191
Sborowski, Mark (»Étienne«, MAX, MAK, TULUP, KANT) 104, 106 f., 112 ff.
Schaap, Bill (RUBY) 327
Schadrin, W. N. 419
Scharow, A. W. 509
Scharznew, Lew 492
Schdanow, Andrei 108
Schebarschin, Leonid 33, 142, 311, 313 f., 344, 652, 671, 688
Schelepin, Alexander 12–15, 258 ff., 262, 454, 456, 461, 663, 687
Schelest, Pjotr 351
Schelmatowa (verh. m. Bystroletow, Dmitri) 122
Schenichow, Wladimir 11 f.
Schepter, Genrich Natan 338
Scherstnew, Lew 508
Schewtschenko, Arkadi 279, 294
Schildbach, Gertrude 118
Schischin, Wjatscheslaw 489
Schischkin, Iwan 5125
Schischlin, Nikolai 425, 531
Schiwkow, Todor 482 f.
Schkuro, Andrei 196 ff.
Schljandin, Gleb 459
Schmidt, Hans-Thilo (HE, ASCHE) 71
Schmidt, Helmut 557, 561, 562 f.
Schokin, W. I. 441
Schönbrunn, Reinhold 137
Schpigelglas, Michail 121, 688
Schröder, Gerhard (Außenmin.) 549
Schröder, Gerhard (Bundeskanzler) 564
Schtern 417

838

Schtscharanskaja, Awital 421
Schtscharanski, Anatoli 286, 419 ff.
Schtschelokow, Nikolai 403
Schukow, Georgi K. 151 f.
Schukow, Juri 10
Schulenburg, Friedrich Werner Graf von der 139
Schulze-Boysen, Harro (STARSCHINA) 137 f., 149
Schulze-Boysen, Libertas 138
Schuman, Maurice 579
Schumski, Olexander 451
Sedow, Boris 293
Sedow, Lew 104 ff., 110, 112 ff.
Segal, Jacob 343
Selenin, General 52
Seliskow, O. A. 342
Semitschastny, Wladimir 13 f., 250, 262, 269, 402, 455, 461, 543 f., 687
Semjonow, Juri 257
Serdinow, Eduard (TKATSCHEW) 417 f.
Serebrjanski, Jakow (»Jascha«) 63, 74, 104 ff., 109 f., 112, 115, 128 f.
Serebrow, N. W. 519
Sergejew, N. D. 474
Serow, Iwan 12, 16, 37, 347 f., 359, 687
Servan-Schreiber, Jean-Jacques 580
Sessjowski, Wiktor 294
Shaw, George Bernard 88
Shelton, Turner B. 480
Shultz, George 293, 551
Sidak, Walentin (RYSCHOW) 586
Silverman, George 153
Silvermaster, Gregory (»Greg«; PAL, ROBERT) 161 f., 188 f., 206
Simon, John 76, 82 f., 120
Simon, Kurt (GEORG) 553
Sinizyn, J. G. 368 f., 372
Sinjawski, Andrei (Pseud. Abram Tertz) 397–402
Sinowjew, Grigori 38, 42, 108, 115
Siqueiros, David Alfaro (KONE) 130 ff.
Sisow, Michail 660
Sjuganow, Gennadi 684
Skoblin, Nikolai 112
Slowikowski, Jan 609
Sluzki, Abram 69, 75 f., 121, 688
Smagin, Alexander 533
Smirnow, Iwan 108
Smirnow, L. W. 269 f.

Smith, Michael John (BORG) 518 ff., 533 f., 674
Smith, Walter Bedell 231
Smith, William French 335
Smollett, Peter (eigtl. Smolka, H. P.; ABO) 127, 175 f.
Soares, Mario 386, 389
Sobell, Helen 246, 248
Sobell, Morton 246, 248
Sobolew, Pawel 660
Soboloff, David Semyonovich (SOKOL) 238, s. a. Brik, Jewgeni
Sojanow, Dimitar 483
Sokolowski s. William H. Martin
Solomatin, Boris 291, 296
Solowjow, Oberst 121 f.
Solschenizyn, Alexander (PAUK) 401–405, 409–415, 417 f., 427
Somoza Debayle, Anastasio 480
Sorenson, Theodore 259, 261, 297
Sorge, Richard 65, 139, 142, 537 f., 667
Sorin, Walerian 211
Sozkow, L. F. 339
Spelling, David 514
Speranski, W. I. 53, 63
Stachow, Pjotr 51
Stachura (stellv. poln. Innenminister) 612 f.
Stalin (eigtl. Dschugaschwili), Josef 9, 11, 35, 37, 42 ff., 48, 59–69 passim, 76 f., 81 ff., 89, 99–109 passim, 117, 121, 123, 127, 129, 132, 136, 138–142, 149, 158 f., 162–167, 174, 180, 190, 194 f., 198, 210, 236, 263 f., 279, 314, 347, 362, 382, 409, 446, 449 ff., 499, 501, 570, 603, 654 ff., 662–672 passim,
Stallmann, Rudolf s. Lemoine, Rodolphe
Stalnow, Boris 519
Stanislaus, Bischof von Krakau 606
Staschinski, Bogdan 454 f., 461, 465, 476
Steen, Reiulf 422
Steiner, Julius (SIMSON) 545 f.
Stennes, Walter (FREUND) 141
Stepaschin, Sergei 682 f.
Stephenson, William 162
Stern, Alfred Kaufman 155
Stern, Martha Dodd (LISA) 155

839

Stezenko, Wladimir (KONEJEW, ROI) 353, 759
Stirner, Eleonore 215
Stockwood, Mervyn 523 f.
Stoessel, Walter 436
Stojankow, General 484
Stojowa, Wesselina 483
Straight, Michael (NIGEL, NOMAD) 96 f., 154 ff., 160
Strauß, Franz Josef 563
Strougal, Lubomír 355, 366 f., 370, 379
Subašić, Ivan 165
Sucher, Wladimir 678
Sudoplatow, Pawel 129, 144
Šujoviê, Sreten 448
Sullivan, William C. 332
Suriz, Jakow 116 f.
Surschaninow, W. W. 353
Suschitsky, Edith s. Tudor Hart, Edith
Suslow, Michail 421, 443, 613, 625, 634, 677
Sütterlin, Heinz (WALTER) 548 f.
Svoboda, Ludvík 371
Sweeney, Charles 242
Swinton, Ernest 121
Sykes, R. A. 107
Symonds, John (alias Jean-Jacques Baudouin, Raymond Francis Everett, John Frederick Freeman; SCOT) 526–530
Syrojeschkin, Grigori 53 f.

Tanaka, Giichi 58 f.
Tarassow, Lew 181
Thatcher, Margaret 488, 520, 524 f.
Thompson, Edward P. 325
Tiebel, Erwin 537
Tiedge, Hans-Joachim 556
Tischkow (alias Timofejew), Arseni 447 f.
Tischner, Józef 609
Tito (eigtl. Broz), Josip (ORJOL, STERWJATNIK) 195, 375, 446–450, 570, 664
Titow, Gennadi (SILIN) 509
Togliatti, Palmiro 383
Tolkatschow, Adolf 311
Tolstoi, Alexei 67
Tolstoi, Sergei 142 f.
Tomski, Michail 108
Tonkonog, Anatoli (TANOW) 378, 401

Tonkonog, Jelena Fjodorowna (TANOWA) 401
Touré, Ahmed Sékou 341 f.
Toye, Eleanor 54
Toynbee, Philip 222
Trepper, Leopold (alias Jean Gilbert) 137, 149 f.
Trilisser, Michail 49, 62, 64, 688
Trotzki, Leo (STARIK) 30, 41 f., 60 ff., 102 ff., 106 f., 114 f., 129–133, 178, 446, 449, 542, 664
Trubnikow, Wjatscheslaw 681 f.
Trubogard, Pjotr 660
Trudeau, Pierre 274, 283, 471
Truman, Harry S. 161, 207 f., 233, 235, 665
Truschnowitsch, Alexander 453 f.
Trusewitsch, Georgi 492
Tschalidse, Waleri 404
Tschebrikow, Wiktor 303, 424 f., 611, 645, 687
Tscherepanow, Alexander 265 f.
Tscherkaschin, Wiktor 532
Tschernenko, Konstantin 444, 532, 555, 649
Tschernjajew, Anatoli (GRIN) 532
Tschertenko, Kira (TANJA) 591, 759
Tschiang Kai-schek 141
Tschichow, Michail 507
Tschitschajew, Iwan (JOHN) 58
Tudor Hart, Alex 87
Tudor Hart, Edith (geb. Suschitsky; EDITH) 87, 126
Turing, Alan 144
Tursewitsch, Galina 491
Tutjunnik, Jurko 50 f.
Twerdochlebow, Andrei 404

U Thant, Sithu (BRID) 294, 433
Ulbricht, Walter 250, 346, 375, 558 f.
Uljanow, Wladimir (s. Lenin, Wladimir)
Ulmann, André (DURANT, JULI) 570 f., 574, 583
Umnow, W. K. 353
Unrau, Irina Jewsejewna (BERTA) 758
Unrau, Iwan D. (alias Hans Emil Redveyks, Maikert; WLADIMIR) 353, 552, 758
Unschlicht, Jossif 47
Urban, Jerzy 651

Urizki, Moisei 41 f.
Usatow, Michail 483
Ustimenko (USKOW) 353, 758 f.
Ustinow, Dmitri 288, 302, 443, 473, 484 f., 621, 649, 671

Valoushek, Dalibar (angen. Ident.: Rudolf »Rudi« Albert Herrmann; DOUGLAS) 273–276, 280–284
Valoushek, Inga (angen. Ident.: Ingalore Mörke; GERDA) 273, 281
Vance, Cyrus (VISIR) 298, 337, 437, 443, 564, 663, 668
Vansittart, Robert 73
Vassall, John 288, 496, 501, 538
Vater, Clara 347
Vivian, Valentine 78 f.
Vogel, Wolfgang 559

Waldheim, Kurt 294
Waldron, Francis X. s. Dennis, Eugene
Wałęsa, Danuta 637, 639
Wałęsa, Lech (BOLEK) 612 ff., 616–619, 627, 631, 635 ff., 639–642, 647 ff.
Wałęsa, Stanisław 647 f.
Wadleigh, Julian 153
Walker, John Anthony 291 f., 433
Wallace, Henry 160 f., 213
Warren, Earl 319 f., 323
Wassiljew, Geli (MICHAILOW) 399
Waupschasow, Stanislaw 111
Wehner, Herbert (alias Herbert Funk, ONKEL) 557–560
Weiland 536
Weisband, William (SCHORA) 209, 665
Welles, Sumner 154
Werner, Maria (ALLA) 353 f.
Werth, Alexander 407
Wetrow, Michail 541
Wetrow, Wladimir (FAREWELL) 308, 588 f.
Whalen, William 267
White, Harry Dexter (JURIST, KASSIR) 153, 156 f., 160, 189, 206 f., 209
Whitworth, Jerry 291
Wienand, Karl 546, 556 f., 560
Wildprett, Wolfgang 454 f.

Willcott, Elsie 327
Willcott, Jim 327
Wilson, Harold (OLDING) 497–500, 522, 564, 668
Winogradow, Wladimir 759
Winogradowa (später Linizkaja, Kaminskaja), Galina (alias Maria Machek/Weber/Werner, ALLA) 353, 759, 363, 366
Winterbotham, Frederick W. 152
Wischnewskaja, Galina 677
Wlassow, Andrei 215
Wohlgemuth, Wolfgang 539
Woinowitsch, Wladimir 67 f.
Woitezki, Igor (angen. Ident.: Emil Evraert; PAUL) 459 f., 463, 467, 470
Woitezki, Witali 459
Wojtył, Karol (s. a. Johannes Paul II, Papst) 374, 603–608, 679
Wolf, Louis (ARSENIO) 327 f.
Wolf, Markus Johannes »Mischa« 309, 453, 535 f., 544–547, 555–560, 564, 567, 669
Wolkow, Konstantin 201–204
Wollweber, Ernst 109, 347
Woloschanowitsch, Alexander 657
Woodfield, Bill 166
Woronin, Juri 476, 507 f., 515
Woronzow, Juli 589
Wrangel, Peter von 52
Wright, Peter 500
Wyschinski, Andrei 168, 195, 210 f., 233, 409
Wyszyński, Stefan 604, 617 f., 628

Zuković 448
Zabinski, Andrzej 626
Zamoyska, Hélène 398 f.
Zamoysky, Lolly s. Samoiski, Lolly
Zarew, Oleg 33 f.
Zeirow, Witali 492
Zeman, Jaroslav 367
Ziegler, Philip 522
Zimbal, Michael S. 219
Zimmermann, Phil 444
Zwigun, Semjon 368 f.

B. Code-, Alias- und Decknamen

»19« = Duggan, Laurence
Abel, Rudolf = Fischer, Wiljam
ABO = Smollett, Peter (eigtl. Smolka, H. P.)
ACE 508, 516 f.
ADA[1] = NORMA 124 ff.
ADA[2] = Lowry, Helen
ADAM[1] 553
ADAM[2] 572
ADAMANT = Nikodim, Metropolit
ADEN 214
AJUN = Alexandrow, Georgi
Al = Gorski, Anatoli
ALAN (= FLINT, TELON) 577, 587 f.
ALBERT[1] = Achmerow, Ischak
ALBERT[2] = Bitnow, Nikolai
ALES = Hiss, Alger
ALEXEI = Jazkow, Anatoli
ALICE 225
ALLA = Winogradowa, Galina
Althammer, Hedwig Marta (fiktive Mutter von Emil Evraert)
ALWAR 268 f.
AMUR = Harte, Robert Sheldon
ANDRÉ 577–580
ANDREI = Bystroletow, Dmitri
ANITA 554 f.
ANNA 382
ANTENNA = Rosenberg, Julius
ANTON[1] = Krasnikow, Leonid
ANTON[2] 435
ARALDO 598
ARGUS 577–580
ARLEKINO = ARTUR[3] 594
ARNO[1] = Oldham, Ernest Holloway
ARNO[2] = Gold, Harry
ARSENIO = Wolf, Louis
ARTEM 377
Artemow = Gurgenew, Wjatscheslaw
ARTEMOWA (alias Edith Ingrid Eichendorff) 353, 758
ARTUR[1] = Griguljewitsch, Jossif
ARTUR[2] = Krassilnikow, Rem
ARTUR[3] = ARLEKINO 594
Arzhak, Nikolai (Pseud.) = Daniel, Juli
ASCHE = Schmidt, Hans-Thilo
ASJA = Gee, Ethel

ASKET = Sacharow, Andrei
ASKO 225
AURENT 577
AWIATSCHORA = Abbiate, Mireille
BARANOW = Pessai, Ville
Baudouin, Jean-Jacques = Symonds, John
BEA 657
Bechko, Jan = Grintschenko, Wladimir
BELFORT = Birkenhauer, Erich
BELJAKOW 353, 758
BELLA 554
BELOW = Albam, Abram
BEN = Molodi, Konon
BERTA[1] 278
BERTA[2] = Unrau, Irina Jewsejewna
BERTRAND = Boucaut, Alain
BOGUN = Bljabin, Gennadi
BOLEK = Wałęsa, Lech
BOR(G[1]) 267
BORG[2] = Smith, Michael John
BOSS = Lord Hankey
BRID = U Thant, Sithu
BROK 577 f., 580 f., 586
Bukaschow = Lukasewitsch, Jakow
BUKINIST 577 f.
BUROW = Linkow, Juri
BUTIL 595

Carlos = Ramírez Sánchez, Ilich
Castro, Teodoro B. = Griguljewitsch, Jossif
CHAB = Childs, Morris
CHAN = Lebovic, Ladislav
CHARLES = Fuchs, Klaus
CHARLEW = Petersen, Herlov
CHARLIE = Belfrage, Cedric
CHONG 268
CHOSJAIN = Buchman, Henry
CHUAN = TORMA 218 f.
CHUDOSCHNIK = Korobow
COOPER[1] = Pieck, Henri Christian
COOPER[2] 509

DAEDALUS = Cot, Pierre
DAFFODIL = Peet, John
DAN[1] = Lipka, Robert
DAN[2] (Journalist) 500, 523
DAN[3] (Ingenieur) 508

DARIO 382f., 590, 597, 600, 666
DARJA 382f.
DATSCHNIK 572
DATSCHNIKI = Cohen, Leontina und Morris
da Vinci = Basarow, Boris
DAX = Griguljewitsch, Jossif
DEJEW = Kotow, Gennadi
DEMID 590ff.
DENIS 594
DEREWLJOW = Burjon, Oleg
DIM(A) = Ljampin, Witali
DIOMID = Blake, George
DIR = Price, Mary Wolf
DLINNY = Korotkow, Alexander
DORIS = Höke, Margret
DOUGLAS = Valoushek, Dalibar
DRAGUN 577, 579, 582
Dremer, Heinrich = SEWIDOW
DROM 574, 577
DROSDOW 571
DSCHELIB 577
DUBRAWIN 568
DUDLEY = Constantini, Secondo
DUNCAN = Constantini, Francesco
DURANT = Ulmann, André

EDITH = Tudor Hart, Edith (geb. Suschitsky)
EDUARD 384
ELLI = Long, Leo
EMIL = Rotsch, Manfred
EMMA[1] 240
EMMA[2] = Kohler, Erna
ENERO = INSPEKTOR 593f.
EPIR 442
ERBE = Herrmann, Peter
Erdberg = Korotkow, Alexander
ERICII 154
ERIKA 529
ERNA 362
ERWIN = Kopazky, Alexander
Étienne = Sborowsi, Mark
EVA (deutsche Mutter von Korsakow, Klementi) 283
Everett, Raymond Francis = Symonds, John

FAREWELL = Wetrow, Wladimir
FELIPE = Griguljewitsch, Jossif

FELKE 267
FIDELIO 598, 600
FILOSOF = Bunyk, Iwan
FIR = Brewer, Mrs.
FJODOR 577, 579
FJODOROW 363, 369, 377
FLEET = Rees, Goronwy
FLINT = ALAN
FOGEL = PERS 172
Fomin = Feklisow, Alexander
FORD 125
FORST = Everett, Raymond Francis
Frahm, Herbert = Brandt, Willy
FRANJA 109
Frank, Emil = Gordiewski, Wassili
FRANK[1] = Duggan, Laurence
FRANK[2] 552, 597, 600
FRED = Gladysh, Ivan Wasilyevich
FREDDI = Lappi, Leo
FRENE 572
FREUND = Stennes, Walter
FRIEND = Morrison, James
FROST = Morros, Boris
Funk, Herbert = Wehner, Herbert

GARRI s. HARRY
GENNADI = Owakimjan, Gaik
GEORG = Kurt Simon
GEORGE = Johnson, Robert Lee
GERA = Bitnow, Nina
GERDA = Valoushek, Inga
GERI 225
GERMAIN 571
GIDEON = Brik, Jewgeni
GIDROLOG = Fonseca Amador, Carlos
GIGI 109
Gilbert, Jean = Trepper, Leopold
GILBERT/GILES 574, 586
GIS 568
GNIDA = Runge, Jewgeni
GOLUBEW = Ostrowski, Nikolai
GOMER = Maclean, Donald
GOOSE = Gold, Harry
GORBATY = Golizin, Anatoli
GORJATSCHOW 568
GORT 287
GOT = Glading, Percey
Green, Michael = Achmerow, Ischak
GRIN = Tschernjajew, Anatoli
GROMOW = Gordiewski, Wassili

GROSS = Rees, Goronwy
GUREJEW = Gutin, Walentin

HAGEN = Henze, Hans-Jürgen
HANNI = Clemens, Hans
HANS = Bystroletow, Dmitri
HANSEN = Guillaume, Günter
HARRY/GARRI = Makajew, Waleri
HART = Brik, Jewgeni
HE = Schmidt, Hans-Thilo
HEKTOR = Filonenko, Michail
HELMUT 565 f.
HENRI^1, Henry = Gorski, Anatoli
HENRI^2 216 ff.
HERBERT = Kopazky, Alexander
HOLA = Norwood, Melita 169 f., 185, 491 f., 504, 508, 516 f., 533
HUNT 492, 508, 516 f.

IGOR = Kukin, Konstantin
IKAR 592 f.
INDOR (alias Waldemar Weber) 759
INGA = NIKOL 383
INSPEKTOR = ENERO 593 f.
IRINA = PAT (Frau von Stezenko, Wladimir)
ISWEKOW 568
Iwanow (Pseud.) = Remisow, Andrei
IWANOWA 275

JACQUELINE 583
Jacson, Frank = Mercader, Ramón
JAGUAR 463
Jakowlew = Jazkow, Anatoli
JEFIMOW 398
JEFRAT = Akopjan, Aschot
JERMAKOW = Guk, Arkadi
JEWDOKIMOW^1 (alias Heinz Bayer) 353 f., 758
JEWDOKIMOW^2 = Koslow, Eduard
JOE 304
JOHN = Tschitschajew, Iwan
JOSÉ^1 = Castelo, Pacheco José
JOSÉ^2 = Pujol, Antonio
JOSEF = Lemoine, Rodolphe
JOUR (SCHUR) 220, 382, 442, 569, 571 f., 577 f., 590, 666
JULI = Ulmann, André
JUNG = Achmerow, Ischak
JURIST = White, Harry Dexter

JUS = Morosow, Iwan

K 168
KALIBR = Greenglass, David
KANT = Sborowski, Mark
KARDINAL (Mitglied der SPD-Führung) 560 f.
KAREW 501 f.
KARL^1 565
KARL^2 588
KARS 596
KASSIR = White, Harry Dexter
KEDROW = Ponomarjow, J. R.
KELLEY 168
KID = Price, Mary Wolf
KIJ 154
KIM = Korsakow, Klementi
KIN = Basarow, Boris
KIR = Morosow, Iwan
KISCH = Lonsdale, Gordon Arnold
KLOD^1 = Grintschenko, Wladimir
KLOD^2 268
KOCH = Lee, Duncan Chaplin
Koischwitz = Kopazky, Alexander
KOLIN = Kusnezow, Anatoli
KONE = Siqueiros, David Alfaro
KONEJEW = Stezenko, Wladimir
KONOW = Kohler, Gerhard
KORABLJOW 568
KORNELIS = Wehner, Herbert
Kornelis, H. M. = Wehner, Herbert
Korowin = Rodin, Nikolai
KORSIKAN = Harnack, Arvid
Kovalik = Makajew, Waleri
KRAJEWSKI 657
KRAWTSCHENKO = Linow, Juri
KRETSCHIN = Krötenschild, Boris
KRISTINA 518
Kroger, Helen = Cohen, Leontina
Kroger, Peter = Cohen, Morris
Krotow = Krötenschild, Boris
Krylow, Iwan 570
KULON 596
KURT = Felfe, Heinz
Kusnezow = Sacharowski, Igor
KWANT 172

L 578
LAN 582
LANG = Plissionier, Gaston

LARIONOW 572
LARK = Artamonow, Nikolai
LAROCHE 67
LAURENT 577, 579
LAWROW 568
LDR 657
LEDA = TOPO 383
LEGRAND 109
LEMOINE 216f.
LENA^1 (Frau von Bljabin, Gennadi)
LENA^2 = Falk, Elke
Lenin: eigtl. Uljanow, Wladimir
LEONID = Kusnezow, Swjatoslaw
LEPAGE = Driberg, Tom
LESLIE = Cohen, Leontina
LETSCHIK = Abbiate, Roland
LIBERAL = Rosenberg, Julius
LIND 239
LIRA (Frau von WLAS) 758
LIRIK = Maclean, Donald
LISA = Stern, Martha Dodd
Lissa (»Füchsin«) = Gorskaja, Jelisaweta
LISSA = Bonner, Jelena
LIST = Burtakow, Saweli
LISTER 239
LISZT = Cairncross, John
LOLA = Heinz, Leonore
LONG^1 = Costello, Paddy
LONG^2 568
Lonsdale, Gordon = Molodi, Konon
LORETO 598
LOT = Kramer, Charles
LOUIS = Cohen, Morris
LOUISA 572
LUISA^1 = Araujo Aguilar, Laura
LUISA^2 287
LUTZEN 282

MADAM = Oldham, Lucy
MÄDCHEN = Burgess, Guy
MADLEN = Lowry, Helen (ADA,)
MAG = King, John H.
MAI = Apresjan, Stepan
MAIRE 517
MAISKI = Kisljak, Iwan
MAK = Sborowski, Mark
MANN = Maly, Teodor
MAR 171
MARA 240

MARA 590
MARAT = Childs, Jack
MARCEL 218
MAREK 292
MARIO 596
MARK^1 = Fischer, Wiljam
MARK^2 (FDP-Mitglied) 560f.
MARKO = Rankowiæ, Alexander-Leka
MARLENE = Herzog, Gisela
MARR = Reif, Ignati
MARS 577f.
MARTA^1 = Filonenko, Anna
MARTA^2 382f.
Martin, Ramsey Kemp = Childs, Morris
MARVIN = Losenko, Wiktor
MARY = Philby, Litzy
MASON^1 552
MASON^2 = Pathé, Pierre-Charles
MAT' = Mercader del Río, Caridad
MAWR 560, 598
MAX^1 = Griguljewitsch, Jossif
MAX^2 = Runge, Eugen
MAX^3 = Sborowski, Mark
MAXIM^1 = Sarubin, Wassili
MAXIM^2 = Primakow, Jewgeni
MER = Klugman, Norman John
MERCURY 508
METIL 595
MEZENAT 598, 600
MGW 657
MICHAILOW = Wassiljew, Geli (?)
MICK 502
MIKE 307
MIRA^1 = Krimker, Simona
MIRA^2 278
MIRNA = Bentley, Elizabeth
MIROKA = Kokornaja, Miroka
MIRRA 557
MLAD = Hall, Theodore Alvin
Mol, Jean-Louis de = Koslow, Eduard
MOLIÈRE = Cairncross, John
Molner, Kurt = Gordiewski, Wassili
MONA 554
MOOR 168
Morand, Charles = Pathé, Pierre-Charles
MORIS^1 = Abt, John (?)
MORIS^2 477
MOST = Mayer, Heinrich
Mozart, D. Douglas = Childs, Morris
MSN 657

Müller, Peter 553
MUSTAFA 265

NADESCHIN 384
NAGIN 508, 516
NANCY 583
NANT^1 = Nouhuys, Heinz van
NANT^2 = 577f., 583f., 586
NAZIONALIST = Haddad, Wadid
NELLI 529
NEMEZ 597
NERPA 304
Neumann, Willi W. = SEWIDOW
NIGEL = Straight, Michael
NIKA = SERGEJEW 536
NIKE 588
Nikitin, Sergei = Droujinski, Dmitri
NIKOL = INGA 383, 590
NIKOLAI = Gutzeit, Pjotr
NINA 571
NN 572
NOMAD = Straight, Michael
NOR = NORMAN 218f.
NORD^1 = Basarow, Boris
NORD^2 = Marzani, Carlo Aldo
NORMA = ADA 123f.
NORMAN = NOR 218f.
NORTON 267
NOSSENKO 568
NRA 657

»Onkel« = Wehner, Herbert
OKTANE 157
OLDING = Wilson, Harold
OLEG = Ochunjow, M. S.
OLIVIA 171f.
OMAR 592
OREND = Kessler, Erich
ORISO 245f.
ORJOL^1 = Tito, Josip
ORJOL^2 = Bertrand, Gustave
ORJOL^3 214
ORLANDO 597
ORLOW = Barannik, Walentin
Orlow, Eleonore = Kopazky, Eleonore
Orlow, Igor = Kopazky, Alexander
Orlow, Robert = Kopazky, Robert
ORLOWA = Michailowna, Swetlana
OSEROW = Oschtschenko, Wiktor
OST, OSTO = Axelrod, Moissej

OTTO = Deutsch, Arnold

PAL = Silvermaster, Gregory
PALLE = Petersen, Herlov
PALM = Hall, Gus
PANSO = Castelo, Pacheco José
PAT = IRINA (Frau von Stezenko, Wladimir)
PATERA 361
PATRICK 389
PAUK = Solschenizyn, Alexander
PAUL^1 = Maly, Teodor
PAUL^2 = Woitezki, Igor
PECHERIN = Pathé, Pierre-Charles
PERS = FOGEL 172
Peter = Modin, Juri
PETER^1 384
PETER^2 = Fletcher, Raymond
PETROW 657
PHARAO 759
PIRATI = Brasinskas, P. S., und Sohn
PISHO 568
PLATON 593
PLEMJANNIK 595
PODWISCHNY 597
POLJARNIK = Brandt, Willy
POMOSCHNIK 239
PONT = Agee, Philip
Porezki = Reiss, Ignaz
Prawdin, Wladimir = Abbiate, Roland
PRESIDENT = Dodd jr., William E.
PRIM = Andara y Ubeda, Manuel
PRIMROSE 538
PROFESSOR 657

QUESTOR 590ff.

R 593
RADIST 560
RADOW = Hambleton, Hugh
RAG 459
RAG 507
RAIDER = Perlo, Victor
RAIMOND = Mercader, Ramón
RANOL = WEST 218f.
RATJEN 218
Raymond = Gold, Harry
RAYMOND = Porezki, Ignati
Reiss, Ignace = Porezki, Ignati
REM 577f.

RENATA 551
RENATO 598, 600
REST = Fuchs, Klaus
REX = Lemoine, Rodolphe
RICHARD[1] = Kopazky, Alexander
RICHARD[2] 565
RIMEN = Hambleton, Hugh
RINO = Koecher, Karl
ROBERT = Silvermaster, Gregory
ROI = Stezenko, Wladimir
ROLAND 552
RON = Grintschenko, Wladimir
ROSA 571
ROSIE = Hofer, Heidrun
ROSSI = Ry, Giovanni de
ROTER 574
RUBY = Schaap, Bill
RULEWOI = Browder, Earl
RUSLAN = Sawin, Alexei
RYAN = Dennis, Eugene
RYBA 214
RYBAKOW = Rudenko, Anatoli
RYSCHOW = Sidak, Walentin

SAB 657
SADKO = Josenson, Iwan K.
SAK 384
SAKS 508
SAM = Grafpen, Grigori
Sandler, Kurt = Gordiewski, Wassili
SASCHA[1] = Korotkow, Alexander
SASCHA[2] = 572
SATURN 307
SCHAH = Houghton, Harry
SCHANGO = Filonenko, Michail
SCHANNA (Frau von Fjodorow, Michail) 759
SCHIGALOW 568
SCHIROKOW 568
SCHMEL = Greenglass, David
Schmidchen = Buikis, Jan
SCHORA = Weisband, William
SCHUKOWA 593
SCHUR s. JOUR
SCHWED[1] = Orlow, Alexander
SCHWED[2] 517
SCHWEJZAREZ = Kessler, Erich
SCOT = Symonds, John
Scott, Walter = Porezki, Ignati
SEDOW = Makarow, Leonid

SEP = Fjodorow, Michail
SERB 214
SERGEI = Abbiate, Roland
SERGEJEW = NIKA 536
SEWIDOW (alias Kurt Ernst Tile, Heinrich Dremer, Willi Werner Neumann) 353, 377, 758
Shadrin, Nicholas = Artamonow, Nikolai
SHELLEY = Oake, Raymond
SIDOROW 572
SILIN = Titow, Gennadi
SILVER 214
SIMSON = Steiner, Julius
SINA = Rush, Valentina
SIROTA = Maclean, Donald
SKIF = Huseinjyan, Karo
SOKOL = Soboloff, David Semyonovich
SONJA = Brewer, Mrs.
SPRINTER 307 f.
STANLEY = Philby, Kim
STAR = Sax, Saville Savoy
STARIK[1] = Trotzki, Leo
STARIK[2] 267
STARIK[3] 508
STARSCHINA = Schulze-Boysen, Harro
STASCHOR 597
STEFAN = Deutsch, Arnold
STELA = Ehepaar Tudor Hart
STEP 509, 516
STEPAN 591
STERWJATNIK Tito, Josip
Subilin = Sarubin, Wassili
Summers, Morris = Childs, Morris
SUZA 590
SWJASCHTSCHENNIK 240, 502
SWUK = Golos, Jacob
SYNOK[1] = Philby, Kim
SYNOK[2] 511

TAFFI = Revoi, Andrew
TANJA = Tschertenko, Kira
TANOW = Tonkonog, Anatoli
TANOWA = Tonkonog, Jelena Fjodorowna
TAXIM = Étienne Manac'h
TELON = ALAN
TEODOR = Castelo, Pacheco José
TERENTI 542
Tertz, Abram (Pseud.) = Sinjawski, Andrei
THEO = Maly, Teodor

847

Thieme, Gerhard = Simon, Kurt
Tile, Kurt Ernst = SEWIDOW
Timmy = Golos, Jacob
Timofejew = Tischkow, Arseni
TJOMNY = Černý, Václav
TKATSCHEW = Serdinow, Eduard
TOM = Philby, Kim
TONY = Blunt, Anthony
TOPO = LEDA 383, 590
TORMA = CHUAN 218 f.
TSCH 501
TULUP = Sborowski, Mark
TUR 577 f.
TURIST 598, 600

UMNIZA = Bentley, Elizabeth
URBAN 267
USACH 267
USKOW = Ustimenko
UTSCHITEL 596 f.

VENEZIANKA 590
VERA = Höke, Margret
VERONIQUE 583
VIRGINIA = Gorankowa, Julia
VISIR = Vance, Cyrus
VITTORIO 594
VOLUNTEER = Cohen, Morris
VOYAGER = Rostropowitsch, Mstislaw

WADIM = Gorski, Anatoli
WAIKIN 657
WAISE = Maclean, Donald
WAL = Jurovich, Momo
WALJA = Martynowa, Viktoria
WALTER = Sütterlin, Heinz
WANJA 542
WASP = Greenglass, Ruth
WASSILI = Arbatow, Georgi
WENZEJEW 384
WERA 527, 529
WERNER = Kahle, Wilhelm
WEST = RANOL 218 f.
WIK = Hayhanen, Reino
WIKTOR[1] 252
WIKTOR[2] 353
WILL 267
WILLIAM 521
WIR 473 f.
WIRTANEN = Åhman, Olavi
WLADELEZ 457
WLADIMIR = Iwan D. Unrau
WLADIMIROW = Bogdanow, Radomir
WLAS (alias Thiemichen, Rolf Max)
  353, 377, 758
Wolisch, Max = Reif, Ignati
WOSDUCH = Kopinić, Josip

YUNG 508

ZENSOR 592